Inhalt

Einführung des Herausgebers

Mit der Veröffentlichung der Biographie des ersten deutschen Reichswehrministers Gustav Noske erfüllt das Militärgeschichtliche Forschungsamt einen Auftrag, den der damalige Bundesminister der Verteidigung Georg Leber erteilte, wobei er auch den Autor benannte.

Die nunmehr abgeschlossene umfangreiche Untersuchung von Wolfram Wette über Leben und Handeln eines sozialdemokratischen Politikers schließt eine Lücke in der Erforschung der spannungsgeladenen Jahre 1918 bis 1920. Daß der erste Reichswehrminister bis heute umstritten ist, macht schon der Autor deutlich, wenn er feststellt, daß Noske ein Konfliktthema war und ist, »an dem sich die Geister scheiden. Wenn über seine Politik gestritten wird, so geht es in der Regel zugleich – über die Person Noskes hinaus – um eine bestimmte Deutung des für die deutsche Geschichte so bedeutungsvollen Knotenpunkts 1918/19« (S. 27). Damit ist gesagt: Noske gehört zu den Persönlichkeiten der jüngeren Geschichte, die in der Forschung überwiegend kritisch gesehen werden. Sein Wirken in der Umbruchphase vom Kaiserreich zur Weimarer Republik hat bereits unter seinen Zeitgenossen heftige Kontroversen ausgelöst, die sich bis in die heutige politische und wissenschaftliche Diskussion über seine Person und die damit verbundene Politik fortsetzen. Um so erstaunlicher ist, daß ihm noch keine wissenschaftliche Biographie zuteil geworden ist.

Bei jeder intensiven Beschäftigung mit einer starken Persönlichkeit, die durch ihre Haltung und ihr Handeln in unausweichliche Konflikte geriet, ist der Historiker gehalten, mit einer breiten Quellenbasis zu arbeiten, um den Werdegang von seinen Ursprüngen an mit den verschiedenen Entwicklungsstadien und Einflußfaktoren möglichst umfassend darzustellen. Der Autor hat sich dieser anspruchsvollen Aufgabe mit großem Engagement gestellt und in intensiver, gründlicher Arbeit eine Fülle von neuen Quellen erschlossen, aus denen sich wie in einem Mosaik ein farbiges Bild vom Lebensweg eines Politikers in kritischer Zeit ergibt.

Der Autor hat einleitend seine Distanz zu den Methoden von Noskes Politik betont und dabei auf die für ihn erkenntnisleitende Fragestellung hingewiesen, ob es realistische Alternativen zu dieser Politik gegeben habe. Indem Wette deutlich macht, daß die Stabilisierung der Weimarer Republik nur »als Ergebnis eines möglichst weitgehenden Bruchs mit den aus der wilhelminischen Ära überkommenen antidemokratischen, antisozialen und besonders auch der militaristischen

Strömungen und deren Trägern« (S. 789 f.) erreichbar gewesen wäre, bleibt der Leser über die politische Position des Autors nicht im unklaren. Der Verfasser zeigt viel Verständnis für die Kritiker Noskes in der MSPD und der USPD, die jedoch gegenüber dem bürgerlichen und konservativen Lager nie eine reale Chance hatten, ihre radikaldemokratischen und gesellschaftspolitischen Ziele in einem parlamentarischen Entscheidungsprozeß durchzusetzen, wie die Wahlen zur Nationalversammlung im Januar 1919 und zum ersten Reichstag im Juni 1920 in aller Klarheit zeigten. Dieser durchaus legitime kritische Ansatz des Autors bewirkt ein für den Leser deutlich erkennbares Spannungsfeld zwischen der prinzipiellen Standortgebundenheit des Historikers, der den Fortgang der Geschichte kennt, einerseits und dem normativen Prinzip einer möglichst großen Objektivität andererseits; er enthält darüber hinaus eine moralische Perspektive, die unter Betonung von bestimmten Kontinuitätslinien eher danach fragt, wie es eigentlich nicht hätte kommen sollen, um zu zeigen, daß das gesellschaftliche Strukturproblem »in völlig anderer Weise hätte angepackt werden müssen« (S. 803).

Der Autor sieht die »einzige große politische Aufgabe« (S. 790) Noskes in der Schaffung einer neuen Militärorganisation, die nach innerer Struktur und personeller Zusammensetzung ein zuverlässiges Instrument der jungen Republik sein sollte. Daraus ergaben sich von vornherein bestimmte Fragestellungen und Untersuchungsschwerpunkte, die zu einer gewissen Einengung des Bezugsrahmens führten. Das wird der Leser bedauern, der mehr über die außenpolitischen, ökonomischen und sozialen Einflußfaktoren erfahren möchte, die sich gravierend auf die Gründungsphase der Republik auswirkten und die dem Handlungsspielraum der deutschen Politik engere Grenzen setzten, als die Darstellung erkennen läßt.

Die Frage nach dem Ausmaß der damaligen Gefährdung der inneren und äußeren Sicherheit des Reiches erfordert die Erforschung und Darstellung der damaligen, schwer überschaubaren sicherheitspolitischen Situation. Zur Lösung gerade dieser Aufgabe hat sich Noske sehr früh dafür entschieden, mehr mit konservativen Militärs, deren professioneller Einsatz schnelle Erfolge verprach, als mit neuen, aus der revolutionären Bewegung erwachsenen und aus seiner subjektiven Erfahrung militärisch nicht durchschlagsfähigen Kräften zusammenzuarbeiten, deren militärische Effektivität ihm zweifelhaft erscheinen mußte. Noskes damit verbundene Militärpolitik der behutsamen Reformen, die langfristig die kühle Distanz weiter Teile des Offizierkorps zur Republik sowie das Mißtrauen der Arbeiterschaft gegenüber der bewaffneten Macht abbauen sollten, kam allerdings über erste Ansätze nicht hinaus, da sie weder bei den Militärs noch bei den Parteien den Rückhalt und die Unterstützung fand, die zu ihrer Durchsetzung erforderlich gewesen wäre.

Bis heute bleibt strittig, ob die Gefährdung des Reiches durch linksradikale, die parlamentarische Demokratie ablehnende Kräfte tatsächlich in einem derartigen Ausmaß gegeben war, daß Noske gar keine andere Alternative hatte, als sich auf konservativ-monarchische militärische Gruppierungen abzustützen. Der Autor stellt dazu unter Hinweis auf die neuere Revolutionsforschung fest, die sogenannte »bolschewistische Gefahr« sei 1919 in Deutschland ein propagandistisch erzeugter Popanz gewesen. Die Beweisführung und Darstellung zu diesem Komplex werden möglicherweise nicht jeden Leser überzeugen, denn die Ereignisse in Berlin, Dresden, München, Bremen und anderswo hatten durchaus gezeigt, daß die innere Sicherheit des Reiches durch Kräfte gefährdet war, die die parlamentarische Demokratie nicht nur ablehnten, sondern auch noch gewaltsam bekämpften, um eine wie auch immer gestaltete sozialistische Ordnung zu schaffen. Hinzu kam die in jener Zeit von vielen konkret empfundene Bedrohung der äußeren Sicherheit durch die Grenzkämpfe im Osten, wo sich das Reich u. a. mit nationalistischen Aktivitäten auseinandersetzen mußte, die von Polen ausgingen.

Als Gebot der Stunde galt den in der Verantwortung stehenden Politikern damals der Erhalt des Staates und der neuen Republik. Der spätere Reichspräsident Ebert und Noske mußten sich bei ihren ersten Maßnahmen im militärischen Bereich zunächst ganz nüchtern fragen: Von wem wird unsere sozialdemokratisch geführte Regierung mit Gewalt bekämpft und wer kann sie schützen? Wenn sich abzeichnete, daß angesichts der Kriegsmüdigkeit, der pazifistischen Grundstimmung und der Spaltung der Arbeiterbewegung die Bereitschaft der sozialdemokratischen Arbeiter, die neue entstandene Republik notfalls gegen »rechts« *und* »links« zu verteidigen, nicht gerade ausgeprägt war, mußte dann Noske nicht zwangsläufig auf Kräfte zurückgreifen, die bereit waren, den deutschen Staat an sich zu verteidigen? Ob es allerdings zwingend erforderlich war, diese militärpolitische Linie in dem Ausmaß und mit der Bedingungslosigkeit fortzusetzen, wie Noske es bis Frühjahr 1920 tat, indem er das vorhandene Potential an prorepublikanischen Freiwilligenverbänden und Offizieren nicht nutzte, sondern sogar zurückstieß, wird man angesichts der Haltung großer Teile des Offizierkorps im Kapp-Lüttwitz-Putsch, der auch zum Sturz Noskes führte, im nachhinein bezweifeln dürfen. – Die durch Gewalt und Terror gekennzeichnete bolschewistische Entwicklung in Rußland war durch die Presseberichterstattung bekannt und hat in weiten Teilen der deutschen Gesellschaft, auch in der Sozialdemokratie, so abschrekkend gewirkt, daß erste Gewalttätigkeiten linksradikaler Kräfte bei der Führung der Mehrheitssozialdemokraten harte Abwehrreaktionen auslösten, die aus heutiger Sicht übertrieben erscheinen mögen, damals jedoch als unvermeidliche Notwendigkeit angesehen wurden, um eine revolutionäre Entwicklung nach russischem Vorbild zu verhindern. Heute wissen wir, daß die radikale Linke eine politische Minorität ohne Massenbasis war, doch damals kalkulierten die verantwortlich Handelnden ein, daß es konkrete Verbindungen zwischen den radikalen Gruppierungen im eigenen Land und den Bolschewiki in Rußland gab.

In seiner abschließenden Wertung stellt der Autor bedauernd fest, daß es den damals regierenden Mehrheitssozialdemokraten an Mut und Kraft gefehlt habe, mit einer offensiven und tiefgreifenden Politik der inneren Umstrukturierung den konservativen Führungseliten dauerhaft den Boden zu entziehen. In diesem Versäumnis sieht er eine Mitverantwortung für das damit quasi vorprogrammierte Scheitern der Weimarer Republik und für den erneuten deutschen Versuch, »einen neuen ›Griff nach der Weltmacht‹ vorzubereiten« (S. 803). Leser und Wissenschaft sind aufgefordert, sich mit dieser provozierenden These des Autors auseinanderzusetzen.

Das Militärgeschichtliche Forschungsamt veröffentlicht diese umfangreiche und anregende Biographie des ersten Reichswehrministers der Weimarer Republik in der Erwartung, daß sie die wissenschaftliche Diskussion über diese äußerst komplexe und schwierige Umbruchphase in der jüngeren deutschen Geschichte belebt und erneut vorantreibt.

Die in der wissenschaftlichen Verantwortung des Autors liegende Aussage dieser Arbeit, ihre Veröffentlichung durch das Militärgeschichtliche Forschungsamt und ihre Herausgabe durch den Droste-Verlag sind Zeichen für die Verwirklichung des Grundsatzes der Freiheit der Forschung, die in der Pluralität der Auffassungen sichtbar wird und damit ihre Vitalität beweist.

Dr. Günter Roth
Oberst i. G.
Amtschef des Militärgeschichtlichen Forschungsamtes

Vorbemerkung des Autors

Seit langem wurde das Fehlen einer wissenschaftlichen Noske-Biographie als ein Mangel empfunden, galt und gilt dieser sozialdemokratische Politiker doch als eine Schlüsselfigur der Weimarer Republik und als der umstrittenste Politiker seiner Zeit zugleich. Überlegungen dieser Art mögen Georg Leber in seiner Amtszeit als Bundesminister der Verteidigung veranlaßt haben, die Bearbeitung einer Noske-Biographie anzuregen und einen entsprechenden Forschungsauftrag zu erteilen.

Für mich als Autor dieser nun vorliegenden Biographie war es eine besondere Herausforderung, mich an die Untersuchung der Person und Politik Gustav Noskes heranzuwagen. Nun ist der geneigte Leser eingeladen, sich auf der vorliegenden breiten Informationsbasis, die auch den Umfang des Buches rechtfertigen dürfte, ein eigenes Urteil zu bilden und dabei gegebenenfalls zu Klischees erstarrte Vorurteile zu revidieren. Auch mein Urteil über diesen Politiker und sein Werk stand keineswegs schon zu Beginn der biographischen Forschungsarbeit fest. Es hat sich vielmehr im Verlaufe der mehr als fünfjährigen Beschäftigung mit der Materie allmählich herausgebildet.

Das Rohmanuskript des Buches wurde im Frühjahr 1984 abgeschlossen, das Endmanuskript – nach Besprechungen im Militärgeschichtlichen Forschungsamt – im Herbst 1985. Später erschienene Literatur konnte nur nachgetragen, aber nicht mehr im einzelnen verarbeitet werden. Der lange Zeitraum von der Fertigstellung des Manuskripts bis zur Publikation ist bedauerlich. Die Gründe für diese Verzögerung haben auch etwas mit der Materie selbst zu tun: Noske löst bis heute Kontroversen aus.

An dieser Stelle möchte ich all denen Dank sagen, die am Zustandekommen dieser Biographie Anteil hatten. Für wertvolle konzeptionelle Anregungen in den verschiedenen Phasen der Forschungsarbeit danke ich Professor Dr. Eckardt Opitz, Hamburg, Professor Dr. Susanne Miller, Bonn, Professor Dr. Heinrich August Winkler, Freiburg i. Br., Privatdozent Dr. Ulrich Kluge, Freiburg i. Br., und Oberst Dr. Rolf Richter, Brüssel. Mehrere Kollegen waren mir bei der Beschaffung von Quellenmaterial oder in anderer Weise bei der Informationssuche behilflich. Stellvertretend möchte ich hier Dr. Lieselotte v. Reinken, Bremen, Dr. Günther Bode, Karlsruhe, Dr. Dirk Dähnhardt, Lübeck, Kapitänleutnant d. Res. Rainer Dirbach, Hamburg, Dr. Horst-Joachim Leue, Heidelberg, Major Dr. Ullrich Marwitz, Hannover, Oberstleutnant d. Res. Manfred Rhode, Lauenburg, und Wissenschaftlichen

Oberrat Dr. Gerd-R. Ueberschär, Freiburg i. Br., danken. Ein besonderer Dank gilt Professor Dr. Manfred Messerschmidt, Kapitän zur See Dr. Werner Rahn und Fregattenkapitän Dr. Gerhard Schreiber, alle Mitarbeiter des Militärgeschichtlichen Forschungsamtes in Freiburg, die sich der mühseligen Arbeit unterzogen haben, das Manuskript der Biographie zu lesen und die mir dabei eine Fülle wertvoller Anregungen gegeben haben. Ebenso danke ich Wissenschaftlichen Rat Dr. Rolf-Dieter Müller und Fregattenkapitän Dr. Walter Schwengler, die einzelne Teile des Manuskripts gelesen haben, sowie Armin Huber, der über die Jahre hinweg bei der Beschaffung von Literatur behilflich war. Zu danken ist schließlich den Mitarbeitern der im Quellenverzeichnis genannten Archive, die mich in zum Teil engagierter Weise in meiner Forschungsarbeit unterstützt haben.

Freiburg i. Br.

10. Juli 1987 — Wolfram Wette

I. Einleitung
Probleme einer Noske-Biographie

1. Die historische Bedeutung Gustav Noskes

Im politischen Bewußtsein der heute lebenden Generationen ist die Erinnerung an Gustav Noske weithin verschüttet. Dabei zählte dieser sozialdemokratische Politiker zu einer bestimmten Zeit zu den bekanntesten und markantesten Persönlichkeiten Deutschlands. Noske, aus der Arbeiterbewegung hervorgegangen, ein Mann mit langjähriger Parlamentserfahrung, verkörperte damals wie kaum ein anderer die staatliche Macht. Denn er war in der Revolutionszeit – seit der Jahreswende 1918/19 – Volksbeauftragter für Heer und Marine und nachher der erste Reichswehrminister der Weimarer Republik.

Damit fiel Noskes Wirken in Regierungsverantwortung in eine der dramatischsten Phasen der deutschen Geschichte überhaupt. Das Kaiserreich war soeben im Strudel der militärischen Niederlage Deutschlands im Ersten Weltkrieg von der politischen Bühne verschwunden, und die Deutschen schickten sich – erstmals wieder seit der Revolution von 1848 – an, eine Republik und ein parlamentarisches Regierungssystem zu etablieren.

Den Historikern gilt diese Zeit des Umbruchs und des Übergangs als einer jener geschichtlichen Knotenpunkte, an dem die politischen Weichen in die eine oder in die andere Richtung gestellt werden konnten. Zumindest handelte es sich um eine Situation, in der die Entscheidungsspielräume weit größer waren als zu Zeiten, in denen festgefügte Machtstrukturen und Rechtsverhältnisse einen engen Rahmen setzten.

In jener gestaltungsoffenen Phase der deutschen Geschichte also hatte Noske die Chance, auf dem für einen Sozialdemokraten damals heikelsten Feld, dem der Militärpolitik, als verantwortlicher Minister reformerisch tätig zu werden. Gelernt hatte er das Regierungsgeschäft so wenig wie die anderen führenden Persönlichkeiten der deutschen Sozialdemokratie, denen im Kaiserreich ein halbes Jahrhundert lang die undankbare Rolle zugefallen war, Wortführer einer einflußarmen Daueropposition zu sein. Durch die Novemberrevolution von 1918 wurden sie unvermittelt in die Situation gestellt, das Deutsche Reich zu regieren und – unter schwierigen innen- und außenpolitischen Voraussetzungen – den Weg vom Obrigkeits- und Militärstaat hin zu einer neuen, sozial fundierten parlamentarischen Republik zu beschreiten.

Ob Noske es wollte oder nicht: Seine Handlungen in der Rolle des für das Militär verantwortlichen Regierungsmitglieds machten Geschichte, und nicht minder seine Unterlassungen. Er galt als der »starke Mann« seiner Zeit, was wohl nur zum Teil mit der Ausstrahlungskraft seiner Persönlichkeit zu tun hatte, zum anderen, größeren Teil mit den ihm zur Verfügung stehenden Machtmitteln zusammenhing sowie mit der Art und Weise, wie er sich ihrer bediente. Von nicht wenigen Zeitgenossen ist seine Rolle im Rat der Volksbeauftragten und den nachfolgenden Kabinetten Scheidemann und Bauer als so dominierend empfunden worden, daß sie von der »Ära Noske« sprachen.

Diese Ära war verhältnismäßig kurz. Sie dauerte von der Jahreswende 1918/19, als Noske in die Revolutionsregierung der Volksbeauftragten eintrat, bis zu seinem Sturz als Reichswehrminister nach dem Kapp-Lüttwitz-Putsch im März 1920. Aber in jenen 15 Monaten fielen Entscheidungen, die später, wie sich zeigen sollte, kaum mehr zu revidieren waren und an denen die Republik von Weimar zum Teil bis zu ihrem Ende zu leiden haben sollte. Die schrittweise Restauration der politischen Macht des Militärs wog dabei wohl am schwersten.

Daß Noskes politischer Einfluß in jener Phase ein maßgeblicher und er schon aus diesem Grunde ein herausragender Politiker der ersten Jahre der Weimarer Republik war, steht außer Zweifel. Dagegen wird die Frage, ob seine Politik – in der Summe betrachtet – eine positive oder negative Wertung verdient, bis heute sehr unterschiedlich beantwortet. Noske kann für sich den zweifelhaften Ruf in Anspruch nehmen, der umstrittenste Politiker der deutschen Sozialdemokratie überhaupt gewesen und bis heute geblieben zu sein. Vom »Retter Deutschlands« bis zum »Bluthund« und »Arbeiterschlächter« reicht die lange Skala der Urteile über ihn. Mehrere Kapitel dieser Biographie werden sich mit der Frage befassen, wie es dazu kam, daß er ins Kreuzfeuer der Kritik geriet und eigentlich immer nur von den »falschen« Leuten gelobt wurde.

Leben und Wirken Gustav Noskes zu schildern bedeutet, eine »politische Biographie« zu schreiben. Denn Noskes Leben war in allen wesentlichen Phasen ein Politikerleben. Ob er im Jahre 1905 in der Chemnitzer »Volksstimme« einen sozialkritischen Artikel über »Die Hungerpeitsche der Blumenarbeiterinnen« publizierte, ob er 1910 im Reichstag eine Rede zum Heeresetat hielt, ob er 1916 in der sozialistischen Wochenschrift »Die Glocke« über »Das Massenelend der Ostjuden« berichtete, ob er 1918–20 selbst an den Schalthebeln der Politik stand oder ob er dann 1928 seine historische Rolle in der Revolutionszeit unter dem Leitgedanken »Die Abwehr des Bolschewismus« interpretierte – immer redete, schrieb und handelte Noske als Politiker.

Hinzu kommt folgender Tatbestand: Noske wird überhaupt erst von dem Zeitpunkt an biographisch faßbar, von dem an er politisch hervortrat, sei es als politischer Journalist, sei es als Träger politischer Mandate. Sein persönlicher Werdegang und seine familiären Beziehungen sind demgegenüber sehr viel schwerer zu beschreiben, ja sie bleiben weitgehend im Dunkeln und werden sich wohl auch künftig kaum mehr erhellen lassen. Denn ein Privatnachlaß Noskes ist nicht vorhanden, und er selbst war kein literarisch veranlagter Zeitgenosse, der in Briefen an enge Freunde auch einmal Emotionales, Privates oder ungeschützte Gedanken festgehalten hätte. So lassen sich höchstens gelegentlich Streiflichter aus dem Leben des Privatmannes Noske einfangen.

Bleibt zu vermerken, daß die Literaturgattung »politische Biographie« gerade in der Geschichtsschreibung über Politiker, die aus der Arbeiterbewegung hervorgingen, ihren festen Platz hat, und zwar meist aus ähnlichen Gründen wie den soeben im Hinblick auf Gustav Noske geschilderten. Man denke etwa an die – im Untertitel ausdrücklich als »politische Biographien« gekennzeichneten – Arbeiten von R. Jansen über Georg von Vollmar (1958), von G. Kotowski über Friedrich Ebert (1963), von H. J. L. Adolph über Otto Wels (1971), von H. Soell über Fritz Erler (1976) oder von H. Trotnow über Karl Liebknecht (1980) – um nur einige zu nennen.

Nicht alle Autoren, die sich mit Gustav Noske und seiner Politik befaßt haben, vermochten der doppelten Versuchung zu widerstehen, aus seinem Wirken entweder eine Heldengeschichte zu formen – ein zumal bei Biographen häufig zu beobachtender Vorgang –, oder aber, was ja nur die andere Seite der Medaille darstellt, eine Verräter- bzw. Verbrechergeschichte. Versuchungen dieser Art hat es für den Autor in keiner Phase der Beschäftigung mit diesem Politiker gegeben. Das hing mit der Distanz zu den Methoden von Noskes Politik zusammen, aber auch mit der – die biographische Forschung ständig begleitenden – erkenntnisleitenden Fragestellung, ob es keine Alternativen zu dieser Politik gab, beziehungsweise, wie diese hätten aussehen können. Dabei konnte es nicht damit getan sein, in pauschaler Weise das Vorhandensein von »Handlungsspielräumen« zu behaupten. Erforderlich war vielmehr der differenzierte Nachweis, daß die Voraussetzungen für eine andere Politik auch tatsächlich vorhanden waren. Von einem solchen Frageansatz geleitet, konnte sich das Individuum Gustav Noske im Zuge der mehrjährigen historischen Arbeit des Biographen nie verselbständigen, sondern sein Handeln blieb jeweils eingebettet in den größeren politischen Zusammenhang der systematischen, auf strukturelle Probleme der Weimarer Republik abhebenden Frage, ob sich dieses Handeln positiv oder negativ auf die Entwicklung der ersten Demokratie auf deutschem Boden ausgewirkt hat.

Um der Gefahr einer Überzeichnung der Rolle Noskes zu entgehen, war gleichzeitig auf die folgenden Fragen zu achten, die in der Literatur bis heute unterschiedlich beantwortet werden: In welchem Umfang war Noske in der historisch relevanten Phase seines Politikerlebens Treibender oder Getriebener? War er ein typischer Vertreter der Sozialdemokratie der damaligen Zeit oder nicht? Handelte er jeweils mit Rückendeckung seiner Regierungschefs und Ministerkollegen oder entfaltete er ohne deren Wissen eigene Initiativen, für die er dann auch persönlich die Verantwortung zu übernehmen hatte? Wurde er in schwierigen Situationen allein gelassen, somit überfordert, und scheiterte er zuletzt an einer Aufgabe, die für einen einzigen Politiker zu groß war?

Es liegt in der Natur der Sache, daß die historische Rolle Gustav Noskes als Volksbeauftragter und als erster Reichswehrminister der Weimarer Republik den Schwerpunkt seiner politischen Biographie bildet. Jedoch: Eine angemessene Interpretation seines politischen Handelns in den entscheidenden Jahren 1918–20 ist nicht möglich ohne die Kenntnis seines intellektuellen und politischen Werdegangs. Noske stieg am Wendepunkt der deutschen Revolution, als die gemeinsame Regierung der beiden sozialdemokratischen Parteien zerbrach, nicht etwa wie ein Phönix aus der Asche, sondern er hatte zu diesem Zeitpunkt bereits ein erfahrungs- und arbeitsreiches Politikerleben hinter sich. Geprägt sowohl von der Welt des Kaiserreichs als auch von der Gegenwelt der Sozialdemokratie, war er eine Persönlichkeit mit vielen Widersprüchen: Ein keineswegs opportunistischer, sondern überzeugter deutschnationaler Sozialdemokrat preußischer Prägung mit einem Gespür für Macht und einer seltsam unbekümmerten Einstellung zum Militär, ein Politiker im Spannungsfeld zwischen seiner gesellschaftlichen und parteipolitischen Herkunft und dem nationalen Staat.

2. Forschungsstand

Biographische Ansätze

Der bislang einzige Versuch, Noskes Leben und Wirken in einer knappen Monographie darzustellen, stammt aus der Feder eines ehemaligen Offiziers der Bundesmarine. In Ulrich Czisniks Büchlein »Gustav Noske. Ein sozialdemokratischer Staatsmann«[1] wird dem ersten Weimarer Reichswehrminister ein Lorbeerkranz gewunden, weil er das war, was Soldaten schon immer von den Politikern erwarteten: »wehrfreudig« und aufgeschlossen für die militärischen Belange. Czisniks Kurzbiographie beruht nur zu einem sehr geringen, im übrigen nicht kenntlich gemachten Teil auf eigenen Forschungen. Sie schöpft vielmehr bedenkenlos aus den beiden Erinnerungsbüchern Noskes. Ein Rezensent hat dem Autor ins Stammbuch geschrieben, sein Anliegen, »Noske gegen die Flut von Kritik in Schutz zu nehmen«, sei ihm zur »undifferenzierten Apologie« geraten[2]. Obwohl wegen seiner offenkundigen Unzulänglichkeiten vielfach gescholten[3], ist Czisniks Büchlein bislang durch keine bessere Arbeit ersetzt worden.

Ebenfalls 1969 veröffentlichte Hans Rempel in der von ihm herausgegebenen Zeitschrift »Damals« eine Artikelserie mit dem Titel »Noske der Bluthund. Der Retter der 1. deutschen Republik«[4]. Der zum Retter vor dem Bolschewismus stilisierte Noske war nach der Auffassung dieses Autors ein »Bluthund« im durchaus positiven Sinne. Diese Botschaft vermittelt Rempel, dem im übrigen mit Recht nachgesagt worden ist, daß sich sein biographischer Aufriß durch eine souveräne Mißachtung neuer Forschungsergebnisse auszeichne und sich so lese, als ob er nach dem Forschungsstand von vor 30 oder 40 Jahren geschrieben worden sei, mit dem Etikettenwandel allerdings, daß ein Sozialdemokrat wie Noske nun nicht mehr, wie im Dritten Reich, als »Novemberverbrecher« beschimpft, sondern als »Retter der Republik« gefeiert werde[5]. Kritische Distanz zu Noske läßt Rempel vermissen. Er preist ihn ebenso wie die Freikorps von 1919 als »Gegenkraft gegen das Chaos«.

Mit ähnlicher Konstanz und Intensität wie im Lager der politischen Rechten erinnert man sich eigentlich nur noch in dem der Kommunisten des ersten Reichswehrministers der Weimarer Republik. Als richtungsweisend für das kommunistische Noske-Bild kann die 1968 publizierte Abhandlung von Albert Norden mit dem programmatischen Titel »Noske oder Der Fall der Sozialdemokratie« gelten[6]. Norden, der

1 Ulrich Czisnik, Gustav Noske. Ein sozialdemokratischer Staatsmann, Göttingen 1969; fortan zit.: Czisnik, Noske.

2 So Hans Biegert in einer Rezension des Czisnik-Bändchens, in: IWK 13/1971, S. 83 f.

3 Hans-Christoph Schröder, Gustav Noske und die Kolonialpolitik des Deutschen Kaiserreiches, Bonn, Berlin 1979, S. 17 (fortan zit.: Schröder, Noske) urteilt: »Gänzlich unbrauchbar und unterhalb jedes diskussionswürdigen Niveaus.«

4 Hans Rempel, Noske der Bluthund. Der Retter der 1. deutschen Republik. In: Damals. Zeitschrift für geschichtliches Wissen. Hrsg. von Hans Rempel, Gießen 1 (1969), H. 3, S. 56–80; 2 (1970), H. 1, S. 57–75.

5 Peter-Christian Witt, Besprechung der Zeitschrift »Damals«, Jge 1969–72, in: MGM 1/1973, S. 167 ff., hier: S. 168.

6 Albert Norden, Noske oder Der Fall der Sozialdemokratie. In: Einheit, 23 (1968), H. 12, S. 1420–1444; fortan zit.: Norden, Noske.

als langjähriger Pressechef der Regierung der DDR bekannt geworden ist, war auch Professor für neueste Geschichte an der Ostberliner Humboldt-Universität[7]. Seine Studie über Noske ist mit ihren häufigen Analogien zur Gegenwart[8] und mit der ausdrücklichen Betonung ihres Charakters als Lehrstück[9] in hohem Maße auf politische Wirkung hin ausgerichtet. Noske erscheint als Prototyp einer Sozialdemokratie, deren Entwicklung vom Revisionismusstreit um die Jahrhundertwende bis zum Eintritt der SPD in die Regierung der Großen Koalition im Jahre 1966 als ein einziger »Fall« – worunter vom politischen Standpunkt des Autors aus natürlich eine Negativentwicklung zu verstehen ist – beschrieben wird: Noske-Kritik als Grundsatzkritik am politischen Weg der deutschen Sozialdemokratie.

Wie schon vor dem Ersten Weltkrieg, so habe Noske auch 1918–20 im Amte des Reichswehrministers als »Typ«, d. h. »stellvertretend für die ganze rechtssozialdemokratische Führungsgruppe« gehandelt, als er »der Konterrevolution wieder in den Sattel« und dem Militarismus zu neuem Aufschwung verhalf, statt ihn niederzuwerfen[10]. »Das Wüten der Ebert und Noske gegen links«, zog Norden die Linie weiter, habe nicht nur die Grundlagen der Republik untergraben, sondern ungewollt auch dem Faschismus den Weg bereitet: »Von Noskes Politik zur Rettung der Macht des Monopolkapitals und der geschlagenen Generäle führt der Weg über das Jahr 1933 zum Verbot auch der Sozialdemokratie[11].« Noske selbst war – Nordens abschließendem Urteil zufolge[12] – keineswegs eine herausragende Persönlichkeit, sondern er stellte »eine durchaus mittelmäßige Figur dar, die durch die Umstände an eine zentrale Kommandostelle gelangte und sich Cäsar wähnte, weil ihn die wildesten militaristischen Imperialisten dazu machen wollten, solange sie das Ruder nicht selber ergreifen konnten«.

Um die verschiedenen Etappen des »Falls der Sozialdemokratie« aus seiner Sicht darstellen zu können, verzichtete Norden darauf, Noske mit dem – lediglich auf das Jahr 1919 abzielenden – »Bluthund«-Etikett abzustempeln, das ansonsten einen festen Bestandteil der kom-

[7] Norden, der bereits in der Weimarer Republik als Journalist kommunistischer Zeitungen Karriere machte, überlebte die Nazi-Herrschaft im französischen und amerikanischen Exil. 1949 wurde er zum Pressechef der Regierung in Ost-Berlin bestellt. 1955 übernahm er das Amt des ZK-Sekretärs fur Agitation, Presse, Rundfunk und Massenorganisationen. Norden starb 1982. Vgl. den dpa-Bericht: »Früherer DDR-Propagandist Norden gestorben«, in: Badische Zeitung vom 1. 6. 1982, S. 2. Zur Vita Nordens vgl. auch W. Kosch, Biographisches Staatshandbuch, Bd II., Bern, München 1963, S. 927.

[8] Norden, Noske, S. 1440–1443.

[9] Ebda., S. 1444.

[10] Ebda., S. 1440 und 1433.

[11] Ebda., S. 1440. An Noske könne man verfolgen, »wie fließend die Grenzen zwischen Sozialchauvinismus und faschistischer Ideologie sind« (ebda., S. 1437).

[12] Ebda., S. 1440.

munistischen Polemik gegen Noske darstellt. Ein neueres Beispiel dafür ist der Aufsatz von Wolfgang Ruge »Gustav Noske. ›Bluthund‹ der Konterrevolution«[13] in dem von DDR-Autoren geschriebenen Sammelband »Gestalten und Gewalten«. Noske wird dort als »eine verabscheuungswürdige Symbolfigur des gemeinsten Klassenverrats«[14] bezeichnet; sein Name sei »für die revolutionären Massen zum Synonym des Begriffs ›Arbeiterschlächter‹«[15] geworden.

Mit diesen drei Arbeiten – von Czisnik, Rempel und Norden – ist die Liste der Schriften, die das Leben und Wirken Noskes in seiner Gesamtheit zu erfassen und zu würdigen versuchen, auch schon erschöpft. Bei allen Unterschieden im Urteil ist den drei Studien gemeinsam, daß sie von einer sehr dünnen Quellenbasis aus argumentieren.

Spezialstudien über einzelne Phasen von Noskes Leben

Neben den biographischen Skizzen liegt noch eine Reihe von Arbeiten vor, die sich mit bestimmten Phasen von Noskes Leben befassen, und dies teilweise mit sehr solider Quellenkenntnis.

Noskes Reichstagsreden 1906–18 hat sich H.-J. Torke[16] angesehen und einige durchgängig auffällige Aspekte aus seinen öffentlichen Stellungnahmen referiert, ohne sie allerdings im Kontext parteigeschichtlicher Positionen und aktueller Entwicklungen in der deutschen Sozialdemokratie werten zu können. Genau das ist dagegen H.-C. Schröder[17] mit seiner Monographie über Noskes kolonialpolitische Vorstellungen in vorbildlicher Weise gelungen. Sehr punktuell und oberflächlich bleibt der kurze Aufsatz von W. Böhnke[18] über einen Besuch Noskes an der Westfront im Herbst 1914.

Die bedeutsamste Phase in Noskes Leben, nämlich die Zeit von der Novemberrevolution 1918 bis zum Kapp-Lüttwitz-Putsch im März 1920, in der Noske Mitglied mehrerer Reichsregierungen war, ist bislang nicht zusammenhängend erforscht. Einen ersten problemorien-

13 Wolfgang Ruge, Gustav Noske. »Bluthund« der Konterrevolution. In: Gewalten und Gestalten. Miniaturen und Portraits der deutschen Novemberrevolution 1918/19, Leipzig, Jena, Berlin o.J. (1977), S. 195–206.

14 Ebda., S. 205.

15 Ebda., S. 204.

16 Hans-Joachim Torke, Zwischen Staat und Partei. Gustav Noskes Tätigkeit im kaiserlichen Reichstag. In: Archiv für Sozialgeschichte, Bd 4, 1964, S. 633–659; fortan zit.: Torke, Staat und Partei.

17 Schröder, Noske.

18 Werner Böhnke, Gustav Noskes Frontbesuch 1914. In: GWU 22 (1971), H. 7, S. 425–434; fortan zit.: Böhnke, Frontbesuch.

tierten Zugriff auf diese Phase unternahm Armin Benczek in seiner Studie »Machtgewinnung und Machtausübung in Zeiten des inneren Notstandes«[19]. Er untersuchte – auf der Basis veröffentlichten Materials – Noskes Anteil beim Aufbau der Streitkräfte, seine Personalpolitik, seinen Einfluß auf Organisation und Kommandostruktur der Reichswehr, sein Rechtsempfinden sowie seine Stellung zur Frage der Diktatur. Im übrigen wird Noskes Rolle in der ersten Jahreshälfte 1919 in nahezu allen Arbeiten, die der Übergangszeit vom Kaiserreich zur Weimarer Republik gewidmet sind, erwähnt, wobei gelegentlich das auf mangelnder Sachkenntnis beruhende Klischeedenken dominiert.

Im Jahre 1933 veröffentlichte der historisierende Schriftsteller Czech-Jochberg ein Buch über die Politiker der ersten deutschen Republik, das auch ein längeres Kapitel über Noske enthält[20]. Dessen Wirken wird verfolgt von seiner Ankunft in Kiel Anfang November 1918 bis zu seiner Flucht aus Berlin infolge des Militärputsches vom März 1920. Die Darstellung erhebt keinen wissenschaftlichen Anspruch. Gleichwohl vermag dieser in Dialogform geschriebene Text manche historische Szene stimmungsmäßig gut zu erfassen. Was die inhaltlich-politische Seite betrifft, so paßte das Buch Czech-Jochbergs insofern durchaus in die politische Landschaft des Jahres 1933, als der Autor seinen antiparlamentarischen Ressentiments[21] freien Lauf ließ. So kritisierte er als Noskes schwersten Fehler, daß er sich nicht vom Denken in den Kategorien sozialdemokratischer Parteipolitik zu lösen vermocht und sich einer vom »deutschen Geist«[22] durchglühten überparteilichen Politik verweigert habe[23]. Czech-Jochbergs Noske-Kapitel vermittelt einen guten Eindruck, wie Noske am Ende der Weimarer Republik aus einer deutschnationalen und an der Mentalität von Offizieren orientierten Sicht beurteilt wurde.

Dirk Dähnhardts wissenschaftliche Spezialstudie über die Revolution in Kiel[24] enthält wertvolle Informationen über die dortige Tätigkeit Noskes als Vorsitzender des Obersten Soldatenrates und als Gouverneur im November und Dezember 1918. Bei Susanne Millers Buch

[19] Armin Benczek, Machtgewinnung und Machtausübung in Zeiten inneren Notstandes. In: WWR 19 (1969), S. 23–40 und 105–111.

[20] Erich Czech-Jochberg, Die Politiker der Republik. Von Ebert bis Schleicher, Leipzig 1933. Das Noske-Kapitel S. 18–41.

[21] Vgl. ebda., S. 21 und 41.

[22] Ebda., S. 41.

[23] Anspielung auf das Ansinnen von Militärs, Noske im Sommer 1919 zum Militärdiktator zu machen.

[24] Dirk Dähnhardt, Revolution in Kiel. Der Übergang vom Kaiserreich zur Weimarer Republik 1918/19, Neumünster 1978 (= Mitteilungen der Gesellschaft für Kieler Stadtgeschichte, Bd 64); fortan zit.: Dähnhardt, Revolution.

über die Geschichte der deutschen Sozialdemokratie 1918–1920[25] und Heinrich August Winklers Darstellung der Geschichte der Arbeiter und der Arbeiterbewegung 1918–1924[26] handelt es sich um die einzigen Darstellungen, die auch die von der historischen Forschung bislang fast völlig ausgesparte Zeit vom Sommer 1919 bis zum Frühjahr 1920[27] abdecken. In jene Monate fielen der Aufbau der Reichswehr und des Reichswehrministeriums, aber auch die Vorgeschichte des Kapp-Lüttwitz-Putsches. Noskes Rolle vor und während dieses Ereignisses läßt sich teilweise dem Standardwerk von Johannes Erger[28] entnehmen.

Nach seinem Sturz als Reichswehrminister war Noske 13 Jahre lang Oberpräsident der preußischen Provinz Hannover. Mit dieser Tätigkeit als Chef einer hohen Verwaltungsbehörde befaßte sich Ernst Andrée[29] in einer Publikation »Niedersächsische Lebensbilder« aus dem Jahre 1954. Da Andrée Noske persönlich kannte[30] und ihn offenbar sehr bewunderte, können diejenigen Passagen seiner Schilderung besonderes Interesse beanspruchen, in denen über Noskes Charaktereigenschaften und Gewohnheiten berichtet wird. Was das Faktographische angeht, kann Andrées Aufsatz nach dem Vorliegen der umfangreichen Dissertation von Günther Bode über Noskes Tätigkeit als Oberpräsident der Provinz Hannover[31] als überholt gelten. Bode hat in langjähriger Forschungsarbeit das gesamte Aktenmaterial des Hannoverschen Oberpräsidiums gesichtet und ausgewertet[32]. Seine Arbeit berücksichtigt die politische und die Verwaltungs-Tätigkeit Noskes als Oberpräsident ebenso wie seine Versuche, in die Reichspolitik zurückzukehren. Die Art und Weise, wie Noske das Amt des Oberpräsidenten ausübte, wird jeweils vor dem Hintergrund der politischen Geschichte der Weimarer Republik beleuchtet.

[25] Susanne Miller, Die Bürde der Macht. Die deutsche Sozialdemokratie 1918–1920, Düsseldorf 1978 (= Beiträge zur Geschichte des Parlamentarismus und der politischen Parteien, Bd 63); fortan zit.: Miller, Bürde.

[26] Heinrich August Winkler, Von der Revolution zur Stabilisierung. Arbeiter und Arbeiterbewegung in der Weimarer Republik 1918–1924, Bonn 1984; fortan zit.: Winkler, Von der Revolution.

[27] Gebhardts Handbuch der deutschen Geschichte, Bd 4, Stuttgart 1959, behandelt z.B. nach § 25 »Die Weimarer Reichsverfassung« übergangslos im § 26 den »Kapp-Putsch«.

[28] Johannnes Erger, Der Kapp-Lüttwitz-Putsch. Ein Beitrag zur deutschen Innenpolitik 1919/20, Düsseldorf 1967 (= Beiträge zur Geschichte des Parlamentarismus und der politischen Parteien, Bd 35); fortan zit.: Erger, Kapp-Lüttwitz-Putsch.

[29] Ernst Andrée, Gustav Noske 1868–1946. In: Niedersächsische Lebensbilder, Bd 2, Hildesheim 1954, S. 248–260; fortan zit.: Andrée, Noske.

[30] Vgl. ebda., S. 256, wo über einen gemeinsamen geselligen Abend mit Noske berichtet wird. Andrée befragte auch drei weitere Persönlichkeiten – die Herren Barth, Zopfs und Weber –, die mit Noske gut bekannt waren. Siehe ebda., S. 259, Quellen.

[31] Günther Bode, Gustav Noske als Oberpräsident der Provinz Hannover 1920–1933, Phil. Diss. Karlsruhe 1982; fortan zit.: Bode, Noske.

[32] Aus diesem Grunde kann hier auf eine erneute Auseinandersetzung mit diesem Quellenbestand verzichtet werden.

Beide Autoren, die sich mit Noske in seiner Oberpräsidentenzeit befaßt haben, zeichnen von seiner Persönlichkeit und seinem politischen Wirken ein sehr positives Bild. Dieser übereinstimmende Befund wirft – von der politischen Position Andrées und Bodes einmal abgesehen – die Frage auf, ob das Oberpräsidentenamt Noske angemessener war als das des Reichswehrministers, oder aber, ob es wirklich die Militärfrage war, die ihn politisch scheitern ließ.

Eine kurze, aber charakteristische Episode im Leben Noskes, nämlich die Prozedur seiner Entlassung als Oberpräsident durch die Nationalsozialisten sowie sein Kampf um die Pensionsbezüge, schildert Werner Böhnke[33] in einem weiteren kleinen Aufsatz, der jedoch durch einen entsprechenden Abschnitt in der Arbeit Bodes[34] künftig entbehrlich ist.

Gründe für das bisherige Fehlen einer wissenschaftlichen Noske-Biographie

Diese alles in allem doch ansehnliche Zahl von historischen Arbeiten über Gustav Noske belegt ein anhaltendes wissenschaftliches und politisches Interesse an seiner Person. Gleichwohl stellen diese Untersuchungen für den Biographen nur Mosaiksteine dar. Auch in der Zusammenschau ergeben sie noch lange kein quellenmäßig gesichertes Noske-Bild.

Das vielfach bedauerte Fehlen einer wissenschaftlichen Noske-Biographie erklärt sich unter anderem aus diesem unbefriedigenden Forschungsstand. Dieser resultiert seinerseits aus der prekären Quellenlage, auf die noch näher einzugehen sein wird. Mancher Interessent an einer biographischen Darstellung Noskes kam angesichts des Tatbestandes, daß die maßgeblichen Quellen verloren gingen, zu dem Ergebnis, daß sich mit diesem Thema schon aus rein historisch-handwerklichen Gründen keine wissenschaftlichen Lorbeeren würden verdienen lassen.

Eine weitere Ursache mag in der Identifikationsproblematik zu suchen sein. Das heißt, daß bestimmte Historiker sich schon aufgrund ihres Vorwissens über Noske innerlich sträubten, sich mit dem Leben und der Politik dieses Mannes intensiv zu befassen, mit dem es für sie – vermutlich – kaum eine Möglichkeit der Identifikation gab.

[33] Werner Böhnke, Gustav Noskes Entlassung als Oberpräsident der Provinz Hannover. In: Niedersächsisches Jahrbuch für Landesgeschichte, Bd 37, Hildesheim 1965, S. 122–134; fortan zit.: Böhnke, Noskes Entlassung.

[34] Bode, Noske, S. 1173 ff.: »Noskes Entlassung und sein Kampf gegen ›Infamierung‹ und um seine Pension«.

Die extrem unterschiedlichen Urteile über Noske sind bereits angesprochen worden. Der Tatbestand, daß bis heute, aus welchen Gründen auch immer, die kritischen und um Gerechtigkeit bemühten Urteile fehlen, daß statt dessen das konservative Lob und die kommunistische Verurteilung dominieren, stellt den Biographen vor eine wissenschaftlich reizvolle Aufgabe.

Im Umkreis der Sozialdemokratie kann man gelegentlich die nicht näher qualifizierte Meinung hören, Noske sei bei den Historikern doch wohl allzu schlecht weggekommen. Gleichwohl gilt er bei denselben Sozialdemokraten bis heute als nicht vorzeigbar, weshalb sich wohl auch kein den Sozialdemokraten nahestehender Historiker bislang mit diesem umstrittenen Politiker befassen mochte: Berührungsangst mit einem Antityp. Daher ist übrigens auch das oben referierte Interpretationsmuster Albert Nordens[35], das auf einer Gleichsetzung von SPD und Noske basiert, letztlich nicht stimmig.

Zu den genannten fünf Gründen für das bisherige Fehlen einer Noske-Biographie – unbefriedigender Forschungsstand, prekäre Quellenlage, Identifikationsproblematik, extrem unterschiedliche Urteile, Berührungsangst – mochte sich bei dem einen oder anderen Historiker die Vermutung gesellen, daß Noske zwar zu einer bestimmten Phase der deutschen Geschichte ein wichtiger Politiker war, von ihm aber nur wenig individuelle Faszination ausging – eine Einstellung, die übrigens auch die wissenschaftliche Beschäftigung mit dem politischen Wirken Friedrich Eberts[36] gelegentlich behinderte.

3. Quellen

Die literarische Hinterlassenschaft Noskes

Die literarische Hinterlassenschaft Noskes umfaßt fünf Schriften, die als selbständige Buchpublikationen erschienen sind:

35 Zum Beweis seiner Auffassung, daß die SPD-Führung im Jahre 1968, zur 50. Wiederkehr der Novemberrevolution, »ein prinzipielles Bekenntnis zu Noske und seiner Politik« abgelegt habe, wird der »SPD-Pressedienst« vom 24. Oktober 1968 zitiert, wo es heißt, Noske habe verhindert, »daß die gerade im Entstehen begriffene Republik in einen Rätestaat mit kommunistischem Profil abglitt«. Norden, Noske, S. 1441. Die von Norden vorgenommene Schlußfolgerung ist jedoch unzutreffend. Denn sie läßt unberücksichtigt, daß die SPD es war, die Noske politisch aus dem Verkehr zog und auch nach seinem Tode keine ernsthaften Anstalten machte, ihn in den Bestand ihrer Parteitradition aufzunehmen.

36 Vgl. dazu die entsprechenden Bemerkungen von Peter-Christian Witt, Friedrich Ebert. Parteiführer, Reichskanzler, Volksbeauftragter, Reichspräsident. In: Friedrich Ebert 1871–1925. Hrsg. v. d. Friedrich-Ebert-Stiftung, Bonn, Bonn ²1980; fortan zit.: Witt, Friedrich Ebert.

- Das Buch »Kolonialpolitik und Sozialdemokratie«[37] aus dem Jahre 1914.
- Eine zusammen mit dem sozialdemokratischen Journalisten Adolph Koester geschriebene Artikelserie über einen Frontbesuch im Herbst 1914, die nachher als Broschüre mit dem Titel »Kriegsfahrten durch Belgien und Nordfrankreich 1914«[38] herauskam.
- »Wie ich wurde«, eine im Gespräch entstandene, kurze Selbstbiographie[39], die 1919 veröffentlicht wurde, als man sich in Deutschland für den Werdegang des ersten sozialdemokratischen Reichswehrministers interessierte.
- Die bereits 1920 niedergeschriebenen und sogleich unter dem Titel »Von Kiel bis Kapp«[40] veröffentlichten Revolutionserinnerungen Noskes.
- Schließlich das Memoirenwerk. Noske verfaßte es in den dreißiger Jahren und schloß es 1936 ab. Es wurde aber erst nach dem Ende des Zweiten Weltkrieges publiziert, und zwar 1947 in Zürich[41] und dann in Offenbach[42].

Erwähnenswert ist weiterhin eine Reihe von Aufsätzen, unter denen die folgenden hervorzuheben sind:

- Ein Aufsatz aus dem Jahre 1915, in dem die Haltung der Sozialdemokratie im Kriege dargestellt wird[43];
- mehrere aus den Weltkriegsjahren stammende Aufsätze zu kolonialpolitischen Fragen[44];
- eine Ende März 1920 veröffentlichte Artikelserie über den Kapp-Lüttwitz-Putsch[45];
- schließlich ein Buchbeitrag »Die Abwehr des Bolschewismus«[46], der 1928 zum 10-jährigen Bestehen der Weimarer Republik in einem repräsentativen Sammelwerk publiziert wurde.

[37] Gustav Noske, Kolonialpolitik und Sozialdemokratie, Stuttgart 1914; fortan zit.: Noske, Kolonialpolitik.

[38] Adolph Koester und Gustav Noske, Kriegsfahrten durch Belgien und Nordfrankreich 1914, Berlin 1914; fortan zit.: Koester/Noske, Kriegsfahrten.

[39] Gustav Noske, Wie ich wurde, Berlin 1919; fortan zit.: Noske, Wie ich wurde.

[40] Gustav Noske, Von Kiel bis Kapp. Zur Geschichte der deutschen Revolution, Berlin 1920. Siehe den Verlagsvertrag vom 7. 4. 1920. In: Archiv der sozialen Demokratie (AdsD), Nachlaß Noske, Teil I, Dok. Nr. 18; fortan zit.: Noske, Kiel bis Kapp.

[41] Gustav Noske, Aufstieg und Niedergang der deutschen Sozialdemokratie. Erlebtes aus Aufstieg und Niedergang einer Demokratie, Zürich 1947.

[42] Gustav Noske, Erlebtes aus Aufstieg und Niedergang einer Demokratie, Offenbach/M.; fortan zit.: Noske, Erlebtes.

[43] Gustav Noske, Der Krieg und die Sozialdemokratie. In: Friedrich Thimme und Carl Legien (Hrsg.), Die Arbeiterschaft im neuen Deutschland, Leipzig 1915, S. 12–20; fortan zit.: Noske, Der Krieg und die Sozialdemokratie.

[44] Siehe die Quellenangaben im Kapitel III/2 »Noskes Kolonialpolitik«.

[45] Gustav Noske, Reichwehr und Kapp-Putsch. 2 Teile. In: Vorwärts Nr. 160 vom 27. 3. 1920 und Nr. 162 vom 28. 3. 1920, jeweils Beilage.

[46] Gustav Noske, Die Abwehr des Bolschewismus. In: Zehn Jahre deutsche Geschichte 1918–1928, Berlin ^{2}1928, S. 21–38; fortan zit.: Noske, Abwehr.

Zur literarischen Hinterlassenschaft Noskes gehören auch die vielen Presseartikel, die Noske als Redakteur mehrerer sozialdemokratischer Zeitungen, besonders der Chemnitzer »Volksstimme«, bei der er von 1905–1918 tätig war, geschrieben hat. Sie wurden, soweit zugänglich[47], hier erstmals ausgewertet.

Nachlaßsplitter

Vom schriftlichen Nachlaß Noskes[48] sind nur Bruchstücke erhalten geblieben, die zudem nur wenige historisch bedeutsame Stücke enthalten. Der Hauptnachlaß geriet bei der Verhaftung Noskes durch die Gestapo am 22. Juli 1944[49] derart in Unordnung, »daß er wertlos erschien und auf Veranlassung Noskes oder seiner Angehörigen eingestampft wurde«[50]. Ein erhalten gebliebener Teil des Nachlasses, hauptsächlich bestehend aus gedruckten Reden Noskes und Zeitungsartikeln von und über Noske aus den Jahren 1901–1941, befindet sich im Koblenzer Bundesarchiv[51]. Ein anderer Teil, ebenfalls im wesentlichen aus gedrucktem Material sowie einer Fotosammlung und Familiendokumenten bestehend, lagert im Archiv der sozialen Demokratie in Bonn-Bad Godesberg[52]. Ein dritter Teilnachlaß, der bislang im schwer zugänglichen Deutschen Zentral-Archiv (DZA) in Potsdam aufbewahrt wurde, konnte auf Anregung des Verfassers im Jahre 1982 vom Bundesarchiv erworben werden[53].

[47] Mikrofilme der Jahrgänge 1915–1917 der Chemnitzer »Volksstimme« befinden sich im AdsD Bonn-Bad Godesberg. Die vollständigste Sammlung der »Volksstimme«, nämlich der Jahrgänge 1912–1918, befindet sich im Stadtarchiv von Karl-Marx-Stadt.

[48] Vgl. die Übersicht in Wolfgang A. Mommsen, Die Nachlässe in den deutschen Archiven, Boppard a. Rh. 1971, Nr. 2683, S. 360 (= Schriften des Bundesarchivs, Bd 17); erw. Neuauflage 1983, Teil II, Nr. 6569, S. 997; fortan zit.: Mommsen, Nachlässe (1983).

[49] Datumsangabe nach dem im Frühjahr 1946 von Noske verfaßten Vorwort zu seinem Buch: Erlebtes, S. XVI.

[50] Nachlaß des Oberpräsidenten Gustav Noske, Reichswehrminister a.D., M.d.R., Vorbemerkung im Findbuch des Bundesarchivs. Siehe auch: Mommsen, Nachlässe (1983), S. 997.

[51] Bundesarchiv (BA), Nachlaß Noske, NL 46. Kurzbeschreibung in: Das Bundesarchiv und seine Bestände, Boppard a.Rh. [3]1977, S. 611.

[52] AdsD, Nachlaß Noske. Kurzbeschreibung in: Archiv der sozialen Demokratie. Übersicht über die Archivbestände, Bonn-Bad Godesberg 1973, S. 33.

[53] Hierfür sei dem Bundesarchiv an dieser Stelle noch einmal gedankt. Das Material aus der DDR wurde in den Nachlaß Noske des Bundesarchivs eingegliedert (Nr. 16–23).

Gedruckte Quellen

In seiner politischen Laufbahn trat Noske in erster Linie als Redner hervor, nicht als politischer Schriftsteller. Eine große Anzahl seiner Reden ist erhalten geblieben, teils im Wortlaut, teils in der Form von Kurzprotokollen. Dies gilt für die Reden im Plenum des Reichstages[54] und der Nationalversammlung[55] sowie auf den Parteitagen der SPD[56]. Als Wortprotokolle liegen ebenfalls Noskes Ausführungen in der 1916 von der Reichsregierung eingesetzten »Kommission für die Überprüfung der Kriegslieferungen« vor[57]. Zum Teil wörtlich, zum Teil aber auch nur in Stichworten sind Noskes Redebeiträge im Hauptausschuß des Reichstages[58], in der sozialdemokratischen Reichstagsfraktion[59], in der mehrheitssozialdemokratischen Nationalversammlungs-Fraktion[60] sowie in den Reichskonferenzen und Parteiausschußsitzungen der SPD[61] zugänglich. Dasselbe gilt für seine Wortmeldungen im Rat der Volksbeauftragten[62] sowie in den Kabinetten Scheidemann[63] und Bauer[64].

54 Vgl. Stenographische Berichte über die Verhandlungen des Reichstages, 1906–1918; fortan zit.: Verhandlungen RT, mit Nr. des Bandes.

55 Vgl. Verhandlungen der verfassungsgebenden Deutschen Nationalversammlung. Stenographische Berichte 1919/20; fortan zit.: Verhandlungen NV, mit Nr. des Bandes.

56 Vgl. die Protokolle über die Verhandlungen der Parteitage der Sozialdemokratischen Partei Deutschlands 1900–1925; fortan zit.: Protokoll SPD-Parteitag, Ort und Jahr.

57 Kommission für die Überprüfung der Kriegslieferungen. Stenographische Berichte der 1.–17. Sitzung (1916–1918). Druckstücke. In: BA-MA RM 3/v. 7763 und RM 3/v. 11043–11045 (hier erstmals ausgewertet); fortan zit.: Kommission Kriegslieferungen.

58 Der Hauptausschuß des Deutschen Reichstages 1915–1918, 4 Bde. Bearb. von Reinhard Schiffers u.a., Düsseldorf 1981/82 (= Quellen zur Geschichte des Parlamentarismus und der politischen Parteien, Reihe 1, Bd 9/I–IV); fortan zit.: Hauptausschuß, mit Angaben des Sitzungsdatums.

59 Die Reichstagsfraktion der deutschen Sozialdemokratie 1898 bis 1918. 2 Teile. Bearb. von Erich Matthias und Eberhard Pikart, Düsseldorf 1966 (= Quellen zur Geschichte des Parlamentarismus und der politischen Parteien, 1. Reihe, Bde 3, I und II); fortan zit.: SPD-Reichstagsfraktion.

60 Protokolle der MSPD-Nationalversammlungs-Fraktion 1919/20. Originale in: International Instituut voor Sociale Geschiedenis (IISG) Amsterdam. Mikrofilme in: AdsD, Bonn-Bad Godesberg. – Nicht mehr berücksichtigt werden konnte Heinrich Potthoff/Hermann Weber (Bearb.), Die SPD-Fraktion in der Nationalversammlung 1919–1920, Düsseldorf 1986 (= Quellen zur Geschichte des Parlamentarismus und der politischen Parteien, 3. Reihe, Bd 7).

61 Protokolle der Sitzungen des Parteiausschusses der SPD 1912 bis 1921, 2 Bde. Hrsg. von Dieter Dowe, Berlin, Bonn 1980; fortan zit.: SPD-Parteiausschuß.

62 Die Regierung der Volksbeauftragten 1918/19, 2 Bde. Eingeleitet von Erich Matthias. Bearb. von Susanne Miller unter Mitwirkung von Heinrich Potthoff, Düsseldorf 1969 (= Quellen zur Geschichte des Parlamentarismus und der politischen Parteien, 1. Reihe, Bde 6/I und II); fortan zit.: Die Regierung der Volksbeauftragten.

63 Das Kabinett Scheidemann. 13. 2. bis 20. 6. 1919. Bearb. v. Hagen Schulze, Boppard a.Rh. 1971 (= Akten der Reichskanzlei. Weimarer Republik, Bd 3); fortan zit.: Kabinett Scheidemann.

64 Das Kabinett Bauer. 21. 6. 1919 bis 27. 3. 1920. Bearb. v. Anton Golecki, Boppard a. Rh. 1980 (= Akten der Reichskanzlei. Weimarer Republik); fortan zit.: Kabinett Bauer.

Manche seiner Reden vor Parteigremien oder in öffentlichen Veranstaltungen konnten durch Presseberichte in der Tageszeitung der Mehrheitssozialdemokraten, dem »Vorwärts«[65], oder im Organ der USPD, »Freiheit«[66], rekonstruiert werden. Diese Zeitungen, deren Ausgaben vom November 1918 bis zum März 1920 durchgesehen und ausgewertet wurden, erwiesen sich darüber hinaus als eine wichtige Quelle für Noskes Reichswehrministerzeit insgesamt.

Der Verlust der Akten des Reichswehrministeriums

Die schwerwiegendste Lücke in dem für eine Noske-Biographie relevanten Quellenmaterial ist gerade dort vorhanden, wo Noske seine historische Rolle als Reichswehrminister spielte. »Die fast vollständige Vernichtung der Bestände des früheren Heeresarchivs durch den Luftangriff vom 14. April 1945 auf Potsdam und die Verbrennung der noch im Besitz des Oberkommandos der Wehrmacht befindlichen Akten beim militärischen Zusammenbruch haben der Forschung wesentliche Bestände aus dem Schriftgut des Reichswehrministeriums für immer entzogen. Die für seinen internen Gebrauch bestimmten Schriftstücke, Entwürfe, Akten und Vortragsnotizen usw. sind damit weithin verloren«[67]. Der einschlägige Quellenband zu »Militär und Innenpolitik«, der die Ära Noske abdeckt[68], ging daher den Weg, die vorhandene Lücke in der Quellenüberlieferung ersatzweise durch die Akten eines Wehrkreiskommandos[69] und anderes Material zu überbrücken. Aber weder diese Quellen noch die Akten der Militärministerien der Länder[70], die mit der Errichtung des Reichswehrministeriums aufgelöst wurden, also auch nur für die Vorgeschichte der Reichswehr und des

65 Vorwärts. Berliner Volksblatt. Zentralorgan der Sozialdemokratischen Partei Deutschlands. Jge. 1918–1920. AdsD, Mikrofilm.

66 Freiheit. Berliner Organ der Unabhängigen Sozialdemokratie Deutschlands. Jge. 1918–1920. Universitätsbibliothek Freiburg, Mikrofilm.

67 Zwischen Revolution und Kapp-Putsch. Bearb. von Heinz Hürten, Düsseldorf 1977, Einleitung S. XLIII (= Quellen zur Geschichte des Parlamentarismus und der politischen Parteien, 2. Reihe, Bd 2); fortan zit.: Zwischen Revolution. Siehe auch: Das Bundesarchiv und seine Bestände. ³1977, S. 189, und Bernhard Poll, Vom Schicksal der deutschen Heeresakten und der amtlichen Kriegsgeschichtsschreibung. In: Der Archivar 6 (1953), Sp. 65–76, hier Sp. 71; sowie Friedrich-Christian Stahl, Die Organisation des Heeresarchivwesens in Deuschland 1936–1945. In: Aus der Arbeit des Bundesarchivs, Boppard a. Rh. 1977, S. 69–101, hier: S. 90 f., 95.

68 Gemeint ist der soeben zitierte Band: Zwischen Revolution.

69 Nämlich des Generals v. Watter, Münster/Westfalen.

70 Eingesehen wurden die Akten des badischen Ministeriums für militärische Angelegenheiten im Generallandesarchiv Karlsruhe sowie die Akten des bayerischen Militärministeriums im Bayerischen Hauptstaatsarchiv und die des württembergischen Kriegsministeriums im Hauptstaatsarchiv Stuttgart.

Reichswehrministeriums von Interesse sind, können einen annähernden Ersatz für den Verlust der Akten des Reichswehrministeriums bieten. Die Quellenbasis für Aussagen über Noskes persönlichen Stab, über die Art und Weise, wie er als Minister die Funktionen des politisch verantwortlichen Kopfes, des gelegentlichen Oberbefehlshabers und des Verwaltungschefs ausübte, bleibt daher schmal. Die Hinweise in den publizierten Erinnerungen[71] und den Nachlässen[72] von Offizieren, mit denen Noske zusammenarbeitete – z.B. Groener, Walther Reinhardt, Seeckt, Lüttwitz, Pabst, van den Bergh, B. v. Hülsen, Mentzel, Mittelberger, Hahn, Böhm, Wilhelm Reinhard und anderen – lassen zumindest erkennen, wie Noske aus deren Interessenlage und Politikverständnis heraus eingeschätzt wurde. Ein Nachlaß des engsten Mitarbeiters Noskes, des Majors Erich von Gilsa, der zunächst sein militärischer Adjutant und dann der Chef seines persönlichen Stabes war, hat sich leider nicht auffinden lassen[73]. Einige wenige Informationen über die Arbeit im Stabe Noskes enthält der Nachlaß des württembergischen Hauptmanns Eugen Hahn[74].

Die wichtigsten Befehle, Verordnungen und Weisungen, die Noske als Volksbeauftragter für Heer und Marine sowie als Reichswehrminister unterzeichnete, sind im Armee-, Heeres- und Marineverordnungsblatt[75] abgedruckt; die einschlägigen Gesetze im Reichsgesetzblatt[76].

[71] Wilhelm Groener, Lebenserinnerungen. Jugend, Generalstab, Weltkrieg. Hrsg. von Friedrich Frhr. Hiller v. Gaertringen, Göttingen 1957 (= Deutsche Geschichtsquellen des 19. und 20. Jahrhunderts, Bd 41), fortan zit.: Groener, Lebenserinnerungen; Fritz Ernst, Aus dem Nachlaß des Generals Walther Reinhardt. In: Die Welt als Geschichte XVIII, Stuttgart 1958, S. 39–65 und 67–121, Sonderdruck Stuttgart 1958, fortan zit.: Ernst, Nachlaß Reinhardt; Walther Freiherr v. Lüttwitz, Im Kampf gegen die Novemberrevolution, Berlin 1934, fortan zit.: Lüttwitz, Kampf; Waldemar Pabst, »Spartakus«. In: Revolutionen der Weltgeschichte. Hrsg. v. Wulf Bley u. a., München 1933, S. 750–762; unveränderter Wiederabdruck in: Deutscher Aufstand. Die Revolution des Nachkriegs. Hrsg. v. Kurt Hotzel, Stuttgart 1934, S. 28–44, fortan zit.: Pabst, Spartakus; ders.: Das Kapp-Unternehmen. In: Der Angriff. Hrsg. von Joseph Goebbels, Nr. 193 vom 24. 9. 1932 bis Nr. 199 vom 1. 10. 1932 (Mikrofilm in: AdsD, Bonn-Bad Godesberg); unveränderter Wiederabdruck dieses Aufsatzes in: Revolutionen der Weltgeschichte. Hrsg. v. Wulf Bley u. a., München 1933, S. 827–838, hiernach fortan zit.: Pabst, Kapp-Unternehmen; Adjutant im Preußischen Kriegsministerium Juni 1918 bis Oktober 1919. Aufzeichnungen des Hauptmanns Gustav Böhm. Hrsg. und bearb. von Heinz Hürten und Georg Meyer, Stuttgart 1977, fortan zit.: Aufzeichnungen Böhm; Wilhelm Reinhard, 1918–19. Die Wehen der Republik, Berlin 1933, fortan zit.: Reinhard, Wehen.

[72] Die Aufbewahrungsorte der Offiziers-Nachlässe sind im Quellenverzeichnis nachgewiesen.

[73] Nachforschungen beim Bundesarchiv Koblenz, beim Bundesarchiv-Militärarchiv in Freiburg i. Br., beim Bayerischen Hauptstaatsarchiv in München, beim Hessischen Staatsarchiv Marburg, bei den beiden Töchtern Erich v. Gilsas, Frau Beatrix Fleischmann (Düsseldorf) und Frau Barbara Humbert (Gauting bei München) und bei weiteren Verwandten v. Gilsas in Hessen (Neuental-Gilsa) blieben erfolglos.

[74] Hahn gehörte 1919 dem Stabe Noskes an. Sein Nachlaß befindet sich im HStA Stuttgart.

[75] Armee-Verordnungsblatt. Hrsg. vom [Preußischen] Kriegsministerium, Berlin 53 (1919); fortan zit.: AVBl. Das AVBl stellte am 21. 8. 1919 sein Erscheinen ein und

Bei kritischer Benutzung sind weiterhin die auf der Kenntnis des später vernichteten Quellenmaterials des Reichswehrministeriums beruhenden »Darstellungen aus den Nachkriegskämpfen deutscher Truppen und Freikorps«[77] sowie die Revolutionsgeschichte des ehemaligen Offiziers und Archivars Erich Otto Volkmann[78] und Karl Demeters Geschichte des deutschen Offizierkorps[79] mit Gewinn zu verwenden.

4. Kontrovers bis heute

Gelegentlich vermag der Name Noske noch heute lebhafte tagespolitische Auseinandersetzungen zu stimulieren, was als ein sicheres Anzeichen dafür gewertet werden kann, daß sich irgendeine aktuelle Botschaft mit ihm verbindet und daß ein historisch abgeklärtes, allseits akzeptierbares Urteil über sein Wirken bislang nicht vorhanden ist. Noske war und ist ein Konfliktthema, an dem sich die Geister scheiden. Wenn über seine Politik gestritten wird, so geht es in der Regel zugleich – über die Person Noskes hinaus – um eine bestimmte Deutung des für die deutsche Geschichte so bedeutungsvollen Knotenpunkts 1918/19.

Charakteristisch für diesen Sachverhalt war ein im Jahre 1982 in der schleswig-holsteinischen Landeshauptstadt Kiel öffentlich geführter Disput um das Für und Wider der Benennung einer Straße oder eines Parks nach Gustav Noske. Den Anlaß dazu gab ein Historiker, der bereits in den fünfziger Jahren die für das damalige Geschichtsverständnis charakteristische Interpretation[80] vertreten hatte, es sei in der deutschen Revolution von 1918/19 um die Alternative Rätestaat oder parlamentarische Demokratie gegangen, wobei mit »Rätestaat« die Gefahr einer »bolschewistischen« Revolution gemeint war.

Anläßlich der Verleihung des Kieler Kulturpreises (1982) an ihn

wurde ersetzt durch das Heeres-Verordnungsblatt. Hrsg. v. Reichswehrministerium, Berlin 1 (1919), bzw. durch das Marine-Verordnungsblatt; fortan zit.: HVBl bzw. MVBl.

76 Reichsgesetzblatt 1918–1920; fortan zit.: RGBI.

77 8 Bde. Im Auftrage des Reichskriegsministeriums bearb. u. hrsg. von der Forschungsanstalt für Kriegs- und Heeresgeschichte, Berlin 1936–1942.

78 Erich Otto Volkmann, Revolution über Deutschland, Oldenburg 1930.

79 Karl Demeter, Das deutsche Offizierkorps in seinen historisch-soziologischen Grundlagen, Berlin 1930. Neuauflage: Das Deutsche Offizierkorps in Gesellschaft und Staat 1650–1945, Frankfurt/M. [4]1965; fortan zit.: Demeter, Das Deutsche Offizierkorps.

80 Karl Dietrich Erdmann, Die Zeit der Weltkriege (= B. Gebhardt, Handbuch der deutschen Geschichte, Bd 4), Stuttgart [8]1959, S. 87, § 20: »Rätestaat oder parlamentarische Demokratie?« Im Kern hat Erdmann diese Interpretation auch später nicht revidiert. Siehe ders., Rätestaat oder parlamentarische Demokratie. Neuere Forschungen zur Novemberrevolution 1918 in Deutschland, Kopenhagen 1979.

machte der Historiker K. D. Erdmann den Vorschlag, eine Straße der Stadt Kiel nach Noske zu benennen. Noske, argumentierte er, habe ebenso wie der aus Kiel stammende Gewerkschaftsführer Carl Legien[81] »dazu beigetragen, daß die von Kiel ausgehende Revolution im Endergebnis nicht zu einem Rätestaat, sondern über die demokratisch gewählte Nationalversammlung zur parlamentarischen Weimarer Republik führte«[82]. Dieser Geschichtsdeutung zufolge war es also Noskes historisches Verdienst, verhindert zu haben, daß in Deutschland ein Rätestaat nach bolschewistischem Muster entstand.

Demgegenüber haben wir der neueren Revolutionsforschung[83] die Erkenntnis zu verdanken, daß eine »bolschewistische Gefahr« während der Revolutionsmonate in Deutschland tatsächlich nicht in der früher angenommenen Weise bestand. Die 1918/19 durch Arbeiter- und Soldatenräte repräsentierte Massenbewegung war in ihrer politischen Haltung überwiegend sozialdemokratisch geprägt[84] und damit parlamentarisch orientiert. Das beweisen nicht zuletzt die Entscheidungen des Reichsrätekongresses Mitte Dezember 1918. Erst im Laufe des Jahres 1919 radikalisierte sich ein Teil der Massenbewegung, nicht zuletzt als Reaktion auf die allzu zaghafte Politik der Reichsregierung[85]. In dieser Phase gab es in der Massenbewegung auch starke antiparlamentarische und rätedemokratische Tendenzen.

Die Reaktion der Kieler politischen Parteien auf Erdmanns Vorschlag war sehr bezeichnend. Denn nicht die SPD, der Noske zeitlebens angehört hatte, sondern die CDU-Ratsherrenfraktion der Stadt setzte sich nun für einen »Gustav-Noske-Park«[86] ein. Ihre Begrün-

[81] Legien war Vorsitzender der Generalkommission der Gewerkschaften und sozialdemokratischer Reichstagsabgeordneter für den Wahlkreis Kiel.

[82] Festrede von Professor Karl Dietrich Erdmann anläßlich der Verleihung des Kieler Kulturpreises am 21. 6. 1982. Veröffentlicht vom Präsidium der Universität Kiel, Informations- und Pressestelle, u. d. T.: K. D. Erdmann – Kulturpreis 1982, Kiel 1982, S. 48 f.

[83] Zum Forschungsstand vgl. den problemorientierten Literaturbericht von Reinhard Rürup, Demokratische Revolution und »dritter Weg«. Die deutsche Revolution von 1918/19 in der neueren wissenschaftlichen Diskussion. In: Geschichte und Gesellschaft 9 (1983), S. 278–301, fortan zit.: Rürup, Demokratische Revolution. Der Forschungsstand wird hauptsächlich repräsentiert durch die Arbeiten von Kolb (1962), v. Oertzen (1963), Rürup (1968), Matthias (1970), Kluge (1975) und Miller (1978). Die Fülle der Quelleneditionen und regional- und lokalgeschichtlichen Untersuchungen über die deutsche Revolution von 1918/19 ist dokumentiert in der Übersicht von Georg P. Meyer, Bibliographie zur deutschen Revolution 1918/19, Göttingen 1977.

[84] Rürup, Demokratische Revolution, S. 288.

[85] Zu dieser zweiten, radikaleren Phase der Massenbewegung, die bislang noch nicht in ähnlich intensiver Weise erforscht wurde wie die erste, vgl. die Untersuchung von Wolfgang J. Mommsen, Die deutsche Revolution 1918–1920. Politische Revolution und soziale Protestbewegung. In: Geschichte und Gesellschaft, 4 (1978), S. 362–391; fortan zit.: W. J. Mommsen, Die deutsche Revolution.

[86] Siehe den Artikel: »CDU schlägt vor: Noske-Park«. In: Kieler Nachrichten vom 15. 9. 1982.

dung[87] lautete, Noske sei ein »Vorbild für unsere Demokratie«; ihm sei als Beauftragtem der Reichsregierung und Gouverneur von Kiel »die Eindämmung der hiesigen revolutionären Bewegungen gelungen«, und im Rat der Volksbeauftragten habe er sich »große Verdienste bei der Überleitung der Monarchie in eine parlamentarisch verfaßte Republik erworben«. Dieselbe CDU hatte in Kiel übrigens wenige Monate zuvor die Einweihung eines – von den Sozialdemokraten durchgesetzten – Revolutionsdenkmals boykottiert[88], weil sie, wie es hieß, den »Meuterern« kein Denkmal gesetzt sehen wollte. Schon damals hatte sie vorgeschlagen, statt der Erinnerung an die Kieler Revolution vom November 1918 eine Ehrung des Ordnungspolitikers Noske vorzusehen. Die Sozialdemokraten kamen sichtlich in Verlegenheit. Ihre Scheu, sich mit dem von rechts hofierten ehemaligen Reichswehrminister zu identifizieren, machte sich in einigen Ablenkungsmanövern Luft. So schlug der schleswig-holsteinische Landesverband der Arbeitsgemeinschaft sozialdemokratischer Juristen (AsJ) vor, anstelle von Noske einen anderen prominenten Sozialdemokraten zu ehren, nämlich den ehemaligen Kieler Reichstagsabgeordneten, Strafrechtsprofessor und Rechtsphilosophen Gustav Radbruch[89], der in der Weimarer Republik auch kurzzeitig das Amt des Reichsjustizministers bekleidet hatte. Mit der Mehrheit der SPD und FDP lehnte die Kieler Ratsversammlung schließlich den »Noske-Park«-Vorschlag ab, weil man diese Frage, wie es hieß, im Rahmen der Ehrung einer größeren Anzahl von Persönlichkeiten der Weimarer Zeit behandelt sehen wollte[90].

Das parteipolitische Geplänkel in Kiel als Provinzposse abzutun, hieße zu verkennen, daß die dort im Umgang mit dem Namen Noske sichtbar gewordenen Argumentations- und Verhaltensmuster beispielhaft zu erhellen vermögen, wie umstritten Noske bis heute geblieben ist. Wenn es um die Wertung der Leistungen dieses Politikers geht, bilden sich seit jeher eigentümliche politische Konstellationen. Dies zeigte bereits der im vorigen Kapitel dargestellte Überblick über die wissenschaftlichen Untersuchungen, die sich mit dem Leben und Werk Noskes befassen.

Wenig verwundern wird die Feststellung, daß es bislang noch jedem sozialdemokratischen Politiker in Regierungsverantwortung, der dem Militär vorstand, widerfahren ist, in dieser oder jener Weise mit Nos-

[87] Wiedergegeben in dem Pressebericht: »CDU beantragt ›Gustav-Noske-Park‹«. In: Kieler Nachrichten vom 2. 10. 1982.

[88] Vgl. Gerhard Spörl, Ein Denkmal für Meuterer? Kiel tut sich schwer mit der Erinnerung an die Revolution von 1918. In: Die Zeit, Nr. 25, 18. 6. 1982, S. 12; sowie den Artikel: Die Revolution als Denkmal. In Kiel herrscht Streit über ein Monument für den Matrosenaufstand von 1918. In: Süddeutsche Zeitung, Nr. 117, 24. 5. 1982, S. 9.

[89] Siehe den Bericht »AsJ: Radbruch statt Noske«. In: Kieler Nachrichten vom 6. 8. 1982.

[90] Brief des Kieler Archivdirektors Dr. Jürgen Jensen vom 9. 11. 1982 an den Verfasser.

ke verglichen zu werden; von einer ungebrochenen Traditionslinie ist allerdings nur selten gesprochen worden, und dies mit Recht. Denn sowohl die zeitliche Distanz als auch die Unterschiedlichkeit der Zeitumstände verbieten es dem differenzierenden Betrachter, kurzschlüssige Parallelen zu ziehen.

Erinnerungen an Noske weckte selbst der Christdemokrat Theodor Blank[91], der in der zweiten deutschen Republik unter Bundeskanzler Konrad Adenauer erster Bundesverteidigungsminister wurde, und zwar weil er, wie Noske, aus der Gewerkschaftsbewegung kam. In den frühen fünfziger Jahren, als die Wiederbewaffnung der Bundesrepublik vorbereitet wurde, stellte ein in historischen Kategorien denkender Journalist die besorgte Frage, ob Blank wohl das werde leisten können, was der Sozialist Noske zu seiner Zeit als »der geeignete Mittelsmann zwischen Arbeitern und Armee«[92] zu leisten versucht hatte. Noske als Vermittler zwischen Armee und Arbeiterschaft zu charakterisieren, ist übrigens ein für Konservative typisches Interpretationsmuster. Häufig diente es dem Versuch, den »wehrfreudigen« Noske gegen seine Partei, die SPD, auszuspielen[93], die dem Militär gegenüber angeblich seit jeher eine zwiespältige Haltung eingenommen habe[94]. So unternahm es beispielsweise der Publizist Winfried Martini mehrfach[95], Gustav Noske zum Märtyrer zu stilisieren, der ein Opfer der »antimilitaristischen Allergiker der SPD« geworden sei, während seine »Konzeption vom deutschen Soldaten als einem ›Musterkerl‹« doch wirklich aller Ehren wert gewesen sei.

Als 1969 mit Helmut Schmidt erstmals wieder seit Noskes Rücktritt im Jahre 1920 ein Sozialdemokrat an die Spitze des für das Militär zuständigen Ministeriums trat, blieb es wiederum nicht aus, daß gelegentlich nach Analogien zwischen den beiden Politikern gefragt wur-

[91] Blank war bereits mit 25 Jahren Sekretär des Zentralverbandes der christlichen Fabrik- und Transportarbeiter und machte von da aus seine politische Karriere in der CDU.

[92] Vgl. den ungezeichneten Artikel »Wird Blank Wehrminister? Die Person des 46jährigen Gewerkschaftlers beschwört die Erinnerung an Gustav Noske herauf«. In: Echo der Woche, 26. 1. 1952.

[93] Ein besonders drastisches Beispiel für diese Interpretationsweise bot die rechtsradikale »Deutsche Soldaten-Zeitung und National-Zeitung«, Nr. 26, vom 22. 12 1961, S. 7, mit ihrem von »ck« gezeichneten Erinnerungsartikel »15. Todestag von Gustav Noske«.

[94] Vgl. hierzu Wolfram Wette, Das Verhältnis von SPD und bewaffneter Macht (1863–1945). In: H. G. Brauch (Hrsg.), Sicherheitspolitik am Ende?, Gerlingen 1984, S. 25–36, wo die These vertreten wird, daß das Verhältnis von SPD und Militär im angegebenen Zeitraum gar nicht anders als konfliktreich sein konnte.

[95] Winfried Martini, »Nichts als eine Persönlichkeit . . .« Zum 100. Geburtstag von Gustav Noske. In: Die Welt, Nr. 156, vom 8. 7. 1968; ders., Gustav Noske. Nichts als eine Persönlichkeit . . . Zum 25. Todestag am 30. November. In: Bayernkurier vom 27. 11. 1971.

de[96]. Eine Gelegenheit dazu bot sich beispielsweise, als im Frühjahr 1970 – hervorgerufen durch bestimmte Forderungen des damaligen Inspekteurs des Heeres, Generalleutnant Albert Schnez[97] – böse Erinnerungen sowohl an die militaristische Vergangenheit Deutschlands als auch an den Reichswehrminister Noske[98] wach wurden, die in ähnlich gelagerten Fällen nicht in der angemessenen Härte gegen die Generalität vorgegangen war.

Schmidts Nachfolger Georg Leber ist gelegentlich von manchen seiner Kritiker eine allzu emotionale Bindung an »seine« Soldaten nachgesagt worden sowie ein Hang, sich von den Generälen »überrollen« zu lassen[99]. Letzteres war in der Tat der entscheidende Einwand, der 1919/20 auch gegen Noske vorgebracht wurde. Wenn Leber sein Anliegen, das Klima zwischen Soldaten und Gewerkschaften zu verbessern[100], vor dem historischen Hintergrund der Politik Noskes betrachtete, so traf er zweifellos einen richtigen Punkt. Im übrigen hat Leber es vermieden, die von ihm bei seinem Amtsantritt selbst gestellte Frage, ob seine Aufgabe mit der zu vergleichen sei, die Gustav Noske vierundfünfzig Jahre zuvor übernommen hatte[101], zu vertiefen.

Als »Genoske Apel« ist der dritte sozialdemokratische Bundesverteidigungsminister einmal tituliert worden, und zwar von Leonhard Mahlein[102], der bis 1983 das Amt des Vorsitzenden der deutschen Industriegewerkschaft Druck und Papier bekleidete. Mit diesem Wortspiel wollte der Gewerkschaftsführer den Minister offenbar an sozialdemokratische Grundsätze erinnern, die Noske nach seiner Meinung verletzt hatte, indem er im Jahre 1919 das Militär auf demonstrierende Arbeiter hatte schießen lassen.

Diese kleine Sammlung aktueller Rückblenden auf Noske mag deutlich machen, daß man sich des ersten sozialdemokratischen Reichs-

[96] Vgl. etwa Helmut Wolfgang Kahn, Helmut Schmidt. Fallstudien über einen Populären, Hamburg 1973. Der Autor zieht mehrfach Parallelen zwischen Noske und Schmidt und hebt hervor, es sei der Fehler Noskes gewesen, die Reichswehr gewähren zu lassen, während man sich von Schmidt erwarte, daß er die Bundeswehr zähme. Siehe ebda., S. 91 und 145.

[97] Vgl. den Bericht über die Denkschrift von Schnez über die innere Ordnung der Bundeswehr in: Der Spiegel, Nr. 15, vom 5. 4. 1971, S. 28.

[98] Vgl. den Artikel von »W. H.«, »Kraftprobe für Schmidt. Schnez rehabilitiert«. In: Christ und Welt vom 16. 1. 1970, S. 4.

[99] Vgl. den Artikel »‚Verliebt in die Uniform'. Wie sich der sozialdemokratische Verteidigungsminister Georg Leber vom Militär überrollen läßt«. In: Der Spiegel, Nr. 16, vom 8. 11. 1976, S. 27–31.

[100] Vgl. Georg Leber, Nie wieder Mißtrauen Armee – Arbeiter. In: Sozialdemokratische Sicherheitspolitik, Ausgabe Februar 1977, S. 1–4.

[101] Vgl. Georg Leber, Vom Frieden, Stuttgart 1979, S. 193. Den dort erwähnten Ausspruch »Einer muß der Bluthund sein« tat Noske übrigens nicht bei der Übernahme seines Amtes als Volksbeauftragter oder als Reichswehrminister, sondern anläßlich der Übernahme des Oberbefehls über die Berliner Truppen zur Niederschlagung der Januarunruhen 1919. Vgl. das Kapitel VI/4 dieses Buches.

[102] Leonhard Mahlein, »Kehr um, Helmut Schmidt«. In: Stern, Nr. 17, vom 22. 4 1982.

wehrministers zwar gelegentlich erinnert hat, jedoch nicht in der Weise, daß sich seine Amtsnachfolger sozusagen von seinem Schatten verfolgt sehen müßten. Die tagespolitischen Reminiszenzen lassen ebenso wie die seriöse Literatur über Noske einige stereotype Interpretationsmuster erkennen, die auf den ersten Blick widersinnig erscheinen: Der erste sozialdemokratische Reichswehrminister wird im Regelfall von rechts gelobt, von den Sozialdemokraten als unverdaulich angesehen und von den Kommunisten verteufelt.

II. Noskes Jugend und sein Aufstieg in der deutschen Arbeiterbewegung

1. Journalist mit Mandat

Wie andere sozialdemokratische Arbeiterführer, die nach dem Novemberumsturz von 1918 erstmals in staatliche Führungspositionen gelangten, kam auch Gustav Noske seiner Herkunft nach aus der bäuerlich-handwerklichen Standestradition[1]. Friedrich Ebert, der erste Reichspräsident der Republik von Weimar, war der Sohn eines Heidelberger Schneidermeisters und einer Tagelöhnerstochter; er hatte die Volksschule besucht und den Sattlerberuf erlernt. Philipp Scheidemann, der erste Reichsministerpräsident der Republik, war gelernter Schriftsetzer; sein Vater arbeitete als Meister des Tapezier- und Polstererhandwerks in Kassel. Wilhelm Dittmann, der 1918 als Vertreter der Unabhängigen Sozialdemokratie im Rat der Volksbeauftragten saß, war der Sohn eines Fabrikarbeiters und hatte selbst das Tischlerhandwerk erlernt. Gustav Noske – wie Ebert, Scheidemann und Dittmann Mitglied des Rates der Volksbeauftragten in der revolutionären Übergangsphase vom Kaiserreich zur Weimarer Republik – stammte aus einer Familie, in der über Generationen hinweg das Weberhandwerk ausgeübt wurde. Die im ausgehenden 19. Jahrhundert in Deutschland rasch voranschreitende Industrialisierung brachte es mit sich, daß viele Angehörige des Handwerkerstandes in wirtschaftliche Bedrängnis gerieten und, wie man damals sagte, »proletarisiert« wurden. Gustav Noske hat diesen Vorgang am eigenen Leibe erlebt.

Betrachtet man die Lebensläufe der vier genannten Politiker, so fällt eine Gemeinsamkeit auf: Ihr Aufstieg in politische Spitzenstellungen führte über die sozialdemokratische Parteipresse, also weg vom erlern-

[1] Vgl. Wolfgang Huschke, Zur Herkunft führender Persönlichkeiten der Revolution 1918. In: Genealogie 17 (1968), Bd 9, H. 11, S. 363–376; fortan zit.: Huschke, Herkunft. Huschke untersucht die Familien von Ebert, Scheidemann, Noske und Dittmann. Vergleichbarem Milieu entstammten die sozialdemokratischen Politiker August Bebel (Drechsler), Ignaz Auer (Sattler), Otto Braun (Buchdrucker), Otto Wels (Tapezierer) und Rudolf Wissell (Maschinenbauer). Siehe: Helga Grebing, Geschichte der deutschen Arbeiterbewegung. Ein Überblick. München [4]1973, hier Ausgabe 1970, S. 97; fortan zit.: Grebing, Geschichte.

ten Beruf, sowie über eine zum Teil langjährige parlamentarische Tätigkeit. Das Berufsbild »Journalist mit Mandat«[2] war in der damaligen Sozialdemokratie gang und gäbe; von den insgesamt 215 Parlamentariern, die zwischen 1867 und 1918 die Sozialdemokratie im Reichstag vertraten, wiesen 114, also mehr als die Hälfte, die Kombination Journalist mit Mandat auf. Dies hatte vorwiegend ökonomische Gründe. Denn zunächst gab es für die Abgeordneten überhaupt keine Diäten, und nach deren Einführung im Jahre 1906 waren sie so spärlich bemessen, daß eine Familie mit ihnen nicht ernährt werden konnte.

Die genealogische Forschung[3] hat sich für Arbeiterführer bislang nur wenig interessiert, so daß wir, was die Herkunft, die Kindheit und die Jugendzeit Gustav Noskes angeht, nahezu ausschließlich auf die von ihm selbst mitgeteilten Informationen angewiesen sind. Solche sind enthalten in einer aus dem Jahre 1919 stammenden, kurzen Selbstbiographie[4] und in den zwischen 1933 und 1936 niedergeschriebenen Lebenserinnerungen[5] Noskes.

Heinrich Otto *Gustav* Noske wurde am 9. Juli 1868 in Brandenburg an der Havel geboren. Sein Vater *Karl* Heinrich und seine Mutter *Emma* Auguste Friederike, geborene Herwig, heirateten einige Tage später und legitimierten damit den Neugeborenen. Superintendent Bauer vom Evangelischen Pfarramt St. Katharinen in Brandenburg a.d.H. vermerkte im Taufregister: »Hat dieses Kind laut Protocoll Brandenburg, den 25. Juli 1868 als das seinige anerkannt und ist dasselbe durch die am 26. d.M. vollzogene eheliche Verbindung der Aeltern vorschriftsmäßig legitimiert«[6]. Gustav wurde evangelisch getauft[7], trat jedoch später wieder aus der Kirche aus[8].

Noskes Vater Karl, geboren 1838, bei der Geburt seines Sohnes also 30 Jahre alt, war aus dem damals russischen Polen, genauer gesagt, aus der Tuchmacherstadt Ciechanowiec – südwestlich von Bialystok gelegen – nach Brandenburg zugewandert[9]. Der Großvater väterlicherseits

[2] Siehe die Spezialstudie von Waltraud Sperlich, Journalist mit Mandat. Sozialdemokratische Reichstagsabgeordnete und ihre Arbeit in der Parteipresse 1867 bis 1918, Düsseldorf 1983, S. 10 f. (= Beiträge zur Geschichte des Parlamentarismus und der politischen Parteien, Bd 72).

[3] Das einseitige Interesse der Genealogie für die Angehörigen von Adelsfamilien konstatiert Huschke, Herkunft, S. 363.

[4] Noske, Wie ich wurde.

[5] Noske, Erlebtes.

[6] Taufregister St. Katharinen Brandenburg 1868 Nr. 18. Zit. in: Huschke, Herkunft, S. 375, Anm. 51.

[7] Zweitschrift des Taufscheins von Gustav Noske in: AdsD, Nachlaß Noske, Teil I, Nr. 3.

[8] Die Angabe, Noske sei »dissidentischer Religion«, ist in der Geburtsurkunde seiner Tochter Hanna enthalten. AdsD, Nachlaß Noske, Teil I, Dok. Nr. 3.

[9] Huschke, Herkunft, S. 374 f. Gustav Noskes Vater Karl starb 1926 im Alter von 88 Jahren bei seinem Sohn in Hannover. Siehe: BA, Nachlaß des Oberpräsidenten Gustav Noske, Reichswehrminister a.D., MdR, Findbuch, Vorbemerkung, datiert Koblenz, September 1953.

war als preußischer Staatsangehöriger – im Zuge der deutschen Tuchmachereinwanderung[10] – nach Rußland gegangen und hatte dort als Tuchmachermeister seinen Lebensunterhalt verdient. Auch Gustav Noskes Vater übte den Beruf des Tuchmachers bzw. Webers[11] aus. Er war nach Ableistung seines Militärdienstes[12] beim preußischen Staat in Brandenburg a. d. H. seßhaft geworden und hatte dort 1868 Gustav Noskes Mutter Emma Herwig, deren Vater aus Hannover stammte und ebenfalls Tuchmacher war[13], geheiratet. Sohn Gustav wuchs in ärmlichen Verhältnissen auf. Obwohl sein Vater in der Tuchweberei-Fabrik in eine gehobene Stellung gelangte, blieb das Einkommen so klein, daß auch die Mutter jahrelang in der Fabrik arbeiten mußte, um eine etwas bessere Lebenshaltung zu ermöglichen[14]. Über Noskes Mutter wissen wir nur, daß sie ihren Sohn Gustav und dessen um zwei Jahre jüngere Schwester »mit einer ganz außerordentlichen Sorgfalt und Liebe« aufgezogen hat.

Gustav Noske wurde zunächst in die Volksschule geschickt, dann, nach einem Jahr, in eine Mittelschule – die sogenannte Bürgerschule – überführt, wo er nach dem Willen seines Vaters eine bessere Schulbildung bekommen sollte als dieser selbst sie genossen hatte. An die autoritäre preußische Schule mit ihrem Drill und Leistungsdruck und der Furcht der Schüler vor ihren Lehrern erinnerte sich Noske auch später nur ungern[15]. Er durchlief die acht Klassen glatt, aber freudlos und mit mittelmäßigen Leistungen. Zum selbständigen Denken angeregt hat ihn offenbar nur der Geschichtslehrer Hoffmann[16]. Das durch ihn geweckte Interesse an Geschichte bezeichnete Noske später als »die Vorbildung für einen Politiker, der wenigstens vor den ärgsten Denkfehlern bewahrt bleiben will«[17].

Vierzehnjährig, nach Absolvierung der Bürgerschule, wollte Gustav Noske, dem sein Vater eine außerordentlich starke Naturliebe übermittelt hatte, Förster[18] werden. Aber hierzu fehlten die Mittel. Seine Großeltern und seine Eltern wollten Gustav einen Beruf erlernen las-

10 Vgl. die Spezialstudie von A. Breyer, Deutsche Tuchmachereinwanderung in den ostmitteleuropäischen Raum von 1550 bis 1830, Leipzig–Posen 1941, S. 258.

11 Unterschiedliche Berufsbezeichnung im Traueintrag (Huschke, Herkunft, S. 375) und in Noske, Erlebtes, 1. Kap., S. 1: »Mein Großvater und Vater waren Weber.«

12 Noske, Wie ich wurde, S. 10.

13 Huschke, Herkunft, S. 379.

14 Noske, Erlebtes, S. 1.

15 Ebda., S. 1 f., mit Negativurteilen über die Lehrer; sowie ders., Wie ich wurde, S. 11. Vgl. auch das undatierte, von Noske handschriftlich unterzeichnete Druckstück »Schule und Elternhaus«, in: BA NL 46, Nr. 9, Bl. 21, in dem er bitter schildert, daß die Schulzeit nur wenige Lichtblicke in sein Leben gebracht habe.

16 Noske, Wie ich wurde, S. 11.

17 Noske, Erlebtes, S. 8.

18 Noske, Wie ich wurde, S. 13. Dieser frühe Berufswunsch spielte eine gewisse Rolle bei Noskes Bekanntschaft mit dem bayerischen Forstrat Escherich, den er während des Krieges kennenlernte. Vgl. dazu S. 444 f. in diesem Band.

sen, in dem man rasch Handwerksmeister werden und sich selbständig machen konnte. So kam es, daß Gustav Noske am 1. Juli 1882 in Brandenburg a.d.H. bei einem Korbmachermeister die Lehre antrat. Mit dem Lehrmeister ging es nicht lange gut, da er ein Alkoholiker war und gelegentlich die Lehrjungen schlug. Noch vor Ablauf des Jahres wurde das Lehrverhältnis gelöst und Noske als Lehrjunge in die Reichsteinsche Kinderwagenfabrik in Brandenburg a.d.H. geschickt, wo ebenfalls Korbmacher ausgebildet wurden. Die Situation, die er hier antraf, sah so aus, daß zwar elf bis zwölf Stunden täglich gearbeitet wurde, aber an eine regelrechte handwerkliche Ausbildung nicht zu denken war[19], da die Arbeitsteilung bei der Produktion von Kinder- und Puppenwagen weit vorangeschritten war. Mit dem Wechsel in die Fabrik war Noske faktisch, wie er selbst schreibt, »auf der untersten sozialen Stufe angelangt«[20], war er das geworden, was er nach dem Willen seiner Großeltern und Eltern gerade nicht hatte werden sollen: ein Fabrikarbeiter, ein Deklassierter.

Noske lernte die Ausbeutungsverhältnisse am eigenen Leibe kennen: die lange Arbeitszeit bei geringem Kostgeld für die Lehrlinge, miserable hygienische Zustände in der Fabrik, Akkordarbeit, fehlender organisierter Gegendruck der Arbeiter. Es war schon eine besondere Leistung, wenn sich der Lehrjunge trotz dieser Belastungen abends noch ans Lesen machte und sich auf eigene Faust fortbildete, Französisch und Englisch lernte, Werke über Geschichte und Wirtschaft durcharbeitete. Während der Lehrjahre in der Reichsteinschen Kinderwagenfabrik begann sich Noskes politisches Bewußtsein auszubilden. Nach Abschluß der beinahe 4jährigen Lehre und der Aushändigung des Gesellenbriefes ging Noske, der einförmigen Fabrikarbeit überdrüssig, auf Wanderschaft. Er gelangte unter anderem nach Magdeburg, Halle, Frankfurt/M., lernte die romantische wie auch die armselige Seite des Lebens der Handwerksburschen kennen, kehrte dann nach ein paar Monaten – inzwischen 18jährig – wieder in die Heimatstadt zurück und arbeitete erneut in der Reichsteinschen Fabrik.

Während seiner Lehrjahre als Korbmacher war Gustav Noske mit der Arbeiterbewegung in Berührung gekommen. Anstöße zur Beschäftigung mit politischen Fragen erhielt er vom Bruder seiner Mutter, der als Vergolder arbeitete, sowie von einzelnen Gesellen in der Fabrik[21]. Sein Vater, der vor 1870 einmal Mitglied des Allgemeinen Deutschen Arbeitervereins (ADAV) gewesen war, gab ihm Lassallesche Abhandlungen zu lesen. Sofern der junge Noske überhaupt etwas von sozialistischer Theorie erfuhr, so war diese von Gedanken Lassalles[22] geprägt.

[19] Noske, Wie ich wurde, S. 15.
[20] Noske, Erlebtes, S. 4.
[21] Noske, Wie ich wurde, S. 16; ders., Erlebtes, S. 7.
[22] Vgl. die Zusammenfassung von Grebing, Geschichte, S. 50–53.

Welche der Schriften Lassalles er las und welche politischen Schlußfolgerungen er ihnen entnahm, ist im einzelnen nicht überliefert. Gleichwohl steht außer Zweifel, daß die auf praktische Reformpolitik ausgerichtete Orientierung Noskes hier eine ihrer Wurzeln hat. Von Lassalle beeinflußt dürfte auch seine positive Einstellung zum Staat – ihm maß er eine wichtige Rolle bei der Schaffung einer sozial und politisch gerechten Ordnung zu – und seine nationale Perspektive gewesen sein.

Von Marx und Engels wurde im damaligen Arbeitermilieu der Stadt Brandenburg a.d.H. nach Noskes Erinnerung nie geredet[23]. Seine stärksten Eindrücke über seine politische Umwelt empfing der junge Noske, und dies ist für das Verständnis seiner politischen Neigungen von zentraler Bedeutung, ohnehin nicht aus Büchern, sondern aus praktischen Lebenserfahrungen. Solche sammelte er zumal in der Zeit des Anti-Sozialistengesetzes (1878–1890), in der die Arbeiterbewegung in seiner Heimatstadt unter der staatlichen Unterdrückung zu leiden hatte[24]. Der junge Korbmacher Gustav Noske war dabei, als sich sozialdemokratisch eingestellte Arbeiter im versteckten Hinterzimmer eines Gasthauses trafen oder Sonntag morgens auf einer Waldlichtung außerhalb der Stadt. Das Geheimnis-, ja Gefahrvolle solcher Zusammenkünfte beeindruckte den 16jährigen Lehrling nachhaltig. Jedenfalls führten die ersten sozialdemokratischen Einflüsse dazu, daß er die bislang gelegentlich unternommenen Sonntagsbesuche in einem evangelischen Jünglingsverein einstellte und sich mit steigender Intensität gewerkschaftlich zu betätigen begann. Wenig Anziehungskraft scheint die politische Organisation – sie nannte sich seit dem Gothaer Einigungsparteitag 1875 »Sozialistische Arbeiterpartei Deutschlands« – zunächst auf den jungen Noske ausgeübt zu haben, da er in ihr immer wieder persönliche Rivalitäten miterleben mußte. Daher engagierte er sich anfangs stärker in der gewerkschaftlichen Bewegung und beteiligte sich – gerade erst siebzehnjährig – an der Gründung eines Vereins für Korbmacher[25], der dann später in der Holzarbeiter Gewerkschaft[26] aufgehen sollte.

Als das sogenannte Sozialistengesetz – das in Wirklichkeit ein Anti-Sozialisten-Gesetz war – 1890, nach 12jähriger Dauer, nicht verlängert wurde, nahm die Arbeiterbewegung allerorten einen raschen Aufschwung, so auch in Brandenburg a.d.H. Im Jahre 1892 wurde der in-

23 Noske, Wie ich wurde, S. 17; ders., Erlebtes, S. 7.

24 Vgl. Arno Schröer, Die Sozialdemokratie in Brandenburg. In: Sozialistische Monatshefte 2 (1898), S. 352–361. Dort wird berichtet, daß die sozialdemokratische Agitation in Brandenburg auch noch in der Zeit nach dem Fall des Sozialistengesetzes 1890 zu wünschen übrig ließ.

25 Noske, Wie ich wurde, S. 17; ders., Erlebtes, S. 8.

26 Vgl. dazu die Broschüre: Die Korbmacher auf dem Vormarsch. Protokoll der Verhandlungen der zweiten Konferenz der im Deutschen Holzarbeiter-Verband organisierten Korbmacher (Coburg 1912), Berlin 1913, Vorwort S. 3–7.

zwischen vierundzwanzigjährige Holzarbeiter Gustav Noske zum Vorsitzenden des etwa 1000 Mitglieder starken sozialdemokratischen Vereins in Brandenburg gewählt[27]. Zu dieser Zeit trat er bereits als Versammlungsredner auf und erlebte erste Erfolge in öffentlichen Auseinandersetzungen mit politischen Gegnern. Ein erstes Zusammentreffen mit dem berühmten Parteivorsitzenden August Bebel[28], der zu einer Versammlung nach Brandenburg a. d. H. gekommen war, wurde für den jungen Noske nicht zuletzt dadurch zum Erlebnis, daß sich Bebel später in einer Reichstagsrede auf eine Bemerkung bezog, die Noske über den liberalen Theoretiker und Führer der Freisinnigen Volkspartei, Eugen Richter, gemacht hatte[29].

Obwohl Noske neben seiner öden Arbeit in der Reichsteinschen Fabrik einen beträchtlichen Teil seiner Zeit der örtlichen Partei und Gewerkschaft widmete, verwendete er nach wie vor viel Energie darauf, sich autodidaktisch weiterzubilden. Er betrieb seine Studien mit Fleiß und Zähigkeit und saß oft bis tief in die Nacht hinein über den Büchern. Aus dem Rückblick eines langen Politikerlebens beschrieb Noske seinen mühseligen Bildungsgang mit Stolz, aber auch mit Bitterkeit gegenüber anderen, die es leichter hatten als er: »Es hat mich immer etwas belustigt, wenn ich bis ins hohe Alter hinein von Dummköpfen als ungelernter Mann, der ohne Vorbildung in ein hohes Amt gekommen sei, angeflegelt wurde[30]. In enger Zusammenarbeit habe ich mit vielen Leuten, die akademische Bildung sich hatten aneignen können, zu tun gehabt. Ich habe nicht nötig gehabt, ihnen gegenüber Minderwertigkeitsgefühle bei mir aufkommen zu lassen. An Allgemeinwissen haben mich nur wenige übertroffen. Um es zu erlangen, habe ich ein großes Maß an Zeit und Fleiß aufwenden müssen. Die geistige Arbeit begann bei mir, anders wie bei den Studenten, abends, nachdem ich 11 Stunden bei harter Fabrikarbeit gesessen hatte[31].«

Seine Tätigkeit als örtlicher Vorsitzender der SPD sowie als Mitglied der Preßkommission der Partei brachten es mit sich, daß Noske gelegentlich schriftliche Beiträge für die Brandenburger Zeitung[32] verfaß-

27 Noske, Wie ich wurde, S. 21.

28 Noske, Erlebtes, S. 13.

29 Bebel erwähnte im Reichstag einen jungen Arbeiter aus Brandenburg, der die Broschüre des Freisinnigen Richter gelesen habe und ausgerechnet über diese Lektüre zum Sozialisten geworden sei. Diesen inhaltlichen Zusammenhang bestritt Noske in seinen Memoiren. Siehe Noske, Erlebtes, S. 13.

30 Ähnliches widerfuhr auch Friedrich Ebert, der ebenfalls nicht die Chance hatte, ein Studium zu absolvieren. Vgl. Witt, Friedrich Ebert, S. 13.

31 Noske, Erlebtes, S. 9; vgl. ders., Wie ich wurde, S. 22.

32 Genaue Bezeichnung: Brandenburger Zeitung, Volksblatt für Ost- und Westhavelland, Ruppin, Templin und angrenzende Kreise. Organ für die Interessen der arbeitenden Klassen. Gegründet von Ferdinand Ewald. Siehe: Kurt Koszyk/Gerhard Eisfeld, Die Presse der deutschen Sozialdemokratie, Bonn [2]1980, S. 95 (fortan zit.: Koszyk/Eisfeld, Presse), wo das erste Erscheinen der »Brandenburger Zeitung« allerdings fälschlicherweise erst mit dem Jahre 1897 angegeben wird. Laut Joseph Kürschner,

te, die seit dem Fall des Sozialistengesetzes 1890 in sozialdemokratischer Hand war[33]. Die Schriftleitung des Blattes bestand anfangs aus einem einzigen Mann, dem Redakteur Theodor Huth. Nachdem der Wahlkreis Brandenburg-Westhavelland in den Reichstagswahlen von 1893 erstmals von der Sozialdemokratie erobert worden war und sich die Finanzlage des Blattes etwas verbessert hatte, erhielt Noske die Chance, als zweiter Redakteur in die Schriftleitung einzutreten und damit dem Fabrikarbeiterleben zu entfliehen. Die Arbeit in der Zeitung war abwechslungsreich und befriedigend, aber die Bezahlung – 100 Mark Monatsgehalt – reichte für die Ernährung einer Familie nicht aus, so daß Noske sich nach einer besser bezahlten Stelle umschauen mußte, zumal er nicht wollte, daß seine Frau, – wie ehedem seine Mutter – zum Lebensunterhalt beitragen mußte[34].

Bereits im Jahre 1891 hatte Gustav Noske, 23jährig, geheiratet. Seine Frau Martha, geborene Thiel, stammte aus Klingerswalde in Ostpreußen[35]. Beider Sohn Egon[36] kam 1895 auf die Welt. Er wurde – nach einem wenig geradlinigen beruflichen Werdegang – im Ersten Weltkrieg schwer verwundet, siechte dann dahin – worüber Noske in der Öffentlichkeit nie sprach – und starb 26jährig am 24. Mai 1921 an den Verletzungen[37]. 1898 kam die älteste Tochter Hanna zur Welt[38]. Im Jahre 1907 wurde dann die Tochter Martha ge-

Handbuch der Presse, Berlin usw. 1902 (fortan zit.: Kürschner, Handbuch), S. 184, hieß das Organ »Brandenburger Zeitung/Märkisches Volksblatt«, wurde 1887 gegründet und von dem Verlagsredakteur Theodor Huth geleitet. Über Noskes Tätigkeit bei der Brandenburger Zeitung vgl. ders., Wie ich wurde, S. 21 f., und: Erlebtes, S. 14 f.

33 Es handelte sich um das Nachfolgeorgan der Zeitung »Märkisches Volksblatt«, die bis 31. 12. 1890 parteilos war; siehe Koszyk/Eisfeld, Presse, S. 95.

34 Noske, Wie ich wurde, S. 22.

35 Martha Noske, geb. Thiel, geb. 10. 4. 1872, gest. 20. 4. 1949 in Frankfurt a.M. Bescheinigung der Eheschließung, Brandenburg, den 11. 6. 1891. In: AdsD, Nachlaß Noske, Teil I, Dok. Nr. 2. Siehe auch: Huschke, Herkunft, S. 375.

36 Karl *Egon* Noske wurde am 6. 2. 1895 in Brandenburg a.d.H. geboren. Über seinen Werdegang ist im Polizeilichen Meldebuch von Chemnitz folgendes vermerkt: Schlosserlehrling, Eleve an der städtischen Gartenverwaltung, Gärtner, Expedient, Kellner, Wagenführer. Egon N. wohnte 1910/11 in Hamburg. 1912 hielt er sich in Kanada und 1913/14 in Großbritannien (Glasgow) auf. In dem Meldebuch findet sich weiterhin ein Hinweis auf eine Einweisung in eine Arbeitsanstalt 1913 sowie die Eintragung, daß er vom 26. 5.–8. 7. 1916 wegen unerlaubter Entfernung aus dem Heer 43 Tage Gefängnis verbüßte. Quelle: Stadtarchiv Karl-Marx-Stadt. Polizeiliches Meldebuch. I, N. Bl. 197 b.

37 Todesanzeige in: AdsD, Nachlaß Noske, Teil I, Zeitungsausschnitte. Siehe auch Huschke, Herkunft, S. 375. Siehe auch den Brief Noskes an General Walther Reinhardt vom 26. 5. 1921, in dem er diesem mitteilte: »Morgen begraben wir unseren Sohn.« Hsl. Brief in: HStA Stuttgart, Nachlaß Walther Reinhardt, M 660, Bü. 22. Todesdatum bestätigt durch Eintragung im Polizeilichen Meldebuch von Chemnitz.

38 Emma Rosa *Hanna* Noske, geb. am 13. 12. 1898 in Königsberg, wo Noske als Redakteur arbeitete. Negativ der Geburtsurkunde der Tochter Hanna, ausgestellt am 31. 5. 1938. In: AdsD, Nachlaß Noske, Teil I, Dok. Nr. 3. Hanna Hoffmann, geb. Noske, war nach dem Tode ihres Vaters (1946) und ihrer Mutter (1949) Alleinerbin. Sie verkaufte im Jahre 1952 den erhaltenen gebliebenen Teilnachlaß ihres Vaters an das Bun-

boren[39]. Über Noskes Familienleben wissen wir darüber hinaus nicht viel. In den wenigen erhalten gebliebenen Privatbriefen Noskes werden familiäre Angelegenheiten kaum angesprochen. Weder seine Frau noch seine Kinder sind öffentlich hervorgetreten. Noske selbst hat Politik und Privatleben strikt voneinander getrennt.

Eine neue und besser bezahlte Stelle bot sich Noske Ende 1897 in Königsberg, als dort ein leitender Redakteur für die sozialdemokratische »Königsberger Volkstribüne«[40] gesucht wurde. Noske bewarb sich, wurde gewählt und siedelte dann mit seiner Familie in die ihm bis dahin völlig unbekannte ostpreußische Stadt um, in der er volle fünf Jahre bleiben sollte.

Seit dem Fall des Sozialistengesetzes hatte die Sozialdemokratie in Königsberg einen gewaltigen Aufschwung genommen. In einer Ersatzwahl zum Reichstag, die am 10. Juni 1897 stattfand, hatte der sozialdemokratische Bewerber, der junge Rechtsanwalt Hugo Haase, auf Anhieb die absolute Mehrheit der Stimmen erringen können und war als Nachfolger des verstorbenen Abgeordneten Karl Schultze in den Reichstag entsandt worden[41]. Dieser aufsehenerregende Wahlsieg hatte auch dazu geführt, daß sich der SPD-Parteivorstand in Berlin nunmehr bereit erklärte, die Königsberger »Volkstribüne« finanziell zu unterstützen, so daß diese nun dreimal wöchentlich erscheinen konnte[42]. Der neue Erscheinungsmodus war auch der Grund für die Schaffung einer weiteren Redaktionsstelle, in die Noske berufen wurde.

Zum Redaktionskollegium gehörte neben dem »Chefredakteur« Noske der Geschäftsführer und Lokalredakteur Otto Braun, der spätere preußische Ministerpräsident. Braun stammte aus Königsberg. Er hatte am Aufbau der sozialdemokratischen Parteiorganisation der Stadt wie auch an der Aufwärtsentwicklung der örtlichen Parteipresse seit Jahren erheblichen Anteil. Nach dem Zeugnis Noskes arbeiteten er und Braun in den folgenden Jahren »in enger Verbundenheit« zu-

desarchiv. Siehe: BA NL 46, Findbuch, Vorbemerkung, datiert Koblenz, September 1953. Hanna Noske starb am 21. 11. 1967. Sie wurde in Hannover beerdigt.

39 Tochter Martha wanderte in die USA aus, wo sie William Gerung heiratete und sich, wie einem Brief aus dem Jahre 1946 zu entnehmen ist (AdsD, Nachlaß Noske, Teil I, Dok. 50), Martha Noske Gerung nannte. Gustav Noske weilte im Jahre 1937 fast 7 Monate lang zu Besuch bei seiner Tochter (vgl. Bode, Noske, S. 1180, unter Berufung auf einen Brief Noskes an seinen früheren Mitarbeiter Zopfs). 1946 betrieb er den Plan, zusammen mit seiner Ehefrau Deutschland zu verlassen und ganz zu seiner Tochter in die USA zu ziehen. Vgl. dazu Kap. XIV/3.

40 Zur Tätigkeit bei dieser Zeitung vgl. Noske, Wie ich wurde, S. 22 f.; ausführlicher ders., Erlebtes, S. 15 f.

41 Hagen Schulze, Otto Braun oder Preußens demokratische Sendung, Frankfurt/M., Berlin, Wien 1977, S. 79; fortan zit.: Schulze, Otto Braun. Weitere Informationen über die Königsberger Sozialdemokratie ebda., Kapitel »Die SPD in Königsberg« (S. 44–49) und »Parteiredakteur« (S. 64–81).

42 Genaue Angaben über die Höhe der Zuschüsse des Parteivorstandes ebda., S. 79.

sammen[43]. Wahrscheinlich verhielt es sich so, daß mit Otto Braun und Gustav Noske zwei verwandte Charaktere aufeinandertrafen. Obwohl ihre politische Einstellung durchaus nicht synchron war – Braun gehörte in jener Zeit zu den jungen Linken in der Partei, während Noske schon damals eher dem anderen Parteiflügel anhing – wurde aus den beiden ein produktives Gespann. »Gewissermaßen Rücken an Rücken gelehnt fechtend«, so berichtet Noske in seinen Memoiren, »haben Braun und ich, unterstützt von wenigen anderen jüngeren Parteigenossen, um die Jahrhundertwende die Parteiorganisation in Königsberg und darüber hinaus in Ostpreußen, ja auch in Westpreußen, zum Teil neu aufgebaut. Das ist manchmal gegen den schweren Widerstand älterer Parteigenossen geschehen[44].«

Braun wird als ein introvertierter Mensch geschildert, als »kontaktarm und verschlossen«[45]. Noske war zwar nicht verschlossen, sondern redselig, ja wortgewaltig, aber auch er war ein Einzelgänger, der von sich selbst sagte, daß er eigentlich nie im Leben die Zeit zu echten Freundschaften gehabt habe[46]. Braun wie Noske wurden aus einer Art Klasseninstinkt heraus sozialdemokratische Politiker; und daher rührte es, daß der eine wie der andere den Intellektuellen in der Partei mißtraute, denen sie diesen Instinkt absprachen[47].

Neben den Redakteuren Braun und Noske gab es bei der »Königsberger Volkstribüne« lediglich noch einen Annoncensammler und einen Laufburschen. Mit diesem knappen Personalbestand mußte ein Blatt produziert werden, das zu dem Zeitpunkt, als Noske in die Redaktion eintrat, mit immerhin drei Ausgaben pro Woche erschien[48]. Drei Jahre später konnte das Blatt auf tägliches Erscheinen umgestellt werden. Es wurde bei dieser Gelegenheit in »Königsberger Volks-Zeitung«[49] umbenannt und mit dem Untertitel »Sozialdemokratisches Organ für Ost- und Westpreußen« versehen. Die erste Nummer nach der Umstellung, die am 17. März 1901 erschien, brachte einen ganzseitigen programmatischen Artikel, dem wir das politische Selbstverständnis der beiden Redakteure entnehmen können. Die »Volks-Zeitung«, hieß es da, sei ein Blatt der Arbeiter, der Handwerker und der kleinen Leute; es wolle sich »der Armen, der Elenden, Notleidenden, Ausge-

[43] Noske, Erlebtes, S. 19.

[44] Ebda.

[45] Schulze, Otto Braun, S. 72.

[46] Noske, Wie ich wurde, S. 7.

[47] Schulze, Otto Braun, S. 72; von Noskes Anti-Intellektualismus wird noch mehrfach zu reden sein.

[48] Ein geschlossener Bestand der »Königsberger Volkstribüne« ist nicht erhalten geblieben. Nur wenige Einzelexemplare sind heute noch auffindbar. Dies ergaben die Recherchen von Schulze. Siehe: ders., Otto Braun, S. 71.

[49] Etwas andere Titelangabe bei Koszyk/Eisfeld, Presse, S. 146: Königsberger Volks-Zeitung. Organ der SPD für die Provinz Ostpreußen. Publikationsorgan der Freien Gewerkschaften. Erschienen 1901 bis Februar 1933.

beuteten und Unterdrückten« annehmen; wie die Arbeiterpresse insgesamt wolle es »Waffen für den Befreiungskampf schmieden«[50].

Im folgenden Jahr geschah etwas, was der selbstbewußte Autodidakt und bisherige Chefredakteur Noske nicht ertragen konnte. Er bekam »einen sogenannten Akademiker«[51] als Vorgesetzten vor die Nase gesetzt, nämlich den Schriftsteller und Redakteur Julian Borchardt[52]. Differenzen persönlicher Art, die sicher auch etwas mit Noskes Voreingenommenheit gegenüber den Intellektuellen zu tun hatten, sowie die nach wie vor schwierige finanzielle Lage der Zeitung führten dazu, daß Noske 1902 Königsberg verließ und nach Chemnitz ging. Es mag ein Stück Selbstbestätigung für Noske gewesen sein, daß sich das sozialdemokratische Blatt in Königsberg unter seinem Nachfolger Borchardt nicht gerade aufwärts entwickelte, sondern fast die Hälfte seiner Abonnenten verlor, was Otto Braun auf die »unzulängliche Redaktionsführung« zurückführte[53].

Während der Königsberger Zeit redigierte Noske zwei Jahre lang ein weiteres Blatt, den »Ostpreußischen Landboten«[54], der den ostpreußischen Landarbeitern, die damals noch völlig unpolitisch waren, sozialdemokratisches Gedankengut nahebringen sollte. Noske schrieb den Landboten »buchstäblich genommen fast von der ersten bis zur letzten Zeile«[55]. Er hatte diese Tätigkeit im Interesse der Partei übernehmen müssen, nachdem Otto Braun, der das Blatt bislang hergestellt hatte, zusätzlich zu seiner Redaktionstätigkeit bei der Königsberger Volkstribüne die neugeschaffene Allgemeine Ortskrankenkasse zu leiten hatte.

Noske, der bereits in der Brandenburger Partei zu beträchtlichem

[50] Die »Königsberger Volks-Zeitung« ist ebenso wenig erhalten geblieben wie ihre Vorläuferin, die »Königsberger Volkstribüne«. Die hier zitierte Nr. 1 der »Königsberger Volks-Zeitung« vom 17. 3. 1901 mit dem programmatischen Leitartikel »Alle Zeit voran!« befindet sich in: BA NL 46, Nr. 9, Bl. 13.

[51] Ausdruck von Noske, Erlebtes, S. 16.

[52] Borchardt war 1901–06 Redakteur der »Königsberger Volks-Zeitung«, 1907–13 sozialdemokratischer Wanderredner, 1911–13 Mitglied des Preußischen Abgeordnetenhauses, seit 1913 Herausgeber der linkssozialistischen Zeitschrift »Lichtstrahlen«.

[53] Schulze, Otto Braun, S. 123.

[54] Der Ostpreußische Landbote. Königsberg. Gegr. 1898. Verlag Linde u. Co. Auflage 25 000 im Jahre 1901. Erschien zweimonatlich. Siehe: Kürschner, Handbuch, S. 868; und Alfred Eberlein, Die Presse der Arbeiterklasse und der sozialen Bewegungen, 5 Bde, Frankfurt/M. 1969, S. 978, Nr. 10514. Die 12 Ausgaben des ersten Jahrganges 1899 des »Ostpreußischen Landboten« sind im Nachlaß von Otto Braun erhalten geblieben. In: Geheimes Staatsarchiv Preußischer Kulturbesitz (GStAPK) I. HA Rep. 92 Otto Braun A 20. Die im Landboten abgedruckten Artikel sind weder mit Namen noch mit einem Kürzel versehen, so daß nicht ermittelt werden kann, welche von Noske geschrieben sind. Für den vorliegenden Jahrgang 1899 zeichneten abwechselnd Wilhelm Rakutt, Otto Braun und Hermann Faber als »Verantwortlicher Redakteur und Herausgeber«.

[55] Noske, Wie ich wurde, S. 23; vgl. auch ders., Erlebtes, S. 16.

Einfluß gelangt war[56], wollte in Königsberg allerdings nicht nur Artikel schreiben, sondern auch praktische Politik machen. Für die Reichstagswahlen 1898 ließ er sich im ostpreußischen Wahlkreis Labiau-Wehlau als Zählkandidat aufstellen[57]. Auch die Gewerkschaftsarbeit riß nicht ab. Mehrere Jahre lang wirkte er als Gauvorsteher des Holzarbeiterverbandes für einen Bezirk, der Ostpreußen, Westpreußen und den Regierungsbezirk Bromberg umfaßte. Bei den Kommunalwahlen von 1899 wurde er als einziger Sozialdemokrat in die Königsberger Stadtverordnetenversammlung gewählt. Da die Akten dieses Gremiums nicht erhalten geblieben sind[58], wissen wir wenig über die Art und Weise, wie Noske dieses Mandat ausgeübt hat. Er selbst schilderte seine zweijährige Tätigkeit (1899–1901) als Kommunalpolitiker in Königsberg als besonders arbeitsreich. Im Stadtparlament, das »eine große Clique zur Wahrung der Hausbesitzerinteressen«[59] gewesen sein muß, in dem die Bäcker, Fleischer, Dachdecker und sonstigen Handwerksmeister ihre Privilegien verfochten, war die Stimme Noskes die einzige kritische. Seine sozialen Forderungen konnte er in diesem Gremium verständlicherweise nicht durchsetzen.

Als sozialdemokratischer Redakteur in Königsberg hatte Noske mehrere politische Prozesse durchzustehen. Mehrfach wurde er zu Geldstrafen verurteilt. Im Juni 1902 verurteilte ihn die Strafkammer des Königsberger Landgerichts zu einer dreimonatigen Gefängnisstrafe, weil er im »Ostpreußischen Landboten« den früheren Hofprediger Stöcker beleidigt haben sollte[60]. Die unerwartet und ungewöhnlich hohe Strafe verbüßte Noske dann von Januar bis März 1904 in der Strafanstalt in Chemnitz[61]. Er nutzte den Aufenthalt im Gefängnis zu intensiver Lektüre, zu der auch Marx' »Kapital« gehörte[62]. Noske hat aus diesem Buch jedoch keinen großen Gewinn gezogen und sich später gerühmt, in keiner seiner Reden je auf Marx Bezug genommen zu haben[63]. Im Jahre 1903 setzte sich Noske für die Errichtung einer Parteischule ein, um einem etwa drohenden Übergewicht der akademischen

56 Noske, Erlebtes, S. 13 f., wo berichtet wird, daß er die Aufstellung des Reichstagskandidaten maßgeblich beeinflußte.

57 Noske, Erlebtes, S. 77, auch zum Folgenden. Die ehrenamtliche Tätigkeit als Gauvorsteher des Holzarbeiterverbandes wird bestätigt von W. Keil, Meine Beziehungen zu Gustav Noske (1959). In: AdsD, Nachlaß Keil, Mappe 13.

58 Schreiben des Geheimen Staatsarchivs Preußischer Kulturbesitz vom 12. 4. 1984 an den Verfasser.

59 Erlebtes, S. 17; vgl. auch: Wie ich wurde, S. 23.

60 Noske, Wie ich wurde, S. 24, ders., Erlebtes, S. 18.

61 Entlaß-Schein vom 2. 4. 1904, unterzeichnet vom Direktor der Kgl. Gefangenenanstalt zu Chemnitz. In: AdsD, Nachlaß Noske, Teil I, Dok. Nr. 4.

62 Noske, Erlebtes, S. 18.

63 Ebda., S. 27: »Ich glaube nicht, daß ich je in einer Rede oder in einem Artikel von Marxismus gesprochen habe.«

Zuzügler in der Partei vorzubeugen[64]. Es liegt nahe, diese Initiative sowohl als eine Reaktion auf seine Erfahrungen mit jenem Akademiker in der »Königsberger Volksstimme« zu sehen wie auch als eine politische Konsequenz aus den eigenen autodidaktischen Bildungserlebnissen, deren Mühen er anderen Arbeitern ein Stück weit erleichtern wollte.

Am 1. Juli 1902 zog Noske, wie oben erwähnt, mit seiner Familie nach Chemnitz[65] in Sachsen um und trat dort als Redakteur in die Schriftleitung der sozialdemokratischen Tageszeitung »Volksstimme« ein. Diese Zeitung war drei Jahre zuvor, 1899, gegründet worden, und zwar durch eine Vereinbarung der SPD-Gliederungen aus acht sächsischen Reichstagswahlkreisen[66]. Mit ihr wurde die Verschmelzung zweier bereits bestehender sozialdemokratischer Zeitungen vollzogen, nämlich der in Burgstädt erscheinenden »Volksstimme« und des Chemnitzer »Beobachters«[67]. Die »Volksstimme« sollte dazu beitragen, das sozialdemokratische Pressewesen in dem für die Gesamtpartei wahlpolitisch wichtigen Raum um die Industriestadt Chemnitz und das Erzgebirge zu verbessern[68]. Anders als bei den Zeitungen in Brandenburg a. d. H. und Königsberg, bei denen Noske zuvor gearbeitet hatte, handelte es sich bei der Chemnitzer »Volksstimme« dank des finanziellen Rückhalts in der sächsischen Sozialdemokratie um ein rasch aufblühendes Unternehmen. Die Aufwärtsentwicklung läßt sich an den Abonnentenzahlen ablesen: sie stieg von 13000 im Jahre 1902, als Noske nach Chemnitz kam, auf 60000 im Jahre 1913[69]. Es war sogar genügend Geld da, um ein eigenes Geschäftshaus zu bauen, das den modernsten technischen Vorstellungen entsprach[70]. Als der Parteivor-

[64] Ein von Noske verfaßter Antrag der Chemnitzer Partei, der sich mit dieser Frage befaßte, lag dem sozialdemokratischen Parteitag in Dresden (13.–20. 9. 1903) vor. Ernst Heilmann, Geschichte der Arbeiterbewegung in Chemnitz und dem Erzgebirge, Chemnitz 1912, S. 290; fortan zit.: Heilmann, Geschichte.

[65] Siehe: Polizeiliches Meldebuch [von Chemnitz] I, N. (Stadtarchiv Karl-Marx-Stadt), sowie: Adreßbuch der Fabrik- und Handelsstadt Chemnitz. Jge. 1903, 1914, 1918. Danach wohnte Noske zunächst in der Kaiserstraße 5 I und dann (ab 1914) in der Weststraße 113 III. Diese Wohnung gab er erst 1919 auf.

[66] Die Volksstimme. Chemnitz. Organ für das arbeitende Volk des 10., 14., 15., 16., 17., 19., 20. und 21. sächsischen Reichstags-Wahlkreises. Tägliche Erscheinungsweise. Bestand vom April 1899 bis zum 1. 3. 1933. Siehe: Koszyk/Eisfeld, Presse, S. 103.

[67] Zur Entstehungsgeschichte der Chemnitzer »Volksstimme« vgl. die Broschüre: Das neue Heim der Volksstimme und ihre Entwicklung 1891 bis 1911, Chemnitz o. J. [1911], S. 15 ff.; fortan zit.: Das neue Heim der Volksstimme.

[68] Heilmann, Geschichte, S. 273.

[69] Noske, Wie ich wurde, S. 25; Heilmann, Geschichte, S. 275 f.; Koszyk/Eisfeld, Presse, S. 103.

[70] Vgl. Das neue Heim der Volksstimme sowie die Broschüre: Arbeiterführer für Chemnitz und Umgegend 1913/14. Hrsg. vom Gewerkschaftskartell Chemnitz, Chemnitz o. J. [1913], S. 59 f., wo die wichtigsten Informationen über das neue Geschäftshaus der »Volksstimme« zusammengetragen sind.

sitzende August Bebel eines Tages das neue Gebäude besichtigte, fragte er skeptisch, ob es nicht doch etwas zu elegant ausgefallen sei[71].

Am 1. Juli 1902, als Noske in die Redaktion eintrat, war August Enders[72], den man vom »Vorwärts« geholt hatte, Chefredakteur der »Volksstimme«. Neben ihm arbeiteten Georg Schöpflin, Otto Rühle und Ludwig Lessen in der Redaktion[73]. In den folgenden Jahren bekam er unter anderem Max Müller (ab 1906), Karl A. Meyer (ab 1907), Hermann Müller (ab 1909), Hermann Seyfarth (ab 1911) und Erich Kuttner zu Kollegen[74]. Anfang 1909 wurde Ernst Heilmann mit der redaktionellen Leitung des Blattes betraut[75]. Dieser hochbegabte jüdische Journalist verfügte nicht nur über ein abgeschlossenes juristisches Hochschulstudium, sondern auch über eine mehrjährige Erfahrung als Parlamentsberichterstatter sozialdemokratischer Zeitungen[76]. Er gehörte, wie Noske, zum rechten nationalen Flügel der SPD. Für die Behauptung, Noske sei seit 1915 als Nachfolger Heilmanns Chefredakteur der »Volksstimme« gewesen[77], gibt es keine Belege. Möglicherweise gab es bereits seit 1909 so etwas wie eine gemeinsame Chefredaktion Heilmann/Noske.

Mit seinem Einzug in den Reichstag gab Noske seinen Beruf als Redakteur nicht auf, sondern er blieb, wie schon erwähnt wurde, einer jener Journalisten mit Mandat, von denen es in der sozialdemokratischen Reichtstagsfraktion so viele gab. Noske arbeitete von 1902 bis zum Jahre 1918 bei der Chemnitzer »Volksstimme«. Besonders in der Zeit bis zum Beginn des Ersten Weltkrieges war er, obwohl nie mit der formellen Funktion eines Chefredakteurs betraut, zusammen mit Ernst Heilmann der maßgebende, den Ton und die politische Richtung des Blattes bestimmende Redakteur.

Über seine langjährige Tätigkeit in der Parteipresse hat Noske selbst nur wenige Informationen hinterlassen[78]. Die frühen Jahrgänge der

[71] Noske, Erlebtes, S. 16 f.

[72] Heilmann, Geschichte, S. 275.

[73] Das neue Heim der Volksstimme, S. 15.

[74] Diese Angaben nach: Heilmann, Geschichte, S. 275, und Koszyk/Eisfeld, Presse, S. 103, die noch weitere Namen nennen. Kuttner verließ die »Volksstimme« 1916 und ging zum »Vorwärts«. Kurze Personenbeschreibungen der »Volksstimme«-Redakteure enthält die Aufzeichnung des langjährigen Betriebsleiters der »Volksstimme«-Druckerei, Max Schubert, Die Druckerei »Volksstimme«, ihre technischen Einrichtungen und ihre Leute. 1911 bis 1933. Masch. Manuskript vom Oktober 1952 im Besitz des Stadtarchivs von Karl-Marx-Stadt.

[75] Das neue Heim der Volksstimme, S. 15.

[76] Siehe den biographischen Abriß von Horst Möller, Ernst Heilmann. Ein Sozialdemokrat in der Weimarer Republik. In: Jahrbuch des Instituts für Deutsche Geschichte (Tel Aviv), Bd XI (1982), S. 261–294, hier S. 266 f; fortan zit.: Möller, Ernst Heilmann.

[77] Kurt Koszyk, Zwischen Kaiserreich und Diktatur. Die sozialdemokratische Presse von 1914 bis 1933, Heidelberg 1958, S. 59.

[78] Vgl. Noske, Wie ich wurde, S. 25, und ders., Erlebtes S. 16 f.

»Volksstimme« sind leider auch nicht erhalten geblieben[79], so daß einer Untersuchung über den Journalisten Noske von der Quellenlage her enge Grenzen gesetzt sind. Hinzu kommt, daß man auch bei den vorhandenen Jahrgängen 1912–1918 der »Volksstimme« nicht ohne weiteres erkennen kann, welche Beiträge von Noske verfaßt beziehungsweise redigiert worden sind. Offenbar legte er keinen besonderen Wert darauf, daß seine eigenen Artikel mit seinem Namen versehen wurden. Jedenfalls finden wir beispielsweise im Jahrgang 1912 der »Volksstimme« einige von Ernst Heilmann, Paul Göhre, Franz Mehring, Parvus und Wilhelm Keil namentlich gezeichnete Beiträge, aber keinen einzigen von Noske[80]. Dieser trat für den Leser weniger als Journalist denn als politischer Akteur in seinen verschiedenen Funktionen in Erscheinung, über den die »Volksstimme« im Lokalteil des Blattes berichtete, gelegentlich auch, wenn es um Reichstagsangelegenheiten ging, auf den vorderen Seiten. Von der politischen Rolle Noskes in Chemnitz wird im nächsten Kapitel die Rede sein.

Die Industriestadt Chemnitz mit ihrer langjährigen sozialdemokratischen Tradition[81] bot für den inzwischen 34jährigen Noske mehr als nur die Arbeit hinter dem Redaktionsschreibtisch, nämlich die Chance zu einer politischen Karriere. Im sächsischen 17. Reichstagswahlkreis hatte 1867 August Bebel erstmals kandidiert. Wilhelm Liebknecht hatte im benachbarten 19. sächsischen Wahlkreis gearbeitet. Die Arbeiterbevölkerung aus Chemnitz und den umliegenden Industrieorten des Erzgebirges hatte die ersten sozialdemokratischen Vertreter in den Reichstag entsandt. Über eine längere Zeitspanne hinweg kam fast die Hälfte der Mitglieder der sozialdemokratischen Reichstagsfraktion aus Sachsen. Noske war in einer SPD-Hochburg gelandet.

In den Reichstagswahlen von 1903, die für die Sozialdemokratie insgesamt günstig ausfielen, holten sich die SPD-Kandidaten aus den 23 sächsischen Wahlkreisen 22 Mandate, was einen Zeitgenossen zu dem folgenden Jubelkommentar veranlaßte: »Das ›Rote Königreich‹ ist konstituiert, der König kam in die Stimmung, an seinem Volke zu zweifeln, und der gesamten Reaktion fuhr ein gewaltiger Schreck in die Glieder[82].« In dieser neuen Umgebung herrschte ein politisches Klima, wie es Noske aus Königsberg nicht kannte.

[79] Der Jahrgang 1912 (2. Halbjahr) der Chemnitzer »Volksstimme« wurde im Stadtarchiv von Karl-Marx-Stadt eingesehen, wo sich die zwar umfangreichste, aber gleichwohl sehr lückenhafte Sammlung dieser Zeitung befindet. Für eine Rekonstruktion von Noskes politischer Entwicklung ist es besonders mißlich, daß die Jahrgänge 1902 bis 1912 (1. Halbjahr) als verloren gelten müssen.

[80] Noskes Artikel, die er ab 1914 als Kriegsberichterstatter schrieb, wurden sämtlich namentlich gezeichnet. Über diese Artikel wird in den Kapiteln III/5 und IV/3 dieses Buches berichtet.

[81] Zum Folgenden Heilmann, Geschichte, S. 20–25.

[82] Ebda., S. 288. Im Jahre 1907 holte die SPD in Sachsen 48,5 % der Stimmen, 1912 sogar 55 %. Vgl. im einzelnen die Tabelle »Die Entwicklung der Sozialdemokratie bei

Der neue »Volksstimme«-Redakteur fand sich in Chemnitz rasch zurecht. Neben seiner journalistischen Tätigkeit entfaltete er eine ausgedehnte Werbetätigkeit[83] für die SPD. Unter anderem hielt er jährlich etwa 100 öffentliche Versammlungen ab. Daneben arbeitete er als ehrenamtlicher Gauvorsteher für seine Gewerkschaft, den Holzarbeiterverband. Aber er mußte auch einige Vorurteile, die andere ihm gegenüber hatten, überwinden. Denn den »alten Parteimännern« in Chemnitz galt der aus Brandenburg a. d. H. stammende Noske als ein »zugewanderter Preuße«[84], dem sie nicht ohne weiteres vertrauen mochten.

Die Gelegenheit zu einer Reichstagskandidatur vor dem Ablauf der regulären Legislaturperiode ergab sich, als der SPD-Reichstagsabgeordnete Max Schippel mit seiner Partei in Konflikt geriet und schließlich sein Mandat vorzeitig niederlegte. Schippel hatte den 16. sächsischen Wahlkreis, in dem die Stadt Chemnitz lag, seit 1890 im Reichstag vertreten[85]. Er war ein kluger Mann mit eigenwilligen Ansichten, die nicht immer mit dem offiziellen Kurs der Partei in Einklang zu bringen waren. Sowohl in militärischen wie auch wirtschaftspolitischen Fragen vertrat er gelegentlich revisionistische Auffassungen[86] und wurde daher dem rechten Parteiflügel zugerechnet. Auf dem Bremer SPD-Parteitag von 1904 schlug ihm harte Kritik entgegen, weil er geäußert hatte, daß eine Schutzzollpolitik nicht unter allen Umständen abzulehnen sei. Obwohl er von den Genossen seines Chemnitzer Wahlkreises gedeckt wurde, führten die Auseinandersetzungen[87] dazu, daß Schippel im November 1905 sein 15 Jahre lang innegehabtes Mandat niederlegte. Dies war für Noske die Chance, sich als sein Nachfolger zu bewerben.

Ob aus der Bewerbung eine Kandidatur und aus ihr dann ein Reichstagsmandat werden würde, hing in der SPD-Hochburg Chemnitz fast ausschließlich von den örtlichen Parteimitgliedern ab. Denn man muß sich klarmachen, daß ein in Chemnitz aufgestellter sozialdemokratischer Reichstagskandidat angesichts der bisherigen Wahlresultate, die regelmäßig im Bereich der absoluten Stimmenmehrheit lagen, das Mandat praktisch schon gewonnen hatte. Daher lag es nahe, daß nach Schippels Ausstieg eine heftige Auseinandersetzung zwischen

den Reichstagswahlen in Sachsen« (1877–1912) in: Arbeiterführer für Chemnitz und Umgegend 1913/14, Chemnitz o. J., S. 72 f. (Stadtarchiv Karl-Marx-Stadt).

83 Noske, Wie ich wurde, S. 25 f., auch zum Folgenden.

84 Noske, Erlebtes, S. 21.

85 Zum Folgenden ebda., S. 20 f.

86 Zu Schippels militärpolitischem Revisionismus vgl. Reinhard Höhn, Sozialismus und Heer, Bd III, Bad Harzburg 1969, S. 574–595, fortan zit.: Höhn, Sozialismus und Heer, wo die Linie von Schippel zu Noske weitergezogen wird.

87 Zu den Debatten in der Parteipresse, bei denen Kurt Eisner scharf gegen Schippel auftrat, vgl. Heilmann, Geschichte, S. 295 f.

verschiedenen Personen um seine Nachfolge entbrannte. Verlauf und Ergebnis dieser Auseinandersetzungen geben interessante Aufschlüsse über das politische Ansehen, das sich Noske in den wenigen Jahren seiner Anwesenheit in Chemnitz hatte erringen können.

Noskes Bewerbung wurde nämlich weder vom einflußreichen Vorstand der Chemnitzer SPD-Bezirksorganisation noch von dem nicht minder einflußreichen Chemnitzer Gewerkschaftskartell unterstützt. Das lokale Parteiestablishment unterstützte den Geschäftsführer des Konsumvereins, Karl Riemann, der sich unter dem Sozialistengesetz Verdienste um die Partei erworben hatte, in der Arbeiterschaft aber nicht besonders beliebt war[88]. Die Gewerkschaften wollten zunächst einen auswärtigen Kandidaten aus ihren eigenen Reihen präsentieren, nämlich den bekannten Gewerkschaftsführer Fritz Paplow aus Hamburg[89]. Nun waren es die Arbeiter in den großen Chemnitzer Betrieben, die Noskes Kandidatur forderten[90]. Der unerfreuliche Streit wurde schließlich durch demokratische Abstimmung in der zuständigen Parteiversammlung des 16. sächsischen Reichstagswahlkreises entschieden. Der Vorstand schlug Riemann vor, die Gewerkschaften ihren Paplow, und dann kam aus der Versammlung heraus der Vorschlag, Noske die Kandidatur zu übertragen. In Ermangelung einschlägiger Quellen wissen wir leider nicht, welche Argumente in dieser Versammlung für und gegen die einzelnen Bewerber vorgebracht wurden. Wir kennen nur das Ergebnis, und dieses war einigermaßen sensationell. Denn die Versammlung wählte trotz der anderslautenden Voten der »alten Garde der Chemnitzer«[91] mit vier Fünfteln aller Stimmen Gustav Noske zum Kandidaten[92]. Es gibt keinen Zweifel: Die Parteibasis hatte den 37jährigen »Volksstimme«-Redakteur auf den Schild gehoben und ihm ein geradezu überwältigendes Vertrauensvotum ausgestellt. Ähnliche Vorgänge sollten sich in Noskes Leben noch häufiger ergeben. Er machte seinen Weg aus eigener Kraft, ohne je von einer einflußreichen Persönlichkeit oder Parteiinstanz protegiert zu werden.

Wenige Wochen nach der Kandidatenkür fanden am 13. Februar 1906 die Nachwahlen zum Reichstag statt. Noske wurde mit 31 629 Stimmen gegenüber 10 397 für die Konservativen und 9 056 für die Freisinnigen sicher zum Reichstagsabgeordneten gewählt[93], schnitt

[88] Noske, Erlebtes, S. 21, sowie Heilmann, Geschichte, S. 300.

[89] Diese Information entstammt der Aufzeichnung von Max Schubert, Die Druckerei »Volksstimme« (Stadtarchiv Karl-Marx-Stadt, Man 16).

[90] Noske, Erlebtes, S. 21.

[91] Formulierung ebda.

[92] Ebda.; diese Mitteilung Noskes wird bestätigt von Max Schubert, Die Druckerei Volksstimme (Stadtarchiv Karl-Marx-Stadt, Man 16), Noske sei »mit überwältigender Mehrheit« gewählt worden und von Heilmann, Geschichte, S. 300.

[93] Das genaue Ergebnis der Reichstags-Nachwahl vom 13. 2. 1906 im 16. sächsischen Reichstagswahlkreis in: Bericht des Zentralvorstandes für den 16. sächsischen Reichstagswahlkreis und des Agitationskomitees zu Chemnitz. Erstattet auf das Jahr 1906

aber etwas schlechter ab als Schippel im Jahre 1903[94]. Allerdings konnte Noske dann 1907 einen bemerkenswerten persönlichen Erfolg verbuchen. Denn: Während die SPD in allen sächsischen Wahlkreisen empfindliche Verluste hinnehmen mußte, gelang es ihm, sein Stimmenergebnis gegenüber 1903 sogar noch – wenn auch geringfügig – zu steigern[95]. Mit seiner Wahl in den Reichstag wurde Noske erstmals einer breiten Parteiöffentlichkeit bekannt[96]. Hierzu sollte sein erster Auftritt im Parlament, von dem in einem der nächsten Kapitel zu berichten sein wird, erheblich beitragen.

In seinem Wahlkreis Chemnitz wurde Noske noch mehrfach wiedergewählt. Er behielt dieses Reichstags- bzw. Nationalversammlungsmandat bis zum Sommer 1920, als er als Reichswehrminister bereits zurückgetreten war[97]. Die Industriestadt Chemnitz wurde für Noske somit zu seiner zweiten Heimat. Für den Mann, der einmal hatte Förster werden wollen, war dieses »sächsische Manchester«[98] mit seiner Häufung großer und kleiner industrieller Betriebe zwar nicht das, was er sich als idealen Wohnort vorgestellt hatte. Aber für seine politische Karriere zählte, daß Chemnitz eine der festesten Hochburgen der deutschen Sozialdemokratie und der Gewerkschaften war, zugleich eine Stadt, in der die Klassengegensätze besonders scharf ausgebildet waren, weil sich der Kapitalismus hier mit »brutaler Kraftentfaltung«[99] zeigte. Als im Jahre 1912 der sozialdemokratische Parteitag nach Chemnitz einberufen wurde, fand der Naturliebhaber Noske auch für die industrielle Kultur seiner Stadt versöhnliche Worte. Zu den Beratungen des Parteitags, schrieb er, werde »das Sausen vieler Tausender Webstühle, das Surren von Millionen von Spindeln, das Rattern unzähliger Maschinen sowie das Dröhnen der von sehnigen Fäusten oder der Dampfkraft bewegten Hämmer in den vielen Fabriken die denkbar passendste Begleitmusik« abgeben[100].

(Stadtarchiv Karl-Marx-Stadt). Korrekte Wiedergabe in: Heilmann, Geschichte, S. 300, und Noske, Erlebtes, S. 21.

94 Max Schippel hatte 1903 34266 Stimmen erhalten. Siehe den Vergleich in: Bericht des Zentralvorstandes für den 16. sächsischen Reichstagswahlkreis, Chemnitz 1906, S. 4 (Stadtarchiv Karl-Marx-Stadt).

95 Auf 34547 Stimmen. Siehe Heilmann, Geschichte, S. 30 f.

96 W. Keil, Meine Beziehungen zu Gustav Noske. In: AdsD, Nachlaß Keil, Mappe 13.

97 Vgl. Kapitel XII/2 »Kaltgestellt: Abrechnung der SPD mit Noske«.

98 G. Noske: Zum Sozialdemokratischen Parteitag 1912. In: Sozialistische Monatshefte, 16 (1912), Bd 3, S. 1087–1090, Zitat S. 1087; fortan zit.: Noske, Parteitag.

99 Noske, Parteitag, S. 1087.

100 Ebda. Vgl. auch den im Plauderton gehaltenen Aufsatz von Noske: Chemnitz und die Erzgebirgler. In: Die Neue Welt. Illustriertes Unterhaltungsblatt 1912, Hamburg o.J. [1912], S. 1–3 (Schloßberg-Museum Karl-Marx-Stadt). Dieses großformatige Unterhaltungsblatt, dessen Extraausgabe ganz dem Tagungsort Chemnitz gewidmet war, wurde an die Delegierten des SPD-Parteitages von 1912 in Chemnitz verteilt.

2. Stadtverordneter im sächsischen Chemnitz

Es wurde bereits erwähnt, daß Noske schon in seiner Königsberger Zeit für die Dauer von zwei Jahren Mitglied des dortigen Stadtverordnetenkollegiums war. Nach Chemnitz brachte er also nicht nur journalistische, sondern auch kommunalpolitische Erfahrungen mit. Nachdem er sich dann im »sächsischen Manchester« eingelebt hatte und die kommunale Szene überblickte, ließ er sich Ende 1905, noch bevor sich eine mögliche Schippel-Nachfolge im Reichstag abzeichnete[101], als Kandidat für die Chemnitzer Stadtverordnetenversammlung aufstellen. Im November 1905 wurde er gewählt[102] und zog zum Jahresanfang 1906 in das Stadtparlament ein.

In seinen Erinnerungsschriften ist Noske auf seine Tätigkeit als Chemnitzer Stadtverordneter nicht näher eingegangen[103]. Das rührt wohl vornehmlich daher, daß er sich in ihnen auf die Darstellung der sogenannten großen Politik konzentrierte, in die er genau zum gleichen Zeitpunkt eintrat und die in der Erinnerung wohl ungleich stärker nachwirkte. Betrachtet man die verschiedenen Betätigungsfelder Noskes, so hatte das kommunalpolitische Mandat zweifellos nicht den ersten Stellenwert. Für die Aufschlüsselung der schwer zugänglichen Biographie Noskes ist seine Tätigkeit im Chemnitzer Stadtparlament jedoch von erheblichem Interesse, und dies aus mehreren Gründen.

Erstens wurden in diesem Gremium nicht nur wohlvorbereitete, innerhalb der Fraktion zuvor abgestimmte politische Stellungnahmen vorgetragen, sondern auch einmal Stegreifreden geliefert, die gelegentlich einen tieferen Einblick in die politische Vorstellungswelt des Redners gestatten als etwa die Reichstagsreden oder die schriftlichen Äußerungen.

Zweitens ist Noskes Tätigkeit im Stadtparlament von Chemnitz quellenmäßig gut belegt. Denn in den erhalten gebliebenen »Amtlichen Berichten über die öffentlichen Stadtverordnetensitzungen der Stadt Chemnitz«[104] liegen uns wortgetreue stenographische Aufzeich-

[101] Vgl. dazu das vorangegangene Kapitel.

[102] Die Stadtverordneten-Ergänzungswahl fand in der Zeit vom 13. bis 17. 11. 1905 statt. Siehe: Bericht über die Verwaltung und den Stand der Gemeindeangelegenheiten der Fabrik- und Handelsstadt Chemnitz auf das Jahr 1905, Chemnitz o. J. [1906], S. 20 f. (Stadtarchiv Karl-Marx-Stadt). Zum Wahlrecht und dem aus ihm resultierenden System der Ergänzungswahlen siehe weiter unten in diesem Kapitel.

[103] Die einzige kurze Erwähnung der Tätigkeit als Stadtverordneter in Chemnitz findet sich in: Noske, Wie ich wurde, S. 27, mit der falschen Datierung der Wahlen auf »Ende 1906«. In den Memoiren («Erlebtes«) wird das Stadtverordneten-Mandat nicht einmal erwähnt.

[104] Die »Amtlichen Berichte über die öffentlichen Stadtverordnetensitzungen der Stadt Chemnitz« wurden gedruckt. Eine vollständige Sammlung der hier in Frage kom-

nungen über den Verlauf sämtlicher Sitzungen vor. Es handelt sich dabei um eine vorzügliche Quelle, mit deren Hilfe der Wunsch, Genaueres über den intellektuellen Werdegang Noskes und seine Auffassung von sozialdemokratischer Politik in Erfahrung zu bringen, wenigstens in einigen Punkten befriedigt werden kann.

Drittens war Noskes Rolle in der Kommunalpolitik keineswegs nur eine kurze Episode. Die an sich naheliegende Vermutung, daß er sein kommunales Mandat nach der Wahl in den Reichstag wieder aufgegeben habe, ist unzutreffend. Noske war vielmehr ganze 14 Jahre lang Stadtverordneter von Chemnitz. Nach der ersten Wahlperiode, die vom 1. Januar 1906 bis zum 31. Dezember 1911 dauerte, wurde er für eine weitere Periode wiedergewählt. Diese fand dann infolge des Weltkrieges keinen regulären Abschluß. Statt dessen wurde die Amtszeit des Kollegiums Jahr um Jahr verlängert. Erst im Zuge der Novemberrevolution von 1918 wurde es durch den örtlichen Arbeiter- und Soldatenrat aufgelöst[105]. Bei den für den 12. Januar 1919 angesetzten Neuwahlen kandidierte Noske, obwohl er zu diesem Zeitpunkt schon in den Rat der Volksbeauftragten berufen war, erneut, und zwar als Listenführer der Chemnitzer SPD. Da diese Stadtverordnetenwahlen erstmals nach dem allgemeinen und gleichen Wahlrecht[106] durchgeführt wurden, konnte die SPD endlich einen ihrer Stärke entsprechenden Sieg feiern. Sie errang die absolute Mehrheit der Mandate[107] und beendete damit die Geschichte des von Bürgerlichen beherrschten Stadtparlaments.

Erst als Noske als Reichswehrminister in das Kabinett Scheidemann – die erste gewählte Regierung der Republik – eintrat und seinen Wohnsitz von Chemnitz nach Berlin verlegte, entschloß er sich, sein Mandat als Chemnitzer Stadtverordneter niederzulegen[108]. Er tat dies

menden Jahrgänge 1906–1919 befindet sich im Stadtarchiv von Karl-Marx-Stadt; fortan zit.: Amtliche Berichte.

105 Siehe: Verwaltungsbericht der Fabrik- und Handelsstadt Chemnitz 1914–1921, Chemnitz o. J. [1922], S. 14 (Stadtarchiv Karl-Marx-Stadt), fortan zit.: Verwaltungsbericht 1914–1921, auch zum Folgenden.

106 Auf das bis dahin geltende berufsständische Wahlrecht wird unten näher eingegangen.

107 Von den 60 Sitzen in der Chemnitzer Stadtverordnetenversammlung eroberten die SPD 34, der bürgerliche Wahlverein 12, die DDP 3, die USPD 3 und die Wahlvereinigung der Privatangestellten 3 Mandate. Siehe: Verwaltungsbericht 1914–1921, S. 14. Eine Übersicht über die Ergebnisse der Stadtverordnetenwahlen in Chemnitz in der Weimarer Zeit enthält der Aufsatz von Gert Richter, Zu den verfassungsmäßigen Grundlagen der Kommunalpolitik der KPD im Bezirk Erzgebirge/Vogtland. In: Regionalgeschichtliche Beiträge aus dem Bezirk Karl-Marx-Stadt, Karl-Marx-Stadt 1979, Tabelle S. 32.

108 Hsl. Brief des Reichswehrministers Gustav Noske an den Chemnitzer Stadtverordneten-Vorsteher vom 8. 4. 1919. Original in: Stadtarchiv Karl-Marx-Stadt, Stadtverordneten-Kanzlei 1311/1, 1913–1935, Bd I, Bl. 26 und 27. Dieses Schreiben Noskes wurde in der öffentlichen Stadtverordneten-Sitzung am 10. 4. 1919 verlesen und

mit »lebhaftem Bedauern«, wie er in einem Brief an die Chemnitzer Kollegen versicherte, da ihm die Erzgebirgsstadt in den 17 Jahren seiner dortigen Tätigkeit »zur zweiten, lieben Heimat« geworden sei. Aus Anlaß der Mandatsniederlegung Noskes machte der sozialdemokratische Stadtverordneten-Vorsteher Robert Straube[109] vor dem Gremium folgende Ausführungen über das kommunalpolitische Wirken des prominenten Chemnitzer Politikers: »Unser früherer Kollege Noske war jedenfalls eine der markantesten Persönlichkeiten, die wir in den letzten Jahren hier im Stadtverordnetenkollegium kennengelernt haben.« Weiter hob er »seine Bestrebungen für die Bevölkerung der Stadt Chemnitz und namentlich sein Eintreten für die Arbeiterschaft und für die minderbemittelten Kreise« hervor. Noskes Wirken in Chemnitz sei »ein gutes« gewesen, und niemand dürfe ihm hierfür die Anerkennung versagen.

Allerdings ist anzumerken, daß Noskes Engagement im Chemnitzer Stadtparlament im Laufe der Jahre immer mehr abnahm. Im ersten Jahr seiner Zugehörigkeit zu diesem Gremium überflügelte er mit 66 Wortmeldungen sogar die Redezeiten des Oberbürgermeisters Dr. Beck. In den Jahren 1907 bis 1913 pendelte sich die Arbeit auf 20 bis 40 Wortmeldungen jährlich ein, um dann nach Kriegsbeginn immer mehr abzufallen. 1918/19 ist Noske in der Chemnitzer Stadtverordneten-Versammlung kaum mehr präsent gewesen.

Auch für Noske war das größte politische Ärgernis und Hindernis der Chemnitzer Kommunalpolitik das 1899 im gesamten Königreich Sachsen eingeführte plutokratische Wahlrecht, das die Arbeiterschaft schwer benachteiligte, ja geradezu entrechtete. Diese Reform war Bestandteil einer etappenweisen Beseitigung des allgemeinen Wahlrechts in Sachsen. Das Königreich hatte damit – zumindest aus sozialdemokratischer Sicht – ein Wahlrecht, das sich noch ungerechter ausnahm als das preußische Dreiklassenwahlrecht. Es konnte erst in der Revolution von 1918/19 wieder abgeschafft werden.

In den 90er Jahren des vergangenen Jahrhunderts – um dies in aller Kürze zum politischen Hintergrund zu erwähnen[110] – hatte die Sozialdemokratische Partei bei den Stadtverordnetenwahlen, die damals noch nach dem allgemeinen Wahlrecht durchgeführt wurden, große Erfolge erzielt. Bei den Ersatzwahlen von 1897 stellte sie auf einen

nachher in den Amtlichen Mitteilungen vom Jahre 1919, S. 95, im Wortlaut abgedruckt.

[109] Rede des Stadtverordneten-Vorstehers Robert Straube in der Stadtverordneten-Versammlung am 10. 4. 1919. In: Amtliche Berichte 1919, S. 95 f.

[110] Einzelheiten in der Arbeit von Karin Zschau, Die Kommunalpolitik der Chemnitzer Arbeiterbewegung in den 90er Jahren des 19. Jahrhunderts, Diplomarbeit Sektion Geschichte der Karl-Marx-Universität Leipzig 1975, masch. MS (Stadtarchiv Karl-Marx-Stadt), S. 59 ff.

Schlag ein Drittel der Mitglieder des Stadtverordnetenkollegiums, und die bürgerlichen Parteien mußten ernsthaft um ihre Mehrheit fürchten[111]. Daher betrieben sie eine Änderung des Wahlrechts, mit der sichergestellt werden sollte, daß die SPD in dem 57köpfigen Stadtparlament im Höchstfall 9 Sitze erringen konnte. Dieses Ziel erreichte man mit einem berufsständischen Pluralwahlrecht, das die Wahlberechtigten der Stadt Chemnitz in sechs Gruppen aufteilte, nämlich Allgemeine Abteilung, Arbeiterstand, Beamtenstand, Gelehrtenstand, Gewerbestand, Handelsstand. Das 1899 von den Bürgerlichen beschlossene neue Wahlrecht[112] hatte dann in der Tat zur Folge, daß zwischen 1900 und 1918 jeweils nur 9 sozialdemokratische Stadtverordnete im Stadtparlament saßen. Die restlichen Mandate holte sich der sogenannte Allgemeine Bürgerausschuß, zu dem sich sämtliche bürgerlichen Parteien und Gruppierungen zusammengeschlossen hatten. In der Abteilung B »Arbeiterstand« bekamen die Sozialdemokraten regelmäßig zwischen 82 und 100 Prozent der Stimmen[113]. Umgerechnet auf die Gesamtstimmen waren dies meist knapp über 50 Prozent aller abgegebenen Stimmen[114]. Mit anderen Worten: Jeweils die Hälfte der Chemnitzer Bevölkerung stimmte seit der Jahrhundertwende bei Kommunalwahlen für die SPD, ohne daß dies in der Zahl der Mandate einen angemessenen Ausdruck finden konnte. Das bedeutete, daß die sozialdemokratische Stadtverordnetenfraktion, der Noske 1906–19 angehörte, auf parlamentarischem Wege aus eigener Kraft nicht einen einzigen Antrag durchsetzen konnte. So nimmt es nicht wunder, daß dieses Wahlrecht, das die sächsische Arbeiterschaft politisch entrechtete und sie zu einer – noch bis in die Weimarer Zeit nachwirkenden – Radikalisierung nach links veranlaßte[115], über zwei Jahrzehnte hinweg Gegenstand schärfster sozialdemokratischer Angriffe in der Chemnitzer Stadtverordnetenversammlung war.

Wenn es um so grundsätzliche Fragen wie das Wahlrecht ging, schickte die sozialdemokratische Stadtverordnetenfraktion häufig Gustav Noske ins Rennen. Seit seinen ersten Auftritten im Chemnitzer

[111] Diese und die folgenden Wahlergebnisse nach Barbara Kemt, Zur Kommunalpolitik der Sozialdemokratischen Partei Deutschlands in Chemnitz von 1890 bis 1914, Jahresarbeit MLG an der Karl-Marx-Universität Leipzig 1984, masch. MS (Stadtarchiv Karl-Marx-Stadt), S. 3–14; fortan zit.: Kemt, Kommunalpolitik.

[112] Das neue Wahlrecht war Bestandteil des »Ortsgesetzes der Stadt Chemnitz« vom 2. 5. 1899, veröffentlicht in: Bericht über die Verwaltung und den Stand der Gemeindeangelegenheiten der Fabrik- und Handelsstadt Chemnitz auf das Jahr 1899, Chemnitz o. J. [1900], Anhang, S. 217–227.

[113] Übersicht über die Stadtverordneten-Ersatzwahlen in den Jahren 1899, 1901, 1903, 1905, 1907, 1911 und 1913. In: Sozialdemokratischer Verein für den 16. sächs. Reichstags-Wahlkreis. Geschäfts- und Kassenbericht für die Zeit vom 1. 4. 1913 bis 31. 3. 1914, Chemnitz o. J., S. 24 und 25.

[114] 1901: 50,5%; 1903: 52,8%; 1905: 54,3%; 1907: 45,9%; 1909: 50,7%; 1911: 55,5%; 1913: 48,7%. Nach Kemt, Kommunalpolitik, S. 14.

[115] Diesen Hinweis verdanke ich H. A. Winkler, Freiburg.

Stadtparlament im Jahre 1906 wußte man, daß er ein talentierter politischer Redner war, immer schlagfertig, gelegentlich draufgängerisch und keinem Konflikt mit den politischen Gegnern ausweichend. Noskes Reden kennzeichnete mitunter ein recht drastisches Vokabular, was ihm im Laufe der Jahre eine ganze Serie von Ordnungsrufen einbrachte.

Bei einem Thema wie dem ungerechten Chemnitzer Wahlrecht zog Noske alle Register, die ihm rhetorisch zur Verfügung standen. Im Jahre 1913 etwa, als er wieder einmal einen Antrag seiner Fraktion begründete, das allgemeine, gleiche, geheime und direkte Wahlrecht auf der Grundlage des Verhältniswahlsystems für die Wahl der Chemnitzer Stadtverordneten vorzusehen[116], nannte er das geltende Wahlrecht »ein Geldsackwahlrecht in der allerempörendsten Form«[117]. Es schlage allen demokratischen Grundsätzen ins Gesicht und stelle gegenüber der großen Masse der Bevölkerung »nichts weiter als ganz krasse Gewalt« dar. Unter dem Beifall sozialdemokratischer Arbeiter auf den Tribünen des Sitzungssaals und vor dem Chemnitzer Rathaus rief Noske aus: »Diese Zustände lassen sich die Chemnitzer Arbeiter nicht mehr lange gefallen[118]!« Aber er konnte keinen Weg aufzeigen, um den Wahlrechtsantrag seiner Fraktion, unterstützt von einer Wahlrechtskampagne seiner Partei, unter den gegebenen Bedingungen voranzubringen. So hatte die ganze Aktion letztlich nur den Sinn, der eigenen Anhängerschaft einmal mehr aufzuzeigen, daß dieses Wahlrecht das Produkt der »Geldsackinteressen der besitzenden Klassen in Chemnitz«[119] war, um auf diese Weise einen langfristigen Veränderungswillen wachzuhalten.

Das kontinuierliche Eintreten für ganz konkrete Belange der Arbeiterschaft zieht sich wie ein roter Faden durch die langjährige Tätigkeit Noskes im Chemnitzer Stadtparlament. Nur gelegentlich artikulierte er grundsätzliche politische Positionen, zum Beispiel sein Verständnis von Demokratie, Nation oder Monarchie betreffend. In dieser Hinsicht nutzte Noske seinen ersten Auftritt in der Stadtverordnetenversammlung am 15. Januar 1905[120]. Er hatte sich über den Vorschlag des Rates der Stadt zu äußern, anläßlich der Silberhochzeit des Kaiserpaares eine Stiftung für hilfsbedürftige Einwohner von Chemnitz ins Leben zu rufen. Hierfür sollten städtische Mittel bereitgestellt werden. Noske kündigte an, daß seine Fraktion den Vorschlag aus prinzipiellen Erwägungen ablehnen werde, da es nicht angehe, »praktische und not-

[116] Wortlaut des sozialdemokratischen Wahlrechtsantrages vom 1. 11. 1913 in: Amtliche Berichte 1913, Sitzung vom 6. 11. 1913, S. 245.
[117] Ebda., S. 245–247, Zitat S. 246.
[118] Ebda., S. 247.
[119] Ebda., S. 245.
[120] Amtliche Berichte 1906, 4. Sitzung am 15. 2. 1906, Noskes Redebeiträge S. 28 f.

wendige Dinge mit rein byzantinischen Fragen zu verquicken«. Da er gerade zwei Tage zuvor mit der absoluten Mehrheit der Chemnitzer Stimmen in den Reichstag gewählt worden war[121], machte sich Noske nun gleich mehrfach zum Sprecher dieser Majorität und hielt dem Rat der Stadt vor, die ›Mehrheit‹ stehe nicht auf monarchischem, sondern auf republikanischem Standpunkte; sie habe keinen Anlaß, sich um Privatangelegenheiten des deutschen Kaisers zu kümmern, zumal »nach der ganzen Kampfesstellung, die von dem Träger der Krone gerade gegenüber der Arbeiterklasse eingenommen wird«. Der selbstbewußte und kämpferische Ton dieser Rede erhielt dort eine eher bittere Färbung, wo Noske auf das Verhältnis der führenden Gesellschaftsschichten zur Arbeiterklasse, als deren Repräsentant er sich fühlte, zu sprechen kam. Er litt, so scheint es, unter dieser Klassengesellschaft ganz persönlich.

Mehrfach setzte sich Noske mit großem Engagement für die Verbesserung der Lebens- und Arbeitsbedingungen der Arbeiter und Angestellten der Chemnitzer städtischen Gasanstalt ein. Mit diesem Personenkreis war er in besonderer Weise befaßt, da seine Fraktion ihn in den für die städtische Gasanstalt zuständigen Ausschuß entsandt hatte[122]. In seinen Redebeiträgen machte Noske jeweils deutlich, daß er sich über die spezifischen Anforderungen, die an die Gasanstaltsarbeiter gestellt wurden, vor Ort genau informiert hatte. Er kam zu dem Ergebnis: »Die Arbeit ist fast ausnahmslos schwer und zum Teil direkt gesundheitsschädigend, ja bis zu einem gewissen Grade geradezu mörderisch[123].« Daraus leitete er eine Reihe von Forderungen ab, wie sie gewöhnlich von den Gewerkschaften in den Arbeitskämpfen mit privaten und öffentlichen Arbeitgebern verfochten wurden. Die Stundenlöhne sollten erhöht und für die Bezahlung von Überstunden Normen festgelegt werden. Weiter verlangte Noske die Einführung fester Alterszulagen für die Gasanstaltsarbeiter, und zwar nicht als eine dem Wohlwollen des kommunalen Arbeitgebers zu verdankende Gabe, sondern als einen Rechtsanspruch der Arbeiter. Mit seiner Forderung, nicht nur Beamten und Angestellten, sondern auch den Arbeitern Ferien zu gewähren, provozierte er den zuständigen städtischen Dezernenten zu der für die damalige Zeit bezeichnenden Antwort: »so weit können wir nicht voranmarschieren, daß wir unseren Arbeitern eine

[121] Vgl. dazu das vorherige Kapitel. Noske erhielt in der Reichstagswahl vom 13. 2. 1906 von 51 162 abgegebenen Stimmen 31 628, was fast 60% entsprach.

[122] Siehe dazu: Amtliche Berichte 1906, 2. Sitzung am 18. 1. 1906, S. 13. Daneben wurde Noske noch in den Ausschuß für das Beleuchtungswesen entsandt. In den vier Hauptausschüssen (Haushalts-, Rechts-, Finanz- und Prüfungsausschuß) war er dagegen nicht vertreten – wohl mit Rücksicht auf sein Reichstagsmandat.

[123] Behandlung dieses Tagesordnungspunktes ebda., 8. Sitzung am 11. 4. 1906. Noskes Redebeiträge S. 75–77.

bestimmte Urlaubszeit pro Jahr bewilligen«[124]. Da er die Mehrheitsverhältnisse im Stadtverordneten-Kollegium kannte – »Anträge zu stellen, wäre zwecklos« –, ließ sich Noske durch diese unsoziale Äußerung nicht aus der Ruhe bringen. Er sprach lediglich von der »Rückständigkeit« der Stadtverwaltung und rechtfertigte dann noch einmal sein eigenes Vorgehen mit dem Satz: »Es wäre von Seiten eines Arbeitervertreters einfach eine Pflichtwidrigkeit, wenn er diesen Vorwurf nicht erheben sollte[125].« Obwohl Noske also die eigene Ohnmacht genau spürte, finden sich in seinen Reden keine klassenkämpferischen Parolen. Statt dessen scheint immer wieder sein Glaube an einen geradezu naturnotwendigen Fortschrittsprozeß durch. Im vorliegenden Falle der Gasanstaltsarbeiter zeigte sich diese Position in der Aussage Noskes, die soziale Rückständigkeit der Stadt Chemnitz sei dafür verantwortlich, »daß die Arbeiter mit Mißtrauen ihrem Vorgesetzten gegenüberstehen und daß ein ungetrübtes Arbeitsverhältnis nicht aufkommt«[126]. Das war eher eine Anklage denn eine Kampfansage.

Dieser Punkt muß hier noch weiter vertieft werden, da er an den Kern von Noskes politischer Einstellung rührt, die, wie noch mehrfach auszuführen sein wird, mit dem Begriff »revisionistisch« nicht zutreffend gefaßt werden kann. Denn Noske hatte keine politischen Theorien zu revidieren. Für ihn hatte es niemals etwas anderes gegeben als das in der Gewerkschaftsarbeit praktizierte Vorgehen einer Reformpolitik der kleinen Schritte.

Zu spontanen Äußerungen über seine grundsätzlichen politischen Positionen wurde Noske gelegentlich dadurch veranlaßt, daß ihm die politischen Gegner in der Chemnitzer Stadtverordnetenversammlung vorhielten, die Sozialdemokratie insgesamt und damit auch er selbst wollten doch letztlich den Umsturz der bürgerlichen Gesellschaftsordnung, die Revolution. Vorhaltungen dieser Art waren beispielsweise im Jahre 1912 während einer Debatte zu hören, die sich zum wiederholten Male mit der Weigerung der Stadt Chemnitz befaßte, die städtischen Spielplätze auch dem Arbeiterturnverein zur Verfügung zu stellen[127]. Dieser wurde – nicht ganz zu Unrecht – verdächtigt, unter sozialdemokratischem Einfluß zu stehen. Aus der Sicht des Rates der Stadt und der bürgerlichen Mehrheit der Stadtverordnetenversammlung war dies gleichzusetzen mit Mangel an nationaler Zuverlässigkeit und Umsturzgefahr. Obwohl Noske eigentlich aus langjähriger politi-

[124] Dezernent Stadtrat Rodig, ebda., S. 76.
[125] Ebda., S. 77.
[126] Ebda.
[127] Amtliche Mitteilungen aus den öffentlichen Sitzungen der Stadtverordneten zu Chemnitz vom Jahre 1912. Sitzung am 4. 7. 1912, fortan zit.: Amtliche Mitteilungen; Noskes Redebeiträge S. 170–173. Seit dem Jahre 1906 (vgl. die Amtlichen Mitteilungen 1906, Sitzung vom 12. 7. 1906, S. 149 ff.) hatte sich Noske des öfteren mit dem Oberbürgermeister über die parteiliche Vergabepraxis auseinandergesetzt.

scher Erfahrung wissen mußte, daß die Gegner der Sozialdemokratie Schlagwörter dieser Art mit großer Konsequenz propagierten, um die Verweigerung von sozialer und politischer Gleichberechtigung für die Arbeiterschaft zu rechtfertigen[128], empfand er solche Unterstellungen immer wieder als schmerzliche Vorwürfe. An seinen Reaktionen war zu merken, daß er hier eine empfindliche Stelle hatte, fühlte er sich doch als ein guter deutscher Patriot[129] und betrachtete es daher als eine kaum erträgliche Zumutung, wenn ihm diese Überzeugung streitig gemacht wurde.

Zunächst konterte er, wie schon so oft, mit dem Hinweis, der auch von den Bürgerlichen nicht bestritten werden konnte, daß die Sozialdemokratische Partei die Mehrheit der Chemnitzer Bevölkerung hinter sich habe, um sich dann bitter über »die Intoleranz und die gehässige Verfolgungssucht« zu beklagen, die den Sozialdemokraten noch bis zum heutigen Tage begegne[130]. Dann stellte er die rhetorische Frage, was denn eigentlich einen nationalen von einem sozialdemokratischen Turnverein unterscheide, ob es etwa spezifische »sozialdemokratische Kniebeugen und Bauchwellen« gebe, und bezeichnete es als eine »törichte Rederei«, daß es den Sozialdemokraten an nationaler Gesinnung mangle. Als Beleg führte Noske gerade das Vorhandensein der Arbeiterturnvereine ins Feld, um deren Betätigungsmöglichkeiten man sich in der Versammlung stritt. Denn die Tätigkeit dieser Vereine trage in erheblichem Maße dazu bei, daß »ein brauchbares Menschenmaterial« in die Kasernen komme[131]. Bei dieser Begründung handelte es sich übrigens nicht um einen taktischen Schachzug, sondern um eine ganz ehrlich gemeinte Bezeugung der grundsätzlich »wehrfreundlichen« Einstellung Noskes.

Im übrigen führte Noske die Notwendigkeit eigener Turnvereine für Arbeiter auf »die Klassengegensätze in der Gesellschaft« zurück, die nun einmal da seien und auch »nicht aus der Welt geschafft werden« könnten; infolgedessen hielt er es für ganz selbstverständlich, »daß die Angehörigen der verschiedenen Klassen auch ihre Sportbedürfnisse in verschiedenen Vereinen befriedigen«[132]; hinzu komme, daß die Arbeiter häufig genug aus bürgerlichen Turn- oder Gesangvereinen hinausgetrieben worden seien, und ihm selbst sei solches einmal

[128] Zu dieser Funktion der antisozialdemokratischen Vorurteile vgl. Dieter Groh, Negative Integration und revolutionärer Attentismus. Die deutsche Sozialdemokratie am Vorabend des Ersten Weltkrieges, Frankfurt/M., Berlin, Wien 1973, S. 49–55, fortan zit.: Groh, Negative Integration.

[129] Zu Noskes nationaler Einstellung siehe auch die Kapitel III/1 und IV/4.

[130] Amtliche Mitteilungen, S. 172, auch das folgende Zitat.

[131] Ebda., S. 171. Zur Frage, was Noske als militärische Erfordernisse ansah, vgl. im übrigen das Kapitel III/1 »Militärexperte der SPD-Reichstagsfraktion«, in dem Noskes Reichstagsreden analysiert werden.

[132] Amtliche Mitteilungen, S. 172.

geschehen – »lediglich, weil ich Sozialdemokrat war«. Man schleudere auch in diesem Stadtparlament die »politisch ehrenrührigsten Vorwürfe« gegen die Sozialdemokraten, obgleich doch niemand in Abrede stellen könne, daß eben diese Sozialdemokraten »jahrzehntelange Arbeit und zum Teil ein ganzes Menschenleben daran gesetzt haben, für die Hebung der Lage der Arbeiter zu wirken [...], bessere Lohn- und Arbeitsbedingungen für unsere Arbeiterschaft zu gewinnen«[133]. Das sei »im allerwahrsten Sinne des Wortes nationale Arbeit« und »Kulturarbeit«.

Zu der gegnerischen Behauptung, daß die Sozialdemokratie auf den Umsturz der bestehenden Staats- und Gesellschaftsordnung hinarbeite, antwortete Noske mit einem bemerkenswerten reformistischen Bekenntnis[134], das in keiner seiner sonstigen Reden in dieser Deutlichkeit zum Ausdruck kommt: »Die Gesellschaftsordnung von heute [...] ist schon nicht mehr die Gesellschaftsordnung von morgen, denn ein fortgesetztes Werden, ein fortgesetztes Ändern und Wandeln und Reformieren ist im Laufe der Jahrhunderte und Jahrzehnte von der Gesellschaft und von der Menschheit selber vorgenommen worden.« Das Bestreben der Sozialdemokraten sei von jeher darauf gerichtet gewesen, »eine organische Weiterentwicklung der bestehenden politischen und wirtschaftlichen Verhältnisse herbeizuführen, und lediglich ein sehr unangebrachtes politisches Schlagwort ist es, das immer wieder vorgebracht wird, daß wir auf einen Umsturz der bestehenden Staats- und Gesellschaftsordnung hinarbeiten. Jede Art von Reformarbeit, die geleistet wird [...], bedeutet doch schließlich einen Umsturz, eine Änderung der bestehenden Verhältnisse. Meine Herren! Derjenige, der erklärt, daß er sich für die Beibehaltung der bestehenden Wirtschafts- und Gesellschaftsordnung einsetzt, ist der unglaublichste Reaktionär, den man sich überhaupt denken kann.«

Mit diesen Ausführungen, die wiederum durchaus nicht taktisch gemeint waren, sondern die tatsächlichen Ansichten Noskes wiedergaben, machte er klar, daß es für ihn die Perspektive des revolutionären Kampfes zur Überwindung der Klassengegensätze, wie sie durch das gültige Erfurter Programm der SPD von 1891 vorgegeben war, nicht einmal als vage Zukunftsvision gab. Statt dessen hatte man sich mit dem Vorhandensein der »Klassenscheidung« abzufinden. Sozialdemo-

133 Ebda.

134 Das Folgende ebda., S. 175. Diese Rede kann auch als ein Belegstück für den engen Zusammenhang von kommunalpolitischer Tätigkeit und der Durchsetzung des Reformismus in der SPD vor 1914 betrachtet werden. Vgl. hierzu die Überlegungen von Adelheid v. Saldern, Sozialdemokratische Kommunalpolitik in Wilhelminischer Zeit. Die Bedeutung der Kommunalpolitik für die Durchsetzung des Reformismus in der SPD. In: Karl-Heinz Nassmacher (Hrsg.), Kommunalpolitik und Sozialdemokratie. Der Beitrag des demokratischen Sozialismus zur kommunalen Selbstverwaltung, Bonn–Bad Godesberg 1977, S. 18–62.

kratische Reformarbeit bestand dann darin, im Sinne von mehr sozialer Gerechtigkeit[135] die »organische Weiterentwicklung«, d.h. eine evolutionäre Veränderung der bestehenden Verhältnisse voranzutreiben.

Mit einer reformistischen Bekenntnisrede dieser Art setzte Noske übrigens lediglich um, was im roten Chemnitz an politischem Gedankengut ohnehin vorherrschend war. Mit Protesten in der Partei oder in den Gewerkschaften gegen seinen Standpunkt brauchte er kaum zu rechnen. Die Verhältnisse lagen vielmehr so, daß der Chefredakteur der »Volksstimme«, Ernst Heilmann, große Teile der soeben zitierten Rede Noskes im Wortlaut abdruckte[136] und damit die rund 60000 Abonnenten der Zeitung – die Zahl der Leser dürfte doppelt bis dreimal so hoch gewesen sein – einmal mehr in ihrer reformistischen Orientierung bestärkte.

Als der Parteilinke Fritz Heckert einmal kritisierte, in der »Volksstimme« fände alles, was revisionistisch sei, Unterstützung, aber die Gegenseite bleibe meist unberücksichtigt[137], unternahm es Noske, diesen Angriff abzuwehren, und zwar in einer für seine Einstellung charakteristischen Weise. Er erklärte nämlich, daß nur dann eine Kritik an der prinzipiellen Haltung der »Volksstimme« Sinn gebe, wenn der Nachweis geführt werden könne, »daß unser Parteiblatt im Kampfe gegen die reaktionäre Regierung wie gegen die kapitalistische Gesellschaft nicht in jeder Hinsicht ihren Mann gestellt habe«; das sei jedoch nicht einmal versucht worden. Noske empfahl den Kritikern, mit dem gleichen Eifer ihre Waffen »gegen unsere gemeinsamen Feinde« zu führen, mit dem sie in den eigenen Reihen für Remedur sorgten[138].

Diese Art der Argumentation läßt erkennen, daß Noske sich selbst keineswegs als Exponent eines bestimmten Flügels in der Partei verstand, sondern als die Verkörperung der Partei selbst. Er hatte im Grunde genommen keinerlei Verständnis dafur, daß es in der Partei überhaupt verschiedene Richtungen geben mußte. Denn er betrachtete politische Arbeit als »Praktizist« und beurteilte die theoretischen Kontroversen in der Partei nur unter dem Gesichtspunkt, daß sie die Einheit zu beeinträchtigen drohten. Natürlich war bei der praktizisti-

[135] Seine oben zitierte Rede vom 4. 7. 1912 in der Chemnitzer Stadtverordnetenversammlung schloß Noske mit dem Bekenntnis, daß er sein »ganzes Leben daran gesetzt habe, gegen jede Art von Unrecht und Ungerechtigkeit anzukämpfen«. Amtliche Mitteilungen 1912, S. 175.

[136] Siehe den Artikel »Der unparteiische Chemnitzer Rat«, in: Volksstimme, Nr. 206 vom 5. 9. 1912. Er erschien drei Monate nach der Stadtverordnetenversammlung.

[137] Siehe den Bericht über die »Partei-Generalversammlung des 16. Kreises«, die am 17. 6. 1912 im gewerkschaftseigenen Volkshaus »Kolosseum« in Chemnitz stattfand. In: Volksstimme, Nr. 164 vom 18. 7. 1912, S. 4.

[138] Bericht über Noskes Reaktion auf Heckerts Attacke ebda.

schen Distanz Noskes zu jeglicher Theorie[139] etwas Wesentliches gar nicht vorhanden, nämlich das Nachdenken über die Rahmenbedingungen des eigenen politischen Handelns.

In einer Parteiversammlung seines Chemnitzer Reichstagswahlkreises berichtete Noske einmal den Mitgliedern[140], er habe sich in der SPD-Reichstagsfraktion seit Jahren mit leidenschaftlicher Heftigkeit gegen den Unfug gewehrt, Sonderkonferenzen von Vertretern bestimmter Richtungen mitzumachen, habe sich diesen Gepflogenheiten aber schließlich doch nicht ganz entziehen können[141], da man ohne Zugehörigkeit zu einer »Richtung« in der Fraktion einfach ausgeschaltet gewesen sei. Obwohl man ihn so zu einem »Zwangsrevisionisten« gemacht habe, protestiere er doch »mit aller Energie gegen den skandalösen Unfug der Abstempelung der Parteigenossen als irgendwelche ...isten« sowie gegen »das Cliquenwesen und die Absplitterung und das Auseinanderjagen der Partei« überhaupt. Wenige Jahre später sollte Noske dann, und das lag ganz in dieser Linie, für einen Hinauswurf derjenigen Kräfte aus der Partei plädieren, die dem Mehrheitskurs in der Frage der Kriegskreditbewilligung nicht zustimmten[142].

Die führenden Männer des Chemnitzer Gewerkschaftskartells, voran dessen Vorsitzender Max Heldt, faßten ihre politische und gewerkschaftliche Aufgabe nicht anders auf als der Mandatsträger Noske, und das gleiche galt für den Vorsitzenden des Sozialdemokratischen Vereins von Chemnitz, Max Müller. Diese vier Spitzenfunktionäre[143] – Noske, Heilmann, Heldt und Müller – prägten in der Vorkriegszeit maßgeblich das politische Klima in der Chemnitzer Arbeiterbewegung. Es muß hinzugefügt werden, daß sie mit ihren reformistischen Auffassungen nur selten mit der Partei- und Gewerkschaftsbasis in Konflikt gerieten. Der Tatbestand, daß sie über viele Jahre hinweg unangefoch-

139 Zur Entstehung des Praktizismus in der Sozialdemokratie vgl. H.-J. Steinberg, Sozialismus und deutsche Sozialdemokratie. Zur Ideologie der Partei vor dem 1. Weltkrieg, Hannover ²1969; kurze Begriffsbestimmung bei Groh, Negative Integration, S. 60.

140 Siehe den Bericht »Parteiversammlung des 16. Kreises«. In: Volksstimme, Nr. 229 vom 2. 10. 1912, 2. Beilage.

141 Informationen über eine Sonderkonferenz der Vertreter des rechten Parteiflügels während des Leipziger SPD-Parteitages 1919, an der auch Noske teilnahm, in: Dieter Fricke, Die deutsche Arbeiterbewegung 1869–1914. Ein Handbuch über ihre Organisation und Tätigkeit im Klassenkampf, (Ost-)Berlin 1976, S. 229 u. 805. Auch diese Sonderkonferenz segelte unter dem vorgeblichen Ziel, »parteischädigenden Krakeel« verhindern zu wollen. So der bayerische SPD-Führer Erhard Auer in seinem vertraulichen Einladungsschreiben. Siehe auch: Groh, Negative Integration, S. 123, Anm. 143 (mit Liste der Teilnehmer).

142 Siehe dazu die Kapitel IV/1 und 2.

143 Vgl. Rudolph Strauß, Der Polizeidirektor berichtet. Ein Polizeibericht über die Arbeiterbewegung in Chemnitz am Vorabend des ersten Weltkrieges, Karl-Marx-Stadt 1962 (= Beiträge zur Heimatgeschichte von Karl-Marx-Stadt, H. 11), Einleitung S. 14, wo diese vier Spitzenfunktionäre als »eingefleischte Revisionisten« bezeichnet werden; fortan zit.: Strauß, Polizeidirektor.

ten ihre Mandate und Parteifunktionen ausüben konnten, deutet vielmehr auf einen weitgehenden Konsens mit der Partei- und Gewerkschaftsbasis hin.

Gewiß gab es auch Vertreter einer radikaleren Position wie den bereits erwähnten Gewerkschaftssekretär Fritz Heckert[144], der 1912 die Leitung des Chemnitzer Bauarbeiterverbandes übernahm und als solcher die politischen Ideen von Rosa Luxemburg und anderen linken Theoretikern der deutschen Sozialdemokratie verfocht. Aber ein Mann wie Heckert fand im Chemnitz der Vorkriegszeit nur wenig Gehör. Ob dieser unbestreitbare Sachverhalt mit dem Hinweis erklärt werden kann, die Chemnitzer Spitzenfunktionäre der SPD und der Gewerkschaften seien eben »eingefleischte Revisionisten«[145] gewesen und hätten als solche der Arbeiterschaft keine revolutionäre Orientierung gegeben, muß bezweifelt werden. Denn diese These unterstellt eine Einbahnstraße der politischen Willensbildung von oben nach unten.

Wir haben es hier vielmehr mit einem Sachverhalt zu tun, der einer strukturellen Erklärung bedarf. Wer die Zeugnisse der damaligen Zeit liest, gewinnt den Eindruck, daß sich in der roten Hochburg Chemnitz in einer besonders prägnanten Weise eine sozialdemokratische Subkultur ausgebildet hatte, wie sie zur Zeit des Kaiserreiches ansonsten nur noch in wenigen vergleichbaren industriellen Ballungszentren zu finden war.

Vergegenwärtigen wir uns den Besitzstand, den die Arbeiterbewegung in Chemnitz in der Vorkriegszeit (um 1912) zu verteidigen hatte: Bei Reichstagswahlen, also auf der Basis des allgemeinen und gleichen Wahlrechts, wählten regelmäßig zwischen 50 und 60 Prozent der Chemnitzer Bürger sozialdemokratisch. Der Mitgliederbestand der Sozialdemokratischen Partei im Bereich des 16. sächsischen Reichstagswahlkreises hatte sich im Laufe von zehn Jahren verzehnfacht. 1912 zählte die Chemnitzer SPD 14320 Mitglieder. Aus diesem Grunde wurde es notwendig, den Sozialdemokratischen Verein dieses Reichstagswahlkreises in 32 Bezirksvereine und diese wiederum noch einmal in Gruppen zu unterteilen[146]. Dem hohen Mitgliederstand entsprach eine solide finanzielle Ausstattung. Seit 1911 leistete sich die Chem-

[144] Vgl. dazu die in literarischer Form gehaltene, aber quellenmäßig gut abgesicherte und verläßliche Biographie von Hansgeorg und Helga Meyer, Fritz Heckert. Lebensbild eines Zeitgenossen, (Ost-)Berlin 1984.

[145] Strauß, Polizeidirektor, S. 14.

[146] Ebda., S. 13. Genaue Angaben über die Mitgliederentwicklung und den Ausbau der Organisation finden sich in den Berichten des Zentralvorstandes für den 16. sächsischen Reichstagswahlkreis und des Agitationskomitees zu Chemnitz, erstattet auf das Jahr 1906, 1907, 1908/09, 1910/11 (sämtliche im Stadtarchiv Karl-Marx-Stadt), fortan zit.: Bericht des Zentralvorstandes, sowie in den Broschüren: Sozialdemokratischer Verein für den 16. sächsischen Reichstagswahlkreis. Geschäfts- und Kassenbericht für die Jahre 1911/12, 1912/13, 1913/14, 1916/17 (Stadtarchiv Karl-Marx-Stadt).

nitzer Partei einen besoldeten Parteisekretär. Diese Funktion nahm Bernhardt Kuhnt[147] wahr, ein Mann, der in der Partei eher links stand und der daher in den folgenden Jahren mehrfach mit Noske aneinandergeraten sollte.

Nicht minder ansehnlich bot sich der Stand der gewerkschaftlichen Organisation dar. Im Chemnitzer Gewerkschaftskartell waren 41 Freie Gewerkschaften zusammengeschlossen[148]. Von den 72781 Lohnarbeitern (Stand 1912) waren 42721 freigewerkschaftlich organisiert, was einem Prozentsatz von 58,7 entsprach. Weiterhin gehörten zur Chemnitzer Arbeiterbewegung zahlreiche Sport-, Kultur-, Jugend- und Selbsthilfeorganisationen, in denen alle nur erdenklichen Bedürfnisse der Arbeiterinnen und Arbeiter befriedigt werden konnten. Das Gewerkschaftskartell nannte das neben dem Chemnitzer Rathaus stehende Volkshaus »Kolosseum« sein eigen, in dem – unabhängig von den Launen der Gastwirte der Stadt – Versammlungen abgehalten werden konnten. Mit der Tageszeitung »Volksstimme« verfügte die Partei über ein viel gelesenes Presseorgan mit einem soliden wirtschaftlichen Fundament.

So hatte sich innerhalb der bürgerlich-kapitalistischen Umwelt der Stadt Chemnitz eine vielgliedrige Gegenwelt ausgebildet und von dieser Umwelt in einem hohen Maße abgesondert. Diese Subkultur entwickelte ihre eigenen sozialen und politischen Gesetzmäßigkeiten, die auch auf Noske einen prägenden Einfluß ausübten. Die Chemnitzer Arbeiterschaft hatte sich in ihren Organisationen eine eigene Heimat geschaffen, die ein Gefühl der Befriedigung und des Erfolgs vermittelte und die letztlich niemand aufs Spiel setzen wollte. Es gab aus diesem Grunde eine politische Mentalität, die alles andere als revolutionär war, die sich vielmehr an dem Ziel orientierte, das Erreichte zu wahren, zu fördern und weiterzuentwickeln.

Wie der Parteiensoziologe Robert Michels schon früh[149] erkannte, bestand »eine innere Beziehung zwischen dem Wachstum der Partei

[147] Bernhardt Kuhnt trat am 15. 6. 1911 als erster Parteisekretär der Chemnitzer SPD sein Amt an. Siehe: Bericht des Zentralvorstandes 1910/11, S. 4. Während des Krieges trat Kuhnt der USPD bei. 1918/19 agierte er als Präsident der Republik Oldenburg und geriet in dieser Rolle in einen schweren Konflikt mit dem Volksbeauftragten Noske. In den 20er Jahren vertrat Kuhnt die SPD im Reichstag, während Noske keine Chance mehr erhielt, in dieses Gremium zurückzukehren. Angesichts dieser Entwicklung wäre es ein reizvolles Unternehmen, die Lebensläufe von Kuhnt und Noske einmal näher zu vergleichen.

[148] Gute Übersicht über die folgenden Daten in der Dokumentation von Strauß, Polizeidirektor, S. 13 f.; weitere Einzelheiten in den jährlich erstatteten Berichten des Gewerkschafts-Kartells zu Chemnitz (Stadtarchiv Karl-Marx-Stadt).

[149] Um 1906, als er seine ersten parteisoziologischen Untersuchungen am Beispiel der SPD anstellte. Siehe Robert Michels, Die deutsche Sozialdemokratie. I. Parteimitgliederschaft und soziale Zusammensetzung. In: Archiv für Sozialwissenschaft und Sozialpolitik, Tübingen 23 (1906), S. 471–556.

und dem Wachstum an Vorsicht und Ängstlichkeit in der Politik«[150]. So erklärt es sich auch, und dieser Zusammenhang läßt sich an der Einstellung Noskes sehr gut belegen[151], daß mit dem Glauben an die immer stärker werdende Organisation eine zunehmende Abneigung gegen politische Grundsatzdebatten einherging. Wohl aber vertrug sich der »Organisationspatriotismus« der Partei mit einer verstärkten parlamentarischen Orientierung. Das heißt: Man strebte nach immer mehr Parteimitgliedern und immer mehr Wählerstimmen zugleich und setzte damit ganz auf die Macht des Stimmzettels. Daß dieser Weg auch Rücksichtnahmen auf immer mehr Mitglieder und Wähler erforderte und die Betreibung einer »prinzipiellen Politik« zunehmend unmöglich machte[152], wurde von den Reformisten als unumgänglich hingenommen. Die Folgen des Organisationsfetischismus[153] und der ausschließlich parlamentarischen Orientierung für die Sozialdemokratische Partei der Vorkriegszeit hat Michels folgendermaßen beschrieben: »Sie verliert mit der Entwicklung des Ruhebedürfnisses ihre revolutionären Giftzähne und wird zu einer gut konservativen Partei, die sich zwar ihrer revolutionären Terminologie weiter bedient [...], die aber in der Praxis im höchsten Falle die Aufgabe einer konstitutionellen Oppositionspartei erfüllt[154].« Auf die Chemnitzer Parteigliederung und ihre Repräsentanten Noske, Heilmann, Max Müller und Max Heldt traf diese Analyse jedenfalls in vollem Umfange zu. Sie waren durch die Gewerkschaftsarbeit geprägte Reformisten, die ihre politische Arbeit in dem festen Glauben betrieben, daß eine starke disziplinierte Arbeiterschaft der sichere Garant sei für die schrittweise, kontinuierliche Durchsetzung ihrer wirtschaftlichen und politischen Interessen.

150 Vgl. Robert Michels, Zur Soziologie des Parteiwesens in der modernen Demokratie. Untersuchungen über die oligarchischen Tendenzen des Gruppenlebens, Stuttgart 1970 (Neudruck der 2. Auflage 1925), S. 346; fortan zit.: Michels, Soziologie. Die 1. Auflage erschien 1911 in Leipzig.

151 Siehe die oben getroffene Feststellung, daß sich Noske nie als Repräsentant eines Parteiflügels betrachtete, sondern als die Verkörperung der Partei selbst.

152 Michels, Soziologie, S. 344.

153 Mit Organisationsfetischismus ist gemeint, daß die Organisation schließlich nicht mehr als Mittel zum Zweck der Erreichung politischer Ziele angesehen wurde, sondern als Selbstzweck.

154 Michels, Soziologie, S. 348. Hier setzt auch Grohs Theorie der negativen Integration an.

III. Im Reichstag

1. Militärexperte der SPD-Reichstagsfraktion

Am 24. Februar 1906 wurde Gustav Noske vom Präsidenten des Reichstages, Graf Ballestrem, als neuer Abgeordneter für den 16. Wahlkreis des Königreichs Sachsen begrüßt[1]. Noske, der zu diesem Zeitpunkt 37 Jahre alt war, hielt sich im Reichstag zunächst zurück, weil er sich erst einmal vorsichtig beobachtend in den parlamentarischen Betrieb einfühlen wollte[2]. Zudem erging es ihm nicht anders als den meisten Parlamentsneulingen: Er kam sich unter den 81 Abgeordneten der sozialdemokratischen Reichstagsfraktion als »etwas durchaus Überflüssiges«[3] vor, fand alle wichtigen Ausschüsse durch altgediente Fraktionsmitglieder besetzt und erhielt zunächst auch keine Chance, im Parlament als Redner hervorzutreten. Noske wußte die Situation auf seine Weise zu nutzen. Er arbeitete sich zielstrebig in den Haushalt des Reiches ein[4] und spezialisierte sich dabei auf den Heeres- und Marineetat. Seit 1907 war er bei den entsprechenden Debatten ständiger Redner seiner Fraktion[5]. Nach den für die SPD erfolgreichen Reichstagswahlen von 1912 wurde er Korreferent für den Marineetat[6], der angesichts der Tirpitzschen Flottenrüstung immer größere Bedeutung annahm[7]. Es trifft durchaus zu, wenn Noske berichtet, er sei im Laufe der Jahre bei den Etatreferenten der Reichsämter – Ministerien – »ein aufmerksam beachteter Mann«[8] geworden, der ihnen sehr unbequem werden konnte, weil er sich auch in Details des Haushalts auskannte und weil er durch die Mitarbeit in der Rechnungskommission[9]

[1] Verhandlungen RT, Bd 215, 24. 2. 1906, S. 1561.
[2] Noske, Erlebtes, S. 21.
[3] Ebda.
[4] Ebda., S. 22 f.
[5] Die einzige Untersuchung über Noskes Abgeordnetentätigkeit bei Torke, Staat und Partei. Torke referiert Noskes »Äußerungen zu militärischen und nationalen Problemen«, ohne sie jedoch vor dem parteigeschichtlichen Hintergrund einzuordnen und zu werten.
[6] Noske, Wie ich wurde, S. 28. Zur Tätigkeit als Korreferent ausführlich das Kapitel III/5.
[7] Vgl. Fritz Fischer, Krieg der Illusionen. Die deutsche Politik von 1911–1914, Düsseldorf [2]1969, S. 169 ff.; fortan zit.: Fischer, Krieg der Illusionen.
[8] Noske, Erlebtes, S. 23.
[9] Ebda., S. 27 f.

des Reichstages zudem zu überprüfen gelernt hatte, wo und wie das bewilligte Geld tatsächlich verbraucht wurde. Noske, der Autodidakt, baute sich seine parlamentarische Stellung also zielstrebig dadurch aus, daß er mit Fleiß und Energie eine Sachkompetenz erwarb, die andere nicht in gleichem Maße vorzuweisen hatten. Dabei war es ihm wichtig, auch von Mitgliedern anderer Reichstagsfraktionen und von den Ministerialbeamten als ein Abgeordneter anerkannt zu werden, dem man nichts vormachen konnte.

Vor 1914 sprach Noske im Reichstag im wesentlichen zu zwei Bereichen, nämlich zum Wehretat – Heer und Marine – und zum Kolonialetat[10]. Wie er zu diesen wichtigen, aber bis dahin nicht unbedingt im Zentrum sozialdemokratischen Interesses liegenden Politikgebieten stieß, kann nur vermutet werden. In seiner bisherigen journalistischen Tätigkeit hatte er sich mehr oder minder mit allen Fragen der aktuellen Politik beschäftigt und sich für das Militär und die Kolonien eher am Rande interessiert.

Falsch ist die gelegentlich in der Literatur auftauchende Behauptung[11], Noske habe im preußischen Heer gedient, sei Unteroffizier geworden und habe sich seitdem mit militärischen Fragen befaßt. Noske ist nie Soldat gewesen. Seine schwächliche Konstitution als Jugendlicher hatte eine Einberufung nicht zugelassen[12]. Viel naheliegender ist die Vermutung, daß dem jungen Reichstagsabgeordneten, der verständlicherweise nach Profilierungsmöglichkeiten suchte, auffiel, daß es der SPD-Reichstagsfraktion gerade im Hinblick auf die Auseinandersetzung mit den Fragen des Wehretats an konkretem Sachverstand mangelte. Noske rechnete sich wohl aus, daß sich ein Abgeordneter mit nachgewiesenem Detailwissen auf diesem damals noch abgelegenen Gebiet der Politik rasch einen Namen machen und dann allmählich unentbehrlich werden konnte.

Im Winter 1906/07 erlebte Noske den Wahlkampf zu den Reichstagswahlen vom 25. Januar 1907, die als sogenannte Hottentottenwahlen[13] in die Geschichte eingehen sollten, weil es in der Wahlauseinandersetzung vornehmlich um die Frage der Mittelbewilligung für den Kampf deutscher Soldaten gegen den südwestafrikanischen Stamm der

[10] Noske, Wie ich wurde, S. 27; vgl. dazu im einzelnen das Kapitel III/2 »Noskes Kolonialpolitik«.

[11] Zum Beispiel Eugen Prager, Das Gebot der Stunde. Geschichte der USPD, Berlin, Bonn [4]1980, S. 181; fortan zit.: Prager, Gebot der Stunde.

[12] Noske, Wie ich wurde, S. 6.

[13] Franz Osterroth und Dieter Schuster, Chronik der deutschen Sozialdemokratie. Bd 1: Bis zum Ende des Ersten Weltkrieges, Berlin, Bonn-Bad Godesberg [2]1975, S. 125; fortan zit.: Osterroth/Schuster, Chronik. Vgl. im einzelnen Carl E. Schorske, Die große Spaltung. Die deutsche Sozialdemokratie von 1905–1917, Berlin 1981, S. 87 ff; fortan zit.: Schorske, Spaltung, der den bürgerlichen Wahlsieg von 1907 als Sieg des »weltpolitischen Gedankens« interpretiert, dessen Anziehungskraft auf die bürgerlichen Schichten die SPD unterschätzt hatte.

Hottentotten gegangen war, der sich in Aufständen gegen die deutsche Kolonialherrschaft zur Wehr setzte. Die im sogenannten Bülow-Block zusammengeschlossenen bürgerlichen Parteien stellten ihre Propaganda für ein deutsches Kolonialreich unter stark nationalistische, ja chauvinistische Parolen. Diese richteten sich direkt gegen die Sozialdemokratie, die gegenüber der Kolonialpolitik eine ablehnende Haltung einnahm. Das Wahlergebnis brachte für die SPD zwar einen Zugewinn von 250000 Stimmen, aber einen Verlust von beinahe der Hälfte ihrer Mandate. Sie zog nur noch mit 43 statt bisher 81 Abgeordneten in den neuen Reichstag ein. Viele Sozialdemokraten[14] standen fortan unter dem Eindruck, der Vorwurf der nationalen Unzuverlässigkeit habe ihnen diese Niederlage beschert und daher müßten sie nun demonstrieren, daß auch sie gute deutsche Patrioten seien.

Genau drei Monate nach den »Hottentottenwahlen« hatte Noske seinen ersten parlamentarischen Auftritt. Als er am 25. April 1907[15] im Reichstag seine Jungfernrede hielt, war seit seiner Nachwahl ins Parlament mehr als ein Jahr vergangen. Was niemand vorhergesehen hatte, trat ein: Die erste große Rede Noskes im Plenum wurde zur Sensation, und zwar nicht zuletzt dadurch, daß sie in der gesamten bürgerlichen Presse »geradezu einen Jubelsturm«[16] hervorrief, während die eigenen Genossen überrascht und verärgert reagierten. Natürlich konnten diese aufsehenerregenden Folgen nur eintreten, weil Noske in Ton und Inhalt Dinge ausgesprochen hatte, die sich nicht in das bekannte Schema sozialdemokratischer Parlamentsreden zum Wehretat einfügten. Der vorherrschende Eindruck war, daß sich Noske gleich an mehrere Tabus der Parteidoktrin herangewagt und eine durchaus eigenständige Position formuliert hatte, die aufhorchen ließ. Nun war der Name des Parlamentsneulings plötzlich in aller Munde.

Ob Noske alle Folgen seiner Rede von Anfang an einkalkuliert hatte, darf bezweifelt werden. Denn er war in seinem ersten Parlamentsjahr sogleich an praktische Budgetfragen herangegangen, hatte sich von theoretischen Erörterungen politischer Probleme ferngehalten und daher auch die in der Partei geführte Revisionismusdebatte nicht näher verfolgt. Es ist völlig richtig, wenn im Hinblick auf Noskes Jungfernrede im Reichstag später gesagt wurde, Noske sei nicht einmal Revisionist gewesen, »weil das, was es zu revidieren gab, ihn gar nicht in-

[14] Zur Reaktion der Sozialdemokraten auf die Wahlen von 1907 vgl. Schorske, Spaltung, S. 91 ff., Kapitel »Uneinigkeit in der Niederlage«.

[15] Verhandlungen RT, Bd 228, 25. 4. 1907, S. 1093–1101. Zwar hatte Noske bereits am 18. 3. 1907 während der Beratungen über »die vorläufige Regelung des Reichshaushalts für die Monate April und Mai 1907« einmal kurz das Wort ergriffen (Verhandlungen RT, Bd 227, S. 565 und 570), aber seine erste längere Rede hielt er am 25. 4. 1907, so daß diese mit Recht als Jungfernrede bezeichnet werden kann.

[16] So Paul Lensch (Leipzig) auf dem Essener Parteitag im September desselben Jahres. Protokoll SPD-Parteitag Essen 1907, S. 232 und 238. Vgl. auch Czisnik, Noske, S. 21.

teressierte«[17]. Aus diesem Grunde konnte er wohl auch das Ausmaß der Tabuverletzung, das er mit seiner Rede zumindest dem antimilitaristischen und internationalistischen linken Flügel der Partei zumutete, kaum vollständig abschätzen. Aber das hätte ihn auch nicht gehindert. Noske hatte seine Überzeugungen, und die vertrat er, selbst wenn sie mit einer bestimmten Version der Parteidoktrin nicht in Einklang zu bringen waren.

Fast wäre es an jenem Tage, an dem der Heeresetat 1907 zur Beratung anstand, gar nicht zu Noskes erstem Auftritt gekommen. Als offizieller Redner der sozialdemokratischen Fraktion sprach, wie immer, zunächst August Bebel[18]. Dann folgte ein weiterer sozialdemokratischer Redner. Noske hatte sich als dritter Redner gemeldet und war von der Fraktion nur zugelassen worden, weil man annahm, es werde sich zum Schluß der Debatte lediglich um eine kleine Nachlese handeln[19]. Aber da brachte der preußische Kriegsminister, Generalleutnant v. Einem, scharfe Töne in die ansonsten ruhig verlaufenden Beratungen, »indem er den Sozialdemokraten deutsche Gesinnung absprach«[20]. Die Fähigkeit, hierauf in angemessener Weise zu reagieren, traute die Fraktionsspitze dem Neuling Noske nicht zu. Sie wollte den erfahrenen Georg v. Vollmar[21] ans Rednerpult schicken. Aber Noske erkannte die Chance, die sich ihm bot, und ließ sich nicht bewegen, auf sein Rederecht freiwillig zu verzichten.

Zunächst einmal bewies Noske Mut. Er ging bereits in seinen einleitenden Sätzen ohne jede Hemmungen den preußischen Kriegsminister scharf an. Er habe »geradezu unbeschreiblich und unbegreiflich falsche und irrige Ansichten über die Bestrebungen der Sozialdemokratie« vorgetragen und sich dabei »billige Witze« geleistet[22]. Dann griff Noske noch einmal einige Themen auf, die Bebel bereits vorgetragen hatte, und beeindruckte dabei mit Detailwissen und konstruktiven Vorschlägen, zum Beispiel den Forderungen, die militärischen Adjutanten beim Kaiser und bei den deutschen Fürsten und Prinzen abzuschaffen und die Ausgaben für die Militärkapellen zu verringern[23]. Wie zuvor Bebel prangerte auch Noske anhand konkreter Einzelfälle die Soldatenmißhandlungen und andere Mißstände im Heer an, um dann seine Sicht der Grundsätze sozialdemokratischer Militärpolitik vorzutragen. For-

[17] Golo Mann, Deutsche Geschichte im 19. und 20. Jahrhundert, Frankfurt/M. 1958, S. 525.

[18] Bebels Rede in: Verhandlungen RT, Bd 228, 24. 4. 1907, S. 1058–1068. Zusammenfassung in: Protokoll SPD-Parteitag Essen 1907, S. 151 f.

[19] Zu den Auseinandersetzungen um das Rederecht vgl. Noske, Erlebtes, S. 28, sowie Protokoll SPD-Parteitag Essen 1907, Wortmeldung Ledebour, S. 241.

[20] So die zusammenfassende Formulierung in: Noske, Erlebtes, S. 28.

[21] Ebda., Vollmar, Vorsitzender der SPD-Fraktion im bayerischen Landtag, war früher Offizier gewesen und hatte im Reichstag bereits öfter Militärfragen behandelt.

[22] Verhandlungen RT, Bd 228, 24. 4. 1907, S. 1093 und 1095.

[23] Ebda., S. 1094.

mell konnte dieser Redeteil als Antwort auf die Äußerungen des Kriegsministers gelten; gleichwohl fällt es schwer zu glauben, daß Noskes Jungfernrede – gerade in den grundsätzlichen Passagen – aus dem Stegreif gehalten wurde; vielmehr muß davon ausgegangen werden, daß er sich seine Ausführungen reiflich überlegt hatte und seine politischen Akzente ganz bewußt setzte.

Wie zuvor Bebel rechtfertigte auch Noske das Eintreten der Sozialdemokraten für Reformen des bestehenden Militärwesens. Hatte Bebel erklärt, es entspreche durchaus sozialdemokratischen Standpunkten, »das Los der Soldaten nach Möglichkeit zu verbessern«, da diese Soldaten ja zum großen Teil Proletarier seien[24], so bezeichnete es Noske unter ausdrücklicher Berufung auf Bebel als eine folgerichtige Politik der Sozialdemokratie, Übelstände im Heer zu kritisieren und Besserung zu fordern. Man vertrete eben nicht den Standpunkt des »alles oder nichts« in der Militärfrage, sondern verlange »Abschlagszahlungen«, d. h. »die allmähliche Umwandlung des Heereswesens in unserem Sinne«[25]. War es Bebel schon nicht leicht gefallen zu begründen, weshalb die SPD trotz ihrer Reformforderungen auch 1907 das Militärbudget erneut insgesamt ablehne[26], so formulierte Noske jetzt, »daß man aus prinzipiellen Gründen Dinge ablehnen kann, die man an und für sich für berechtigt hält«[27]. Das bedeutete im Klartext: Für Noske stand »an und für sich« außer Zweifel, »daß Deutschland wehrhaft sein muß«[28]; wogegen er mit Ablehnung des Etats protestierte, war, daß die Armee unter Umständen innenpolitisch gegen die Sozialdemokratie eingesetzt werden sollte, wie Kaiser Wilhelm II. es mit seiner berühmten Potsdamer Rede[29] vor Rekruten angedroht hatte.

Das heißt: Noske akzeptierte in vollem Umfang die außenpolitische Schutzfunktion der Streitkräfte, und zwar nicht erst für den von der Sozialdemokratie zu gestaltenden Zukunftsstaat, sondern bereits für die Gegenwart, für das kaiserliche Deutschland. Diesen konsequenten Standpunkt, der mit Noskes Reformismus korrespondierte, vertrat er in unmißverständlicher Weise: »Wir rechnen sehr wohl mit der Gegenwart und dem Gegenwartsstaat. Und für den Gegenwartsstaat haben wir – das könnte auch der preußische Herr Kriegsminister wissen – von jeher ein wehrhaftes Volk gefordert«[30]. Noske verwies auf die militärische Programmforderung der SPD »Erziehung des Volkes zur

24 Ebda., S. 1066.
25 Ebda., S. 1093.
26 Ebda., S. 1065 f., mit vagen Formulierungen: das Militärwesen insgesamt entspreche nicht den Grundsätzen der Partei.
27 Ebda., S. 1100.
28 Ebda.
29 Diese Rede Wilhelms II. vom 23. 11. 1891 ist abgedruckt in: Schultheß EGK, Neue Folge 7 (1891), München 1892, S. 141.
30 Verhandlungen RT, Bd 228, 24. 4. 1907, S. 1100.

allgemeinen Wehrhaftigkeit«[31] ebenso wie auf den bekannten Ausspruch Bebels im Reichstag, »daß selbstverständlich die Sozialdemokraten die Flinte auf den Buckel nehmen würden, wenn es sich darum handelte, Deutschland vor wirklichen Gefahren zu bewahren«[32]. Außerdem konnte er mit Recht auf die seit langem von Bebel geforderte Erziehung der Jugend zur Wehrhaftigkeit[33] verweisen, die er auch in dieser Etatrede wiederholt hatte. Trotz dieser eindeutigen Position der SPD zur Landesverteidigung, stellte Noske fest, gebe es immer wieder niederträchtige Verleumdungen gegen die Sozialdemokraten. In Sachsen sei gerade dieser Tage wieder die Beschuldigung erhoben worden, sie wollten, »daß Russen, Franzosen, Engländer Deutschland verwüsteten, um zur Republik zu gelangen«[34]. Hingegen erklärte Noske im Namen und unter dem lebhaften Beifall seiner Fraktion: »Wir wünschen, daß Deutschland möglichst wehrhaft ist, wir wünschen, daß das ganze deutsche Volk an den militärischen Einrichtungen, die zur Verteidigung unseres Vaterlandes notwendig sind, ein Interesse hat«[35]. In diesem Zusammenhang machte Noske auch deutlich, daß der »Abscheu vor dem Militarismus«, von dem in sozialdemokratischen Beschlüssen immer wieder die Rede war, »noch lange keinen Abscheu vor der Wehrhaftigkeit« bedeute, und führte dann zum Thema Militarismus aus: »Was wir im Militarismus bekämpfen, ist der unnötige Drill, sind die Soldatenschindereien, die Abschließung der Offiziere als Kaste und die Erklärung des Heeres als ein Machtmittel, das Übergewicht der besitzenden Klassen gegenüber den besitzlosen aufrecht zu erhalten[36].«

Neben diesem Bekenntnis zur Wehrhaftigkeit auch im Gegenwartsstaat schlug Noske in seiner Jungfernrede weitere betont nationale Töne an, die dadurch erhebliche Aufmerksamkeit erregten, daß sie in merklichem Gegensatz zu den üblichen öffentlichen Bekundungen der Sozialdemokratie standen, in denen der Nationalismus verurteilt, auf die Erhaltung des Völkerfriedens abgehoben und die internationalen Interessen des Proletariats betont wurden. Die folgende Passage aus der Rede Noskes wurde später am häufigsten zitiert und auch von Noske selbst[37] als die wichtigste bezeichnet: »Unsere Stellung zum Militärwesen ist gegeben durch unsere Auffassung des Nationalitäten-

[31] Aus dem Erfurter Grundsatzprogramm der SPD von 1891. Abgedruckt u. a. in: Programme der deutschen Sozialdemokratie, Hannover 1963, S. 77–82.

[32] Verhandlungen RT, Bd 228, 24. 4. 1907, S. 110. Bebel hatte damit einen Angriff des zaristischen Rußland gemeint, das als Hort der Reaktion galt.

[33] Ebda., S. 1099. Diese Forderung hatte Bebel am Vortage erneut vorgetragen (ebda., S. 1061 f.). Bebel wollte eine Verkürzung der militärischen Dienstzeit in der Armee koppeln mit der Einführung einer militärischen Jugendausbildung.

[34] Ebda., S. 1100.

[35] Ebda., S. 1101.

[36] Ebda., S. 1100 mit der Verwechslung: »das Übergewicht der besitzlosen Klassen gegenüber den besitzenden aufrecht zu erhalten«.

[37] Protokoll SPD-Parteitag Essen 1907, S. 230.

prinzips. Wir fordern die Unabhängigkeit jeder Nation. Aber das bedingt, daß wir auch darauf Wert legen, daß die Unabhängigkeit des deutschen Volkes gewahrt wird. Wir sind selbstverständlich der Meinung, daß es unsere verdammte Pflicht und Schuldigkeit ist, dafür zu sorgen, daß das deutsche Volk nicht etwa von irgend einem anderen Volk an die Wand gedrückt wird[38].« Von dieser Betonung des nationalen deutschen Interessenstandpunkts, der sich mit der zunehmenden Hinwendung zum bestehenden Staat auch in der Sozialdemokratie immer mehr durchsetzte[39], führt eine direkte Linie zur Kriegskreditbewilligung 1914 und zur Kriegspolitik 1914–18.

Noske ging nicht so weit, die nationalen Interessen Deutschlands sowie die von ihm nachdrücklich befürwortete Wehrhaftigkeit auch offensiv, d.h. im Sinne einer Rechtfertigung von Expansion, zu interpretieren. »Wir Sozialdemokraten«, betonte er, sind »Gegner von Eroberungskriegen«[40], und fügte, sich ausdrücklich an die rechte Seite des Hauses und an den Kriegsminister wendend, hinzu, man stimme in der Verurteilung von Angriffskriegen »absolut überein«[41]. Noske machten solche Übereinstimmungen nicht stutzig, er suchte sie. Ein Mann wie er, den nichts mehr aufbrachte als Zweifel an seiner nationalen Gesinnung, der Bismarcks böses Wort von den »vaterlandslosen Gesellen« – ebenso wie die meisten Sozialdemokraten – als eine unerträgliche Diffamierung empfand, weil es ihren Patriotismus bestritt, fand es selbstverständlich, in wirklich nationalen Fragen mit den Bürgerlichen zusammenzugehen.

Den Eindruck, den die Rede im bürgerlichen Lager hinterließ, schilderte das »Berliner Tagblatt« folgendermaßen: »Noske ist vermutlich weder ein ausgesprochener Revisionist noch ein ausgesprochener Vertreter der Gewerkschaftspolitik. Vielleicht ist er nichts als eine Persönlichkeit, was freilich im Deutschen Reichstag wie in der menschlichen Gesellschaft schon etwas besagen will. Indessen gewinnt man doch aus seiner gestrigen Reichstagsrede den Eindruck, daß er auch eine ganz andere Auffassung von Welt und Menschen hat, als sie sonst in der Sozialdemokratie herkömmlich war. Es ist ein neuer Geist, der aus ihm spricht[42].« Die »Lustigen Blätter« brachten wenig später ein Ge-

38 Verhandlungen RT, Bd 228, 24. 4. 1907, S. 1098.

39 Vgl. das Kapitel »Auf dem Wege zum nationalen Staat« in: Grebing, Geschichte, S. 134–139. Die wohl gründlichste Untersuchung dieser Entwicklung findet sich bei Groh, Negative Integration.

40 Verhandlungen RT, Bd 228, 24. 4. 1907, S. 1098.

41 Ebda., S. 1101.

42 Artikel »Noske contra Einem« in: Berliner Tagblatt vom 26. 4. 1907. Zit. nach Noske, Erlebtes, S. 29. Während Noske diesen Artikel als »töricht« abtat (Protokoll SPD-Parteitag Essen 1907, S. 231), ließ er es sich nicht nehmen, ihn in seinen Memoiren ausführlich und ohne Distanzierung zu zitieren.

dicht[43] von Moszowski, in dem prophezeit wurde, wie Noske sich in einem künftigen Krieg verhalten würde:

Hervé will Soldatenstreik,
Liebknecht spricht so ähnlich,
Ledebour zeigt sich dem Heer
Auch nicht sehr versöhnlich;
Doch der Hoffnung letzten Rest
Soll man nicht verlieren,
Eins steht heute bombenfest:
Noske wird parieren!

Geht es mal in ferner Frist
Ans Kanonenfuttern,
Denkt so mancher Reservist:
»Nee – ick bleib bei Muttern!«
Doch das soll uns Kampf und Schlacht
Nimmermehr vergällen
Denn es ist heut ausgemacht:
Noske wird sich stellen!

Kommandiert der Herr Major:
»Feuer vorn und hinten!«
Ruft ein arbeitsscheues Corps:
»Schmeiß' mer fort die Flinten!«
Aber dennoch, Mut! nur Mut!
Laßts euch nicht verdrießen,
Denn wir wissen absolut:
Noske, der wird schießen!

Noske schnallt den Säbel um,
Noske geht aufs Ganze,
Noske feuert bum, bum, bum,
Noske stürmt die Schanze,
Noske schreit hurra! hurra!
Noske hält die Wachen,
Noske schießt Viktoria,
Noske wirds schon machen!

[43] Vollständiger Text wiederabgedruckt in: Felix Stössinger und Karl Holtz, Das System Noske. Eine politische und satirische Abrechnung, Berlin 1920, S. 4; fortan zit.: Stössinger/Holtz, System Noske. Noske zitiert in: Erlebtes, S. 29 f. lediglich die letzten drei Verse.
Der in der ersten Zeile des Gedichtes erwähnte französische Sozialist Gustave Hervé hatte auf dem Stuttgarter Internationalen Sozialistenkongreß 1907 den Antikriegsstreik propagiert, den er sowohl als geeignetes Instrument zur Verhinderung eines Krieges wie auch als ein Kampfinstrument des Umsturzes betrachtete. Siehe Friedhelm Boll, Frieden ohne Revolution? Friedensstrategien der deutschen Sozialdemo-

1919/20, als Noske Reichswehrminister war, wurde dieses Gedicht wieder ausgegraben[44] und nicht nur auf Noskes Verhalten während des Krieges, sondern auch in den innenpolitischen Auseinandersetzungen der Nachkriegszeit projiziert: »Noske, der wird schießen!«

Was die historische Bedeutung der aufsehenerregenden Jungfernrede Noskes ausmachte, kam den meisten Zeitgenossen erst allmählich zum Bewußtsein: daß es sich hierbei nicht etwa um Ansichten eines politischen Einzelgängers oder Außenseiters handelte, sondern daß in dieser Rede ein politischer Trend in der SPD zum Ausdruck gebracht wurde, der in den Jahren zwischen 1907 und 1914 mehrheitsfähig werden und der die Politik der Partei bei Kriegsbeginn und dann während des Krieges bestimmen sollte. Noske selbst berichtet, Friedrich Ebert habe später einmal über diese erste Reichstagsrede gesagt, »sie sei die Programmrede der deutschen Sozialdemokratie für den Weltkrieg gewesen«[45]. Er hätte allerdings hinzufügen müssen, daß die in ihr zum Ausdruck gebrachten Überzeugungen, die dann später in der Kriegskreditbewilligung ihren praktischen Niederschlag fanden, auch zur Spaltung der deutschen Sozialdemokratie maßgeblich beitrugen.

Die Dimension des Problems deutete sich 1907 durchaus bereits an. Die Parteilinken um Karl Liebknecht, die seit Jahren – vergeblich – eine Verstärkung der antimilitaristischen Agitation der Partei forderten[46], wandten sich nach der Reichstagsrede Noskes in der »Leipziger Volkszeitung« und anderen eher radikal eingestellten Parteiblättern nicht zuletzt deshalb gegen die Anschauungen des Parlamentsneulings, weil sie befürchteten, der allseits Achtung genießende Parteivorsitzende August Bebel könne Noske möglicherweise decken. Für diesen Verdacht gab es reale Anhaltspunkte; denn tatsächlich unterschieden sich Bebels Rede vom 24. und Noskes vom 25. April 1907 allenfalls in Nuancen, nicht aber in der großen Linie, so daß sogar die Vermutung aufgetaucht ist, Bebel habe sich des Neulings Noske bedient[47], um die Fraktion auf die von ihm gewünschte Linie zu bringen. Auch Bebel habe den Kompromiß mit dem Nationalismus gesucht, weil er den Gegnern der SPD eine verleumderische Waffe aus der Hand schlagen wollte, die Behauptung nämlich, die SPD sei antinational.

Während des Essener Parteitages der SPD, der im September dessel-

kratie vom Erfurter Programm 1891 bis zur Revolution 1918, Bonn 1980, S. 77 (fortan zit.: Boll, Frieden); Groh, Negative Integration, S. 213 und 215.

[44] Z. B. in der genannten Broschüre von Stössinger/Holtz, System Noske, sowie in einem Artikel von Ignaz Wrobel (alias Kurt Tucholsky): Der Bürgergeneral. In: Die Weltbühne 16 (1920), S. 172.

[45] Noske, Erlebtes, S. 30.

[46] Karl Liebknechts Buch »Militarismus und Antimilitarismus« war soeben, im Februar 1907, erschienen.

[47] Schorske, Spaltung, S. 107.

ben Jahres abgehalten wurde, kam es – ausgelöst durch die Wehretat-Rede Noskes im Reichstag und beeinflußt durch den Internationalen Sozialisten-Kongreß, der im August 1907 in Stuttgart stattfand[48] und der inhaltlich doch zu deutlich anderslautenden Aussagen gelangte[49] – zu einer ausführlichen und grundsätzlichen Erörterung des Themenkreises »Militarismus – Patriotismus – Landesverteidigung – Sozialdemokratie«[50].

An dieser nicht zu Unrecht mit dem Namen Noske verknüpften Debatte beteiligten sich alle maßgeblichen Politiker der Partei und verhalfen ihr zu einem hohen Argumentationsniveau. Hier deutete sich bereits an, daß Noskes Rede mehr Zustimmung als Ablehnung ausgelöst hatte. In Ansätzen konnte der aufmerksame Beobachter des Parteitages auch schon die drei verschiedenen Richtungen in der Partei erkennen, die sich in der Folgezeit immer stärker herausschälten und schließlich zur Spaltung der Partei führten.

Noske, der nach den vorhergegangenen Auseinandersetzungen in der Parteipresse wußte, daß die Parteilinken die Plattform des Parteitages nutzen würden, um ihm ans Leder zu gehen, griff nun zu einem Mittel, das er auch später noch mehrfach mit Erfolg anwenden sollte: Er meldete sich nach der Berichterstattung über die parlamentarische Tätigkeit der Reichstagsfraktion als erster Debattenredner zu Wort, stellte seinen Standpunkt noch einmal offensiv dar und schloß mit der selbstbewußten Feststellung, daß er keinen Anlaß sehe, »auch nur ein Wort von dem preiszugeben oder als unrichtig anzuerkennen«, was er im Reichstag gesagt hatte[51]. In einem weiteren Redebeitrag teilte Noske den Delegierten mit, »daß unter dem frischen Eindruck der Rede in der Fraktion keine Kritik daran geübt worden ist«, sich namhafteste Fraktionsgenossen vielmehr anerkennend geäußert hätten[52]. Eduard David sprach dann offen aus, was andere nur angedeutet hatten: Es sei falsch, den Stoß gegen Noske zu richten und Bebel gewissermaßen aus der Debatte auszuschalten. Beide hätten in den Fragen Wehrhaftigkeit und Verteidigung der nationalen Selbständigkeit durchaus gleiche Ansichten vertreten[53]. Nun konnte sich der Parteivorsitzende nicht län-

[48] Internationaler Sozialisten-Kongreß in Stuttgart vom 18.–24. 8. 1907, Berlin 1907; fortan zit.: Protokoll Internationaler Sozialisten-Kongreß 1907. Auch Noske nahm an diesem Kongreß teil. Siehe ebda., S. 127 (Präsenz-Liste) und Noske, Erlebtes, S. 27.

[49] Im Mittelpunkt dieses von 884 Delegierten aus 25 Ländern besuchten Kongresses stand die Frage »Militarismus und internationale Konflikte«. Die schließlich einstimmig angenommene Resolution verpflichtete die sozialistischen Parteien, mit allen Kräften gegen die Rüstungen zu kämpfen und die Jugend der Arbeiterklasse »im Geiste der Völkerverbrüderung und des Sozialismus zu erziehen«. Zit. nach Osterroth/Schuster, Chronik I, S. 127.

[50] Protokoll SPD-Parteitag Essen 1907. Die sog. Noske-Debatte S. 229–265.

[51] Ebda., S. 231; sowie Noske, Erlebtes, S. 30.

[52] Protokoll SPD-Parteitag Essen 1907, S. 244.

[53] Ebda., S. 247 f.

ger heraushalten. Er bestätigte zunächst, daß die Rede Noskes in der Fraktion von keiner Seite kritisiert worden war, und stellte sich dann auch inhaltlich vor Noske, indem er den Parteitag wissen ließ: »Im ganzen war die Jungfernrede Noskes eine gute Rede. Er hat eine ganze Reihe von Sachen erörtert, von denen es notwendig war, daß sie im Reichstage ausgesprochen wurden, die bislang noch wenig im Reichstag in Reden beim Militäretat gehört worden sind[54].« Er selbst habe Noske »Zustimmung und Anerkennung« zuteil werden lassen. Ebenso äußerte sich Georg v. Vollmar[55].

Hiernach war klar, daß der von der Kieler Parteiorganisation eingebrachte Antrag 96[56], der »ein verstecktes Tadelsvotum gegen Noske und Bebel«[57] enthielt, keine Mehrheit finden würde. Tatsächlich wurde dieser Antrag dann am Ende der Debatte mit großer Mehrheit abgelehnt[58], was Noske zumindest indirekt als Bestätigung seiner Position werten durfte. Dieser Ausgang der Noske-Debatte kam nicht unerwartet. Denn selbst die schärfsten Kritiker Noskes waren nicht in der Lage, Noske konkrete Verstöße gegen Beschlüsse der Partei nachzuweisen. Soweit die Rede schriftlich fixierte SPD-Programmatik betraf oder sich auf Auslassungen des Parteivorsitzenden Bebel bezog, konnte sie in der Tat als »völlig prinzipientreu«[59] gelten. Daher richtete sich die Kritik auch weniger gegen einzelne Formulierungen und Aussagen Noskes, als vielmehr gegen die von ihm vorgenommenen Betonungen, Gewichtungen und Weglassungen. Wie Noske selbst ganz richtig erkannte[60], war es der Ton der Rede, der die Musik gemacht hatte.

Am schärfsten ging der Chefredakteur der »Leipziger Volkszeitung«, Paul Lensch[61], mit Noske ins Gericht: »Noske hat Unrecht gehabt mit seiner Rede im Reichstag; er hat die Grundsätze der Sozialdemokratie nicht so vertreten, wie er es hätte tun müssen.« In der Sache bezog Lensch diesen Vorwurf auf Noskes Auslassungen über die Teilnahme der Sozialdemokratie an einem deutschen Verteidigungskrieg. Diese seien »überflüssig und schädlich« gewesen. Karl Liebknecht warf Noske vor, seine Rede sei auf den »Kriegsvereinston« gestimmt gewesen. Er sei auf den nationalistischen Rummel während der Reichstagswahlen im Januar des Jahres hereingefallen, habe sich zu stark von dem für die SPD deprimierenden Wahlergebnis beeinflussen lassen und allzu oft die Notwendigkeit einer starken Rüstung für Deutschland betont, den Klassenkampfcharakter der Sozialdemokratie dagegen nicht

54 Ebda., S. 254.
55 Ebda., S. 256 f.
56 Wortlaut ebda., S. 174.
57 So Eduard David, ebda., S. 248.
58 Abstimmung ebda., S. 265.
59 W. Keil, Meine Beziehungen zu Gustav Noske. In: AdsD, Nachlaß Keil, Mappe 13.
60 Noske, Erlebtes, S. 29.
61 Protokoll SPD-Parteitag Essen 1907, S. 232 f. und 237 f., Zitate S. 232 und 238.

zum Ausdruck gebracht. Es war typisch für die Argumentationsweise der Kritiker Noskes, wenn Liebknecht keineswegs in Abrede stellte, daß auch die SPD die Wehrkraft des Volkes erhalten wolle, aber zugleich meinte, das solle man doch nicht immer wieder betonen[62]. Mehrfach wurde Noske vorgehalten[63], er habe zu viele Zugeständnisse an den bürgerlichen Staat, an den Militarismus und an die derzeitige nationalistische Stimmung gemacht. Dies habe die Mißstimmung in der Partei hervorgerufen.

Noskes unumwundenes Bekenntnis zur Landesverteidigung brachte in der Partei eine friedenspolitische Debatte in Gang. Dabei wurde von mehreren prominenten Vertretern der Partei gegen Noske argumentiert, es gehe nicht an, der Regierung vorab und pauschal die Zuverlässigkeit der Sozialdemokratie in einem künftigen Kriege zu versichern. Seit der russischen Revolution von 1905 war für viele Sozialdemokraten die Gefahr des reaktionären Zarismus weggefallen, auf den sich Bebels vielzitierter Ausspruch bezogen hatte – auch er werde notfalls noch einmal »die Flinte auf den Buckel nehmen« –, und es war daher für sie in der Situation des Jahres 1907 »ein Krieg nicht denkbar, dem die Sozialdemokratie zustimmen könnte«; daher, so wurde argumentiert, brauche sich die SPD auch nicht den Kopf über die Frage zu zerbrechen, »ob wir uns im Falle eines Krieges den herrschenden Klassen zur Verfügung stellen wollen oder nicht«[64]. Gerade in der Unsicherheit der Regierenden über das Verhalten der Sozialdemokratie, in ihrer Furcht vor Widerstand oder gar vor einer Revolution, sahen Politiker wie Paul Lensch ein friedenssicherndes Element. Noskes Widersacher Georg Ledebour formulierte diese Kriegsverhinderungsstrategie folgendermaßen: »Den Frieden bekräftigen wir dadurch, daß wir vollständige Klarheit darüber schaffen, daß unter keinen Umständen die Regierungen und die bürgerlichen Parteien sich darauf verlassen können, daß die Sozialdemokratie sich unter irgendwelchen faulen Vorwänden zu einem Kriege gegen die westeuropäischen Mächte mißbrauchen läßt[65].«

In diesem Zusammenhang wurde auch die Frage erörtert, ob es möglich und sinnvoll sei, einen künftigen Krieg nach den Kriterien Angriffs- oder Verteidigungskrieg zu beurteilen. Noske und Bebel gingen davon aus, daß es keine Schwierigkeit bedeuten würde, zu unterscheiden, ob nun ein wirklicher oder nur ein vermeintlicher Angriff drohe[66]. Für sie gab es das Problem offensichtlich gar nicht, daß eine

[62] Ebda., S. 245 ff. und 252 f.
[63] Vgl. ebda. die Beiträge von Klara Zetkin, S. 249 ff., Kurt Eisner, S. 257 f. und Stadthagen, S. 242 f.
[64] Paul Lensch, Protokoll SPD-Parteitag Essen 1907, S. 238.
[65] Ebda., S. 260 f.; ebenso der Redebeitrag von Brecour (Kiel), S. 237.
[66] Bebel hierüber ausführlich ebda., S. 254 f.

kriegswillige Regierung die Öffentlichkeit hinters Licht führen und einen gegnerischen Angriffskrieg konstruieren könnte. Gegen Bebel und Noske vertrat der führende Theoretiker der Partei, Karl Kautsky, auf dem Essener Parteitag von 1907 die Auffassung, daß es falsch sei, sich von dem Kriterium Angriffs- oder Verteidigungskrieg leiten zu lassen, es vielmehr darauf ankomme, »ob ein proletarisches oder demokratisches Interesse in Gefahr sei«[67]; er jedenfalls wolle die Verantwortung nicht auf sich nehmen, zu entscheiden, ob ein Land angegriffen werde oder nicht. Kautsky wandte sich auch gegen Noskes Auffassung, daß es sich im Falle eines Krieges um eine nationale Frage handle, und bezeichnete es als die »weltgeschichtliche Bedeutung« des Internationalen Sozialisten-Kongresses, der gerade in Stuttgart abgehalten worden war, gesehen zu haben, daß der Krieg eine internationale Frage sei.

In seiner Jungfernrede im Reichstag hatte Noske auch die Themen Kriegsverhütung und Abrüstung nicht ausgespart[68]. Aber sie standen ganz im Schatten seiner Bekenntnisse zu Nation und Wehrhaftigkeit. Die bürgerlichen Abrüstungsvorschläge jener Zeit tat er mit Spott als »phantastisch« ab und behauptete seinerseits, angesichts der zwischen den einzelnen Nationen bestehenden wirtschaftlichen Gegensätze sei es ausgeschlossen, daß ein einzelner Staat abrüsten könne. Noske fand zwar harte Worte gegen das seit Jahrzehnten anhaltende Wettrüsten, das die Völker in den finanziellen Ruin treibe, bemerkte aber im gleichen Atemzuge, daß er gegen die Rüstung Deutschlands nichts einzuwenden habe. Von der kaiserlichen Regierung erwartete Noske, daß sie eine »rückhaltlose Friedenspolitik« betreibe und auf »Säbelrasselei« verzichte[69], gleichzeitig glaubte er jedoch nicht daran, daß diese Politik wirklich auf Dauer erfolgreich sein werde, und verlagerte daher seine Friedenshoffnung in eine ferne Zukunft: »Es hieße doch geradezu am Verstande der Menschheit zweifeln, wenn man annehmen wollte, daß die fortschreitende Kultur die Völker nicht einmal dahin bringen wird, daß einmal die Rüstungen und die fürchterlichen Kriege mit ihrem Blutvergießen ein Ende haben sollten[70].« Das waren schöne Worte, die in der praktischen Tagespolitik zu nichts verpflichteten, zumal Noske im selben Zusammenhang an die Adresse der Rechtsparteien hinzufügte, er glaube, daß jedermann in diesem Hause einen Zustand ohne Krieg wünsche[71]. Tatsächlich hat Noske den in der Sozialistischen Internationale angestellten Überlegungen zur aktuellen Kriegsverhütung wie auch zur Entwicklung einer langfristigen Friedensstra-

[67] Ebda., S. 261. Zusammenhängend Wolfram Wette, Kriegstheorien deutscher Sozialisten, Stuttgart usw. 1971, S. 168 f; fortan zit.: Wette, Kriegstheorien.
[68] Verhandlungen RT, Bd 228, 24. 4. 1907, S. 1098.
[69] Ebda., S. 1101.
[70] Ebda., S. 1098.
[71] Diese blauäugige Feststellung wurde von Paul Lensch später hart attackiert. Siehe: Protokoll SPD-Parteitag Essen 1907, S. 238.

tegie[72] kein sonderliches Interesse entgegengebracht. Was ihn primär beschäftigte – in seiner ersten Reichstagsrede und allen späteren – war etwas anderes: Er wollte durch seine Reden demonstrieren, daß die Sozialdemokratie eine in nationalen Dingen zuverlässige Partei war und daß die Regierung mit ihr würde rechnen können, wenn es eines Tages einen nationalen Verteidigungskrieg zu führen galt; als Gegenleistung dafür erwartete er die Anerkennung dieses Sachverhalts, damit zugleich die Beendigung der Diffamierung der Sozialdemokratie als »vaterlandslos«, und die Bereitschaft der Regierenden zu sozialen Reformen.

Mit seiner Jungfernrede im Reichstag und seiner alles in allem erfolgreichen Verteidigung auf dem Essener Parteitag der SPD hatte sich Noske in der Partei einen Namen als Militärpolitiker gemacht, der die Probleme pragmatisch und von einem betont nationalen Standpunkt aus anging. Der Parteitag brachte zwar keine formellen Beschlüsse über die Stellung der SPD zur Landesverteidigung, aber aus der Ablehnung jenes Antrages, der auf eine Mißbilligung Noskes – und Bebels – abzielte, durfte Noske doch mit einem gewissen Recht schließen, daß der Parteitag mehrheitlich seine Auffassungen unterstützte und seine Kritiker nur eine Minderheit in der Partei repräsentierten. In der sozialdemokratischen Reichstagsfraktion konnte man fortan nicht mehr an Noske vorbei. Seine Jungfernrede von 1907 hatte ihm unter seinen Abgeordnetenkollegen mit einem Schlage den Ruf eines Fachmanns für militärische Angelegenheiten eingebracht, und von diesen gab es in der Fraktion nicht viele. So war es eigentlich naheliegend, daß die sozialdemokratische Reichstagsfraktion Noske künftig regelmäßig zu ihrem offiziellen militärpolitischen Sprecher bestimmte. Er sprach in der Regel nach August Bebel als zweiter sozialdemokratischer Redner. Nach Bebels Tode 1913 wurde er sogar erster Sprecher der Fraktion zum Wehretat.

Überblickt man Noskes Reichstagsreden zum Heeres- und Marineetat zwischen 1907 und 1914, den sieben Vorkriegsjahren, so fällt zunächst auf, daß das, was Noske an grundsätzlichen Auffassungen zur Militärpolitik zu sagen hatte, vollständig in der – hier ausführlich behandelten – parlamentarischen Jungfernrede enthalten war und in der Folgezeit in leichten Variationen ständig wiederholt wurde. Insbesondere ließ Noske keine Gelegenheit aus, das Interesse der Sozialdemokratie an der Landesverteidigung zu betonen. Regelmäßig kritisierte er in seinen Etatreden die von der Sozialdemokratie traditionell bekämpften Erscheinungen des preußisch-deutschen Militarismus: den unnötigen Drill, das schlechte Essen und die Soldatenschindereien, den gerin-

[72] Zur Diskussion in der SPD und in der II. Internationale über Friedensstrategien vgl. Boll, Frieden.

gen Sold der Mannschaften, ihre strafrechtliche und beförderungsrechtliche Benachteiligung gegenüber den Offizieren, die Abkapselung des Offizierkorps, Korruptionserscheinungen in Heer und Marine, die Beschneidung der geistigen und politischen Freiheiten der Soldaten sowie den politischen Kampf der Armee gegen die Sozialdemokratie[73]. In seinen zum Teil mehrstündigen Etatreden – die von 1913 war viereinhalb Stunden lang[74] – pflegte Noske diese von ihm als »militaristisch« begriffenen Erscheinungen breit und anschaulich darzulegen, indem er eine Vielzahl von Einzelfällen schilderte und hierbei erhebliche Sachkenntnis erkennen ließ. Zugleich verlangte er immer wieder militärische Reformen und unterbreitete der Regierung und dem Reichstag hierzu regelmäßig praktische Änderungsvorschläge, die hauptsächlich den wehrpflichtigen Mannschaften helfen sollten.

Noskes militärpolitische Etatreden waren meist so angelegt, daß er neun Zehntel der Redezeit dazu benutzte, Detailkritik und Änderungsvorschläge vorzutragen, und daß er dann im letzten Teil seiner Rede begründete, weshalb die SPD-Reichstagsfraktion den Etat für Heer und Marine nach wie vor ablehne. 1911 hörte sich die Begründung hierfür folgendermaßen an: Die Sozialdemokratie werde ihre Stellung zur Heeresfrage nicht ändern, »solange nicht eine ganz grundsätzliche Änderung auch im staatlichen Leben in Deutschland, solange nicht eine ganz grundsätzliche Änderung auch auf dem Gebiete des Militärwesens sich vollzogen hat«[75]. Dann fragte er, wie es zur Zeit aussehe: »Die Militärverwaltung und die Regierung stehen nach wie vor der Masse des Volkes [...] wie einem auswärtigen Feinde gegenüber. Jedem vernünftigen Fortschritt wird ein starrer Widerstand entgegengesetzt. Und deshalb ist es selbstverständlich, daß wir diesem System auch für die Zukunft Kampf ansagen mit aller Macht, mit aller Kraft, solange bis es restlos überwunden ist[76].« Seine Rede zum Heeresetat 1909 schloß Noske mit den Feststellungen: »Das stehende Heer hat von jeher den Zweck gehabt, das Volk, d. h. die breiten Volksmassen, von der Sonnenseite des Lebens fernzuhalten, sie im Schatten niederzuhalten.« Heute sei das stehende Heer »ein Instrument geworden, um die bürgerlich-kapitalistische Gesellschaftsordnung gegen das aufstrebende Proletariat zu verteidigen«[77]. Diese systemkritischen Passagen konnten jedoch nicht darüber hinwegtäuschen, daß der Schwerpunkt der Noske-Reden auf der militärpolitischen Einzelkritik und

[73] Eine ähnliche Zusammenfassung der Themen der Etatreden Noskes enthält der Aufsatz von Torke, Staat und Partei, S. 645.
[74] Verhandlungen RT, Bd 290, 10. 6. 1913, S. 5407–5434.
[75] Noske-Rede zum Heeresetat 1911, ebda., Bd 264, 23. 2. 1911, S. 4879–4885, Zitat S. 4884.
[76] Weitere Rede Noskes zum Heeresetat 1911, ebda., 24. 2. 1911, S. 4897–5048, Zitat S. 4907.
[77] Ebda., Bd 235, 19. 3. 1909, S. 7606 f.

den Reformvorschlägen lag. Noske machte in engagierter Weise auf Mißstände im gegenwärtigen Militärsystem aufmerksam und verlangte Abhilfe. Das war sein Hauptanliegen im Rahmen der gegebenen politischen Möglichkeiten, die sich ja darauf beschränkten, daß die oppositionellen sozialdemokratischen Reichstagsabgeordneten Reden hielten; erzwingen konnten sie nichts. Sowohl die verfassungsrechtliche Konstellation als auch die Mehrheitsverhältnisse im Reichstag verurteilten die Vorkriegssozialdemokratie zur Daueropposition ohne machtpolitischen Einfluß.

Die Frage, wie konstruktiv die Opposition in einem System sein durfte, das von ihr prinzipiell abgelehnt und bekämpft wurde, dessen schädliche Auswirkungen sie gleichwohl im täglichen Leben möglichst zu begrenzen wünschte, mußte sich Noske ebenso vorlegen wie jeder andere sozialdemokratische Parlamentarier der Vorkriegszeit. Noskes öffentliche Reden vermitteln allerdings den Eindruck, daß er mit der inneren Widersprüchlichkeit dieser Politik – grundsätzliche Systemkritik auf der einen, reformistische Praxis auf der anderen Seite – relativ leicht leben konnte, weil er sich über diesen Widerspruch nicht allzu viele Gedanken machte und sich statt dessen auf das konzentrierte, was für ihn alleine attraktiv und sinnvoll schien, die praktische parlamentarische Arbeit.

Da Noske später als Reichswehrminister in der ersten deutschen Republik die Möglichkeit politischer Gestaltung bekam, ist es unverzichtbar, zu prüfen, ob sich in seinen Vorkriegsreden niedergeschlagen hat, welche Vorstellungen dieser Politiker hinsichtlich der praktischen Ausgestaltung einer künftigen demokratischen Militärpolitik hatte. Woran dachte Noske, wenn er im Reichstag des Kaiserreiches die Volkswehr als ideale Wehrform anpries? »Volkswehr anstelle des stehenden Heeres« war bekanntlich der Kern des militärpolitischen Standardprogramms[78], das die deutsche Sozialdemokratie von ihren Anfängen in den 60er Jahren des 19. Jahrhunderts an vertrat. So stand es auch im Erfurter Programm von 1891. Unter Volkswehr stellte man sich in der Sozialdemokratie eine grundsätzliche militärpolitische Alternative zum stehenden Fürstenheer vor, das als ein blindes Werkzeug der staatlichen Machtpolitik nach innen und nach außen verurteilt und bekämpft wurde. Diesem System des stehenden Heeres wollte die SPD im Reichstag »keinen Mann und keinen Groschen« bewilligen. Die Volkswehrparole, mit der sozialdemokratische Politiker jahr-

[78] Im einzelnen vgl. Wolfram Wette, Liberale und sozialistische Milizvorstellungen im 19. Jahrhundert. In: Die Wehrstruktur in der Bundesrepublik Deutschland, o.O. [Bonn] 1972, fortan zit.: Wette, Milizvorstellungen; ders., Der Wille zum Frieden. Sozialdemokratische Sicherheitspolitik in historischer Perspektive. Darstellung und ausgewählte Quellentexte. In: Geschichtsdidaktik 5 (1980), S. 23–53, fortan zit.: Wette, Wille zum Frieden; Höhn, Sozialismus und Heer, Bd 1, S. 258–307.

zehntelang agitierten, war also in erster Linie ein Protest gegen den preußisch-deutschen Militarismus und erst in zweiter Linie ein Vorschlag zur Organisationsreform. Diese Funktion als militärpolitisches Kontrastprogramm zu Heer und Marine des kaiserlichen Deutschland verlor die Volkswehr-Forderung allerdings zunehmend, je mehr die sozialdemokratische Militärpolitik revisionistischer Provenienz seit der Jahrhundertwende das praktische Nahziel anvisierte, das bestehende Heer und die bestehende Marine in ihrem Sinne zu reformieren. Zwar ging kein Sozialdemokrat so weit, das existierende preußische Heer als ein Volksheer zu bezeichnen, wie es die preußischen Kriegsminister regelmäßig taten, um die sozialdemokratische Kritik abzuwehren. Aber im Zuge ihrer reformistischen Anpassung an den bestehenden Staat ließen manche sozialdemokratischen Politiker es immerhin offen, ob eine Volkswehr erst unter dem Vorzeichen eines demokratischen Staates oder eben doch schon im Kaiserreich geschaffen werden könne.

Gerade Noske war es, der solche Unklarheiten aufkommen ließ, wenn er etwa 1909 »mit einer gewissen Genugtuung« feststellte: »Auf dem Wege zum Volksheer, das wir Sozialdemokraten fordern, sind wir schon[79].« Woraus er dies schloß, sagte er nicht. Vermutlich dachte Noske dabei an den von ihm bei anderer Gelegenheit festgestellten Tatbestand, »daß nachgerade die Hälfte aller Rekruten, die in die Kasernen kommen, aus sozialdemokratischen Familien stammen und in sozialdemokratischer Denkweise groß geworden sind«[80]. Als der preußische Kriegsminister, General d. Inf. v. Heeringen, wieder einmal behauptete, in Deutschland habe man doch längst ein Volksheer, hielt Noske allerdings dagegen: »In Wirklichkeit sind wir davon himmelweit entfernt. Das Volk stellt die Masse der Soldaten, ist aber sonst in vielen Fällen gegenüber dem Vorgesetzten [...] außerordentlich benachteiligt [...] Unter einem Volksheer verstehen wir im Gegensatz zu dem Herrn Kriegsminister nicht ein Heer, das kastenmäßig scharf gegliedert ist wie das deutsche, sondern ein Heer mit demokratischen Einrichtungen, in denen der Aufstieg dem Tüchtigen wirklich möglich wäre[81].« Mit ehrlichem Zorn kritisierte Noske immer wieder, daß es einem tüchtigen Mann proletarischer Herkunft im heutigen Deutsch-

[79] Aus der Rede Noskes zum Heeres-Etat 1909, Verhandlungen RT, Bd 235, 19. 3. 1909, S. 7603. Ähnlich in der Rede zum Heeres-Etat 1910, ebda. Bd 259, 28. 1. 1910, S. 877, wo Noske wiederum bemerkte, man befinde sich jetzt schon unzweideutig auf dem Wege zur Volkswehr. Eine deskriptive Zusammenfassung der Noskeschen Volkswehr-Vorstellungen – ohne Berücksichtigung des parteigeschichtlichen Hintergrundes – findet sich bei Torke, Staat und Partei, S. 645–647.

[80] Aus Noskes Rede zum Wehretat 1913, Verhandlungen RT, Bd 290, 10. 6. 1913, S. 5427.

[81] Aus der Rede Noskes zum Heeres-Etat 1910, ebda., Bd 259, 28. 1. 1910, S. 877.

land nicht einmal möglich sei, Leutnant zu werden[82]. Selbst wenn jemand Unteroffizier der Reserve werden solle, würden peinliche Erkundigungen darüber eingezogen, ob er nicht sozialdemokratischer Gesinnung verdächtig sei[83]. Wenn Noske seine Gedanken über eine künftige Volkswehr entwickelte und dabei von einem demokratischen Heer sprach, so ging es ihm letztlich immer darum, das Offizierkorps[84] als »eine streng abgeschlossene Kaste aus Angehörigen der besitzenden Klassen«[85] aufzulösen und die Laufbahnen der Offiziere und Unteroffiziere auch für diejenigen Schichten zu öffnen, die von der Sozialdemokratie vertreten wurden. Mit der Benachteiligung breiter Bevölkerungskreise sollte zugleich die eklatante Rechtsungleichheit in Heer und Marine verschwinden. Dies verstand Noske unter Demokratisierung des Heeres: daß auch der tüchtige, strebsame Mann aus dem Volke die Chance haben sollte, sich zum Offizier emporzuarbeiten. Solange diese Forderung nicht verwirklicht war, nannte auch Noske das preußische Heer ohne Umschweife ein »Klassenheer«[86], das in jeder Hinsicht den Interessen der besitzenden Klassen, die ihre Herrschaftsstellung im eigenen Lande behaupten wollten, angepaßt sei. Dies sei kein Volksheer, sondern ein »volksfeindliches« Heer.

Wenn Noske in seinen Reden zum Heeres-Etat Ausführungen zum Thema Volkswehr machte, so war es jeweils eine seiner größten Sorgen, die sozialdemokratische Programmforderung vom Odium militärischer Ineffektivität zu befreien. Ob sich eine deutsche Volkswehr, wenn sie eines Tages geschaffen würde, organisatorisch am Vorbild der Schweizer Miliz orientieren sollte oder nicht, war ihm durchaus gleichgültig[87]. Keinesfalls aber durfte man sie sich, betonte Noske bereits in seiner parlamentarischen Jungfernrede 1907, als »eine Art Krähwinkler Landsturm« vorstellen. Vielmehr sollten die Soldaten der Volkswehr gründlich, wenngleich kürzer ausgebildet werden. Man wolle auf den langen Drill verzichten, aber »tapfere und tüchtige Sol-

[82] Ebda.

[83] Noske-Rede zum Heeres-Etat 1911, ebda., Bd 264, 24. 2. 1911, S. 4906. Wenn Noske hinzufügte, daher werde die SPD auch »unter dem jetzigen System keinen Wert darauf legen, Sozialdemokraten als Vorgesetzte in militärischen Stellungen zu sehen« (ebda.), so war dies eine lediglich rhetorische Bemerkung, da die SPD ja nicht die Macht hatte, ihre Anhänger in Vorgesetztenpositionen hineinzubringen.

[84] Zur soziologischen Zusammensetzung und zur Rekrutierungspolitik des preußischen Offizierkorps vgl. Franz Carl Endres, Soziologische Struktur und ihre entsprechende Ideologie des deutschen Offizierkorps vor dem Weltkriege in: Archiv für Sozialwissenschaft und Sozialpolitik, Tübingen, 58 (1927), S. 282–319, und jetzt die bisherige Forschungen zusammenfassende Studie von Detlef Bald, Der deutsche Offizier. Sozial- und Bildungsgeschichte des deutschen Offizierkorps im 20. Jahrhundert, München 1982; fortan zit.: Bald, Der deutsche Offizier.

[85] Noske in: Verhandlungen RT, Bd 259, 28. 1. 1910, S. 877. Vgl. auch: ebda., Bd 235, 19. 3. 1909, S. 7602.

[86] Ebda., Bd 290, 10. 6. 1913, S. 5433 f. Zum Folgenden ebda., S. 5415.

[87] Vgl. die Ausführungen ebda., Bd 259, 28. 1. 1910, S. 877.

daten« schaffen. Ohne den geringsten antimilitärischen Vorbehalt formulierte Noske, man würde in Deutschland sogar »die besten Soldaten« haben, befolgte man nur die sozialdemokratische Programmforderung »Erziehung der Jugend zur Wehrhaftigkeit«[88]. 1913 ging Noske so weit, der Regierung und den bürgerlichen Parteien vorzuwerfen, sie hätten sich »fortgesetzt an der Wehrhaftigkeit des Volkes versündigt«, weil sie die schwersten Mißstände nicht beseitigt hätten, die von der Sozialdemokratie immer wieder kritisiert worden seien: die Rückständigkeit auf sozialem Gebiet wie z. B. miserable Wohnverhältnisse, ungenügende Ernährung, Lebensmittelwucher, kapitalistische Ausbeutung der Jugend. Der Kampf der Sozialdemokratie für soziale Reformen, lautete Noskes zweischneidiges Argument, habe »mehr zur Wehrhaftigkeit des Volkes beigetragen als alles, was jemals von den bürgerlichen Parteien getan worden ist«. Besonders erwähnte Noske die Arbeiterturnvereine, die sich um die körperliche Ertüchtigung der Jugend verdient gemacht hätten[89]. Obwohl das Schicksal des Heeresetats 1913 weder von den Argumenten noch von den Stimmen der SPD-Fraktion abhing, da seine Annahme durch die bürgerliche Mehrheit gesichert war, obwohl sich Noske als Sprecher der Fraktion also auf die Begründung des sozialdemokratischen Neins zum Heeres- und Marineetat hätte konzentrieren können, wollte er mit seinen Bekundungen sozialdemokratischer Wehrhaftigkeit offenbar die bürgerlichen Redner noch übertrumpfen, indem er gleichsam die gesamten sozialpolitischen Anstrengungen seiner Partei in eine Beziehung zu dem übergeordneten Ziel der Wehrhaftmachung des deutschen Volkes setzte.

Insgesamt formulierte Noske die Volkswehr-Passagen seiner Reichstagsreden in Anlehnung an den alten Argumentationskatalog der eigenen Partei[90], ohne eigene originelle Ideen beizusteuern. Seine Ausführungen über die Gestaltung einer künftigen Volkswehr ließen immerhin die Umrisse einer demokratischen Militarpolitik erkennen. Dabei spielten die Gesichtspunkte der militärischen Effektivität bei kürzerer Dienstzeit, der Chancen- und Rechtsgleichheit für alle Soldaten, unabhängig von ihrer sozialen Herkunft, ebenso eine Rolle wie die innenpolitische Neutralisierung der Armee, ihre strikte Beschränkung auf die Belange der Landesverteidigung und die konsequente Durchführung der allgemeinen Wehrpflicht. Wenn Noske darlegte, im Volksheer habe »der allerletzte Mann seiner Pflicht zu genügen«[91], so inten-

[88] Ebda., Bd 228, 25. 4. 1907, S. 1098 f.; vgl. auch die in Kapitel II/2 erwähnten Äußerungen Noskes in der Chemnitzer Stadtverordnetenversammlung über die vormilitärische Ertüchtigung der Jugend in den Arbeiterturnvereinen.
[89] Ebda., Bd 290, 10. 6. 1913, S. 5415.
[90] Siehe Wette, Milizvorstellungen.
[91] Verhandlungen RT, Bd 290, 10. 6. 1913, S. 5415.

dierte er damit keinen höheren Militarisierungsgrad der Gesellschaft, sondern die Verwirklichung eines demokratischen Elements wie auch eine Garantie für die ausschließliche Zweckbestimmung der Volkswehr für die Landesverteidigung. Schon Friedrich Engels, auf den sich Noske allerdings nie berufen hat, hatte in der allgemeinen Wehrpflicht das Pendant zum allgemeinen Wahlrecht gesehen.

2. Noskes Kolonialpolitik

Das zweite Politikfeld, mit dem sich Noske nach seiner Wahl in den Reichstag näher vertraut machte, war die Kolonialpolitik des Deutschen Kaiserreiches[92]. Noske selbst hat nicht mitgeteilt[93], welches seine Motive waren, sich neben den gewiß nicht einfachen Problemen der Militärpolitik auch noch das nicht minder brisante und komplizierte Gebiet der Kolonialpolitik vorzunehmen. Ein spezifisches, in seinem bisherigen Lebenslauf angelegtes Interesse lag bei Noske weder für die eine noch für die andere Materie vor. Was ihn veranlaßte, sich Kolonialfragen zuzuwenden, war ganz offensichtlich die Erkenntnis, daß die SPD-Fraktion im Reichstag, die wie die Partei insgesamt vorwiegend innenpolitisch orientiert war, auch auf diesem Gebiet nicht gerade unter einem Übermaß an Sachverstand zu leiden hatte und ein weiterer Abgeordneter daher gut gebraucht werden konnte, der bereit war, sich entsprechende Spezialkenntnisse zu erwerben. Für einen Parlamentsneuling war politisches Profilierungsbedürfnis[94], wie Noske es im Rahmen seines militär- und kolonialpolitischen Engagements zeigte, durchaus legitim.

Von Bebel einmal abgesehen, war Ledebour[95] das einzige Mitglied der SPD-Reichstagsfraktion, das zu jener Zeit, als sich Noske nach geeigneten Betätigungsfeldern umsah, über hervorragende Kenntnisse auf dem Gebiet der Kolonialpolitik verfügte.

[92] Noskes kolonialpolitische Vorstellungen werden gründlich untersucht von Schröder, Noske. Den parteigeschichtlichen und kolonialpolitischen Hintergrund für das bessere Verständnis dieser Spezialstudie bietet ein früheres Werk desselben Autors: Sozialismus und Imperialismus. Die Auseinandersetzung der deutschen Sozialdemokratie mit dem Imperialismusproblem und der »Weltpolitik« vor 1914, Bonn ²1975; fortan zit.: Schröder, Sozialismus und Imperialismus.

[93] Vgl. Noske, Wie ich wurde, S. 27, und ders., Erlebtes, S. 23 ff. und 33 ff., wo über die kolonialpolitische Tätigkeit Noskes im Reichstag berichtet wird.

[94] Profilierungsbedürfnis vermutet Schröder, Noske, S. 17.

[95] Ursula Ratz, Georg Ledebour 1850–1947. Weg und Wirken eines sozialistischen Politikers, Berlin 1969, S. 81 und 102; fortan zit.: Ratz, Ledebour; Karl Kautsky, Sozialismus und Kolonialpolitik. Eine Auseinandersetzung, Berlin 1907, S. 13. In seinem Redebeitrag auf dem Essener SPD-Parteitag 1907 bemerkte Ledebour, er habe sich seit drei Jahrzehnten intensiv mit Problemen der Kolonialpolitik auseinandergesetzt; Protokoll SPD-Parteitag Essen 1907, S. 241.

Neben dem Fraktionsvorsitzenden Bebel trat Ledebour seit 1903 häufig als kolonialpolitischer Sprecher der SPD im Reichstag auf. Während des Essener Parteitages der SPD im Jahre 1907 bestätigte Ledebour übrigens, daß es außerhalb der Reichstagsfraktion nach seiner Kenntnis keine Parteigenossen gab, die in kolonialpolitischen Fragen als sachverständige Autoritäten gelten konnten[96]. Für Noske, der diese Ausführungen hörte[97], mögen sie ein zusätzlicher Anstoß gewesen sein, sich in der Rechnungskommission fortan auch in die Fragen des Kolonialetats einzuarbeiten.

Wie aber stellte sich dem Parlamentsneuling Noske die grundsätzliche Haltung der SPD zur Kolonialpolitik dar? Das Erfurter Programm von 1891, an dem sich jeder sozialdemokratische Mandatsträger zu orientieren hatte, enthielt keine Aussagen zur Kolonialpolitik. Das lag in erster Linie daran, daß es eben erst ein paar Jahre her war, daß Bismarck 1884 mit dem Erwerb deutschen Kolonialbesitzes begonnen hatte. Gleichwohl bot das Grundsatzprogramm durchaus Anhaltspunkte für die Klärung der Frage, wie sich die Partei zu dieser neuen Erscheinung in der deutschen Außenpolitik stellen sollte. Die humanitären innenpolitischen Ideale der Partei – Kampf gegen Ausbeutung und Unterdrückung – wiesen, auf die auswärtige Politik übertragen, den Weg, auch die Ausbeutung und Unterdrückung von Eingeborenen in irgendeiner Kolonie zu verurteilen und zu bekämpfen. Tatsächlich hat diese Betrachtungsweise die Debatten zur Kolonialpolitik, ob sie nun auf sozialdemokratischen Parteitagen in Deutschland oder auf internationalen Sozialisten-Kongressen geführt wurden, maßgeblich beeinflußt. In einer 1900 auf dem Mainzer SPD-Parteitag verabschiedeten Resolution zur Weltpolitik wurde in diesem Sinne formuliert: »Die Sozialdemokratie als Feindin jeder Unterdrückung und Ausbeutung von Menschen durch Menschen erhebt gegen diese Raub- und Eroberungspolitik den entschiedensten Widerspruch[98].« Und noch Jahre später, auf dem Essener Parteitag 1907, erklärte der Parteivorsitzende Bebel, die grundsätzliche Haltung der SPD zur Kolonialpolitik sei bereits durch den letzten Absatz des theoretischen Teils des Erfurter Programms vorgezeichnet, in dem jede Art von Ausbeutung und Unterdrückung verurteilt werde, »richte sie sich gegen eine Klasse, eine Par-

[96] Protokoll SPD-Parteitag Essen 1907, S. 241. Aus diesem Grunde wurde auch ein dem Parteitag vorliegender Antrag, eine kolonialpolitische Fachkommission einzurichten, abgelehnt. Dieser Vorgang wiederholte sich 1908, als Eduard David erneut einen Vorstoß in dieser Sache unternahm. Siehe: SPD-Reichstagsfraktion, Bd 1, Dok. 203, S. 196.

[97] Sie beeindruckten ihn offenbar sehr, denn er erinnerte sich noch an sie, als er seine Memoiren niederschrieb. Siehe: Noske, Erlebtes, S. 26.

[98] Protokoll SPD-Parteitag Mainz 1900, S. 245.

tei, ein Geschlecht oder eine Rasse«[99]. In einer Zeit, in der viele Vertreter bürgerlicher Parteien rassistischen und imperialistischen Vorstellungen erlagen, verdiente diese kämpferisch humanitäre Einstellung besonderen Respekt. »Mit ihrer Bereitschaft, auch in dem Angehörigen einer fremden Rasse und eines auf niedrigerer Kulturstufe stehenden Volkes den Menschen zu sehen, für sein Leben, seine Rechte und sein Wohlergehen einzutreten, führte die Sozialdemokratie die besten Überlieferungen bürgerlicher Geisteswelt fort[100].«

Neben ihren humanitären Einwänden gegen eine kapitalistische Ausbeutung der Eingeborenen benutzten die sozialdemokratischen Politiker auch eine Reihe praktischer Argumente[101], um ihren ablehnenden Standpunkt zu begründen. Eine wichtige Rolle spielte der Rentabilitätsgesichtspunkt: die Kolonialpolitik zahle sich nicht aus, stelle vielmehr eine starke finanzielle Belastung für das Mutterland dar. Die Lasten hätten besonders die Arbeiter zu tragen, während eine kleine Kapitalistengruppe – Spekulanten, Reeder, Großkaufleute, Lieferanten, Militärs und Bürokraten – den Nutzen einheimsten. Außenpolitisch gesehen vermehre die Kolonialpolitik die internationalen Reibungsflächen und trage die Gefahr kriegerischer Verwicklungen in sich. Innenpolitisch fördere sie aggressive und militaristische Tendenzen der Bourgeoisie. Nimmt man die oppositionelle Stellung der SPD gegenüber dem kaiserlichen Staat insgesamt und damit auch zu der von ihm betriebenen Kolonialpolitik hinzu, so war es nur konsequent, wenn die Repräsentanten der älteren Generation sozialdemokratischer Politiker, August Bebel und Wilhelm Liebknecht, zu der Forderung gelangten, die Kolonien einfach aufzugeben[102].

Neben der grundsätzlich die Kolonialpolitik ablehnenden Haltung wurden im Zuge des Revisionismusstreits – etwa seit der Jahrhundertwende – auch abweichende Meinungen zum Ausdruck gebracht. So forderte zum Beispiel Eduard Bernstein die Partei auf, Imperialismus und Kolonialismus nicht pauschal abzulehnen, sondern differenziert zu betrachten, wobei er selbst die Auffassung vertrat, daß es durchaus ein Recht der höheren gegenüber der niedrigeren Kultur gab und der Kolonialpolitik daher eine zivilisatorische Aufgabe zukomme[103]. Dabei

[99] Protokoll SPD-Parteitag Essen 1907, S. 272; ebda., S. 271, berief sich Bebel zudem auf die o.g. Mainzer Resolution.

[100] Schröder, Sozialismus und Imperialismus, S. 158.

[101] Zum Folgenden im einzelnen ebda., S. 142–154. Zusammenfassend auch Ratz, Ledebour, S. 102–104. Vgl. auch Noske, Erlebtes, S. 23–25.

[102] Schröder, Sozialismus und Imperialismus, S. 147.

[103] Vgl. Eduard Bernstein, Die Voraussetzungen des Sozialismus und die Aufgaben der Sozialdemokratie. Hrsg. von Günther Hillmann, Reinbek 1969 (Neudruck der Ausgabe 1899). In diesem Grundwerk des Revisionismus wurde wohl erstmals gegen eine prinzipielle Verwerfung der Kolonialpolitik durch die Sozialdemokratie Stellung genommen. Eine Zusammenfassung der kolonialpolitischen Position Bernsteins fin-

konnte er sich auf die sozialistischen Klassiker Marx und Lassalle berufen[104].

Zu der Zeit, als Noske in den Reichstag gewählt wurde, waren Auffassungen dieser Art längst keine Außenseitermeinungen mehr. In welchem Maße die Diskussion über die Kolonialpolitik in Fluß geraten war, zeigte im Jahre 1907 der Internationale Sozialisten-Kongreß in Stuttgart[105]. Noske, der an diesem bedeutsamen Treffen als Delegierter der SPD teilnahm, konnte dort verfolgen, daß es eine breite Strömung gab, die den grundsätzlichen Antikolonialismus in Frage stellte. Gerade die Sozialisten aus jenen Ländern, die über einen umfangreicheren Kolonialbesitz verfügten als Deutschland, hatten für den verhärteten Antikolonialismus der deutschen Sozialdemokratie wenig Verständnis. Namhafte westeuropäische Arbeiterführer wie der Holländer van Kol – er war übrigens ein ehemaliger Kolonialbeamter – und der Engländer MacDonald warfen den deutschen Genossen pure Ignoranz vor, was Noske offensichtlich stark beeindruckte[106]. Insbesondere van Kol warb für die Idee einer konstruktiven »sozialistischen Kolonialpolitik«, welche die Internationale auf wirklichkeitsnähere Bahnen lenken sollte. Die Hauptargumente der kolonialpolitischen Revisionisten lauteten, daß Kolonien durchaus wirtschaftlich von Nutzen sein könnten und daß sie – etwa unter sozialistischer Regierungsverantwortung – die Möglichkeit eines zivilisatorischen Einflusses böten. Nicht nur Noske, sondern die Mehrheit der etwa 300 deutschen Delegierten, die auf dem internationalen Kongreß die SPD vertraten, begrüßten diese reformistischen Ideen[107]. Gleichwohl beschloß der Kongreß schließlich nach kontroverser Debatte, bei der die deutschen Delegierten Ledebour und Kautsky für die antikolonialistische und Bernstein und David für die revisionistische Position sprachen, mit einer knappen Mehrheit[108] eine Ablehnung der von van Kol und seinen Mitstreitern gewollten Neuorientierung. Damit wurde zwar der Bruch mit der bisherigen Tradition vermieden. Zugleich aber wußten die Anhänger ei-

det sich bei Hans Spellmeyer, Deutsche Kolonialpolitik im Reichstag, Stuttgart 1931, S. 125–129, fortan zit.: Spellmeyer, Kolonialpolitik.

104 Schröder, Sozialismus und Imperialismus, S. 137.

105 Protokoll Internationaler Sozialisten-Kongreß 1907. Die kolonialpolitische Debatte: S. 24–40. Zusammenfassende Darstellungen bieten Julius Braunthal, Geschichte der Internationale, Bd I, Nachdruck Berlin, Bonn 1978, S. 310–326; Schröder, Sozialismus und Imperialismus, S. 191–196, sowie Ratz, Ledebour, S. 109–111.

106 Vgl. besonders die Ausführungen van Kols auf dem Kongreß; Protokoll Internationaler Sozialisten-Kongreß 1907, S. 27, die von Noske in seinen Memoiren ausführlich und zustimmend zitiert wurden. Siehe: Noske, Erlebtes, S. 25 f.

107 Dies geht aus einem von der deutschen Delegation eingebrachten Antrag hervor, der die Aussage enthielt: »verwirft der Kongreß nicht jede Kolonialpolitik prinzipiell, weil diese unter sozialistischem Regime zivilisatorisch wirken kann«; Protokoll Internationaler Sozialisten-Kongreß 1907, S. 34.

108 Einzelheiten ebda., S. 38 f.

nes kolonialpolitischen Reformkurses nun um die eigene Stärke. Sie konnten zudem damit argumentieren, daß es hauptsächlich die Delegierten aus den kleineren Ländern ohne Kolonialbesitz waren, die der alten kolonialkritischen Haltung noch einmal zum Siege verholfen hatten, während die Mehrheit der Delegierten aus den Kolonialländern für einen beweglicheren Kurs eintrat.

Eine grundsätzlich kolonialkritische Stellung nahm auch die SPD weiterhin ein. Seit 1907 war sie die einzige unter den im Reichstag vertretenen Parteien, die – bis zum Kriegsbeginn 1914 – den Kolonialetat ebenso wie den Militäretat regelmäßig ablehnte. Dabei beließen es die Redner der SPD-Fraktion keineswegs dabei, wie Noske es in seinen Memoiren darstellte[109], nur Negationsrhetorik zu betreiben, sondern sie verknüpften – ebenso wie bei der Beratung des Militäretats – grundsätzliche Gegnerschaft mit praktischer Reformpolitik. Kein anderer als Ledebour war es, der anläßlich der Debatten über den Kolonial-Etat von 1908 diesen methodischen Vergleich mit der Militärpolitik anstellte: »Genau so, wie wir z. B., trotzdem wir das stehende Heer und alles, was damit zusammenhängt, grundsätzlich verwerfen, doch für die Besserung der Lebenslage der Soldaten, wie gegen die Unterdrückung durch das Kasernensystem [...] eintreten, genau so greifen wir auch in die Kolonialpolitik ein.« Zwar sei man »Gegner der Unterwerfung und Ausbeutung fremder Völker überhaupt« und bekämpfe daher das Kolonialsystem. »Wir werden aber, solange wir das nicht ändern können, alles aufbieten, um innerhalb der Möglichkeit des Einflusses, den wir ausüben können, bessernd, reformierend einzugreifen im Interesse der Eingeborenen und im Interesse unseres eigenen Volkes[110].« So stellte sich die Frage auch für Bebel: »Können wir als Parlamentarier etwas tun, um die Lebenslage der Eingeborenen in den geraubten Kolonien zu verbessern, um sie gegen die Greuel und Verwüstungen in ihrem Lande zu schützen[111]?«

Zu eben jener Zeit, als Noske sich anschickte, in Sachen Kolonialpolitik Expertenwissen zu erwerben, ereigneten sich in der Kolonialpolitik des Deutschen Kaiserreiches selbst beträchtliche Wandlungen[112]. Mit Bernhard Dernburg wurde im Mai 1907 ein Mann zum Staatssekretär des neu gebildeten Reichskolonialamtes ernannt, der mit den eklatanten Mißständen der Vergangenheit aufräumen wollte. Ereignisse wie die äußerst brutale Niederschlagung der Herero- und Hottentottenaufstände in den Jahren 1904–1906, die den Charakter eines Ver-

[109] Noske, Erlebtes, S. 35.
[110] Verhandlungen RT, Bd 232, 18. 3. 1908, S. 4058–4066, Zitate S. 4058 und 4066.
[111] Protokoll SPD-Parteitag Essen 1907, S. 273.
[112] Zur Neuorientierung der deutschen Kolonialpolitik seit 1907 vgl. Schröder, Noske, S. 18–24. Siehe auch Noske, Erlebtes, S. 35, wo ebenfalls »eine beträchtliche Wandlung in der deutschen Kolonialpolitik« konstatiert wird.

nichtungskrieges der deutschen Kolonialtruppen gegen die afrikanischen Eingeborenenstämme[113] angenommen hatten, sollten sich nicht wiederholen. Unter humanitären Gesichtspunkten war diese Einstellung Dernburgs ein Fortschritt, wenngleich seine Politik, wie Emil Eichhorn für die sozialdemokratische Reichstagsfraktion nachwies[114], reinen Nützlichkeitserwägungen folgte und an der Erhaltung von Arbeitskräften im Interesse langfristiger Ausbeutung orientiert war. Hinzu kam, daß in den deutschen Kolonien seit 1908 ein gewisser wirtschaftlicher Aufschwung zu beobachten war, hervorgerufen durch eine Zunahme des Handels sowie durch gesteigerte Privatinvestitionen und – nicht zuletzt – durch die Vermeidung kriegerischer Auseinandersetzungen[115]. Dieser Aufschwung machte die Rentabilitäts- und Nützlichkeitserwägungen, mit denen die Sozialdemokraten bislang immer wieder ihre ablehnende Haltung begründet hatten, zu einem zweischneidigen Schwert.

Die Beseitigung der übelsten Mißstände in der deutschen Kolonialpolitik seit Beginn der Ära Dernburg – besonders die Durchsetzung von humaneren, weniger gewaltsamen und wirtschaftlich erfolgreicheren Methoden – blieb auf die deutschen Sozialdemokraten verständlicherweise nicht ohne Eindruck[116]. Zwar verharrte die SPD-Reichstagsfraktion auch jetzt noch in ihrer grundsätzlich kritischen Position, indem sie den Kolonialetat ablehnte, aber die Begründung dieser Politik fiel nicht mehr so leicht, seitdem das Reich eine »vernünftigere« und weniger grausame Kolonialpolitik betrieb. Hinzu kam der für die SPD so ungünstige Ausgang der »Hottentottenwahlen« vom Januar 1907. Der Tatbestand, daß der bürgerliche Bülow-Block mit seinen kolonialen und nationalistischen Parolen erfolgreich sein konnte, wurde von nicht wenigen Sozialdemokraten als Aufforderung an die eigene Partei zur Anpassung auf eben diesen Gebieten interpretiert. Probleme, die konsequent ablehnende Linie durchzuhalten, hatte es schon früher gegeben: etwa im Januar 1904, als sich die SPD-Reichstagsfraktion genötigt gesehen hatte, bei der Abstimmung über die Kredite, die von der Regierung für die Niederschlagung des Herero-Aufstandes gefordert wurden, Stimmenthaltung zu üben, weil sie sich dem Argument nicht entziehen zu können glaubte, es gelte die deutschen Siedler samt ihren Frauen und Kindern zu schützen[117]. Jetzt, nach der kolonialpolitischen

113 Zum Herero- und Hottentottenkrieg vgl. Helmut Bley, Kolonialherrschaft und Sozialstruktur in Deutsch-Südwestafrika 1894/1914, Hamburg 1968, sowie die durchaus objektive Schilderung von Noske, Kolonialpolitik.

114 Verhandlungen RT, Bd 231, 19. 3. 1908, S. 4119–4124.

115 Schröder, Noske, S. 19–21; Rudolf von Albertini, Europäische Kolonialherrschaft 1880–1940, Zürich, Freiburg i. Br. 1976, S. 321.

116 Spellmeyer, Kolonialpolitik, S. 123.

117 Schröder, Sozialismus und Imperialismus, S. 186 f.; Noske, Erlebtes, S. 25. Die inner-

Wende von 1907, nahmen die Aufweichungstendenzen[118] entsprechend zu.

Im Hinblick auf Noskes Einstellung zur Kolonialpolitik ist es wichtig zu sehen, daß es diese Tendenzen zur Anpassung in der sozialdemokratischen Reichstagsfraktion bereits zu einem Zeitpunkt gab, als Noske noch nicht ein einziges Mal im Plenum des Reichstages zur Kolonialpolitik gesprochen hatte. Bei der auf 1907/08 zu datierenden Neuorientierung innerhalb der Sozialdemokratie, die sich durchaus parallel zu einem generellen Stimmungsumschwung bei den deutschen Parteien und in der deutschen Öffentlichkeit zugunsten der Kolonialpolitik entwickelte, spielte Noske also viel eher eine miterlebende als eine gestaltende Rolle. Auf ihn wie auf andere wirkte sich »die normative Kraft des Faktischen« aus, und zwar in der Weise, daß sich der Gedanke festsetzte, die Kolonien seien nun einmal vorhanden, sie gäben praktische Probleme zur Lösung auf, und mit einer grundsätzlich ablehnenden Haltung allein sei es eben nicht mehr getan. Übrigens war diese gewandelte Einstellung zur Kolonialpolitik zu einem guten Teil auch eine Generationenfrage[119]. Während die ältere Führungsgruppe um Bebel allmählich in den Hintergrund trat, drängte eine jüngere Generation, zu der neben Politikern wie Friedrich Ebert, Philipp Scheidemann, Otto Braun, Carl Severing und Ludwig Frank auch Noske gehörte, nach vorne. Für diese jüngere Generation war es charakteristisch, daß sie das Deutsche Reich »in seinem gegebenen territorialen Umfang einschließlich seiner überseeischen Besitzungen«[120] in immer stärkerem Maße innerlich akzeptierte. Noskes Anteil an diesem Anpassungs- und Nationalisierungsprozeß der Sozialdemokratie war, was die Kolonialpolitik betraf, in den ersten Jahren seiner Tätigkeit im Reichstag nicht sehr groß.

Im Plenum des Reichstages nahm Noske erstmals im Frühjahr 1908 zu einem kolonialpolitischen Thema das Wort[121], ohne damit ein besonderes, seinem Einstieg in die Militärpolitik vergleichbares Aufsehen zu erregen. Es ging auch um ein eher geringfügiges Problem, nämlich die Subvention von Dampferlinien in den Kolonien. Die wichtigeren Reden zum Kolonialetat 1908 hatten andere sozialdemokratische Redner bereits gehalten, nämlich Ledebour, Emil Eichhorn und Bebel[122]. Aber bereits im nächsten Jahr – 1909 – gelang es Noske, von der

parteilichen Auseinandersetzungen über diese Stimmenthaltung wurden auf dem Bremer Parteitag der SPD 1904 geführt.

118 Schröder, Noske, S. 22.

119 Ebda., S. 24 f.

120 Ebda.

121 Verhandlungen RT, Bd 232, 30. 4. 1908, S. 4918–4922.

122 Ebda., Bd 231, 18. 3. 1908, S. 4058–4066 (Rede Ledebours); ebda., 19. 3. 1908, S. 4119–4124 (Rede Eichhorns); ebda., 21. 3. 1908, S. 4179–4180 (Rede Bebels).

Fraktion als Redner zum Kolonial-Etat bestimmt zu werden[123]. Dies wurde in den folgenden Jahren – bis zum Beginn des Krieges – dann zur Regel[124]. Der ehrgeizige, fleißige, keiner Arbeit und Auseinandersetzung aus dem Wege gehende Noske[125] wurde für Georg Ledebour, der die Kolonialpolitik bislang mehr oder minder als seine Domäne betrachtet hatte, zu einem ernsthaften Konkurrenten, dem es schließlich sogar gelang, ihn, den älteren Kolonialexperten, in den Hintergrund zu drängen[126]. Noske selbst hat über seinen Aufstieg zum kolonialpolitischen Sprecher seiner Fraktion nicht nur mit dem für ihn typischen Selbstbewußtsein, sondern auch, was seine Kollegen betraf, mit einem abschätzigen Zungenschlag berichtet: »Meine Autorität als Kenner praktischer Kolonialpolitik wurde in einigen Jahren unbestritten. Dadurch wurde allerdings nicht verhindert, daß nach wie vor sich radikal fühlende Redner alte Schlagworte vortrugen. Die Praxis gestaltete sich so, daß Ledebour oder der Bremer Henke eine sogenannte prinzipielle Rede hielten. Den von ihnen verzapften Unsinn hatte ich als zweiter Fraktionsredner wieder gut zu machen[127].« Natürlich verhielt es sich nicht so, daß der eine Kluges und der andere Unsinniges redete. Vielmehr legte die Fraktion Wert darauf, daß Noskes betont pragmatische Reden durch Sprecher wie Ledebour, Henke, Dittmann oder Eichhorn »ausbalanciert«[128] wurden, damit der grundsätzliche Standpunkt der Sozialdemokratie zur Kolonialpolitik des Deutschen Kaiserreiches nicht zu kurz kam. Da die Kolonialpolitik der Regierung seit 1906 von sämtlichen bürgerlichen Parteien unterstützt wurde und die SPD mithin, wie bereits erwähnt, die einzige Partei war, die nach wie vor gegen die Kolonialpolitik durch Etatablehnung opponierte[129], konnte auf die öffentliche Darstellung des grundsätzlichen Standpunktes um so weniger verzichtet werden.

In seinen zwischen 1909 und 1914 im Reichstag zur Kolonialpolitik gehaltenen Reden[130] präsentierte sich Noske allerdings nicht etwa laut-

123 SPD-Reichstagsfraktion, Bd 1, S. 204 f.

124 Vgl. ebda., S. 206, 222, 241, 269, 293. Siehe auch Schröder, Noske, S. 26.

125 Charakterisierungen in Anlehnung an W. Keil, Meine Beziehungen zu Gustav Noske. In: AdsD, Nachlaß Keil, Mappe 13.

126 Vgl. Ratz, Ledebour, S. 81. Zu erheblichen sachlichen und persönlichen Differenzen zwischen Ledebour und Noske kam es 1913 in der Budgetkommission des Reichstages. Siehe: SPD-Reichstagsfraktion, Bd 1, S. 290 f.

127 Noske, Erlebtes, S. 35.

128 Schröder, Noske, S. 26.

129 Das Zentrum war bereits 1889 und die Freisinnige Volkspartei 1906 auf eine Unterstützung der Kolonialpolitik eingeschwenkt. Siehe: Schröder, Sozialismus und Imperialismus, S. 143 und 147. Ausführliche Darstellung der kolonialpolitischen Positionen der bürgerlichen Parteien bei Spellmeyer, Kolonialpolitik; zur SPD vgl. das dortige Kapitel 6 »Vereinsamung der sozialdemokratischen Opposition (1907/1914)«, S. 122 ff.

130 Eine gründliche, kritische, die Akzente richtig setzende Analyse dieser Reden bietet Schröder, Noske, S. 25–40. Auf ihn stützt sich die folgende Darstellung in wesentlichen Teilen.

stark als ein Revisionist, der mit der traditionell ablehnenden Haltung seiner Partei und vieler seiner Fraktionskollegen nichts zu tun haben wollte, sondern er glänzte mit detaillierten Kenntnissen über auch noch so spezifische Kolonialfragen und lavierte ansonsten – wie andere sozialdemokratische Redner auch – zwischen der prinzipiellen Negationsrhetorik und konstruktiver Einzelkritik. Die kolonialpolitischen Reden Noskes waren somit im wesentlichen nach derselben Methode aufgebaut wie seine militärpolitischen. Der Unterschied lag allenfalls darin, daß sich Noske in seinen kolonialpolitischen Ausführungen stärker am parteioffiziellen Vokabular orientierte – auffallend häufig an Formulierungen aus Reden Bebels –, um den Konflikt mit der Partei zu vermeiden. Denn er kannte die in der Partei geltenden Spielregeln: »Wer versuchte, im Sturmlauf gegen eingewurzelte Begriffe anzugehen, riskierte Kaltstellung oder den Ausschluß aus der Partei[131].« In der Tat hat die SPD im Jahre 1912 den Solinger Redakteur Gerhard Hildenbrand, der zugleich ein enger Mitarbeiter der revisionistischen »Sozialistischen Monatshefte« war, aus der Partei ausgeschlossen, weil er offen für die Kolonialpolitik eintrat und sich damit in Gegensatz zur Partei brachte[132]. Noske war lange genug in der SPD, um zu wissen, wann und in welchem Umfang taktische Rücksichten am Platze waren.

An seinen Reichtstagsreden läßt sich ablesen, wie sich bei ihm ganz allmählich und behutsam, aber zugleich mit zunehmender Deutlichkeit »die Gewichte in Richtung auf eine günstige Beurteilung der Kolonien und der deutschen Kolonialpolitik«[133] verschoben. Der prinzipiell ablehnende Standpunkt der Partei wurde zwar nicht verleugnet, aber mit immer weniger Engagement vorgetragen. Gleichzeitig intensivierte Noske die Auseinandersetzung mit Einzelproblemen und sparte im übrigen auch nicht mit Lob für die Regierung und für die Kolonialverwaltung, wenn er erkannt zu haben glaubte, daß diese sich humanerer Anschauungen und einer korrekteren Verwaltungspraxis in den Kolonien befleißigten.

Ganz ähnlich wie bei der Beseitigung von Mißständen in Heer und Marine reklamierte Noske auch in der Kolonialpolitik für sich und seine Fraktion praktische Erfolge, indem er – taktisch geschickt und gar nicht zu Unrecht – behauptete, die andere Seite habe von der sozialdemokratischen Kritik gelernt und im Laufe der Zeit eine Vielzahl von Mißständen beseitigt. So erklärte er 1912 im Reichstag: »Wir Sozialde-

[131] Noske, Erlebtes, S. 34; siehe auch ebda., S. 33.

[132] Der Fall Hildenbrands wird geschildert in: Noske, Erlebtes, S. 34. Er bezeichnete es als »geradezu tragisch«, wie dieser »weitschauende, wissenschaftlich gebildete Mann« behandelt wurde. Die Debatte über Hildenbrand wurde geführt auf dem Chemnitzer Parteitag der SPD von 1912, wo besonders Dittmann und Süßheim gegen den »Ketzer« auftraten.

[133] Schröder, Noske, S. 28.

mokraten haben immer das eifrige Bestreben gezeigt, mitzuarbeiten an der *Beseitigung* von vorhandenen *Mißständen;* wir haben mitgearbeitet an der Bekämpfung derselben, haben uns bemüht, die Verwaltung zu verbessern, die Kultur mehr zu verbreiten und mit allem Nachdruck dahin zu wirken, daß der Ausbeutung und Unterdrückung der Eingeborenen wie der weißen arbeitenden Bevölkerung in den Kolonien entgegengetreten wird[134].« Eine Aussage wie diese zeigt ganz deutlich, daß Noske das Faktum deutschen Kolonialbesitzes längst akzeptiert hatte und seine Aufgabe nun darin sah, praktische Reformen vorzuschlagen und sie Schritt für Schritt durchsetzen zu helfen.

Ein reformistischer Praktiker wie Noske, den politische Grundsatzbeschlüsse von Parteitagen und internationalen Sozialistenkongressen wenig kümmerten[135], der sich eigentlich ganz der »praktischen Arbeit« widmen wollte, dies aber aus Rücksicht auf die Partei nicht offen tun konnte, weil es den Bruch mit der grundsätzlichen Linie bedeutet hätte, ging in den Vorkriegsjahren »ganz darin auf, durch zähe Arbeit in den Kommissionen und im Plenum ›kleinere oder größere Vorteile‹ herauszuholen und verbat sich die abschätzige Beurteilung dieser Tätigkeit«[136]. Damit ging ein fortschreitendes Abrücken von der parteioffiziellen Haltung einher.

Ein Vorfall aus dem Jahre 1912[137], der in der Parteipresse Wellen schlug, ist dafür bezeichnend. Noske stimmte zusammen mit Albert Südekum, der ebenfalls zum rechten Flügel der Fraktion zu rechnen war, in der Budgetkommission für die Bewilligung einer von der Regierung geforderten Summe, die für deutsche Truppen im chinesischen Kiautschou bestimmt war. Die sechs anderen sozialdemokratischen Mitglieder der Kommission dagegen enthielten sich der Stimme oder votierten mit Nein. Noske rechtfertigte sein Verhalten vor der Fraktion damit, daß es schließlich um den Schutz von Leib und Leben deutscher Staatsbürger gehe. Natürlich bedeutete dies ein weiteres Mal, daß Noske damit eine koloniale Annexion – in diesem Falle einer chinesischen Stadt – indirekt anerkannte. Die Fraktion folgte Noskes Argumenten nicht und beschloß mit großer Mehrheit, gegen die Forderung der Regierung zu stimmen und dies mit der generellen Ablehnung der kolonialen und imperialistischen Politik Deutschlands zu begründen.

134 Aus einer Rede Noskes zum Kolonial-Etat 1912, Verhandlungen RT, Bd 285, 30. 4. 1912, S. 1550. Vgl. auch Noske, Kolonialpolitik, Kapitel XXIV, »Die neue Ära«, S. 164 ff.

135 In: Kolonialpolitik, S. 227, stellte Noske fest, die widersprüchliche, aber aus seiner Sicht radikale Resolution des Internationalen Kongresses Stuttgart 1907 zur Kolonialfrage habe nicht schwer gewogen, da man »bei der praktischen Arbeit sich darum gar nicht gekümmert hat«.

136 Schröder, Noske, S. 34.

137 SPD-Reichstagsfraktion, Bd 1, S. 271 f.; der Vorgang wird auch dargestellt in: Schröder, Noske, S. 36 f., und Groh, Negative Integration, S. 328 f.

Erneut ins Schußfeld der innerparteilichen Kritik geriet Noske im Frühjahr 1914, als er sich – diesmal nicht im Reichstag, sondern in einem Artikel der Chemnitzer »Volksstimme«[138], die schon seit Jahren für praktische Reformen in der Kolonialpolitik eingetreten war[139] – für eine Mittelbewilligung im Interesse der Kolonien einsetzte. Diesmal ging es um Bahnbauten, d. h. um die Erschließung der afrikanischen Gebiete durch Eisenbahnen (Ruandabahn, Ovambolandbahn, Verlängerung der Usambarabahn). Bereits bei einer früheren Gelegenheit – 1911 im Reichstag[140] – hatte Noske seine Fraktion mit der Erklärung überrascht, ohne Eisenbahnen könne »Afrika nicht der Kultur und dem Handel erschlossen werden«, und er sei der Meinung, daß der Bahnbau »an sich zur kulturellen Hebung des Landes dienen« könne. Zwei Jahre später schlug die Parteipresse Alarm, als sich Noske wiederum für die verkehrsmäßige Erschließung durch Eisenbahnen einsetzte. In einem Blatt, das die offizielle Parteilinie verfocht, wurden Noske und seine Gesinnungsgenossen vom rechten Flügel der Fraktion nun abschätzig als »Realpolitiker« bezeichnet[141], denen man rechtzeitig das Handwerk legen müsse. Daraufhin wurde die Angelegenheit in der Partei und in der Fraktion debattiert, Noske erklärte seinen Kollegen, die Bewilligung der Summe für einen Bahnbau in Afrika könne »vielen tausend Negern, die als Lastträger umkämen, das Leben erhalten«; eine Partei, die für den Fortschritt eintrete, dürfe sich nicht gegen die verkehrsmäßige Erschließung wertvoller Gebiete sträuben[142]. Tatsächlich gelang es ihm zunächst, in der Fraktion eine knappe Mehrheit für die Bewilligung der Eisenbahngelder für Ostafrika zu finden. Aber dann wurde die Zustimmung doch noch an die Bedingung geknüpft, daß die Regierung den Eingeborenen verstärkten sozialpolitischen Schutz zukommen lasse[143]. Ohne dieses Junktim wäre es vermutlich zu einer ersten kolonialpolitischen Mittelbewilligung durch die SPD-Reichstagsfraktion gekommen. Da die Budgetkommission auf

[138] G. Noske, Wandlung in der Kolonialpolitik. In: Chemnitzer Volksstimme vom 24. 2. 1914. Zit. nach Noske, Erlebtes, S. 35.

[139] »Vorsichtig, aber systematisch« sei in der Chemnitzer Volksstimme »verständiger Behandlung praktischer Fragen« der Boden bereitet worden, schreibt Noske, in: Erlebtes, S. 34 f.

[140] Verhandlungen RT, Bd 268, 27. 11. 1911, S. 8040 ff.; Hinweis auf diese Rede in: Schröder, Noske, S. 40 f.

[141] Gemeint ist die Braunschweiger SPD-Zeitung vom 26. 2. 1911, die zitiert wird in: Noske, Erlebtes, S. 35 f.; dort auch weitere Informationen über die nunmehr in der Parteipresse einsetzende Debatte über die Ruandabahn.

[142] Diese Darstellung nach Noske, Erlebtes, S. 36. Ausführliche Erörterung der Eisenbahnbauten in: Noske, Kolonialpolitik, S. 198–207, mit unverhohlener Kritik an der eigenen Fraktion, S. 206 f.

[143] Wortlaut des entsprechenden Antrags der SPD-Fraktion in: Noske, Kolonialpolitik, S. 206. Zugespitzt formuliert in: Noske, Erlebtes, S. 36: Die Fraktion habe die Regierung verpflichten wollen, »für die zu beschäftigenden Neger mehr sozialpolitischen Schutz zu genießen, wie ihn damals der deutsche Arbeiter genoß«.

die Forderungen nicht einging, lehnte die SPD-Fraktion ab und behielt damit nach außen hin ihre grundsätzlich die Kolonialpolitik ablehnende Haltung bei. Noske bedauerte es nach diesem Verlauf der Debatte außerordentlich, daß seine »Fraktion Bahnbauten noch nicht bewilligen« könne, da die von ihr geforderten humanitären, sanitären und arbeitsvertraglichen Voraussetzungen von der Regierung und den bürgerlichen Parteien nicht akzeptiert worden seien[144]. Er hätte es zweifellos lieber gesehen, wenn die Partei nunmehr durch die Mittelbewilligung auf den Kurs seiner »praktischen Kolonialpolitik« eingeschwenkt wäre.

Noskes Eintreten für den Bahnbau in den afrikanischen Kolonien Deutschlands veranlaßte den Parteiverleger J. H. W. Dietz, der zugleich Reichstagsabgeordneter und Kollege Noskes war und dessen Vorstellungen eine Menge Sympathie entgegenbrachte[145], den Promotor praktischer Reformen in der Kolonialpolitik aufzufordern, ein Buch über Sozialdemokratie und Kolonialpolitik zu schreiben[146]. Obwohl Noske 1914 eigentlich eine Reise in die deutschen Schutzgebiete in Ostafrika[147] unternehmen wollte, um sich als erster sozialdemokratischer Abgeordneter eine durch Ortskenntnis vermittelte Anschauung der kolonialen Probleme zu verschaffen, ging er auf den Vorschlag von Dietz ein und schrieb das bereits in der Übersicht über die literarische Hinterlassenschaft Noskes erwähnte Buch »Kolonialpolitik und Sozialdemokratie«. Es erschien, 229 Druckseiten stark, zu einem sehr ungünstigen Zeitpunkt, nämlich im Sommer 1914, wenige Tage vor Beginn des Weltkrieges, und ging daher im Trubel der Ereignisse fast vollständig unter. Jedenfalls hat es den von Noske beabsichtigten Zweck, die Partei für eine »vernünftige« – sprich: reformistische – Einstellung zu den Kolonialfragen zu gewinnen[148], aufgrund der äußeren Umstände nicht erreichen können. Zu dem anderen Vorhaben des Jahres 1914 – der Afrikareise – ist es dann wegen der Kriegsereignisse nicht mehr gekommen.

Noske muß sein Buch in wenigen Monaten – zwischen März und Mai 1914[149] – geschrieben haben. Dies war eine beachtliche Arbeitsleistung, auch wenn man berücksichtigt, daß er sein Material bereitliegen hatte. Es waren dies in erster Linie die Unterlagen, die den Abgeordneten von der Regierung ausgehändigt wurden, sowie die Protokolle der Budgetkommission und der Plenardebatten im Reichstag. Ge-

[144] Verhandlungen RT, Bd 294, 10. 3. 1914, S. 7989.
[145] Dietz stand in den Jahren der beginnenden deutschen Kolonialpolitik – ab 1884 – dem überseeischen Ausgreifen Deutschlands wohlwollend gegenüber. Siehe: Schröder, Sozialismus und Imperialismus, S. 131 f.
[146] Noske, Erlebtes, S. 36.
[147] Ebda., S. 33.
[148] Ebda., S. 36.
[149] Das Vorwort datiert vom Mai 1914.

mäß dieser für ein Mitglied des Reichstages vielleicht naheliegenden Quellenauswahl fiel auch die Darstellung aus: Sie konzentriert sich – obwohl das Buch mit »Kolonialpolitik und Sozialdemokratie« überschrieben ist – in 32 von insgesamt 33 Kapiteln auf die Reichstagsarbeit, und hier wiederum nicht nur auf die Arbeit der SPD-Fraktion, sondern auf die aller Parteien im Reichstag. Erst im 33. und letzten Kapitel seines Buches behandelt Noske in summarischer Weise und rein referierend Debatten und Beschlüsse der SPD-Parteitage sowie der Internationalen Kongresse. Von der Diktion her bemüht sich der Verfasser um strenge Sachlichkeit und Objektivität, die ihm nachher selbst von seinen Kritikern[150] bescheinigt wurde. Bis heute wird das Buch in seinem Quellenwert geschätzt und in Darstellungen der deutschen Kolonialpolitik wegen seines Informationsgehaltes zitiert[151].

Inhaltlich handelt es sich um ein materialreiches Sachbuch, das zum einen lexikalische Informationen über Deutschlands überseeischen Länderbesitz – die vier afrikanischen Schutzgebiete Deutschostafrika, Kamerun, Togo und Deutschsüdwestafrika, die Südseegebiete und das Pachtgebiet Kiautschou in China – enthält, zum anderen ein Stück Ereignisgeschichte der deutschen Kolonialpolitik darstellt, wie sie sich in der parlamentarischen Arbeit widerspiegelte, und das schließlich eine Zusammenfassung der Stellung der sozialdemokratischen Reichstagsfraktion zu kolonialen Fragen bietet. Die Arbeit stellt keinerlei theoretische Ansprüche[152], vermag aber durch die Anschaulichkeit und Konkretheit der Darstellung zu bestechen. Die in insgesamt 33 Kapiteln erörterten Probleme wählte Noske unter dem Gesichtspunkt aus, ob sie in der Parlamentsarbeit eine bedeutsame Rolle gespielt hatten.

Das Buch über Kolonialpolitik belegte einmal mehr, daß Noske ein reiner Praktiker war und es ein Fehler wäre, ihn den theoretisierenden Revisionisten zuzurechnen. Wie wir von Wilhelm Keil, der mit Noske seit 1910 in freundschaftlichem Kontakt stand, wissen, legte auch Noske selbst Wert darauf, seine politische Selbständigkeit zu bewahren und sich in dem langjährigen Streit zwischen Radikalen und Revisionisten nicht als der letztgenannten Gruppe zugehörig abstempeln zu lassen[153].

150 Etwa Max Schippel in einer Rezension des Buches, die in: Weltwirtschaftliches Archiv 6 (1915), II, S. 498–500, veröffentlicht wurde. Schippel nannte Noske einen »ruhig beurteilenden und sachkundigen Beobachter«. Schröder, Sozialismus und Imperialismus, S. 137, Anm. 1.

151 Etwa in Gert v. Paczensky, Die Weißen kommen. Die wahre Geschichte des Kolonialismus, Hamburg 1970. Anders das am Stand der wissenschaftlichen Erforschung des Kolonialismus orientierte Urteil von Schröder, Noske, S. 52: Das vor mehr als sechs Jahrzehnten geschriebene Buch sei im Informationsstand überholt.

152 Im Vorwort zu seinem Buch stellte Noske klar, daß es nicht seine Absicht war, »eine wissenschaftliche, theoretische Arbeit zu leisten«.

153 W. Keil, Meine Beziehungen zu Gustav Noske. In: AdsD, Nachlaß Keil, Mappe 13.

Die mit wissenschaftlichem Anspruch arbeitenden Revisionisten, etwa die Mitarbeiter der »Sozialistischen Monatshefte«, zu deren Kolonialpolitikern Bernstein, David, Schippel und Quessel gehörten, forderten einen umfassenden, entwicklungsgeschichtlich begründeten Neuansatz in der Kolonialpolitik[154], der zum Teil als Vorläufer moderner entwicklungspolitischer Theorien gelten kann. Für diese wissenschaftlichen Erörterungen interessierte sich Noske überhaupt nicht. Diesbezüglich war er ein Ignorant. Max Schippel hat sich in einer Besprechung[155] des Noskeschen Buches bitter darüber beklagt, daß dieser die reiche sozialistische Literatur zur Kolonialfrage – womit er gewiß in erster Linie die gründlichen Aufsätze in den »Sozialistischen Monatsheften«, aber auch Kautskys Buch über »Sozialismus und Kolonialpolitik« gemeint haben dürfte – einfach übergangen und sich statt dessen auf die parlamentarischen Äußerungen beschränkt habe, die doch so sehr von taktischen Erfordernissen diktiert seien.

Als erfahrener Politiker erkannte Schippel sogleich den parteipolitischen Stellenwert des Noskeschen Buches. Er wertete es nämlich als »ein nicht unwichtiges Dokument dafür, daß die [prinzipiell ablehnende] Stellungnahme der Sozialdemokratie zur Kolonialpolitik längst innerlich ausgehöhlt ist und sich mehr und mehr erklärt zur Reformpolitik einer Oppositionspartei, die, unter Umbildung der zunächst übernommenen altliberalen Kritik, wesentlich die Arbeiterinteressen zum Maßstabe ihres Urteils wählt«[156]. Damit wollte Schippel zum Ausdruck bringen, daß die Kolonialpolitik Noskes mit einer grundsätzlichen Oppositionshaltung gegenüber dem kaiserlichen Deutschland nichts mehr zu tun hatte. Seine konstruktive und am Detail interessierte Kolonialkritik entsprach nach Ansicht Schippels vielmehr dem Oppositionsverhalten einer Arbeiterpartei, die im Rahmen eines parlamentarischen Regierungssystems agierte, das es zu diesem Zeitpunkt jedoch in Deutschland bekanntlich noch nicht gab. Ähnlich wie Schippel beurteilte Ludwig Quessel Noskes Buch als ein Indiz für den Umschwung, der sich bezüglich der Beurteilung der kolonialen Betätigung in den letzten Jahren vor dem Kriege in der Sozialdemokratie vollzogen habe[157]. Besonders wichtig war Noske das bürgerliche Lob für sein Buch, das die »Deutsche Kolonialzeitung« 1915 veröffentlichte. Das Werk des Abgeordneten Noske wurde hier als »ein erfreuliches Zeichen des wachsenden Verständnisses für die Kolonien auch in den

154 Schröder, Noske, S. 42.
155 Es handelt sich um die bereits erwähnte Rezension, in: Weltwirtschaftliches Archiv 6 (1915), II, S. 498–500.
156 Ebda., S. 499.
157 Ludwig Quessel, Kolonisation [Besprechung von G. Noskes Buch »Kolonialpolitik und Sozialdemokratie«]. In: Sozialistische Monatshefte 21 (1915), Bd 2, S. 723–725.

Kreisen, die ihnen bisher reichlich fremd gegenüberstanden«[158], gewertet – für Noske ein Grund, diese Besprechung in seinen Lebenserinnerungen[159] selbstgefällig wieder abzudrucken. In derselben »Deutschen Kolonialzeitung« hat Noske dann während des Weltkrieges auf Wunsch der Redaktion einen Aufsatz[160] veröffentlicht, der die Wiederherstellung des deutschen Kolonialbesitzes forderte.

Hans Spellmeyer, der 1931 die bereits erwähnte Untersuchung über die Kolonialpolitik der Parteien im Reichstag veröffentlichte und darin hervorhob, daß Noskes Schrift »die einzig größere Arbeit über die Stellungnahme einer Partei zur Kolonialpolitik des Reichs geblieben« sei[161], sah in ihr in erster Linie eine »parteidiplomatische« Arbeit; der Autor, in dem Spellmeyer den »heimlichen Kolonialfreund« erkannte, habe in vorsichtiger Form für eine Abbkehr von der traditionellen Haltung seiner Partei werben wollen[162]. H.-C. Schröder, der in jüngster Zeit Noskes Schrift einer gründlichen und kritischen Analyse unterzog[163], wertete sie – im Anschluß an die Urteile von Schippel und Quessel – als ein historisches Dokument, das nicht allein die kolonialpolitischen Auffassungen des Autors Gustav Noske beleuchtet, sondern Aufschluß gibt »über den Wandlungsprozeß des wachsenden reformistisch-praktizistischen Teils der Vorkriegssozialdemokratie mit seiner immer ausschließlicheren Hinwendung zur Detailkritik und Mitarbeit auf dem Boden des Bestehenden«.

Dieser schon Jahre vor dem Weltkriegsbeginn einsetzende Prozeß der Anpassung an die Kolonialpolitik des Deutschen Kaiserreiches hat sich dann im Kriege selbst mit gesteigerter Intensität fortgesetzt. Noskes Buch hat dazu eher am Rande beigetragen. Dasselbe dürfte für seine während des Krieges geschriebenen Aufsätze über Kolonialpolitik[164] gelten, in denen er sich nunmehr offen zum deutschen Kolonialbesitz

[158] Diese Rezension findet sich im Rahmen einer Sammelbesprechung »Neue Kolonialliteratur« von »Kdt«. In: Deutsche Kolonialzeitung, 52 (1915), Nr. 8, 20. 8. 1915, S. 144.

[159] Noske, Erlebtes, S. 36, mit der Bemerkung, das Buch habe ihm »manches Wort der Anerkennung von Kolonialfreunden eingetragen«.

[160] G. Noske, Die deutsche Sozialdemokratie und die Kolonialpolitik. In: Deutsche Kolonialzeitung, 54 (1917), Nr. 7, 20. 6. 1917, S. 100–102. Daß dies auf Wunsch der Redaktion geschah, berichtet Noske, Erlebtes, S. 37.

[161] Spellmeyer, Kolonialpolitik, Vorbemerkung.

[162] Ebda., S. 135 und 137.

[163] Schröder, Noske, S. 40–55, Zitat S. 55.

[164] G. Noske, Kolonialpolitik und Sozialdemokratie. In: Die Glocke, 2 (1916), Nr. 14, 1. 7. 1916, S. 525–535; fortan zit.: Noske, Kolonialpolitik und Sozialdemokratie. Dieser Aufsatz ist wieder abgedruckt in: Schröder, Noske, Anhang, S. 97–107.
G. Noske, Deutsch-Ostafrika. In: Die Glocke, 2 (1917), Nr. 45, 3. 2. 1917, S. 696–702.
G. Noske, Die deutsche Sozialdemokratie und die Kolonialpolitik. In: Deutsche Kolonialzeitung, 54 (1917), Nr. 7, 20. 6. 1917, S. 100–102.
G. Noske, Kolonialpolitik nach dem Kriege. In: Die Neue Zeit, 36 (1918), Bd 1, Nr. 21, 22. 2. 1918, S. 481–488.

bekannte, sich lobend über den Kampf der deutschen Kolonialtruppen äußerte und keinen Zweifel daran ließ, daß nach seiner Überzeugung »Deutschland in Europa und Übersee aus diesem Kriege ohne Einbuße an Gebiet« hervorgehen müsse[165]. Dabei handelte es sich keineswegs um eine individuelle Meinung des Abgeordneten Noske, sondern um die Position der Partei, und dies war dann nach der Parteispaltung von 1917 die aus dem ehemaligen rechten Flügel gebildete Mehrheitssozialdemokratische Partei[166]. Für die MSPD betonte Noske im Reichstag, daß die sozialdemokratische Forderung nach einem annexionslosen Frieden »selbstverständlich auch die Erhaltung der deutschen überseeischen Besitzungen« mit einschließe[167]. An dieser Politik hielten die Mehrheitssozialdemokraten bis zum Kriegsende fest. Noske verkündete im Mai 1918 im Parlament, die Alliierten hätten unter allen Umständen damit zu rechnen, daß die MSPD die »Wiederherstellung des deutschen Kolonialbesitzes« fordern werde[168].

Noskes Einfluß auf die Partei und die Fraktion war während des Krieges gewiß größer als vor dem Kriege. Aber er darf auch nicht überschätzt werden. Wesentlich bedeutsamer für den kolonialpolitischen Kurs der SPD und später der MSPD waren die Kriegsereignisse als solche. Bereits in der Anfangsphase des Krieges besetzten die Alliierten nach kurzen Kämpfen die deutschen Kolonien – mit Ausnahme von Deutsch-Ostafrika – und erklärten, daß sie keinesfalls an Deutschland zurückgegeben würden, da die eingeborene Bevölkerung vor den Grausamkeiten einer unfähigen deutschen Kolonialverwaltung bewahrt werden müsse[169]. Pauschale Vorwürfe gegen die Brutalität des deutschen Militarismus und der Tatbestand, daß man im Lager der Entente allein Deutschland jede Fähigkeit zur Kolonisation absprach, trieb auch die Sozialdemokraten zur Bejahung deutscher Kolonialpolitik[170]. In der letzten Phase der deutschen Kolonialgeschichte, als die Kolonien für Deutschland faktisch längst verloren waren, gab sich die MSPD nicht weniger national als die bürgerlichen Parteien. Während die Siegermächte in Versailles ihre Friedensbedingungen formulierten, stimmte die MSPD in der Weimarer Nationalversammlung am 1. März 1919 einer Resolution[171] zu, in der die »Wiederherstellung

[165] Noske, Kolonialpolitik und Sozialdemokratie, S. 535.

[166] Wie in der einschlägigen Literatur üblich, wird die nach Abspaltung der USPD verbleibende Mehrheit der SPD als »Mehrheitssozialdemokratische Partei Deutschlands (MSPD)« bezeichnet. Gelegentlich wird auch die traditionelle Bezeichnung SPD verwendet. Politische Wertungen sind damit nicht verbunden.

[167] Verhandlungen RT, Bd 310, 9. 5. 1917, S. 3186. Vgl. auch Noske, Erlebtes, S. 37.

[168] Verhandlungen RT, Bd 312, 14. 5. 1918, S. 5160. Vgl. auch Noske, Erlebtes, S. 37, sowie Schröder, Noske, S. 68, wo weitere Belegstücke für diese Position zitiert werden.

[169] Schröder, Noske, S. 63, mit Quellenhinweisen.

[170] Ebda., S. 63.

[171] Ebda., S. 62, mit Hinweis auf: Verhandlungen NV, Bd 326, 1. 3. 1919, S. 414.

Deutschlands in seine kolonialen Rechte« gefordert wurde. Als einzige Partei lehnte die USPD diese Forderung ab unter Hinweis auf die Beschlüsse des Internationalen Sozialisten-Kongresses in Stuttgart 1907 und des Essener Parteitages der SPD aus dem gleichen Jahre. Einzelne Äußerungen Noskes aus jener Zeit lassen sogar den Eindruck aufkommen, daß bei ihm der Anpassungsprozeß »ganz offensichtlich über die Bejahung des *bestehenden* Kolonialbesitzes hinausgegangen (war) und schließlich zur Annäherung an ausgreifende imperialistische Vorstellungen geführt« hatte[172]. Daher wird man dem Historiker Spellmeyer, der sich Noske in einem parlamentarischen Regierungssystem als potentiellen Kolonialminister vorstellen konnte[173], kaum widersprechen können.

Die Geschichte der deutschen Kolonialpolitik, die mit dem Versailler Friedensvertrag im Sommer 1919 ihren unfreiwilligen Abschluß fand, endete für den inzwischen zum Reichswehrminister aufgestiegenen Kolonialexperten Noske mit einer unangenehmen Überraschung. Denn ausgerechnet auf ihn und den Zentrumspolitiker Erzberger, 1919 ein Ministerkollege Noskes, beriefen sich die Siegermächte jetzt, um die Unfähigkeit und Inhumanität der deutschen Kolonialverwaltung zu beweisen und ihren Beschluß zu bekräftigen, aus Verantwortungsgefühl gegenüber den Eingeborenen die deutschen Kolonien nicht an das Reich zurückzugeben[174], auch nachdem sich dieses eine republikanische Verfassung gegeben hatte. Noske verwahrte sich gegen diese Berufung der Alliierten auf die kritischen Ausführungen in seinen Vorkriegsreden sowie in seinem Buch von 1914 und meinte, es sei »unrecht«, wenn sie als Beweis dafür angeführt würden, »daß es Deutschland nicht verdiene, Kolonien zu besitzen«[175]. Noske bestritt zwar nicht, daß die deutsche Kolonialverwaltung manchen Anlaß zur Kritik geboten hatte, war aber der Überzeugung[176], daß sie in humanitärer wie kultureller Hinsicht durchaus den Vergleich mit den Kolonialmächten England und Frankreich aufnehmen konnte.

172 Schröder, Noske, S. 69, unter Bezugnahme auf eine Noske-Rede im Reichstag vom 24. 10. 1918.

173 Spellmeyer, Kolonialpolitik, S. 138.

174 Antwortnote der Alliierten auf die Bemerkung der deutschen Friedensdelegation. Zit. ebda., S. 140; vgl. auch die »Vorbemerkung« Spellmeyers.

175 Noske, Wie ich wurde, S. 27.

176 Noske, Erlebtes, S. 37. Diese Ansicht vertrat Noske auch noch in dem Jahre später publizierten Aufsatz: Sozialdemokratie und Kolonialfrage. In: Illustrierte Kolonialzeitung, München, 1927, H. 4, S. 1–3. Ausschnitt in: BA NL 46, Nr. 9, Bl. 17 f.

3. Anfechtungen durch den rassistischen Zeitgeist

1907 bekam Noske Streit mit seinem Parteivorsitzenden, August Bebel, der ihm bis dahin eher wohlwollend denn ablehnend gegenübergestanden hatte. Den Anlaß gaben abfällige Äußerungen Noskes über die Art und Weise, in der sich Rosa Luxemburg – angeblich widerrechtlich – mit einem Mandat für den Internationalen Sozialisten-Kongreß in Stuttgart im August 1907 zu versorgen gewußt hatte. Noske sprach hierzu in einer Chemnitzer Parteiveranstaltung. Einen Pressebericht[177], der Noskes Äußerungen wiedergab, bekam der zu dieser Zeit in Zürich weilende Bebel zu Gesicht. Schwer erzürnt, schrieb er Noske am 2. September 1907 einen bösen Brief[178], in dem es u. a. hieß: »Ich bekomme soeben den Auszug aus Ihrem Bericht über Stuttgart, betreffend die Ungültigkeitserklärung des Mandats der Genossin Luxemburg. Ich meinerseits will energisch protestieren gegen die taktlose Art, wie Sie die Angelegenheit behandeln. Sie haben damit den Gegnern gezeigt, daß es in der Partei eine ganze Anzahl trauriger Gesellen gibt, die eine rein sachlich zu behandelnde Frage nur aus persönlicher Antipathie entscheiden. Das war mir nicht neu, aber das offen ausgesprochen zu haben, bleibt Ihr Verdienst. Die betreffenden Personen können sich bei Ihnen bedanken. Ich will hierbei nicht verschweigen, daß es eine Zeit gab, wo ich auf Ihre Entwicklung hoffte. Ich muß erklären, daß diese Hoffnung getäuscht wurde.«

Obwohl Bebel Noske wegen seiner Äußerungen über Rosa Luxemburg während der Noske-Debatte auf dem Essener Parteitag am liebsten in der Patsche sitzen gelassen hätte[179], mußte er ihn dann doch verteidigen. Aber er brachte in seiner Rede vor dem Parteitag auch zum Ausdruck, daß er Noske kurz zuvor anläßlich seiner Darstellung des Verhaltens der deutschen Delegation in Stuttgart gegenüber der Genossin Luxemburg »in allerschärfster Weise« seine Meinung gesagt hatte[180]. Noske ging Bebel deswegen in Essen aus dem Wege, schrieb ihm aber nachher einen Brief[181], in dem er sich gegen die Ausfälle in dessen Schreiben aus Zürich verwahrte und ihn fragte, mit welchem Recht er denn zu einem so scharfen Urteil über ihn komme, obwohl

[177] Dieser Pressebericht, der in der Chemnitzer »Volksstimme« erschienen sein dürfte, ist heute nicht mehr zu ermitteln, da der gesamte Jahrgang 1907 dieser Zeitung nicht erhalten geblieben ist. Das bürgerliche »Chemnitzer Tageblatt« brachte, wie eine Durchsicht der einschlägigen Nummern im Stadtarchiv Karl-Marx-Stadt ergab, keinen Bericht über den Vorgang.

[178] Noske, Erlebtes, S. 27 f.

[179] Vermutung von Noske, Erlebtes, S. 31.

[180] Protokoll SPD-Parteitag Essen 1907, S. 254.

[181] Brief Noskes an Bebel vom 25. 9. 1907. Erwähnt in: Noske, Erlebtes, S. 32.

er doch fast nie mit ihm gesprochen habe. Bebel antwortete daraufhin seinerseits in einem ausführlichen Brief[182], in dem unter anderem die schwerwiegenden, für den Sozialdemokraten Noske geradezu vernichtenden Sätze standen: »Damit erkläre ich Sie nicht für einen schlechten Menschen – das kommt mir nicht in den Sinn –, sondern für einen Mann, dem wesentliche Eigenschaften fehlen, die er als Führer des Proletariats haben sollte.«

Nach allem, was wir heute noch über den geschilderten Vorgang in Erfahrung bringen können, waren es die antisemitischen Untertöne in Noskes Bemerkungen über Rosa Luxemburg, die Bebel in Zorn versetzten und zu der nicht gering wiegenden Äußerung veranlaßten, ihm fehlten wesentliche Qualitäten als Arbeiterführer. Da Bebel ein engagierter Gegner des Antisemitismus war[183], liegt dieser Zusammenhang nahe. Noske scheint allerdings gemeint zu haben, ein solcher Brief gehöre zum Führungsstil Bebels: »Das machte der Alte so, daß er Donnerkeile verschickte[184].« Noskes spätere Auslassungen über »eine gewisse Ausländerei« in der SPD, die ihm »je länger je mehr auf die Nerven« gegangen sei, deuten jedoch ebenfalls in die oben erwähnte Richtung. Mit dieser »Ausländerei« war das von Noske als Anmaßung empfundene Verhalten einiger aus Polen und Rußland stammender Ausländer gemeint, die, wie er schrieb, »als Schulmeister für die deutschen Arbeiter« auftraten; diese »ostjüdischen ›Marxisten‹« hätten eine besondere Veranlagung dafür gehabt, den Sozialismus in ein Dogma und in eine Geheimwissenschaft zu verwandeln und aus Gemeinplätzen Glaubensbekenntnisse zu machen[185]. Obwohl Noske den Vorwurf abwehrte, seine Äußerungen seien antisemitisch[186], scheint sich in diesen Sätzen sowohl seine bekannte Theoriefeindlichkeit als auch seine nationalistische Grundhaltung, die ihn offenbar zu diesen rassistischen Tönen verführte, grobschlächtig zu artikulieren.

Aufgrund einer Analyse von Noskes kolonialpolitischen Reichstagsreden vor 1914 hat man ebenfalls festgestellt, daß sein Nationalgefühl »zuweilen hart an Xenophobie«[187] grenzte. In einer seiner ersten Reden kritisierte Noske die Beschäftigung von Negern und Chinesen auf deutschen Schiffen, die staatlich subventioniert wurden, und führte – in offensichtlichem Widerspruch zu dem sozialdemokratischen Postulat

182 Brief Bebels an Noske vom 7. 10. 1907 aus Berlin. Zit. nach: ebda.

183 Vgl. seine Rede: Antisemitismus und Sozialdemokratie. In: Protokoll SPD-Parteitag Köln 1893, S. 223–237. Diese Rede wurde unter demselben Titel 1906 in Berlin als Separatdruck veröffentlicht.

184 Noske, Erlebtes, S. 28.

185 Ebda., S. 26 f.

186 Ebda., S. 27.

187 Schröder, Noske, S. 14 f. Auch Schröder stellt eine Beziehung zwischen Bebels Urteilen über Noske und dessen rassistischen Tendenzen her. Vgl. ebda., S. 15, mit weiteren Belegen.

des proletarischen Internationalismus – folgendes aus: »So weit geht unsere Solidarität nicht, daß wir den Chinesen alles Gute wünschen, während unsere eigenen Arbeiter auf der Straße liegen bleiben; wir erklären, daß uns das Hemd näher ist als der Rock[188].« Dies ließ sich vielleicht noch mit undifferenziert formuliertem gewerkschaftlichem Engagement erklären. Aber bei anderer Gelegenheit wandte sich Noske mit entlarvenden Worten gegen eine »Vermischung der Rassen« in Südwestafrika mit dem Argument, sie könne zu einer »Barbarisierung« der Weißen führen[189]. Mit derartigen Gedanken stand er den Alldeutschen wohl näher als jenen Sozialdemokraten, die einen reflektiert antirassistischen Standpunkt einnahmen.

Während des Weltkrieges kam der bei Noske unterschwellig vorhandene Rassismus erneut zum Ausbruch. In seiner besonders in Marinekreisen[190] vielbeachteten Reichstagsrede von 1916 zur »Baralong«-Affäre[191] – Soldaten des englischen Kriegsschiffes Baralong[192] sollten schiffbrüchige deutsche Matrosen erschossen haben, statt sie aus Seenot zu retten – erklärte er: »Schließlich sind doch die deutschen Soldaten nicht Abkömmlinge, nicht Söhne von Afrikanern, die sich von Menschenfleisch ernähren, wie farbige Truppen, die von Frankreich und England ins Feld geführt werden, um nach Deutschland Kultur und Gesittung zu tragen[193].« Der 1913 verstorbene Bebel wurde durch diese Sätze in seinem Urteil von 1907 vollauf bestätigt.

Allerdings hat sich Noske zu offen rassistischen Tönen dieser Art nur selten, so etwa in seiner ohnehin sehr emotionalen Baralong-Rede, hinreißen lassen. Denn er wußte natürlich, daß der politische Rassismus in der Sozialdemokratie verpönt war, daß die Partei besonders den völkischen und den konservativen Antisemitismus seit jeher entschieden ablehnte und bekämpfte[194]. Zwar attackierten auch Sozialdemokraten den jüdischen Kapitalisten, aber sie taten dies wegen seiner Klassenzugehörigkeit, nicht wegen seiner Rasse[195]. Wenn Noske dem-

188 Verhandlungen RT, Bd 234, 26. 1. 1909, S. 6582. Diese Ausführungen haben in der Literatur beträchtliche Aufmerksamkeit gefunden. Siehe: Torke, Staat und Partei, S. 658; Hans-Helmuth Knütter, Die Juden und die deutsche Linke in der Weimarer Republik 1918–1933, Düsseldorf 1971, S. 132; fortan zit.: Knütter, Juden; Schröder, Noske, S. 15 f.

189 Verhandlungen RT, Bd 235, 1. 3. 1909, S. 7243.

190 Vgl. den Brief des Kapitän z. S. Kranzbühler an Noske vom 17. 1. 1916. In: BA NL 46, Nr. 17, Bl. 5.

191 Vgl. Kapitel IV/4.

192 Es handelte sich um einen als Handelsschiff getarnten britischen Hilfskreuzer, der zur U-Boot-Bekämpfung eingesetzt wurde.

193 Verhandlungen RT, Bd 306, 15. 1. 1916, S. 670.

194 Vgl. Rosemarie Leuschen-Seppel, Sozialdemokratie und Antisemitismus im Kaiserreich. Die Auseinandersetzungen der Partei mit den konservativen und völkischen Strömungen des Antisemitismus 1871–1914, Bonn 1978, S. 287; fortan zit.: Leuschen-Seppel, Sozialdemokratie und Antisemitismus.

195 Ebda., S. 212.

gegenüber in seinen Lebenserinnerungen sowohl fest- als auch unterstellt, in der Sozialdemokratie habe sich der Antisemitismus zwar selten laut geäußert, »unter der Decke« habe es an ihm gleichwohl nicht gefehlt[196], so beschreibt er damit – bewußt oder unbewußt – zunächst einmal seine eigene Position. Belegen läßt sich eine solche Tendenz in der Partei jedenfalls nicht. Die einschlägige Literatur ist sich darin einig, daß die sozialdemokratische Arbeiterschaft während des Kaiserreiches die einzige große Bevölkerungsschicht war, die sich gegenüber dem Antisemitismus als fast vollständig immun erwies[197], obgleich auch in der Arbeiterschaft die gängigen Klischeevorstellungen über das Judentum verbreitet waren[198]. Aber auch in diesem Punkt paßte sich Noske allzu bereitwillig und mehr als andere sozialdemokratische Politiker an bürgerliche Strömungen an, anstatt – in der Tradition der Partei – allen rassistischen Reden im Reichstag und anderswo deutlich entgegenzutreten.

Auf der anderen Seite ist festzustellen, daß eine Reise nach Polen, die Noske im Sommer 1916 unternahm, nachhaltigen Eindruck auf ihn machte. Kurz zuvor hatten die deutschen Truppen das Land besetzt und die russische Armee aus ihm vertrieben. Diese Reise bot Noske die Möglichkeit, die ostjüdische Frage unter sachkundiger Führung und durch persönlichen Augenschein zu studieren[199]. Was Noske in den Städten Wilna, Bialystok und Warschau sah, war jüdisches Massenelend. Sein Bericht hierüber zeugt von Empörung über das Elend, das er vorfand, vom Bemühen, sich mit der ostjüdischen Frage sachlich und verständnisvoll auseinanderzusetzen, sowie von der gänzlichen Abwesenheit antisemitischer Voreingenommenheit. Noske stellte jetzt seine früheren Vorurteile der eigenen Erfahrung gegenüber. Das Vorurteil: »Wer flüchtig an den Ostjuden dachte, hatte das Bild des Mannes im schmierigen Kaftan mit den Korkenzieherlöckchen an den Ohren vor Augen.« Die persönliche Erfahrung: Der Krieg, die russische militärische Besatzungsmacht, aber auch das Eindringen des Kapitalismus in die osteuropäischen Länder haben zu dem grauen-

[196] Noske, Erlebtes, S. 148. Entsprechende Ausführungen machte Noske im Zusammenhang mit der Würdigung Hugo Haases anläßlich dessen gewaltsamen Todes am 7. 11. 1919. Haase war einer der prominentesten Juden in der SPD. Er wurde 1917 Vorsitzender der neugegründeten USPD. – Noske nennt in diesem Zusammenhang Richard Fischer als einen Mann mit antisemitischen Tendenzen. – Leuschen-Seppel, Sozialdemokratie und Antisemitismus, bietet bezüglich Noske keine neuen Erkenntnisse, da sich die Autorin darauf beschränkt, einen einzigen Satz aus Noskes Memoiren gleich mehrfach zu zitieren (vgl. S. 108, 169, 171, 222, 235).

[197] Reinhard Rürup, Emanzipation und Antisemitismus. Studien zur Judenfrage der bürgerlichen Gesellschaft, Göttingen 1965, S. 111; Leuschen-Seppel, Sozialdemokratie und Antisemitismus, S. 287.

[198] Leuschen-Seppel, Sozialdemokratie und Antisemitismus, S. 287.

[199] Noske berichtete über seine Eindrücke in dem Artikel: Ostjüdisches. In: Die Glocke, 2 (1916), Bd 2, Nr. 40 vom 30. 12 1916, S. 500–505, Zitat S. 501.

haften Massenelend der Ostjuden geführt, das in der Welt ohne Beispiel ist. Für die politische Zukunft der Ostjuden nach dem Kriege stellte sich Noske folgendes vor: Politische Gleichberechtigung wie für die anderen Minoritäten in Polen, Garantie der körperlichen und geistigen Bildungsmöglichkeiten, Spielraum für die aktive Selbstgestaltung ihres Schicksals, damit der Weg der Ostjuden »aus Not, Elend und Unfreiheit [...] aufwärts führen wird zu wirtschaftlicher Hebung und moderner Kultur«.

Wenn Noske auch in späteren politischen Äußerungen bisweilen die Distanz zu rassistischen Vorurteilen seiner Zeit hat vermissen lassen, so war ihm ein spezifisch antisemitischer Rassismus jedoch fortan fremd. Als im Reichstag der am 7. Mai 1918 unterzeichnete Bukarester Friedensvertrag[200] beraten wurde, der den Krieg zwischen Deutschland und Rumänien beendete, setzte sich Noske namens seiner Fraktion für die Juden ein. Als »eine Kulturaufgabe und aller Ehren wert« bezeichnete er die Bemühungen Deutschlands, auf die Bukarester Regierung Druck auszuüben, die seit langem versprochen habe, die staatsbürgerliche Gleichberechtigung der jüdischen Minderheit durchzuführen, dieses Versprechen aber nicht wahr gemacht habe[201].

Im selben Jahre 1918 wurde Noske gar zu einem Förderer des Zionismus. Zusammen mit anderen prominenten nichtjüdischen Politikern wie dem Zentrumsabgeordneten Fehrenbach und dem deutschnationalen Grafen Westarp trat er dem »Deutschen Komitee Pro Palästina« bei, das zur Förderung der jüdischen Palästinasiedlung gegründet wurde[202].

In seiner Zeit als Reichswehrminister mußte Noske mehrfach gegen antisemitische Umtriebe in der jungen Reichswehr einschreiten. Um die Jahresmitte 1919 ordnete er an, »daß alle Truppenführer darauf hingewiesen werden [sollten], sie hätten unter allen Umständen die Pflicht, jeder Art von antisemitischer Propaganda und Pogromhetze bei der Truppe mit allem Nachdruck entgegenzutreten«[203]. Noske schätzte die antisemitische Hetze in den Kasernen als »außerordentlich gefährlich« ein und versprach »zuzupacken«, wo sich ihm eine Handhabe dafür bot[204]. Dieser Ankündigung folgten auch Taten, wenngleich nicht immer mit derselben Konsequenz. Als sich Unteroffiziere und Mannschaften einmal über die skrupellose antisemitische Hetze im Heer empörten, entließ der Reichswehrminister den Eisenbahnkanonier Knauer und einige andere radikale Demagogen. Aber

[200] Vgl. dazu Elke Bornemann, Der Frieden von Bukarest 1918, Frankfurt/M., Bern, Las Vegas 1978, fortan zit.: Bornemann, Frieden, mit dem für diesen Zusammenhang interessanten Abschnitt »Die Gleichstellung der Juden in Rumänien« (S. 209–216).
[201] Siehe Noskes Rede, Verhandlungen RT, Bd 313, 4. 7. 1918, S. 5750 f.
[202] Vgl. Knütter, Juden, S. 99.
[203] Verhandlungen NV, Bd 328, 26. 7. 1919, S. 1970.
[204] Ebda.; vgl. auch Kapitel X/5 »Die Fälle Herrgott und Reinhard«.

den Generalmajor v. Wrisberg beließ er im Amt und verteidigte ihn sogar noch, als sich der Centralverein deutscher Staatsbürger jüdischen Glaubens beschwerdeführend an ihn wandte[205]. Trotz seiner unzweifelhaften Bemühungen ist es Noske insgesamt nicht gelungen, das Gift des Antisemitismus von den Reichswehrsoldaten fernzuhalten.

Einen rassistischen Rückfall scheint Noske erlebt zu haben, als Frankreich nach dem Ersten Weltkrieg das linke Rheinufer durch Truppen besetzen ließ, zu denen auch 30000 Farbige gehörten. Inzwischen Oberpräsident der Provinz Hannover, aber auch noch Mitglied des Reichstages, ließ er sich damals, im Gleichklang mit rechten Abgeordneten, vernehmen: »Unsere Jugend in Pfalz und Rheinland wird geschändet, unser Volk verseucht, die Würde der Deutschen und der weißen Rasse zertreten[206].« Derselbe Oberpräsident war es allerdings, der 1931 die Regierungspräsidenten seiner Provinz anwies, energisch gegen die in jüngster Zeit verstärkt aufgetretenen antisemitischen Ausschreitungen durchzugreifen[207].

Überblickt man diese Stellungnahmen Noskes aus mehreren Jahrzehnten, so wird man die Frage, ob er den rassistischen und speziell den antisemitischen Zeitströmungen erlegen sei, in bezug auf den Antisemitismus von dem Zeitpunkt an verneinen können, als er während des Ersten Weltkrieges in Polen das Elend der dort lebenden Juden durch eigene Anschauung kennengelernt hatte. Sein nationaler Standpunkt bewahrte ihn jedoch nicht vor rassistisch akzentuierten Xenophobien anderer Art.

[205] Werner Jochmann, Die Ausbreitung des Antisemitismus. In: Werner E. Mosse (Hrsg.), Deutsches Judentum in Krieg und Revolution 1916–1923, Tübingen 1971, S. 503 (ohne Angabe der Quellen). Nach seiner Verabschiedung aus der Reichswehr schrieb der genannte General unter Auswertung amtlicher Akten des preußischen Kriegsministeriums ein Buch, das die Juden in der gehässigsten Weise verleumdete. Siehe Ernst v. Wrisberg, Erinnerungen an die Kriegsjahre im Königlich Preußischen Kriegsministerium, Bd 2: Heer und Heimat 1914–1918, Leipzig 1921.

[206] Anfrage der Reichstagsabgeordneten Dr. Schirmacher, Dr. Költzsch, Ohler, Noske (Frankfurt), v. Graefe, Schultz (Bromberg) vom 23. 4. 1920. Vollständiger Wortlaut in: Verhandlungen NV, Bd 343, Anlagen 1920, Berlin 1920, S. 3081, Anfrage Nr. 904. Zu dieser »rassistischen« Anfrage siehe auch Reiner Pommerin, ›Sterilisierung der Rheinlandbastarde‹. Das Schicksal einer farbigen deutschen Minderheit 1918–1937, Düsseldorf 1979, S. 12 f., sowie den Artikel »Rassismus« in: Der Spiegel, Nr. 40 vom 1. 10. 1979, S. 77 und 79.

[207] Weisung des Oberpräsidenten der Provinz Hannover, Gustav Noske, gegen antisemitische Ausschreitungen vom 16. 1. 1931. In: Ursachen und Folgen, Bd 7, S. 218.

4. Noskes parlamentarische Karriere 1906–1918

Noskes Aufstieg vom Korbmacher in einer Kinderwagenfabrik zum Reichsminister war in keiner Phase das Werk einflußreicher Förderer, sondern das Ergebnis von Noskes eigenen Fähigkeiten. Durch harte Arbeit, anhaltenden Fleiß und eine gute Portion politischer Begabung bahnte er sich seinen Weg.

In seiner Zeit als Parteiredakteur in Königsberg und Chemnitz wurde Noskes politische Arbeit in der Berliner Parteizentrale zwar durchaus registriert. Nach dessen eigener Aussage hat Bebel Noskes Werdegang mit Interesse verfolgt[208], aber in keiner Weise auf ihn Einfluß genommen. Wenn Bebel Noske dann wegen seiner umstrittenen Jungfernrede im Reichstag lobte und ihn – eher notgedrungen – auf dem Essener Parteitag 1907 gegen Angriffe seiner Gegner vom linken Parteiflügel in Schutz nahm[209], so darf darin ebenfalls keine gezielte Protektion gesehen werden. Der junge Chemnitzer Reichstagsabgeordnete wollte auch gar nicht protegiert werden. Er ging, wie vielfach bezeugt ist, häufig seine eigenen Wege und suchte auch keinen Anschluß an die revisionistische Gruppierung in der Fraktion, der er – von seiner praktischen politischen Veranlagung her gesehen – noch am ehesten zugerechnet werden konnte. Mit zielstrebiger Energie arbeitete er sich in mehrere schwierige Politikfelder ein und wurde so zu einem Fachmann mit Sachverstand, an dem weder seine Fraktionskollegen noch die Ministerialbürokratie vorbei konnten.

Nach dem geschilderten Vorfall[210] vom Sommer und Herbst 1907 konnte Noske nicht einmal mehr mit einer stillschweigenden Förderung durch Bebel rechnen; denn dessen Vorwurf mangelnder Qualifikation zum Arbeiterführer wog selbstverständlich schwer. In der kommunistischen Geschichtsschreibung[211] ist das negative Urteil Bebels über Noske aus dem Jahre 1907 mit der verwunderten Frage zur Kenntnis genommen worden, wie ein solchermaßen in seine Grenzen verwiesener Abgeordneter gleichwohl in der sozialdemokratischen Reichstagsfraktion Karriere machen konnte. Hierzu ist zunächst – mit Blick auf den chronologischen Ablauf – zu sagen, daß Bebels Brief erstmals durch die Veröffentlichung von Noskes Memoiren im Jahre 1947

[208] Vgl. den Brief Bebels an Noske vom 7. 10. 1907, in dem er schrieb, er habe Noskes Wirken seit Jahren verfolgt und höre auch, was andere über ihn dächten und urteilten. Der Brief wird zitiert in: Noske, Erlebtes, S. 32.

[209] Vgl. das Kapitel III/1 »Militärexperte der SPD-Reichstagsfraktion«.

[210] Gemeint ist der Streit mit Bebel wegen Noskes Äußerungen über Luxemburg. Siehe das vorherige Kapitel.

[211] Siehe die Kurzbiographie Noskes von K. Pätzold und C. Schwarz, in: Biographisches Lexikon zur deutschen Geschichte, (Ost-)Berlin 1970, S. 500 f.

zur Kenntnis der Öffentlichkeit gelangt ist. Ob Bebel seinerzeit – 1907 – seine Vertrauenspersonen in der Fraktion und in der Partei vor Noske in irgendeiner Weise gewarnt hat, ist nicht bekannt. So kann der Tatbestand, daß Noske selbst es war, der die nicht gerade schmeichelhaften Urteile des Parteivorsitzenden publizierte, eigentlich nur als ein Beweisstück für seine Unabhängigkeit und sein Selbstbewußtsein gewertet werden. Zu dieser Einschätzung paßt auch die Feststellung Noskes, daß er es nicht nötig gehabt habe, sich bei Bebel anzubiedern[212], wie das andere offenbar taten.

Bebels kritische Einstellung zu Noske konnte nicht verhindern, daß sich der junge und ehrgeizige Parlamentarier zielstrebig nach vorne arbeitete. Bereits in der ersten Legislaturperiode, die er voll im Reichstag erlebte (1907 bis 1912), gelang es ihm, mit wichtigen Aufgaben betraut zu werden und sich durch seinen Sachverstand und sein rhetorisches Talent unentbehrlich zu machen. Der Tatbestand, daß er ab 1907 regelmäßig als Redner der SPD-Fraktion bei den Beratungen im Plenum über den Heeresetat benannt wurde und ab 1909 zum ständigen kolonialpolitischen Sprecher seiner Fraktion aufrückte, spricht für sich.

Im Jahre 1910 wurde Noske dazu bestimmt, vor dem Sozialdemokratischen Parteitag, der in diesem Jahr in Magdeburg stattfand, über die Tätigkeit der SPD-Reichstagsfraktion Bericht zu erstatten. Aus dem Tatbestand, daß Noske mit dieser Aufgabe betraut wurde, kann entnommen werden, daß seine Parlamentarier-Kollegen ihm die Fähigkeit zusprachen, die ganze Palette der parlamentarischen Tätigkeit sachgerecht zu präsentieren.

Tatsächlich hat Noske dann das in ihn gesetzte Vertrauen nicht enttäuscht. Er bot eine rhetorisch glänzende Rede[213], für die ihm der Parteitag mit stürmischem Beifall dankte. Der inhaltliche Kern der Ausführungen bestand einerseits in einer beredten Klage über die »Rückständigkeit der politischen Zustände Deutschlands« und die geringen parlamentarischen Einflußmöglichkeiten der SPD-Fraktion, andererseits in dem selbstbewußten Appell an die deutsche Sozialdemokratie und die deutsche Arbeiterklasse, weiterhin entschlossen und geschlossen für ein freiheitliches, demokratisches und soziales Deutschland zu kämpfen.

Dann kamen die für die SPD so erfolgreichen Reichstagswahlen von 1912. Die Fraktion zählte nunmehr 110 Köpfe gegenüber 43 seit den berüchtigten »Hottentottenwahlen« von 1907[214]. Erstmals stellten die

[212] Noske, Erlebtes, S. 32.

[213] Protokoll SPD-Parteitag Magdeburg 1910, S. 385–391.

[214] Diese Angabe nach: Protokoll SPD-Parteitag Chemnitz 1912, S. 28. Zu den Reichstagswahlen von 1912 und ihren Ergebnissen aus der Sicht Noskes vgl. ders.: Erlebtes, Kapitel »Jeder dritte Mann in Deutschland für die Sozialdemokratie«, S. 37 ff. Eine wissenschaftliche Untersuchung dieser für die deutsche Innenpolitik während des

Sozialdemokraten die stärkste Reichstagsfraktion, und dieser Tatbestand warf die Frage auf, ob sich die Sozialdemokraten nun gemäß ihrer Stärke an die Eroberung wichtiger Parlamentspositionen machen oder sich, wie bislang, darauf beschränken sollten, im Plenum und in den Ausschüssen kritische Reden zu halten, wohl wissend, daß das Verfassungssystem des kaiserlichen Deutschland dem Reichstag ohnehin nur geringe Machtmittel und Einflußmöglichkeiten auf die Regierung zugestand.

Noske, der im Wahlkampf für eine an Patriotismus und Völkerverständigung orientierte Außenpolitik gefochten hatte und für eine Annäherung der Arbeiterschaft an den Staat eingetreten war, sah in dem positiven Ausgang der Wahlen einen Erfolg für sich und seine Position. Jetzt wollte er seine innenpolitische Forderung – Annäherung der Arbeiterschaft an den Staat – auch im parlamentarischen Leben verwirklicht sehen[215]. Daher gehörte Noske nun zu jenen »Revisionisten«, die forderten, die SPD-Fraktion müsse jede erreichbare Machtposition besetzen und ausnützen.

Konkret wurde diese Forderung damals durchgefochten in den Wahlen zum Präsidium des Reichstages. Nach Noskes Meinung hätte die SPD, die nach den Wahlen von 1912 die stärkste Fraktion im Reichstag stellte, ein Anrecht auf das Amt des Reichstagspräsidenten gehabt[216]. Wegen der damit verbundenen Repräsentationspflichten fanden die sozialdemokratischen Abgeordneten an dieser Vorstellung jedoch keinen Gefallen. Sie wollten nicht »zu Hofe gehen«. Daher begnügte sich die Fraktion dann damit, Scheidemann für die Wahl zum ersten Vizepräsidenten ins Rennen zu schicken[217]. Tatsächlich wurde Scheidemann auch gewählt, übte für eine kurze Zeit sein Amt aus, um dann bei den endgültigen Wahlen von den Bürgerlichen doch wieder abgewählt zu werden, nachdem es im konservativen Lager wütende Proteste gegen einen sozialdemokratischen Reichstagsvizepräsidenten gegeben hatte. Erst mehr als sechs Jahre später, im Juni 1918, wurde Scheidemann dann von einer Reichstagsmehrheit zum Vizepräsidenten gewählt. Mit seiner schon 1912 gezeigten Bereitschaft zur Übernahme dieses Amtes hatte die SPD jedoch signalisiert, daß sie stärker als bislang »an den Staat heran« wollte.

Für Noske selbst, der angesichts der vielen Neulinge in der sozialdemokratischen Reichstagsfraktion schon zu den altgedienten und zudem bekannteren sozialdemokratischen Parlamentariern gehörte,

Kaiserreiches bedeutsamen Wahlen bietet Jürgen Bertram, Die Wahlen zum Deutschen Reichstag vom Jahre 1912, Düsseldorf 1964.

215 Noske, Erlebtes, S. 37 f.

216 Ebda., S. 40 f.; zum Folgenden vgl. auch SPD-Reichstagsfraktion, Einleitung, S. CIX.

217 Vgl. Philipp Scheidemann, Memoiren eines Sozialdemokraten, 2 Bde, Dresden 1928, Bd 1, S. 201 ff; fortan zit.: Scheidemann, Memoiren.

schien sich zunächst die Möglichkeit zu ergeben, daß er Berichterstatter des Reichstages für den Heeresetat wurde. Tatsächlich forderte die SPD-Fraktion diese Position auch und schlug Noske als »Heeresreferenten«[218] vor, was für diesen an sich schon einen gewaltigen Sprung nach vorne in der Fraktionshierarchie bedeutete. Aber aus dem Vorhaben wurde nichts, denn die Fraktion glaubte sich der flehentlichen Bitte der Konservativen nicht verschließen zu können, ihnen doch dieses Referat, das sie seit der Reichsgründung 1871, also seit mehr als vierzig Jahren, innehatten und an dem sie hingen wie an keinem anderen, zu belassen[219].

Die SPD-Fraktion ließ sich dann statt dessen auf das Angebot der Konservativen ein, einen Sozialdemokraten als Korreferenten des Reichstages für den Marineetat zu benennen, der doch angesichts der Flottenrüstung immer wichtiger werde. So wurde Noske Mitberichterstatter für den Marineetat[220] und trat »in engere Beziehungen zur deutschen Kriegsmarine«[221], für die er sich nach eigener Aussage schon zuvor interessiert hatte. Referent für den Marineetat war zunächst der bejahrte Freiherr von Thünefeld (Zentrum)[222] und dann, ab 1912, der Zentrumsabgeordnete Dr. Franz Joseph Pfleger[223], der jedoch wenig hervortrat.

Diese Funktion als Korreferent für den Marineetat übte Noske als ordentliches Mitglied der Budgetkommission aus, in die ihn seine Fraktion zusammen mit sieben anderen sozialdemokratischen Abgeordneten – Ledebour, Südekum, Schöpflin, Lensch, Reißhaus, Schmidt und Schulz – im Jahre 1912 entsandte[224]. Die Budgetkommission – der Haushaltsausschuß – war neben dem Plenum das politisch gewichtigste Gremium des Reichstages. Seit Kriegsbeginn wuchs diese Bedeutung noch zusätzlich dadurch, daß sich die Budgetkommission faktisch zugleich zu einem Ausschuß für auswärtige Angelegenheiten entwickelte. Zeitweise war der Haushaltsausschuß sogar das einzige offizielle Gremium, in dem sich Vertreter der Regierung und des Parla-

218 Dies nach Noske, Erlebtes, S. 38 f. Den Protokollen der SPD-Reichstagsfraktion vom Februar 1912, als die Funktionen und Aufgaben verteilt wurden, ist die Forderung nach Besetzung des Heeresreferats mit einem Sozialdemokraten nicht zu entnehmen.

219 Wiederum nach Noske, Erlebtes, S. 39.

220 Vgl. in der vorliegenden Arbeit das Kapitel III/5 »Korreferent des Reichstages für den Marineetat«.

221 Noske, Erlebtes, S. 39.

222 Hauptausschuß, S. 6.

223 Noske, Erlebtes, S. 39.

224 Eine Liste der sozialdemokratischen Mitglieder der Budgetkommission des Reichstages 1898–1914 findet sich in: SPD-Reichstagsfraktion, Einleitung, S. CVIII. Zur Wahl der Kommissionsmitglieder siehe ebda., Bd 1, Nr. 292, Sitzung vom 21. 2. 1912, S. 265.

ments begegneten[225] und zusammenarbeiteten. Diesem ständig steigenden Bedeutungszuwachs der Budgetkommission trug die sich seit Herbst 1916 einbürgernde Bezeichnung »Hauptausschuß« Rechnung, die auch Eingang in die wissenschaftliche Literatur gefunden hat. Der 28köpfige Hauptausschuß, der insofern die Burgfriedenskonstellation widerspiegelte, als in ihm alle Parteien des Reichstages vertreten waren, trat wesentlich häufiger zusammen als das Plenum des Reichstages und faßte, wenn der Reichstag nicht zusammentreten konnte, an dessen Stelle Beschlüsse. Man kann daher sagen, daß der Hauptausschuß zeitweise als »Ersatzplenum« oder als ein »Miniaturreichstag« fungierte. Eine Folge dieses Kompetenzzuwachses war es, daß sich im Hauptausschuß seit Kriegsbeginn die Spitzenpolitiker der großen Fraktionen ein Stelldichein gaben. Die Zugehörigkeit zum Hauptausschuß galt den Reichstagsabgeordneten als ein Höhepunkt ihrer parlamentarischen Laufbahn. So war es nur funktionsgerecht, wenn es sich bei den ständigen Mitgliedern des Hauptausschusses um dieselben Abgeordneten handelte, die dann auch im Plenum des Reichstages als die Hauptsprecher ihrer Partei auftraten. Anders ausgedrückt: wer ständiges Mitglied im Hauptausschuß war, konnte sich gleichzeitig auch zur Führungsriege seiner Fraktion rechnen.

Es ist gesagt worden, Gustav Noske habe vor der Novemberrevolution von 1918 eigentlich nur »zum zweiten Glied der Parteihierarchie gehört«[226] und sei erst in der Anfangsphase von Weimar in eine politische Spitzenstellung gelangt. Immerhin war Noske jedoch bereits in den Weltkriegsjahren de facto ständiges Mitglied des Hauptausschusses, längst bevor der Vorstand der SPD-Reichstagsfraktion am 25. April 1918 auch offiziell feststellte, »daß im allgemeinen vier ihrer Vertreter (Scheidemann, Ebert, David, Noske) als dauernde Mitglieder der Haushaltskommission anzusehen sind«[227]. Mit dieser Feststellung wurde übrigens lediglich eine längst zur Regel gewordene Gewohnheit sanktioniert. Anlaß zu der namentlichen Nennung der vier Abgeordneten – Südekum wurde nicht aufgeführt, weil er als stellvertretender Ausschußvorsitzender ohnehin ständig anwesend zu sein hatte – waren Mißstände, die sich aus der hohen Fluktuation der sozialdemokratischen Mitglieder im Hauptausschuß für den Informationsfluß in der Fraktion ergeben hatten[228]. Der häufige Wechsel beruhte auf der Regel, daß der Fraktionsvorstand je nach dem Sachthema, das im Hauptausschuß zur Beratung anstand, von Fall zu Fall die Vertreter der Frak-

225 Reinhard Schiffers, Der Hauptausschuß des deutschen Reichstages 1915–1918. Formen und Bereiche der Kooperation zwischen Parlament und Regierung, Düsseldorf 1980, S. 11 f; fortan zit.: Schiffers, Hauptausschuß.
226 Miller, Bürde, S. 320.
227 SPD-Reichstagsfraktion II, Nr. 478, S. 397.
228 Vgl. ebda. sowie Schiffers, Hauptausschuß, S. 116.

tion bestimmen konnte. So kam es, daß von den 110 Abgeordneten der sozialdemokratischen Reichstagsfraktion während des Krieges 51 das Wort im Hauptausschuß ergriffen[229] – also fast die Hälfte aller SPD-Abgeordneten.

In den Kriegsjahren 1915 bis 1918 ergriff Noske im Hauptausschuß 77 mal das Wort und lag damit, was die Anzahl der Redebeiträge betrifft, noch vor Ebert (64), David (48), Südekum (45) und Scheidemann (44)[230]. Zweifellos war er damit zu einem Hauptsprecher seiner Fraktion geworden. Angesichts dieser personellen Konstellation drängt sich die Aussage geradezu auf, daß sich hier im Hauptausschuß bereits jene Gruppe mehrheitssozialdemokratischer Parlamentarier herauskristallisierte, die dann nach der Revolution im Rat der Volksbeauftragten und darüber hinaus in der Anfangsphase der Weimarer Republik die wichtigsten Staatsämter innehatte.

Bereits am 10. März 1915, als der Haushaltsausschuß erstmals seit Kriegsbeginn zu einer offiziellen Sitzung[231] zusammentrat und seine konstituierenden Geschäfte abwickelte, bemühte sich Noske um eine Funktion innerhalb des Ausschusses, die seine ständige Anwesenheit erforderlich machte. Er ließ sich ebenso wie die Abgeordneten Erzberger (Zentrum), Oertel (Konservative), Schiffer (Nationalliberale) und Gothein (Fortschrittliche Volkspartei) zum Schriftführer[232] der »Kommission für den Reichshaushalts-Etat« wählen, wie die offizielle Bezeichnung des Gremiums lautete, dessen Beratungen von Peter Spahn (Zentrum) als Vorsitzendem und Albert Südekum (SPD) als stellvertretendem Vorsitzenden geleitet wurden. Wie aus dieser Besetzung des Ausschußvorstandes hervorgeht, stellten die fünf großen Parteien je einen Schriftführer. Die Funktion des Schriftführers war es nicht etwa, den Verlauf und die Ergebnisse der Ausschußberatungen zu protokollieren – das besorgten die Reichstagsstenographen[233] –, sondern sie lag allein in der Repräsentation der großen Fraktionen in der Leitung des Ausschusses. Einige dieser Schriftführer, nämlich Erzberger, Gothein und Noske, profilierten sich in der Folgezeit ebenso wie der konservative Fraktionsvorsitzende Graf Westarp und der nationalliberale Abgeordnete Gustav Stresemann als Hauptsprecher ihrer Parteien im Hauptausschuß[234].

[229] Schiffers, Hauptausschuß, S. 116.

[230] Ebda., S. 115. Lediglich Gustav Hoch rangierte mit 109 Diskussionsbeiträgen zwischen 1915 und 1917 noch vor Noske. Hoch, der den linken Flügel der MSPD repräsentierte, ergriff dann im letzten Kriegsjahr kaum noch das Wort. Siehe ebda., S. 116.

[231] Protokoll dieser Sitzung in: Hauptausschuß, S. 5 f.

[232] Vgl. die Bekanntgabe der personellen Zusammensetzung der Budgetkommission, Verhandlungen RT, Bd 306, 18. 3. 1915, S. 53 f.

[233] Hauptausschuß, Einleitung, S. XIII.

[234] Schiffers, Hauptausschuß, S. 108–115, wo die Hauptsprecher der großen Fraktionen vorgestellt werden.

Mit der Übernahme der Funktionen eines Schriftführers im Hauptausschuß und des Korreferenten des Reichstages für den Marineetat erschöpften sich jedoch Noskes parlamentarische Aufgaben nicht. Er blieb weiterhin Mitglied der Rechnungskommission[235] und konnte damit die Verwendung der bewilligten Mittel kontrollieren. Weiterhin wurde jeweils nach Noske gerufen, wenn das Parlament Anstalten machte, die wenig durchschaubaren Verbindungen zwischen Militär und Rüstungsindustrie aufzudecken. Bereits 1913, also noch vor dem Kriege, sollte aufgrund eines Vorschlages von Erzberger im Reichstag eine Untersuchungskommission für die Rüstungslieferungen[236] gebildet werden, um die Zustände in der Rüstungsindustrie zu überprüfen. Die Regierung wählte das einigermaßen seltsame Verfahren, von sich aus Noske und Südekum als sozialdemokratische Mitglieder dieses Ausschusses vorzuschlagen. Als Südekum ablehnte und die Fraktion daraufhin den exponierten Rüstungskritiker Karl Liebknecht benannte, gab es einen Konflikt mit der Regierung, weil diese Liebknecht nicht berufen wollte[237]. Der Streit endete schließlich damit, daß die SPD-Fraktion sowohl Noske als auch Liebknecht aus der Kommission zurückzog[238] und damit ihre Mitarbeit in diesem Gremium aufkündigte.

Während des Krieges, vom Oktober 1916 bis zum Frühjahr 1918, bekam Noske dann doch noch Gelegenheit, sich mit dem Geschäftsgebaren von Rüstungsunternehmen näher zu befassen. Um den in der Öffentlichkeit erhobenen Vorwurf der Kriegsgewinnlerei zu untersuchen, richtete der Reichstag eine »Kommission zur Prüfung von Verträgen über Kriegslieferungen« ein, in welche die SPD-Fraktion ihren Militär- und Haushaltsexperten Noske entsandte[239]. Noske hat in dieser Kommission entscheidend dazu beigetragen, daß skandalöse Praktiken aufgedeckt wurden[240].

Angesichts seiner parlamentarischen Karriere nimmt es wunder, daß Noske von seiner Fraktion zwar mit wichtigen Aufgaben im Reichstag und seinen Ausschüssen betraut, nicht aber in die Fraktionsführung berufen wurde. Erst wenige Tage vor Kriegsende wählte die mehrheitssozialdemokratische Reichstagsfraktion Gustav Noske und mit ihm zusammen Otto Landsberg als Beisitzer in den Fraktionsvor-

235 SPD-Reichstagsfraktion, I, Nr. 292, S. 265 (Sitzung vom 21. 2. 1912); sowie: Verhandlungen RT, Bd 306, 18. 3. 1915, S. 54; Bekanntgabe der Mitglieder der Rechnungskommission.

236 Siehe SPD-Reichstagsfraktion, I, Nr. 330, S. 299.

237 Zum Streit um die Berufung Liebknechts vgl. ebda., I, Nr. 331–335, S. 301 ff.

238 Ebda., I, Nr. 332, Sitzung vom 13. 11. 1913, S. 302 f.; am selben Tage sandte Noske sein Rücktrittsschreiben an den Staatssekretär des Innern, Delbrück.

239 SPD-Reichstagsfraktion, II, Nr. 418, Sitzung vom 10. 10. 1916, S. 220.

240 Vgl. im einzelnen Kapitel IV/5: »Noskes Kampf gegen ›Kriegsgewinnlerei‹ in der Rüstungsindustrie«.

stand[241]. Die Fraktion war zu diesem Zeitpunkt – nach der vorausgegangenen Parteispaltung und der Bildung einer USPD-Fraktion im Reichstag – noch 86 Mitglieder stark. Sie wurde von Scheidemann, Ebert und Molkenbuhr als den drei gleichberechtigten Vorsitzenden geführt. Damit gehörte Noske am Vorabend der Novemberrevolution auch formell zur Riege derjenigen Parlamentarier der MSPD, die im Falle einer sozialdemokratischen Regierungsbildung oder -beteiligung als Minister in Frage kamen.

Seine Position läßt sich allerdings nicht annähernd mit der vergleichen, die führende SPD-Politiker der Vorkriegszeit wie Bebel und Singer innehatten, die auf einer Kombination der Führung von Reichstagsfraktion und Partei beruhte. Friedrich Ebert hatte am Ende des Krieges eine vergleichbare parteipolitische Machtfülle, während Noske in der Partei kein wichtiges Amt bekleidete, z. B. nicht Mitglied des MSPD-Parteivorstandes war, da er sich voll auf die Arbeit im Parlament konzentrierte.

Anläßlich Gustav Noskes 50. Geburtstag am 9. Juli 1918 verfaßte sein ihm nahestehender Redakteurskollege Ernst Heilmann in der Chemnitzer »Volksstimme« einen Glückwunsch[242], der Charakter und Aufstieg Noskes mit unverhohlener Sympathie beschrieb: »So frei wie von jeder Eitelkeit sind Sie von jeder falschen Bescheidenheit und jeder Selbstunterschätzung. Sie wissen, daß Sie einen tüchtigen Lebensweg zurückgelegt haben und von unten her zu bedeutender Höhe aufgestiegen sind. Dem jungen Korbmacherlehrling in Brandenburg, der unter dem Sozialistengesetz von den damals noch eifrig schnapstrinkenden Arbeitskollegen die ersten Begriffe des Sozialismus vermittelt bekam, noch recht unklare und gewalttätige Vorstellungen, dem hat es niemand gesungen, daß er dreißig Jahre danach einer der bekanntesten und bei Freund und Feind geachtetsten Wortführer einer straff organisierten Arbeiterklasse sein würde, die eine immer größere Rolle im Staatsleben beansprucht und spielt. Von der ersten Anstellung in der Arbeiterbewegung, da Sie für 100 M. im Monat das damals noch kleine Parteiblatt in Brandenburg schreiben und drucken und versenden halfen, führt eine kühne Bahn aufwärts über die Königsberger Redaktionsstellung zur Leitung der Chemnitzer ›Volksstimme‹«.

241 Sitzung am 23. 10. 1918. Protokoll in: SPD-Reichstagsfraktion, II, Nr. 506, S. 504; siehe auch ebda., I, Einleitung, S. CXV, Anm. 45. Noske wurde auf Vorschlag von Eduard David gewählt.

242 Zitiert nach dem Wiederabdruck in: Vorwärts Nr. 188 vom 11. 7. 1918, S. 8, Artikel »Zu Noskes 50. Geburtstag«.

5. Korreferent des Reichstages für den Marineetat

In die herausgehobene Funktion eines Korreferenten der Budgetkommission des Reichstages für den Etat der Marine trat Noske keineswegs unvorbereitet ein[243]. Vielmehr hatte er sich seit seiner ersten Wahl in den Reichstag im Jahre 1906 kontinuierlich mit Marineangelegenheiten befaßt, und zwar zunächst einmal über das sorgfältige Studium des Haushaltswerkes, das auf der Ausgabenseite alle wesentlichen finanzwirksamen Betätigungsfelder der Kaiserlichen Marine verzeichnete. Hinzu kamen persönliche Erfahrungen. Seit 1908 machte Noske in seiner Eigenschaft als Reichstagsabgeordneter Informationsbesuche bei Einrichtungen der Marine.

Was aus heutiger Sicht als eine Selbstverständlichkeit erscheinen mag – daß nämlich ein Parlamentarier, der mit Haushaltsfragen befaßt ist, sich beim Empfänger der Haushaltsmittel einen persönlichen Eindruck von dessen Tätigkeitsfeldern verschafft –, war seinerzeit keineswegs selbstverständlich, zumindest nicht für einen Sozialdemokraten. Die politischen Frontstellungen im kaiserlichen Deutschland hatten Kontakte dieser Art bislang nicht zugelassen. August Bebel und die durch seinen politischen Stil geprägten Parlamentarier der deutschen Sozialdemokratie hatten stets Distanz zu den Repräsentanten des kaiserlichen Staates gewahrt. Zutreffend schreibt Noske in seinen Memoiren: »An gelegentlichen Besichtigungsreisen des Reichstages und an Einweihungsfeierlichkeiten für den Nord-Ostsee-Kanal[244] hatten sozialdemokratische Abgeordnete nicht teilgenommen, weil das als eine Art Hofgängerei verpönt war. So wie sich ein rechter Bürger nicht mit einem ›Roten‹ zusammensetzte, lehnten die klassenbewußten Proletarier das Zusammensein mit der Regierung und mit dem Bürgertum bei festlichen Gelegenheiten ab. Die erste Ächtung ist zweifellos von den Besitzenden ausgegangen[245].«

In dieser Konfliktkonstellation – hier der konservativ-monarchistische Block, dort die von den tonangebenden Schichten als »staatsfeindlich« angesehene Sozialdemokratie – stellte die Kaiserliche Mari-

[243] In diesem Kapitel fand auch eine kommentierte Materialsammlung »Gustav Noske und die Kaiserliche Marine 1912–1918« Verwendung, die Ullrich Marwitz im Jahre 1983 im Auftrage des Militärgeschichtlichen Forschungsamtes, Freiburg i. Br., zusammengestellt hat. Diese Materialsammlung enthält neben einigen verstreuten Dokumenten aus den Marineakten die bisher kaum ausgewerteten Protokolle der Budgetkommission des Reichstages für die Jahre 1909 bis 1914.

[244] Am 21. Juni 1895. Siehe: Schultheß EGK 1895, S. 158 ff.; zur Ablehnung der »höfischen Pflichten« durch die SPD-Reichstagsfraktion allgemein vgl. SPD-Reichstagsfraktion, I, Einleitung, S. CXXXV ff.

[245] Noske, Erlebtes, S. 39.

ne einen der tragenden Pfeiler des monarchischen Systems dar. Sie konnte es sich leisten, die Existenz sozialdemokratischer Mitglieder des Reichstages demonstrativ zu ignorieren. Typisch hierfür war das Verhalten des Marine-Staatssekretärs[246] v. Tirpitz im Sommer 1907: Er veranstaltete für 24 Mitglieder des Reichstages, vorwiegend solche, die der Budgetkommission angehörten, eine Informationsreise zu Marineeinrichtungen, lud jedoch sozialdemokratische Abgeordnete einfach nicht ein[247]. Mit diesen Gebräuchen, die er als diskriminierend empfand, wollte sich Noske nicht abfinden.

Im folgenden Jahr, 1908, ergriff er die Initiative und brachte es zustande, daß erstmals ein Besuch sozialdemokratischer Abgeordneter bei der Marine stattfinden konnte. Am 25. März 1908 besichtigten die Parlamentarier Philipp Scheidemann, Wilhelm August Kaden und Gustav Noske die Kaiserliche Werft in Kiel[248] und machten damit von sich aus einen ersten Versuch zu einem Brückenschlag zwischen den beiden gesellschaftlichen Gruppen, die sich in mißtrauischer Distanz, wenn nicht sogar Feindseligkeit, gegenüberstanden.

Dieser Besuch bei den Kieler Werften kann jedoch keineswegs als der Beginn eines kontinuierlichen und entkrampften Miteinander gewertet werden. Die traditionellen und in langen Jahren eingeübten Verhaltensweisen besaßen ihre eigene Schwerkraft. Dies zeigte sich im Jahre 1908 im Zusammenhang mit dem aufsehenerregenden Kieler Werftprozeß[249], durch den Unregelmäßigkeiten in der Verwaltung der Reichswerften öffentlich bekannt wurden. Die sozialdemokratischen Mitglieder der Budgetkommission – Georg Ledebour, Carl Severing und Gustav Noske – nahmen diesen Skandal zum Anlaß, die Einsetzung einer parlamentarischen Untersuchungskommission mit dem Recht der eidlichen Vernehmung von Zeugen und Sachverständigen zu fordern[250], um eine umfassende Aufklärung der Mißstände zu gewährleisten. Diese Forderung war mit dem verständlichen Hintergedanken verknüpft, daß die sozialdemokratischen Mitglieder einer solchen Untersuchungskommission einmal etwas genauer in die Interna der Marineverwaltung würden Einblick nehmen können. Wohl nicht zuletzt aus diesem Grunde wurde das Anliegen in der Budgetkommission abgewiesen. Noske hielt das den Vertretern der anderen Parteien

[246] Offizielle amtliche Bezeichnung: Staatssekretär des Reichs-Marine-Amts (R.M.A.).

[247] Teilnehmerliste und Besichtigungsprogramm dieser vom 3. bis 7. Juni 1907 durchgeführten Informationsreise nach Kiel in den Akten des Nachrichtenbüros des Reichsmarineamts: BA-MA RM 3/v. 9966.

[248] Dieser Besuch ist belegt durch eine Äußerung von Tirpitz im Reichstag. Siehe: Verhandlungen RT, Bd 266, 4. 4. 1911, S. 6629. Einzelheiten des Besuches waren in den Marineakten leider bislang nicht zu ermitteln.

[249] Zum Presse-Echo auf den Kieler Werftprozeß und seine Bewertung durch das Reichsmarineamt vgl. BA-MA RM 3/v. 9736.

[250] Vgl. die Resolution Ledebour, Noske, Severing vom 16. 2. 1910, in: Protokoll der 21. Sitzung der Budgetkommission am 16. 2. 1910, S. 4; BA-MA RM 23/107.

noch Jahre später vor. Unter Berufung auf Mitteilungen des Admirals Breusing[251], der 1907–1910 Oberwerftdirektor in Wilhelmshaven war, stellte Noske im April 1911 im Reichstag fest, in Kiel seien immerhin »Materialien im Werte von ungefähr einer Million Mark zum Schaden der Reichskasse veruntreut, verkauft oder um die Ecke gebracht worden«[252].

Obwohl es sich auch bei diesen Ausführungen Noskes keineswegs um eine Grundsatzkritik an der Kaiserlichen Marine handelte, sondern um die Anprangerung eines einzelnen Mißstandes, war diese klare Sprache offenbar nicht dazu angetan, das Verhältnis von Marine und Sozialdemokratie versöhnlicher zu gestalten. Im Jahre 1911, also drei Jahre nach dem Besuch von Scheidemann, Kaden und Noske bei den Kieler Werften, verschloß die Marine den Sozialdemokraten weiterhin ihre Türen. Noske sah sich wiederholt genötigt, Tirpitz im Reichstag den Vorwurf zu machen, er glaube wohl noch immer, »den Sozialdemokraten systematisch einen Einblick in seine Verwaltungsangelegenheiten verwehren zu können«; dies sei, so Noske, »vom Standpunkt der Gleichberechtigung der Abgeordneten eine grobe Ungehörigkeit«[253]. Er schloß mit der – in den Ohren von Tirpitz wohl kaum sonderlich bedrohlich klingenden – Ankündigung, die Sozialdemokraten würden sich eine solche Behandlung auf Dauer unter keinen Umständen gefallen lassen.

Als Noske dann, nach dem großen Wahlsieg der SPD von 1912, von der Budgetkommission des Reichstages zum Korreferenten für den Marineetat gewählt[254] wurde, war es für die Marineverwaltung nicht mehr so einfach, seine Wünsche zu ignorieren. Noske selbst ließ von vornherein keinen Zweifel daran, daß er gewillt war, die Einflußmöglichkeiten, die ihm sein neues Amt gaben, in vollem Umfang zu nutzen. Nach der Devise »Neue Besen kehren gut« nahm er die erste Gelegenheit in der Budgetkommission wahr, um seinen Parlamentarier-Kollegen, besonders aber den anwesenden Vertretern des Reichsmarineamts klarzumachen, daß er die von der Marine geforderten Mehrausgaben für das Jahr 1912 nur passieren lassen werde, wenn er sich von ihrer Notwendigkeit überzeugt hätte[255]. Bislang, unter dem bejahr-

[251] Zu Alfred Breusing (1869–1914), siehe: Kurt Bertram, Die deutschen Admirale von 1872–1939, Bd 1, Koblenz 1964, Bl. 48, fortan zit.: Bertram, Admirale.

[252] Verhandlungen RT, Bd 266, 4. 4. 1911, S. 6227.

[253] Vgl. die beiden Noske-Reden in: ebda., Bd 264, 17. 2. 1911, S. 4753, und ebda., Bd 266, 4. 4. 1911, S. 6627.

[254] Nach der Geschäftsordnung für den Reichstag, § 27, erfolgte die Bestimmung des Berichterstatters der Kommission durch Wahl in der Kommission. GO abgedruckt in: Ernst Rudolf Huber (Hrsg.), Dokumente zur deutschen Verfassungsgeschichte, 3 Bde, Stuttgart usw. 1961–1966, Bd 2, Nr. 234, S. 329–339; fortan zit.: Huber, Dokumente.

[255] Vgl. die Schilderung dieses Vorgangs in: Noske Erlebtes, S. 39; sowie in: ders., Wie ich wurde, S. 28.

ten Marineetat-Referenten Freiherr von Thünefeld (Zentrumspartei), hatten sich die Etatberatungen im wesentlichen darin erschöpft, daß sich die Mitglieder der Budgetkommission die Vorträge der Offiziere und Beamten aus der Etatabteilung des Reichsmarineamts anhörten und die Forderungen nachher ohne weiteres billigten. Noske machte nun mit seinem neuen Arbeitsstil den Versuch, die Marinevertreter in stärkerem Maße unter Begründungszwang zu setzen. Seine Forderung löste bei den Marinebürokraten eine sehr bezeichnende Reaktion aus. Sie baten darum, die Verhandlungen der Kommission für zwei Tage zu unterbrechen, weil sie sich erst bei ihrem Chef, dem Staatssekretär v. Tirpitz, vergewissern wollten, ob sie auch berechtigt seien, den sozialdemokratischen Reichstagsabgeordneten in die Interna der Marine einzuweihen. Durch den Kapitän zur See Dähnhardt ließ der Staatssekretär Noske dann ausrichten, die Marine habe nunmehr, da er Etatsreferent geworden sei, »keine Geheimnisse mehr« vor ihm[256]. Seitdem wurde Noske ins Vertrauen gezogen. Zu dem genannten Kapitän zur See Harald Dähnhardt entwickelte der Abgeordnete in den folgenden Jahren ein gutes, »beinahe freundschaftliches Verhältnis«[257].

In diesen Kontakten erblickte Noske einen wesentlichen Fortschritt. Denn anders als August Bebel hielt er nichts von einem Umgangsstil, durch den die Distanz der sozialdemokratischen Politiker zum bestehenden Staat ständig aufs neue demonstriert wurde. Noske spürte keinerlei Berührungsängste, sah auch keine Erfordernisse eines zurückhaltenden politischen Stils. Er stellte von sich aus Verbindungen zu den leitenden Referenten der Ministerien her und pflegte sie über viele Jahre hinweg. Auch zu einigen Kabinettsmitgliedern, unter ihnen Tirpitz, trat er in persönlichen Kontakt[258]. Er ließ sich bei alledem von rein praktischen Gesichtspunkten leiten.

Noskes Pragmatismus ging jedoch noch wesentlich weiter. In seinem Umgang mit der Marinebürokratie verzichtete er weitgehend auf das politische Mittel öffentlicher Kritik. Anders als etwa der freisinnige Abgeordnete Struve aus Kiel, der die Plenardebatten und die Presse nutzte, um Mißstände in der Marine anzuprangern[259], verfuhr Noske so, daß er die Fälle, die an ihn herangetragen wurden, mündlich mit

[256] Noske, Erlebtes, S. 39.

[257] Aussage Noskes vom 12. 11. 1926 vor dem Untersuchungsausschuß des Reichstages. In: Das Werk des Untersuchungsausschusses der Verfassunggebenden Deutschen Nationalversammlung und des Deutschen Reichstages 1919–1926. 4. Reihe: Die Ursachen des deutschen Zusammenbruchs im Jahre 1918, Bd 9/2, Berlin 1928, S. 53; fortan zit.: WUA 4. R. Bd 9/2.

[258] Dies berichtet Noskes Kollege Wilhelm Keil in seiner Niederschrift »Meine Beziehungen zu Gustav Noske«, AdsD, Nachlaß Keil, Mappe 13. Vgl. auch Noske, Erlebtes, S. 39 f.

[259] Vgl. das im RMA gefertigte Verzeichnis von Presseartikeln über Marinethemen für 1911/12, in dem mehrere Artikel Struves aufgeführt wurden. BA-MA RM 3/v. 10140.

den zuständigen Referenten des RMA erörterte und auf diesem Wege für Abhilfe sorgte. Im Einzelfall mag dieses Verfahren durchaus effektiv gewesen sein. Gewiß waren die Marinevertreter auch dankbar für Noskes freiwilligen Verzicht auf öffentliche Kritik. Aber dem Selbstverständnis der Sozialdemokratischen Partei, die trotz aller Verstärkung der reformistischen Linie keineswegs ihren Frieden mit diesem politischen System geschlossen hatte und dies auch durch ihre alljährliche Ablehnung der Flottenvorlagen zum Ausdruck brachte[260], dürfte dieses weitgehende Entgegenkommen kaum entsprochen haben.

Obwohl Tirpitz mit seiner Weisung, Noske alle von ihm gewünschten Informationen zu geben, auch seinerseits den Weg der Kooperation eingeschlagen hatte, konnte von einer generellen Normalisierung des Verhältnisses der Marine zur Sozialdemokratie keine Rede sein. Die folgende Episode mag dies verdeutlichen. Im Frühjahr 1912, einige Monate nach den Reichstagswahlen, ersuchten die Abgeordneten Noske (SPD) und Struve[261] (FVP) die Marineleitung, ihnen den Besuch eines Schiffes der Hochseeflotte zu ermöglichen. Marine-Staatssekretär v. Tirpitz[262], der wegen seiner neuerlichen Bereitschaft zur Zusammenarbeit kein Interesse daran hatte, das Anliegen zu vereiteln, gab nun dem Chef des I. Geschwaders der Hochseeflotte in Wilhelmshaven, Vizeadmiral Hugo v. Pohl[263], die Anweisung, dem Wunsch der beiden Abgeordneten nachzukommen. Obwohl Noske in seiner offiziellen Funktion als Korreferent für den Marineetat angekündigt war, versuchte Pohl sich zu sperren. Er fragte unter Hinweis auf Noskes Parteizugehörigkeit bei seinem Vorgesetzten im Flottenkommando an, »ob dem Ersuchen des Reichsmarineamtes entsprochen werden solle«[264]. Erst als der Flottenchef die Entscheidung von Tirpitz bestätigt hatte, konnten Noske und Struve dann am 9. April 1912 das Geschwader besuchen.

Wie dieser Besuch im einzelnen ablief, ist nicht bekannt. Die Abgeordneten scheinen jedoch die gewünschten Informationen »vor Ort« erhalten zu haben. Struve brachte anschließend im Reichstag seine volle Zufriedenheit zum Ausdruck. Er betonte, ihnen sei »alles aufs

260 Vgl. hierzu Noske in der 56. Sitzung der Budgetkommission am 7. 2. 1913, Protokoll, S. 6. Druckstück, BA-MA RM 3/v. 8482.

261 Dr. med. Wilhelm Struve, Kiel, Fortschrittliche Volkspartei, MdR 1907–1918. Siehe: Max Schwarz, MdR, Biographisches Handbuch der Reichstage, Hannover 1965, S. 476; fortan zit.: Schwarz, MdR. Struve machte sich in der Marine dadurch einen Namen, daß er in zum Teil scharfer Form die Interessen der Deckoffiziere zur Geltung brachte.

262 Abschrift des Schreibens Tirpitz an Pohl vom 27. 3. 1912, BA-MA RM 47/v. 384, Bl. 1.

263 Lebensdaten in: Bertram, Admirale, Bd 2, Bl. 284.

264 Abschrift des Schreibens Pohls an die Flotte vom 29. 3. 1912, BA-MA RM 47/v. 384, Bl. 1.

bereitwilligste« gezeigt worden[265]. Auch Noske war offenbar zufrieden. Jedenfalls ist nicht bekannt, daß er sich über diesen ersten Marinebesuch in seiner neuen Funktion als Korreferent für den Marineetat irgendwie nachteilig ausgelassen hätte.

Gleichwohl darf der offensichtlich geschäftsmäßige Verlauf dieses Besuchs nicht überbewertet werden. Für das Offizierkorps der Kaiserlichen Marine blieb nach wie vor die Haltung des Vizeadmirals v. Pohl typisch. Das heißt, man hatte den Tatbestand, daß die SPD in den Reichstagswahlen von 1912 zur stärksten politischen Kraft im Parlament geworden war, keineswegs zum Anlaß genommen, den eigenen Standpunkt gegenüber der politischen Vertretung der deutschen Arbeiterschaft zu überprüfen und einer Revision zu unterziehen. Wie zuvor wurden Männer, die sich freiwillig zur Marine melden wollten, abgewiesen, wenn ihre Zugehörigkeit zur Sozialdemokratie festgestellt werden konnte[266]. Noch im Sommer 1913 bekräftigte die Marineführung ihren 1911 erlassenen Befehl, daß es den Angehörigen der Marine verboten sei, das Vereinshaus des sozialdemokratischen Arbeiter-Radfahrerbundes »Frisch auf« in Kiel zu betreten. Dies geschah mit der Begründung, daß für die bewaffnete Macht »die Berührung mit Anhängern der Sozialdemokratie aus militärischen Gründen vermieden werden« müsse[267]. Selbstverständlich war Noske über diese Sachverhalte bestens informiert. Während er in der Budgetkommission normalerweise emotionslos Einzelaspekte des Marinehaushalts erörterte[268], konnte ihn diese Diskriminierung von Sozialdemokraten schon einmal in Rage bringen. Den Geheimrat[269] Harms, seines Zeichens Direktor des Werftdepartements im Reichsmarineamt, ging er einmal scharf an, weil er – 1913 – wiederum die Position der Marineverwaltung vertrat, »daß Sozialdemokraten in den Betrieben der Marineverwaltung nicht zu dulden seien«. Mit diesem Standpunkt, sagte Noske[270], werde »ein Drittel der deutschen Bevölkerung als geächtet« behandelt. Nach der eher rhetorischen Frage, auf Grund welchen Rechtstitels die Marineverwaltung sich für berechtigt halte, so zu verfahren, drohte Noske: »Gebe sie ihre Haltung gegenüber der Sozialdemokratie nicht auf, werde man sie dazu zu zwingen verstehen.« Geändert hat sich aufgrund dieser Drohung allerdings nichts.

[265] Verhandlungen RT, Bd 285, 15. 5. 1912, S. 2005.
[266] Vgl. die geheime Meldung des Chefs des Stabes des Kommandos der Marinestation der Ostsee, Souchon, vom 10. 4. 1912 an den Staatssekretär des Reichsmarineamts über einen solchen Fall, BA-MA RM 3/v. 4944. Weitere Fälle sind in demselben Aktenbestand dokumentiert.
[267] Schreiben des RMA vom 14. 8. 1913, BA-MA RM 3/v. 8482.
[268] Diese Wertung ergibt sich aus der Lektüre der Protokolle der Budgetkommission der Jahre 1912–1914.
[269] Genauer Titel: Wirklicher Geheimer Admiralitätsrat.
[270] Redebeitrag Noskes in der 60. Sitzung der Budgetkommission am 14. 2. 1913. Protokoll, S. 6, BA-MA RM 3/v. 8482.

Bis zum Weltkriegsbeginn 1914, ja selbst noch während des Krieges, wurden junge Offiziere in ihrer Ausbildung wie bisher mit Nachdruck auf ihre Pflicht zur Bekämpfung der Sozialdemokratie hingewiesen[271]. In einem weit verbreiteten Buch, das sich über die »Standes- und Berufspflichten des deutschen Offiziers« ausließ, hieß es noch 1915: »Die Sozialdemokratie ist nach ihren Lehren ein innerer Feind des Vaterlandes, und die Pflicht des Soldaten ist es, das Vaterland gegen innere und äußere Feinde zu schützen[272].« In einer ähnlichen Veröffentlichung aus dem Jahre 1914 wurde die Sozialdemokratie noch schärfer als die »Todfeindin des deutschen Offiziers«[273] bezeichnet. Dies bedeutete, daß die Frontstellung gegenüber der Sozialdemokratie aus der Sicht der Offiziere von Heer und Marine in der gesamten Vorkriegszeit und bis weit in den Krieg hinein als unüberbrückbar galt. Bei der Marine war diese Gegnerschaft eher noch ausgeprägter als beim Heer, was der Tatbestand belegen mag, daß das bisher für die Armee geltende Verbot des sozialdemokratischen »Vorwärts« bereits am 31. August 1914 aufgehoben wurde, während sich die Marine dieser Entscheidung erst im Frühjahr 1916 anschließen konnte[274].

Vor diesem Hintergrund muß gefragt werden, welchen Sinn eigentlich die Versuche Noskes und anderer Parlamentarier vom rechten Flügel der SPD-Reichstagsfraktion haben konnten, mit der Marine näher in Kontakt zu kommen, wo die Marineverwaltung doch von sich aus keinerlei Anstalten machte, Verbindungen zur Sozialdemokratie aufzunehmen, und statt dessen in feindseliger Abwehrhaltung verharrte. Waren diese Kontakte nötig, um die Funktion eines Korreferenten für den Marineetat angemessen wahrnehmen zu können? Und stellte diese 1912 ja erstmals von einem Sozialdemokraten besetzte Position wenigstens in einem gewissen Umfang ein Machtinstrument dar, mit dessen Hilfe Noske – im Sinne seiner Partei und Fraktion – auf die Marine Einfluß nehmen konnte?

Hierzu ist erstens zu sagen, daß Tirpitz auch nach dem Wahlergebnis von 1912 nicht auf die SPD angewiesen war. Das bürgerliche Lager garantierte ihm eine sichere Mehrheit für sein Flotten-Aufrüstungsprogramm. Zweitens muß man sich vergegenwärtigen, daß das Kaiserreich kein parlamentarisches Regierungssystem kannte, der Einfluß des Reichstages und seiner Organe also generell nicht mit dem in einer Demokratie verglichen werden kann. Drittens stellte der gesamte mili-

[271] Wilhelm Deist, Militär und Innenpolitik im Weltkrieg 1914–1918, 2 Bde, Düsseldorf 1970, Bd I, Einleitung, S. XIX; fortan zit.: Militär und Innenpolitik I.

[272] Oberst C. Schaible, Standes- und Berufspflichten des deutschen Offiziers, Berlin [7]1915, S. 121.

[273] Kraft, Dienst und Leben des jungen Infanterie Offiziers, Berlin 1914, S. 218.

[274] Wilhelm Deist, Die Unruhen in der Marine 1917/18. In: Marine-Rundschau 68 (1971), H. 6, S. 331; fortan zit.: Deist, Die Unruhen. Aufhebungserlaß des Preußischen Kriegsministeriums vom 31. 8. 1914, BA-MA RM 3/v. 4946.

tärische Kommandobereich, zu dem auch die Marine gehörte, verfassungsrechtlich gesehen eine ausschließliche Domäne des Monarchen dar. Hier gab es von Rechts wegen weder eine parlamentarische Verantwortlichkeit noch eine parlamentarische Kontrolle[275]. Tatsächlich haben Kaiser Wilhelm II. und sein langjähriger Staatssekretär v. Tirpitz diese Rechtslage auch immer wieder öffentlich betont. Gleichwohl entwickelte sich die Verfassungswirklichkeit in der Vorkriegszeit dann so, daß es dem Reichstag nach und nach gelang, im Dauerkonflikt zwischen Budgetgewalt und Kommandogewalt die Gewichte wenigstens ein Stück weit zu seinen Gunsten zu verschieben. Unter Bezug auf das Budgetrecht versuchte sich das Parlament in nahezu alle Militärangelegenheiten kontrollierend einzuschalten[276]. In diesem Kontext muß Noskes Tätigkeit als Korreferent für den Marineetat interpretiert werden.

Was ein Referent oder ein Korreferent zu tun und zu lassen hatte, war nirgendwo definitiv festgelegt. Die Geschäftsordnung für den Reichstag[277] kannte überhaupt nur den »Berichterstatter« mit seiner Aufgabe, dem Plenum des Reichstages über die Ansichten und Anträge der Budgetkommission zu einem bestimmten Einzeletat schriftlich oder mündlich zu berichten[278]. Die Position eines Korreferenten – Mitberichterstatters – ergab sich wohl aus der parlamentarischen Praxis[279]. Beider Aufgabe lag demzufolge primär innerhalb des Parlaments. Der Referent für den Marineetat, der Zentrumspolitiker Pfleger, der gelegentlich von seinem Parteifreund Matthias Erzberger vertreten wurde[280], und sein Mitreferent Noske nahmen den Auftrag des Parlaments wahr, sich mit besonderer Aufmerksamkeit dem Marineetat zu widmen, also alle haushaltswirksamen Vorgänge in der Marine zu prüfen. Rein rechtlich gesehen ergab sich daraus keineswegs zugleich eine Kontroll- und Inspektionsbefugnis gegenüber der Marine, sondern lediglich ein aus dem Budgetrecht des Reichstages ableitbarer politischer Anspruch der Parlamentarier auf genaue Information, »vor Ort« wie in der Budgetkommission selbst. Die Stellung der Referenten war also keineswegs eine starke.

[275] Ernst Rudolf Huber, Deutsche Verfassungsgeschichte seit 1789, Bd 4: Struktur und Krisen des Kaiserreiches, Stuttgart usw. 1969, S. 346; fortan zit.: Huber, Verfassungsgeschichte.

[276] Ebda., S. 346 und 518 f.; zum Verhältnis von Budgetrecht und Kommandogewalt vgl. auch Heinrich Hasenbein, Die parlamentarische Kontrolle des militärischen Oberbefehls im Deutschen Reich von 1871 bis 1918, Jur. Diss. Göttingen 1968, S. 15 ff.

[277] Die Geschäftsordnung für den Reichstag vom 10. 2. 1876 (mit Änderungen von 1912) ist abgedruckt in: Huber, Dokumente, Bd 2, Nr. 234, S. 329–339. Vgl. auch Bernhard Jungheim, Die Geschäftsordnung für den Reichstag, Berlin 1916.

[278] § 27 der Geschäftsordnung.

[279] Julius Hatschek, Das Parlamentsrecht des Deutschen Reiches, 1. Teil, Berlin, Leipzig 1915, S. 244.

[280] In den Sitzungen der Budgetkommission 1913. Siehe die Protokolle, BA-MA RM 3/v. 8482.

Man wird Noske unterstellen dürfen, daß er im Rahmen seiner Möglichkeiten bestrebt war, die Macht des Parlaments zu stärken, und daß er zu diesem Zwecke im direkten Kontakt zu den Marinebehörden Informationen zusammentrug, die geeignet waren, seine eigene Sachkompetenz und damit zugleich das politische Gewicht der Budgetkommission zu erhöhen. Die Militärbürokraten des Reichsmarineamtes, so lautete Noskes Devise, sollten erkennen, daß er sich auch im Detail auskannte und man ihm nichts vormachen konnte.

Zu diesen politischen Motiven gesellten sich jedoch auch rein menschliche. Noske wollte von den Vertretern der Exekutive, mit denen er kraft Amtes zusammenkam, anerkannt werden, als Person und als sozialdemokratischer Politiker. Er litt unter dem Eindruck, von den Repräsentanten der Marine als ein potentieller »vaterlandsloser Geselle« beargwöhnt zu werden. Er versuchte dieses Feindbild durch sein persönliches Auftreten zu widerlegen, wollte zeigen, daß reformistische SPD-Abgeordnete wie er Verständnis für die Marine hatten und es daher nicht verdienten, von dieser die kalte Schulter und verschlossene Türen gezeigt zu bekommen. Jahrzehnte später hat sich Noske mit anhaltender Erbitterung der Zustände des Jahres 1912 erinnert: »Noch war ich nicht ein gesellschaftsfähiger Mann. Händedruck und gemeinsames Abendessen war den Offizieren noch insgeheim untersagt, wie ich vertraulich erfuhr[281].« Diesen unwürdigen Zustand wollte Noske dadurch beenden, daß er von sich aus – trotz anhaltender Diskriminierung der Sozialdemokratie durch die Offiziere der Marine – auf die »andere Seite« zuging. Dabei nahm er in Kauf, daß es sich um ein recht ungleiches Geschäft handelte, bei dem eigentlich nur er der Gebende war.

Wenn die rechtliche Stellung eines Referenten bzw. Korreferenten schon zu Friedenszeiten keine sonderlich starke gewesen war, so brachte der Übergang zum Kriegszustand im August 1914 noch eine weitere Einbuße an Einflußmöglichkeiten für das Parlament. Denn mit den Anfang August beschlossenen »Ermächtigungsgesetzen«[282] delegierte der Reichstag seine Gesetzgebungsmacht weitgehend auf die Exekutive, also die Reichsleitung. Selbst den Kern seiner Macht, der im Budgetrecht lag, schränkte der Reichstag ein, indem er pauschale Summen für die Kriegführung bewilligte. Die Kriegskredite stellten – finanztechnisch gesehen – einen außerordentlichen Haushalt dar, den der Reichstag bewilligte, »ohne ihn in Kapitel zu gliedern und damit

281 Noske, Erlebtes, S. 39.

282 Vgl. Huber, Verfassungsgeschichte V, Kapitel II »Die deutsche Kriegsverfassung«, § 5 »Das Kriegs-Ermächtigungsrecht«, S. 62 ff.; vgl. auch Schiffers, Hauptausschuß, Kapitel »Die veränderte Stellung des Reichstags seit Kriegsbeginn«, S. 40 ff.

den Verwendungszweck der Gelder im einzelnen zu bestimmen«[283]. Das heißt: was die Marine mit den Summen machte, die ihr als Kriegskredit pauschal bewilligt waren, konnte durch die Budgetkommission nicht mehr im einzelnen kontrolliert werden. Insofern wurde Noskes Aufgabe, als Korreferent für den Marineetat zu wirken, unter den Bedingungen der Kriegsverfassung letztlich zur Farce. Noske hat dies natürlich erkannt. Im Hauptausschuß sagte er einmal, »die Marineverwaltung habe in einem so riesigen Umfange von ihrem Verfügungsrecht über die Gelder Gebrauch gemacht, daß es vom Standpunkt des Etatrechts beklagenswert sei, daß der Reichstag nicht die Möglichkeit habe, dauernd über diese Dinge auf dem Laufenden gehalten zu werden«[284]. Über vereinzelte Klagen dieser Art hinaus hat sich Noske während des Krieges nicht mit Kritik an einer Entwicklung hervorgetan, die 1916 dann faktisch in die Militärdiktatur der 3. Obersten Heeresleitung unter Hindenburg und Ludendorff einmünden sollte.

Ausweislich der Protokolle der Budgetkommission des Reichstages, der stenographischen Berichte über die Verhandlungen des Reichstages und der Kurzprotokolle der sozialdemokratischen Reichstagsfraktion hat sich Noske tatsächlich, obwohl er nach wie vor Korreferent für den Marineetat war, seit August 1914 nur noch in sehr geringem Umfang mit dem Haushalt der Marine befaßt. Im Hauptausschuß äußerte er sich zu fast allen Fragen, die sich aus dem tagespolitischen Geschehen ergaben, besonders zum Krieg und zur Außenpolitik.

In der Kontinuität mit seinen marinefreundlichen Positionen der Vorkriegszeit, seiner Bereitschaft zur Anpassung – selbst wenn sichtbare Gegenleistungen fehlten –, aber auch durch seine grundsätzliche Befürwortung des Burgfriedens und seine Bejahung des Verteidigungskrieges ging Gustav Noske seit dem Beginn des Weltkrieges einen Weg, der ihn immer enger an die Seite der Kaiserlichen Marine führte.

Schon wenige Wochen nach Kriegsbeginn hielt es Noske nicht mehr in Chemnitz. Nachdem es ihm – dank seiner guten Beziehungen zur Marine – gelungen war, sich eine Sondergenehmigung des Admiralstabes zu beschaffen, die es ihm ermöglichte, die Kriegshäfen Kiel und Wilhelmshaven zu besichtigen, begab er sich im September 1914 dorthin. Von seinen Eindrücken gibt eine dreiteilige Artikelserie mit dem Titel »Von der Wasserkante« Zeugnis, die zunächst in der Chemnitzer »Volksstimme«[285] veröffentlicht und dann – zur Freude des Autors und der Redaktion – in vielen SPD-Zeitungen, aber auch von der großen bürgerlichen Presse, etwa der »Vossischen Zeitung«, der »Deut-

[283] So der Staatssekretär des Reichsschatzamtes, Siegfried Graf v. Roedern, im Hauptausschuß am 19. 3. 1917. Siehe: Hauptausschuß III, Nr. 135, S. 1256.
[284] Siehe: ebda., Nr. 147, Sitzung vom 27. 4. 1917, S. 1358.
[285] Gustav Noske, Von der Wasserkante. In: Volksstimme (Chemnitz), Nr. 210 vom 11. 9. 1914, S. 1; Nr. 212 vom 14. 9. 1914, S. 1; Nr. 213 vom 15. 9. 1914, S. 2.

schen Tageszeitung«, der »Täglichen Rundschau«[286] und der »Kölnischen Zeitung«, nachgedruckt wurde[287]. Der Grund für diese außerordentlich große Publizität lag einmal darin, daß Noske in seinen Berichten »Von der Wasserkante« deutlicher als je seine positive Grundhaltung zur Kaiserlichen Marine bekundete, zum anderen darin, daß hier ein prominenter sozialdemokratischer Politiker den praktizierten Burgfrieden schilderte. Noske schrieb: »Riesiges hat von der Arbeiterschaft geleistet werden müssen, wie mir der Oberwerftdirektor auseinandersetzt; und willig, opferbereit haben die Arbeiter getan, was notwendig war, und nun spricht der Admiral zu mir Worte der wärmsten Anerkennung für die braven Arbeiter, die für des Reiches Wehrhaftigkeit ihre ganze Kraft einsetzten. Aus den Arbeitsordnungen der Marine sind in diesen Tagen die Bestimmungen herausgestrichen worden, die sich auf sozialdemokratische Betätigung beziehen, und die so oft im Reichstag der Gegenstand heftiger Auseinandersetzungen zwischen sozialdemokratischen Abgeordneten und der Verwaltung waren[288].« Hier konnte Noske also erstmals auf eine Gegenleistung der Marineverwaltung verweisen.

Um diesen – offensichtlich unter dem Einfluß der allgemeinen Kriegseuphorie – ganz auf Konsens gestimmten Bericht Noskes über seine Eindrücke in Kiel richtig einschätzen zu können, muß man wissen, daß es dort schwerwiegende Mißstände gab, die das Kommando der Marinestation der Nordsee veranlaßt hatten, das Reichsmarineamt um eine Verschiebung der Informationsreise Noskes zu bitten. Der Stationschef erklärte es »für außerordentlich bedenklich, dem Abgeordneten Noske Einblick in die für diese Truppe (gemeint war die zur Kaiserlichen Werft in Wilhelmshaven gehörende II. Baudivision, d. Verf.) herrschenden Verhältnisse zu gewähren«, da dieser sich »zweifelsohne intensiv mit den Verhältnissen auf der Kaiserlichen Werft beschäftigen und dann nicht allzu Günstiges über die Organisation dieser Baudivision und ihre Disziplin berichten« werde[289]. Trotz dieser Bedenken der Wilhelmshavener Marineführung hat Noske seinen Informationsbesuch dann absolviert und dabei auch die beiden Baudivisionen in Kiel und in Wilhelmshaven besichtigt[290]. Wahrscheinlich

286 Vgl. den Presseausschnitt »Reichstagsabgeordneter Noske über unsere Flotte«, Tägliche Rundschau Nr. 440 vom 15. 9. 1914, HStA Stuttgart M 731 Bd 116.

287 »Unsere Kriegsberichterstattung«, Mitteilung der Redaktion der Chemnitzer »Volksstimme« über das vielfache Interesse, das die Berichte Noskes ausgelöst hatten, in: Volksstimme, Nr. 215 vom 17. 9. 1914, S. 1.

288 Zitat aus der 1. Folge der oben zitierten Artikelserie Noskes »Von der Wasserkante«.

289 Geheimschreiben des Kommandos der Marinestation der Nordsee, Wilhelmshaven, vom 3. 9. 1914, an das Reichsmarineamt, BA-MA RM 104/95 (Bestand Marinewerften der Kaiserlichen Marine).

290 Über beide Besuche wird in der Artikelserie »Von der Wasserkante« berichtet, allerdings ausschließlich Positives.

hat er dabei die erwähnten Mißstände durchaus gesehen[291], sich aber nicht öffentlich über sie geäußert, da er – wenige Wochen nach Kriegsbeginn – für die von ihm gesehenen gemeinsamen Interessen von Marine und Arbeiterschaft werben wollte.

Darüber hinaus wurde Noske jetzt auch zunehmend unkritischer, und man konnte ihm bei Marinebesuchen sogar erfolgreich Sand in die Augen streuen. Für diese Beobachtung sprechen jedenfalls die Quellen, aus denen sich sein mehrtägiger Aufenthalt auf dem Großen Kreuzer »Von der Tann« im Jahre 1915 rekonstruieren läßt. Bei diesem Schlachtkreuzer mit seiner Besatzung von 920 Mann handelte es sich um ein modernes Großkampfschiff der deutschen Hochseeflotte[292].

Es war durchaus etwas Besonderes, daß Noske in seiner Eigenschaft als Redakteur der Chemnitzer »Volksstimme« die Möglichkeit geboten wurde, über die Hochseeflotte und speziell den Schlachtkreuzer »Von der Tann« aus eigener Anschauung zu berichten[293]. Es gab keinen zweiten sozialdemokratischen Journalisten, dem eine solche Informationsmöglichkeit geboten wurde. Noskes parlamentarische Funktion als Mitberichterstatter für den Marineetat und sein gutes Verhältnis zu einigen Offizieren des Reichsmarineamtes dürften den Weg zu dieser Reise geebnet haben.

Fast eine Woche lang hatte Noske Ende November, Anfang Dezember 1915 Gelegenheit, das Leben an Bord des erwähnten Schlachtkreuzers sowie den Dienst bei den Torpedobooten, Unterseebooten und bei den Marinefliegern kennenzulernen. Seine Erlebnisse schilderte er in einer von der Chemnitzer »Volksstimme« veröffentlichten siebenteiligen Artikelserie[294]. Bei der Lektüre dieser Berichte gewinnt man den Eindruck, daß Noske nunmehr, unter den Bedingungen des Weltkrieges, den vollständigen Schulterschluß mit der Marine suchte. Er informierte über funktionale Zusammenhänge, lobte die Perfektion, mit der eine Gefechtsübung ablief und ließ sich gleich mehrfach von »wunderbaren« Sonnenuntergängen und der Schiffsromantik einfangen. Letzteres mag der folgende Satz verdeutlichen: »Es war ein eigenartiges, schönes Bild, als das Schiff so mit lustiger Musik seine Bahn dahinzog, mit dem Gewimmel kräftiger, geschmeidiger Männer auf Deck. Das sah mehr nach einem vergnügten Sonntagsausflug aus als

291 Indiz dafür: Bei der Besprechung im Reichsmarineamt am 26. 8. 1917 (siehe unten), in der es um die Unruhen auf der Hochseeflotte ging, erkundigte sich Noske sofort nach dieser Baudivision.

292 Vgl. die Angaben von Hans Jürgen Witthöft, Lexikon zur deutschen Marinegeschichte, Bd 2, Herford 1978, S. 134 f., und Siegfried Breyer, Schlachtschiffe und Schlachtkreuzer 1905–1970, München 1970, S. 289 f.

293 Mit einer entsprechenden Bemerkung stellte die Redaktion der Chemnitzer »Volksstimme« den ersten Artikel Noskes über die Hochseeflotte vor. Siehe die Ausgabe Nr. 282 vom 4. 12. 1915. S. 1.

294 G. Noske, Auf der Hochseeflotte. In: Volksstimme (Chemnitz), 7 Artikel in der Zeit vom 4. bis zum 29. 12. 1915.

nach einer Fahrt, die schon in der nächsten Stunde in den Kampf führen konnte[295].«

Noske warb bei seinen Lesern um Verständnis für den schweren Dienst der Marinesoldaten und die Entbehrungen, die sie unter anderem wegen der Enge des Raums auf den Schiffen hinnehmen mußten: »Monatelang haben im vorigen Winter die Blaujacken der Hochseeflotte unter den greulichsten Witterungsverhältnissen aushalten müssen. Wir im Binnenlande können uns von dem opferreichen Dasein der Männer auf der Flotte nur eine sehr mangelhafte Vorstellung machen, die für uns in den Winterstürmen auf dem Meere Wache halten und pflichteifrig weiter ausharren[296].«

Seitens der Marine wurde Noske auch die Gelegenheit geboten, in einem Flugzeug der Seefliegerabteilung Wilhelmshaven mitzufliegen. Er revanchierte sich dafür mit einem weiteren publizistischen Lob: »Auch auf ihrem jüngsten Tätigkeitsgebiete lernte ich erneut das Personal der Marine wegen seiner Tüchtigkeit und Pflichttreue hoch schätzen. Die Wacht auf dem Meere und an der Küste für unseres Volkes Sicherheit wird von ganzen Männern ausgeübt[297].«

Nach Chemnitz zurückgekehrt, verschickte Noske seine Artikelserie an einige Offiziere, mit denen er während seines Informationsbesuches in näheren Kontakt getreten war. In ihren Dankschreiben zollten sie Noske freundlichste Anerkennung. Kapitän zur See Kranzbühler aus dem Reichsmarineamt in Berlin ließ wissen, daß er die Schilderungen »mit ebenso großem Interesse wie Genugtuung« gelesen habe, bewiesen sie doch, daß Noske »mit Wohlwollen für das Verständnis für die Marine« wirke und daß er die Marine »offenen Blickes« sehe, wie sie sei. Dafür, schloß Kranzbühler, könne ihm »die Marine nur von ganzem Herzen dankbar sein«[298].

Geradezu euphorisch fiel das Schreiben des Ersten Offiziers des Schlachtkreuzers »Von der Tann«, Korvettenkapitän Albert Scheibe, aus. Im Namen seiner Offizierskameraden und des Kommandanten dankte er Noske in herzlichen Worten und berichtete: »Wir haben in der Messe beschlossen, Ihnen das Prädikat ›Sehr gut‹ zu verleihen und ich bin beauftragt, Ihnen das zu übermitteln[299].«

Diese und andere Dankesbezeugungen dürften Noske nicht wenig geschmeichelt haben, kamen sie doch von Vertretern eines Offizierkorps, die ihm – Noskes eigenem Bericht zufolge – vor wenigen Jahren nicht einmal die Hand gegeben hatten. Noske suchte Anerkennung

[295] Ebda., 3. Artikel vom 7. 12. 1915.
[296] Ebda., 5. Artikel vom 18. 12. 1915.
[297] Ebda., 7. Artikel vom 29. 12. 1915.
[298] Handschriftlicher Brief des Kapitäns zur See Kranzbühler an Noske vom 14. 1. 1916, BA NL 46, Nr. 17, Bl. 5.
[299] Handschriftlicher Brief Scheibes an Noske vom 12. 1. 1916, ebda., Bl. 6–9.

und Vertrauen und hat während des Krieges anläßlich seiner Marinebesuche wohl beides gefunden. Allerdings scheint darunter seine Kritikfähigkeit gelitten zu haben.

Im Jahre 1926, als sich der Untersuchungsausschuß des Reichstages bemühte, die Ursachen und die Vorgeschichte der Marineunruhen in den Jahren 1917 und 1918 zu klären, wurde auch Noske als Zeuge geladen und über seinen Besuch auf dem Großen Kreuzer »Von der Tann« befragt. Dabei spielte die Frage der Verpflegung eine Rolle, da schlechtes Essen als einer der Gründe für die spätere Revolte der Matrosen angesehen wurde. Noske hatte 1915 in der Chemnitzer »Volksstimme« die Verpflegung auf den Schiffen der Hochseeflotte in den höchsten Tönen gelobt. »Die Mahlzeiten«, hatte er geschrieben, »sind gut und reichlich.« Auf Befehl des Ersten Offiziers habe ihm der Mannschaftskoch jeden Mittag eine Kostprobe des Mannschaftsessens überreicht. Noske fand es so gut, daß er es »in ähnlicher Weise allen unseren Volksgenossen« wünschte. »Am Sonntag gab es Königssuppe, Rinderbraten, Rotkohl und Kartoffeln, alles in bester Zubereitung und von ausgezeichnetem Geschmack[300].«

Ungefähr zehn Jahre später veröffentlichte die sozialdemokratische Tageszeitung »Hamburger Echo« die Zuschrift eines früheren Marineangehörigen, der seinerzeit auf dem Kreuzer »Von der Tann« Dienst getan hatte. Er behauptete, Noske sei damals Sand in die Augen gestreut worden: »Als Abgeordneter Noske an Bord war, gab es Grünkohl mit Speck zu Mittag. Bei der Ausgabe in der Küche war auch Noske zugegen. Für diese Tage gab es ausgesuchtes Essen, worüber wir und auch Noske keine Ursache hatten, Beschwerde zu führen. Abg. Noske habe ich nur in Begleitung von einem Offizier im Schiff gesehen. Infolgedessen war es keinem der Mannschaft möglich, zu wagen, über dies oder jenes zu klagen, andernfalls er den nächsten Tag oben zur Bestrafung gestanden hätte[301].«

Noske wies diese Behauptungen vor dem Untersuchungsausschuß des Reichstages nicht etwa rundweg zurück, sondern bestätigte sie weitgehend: »Ich gebe zu, daß damals bei den Mannschaften vielleicht noch eine gewisse Überwindung dazu gehört hätte, den Versuch zu machen, mich beim Durchgang durch das Schiff anzusprechen. Ich muß feststellen, daß mich damals, obwohl ich mich nicht etwa zurückgehalten habe, kein Mann auf dem Schiff angesprochen hat oder eine Klage vorgebracht hat. Vielleicht hätte die Möglichkeit vorgelegen, daß ein Mann, der mich dort auf dem Schiff sah, glaubte, daß es nicht ohne Gefahr oder ohne Benachteiligung möglich sei, mit mir zu reden. Es hat auch kein Mann, von denen mehr als tausend auf dem

[300] Aus dem 3. Artikel Noskes in der Chemnitzer »Volksstimme« vom 7. 12. 1915.
[301] Zit. nach: WUA 4. R. Bd 9/2, S. 51.

Schiffe waren, hinterher an mich geschrieben[302].« Noske erinnerte sich auch, daß er einen besonderen Gegensatz zwischen Offizieren und Mannschaften nicht habe beobachten können, mußte jedoch zugeben, daß er auf dem Schiff in der Regel in Begleitung eines Offiziers war[303].

Bei diesem Offizier handelte es sich um den bereits erwähnten Korvettenkapitän Albert Scheibe, von dem Noske nach eigener Aussage sehr eingenommen war[304]. Der Abgeordnete hatte jedoch nicht in vollem Umfang erkannt, daß er es bei Scheibe mit einem ausgesprochen tüchtigen Marinelobbyisten zu tun hatte. Er hatte als Mitarbeiter des Nachrichtenbüros des Reichsmarineamtes (1908–12) in unmittelbarer Nähe von Tirpitz politische Erfahrungen gesammelt und war, wie sein Lehrmeister, ein Mann mit Fähigkeiten auf dem Gebiet der Propaganda. Jedenfalls wußte er, wie man es anstellt, einem Besucher ein Schiff von der besten Seite vorzustellen[305].

Die Lektüre der Verhandlungen des Untersuchungsausschusses des Reichstages im Jahre 1926 vermittelt jedenfalls den Eindruck, daß Noske sich 1915 auf der »Von der Tann« von Scheibe abschirmen und einwickeln ließ. Der SPD-Reichstagsabgeordnete Bernhardt Kuhnt – während des Krieges selbst Marineangehöriger, der als solcher Noske mehrfach mündlich und schriftlich über Mißstände und die große Unzufriedenheit der Mannschaften informiert hatte[306] – berichtete vor dem Untersuchungsausschuß, Noskes schöne Artikel über die Marine seien von vielen Marineangehörigen gelesen, aber auch heftig kritisiert worden, weil sie »mit den objektiven Tatsachen in krassestem Widerspruch« standen[307].

Das Ergebnis dieser Verhaltensweise bestand darin, daß Noske zwar mit Genugtuung die Note 1 registrieren konnte, welche ihm das Offi-

302 Ebda., S. 48 f.

303 Ebda., S. 52.

304 Ebda. führte Noske aus: »Erster Offizier war damals Kapitänleutnant Scheibe, von dem ich überzeugt bin, daß er zwar ein außerordentlich pflichttreuer und eifriger Soldat war, von dem ich aber auch den Eindruck gehabt habe, daß er persönlich ein wohlwollender Mensch war.«

305 Später trat Scheibe auch als Redner hervor, der die Verhältnisse in der Marine während des Krieges gegen die öffentliche Kritik des ehemaligen Kapitäns zur See Lothar Persius verteidigte. Im November 1918 gehörte er zu den Gründungsmitgliedern der Deutschnationalen Volkspartei (DNVP). 1919/20 arbeitete er mit Ludendorff und anderen Offizieren zusammen, die den Kapp-Lüttwitz-Putsch gegen die Republik vorbereiteten. Zur Person Scheibes siehe Walter Schwengler, Völkerrecht, Versailler Vertrag und Auslieferungsfrage, Stuttgart 1982, S. 247–250, fortan zit.: Schwengler, Völkerrecht; siehe auch ders., Die Reaktion der Reichswehr auf die Unterzeichnung des Versailler Vertrages. In: Marineforum 54 (1982), S. 116–122, hier: S. 121 f. (mit einem Porträtfoto von Scheibe).
Über die sozialen Verhältnisse an Bord des Schlachtkreuzers »Von der Tann« sprach Scheibe Ende 1918 in einem öffentlichen Vortrag mit dem Thema »Stellungnahme zu den Angriffen des Kapitän zur See a.D. Persius«. Der Text wurde in der Admiralstabsdruckerei Berlin gedruckt, BA-MA RM 3/v. 11045.

306 WUA 4. R. Bd 9/2, S. 55 f., 59 f.

307 Ebda., S. 60.

zierkorps des Kreuzers »Von der Tann« erteilt hatte, daß die Mannschaften und Unteroffiziere der Marine sich jedoch nur noch selten vertrauensvoll an ihn wandten und statt dessen den Kontakt zu kritischeren Abgeordneten suchten, die zumeist in der 1917 gegründeten USPD ihre politische Heimat hatten. Auch dies gab Noske freimütig zu, indem er vor dem Untersuchungsausschuß ausführte: »In der Regel werden die größeren und lebhafteren Beschwerden derjenigen parlamentarischen und politischen Gruppe zugehen, die geneigt ist, am rücksichtslosesten und nachdrücklichsten davon Gebrauch zu machen[308].«

Tatsächlich kam es dann im Sommer 1917 zu Marineunruhen[309], ohne daß die sozialdemokratische Reichstagsfraktion durch ihren Marinefachmann Noske auch nur andeutungsweise vorgewarnt worden wäre. Ohne Erlaubnis verließen am 2. August 1917 etwa 400 Matrosen das Linienschiff »Prinzregent Luitpold« in Wilhelmshaven und hielten in der Stadt eine Protestversammlung gegen den Krieg ab. Es war dieselbe Zeit, in der im Reichstag der parlamentarische Kampf um die Friedensresolution geführt wurde und in der sich die Sozialisten der kriegführenden Länder in Stockholm über die Bedingungen eines Friedens aussprachen, in der die Forderung nach einer schleunigen Beendigung des Krieges allgemein wurde[310]. Die opponierenden Matrosen profitierten von dieser Massenstimmung allerdings nicht. In verschiedenen Prozessen gegen sie im August und September 1917 wurden 10 Todesurteile ausgesprochen[311]. Vier Matrosen wurden zu je 10–15 Jahren Zuchthaus und fünfzig Matrosen zu insgesamt 400 Jahren Zuchthaus verurteilt[312]. Der Heizer Köbis und der Matrose Reichpietsch wurden am 5. September hingerichtet. Bei den anderen wurde die Todesstrafe – unter anderem wegen einer Intervention des sozialdemokratischen Abgeordneten Scheidemann bei Marinestaatssekretär v. Capelle[313] – in eine Zuchthausstrafe umgewandelt. Es ist erstaunlich, in welch geringem Maße sich die sozialdemokratische Reichstagsfraktion mit den Unruhen auf der Hochseeflotte im Jahre 1917, die rück-

[308] Ebda., S. 49.

[309] Zum Forschungsstand Deist, Die Unruhen.

[310] Zu diesem Zusammenhang vgl. Arthur Rosenberg, Entstehung der Weimarer Republik, Frankfurt/M. [14]1972, S. 160 ff., fortan zit.: Rosenberg, Entstehung.

[311] Werner Rahn, Führungsprobleme und Zusammenbruch der Kaiserlichen Marine 1917/18. In: Die deutsche Marine. Historisches Selbstverständnis und Standortbestimmung, Herford, Bonn 1983, S. 176; fortan zit.: Rahn, Führungsprobleme; vgl. im einzelnen demnächst Wolfgang Semmroth, Der Strafrechtsfall Reichpietsch und Köbis. Die Marineunruhen 1917, Jur. Diss. Köln.

[312] Osterroth/Schuster, Chronik I, S. 192. Eine »Alphabetische namentliche Zusammenstellung der Verurteilungen in Sachen der Umtriebe bei den Hochseestreitkräften« befindet sich in den Akten der Marineleitung; BA-MA RM 8/1032, Bl. 374–379.

[313] SPD-Reichstagsfraktion II, Nr. 459, 28. 11. 1917, S. 343.

blickend in die Vorgeschichte der deutschen Novemberrevolution 1918 eingeordnet werden müssen, befaßt hat.

Fragt man nach den Gründen, so stößt man auf den einfachen Tatbestand der Uninformiertheit. Als Ebert und Scheidemann zusammen mit den führenden Parlamentariern der anderen Parteien am 25. August 1917 zu einer Sitzung ins Reichskanzlerpalais[314] gebeten wurden, wo sie von Reichskanzler Michaelis und Marine-Staatssekretär v. Capelle über die »Vorgänge auf der Flotte« (Capelle) und die Verstrickung von USPD-Reichstagsabgeordneten[315] in sie unterrichtet wurden, mußte Scheidemann zugeben, er habe bislang »von alledem nichts gehört«[316], und Ebert bekräftigte diese Aussage mit dem Hinweis, die SPD habe aus den Kreisen der Marine »verhältnismäßig wenig Beschwerden«[317] erhalten. Im übrigen bezog Ebert sogleich auch eine grundsätzliche Position: »Von unserem Standpunkte aus ist jeder Versuch, die Landesverteidigung zu stören oder zu schwächen, mißbilligenswert[318].«

Anderntags wurden die beiden Marinereferenten des Reichstages, die Abgeordneten Pfleger und Noske, von Capelle ebenfalls über die Unruhen bei den Hochseestreitkräften in Kenntnis gesetzt[319]. Dabei zeigte sich, daß Noske kaum besser unterrichtet war als seine Kollegen Ebert und Scheidemann. Zwar hatte der Marineexperte der SPD-Reichstagsfraktion in den vergangenen Jahren und Monaten immer wieder einzelne Beschwerden aus der Marine vernommen, aber diese Informationen hatten sich bei ihm nicht zu einem Bild verdichtet, das der Wirklichkeit nahe gekommen wäre[320]. Daß in Teilen der Marine eine fast revolutionäre Stimmung[321] herrschte, war Noske verborgen

[314] Abschrift der protokollähnlichen Niederschrift über die Sitzung im Reichskanzlerpalais am 25. 8. 1917, an der die Abgeordneten Ebert, Erzberger, Fehrenbach, v. Payer, Scheidemann, Stresemann, Warburg und Graf Westarp teilnahmen, BA-MA RM 8/1032, Bl. 405–422.

[315] Auf entsprechende öffentliche Verdächtigungen durch den Marinestaatssekretär v. Capelle erwiderten die USPD-Reichstagsabgeordneten Haase, Vogtherr und Dittmann, Verhandlungen RT, Bd 310, 9. 10. 1917, S. 3785–3788. Den im Protokoll weiterhin verzeichneten Reichstagsabgeordneten »Warburg« gab es nicht. Es ließ sich nicht ermitteln, um welchen Abgeordneten es sich wirklich handelte.

[316] Protokoll der Sitzung am 25. 8. 1917, BA-MA RM 8/1032, Bl. 411.

[317] Ebda., Bl 421.

[318] Ebda., Bl. 409.

[319] Abschrift der protokollähnlichen Niederschrift über die Sitzung beim Staatssekretär des Reichsmarineamts am 26. 8. 1917, an der neben Capelle, Pfleger und Noske die Kapitäne zur See Brüninghaus, Seebohm und Boy-Ed teilnahmen, BA-MA RM 8/1032, Bl. 422–430.

[320] Vgl. Noskes Aussage vor dem Untersuchungsausschuß des Reichstages 1926, WUA 4. R. Bd 9/2, S. 48, 56 und 60.

[321] Zur Entstehung dieser Stimmung vgl. die Aufzeichnungen des Matrosen Richard Stumpf, Warum die Flotte zerbrach. Kriegstagebuch eines christlichen Arbeiters. Hrsg. v. Wilhelm Dittmann, Berlin 1927; in englischer Sprache neu aufgelegt u.d.T.: War, Mutiny and Revolution in the German Navy. The World War I Diary of Sea-

geblieben. Dieser Tatbestand wirft kein besonders günstiges Licht auf seine Verbindungen zu den Mannschaften in den kaiserlichen Seestreitkräften.

Für Noskes Uninformiertheit gab es einige äußere Gründe. Am Tage der Meuterei und der Friedensdemonstration der Matrosen in Wilhelmshaven weilte Noske weitab vom Ort des Geschehens. Im Juli 1917 hatte er im Schwarzwald Urlaub gemacht[322] und war dann am 20. Juli über Wien nach Istrien an die Adria gereist, um dort – im Rahmen seiner Frontbesuche – die Häfen Fiume, Pola, Cattaro und Triest zu besichtigen[323]. Nach seiner Rückkehr Mitte August wurde seine Arbeitskraft maßgeblich durch die Tätigkeit in der »Kommission Kriegslieferungen«[324] gebunden.

Zu den äußeren Gründen dürften jedoch eben jene politischen Gründe hinzugetreten sein, die oben bereits erwähnt wurden: Die politisierten Matrosen, die es Mitte 1917 wagten, eine Demonstration für den Frieden zu veranstalten, sahen in den Mehrheitssozialdemokraten, die den Krieg noch immer als Verteidigungskrieg interpretierten, einen weniger geeigneten Partner als in der USPD, die wesentlich entschiedener für einen baldigen Frieden eintrat[325]. Für Noske wie für Ebert gab es ja in der Tat keinen Zweifel, daß die Erfordernisse der Landesverteidigung absolute Priorität genossen und jeder Defekt in den Streitkräften – wodurch auch immer er verursacht sein mochte – im Interesse der militärischen Effizienz schnellstmöglich beseitigt werden mußte. Ganz auf dieser Linie lag Noskes Stellungnahme in der Sitzung im Reichsmarineamt am 26. August 1917. Er fragte nicht nach den Ursachen für das Verhalten der Matrosen, sondern bezog den ordnungspolitischen Standpunkt, daß »nunmehr stark aufgepaßt« werden müsse. Den Vertretern des RMA empfahl er, die Fäden zwischen den Matrosen und der USPD – hier fielen die Namen Vogtherr und Luise Zietz – zu zerschneiden, von einem Prozeß gegen eventuell betroffene Parlamentarier jedoch abzusehen[326]. Später faßte er seine damalige Ansicht noch einmal dahingehend zusammen, daß, sofern »eine politische Propaganda (der USPD) zum Zwecke der Zersetzung von Heer

man Richard Stumpf. Ed., transl. and with an introduction by Daniel Horn, New Brunswick/N.J. 1967.

322 Vgl. das Schreiben des Staatssekretärs des RMA vom 23. 7. 1917 an Noske M.d.R., Kurhaus Hansen, Freudenstadt/Schwarzwald, betreffend die Genehmigung zum Besuch der Häfen Fiume, Pola, Cattaro und Triest; AdsD, Nachlaß Noske, Teil I, Dok. Nr. 9.

323 Vgl. die handschriftlichen Aufzeichnungen Noskes über diesen Besuch. Ebda., Dok. Nr. 61.

324 Vgl. Kapitel IV/5.

325 Vgl. Susanne Miller, Burgfrieden und Klassenkampf. Die deutsche Sozialdemokratie im Ersten Weltkrieg, Düsseldorf 1974, S. 296 ff; fortan zit.: Miller, Burgfrieden.

326 Protokoll der Sitzung im R.M.A. am 26. 8. 1917, BA-MA RM 8/1032, Bl. 426 ff.

und Flotte getrieben worden wäre«, diese mit allen Mitteln hätte unterbunden werden müssen[327]. Obwohl Ebert und Scheidemann sich am 25. August 1917 dafür eingesetzt hatten, die bereits ergangenen Todesurteile nicht zu vollstrecken[328], kam Noske auf dieses Thema mit keinem Wort zu sprechen.

Zusammenfassend läßt sich sagen, daß Noske seine parlamentarische Stellung als Korreferent für den Marineetat hauptsächlich dazu nutzte, die Kaiserliche Marine kennenzulernen. Es gab neben ihm keinen zweiten sozialdemokratischen Parlamentarier, der die Marine – in einem technischen Verständnis – so gut kannte wie er und den man in der Marine so gut kannte wie ihn. Bei seinen häufigen Informationsreisen kam er mit einer verhältnismäßig großen Zahl von Marineangehörigen, hauptsächlich Offizieren, in persönlichen Kontakt. Seine aufsehenerregende »Baralong«-Rede, wiederholte öffentliche Bekundungen seiner vaterländischen Gesinnung und nicht zuletzt seine marinefreundlichen Berichte in der sozialdemokratischen Presse machten ihn weithin bekannt als einen Parlamentarier der SPD, der den Marinebelangen aufgeschlossen gegenüberstand, der den Konsens mit dem »blauen Establishment« suchte, von einer Konfrontationspolitik nichts wissen wollte, und die Verhältnisse so akzeptierte, wie sie sich unter den Bedingungen des Krieges nun einmal entwickelt hatten: Noske war der Repräsentant des Burgfriedens par excellence.

In der Budgetkommission des Reichstages wiederum, dem zweiten Bereich, in dem Noske mit der Marine in Beziehung trat, hatte sich mit dem Kriegsbeginn eine Situation ergeben, die eine effektive Wahrnehmung des Budgetrechts durch den Reichstag und seine Haushaltsspezialisten kaum mehr zuließ. Die Parlamentarier hatten sich in dieser Hinsicht seit 1914 selbst entmachtet. Von einer parlamentarischen Kontrolle des Marinehaushalts konnte in den Kriegsjahren eigentlich keine Rede sein.

Wie weit die Mannschaftsdienstgrade der Marine wahrnahmen, daß Noske sich nur für sie einsetzte, wenn sie im vorgegebenen Rahmen ihre Pflicht taten, ist im einzelnen schwer zu sagen. Im Hinblick auf den November 1918 in Kiel, wo Noske ein überwältigender Vertrauensvorschuß entgegengebracht wurde, wird man vermuten können, daß seine Person nicht differenziert oder gar kritisch gesehen wurde. Vielmehr scheint er vom Vertrauensbonus seiner Partei profitiert zu haben, die vor dem Kriege grundsätzlich opponiert hatte, und die dann im Kriege für den Verständigungsfrieden eingetreten war. Den Mannschaften galt Noske als der Marinefachmann eben dieser Partei.

[327] WUA 4. R. Bd 9/2, S. 58 f. (mit Wiedergabe der Ausführungen Noskes 1917) und 61.

[328] BA-MA RM 8/1032, Bl. 411 (Scheidemann) und 421 (Ebert).

IV. Kriegspolitik 1914–1918

1. Kriegskreditbewilligung für den Verteidigungskrieg

Wollte man den 4. August 1914 – jenen Tag, an dem die sozialdemokratische Reichstagsfraktion die von der kaiserlichen Regierung geforderten Kriegskredite bewilligte – aus der Optik Noskes betrachten, so stellte sich die an diesem Tage gefällte Entscheidung als etwas ganz Normales dar, nämlich als die Einlösung eines von der Sozialdemokratie seit vielen Jahren betonten Versprechens, »für die Sicherheit und den Bestand des Vaterlandes zu kämpfen«[1]. Überrascht von der Haltung der SPD konnten eigentlich nur diejenigen sein, die Noske entweder nicht gut zugehört oder ihm nicht geglaubt hatten, vor allem aber nicht zu der Erkenntnis durchgedrungen waren, daß er mit seiner Sicht der Dinge die sozialdemokratische Mehrheitsmeinung artikuliert hatte.

In Noskes Vorkriegsreden – besonders seinen Parlamentsreden in den Jahren 1907 bis 1913[2] – waren in der Tat die Denkmuster erkennbar, die für die sozialdemokratische Beurteilung der Situation beim Weltkriegsbeginn 1914 eine ausschlaggebende Rolle spielten. Seine Positionen sollen daher an dieser Stelle noch einmal rekapituliert werden: Noske bejahte rückhaltlos die Frage der Landesverteidigung von einem nationalen Standpunkt aus. Daher kam es ihm nicht darauf an, ob das eigene Vaterland in der Stunde der Gefahr als ein feudaler Obrigkeitsstaat oder als eine demokratische Republik verfaßt war; wenn Deutschland angegriffen wurde, mußte es verteidigt werden, selbstverständlich auch durch die Sozialdemokraten. Mehrfach machte Noske im Reichstag deutlich, daß sich die Sozialdemokratie in ihrem Patriotismus von niemandem übertreffen lassen wolle und daß daher im Falle eines Angriffes auf Deutschland ein Zusammengehen der SPD mit der kaiserlichen Regierung und mit den bürgerlichen Parteien für ihn ganz natürlich sei. Das innenpolitische Stillhalten im Interesse der nationalen Kriegführung, die Bereitschaft zur Burgfriedenspolitik also, war angesichts derartiger Äußerungen zu erwarten gewesen.

[1] Noske, Der Krieg und die Sozialdemokratie, S. 12.

[2] Die hier folgenden Ausführungen stellen eine Zusammenfassung der in Kapitel III/1 ausführlich dargelegten Positionen Noskes dar.

Bei den Überlegungen, wie sich die Sozialdemokratie in einer Kriegssituation verhalten müsse, lagen internationale Kriterien außerhalb des Gesichtskreises Noskes. Die Idee seiner linken Parteigenossen, man müsse eine militärische Konfliktkonstellation vom Standpunkt der gemeinsamen Interessen der Arbeiterklassen in den verschiedenen Ländern Europas aus beurteilen, war ihm fern. Wo es um Fragen der nationalen Selbständigkeit ging, hatten nach Noskes nationaler Überzeugung Klassenkampfgesichtspunkte nichts verloren. Daher teilte er auch nicht die Hoffnungen der Linken, die Sozialdemokratie könne, indem sie die Regierung über ihre Haltung im Kriegsfalle im unklaren lasse, ihr Gewicht in die Waagschale der Friedenserhaltung werfen. Mit einer solchen Politik handelte man sich nach Noskes Meinung nur den Vorwurf der nationalen Unzuverlässigkeit ein und konnte doch nichts bewirken. Daher sah Noske auch keinen Sinn darin, die Regierung und die Öffentlichkeit über die Haltung der Sozialdemokratie im Falle eines Krieges rätseln zu lassen.

Die in der Vorkriegssozialdemokratie durchaus diskutierte Frage, ob nicht die Gefahr bestehe, daß die Partei in einer Konfliktsituation durch propagandistische Verwirrspiele der Regierung getäuscht werden könnte, schätzte Noske gering ein. Er sah keine Schwierigkeiten, in einer konkreten Lage beurteilen zu können, ob Deutschland in einen Verteidigungskrieg hineingezwungen sei oder aber selbst einen Angriffskrieg führe. Für ihn war das Kriterium Angriffs- oder Verteidigungskrieg ausschlaggebend und seine Anwendbarkeit zweifelsfrei gegeben, obwohl er wußte – und darin lag einer der Widersprüche seines Denkens –, »daß auf die Redereien über die Friedensliebe der einzelnen Regierungen verteufelt wenig zu geben ist, solange in allen Ländern die Rüstungsschraube weiter angezogen wird«[3].

Die Ansätze, strukturellen Phänomenen wie dem für die Zeit des »Kalten Krieges« vor 1914[4] charakteristischen Wettrüsten die ihnen gebührende Aufmerksamkeit beizumessen, sind von Noske nicht bis zu dem Punkt vorangetrieben worden, wo er seine nationale Haltung hätte in Frage stellen müssen. So konnte er in seinen Vorkriegsreden das Wettrüsten als friedensgefährdend geißeln und im gleichen Atemzuge behaupten, es gebe doch keinerlei Kriegsgefahr. Dieser eklatante Widerspruch wurde von ihm nicht rational aufgelöst, sondern durch das nationale Bekenntnis zur Landesverteidigung ersetzt.

In welchem Maße Noske bei der Beurteilung der internationalen Situation im dunkeln tappte, soll hier anhand einiger Redeauszüge exemplifiziert werden. Ausgiebig befaßte er sich im Rahmen der Haus-

[3] Noske anläßlich der Beratung des Marineetats 1911, Verhandlungen RT, Bd 261, 14. 2. 1911, S. 4629.

[4] Vgl. Volker R. Berghahn, Rüstung und Machtpolitik. Zur Anatomie des »Kalten Krieges« vor 1914, Düsseldorf 1973.

haltsberatungen 1911 mit den angeblichen Kriegsgefahren. »Welchen Grund sollte denn England haben«, fragte er, »gegen Deutschland Krieg zu führen, welcher Anlaß läge dazu vor, gegen Deutschland vorzugehen?« Weder für England noch für Deutschland konnte bei einem solchen Kriege »der geringste wirkliche Erfolg« herausspringen, denn: »England kann kein Land in Deutschland holen, und es ist töricht, daran zu glauben, daß es nach unseren famosen Kolonien lüstern sein könnte. (Na! na! rechts.)[5]«. Im Hinblick auf England hielt es Noske für »direkt absurd, immer wieder davon zu reden, daß wir mit der Gefahr eines Überfalls zu rechnen haben«, da es keinen Grund gebe, »daß zwei so hoch stehende Kulturvölker mit einer so hoch entwickelten Industrie über einander herfallen könnten«. Seine selbstgestellte Frage: »Welchen Anlaß haben wir dazu, uns gegenseitig so in die Flottenrüstung hineinzutreiben[6]?« ließ Noske unbeantwortet, weil er offenbar nicht wahrhaben wollte, daß die deutsche Flottenrüstung als eine friedensbedrohende Maßnahme deutscher »Weltmacht«-Politiker angesehen werden mußte. Noske kritisierte die deutsche Regierung, weil sie es für richtig gehalten habe, ihren Delegierten auf der Haager Friedenskonferenz[7] eine »Lobrede auf den Militarismus« halten zu lassen, und weil sie es war, die sich jeder Anregung zur Beschränkung der Rüstungen entgegenstemmte, stimmte aber gleichzeitig dem Zentrumsabgeordneten Erzberger zu, der die englische Öffentlichkeit gemahnt hatte, doch nicht an »schwarze Pläne Deutschlands« – gemeint waren angebliche Angriffspläne gegen England – zu glauben[8]. Noske berief sich dabei nicht auf die Regierung, was bei der bisherigen Argumentation eigentlich zwingend gewesen wäre, sondern in unangreifbarer Allgemeinheit auf die Volksinteressen: »Nicht der geringste Zweifel kann darüber bestehen, daß das deutsche Volk in seiner weit, weit überwiegenden Mehrheit nicht im Traume daran denkt, Konflikte mit England zu suchen, über England herzufallen«[9]. Nicht minder friedliebend waren nach seiner Überzeugung die englische und die französische Bevölkerung, und im Hinblick auf die östliche Macht bezeichnete es Noske als »blanken Unsinn«, zu glauben, »daß wir von Rußland kriegerische Verwicklungen zu befürchten haben, weil dort die Völker Neigung hätten, gegen Deutschland vorzugehen«[10]. Wie in Deutschland, faßte Noske zusammen, sei auch in den anderen Ländern Europas die Masse des Volkes durchaus friedliebend, weil sich allerorten die Erkenntnis durchgesetzt habe, daß in einem Kriege nichts zu ge-

[5] Verhandlungen RT, Bd 261, 14. 2. 1911, S. 4629.
[6] Ebda., S. 4630.
[7] Vgl. Jost Dülffer, Regeln gegen den Krieg? Die Haager Friedenskonferenzen von 1899 und 1907 in der internationalen Politik, Frankfurt/M., Berlin, Wien 1981.
[8] Verhandlungen RT, Bd 261, 14. 2. 1911, S. 4630.
[9] Ebda., S. 4629.
[10] Ebda., sowie 23. 2. 1911, S. 4882.

winnen, aber viel zu verlieren sei. Von den friedliebenden Völkern sei also nichts zu befürchten: »Interesse an kriegerischen Verwicklungen und Verhetzungen der Völker hat lediglich die dünne Schicht von Menschen, die entweder als Waffenfabrikanten in Frage kommen, oder die sonst persönliche Interessen an Rüstung haben[11].« Daher mußte sich die Sozialdemokratie strikt davor hüten, sich vor den Karren eben dieser »dünnen Schicht« spannen zu lassen, die nach Noskes Worten allein an kriegerischen Verwicklungen interessiert sein konnte.

Kriegsgefahren sah Noske auch um die Jahresmitte 1913 nicht. In seiner mehr als vierstündigen Rede zum Heeresetat vom 10. Juni 1913 finden sich die Sätze: »Meine Herren, wir Sozialdemokraten sind der Ansicht, daß die von den bürgerlichen Parteien und von der Regierung angenommene Gefahr für das Reich nicht besteht und auch nicht bestanden hat. (Sehr richtig! bei den Sozialdemokraten.) [...] In den düstersten Farben ist uns in den letzten Monaten wiederholt von den verschiedensten Rednern die politische Lage geschildert worden. Ich muß zugeben, daß man sich auf das Graulichmachen (sic!) gründlich verstanden hat. (Sehr wahr! bei den Sozialdemokraten.) Ein wirklich ernster Grund zum Kriege zwischen den großen europäischen Kulturnationen hat während der letzten Jahre nicht bestanden [...] Meine Herren, es ist nicht wahr, daß Deutschlands Sicherheit von irgendeiner Seite ernstlich bedroht wird. (Sehr wahr! bei den Sozialdemokraten.) Wohin wir auch blicken, wir sehen von drohenden Gewitterwolken am politischen Himmel nichts mehr[12].« Wenn diese Analyse der internationalen Lage »naiv« war und Zeugnis für eine »beachtenswerte Realitätsferne« ablegte[13], so höchstens insoweit, als Noske wiederum die deutsche Politik zu blauäugig beurteilte.

Das Charakteristische an dieser Art der Analyse der internationalen Lage war die punktuelle, unsystematische und damit letztlich oberflächliche Betrachtungsweise. Sie unterschied sich gründlich von jener auf die Strukturen zielenden Fragestellung, von der sich etwa die Anhänger der von Marx beeinflußten Imperialismus-Theorie[14] leiten ließen. Unabhängig von den nationalen Voreingenommenheiten führte Noskes Analysemethode dazu, eine bestimmte internationale Konfliktlage ganz aus ihrer Aktualität heraus zu beurteilen, und damit war man den Informationen ausgeliefert, die seitens der Regierung dargeboten wurden. Aufgrund dieser Denkmuster und aufgrund zielstrebig gesteuerter Regierungsinformationen kamen Noske und mit ihm die

[11] Ebda.

[12] Ebda., Bd 290, 10. 6. 1913, S. 5407.

[13] Torke, Staat und Partei, S. 653.

[14] Gute Zusammenfassung bei Groh, Negative Integration, Kapitel »Kriegsgefahr und Imperialismustheorien«, S. 289–304.

Mehrheit der sozialdemokratischen Reichstagsabgeordneten Anfang August 1914 zu der Überzeugung, daß sich Deutschland tatsächlich in einer Verteidigungssituation befand und es nun an der Sozialdemokratie lag, ihre vielfach öffentlich bekundete Bereitschaft zur Landesverteidigung in die Tat umzusetzen. Ob und in welcher Weise Noske seine Fraktionskollegen in den letzten Juli- und den ersten Augusttagen des Jahres 1914 beeinflußte, läßt sich heute nicht mehr ermitteln. Es ist nicht einmal klar, ob er sich zu jener Zeit überhaupt in Berlin aufhielt oder seinen Redakteurspflichten in Chemnitz nachging. Soweit den einschlägigen Quellen zu entnehmen ist, trat Noske bei der schwierigen Meinungsbildung in der sozialdemokratischen Reichstagsfraktion nicht hervor. Auch in der folgenschweren Sitzung der Fraktion am 3. August 1914[15], in der die Mehrheitsentscheidung für die Bewilligung der Kriegskredite fiel, ergriff er, soweit bekannt, nicht das Wort. Welche äußeren Gründe für diese Zurückhaltung auch immer vorlagen: Noske konnte davon ausgehen, daß seit seiner Jungfernrede von 1907 jedermann wußte, was er der Sozialdemokratie im Falle eines Angriffes auf Deutschland empfehlen würde.

Um seine bei Weltkriegsbeginn eingenommene Haltung zu verdeutlichen, verfuhr Noske in seinen Memoiren so, daß er »seine Zeitung«, die Chemnitzer »Volksstimme«, mit den folgenden, am 1. August 1914 publizierten, wahrscheinlich[16] von ihm selbst stammenden Sätzen zitierte: »So ist denn der Krieg im Land. Uns alle beherrscht jetzt nur eine Frage: *Wollen wir siegen?* Und unsere Antwort lautet Ja!« Weiter hieß es in der »Volksstimme«: Zwar habe man die Sozialdemokraten immer wieder als vaterlandslose Gesellen beschimpft und ihnen die politische Gleichberechtigung vorenthalten; gleichwohl: »Aber was man immer uns angelastet hat, in diesem Augenblick empfinden wir alle die Pflicht, vor allem anderen gegen die russische Knutenherrschaft zu kämpfen. Deutschlands Frauen und Kinder sollen nicht das Opfer russischer Bestialitäten werden, das deutsche Land nicht die Beute der Kosaken [...] Deshalb verteidigen wir in diesem Augenblick alles, was es an deutscher Kultur und deutscher Freiheit gibt, gegen einen schonungslosen und barbarischen Feind[17].«

[15] Siehe: SPD-Reichstagsfraktion, Bd 2, Nr. 350, S. 3 f. Das dort abgedruckte Protokoll hält lediglich fest, daß es eine eingehende Debatte gegeben habe. Auch die von Groh, Negative Integration, S. 683 f. herangezogenen Quellen geben keine nähere Auskunft.

[16] Eine endgültige Klärung der Autorenschaft konnte auch nicht durch eine Überprüfung der Chemnitzer »Volksstimme« erfolgen, da Noske die Mehrzahl seiner Artikel nicht namentlich zeichnete.

[17] Der erwähnte Kommentar der Chemnitzer »Volksstimme« wurde gleichzeitig veröffentlicht in der ebenfalls in Chemnitz erscheinenden SPD-Zeitung: Erzgebirgische Volksstimme, Organ für das arbeitende Volk des 20. und 21. sächsischen Reichstagswahlkreises, Nr. 175, 1. 8. 1914, S. 1, Schlagzeile »Der Krieg im Land! Europa in Flam-

Auffallend an dieser Haltung Noskes und seiner »Volksstimme« war die Bedenkenlosigkeit, mit der vom ersten Tage des Krieges an die Parole ausgegeben wurde, daß Deutschland siegen müsse. Von der Forderung nach schleuniger Rückkehr zum Frieden war dagegen nicht die Rede. Das Chemnitzer Blatt hat diese Linie unter dem maßgeblichen Einfluß Noskes auch in der Folgezeit – zumindest bis zur Friedensresolution der Reichstagsmehrheit im Sommer 1917 – vertreten. Um die Jahresmitte 1915 veröffentlichte Noske einen Artikel seines Kollegen und Gesinnungsgenossen Ernst Heilmann, in der der Wille zum deutschen Siege in einer Schärfe und Tonart vertreten wurde, die an Verlautbarungen der konservativen Siegfriedens-Politiker erinnerte. »Mars regiert die Stunde", hieß es dort. »Nicht Vernunft und Gerechtigkeit, sondern nur siegreiche Waffen und politische Klugheit werden den Frieden bringen und seinen Inhalt bestimmen. So zerschmetternd müssen die Feinde geschlagen werden, daß ihr Ring zerbricht, die Koalition birst [...] In diesem Kampfe bestimmt nur Deutschlands Interesse die Mittel[18].« Dieses »flammende Bekenntnis zu Deutschland«[19] entsprach so recht den Überzeugungen Noskes.

So war es denn mehr als nur eine zufällige Formulierung, wenn Noskes Sprachrohr, die »Volksstimme«, in dem oben erwähnten Artikel vom 1. August 1914 nicht von der Verteidigung gegen einen feindlichen Angriff sprach, sondern vom »Kampf gegen die russische Knutenherrschaft«, der ja schlechterdings nicht als ein Verteidigungskampf ausgegeben werden konnte. Die »Volksstimme« legte sich in der Beschreibung des Gegners keinerlei Zurückhaltung auf, sondern zeichnete ein Feindbild, das von den Propagandisten der kaiserlichen Regierung nicht besser hätte erdacht werden können: »Deutsche Kultur und deutsche Freiheit« gelte es gegen einen »schonungslosen und barbarischen Feind« zu verteidigen. Das war eindeutig chauvinistische Stimmungsmache. In der Sache stand für Noske schon früh fest, daß der Hauptschuldige am Kriege Rußland war. In seinem 1915 publizierten Buchbeitrag mit dem Titel »Der Krieg und die Sozialdemokratie«[20] traf er die folgende Feststellung: »Der Kampf war unvermeidlich geworden, gewollt von Rußland, mindestens nicht verhindert von Frankreich und England, die in der Lage gewesen wären, das furchtbare Unheil von der Menschheit abzuwenden. Für den Bestand des Reiches, die Sicherung der Zukunft unseres Volkes mußte gekämpft werden.«

In der Sitzung der SPD-Reichstagsfraktion am 3. August 1914 ent-

men!« Ein Exemplar dieser Ausgabe wird im Stadtarchiv Karl-Marx-Stadt verwahrt. Zitat nach dem Original. Teilzitat in: Noske, Erlebtes, S. 43.

18 Ernst Heilmann, Bothaland – Greyland. In: Volksstimme (Chemnitz), 30. 7. 1915. Ausführlicher Auszug wiederabgedruckt in Noske, Erlebtes, S. 46.

19 Formulierung von Noske, Erlebtes, S. 46.

20 Noske, Der Krieg und die Sozialdemokratie, S. 15.

schieden sich 78 Abgeordnete für die Bewilligung der Kriegskredite, während 14 für Ablehnung plädierten[21]. Zu den letzteren gehörte auch der Fraktionsvorsitzende Hugo Haase, der sich gleichwohl der für ihn unangenehmen Pflicht nicht entzog[22], am kommenden Tage namens der Gesamtfraktion die Bewilligung der Kredite bekanntzugeben. Der begründende Text der Erklärung war von einer fünfköpfigen Kommission – ihr gehörten mit David, Frank, Hoch, Kautsky und Wels Vertreter aller Richtungen der Partei an[23] – nach langwierigen Verhandlungen zu Papier gebracht worden. Hugo Haase verlas das Kompromißdokument am 4. August 1914 in Anwesenheit des Kaisers im Plenum des Reichstages[24].

In dieser berühmt gewordenen Erklärung[25] wurde zunächst klargestellt, daß man jetzt, am 4. August, nicht mehr die Frage zu behandeln habe, ob der Frieden erhalten werden könne oder nicht, sondern daß man »vor der ehernen Tatsache des Krieges« stehe und sich von den Schrecknissen feindlicher Invasionen bedroht sehe. Als einziger konkreter Feind wurde der »russische Despotismus« aufgeführt. Diese Gefahr gelte es abzuwehren und die Kultur und die Unabhängigkeit des eigenen Landes sicherzustellen. Dann folgte jener entscheidende Satz, der vom Inhalt wie von der Diktion her aus der Feder Noskes hätte stammen können: »Da machen wir wahr, was wir immer betont haben: Wir lassen in der Stunde der Gefahr das eigene Vaterland nicht im Stich[26].«

Auf diesen Satz kam es an. Er war der Kern der gesamten Erklärung. Alles andere konnte als Beiwerk gelten, dem in dieser Situation eine nur untergeordnete politische Bedeutung zukam. Diese Feststellung bezieht sich auch auf den in der Erklärung einleitend unternommenen Versuch, eine wenigstens kurzgefaßte Kriegsursachenanalyse zu bieten. Der Krieg, wurde da gesagt, sei die Folge der imperialistischen Politik, die eine Ära des Wettrüstens herbeigeführt und die Gegensätze unter den Völkern verschärft habe. Die Verantwortung für den Krieg falle damit den Trägern dieser Politik zu, die in der Erklärung allerdings nicht näher definiert wurden. »Wir«, hieß es dann weiter, »lehnen sie ab.« Wenige Sätze später wurde die soeben abgelehnte Verant-

21 Siehe: SPD-Reichstagsfraktion, Bd 2, Nr. 350, S. 3. Von der 120köpfigen Fraktion waren also nur 92 anwesend, 28 fehlten. Mangels einer Anwesenheitsliste ist nicht zu ermitteln, ob Noske an der Sitzung teilgenommen hat.

22 Später bestätigte Noske, daß die Fraktion Haase gezwungen habe, diese Erklärung abzugeben, obwohl er sich energisch dagegen wehrte. Noske hielt diesen Druck der Fraktion im nachhinein für ein Unrecht. Siehe: Protokoll der Sitzung des Parteiausschusses der SPD am 30. 6./1. 7. 1915. In: SPD-Parteiausschuß, Bd I, S. 187 f.

23 Ebda., S. 3 f.; vgl. auch Kriegstagebuch Eduard David, S. 7–13.

24 Thronrede Wilhelms II. vom 4. 8. 1914. In: Verhandlungen RT, Bd 306, S. 1 f.

25 Erklärung der SPD-Reichstagsfraktion vom 4. 8. 1914. Ebda., S. 8 f.

26 Diesen Satz zitiert Noske als einzigen aus der Erklärung. Siehe: Noske Erlebtes, S. 43. Er sah darin eine Bestätigung seiner eigenen Position.

wortung dann aber doch übernommen[27], indem man die Kriegskredite bewilligte.

Entscheidungen von historischer Bedeutung wie die der sozialdemokratischen Kriegskreditbewilligung von 1914 entspringen jedoch nicht den Regeln der formalen Logik, sondern zumindest auch emotionalen Haltungen wie dem Vaterlandsgefühl. So gesehen, war die Erklärung der Fraktion in ihrem Begründungsteil wohl als eine Konzession an die theoriebewußte Linke in der Partei gedacht. Politisch wog allein das Ja zur Landesverteidigung. Hier, in der widersprüchlichen Stellung zur Frage der Verantwortung für diesen und in diesem Krieg, wiederholte sich der Widerspruch, der durch Noskes Vorkriegsreden geisterte und der jeweils durch das Bekenntnis zu Nation und Wehrhaftigkeit überdeckt wurde.

Noske hat bei späterer Gelegenheit die Meinung vertreten, bei einer – immerhin denkbaren – Ablehnung der Kriegskredite wären die sozialdemokratischen Reichstagsabgeordneten Gefahr gelaufen, »vor dem Brandenburger Tor totgeschlagen zu werden«[28]. Ähnlich interpretierte der sozialdemokratische Landtagsabgeordnete Adolf Hofer die Stimmung. Er sagte am Abend des 4. August zu Eduard David, er wäre »nicht lebendig aus Ostpreußen herausgekommen, wenn wir dagegen gestimmt hätten«[29]. Für Noske, Hofer und die große Mehrheit der sozialdemokratischen Mandatsträger im Reich und in Preußen bestand überhaupt kein Zweifel daran, daß man im Sinne der eigenen Anhängerschaft handelte, wenn man für die Landesverteidigung und die Bewilligung der dazu erforderlichen Mittel eintrat[30].

In der Tat war die Stimmung der deutschen Bevölkerung im August 1914 eindeutig für die Landesverteidigung. Zum Teil bis in die Arbeiterschaft hinein machte sich ein überschwenglicher Patriotismus breit. Die geschickte Regie der Regierung Bethmann Hollweg, die in der Öffentlichkeit durch eine systematisch aufgebaute Propaganda den Eindruck erweckte, Deutschland tue nichts anderes als auf Rußland zu reagieren, das die Kampfhandlungen bereits eröffnet habe[31], trug zu

[27] Genau diesen Punkt sprach Haase im Januar 1916 vor dem SPD-Parteiausschuß an: »Wenn in der Erklärung am 4. August auch die Ablehnung der Verantwortung betont wurde, mit der Tat wurde sie doch übernommen.« Siehe: SPD-Parteiausschuß, Bd I, S. 250.

[28] Noske, Verhandlungen RT, Bd 314, 24. 10. 1918, S. 6214.

[29] Das Kriegstagebuch des Reichstagsabgeordneten Eduard David 1914 bis 1918. In Verb. mit Erich Matthias bearb. v. Susanne Miller, Düsseldorf 1966, S. 12; fortan zit.: Kriegstagebuch Eduard David.

[30] Vgl. Boll, Frieden, S. 112; sowie Groh, Negative Integration, S. 680.

[31] Im einzelnen Groh, Negative Integration, S. 667 ff., mit dem Hinweis auf Admiral von Müller, Notiz vom 1. 8. 1914: »Stimmung glänzend. Die Regierung hat eine glückliche Hand gehabt, uns als die Angegriffenen hinzustellen.« Ebda., S. 672. Zur Julikrise 1914 vgl. weiterhin Imanuel Geiss, Das Deutsche Reich und die Vorgeschichte des Ersten Weltkrieges, München 1978, sowie ders., Juli 1914. Die europäische Krise und der Ausbruch des Ersten Weltkrieges, München ²1980; weiterhin Fritz

dieser Stimmung maßgeblich bei. In Teilen der Arbeiterschaft zog besonders die populäre Parole, es gehe gegen den reaktionären Zarismus. Man erinnerte sich, daß selbst der alte Bebel in diesem Falle noch die Flinte auf den Buckel hatte nehmen wollen.

Nachdem sich die historische Forschung intensiv mit dem Weltkriegsbeginn 1914 befaßt hat, weiß man heute allerdings genauer, daß die vielbeschriebene Kriegsbegeisterung, die man damals bei den an die Front ziehenden Truppen beobachten konnte, in der Arbeiterschaft insgesamt »keine besondere Resonanz« gefunden hat, daß vielmehr »weite Kreise der sozialdemokratischen Arbeiterschaft mit wirtschaftlichen Sorgen beschäftigt waren, auf die Einberufung mit Trauer und Niedergeschlagenheit reagierten, dem nationalistischen Treiben auch nach dem Kriegsausbruch nichts abgewinnen konnten und vielfach nur gezwungen in den Krieg zogen«[32]. Gleichwohl wurde die Kriegskreditbewilligung in der sozialdemokratischen Arbeiterschaft zunächst akzeptiert, weil die Notwendigkeit der Landesverteidigung wegen der unterstellten Bedrohung durch das zaristische Rußland unumstritten war.

Was die Mehrheitsverhältnisse im Reichstag anging, so konnte nie ein Zweifel darüber bestehen, daß die Kriegskredite auch dann bewilligt worden wären, wenn sich die Sozialdemokratie der Stimme enthalten oder wenn sie abgelehnt hätte. Die SPD – das muß man sich vergegenwärtigen – hatte es keineswegs in der Hand, durch ihr Verhalten im Parlament maßgeblichen Einfluß auf die Kriegspolitik der kaiserlichen Regierung zu nehmen. Gleichwohl waren sich sowohl die Regierung als auch die führenden sozialdemokratischen Politiker vollständig darüber im klaren, daß es von erheblicher Bedeutung für die deutsche Kriegspolitik war, wie sich die SPD-Reichstagsfraktion als die Repräsentantin der größten deutschen Partei verhalten würde.

Auch Noske wußte um diesen Sachverhalt. In seinem Aufsatz »Der Krieg und die Sozialdemokratie« rückte er die Rolle der SPD ins rechte Licht und machte deutlich, weshalb die sozialdemokratische Kriegskreditbewilligung auch von den politischen Gegnern als wahrhaft nationale Tat anerkannt zu werden verdiente. Da die Siegesaussichten in einem Kriege, in dem Millionenheere gegeneinander kämpften, zu einem erheblichen Teile »von dem Geiste [abhingen], der die Truppen beseelt«, sei es von größter Bedeutung gewesen, argumentierte Noske im Kontext der nationalen Kriegspolitik, wie sich die SPD, die bei der letzten Reichstagswahl (1912) rund viereinhalb Millionen Stimmen

Fischer, Griff nach der Weltmacht, Königstein/Ts. 1979, S. 46–86; fortan zit.: Fischer, Griff nach der Weltmacht; ders., Juli 1914. Wir sind nicht hineingeschlittert. Das Staatsgeheimnis um die Riezler-Tagebücher. Eine Streitschrift, Reinbek 1983.

32 Boll, Frieden, S. 112; vgl. auch ebda., S. 114–116.

der Männer über 25 Jahre erhalten habe, in der Frage der Kriegskredite verhalten würde[33]. Indem sie diese bewilligte, habe die Sozialdemokratie alle Zweifel an der Gerechtigkeit der Sache des eigenen Volkes ausgeräumt und im Heere habe sich »das Gefühl innigster Geschlossenheit« auswirken können. Ein hoher Staatsbeamter, berichtete Noske[34], habe ihm im August 1914 gesagt, durch die Haltung der Sozialdemokratie sei der deutsche Sieg schon zur Hälfte sicher. In dieser Argumentation erschien die SPD-Reichstagsfraktion jedenfalls nicht als das Erfüllungsorgan der sozialdemokratischen Massenstimmung, sondern als ein einflußreicher politischer Akteur, von dessen Stellungnahme die deutsche Arbeiterschaft letztlich ihre Haltung abhängig machte.

Im gleichen Aufsatz legte Noske noch einmal dar, daß die sozialdemokratische Entscheidung für die Bewilligung der Kriegskredite in einer Kontinuität sozialdemokratischer Bekenntnisse zu Nation und Landesverteidigung stehe. Den Widersachern, die in der Bewilligung einen Bruch mit der sozialdemokratischen Tradition sahen, erläuterte er, daß die Ablehnung des Heeres- und Marineetats keineswegs als eine Schmälerung des Bekenntnisses der SPD zur Landesverteidigung mißverstanden werden durfte[35]. Überrascht konnten nach Noskes Worten eigentlich nur diejenigen Gegner der Sozialdemokratie gewesen sein, die »unseren Bekenntnissen zur Landesverteidigung« nicht geglaubt und den fundamentalen Satz des sozialdemokratischen Programms, nämlich die Erziehung des Volkes zur Wehrhaftigkeit, ignoriert hätten[36]. Einen Bruch sah Noske also nicht bei der Sozialdemokratie, sondern bei denen im In- und Ausland, die jetzt bei Kriegsbeginn erst begriffen, was sie schon längst hätten wissen können.

Noske sind während des gesamten Ersten Weltkrieges niemals Zweifel an der Richtigkeit der Kriegskreditbewilligung gekommen. Er war ein kämpferischer Verfechter der Politik des 4. August. Diejenigen sozialdemokratischen Abgeordneten, die am 3. und 4. August anderer Meinung waren als die Mehrheit, sich aber der traditionellen Fraktionsdisziplin fügten, hatten Noskes Anerkennung wegen dieses die Parteiräson achtenden Verhaltens. Sobald die Vertreter der Minderheit jedoch die Fesseln der Parteidisziplin abstreiften und ihre abweichende Meinung auch öffentlich bekennen wollten, fanden sie in Noske einen ihrer härtesten Gegner.

Zu einer ersten Konfrontation kam es noch im Spätjahr 1914, als in der SPD-Fraktion zum zweiten Male über die Bewilligung von Kriegskrediten beraten wurde. Als die Parteilinken Haase und Hoch nun verlangten, die Fraktion solle wenigstens die völkerrechtswidrige Verlet-

[33] Noske, Der Krieg und die Sozialdemokratie, S. 16.
[34] Ebda. Diese Äußerung sinngemäß auch in: Noske, Erlebtes, S. 43.
[35] Noske, Der Krieg und die Sozialdemokratie, S. 12.
[36] Noske, Erlebtes, S. 41 und 43.

zung der belgischen Neutralität verurteilen und sie solle die Reichsregierung ersuchen, eine Friedensvermittlung neutraler Mächte wohlwollend entgegenzunehmen, focht Noske zusammen mit David, Scheidemann, Heine, Schöpflin und Richard Fischer dafür, der »eigenen« Regierung auf keinen Fall in den Rücken zu fallen und die Vorschläge der linken Fraktionskollegen daher abzulehnen[37]. Die harte Linie Noskes und seiner Freunde setzte sich schließlich durch und die Fraktion entschied sich mit 82 gegen 17 Stimmen für eine erneute Bewilligung der von der Regierung geforderten Kriegskredite.

Die nächste Auseinandersetzung, an der sich Noske beteiligte, fand während einer Sitzung des SPD-Parteiausschusses um die Jahresmitte 1915 statt[38]. Kurz zuvor hatten Hugo Haase, Karl Kautsky und Eduard Bernstein in der »Leipziger Volkszeitung« ihren aufsehenerregenden Aufruf »Das Gebot der Stunde« veröffentlicht[39], in dem sie sich gegen eine weitere Bewilligung der Kriegskredite wandten, da jetzt zu erkennen sei, daß der Krieg kein Verteidigungskrieg mehr sei, sondern den Charakter eines Eroberungskrieges angenommen habe. Naturgemäß stand diese von der Meinung der Parteimehrheit abweichende Auffassung im Mittelpunkt der Debatten des wenig später zusammentretenden Parteiausschusses der SPD, dem Gustav Noske als Vertreter des SPD-Bezirks Chemnitz angehörte[40].

Die Mitglieder dieses Gremiums, die in den zurückliegenden Monaten bereits mehrfach die Kriegskreditbewilligung gutgeheißen[41] und der Fraktion damit den Rücken gestärkt hatten, gingen besonders mit Haase scharf ins Gericht, da sein Vorgehen als unvereinbar mit den Pflichten eines Parteivorsitzenden angesehen wurde. In dieselbe Kerbe hieb auch Noske[42] mit dem für ihn typischen drastischen Vokabular. Die Minderheit um Haase, sagte er, habe seit Monaten »in der rüpelhaftesten Weise« ihren Kampf gegen die Mehrheit in der Partei geführt und sie dürfe sich daher nicht darüber beschweren, wenn man nun ihr gegenüber ebenfalls einen scharfen Ton anschlage. In Chemnitz gebe es kein Verständnis für das Vorgehen Haases. Dieser hätte nicht im Alleingang einen Aufruf veröffentlichen dürfen, sondern hätte die Fraktion zusammenrufen müssen, wenn er glaubte, daß neue Momente aufgetreten seien, die eine andere Beurteilung des Krieges erforderlich machten. In seiner Erwiderung auf Noske und andere Redner des rech-

[37] Kriegstagebuch Eduard David, S. 74, Eintragung über die Fraktionssitzung am 30. 11. 1914. Vgl. auch SPD-Reichstagsfraktion, Bd 2, Nr. 353, Fraktionssitzung am 30. 11. 1914, S. 6 f., mit den genauen Abstimmungsergebnissen.
[38] Protokoll der Sitzung am 30. 6./1. 7. 1915, SPD-Parteiausschuß, Bd I, S. 171–193.
[39] Am 19. 6. 1915. Siehe Osterroth/Schuster, Chronik I, S. 171.
[40] Siehe die Präsenzliste in: SPD-Parteiausschuß, Bd I, S. 193.
[41] Vgl. ebda., besonders die Sitzung vom 7. 3. 1915, S. 133–146.
[42] Noske-Redebeitrag im Parteiausschuß am 30. 6. 1915, ebda., S. 178.

ten Parteiflügels stellte Haase[43] klar, daß er nicht die Absicht habe, sein Amt als Parteivorsitzender niederzulegen, weil das »Fahnenflucht und Pflichtvergessenheit« bedeuten würde. In der Sache selbst verfocht er den Standpunkt, daß man heute zur Ablehnung der Kriegskredite gelangen müsse, auch wenn man die Pflicht zur Landesverteidigung anerkenne.

Bis zum Ende des Jahres 1915 waren die innerparteilichen Auseinandersetzungen über die Kriegskredite so weit fortgeschritten, daß eine Gruppe von Reichstagsabgeordneten um Haase nunmehr ankündigte, sie wolle bei der für den 21. Dezember 1915 angesetzten Abstimmung über die fünften Kriegskredite mit Nein stimmen und ihre Haltung öffentlich begründen. Am Vortage dieser Plenarsitzung des Reichstages trat die Fraktion zusammen. Man wußte – oder ahnte es doch –, daß das angekündigte Sondervotum die Gefahr der Fraktions- und Parteispaltung in sich barg. Kein Wunder, daß die Sitzung daher äußerst stürmisch verlief. Noske machte sich zum Sprecher jener, die jetzt stärker denn je auf die Disziplin pochten, um die Minderheit von ihrer angekündigten Aktion abzubringen: »Unsere Bewegung ist groß geworden durch Disziplin. Unterordnung unter die Beschlüsse der Mehrheit haben wir immer gefordert. Jetzt erleben wir das Schauspiel, daß mehr als ein Dutzend der berufenen Lehrer der deutschen Arbeiterbewegung das böse Beispiel der Disziplinlosigkeit geben[44].« Schwere Vorwürfe machte er Hugo Haase: »Ich kenne Haase seit vielen Jahren und habe aus seiner Königsberger Arbeit viele Anregungen empfangen. Mir hat es in der Seele weh getan zu sehen, was er jetzt tut. Damit macht er alles tot, was er geleistet hat. Seine Art, die Einheit der Partei zu fördern, ist nicht nur neu, sondern grundfalsch. Die Partei kann sich wahrlich nicht dazu gratulieren, daß ihr Vorsitzender der Bannerträger der Desorganisation wird[45].« Noske bereute jetzt, daß er nicht unwesentlich zur Wahl Haases zum Parteivorsitzenden beigetragen hatte und bezeichnete es als einen Fehler der Partei, ihn nicht schon nach der Veröffentlichung des Aufrufs »Das Gebot der Stunde« abgesetzt zu haben[46]. Die Mehrheit, meinte Noske, sei an den Differenzen gänzlich schuldlos: »Tatsächlich besteht die ganze Schuld der Mehrheit lediglich darin, daß sie eine Mehrheit ist und ihrem Willen nach ehrlicher Überzeugung Ausdruck gegeben hat. Die Fraktion konnte auch um so mehr an ihrer Haltung festhalten, weil sie immer von neuem eine Rückenstärkung durch den Parteiausschuß gefunden hat und auch durch die Berichte aus dem Lande, wo selbst heute noch die

[43] Haase, ebda., S. 188 f.
[44] Sitzung der SPD-Reichstagsfraktion am 20. 12. 1915. Protokoll in: SPD-Reichstagsfraktion, Bd II, Nr. 389b. Redebeitrag Noskes, S. 129–131, Zitat S. 131.
[45] Ebda., S. 129.
[46] Ebda., S. 130.

überwiegende Mehrheit der Organisation die Haltung decken[47].« Die Minderheit dagegen behafte sich mit dem »Makel der Parteispaltung«.

Das Ergebnis dieser Sitzung der SPD-Reichstagsfraktion war, daß Haase und Hoch ihre Ämter im Fraktionsvorstand niederlegten und Scheidemann damit zum alleinigen Fraktionsvorsitzenden aufrückte[48]. Das selbständige Vorgehen der Minderheit wurde mit 66 gegen 21 Stimmen verurteilt. In der Reichstagssitzung am anderen Tage stimmten 20 sozialdemokratische Abgeordnete gegen die Kriegskredite und 22 weitere verließen vor der Abstimmung den Saal[49]. Die Risse in der Partei waren damit tiefer geworden, aber noch immer hielt das gemeinsame Dach.

Noske verurteilte das Verhalten der Minderheit erneut als schweren Disziplinbruch und behauptete, ihre Politik der Kreditverweigerung würde »die russischen Kosaken ins Land bringen«[50]. Er mußte zwar zugeben, daß die Grenzen des Reiches »derzeit gesichert« seien. Aber, fügte er hinzu, dies sei eben nur so lange der Fall, als die deutschen Linien nicht wankten, und deshalb dürfe man »nichts tun, was die deutsche Abwehrkraft schwächen könnte«[51]. Mit der Mehrheit in der Fraktion verfocht Noske erneut die Vorstellung, »daß der Geist des Volkes bei der Verteidigung des Landes ein maßgebender Faktor ist«[52], und leitete daraus die Schädlichkeit der Kreditverweigerung ab.

Längst war Noske zu der Auffassung gelangt, daß diejenigen Partei- und Fraktionsmitglieder, die sich an die Mehrheitslinie nicht halten wollten oder konnten, sich von der Partei trennen mußten[53]. Es war daher ganz in seinem Sinne, daß die Fraktion nun mehrheitlich beschloß, daß Haase und seine Anhänger die aus der Fraktionszugehörigkeit entspringenden Rechte verwirkt hätten[54]. Dieser Beschluß bedeutete faktisch den Ausschluß. Ihm folgte zunächst die Bildung einer »Sozialdemokratischen Arbeitsgemeinschaft« und dann im April 1917 die Gründung der Unabhängigen Sozialdemokratischen Partei Deutschlands (USPD)[55]. Noske gehörte zu jenen Repräsentanten des rechten Parteiflügels, die diese Entwicklung für unvermeidbar und letztlich auch für nicht bedauerlich hielten. Er war eher bereit, die Spaltung der Partei hinzunehmen, als dem kriegführenden Deutschen Reich seine Unterstützung zu versagen. Sein oben erwähnter Aus-

47 Ebda., S. 129.
48 Ebda., S. 103 f. und 132.
49 Ebda., S. 133, Anm. 7.
50 Noske auf der Sitzung des SPD-Parteiausschusses 7.–9. 1. 1916. Protokoll in: SPD-Parteiausschuß, Bd I, S. 249.
51 Ebda.
52 Ebda.
53 Apodiktisch formuliert in: Noske, Erlebtes, S. 43.
54 Fraktionssitzung am 24. 3. 1916. Siehe: Osterroth/Schuster, Chronik I, S. 177 f.
55 Zu den einzelnen Stationen des Spaltungsprozesses vgl. die unterschiedlichen Gewichtungen von Miller, Burgfrieden, und Schorske, Spaltung.

spruch, man dürfe nichts tun, »was die deutsche Abwehrkraft schwächen könnte«, blieb seine Devise bis zum Ende des Ersten Weltkrieges.

2. Burgfrieden statt Klassenkampf

Sozialdemokraten des linken Parteiflügels, die sich seit 1917 in der USPD sammelten, haben die Bereitschaft der SPD, unter dem Zeichen des Burgfriedens mit der kaiserlichen Regierung zusammenzuarbeiten, als einen sehr viel einschneidenderen Bruch mit den sozialistischen Traditionen empfunden als das Ja zur Landesverteidigung und zu den Kriegskrediten[56]. In der Tat war die Sozialdemokratie in der Vorkriegszeit ja in grundsätzlicher Opposition zum herrschenden System gestanden und gab nun – mit dem Kriegsbeginn 1914 – ihre Oppositionsrolle von einem Tag auf den anderen auf. Hinzu kam, daß sie für ihren freiwilligen Verzicht auf die Fortsetzung des Klassenkampfes nicht die geringste Gegenleistung erhielt. So ist es insgesamt kein Wunder, daß die bedingungslose Burgfriedenspolitik der SPD »der bis heute wohl umstrittenste Aspekt ihres Verhaltens im ersten Weltkrieg« geblieben ist[57]. Jedenfalls ist es eine offene Frage, ob es der Arbeiterbewegung nicht möglich gewesen wäre, zur Landesverteidigung zu stehen und gleichzeitig ihre Oppositionspolitik beizubehalten, um sich auf diese Weise wirkungsvoll für eine durchgreifende Reformpolitik einzusetzen, die mit der Abschaffung des diskriminierenden und skandalösen preußischen Dreiklassenwahlrechts hätte beginnen müssen.

Für Noske hat sich die Burgfriedenspolitik jedenfalls nicht als ein separat zu betrachtendes Problem dargestellt. Für ihn war der Burgfrieden nur die andere Seite jener Medaille, auf die man mit der Bewilligung der Kriegskredite für den Verteidigungskrieg bereits gesetzt hatte. Anders ausgedrückt: Seit langem stand für Noske fest, daß sich die Sozialdemokratie an der Verteidigung des Landes würde beteiligen müssen, wenn es einmal zu einem Krieg kommen sollte; und ebensowenig konnte es nach seiner Auffassung zweifelhaft sein, daß man in diesem Falle mit der Regierung und den anderen Parteien würde zusammenarbeiten müssen. Am 4. August 1914 – als Kaiser Wilhelm II. im Reichstag seine Burgfriedens-Beschwörung wiederholte: »Ich kenne keine Parteien mehr, Ich kenne nur Deutsche«, und als die Parteivorsitzenden daraufhin vortraten und ihm in die Hand gelobten, daß sie mit ihm, dem Kaiser, »durch dick und dünn, durch Not und Tod« gehen

[56] Rosenberg, Entstehung, S. 67, hält diese Sicht auch »vom historischen Standpunkt« aus für richtig.
[57] Miller, Burgfrieden, S. 240.

wollten[58] – vollzog sich für Noske etwas, was in seinem nationalen Denken längst vorgezeichnet und grundsätzlich angelegt war.

Daher ist bei ihm, wie bei der Parteimehrheit und den Gewerkschaften insgesamt, offenbar auch gar nicht der Gedanke aufgekommen, bei Kriegsbeginn 1914 das Gewicht der organisierten Arbeiterbewegung in die Waagschale zu werfen, um das Ja zur Landesverteidigung mit innenpolitischen Reformforderungen zu verbinden. Wohl mögen bei Noske und anderen Politikern des rechten Flügels der SPD sowie der Gewerkschaften Hoffnungen vorhanden gewesen sein, daß die patriotische Haltung der Arbeiterschaft bei Kriegsbeginn seitens der kaiserlichen Regierung durch Entgegenkommen in der Wahlrechtsfrage honoriert werden würde. Es gab diesbezüglich auch einige unverbindliche Gespräche mit Regierungsvertretern[59], aber keinerlei Zusagen, auf die man hätte pochen können. So kann es eigentlich nur als die nachträgliche Rechtfertigung einer schon bald als falsch durchschauten Politik verstanden werden, wenn Scheidemann im Frühjahr 1915 argumentierte, man habe schließlich nicht für die Kriegskredite gestimmt, um eine »Belohnung« dafür zu bekommen; diesbezüglich habe er sich keine Illusionen gemacht[60]. Gerade für die Sozialdemokraten vom rechten Parteiflügel, die sich so gerne als Realpolitiker begriffen und die Andersdenkenden in der Partei als realitätsblinde Theoretiker und Prinzipienreiter abtaten, wurde es besonders bitter, erkennen zu müssen, daß die Regierung auch in den folgenden Kriegsjahren gar nicht daran dachte, freiwillig Reformen zu »gewähren«.

Trotz aller Enttäuschungen über die Reformunfähigkeit des kaiserlichen Systems schien es keinen Ausweg aus dem nun einmal betretenen Teufelskreis zu geben. Wollte man dazu beitragen, daß Deutschland diesen Krieg erfolgreich führen konnte – und an diesem Ziel haben Noske und die sozialdemokratische Mehrheit bis zum Kriegsende niemals einen Zweifel aufkommen lassen –, dann mußte die Tat des 4. August immer wieder von neuem erbracht werden, dann mußte die Sozialdemokratie bis zum Ende des Krieges in die nationale Front eingereiht bleiben und hatte für die Dauer der Bedrohung Deutschlands auf die Verfechtung eher partikularer Interessen zu verzichten. Dieser Grundlinie lassen sich in der Tat alle Äußerungen zuordnen, die Noske während der Kriegsjahre zur Frage der Burgfriedenspolitik von sich gegeben hat.

Im Frühjahr 1915 hatte Noske Gelegenheit, sich als offizieller Interpret der Kriegs- und damit auch der Burgfriedenspolitik seiner Partei

[58] Zum Verlauf der Reichstagssitzung am 4. 8. 1914 siehe: Verhandlungen RT, Bd 306, S. 1 ff., hier: S. 2.
[59] Im einzelnen Miller, Burgfrieden, S. 242 ff.
[60] Scheidemann, Memoiren I, S. 313.

zu betätigen, und zwar in einem Aufsatz zu einem Sammelwerk[61], dessen Autoren allesamt einen Beitrag zur Politik des Burgfriedens und seiner Fortentwicklung hin zu einem neuen Deutschland leisten wollten, in dem die Arbeiterschaft nicht mehr minderberechtigt sein sollte[62]. Der Titel dieses Sammelwerkes lautete: »Die Arbeiterschaft im neuen Deutschland«. Er war eindeutig programmatischer Natur. Mehr noch als dieses Programm erregte jedoch die ungewöhnliche Personenverbindung der beiden Herausgeber öffentliches Aufsehen. Der eine war der Historiker, Publizist und Direktor der Herrenhausbibliothek, Friedrich Thimme, der andere der Vorsitzende der Generalkommission der Freien Gewerkschaften Deutschlands, Carl Legien. Thimme stand für das bürgerliche Lager, Legien für die Arbeiterschaft. Die gemeinsame Herausgeberschaft sollte die Bereitschaft beider Lager zur Zusammenarbeit signalisieren, und dieser Vorgang war es, der damals in der politisch interessierten Öffentlichkeit als etwas geradezu Sensationelles empfunden wurde.

Als Autoren hatten die Herausgeber zehn bürgerliche Gelehrte und zehn sozialdemokratische Partei- und Gewerkschaftsführer gewonnen. Alle Bürgerlichen gehörten der Berufsgruppe der Hochschullehrer an. Es handelte sich um den Heidelberger Historiker Hermann Oncken, seinen Berliner Kollegen Friedrich Meinecke, den damals in Berlin lehrenden Staatsrechtler Gerhard Anschütz, den Münchener Nationalökonomen Edgar Jaffé, den Kieler Nationalökonomen Ferdinand Tönnies, den Berliner Philosophen und Religionswissenschaftler Ernst Troeltsch, den Marburger Pädagogen Paul Natorp und die beiden Berliner Professoren und Funktionäre der »Gesellschaft für soziale Reform«, Ernst Francke und Waldemar Zimmermann.

Die sozialdemokratischen Autoren waren Carl Legien und Robert Schmidt als Vertreter der Generalkommission der Gewerkschaften, Paul Umbreit als Redakteur des gewerkschaftlichen »Correspondenzblatts«, August Winnig in seiner Eigenschaft als zweiter Vorsitzender des Bauarbeiterverbandes, Hugo Heinemann, Syndikus der Gewerkschaften und Vertrauter Legiens, die Reichstagsabgeordneten Philipp Scheidemann, Gustav Noske, Paul Lensch und Heinrich Schulz sowie das Mitglied des preußischen Abgeordnetenhauses, Paul Hirsch.

Wie ersichtlich, handelte es sich bei den sozialdemokratischen Autoren fast durchweg um aktive Politiker, die als Parlamentarier oder Gewerkschaftsführer eine herausgehobene Verantwortung trugen. Bei

[61] Die Arbeiterschaft im neuen Deutschland. Hrsg. von Friedrich Thimme und Carl Legien, Leipzig 1915; fortan zit.: Die Arbeiterschaft.

[62] Zur Vorgeschichte, Zielsetzung und zum politischen Stellenwert des Unternehmens vgl. Ursula Ratz: »Die Arbeiterschaft im neuen Deutschland«. Eine bürgerlich-sozialdemokratische Arbeitsgemeinschaft aus dem Jahre 1915. In: IWK 13 (1971), S. 1–26; fortan zit.: Ratz, »Arbeiterschaft«.

den Bürgerlichen dagegen traten nicht etwa die Führer ihrer Parteien oder die Funktionäre der mächtigen Interessenverbände an, sondern politisch eher frei schwebende, von niemandem zur Verantwortung ziehbare »Männer der Wissenschaft«. Diese letztlich »ungleiche Partnerschaft« war, worauf Ursula Ratz[63] mit Recht hingewiesen hat, charakteristisch für die innenpolitische Situation des Kaiserreiches im Jahre 1915. Denn hier hatte sich seit Kriegsbeginn nichts geändert. Anders als in England und Frankreich, wo die Führer der Arbeiterparteien bei Kriegsbeginn in die jeweiligen Regierungen aufgenommen wurden, wo die Unterstützung der nationalen Kriegspolitik also durch Beteiligung an der Macht honoriert wurde, geschah in Deutschland nichts dergleichen. Gab es also kein Zusammenwirken in der Ausübung der Macht, und wollte man dennoch einen Schritt zur Überwindung der innenpolitischen Konfliktkonstellation zwischen der bürgerlichen Sammlungsbewegung und der Sozialdemokratie tun, so mußte man sich auf das Feld einer »geistigen Arbeitsgemeinschaft« außerhalb des politischen Machtgefüges begeben. Genau das war die Absicht dieses literarischen Unternehmens.

Noske erhielt in dem Projekt die Möglichkeit, das Thema »Der Krieg und die Sozialdemokratie«[64] darzustellen. Er entledigte sich dieser Aufgabe in einer Weise, daß sich die Mehrheit der sozialdemokratischen Reichstagsabgeordneten in seinen Darlegungen durchaus wiederfinden konnte. Die Bereitschaft der Sozialdemokratie, den Burgfrieden mitzumachen und einzuhalten, begründete er mit den Erfordernissen des Krieges. Damit erst sei »die Geschlossenheit des für seine Existenz kämpfenden deutschen Volkes« erreicht worden[65], schrieb er.

Bei seinen bürgerlichen Lesern um Verständnis und Anerkennung werbend, strich Noske besonders die nationale Zuverlässigkeit der sozialdemokratischen Presse heraus. Sie habe es sich aus eigener fester Überzeugung zur Aufgabe gemacht, die »Gerechtigkeit des von Deutschland geführten Kampfes« zu betonen, der »unserem Volke aufgezwungen« worden sei. Insgesamt habe sich die sozialdemokratische Parteipresse als eine »einsichtsvolle Förderin der Sache Deutschlands« erwiesen, und zwar in verschiedener Weise: durch »Befestigung des Zutrauens zur Sache unseres Vaterlandes, Weckung des Verständnisses für die unabwendbaren wirtschaftlichen Schäden, die der Krieg im Gefolge hat, die Beschwichtigung des jeden Tag von neuem keimenden Unwillens über die Teuerung, Erhaltung höchster Opferbereitschaft bei den Kämpfern«[66]. Noske schloß seine Betrachtung mit der Aussage, Sozialdemokratie und Gewerkschaften hätten im bisherigen

[63] Ebda., S. 2 f.
[64] Die Arbeiterschaft, S. 13–20.
[65] Noske, Der Krieg und die Sozialdemokratie, S. 17.
[66] Ebda.

Verlauf des Krieges mehr als nur ihre Pflicht getan: »Die bis zum Beginn des Krieges aller Verwahrung zum Trotz als vaterlandslos geschmähten, als Reichsfeinde verketzerten Sozialdemokraten erfüllten im Kriege also nicht nur ihre Pflicht, die erzwungen werden konnte, sondern in der Zeit der Gefahr leisteten sie für ihr Volk und das Vaterland, was nur irgend möglich war[67].« Für Noske stand außer jedem Zweifel, daß diese Politik auch den Interessen der deutschen Arbeiterklasse entsprach, da, wie er schrieb[68], die proletarischen Massen am meisten unter den Schrecken einer Invasion feindlicher Heere zu leiden hätten.

Auf die Innenpolitik eingehend, bestätigte Noske all denen, die es wissen wollten, daß der Burgfrieden bis zum Ende des Krieges eingehalten werde und daß die Sozialdemokratie erst dann ihre Forderungen zu einer Neuorientierung der deutschen innenpolitischen Verhältnisse geltend machen werde. Noske sah also völlig davon ab – und damit befand er sich ebenfalls auf der offiziellen Parteilinie[69] –, für die Bewahrung des Burgfriedens eine Gegenleistung einzufordern. Angesichts des Kriegszustandes, in dem sich das Reich befand, durfte nicht gedrängt werden, lautete die Parole. So entwickelte denn auch Noske keinen konkreten Forderungskatalog, sondern beließ es dabei, in allgemeinen Formulierungen von der Notwendigkeit »gründlicher Reformarbeit« zu sprechen, die zu leisten sei, weil die herrschenden Klassen »schwere Fehler in unserer inneren Politik« gemacht hätten, »wie das hartnäckige Festhalten an überlebten Einrichtungen und die Versagung der Gleichberechtigung der Arbeiterklasse auf den verschiedensten Gebieten«[70]. Wie ersichtlich, war Noskes Ton äußerst gemäßigt, ganz der Burgfriedensmentalität angepaßt.

Den Vertretern der herrschenden Klassen, mit deren Versäumnissen er die Berechtigung sozialdemokratischer Reformforderungen begründete, baute er noch eine weitere Brücke. »Bei kluger Einsicht«, schrieb er, sowie bei der Fortsetzung des jetzt während der Kriegszeit begonnenen Zusammenwirkens mit der Sozialdemokratie, müsse sich die Reformarbeit auch »im Guten« regeln lassen und den Auseinandersetzungen könne dann die »früher übliche Schärfe« genommen werden. Die Sozialdemokratie jedenfalls, betonte Noske, sei zu »tätiger, positiver Mitarbeit«[71] beim Wiederaufbau des neuen Deutschland bereit. Indem er damit den Bürgerlichen ein Angebot zur Zusammenarbeit über den kriegsbedingten Burgfrieden hinaus machte, paßte sich Noske

[67] Ebda., S. 19.
[68] Weitere Argumente Noskes für einen deutschen Sieg ebda., S. 19.
[69] Vgl. etwa Scheidemanns Aufsatz »Zur Neuorientierung der inneren Politik«. In: Die Arbeiterschaft, S. 58–67. Dort wurde ebenfalls zum Ausdruck gebracht, daß eine Neuordnung der inneren Politik erst »nach dem Kriege« eingefordert wurde, S. 58.
[70] Noske, Der Krieg und die Sozialdemokratie, S. 20.
[71] Ebda.

nahtlos in die Intentionen ein, die der von Thimme und Legien herausgegebene Sammelband insgesamt verfolgte.

Aus diesem Verständnis des Burgfriedens heraus erklärt sich der im nachhinein schwer begreifbare Tatbestand, daß die sozialdemokratische Mehrheit die preußische Wahlrechtsfrage bis zum Jahre 1917 nicht in den Vordergrund rückte, sondern sich statt dessen – absurd genug – mit den Kritikern in den eigenen Reihen auseinandersetzte, die darauf drängten, die Burgfriedenspolitik aufzukündigen, da das Stillhalten der Partei von der Reichsleitung für ihre Eroberungspläne mißbraucht werde.

Noske war in dieser Zeit einer der vehementesten Verfechter der Burgfriedenspolitik. In einer Reichstagsfraktionssitzung hielt er der linken Minderheit Ende 1915 vor: »Jetzt ist die Kampfesfront noch gegen die Feinde des Landes. Dafür haben wir zusammenzustehen bis auf den letzten Mann und ohne Unterschied der Partei. Wenn jene Kampfesfront erst einmal überflüssig ist in Ost und West gegen die Feinde, die immer noch bereit und dabei sind, unausdenkbares Elend über die deutschen Arbeiter zu bringen, dann wird sich auch von selbst die innere Kampfesfront wieder herstellen. Was aber Haase und Genossen tun wollen, das jagt diese Kampfesfront auseinander und schwächt unsere Stellung[72].« Hier wird unmittelbar deutlich, wie Noske die Kriegspolitik der Regierung ohne jeden Vorbehalt unterstützte und es rigoros ablehnte, neben dem nationalen Gesichtspunkt auch das traditionelle Klassenschema als Orientierungshilfe für die Formulierung sozialdemokratischer Politik während des Krieges einzusetzen.

Wenn Noske gleichwohl auch während der Kriegsjahre in der innerparteilichen Kommunikation gelegentlich Klassenkampfvokabular benutzte, so hatte dies Gründe, die jedenfalls nicht in möglichem Zweifeln an der Richtigkeit der Burgfriedenspolitik gesucht werden dürfen. Da die Arbeiterinteressen nach seiner Überzeugung identisch mit den nationalen Interessen waren und diese mit dem von Hugo Haase und seinen Freunden vertretenen »Kosmopolitismus« nichts zu tun hatten, konnte Noske ohne Gewissensnöte sagen: »Niemand denkt an eine Abschwächung des Klassenkampfes. Auch heute geben wir der Regierung kein Vertrauensvotum. Aber wir dürfen keine Politik betreiben, die die russischen Kosaken ins Land bringen würde[73].« Für Noske war die Zukunft der deutschen Arbeiterklasse identisch zu sehen mit der wirtschaftlichen Zukunft Deutschlands insgesamt[74], und diese konnte nur garantiert werden durch eine erfolgreiche Kriegführung.

Was daneben noch als »Klassenkampf« firmieren konnte, war allen-

72 SPD-Reichstagsfraktion, Bd II, Nr. 389b, Sitzung vom 20. 12. 1915, S. 130 f.

73 So Noske in der Sitzung des SPD-Parteiausschusses 7.–9. 1. 1916. Siehe: SPD-Parteiausschuß, Bd I, S. 249 f.

74 Vgl. Noskes Rede, Verhandlungen RT, Bd 314, 24. 10. 1918, S. 6213.

falls das parlamentarische Eintreten der SPD für sozialpolitische Forderungen[75], besonders für die Beseitigung kriegsbedingter Mißstände, etwa in der Lebensmittel- und Kohleversorgung oder in der Handhabung des Belagerungszustandes durch die Militärbehörden, in der Pressezensur und in der Beschränkung der Versammlungsfreiheit. Unter sozialpolitischen Aspekten prangerten die beiden sozialdemokratischen Reichstagsfraktionen – hierin durchaus einig – auch den Preiswucher an sowie die Steuergesetzgebung, die nicht in der Lage war, der üblen Kriegsgewinnlerei Einhalt zu gebieten. In diesen Rahmen paßte sich Gustav Noskes Kampf gegen die Kriegsgewinnlerei in der Rüstungsindustrie ein, über den gesondert[76] zu berichten sein wird.

Mit der Unterstützung der Kriegspolitik der kaiserlichen Regierung ging, je länger der Krieg dauerte, eine deutliche Annäherung der sozialdemokratischen Mehrheit[77] an den nationalen Staat einher. Für Noske und seine politischen Freunde wurde dieser Staat, obwohl er sich seit Kriegsbeginn erneut als reformunfähig erwiesen hatte und obwohl die Regierung die Machtstellung der konservativen Interessen nicht angetastet hatte, immer mehr als ein Rahmen anerkannt, von dem aus man eines Tages eine erfolgversprechende Reformpolitik würde gestalten können.

Typisch für diese sehr weitgehende Identifikation mit dem bestehenden Staat war eine Rede, die Gustav Noske anläßlich der Haushaltsberatungen 1917 im Plenum des Reichstages hielt[78]. Im innenpolitischen Teil dieser Rede wurde zwar erneut die Notwendigkeit einer gründlichen Neugestaltung der Verhältnisse in Deutschland durch rasche Reformarbeit betont. Aber das Drängen auf Erfüllung dieser Reformwünsche blieb äußerst moderat, wie Noske auch auf einmal ungewöhnlich anerkennende Worte[79] für dieses Deutsche Reich fand. Herausgefordert durch Stimmen aus dem Ausland, die Deutschland mit dem zaristischen Rußland verglichen, das in Noskes Vorstellungswelt als »das Bollwerk aller Reaktion«[80] galt, erklärte er nun in einer patriotischen Aufwallung: »Da mache ich nicht mit. Wir hatten und haben sehr vieles noch an den deutschen Einrichtungen auszusetzen. Aber Deutschland ist doch seit Jahrzehnten das Land des allgemeinen, gleichen, geheimen Wahlrechts, das Land der größten Arbeiterorganisationen der Welt, das Land blühender Arbeitergenossenschaften; es besitzt eine Sozialpolitik, die sehr verbesserungsfähig ist, die wir aber doch

[75] Vgl. zusammenfassend Miller, Burgfrieden, S. 246 ff.
[76] Siehe Kapitel IV/5.
[77] Dies generalisierend Grebing, Arbeiterbewegung, S. 140. Grebing spricht von einer vollkommenen Identifizierung mit dem nationalen Staat.
[78] Noskes-Rede vom 29. 3. 1917, Verhandlungen RT, Bd 209, S. 2835–2842.
[79] Torke, Staat und Partei, S. 655, wertet diese Passage der Noske-Rede als eine »Lobeshymne« auf den kaiserlichen Staat.
[80] Noske, Verhandlungen RT, Bd 209, 29. 3. 1917, S. 2838.

nicht missen wollen[81].« Das autoritäre deutsche Regierungssystem, das sich zu diesem Zeitpunkt de facto zu einer Militärdiktatur der Obersten Heeresleitung entwickelt hatte, bezog Noske in dieses Lob selbstverständlich nicht ein. Aber bei der Lektüre seiner Rede vom März 1917 wundert man sich doch, mit welch mildem Vokabular der sonst so wortgewaltige und, wenn nötig, auch grobe Redner Noske die Abschaffung des preußischen Dreiklassenrechts anmahnte, um dann, ohne jede Drohgebärde gegenüber der Regierung, zu schließen: »Das Volk muß deswegen doch dem Vaterlande weiter geben, was zu seiner Sicherung erforderlich ist. Ganz gewiß nicht Junkern und Kapitalisten zuliebe, sondern zur Sicherung der eigenen Haut[82].«

3. Noskes Frontbesuche

Nicht ganz zu Unrecht ist Gustav Noske gelegentlich mit Ludwig Frank verglichen worden, dem Mannheimer sozialdemokratischen Reichstagsabgeordneten jüdischer Konfession, der sich am Beginn des Ersten Weltkrieges freiwillig zum Kriegsdienst meldete und mit dieser Tat ein weithin sichtbares Zeichen setzte[83]. Frank war sozusagen der lebende Beweis für die Glaubwürdigkeit der Erklärung der sozialdemokratischen Reichstagsfraktion vom 4. August 1914: »In der Stunde der Not lassen wir das Vaterland nicht im Stich.« In seinem letzten Brief schrieb er den pathetischen, wohl nur aus der damaligen Kriegsbegeisterung heraus zu verstehenden Satz: »Das Blut für das Vaterland fließen zu lassen ist nicht schwer und umgeben von Romantik und Heldentum[84].« Ludwig Frank wollte jedoch keineswegs zur Demonstration seiner politischen Ziele einen freiwilligen Heldentod sterben, sondern er hatte, wie er in demselben Brief schrieb, »den sehnlichen Wunsch, den Krieg zu überleben und dann am Innenbau des Reiches mitzuschaffen«[85]. Das war ihm nicht vergönnt: »Am 3. September 1914, nur drei Tage nachdem er von Mannheim mit Mannschaftsersatz für das 2. Badische Grenadier-Regiment Nr. 110 ins Feld gerückt war, fiel er bei Noissoncourt [in Lothringen, d. Verf.] in seinem ersten

[81] Ebda., S. 2839.
[82] Ebda., S. 2842.
[83] Vgl. S. Grünebaum, Ludwig Frank. Ein Beitrag zur Entwicklung der deutschen Sozialdemokratie, Heidelberg 1924; Ludwig Frank, Aufsätze, Reden und Briefe. Ausgew. und eingel. von Hedwig Wachenheim, Berlin 1925; R. G. Haebler, In Memoriam Ludwig Frank, Mannheim 1954.
[84] Faksimile dieses Briefes Franks vom 23. 8. 1914 (»Ludwig Franks letzter Gruß«) in: Deutsche jüdische Soldaten 1914–1945. Hrsg. vom Militärgeschichtlichen Forschungsamt, Freiburg 1982, S. 17; fortan zit.: Deutsche jüdische Soldaten.
[85] Ebda.

Gefecht durch Kopfschuß[86].« Frank galt – und dies nicht erst nach seinem Tode – als einer der fähigsten Politiker der damaligen Sozialdemokratie.

Was ihn bei aller charakterlichen Verschiedenheit mit Noske verband, war seine auf praktische Reformpolitik ausgerichtete Einstellung, die er eher noch konsequenter verfocht als Noske. Frank haßte die radikale Phrase und setzte sich früher als andere für die Budgetbewilligung[87] – zunächst in den Landtagen – ein, die er als eine notwendige Konsequenz des Reformismus betrachtete. Im unmittelbaren Vorfeld des Ersten Weltkrieges drängte Frank auf eine frühzeitige öffentliche Festlegung der SPD im Sinne einer Bejahung der Landesverteidigung[88]. Er wurde seit dem 25. Juli 1914 zur Schlüsselfigur einer Gruppe von etwa 30 sozialdemokratischen Abgeordneten des rechten Parteiflügels, die zum Disziplinbruch bereit waren, sollte sich ihre Fraktion nicht für die Kreditbewilligung entscheiden. Ob Noske dieser Gruppe angehörte, ist nicht bekannt. In der Sache war er zweifellos einer der ihren, nicht aber unbedingt in der Frage des Disziplinbruchs, für den Noske möglicherweise nicht zu haben gewesen wäre.

Gewiß waren es nationale, patriotische Motive, die Franks Haltung in den Wochen um den Kriegsbeginn herum maßgeblich bestimmten. Hinzu kam bei ihm aber ein innenpolitisches Kalkül, das sich so ausgeprägt weder bei Noske noch bei anderen führenden Parlamentariern des rechten Flügels seiner Partei nachweisen läßt. Frank erwartete nämlich, »die Arbeiterbewegung werde durch ihre bestandene Bewährungsprobe in patriotischer Zuverlässigkeit die Hindernisse überwinden können, die ihrer politischen und sozialen Gleichberechtigung in Staat und Gesellschaft bis dahin im Wege gestanden haben«[89].

In einem Brief von Ende August 1914 brachte er diese Politik auf den plakativen Nenner: Die Sozialdemokratie führt »für das preußische Wahlrecht einen Krieg«[90]. Wenn dies ganz konkret gemeint war, und daran zu zweifeln gibt es keinen Grund, dann konnte sich die Parteimehrheit durchaus nicht als Vollstrecker der Ideen Ludwig Franks[91] betrachten; denn sie unternahm während des gesamten Ersten Weltkrieges keine nachdrückliche politische Aktion, um den Fall des preußischen Dreiklassenwahlrechts zu erzwingen.

Trotz dieser vielleicht nicht in allen Nuancen übereinstimmenden Motivation galten Frank wie Noske als herausgehobene Befürworter der Politik des 4. August. Daher lag die Frage nahe – und sie wurde

[86] Heinrich Walle, Deutsche jüdische Soldaten 1914–1945. In: ebda., S. 29.
[87] Noske, Erlebtes, S. 33.
[88] Zu Ludwig Franks Aktion vom Juli 1914 vgl. Miller, Burgfrieden, S. 46–48.
[89] Ebda., S. 71 f.
[90] Zit. nach ebda., S. 72.
[91] Vgl. Kapitel IV/2 »Burgfrieden statt Klassenkampf«.

auch tatsächlich gestellt[92] –, weshalb der eine seine politische Haltung mit der demonstrativen Meldung als Kriegsfreiwilliger unterstrich und der andere nicht. Die Antwort ist eher trivial: Noske hatte nie gedient, war nie Soldat gewesen, und kam als Ungedienter, über 45 Jahre alt, nicht mehr als Soldat in Betracht[93]. Wie wir aus seiner Selbstbiographie wissen, war er »als Kind schwächlich und ohne Muskeln, und noch den Zwanzigjährigen hat man für einen Schwindsuchtkranken gehalten«[94]. Nach einer Auskunft von Noskes Tochter Hanna[95] war ihr Vater in seinem wehrpflichtigen Lebensalter lungenkrank und wurde daher ausgemustert, d. h. nicht zum Militärdienst zugelassen. Andernfalls – diese Spekulation mag erlaubt sein – hätte sich Noske mit großer Wahrscheinlichkeit seinem hochgeschätzten[96] Freund Ludwig Frank angeschlossen. Seinem ganzen Temperament nach hätte dies nahegelegen[97]. Bei allem, was an Noske und seiner Politik je kritisiert worden ist: niemand hat ihm je Mangel an Mut und Einsatzfreudigkeit nachgesagt.

An die Front geriet Noske dennoch sehr rasch, und zwar als Kriegsberichterstatter. Den Anstoß dazu gab Curt Baake[98], seinerzeit Herausgeber einer sozialdemokratischen Parlamentskorrespondenz und später, nach der Revolution von 1918, Unterstaatssekretär in der Reichskanzlei. Baake empfand es als mißlich, daß die sozialdemokratische Presse in den ersten Wochen des Krieges ohne eigene Berichte vom Kriegsschauplatz war und fragte daher Noske, ob er, der ja neben seiner Abgeordnetentätigkeit nach wie vor als Redakteur der Chemnitzer »Volksstimme« arbeitete, gewillt sei, diesem Mangel abzuhelfen. Als Fotograf sollte ihn Dr. Adolph Koester begleiten[99]. Der 1883 geborene, also im Vergleich zu Noske um 15 Jahre jüngere Koester hatte Theolo-

92 Czisnik, Noske, S. 28.

93 Noske, Wie ich wurde, S. 6; ders., Erlebtes, S. 44; Czisnik, Noske, S. 28; die durch die Literatur (z. B. Prager, Gebot der Stunde, S. 181) geisternde Behauptung, Noske sei Unteroffizier gewesen, ist unzutreffend.

94 Mitteilung von P. A. Silbermann im Vorwort zu Noske, Wie ich wurde, S. 6.

95 Diese Auskunft gab Frau Hanna Hoffmann-Noske am 7. 1. 1965 W. Böhnke. Vgl. Böhnke, Frontbesuch, S. 430.

96 Vom »vortrefflichen, klugen Ludwig Frank« ist die Rede in: Noske, Erlebtes, S. 33; und ebda., S. 44, bezeichnete Noske ihn als »einen der besten deutschen Sozialdemokraten«. Gleichzeitig würdigte er ihn durch die Wiedergabe eines Textes von August Winnig, geschrieben zu Franks fünftem Todestag 1919.

97 Daß Noske an sich gerne Soldat geworden wäre, geht aus seinem Satz hervor: »Eine andere militärische Verwendung [denn als Kriegsberichterstatter, d. Verf.] kam für einen Sozialdemokraten ohne akademische Bildung nicht in Frage, während bürgerliche Abgeordnete bald in den verschiedensten Uniformen herumliefen.« Noske, Erlebtes, S. 44 f.

98 Ebda.

99 Zur Vita Koesters vgl. die Biographie von Kurt Doß, Reichsminister Adolf Köster 1883–1930, Düsseldorf 1978, S. 30. Koesters politische Karriere begann erst nach dem Weltkrieg. Im Kabinett Hermann Müller war er kurzfristig (April bis Juni 1920) Reichsaußenminister, und im Kabinett Wirth bekleidete er ab Oktober 1921 etwa ein Jahr lang das Amt des Reichsinnenministers.

gie und Philosophie studiert, war wegen seines ausgeprägten sozialen Empfindens 1906 zur SPD gestoßen und kannte Noske, mit dem ihn das Interesse an der Kolonialpolitik verband, bereits aus der Vorkriegszeit. Wie dieser war er unter anderem als Journalist für sozialdemokratische Zeitungen tätig. Noske und Koester[100] fuhren also im Herbst 1914 als Kriegsberichterstatter an die Westfront.

Über diesen ersten Frontbesuch Noskes sind wir insofern gut informiert, als zum einen sein handschriftliches Kriegstagebuch[101] erhalten geblieben ist und zum anderen das bereits erwähnte, von Koester und Noske gemeinsam verfaßte Buch mit dem Titel »Kriegsfahrten durch Belgien und Nordfrankreich«[102] vorliegt, in dem die Reiseberichte, die zunächst in mehreren sozialdemokratischen Zeitungen Deutschlands und Österreichs abgedruckt worden waren[103], noch einmal zusammengefaßt als selbständige Veröffentlichung publiziert wurden. Aus Noskes handschriftlichen Aufzeichnungen wissen wir, daß sich seine Zusammenarbeit mit Koester nicht immer problemlos gestaltete[104], weil dieser den ungeheuren Reise-, Besichtigungs- und Arbeitsdrang Noskes nicht widerspruchslos hinnahm und sich gelegentlich nur noch so zu wehren wußte, daß er einfach seine Koffer nicht packte, um so das Tempo zu verlangsamen.

Noskes Interessen während dieser Reise waren in erster Linie journalistischer Natur. Die politischen Gespräche mit belgischen Sozialisten in Brüssel kamen wohl eher zufällig zustande und verliefen offensichtlich wenig erfreulich[105], da die beiden Deutschen nach dem Eindruck eines belgischen Gesprächsteilnehmers wie »offizielle Abgesandte der deutschen Regierung« auftraten[106], also offenbar kein Bedauern über die gewaltsame Verletzung der belgischen Neutralität äußerten. Zu einer Verständigung kam es lediglich in einer sozialen Angelegenheit. Als Noske erfuhr, in welch schlechter Lage sich die Brüsseler Ar-

[100] Obwohl in der Sekundärliteratur »Adolf Köster« geschrieben, wird hier der Name in der von K. selbst benutzten Weise »Adolph Koester« verwendet, vgl. Kapitel I/3, Anm. 38.

[101] G. Noske, Kriegstagebuch 1914. Original sowie eine masch. Abschrift (16 Seiten), AdsD, Nachlaß Noske, Teil I, Dok. 60; fortan zit.: Noske, Kriegstagebuch 1914. Dieses Kriegstagebuch wurde aufgefunden und erstmals in der Form eines kleinen Zeitschriftenaufsatzes ausgewertet bei Böhnke, Frontbesuch. In dieser Abhandlung wurde Koester/Noske, Kriegsfahrten unverständlicherweise nicht herangezogen.

[102] Koester/Noske, Kriegsfahrten.

[103] Vgl. ebda., Vorwort, S. 3.

[104] Noske, Kriegstagebuch 1914, S. 12 ff., Eintragungen vom 12., 18., 21. und 23. 10. 1914.

[105] Vgl. Noske, Kriegstagebuch 1914, S.4, Eintragungen vom 23. und 24. 9. 1914. Von den belgischen Sozialisten erfuhren Koester und Noske auch, daß Karl Liebknecht bereits vor ihnen in Brüssel gewesen war und die dortigen Genossen über Interna der SPD-Fraktion informiert hatte. Zum politischen Inhalt der Gespräche Noskes in Brüssel vgl. Kapitel IV/6.

[106] Emile Royer, German Socialists and Belgium, London o.J. [1915], S. 33 f.; zit. nach Miller, Burgfrieden, S. 207, Anm. 11.

beiter befanden, weil es an Mehl und Kohlen mangelte[107], versprach er sofort, sich für die Freigabe von entsprechenden Transporten einzusetzen. Zu einer Verbesserung des Klimas zwischen belgischen und deutschen Sozialisten der Richtung Noskes ist es dadurch jedoch nicht gekommen. Zwar vertrat die SPD während des ganzen Krieges die Forderung, daß Belgien nach dem Kriege wiederhergestellt werden müsse; sie begab sich jedoch wegen der völkerrechtswidrigen Neutralitätsverletzung nicht in einen Konflikt mit der eigenen Regierung[108] und wurde daher von den belgischen Sozialisten nicht als Gesprächspartner akzeptiert. Die Frontberichte Koesters und Noskes paßten sich in diese Politik der Gleichgültigkeit insofern ein, als sie sich jeder politischen Kommentierung und Wertung enthielten und dadurch indirekt die deutsche Kriegspolitik in Belgien rechtfertigten.

Über ihr journalistisches Interesse teilten Noske und Koester mit: »Zweck der Reise konnte nicht sein, journalistisch mit der Berichterstattung der bürgerlichen Presse in Konkurrenz zu treten. Auch militärisch-strategische Interessen kamen für uns nicht sonderlich in Betracht. Noch weniger beabsichtigten wir, Kriegsgreuel zu sammeln oder die Schrecken des Krieges durch mildernde Feuilletons vergessen zu machen. Wir wollten nichts weiter, als diese große Massenaktion, die man Krieg nennt, möglichst nahe und möglichst vorurteilslos auf uns wirken zu lassen – und zwar den Krieg nicht nur als militärisches, sondern auch als soziales Phänomen, in seiner Wirkung auf Wirtschaft und Staat, auf Land und Menschen, auf die Psyche der Sieger und Besiegten[109].« Gewiß war diese Erklärung mit dem Blick auf die militärische Zensur[110] formuliert. Darüber hinaus waren die beiden sozialdemokratischen Kriegsberichterstatter jedoch auch freiwillig bereit, ihren Gegenstand zu entpolitisieren.

Eine Analyse der Kriegsberichte Noskes gibt interessante Aufschlüsse über seine Denkweise und seine Vorstellungswelt. Noske nahm es – ähnlich wie in der Rechnungskommission des Reichstages mit den Zahlen – sehr genau, wenn es um das Recherchieren von Fakten ging. Als er zum Beispiel die Verantwortlichkeit für die teilweise Zerstörung der belgischen Stadt Löwen[111] untersuchte, ging er mit größtmöglicher Gründlichkeit vor und machte in seinem Bericht gleichwohl kenntlich, daß das »letzte Wort« über den Vorgang noch nicht gesprochen werden könne. Er schrieb mit der Konkretheit des langjährigen Journalisten, legte Wert auf Präzision und Sachlichkeit der Darstellung, verzichtete aber fast durchgängig darauf, seine Beobachtungen zu reflek-

[107] Noske, Kriegstagebuch 1914, S. 4, Eintragungen vom 23. und 24. 9. 1914.
[108] Miller, Burgfrieden, S. 205 ff.; vgl. auch Kapitel IV/6.
[109] Koester/Noske, Kriegsfahrten, S. 3.
[110] Vgl. den entsprechenden versteckten Hinweis ebda., S. 4.
[111] Vgl. das Kapitel »Die Wahrheit über Löwen«, ebda., S. 21–27.

tieren, was er selbst mit der Absicht begründete, seine Berichte durch die Unmittelbarkeit[112] des Erlebten wirken zu lassen.

Die deutsche Kriegsmaschinerie betrachtete Noske nicht ohne Bewunderung. Dem »Uhrwerk der Schlacht«[113], womit er die militärische Organisation der Kampfhandlungen meinte, zollte er staunende Anerkennung, war aber weit entfernt von jenen idealistischen Überhöhungen des Kriegserlebnisses und von jenem Heldenpathos, das andere Autoren während dieses Krieges kultivierten. Wenn Noske den langsamen Rückmarsch Verwundeter beschrieb und in diesem Vorgang das wahre Gesicht des Krieges erkannte, so wird hier sein soziales Mitempfinden deutlich[114]. Liest man sein zum privaten Gebrauch bestimmtes Kriegstagebuch parallel zu den Zeitungsartikeln, so fällt – neben dem Verzicht auf politische Aussagen – auf, daß Noske einige Vorfälle, die seinem ausgeprägten Ordnungsdenken zuwider waren, zwar aufnotierte, aber nicht veröffentlichte, so zum Beispiel die »tollen Dinge«, die sich in Maubeuge abgespielt hatten, nämlich von deutschen Soldaten verübte Diebstähle, Verwüstungen und Plünderungen[115], oder das offenbar häufig praktizierte betrügerische Requirieren französischer Kraftfahrzeuge[116]. Vor dem Kriege hätte Noske negative Vorkommnisse dieser Art mit unnachsichtiger Strenge im Plenum des Reichstages angeprangert. Jetzt schrieb er sie lediglich in sein privates Kriegstagebuch. Wiederum war es nicht die militärische Zensur, die ihn so handeln ließ, sondern sein eigenes Verständnis von Patriotismus in der Situation des Verteidigungskrieges, in der er Deutschland sah.

Noske betrachtete seine Frontbesuche auch als eine Fortsetzung seiner vor dem Kriege unternommenen Truppenbesuche, auf die er schon damals großen Wert legte, weil er sich nicht aus zweiter Hand informieren lassen, sondern sich »an Ort und Stelle ein eigenes Urteil bilden« wollte[117]. »Insgesamt habe ich wohl gegen fünfzehn Wochen unmittelbar an der Front in den Jahren 1914, 1915, 1916 zugebracht, und zwar habe ich auf meinen verschiedenen Reisen immer wieder nach Möglichkeit stundenlange Märsche in den vordersten Gräben gemacht [...] Auch in Polen[118] und Kurland bin ich wochenlang an der Front gewesen [...] 1917 machte ich noch einen Besuch in Pola und auf einem kleinen österreichischen Schiff eine Fahrt durch die Adria

112 Noske, Erlebtes, S. 45.
113 Koester/Noske, Kriegsfahrten, S. 38–40.
114 Ebda., S. 40 f.; dieses Motiv wird besonders betont von Böhnke, Frontbesuch, S. 431 und 434.
115 Noske, Kriegstagebuch 1914, S. 6 f., Eintragung vom 29. 9. 1914.
116 Ebda., S. 7, Eintragung vom 1. 10. 1914.
117 Noske, Wie ich wurde, S. 28.
118 Vgl. seine Berichte in der »Volksstimme« (Chemnitz).

nach Cattaro[119].« Noske wollte auf diese Weise »möglichst viel vom Leben unserer Truppen im Felde durch eigenen Augenschein kennenlernen«[120], erstens, um seine Erfahrungen in Zeitungsartikeln zu verwerten, zweitens, um als Militärexperte seiner Fraktion kompetent mitreden zu können, wenn die entsprechende Materie im Reichstag oder im Hauptausschuß behandelt wurde. Noskes Kriegsberichte für die sozialdemokratische Parteipresse waren, so die Worte seines Freundes, des Reichstagsabgeordneten Wilhelm Keil[121], »stets auf den wärmsten Ton der Verteidigung des Vaterlandes gestimmt«. Sie wurden – laut Keil – in der Mehrzahl der Parteizeitungen abgedruckt.

Was die Frontbesuche für Noske zusätzlich wertvoll machte, war die Tatsache, daß er durch sie mit einer Vielzahl von Soldaten aller Dienstgrade bekannt wurde. Zum Teil sollten sie in seiner späteren Ministerzeit eine Rolle spielen. So lernte er zum Beispiel während seines Frontbesuches im Adria-Hafen Pola (Istrien) im Sommer 1917 Kapitän zur See Püllen[122] kennen, der dort als Führer der U-Boote im Mittelmeer tätig war. Im November 1918 kam Noske, der zu diesem Zeitpunkt in der Ostseestadt Kiel als Gouverneur amtierte, diese Bekanntschaft zustatten[123]. Den General v. Lüttwitz, der 1919/20 zu seinem größten Widersacher unter den Militärs werden sollte, lernte Noske bereits im Herbst 1914 in Namur kennen, wo ihm der General »außerordentlich liebenswürdig und hilfsbereit« gegenübertrat[124].

4. Der Baralong-Fall

Anfang 1916 erregte der Baralong-Fall[125] in starkem Maße die Gemüter in Deutschland. Der Darstellung der deutschen Regierung zufolge[126] war folgendes vorgefallen: Am 19. August 1915 hatte der getarnte britische Hilfskreuzer Baralong ein deutsches Unterseeboot beschos-

119 Noske, Wie ich wurde, S. 29. Über den Besuch in Pola vgl. die handschriftlichen Aufzeichnungen Noskes, AdsD, Nachlaß Noske, Teil I, Dok. Nr. 61.
120 Noske, Wie ich wurde, S. 29.
121 W. Keil, Meine Beziehungen zu Gustav Noske, AdsD, Nachlaß Keil, Mappe 13.
122 Vgl. die handschriftlichen Aufzeichnungen Noskes über seinen Besuch der Adria-Häfen im Juli/August 1917, AdsD, Nachlaß Noske, Teil I, Dok. Nr. 61, Eintragung vom 30. 7. 1917.
123 Vgl. dazu Kapitel V/7.
124 Noske, Kriegstagebuch 1914, S. 3, Eintragung vom 21. 9. 1914.
125 Vgl. den Artikel »Baralong-Fall« in: Wörterbuch des Völkerrechts. Hrsg. v. H.-J. Schlochauer, Bd 1, Berlin 1960, S. 157 f.; sowie das Kapitel »Die Mordtat des ›Baralong‹ am 19. August 1915« in: Der Völkerkrieg. Eine Chronik der Ereignisse seit dem 1. Juli 1914. Bearb. und hrsg. von C. H. Baer, Bd 18, Stuttgart o. J. [1919], S. 63–68. Weiterhin: Arno Spindler, Der Handelskrieg mit U-Booten, Bd 2, Berlin 1933, S. 250 ff.
126 Vgl. die Denkschrift der deutschen Regierung zum Baralong-Fall. In: Schultheß, EGK 1915 I, S. 564–567.

sen und versenkt. Die schiffbrüchigen deutschen Seeleute, die sich zu retten versuchten, wurden von der Mannschaft der Baralong durch Geschütz- und Gewehrfeuer getötet. Erschossen wurde auch der Kommandant des deutschen U-Bootes, obwohl er, im Wasser schwimmend, die Hände zum Zeichen der Übergabe erhoben hatte. Diese Darstellung des Sachverhalts stützte sich auf die beeideten Aussagen von sechs amerikanischen Zeugen[127], die sich zur fraglichen Zeit auf dem britischen Dampfer Nicosian, in unmittelbarer Nähe des Geschehens, befunden hatten. Eine deutsche Zeitung[128] veröffentlichte deren Aussagen, ohne damit jedoch die deutsche Regierung zu einer öffentlichen Stellungnahme bewegen zu können. Denn diese hoffte den Fall auf den Kanälen der Geheimdiplomatie regeln zu können. Aufgrund der geschilderten Sachlage handelte es sich eindeutig um einen schwerwiegenden Verstoß gegen die Regeln des Kriegsvölkerrechts[129], das die Tötung von sich ergebenden und kampfunfähigen Soldaten verbot. Daher ersuchte die deutsche Regierung die britische, unverzüglich den Kommandanten der Baralong und seine Mannschaft wegen Mordes zur Verantwortung zu ziehen und nach den Kriegsgesetzen zu bestrafen[130]. Die britische Regierung[131] stellte die deutschen Vorwürfe nicht direkt in Abrede, sondern konterte statt dessen mit der Gegenrechnung, die Kaiserliche Marine habe zur fraglichen Zeit gleich zwei ähnliche Kriegsverbrechen begangen. Man solle nun, so der britische Vorschlag, diese zusammen mit dem Baralong-Fall vor ein unparteiisches Kriegsgericht bringen, das aus Seeoffizieren der USA zusammengesetzt werden sollte. In ihrer Antwort[132] verwahrte sich die deutsche Regierung gegen die britischen Anschuldigungen, lehnte den Gerichts-Vorschlag als unannehmbar ab und kündigte an, »die Ahndung des ungesühnten Verbrechens selbst in die Hand zu nehmen und die der Herausforderung entsprechenden Vergeltungsmaßnahmen zu treffen«.

Erst in dieser Phase des deutsch-britischen Notenwechsels informierte die Regierung die im Hauptausschuß des Reichstages vertretenen Abgeordneten über den Stand der Verhandlungen im Baralong-Fall. Die Zuständigkeit des Hauptausschusses ergab sich daraus, daß er

[127] Über deren Aussagen wurde zunächst am 14. 10. 1915 von der New Yorker Zeitung »World« berichtet. Siehe ebda., S. 514 f.

[128] Der Wortlaut der amerikanischen Zeugenaussagen wurde am 9. 11. 1915 von der »Norddeutschen Allgemeinen Zeitung« veröffentlicht. Siehe ebda., S. 548.

[129] In diesem Zusammenhang geht es jedoch nicht in erster Linie um eine völkerrechtliche Würdigung des Vorfalls, sondern um die Ansichten Noskes.

[130] Siehe die bereits erwähnte Denkschrift vom 28. 11. 1915. In ebda., S. 564–567.

[131] Antwort der britischen Regierung vom 14. 12. 1915 auf die deutsche Denkschrift. In: ebda., 1915 II, S. 879 f. Am 8. 1. 1916 gab die britische Regierung zudem ein »Weißbuch« über den Baralong-Fall heraus, das jedoch inhaltlich weitgehend mit der Antwortnote vom 14. 12. 1915 identisch war. Vgl. ebda., 1916 II, S. 81.

[132] Erwiderung der deutschen Regierung vom 12. 1. 1916 auf die engl. Note vom 14. 12. 1915. Siehe ebda., 1916 I, S. 7–9.

sich seit Kriegsbeginn mit zunehmendem Erfolg die Zuständigkeit eines Auswärtigen Ausschusses angeeignet hatte[133]. Der Unterstaatssekretär im Auswärtigen Amt, Zimmermann, begründete die Vertraulichkeit, mit der die Regierung die Angelegenheit bislang behandelt hatte, mit dem Hinweis, daß sie der Presse »keine Gelegenheit [habe] geben wollen, ›wilde Repressalien‹ zu empfehlen, die auf das Totschlagen von Gefangenen abzielten«[134]; auch habe man eine öffentliche Kriegszieldebatte vermeiden wollen, die sich zwangsläufig aus der Erörterung des Baralong-Falles ergeben hätte. Danach äußerten sich die Sprecher aller im Reichstag vertretenen Fraktionen, besonders zu den angekündigten Vergeltungsmaßnahmen[135]. Von dem Konservativen Graf Westarp über den Nationalliberalen Bassermann und den Zentrumspolitiker Gröber bis hin zu den Sozialdemokraten Ledebour und Noske waren sich alle Parlamentarier in der Verurteilung der englischen Reaktionen sowie im Ruf nach Vergeltungsmaßnahmen einig. Die Unterschiede in der Argumentation beschränkten sich auf Nuancen.

Noske[136] war empört über den Inhalt der englischen Note. Mit ihr, sagte er, billige die englische Regierung »nicht nur den Mord an der deutschen U-Boot-Besatzung, sondern werfe den Männern der Marine auch noch Mordlust vor«. Er bedauerte es, daß nun der U-Boot-Krieg verschärft werden sollte, äußerte aber zugleich Verständnis für diese Maßnahme: »Jedes Mittel müsse angewendet werden, um England so viel Schaden zuzufügen, wie nur möglich. Er vertraue aber darauf, daß die deutsche Marine in allen Fällen das Gebot der Menschlichkeit wahre.« Wohin er sich mit dieser Stellungnahme begeben hatte, konnte Noske sogleich erkennen, als sich der konservative Fraktionsvorsitzende Graf Westarp darüber freute, »von den Abgeordneten Noske und Ledebour zu hören, daß auch sie für eine Wiederaufnahme des U-Boot-Krieges seien«[137]. Die Parlamentarier drängten nun darauf, öffentlich zu dem Vorgang Stellung nehmen zu können.

Dies geschah dann in der Plenarsitzung des Reichstages am 15. Januar 1916[138]. Nachdem Graf Westarp als Berichterstatter des Hauptausschusses dessen »einmütige Auffassung« mitgeteilt und den Baralong-Fall als »feigen Mord« bezeichnet hatte, dem »tapfere deutsche Seehelden in ehrlicher Ausübung ihres Berufes [...] wehrlos zum Opfer gefal-

[133] Vgl. Schiffers, Hauptausschuß, S. 40.
[134] Hauptausschuß, Nr. 46, 10. 1. 1916, S. 355.
[135] Ebda., Nr. 49, 13. 1. 1916, S. 360–364.
[136] Noskes Redebeitrag ebda., S. 363. Auf diese Stellungnahme bezog sich der an anderer Stelle bereits erwähnte Brief des Kapitäns zur See Kranzbühler vom 17. 1. 1916, BA NL 46, Nr. 17, Bl. 5.
[137] Beitrag von Graf Westarp, Hauptausschuß, Nr. 49, 13. 1. 1916, S. 363.
[138] Baralong-Debatte des Reichstages in: Verhandlungen RT, Bd 306, 15. 1. 1916, S. 669–675. Westarp ebda., S. 669.

len« seien, ergriff Noske[139] als Vertreter der stärksten Fraktion das Wort. Es war seit dem Beginn des Krieges das erste Mal, daß Noske im Plenum ans Rednerpult trat. Wiederum, wie schon mit seiner Landesverteidigungsrede von 1907, war er für eine Überraschung gut. Denn keinem anderen Redner gelang es in der gleichen Weise wie Noske, die allgemeine Empörung über jenen, wie auch er sagte, »feigen Mord an braven deutschen Soldaten«, in Worte zu fassen. Seine Stegreifrede – er war erst kurz vor Beginn der Sitzung von einem Mitglied des Fraktionsvorstandes gebeten worden, für die Sozialdemokraten das Wort zu nehmen[140] – wurde, seinem eigenen Urteil zufolge, zu seinem »stärksten rednerischen Erfolg«, den er während des Krieges im Reichstag erzielte[141]. Vielleicht ist tatsächlich während des gesamten Krieges kein zweites Mal von einem sozialdemokratischen Politiker eine Rede gehalten worden, in der die vollständige Identifikation mit der deutschen Kriegspolitik auch emotional in gleicher Weise vollzogen worden wäre.

»Mit heller Empörung«, sagte Noske[142], hätten »alle Kreise des deutschen Volkes von dem Wortlaut der englischen Note zu der ›Baralong‹-Affäre Kenntnis genommen«. Es sei unbegreiflich, wie die Besatzung des englischen Hilfskreuzers deutsche Soldaten in so »bestialischer Weise« töten konnte. Dann verlangte Noske unter »lebhafter Zustimmung im ganzen Hause« Sühne für den »feigen Mord«: »Das deutsche Volk verspürt ganz und gar keine Neigung, seine U-Bootshelden von England als Freiwild behandeln zu lassen.« Die englische Antwort auf die deutsche Forderung nach Bestrafung der »›Baralong‹-Mörder« bezeichnete Noske als »das Empörendste, was wir an Zynismus während des Krieges bisher auf diplomatischem Gebiete erlebt haben«. Die Ausflüchte der englischen Regierung liefen »indirekt auf eine Billigung des Mordes an deutschen Seeleuten hinaus«. Dann ging Noske auf die englische Gegenrechnung ein: »Die englische Regierung erdreistet sich erneut, die Soldaten des deutschen Heeres und der Flotte zu beschimpfen, indem sie den Vorwurf verbrecherischer Kriegführung erhebt. Wir verwahren unsere Volksgenossen im Soldatenrock mit aller Entschiedenheit gegen eine solche Verunglimpfung.« Als er mit dieser Inschutznahme aller deutschen Soldaten den »stürmischen Beifall im ganzen Hause« hervorgerufen hatte, wagte sich Noske noch weiter vor und verfiel in jenes rassistische Vokabular, das an anderer Stelle[143] bereits erwähnt wurde.

[139] Noskes Baralong-Rede ebda., S. 669 f.
[140] Noske, Erlebtes, S. 47.
[141] Ebda.
[142] Verhandlungen RT, Bd 306, 15. 1. 1916, S. 669 f.
[143] Vgl. Kapitel III/2 »Anfechtungen durch den rassistischen Zeitgeist«. Noske hob den deutschen Soldaten ab von Menschenfleisch essenden Afrikanern.

Im weiteren Verlauf seiner Rede identifizierte Noske dann geradezu Heer und Sozialdemokratie, wenn er zum Beispiel ausführte: »Die Soldaten unseres Heeres und der Flotte stammen zum großen Teil aus unserer Mitte, gingen durch unsere politische und gewerkschaftliche Schulung, und wir wissen, daß sie nur in treuer Pflichterfüllung den Kampf und für die Sicherheit unseres Landes, für ihre Existenz und für die Zukunft ihrer Kinder führen.« Bei der deutschen Antwort auf die englische Note hätte sich Noske durchaus auch »derbere Töne« vorstellen können. Ausdrücklich billigte er das Vorhaben der deutschen Regierung, die verweigerte Sühne für das Verbrechen an deutschen Soldaten nun selbst zu erlangen zu suchen. Jede weitere Verschärfung des Krieges sei zwar zu bedauern, aber das deutsche Volk verspüre auch keine Neigung, zu dulden, »daß England mit Angehörigen der deutschen Marine und des deutschen Heeres Schindluder treibt«. Erneut erntete Noske »stürmisches Bravo im ganzen Hause«, als er ausrief: »Von unseren U-Boot-Leuten, die wir bewundern und die wir lieben, darf nicht erwartet werden, daß sie sich ruhig feigen Mordversuchen aussetzen.« Er schloß mit einer Vertrauensadresse an die Marineführung: »Zu unserer Marine und ihrer Führung habe ich das Zutrauen, daß sie verstehen werden, wenn sich die Gelegenheit dazu gibt, so empfindliche Schläge zu führen, wie wir es wünschen müssen.«

Angesichts der im Protokoll verzeichneten Stimmung, nämlich »stürmisches, langandauerndes Bravo im ganzen Hause«, wagte lediglich der Abgeordnete Karl Liebknecht ein Zischen. Die nachfolgenden Redner Spahn (Zentrum), Bassermann (Nationalliberale), Fischbeck (Fortschrittliche Volkspartei), Oertel (Konservative) und Ledebour (SPD) konnten nur noch einen müden Abklatsch dessen bringen, was Noske spontan ausgeführt hatte. Bemerkenswert war, daß auch Ledebour erklärte, er wisse sich in der Beurteilung des Falles Baralong »eins mit allen Vorrednern«[144]. Liebknechts Anlauf, »seinen Widerspruch dagegen zu erheben, daß ein an und für sich außerordentlich trauriger Fall zum Zwecke der Völkerverhetzung ausgenutzt wird«[145], wurde durch den Schluß der Debatte gestoppt.

Der König von Sachsen wollte Noske wegen seiner Baralong-Rede mit dem Verdienstkreuz auszeichnen[146]. Noskes Genosse Eduard David lobte ihn: »Vereinigung von hoher Intelligenz und energischer Tatkraft«[147]. Auch außerhalb des Reichstages fand sein Auftritt »lebhaftesten Beifall«[148]. Nur Rosa Luxemburg sah die Dinge anders: »In der fa-

[144] Ledebour in: Verhandlungen RT, Bd 306, 15. 1. 1916, S. 674.
[145] Vgl. ebda., S. 675.
[146] Kriegstagebuch Eduard David, Eintragung vom 26. 2. 1916, S. 162.
[147] Ebda.
[148] Noske, Erlebtes, S. 47.

mosen ›Baralong‹-Affäre hat sich die sozialdemokratische Fraktion durch die Rede Noskes und sein Krächzen nach blutigen Vergeltungsmaßnahmen gegen die Engländer mit so unerhörter Schmach bedeckt, daß sogar anständige bürgerliche Liberale für uns erröten müßten, wenn es noch eine solche Menschengattung in deutschen Landen geben würde[149].« Noske und seine Gesinnungsgenossen hätten in der Baralong-Affäre »durch das Aufhetzen der bestialischen Kriegsinstinkte sogar die Konservativen übertrumpft und beschämt«. Eine so distanzierte, pazifistische Stellungnahme wie die von Rosa Luxemburg war in der damaligen Zeit allerdings eine große Ausnahme. Noskes Rede dagegen traf im Kriegsjahr 1916 die Emotionen vieler Deutscher.

5. Noskes Kampf gegen »Kriegsgewinnlerei« in der Rüstungsindustrie

In der zweiten Kriegshälfte geriet Noske an ein Problem, das bis zum heutigen Tage aktuell, weil im Grunde ungelöst geblieben ist und das schon damals zu grundsätzlicher Betrachtung herausfordern konnte. Es handelte sich um die »Kriegsgewinnlerei«[150]. Mit diesem Wort belegten die Zeitgenossen das profitgierige Verhalten bestimmter Rüstungsindustrieller und Gutsbesitzer[151], die sich die Kriegskonjunktur in der Weise zunutze machten, daß sie dem Staat in skrupelloser Manier Wucherpreise für ihre kriegswichtigen Produkte abnahmen.

Wollte sich der Staat gegen diese Praktiken wehren, mußte er kurzfristig geeignete gesetzgeberische Instrumentarien entwickeln, mit deren Hilfe die Kriegsgewinne – möglichst auch rückwirkend – abgeschöpft und dann der Staatskasse wieder zugeführt werden konnten. Das Wirtschaftsgebaren der »Hyänen des Krieges«, wie die Kriegsgewinnler seinerzeit polemisch etikettiert wurden, setzte darüber hinaus jedoch die sehr viel weitergehende Frage auf die politische Tagesordnung, ob das Verhältnis von privatwirtschaftlich organisierter Rüstungsproduktion und dem Monopolabnehmer Staat nicht grundlegend überdacht werden mußte.

149 Rosa Luxemburg, Die Politik der sozialdemokratischen Minderheit [ca. Ende 1916]. In: dies., Gesammelte Werke, Bd 4, (Ost-)Berlin 1974, S. 175 f.

150 Vgl. hierzu meinen weiterführenden Aufsatz: Reichstag und »Kriegsgewinnlerei« (1916–18). Die Anfänge parlamentarischer Rüstungskontrolle in Deutschland. In: Militärgeschichtliche Mitteilungen 36/1984, S. 31–56; fortan zit.: Wette, Reichstag und »Kriegsgewinnlerei«.

151 Zur Kriegsgewinnlerei in der Landwirtschaft vgl. die Hinweise von Scheidemann, Memoiren I, S. 313–317.

Seinerzeit, in der zweiten Hälfte des Ersten Weltkrieges, waren die im Reichstag vertretenen Parteien übereinstimmend der Auffassung, daß sich der Staat ein Preisdiktat der Rüstungsindustriellen weder finanziell noch im Hinblick auf die innenpolitischen Verhältnisse in Deutschland gefallen lassen konnte. Für die deutsche Sozialdemokratie, die dem Kapitalismus gegenüber kritisch eingestellt war, bedeutete die Kriegsgewinnlerei überdies eine Herausforderung zu eben jener grundsätzlichen Betrachtung über die künftige Organisation des Rüstungssektors.

Noske war mit diesen Fragen zwischen Herbst 1916 und Frühjahr 1918 intensiv befaßt. Sie stellten für ihn durchaus kein Neuland dar, denn er hatte sich schon vor dem Kriege öffentlich mit Mißständen im militärischen Beschaffungswesen auseinandergesetzt und dabei mit Karl Liebknecht, dem wohl profiliertesten Rüstungskritiker der Vorkriegs-Sozialdemokratie, an einem Strang gezogen. Längst hatte Noske die internationalen Verflechtungen des Rüstungskapitals durchschaut und war zu der Einsicht gelangt, daß die Erwartung von Profiten im Rüstungsexportgeschäft eine maßgebliche Ursache für das deutsch-englische Flotten-Wettrüsten darstellte[152]. In seiner großangelegten Rede zum Wehretat 1913 zog er daraus den bemerkenswerten Schluß, »daß im Interesse der Erhaltung des Friedens und der Beschränkung der Rüstungen die Verstaatlichung der gesamten Rüstungsindustrie sehr dringend geboten wäre«[153]. Bezüglich des Verhältnisses von Rüstungsindustrie und Militärbürokratie hatte Noske also bereits ein beachtliches Problembewußtsein entwickelt.

Daher lag es für die sozialdemokratische Reichstagsfraktion auf der Hand, Gustav Noske in die 1916 gebildete Rüstungskommission zu entsenden[154], die offiziell die komplizierte Bezeichnung „Kommission zur Prüfung von Verträgen über Kriegslieferungen"[155] trug. Die Initiative zur Einsetzung dieses Gremiums war vom Parlament ausgegangen, und zwar von der Rechnungskommission, welcher Noske angehörte und als deren Berichterstatter er mehrfach im Reichstag das Wort er-

[152] Vgl. Verhandlungen RT, Bd 264, 14. 2. 1911, S. 4630.

[153] Ebda., Bd 290, 10. 6. 1913, S. 5428.

[154] Die SPD-Fraktion wählte in ihrer Sitzung am 10. 10. 1916 Gustav Noske und Josef Simon zu ihren Vertretern in der Kommission. Siehe: SPD-Reichstagsfraktion, Bd 2, S. 220. Simon konnte wegen Arbeitsüberlastung seine Tätigkeit in der Kommission nicht ausüben und wurde daher durch Krätzig ersetzt.

[155] Die Verhandlungen dieser Kommission wurden im Wortlaut protokolliert und gedruckt u. d. Tit.: Kommission zur Prüfung von Verträgen über Kriegslieferungen. Stenographische Berichte. – Die 1. Sitzung fand am 19. 12. 1916 statt, die 14. und letzte am 16. 2. 1918. Ein Exemplar sämtlicher Protokolle befindet sich in den Akten des Reichsmarineamts. Verwaltungsdepartement, BA-MA RM 3/v. 7763; fortan zit. „Kommission Kriegslieferungen", mit Angabe von Nummer und Datum der Sitzung. Für den Hinweis auf diese Quelle danke ich dem Kollegen Gerhard Hecker, Freiburg i. Br., der sie in seinem Buch: Walther Rathenau und sein Verhältnis zu Militär und Krieg, Boppard a. Rh. 1983, bereits teilweise ausgewertet hat.

griff[156]. Allerdings konnte der Reichstag in dieser Angelegenheit nur eine Empfehlung[157] aussprechen, aber nichts erzwingen. Die Reichsregierung empfand jedoch den Druck der Öffentlichkeit als so stark, daß sie sich entschloß, noch im Sommer 1916 besagte Kommission zu berufen.

Vom Hurra-Patriotismus bei Kriegsbeginn war in der Stimmung der deutschen Bevölkerung nämlich längst nichts mehr zu spüren. Statt dessen machte sich allenthalben Kriegsmüdigkeit breit. Mit dem berüchtigten Kohlrübenwinter 1916/17 kam dann der Hunger hinzu. Aufgrund der alliierten Blockade wurde die Ernährung der Bevölkerung in der Heimat zu einem schwerwiegenden innenpolitischen Problem, das die im April 1917 beginnende und bis zum Kriegsende nicht mehr abreißende Streikbewegung maßgeblich mit verursachte. Der öffentlich diskutierte Tatbestand, daß skrupellose Kapitalisten zu Hause phantastische Kriegsgewinne einstrichen, während der einfache Mann an der Front für das Vaterland zu sterben hatte, verdichtete sich bei vielen Menschen im Kontext mit Hunger und Kriegsmüdigkeit zu der Erkenntnis, daß sie trotz der Fronterlebnisse, die mancherorts als »Schützengrabensozialismus« interpretiert wurden, in einer Klassengesellschaft lebten[158]. Vor dem Hintergrund einer allgemeinen Unzufriedenheit mußte die Regierung ein Wiederaufleben des Klassenkampfes befürchten. Dieser aber – so die Sorge der Regierung – würde die bei Kriegsbeginn besiegelte Burgfriedenspolitik in Gefahr bringen und schließlich die militärische Position Deutschlands in Mitleidenschaft ziehen.

Vor diesem sozial- und innenpolitischen Hintergrund muß also die Entscheidung der Reichsregierung gesehen werden, die »Kommission Kriegslieferungen« einzusetzen. Sie wollte mit dieser Maßnahme die aufgebrachte Bevölkerung beschwichtigen und sich selbst ein Alibi[159] verschaffen. An einer wirklichen Problemlösung war sie dagegen, wie sich im Verlauf der Verhandlungen in der Kommission zeigen sollte, weit weniger interessiert.

Zunächst einmal verzögerte die Regierung monatelang den Zusammentritt des Gremiums, was Noske zu der öffentlichen Erklärung ver-

[156] Siehe u. a.: Verhandlungen RT, Bd 308, 7. 6. 1916, und ebda., Bd 310, 26. 9. 1918, S. 3621, wo Noske jeweils als Berichterstatter der Rechnungskommission das Wort ergriff.

[157] Text der am 7. 6. 1916 im Reichstag angenommenen Resolution, Verhandlungen RT, Bd 308, S. 1582. Siehe auch die Rede Noskes ebda., Bd 310, 26. 9. 1917, S. 3633.

[158] Die Unfähigkeit des Staates, die Kriegsgewinne angemessen zu besteuern, erhöhte die allgemeine Unzufriedenheit in der deutschen Bevölkerung nicht minder als die ausbleibende Wahlrechtsreform in Preußen. So Jürgen Kocka, Klassengesellschaft im Kriege. Deutsche Sozialgeschichte 1914–1918, Göttingen 1973, S. 127; fortan zit.: Kocka, Klassengesellschaft.

[159] Siehe dazu die offenen Bemerkungen von Vizekanzler Helfferich, Kommission Kriegslieferungen, 1. Sitzung am 19. 12. 1916, S. 1.

anlaßte, er halte es für »vollständig ausgeschlossen«, daß dem Reichstag noch während des Krieges ein Bericht mit Vorschlägen zur Beseitigung der Mißstände zugehen könne[160]. Noske führte auch Beschwerde über den Sachverhalt, daß in der »Kommission Kriegslieferungen« nicht die Abgeordneten dominierten, sondern die Regierungskommissare. Die Anwesenheitslisten der gedruckten Kommissionsprotokolle bestätigen dies. Gleichzeitig brachten sie die wirklichen Machtverhältnisse im wilhelminischen Reich symbolisch zum Ausdruck: ähnlich wie an der kaiserlichen Hoftafel rangierte nämlich der Reichstagsabgeordnete hinter dem Offizier. Schließlich litt die Arbeit der Kommission auch darunter, daß sie nicht das Recht auf eidliche Vernehmung hatte, wie es unter anderen politischen Rahmenbedingungen – in einem entwickelten parlamentarischen Regierungssystem – selbstverständlich gewesen wäre. Noske hat dieses Manko mehrfach beklagt und insgesamt davor gewarnt, in die Arbeit der Kommission übersteigerte Erwartungen zu setzen.

Gleichwohl war Noske von Anfang an die treibende Kraft des Gremiums. Der Ministerialdirektor im Reichsamt des Innern, Theodor Lewald, der in Vertretung von Reichsinnenminister und Vizekanzler Karl Helfferich mehrfach die Sitzungen des Ausschusses leitete, würdigte den sozialdemokratischen Abgeordneten in öffentlicher Reichstagssitzung als »das tätigste und führende Mitglied dieser Kommission«[161]. In der Tat war es Noske, der bereits in der ersten Sitzung – übrigens als einziger – ein inhaltliches Programm für die Kommissionsarbeit entwickelte, das die Möglichkeit bot, die vielschichtige und schwierige Materie angemessen zu behandeln. Er wollte besonders die Art der Auftragsvergabe durch die Heeresverwaltung, die Provisionen und die brisante Frage der Zwischengewinne untersucht sehen[162]. Schon bei dieser Gelegenheit kündigte er an, daß er sich keinesfalls mit der Entgegennahme von Vorträgen abspeisen lassen werde, sondern daß sich die Vertreter der Reichsämter darauf einstellen müßten, daß er »an die Einzelheiten herankommen« wolle[163]. Bei alledem blieb Noske jedoch im Ton durchaus moderat, da er das Klima in der Kommission nicht durch vorzeitige Angriffe gegen die Regierungsvertreter belasten wollte. So sprach er zum Beispiel nicht von Skandalen, wie dies in der Presse gang und gäbe war, sondern von »Ungehörigkeiten« und »Fehlern«, die gemacht worden seien, und Helfferich kam er mit der Bemerkung entgegen, daß er an der Lauterkeit der Masse der Beamten keinen Zweifel hege und daß es für manche »Bemängelungen« sicherlich entschuldbare Gründe gebe.

[160] Verhandlungen RT, Bd 310, 26. 9. 1917, S. 3622 f.
[161] Ebda., S. 3623.
[162] Kommission Kriegslieferungen, 1. Sitzung am 19. 12. 1916, S. 5.
[163] Ebda., S. 4.

Immer wieder brachte Noske die Beratungen voran. Fast regelmäßig ergriff er nach den Vorträgen als erster das Wort, um den jeweiligen Referenten mit kritischen Fragen zu konfrontieren. Dabei beeindruckte er durch detaillierte Sachkenntnisse. Er war der einzige unter den Abgeordneten in der Kommission, der mitreden konnte, wenn es zum Beispiel um die Beschaffung von Tornistern, Patronentaschen, Schanzzeug und anderem Material ging[164]. Er konnte es sich leisten, schon zu einem sehr frühen Zeitpunkt die Feststellung zu treffen, daß die Offiziere und Beamten der Heeresverwaltung vielleicht mit gutem Willen, gewiß aber nicht mit der erforderlichen Sachkenntnis gehandelt und überdies unseriösen Zwischenhändlern vertraut hätten[165]. Noske sparte auch nicht mit scharfer Kritik, wenn die vortragenden Offiziere trotz des offen zutage liegenden Tatbestands übermäßiger Profite vieler Rüstungsunternehmen noch immer – ihre eigene Beschaffungspraxis verteidigend – von »angemessenen« oder gar »niedrigen« Preisen sprachen, die von der Heeresverwaltung bezahlt wurden[166]. Was Noskes hervorgehobene Stellung in der Kommission ausmachte, war seine Fähigkeit, sich über bestimmte Vorgänge in der Grauzone des Rüstungsgeschäfts aus Quellen zu informieren, die außerhalb der Reichsbehörden lagen, während die Vertreter dieser Behörden noch immer im Nebel herumstocherten – oder dies zumindest vorgaben.

Noske demonstrierte dies am Beispiel der AEG, über die er sich genaue Informationen beschafft hatte. Er konfrontierte die Kommissionsmitglieder mit der Feststellung, die AEG habe allein bei der Weitergabe von Aufträgen der Heeresverwaltung »einen Profit von annähernd 40 Millionen Mark herausgeschlagen«, sich also mit Zwischengewinnen, ohne eigene Leistung, auf ungeheuerliche Weise bereichert[167]. Als die Behördenvertreter hierzu nichts zu sagen wußten und damit die Arbeit der Kommission objektiv behinderten, mußten sie sich von Noske einiges anhören. Er warf ihnen vor, sich bei ihren Prüfungen, die sie im Auftrage der Kommission durchführten, auf kleine Unternehmer beschränkt zu haben, statt sich an die größten Unternehmen heranzumachen, von denen die größten Gewinne erzielt worden waren[168]. Wilhelm Dittmann unterstützte ihn dabei mit der Aussage, die Behandlung der AEG sei ein Beweis dafür, daß es die Regierung nicht wage, »gegenüber dem Großkapital [...] energisch einzugreifen«[169].

Trotz der zunächst von allen Abgeordneten in der Kommission ak-

164 Ebda., 2. Sitzung am 9. 1. 1917, S. 15.
165 Ebda., S. 12 f.
166 Ebda., 3. Sitzung am 11. 1. 1917, S. 28.
167 Ebda., S. 23.
168 Ebda., S. 27.
169 Ebda., S. 28.

zeptierten Selbstbeschränkung der Arbeit auf die Überprüfung der zwischen Heeresverwaltung und Rüstungsbetrieben abgeschlossenen Lieferverträge kam es – von der Sache her notgedrungen – alsbald zu grundsätzlichen Auseinandersetzungen. Den Anlaß dazu boten die Mitteilungen eines Offizieres des Preußischen Kriegsministeriums (Ingenieur-Komitee) über die gewaltigen Kriegsgewinne der Firma »Textilunion«, die eine Monopolstellung für die Herstellung von Sandsäcken und Zeltbahnen aus Papiergarn innehatte[170].

Der zum linken Flügel der SPD-Fraktion gehörende Abgeordnete Dittmann[171], der wenig später in die USPD übertrat, sah sich aufgrund dieser Mitteilungen zu der Aussage veranlaßt, es sei für ihn eine bedrückende Vorstellung, »daß es kein wirksames Mittel gibt, diesen großkapitalistischen Vampyrgesellschaften das Handwerk zu legen, die es ganz offensichtlich darauf abgesehen haben, systematisch einen dauernden Raubzug auf die Reichskasse zu eröffnen und zu unterhalten«. Im vorliegenden Fall empfahl Dittmann der Reichsleitung, zu dem gegebenen »Radikalmittel« zu greifen und das Privatmonopol der Papiergarnverarbeitung in ein Staatsmonopol zu verwandeln und sich nicht damit zu begnügen, lediglich »Auswüchse zu verhindern und die schädlichen Folgen, die auftreten, zu mildern«. Eigenproduktion der Sandsäcke, an denen die Heeresverwaltung einen Millionenbedarf hatte, durch das Reich konnte, so Dittmann, die ungeheuren Zwischengewinne verhindern und außerdem zu höheren Löhnen führen.

Wie reagierte Noske hierauf? Er berichtete der Kommission, daß man sich im Hauptausschuß im Zusammenhang mit der Beratung des Hilfsdienstgesetzes[172] bereits mit der Frage befaßt habe, ob man mit der Übernahme der Produktion durch das Reich das Problem der unzulässig hohen Profite ausschalten könne. Er selbst habe schon dort davon abgeraten, dies während des Krieges zu tun, weil darunter das vordringliche Ziel der »raschen Produktion« von Rüstungsgütern leiden könne[173]. Noske rückte also mit Rücksicht auf die Kriegserfordernisse von seiner früheren Position eindeutig ab und trug an ihrer Stelle eine neue Idee vor: Die Heeresverwaltung sollte, so seine Empfehlung, bei der Beschaffung von Rüstungsgütern nicht bloß Sachverständige aus der Industrie heranziehen, von denen man doch gewiß nicht erwarten könne, daß sie den Profitinteressen der Unternehmer entgegenträten, sondern auch »Sachverständige aus den Arbeiterorganisationen«[174]. Diese könnten nicht nur ihre spezifische Sachkenntnis ein-

170 Mit dieser Problematik setzte sich die Kommission ausführlich auseinander, ebda., 5. Sitzung am 15. 2. 1917, S. 7–23.

171 Ebda., S. 17.

172 Wortlaut des Hilfsdienstgesetzes in: RGBl, 1916, S. 1333 ff.; zu den Beratungen im Hauptausschuß vgl.: Hauptausschuß, 113. Sitzung am 23. 11. 1916, S. 1021 ff.

173 Kommission Kriegslieferungen, 5. Sitzung am 15. 2. 1917, S. 18.

174 Ebda., S. 19.

bringen, die bei den militärischen Stellen häufig fehle, sondern auch den Profitinteressen wirksam entgegentreten und damit das Preisgebaren der Firmen kontrollieren.

Nachdem in der Kommission systemkritische Überlegungen dieser Art zumindest einmal angeklungen waren, hielt es Helfferich für hilfreich, eine mehrmonatige Beratungspause einzulegen. Als das Gremium dann um die Jahresmitte 1917 wieder zusammentrat[175] und sich Vorträge über die Beschaffung von Mundverpflegung und von Gewehren anhörte, kam Noske in einer Weise auf das Thema »Verstaatlichung der Rüstungsindustrie« zurück, die offenbar von allen Anwesenden später akzeptiert wurde: er wollte die Debatte hierüber auf »später« – bis nach dem Kriege – vertagt wissen; dann könne eine weitergehende Kontrolle des Reiches über monopolartige Rüstungsbetriebe durchaus in Frage kommen, meinte er[176]. Für diese Vertagung des Problems sprach Noske zufolge das Beispiel der Waffenfabrik »Oberspree«[177], das zunächst einmal genauer untersucht werden sollte. Diese Firma war mit staatlichen Mitteln gegründet und zunächst auch unter staatlicher Regie betrieben worden. Als sich dann herausstellte, daß sie zu teuer arbeitete, wurde sie auf eine privatkapitalistische Basis gestellt. Den damit aufgeworfenen Fragen wollte Noske durch Einsichtnahme in die »Oberspree«-Akten persönlich nachgehen und über das Ergebnis dann der Kommission berichten.

Ersatzweise diskutierte die Kommission nun das englische Beispiel. Das dort 1915 beschlossene Munitionsgesetz stellte die Munitionsfabrikanten vollständig unter Staatsaufsicht, womit auch die Preisgestaltung zu einer Angelegenheit des Staates wurde[178]. Es handelte sich in England also um einen sehr weitgehenden Eingriff in die privatwirtschaftliche Rüstungsindustrie, der mit dem deutschen Kriegssteuergesetz von 1916 gar nicht zu vergleichen war. Noske, dem das englische Beispiel nicht unsympathisch war, soweit es sich auf die Preisgestaltung bezog, stellte jedoch zugleich die wirtschaftliche Leistungsfähigkeit eines unter so starker staatlicher Kontrolle stehenden Betriebes in Frage. Für ihn war es durchaus nicht entschieden, ob nicht doch »beim freien Wirken der wirtschaftlichen Kräfte ein höheres Maß an Leistungen erwartet werden konnte«[179].

Das also war im Sommer 1917 – ein Jahr nach der Berufung der Kommission Kriegslieferungen durch den Reichskanzler – der Stand der Dinge: Die Abgeordneten waren – mit durchaus unterschiedli-

175 Ebda., 6. und 7. Sitzung am 19. und 20. 6. 1917.

176 Ebda., S. 18.

177 Ebda., S. 17 f.

178 So die Information von Major Fonck vom preußischen Kriegsministerium. Ebda., S. 19.

179 Ebda., S. 21.

chem Energieeinsatz – dabei, etwas tiefer in die zu untersuchende Materie einzudringen; in einigen Fällen – AEG, Daimler, Oberspree[180] – versuchten sie, bislang noch mit mäßigem Erfolg, zum harten Kern der Preisgestaltung vorzudringen; von der Formulierung praktischer Gegenmaßnahmen, die über das Kriegsgewinnsteuergesetz hinausgingen, war man noch weit entfernt; mit der Verstaatlichungsidee hatten die Mitglieder der Kommission nur so ein bißchen gespielt und sie dann wieder beiseite gelegt. Alles in allem: Für die Rüstungsindustrie bedeutete die Kommission zu diesem Zeitpunkt – und, um dies vorwegzunehmen, auch später – keine Gefahr.

Diese Zwischenbilanz der Kommissionsarbeit wurde unter anderem auch deshalb gezogen, um eine andere politische Aktion, die zu etwa derselben Zeit von General Groener begonnen wurde, in angemessener Weise würdigen zu können. Groener war zu diesem Zeitpunkt Chef des Kriegsamtes, dem die Aufgabe oblag, den personellen und materiellen Nachschub an die Front zu organisieren und zugleich die Rüstungsindustrie mit geeigneten Arbeitskräften zu versorgen. In seiner Verantwortung als Chef dieser hohen militärischen Behörde, die sozusagen an der Nahtstelle zwischen Armee und Industrie arbeitete, legte Groener dem Reichskanzler Michaelis und einigen Persönlichkeiten aus der Industrie eine vom 12. Juli 1917 datierte Denkschrift vor[181], deren Inhalt so aufregend wie der Titel war: »Über die Notwendigkeit eines staatlichen Eingriffs zur Regelung der Unternehmergewinne und Arbeiterlöhne[182].« Verfaßt war diese kluge und in ihren Schlußfolgerungen radikal zu nennende Schrift von Richard Merton[183], dem Vorsitzenden des Aufsichtsrats der Metallbank und Metallurgische Gesellschaft AG in Frankfurt/M., der jetzt im Range eines Rittmeisters der Reserve als Mitarbeiter Groeners im Kriegsamt tätig war.

Groener, der sich die Gedanken seines Mitarbeiters aus der deutschen Industrie zu eigen machte, riet mit dieser Denkschrift der Reichsleitung, Unternehmergewinne und Arbeiterlöhne nicht mehr dem freien Spiel der Kräfte zu überlassen, sondern die Probleme, die

180 Vgl. ebda., S. 20 ff., 31 ff.

181 Groener, Lebenserinnerungen, S. 368. Michaelis erhielt die Denkschrift am 25. 7. 1917.

182 Die Erstveröffentlichung erfolgte nach dem Kriege, im Dezember 1918, u. d. T.: »Eine Denkschrift von Generalleutnant Groener aus dem Jahre 1917, als er Chef des Kriegsamtes war«, Frankfurt a. M. 1918. Das Vorwort schrieb Richard Merton. Einer breiteren Öffentlichkeit wurde der Inhalt der Denkschrift bekannt, als Groener während des Dolchstoßprozesses im Jahre 1925 wesentliche Passagen verlas. Siehe: Der Dolchstoß-Prozeß in München. Oktober–November 1925. Eine Ehrenrettung des deutschen Volkes. Zeugen und Sachverständigen-Aussagen. Eine Sammlung von Dokumenten, München o. J. [1925], S. 204–209; fortan zit.: Dolchstoß-Prozeß 1925. Die Denkschrift (fortan zit.: Groener-Merton-Denkschrift) wird hiernach zitiert. Der vollständige Text ist auch in: Groener, Lebenserinnerungen, S. 523 ff.

183 Vgl. Richard Merton, Erinnerswertes aus meinem Leben, das über das Persönliche hinausgeht, Frankfurt/M. 1955, S. 36 ff.

der deutschen Kriegswirtschaft mit der Kriegsgewinnlerei auf der einen und dem rapiden Anwachsen der Löhne auf der anderen Seite erwuchsen, mittels staatlicher Eingriffe zu lösen. Was die Industrie betraf, so legte Merton in schonungsloser Weise offen, daß die Rüstungs-Unternehmer sich nicht von irgendwelchen ethischen Motiven wie Opfersinn, Vaterlandsliebe und dergleichen leiten ließen, sondern ausschließlich vom »Verdienstanreiz«. Er konstatierte als Tatsache, »daß, je länger der Krieg gedauert hat, das Bestreben, die Konjunktur nach Kräften auszunutzen, auf allen Seiten um so rücksichtsloser zum Ausdruck gekommen ist«. Aus den Bilanzen las er ab, daß es der Industrie trotz der bestehenden Gesetze noch immer möglich war, »ganz außerordentliche, in durchaus keinem Verhältnis zu den Leistungen stehende Gewinne zu erzielen«[184]. Groener und Merton verlangten eine Verschärfung des Kriegsgewinnsteuer-Gesetzes, zusätzliche gesetzgeberische Maßnahmen sowie den Einsatz staatlicher Zwangsmittel bis hin zur Zwangsverwaltung von Rüstungsbetrieben durch das Militär. Nach dem Vorbild des englischen Munitionsgesetzes – über das auch die Parlamentarier in der Kommission Kriegslieferungen debattiert hatten – sollte der Reichskanzler ermächtigt werden, »industrielle Unternehmungen jeder Art unter Zwangsverwaltung zu stellen und für derartige Unternehmungen je nach den Verhältnissen Arbeitslöhne und Unternehmergewinne festzusetzen«[185]. Den Unternehmern – gegen sie richtete sich die Groener-Denkschrift in erster Linie, nicht so sehr gegen die Arbeitnehmer und ihre Gewerkschaften – müsse klargemacht werden, »daß der Krieg keine Gelegenheit zum Geldverdienen ist, sondern daß er tatsächlich von jedermann Opfer verlangt und, wenn nötig, erzwingt«[186].

Erzwingen konnte Groener allerdings weder die Militarisierung der Rüstungsbetriebe noch eine andere der von ihm vorgeschlagenen Maßnahmen. Vielmehr erwirkten einflußreiche Industrielle, denen die ganze Stoßrichtung der Schrift naturgemäß gegen den Strich ging, beim Ersten Generalquartiermeister, Ludendorff, und seinem engsten politischen Berater, Bauer, den Sturz Groeners als Chef des Kriegsamtes[187]. Was er vorgeschlagen hatte, war seinen Gegnern im Unternehmerlager, für die seit 1917 die Abwehr staatlicher Interventionen in

[184] Groener-Merton-Denkschrift. Zit. nach: Dolchstoß-Prozeß 1925, S. 204.
[185] Ebda., S. 207 ff., Zitat S. 208.
[186] Ebda., S. 209.
[187] Vgl. Militär und Innenpolitik I, S. 614 f., Anm. 2. Zum Sturz Groeners und seinen Ursachen vgl. weiterhin Gerald. D. Feldman, Army, Industry and Labor in Germany 1914–1918, Princeton N. Y. 1966, S. 372 ff.; zur Kritik der Industrie an der Groener-Merton-Denkschrift vgl. P. Wulf, Hugo Stinnes. Wirtschaft und Politik 1918–1924, Stuttgart 1979, S. 51. Siehe auch Groeners Aussage, Dolchstoß-Prozeß 1925, S. 209.

den ökonomischen Bereich hinein ohnehin zum innenpolitisch wichtigsten Thema geworden war[188], allzu brisant.

Mit Blick auf die gemischte Kommission aus Regierungsvertretern und Parlamentariern, der Noske angehörte, ist zu sagen, daß sie sich zu so radikalen Forderungen wie denen nach einschneidenden staatsinterventionistischen Maßnahmen niemals hat durchringen können. Während also ein hoher Militär praktikable, wenngleich in Industriekreisen unpopuläre Vorschläge zur Bekämpfung der Kriegsgewinnlerei machte, schreckte die Kommission vor vergleichbaren Vorschlägen zurück. Sie durfte daher weiterarbeiten, Groener nicht.

Die »Kommission Kriegslieferungen« hat von der Groener-Denkschrift keine Kenntnis erhalten[189]. Sie durfte seinerzeit nicht publiziert werden und hat daher wahrscheinlich nur wenige Industrielle und Politiker aus der unmittelbaren Umgebung des Reichskanzlers Michaelis erreicht. Es ist mit Sicherheit anzunehmen, daß zu diesen auch Helfferich, der Staatssekretär des Innern und Vizekanzler, sowie sein Unterstaatssekretär Lewald gehörten[190], mit dem er sich im Vorsitz der Kommission abwechselte. Doch beide haben es vermieden, Noske und seine Parlamentarierkollegen über die weitreichenden Vorschläge des Generals Groener zu unterrichten. Der Grund war naheliegend. In der Tat hätte ja zumindest Noske bei seinem engagierten Kampf gegen die Kriegsgewinnlerei in dem Militär einen Verbündeten sehen und mit ihm gemeinsam für einschneidende staatliche Eingriffe in die Rüstungsindustrie eintreten können.

Daran war der kaiserlichen Regierung jedoch selbstverständlich in keiner Weise gelegen. Sie fürchtete die Öffentlichkeit. Daher verlangte sie auch, daß die von der Kommission erstatteten schriftlichen Berichte vertraulich behandelt wurden. Bei der ohnehin kritischen Stimmung breiter Bevölkerungskreise glaubte die Regierung es nicht zulassen zu können, daß zum Beispiel Informationen über die Korruption mancher Beamter und Offiziere der Heeres- und Marineverwaltung an die Öffentlichkeit gelangten[191]. Auch sollte das ganze Ausmaß der Kriegsgewinnlerei möglichst nicht bekannt werden. Das Instrument der »Vertraulich«-Klassifizierung hat infolgedessen sowohl die Wirkungen der Groener-Denkschrift als auch die der »Kommission Kriegs-

188 Kocka, Klassengesellschaft, S. 116.

189 Auch die Hintergründe der Ablösung Groeners behandelte die Reichsregierung wie ein Staatsgeheimnis. Obwohl die Abgeordneten Liesching (FVP), Scheidemann (SPD) und Erzberger (Zentrum) um diesbezügliche Informationen nachsuchten, wurden sie von den Regierungsvertretern verweigert. Siehe: Hauptausschuß, 174. Sitzung am 24. 8. 1917, S. 1673–1676.

190 Dies ist zu schließen aus der Aussage Groeners im Dolchstoß-Prozeß, daß sich die Denkschrift bei den Akten des Reichsamtes des Innern befand, Dolchstoß-Prozeß 1925, S. 209.

191 Noske, Erlebtes, S. 63.

lieferungen« in den Grenzen gehalten, die von der Regierung für opportun erachtet wurden.

Nach dem Sommer 1917 traf sich die Kommission noch einmal zu sieben ganztägigen Sitzungen[192] und besichtigte zudem mehrere Rüstungsbetriebe, darunter die Werften in Kiel. Am Arbeitsstil änderte sich wenig. Die Reichstagsabgeordneten nahmen wiederum eine größere Anzahl von Vorträgen, darunter allein ein Dutzend Referate über die Grundsätze der Beschaffung in der Marine, entgegen und versuchten, durch Rückfragen bei den Regierungskommissaren einen Einblick in die Beschaffungsvorgänge zu erhalten. Angeregt durch Noske[193], der immer mehr in die Rolle eines Sprechers der Kommission hineinwuchs und zugleich die Geschäftsführeraufgaben mit übernahm[194], gingen einige Abgeordnete nunmehr daran, duch Aktenstudium bei der Heeres- und Marineverwaltung persönlich die Verträge zu prüfen. Noske selbst übernahm dabei das größte Pensum. Er überprüfte die Akten des Waffenwerks Oberspree in Niederschönweide bei Berlin, der AEG, der Aktiengesellschaft Goerz sowie der Pulverhersteller und erstattete der Kommission über jede einzelne Überprüfung einen schriftlichen Bericht[195]. Noske war es auch, der im Januar 1918 die Ergebnisse der bisherigen Beratungen in einem Abschlußbericht[196] zusammenfaßte.

Durch die Arbeit in der Kommission lernte Noske eine größere Anzahl von Offizieren des Heeres und der Marine kennen, darunter auch jenen Major von Gilsa, der dann im Januar 1919 – nach Noskes Ernennung zum Volksbeauftragten für Heer und Marine – sein persönlicher Referent werden und der später die Funktion eines Chefs des persönlichen Stabes des Reichswehrministers Noske wahrnehmen sollte. Die Begegnung kam durch einen Zufall zustande und verlief durchaus fro-

[192] Die 8. und 9. Sitzung fanden am 30./31. 10. 1917 statt; die 10., 11. und 12. am 15., 16. und 17. 11. 1917; die 13. und 14., zugleich letzte Sitzung, am 15. und 16. 2. 1918. Danach wurde die Thematik im Plenum des Reichstages verhandelt.

[193] Vgl. Kommission Kriegslieferungen, 9. Sitzung am 31. 10. 1917, S. 42 f.; die Abgeordneten sollten zumindest Stichproben-Prüfungen vornehmen. Nur wenige von ihnen erstatteten der Kommission hernach einen schriftlichen Bericht.

[194] Hierfür bedankte sich Unterstaatssekretär Lewald am Ende der Beratungen ausdrücklich bei Noske, ebda., 14. Sitzung am 16. 2. 1918, S. 77.

[195] Bericht Noskes über das Waffenwerk Oberspree, ebda., 8. und 9. Sitzung am 30. und 31. 10. 1917, S. 70–76 (Anlage 1). Ausführungen des Vertreters des Kriegsministeriums, Major Eichelkraut, hierzu ebda., S. 77–84 (Anlage 2). Erwiderung Noskes hierauf ebda., S. 85–88 (Anlage 3). Bericht Noskes über Vergebung von Arbeiten an Unterlieferanten durch die AEG ebda., S. 94–96 (Anlage 5). Bericht Noskes über die Lieferung von Rundblickfernrohren durch die Aktiengesellschaft Goerz ebda., 10., 11. und 12. Sitzung am 15., 16. und 17. 11. 1917, S. 122–124 (Anlage 1). Bericht Noskes über die Kriegslieferungen, betreffend Pulver, ebda., S. 125–130 (Anlage 2).

[196] Bericht des Abgeordneten Noske an die Vertragsprüfungskommission, betreffend allgemeine Besprechung der nunmehr sämtlich gedruckt vorliegenden Vorträge der Vertreter der Heeres- und Marineverwaltung, Berlin, den 16. Januar 1918. Abgedruckt ebda., 13. und 14. Sitzung am 15. und 16. 2. 1918, S. 83–91 (Anlage 1).

stig. Noske hatte in einer der Kommissionssitzungen moniert, daß die Heeresverwaltung der Firma Goerz überhöhte Preise für die von ihr gelieferten Rundblickfernrohre gezahlt habe. Kraft seines Amtes als Referent der Feldartillerie-Abteilung im preußischen Kriegsministerium hatte nun Major v. Gilsa zu diesem Vorwurf Stellung zu nehmen. Er tat dies in der Weise, in der sich zuvor schon mehrere seiner Kameraden den kritischen Fragen der Parlamentarier zu erwehren versucht hatten: Er rechtfertigte die Beschaffungspolitik seiner Abteilung und bestritt die Behauptung Noskes, daß überhöhte Preise bezahlt worden seien[197]. Noske gab sich jedoch mit dieser Auskunft keineswegs zufrieden, sondern teilte – was v. Gilsa als eine Ohrfeige empfinden mußte – den Regierungsvertretern mit, daß er im Einverständnis mit den parlamentarischen Mitgliedern der Kommission das Kriegsministerium bitten müsse, ihm die Akten über sämtliche Verhandlungen mit der Firma Goerz zur Nachprüfung vorzulegen[198], was von dem dafür zuständigen Obersten v. Wrisberg[199] umgehend zugesagt wurde. Als Beginn einer Zusammenarbeit zwischen Noske und Gilsa kann diese Begegnung also wohl kaum interpretiert werden. Ob sich anläßlich Noskes Aktenüberprüfung, die wohl in den Diensträumen des Majors stattgefunden haben dürfte, ein positiver Kontakt zwischen dem Parlamentarier und dem Offizier ergab, ist nicht bekannt, jedoch durchaus möglich, da die Prüfung zumindest eine Modifizierung der Kritik Noskes ergab[200]. Er blieb zwar bei der Feststellung, daß das Verhalten der Firma Goerz »keineswegs einwandfrei« gewesen sei, weil sie vom Fiskus möglichst hohe Gewinne genommen habe. Gleichwohl habe das Kriegsministerium die geschäftlichen Beziehungen zu dieser Firma nicht abbrechen können, weil die Rundblickfernrohre eben gebraucht wurden und Goerz die Patente besessen habe. Da sich zudem bereits ein Gericht mit der Selbstkostenberechnung der Firma befaßt habe, könne die Angelegenheit Goerz für die Kommission als erledigt erachtet werden.

Von allgemeinem Interesse waren die Erkenntnisse, die sich für Noske aus seiner Prüfung der Akten der Gewehrfabrik Oberspree ergaben, da es sich bei ihr um einen »gemischten Betrieb« aus staatlichen und privatkapitalistischen Elementen handelte, der miserabel gearbeitet hatte und daher die Frage aufwarf, ob eine solche Mischung generell zu verwerfen war. Tatsächlich betrachtete Noske eben dies als sei-

197 Ausführungen des Major v. Gilsa, ebda., 8. Sitzung am 30. 10. 1917, S. 21 f.

198 Noskes Erwiderung ebda., S. 22.

199 Wrisberg war der Direktor des Allgemeinen Kriegs-Departements im preußischen Kriegsministerium.

200 Vgl. den Bericht Noskes an die Kommission zur Prüfung von Verträgen über Kriegslieferungen, betreffend Rundblickfernrohre der A.-G. Goerz. Ebda., 10., 11. und 12. Sitzung am 15., 16. und 17. 11. 1917, S. 122–124 (Anlage 1), zusammenfassende Wertung S. 124.

ne Aufgabe, nämlich »zu ermitteln, aus welchen Gründen das Unternehmen, bei dem der Reichsfiskus, vertreten durch die Militärverwaltung, und ein Privatunternehmen zusammenarbeiten sollten, mit einem völligen Mißerfolg endete«[201]. Das Ergebnis war überraschend. Denn es zeigte sich, daß aus dem Mißerfolg der Waffenfabrik Oberspree nicht gefolgert werden durfte, »daß an sich ein Zusammenwirken von Fiskus und Privatkapital in einem gemischten Betrieb unmöglich« sei[202]. Vielmehr waren, Noske zufolge, einzelne Fehlgriffe der Heeresverwaltung – ein schlechter Vertrag, der »von einem Höchstmaß geschäftlicher Einsichtslosigkeit an amtlicher Stelle« zeugte, sowie die Auswahl eines Unternehmers, der von der Gewehrfabrikation nicht die geringste Ahnung hatte – für das Scheitern dieses Versuchs verantwortlich zu machen. Noske fand, daß die von diesem Unternehmen »verpulverten« staatlichen Gelder einen »himmelschreienden Skandal« darstellten und beharrte darauf, daß die beteiligten Offiziere und Beamten disziplinar und gerichtlich zur Rechenschaft gezogen werden müßten[203]. Das war eine Tonart, die aufhorchen ließ. Oberst v. Wrisberg sah sich zu der Feststellung bemüßigt, im Zusammenhang mit den Oberspree-Werken sei die Heeresverwaltung »in einer Weise angegriffen worden, wie es bisher noch nicht der Fall gewesen ist«[204].

Noske konnten die schlechten Erfahrungen mit den Waffenwerken Oberspree nicht davon abbringen, daß Staat und Industrie auch künftig in der Produktion selbst eng zusammenwirken und hierfür optimale Formen entwickeln müßten. Wenn ein Betrieb ein Monopol innehatte, wie dies bei der Firma Krupp mit der Produktion von schweren Schiffsgeschützen der Fall war, dann müßte ein solcher Betrieb nach Noskes Meinung allerdings »unter eine weitgehende direkte Kontrolle des Reiches und Gewinnbeteiligung gestellt werden« können[205]. Hier schwebte ihm zweifellos das englische Beispiel als Vorbild vor.

Der von Noske verfaßte Schlußbericht[206] machte jedoch noch einmal deutlich, daß die Kommissionsarbeit insoweit vor dem Ziel stekkengeblieben war, als sie nicht zu konkreten Schlußfolgerungen geführt hatte, wie der Profitjägerei der Rüstungsunternehmen rasch Einhalt geboten werden konnte. Einen Maßnahmekatalog, vergleichbar dem in der Groener-Merton-Denkschrift, vermochte die »Kommission Kriegslieferungen« nicht vorzulegen. Die häufig vorgeschlagene Verstaatlichung der Rüstungsindustrie, gab Noske in seinem Bericht zu bedenken, könne das Problem schon deshalb nicht vollständig lösen,

201 Bericht Noskes über die Überprüfung des Waffenwerks Oberspree, ebda., S. 70.
202 Ebda., S. 75 f.
203 Ebda., S. 76 und 85 ff.
204 Ebda., S. 10.
205 Ebda., 10. Sitzung am 15. 11. 1917, S. 20 f.
206 Vgl. zum Folgenden die »Schlußfolgerungen« aus dem Schlußbericht Noskes. Ebda., 13. und 14. Sitzung am 15. und 16. 2. 1918, S. 90 f.

als man unter Rüstungsindustrie ja nicht nur die »Kanonen-, Gewehr-, Pulver- und Panzerplattenfabriken« verstehen dürfe. Vielmehr habe der Krieg gezeigt, »daß fast die gesamte Industrie [...] zur Kriegslieferantin wurde«. Wenn man also in Friedenszeiten die Waffen- und Munitionsfabriken – die Rüstungsindustrie im engeren Sinne also – verstaatliche und den Friedensbedarf dann durch die Produktion in Staatsbetrieben decke, so sei damit für den Krieg noch keineswegs vorgesorgt[207]. Noskes Bericht schloß folgendermaßen: »Noch kann nicht gesagt werden, was im einzelnen zu tun sein wird. Der Abschluß des Krieges ist abzuwarten. Dann sind die Erfahrungen und Maßnahmen in anderen Staaten rasch zu studieren. Das allgemeine fiskalische Interesse wird Deutschland zwingen, große wirtschaftliche Umgestaltungen bald in die Wege zu leiten[208].«

Der wichtigste Ertrag der Kommissionsarbeit bestand mithin darin, den Nachweis erbracht zu haben, daß es tatsächlich eine skandalöse Kriegsgewinnlerei gab und zwar keineswegs nur in Einzelfällen. Noske faßte dieses Ergebnis mit dem folgenden Satz zusammen: »Es gibt kein Gebiet der Beschaffung von Ausrüstung und Bewaffnung für das Heer, auf dem nicht eine Bewucherung des Reiches stattgefunden hätte oder doch versucht worden wäre[209].« Heute wissen wir über die Größenordnung der Kriegsgewinne während des Ersten Weltkrieges und die damaligen Vertuschungspraktiken der Rüstungsunternehmer genauer Bescheid: »Die 16 wichtigsten deutschen Stahl- und gemischten Montanwerke verbuchten in den ersten drei Kriegsjahren einen Reingewinn von insgesamt über 285 Millionen Mark. Gegenüber dem Hochkonjunkturjahr 1912/13 bedeutete das in Einzelfällen Steigerungsraten um mehr als das Achtfache. Die wirklichen Gewinnsteigerungen lagen sogar noch höher. Um ihr wahres Ausmaß zu verbergen und um Steuerforderungen des Fiskus wie Lohnansprüchen der Arbeiter zu entgehen, hielten die Firmenleitungen in den Bilanzen die Reingewinne und Dividenden künstlich niedrig. Sie versteckten die Gewinne in erhöhten Rücklagen oder in Erhöhungen des Aktienkapitals, wobei den alten Aktionären oft verbilligte oder gar kostenlose Aktien angeboten wurden[210].«

[207] Im preußischen Kriegsministerium stellte zur selben Zeit ein »Ausschuß für die neue Friedensorganisation« Überlegungen hinsichtlich der Verbesserung des Beschaffungswesens für einen kommenden Krieg an. Oberstleutnant Joseph Koeth, seinerzeit Chef der Kriegsrohstoffabteilung im Kriegsministerium, sprach sich für die Bildung großer Syndikate aus, in denen alle Betriebe einer Branche zusammengefaßt werden sollten. Vgl. das Protokoll der Sitzungen des genannten Ausschusses am 14. 6. und 5. 9. 1917, in: Dietrich Eichholtz und Wolfgang Schumann (Hrsg.), Anatomie des Krieges, (Ost-)Berlin 1969, Dok. Nr. 1 S. 79–82.

[208] Kommission Kriegslieferungen, S. 91.

[209] Ebda., S. 85.

[210] Hans-Joachim Bieber, Gewerkschaften in Krieg und Revolution. Arbeiterbewegung, Industrie, Staat und Militär in Deutschland 1914–1920, Bd I, Hamburg 1981, S. 145.

In einem einzigen Fall – er wurde als »Daimler-Skandal«[211] bekannt – entschloß sich die Regierung zu einer drastischen Maßnahme: Sie ließ den Betrieb militärisch besetzen, so wie es General Groener zuvor empfohlen hatte. Diese »Militarisierung von Betrieben«[212] unterstützte Noske ausdrücklich, ebenso wie seine Abgeordneten-Kollegen Erzberger (Zentrum) und Gothein (FVP). Er wandte sich sogar mit der Aufforderung an den Reichskanzler, nun nicht nur im Falle Daimler, sondern auch im Hinblick auf andere Fälle »mit rückhaltloser Entschlossenheit« eine »saubere Wirtschaft im Deutschen Reiche« zu schaffen[213].

Die Beratungen der »Kommission Kriegslieferungen« hatten mit aller Deutlichkeit gezeigt, daß die militärische Beschaffungsbürokratie mit einem überlegenen Sachverstand aufwarten konnte und die Parlamentarier – mit Ausnahme Noskes – kaum in der Lage waren, ihre Prüfungs- und Kontrollfunktion wirkungsvoll wahrzunehmen. Daher liefen die Erfahrungen und Erkenntnisse, die Noske durch seine intensive Beschäftigung mit dem Thema Kriegslieferungen erwarb, darauf hinaus, daß er – und hier gab es doch eine Kontinuität zu seinen vor dem Kriege geäußerten Vorstellungen – eine wirkliche Lösung des Problems im Rahmen der vorgegebenen Wirtschaftsordnung für unmöglich erklärte. »Viele der zu Tage getretenen Mißstände«, gab er im Reichstag zu bedenken, »sind im Wesen der kapitalistischen Wirtschaft begründet und werden erst mit dieser selbst restlos zum Verschwinden gebracht werden[214].« Nach seiner Auffassung berechtigte auch nichts zu der Annahme, daß die während dieses Krieges gewonnenen Erkenntnisse über die Zusammenarbeit von Heeresverwaltung und Rüstungsindustrie in einem künftigen Kriege berücksichtigt werden könnten, weil sich aufgrund der fortschreitenden Technik die Probleme ganz neu stellen würden. Nein, es gab nur einen Weg, nämlich »den Kapitalismus so rasch wie möglich niederzuringen, weil darin al-

Vgl. auch die Untersuchung von Rudolf Fuchs, Die Kriegsgewinne der verschiedenen Wirtschaftszweige in den einzelnen Staaten an Hand statistischer Daten dargestellt, Staatswiss. Diss. Zürich 1918, in der die Kriegsgewinne anhand statistischer Daten erfaßt und nach verschiedenen Wirtschaftszweigen sowie im internationalen Vergleich dargestellt werden.

211 Vgl. die detaillierte Darstellung des »Daimler-Skandals« in Wette, Reichstag und »Kriegsgewinnlerei«, S. 43 ff.

212 Formulierung von Erzberger, Verhandlungen RT, Bd 311, 20. 3. 1918, S. 4508.

213 Ebda., 16. 4. 1918, S. 4602 f., Zitat S. 4063. Vgl. auch den Aufsatz von Richard Woldt, Der Kampf gegen die Kriegsgewinner. Ein kritisches Nachwort zum Daimler-Skandal. In: Die Neue Zeit 36 (1918), Nr. 26, 29. 3. 1918, S. 601–607. Woldt stellte besonders heraus, daß es sich bei Daimler nicht um einen Einzelfall handelte, sondern um einen Skandal, der typisch war für die ganze Situation.

214 Noske in der Debatte über die Bundesratsverordnung zur »Überwachung der für den Heeresbedarf arbeitenden Betriebe«, Verhandlungen RT, Bd 311, 20. 3. 1918, S. 4510.

lein die Gewähr gegen zukünftige Kriege und Heil für die Menschheit liegt«[215]. Der Verdacht, Noske habe mit diesem der Parteiideologie entlehnten Vokabular nur das konkret zu lösende Problem verdecken wollen, ist unzutreffend. Denn tatsächlich hatte Noske erkannt – sein Schlußbericht an die »Kommission Kriegslieferungen« und andere Äußerungen belegen dies[216] –, daß der Kriegsgewinnlerei mit einer Verstaatlichung der Rüstungsindustrie (im engeren Sinne) keineswegs vollständig beizukommen war, da es ein moderner Krieg mit seiner Tendenz zur Totalität – zur Einbeziehung der gesamten Industrie in die Kriegsproduktion – kaum noch zuließ, einen Sektor Rüstungsindustrie säuberlich abzugrenzen. Also war das im Weltkrieg aufgetretene Problem der »Bewucherung des Staates« durch eine profitgierige Rüstungsindustrie auch nicht im Sinne einer Bereinigung von Auswüchsen des Kapitalismus zu lösen.

Noske hat die geringen Wirkungen seines Kampfes gegen die Kriegsgewinnlerei während des Ersten Weltkrieges nüchtern gesehen. Ende Oktober 1918 stellte er im Reichstag mit Bitterkeit fest: »Der Skandal der großen Kriegsgwinne im Lieferungswesen ist bei weitem nicht in dem Maße eingeschränkt worden, wie man es hätte erwarten müssen[217].« Betrachtet man die Umstände, unter denen die Parlamentarier damals arbeiten mußten, so wird man gleichwohl den anerkennenden Worten Philipp Scheidemanns zustimmen können, der 1925 im Hinblick auf die Ausplünderung des deutschen Volkes durch einen Teil der deutschen Industrie in den Kriegsjahren bemerkte: »Diese Blase hat damals Noske im Reichstag aufgestochen[218]«.

6. Durchhaltepolitik

Was die propagandistische Bearbeitung der Meinungsführer in Deutschland betraf, erwies sich des Kaisers Reichskanzler Bethmann Hollweg 1914 als ein geschickter und erfolgreicher Politiker. Durch gezielte Desinformation inszenierte er ein Lagebild, in dem Rußland als der mit dem Odium der Kriegsschuld belastete Angreifer erschien[219] und in welchem dem Deutschen Reich nichts anderes übrig blieb, als

[215] Mit diesem Satz beendete Noske seine Reichstagsrede vom 20. 3. 1918. Ebda., S. 4514.

[216] Vgl. Noskes Schlußbericht, Kommission Kriegslieferungen, 14. Sitzung am 16. 2. 1918, S. 90, sowie seine Reichstagsrede vom 16. 4. 1918, Verhandlungen RT, Bd 311, S. 4600.

[217] Verhandlungen RT, Bd 314, 24. 10. 1918, S. 6217.

[218] Scheidemann-Aussage, Dolchstoß-Prozeß 1925, S. 243.

[219] Zur Überfall-These vgl. Fischer, Griff nach der Weltmacht, S. 46 ff., sowie ders., Krieg der Illusionen, 22. Kapitel, S. 663 ff.

zum Zwecke der Verteidigung zu den Waffen zu greifen. Auf diese Weise gelang es dem Reichskanzler, die deutsche Sozialdemokratie in die nationale Front einzubinden und sie für den Burgfrieden zu gewinnen.

Obwohl Bethmann Hollwegs Kriegszielprogramm vom September 1914[220] keinen Zweifel daran läßt, daß er wesentlich mehr als die Erhaltung des Status quo erstrebte – nämlich ein Deutschland, das über ganz Mitteleuropa eine hegemoniale Machtstellung ausüben und sich so neben den Weltmächten Großbritannien, USA und Rußland als ebenbürtige Weltmacht würde behaupten können –, gelang es ihm zu diesem Zeitpunkt und auch später, in den Augen der deutschen Sozialdemokraten als der Mann zu erscheinen, den tatsächlich alles andere als Eroberungslust trieb und der den alldeutschen Scharfmachern mäßigend entgegentrat. Wegen des allgemeinen Verbots einer öffentlichen Diskussion deutscher Kriegsziele blieb den sozialdemokratischen Reichstagsabgeordneten – zumindest den meisten von ihnen – offensichtlich verborgen, daß auch Bethmann Hollweg annexionistische Ziele verfolgte. Statt dessen sahen sie in ihm buchstäblich den »Friedenskanzler«, mit dem man vertrauensvoll gegen die »Kriegspartei« im eigenen Land zusammenarbeiten konnte[221], ja mußte.

Während die Regierung keine öffentliche Kriegszieldiskussion wünschte, um vor der nationalen und internationalen Öffentlichkeit die Version eines reinen Verteidigungskrieges vertreten zu können, preschten im Mai 1915 sechs große Wirtschaftsverbände, welche die Gesamtheit der deutschen Wirtschaft repräsentierten, mit weitreichenden territorialen Forderungen vor[222]. Dieses Expansionsprogramm, das öffentlich bekannt wurde[223] und dessen Bedeutung darin bestand, daß es neben den Vorstellungen der Wirtschaftselite zugleich die Ideen des bürgerlichen und bäuerlichen Mittelstandes über die künftige Rolle Deutschlands in der Welt artikulierte[224], stieß in der sozialdemokratischen Reichstagsfraktion selbstverständlich auf einhellige Ablehnung. Vertreter der rechten Flügels sahen nun – obwohl sie

[220] Zum Septemberprogramm Bethmann Hollwegs vgl. Fischer, Griff nach der Weltmacht, S. 90 ff., sowie ders., Bündnis der Eliten, Düsseldorf 1979, S. 37 ff.

[221] Miller, Burgfrieden, S. 254 f. Die Verfasserin betont bei dieser Gelegenheit, der historisch wichtige Punkt sei der, wie die SPD den Kanzler interpretierte und nicht, was dieser wirklich dachte. Mit diesem Hinweis soll offenbar zwischen den unterschiedlichen Bethmann Hollweg-Deutungen von Gerhard Ritter und Fritz Fischer vermittelt werden.

[222] Wortlaut der Denkschrift der sechs großen Wirtschaftsverbände vom 20. 5. 1915 in: Schultheß EGK 1915 II, S. 140 ff. Zur Interpretation Fischer, Griff nach der Weltmacht, S. 140–143.

[223] Über die Wirkung im Ausland vgl. die Ausführungen des Unterstaatssekretärs im Auswärtigen Amt, Zimmermann, in: Hauptauschuß, Nr. 46, 10. 1. 1916, S. 336 f.

[224] Deutschland im ersten Weltkrieg, Hrsg. v. Fritz Klein (u. a.), Bd 2, (Ost-)Berlin 1968, S. 166 f.

doch Bethmann Hollwegs Ziele nicht genau kannten, sondern nur deuteten – sogar die Notwendigkeit, diesen zu verteidigen. Zusammen mit Heine und Südekum vertrat auch Noske in der Fraktion die Meinung, man dürfe unter keinen Umständen behaupten, »daß die Regierung sich auf den Annexionsstandpunkt dieser Verbände stelle«[225].

In der Verfolgung dieser politischen Linie trat Noske auch im Parlament den annexionistischen Wortführern aus der konservativen und der nationalliberalen Fraktion entgegen und stellte ihrer Eroberungspolitik die »Friedenspolitik der Regierung«[226] gegenüber. Er hatte keinerlei Bedenken, Bethmann Hollwegs Kurs der Jahre 1914–16 als »Friedenspolitik« zu charakterisieren. In dieser Wortwahl steckte zugleich eine Attacke gegen die oppositionelle Minderheit in der SPD, die längst[227] ihre Zweifel geäußert hatte, ob es sich wirklich noch um einen Verteidigungskrieg handelte oder ob die Auseinandersetzung nicht schon längst den Charakter eines Eroberungskrieges angenommen hatte. Aber, wie gesagt, Noskes Einschätzung der Regierungspolitik war keineswegs eine absonderliche Einzelmeinung, sondern sie wurde von der Mehrheit in der SPD-Reichstagsfraktion geteilt. Noch im Sommer 1917, kurz vor Bethmann Hollwegs Sturz, pries Noske die »Lauterkeit des Reichskanzlers«, bezeichnete ihn aber – wegen der ausbleibenden innenpolitischen »Neuorientierung« – als einen »unglückseligen Zauderer, der fortwährend geschoben werden müsse«[228].

Nun fragt es sich, was diese Mehrheit mitten im Kriege unter »Friedenspolitik« verstand. Meinte sie mit diesem Wort nichts anderes als die schleunige Beendigung des Krieges und die Herstellung eines Friedenszustandes auf der Basis des territorialen Besitzstandes vor Kriegsbeginn, oder aber ließen sich mit diesem Wort auch Formen der nationalen Machterweiterung abdecken?

Noske hat sich, was die Formulierung sozialdemokratischer Kriegs- und Friedensziele angeht, weder in der Partei noch in der Öffentlichkeit sonderlich exponiert[229]. Gleichwohl ist bei ihm ein Kurs erkennbar, der scharfe öffentliche Kritik an weitreichenden Annexionsforderungen mit einer deutlichen Betonung des deutschen Interessenstandpunkts verband. Im Reichstag ließ er sich Ende Mai 1916 in dieser Weise vernehmen. Noske erklärte – in dem Gefühl, für eine Mehrheit

[225] SPD-Reichstagsfraktion, Bd 2, 14. 1. 1916, S. 156.

[226] Verhandlungen RT, Bd 307, 30. 5. 1916, S. 1294, ebenso S. 1298.

[227] Die oppositionelle Denkschrift »Das Gebot der Stunde«, in der erklärt wurde, die deutschen Eroberungspläne seien nun »vor aller Welt offenkundig«, war bereits am 19. 6. 1915 publiziert worden, Prager, Gebot der Stunde, S. 72–74.

[228] Hauptausschuß, 164. Sitzung am 4. 7. 1917, S. 1499.

[229] Daher ging er auch weder in seiner Selbstbiographie »Wie ich wurde« noch in seinen Memoiren »Erlebtes« auf diese Problematik ein. Die Darstellung in diesem Kapitel beruht daher ausschließlich auf parteigeschichtlichen und parlamentarischen Quellen.

in der deutschen Bevölkerung zu sprechen –, daß die Parteien der Rechten »sich sehr gründlich irren, wenn sie meinen, im deutschen Volke bestehe Neigung, für phantastische Eroberungziele das Leben von weiteren Hunderttausenden unserer Volksgenossen daran zu setzen«. Im gleichen Atemzuge aber formulierte er: »Daß Deutschland hoffentlich beim Friedensschluß nicht zu kurz kommen wird, dafür bürgt uns die für Deutschland günstige militärische Lage[230].« Wenn Noske erklärte, er und seine politischen Freunde wollten »einen durchaus ehrenvollen, dauernden Frieden«[231], so meinte er damit keineswegs, daß alles so bleiben sollte, wie es im Juli 1914 gewesen war. Er sagte öffentlich: »Unser Volk wünscht nichts mehr als einen Frieden, der ihm seine Freiheit, seine Unabhängigkeit und seine Entwicklungsmöglichkeit garantiert[232].« Auch diese Formulierungen deckten sich völlig mit dem, was Noskes Partei in ihren Erklärungen vielfach zum Ausdruck brachte, nämlich daß sie grundsätzlich gegen Annexionen sei, aber »Entwicklungsmöglichkeiten« für Deutschland garantiert sehen wolle. So etwa in der von Noske zusammen mit anderen Vertretern des rechten Parteiflügels eingebrachten »Resolution zur Friedensfrage«[233], beschlossen von der Reichskonferenz der SPD im September 1916: »Die Sozialdemokratie ist nach wie vor entschlossen, auszuharren in der Verteidigung unseres Landes, bis die Gegner zu einem Frieden bereit sind, der die politische Unabhängigkeit, die territoriale Unversehrtheit und die wirtschaftliche Entwicklungsfreiheit Deutschlands gewährleistet.«

In dieser Resolution wie auch in Noskes Kriegsreden kam eine Grundlinie der Kriegspolitik der Mehrheits-SPD zum Ausdruck. Sie bestand darin, daß die Interessen der deutschen Arbeiterschaft fast vollständig »mit Deutschlands Fähigkeit« identifiziert wurden, »sich wirtschaftlich gegenüber seinen Konkurrenten zu behaupten«[234]. Auf diesem Umweg verschmolz die Verteidigung des Vaterlandes mit der Verteidigung von Arbeiterinteressen[235]. In keiner seiner öffentlichen Reden während des Krieges versäumte es Noske, auf diesen Interessenzusammenhang hinzuweisen. So sagte er im Juli 1917, dem Monat, in dem die Friedensresolution der Reichstagsmehrheit verabschiedet wurde, im Hauptausschuß, die Arbeiter brächten der Kriegspolitik auch

230 Verhandlungen RT, Bd 307, 30. 5. 1916, S. 1299.

231 Ebda., S. 1300.

232 Ebda., S. 1301.

233 Text der Resolution in: Protokoll der Reichskonferenz der Sozialdemokratie Deutschlands vom 21., 22. und 23. 9. 1916 in Berlin. Berlin, Bonn-Bad Godesberg 1974, S. 169.

234 Diese »Grundstruktur im Denken der Parteimehrheit« hat Miller, Burgfrieden, S. 231, herausgearbeitet. In der Tat lassen sich alle Äußerungen Noskes während des Weltkrieges entlang dieser gedanklichen Leitlinie interpretieren.

235 Schon bei Kriegsbeginn wurde dies so gesehen. Vgl. Kapitel IV/1 »Kriegskreditbewilligung für den Verteidigungskrieg«.

weiterhin Opfer, »denn sie wüßten, wieviel von der künftigen Gestaltung der Handelsverträge und der Regelung des Warenabsatzes wie des Rohstoffbezuges für sie selber abhänge«[236]. Ein Jahr später, im Sommer 1918, erklärte Noske im Plenum des Reichstages[237], Deutschland habe sich bislang gegen seine Feinde »zum Glück erfolgreich« gewehrt. Die Arbeitermassen hätten allen Anlaß, darüber froh zu sein. »Denn es ist geradezu närrisch, davon zu sprechen [...], das Heer beschütze nur die Besitzenden. Unter feindlicher Invasion, unter Niederlage des Landes haben die Proletarier überall da, wo ich mich im Kriegsgebiet umschauen konnte, am meisten zu leiden gehabt.«

Der Historiker Fritz Fischer hat im Hinblick auf die Kriegszieldebatte generalisierend von einer »lauen Haltung der Sozialdemokratie« gesprochen, weil sie zwar öffentlich vielfach gegen die Annexionsbestrebungen der nationalistischen Rechten protestierte, es aber nicht wagte, »ihre Ablehnung in so energische Formen zu kleiden, daß sich daraus politische Konsequenzen ergeben hätten«[238]. Diese Feststellung bezieht sich natürlich auf die Mehrheitssozialdemokraten, nicht auf die Opposition und spätere USPD, die eine Weiterbewilligung der Kriegskredite ablehnte.

Für jene »laue Haltung« finden sich in den Stellungnahmen Noskes zu Einzelfragen, die während des Krieges zum Teil lebhaft debattiert wurden, mannigfache Belege. Wie bereits in dem Abschnitt über seine Kriegsberichterstattung vom Herbst 1914 erwähnt wurde[239], protestierte er beispielsweise keineswegs gegen die völkerrechtswidrige Besetzung Belgiens durch deutsche Truppen, sondern gab sich mit den Erklärungen Bethmann Hollwegs zufrieden. Wenn er sich in seinen publizierten Kriegsberichten mit Kritik an der Regierung zurückhielt, so konnte man noch vermuten, daß dies mit der militärischen Zensur zusammenhing. Aber Noske hat selbst in seinem nicht zur Veröffentlichung bestimmten privaten Kriegstagebuch keine einzige negative Wertung der deutschen Belgienpolitik niedergeschrieben. Statt dessen findet sich dort ein für sein Denken sehr aufschlußreicher Bericht über sein und Koesters Zusammentreffen mit belgischen Sozialisten in Brüssel. Diese hätten, notierte er mit offensichtlicher Verwunderung, ihre »absolute Verständnislosigkeit für [die] deutsche Haltung« geäußert, woraus zu schließen ist, daß Noske die offizielle deutsche Politik verteidigt hatte. Mit dieser Einstellung korrespondierte sein Unverständnis für den »ganz bornierten belgischen Standpunkt« eines der

236 Hauptausschuß, Nr. 164, 4. 7. 1917, S. 1500.
237 Vgl. die im Rahmen der Beratungen des Reichshaushalts 1918, Etats des Reichskanzlers und des Auswärtigen Amts, gehaltene Rede Noskes, Verhandlungen RT, Bd 313, 26. 6. 1918, S. 5687–5692, Zitate S. 5690.
238 Fischer, Griff nach der Weltmacht, S. 150.
239 Vgl. Kapitel IV/3.

Brüsseler Genossen[240], der vermutlich die naheliegende Ansicht vertreten hatte, daß die deutsche Besatzungsmacht wieder verschwinden müsse. Tatsächlich kann Noskes Kriegsberichterstattung aus Belgien insgesamt als »eine Apologie der deutschen Kriegführung und Besatzungspolitik in Belgien«[241] bezeichnet werden.

Allem Anschein nach ließ sich Noske in den ersten Kriegsjahren so weitgehend mit dem Denken in machtpolitischen Kategorien ein, daß er der deutschen Belgienpolitik, die darauf hinauslief, das kleine Nachbarland zu einem »Tributärstaat des Reiches« zu machen[242], keinen Widerstand entgegensetzte. Der Einwand, er sei über die Kriegsziele der Regierung möglicherweise nicht genau informiert gewesen, vermag nicht völlig zu überzeugen, denn in einer Besprechung Ende Mai 1915, an der die führenden sozialdemokratischen Politiker Ebert, Haase, Molkenbuhr und Scheidemann teilnahmen, brachte Bethmann Hollweg offen seine Absicht zum Ausdruck, Belgien wirtschaftlich dauernd an Deutschland zu binden[243]. Es darf mit Sicherheit angenommen werden, daß Noske hierüber informiert wurde.

Ein besonders empörendes Kapitel der deutschen Belgienpolitik war die in der Zeit zwischen Oktober 1916 und Februar 1917 durchgeführte Zwangsverschleppung Zehntausender belgischer Arbeiter nach Deutschland und Nordfrankreich[244], wo sie als Arbeitskräfte in Rüstungsbetrieben eingesetzt wurden. Während die deutschen Gewerkschaften diese Deportationen auf das schärfste verurteilten, zeigte die sozialdemokratische Mehrheitsfraktion an den skandalösen Vorgängen nur geringes Interesse[245]. Noske, der in den fraglichen Monaten regelmäßig an den Sitzungen des Hauptausschusses teilnahm und auch mehrfach das Wort ergriff, hat sich in der Deportationsangelegenheit nur ein einziges Mal in zurückhaltender Weise dahingehend geäußert, daß er die in Belgien getroffenen Maßnahmen »für ganz ungeeignet halte, bessere politische Verhältnisse an der Westgrenze zu schaffen«[246]. In der gleichen Sitzung stellte Scheidemann in ebenfalls unverständlich moderatem Ton fest, mit den Zwangsverschleppungen sei »gegen die Aussöhnung mit der belgischen Bevölkerung [...] schwer

240 Noske, Kriegstagebuch 1914, Eintragung vom 10. 10. 1914.
241 Miller, Burgfrieden, S. 207.
242 Fischer, Griff nach der Weltmacht, besonders S. 219–230, aber auch S. 242 f. und 522–526.
243 Vgl. Scheidemann, Memoiren I, S. 346 ff., sowie Miller, Burgfrieden, S. 209.
244 Vgl. im einzelnen Miller, Burgfrieden, S. 212–215. Dort auch Angaben über weiterführende Literatur.
245 Ebda., S. 213.
246 Hauptausschuß, 122. Sitzung am 3. 3. 1917, S. 1141. Über die Deportationsfrage hinaus bezog sich diese Bemerkung auf die Versuche der deutschen Regierung, in die belgische Innenpolitik hineinzuwirken, insgesamt.

gesündigt« worden[247]. Erst am 3. Mai 1917 forderte David im Hauptausschuß den umgehenden Heimtransport der Zwangsdeportierten[248].

Seit dem Frühjahr 1917 machte sich Noske, wie die Mehrheits-SPD insgesamt, die Formel des Petersburger Arbeiter- und Soldatenrates vom »Frieden ohne Annexionen und Kontributionen«[249] zu eigen. Im Reichstag vertrat er nun im Namen seiner Fraktion die Überzeugung, daß Belgien in den künftigen Friedensverhandlungen »ein Streitpunkt von größter Bedeutung« sein werde und daß die Regierung daher, wenn sie den Frieden wirklich wolle, allen Absichten zur Annexion Belgiens öffentlich eine Absage erteilen[250] und sich bereit erklären müsse, »Belgien herauszugeben und seine Unabhängigkeit wiederherzustellen«[251]. Die Regierung lehnte dies jedoch rundweg ab mit dem fadenscheinigen Hinweis, daß man in Friedensverhandlungen nicht mit einem Minimalprogramm eintreten dürfe[252]. Belgien war längst »zum Herzstück der deutschen Kriegszielpolitik im Westen«[253] geworden und damit zugleich zum Haupthindernis für die Herbeiführung eines Verständigungsfriedens.

Zu dem von der Mehrheits-SPD geforderten Ziel der wirtschaftlichen Entwicklungsmöglichkeiten für das Deutsche Reich – und damit für die deutschen Arbeiter – zählte Gustav Noske auch jene Mitteleuropa-Konzepte, die von Reichskanzler Bethmann Hollweg, Rathenau[254] und anderen vertreten wurden. Sie stellten sich als Kern dieses »Mitteleuropa« eine deutsch-österreichisch-ungarische Zollunion vor, an die sich die Mittel- und Kleinstaaten Kontinentaleuropas anschließen sollten[255]. Die Sozialdemokratie hat sich mit diesen Plänen, bei denen es sich der Tendenz nach um »ein nationalstaatlich-imperialistisches Hegemonieprogramm«[256] handelte, niemals parteioffiziös geäußert[257] und sich auch intern nicht intensiv mit ihnen auseinandergesetzt. Führende Parteitheoretiker wie Rudolf Hilferding und Karl Kautsky erteilten ihnen eine scharfe Absage[258], während ihnen die rechten Sozialdemokraten im Kreis um die Zeitschrift »Die Glocke«

247 Scheidemann ebda., S. 1140 f.
248 David ebda., 152. Sitzung am 3. 5. 1917, S. 1417 f.
249 Text dieses Manifests in: Schultheß EGK 1917 II, S. 676 f.
250 Verhandlungen RT, Bd 309, 29. 3. 1917, S. 2835.
251 Hauptausschuß, 180. Sitzung am 28. 9. 1917, S. 1738.
252 So der Staatssekretär des Auswärtigen Amtes, Zimmermann, ebda., 165. Sitzung am 5. 7. 1917, S. 1513. Ebenso der neue Reichskanzler Michaelis ebda., 180. Sitzung am 28. 9. 1917, S. 1740.
253 Fischer, Griff nach der Weltmacht, S. 101.
254 Vgl. ebda., S. 90 f.
255 Ebda., S. 208.
256 Erich Matthias, Die deutsche Sozialdemokratie und der Osten 1914–1945. Eine Übersicht, Tübingen 1954, S. 35.
257 Miller, Burgfrieden, S. 228.
258 Ebda., S. 225 f.

mit Sympathie begegneten[259]. Noske ging noch einen Schritt weiter. Er trat dem Anfang 1916 von Friedrich Naumann und Gustav Jäckh gegründeten »Arbeitsausschuß für Mitteleuropa« bei, dem neben prominenten Vertretern der Wirtschaft und der Wissenschaft – unter anderem Robert Bosch, Hjalmar Schacht, Hugo Stinnes, Gustav Schmoller und Max Weber – auch bekannte bürgerliche Politiker angehörten[260]. Während Noske noch im Frühjahr 1917 ganz im Sinne dieses Ausschusses für »einen engeren Zusammenschluß der Mittelmächte« eintrat, weil sie sonst »gegenüber Amerika, Rußland, dem englischen Weltreich und dem sich wahrscheinlich bildenden mongolischen Weltreich unter japanischer Führung zur Ohnmacht verurteilt« seien[261], rückte er ein Jahr später von dieser Vorstellung wieder ab und vertrat nun namens seiner Fraktion den Leitgedanken, daß bei einer künftigen Friedensregelung der Gedanke beachtet werden solle, »anderen Mächten keinen Anlaß zu wirtschaftlicher Gegnerschaft zu bieten«[262]. Wie bei der Beurteilung der deutschen Belgienpolitik scheint auch hier der Meinungsumschwung Noskes im Zusammenhang mit der Veränderung der militärischen Lage gestanden zu haben.

War Belgien das Hauptproblem im Westen, so Kurland das im Osten. Es war – ebenso wie Litauen – im September 1915 durch den militärischen Vormarsch im Osten von Rußland losgetrennt und unter deutsche Verfügungsgewalt gebracht worden und wurde seitdem von der »Militärverwaltung Litauen-Kurland«, später unter dem Namen »Oberost« von Hindenburg und Ludendorff geführt, mit dem politischen Ziel der Germanisierung beherrscht[263]. Zu diesem Zweck wurde mit Billigung der Reichsleitung eine großangelegte Aktion zur Ansiedlung Deutscher in diesen Ländern gestartet[264]. Ziel war, aus Kurland und Litauen ein »Neu-Deutschland im Nordosten«[265] zu schaffen, gestützt auf die dünne baltendeutsche Oberschicht[266], bestehend aus grundbesitzendem Adel und gebildetem Bürgertum, und gedrängt von der baltischen Emigrantenschicht in Deutschland. Bethmann Hollweg war für eine »Abtrennung Kurlands«; Livland und

[259] Ebda., S. 228; vgl. dazu Robert Sigel, Die Lensch-Cunow-Haenisch-Gruppe. Eine Studie zum rechten Flügel der SPD im Ersten Weltkrieg, Berlin 1976. Auch Noske publizierte in den Jahren 1916 und 1917 mehrfach in dieser Zeitschrift.

[260] Miller, Burgfrieden, S. 227, auch zum Folgenden.

[261] Vgl. Hauptausschuß, 125. Sitzung am 7. 3. 1917. Vgl. dazu auch Fischer, Griff nach der Weltmacht, S. 208 ff.; es wird deutlich, daß Noskes Vorstellung eng mit den regierungsoffiziellen Ideen von einem Mitteleuropa als »neuem Weltwirtschaftsraum neben Amerika, Rußland und dem Empire« korrespondierte.

[262] Hauptausschuß, 196. Sitzung am 9. 1. 1918, S. 1869.

[263] Fischer, Griff nach der Weltmacht, S. 236, auch zum Folgenden.

[264] Ebda., S. 236 f.

[265] Ebda., S. 233.

[266] Vgl. ebda., S. 399–404: »Kurland-Livland-Estland: Politik mit Hilfe der Baltendeutschen«.

Estland wollte er dagegen nicht dem Reich zuschlagen[267]. Diese Politik führte schließlich im März 1918 unter Reichskanzler Hertling zur Unabhängigkeit Kurlands[268] – unter dem Schutz und Beistand des Deutschen Reiches. Das langfristige Ziel lautete jedoch, aus Kur-, Liv- und Estland einen baltischen Einheitsstaat[269] unter deutschem Einfluß zu begründen.

Auf die deutsche Kriegszielpolitik im Osten – bezogen auf das Baltikum und besonders auf Kurland, das im Mittelpunkt der deutschen Ambitionen stand – mußte hier etwas genauer eingegangen werden, da Noske in diese Frage stärker verwickelt werden sollte, als er zunächst ahnen konnte. In der Literatur[270] wird verschiedentlich behauptet, Noske und sein Gesinnungsgenosse August Winnig, der nach der Revolution vom Rat der Volksbeauftragten zum deutschen Bevollmächtigten für das Baltikum ernannt wurde, hätten sich während des Krieges für die Annexion und germanisierende Besiedlung von Kurland eingesetzt. Vorstellbar ist dies durchaus, wenngleich durch öffentliche Äußerungen Noskes nicht belegbar[271].

Für die Politik des Deutschen Reiches war es allerdings ziemlich belanglos, ob der sozialdemokratische Reichstagsabgeordnete Noske für eine Annexion des Baltikums eintrat oder nicht. Denn erstens lehnte die SPD derartige Annexionsgedanken ab. Zweitens waren die Stellungnahmen von Parlamentariern, auch wenn sie dem Hauptausschuß angehörten, unter der während des Krieges im Deutschen Kaiserreich geübten Herrschaftspraxis machtpolitisch gesehen ohnehin wirkungslos. Wenn sich der Chef der OHL, v. Hindenburg, im Juli 1917, als sich die Reichstagsmehrheit der Friedensresolution bereits gebildet hatte, weigerte, mit den Reichstagsabgeordneten zu sprechen[272], so symbolisierte diese Haltung die realen Machtverhältnisse. Anders sollte sich die Situation dann im Sommer und Herbst 1919 darstellen, als der inzwischen zum Reichswehrminister der ersten deutschen Republik avancierte Noske mit der Meuterei deutscher Freikorps im Baltikum fertig werden mußte, die von der kurländischen Stadt Mitau ihren Ausgang nahm[273]. Die zögernden Maßnahmen Noskes gegenüber diesen Truppen, die nicht ins Reich zurückkehren wollten, werden vor dem Hintergrund seiner Haltung im Weltkriege, die den Sied-

[267] Ebda., S. 400.
[268] Vgl. ebda., S. 526–534, hier: 527.
[269] Ebda., S. 534.
[270] Ebda., S. 149; Peter Graf v. Kielmansegg, Deutschland und der Erste Weltkrieg, Stuttgart ²1980, S. 288.
[271] Durch Noske selbst ist lediglich belegt, daß er während des Krieges einen Frontbesuch in Kurland machte. Noske, Wie ich wurde, S. 29.
[272] Vgl. Hauptausschuß, 167. Sitzung am 7. 7. 1917, S. 1537; sowie 168. Sitzung am 9. 7. 1917, S. 1579. Zum Gesamtvorgang Schiffers, Hauptausschuß, S. 145 f.
[273] Vgl. im einzelnen Kapitel X/4 »Militärrevolte im Baltikum«.

lungsideen der Freikorpssoldaten gar nicht so fern stand, eher verständlich.

Wie bereits erwähnt wurde, wendete Noske die von der Mehrheits-SPD übernommene Formel vom Frieden ohne Annexionen und Kontributionen auf dem Feld besonders wörtlich an, auf dem das Deutsche Reich Verlorenes zurückzugewinnen hoffte: in der Kolonialpolitik[274]. Seine Erklärung, »daß die Sozialdemokratie sich für die Unversehrtheit Deutschlands, auch seiner Kolonien, einsetze und die Rückgabe der Kolonien als selbstverständlich betrachte«[275], galt bis zum Versailler Friedensvertrag als Leitlinie der Partei.

Zusammen mit seiner Fraktion unterstützte Noske die im Juli 1917 von Erzberger initiierte Friedensresolution der Mehrheitsparteien SPD, Zentrum und Fortschrittliche Volkspartei. Weil er den Eindruck gewann, daß die nach dem Sturz Bethmann Hollwegs häufig wechselnden kaiserlichen Regierungen die rasche Herbeiführung des Friedens sabotierten und nicht bereit waren, der Stimmung in der deutschen Bevölkerung, die sich eindeutig gegen eine Fortsetzung des Krieges richtete, Rechnung zu tragen, ging Noske mit des Kaisers Kanzlern mehrfach scharf ins Gericht[276]. Zu Konsequenzen in der Frage der Kreditbewilligung war er jedoch keinesfalls bereit. Als eine Gruppe von Reichstagsabgeordneten um Gustav Hoch, die auf dem linken MSPD-Flügel stand, auf dem Würzburger Parteitag im Oktober 1917 den Vorschlag machte, angesichts der Regierungspolitik keine Kredite mehr zu bewilligen, meldete sich Noske zu Wort, verurteilte diese Politik mit Vehemenz und vertrat unerschütterlich die Auffassung, daß die Verteidigung der deutschen Grenzen im Interesse der deutschen Arbeiterklasse geboten sei[277]. Obwohl der neue Reichskanzler Michaelis die Friedensresolution der Reichstagsmehrheit durch seine Zusatzbemerkung »Wie ich sie auffasse« öffentlich entwertet hatte, versuchte Noske den Delegierten des Parteitages – entweder wider besseres Wissen oder mangels entsprechender Einsichten – zu vermitteln, daß dieser Kanzler eine Politik ehrlicher Friedensbemühungen betreibe und man daran keine ernsthaften Zweifel hegen dürfe[278].

Etwa zur selben Zeit fanden in Berlin mehrere Kriegszielkonferenzen statt, die zeigten, wie unrecht Noske hatte. Denn die deutsche Regierung und die hinter ihr stehende Kriegszielmehrheit – das Militär, die Schwerindustrie und die breite Masse des Bürgertums – träumten dort noch immer von einem deutschen Mitteleuropa bis zum Persi-

274 Vgl. Kapitel III/2 »Noskes Kolonialpolitik«.

275 Erklärung Noskes in: Hauptausschuß, 155. Sitzung am 8. 5. 1917, S. 1446; sowie im Reichstag, Verhandlungen RT, Bd 310, 9. 5. 1917, S. 3187.

276 Vgl. Noskes Reden, Hauptausschuß, 164. Sitzung am 4. 7. 1917, S. 1499–1501 und 180. Sitzung am 28. 9. 1917, S. 1738.

277 Vgl. Noskes Redebeitrag in: Protokoll SPD-Parteitag Würzburg 1917, S. 351–353.

278 Ebda., S. 352.

schen Golf[279]. Von einem »Scheidemann-Frieden« der Verständigung wollten sie nichts wissen. Statt dessen setzten sie auf einen Sieg der deutschen Waffen, auf einen »Hindenburg-Frieden«.

Im Frühjahr und Sommer 1918 stieg die annexionistische Welle sogar noch an[280], obwohl sich allmählich andeutete, daß der Krieg militärisch nicht mehr zu gewinnen war. In dieser Phase war es in der MSPD-Reichstagsfraktion keineswegs unumstritten, ob der bisherige Kurs fortgesetzt werden sollte. Erst nach einer längeren Debatte in der Fraktion, in der sich neben Scheidemann, David, Hermann Müller, Südekum und Ebert auch Noske für eine neuerliche Kriegskreditbewilligung stark machte, kam es zu einer Mehrheitsentscheidung für die Fortsetzung der bisherigen Politik[281]. Mit Ausnahme der USP-Fraktion stimmte dann der gesamte Reichstag am 13. Juli 1918[282] erneut einer Kreditvorlage der Regierung zu.

Auch in der letzten Kriegsphase, also in den Monaten September/Oktober 1918, als Hindenburg und Ludendorff die militärische Niederlage eingestehen mußten und als die Kriegsmüdigkeit der deutschen Bevölkerung ihren Höhepunkt erreichte, blieb die Politik Noskes und seiner Partei in den eingefahrenen Gleisen. Sie fanden nicht die Kraft zu einer Neuorientierung. Noske beurteilte die Situation vornehmlich nach den Kriterien militärischer Machtpolitik. Im Hauptausschuß[283] und vor den Gremien seiner Partei[284] warnte er davor, die militärische Lage allzu pessimistisch zu betrachten und gab Durchhalteparolen[285] aus, und dies noch zu einem Zeitpunkt, als die Militärs längst resigniert hatten, was Noske allerdings nicht in vollem Umfang wußte. Seine Haltung lief jedenfalls darauf hinaus, alles zu vermeiden, was die machtpolitische Situation des Reiches verschlechtern konnte. Daher warnte er seine Partei, den im Lande verbreiteten Stimmungen nachzugeben: »Militärisch und politisch wäre es direkt töricht, alle besetzten Gebiete zu räumen; denn, wenn die Friedensverhandlungen in

279 Zu den Kriegszielkonferenzen vom 2., 3. und 5. 11. 1917 vgl. Fischer, Griff nach der Weltmacht, S. 380–383; zum Kriegsziel eines Imperium Germaniae vgl. ebda., S. 534 f.

280 Ebda., S. 544.

281 SPD-Reichstagsfraktion, Bd 2, Nr. 489, Sitzung am 5. 7. 1918, S. 411. Die Entscheidung fiel gegen 8 Stimmen.

282 Verhandlungen RT, Bd 313, 13. 7. 1918, S. 6146. Ebert begründete die Entscheidung seiner Fraktion. Siehe ebda., S. 6145.

283 Vgl. den Redebeitrag Noskes im Hauptausschuß am 29. 9. 1918, zit. in: Noske, Erlebtes, S. 67. Er sagte dort, Deutschland hätte »einen Frieden um jeden Preis noch nicht notwendig«. In Hauptausschuß Bd 4 ist ein Protokoll dieser Sitzung nicht enthalten, da nicht auffindbar. Siehe ebda., S. 2324, Anm. 10.

284 Vgl. das Protokoll der gemeinsamen Sitzung von Fraktion und Parteivorstand der MSPD am 23. 9. 1918, SPD-Reichstagsfraktion, Bd 2, Nr. 492 b, S. 433.

285 In seinen Memoiren bekannte sich Noske offen als Durchhaltepolitiker. Vermutlich wollte er damit eine national zuverlässige Haltung demonstrieren und der Dolchstoßlegende entgegentreten. Siehe: Noske, Erlebtes, S. 67.

absehbarer Zeit stattfinden, sind sie doch mit imperialistisch-kapitalistischen Regierungen zu führen, und diesen gegenüber wäre es töricht, mit leeren Händen zu kommen[286]. Innerlich schon ganz »Regierungssozialist«, konnte Noske auch der Massenbewegung gegen den Krieg keine positiven Seiten abgewinnen. Seiner Partei zu raten, sich mit der Forderung nach einem sofortigen Friedensschluß an die Spitze dieser Bewegung zu setzen, wäre Noske nie in den Sinn gekommen. Wo andere Sozialdemokraten, besonders die in der USP, ein wichtiges Friedenspotential ausmachten, sah Noske nur Unheil und Gefahr. Die Dimension des Problems zumindest ahnend, äußerte er am 23. September vor den Parteigremien die Befürchtung, daß diese Bewegung »über uns hinweggeht und ein bolschewistisches Regime vorübergehend auch bei uns Platz greifen würde«[287]. Was er mit dem – unpräzise verwendeten – Wort »bolschewistisch« meinte, wird etwas klarer, wenn man die Mitschriften Südekums und Carl Giebels[288] mit heranzieht, denen zufolge Noske in derselben Sitzung von einer »geradezu bolschewistischen Stimmung« unter den deutschen Frauen und beim Militär gesprochen haben soll. Es ist nicht auszuschließen, daß damit nur deren unüberhörbare Forderung nach einer sofortigen Beendigung des Krieges und der Herbeiführung eines Friedens um jeden Preis gemeint war. Noske sah dies Forderung wohl in Parallele zu Lenins massenwirksamer Friedensparole vom Vorjahr und etikettierte somit eine friedenspolitische Position, die radikaler als seine eigene war und von der er nun nach eigener Aussage befürchten mußte, daß sie massenwirksam würde, als »bolschewistisch«. Man könnte über diesen unbestimmten, ja willkürlichen Gebrauch dieses politischen Begriffs hinweggehen, hätte nicht derselbe Noske wenige Monate später in Regierungsverantwortung alles, was sich links von seinem eigenen Kurs bewegte, als »bolschewistisch« verteufelt, und hätte er nicht gemäß diesem Feindbild[289] agiert.

Die in der letzten Kriegsphase sich als Massenstimmung artikulierende Forderung nach einem Frieden um jeden Preis hielt Noske für so fatal, daß er sich zu Tiraden über das politische Unverständnis der Massen hinreißen ließ, die für sein elitäres Politikverständnis ungemein aufschlußreich sind. Bei sehr vielen »unserer Leute«, also in der Arbeiterschaft, registrierte Noske mit Empörung »die absolute Wurstigkeit gegenüber den Geschicken des Reiches und des Volkes« und

[286] SPD-Reichstagsfraktion, Bd 2, S. 433.
[287] Ebda.
[288] Die Aufzeichnungen Südekums und Carl Giebels über die Sitzung der Parteigremien am 23. 9. 1918 werden zitiert ebda., S. 433 f., Anm. 46.
[289] Noskes Denken in Freund-Feind-Schablonen, besonders sein antibolschewistisches Feindbild, hat sein späteres Handeln in Regierungsverantwortung in starkem Maße geprägt. Vgl. dazu u. a. die Abschnitte VI und VIII dieses Buches sowie die Schlußbetrachtung.

führte dann Klage darüber, daß es den meisten Leuten heute offenbar »nicht mehr um politische und Zukunftsfragen« gehe. »Sie werden erst lebendig«, sagte er, »wenn von den Kartoffeln geredet wird. So rächt sich der absolute Mangel an Politisierung unseres Volkes[290].« Diese wütende Verhöhnung der Friedenssehnsucht in der deutschen Bevölkerung – in der Arbeiterschaft ebenso wie in den bürgerlichen Kreisen – hatte zum Hintergrund, daß Noske zu diesem Zeitpunkt noch immer glaubte, es werde zu ganz normalen Friedensverhandlungen kommen, in denen die Kriegsgegner ihre jeweiligen Faustpfänder[291] zum gefälligen Tausch anbieten würden.

Die Frage einer Regierungsbeteiligung der Mehrheits-SPD, welche im Mittelpunkt der wichtigen Sitzung von Fraktion und Parteivorstand am 23. September 1918 stand, warf für Noske insofern keine Probleme auf, als er seit jeher dafür eingetreten war, jede sich bietende Machtposition zu ergreifen. Als sich nun – mit dem absehbaren Sturz des Reichskanzlers Graf Hertling und der dann notwendig werdenden Regierungsneubildung – die Möglichkeit eines Eintritts von Mehrheitssozialdemokraten in die Reichsregierung erstmals ganz konkret abzeichnete und der Parteivorstand der Fraktion vorschlug, diesen Weg »in der Stunde größter Not« zu gehen[292], gehörte Noske zu denjenigen Parlamentariern der MSPD, die sich eindeutig für diesen Vorschlag aussprachen. Nach seinem etatistischen Politikverständnis konnte die MSPD nur durch die Regierungsbeteiligung »etwas für die Beendigung des Krieges tun« und damit zugleich der Gefahr begegnen, daß die Partei ihren Einfluß auf die Masse verlor[293]. Hinsichtlich der Frage, ob eine gründliche Demokratisierung in absehbarer Zeit zu einem tragbaren Friedensschluß beitragen könne, äußerte sich Noske eher skeptisch[294]. Für ihn stellte sich die aktuelle Situation so dar, daß sich das Vaterland in »höchster Gefahr« befand, eine Rettung aber möglich schien[295], wenn die Mehrheits-SPD nunmehr, wie Ebert[296] sich einmal ausdrückte, »in die Bresche« sprang und in der Niederlage

[290] Aus Noskes Redebeitrag in der Sitzung der Parteigremien am 23. 9. 1918, SPD-Reichstagsfraktion, Bd 2, S. 433 f.

[291] Siehe dazu die oben zitierte Äußerung Noskes vom 23. 9. 1918, es sei töricht, »mit leeren Händen« zu den Friedensverhandlungen zu kommen, sowie seine Reichstagsrede vom 26. 6. 1918, Verhandlungen RT, Bd 313, S. 5687 ff., in welcher er die Vorstellung äußerte (S. 5691), daß Zug um Zug für die Wiederherstellung Belgiens und die Räumung Frankreichs die Rückgabe des deutschen Kolonialbesitzes erfolgen sollte.

[292] Den Vorschlag des Parteivorstandes begründete Scheidemann, SPD-Reichstagsfraktion, Bd 2, S. 419–430, Zitat S. 427.

[293] Ebda., S. 433.

[294] Ebda., S. 434; sowie Noskes Reichstagsrede, Verhandlungen RT, Bd 314, 24. 10. 1918, S. 6212.

[295] SPD-Reichstagsfraktion, Bd 2, S. 434.

[296] Zu Eberts entscheidender Rolle bei der Durchsetzung dieser Politik in der eigenen Partei vgl. Miller, Bürde, S. 34 f.

des Reiches staatliche Mitverantwortung übernahm, um – so die Hoffnung – dem deutschen Volk einen akzeptablen Frieden aushandeln zu können.

Parteivorstandsmitglied Otto Wels, der zu den Gegnern einer sozialdemokratischen Regierungsbeteiligung gehörte, sagte damals zu Ebert: »Bist du von Gott verlassen, laß doch zum Teufel den Frieden diejenigen schließen, die den Krieg geführt und Verantwortung getragen und den Waffenstillstand gefordert haben[297].« Wels fürchtete, durch das »Opfer« des Regierungseintritts könnte die Sozialdemokratie »mit in die Konkursmasse des Kaiserreichs gezogen werden«[298], und sie riskiere, am Ende doch keinen Einfluß auf die Gestaltung des Friedens nehmen zu können. Im innerparteilichen Entscheidungsprozeß setzte sich Ebert durch. Der Eintritt der MSPD in das Kabinett des Prinzen Max von Baden schuf jedoch, wie Wels befürchtet hatte, das »folgenschwere historische Faktum«, daß es den für die Kriegführung und die militärische Niederlage Verantwortlichen erspart blieb, sich mit der Bitte um Frieden an die Feindmächte zu wenden[299]. Strategische Überlegungen dieser Art waren in Noskes letzter Rede im »kaiserlichen« Reichstag[300], in der er die Regierungsbeteiligung der MSPD begründete, nicht zu finden: »Im Augenblick betrachten wir die Mitarbeit der Sozialdemokraten an der Regierung als eine Notstandsaktion. Volk und Reich sind in höchster Gefahr. Wir wollen mit dem Aufgebot aller Kraft dem völligen Zusammenbruch vorbeugen. Es ist uns daran gelegen, zu verhüten, daß ein Kampf aller gegen alle in Deutschland entbrennt, während draußen ebenfalls das Haus von allen Seiten bestürmt wird. Wir arbeiten zum Zwecke raschester Beendigung des Krieges. Wir sind von dem lebhaften Wunsche erfüllt, daß es gelingen möge, diese drei Aufgaben zu lösen.«

Die Forderung nach raschester Beendigung des Krieges aus dem Munde Noskes darf nicht vergessen machen, daß er und seine Partei bis zum bitteren Ende die Kriegskredite bewilligt und damit die Kriegspolitik faktisch unterstützt haben, weil sie den Krieg als Landesverteidigung auch im Interesse der Arbeiterschaft liegend interpretierten und sich damit ins Schlepptau der Regierungspolitik begaben. Noske war der vielleicht konsequenteste Verfechter dieser Politik. Sein Denken während des Krieges bewegte sich in zunehmend enger werdenden machtpolitischen Kategorien. Das heißt, es ging ihm um die Machtstellung Deutschlands in und nach dem Kriege. Der Staat wurde zum eigentlichen Mittelpunkt seiner politischen Vorstellungswelt, und dies

[297] Nach der Aussage von Wels im Dolchstoßprozeß. Zit. nach Miller, Bürde, S. 34, Anm. 46.
[298] Ebda., S. 36.
[299] Ebda., S. 48.
[300] Verhandlungen RT, Bd 314, 24. 10. 1918, S. 6212–6218, Zitat S. 6218.

hatte zur Folge, daß jener Teil der Gesellschaft, dem er entstammte, nämlich die Klasse der Arbeiter, nicht mehr automatisch sein primäres Bezugsfeld darstellte.

Überhaupt fällt auf, daß Noske nur selten fähig war, das Kriegsgeschehen auch einmal als Leiden und Sterben von Menschen zu sehen[301]. Zumindest äußerte er sich öffentlich kaum je in solcher Weise, und dies, obwohl doch sein einziger Sohn Egon in diesem Kriege eine schwere Verwundung erlitten hatte, der er Jahre später erliegen sollte. Trotz dieser unmittelbaren familiären Betroffenheit kam es bei dem Politiker Gustav Noske nie zu einer echten moralischen Empörung und in ihrem Gefolge zu einer Einstellungsänderung gegenüber dem Jahr für Jahr andauernden Kriege.

Für die pazifistische Position einer Rosa Luxemburg hatten Politiker wie er, die in der Vorstellungswelt nationaler Macht befangen waren, nur verständnisloses Kopfschütteln und milde Verachtung. Luxemburg hatte schon 1915 in ihrer »Junius-Broschüre« gegen die Politik der Mehrheits-SPD geschrieben: »Für das europäische Proletariat im ganzen sind heute von seinem Klassenstandpunkt aus Sieg und Niederlage jedes der kriegsführenden Länder gleich verhängnisvoll. Es ist eben der Krieg als solcher [...], der die denkbar größte Niederlage für das europäische Proletariat bedeutet[302].« Der sozialistischen Pazifistin stellte sich dieser Weltkrieg dar »nicht bloß als grandioser Mord, sondern als Selbstmord der europäischen Arbeiterklasse«[303]. Zwischen dieser Betrachtungsweise, die im Deutschland der Kriegsjahre allerdings schon fast eine Ausnahme darstellte, und der Noskes, die einer traditionellen machtstaatlichen Einstellung verpflichtet war, gab es kaum noch eine Verbindungslinie. Aber nicht zuletzt aus diesem Grunde war es zur Parteispaltung gekommen, und Noske stand auf dem rechten Flügel der Mehrheits-SPD, während Luxemburg den linken Flügel der USPD repräsentierte.

Überblickt man Noskes Haltung während des Weltkrieges 1914–1918, so bietet sich das Bild eines Mannes, dessen oberste politische Leitlinie von der ersten Kriegskreditbewilligung im August 1914 bis zur militärischen Niederlage im Herbst 1918 lautete, die Sozialdemokratie fest in die nationale Front einzureihen, da die Landesverteidigung in vollem Umfang auch den Interessen der Arbeiterschaft entsprach. In der konsequenten Verfolgung dieser Politik paßte sich Nos-

301 Eine positive Ausnahme war seine Reichstagsrede, Verhandlungen RT, Bd 307, 30. 5. 1916, S. 1334, wo er immerhin die Fragen stellte: »Wofür diese ungeheuren Opfer an Blut? Wofür denn diese Abschlachtung von Millionen der besten Menschen?«

302 Rosa Luxemburg, Die Krise der Sozialdemokratie [Geschrieben im April 1915], wieder veröffentlicht in: dies., Politische Schriften, Bd 2, Hrsg. v. O. K. Flechtheim. Frankfurt, Wien 1966, S. 145.

303 Ebda., S. 151. Zum Zusammenhang vgl. Wette, Kriegstheorien, S. 183 ff.

ke weitgehend an die offizielle Regierungspolitik an. Dort, wo ihm dies nicht möglich war, opponierte er in gemäßigter Form, strikt darauf achtend, daß die Erfordernisse der militärischen Landesverteidigung keine Beeinträchtigung erfuhren. Diese Politik empfand Noske keineswegs als resignative Anpassung an eine unabänderliche Kriegswirklichkeit, sondern sie entsprach seinen Überzeugungen.

V. Die Kieler Mission

In den letzten Tagen des deutschen Kaiserreichs, als die militärische Niederlage Deutschlands längst eine Tatsache war und als die große Frage auf der politischen Tagesordnung stand, was dem militärischen Zusammenbruch folgen, in welchen Formen und mit welchen Zielen sich die allseits erwartete Neugestaltung der politischen und sozialen Verhältnisse Deutschlands vollziehen würde, stand der sozialdemokratische Reichstagsabgeordnete Gustav Noske im Brennpunkt des politischen Geschehens, nämlich in der Ostseestadt Kiel. Hier wurde der revolutionäre Funken geschlagen, der alsbald zu einem Steppenbrand führen sollte, der das ganze Deutsche Reich erfaßte.

Was suchte der Chemnitzer Reichstagsabgeordnete in Kiel, dem Ursprungsort der deutschen Revolution? War der Mann, der soeben noch Durchhalteparolen ausgegeben und seine Partei davor gewarnt hatte, der Massenbewegung gegen den Krieg irgendwelche Konzessionen zu machen, plötzlich zum Revolutionär geworden? Oder hielt er es mit seinem Freund Friedrich Ebert, der einmal gesagt hatte, er hasse die Revolution wie die Sünde? Wollte Noske aus einer antirevolutionären Grundeinstellung heraus die revolutionäre Bewegung an ihrem Entstehungsort erdrosseln oder doch zumindest eindämmen?

Als Gustav Noske in den ersten Novembertagen in Kiel eintraf, konnte er kaum ahnen, daß die politische Rolle, die er dort spielen würde, auch für ihn selbst, für sein eigenes politisches Leben, eine so entscheidende Bedeutung erlangen würde. Im Rückblick betrachtet, markierte »Kiel« in Noskes Leben eine wichtige neue Station, nämlich den Übergang vom Status eines sozialdemokratischen Parlamentariers, dessen beratende Tätigkeit unter den verfassungsmäßigen Bedingungen des Kaiserreichs kein sonderliches Gewicht hatte, in den Status eines mit Exekutivbefugnissen, also mit Macht ausgestatteten, handelnden Politikers. Jetzt war Noske erstmals in seinem Element. Von seiner »Kieler Mission« führt eine direkte Linie zu der späteren historischen Rolle als Mitglied mehrerer Reichsregierungen.

1. Entsendung Noskes in den Unruheherd Kiel

Eigentlich begann die Kieler Revolution nicht in der Ostseestadt selbst, sondern in Wilhelmshaven, an der Nordseeküste. Auf den dort liegenden Kriegsschiffen kam es am 29./30. Oktober 1918 zu Matrosenmeutereien, nachdem gerüchteweise bekannt geworden war, daß die Marineführung einen eigenmächtigen Vorstoß gegen die englische Flotte plante, und dies zu einem Zeitpunkt, da der Abschluß eines Waffenstillstandes in greifbarer Nähe lag, der Krieg also praktisch zu Ende, verloren war[1]. Die Matrosen waren nicht bereit, sich in dieser Situation einem als sinnlos empfundenen Opfertod auszusetzen. Sie verweigerten den Gehorsam und setzten die Admiräle damit außerstande, ihren Plan in die Tat umzusetzen. Die Marineführung ihrerseits mußte plötzlich begreifen, daß ihrer Befehlsgewalt Grenzen gesetzt waren. Um einen Ausweg aus der gespannten Lage zu finden, faßte sie nach einer kurzen Phase der Ratlosigkeit den Entschluß, die bei Wilhelmshaven liegenden Verbände der Hochseeflotte zunächst einmal auseinanderzuziehen, um sie auf diese Weise wieder unter Kontrolle bekommen zu können.

Damit wurde die Revolte nach Kiel importiert[2]. Denn auf Anordnung des Flottenchefs begab sich das III. Geschwader, in dem die Matrosenmeuterei ihren konsequentesten Verlauf genommen hatte, am 31. Oktober auf die Fahrt von Wilhelmshaven in die Ostseestadt, die der Heimathafen des Geschwaders war. An Bord der fünf Großkampfschiffe befanden sich mehr als 5000 Mann Besatzung, darunter auch 47 Matrosen, die der Geschwaderchef, Vizeadmiral Kraft, als Rädelsführer hatte festnehmen lassen. Diese Festsetzungen lieferten den direkten Konfliktstoff für die nächsten Tage, war doch wegen des schweren Vergehens der Meuterei um das Leben der verhafteten Matrosen zu fürchten.

Die Entwicklung von der Revolte zur Revolution nahm einen raschen Verlauf. Denn sobald das III. Geschwader am 1. November in Kiel angekommen war, suchten die Matrosen umgehend Kontakt mit den im Bereich der Ostseestation beheimateten Landmarineteilen sowie mit den örtlichen Gewerkschaften und den Politikern von MSPD

[1] Vgl. Wilhelm Deist, Die Politik der Seekriegsleitung und die Rebellion der Flotte Ende Oktober 1918. In: VfZG 14 (1966), S. 341–368; sowie die Arbeit des sozialdemokratischen Reichstagsabgeordneten Wilhelm Dittmann, Die Marine-Justizmorde von 1917 und die Admirals-Rebellion von 1918, Berlin 1926; fortan zit.: Dittmann, Marine-Justizmorde.

[2] Vgl. zum Folgenden Dähnhardt, Revolution. Dieser Spezialstudie verdankt die nachfolgende Darstellung wertvolle Aufschlüsse.

und USPD. Gemeinsam wurde für Sonntag, den 3. November, zu einer großen Demonstrationsversammlung aufgerufen. An ihr nahmen etwa 5000 bis 6000 Menschen teil, zumeist Matrosen. Als wichtigste Redner traten der Oberheizer Karl Artelt als Matrosenvertreter und der Kieler Gewerkschaftsvorsitzende Gustav Garbe auf.

Bei dem sich an die Demonstrationsversammlung anschließenden Protestmarsch durch die Kieler Innenstadt wurden die Demonstranten beschossen. Den Schießbefehl gab Reserveleutnant Steinhäuser, der vom Gouverneur, Admiral Souchon, die Weisung erhalten hatte, mit seinem 30 Mann starken Rekrutenzug den Demonstranten entgegenzutreten und rücksichtslos von der Schußwaffe Gebrauch zu machen[3]. Als Opfer des Gewaltakts zählte man sieben Tote und 29 Verletzte.

Diese »erste Salve«[4] rief in ganz Kiel eine ungeheure Empörung hervor. Sie führte zu einer breiten Solidarisierungswelle. Die unmittelbare Folge war, daß anderntags, am 4. November, neben den Mannschaften der Hochseeflotte auch die der Landmarineteile rebellierten und die Arbeiter der großen Germaniawerft sowie der Torpedowerkstatt die Arbeit niederlegten. Am Mittag desselben Tages schlossen sich die Mannschaften der I. Torpedo-Division, in der der bereits erwähnte Oberheizer Artelt eine führende Rolle spielte, der Bewegung an, die nun schon den Charakter einer Aufstandsbewegung angenommen hatte. Tausende Matrosen bewaffneten sich aus den Waffenkammern ihrer Kasernen.

Am 4. November waren die revoltierenden Matrosen Kiels im Besitz der Macht. Teile der Kieler Arbeiterschaft hatten sich bereits mit ihnen solidarisiert, und für den kommenden Tag (5. 11.) hatten die Arbeitervertreter Kiels den Generalstreik beschlossen. Am gleichen Tag wurde in der Torpedo-Division ein Soldatenrat gebildet und Karl Artelt zu seinem Sprecher bestimmt. Es war der erste Soldatenrat in der Geschichte der deutschen Revolution. Der Gouverneur, der seit der Verhängung des Kriegszustandes im Jahre 1914 die militärische und zivile Gewalt in seiner Hand vereinte, hatte keine militärische oder polizeiliche Formation mehr zur Verfügung, die ihm Gehorsam geleistet hätte. Die Marineoffiziere waren, da sie ihres Machtmittels, des Befehls mit Anspruch auf Gehorsam, verlustig gegangen waren, weitgehend von der Bildfläche verschwunden. Die Matrosenbewegung hätte angesichts dieser realen Machtverhältnisse ohne weiteres den Gouverneur für abgesetzt erklären können[5]. Es gab jedoch weder ein klares, über den Tag hinausweisendes politisches Programm noch führende Persönlichkeiten, die den Weg zur konsequenten Ausnutzung der ge-

[3] Vgl. die Aussage Steinhäusers, BA-MA RM 31/v. 2373, Bl. 23 f., sowie Konteradmiral Küsels Schilderung des Vorgangs, BA-MA RM 8/1026, Bl. 29–31.

[4] Formulierung von Noske, Kiel bis Kapp, S. 8.

[5] Vgl. Dähnhardt, Revolution, S. 79.

wonnenen Machtpositionen aufgezeigt hätten. Bei einer spontanen, nur wenige Tage alten Massenbewegung konnte dies wohl auch gar nicht anders sein. Die Schaffung einer neuen politischen Organisation, nämlich die Wahl von Matrosenräten in den Marineteilen und von Arbeiterräten in den Fabriken, kam eben erst in Gang.

Das Reichsmarineamt und die Reichsregierung in Berlin wurden in den ersten Novembertagen durch beunruhigende, aber ziemlich unklare Nachrichten aus Kiel aufgeschreckt[6]. Der erst wenige Tage zuvor als Gouverneur eingesetzte Admiral Wilhelm Souchon berichtete dem Reichsmarineamt am 3. November telegraphisch von »äußerst gefährlichen Zuständen« in Kiel, ohne jedoch die Regierung in vollem Umfang über die Unruhen aufzuklären[7]. Er sprach von einem zu befürchtenden Streik. Alarmierend mußte jedoch der Schlußsatz der Depesche gewirkt haben: »Bitte, wenn irgend möglich, hervorragenden sozialdemokratischen Abgeordneten hierherzuschicken, um im Sinne der Vermeidung von Revolution und Revolte zu sprechen.« Gleichzeitig teilte Souchon seiner vorgesetzten Dienststelle mit, er versuche, »möglichst mit Regierungssozialisten zum Zwecke der Beruhigung zusammenzuarbeiten«[8].

Da waren sie also erstmals gefallen, die Worte »Revolte« und »Revolution«. Am Nachmittag des 4. November begriff Souchon, daß aus der Meuterei eine Massenbewegung geworden war sowie, daß das Gouvernement kaum mehr über eigene Machtmittel verfügte. Da schnelle Hilfe von außen nicht zu erwarten war, entschloß er sich, von dem zunächst eingeschlagenen Kurs einer gewaltsamen Konfrontation abzurücken und hinhaltende Verhandlungen mit den Matrosen einzuleiten, bis der von ihm angeforderte »hervorragende sozialdemokratische Abgeordnete« in Kiel eintreffen würde.

Wie kam der in Kiel noch wenig erfahrene Chef der Ostseestation, Souchon, auf die Idee, die Regierung um die Entsendung eines »Regierungssozialisten« zu bitten, damit dieser versuchte, was ihm selbst nicht gelungen war? Souchons Chef des Stabes, Konteradmiral Küsel, gab hierauf später die Antwort, man habe seinerzeit die Hauptgefahr in der Haltung der Kieler Arbeiter und ihrer Führer gesehen und aus diesem Grunde geglaubt, ein sozialdemokratischer Abgeordneter

[6] Ulrich Kluge, Soldatenräte und Revolution. Studien zur Militärpolitik in Deutschland 1918/19, Göttingen 1975, S. 39, fortan zit.: Kluge, Soldatenräte, erwähnt, der Staatssekretär des RMA, von Mann, habe bereits am 30. 10. 1918 Informationen über die Meuterei der Matrosen auf den Hochseegeschwadern in Wilhelmshaven besessen, aber erst am 2. 11. das Kabinett hiervon in Kenntnis gesetzt, womit er seine Informationspflicht gegenüber der Regierung verletzt habe.

[7] Text des Telegramms in: Militär und Innenpolitik II, Nr. 502, S. 1360–1362. Original im Kriegstagebuch der Station O, BA-MA RM 31/v. 2388, Bl. 536.

[8] Militär und Innenpolitik II, S. 1361 f.

könnte am ehesten beruhigend wirken[9]. Nun war dieser Schritt gewiß ungewöhnlich, mußte er im Reichsmarineamt doch als klares Eingeständnis der Hilflosigkeit der führenden Militärs in der Ostseestation Kiel interpretiert und gewertet werden.

Tatsächlich hat diese Maßnahme Souchons, insbesondere sein Verzicht, gegen die meuternden Matrosen nach der »ersten Salve« auch weiterhin mit militärischer Gewalt vorzugehen, später massive Kritik hervorgerufen, und zwar sowohl aus den Reihen des Marineoffizierkorps als auch seitens der konservativen Geschichtsschreibung[10]. Es waren jedoch Souchon und Küsel, die rechtzeitig begriffen, daß eine politische Lösung des Konflikts gesucht werden müsse[11], da eine gewaltsame Konfrontation mit den Matrosen wegen fehlender eigener Machtmittel unmöglich und aussichtslos war[12]. Zugleich scheint der Gouverneur die politisch naheliegende Idee verfolgt zu haben, auf regionaler Ebene zu kopieren, was in Berlin seit Oktober 1918 durch die Regierung Prinz Max von Baden praktiziert wurde, nämlich die Zusammenarbeit mit den Mehrheitssozialdemokraten, die seitdem »Regierungssozialisten« genannt wurden. Souchon dachte also politisch und nicht bloß militärisch, und dies hatte er seinen Kritikern voraus.

Weitere Informationen über die Vorgänge in Kiel gingen der Regierung in Berlin durch den Vertreter der mehrheitssozialdemokratischen Partei in Kiel zu. Der MSPD-Parteisekretär für Schleswig-Holstein, Heinrich Kürbis, reiste am 3. November aus eigener Initiative in die Reichshauptstadt und berichtete dort seinem in der Regierung sitzenden Parteigenossen, Staatssekretär Philipp Scheidemann – er war Ende Oktober 1918 als Staatssekretär ohne Portefeuille in die Regierung Max von Baden eingetreten – in großer Sorge über die Entwicklung in der Ostseestadt. Kürbis hatte selbst miterlebt, wie in Kiel auf die demonstrierenden Matrosen geschossen wurde. Von einer bevorstehenden Revolution machte er seinem Gesprächspartner in Berlin jedoch keine Andeutungen. Auch er befürchtete einen Streik der Werftarbeiter[13]. Kürbis' Anliegen war, ähnlich wie das Souchons – ob in Absprache mit ihm, ist nicht feststellbar, aber unwahrscheinlich –, daß die

[9] Konteradmiral a.D. Küsel, Beitrag zur Geschichte des revolutionären Umsturzes in der Kaiserlichen Marine und in Kiel. November 1918, BA-MA RM 8/1026, Bl. 25.

[10] Ausführliche Belege bei Dähnhardt, Revolution, S. 77 f.

[11] Ebda., S. 61, 75, 80. Gegen seine Kritiker verteidigte sich Souchon mit seiner kurzen Darstellung »Meine Eindrücke von der Revolution in Kiel November 1918«, die er am 7. 3. 1920 an Admiral v. Trotha sandte, BA-MA N 156/6, Bl. 8–10.

[12] Andere Einschätzung der Lage bei Ernst-Heinrich Schmidt, Heimatheer und Revolution. Die militärischen Gewalten im Heimatgebiet zwischen Oktoberreform und Novemberrevolution, Stuttgart 1981, S. 45 ff., fortan zit.: Schmidt, Heimatheer, der von einem »Versagen des Gouvernements« (S. 51) spricht, das die Dinge habe treiben lassen, statt den Machtanspruch der überkommenen Militär- und Staatsgewalt durchzusetzen (S. 63).

[13] Noske, Wie ich wurde, S. 30; ders., Kiel bis Kapp, S. 8; ders., Erlebtes, S. 69.

Regierung einen prominenten MSPD-Abgeordneten nach Kiel entsenden sollte[14], um beruhigend zu wirken.

Am 4. November tagte in Berlin das Kriegskabinett[15]. Der etwas verspätet eintreffende Marine-Staatssekretär von Mann überreichte Scheidemann »in größter Erregung« einen Stoß von Telegrammen, die zeigten, »daß die Lage in Kiel sehr schlimm war«[16]. Ehe noch dem Kabinett, das mit anderen dringenden Arbeiten beschäftigt war und das sich mit den Vorkommnissen in Kiel nur ganz am Rande beschäftigte, vom Inhalt der Telegramme Mitteilung gemacht wurde, verließ Scheidemann den Sitzungssaal und rief in Gegenwart eines Offiziers den MSPD-Parteivorsitzenden Friedrich Ebert an, um ihn über seine Informationen aufzuklären. Scheidemann machte Ebert den Vorschlag, Noske nach Kiel zu schicken. Nach eigener Bekundung kam er auf diesen Gedanken, »weil Noske seit Jahren in der Budgetkommission die Marineangelegenheiten vertrat und immer mit Kiel Fühlung hatte«[17]. Ebert war mit Scheidemanns Vorschlag einverstanden. Scheidemann rief daraufhin Noske an, schilderte ihm kurz, daß in Kiel »bedenkliche Dinge vorgekommen« seien und bat ihn, er möge sich zu einer weiteren Rücksprache sofort in die Reichskanzlei begeben[18].

Mit Noskes Funktion als langjährigem Marinereferenten argumentierte Scheidemann auch im Kabinett[19] und stieß damit bei Reichskanzler Prinz Max von Baden auf offene Ohren[20]. Schließlich war das Kabinett mit der Entsendung Noskes einverstanden. Es beschloß, es solle auch noch »ein Mann anderer Couleur mitgehen«[21], und wählte dazu den demokratischen Abgeordneten Conrad Haußmann[22] aus. Der Reichstagsabgeordnete der linksliberalen Fortschrittlichen Volkspartei war Mitglied des Reichstages seit 1890. Im Kabinett Prinz Max von Baden bekleidete er seit dem 14. Oktober 1918, also seit etwas mehr als zwei Wochen, wie Scheidemann den Posten eines Staatssekretärs ohne besonderen Geschäftsbereich.

Haußmann und Noske erhielten vom Reichskabinett den wenig klaren Auftrag, in Kiel »unter der Hand aufklärend zu wirken«[23]. Hauß-

[14] Dähnhardt, Revolution, S. 81.
[15] Protokoll der Kabinettssitzung vom 4. 11. 1918 in: Regierung Max von Baden, Dok. 123.
[16] Aussage Scheidemanns, Dolchstoß-Prozeß 1925, S. 241.
[17] Scheidemann, ebda., S. 242.
[18] Scheidemann, Memoiren II, S. 267; Noske, Kiel bis Kapp, S. 8.
[19] Regierung Max von Baden, Nr. 122, S. 496.
[20] Prinz Max von Baden, Erinnerungen und Dokumente, Stuttgart usw. 1927, S. 572 f.; fortan zit.: Max von Baden, Erinnerungen.
[21] Scheidemann, Dolchstoß-Prozeß 1925, S. 242.
[22] Biographische Daten Haußmanns in: Schwarz, M.d.R., S. 340.
[23] So heißt es im Kabinettsprotokoll. Siehe: Regierung Max von Baden, S. 497. Vizeadmiral v. Mann sagte, die Abgeordneten sollten »auf die Stimmung einwirken«, ebda., S. 491. Vgl. auch Max von Baden, Erinnerungen, S. 572.

mann verstand darunter, sie sollten den Gerüchten entgegentreten, daß die Marineführung eine Verzweiflungstat beabsichtigt habe[24]. Noske glaubte, seine Aufgabe bestehe darin, »zu verhüten, daß ein großer Werftstreik ausbreche«[25]. Aus diesen unterschiedlichen Aussagen geht zumindest eines eindeutig hervor: Die Regierung konnte aus den bis zum 4. November eingegangenen Berichten nicht klar ersehen, was sich in Kiel wirklich abgespielt hatte und was sich aus den Unruhen möglicherweise entwickeln würde. Ihre beiden Abgesandten konnten daher nur sehr vage instruiert werden. Haußmann fuhr als Vertreter der Reichsregierung nach Kiel, Noske als Repräsentant der Sozialdemokratischen Partei[26].

Scheidemann hatte Noske angedeutet, er würde wohl kaum länger als einen Tag von Berlin wegbleiben müssen[27]. Auch diese Bemerkung machte deutlich, daß man sich in Berlin von der »besorgniserregenden Lage« in Kiel kein genaues Bild zu machen vermochte. Noske selbst bestätigte, die Regierung hätte zu dieser Stunde von den Kieler Vorkommnissen »eine ganz unklare, unzutreffende Vorstellung« gehabt[28]. Während der Bahnfahrt von Berlin nach Kiel berichtete Kürbis den beiden Abgeordneten, was er von den Kieler Ereignissen wußte. Dabei kamen sie jedoch nicht weit. Denn im Zug spielte sich eine für deutsche Verhältnisse – auch in revolutionären Zeiten – nicht untypische Episode[29] ab: »Während wir Betrachtungen darüber anstellten, welche Situation wir in Kiel wohl vorfinden würden, entrüstete sich der Schaffner arg darüber, daß Kürbis, der eine Fahrkarte 3. Klasse hatte, bei Haußmann und mir im Abteil 1. Klasse saß. Der Mann war nicht zu beruhigen und wollte den Sünder in Kiel bestraft sehen.«

Wie Conrad Haußmann in seinen Tagebuchaufzeichnungen berichtet, wurde Noske bei seiner Ankunft am Hauptbahnhof Kiel am 4. November um 19.30 Uhr »von aufrührerischen Matrosen mit Hochrufen empfangen«[30]. Noske erinnerte sich an ein »brausendes Hurra« Hunderter Matrosen[31]. Was hatte dies politisch zu bedeuten, daß die revoltierenden Soldaten in Kiel den ihnen höchstens dem Namen nach bekannten Sozialdemokraten Noske umjubelten und ihm, wie sich in der Folgezeit rasch zeigen sollte, ein fast uneingeschränktes Vertrauen

[24] In diesem Sinne äußerte sich Haußmann nach seinem Eintreffen in Kiel am 4. 11. 1918 abends. Siehe Militär und Innenpolitik II, Nr. 503, S. 1368.

[25] Noske, Dolchstoß-Prozeß 1925, S. 178; sowie Noske, Wie ich wurde, S. 30.

[26] Noske, Kiel bis Kapp, S. 8.

[27] Ebda.

[28] Ebda.

[29] Ebda., S. 10.

[30] Conrad Haußmann, Schlaglichter. Reichstagsbriefe und Aufzeichnungen. Hrsg. von Ulrich Zeller, Frankfurt a.M. 1924, S. 265. Aufzeichnung vom 4. 11. 1918. Ebenso berichtete Haußmann in der Kabinettssitzung am 5. 11. 1918, Noske sei mit großem Beifall empfangen worden. Siehe: Regierung Max von Baden, S. 537.

[31] Noske, Kiel bis Kapp, S. 10.

entgegenbrachten? Der mehr als freundliche Empfang für Noske darf zunächst einmal als ein Indiz dafür gewertet werden, daß die revoltierenden Matrosen von Kiel keineswegs *gegen* die Regierung rebellieren wollten, sondern *für* sie[32]. Sie sahen in Noske, den »Berlin« gesandt hatte – ganz gleich, ob die Regierung oder die Sozialdemokratische Partei –, »ihren Mann«. Wie kam es dazu? Der Hintergrund war folgender: die Kieler Matrosen, die mit ihrem Aufstand den Startschuß zur deutschen Revolution gaben, fühlten sich politisch im Recht. Sie glaubten, daß die Marineführung mit ihrem abenteuerlichen Plan, eine letzte Todesfahrt zu unternehmen, nicht etwa Regierungsbefehle ausführte, sondern daß sie im Gegenteil auf eigene Faust die Friedensbemühungen der Regierung Max von Baden hatte durchkreuzen wollen. Daher hatten sie diesen Plan durch ihre Meuterei vereitelt. Insofern handelte es sich bei ihrer massenweisen Gehorsamsverweigerung um eine Meuterei, der die »Admiralsrebellion«[33] gegen die Reichsregierung vorausgegangen war. Sie, die Matrosen, hatten für die Regierung und in ihrem Sinne gehandelt, und Noske war der Vertreter dieser Regierung. Daher war Noske jetzt »ihr Mann«.

Die Matrosen konnten zu diesem Zeitpunkt nicht wissen, daß der Reichskanzler Max von Baden in Unkenntnis der wirklichen Vorgänge bereits den Entschluß gefaßt hatte, die Offiziere der Hochseeflotte zu decken und sie gegen den Vorwurf in Schutz zu nehmen, sie hätten den Gehorsam gegenüber der Regierung verletzt. Ein in diesem Sinne gehaltenes Flugblatt des Reichskanzlers[34] wurde Admiral Souchon telegraphisch in Aussicht gestellt. Zu einer Verteilung dieses Flugblatts ist es dann allerdings nicht gekommen. Es wurde von den Ereignissen in Kiel überrollt[35]. Die Matrosen erfuhren daher nichts von der gegen sie gerichteten Politik der Regierung.

Man muß der Reichsregierung zugute halten, daß sie über den geplanten Vorstoß der Flotte zu diesem Zeitpunkt nur unzureichend informiert war. Staatssekretär von Mann sagte am 4. November im Kabinett, bei dem Gerücht, die Offiziere hätten die Absicht, »die Flotte zu vernichten, um sie nicht ausliefern zu brauchen«, handele es sich um einen »Irrtum«[36]. Er kündigte an, der Chef des Stabes der Hochseeflotte, Konteradmiral von Trotha, und wahrscheinlich auch der Chef der

32 Dähnhardt, Revolution, S. 82.

33 Ausdruck von Dittmann, Marine-Justizmorde. Vgl. auch Rahn, Führungsprobleme, S. 171–189, der die Vorgänge aus marine-immanenter Sicht betrachtet, aber zugleich eindeutig aussagt, die Marineführung habe seinerzeit »den Einfluß der Reichsleitung bewußt ausschalten« wollen (S. 180).

34 Max von Baden, Erinnerungen, S. 572 f.; Faksimile in: WUA 4. R. Bd 9/1, S. 439; ebenfalls in: Kluge, Soldatenräte, S. 41.

35 Dähnhardt, Revolution, S. 82.

36 Protokoll der Kabinettssitzung am 4. 11. 1918, Regierung Max von Baden, Dok. 123, S. 495.

Seekriegsleitung, Admiral Scheer, würden am 6. November vor dem Kriegskabinett erscheinen und Bericht erstatten[37]. Hierzu ist es dann allerdings nicht gekommen. Auch der mehrheitssozialdemokratische Parteivorsitzende Ebert[38] sprach in dieser Sache von einem »Gerücht«. Erst sehr viel später, im Dolchstoß-Prozeß von 1925, gab der Urheber des Plans, von Trotha, zu, daß die Flottenführung Ende Oktober 1918 tatsächlich einen eigenmächtigen Vorstoß gegen die englische Flotte unternehmen wollte, nach der Devise »lieber ehrenvoller Untergang als schmachvoller Frieden«. Noske[39] sagte damals, 1925, mit der Aussage Trothas sei »zum erstenmal zugestanden worden, daß die Absicht eines großen Vorstoßes bestanden hat«. Er fuhr fort: »In Kiel und Berlin ist mir 1918 und Anfang 1919, wenn ich über diese Frage gesprochen habe, nie ein solch klares Eingeständnis gemacht worden. Danach scheint die Einstellung der Mannschaft richtig gewesen zu sein, die meinte, es gehe jetzt in eine große Aktion hinein, bei der das Prestige der Flotte gewahrt werden soll.« In der Tat, die revoltierenden Matrosen vom Oktober und November 1918 hatten berechtigten Anlaß zu glauben, daß sie gegen den Willen der Reichsregierung »verheizt« werden sollten.

Das ging auch aus den Recherchen Wilhelm Dittmanns hervor, der nach der Etablierung der Weimarer Republik von einem parlamentarischen Untersuchungsausschuß des Reichstages den Auftrag erhielt, sich anhand des amtlichen geheimen Aktenmaterials Klarheit über die Vorgänge in der Marine im Oktober 1918 zu verschaffen. Er kam 1926 zu folgendem Ergebnis[40]: »Der Flottenvorstoß der Admiräle war der Dolchstoß der Seekriegsleitung in den Rücken der parlamentarischen Regierung des Prinzen Max von Baden, die auf dem Boden der Bismarckschen Verfassung völlig legal gebildet worden war. Den Hoch- und Landesverrat der Admiräle durchkreuzte die Gegenaktion der Matrosen und Heizer für die verfassungsmäßige Regierung. Die Racheaktion der Admiräle, die nunmehr einsetzte, löste erst die revolutionäre Erhebung der Heizer und Matrosen aus, die zum Beginn der Revolution im Reiche wurde.« Aber dies war, wie gesagt, der Wissensstand von 1925, bzw. 1926, nicht der von 1918. Die revoltierenden Matrosen, die Noske am Abend des 4. November in Kiel stürmisch begrüßten, waren allerdings schon damals fest davon überzeugt, den wahren Sachverhalt zu kennen.

Zu den ersten persönlichen Eindrücken Noskes in Kiel gehörte das Bild bewaffneter Matrosen in den Straßen sowie vereinzeltes, aber of-

[37] Ebda., S. 491.
[38] Ebert in der Sitzung des Interfraktionellen Ausschusses am 4. 11. 1918, Regierung Max von Baden, Nr. 123, S. 499.
[39] Dolchstoß-Prozeß 1925, S. 177.
[40] Dittmann, Marine-Justizmorde, S. 104.

fensichtlich zielloses Schießen. Auch gehörte dazu das Erlebnis, daß die revoltierenden Matrosen ihn, Noske, sogleich »als ihren Wortführer in Beschlag« nahmen, ohne ihn zuvor gefragt zu haben, was er von ihrem Verhalten eigentlich dachte[41]. Haußmann ist diese Umarmung offensichtlich nicht widerfahren. Eine halbe Stunde nach seiner Ankunft hielt Noske eine erste kurze Ansprache auf dem Kieler Wilhelmsplatz, wohin ihn Artelt in einem Wagen gebracht hatte. Er forderte, nach eigenem Bericht, unter dem großen Beifall von Tausenden bewaffneter Soldaten, dazu auf, »Ordnung zu bewahren«[42], und stimmte damit sogleich den Grundton seiner Politik in den kommenden Wochen an. Vom Wilhelmsplatz aus fuhr er, wahrscheinlich wiederum auf Veranlassung von Artelt, für kurze Zeit in das Kieler Gewerkschaftshaus, wo sich etwa 40 Matrosen und Arbeitervertreter eingefunden hatten, die über die Gründung eines Soldatenrats für die Gesamtgarnison diskutierten[43]. In dieser Versammlung, an der Noske nur kurze Zeit teilnehmen konnte, wurden dann in der Nacht zum 5. November die berühmt gewordenen Kieler »14 Punkte«[44] formuliert. Sie reichten von der aktuellen Forderung nach Freilassung sämtlicher Inhaftierter und politischer Gefangener über konkrete Vorstellungen zur sofortigen Reform des militärischen Dienstbetriebes bis hin zu politischen Forderungen nach freier Meinungsäußerung und nach Aufhebung der Briefzensur. Obwohl es sich also weniger um ein homogenes politisches Programm als vielmehr um eine Zusammenstellung recht unterschiedlicher Anliegen handelte, sollten die »14 Kieler Punkte« für die Revolution im ganzen Reich Bedeutung erlangen.

Vom Gewerkschaftshaus aus dirigierte Artelt die beiden Abgeordneten Haußmann und Noske ins Stationsgebäude, den Amtssitz des Gouverneurs, wo seit 21 Uhr eine für die aktuelle Entwicklung noch wichtigere Sitzung im Gange war. Souchon, der Gouverneur, hatte schon vor dem Eintreffen der telegraphisch angekündigten Regierungsvertreter weitere Zugeständnisse machen müssen. Er hatte der dringlichsten Forderung der Matrosenabordnungen entsprochen und die Gefangenen des III. Geschwaders freigelassen[45]. Dies bedeutete zu diesem Zeitpunkt einen entscheidenden Erfolg der Aufständischen. Ein weiterer, nicht weniger bedeutsamer Erfolg bestand darin, daß Souchon noch am Nachmittag des 4. November zusichern mußte, daß die

41 Noske, Kiel bis Kapp, S. 11.

42 Ebda.; über diese Ansprache gibt es lt. Dähnhardt, Revolution, S. 86, Anm. 379, keine weiteren Berichte.

43 Lothar Popp, Ursprung und Entwicklung der November-Revolution 1918, Kiel o. J. [1919], S. 21; fortan zit.: Popp, Ursprung; Dähnhardt, Revolution, S. 89 ff.; Noske, Kiel bis Kapp, S. 12.

44 Abgedruckt in: Popp, Ursprung, S. 21 f.

45 Vgl. zum Folgenden das Fernschreiben der Ostseestation Kiel vom 5. 11. 1918 an das Reichsmarineamt, BA-MA RM 8/1010, Bl. 23.

von ihm zur gewaltsamen Unterdrückung der Matrosenbewegung angeforderten Heeressoldaten wieder zurückgesandt und keine neuen Truppen gerufen würden.

Um diese Frage ging es auch in der Sitzung am Abend des 4. November im Stationsgebäude[46], an der neben Noske und Haußmann die FVP-Reichstagsabgeordneten Dr. Struve und Hoff teilnahmen, der gesamte Stab der Ostseestation, einige Inspekteure, die Vertreter der Matrosenbewegung, Funktionäre der örtlichen sozialistischen Parteien und der Kieler Gewerkschaftssekretär Gustav Garbe, insgesamt 39 Personen. Es war eine denkwürdige Sitzung. Denn die anwesenden acht Admirale hatten, was für sie denkbar ungewohnt, aber charakteristisch für die aktuellen Machtverhältnisse war, den entschieden auftretenden Matrosendelegierten zuzuhören und im übrigen zu schweigen. Die Verhandlungen wurden von den Politikern einerseits und den Matrosenvertretern andererseits geführt. Von den Militärs kam lediglich Souchon zu Wort. Die Matrosendelegierten trugen einige konkrete militärische sowie weitergehende politische Forderungen vor. Zunächst drängten sie auf erneute definitive Zusagen des Gouverneurs, daß die von ihm angeforderten Heerestruppen unverzüglich zurückzuschicken seien. Zu dieser Frage ergriff auch Noske das Wort[47]. Er erklärte, daß es, falls weitere Truppen in der Absicht herangezogen würden, die Bewegung einzudämmen, zum Blutvergießen kommen werde, was einen reichsweiten Streik der Arbeiterschaft auslösen könne. Noske stellte sich in diesem Punkt also hinter die Sprecher der Matrosenbewegung und erreichte damit, daß Souchon deren Forderung in vollem Umfang entsprach und aus der Sitzung heraus die nötigen Befehle erteilte. Noch in der Nacht vom 4. auf den 5. November sind dann tatsächlich alle in der Stadt befindlichen Heerestruppen aus Kiel abgezogen worden[48].

Ein weiterer Punkt der Verhandlungen betraf den eigenmächtigen Plan der Flottenführung zum Auslaufen gegen England. Noske und Haußmann führten – ihrem Auftrag und ihrem mangelhaften Informationsstand entsprechend – aus, daß sie dem Gerücht, es sei »eine Verzweiflungstat der Marine beabsichtigt« (Haußmann), entgegentreten müßten. Noske war immerhin umsichtig genug, zu konzedieren, einzelne Offiziere könnten Gedanken geäußert haben, die ein solches Unternehmen vermuten ließen[49].

Die politischen Forderungen der Matrosenbewegung formulierte ein Vertreter des Soldatenrats, wahrscheinlich Artelt. Nach ihm sprach

46 Kurzprotokoll der Sitzung im Stationsgebäude am 4. 11. 1918 abends in: Militär und Innenpolitik II, Nr. 503, S. 1365 f.; Original in: BA-MA RM 31/v. 2373, Bl. 40–50.
47 Militär und Innenpolitik II, Nr. 503, S. 1365 f.
48 Dähnhardt, Revolution, S. 86.
49 Militär und Innenpolitik II, Nr. 503, S. 1366 und 1368.

der Kieler USPD-Vorsitzende, Lothar Popp. Die von ihm aufgestellten »Mindestforderungen«[50] lauteten: 1. Beseitigung der Krone; 2. Abschaffung sämtlicher Monarchien in Deutschland; 3. freie Volksrepublik; 4. ein gerechtes Wahlrecht; 5. Pressefreiheit; 6. restlose Entlassung aller Gefangenen. Diese Forderungen deckten sich weitgehend[51] mit denen der anwesenden Soldatenratsvertreter, die zudem die »Beseitigung des Militarismus« gefordert hatten. Natürlich handelte es sich bei alledem um sehr weitgehende politische Vorstellungen, über die in Kiel nicht entschieden werden konnte. Auch Haußmann und Noske hatten ja keinerlei Legitimation, im Auftrage der Regierung Zusagen über die Gestaltung der künftigen politischen Verhältnisse in Deutschland zu machen.

Infolgedessen wurde über diese politischen Punkte auch gar nicht weiter diskutiert. Allerdings nahm Noske die erste der Forderungen Popps auf, indem er noch während der Sitzung im Stationsgebäude seiner Auffassung Ausdruck verlieh, daß der Matrosenbewegung nur unter einer Bedingung die Waffenniederlegung zugemutet werden könne: der Zusicherung des Rücktritts des Kaisers. Mit dieser sei ohnehin über kurz oder lang zu rechnen[52]. Haußmann seinerseits erklärte, er wolle sich in Berlin für die Freilassung der politischen Gefangenen einsetzen[53] und zwar auch für die in Celle und Köln Inhaftierten. Außerdem richtete Noske an Haußmann die dringende Bitte, die Regierung sofort über den Ernst der Lage in Kiel zu unterrichten[54], was dieser auch tat[55].

Die Matrosendelegation verfaßte noch in der Nacht vom 4. auf den 5. November ein Flugblatt, in dem über das Ergebnis der Sitzung berichtet wurde. Darin hieß es[56]: »Kameraden! Der gestrige Tag wird in der Geschichte Deutschlands ewig denkwürdig sein. Zum ersten Male ist die politische Macht in die Hände der Soldaten gelangt. Ein Zurück gibt es nicht mehr! Große Aufgaben liegen vor uns. Aber damit sie erfüllt werden können, ist Einigkeit und Geschlossenheit der Bewegung notwendig [...] Die in später Abendstunde beim Generalgouvernement unter Beisein des sozialdemokratischen Abgeordneten Noske und des Staatssekretärs Haußmann erreichten Erfolge sind: 1. Hauß-

[50] Ebda., S. 1368.
[51] Differenzierend Kluge, Soldatenräte, S. 41 f.
[52] Militär und Innenpolitik II, Nr. 503, S. 1369.
[53] Ebda., S. 1370. Vgl. auch das Fernschreiben des Kommandos der Marinestation der Ostsee vom 6. 11. 1918 an die vorgesetzten Marinebehörden, BA-MA RM 31/v. 2373, Bl. 56.
[54] Militär und Innenpolitik II, Nr. 503, S. 1369.
[55] Der telegraphische Bericht Haußmanns ist abgedruckt in: Max von Baden, Erinnerungen, S. 578 f.
[56] Flugblatt des Kieler Soldatenrats vom 5. 11. 1918, BA-MA RM 31/v. 2390, Bl. 9. Angesichts der unerfüllt gebliebenen politischen Forderungen bezeichnet Kluge, Soldatenräte, S. 42, das Ergebnis der Sitzung als »mager«.

mann nimmt unsere Forderungen an und verspricht beschleunigte Durchsetzung bei der Regierung. 2. Sofortiges Abbrechen sämtlicher gegen unsere Bewegung gerichteten militärischen Maßnahmen. 3. Hinwirken zum Einlaufen der Flotte. 4. Unter Mitwirkung des Arbeiterrates werden dem Soldatenrat die Akten der noch in Haft Befindlichen vorgelegt, um über deren Freilassung, mit Ausnahme der wegen unehrenhafter Handlungen Verurteilten, zu entscheiden. – In Ergänzung des Aktionsausschusses sind die Genossen Haase[57] und Ledebour telegraphisch hierhergerufen worden.«

Nach einer unruhigen und kurzen Nacht, in der die Schießereien in Kiel nicht abrissen, reiste Staatssekretär Haußmann wieder nach Berlin ab, um der Regierung mündlich ausführlich Bericht zu erstatten[58]. Einer entsprechenden Verabredung mit Haußmann folgend sowie auf Bitten des Gouvernements[59] blieb Noske in Kiel. Ursprünglich ohne irgendwelche Regierungsvollmachten in die Ostseestadt gereist, eigentlich mehr als Beobachter der dortigen Vorgänge[60], wurde er vom Augenblick seiner Ankunft an, als er von den Matrosen vertrauensvoll empfangen wurde und dann sehr schnell begriff, wie die veränderten Machtverhältnisse in Kiel einzuschätzen waren, zum Handeln gedrängt. Innerhalb weniger Tage sollte es ihm dann gelingen, die entscheidenden Machtpositionen zu besetzen und zur zentralen Figur jener Stadt zu werden, von der das Signal zur deutschen Revolution von 1918/19[61] ausgegangen war.

2. Vorsitzender des Obersten Soldatenrates Kiel

Aufgrund des von den Gewerkschaften ausgerufenen Generalstreiks ruhte am 5. November 1918 in allen Kieler Betrieben und Werften die Arbeit vollständig. Nach Beratungen, die die ganze Nacht über angedauert hatten, wurde in den frühen Morgenstunden desselben Tages erstmals in Kiel ein Arbeiterrat gebildet. Er setzte sich aus den Obleuten der Kieler Großbetriebe sowie 14 Vorstandsmitgliedern der beiden sozialistischen Parteien zusammen. Weiterhin gehörte ihm der Vorsit-

[57] Haase traf tatsächlich in Kiel ein, besprach sich mit Noske, und reiste dann wieder nach Berlin ab, ohne in die Kieler Entwicklung eingegriffen zu haben.

[58] Bericht Haußmanns vor dem Gesamtkabinett am 5. 11. 1918, Regierung Max von Baden, Nr. 129, S. 535–537.

[59] Dähnhardt, Revolution, S. 100, unter Bezug auf den Nachlaß Haußmann.

[60] Kluge, Soldatenräte, S. 39.

[61] Daß von Kiel das »Signal zur deutschen Revolution« ausging, erwähnten die Repräsentanten der Ostseestadt nicht ohne Stolz in ihrem Geleitwort vom Mai 1978 zu der Untersuchung von Dähnhardt, Revolution, S. 7.

zende des Kieler Gewerkschaftskartells, Gustav Garbe, an, der zum Vorsitzenden des Arbeiterrats gewählt wurde[62]. Von den insgesamt 28 Personen des Rates waren 14 Mitglieder des MSPD und 11 der USPD[63]. Mit dieser in etwa paritätischen Besetzung wollten die beiden Parteien deutlich machen, daß sie gewillt waren, gemeinsam die Führung der Kieler Bewegung zu übernehmen. Bei den Mitgliedern des Arbeiterrates handelte es sich durchweg um erfahrene Gewerkschaftler und Kommunalpolitiker, die sich des Vertrauens der Kieler Arbeiterschaft sicher sein konnten.

Zur gleichen Zeit ging in den Kieler Marineformationen endgültig die Macht von den Offizieren auf die revoltierenden Matrosen über. Als Symbol des Umsturzes holten die Matrosen im Morgengrauen des 5. November auf allen im Hafen liegenden Schiffen die kaiserliche Kriegsflagge nieder und setzten statt dessen rote Flaggen[64]. Nur in einem einzigen Fall kam es seitens der Marineoffiziere zu energischem Widerstand. Auf dem Linienschiff »König« schoß dessen Kommandant Kapitän z. S. Weniger einen Matrosen nieder, der die rote Fahne zu hissen versuchte; er wurde daraufhin selbst durch einen Schuß schwer verwundet. Zwei weitere Offiziere des Linienschiffes erlagen später ihren Verwundungen, die sie bei der Schießerei erhalten hatten.

Ein weiteres Symbol des Umsturzes war darin zu sehen, daß die Matrosen den Offizieren die Rangabzeichen abrissen und ihnen die Waffen abnahmen. Neben der Machtdemonstration handelte es sich dabei zugleich um eine Vorsorgemaßnahme. Denn es waren ständig Gerüchte in Umlauf, denen zufolge die Offiziere zu einem gewaltsamen Gegenstoß ansetzten[65]. Schießereien, denen kein Plan zugrunde lag, sondern die aus Nervosität resultierten, hielten den ganzen Tag über (5. November) an und riefen unter der Kieler Bevölkerung und den Konfliktparteien Verwirrung hervor. Wie sich nun zeigte, war der am Vortage gebildete Garnisons-Soldatenrat keineswegs in der Lage, die spontan handelnde Matrosenbewegung zu lenken und zu kontrollieren, obwohl er sogleich nach seiner Konstituierung verkündet hatte, daß er ab sofort die Befehlsgewalt über das gesamte Militärpersonal in Kiel beanspruche[66].

Für Noske begann der Morgen des 5. November mit einem Besuch in den »Reichshallen«, wo sich etwa 1000 Vertrauensleute der Arbeiterschaft versammelt hatten. Aus dem Bericht eines Matrosen, der dort gerade eine Rede hielt, erfuhr Noske von der Existenz eines Sol-

[62] Popp, Ursprung, S. 23; Dähnhardt, Revolution, S. 91 f.
[63] Dähnhardt, Revolution, S. 92, Anm. 403.
[64] Detaillierte Schilderung der Vorgänge ebda., S. 97.
[65] Vgl. den Bericht des Chef des Stabes der Ostseestation, Konteradmiral Küsel, vom 22. 12. 1918, BA-MA RM 8/1027, Bl. 114–116.
[66] Siehe den 14. der »14 Kieler Punkte«, Popp, Ursprung, S. 21 f.

datenrates, der angeblich die ganze Stadt unter seiner Kontrolle habe. Noske erinnerte sich: »Der Bericht klang so klar und präzis, alle Anordnungen schienen so vorsorglich getroffen, daß ich beinahe etwas wie Respekt fühlte und mich für überflüssig hielt[67].« Nach dem Matrosen ergriff Noske selbst das Wort. Er gab der Versammlung einen kurzen Bericht über die nächtlichen Verhandlungen im Stationsgebäude. Sodann begab er sich auf die Suche nach dem Soldatenrat in das Gewerkschaftsgebäude. Dort herrschte ein reger Betrieb. Es wurden Ausweise ausgestellt, Gewehre verteilt, Informationen ausgetauscht. Aber die Leitung des Soldatenrats konnte Noske nicht entdecken, weder hier im Gewerkschaftshaus noch anderswo, was der Abgeordnete verständlicherweise als einen »unmöglichen Zustand«[68] empfand. Nach Noskes eigenen Angaben wurde ihm im Verlaufe seines Suchens nach der »inzwischen sagenhaft gewordenen Leitung der Revolution« entweder von dem Matrosensprecher Artelt oder von dem Gewerkschaftssekretär und neugewählten Arbeiterrats-Vorsitzenden Garbe der Vorschlag unterbreitet, doch selbst vorläufig die Leitung der Geschäfte zu übernehmen[69]. Es ist jedoch durchaus denkbar, daß der Vorschlag von ihm selbst kam[70]. Zwar hatte er sich noch wenige Stunden zuvor für überflüssig gehalten, aber davon konnte jetzt nicht mehr die Rede sein, nachdem sich herausgestellt hatte, daß eine ordnende Leitung fehlte.

Um 13 Uhr fand auf dem Kieler Wilhelmsplatz eine große Demonstrationsveranstaltung statt, an der mehrere Tausend Matrosen teilnahmen. Nach anderen Rednern erhielt Noske das Wort[71]. Er nutzte die Chance, sich ins Spiel zu bringen. Zunächst erklärte er, daß die Bewegung, an deren Entstehen er keinen Anteil gehabt habe, »von fester Hand geleitet werden müsse«. Hiernach machte er die Mitteilung, er habe während des ganzen Vormittags niemanden finden können, der Anweisungen erteilt hätte. Eine Anzahl von Kameraden hätten ihn daher gebeten, als Vorsitzender des Soldatenrates vorerst die Interessen der Matrosen wahrzunehmen, falls diese das erforderliche Vertrauen zu ihm hätten. Noskes Vorschlag soll »brausende Zustimmung«[72] gefunden haben. Sie kam einer akklamatorischen Wahl gleich. Jedenfalls betrachtete sich der Reichstagsabgeordnete Noske fortan als Vorsitzender des für die gesamte Garnison Kiel zuständigen Soldatenrats[73]. Das

67 Noske, Kiel bis Kapp, S. 15.
68 Ebda., S. 17.
69 Ebda.
70 So die Vermutung von Dähnhardt, Revolution, S. 101.
71 Zum Folgenden Noske, Kiel bis Kapp, S. 17 f.; Popp, Ursprung, S. 23 f.
72 Noske, Kiel bis Kapp, S. 18.
73 Popp, Ursprung, S. 24. Das Kieler Stationskommando (gez. von Artelt und Noske) teilte dem RMA am 6. 11. 1918 fernschriftlich mit: »Gegen Mittag [des 5. 11.] erhält

war gewiß ein bemerkenswerter Tatbestand. Denn dem Obersten Soldatenrat stand nun mit Noske ein Zivilist vor, der vor noch nicht einmal 24 Stunden von Berlin nach Kiel angereist war.

So weit an diesem Tage zu sehen war, verfügte Noske damit bereits einen Tag nach seiner Ankunft über jene Machtposition, von der aus er die Weichen glaubte stellen zu können. Denn der Soldatenrat repräsentierte den von den revolutionären Matrosen getragenen und damit wichtigsten Anteil der Kieler Revolution, und er war ihr oberstes Machtorgan. Seit der Verkündung der »14 Kieler Punkte« am Morgen desselben Tages konnte der Soldatenratsvorsitzende die Befehlsbefugnis über die mehr als 50000 in Kiel stationierten Soldaten beanspruchen. Da sie sich von den 14 Punkten ableitete, handelte es sich um eine Befehlsgewalt kraft revolutionären Rechts.

Es ist auf den ersten Blick schwer verständlich, weshalb die kraftvolle und in den letzten Tagen so erfolgreiche Kieler Matrosenbewegung nicht eine aus ihren eigenen Reihen kommende Persönlichkeit mit dem Vorsitz des Soldatenrats betraute und statt dessen spontan auf das politisch doch gewiß wenig wegweisende Angebot Noskes einging, die Bewegung »mit fester Hand« zu leiten. Es muß wohl so gewesen sein, daß Noske unter den Matrosen über einen beträchtlichen – aus seiner Parteizugehörigkeit resultierenden[74] – Vertrauensbonus verfügte. Darüber hinaus dürfte es gerade den politisch weniger erfahrenen Matrosen ein Gefühl der Sicherheit vermittelt haben, daß sich nun ein reichsweit bekannter SPD-Abgeordneter, der als fähig und erfahren galt, an die Spitze der durch die Revolution geschaffenen Institution des Soldatenrats setzte und damit den Umsturz im nachhinein legitimierte, nicht nur individuell, sondern als jemand, den man von »Berlin« gesandt hatte. Daß dieser Politiker von der Rolle des Soldatenrates eine andere Vorstellung hatte als die Matrosen, war diesen wohl nicht bekannt. Jedenfalls gab es gegen die Person Noskes am 5. November in Kiel nirgendwo Widerstand. Es fand sich nicht einmal ein Konkurrent[75], der ihm den Vorsitz im Soldatenrat streitig gemacht hätte. Auch Artelt, der in den vergangenen Tagen die wichtigste Triebfeder der Matrosenbewegung gewesen war, meldete jetzt keinen Führungsanspruch an.

Anläßlich seiner akklamatorischen Wahl zum Soldatenratsvorsitzenden fragte niemand danach, in welcher Weise Noske dieses Amt auszuüben gedachte. Für die Matrosen bestand der wesentliche Punkt

Abgeordneter Noske von Versammlung auf Wilhelmsplatz ausübende Gewalt.« BA-MA RM 31/v. 2373, Bl. 57.

[74] Vgl. dazu differenzierend Kapitel III/5: »Korreferent des Reichstages für den Marineetat«.

[75] Kluge, Soldatenräte, S. 43; ebenso Dähnhardt, Revolution, S. 102.

wohl darin, daß Noskes Hineindrängen in die Verantwortung als Signal dafür aufgefaßt wurde, daß sich ein prominenter Politiker auf den Boden des Umsturzes stellte und bereit war, ihn gegen alle Angriffe zu verteidigen. War dies richtig gesehen? Hatte der ›rechte‹ Sozialdemokrat Noske tatsächlich die Absicht, auf den in Kiel im Rollen befindlichen Revolutionswagen aufzuspringen, um als Revolutionär in die Geschichte einzugehen? Oder wollte er lediglich sein organisatorisches Talent und seine Erfahrungen zur Verfügung stellen, um in den Umsturz etwas Ordnung hineinzubringen[76] und um die Matrosenbewegung kontrollieren zu können?

Die Antwort gab Noske selbst durch seine Handlungsweise. Unmittelbar nach seiner Wahl zum Soldatenratsvorsitzenden rief er die Vertrauensleute der einzelnen Kieler Formationen auf, sich um 16 Uhr im Stationsgebäude zu versammeln[77]. Dort hatte er sich von Konteradmiral Küsel einige Geschäftsräume zur Verfügung stellen lassen. Zu der Versammlung erschienen 50 bis 60 Matrosen. Aus ihnen wählte Noske selbst sieben bis neun Personen aus, die dann den neuen Soldatenrat bildeten. Bis auf Artelt handelte es sich dabei um Leute, die im bisherigen Verlauf des Umsturzes nicht hervorgetreten waren. Noske scheint bei der Zusammenstellung des Soldatenrats ganz willkürlich verfahren zu sein. Wie er selbst berichtet, wählte er Leute aus, »die mir den Eindruck machten, daß mit ihnen etwas anzufangen sei«[78], wobei er rückblickend bereitwillig eingestand, daß es mit seiner Menschenbeurteilung auf der Grundlage eines flüchtigen äußeren Eindrucks nicht besonders weit her war. Mehr noch als diese Verfahrensweise gibt jedoch zu denken, daß die von ihren Formationen gewählten Vertrauensleute sich dies bieten ließen und nicht auf einer ordentlichen Wahl der Soldatenratsmitglieder bestanden, wobei dann auch politische Auswahlkriterien zum Tragen gekommen wären. Offenbar war Noskes Autorität stärker als etwaige Bedenken dieser Art, was allerdings bedeutete, daß die Legitimation dieses neuen Soldatenrates denkbar gering war. Ebenso unverständlich ist der Tatbestand, daß sich der in der Nacht zuvor gebildete Soldatenrat von Noske augenscheinlich widerspruchslos beiseite drängen ließ.

Sogleich nach seiner Konstituierung beriet der neue Soldatenrat unter der Leitung Noskes über seine Aufgaben und die zu treffenden Sofortmaßnahmen. Das Ergebnis der Beratungen wurde in einem Flugblatt[79] umgehend allen Soldaten der Kieler Garnison mitgeteilt. Es trug

[76] Der Umsturz stellte sich Noske als »kopfloses Durcheinander« dar; so eine Kapitelüberschrift in: Noske, Kiel bis Kapp, S. 15.

[77] Ebda., S. 19; Dähnhardt, Revolution, S. 101.

[78] Noske, Kiel bis Kapp, S. 19.

[79] Das Flugblatt »Beschlüsse des Soldatenrates« vom 5. 11. 1918 befindet sich im Stadtarchiv Kiel. Faksimile in: Dähnhardt, Revolution, S. 96.

die Unterschriften Artelts und Noskes. Inhaltlich beschränkten sich die »Beschlüsse des Soldatenrats« auf ordnungspolitische Mitteilungen und Weisungen. Erstens wurde »allen Kameraden« zur Pflicht gemacht, »im eigensten Interesse« die Anordnungen des Soldatenrats »unbedingt und sofort« zu befolgen, wobei sich diese Weisungen durch »die Unterschrift des Vorsitzenden, des Abgeordneten Noske, und eines weiteren Mitglieds des Soldatenrats« legitimieren mußten. Zweitens ging es um die Regelung einer ordnungsgemäßen Verpflegung und Entlöhnung der Soldaten sowie um die Aufrechterhaltung des Arbeitsdienstes in lebenswichtigen öffentlichen Einrichtungen wie der Gasanstalt, dem Elektrizitätswerk und dem Bahnhof, von dem die Lebensmittelversorgung abhing. Drittens wurde angeordnet, daß jedes »zwecklose Schießen« zu unterbleiben habe, sowie, daß Zivilisten sofort alle Waffen bei der nächsten militärischen Dienststelle abzugeben hätten. Viertens erklärte sich der Soldatenrat für die Regelung der nötigen Sicherheitsdienste zuständig. Er ordnete an, daß Patrouillen nur auf Anordnung des Soldatenrats durchgeführt werden sollten. Weiterhin wurde in dem Flugblatt der einstimmige Beschluß des Soldatenrats mitgeteilt, »daß der militärische Sicherheitsdienst in der Ostsee voll aufrecht erhalten wird«. Damit bekannte sich der Soldatenrat für den nicht auszuschließenden Fall eines feindlichen Angriffs ausdrücklich zur Pflicht der Verteidigung. Die Aufforderung, »Ruhe und Ordnung auf den Straßen ist unbedingt zu wahren«, zeigte das vordringliche Interesse Noskes, weiteres Blutvergießen zwischen den Kieler Konfliktparteien zu verhindern. Diese Beschlüsse der ersten Soldatenratssitzung unter der Leitung Noskes machten jedoch ebenso deutlich, daß dieser Rat offensichtlich nicht willens oder nicht fähig war, Direktiven für die weiteren Schritte in Richtung auf einen politischen und gesellschaftlichen Wandel zu geben. Der Aufruf war ganz auf das Bewahren der öffentlichen Ordnung zugeschnitten. Eine politische Perspektive bot er nicht.

Zur selben Zeit, als Noske in der Funktion des Soldatenratsvorsitzenden seine ersten Maßnahmen traf, drohte der revolutionären Bewegung in Kiel Gefahr von außen, und zwar nicht etwa vom Kriegsgegner, sondern von der Marineführung. Noch bevor das Kabinett in Berlin den Bericht Haußmanns über seine Eindrücke von der Kieler Entwicklung entgegennehmen und auf der Grundlage dieser Informationen eine politische Linie festlegen konnte, gab die an selbstherrliches Vorgehen gewohnte militärische Führung den Befehl zur gewaltsamen Niederschlagung des Kieler Aufstandes[80]. In einem Telegramm an das Kommando der Hochseestreitkräfte vom 5. November abends befahl die Seekriegsleitung, vorgeblich »im Einvernehmen mit der Re-

[80] Militär und Innenpolitik II, Nr. 504, S. 1373 f.

gierung«, in Wirklichkeit jedoch ohne jegliche Absprache mit dieser: »1. Jeder Widerstand ist sofort zu brechen, die Rädelsführer sind aufs strengste zu bestrafen. Mitläufer milde zu behandeln, Massenverhaftungen sind möglichst zu vermeiden. 2. Kriegsminister als Militär-Oberbefehlshaber hat die Operation gegen Kiel übernommen [...] IX. Reservekorps absperrt Kiel zu Lande [...] 3. Hochseekommando sorgt sofort für völlige Absperrung Kiels nach See durch zuverlässige Streitkräfte«. Mit diesem Befehl mißachtete die Marineführung erneut in eindeutiger Weise den Primat der Politik. Das Reichsmarineamt unter dem Staatssekretär Vizeadmiral Ritter von Mann und die Admiralität wollten den Konflikt gewaltsam lösen, und zwar bevor die Reichsregierung andere Entscheidungen traf. Sie setzten ihre Gewaltpolitik auch noch am 6. und 7. November fort, inzwischen gegen den erklärten Willen der Reichsregierung[81]. Die Befehle gelangten schließlich nur deshalb nicht zur Ausführung, weil die erforderlichen »zuverlässigen Streitkräfte« nicht aufzutreiben waren.

Haußmanns Berichterstattung vor dem Kabinett erfolgte am 5. November abends[82]. Wie er in Kiel versprochen hatte, setzte er sich für die Hauptforderung der Matrosen, die Amnestie, ein und riet, keine Truppen in die Ostseestadt zu entsenden, weil sonst »Ansteckungsgefahr« bestünde. Der preußische Kriegsminister, Scheüch, der Marineamts-Staatssekretär, Ritter von Mann, aber auch der Staatssekretär des Reichsschatzamtes, Graf Roedern, und Staatssekretär Matthias Erzberger (Zentrumspartei) widersprachen Haußmann mit Entschiedenheit und rieten zu einer Absperrung Kiels zu Lande und zu Wasser, ganz wie es in dem Befehl der Marineführung bereits angeordnet war. Der sozialdemokratische Staatssekretär Scheidemann und der Zentrumspolitiker Gröber sprachen sich im Gegensatz hierzu wie Haußmann gegen einen harten Kurs aus. Angesichts dieser Fronten innerhalb des Kabinetts konnte eine Entscheidung der Frage, ob auf die Kieler Ereignisse mit rigoroser Gewaltanwendung oder aber mit Verhandlungsbereitschaft zu reagieren sei, nicht zustande kommen. In dieser verfahrenen Situation drohte Haußmann für den Fall, daß das Kriegskabinett eine weitgehende Amnestierung der Matrosendelinquenten ablehnte, seinen Rücktritt an[83].

Kurz nach Beendigung der Kabinettssitzung am Abend des 5. November griff Noske in einem Telefongespräch[84] mit Vizekanzler von

[81] Dähnhardt, Revolution, S. 106 f.

[82] Protokoll der Sitzung des Kriegskabinetts am 5. 11. 1918, Regierung Max von Baden, Nr. 129, S. 537 ff.

[83] Haußmann, Schlaglichter, S. 266.

[84] Regierung Max von Baden, Nr. 131 a, S. 547, Anm. 3. Vgl. auch die Schilderung des damaligen Vizekanzlers Friedrich von Payer, Die Reichskanzlerschaft des Prinzen Max von Baden. In: Friedrich Ebert und seine Zeit, Charlottenburg o.J. [ca. 1925],

Payer in die Kontroverse ein. Er warnte dringend davor, mit Waffengewalt gegen die Aufständischen vorzugehen: »Es würde nur ein Blutbad geben. Die 40000 Mann, um die es sich handele, könnten nicht überwältigt werden, und der Versuch würde jede Verständigung unmöglich machen.« In einem weiteren Telefonat, das er mit Ritter von Mann führte, wiederholte Noske ultimativ die Amnestieforderung und drohte für den Fall der Nichterfüllung mit seiner Abreise aus Kiel[85]. Weiterhin erklärte er, der Rücktritt oder die Abdankung des Kaisers sei »unbedingt notwendig«[86]. Mit diesen entschieden vorgetragenen Forderungen hat Noske ohne Zweifel die Interessen der Kieler Matrosenbewegung gegenüber der Regierung und der Marineleitung konsequent vertreten und erheblich dazu beigetragen, daß die Politik der Gewaltanwendung gegen Kiel von außen her nicht weiterverfolgt wurde. Denn als am Morgen des 6. November das Kriegskabinett erneut zusammentrat, wurde unter dem Eindruck der Berichte Noskes über die Lage in Kiel der Vorschlag Haußmanns vom Vortage, auf Gewalt zu verzichten und statt dessen zu verhandeln, angenommen[87]. Ebenso wurde nun der Amnestieforderung zugestimmt. Bei der Entscheidungsfindung hatten – neben den Vorstellungen Noskes – neu eingegangene Informationen eine Rolle gespielt, denen zufolge auch in anderen Küstenstädten, nämlich in Lübeck, Schwerin und Cuxhaven, Unruhen auszubrechen drohten.

Ob und in welcher Weise Noske den Versuch machte, den man in Berlin von ihm erwartete, nämlich die Ausweitung der Revolution über Kiel hinaus zu verhindern, ist nicht bekannt[88]. Er hatte darauf auch nur wenig Einfluß. Denn schon vor seinem Eintreffen in der Ostseestadt hatte der Kieler USPD-Vorsitzende Lothar Popp kleine Gruppen zuverlässiger Matrosen in mehrere Städte des Reichs, auch nach Berlin, entsandt, die über die Kieler Ereignisse berichten und den Funken der Revolution weitertragen sollten[89]. Die Presse hat ihren Teil dazu beigetragen, Informationen über die Vorgänge in Kiel reichsweit zu verbreiten. So kam es im Gefolge der Kieler Revolution zwischen dem 5. und 7. November in vielen Städten Norddeutschlands zu Demonstrationsstreiks sowie zur Bildung von Arbeiter- und Soldatenräten: in Lübeck, Hamburg, Wismar, Schwerin, Rostock, Flensburg, Rendsburg, Cuxhaven, Wilhelmshaven, Bremen, Braunschweig und Köln.

S. 87–126, hier: S. 115. Payer datierte das Telefonat mit Noske versehentlich auf den 4. 11. um Mitternacht.

85 Philipp Scheidemann, Der Zusammenbruch, Berlin 1921, S. 193; fortan zit.: Scheidemann, Zusammenbruch.

86 Regierung Max von Baden, Nr. 131 a, S. 547.

87 Ebda., S. 547 ff.

88 Dähnhardt, Revolution, S. 108, behauptet, Noske sei um das Eindämmen bemüht gewesen, bringt aber keine Belege für diese These bei.

89 Popp, Ursprung, S. 26; Dähnhardt, Revolution, S. 108.

Am 6. November teilte Scheidemann Noske telefonisch den Beschluß des Kabinetts[90] mit, daß auf Gewaltmaßnahmen gegen Kiel verzichtet und die geforderte Amnestie gewährt werden solle. Die politischen Forderungen der Matrosen dagegen könnten nicht erfüllt werden. Dies stünde allein dem Reichstag zu. Die Kaiserfrage sei noch in der Schwebe. Gleichzeitig brachte der sozialdemokratische Staatssekretär zum Ausdruck, was die Reichsregierung zumal im Hinblick auf die bevorstehenden Waffenstillstandsverhandlungen von Noskes Kieler Mission erwartete, nämlich nichts anderes als die schleunige Wiederherstellung von Ruhe und Ordnung.

Solchermaßen wenigstens teilweise durch die Berliner Regierung bestätigt, trat Noske gleichentags (6. November 1918) vor die im Stationsgebäude versammelten Vertrauensleute der Kieler Matrosen, um sie von der Notwendigkeit einer baldigen Rückkehr »zu einem ordnungsmäßigen Zustand« zu überzeugen[91]. Er berichtete über die Kabinettsbeschlüsse – Verzicht auf Einsatz von Gewalt gegen Kiel und Amnestiegewährung – und stellte in Aussicht, daß auch die in den »14 Punkten« enthaltenen politischen Reformforderungen in Bälde erfüllt würden. Der Schilderung Noskes[92] zufolge waren sowohl die Vertrauensmänner als auch die anwesenden liberalen Abgeordneten Hoff und Dr. Struve[93] von seiner Rede sichtlich beeindruckt.

In den folgenden Stunden verdichteten sich in Kiel Gerüchte über die Ausbreitung der Umsturzbewegung in anderen Küstenstädten, wenn nicht im ganzen Reich. Diese neue Situation war nach Noskes eigenen Angaben der Beweggrund für ihn, sein bisheriges »Lavieren« aufzugeben und »die Zügel fest in die Hand zu nehmen«[94]. Er entschloß sich nun, das in der Vergangenheit mit den größten Machtbefugnissen ausgestattete Amt des Gouverneurs anzustreben. Wahrscheinlich versprach er sich von dieser Position die Chance, nicht nur die Soldaten offiziell und de jure seiner Befehlsbefugnis zu unterstellen, was der Soldatenratsvorsitz freilich de facto bereits mit sich gebracht hatte, sondern auch die zivile Verwaltung in den Griff zu bekommen. Bei den damaligen politischen Kräfteverhältnissen in Kiel –

[90] Regierung Max von Baden, S. 553–554; Scheidemann, Zusammenbruch, S. 196; Noske, Kiel bis Kapp, S. 19. Siehe auch das Schreiben des Vizekanzlers von Payer an die Reichstagsabgeordneten Stolten, Dr. Blunck und Stubbe vom 6. 11. 1918, in dem er diese von den erwähnten, von Staatssekretär Scheidemann an Noske übermittelten Kabinettsbeschlüssen informierte, BA-MA RM 20/9, Bl. 127.

[91] Noske, Kiel bis Kapp, S. 23.

[92] Friedrich Ferdinand Hoff, MdR (FVP) und Mitglied des preußischen Abgeordnetenhauses. Dr. Wilhelm Struve, MdR (FVP). Die beiden Reichstagsabgeordneten hatten bereits am 4. 11. 1918 an der Besprechung zwischen den Vertretern des Gouvernements Kiel und des Arbeiter- und Soldatenrats in Anwesenheit von Noske und Haußmann teilgenommen. Siehe: Militär und Innenpolitik II, Nr. 503, S. 1346.

[93] Noske, Kiel bis Kapp, S. 23.

[94] Ebda., S. 25.

die reale Macht lag beim Soldaten- und beim Arbeiterrat, und der militärische Gouverneur war faktisch aller Einflußmöglichkeiten verlustig gegangen – stellte dieses Ansinnen Noskes einen bedeutsamen Schritt dar, dessen politische Tragweite nicht unterschätzt werden sollte. Denn der binnen weniger Tage zum »starken Mann« von Kiel avancierte Abgeordnete startete damit den Versuch, die Macht[95] von einem revolutionären Gremium auf eine traditionelle Instanz zurückzuverlagern.

3. Der sozialdemokratische Reichstagsabgeordnete als Kieler Gouverneur

Während des Weltkrieges hatte der Gouverneur von Kiel eine »halbabsolutistische Machtstellung«[96] inne, die sich rechtlich auf das preußische Belagerungszustandsgesetz aus dem Jahre 1851 in Verbindung mit dem Artikel 68 der Reichsverfassung von 1871 gründete[97]. Nach diesen Bestimmungen wurde der militärische Chef der Marinestation der Ostsee – mit Sitz in Kiel – mit der Verhängung des Kriegszustandes am 31. Juli 1914 zum Gouverneur ernannt. Dies bedeutete, daß in seiner Hand neben den Aufgaben des Militärbefehlshabers[98] auch die Befugnisse eines Chefs der zivilen Verwaltung lagen. Letztere Kompetenz kam insbesondere bei der Aufrechterhaltung der öffentlichen Sicherheit zum Tragen. Der Gouverneur war zugleich Chef der Polizei. Da er dem Kaiser unmittelbar unterstand – eine Konsequenz aus der kaiserlichen Kommandogewalt –, galt er auch politisch als Exponent des Kaiserreichs in Kiel. Seine Kompetenzen waren kaum beschnitten.

Diese traditionellen – ihm wohlbekannten – und nicht nur die aktuellen Machtbefugnisse hatte Noske im Auge, als er sich, drei Tage nach seiner Ankunft in Kiel, für die Position des Gouverneurs interessierte. Wie stellte er es an, seinen Plan in die Tat umzusetzen? Im kleinen Kreis von Kieler Parteiführern, die der MSPD wie der USPD angehörten, wurde am Abend des 6. November ausgehandelt, daß Noske in einer für den Nachmittag des 7. November geplanten Versammlung

[95] Nicht die Aufforderung, zu einem ordnungsgemäßen Zustand zurückzukehren, bedeutete eine »völlige Kehrtwendung Noskes«, wie Dähnhardt, Revolution, S. 112, meint, sondern sein Entschluß, die machtenblößte Gouverneurs-Position mit dem politischen Gewicht seiner Person aufzuwerten, war wohl der entscheidende Schritt zur fortan verfolgten Eindämmungspolitik.

[96] Zu den Kompetenzen des Gouverneurs siehe ebda., S. 17–23, Zitat S. 20.

[97] Texte in: Huber, Dokumente I, S. 414 ff. und II, S. 304.

[98] Zu dessen Aufgaben vgl. Wilhelm Deist, Zur Institution des Militärbefehlshabers und Obermilitärbefehlshabers im Ersten Weltkrieg. In: Jahrbuch für die Geschichte Mittel- und Ostdeutschlands 13/14 (1965), S. 222–240, hier bes. S. 223.

der Soldatenräte für den Gouverneursposten vorgeschlagen und als Gegengewicht der USPD-Vorsitzende Lothar Popp zum Vorsitzenden des Soldatenrats gemacht werden sollte[99]. So geschah es. Popp unterbreitete der Versammlung den Vorschlag, »den jetzigen Gouverneur abzusetzen, damit das Verwaltungsrad endlich in Bewegung komme«, und Noske als neuen Gouverneur einzusetzen, woraufhin dieser einstimmig gewählt wurde[100]. Um das bisherige Verfahren, daß der Gouverneur entweder vom Kaiser persönlich oder – in seinem Auftrag – vom Reichsmarineamt eingesetzt wurde, kümmerte sich der Soldatenrat überhaupt nicht. Er nahm sich das Recht, den Gouverneur zu wählen. Popps Wahl zum Soldatenratsvorsitzenden ging ebenso glatt über die Bühne.

Der Kieler USPD-Vorsitzende scheint in der Vorstellung befangen gewesen zu sein, daß der Soldatenrat die eigentliche Machtzentrale sei, während Noske in anderer Einschätzung der Möglichkeiten der Machtausübung den Soldatenratsvorsitz gerne gegen den Gouverneursposten eintauschte. Tatsächlich sprach zunächst manches für Popps Überlegungen. Denn seit dem 5. November konnte der Gouverneur ohne Gegenzeichnung des Soldatenrats keinen Befehl erlassen, und die Kieler Verwaltung stand in gleicher Weise unter der Kontrolle des Arbeiterrates. Es wäre in diesen Tagen ein leichtes gewesen, den Gouverneur wie auch den Kieler Oberbürgermeister einfach davonzujagen und ihre Kompetenzen vollständig auf den Arbeiter- und den Soldatenrat zu übertragen. Popp konnte also glauben, daß er Noske aus dem Zentrum des Geschehens abdrängte, indem er ihm den Gouverneursposten überließ. Worin er sich verkalkulierte, war, daß Noske es verstand, den Gouverneursposten alsbald wieder zur einflußreichsten Stellung in Kiel zu machen. Er war von Anfang an die politisch dominierende Persönlichkeit, und Popp hatte eigentlich nie eine Chance, den Konkurrenzkampf gegen ihn erfolgreich aufzunehmen.

Wie reagierte die Kieler Marineführung auf Noskes Wahl zum Gouverneur? Der noch amtierende Gouverneur Admiral Souchon war keineswegs schockiert, sondern zeigte sich sogar erfreut angesichts der ihm durch Noske eröffneten Aussicht, sein derzeit so schwieriges Amt abtreten zu können. Er räumte widerspruchslos seinen Stuhl und telegraphierte an das Reichsmarineamt: »Ausübung der Gouverneursbefugnisse durch Abgeordneten Noske bietet einzige Aussicht, die Erhebung in ruhige Bahnen zu leiten. Meine Person dafür hinderlich. Bitte um Anerkennung dieser Auffassung der Lage[101].« Das Reichsmarineamt erklärte sich am 8. November »mit kommissarischer Übernahme

[99] Nach der Schilderung von Noske, Kiel bis Kapp, S. 25.
[100] Popp, Ursprung, S. 26.
[101] BA-MA RM 8/1010, Bl. 196.

der Leitung der Marineangelegenheiten in Kiel durch Noske einverstanden«[102]. Doch dies war aus Noskes Sicht eher eine Formalität. Er trat sogleich in Aktion, ohne die Bestätigung aus Berlin abzuwarten.

Die erste Maßnahme lautete, die Bürger und Soldaten Kiels über die veränderten Führungsverhältnisse zu informieren. Mangels besserer Möglichkeiten geschah dies mittels eines Flugblatts[103], das Noske mit der provisorischen Amtsbezeichnung »Kommissar für Marinesachen in der Ostsee« unterschrieb. In dem Flugblatt wurde der Rücktritt Souchons von den Geschäften des Gouverneurs mitgeteilt. Es folgte dessen letzte Weisung an die Offiziere. Souchon warnte sie vor sinnlosem Widerstand, der lediglich zu nicht wieder gutzumachendem Blutvergießen führen würde, und empfahl die Anerkennung der neuen Machtverhältnisse.

Indem der Admiral mitteilte, er habe den Soldatenrat von der Bereitwilligkeit der Offiziere und Beamten in Kenntnis gesetzt, »ihre Arbeitskraft und Sonderkenntnisse der Bewältigung der *gemeinsamen Aufgabe* zur Verfügung [zu] stellen, die in der Aufrechterhaltung der Ordnung des laufenden Betriebes der allgemeinen Sicherheit besteht«[104], gab er praktisch die Weisung, mit dem Soldatenrat zusammenzuarbeiten. Als konkrete organisatorische Maßnahmen ordnete Souchon an, jedes Offizierkorps solle einen Vertrauensmann namhaft machen, »um ein gemeinsames Zusammengehen auf der Grundlage gegenseitigen Vertrauens zu erleichtern«[105]. Es ist nicht auszuschließen, daß der neue Gouverneur Noske dem abtretenden Admiral bei der Formulierung dieser seiner letzten Weisung zur Seite gestanden hat.

In der Nacht vom 7. auf den 8. November, also ebenfalls noch vor seiner förmlichen Bestätigung im Amt durch die Berliner Regierung, erließ Noske seinen ersten Gouvernements-Tagesbefehl[106], den er gemeinsam mit dem Obersten Soldatenrat verfaßt hatte. Darin wurde den Angehörigen der Garnison folgendes mitgeteilt: »Ich bin mit dem heutigen Tage einstimmig von den Vertrauensleuten sämtlicher sich der neuen Richtung angeschlossenen militärischen Formationen zum Gouverneur gewählt worden und habe die Geschäfte als solcher mit gleichem Zeitpunkt übernommen. Mir zur Seite steht der ›Oberste Soldatenrat des Befehlsbereichs der Ostseestation‹. Dieser setzt sich zusammen aus 5 Mitgliedern, welche aus den von den Vertrauensleuten

[102] Wiedergabe dieses Telegramms in: Militär und Innenpolitik II, Dok. 508, S. 1381, Anm. 1.
[103] Text des Flugblatts Noskes vom 7. 11. 1918, ebda., S. 1381–1384.
[104] Ebda., S. 1383.
[105] Ebda.
[106] Gouvernements-Tagesbefehl Nr. 1 vom 7. 11. 1918, BA-MA RM 31/v. 2394, Bl. 2; Faksimile dieses Dokuments in: Dähnhardt, Revolution, S. 49; Wiederabdruck auch in: Popp, Ursprung, S. 27 ff., und in: Ursachen und Folgen, Bd 2, S. 517 f.

der Truppen gewählten Obmännern hervorgegangen sind. Ich treffe meine Anordnungen in militärischen Angelegenheiten im Einverständnis mit diesem Obersten Soldatenrat.« In acht Einzelpunkten wurden Weisungen erteilt, die den innermilitärischen Bereich betrafen. Der Tagesbefehl schloß mit dem allgemein gehaltenen Aufruf, an »unserer großen Sache« mit vollster Hingabe mitzuwirken. Wie es politisch weitergehen sollte, konnte daraus niemand ableiten. Noskes primäres Bestreben war es offensichtlich, mittels dieses ersten Befehls in seiner neuen Eigenschaft als Gouverneur seine eigene demokratische Legitimation darzulegen und den Matrosen zu versichern, daß er mit dem Soldatenrat zusammenarbeiten werde.

Noch an demselben Tage, an dem er von den Soldatenräten zum Gouverneur gewählt wurde, mußte Noske auch auf einem anderen politischen Feld tätig werden. Er erfuhr nämlich von der Absicht des Kieler Arbeiterrats, unverzüglich die Republik Schleswig-Holstein auszurufen und eine provisorische Provinzialregierung zu proklamieren[107]. Obwohl Noske wußte, daß der Arbeiterrat – paritätisch zusammengesetzt aus Mitgliedern der MSPD und der USPD – alles andere als ein radikales Gremium darstellte, widersetzte er sich dessen Vorhaben. Wahrscheinlich war er der Ansicht, daß die Einführung der Republik auf gesetzlichem Wege vor sich gehen müsse. Tatsächlich wich nun der Arbeiterrat zurück und Noske setzte sich durch. Ersatzweise wurden dann Beigeordnete in die Büros der obersten Provinzialorgane entsandt. Dabei handelte es sich meist um erfahrene Kommunalpolitiker, die der MSPD angehörten. Vergleicht man den Vorgang mit der Entwicklung in der Reichshauptstadt, wo Philipp Scheidemann zwei Tage später von sich aus die Republik ausrief, so stand sein Parteifreund Noske in Kiel als ein übervorsichtiger Politiker da, der vor diesem Schritt zurückschreckte. Noske hatte es in der Hand, in Kiel zusammen mit dem Arbeiterrat ein republikanisches Signal zu setzen. Er ist diesen Schritt nach vorn jedoch nicht gegangen und hat seine eigenen Genossen in ihrem Tatendrang gebremst.

Betrachtet man Noskes Tätigkeit in Kiel in den wenigen Tagen von seiner Ankunft am Abend des 4. November bis zu seinen ersten Aktionen als neuer Gouverneur am 7. November unter dem Gesichtspunkt der ihm gestellten Aufgabe, auf die Verhältnisse in der Ostseestadt beruhigend einzuwirken, so muß festgestellt werden, daß er erfolgreich gearbeitet hatte. Unter Einsatz auch seiner gesamten physischen Kraft[108] stellte er sich in den Dienst der Politik seiner Partei, die er so verstand, daß es galt, in dem Unruheherd Kiel Einfluß zu gewinnen,

[107] Vgl. Noske, Kiel bis Kapp, S. 25; zum Zusammenhang vgl. Dähnhardt, Revolution, S. 122 und 138 ff.

[108] In einem Telefonat mit Scheidemann am Abend des 6. 11. klagte Noske, daß er fast zusammenbreche. Siehe: Regierung Max von Baden, Nr. 131 a, S. 554.

um geordnete Zustände wiederherstellen zu können. Reichskanzler Prinz Max von Baden hat die aufopferungsvolle Einsatzbereitschaft des sozialdemokratischen Abgeordneten später mit folgenden Worten gewürdigt: Noske erkannte »blitzschnell Chance und Verpflichtung, die seine Volkstümlichkeit ihm gab. Ich habe, so sagte er am Telefon, den Posten des Gouverneurs annehmen müssen[109] und bereits gute Erfolge erzielt. In Wahrheit hatte er Übermenschliches geleistet [...] Kiel beruhigte sich allmählich. Noske war am Rande seiner Kräfte, aber er hielt aus, und die Stadt und Garnison fügten sich seiner Autorität[110].« Der letzte kaiserliche Reichskanzler, der im Vergleich zu seinen Vorgängern ein eher liberal denkender Mann war, verband mit diesem Loblied auf Noskes persönliche Verantwortungsbereitschaft allerdings ganz konkrete politische Hoffnungen: »Das Schicksal Deutschlands hing daran, daß Ebert die Leistung seines Parteigenossen (gemeint war Noske, d. Verf.) im Großen wiederholte, d.h. die Bewegung im ganzen Land zurückrollte[111].« Noske fühlte sich und seine politische Arbeit in den ersten Kieler Tagen durch eine Äußerung wie diese durchaus nicht falsch interpretiert, was dem Tatbestand zu entnehmen ist, daß er die Worte des Prinzen Max von Baden später in seinen Memoiren[112] voller Stolz erwähnte.

Nicht ohne Sinn für die Bedeutung der mit dem 7. November 1918 in Kiel geschaffenen Situation notierte Noske in seinen Revolutionserinnerungen »Von Kiel bis Kapp«: »Zum erstenmal wohl in der Weltgeschichte war damit einem Mann, der nie Soldat gewesen war, das Kommando über rund 80000 Soldaten übertragen worden[113].« Objektiv gesehen war der Wechsel von einem Admiral auf den Zivilisten und MSPD-Reichstagsabgeordneten ein eindeutiges politisches Signal. Der letzte Repräsentant des Kaisers mußte gehen und der neue Mann, ein Repräsentant der Reichstagsmehrheit, nahm seinen Platz ein. Subjektiv spielten für Noskes Bewertung dieser Entwicklung andere Gesichtspunkte eine Rolle. Er hätte auch als Vorsitzender des Obersten Soldatenrats Kiel die Befehlsbefugnis über die gesamte Kieler Garnison ausüben können. Aber dies wäre eine Befehlsbefugnis kraft revolutionären Rechts gewesen, die den Bruch symbolisiert hätte und nicht die Kontinuität. Noskes Ordnungsdenken entsprach es jedoch mehr, sich an den vorhandenen und bewährten Strukturen zu orientieren als sich auf Neues einzulassen. Hinzu kam wohl auch ein emotionaler Aspekt, der eine neue Facette im Charakter dieses Politikers erkennen läßt: Es

109 Dies traf den Sachverhalt, wie gezeigt wurde, nicht vollständig. Noske »mußte« nur insoweit, als er selbst die Übernahme des Gouverneurpostens für politisch erforderlich hielt.

110 Max von Baden, Erinnerungen, S. 548 und 599.

111 Ebda., S. 603.

112 Noske, Erlebtes, S. 70 f.

113 Noske, Kiel bis Kapp, S. 26.

erfüllte ihn mit Stolz und Genugtuung, daß er nun als Gouverneur Befugnisse ausübte, die bei seinem Vorgänger noch mit dem Range eines Kommandierenden Admirals verbunden waren.

Mit der Übernahme des Gouverneurs-Postens durch Noske war jene Phase abgeschlossen, in der die Kieler Matrosenbewegung revolutionäre Impulse gab, die in das ganze Reich ausstrahlten. An den wichtigsten Signalen aus Kiel – gemeint sind die erstmalige Bildung von Arbeiter- und Soldatenräten als revolutionäre Institutionen sowie die in den 14 »Kieler Punkten« formulierten revolutionären Forderungen – hatte Noske keinen Anteil. Nun, nach dem 7. November 1918, rückte Kiel wieder an die Peripherie des politischen Geschehens[114], und zwar maßgeblich aufgrund des Einflusses von Noske, der seine Rolle lediglich als eine ordnende begriff und keinen Ansatz zur Neugestaltung aufnahm und weiterführte.

Überblickt man die den militärischen Bereich betreffenden Aktivitäten des Gouverneurs Noske im Monat November 1918, so fällt der vollständige Mangel an kreativen Ideen und Maßnahmen auf. Die Gouvernements- und Stations-Tagesbefehle dieser Zeit lesen sich großenteils wie eine Aneinanderreihung einzelner Verwaltungsanordnungen. Da ging es, wie in jedem normalen militärischen Dienstbetrieb zu Friedenszeiten, um Urlaubsangelegenheiten, Kommandierungen, Entlassungen, ärztliche Versorgung, Materialausgabe, Kassen- und Bekleidungsfragen, die »Tabakversorgung«, den »Bedarf an Nähfäden« und das »Lüften der Munitionskammern«[115]. Lediglich die beiden ersten Tagesbefehle vom 7. und 9. November[116] enthielten einige brisante Anordnungen, darunter die Abschaffung des militärischen Grußzwanges. Mit diesen Anordnungen entsprachen Gouverneur und Oberster Soldatenrat jenen in den 14 »Kieler Punkten« aufgestellten Forderungen[117], die im Zuständigkeitsbereich der Ostseestation wenigstens vorläufig geregelt werden konnten.

Sämtliche militärischen Maßnahmen, die von Noske in seiner Gouverneurszeit getroffen wurden, folgten der Devise »Ruhe und Ordnung«. In den ersten Tagen seiner Anwesenheit in Kiel konkretisierte sich diese politische Marschrichtung in der Aufgabe, die planlosen Schießereien zu beenden, die alleine am 5. November dazu führten,

114 Dähnhardt, Revolution, S. 186.

115 Letztgenannte Beispiele aus dem Gouvernements- und Stations-Tagesbefehl Nr. 5 vom 12. 11. 1918, BA-MA RM 31/v. 2394, Bl. 7.

116 Gouvernements-Tagesbefehle Nr. 1 vom 7. 11. 1918 und Nr. 2 vom 9. 11. 1918. BA-MA RM 31/v. 2394, Bl. 2 f.

117 Siehe die Punkte 10 und 11 der 14 »Kieler Punkte«, in denen es hieß: »Es gibt außer Dienst keine Vorgesetzten mehr.« »Unbeschränkte persönliche Freiheit jedes Mannes von Beendigung des Dienstes bis zum Beginn des nächsten Dienstes.« Siehe Popp, Ursprung, S. 22.

daß zehn Tote und wenigstens 21 Verletzte beklagt werden mußten[118]. Wer die Todesschützen waren, konnte nicht festgestellt werden. Die Vermutung der Matrosen, Offiziere hätten aus Häusern heraus auf Aufständische geschossen, wurden nachher dadurch gestützt, daß der noch amtierende Gouverneur, Admiral Souchon, ein Flugblatt[119] herausgab, in dem er es den Offizieren zur Pflicht machte, »Gewaltmaßregeln zu unterlassen«. Auch der erste Kieler Garnisons-Soldatenrat, an dem Noske noch nicht beteiligt war, beschäftigte sich mit der Frage, wie den planlosen Schießereien Einhalt geboten werden konnte. Dabei ging er von der Annahme aus, daß sämtliche in der Garnison Kiel befindlichen Mannschaften und ein großer Teil der Unteroffiziere den Aufstand unterstützten. Obwohl es Gerüchte über einen bevorstehenden Offiziersputsch gab, kam offenbar niemand auf die Idee, eine eigene Revolutionstruppe zur Abwehr dieser möglichen Gefahr zu bilden oder durch andere Maßnahmen die errungenen Machtpositionen militärisch abzusichern. Der Soldatenrat beschränkte sich darauf, die Bildung eines Sicherheitsdienstes anzuordnen, der innerhalb der Garnison Kiel für die Aufrechterhaltung der Ordnung sorgen sollte. Mit der Durchführung wurde ein erfahrener Unteroffizier, der Obermaat Nikolaus Goßrau[120] – er war selbst Mitglied des Soldatenrats und betätigte sich im Dezember 1918 als Mitbegründer einer Ortsgruppe der Deutschen Demokratischen Partei in Kiel[121] – beauftragt. Goßrau handelte ganz im Sinne des Soldatenrats, wenn er seine Aufgabe lediglich als eine organisatorische auffaßte und sogleich eine Aufgliederung des Garnisonsbereichs in sechs Teile vornahm, innerhalb derer er die jeweiligen Marineverbände für die Durchführung der Wach- und Patrouillendienste verantwortlich machte.

Als der neue Soldatenrat unter dem Vorsitz Noskes am 5. November zusammentrat, wurde auf der Grundlage dieser Organisation erneut dazu aufgerufen, auf den Straßen und Plätzen unbedingt Ruhe und Ordnung zu bewahren, jedes zwecklose Schießen zu unterlassen und nur solche Patrouillendienste durchzuführen, die vom Soldatenrat befohlen waren[122].

Bei dieser Regelung blieb es den ganzen Monat November über. Die in Kiel stationierten militärischen Verbände und Einheiten regelten im Rahmen der Befehle von Gouverneur und Soldatenrat die Durchführung des Sicherheitsdienstes. Gewisse Schwierigkeiten traten erst

[118] Einzelheiten siehe: Dähnhardt, Revolution, S. 97–100.
[119] Flugblatt Souchons vom 5. 11. 1918. Faksimile, ebda., S. 97.
[120] Bericht über die Tätigkeit Goßraus während der Zeit vom 4.–11. 11. 1918, datiert 12. 11. 1918, BA-MA RM 8/1024, Bl. 22–34, hier: Bl. 22 f.; vgl. auch Dähnhardt, Revolution, S. 96.
[121] Vgl. das zu dieser Gründung aufrufende Plakat, BA-MA RM 8/1024, Bl. 58.
[122] Siehe hierzu das von Noske und Artelt gezeichnete Flugblatt des Kieler Soldatenrats vom 5. 11. 1918. Faksimile in: Dähnhardt, Revolution, S. 96.

Anfang Dezember auf, als mit der fortschreitenden personellen Demobilmachung[123] der Patrouillendienst nicht mehr im bisherigen Umfang aufrechterhalten werden konnte. Erst wegen dieser Personalknappheit sahen sich der Gouverneur Noske und der Oberste Soldatenrat veranlaßt, in die Zukunft gerichtete militärpolitische Überlegungen anzustellen.

4. Demobilmachung und Soldatenräte

Für den Bereich der Marinestation der Ostsee trug Noske – in seiner Funktion als Kieler Gouverneur – die Verantwortung für die Abwicklung der Entlassungen von Marinepersonal, also die personelle Demobilmachung, und für die gemäß dem Waffenstillstandsvertrag durchzuführende Abrüstung der Kriegsschiffe und ihre Auslieferung an die Engländer, also die materielle Demobilmachung[124]. Im Anschluß an die Spezialstudie von Dirk Dähnhardt über die Revolution in Kiel läßt sich sagen, »daß in Kiel Abrüstung und Demobilmachung im großen und ganzen reibungslos abgewickelt worden sind«[125], und zwar dank der verständnisvollen Zusammenarbeit aller beteiligten Kieler Stellen sowie dank der Leitungs- und Integrationsfähigkeit Noskes.

Über diese recht allgemein gehaltene Feststellung hinaus ist bislang nicht bekannt, wie sich die personelle Demobilmachung in Kiel im einzelnen abspielte. Das ist nicht nur im Hinblick auf die Analyse der Politik beziehungsweise Verwaltungstätigkeit Noskes in diesem Bereich bedauerlich, sondern auch und in noch stärkerem Maße, weil die Demobilmachung nicht bloß als ein technischer Abwicklungsvorgang begriffen werden darf. Vielmehr handelte es sich um eine politisch relevante Entwicklung, in deren Verlauf sich die gesamte Sozialstruktur der Ostseestadt grundlegend veränderte und nicht minder die politischen Machtverhältnisse. Besonders das politische Schicksal der Soldatenratsbewegung ist ohne genauere Kenntnis der Demobilmachung kaum angemessen zu begreifen.

Aufgrund einer günstigen Aktenlage läßt sich die Massenentlassung von Soldaten in Kiel während der Gouverneurszeit Noskes in ihren einzelnen Etappen recht präzise nachvollziehen. Die Gouvernements-Befehle geben Aufschluß über die Art und Weise, wie Noske seine Leitungsfunktion ausübte. Wesentlich aufschlußreicher ist jedoch eine

123 Zur militärischen Demobilmachung in Kiel vgl. ausführlich das folgende Kapitel.
124 Vgl. hierzu ausführlicher Wolfram Wette, Die militärische Demobilmachung in Deutschland 1918/19 unter besonderer Berücksichtigung der revolutionären Ostseestadt Kiel. In: Geschichte und Gesellschaft 12(1986), H. 1, S. 63–80.
125 Dähnhardt, Revolution, S. 120.

vom späteren Stationschef, Konteradmiral Meurer[126], auf Befehl des Reichsmarineamts[127] Ende April 1919 verfaßte »Zusammenfassende Darstellung des Verlaufs der bisherigen Demobilmachung unter besonderer Berücksichtigung der Einwirkungen der politischen Umwälzung und der Durchführung der Waffenstillstandsbedingungen«[128], die – auf der Grundlage von Erfahrungsberichten aller der Station 0 unterstehenden Dienststellen und Verbände[129] – Einblick in den tatsächlichen Verlauf der Demobilmachung gibt.

Bei Beginn der Revolution waren in Kiel etwa fünfzigtausend Militärangehörige stationiert[130]. Berücksichtigt man, daß die Anzahl der Kieler Erwerbstätigen zur gleichen Zeit etwa 100 000 betrug, von denen 70 Prozent Arbeiter und nur 30 Prozent Angestellte und Selbständige waren[131], so wird zweierlei deutlich: Kiel hatte eine insgesamt untypische Sozialstruktur; der Anteil der Soldaten war überdimensional hoch.

Die militärischen Stellen in Kiel waren sich schon während des Weltkrieges darüber im klaren, daß sie bei der zu erwartenden Demobilisierung erhebliche organisatorische Probleme zu bewältigen haben würden. Vorsorglich wandte sich das »Transportbüro Kiel«[132] bereits im Sommer 1918 an die Kieler Kommandantur[133] und gab zu bedenken, daß nach Ausspruch der Demobilmachung ungefähr 40 000 Mann aus Kiel abtransportiert werden müßten, wozu man wenigstens 40 Sonderzüge benötigen werde[134]. Zu diesem Zeitpunkt ging man noch davon aus, die Demobilmachung könne – nach einem siegreich beendeten Krieg – planmäßig und von äußeren Einflüssen ungestört abgewickelt werden. Sie stellte sich daher in erster Linie als ein Organisations- und Transportproblem dar.

Als dann im November 1918 in Kiel die revolutionären Unruhen ausbrachen und wenig später der Waffenstillstand bekannt wurde,

[126] Zu Meurer vgl. Kapitel V/8.

[127] Befehl des Staatssekretärs des Reichs-Marine-Amts No. A IV 430 vom 4. Februar 1919 an die Stationskommandos in Kiel und in Wilhelmshaven, BA-MA RM 31/v. 1822.

[128] Es handelt sich um einen 24 Schreibmaschinenseiten langen Bericht, ebda.; fortan zit.: Meurer, Darstellung der Demobilmachung.

[129] Zu diesen Erfahrungsberichten siehe ebda.

[130] Dähnhardt, Revolution, S. 27, mit Hinweisen auf die statistischen Quellen, auf deren Grundlage diese Zahl errechnet wurde. Noske, Kiel bis Kapp, S. 26, sprach von »über rund 80 000 Soldaten«, die seinem Befehl unterstanden. Dazu gehörten allerdings auch Verbände, die im November 1918 nicht in der Garnison Kiel stationiert waren.

[131] Dähnhardt, Revolution, S. 28.

[132] Offenbar eine zivile Verkehrsbehörde.

[133] Schreiben des Transportbüros Kiel an die Kommandantur Kiel vom 3. 7. 1918, BA-MA RM 31/v. 1823.

[134] Das Transportbüro wies gleichzeitig darauf hin, daß sich die Zahl der zur Entlassung Anstehenden sogar auf 60 000 erhöhen würde, falls auch die Truppen des Marinekorps aus Flandern in Kiel demobilisiert würden.

ging es nur noch selten »nach Plan«. Bereits in den Kampftagen zwischen dem 3. und 7. November 1918 reisten mehrere Matrosendelegationen aus Kiel ab, um in verschiedenen Städten des Reiches über die Entwicklung in der Ostseestadt zu berichten und um den revolutionären Funken, der in Kiel entfacht worden war, weiterzutragen[135]. Wie viele Matrosen in dieser Zeit ohne eine politische Mission die Ostseestation stillschweigend verlassen haben, um zu ihren Familien zurückzukehren, ist zwar im einzelnen nicht bekannt. Ihre Zahl dürfte jedoch beträchtlich gewesen sein. Nach dem Bekanntwerden des Waffenstillstandes setzte dann eine zweite Welle der spontanen Demobilmachung ein. Das heißt, viele Matrosen verließen Kiel auf eigene Faust, ohne die Aushändigung von Entlassungspapieren abzuwarten. Jetzt war »die Entwicklung der Dinge so in Fluß«, faßte das Kieler Stationskommando rückblickend zusammen[136], »daß von einer Ausnutzung der Demobilmachungsvorbereitungen und somit von einem planmäßigen Vorgehen fast auf keinem Gebiete die Rede sein konnte [...] Wenn schon zu Beginn der Revolution zahlreiche wilde Entlassungen stattfanden oder vielfach Leute ihre Dienststellen einfach verließen, so war der Entlassungsdrang nach Abschluß des Waffenstillstandes so stark und fand derartige Äußerungen, daß ihm durch weitgehend entgegenkommende Verfügungen stattgegeben werden mußte.« Es kam zu »überhasteten, ungeordneten Entlassungen«.

Einer Weisung des Reichsmarineamts folgend, ordnete Noske als erste Maßnahme an, die in den Jahren 1870 und 1871 geborenen Landsturmleute zu entlassen[137]. Am 13. November verfügte er, ohne weitere Weisungen des R.M.A. abzuwarten, die im Demobilmachungsplan vorgesehene Entlassung von Marineangehörigen mit Spezialberufen, die in Verwaltung und Wirtschaft dringend benötigt wurden: »Angestellte und Arbeiter der Gas-, Elektrizitäts- und Wasserwerke, der Eisenbahnen, Kleinbahnen und Straßenbahnen, der Binnenschiffahrt, Beamte des öffentlichen Verkehrs, der wirtschaftlichen Organisationen, der Arbeitnehmer- und Arbeitgeberverbände, Gewerkschaften u. dergl.; Arbeitsnachweisbeamte, Arbeiter und Angestellte für Bergbau-, Land- und Forstwirtschaft. Besonders wichtig sind Schlosser, Schmiede und Gasmeister der Elektrizitäts- und Gaswerke[138].« Diese Fachleute sollten »umgehend« mit einem vorläufigen Entlassungsschein versehen und nach Hause geschickt werden. Im Interesse volkswirtschaftlicher Belange stellte Noske zu einem frühen Zeitpunkt auch älteren

[135] Hierüber berichtet Popp, Ursprung, S. 26.

[136] Meurer, Darstellung der Demobilmachung, S. 1 und 3.

[137] Gouvernements-Tagesbefehl Nr. 3 vom 10. 11. 1918, Ziff. 12, BA-MA RM 31/v. 2394, Bl. 4.

[138] Gouvernements- und Stations-Tagesbefehl Nr. 6 vom 13. 11. 1918, Ziff. 6, ebda., Bl. 9 f.

Reserveoffizieren anheim, sich bereits vor der allgemeinen Demobilmachung vom Stationskommando beurlauben zu lassen[139]. Erst Mitte November, als Noske längst von sich aus die personelle Demobilmachung auf den Weg gebracht hatte, erließ das Reichsmarineamt »Richtlinien für die Entlassung des Marinepersonals«[140], mit denen die allgemeine Demobilmachung praktisch vorweggenommen wurde. Der Personalbedarf für Handel und Wirtschaftsleben, hieß es in den Richtlinien des RMA, müsse zunächst aus dem Heimatheer und der Marine gedeckt werden, da sich das Westheer noch auf dem Rückmarsch befinde. Die Entlassungen sollten »in weitest gehendem Umfange dem Bedarf des Wirtschaftslebens entsprechend erfolgen«. Den Umfang der täglichen Entlassungen machte das Reichsmarineamt lediglich von der praktischen Durchführbarkeit abhängig, nämlich von der Leistungsfähigkeit der Eisenbahnen. Die Ostseestation wurde verpflichtet, dafür zu sorgen, »daß das zur Durchführung der Waffenstillstandsbedingungen benötigte Personal« zurückbehalten wurde. Für diese Aufgabe standen neben den Berufssoldaten die von der Entlassung bisher ausgenommenen jüngeren Jahrgänge (1896–98) zur Verfügung.

Wie vorherzusehen war, gestaltete sich der Abtransport von Soldaten und Zivilangehörigen aus Kiel zu einem schwer zu lösenden Problem. Seit den ersten Tagen der Revolution herrschte »ein großes Durcheinander im Reiseverkehr«[141]. Der normale Bahnlinienverkehr reichte bei weitem nicht aus, um die Vielzahl der zur Entlassung kommenden Leute aus Kiel abtransportieren zu können. Daher setzte die Eisenbahndirektion Altona in der Zeit vom 15. bis zum 29. November 1918 täglich zwei bis drei Sonderzüge ein[142], die nach Hamburg und Berlin fuhren und pro Zug etwa 1500 Personen aufnehmen konnten. Diese Maßnahme ermöglichte den Abtransport von rund 30000 Personen in der zweiten Novemberhälfte. Darüber hinaus veranlaßte Noske den Einsatz von Transportschiffen in Richtung Stettin und Danzig[143].

In dieser Phase der Massenentlassungen, in der täglich fast 2000 Menschen Kiel verließen, mußte der Gouverneur Noske befürchten, alsbald werde nicht einmal mehr genügend eingearbeitetes Personal zur bürokratischen Abwicklung der Demobilmachung sowie zur Au-

[139] Gouvernements- und Stations-Tagesbefehl Nr. 7 vom 14. 11. 1918, Ziff. 19, ebda., Bl. 16 f.

[140] Wiedergabe in Gouvernements- und Stations-Tagesbefehl Nr. 9 vom 16. 11. 1918, Ziff. 16, ebda., Bl. 26.

[141] Bericht der Bahnhofskommandantur Kiel an die Station 0 vom 9. 4. 1919, BA-MA RM 31/v. 1822.

[142] Ebda. ist von täglich zwei Militärsonderzügen die Rede. Noske kündigte im Gouvernements- und Stations-Tagesbefehl Nr. 8 vom 15. 11. 1918, Ziff. 10, den täglichen Einsatz von drei Sonderzügen an, BA-MA RM 31/v. 2394, Bl. 22. Zur Einstellung des Sonderzugverkehrs am 29. 11. 1918 ebda., S. 62.

[143] Bericht der Bahnhofskommandantur Kiel, BA-MA RM 31/v. 1822. Meurer, Darstellung der Demobilmachung, S. 9, Kapitel »Abtransport der Entlassenen«.

ßerdienststellung und Ablieferung der Kriegsschiffe in den Internierungshäfen vorhanden sein[144]. Tatsächlich führte die Knappheit an ausgebildetem Personal, das die Formalitäten der regulären Entlassung und der Abfindung mit Gebührnissen auszuführen in der Lage war, zu erheblichen Schwierigkeiten. Wie Konteradmiral Meurer später feststellte, drückte »die wilde Art der Entlassungen der ganzen Demobilmachung ihren Stempel auf«[145]. Sie führte auch dazu, daß viele Personalpapiere und Verwaltungsakten aller Art verloren gingen, was nicht nur die gesamte Abwicklungsarbeit erheblich verlängerte und verteuerte, sondern auch für viele einzelne Nachteile mit sich brachte, die später Gehalts-, Löhnungs-, Renten- und sonstige persönliche Ansprüche geltend machten[146].

Wenn das Reichsmarineamt in seinen Entlassungsrichtlinien von Mitte November 1918 praktisch die generelle Demobilmachung einleitete, so verfolgte es damit zweifellos auch einen ganz konkreten politischen Zweck. Hieß es in den Richtlinien noch etwas verschleiert, die Massenentlassungen lägen auch im Interesse der Marine selbst, »um Personalanstauungen in den Marinegarnisonen zu vermeiden«[147], so drückte die »Kommandantur der Befestigungen des Reichskriegshafens Kiel« in ihrem Bericht über die Demobilmachung unumwunden aus, worum es in Wirklichkeit ging: Nach dem Ausbruch der Matrosenrevolution, hieß es in diesem Bericht, sei jedem Einsichtigen klar gewesen, daß es nun galt, »so schnell wie möglich aus dem überheizten, brodelnden Kessel möglichst viel Dampf abzulassen, d. h. massenweise Entlassungen vorzunehmen«[148].

Dieser Vorgang zeigt, daß die überstürzten Massenentlassungen aus der Sicht der Marineführung nicht bloß eine negative Seite hatten, die in der weitgehenden Auflösung der militärischen Disziplin bestand. Sie waren zugleich politisch höchst willkommen, da sie hoffen ließen, bald sei die Masse der revoltierenden Matrosen vom Schauplatz des Revolutionsbeginns, nämlich Kiel, verschwunden, und damit würden allmählich wieder geordnete Zustände eintreten können.

Der Tatbestand, daß die Matrosen noch im November 1918 die Ostseestadt Kiel zu Tausenden geradezu fluchtartig verließen, belegt darüber hinaus die Begrenztheit ihrer politischen Ziele. Sie hatten Ende Oktober den Flottenvorstoß verhindert und waren beim Kampf um die Folgen dieser Gehorsamsverweigerung siegreich geblieben. Dann

144 Vgl. Gouvernements- und Stations-Tagesbefehl Nr. 7 vom 14. 11. 1918, Ziff. 20, 25, 26, sowie Nr. 9 vom 16. 11. 1918, Ziff. 12, BA-MA RM 31/v. 2394, Bl. 16–19 und 25.

145 Meurer, Darstellung der Demobilmachung, S. 4.

146 Ebda., S. 10, Abschnitt »Verluste an Verwaltungsunterlagen«.

147 Wiedergabe der Richtlinien in: Gouvernements- und Stations-Tagesbefehl Nr. 9 vom 16. 11. 1918, Ziff. 16, BA-MA RM 31/v. 2394, Bl. 26.

148 Bericht vom 15. 3. 1919, BA-MA RM 31/v. 1822.

folgte mit dem Abschluß des Waffenstillstandes die formelle Beendigung der Kampfhandlungen. Damit war das Hauptziel der Matrosen erreicht. Wo neben der Friedenssehnsucht auch eine Veränderung der politischen Verhältnisse erstrebt wurde, schien diese Erwartung mit der Regierungsübernahme durch den Rat der Volksbeauftragten in Berlin und in Kiel durch Noskes Einsetzung in das Amt des Gouverneurs erfüllt zu sein. Die Bereitschaft der Matrosen von Kiel, sich nach dem weitgehend unblutig verlaufenen und dennoch erfolgreichen Novemberumsturz für ein Weitertreiben der Revolution zu engagieren, war mehrheitlich gering. Daher gab es für sie keinen Grund mehr, in der Ostseestadt zu bleiben.

Wie es im Demobilmachungsplan vorgeschrieben war, ordnete Noske bereits im November 1918 Maßnahmen an, die eine Übersicht über den Stand der Entlassungen bieten sollten. Alle entlassenden Dienststellen in seinem Befehlsbereich sollten erstmalig am 1. Dezember 1918 und ab da alle 14 Tage entsprechende Meldungen an das Stationskommando geben[149]. Diese planmäßige Berichterstattung kam jedoch nicht zustande, da die meisten Dienststellen die geforderten Meldungen nicht lieferten. Das Stationskommando war daher nicht in der Lage, eine laufende, einigermaßen exakte Übersicht über den Gang der Demobilmachung zu gewinnen[150]. Da zumal die Unterlagen über den Stand der Entlassungen »völlig unzureichend« waren, konnten die 14tägigen Zusammenstellungen nicht erarbeitet werden. Doch auch die Einzelmeldungen enthalten verallgemeinerungsfähige Aussagen. So traf etwa die dem Kieler Stationskommando unterstehende Inspektion des Torpedowesens in ihrem Demobilmachungsbericht[151] die folgende aufschlußreiche Feststellung: »Das jetzige ungefähre Ergebnis der Entlassungen ist folgendes: Von der vor der Revolution gewesenen Iststärke der einzelnen Kompagnien sind von den zu entlassenden Leuten ⅓ ordnungsmäßig mit Militärpapieren entlassen worden. Bei ⅓ schweben noch die Verhandlungen und bei ⅓ fehlen sämtliche Unterlagen.« Bei anderen Marineteilen im Bereich der Ostseestation war die Quote der regulär Entlassenen wesentlich höher. Aus den lückenhaften Meldungen läßt sich immerhin errechnen, daß am Stichtag 1. Dezember 1918 über 15000 Marineangehörige der Garnison Kiel mit Entlassungspapieren versehen waren[152]. Wenn Noske am 4. Dezember

149 Im Gouvernements- und Stations-Tagesbefehl Nr. 13 vom 20. 11. 1918, Ziff. 18, waren Tagesmitteilungen über die Demobilmachung angeordnet worden. Der Befehl Nr. 16 vom 22. 11. 1918 (II. Ausgabe), Ziff. IX, enthielt die Anordnung der 14tägigen Übersichten, BA-MA RM 31/v. 2394, Bl. 46 und 51.

150 Meurer, Darstellung der Demobilmachung, Abschnitt »Berichterstattung«.

151 Bericht der Inspektion des Torpedowesens über die Demobilmachung vom 29. 3. 1919, BA-MA RM 31/v. 1822.

152 Das Marine-Transportbüro meldete am 3. 12. 1918, in der Zeit vom 16.–30. 11. 1918 seien 13618 entlassene Mannschaften abtransportiert worden. Es seien jedoch

im Gouvernements-Tagesbefehl mitteilen ließ, die Entlassung der Inaktiven sei im Ostseebereich nunmehr zum größten Teil durchgeführt[153], so hatte er dabei gewiß nicht nur die erwähnten etwa 15000 regulär Entlassenen vor Augen, sondern auch die große Zahl derjenigen, die auf eigene Faust abgereist waren. Anhand der seit Mitte November eingesetzten Militär-Sonderzüge sowie der zum Abtransport von Soldaten bestimmten Schiffe läßt sich schätzen, daß bis Weihnachten 1918 um die 40000 Marineangehörige Kiel verlassen haben müssen. Bis zum Stichtag 1. Januar erhöhte sich die Zahl der regulär Entlassenen auf schätzungsweise 24000 Mann[154], so daß sich – mit Vorbehalt – sagen läßt, daß mehr als ein Drittel der Marineangehörigen der Kieler Garnison spontan und formlos demobil machte. Von den rund 50000 Militärpersonen, die bei Beginn der Revolution in Kiel Dienst taten, waren am Ende des Jahres 1918 mehr als vier Fünftel abgereist. Bei den Soldaten, die noch im Januar 1919 im Befehlsbereich der Marinestation der Ostsee verblieben, handelte es sich fast ausschließlich um Berufssoldaten, also um Unteroffiziere, Deckoffiziere und Offiziere[155]. Die Matrosen, welche die Revolution begonnen und in wenigen Tagen zum Erfolg geführt hatten, waren zum allergrößten Teil schon vor dem Weihnachtsfest zuhause bei ihren Familien.

Was der Weggang von rund 40000 Matrosen, die das Signal zur deutschen Revolution gegeben hatten, für die Legitimation der durch die Revolution neugeschaffenen Machtorgane, insbesondere für den Kieler Obersten Soldatenrat, bedeutete, liegt auf der Hand. Der Soldatenrat wurde mit dem Fortgang der Massenentlassungen zunehmend seiner Machtbasis entblößt. Dies hatte zur Folge, daß sich die Zusammensetzung des Obersten Soldatenrates bereits Anfang Dezember 1918 änderte. Jetzt wurden vermehrt Deckoffiziere in den Rat hineingewählt. Einer von ihnen, Franz Riefstahl[156], ein Signalmeister, gab fortan im Obersten Soldatenrat den Ton an.

Mit seiner schwindenden Legitimation veränderte sich notwendigerweise auch die Machtposition des Soldatenrats im politischen Kräfte-

wesentlich mehr Leute abgefahren, die von den Marineteilen nicht zum Transport angemeldet wurden, BA-MA RM 31/v. 1807.

153 Gouvernements- und Stations-Tagesbefehl Nr. 28 vom 4. 12. 1918, Anlage, Ziff. 2, BA-MA RM 31/v. 2349, Bl. 81.

154 Geschätzt nach dem lückenhaften Zahlenmaterial in den Demobilmachungs-Spezial-Akten des Kaiserlichen Kommandos der Marinestation der Ostsee, BA-MA RM 31/v. 1807.

155 Meurer, Darstellung der Demobilmachung, berichtet S. 5: »Es befinden sich also nach dem 31. III. (1919) außer Berufssoldaten, zur Abwickelung Zurückbehaltenen und Angehörigen der Freiwilligenverbände nur noch Mannschaften, die 1918 eingestellt wurden, im Dienst.«

156 Zu Riefstahl vgl. Kapitel V/8.

spiel Kiels. Wie die Aufstellung der »Eisernen Marinebrigade Kiel«[157] zeigen sollte, waren militärische Berufsorganisationen wie der Deckoffizierbund und die Unteroffiziervereinigung bereits Mitte Dezember 1918 handlungsfähigere Institutionen als der Oberste Soldatenrat, an dem die Gründung dieses Freiwilligenverbandes einfach vorbeiging. Als Noske Ende Februar 1919 die Marineräte mit der Begründung auflöste, nach erfolgter Durchführung der Demobilmachung und der Einrichtung von Entlassungsbüros läge keinerlei Berechtigung mehr für ihre Fortexistenz vor[158], konnte der Kieler Oberste Soldatenrat mangels Massenbasis nicht mehr als verbale Proteste vorbringen.

Die Demobilmachung im Bereich der Marinestation der Ostsee verlief alles in allem wesentlich rascher als im Feldheer. Dies lag sowohl an den besonderen Kieler Voraussetzungen – das zur Entlassung anstehende Personal brauchte nicht von außerhalb nach Kiel zurückgeführt zu werden, sondern war großenteils bereits am Ort stationiert – wie auch am politischen Willen des Reichsmarineamtes und des Kieler Gouverneurs Noske, aus dem »brodelnden Kessel« Kiel möglichst schnell möglichst viel Dampf abzulassen. Der beschriebene Vorgang der beschleunigten Massenentlassungen aus dem Militärdienst bietet somit ein weiteres Erklärungsmoment für den Tatbestand, daß die Revolution in Kiel unverhältnismäßig schnell, letztlich binnen weniger Tage, in ein ruhiges Fahrwasser geriet.

Die rasche Demobilmachung verursachte zugleich den Verfallsprozeß der Kieler Matrosenbewegung und die fortschreitende Machtentblößung des Kieler Obersten Soldatenrats. »Die Soldatenräte gingen recht eigentlich daran zugrunde, daß es keine Soldaten mehr gab[159].« Jetzt war es eigentlich nur noch eine Frage der Zeit, bis die Marineoffiziere wieder ihre alten Machtpositionen zurückgewinnen würden.

5. Gegen eine »revolutionstreue Sicherheitstruppe«

Die sich mit den Massenentlassungen einstellende Personalnot in Kiel führte, wie bereits erwähnt wurde, dazu, daß die Wahrnehmung der örtlichen militärischen Sicherungsaufgaben zunehmend in Frage gestellt wurde. Anfang Dezember ließ Noske eine Notiz in den Gouvernements-Tagesbefehl aufnehmen, aus der hervorging, verschiedene

157 Vgl. Kapitel V/6.
158 Verfügung Reichswehrminister Noske vom 23. 2. 1919, BA-MA RM 23/6, Bl. 15.
159 Heinz Kraschutzki, Im Arbeiter- und Soldatenrat Bremerhaven November 1918–Januar 1919, Masch. Manuskript vom 5. 1. 1982, S. 17.

Marineteile hätten gemeldet, »daß sie die für den Sicherheitsdienst erforderlichen Posten und Patrouillen nicht mehr stellen« könnten, »weil die mit der Waffe ausgebildeten Jahrgänge durch Entlassung und Urlaub in ihrer Kopfstärke schon jetzt stark herabgesetzt« seien[160]. Noske plädierte nun – anscheinend unpolitisch und ganz pragmatisch – für eine »straff aufgezogene Truppe, von der ein Teil stets verwendungsbereit«[161] – sein sollte, und dachte dabei wohl an eine Truppe aus Deckoffizieren und Unteroffizieren, zu deren Vertretern er enge Beziehungen unterhielt[162].

Am 17. Dezember 1918, als der Demobilmachungsprozeß angesichts des bevorstehenden Weihnachtsfestes weit vorangeschritten war, beriet dann der Oberste Soldatenrat Kiel mit den Obleuten der Landmarineteile über verschiedene Lösungsmöglichkeiten[163]. Er entschied sich schließlich für die radikalste Lösung, nämlich die Aufstellung einer – wie es hieß – »revolutionstreuen Sicherheitstruppe«, für die noch nicht aus Heer und Marine entlassenes Militärpersonal gewonnen werden sollte. Noske widersetzte sich dieser Entscheidung energisch, weil er »eine Sammlung von Kieler Arbeitslosen befürchtete«[164], die seiner Vorstellung von einer straff aufgezogenen Truppe entgegenstand. Aber diesmal hatte er keinen Erfolg. Der Soldatenrat blieb bei seiner Entscheidung und Noske mußte im Gouvernements- und Stations-Tagesbefehl vom 26. Dezember 1918 die »Bildung einer revolutionstreuen Sicherheitstruppe«[165] bekanntgeben. Sie habe die Aufgabe, hieß es dort, »die Revolution und ihre Errungenschaften zu sichern und zu verteidigen, sämtliche Maßnahmen des Gouvernements und des Obersten Soldatenrats zur unbedingten Aufrechterhaltung der Ruhe, Ordnung und Sicherheit des nationalen und persönlichen Eigentums durchzuführen«. Als Aufnahmekriterium wurde festgelegt, die Mitglieder dieser Truppe müßten »auf dem Boden der sozialen Volksrepublik« stehen. Was die organisatorische Seite betraf, so sollte die Truppe aus sechs Kompanien zu je 294 Mann bestehen, also etwa 1 800 Mann stark sein. Sie sollte sich »ihre Führer im Einvernehmen mit dem Gouverneur, dem Obersten Soldatenrat sowie den Obleuten« selbst wählen[166]. In einem weiteren Tagesbefehl des Gouvernements[167] wurden die Obleute beauftragt, sofort mit der Bildung dieser

160 Gouvernements- und Stations-Tagesbefehl Nr. 25 vom 1. 12. 1918, Ziff. 4, BA-MA RM 31/v. 2394, Bl. 73.
161 Noske, Kiel bis Kapp, S. 51.
162 Zum Verhältnis Noskes zu den Deckoffizieren vgl. Kapitel V/6.
163 Einladung zu dieser Sitzung im Gouvernements- und Stations-Tagesbefehl vom 15. 12. 1918, BA-MA RM 31/v. 2394, Bl. 122.
164 Noske, Kiel bis Kapp, S. 51.
165 Gouvernements- und Stations-Tagesbefehl Nr. 50 vom 26. 12. 1918, BA-MA RM 31/v. 2394, Bl. 148.
166 Ebda., Ziff. IV.
167 Gouvernements- und Stations-Tagesbefehl Nr. 51 vom 27. 12. 1918, ebda., Bl. 149.

Einheiten zu beginnen und speziell eine Kompanie der Deckoffiziere und Feldwebel vorzusehen. Wie die letztgenannte Weisung zustande kam, läßt sich leider nicht mehr ermitteln. Möglicherweise war sie eine Konzession des Soldatenrats an Noske, der gerade auf diese mittlere Führungsschicht der aktiven Soldaten setzte[168], während der Oberste Soldatenrat in der »revolutionstreuen Sicherheitstruppe« keine Offiziere und möglichst auch keine aktiven Deckoffiziere und Unteroffiziere haben wollte.

Die praktische Aufstellung dieses unter politischen Gesichtspunkten konzipierten Verbandes, der sich seit Jahresbeginn 1919 »Revolutionäre Sicherheitstruppe Kiel«[169] nannte, vollzog sich in der Zeit, in der Noske schon nicht mehr in Kiel war. Möglicherweise ist dies die Erklärung für den Tatbestand, daß Noske in seinen Erinnerungen an die Kieler Zeit abstritt, daß es diese Truppe überhaupt gegeben habe. Er schrieb: »Wochenlang hatte ich die Bildung einer roten Truppe verzögert. Als, nun schon unter Artelts Vorsitz[170], in einer Sitzung wieder davon die Rede war, erklärte ich rundheraus, es würde nichts daraus. Genügend Berufssoldaten seien vorhanden, die etwas leisten könnten. Die Vorarbeiten wurden meinem Vorschlage gemäß in Angriff genommen[171].« Noske meinte damit die Aufstellung der »Eisernen Marinebrigade«, einer »Truppe aus aktiven Leuten«[172], also Berufssoldaten, über die in einem eigenen Kapitel berichtet wird.

Tatsächlich ist die »Revolutionäre Sicherheitswehr Kiel« jedoch, entgegen Noskes Erinnerung, gebildet worden. Die vorgesehene Stärke von 1 800 Mann wurde bereits im Januar 1919 erreicht[173]. Wie Noskes Nachfolger im Amt des Kieler Gouverneurs, Gustav Garbe[174], Mitte Januar in einem Tagesbefehl bekanntgab, sollte die Sicherheitswehr nach dem Zusammentritt der Nationalversammlung als separater Verband zu bestehen aufhören und in die »Volkswehr« der neuen Republik übernommen werden[175]. Das Adjektiv »revolutionär« ließ man in der Folgezeit stillschweigend fallen. Am 12. Februar 1919 wurde die Si-

[168] Noske, Kiel bis Kapp, S. 51 f.

[169] Vgl. den Gouvernements- und Stations-Tagesbefehl Nr. 4 vom 4. 1. 1919, BA-MA RM 5/v. 3627.

[170] Karl Artelt wurde nach dem Rücktritt von Popp am 11. 12. 1918 dessen Nachfolger. Siehe den Gouvernements- und Stations-Tagesbefehl Nr. 35 vom 11. 12. 1918, BA-MA RM 31/v. 2394, Bl. 105. Artelt blieb nur bis zum 4. 1. 1919 im Amt.

[171] Noske, Kiel bis Kapp, S. 52.

[172] Ebda.

[173] Dähnhardt, Revolution, S. 143 f.

[174] Obwohl Noske seit Ende Dezember 1918 in Berlin als Volksbeauftragter tätig war und sich um sein Kieler Gouverneursamt kaum noch kümmern konnte, trugen die Tagesbefehle noch bis zum 10. 1. 1919 seinen Namen. Der neue Gouverneur Garbe teilte am 11. 1. 1919 seine Wahl und Bestätigung in einem Aufruf mit, BA-MA RM 5/v. 3627.

[175] Gouvernements- und Stations-Tagesbefehl Nr. 14 vom 14. 1. 1919, ebda.

cherheitswehr umgebildet, auf 3000 Mann aufgestockt[176], dann in vier Bataillone aufgeteilt, die den Abteilungen und Divisionen der vorläufigen Reichsmarine angeschlossen wurden und damit zugleich ihre bisherige Selbständigkeit verloren. An politisch bedeutsamen Auseinandersetzungen[177] war diese Kieler Truppe nicht beteiligt.

6. Die Deckoffiziere und Noskes Kieler »Eiserne Brigade«

Unter der Hand, öffentliches Aufsehen möglichst vermeidend, traf Noske in seiner Position als Gouverneur von Kiel die Vorbereitungen zur Aufstellung eines mobilen, jederzeit einsatzfähigen Verbandes. Dies geschah ungefähr zur selben Zeit, als er dem Kieler Obersten Soldatenrat die Bildung einer »revolutionstreuen Sicherheitstruppe« auszureden versuchte. Das militärische Gebilde, das Noske statt dessen förderte, stellte in der an bunten Erscheinungen nicht eben armen Umbruchsphase von 1918/19 etwas wohl Einmaliges dar. Es handelte sich um eine Truppe, die sich zunächst ausschließlich aus Berufssoldaten, nämlich aus Deckoffizieren[178] und Unteroffizieren der Marine, zusammensetzte. Dieser Verband wurde unter der Bezeichnung »Eiserne Brigade« oder »Kieler Eiserne Brigade« bekannt[179]. Was sie zusammenhielt und motivierte, was seinerzeit aber kaum publik wurde, war ein gemeinsamer politischer Standpunkt der Angehörigen dieser Truppe, zumindest ein gemeinsames politisches Loyalitätsgefühl. Es galt der mehrheitssozialdemokratischen Richtung und ihrem Repräsentanten in Kiel, dem Gouverneur Gustav Noske. Daher wurde die Kieler »Eiserne Brigade« auch als Noskes »Haustruppe« angesehen.

Da Noske in seiner Ministerzeit immer wieder betonte, er halte nichts von politisierenden Soldaten, es komme ihm alleine auf militärische Tüchtigkeit an, darf die Eiserne Brigade, da sie besagter Leitlinie zu widersprechen scheint, besonderes Interesse beanspruchen. Dieses ist allerdings nicht leicht zu befriedigen. Denn die Aktenlage ist

[176] Gouvernements- und Stations-Tagesbefehl Nr. 43 vom 12. 2. 1919 (»Umbildung der Sicherheitstruppe«), ebda.

[177] Einen lokalen Aufstand von Spartakisten in Kiel (5.–8. 2. 1919) half die Sicherheitswehr niederschlagen. Siehe: Dähnhardt, Revolution, S. 156 f.

[178] Zur Dienstgradgruppe der Deckoffiziere siehe die weiteren Ausführungen in diesem Kapitel.

[179] Gelegentlich wurde auch der Begriff »Eiserne Division« verwendet, was zu häufigen Verwechslungen mit einem anderen Verband, nämlich der »Eisernen Division« in Kurland, führte. Weiterhin gab es noch eine »Eiserne Flottille« (aufgestellt am 20. 2. 1919; siehe die Bekanntmachung des R.M.A. vom 3. 3. 1919, BA-MA RM 8/36, Bl. 193). Der Begriff »eisern« sollte wohl Ehrgefühl und Standfestigkeit assoziieren und dadurch einen Werbeeffekt erzielen.

schlecht, und die amtliche Militärgeschichtsschreibung schweigt sich über die Kieler Deckoffizierbrigade weithin aus[180], da sie wohl als ein Fremdkörper in der deutschen Marinegeschichte angesehen wird. Auch die bislang einzige Spezialstudie über die Revolution in Kiel[181] vermag die Entstehungsgeschichte dieser eigenartigen Truppe nicht zu erhellen. Allerdings bestand dazu für deren Autor auch keine zwingende Veranlassung, da die Eiserne Brigade nicht für lokale oder regionale Einsätze in Kiel und Umgebung aufgestellt wurde, sondern für Aufgaben außerhalb der Ostseestadt. Während ihr erster Einsatz schon in die Zeit von Noskes Tätigkeit als Volksbeauftragter für Heer und Marine fiel, ist die – politisch interessantere – Vorgeschichte der Entstehung dieses Verbandes in Noskes Zeit als Gouverneur von Kiel zu suchen. Zum Teil reicht sie sogar in die Zeit vor 1914 zurück.

Im Jahre 1912 gründeten die Deckoffiziere, deren Stellung zwischen den Seeoffizieren und den Unteroffizieren seit langem umkämpft war[182], einen eigenen Interessenverband, den »Bund der Deckoffiziere a.D. der Kaiserlichen Marine«[183], der sich seitdem für die Verbesserung der wirtschaftlichen und sozialen Lage der Deckoffiziere einsetzte und der sich in der Verfolgung dieser Interessenpolitik auch nicht scheute, das für damalige militärische Gepflogenheiten ungewöhnliche Mittel der öffentlichen Demonstration einzusetzen. Eine solche publikumswirksame Veranstaltung, an der 3000–4000 ehemalige und 100 aktive Deckoffiziere teilnahmen, fand am 28. Juli 1912 in Kiel statt[184]. Die treibende Kraft war ein ehemaliger Deckoffizier namens Emil Alboldt[185], derselbe Mann, mit dem Noske dann im November und Dezember 1918 in Kiel zum Zwecke des Aufbaus der Eisernen Brigade eng zusammenarbeiten sollte. Seinerzeit, in den Jahren 1912 und

[180] Vgl. die auf Formales beschränkte Darstellung in: Die Wirren in der Reichshauptstadt und im nördlichen Deutschland 1918–1920, Berlin 1940, S. 47 f., fortan zit.: Wirren; sowie die kurzen Hinweise in: Werner Rahn, Reichsmarine und Landesverteidigung 1919–1928. Konzeption und Führung der Marine in der Weimarer Republik, München 1976, S. 29 f.; fortan zit.: Rahn, Reichsmarine.

[181] Dähnhardt, Revolution, S. 143, Anm. 609, vermerkt die Existenz der Eisernen Brigade lediglich in einer Fußnote.

[182] Kurzgefaßte Aufgabenbeschreibung der Deckoffiziere in: Rahn, Reichsmarine, S. 251 f.; zu den Auseinandersetzungen über ihren Status vgl. Holger H. Herwig, Das Elitekorps des Kaisers. Die Marineoffiziere im Wilhelminischen Deutschland, Hamburg 1977, 6. Kapitel »Das Deckoffizierkorps«, S. 110–124; fortan zit.: Herwig, Elitekorps.

[183] Deckoffiziere der deutschen Marine. Ihre Geschichte 1848–1933. Hrsg. vom Bund der Deckoffiziere, Berlin 1933, S. 99; fortan zit.: Deckoffiziere.

[184] Herwig, Elitekorps, S. 118.

[185] Emil Alboldt war langjähriger Vorsitzender des Bundes der Deckoffiziere. Im Jahre 1913 stellte er deren Forderungen in einer Broschüre zusammen. Sie hatte den Titel: Die soziale und wirtschaftliche Lage der Deckoffiziere und ihre Bedeutung für die Schlagfertigkeit unserer Flotte. Als Manuskript gedruckte Broschüre des Deckoffizierbundes, Kiel 1913. Wiederabdruck in: Paul Kässner, Zur Geschichte der Deckoffizierbewegung, des Deckoffizierbundes und des Bundes der Deckoffiziere, Altona o.J. [1932]; fortan zit.: Kässner, Geschichte.

1913, gab es vornehmlich zwei Reichstagsabgeordnete, die sich der Forderungen der Deckoffiziere annahmen und sie in ihren Fraktionen und im Parlament vertraten, nämlich der linksliberale, aus Kiel stammende Abgeordnete Dr. Wilhelm Struve und sein sozialdemokratischer Kollege Gustav Noske. Letzterer forderte am 3. März 1913 im Plenum des Reichstages, »daß nach englischem Beispiel der Aufstieg der Deckoffiziere in die Offizierslaufbahn ermöglicht« werden müsse[186], wobei er zu erkennen gab, daß sein Vorschlag weitergehend auf die allgemeine Demokratisierung des Offizierkorps abzielte[187], d.h. auf eine Öffnung dieser Laufbahnen für die Mittel- und Unterschichten. Noske und Struve erreichten seinerzeit durch ihre mehrmaligen parlamentarischen Vorstöße immerhin einige kleinere Reformen zur Verbesserung der sozialen und militärischen Stellung des Deckoffizierkorps[188]. Obwohl diese Verbesserungen nicht ohne die Zustimmung des Marine-Staatssekretärs Tirpitz hatten erfolgen können, blieb der Bund der Deckoffiziere aus der Sicht der Marineführung auch weiterhin etwas Suspektes, weil er als eine gewerkschaftsähnliche Organisation eingestuft wurde[189]. Die Deckoffiziere ihrerseits sahen fortan in Noske und Struve ihre parlamentarischen Fürsprecher.

Der Erste Weltkrieg brachte dann eher eine Verschärfung denn eine Milderung der Probleme der Deckoffiziere. Denn die Marineoffiziere verharrten in ihrem starren konservativen Standesdenken und kapselten sich von den in ihren exklusiven Reihen unerwünschten Deckoffizieren verstärkt ab. Damit wurde die ohnehin vorhandene Distanz nur noch größer[190]. Ob es in den Kriegsjahren weiterhin Kontakte zwischen der Deckoffiziervereinigung und den Abgeordneten Noske und Struve gab, ließ sich bislang nicht nachweisen. Sie sind aber als wahrscheinlich anzunehmen.

Eher wider Willen sahen sich die Deckoffiziere dann im November 1918 vor ihre vielleicht größte Bewährungsprobe gestellt, als die Seeoffiziere angesichts der revoltierenden Matrosen sang- und klanglos abtraten. Nun fühlten sich die Deckoffiziere plötzlich als »Kräfte der Ordnung«[191], wobei sie von den Unteroffizieren, die sich ihnen zum überwiegenden Teil anschlossen, unterstützt wurden. Vor dem Untersuchungsausschuß des Reichstages rühmte Emil Alboldt die Rolle des

186 Verhandlungen RT, Bd 288, 3. 3. 1913, S. 4204.
187 Herwig, Elitekorps, S. 120.
188 Ebda., S. 122.
189 Herwig, Elitekorps, S. 124.
190 Rahn, Reichsmarine, S. 251; zu dieser Entwicklung vgl. auch Herwig, Elitekorps, Kapitel 7 »Trotz Krieg: Die Schranken fallen nicht«, S. 125–139.
191 So Emil Alboldt in den 20er Jahren vor dem Untersuchungsausschuß des Reichstages. Siehe: WUA 4. R. Bd X/1, S. 216. Alboldts gutachtliche Aussage wurde hernach auch separat publiziert: Emil Alboldt, Die Tragödie der alten deutschen Marine, Berlin 1928.

Deckoffizierkorps später mit folgenden Worten: »Was in diesem Korps steckte, zeigte sich damals so recht: kein Deckoffizier verließ seinen Posten; ihrem Eingreifen ist es in der Hauptsache zu verdanken, wenn weiteres Unheil abgewendet und der materielle Bestand der Flotte im Ganzen aufrechterhalten wurde[192].« Im Gegensatz zum Seeoffizierkorps, stellte Alboldt fest, hätten die Deckoffiziere »Ruhe und militärische Haltung« bewahrt; sie seien es gewesen, die Straßenstreifen an Land organisierten, um Gewalttaten zu verhindern. Bleibt hinzuzufügen, daß die revoltierenden Matrosen die Deckoffiziere eher akzeptierten als die Seeoffiziere, was nicht zuletzt dem Tatbestand zu entnehmen ist, daß Ende November 1918 mehrere Deckoffiziere dem Kieler Obersten Soldatenrat angehörten[193]. Der amerikanische Marinehistoriker Herwig nannte es angesichts der geschilderten seltsamen Konstellation eine »Ironie des Schicksals [...], daß der einzige organisierte Widerstand, der sich den Meuterern in Kiel entgegenstellte, gerade von den Deckoffizieren ausging. Nach Jahrzehnten erfolglosen Kampfes um militärische und soziale Anerkennung als eigenständiges Offizierkorps fanden sich im November 1918 die Deckoffiziere als Verteidiger der staatlichen Autorität wieder[194].« Fragt sich nur, welcher staatlichen Autorität. Jedenfalls war es nicht das zusammenbrechende Kaiserreich und dessen militärischer Repräsentant im Bereich der Marine, nämlich das Seeoffizierkorps, für das sich die Deckoffiziere nun einsetzten. Vielmehr versuchten sie für Ruhe und geordnete Zustände in der Ostseestation Kiel zu sorgen, wobei sie sich in gewissem Sinne als ordnendes Gegengewicht zu den nach ihrer Auffassung »überradikalen Soldatenräten«[195] verstanden.

Dabei handelte es sich im Grunde um dieselbe Einstellung, mit der Noske am 4. November 1918 nach Kiel gekommen war. Auch er sollte und wollte beruhigend wirken und für Ordnung sorgen. Der Gleichklang zeigte sich rasch. Bereits am 7. November 1918 hatte Noske, soeben zum Gouverneur gewählt, Gelegenheit, in einer vom Obersten Soldatenrat anberaumten Versammlung, die von etwa 2000 Kieler Deckoffizieren besucht wurde, seine Verbundenheit mit diesen zu demonstrieren. Er rief ihnen zu: »Ich gebe meiner großen Freude und Befriedigung Ausdruck, daß sich der ganze Stand der alten, bewährten Deckoffiziere der Allgemeinheit zur Aufrechterhaltung der Ordnung und der Erhaltung der Werte zur Verfügung stellt. Ich versichere, daß alles, was in meinen Kräften steht, geschehen wird, den Deckoffizieren die Durchführung der selbstgestellten Aufgabe zu erleichtern[196].«

[192] WUA 4. R. Bd X/1, S. 216.
[193] Deckoffiziere, S. 123.
[194] Herwig, Elitekorps, S. 200 f.
[195] Deckoffiziere, S. 123.
[196] Auszüge aus dieser ansonsten nicht belegten Rede Noskes, ebda., S. 122.

An die Adresse des Obersten Soldatenrates gerichtet sagte Noske ferner, daß ein Wiederfunktionieren des Dienstbetriebes ohne die Deckoffiziere nicht möglich sei. Er forderte alle Mannschaften auf, sich an dem Verhalten der Deckoffiziere und ihrem Pflichtbewußtsein ein Beispiel zu nehmen. Auch der neue Vorsitzende des Obersten Soldatenrats, Lothar Popp, anerkannte die Unentbehrlichkeit der Deckoffiziere ausdrücklich, bat sie aber zugleich, sie möchten auch ihrerseits den veränderten Verhältnissen Rechnung tragen[197]. In der Folgezeit kam es dann, wie bereits erwähnt wurde, zu einer Zusammenarbeit von Matrosen- und Deckoffiziervertretern im Soldatenrat selbst. Damit ging Noskes Rechnung auf.

Eine vergleichbare Wertschätzung brachten die Marineunteroffiziere dem sozialdemokratischen Abgeordneten Noske entgegen. Dieser selbst berichtet – ohne Angabe eines genauen Datums – von einer Versammlung von etwa anderthalbtausend Unteroffizieren, »die sich schon äußerlich durch tadellose Ordnung auszeichnete«[198]. Seine in dieser Versammlung gehaltene Rede – sie dürfte in Ton und Inhalt der vorerwähnten Rede vor den Deckoffizieren entsprochen haben – wurde, Noskes Eigenbericht zufolge, mit großen Ovationen aufgenommen[199]. Dagegen genoß der Unabhängige Popp bei den Unteroffizieren offenbar keine Sympathien. Sie lehnten es sogar ab[200], ihn im Anschluß an die Ausführungen Noskes anzuhören.

Über die im engeren Sinne politischen Vorstellungen der Deckoffiziere und der Unteroffiziere der Marine, speziell über ihre parteipolitischen Präferenzen, wissen wir zwar nicht allzu viel. Bekannt ist jedoch, daß der Vorsitzende des Deckoffizierbundes, Alboldt, ein Anhänger der Mehrheitssozialdemokraten war. Er sprach diesen Tatbestand im März 1919 einmal in aller Offenheit aus: »Wir haben von jeher ganz besonderes Gewicht darauf gelegt, mit den Mehrheitssozialisten Schulter an Schulter zu gehen. In allen Fragen haben wir die Fühlung mit ihnen als etwas Grundlegendes erkannt. Den Standpunkt werden wir auch weiterhin vertreten[201].« Manchen Seeoffizieren genügte diese Verbundenheit der Deckoffiziere mit den Mehrheitssozialdemokraten, sie mit den revolutionären Matrosen in einen Topf zu werfen. Ein damaliger Ingenieur-Aspirant namens Wilhelm Reinhard erinnerte sich, daß »die Herren Deckoffiziere« in den ersten Novem-

197 Ebda., S. 122 f.

198 Noske, Kiel bis Kapp, S. 52. Es ist nicht mit letzter Sicherheit auszuschließen, daß es sich um dieselbe Versammlung handelte, von der oben bereits die Rede war.

199 Ebda.

200 Auch diese Information nach Noske, Kiel bis Kapp, S. 52. Popp, Ursprung, erwähnt diese Unteroffizier-Versammlung nicht.

201 Ausführungen Alboldts in einer Sitzung des Obersten Soldatenrats Kiel mit dem Deckoffizier- und dem Unteroffizierbund am 10. 3. 1919, BA-MA RM 8/1028, Bl. 110.

bertagen »nicht schnell genug die rote Schleife als Zeichen der Verbundenheit mit den Revolutionären zeigen konnten und nun Morgenluft witterten«. Alboldt habe sich mit Hilfe des Arbeiter- und Soldatenrates einen solchen Einfluß verschafft, daß die Stellenbesetzungen in Kiel damals von ihm abhingen[202]. Obwohl diese Darstellung mangelndes politisches Differenzierungsvermögen offenbarte, hatte sie auch einen wahren Kern. Denn seit Beginn der Revolution unternahmen die Deckoffiziere verständlicherweise verstärkte Anstrengungen, ihrer alten Forderung zum Durchbruch zu verhelfen, daß Offizierstellen für Deckoffiziere geöffnet werden müßten. Mit dieser Forderung befanden sie sich, wie Konteradmiral Küsel einmal feststellte, in einer »ausgesprochenen Kampfstellung gegen die Offiziere«[203]. Noske dagegen stand diesen Forderungen positiv gegenüber, wenngleich sein Gouverneursamt ihm nicht die Kompetenz verlieh, sie auch durchzusetzen.

Auf der Basis ähnlicher politischer Zielvorstellungen, aber natürlich auch im Einklang mit den neuen Machtverhältnissen in Kiel, wie sie sich jedermann sichtbar durch Noskes Übernahme des Gouverneurspostens darstellten, kam in den Monaten November und Dezember 1918 eine enge Zusammenarbeit zwischen dem sozialdemokratischen Abgeordneten und den Kieler Deckoffiziers- und Unteroffiziersvereinigungen zustande. Durch Noskes eigenen Bericht ist belegt, daß er parallel zu seiner Verschleppungstaktik im Hinblick auf die vom Soldatenrat geforderte Bildung einer »revolutionstreuen Sicherheitstruppe« Besprechungen mit den Vertretern dieser Vereinigungen führte, nämlich mit dem Vorsitzenden des Verbandes der aktiven Unteroffiziere, Obermaat Hirschmann, und mit dem Vorsitzenden des Bundes der Deckoffiziere, Emil Alboldt[204]. Er machte ihnen seine Ansicht klar, daß er von einer »revolutionstreuen Sicherheitstruppe« nichts halte, weil sie sich voraussichtlich zu einem Sammelbecken Arbeitsloser entwickeln würde, sondern daß er statt dessen auf die aktiven Leute setze, die »etwas leisten« konnten[205]. Ob die »Eiserne Brigade« im Anschluß an diese Besprechungen, also bereits in der ersten Dezemberhälfte 1918, Zug um Zug aufgestellt wurde, ist zwar nicht im einzelnen bekannt, aber als wahrscheinlich anzunehmen. Die Aufstel-

[202] Bericht von Leutnant (Ing.) a. D. Wilhelm Reinhard über die im März 1919 in Berlin mitgemachten Kämpfe der Marinebrigade von Roden, verfaßt im Juni 1934, BA-MA RM 8/145, Bl. 3–44, hier: Bl. 8 f.

[203] Undatierte, wahrscheinlich im August 1919 verfaßte Stellungnahme von Konteradmiral Küsel zu dem Gesuch des Deckoffizierbundes wegen Aufnahme der Deckoffiziere in den Offizier-Hilfsbund, BA-MA 8/1028, Bl. 23. Wegen des Verhaltens der Deckoffiziere nach der Revolution sah Küsel übrigens keine Veranlassung, sich für ihre Aufnahme in den Offizier-Hilfsbund einzusetzen.

[204] Noske, Kiel bis Kapp, S. 52.

[205] Ebda.

lung ging jedenfalls unbürokratisch und offenbar selbst unter Ausschluß der lokalen Kieler Öffentlichkeit vonstatten. Nicht ohne Stolz stellte Noske einige Monate später in der Nationalversammlung fest, die Aufstellung habe sich sogar ohne Hilfe von Werbeplakaten vollzogen[206], womit er zum Ausdruck bringen wollte, wie eng und reibungslos die Zusammenarbeit zwischen ihm und den Berufsverbänden der Deckoffiziere und der Unteroffiziere funktionierte. Tatsächlich findet sich in Noskes wichtigstem Verlautbarungsorgan, nämlich den Gouvernements- und Stations-Tagesbefehlen der Ostseestation Kiel, nicht ein einziger Hinweis auf die »Eiserne Brigade«.

Die formelle Aufstellung dieser Truppe vollzog sich allerdings erst nach den Weihnachtskämpfen 1918 in Berlin, und zwar auf eine direkte Anforderung des inzwischen in das Kabinett der Volksbeauftragten berufenen Gustav Noske hin. Dieser war am zweiten Weihnachtsfeiertag, also am 26. Dezember 1918, einem dringenden Hilferuf Eberts folgend[207], in Berlin eingetroffen und hatte am Orte des Geschehens mit angesehen, wie die Regierung, von militärischen Machtmitteln fast vollständig entblößt, zum Spielball eher zufälliger Machtkonstellationen in der Reichshauptstadt zu werden drohte. Zwei Tage später wurde Noske in die Regierung der Volksbeauftragten berufen. In diesem »Augenblick der höchsten Not« – so wird in der offiziellen Darstellung des Bundes der Deckoffiziere berichtet[208] – habe sich Noske des loyalen Verhaltens der Deckoffiziere während seiner Gouverneurszeit entsonnen und durch einen Abgesandten anfragen lassen, »ob nicht dank der Tätigkeit des Deckoffizierbundes die Verhältnisse in Kiel so weit gefestigt wären, daß dort an die Aufstellung einer Truppe für Berlin gedacht werden könne, und wenn ja, ob der Bund mit aller Kraft dabei mitwirken könne«[209]. Die Bundesleitung verschloß sich diesem für sie schmeichelhaften Wunsche nicht: »Innerhalb weniger Tage wurden aus Deckoffizieren und älteren Unteroffizieren (Deckoffizieranwärtern) zwei Regimenter zu je zwei Bataillonen von je drei Kompanien zusammengestellt und der Lage entsprechend ausgerüstet. Bereits Anfang Januar traf diese Truppe, Eiserne Division (I. Marinebrigade) genannt, in Berlin ein«[210]. Sie war zu diesem Zeitpunkt 1200 Mann stark[211] und dürfte damit einer der kopfstärksten Freiwilligen-

206 Verhandlungen NV, Bd 326, 25. 2. 1919, S. 306.

207 Diese Information ist enthalten in dem Gedenkartikel: Gustav Noske, Nach dem Tode des Reichspräsidenten. Dem gemeuchelten Freunde! Ein Gedenkwort. In: Echo am Montag, Hannover, Nr. 14 vom 2. 3. 1925, S. 1; fortan zit.: Noske, Nach dem Tode. Presseausschnitt in BA NL 46, Nr. 9, Dok. 19.

208 Deckoffiziere, S. 124 f.; vgl. auch die Darstellung des ehemaligen Oberdeckoffiziers Kässner, Geschichte, S. 116 f.

209 Deckoffiziere, S. 124 f.

210 Ebda.

211 Wirren, S. 47.

verbände gewesen sein, die damals – um die Jahreswende 1918/19 – in Deutschland existierten. Da ihm ausschließlich gut ausgebildete Berufssoldaten angehörten, handelte es sich jedenfalls um die schlagkräftigste Truppe, über welche der Rat der Volksbeauftragten zu diesem Zeitpunkt verfügen konnte.

Die Deckoffiziere und Unteroffiziere der Marine, die sich im Dezember 1918 freiwillig zur Eisernen Brigade meldeten, wußten offenbar genau, daß ihnen die Aufgabe zugedacht war, die Regierung in Berlin zu schützen, also im Innern eingesetzt zu werden. Dies durfte jedoch in Kiel nicht publik werden, da sonst der Oberste Soldatenrat, dessen Zustimmung erforderlich war, sich gesperrt hätte. Daher wurde – wahrscheinlich von Alboldt – die Version ausgestreut, die Deckoffiziertruppe solle für den Grenzschutz im Osten aufgestellt werden. Auf diese Weise wurde der Soldatenrat unter Karl Artelt überrumpelt[212]. Tatsächlich bestand von vornherein die Absicht, die Eiserne Brigade in der Reichshauptstadt zu verwenden. Sie war der erste Freiwilligenverband, der bewußt für den Kampf im Innern, gegen die linksradikalen Gegner des Rates der Volksbeauftragten, gebildet wurde[213]. Sein erster Einsatz erfolgte auf Befehl Noskes während der Januarunruhen in Berlin[214]. Als der Kieler Oberste Soldatenrat merkte, wie er hinters Licht geführt worden war, protestierte er umgehend schriftlich bei Noske gegen die Verwendung der Deckoffiziertruppe im Innern: »Wir verwahren uns in der energischsten Weise dagegen, daß entgegen den Abmachungen[215] die Truppen in Berlin verwendet werden[216].« Weiter hieß es in dem Schreiben, der Soldatenrat sei mit der Verwendung der Brigade zum »Ukraineschutz« durchaus einverstanden, nicht aber mit ihrem Einsatz im Innern. Erreicht wurde mit diesem Protest nichts. Noske setzte die Eiserne Brigade nach den Berliner Januarunruhen noch mehrfach in bürgerkriegsähnlichen Auseinandersetzungen ein, bevor die Truppe im Mai 1919 aufgelöst wurde[217].

Bleibt zu erwähnen, daß die Deckoffizierbrigade eine interessante Führungsstruktur[218] aufwies. Sämtliche Zugführer kamen aus den Rei-

212 Vgl. Kässner, Geschichte, S. 117 f.

213 Hagen Schulze, Freikorps und Republik 1918–1920, Boppard a. Rh. 1969, S. 26, fortan zit.: Schulze, Freikorps; Wirren, S. 47.

214 Vgl. Kapitel VI/3.

215 Konkrete Abmachungen hatte es nicht gegeben, wohl aber eine offizielle Vollmacht des Kapitäns z.S. Roehr, in der von »Grenzschutz im Osten« die Rede war. Siehe Kässner, Geschichte, S. 117.

216 Text des Protestschreibens des Kieler Obersten Soldatenrats an den Volksbeauftragten Noske vom 8. 1. 1919, in: Der Zentralrat der Deutschen sozialistischen Republik 19. 12. 1918–8. 4. 1919. Vom ersten zum zweiten Rätekongreß. Bearb. von Eberhard Kolb unter Mitw. von Reinhard Rürup, Leiden 1968, Nr. 51, S. 416, Anm. 20; fortan zit.: Zentralrat.

217 Wirren, Anlage 2, S. 215 und 48.

218 Die folgenden Angaben nach dem schriftlichen Bericht eines Majors v. Menges über die 1. Marine-Brigade, BA-MA RM 122/71, Bl. 1–5; vgl. auch Kässner, Geschichte

hen der Deckoffiziere. Sie wurden gewählt. Die Kompanieführerstellen wurden, als die Deckoffiziere dies nach ihrem Eintreffen in Berlin von Noske wünschten, mit Heeresoffizieren besetzt, da Seeoffiziere nicht akzeptiert wurden. Im übrigen hatte die Brigade keine Soldatenräte, sondern gewählte Vertrauensleute. Die Organisation orientierte sich am überlieferten militärischen Schema, ebenso die Disziplin. Insgesamt handelte es sich also um einen Verband, in dem sich Traditionelles mit Neuem vermischte.

Der USPD-Abgeordnete Henke kannte die Struktur und Zusammensetzung der Eisernen Brigade wohl nur oberflächlich, als er im Februar 1919 in der Nationalversammlung von Weimar die Befürchtung aussprach, die Zusammensetzung dieser Truppe aus altgedienten Marinesoldaten fördere den alten militärischen Geist[219]. Was er mit dieser Kritik erreichte, war lediglich, daß sich Noske, nun schon als Reichswehrminister, öffentlich vor seine Kieler »Haustruppe«[220] stellte und sie geradezu enthusiastisch verteidigte: »Ich freue mich, konstatieren zu können, daß die Männer, mit denen ich in Kiel ein paar Monate lang in engster Kameradschaft gearbeitet habe, sich, als die Not des Reiches am höchsten war, in Aufopferungsfähigkeit und in heißer Liebe zu ihrem Lande hinter die Regierung gestellt und ihr wertvolle Dienste geleistet haben[221].« In seinem Erinnerungsbuch an die Revolutionszeit setzte Noske der Eisernen Brigade das folgende Denkmal: »Diese aktiven Kieler Berufssoldaten haben mir treue Anhänglichkeit bewahrt und mir nie Schande gemacht[222].«

7. Das konterrevolutionäre Freikorps Loewenfeld

Die Revolte der Kieler Matrosen, die sich dann zur Revolution ausweiten sollte, richtete sich zunächst und in erster Linie gegen die Seeoffiziere in ihrer unmittelbaren Umgebung. Für diese Konfliktlage gab es unterschiedliche Ursachen. Die aktuellen, politisch motivierten Antipathien der Mannschaften gegen die Offiziere waren die Folge der »Ad-

S. 119 f., 122 ff.; Noske, Kiel bis Kapp, S. 72 f.; Rainer Wohlfeil, Heer und Republik = Handbuch zur deutschen Militärgeschichte 1648–1939, hrsg. vom Militärgeschichtlichen Forschungsamt, Bd 3/Abschn. VI, Frankfurt/M. 1979, S. 58 (auch Nachdruck Herrsching 1983); fortan zit.: Wohlfeil, Heer und Republik.

219 Verhandlungen NV, Bd 326, 25. 2. 1919, S. 306.

220 Rede Noskes ebda., S. 308.

221 Ebda.

222 Noske, Kiel bis Kapp, S. 52.

miralsrebellion«[223] von Ende Oktober 1918, also der Bestrebungen gegen eine von den Mannschaften dringend verlangte Beendigung des Krieges. Zugleich war dieser Konflikt das Resultat sozialer Spannungen. Das Seeoffizierkorps, das »nicht weniger als das adlig bestimmte Offizierkorps der preußischen Armee einen feudalen Block in einer sich stürmisch entwickelnden Industriegesellschaft bildete«[224], kapselte sich nicht bloß von den Deckoffizieren, Unteroffizieren und Mannschaften in einer verletzend elitären Weise ab, sondern ebenso von den anderen Offizierkorps der Marine, den Ingenieuren, Zahlmeistern und Sanitätsoffizieren. Politisch stand das vorherrschend bürgerliche Seeoffizierkorps auf der Seite des Obrigkeitsstaates und unterstützte dessen expansionistisches Streben nach einem »Platz an der Sonne«. Damit stand es klar gegen die Liberalen und Sozialdemokraten[225], die für einen Abbau der Privilegien, für innere Reformen und für einen Verständigungsfrieden eintraten.

In Kiel wurden die Offiziere seit dem 4. November entweder von ihren Posten vertrieben oder sie verließen diese aus eigenem Antrieb und tauchten für einige Tage unter[226]. Obwohl die Matrosen nur in wenigen Einzelfällen gewaltsam gegen Offiziere vorgingen, fürchteten diese wohl allgemein um ihr Leben[227]. Jedenfalls reagierten sie auf die Revolte nicht kämpferisch, sondern ihr Verhalten offenbarte Resignation, Unschlüssigkeit, Unsicherheit und Ziellosigkeit[228]. Es war ganz einfach so, daß bei den Seeoffizieren eine Welt zusammenbrach, als ihnen klar wurde, daß ihre Befehle nichts mehr bewirkten, und als der Soldatenrat in Kiel ihnen nahelegte, »ohne Anspruch auf Versorgung den Dienst zu quittieren«[229]. Sie waren »wie gelähmt«[230] und machten zunächst keinen Versuch, das Blatt zu wenden. Darin wurden sie noch bestärkt, als der Gouverneur, Admiral Souchon, in einem am 7. November an die Offiziere gerichteten Flugblatt[231] – das sein Nachfolger Noske verbreiten ließ – erklärte, die Machtfrage sei innerhalb des Be-

223 Diesen Begriff prägte Dittmann, Marine-Justizmorde.

224 Herwig, Elitekorps, Kapitel »Das Seeoffizierkorps«, S. 59–84, hier: S. 83 und S. 203; siehe ebenso Jost Dülffer, Die Reichs- und Kriegsmarine 1918–1939 = Handbuch zur deutschen Militärgeschichte 1648–1939, hrsg. vom Militärgeschichtlichen Forschungsamt, Bd 5/Abschn. VIII, München 1979, S. 341 (auch Nachdruck Herrsching 1983); fortan zit.: Dülffer, Reichs- und Kriegsmarine.

225 Herwig, Elitekorps, S. 203.

226 Korvettenkapitän Düms vom Stationskommando Kiel teilte dem Reichsmarineamt am 8. 11. 1918 telefonisch hierzu folgendes mit: »Zunehmender Fortgang von Offizieren von Kiel sehr schädlich, da die an und für sich geringe Zahl von Personen, die Umstürzlern gegenüber Gegengewicht bilden, immer kleiner und so ersprießliche Zusammenarbeit immer schwieriger wird.« BA-MA RM 8/1010, Bl. 224.

227 Herwig, Elitekorps, S. 199.

228 Vgl. Dähnhardt, Revolution, S. 126; Dülffer, Reichs- und Kriegsmarine, S. 338.

229 So hieß es im 12. der Kieler Punkte. Text in: Popp, Ursprung, S. 21 f., hier: S. 22.

230 Herwig, Elitekorps, S. 200.

231 BA-MA RM 31/v. 2388, Bl. 553 f., Anlage zum KTB der Station O.

reichs der Garnison Kiel zugunsten der Matrosen entschieden und Widerstand sei daher sinnlos.

Für die machtpolitische Situation war der Tatbestand bezeichnend, daß sich der ranghöchste Offizier der Ostseestation gezwungen sah, auf das aus militärischer Sicht recht unkonventionelle Kommunikationsmittel des Flugblattes zurückzugreifen, um den Offizieren der Garnison eine Nachricht zu übermitteln. Zum einen wußte Souchon, daß viele Offiziere selbständig ihre Posten verlassen hatten und insofern auf dem normalen Dienstweg gar nicht zu erreichen waren. Zum anderen konnte er nicht mehr davon ausgehen, daß die Matrosen, die den Fernmeldedienst versahen, seinen Anordnungen nachkommen würden. Der zum Stabe der Marinestation Ostsee gehörende Korvettenkapitän Düms berichtete dem Reichsmarineamt in Berlin folgendes über diesen Zustand: »Nachrichtenübermittlung und damit Verkehr mit Offizier sehr schwierig, weil Personal und technische Mittel (Telephon) fehlen bzw. nicht immer zur Verfügung gestellt werden. Man ist daher auf Flugblätter angewiesen [...] Von auswärtigen Behörden pp. eventuell veranlaßter Abwurf von Flugblättern über Kiel [...] unzweckmäßig, da als unerwünschte Einmischung aufgefaßt werden könnte[232].« Auch in den folgenden Wochen lebten die Offiziere der Ostseestation Kiel in der für sie ungewohnten Situation, nur unter größten Schwierigkeiten untereinander in Verbindung treten zu können, da sie vom Soldatenrat, der konterrevolutionäre Aktionen der Offiziere fürchtete, scharfe Gegenmaßnahmen befürchten mußten.

Nach einer ersten Phase der Lähmung unternahmen die Seeoffiziere auf verschiedenen Ebenen und mit unterschiedlichen Mitteln den Versuch, die verlorengegangenen Machtpositionen Zug um Zug zurückzugewinnen. Bei diesen Bemühungen fanden sie in Noske insoweit einen Partner, als dieser sich von Beginn seiner Tätigkeit in Kiel an von dem Grundsatz leiten ließ, »daß ein heilloses Durcheinander entstehen müsse, wenn die eingearbeiteten und sachkundigen Leute von den Geschäften weggingen«[233]. Es war dieselbe Einstellung, die den Rat der Volksbeauftragten unter Ebert wenig später zu der Entscheidung gelangen ließ, die Oberste Heeresleitung müsse mit der Rückführung des Heeres von den Fronten in die Heimat beauftragt werden, weil eine so komplizierte Aufgabe nur von Berufsmilitärs gelöst werden könne. In Kiel bot Noske den Offizieren bereits zu einem Zeitpunkt die ausgestreckte Hand an, als die Matrosenbewegung noch keineswegs zu einem solchen Harmonisierungskurs bereit war, sondern im Gegenteil

[232] Niederschrift eines Ferngesprächs des RMA mit Korvettenkapitän Düms, Stationskommando Kiel, vom 8. 11. 1918, 21 Uhr, BA-MA RM 8/1010, Bl. 224. Düms war Referent der Abwehrabteilung I c der Marinestation Ostsee und übermittelte in dieser Funktion laufend Nachrichten aus Kiel an das Reichsmarineamt.

[233] Noske, Kiel bis Kapp, S. 18.

mit der Möglichkeit bewaffneter Konfrontationen mit den Offizieren rechnete. Er nahm damit tatsächlich im regionalen Bereich vorweg, was Ebert ab dem 10. November auf Reichsebene mit General Groener in die Wege leitete, nämlich den Versuch einer Zusammenarbeit von Sozialdemokraten und Offizieren unter dem Gesichtspunkt, daß die Politiker den Militärs ihre Aufgaben stellten und nicht umgekehrt.

Trotz der gespannten Atmosphäre in Kiel gelang es Noske relativ rasch, sowohl die alten als auch die neuen Machthaber zu Kompromissen zu bewegen[234]. Seine Vorgehensweise wurde von den Offizieren bereitwillig akzeptiert[235], weil Noske ihnen einen Weg in die Zukunft aufzeigte, und bei den Matrosen stieß sie nicht auf Widerstand. Der sozialdemokratische Abgeordnete und Marinespezialist seiner Partei, der jetzt als Gouverneur von Kiel amtierte, verstand es, innerhalb kürzester Zeit »von allen irgendwie von der Bewegung erfaßten Gruppierungen anerkannt«[236] und sogar als Garant für die Durchsetzung unterschiedlicher Interessen betrachtet zu werden: Noske als Integrationsfigur.

Von den Auswirkungen her gesehen erwies sich jedoch schon bald, daß die Noskesche Kompromißpolitik der Matrosenbewegung Nachteile bescherte. In der Frage der Kommandogewalt läßt sich dies beispielhaft zeigen. Bereits am 9. November einigten sich je eine Delegation der Offiziere und des Soldatenrats auf »Richtlinien für die Zusammenarbeit zwischen Offizieren und Soldatenräten«[237]. Es ist zwar nicht mehr feststellbar, in welcher Weise Noske auf die beiden Delegationen einwirkte. Jedenfalls entsprach das Ergebnis vollständig seinen Vorstellungen. Die Kernsätze der Richtlinien lauteten nämlich, daß jeder Offizier, der »schriftlich die bindende Erklärung abgab, unter keinen Umständen der neuen Volksbewegung feindlich gegenüberzutreten«, im Dienst – nicht aber außerhalb der Dienstzeit – wieder Vorgesetzter sei. Offiziere, die nicht bereit waren, eine solche Erklärung abzugeben, sollten ihres Kommandos enthoben und der Station zur Verfügung gestellt werden. Mit diesen Richtlinien vermochten die Offiziere die für sie wichtigste Forderung, die nach der Kommandogewalt im Dienst, durchzusetzen. Damit erhielten die bislang ohnmächtig den Gang der Ereignisse verfolgenden Marineoffiziere allmählich wieder Zugang zu ihren alten Machtbefugnissen.

Wie wirkten sich diese Richtlinien in der Praxis aus? Einer Aufstel-

234 Dähnhardt, Revolution, S. 124.
235 Kluge, Soldatenräte, S. 43.
236 Dähnhardt, Revolution, S. 112.
237 Die Richtlinien wurden veröffentlicht als Anlage zum Gouvernements-Tagesbefehl Nr. 3 vom 10. 11. 1918, BA-MA RM 31/v. 2395, Bl. 5. Wörtliche Wiedergabe auch in: Dähnhardt, Revolution, S. 127 f.; zu den Verhandlungen zwischen Noske, den Offizieren und dem Soldatenrat vgl. KTB Station O, Eintragungen am 8., 9., 18. und 20. 11. 1918, BA-MA RM 31/v. 2388, Bl. 549, 551 f., 565–568.

lung vom Jahresende 1918 zufolge verblieb die überwiegende Mehrheit der Marineoffiziere im Bereich des »Befehlshabers der Sicherung der Ostsee«, nämlich etwa drei Viertel, in ihren Stellungen[238]. Knapp jeder zehnte verließ aus eigenem Antrieb seinen Posten. Lediglich 28 Offiziere (gleich 18 Prozent) wurden von den Besatzungen abgelehnt. Die personellen Veränderungen hielten sich also in engen Grenzen; das Moment der Kontinuität überwog deutlich.

Neben den Seeoffizieren, die unter den aufgezeigten Bedingungen mit Noske zusammenarbeiteten, gab es andere, die jenseits der Dienstwege, außerhalb der militärischen Befehlshierarchie, Verbindungen knüpften mit dem ausdrücklichen Ziel, die politische Entwicklung möglichst vollständig zurückzudrehen. Diese Bestrebungen konkretisierten sich in der Ostseestadt Kiel in der von langer Hand vorbereiteten Aufstellung des Freikorps Loewenfeld, dessen interessante Entstehungsgeschichte in die Gouverneurszeit Noskes fiel.

Aus der privaten Initiative einzelner Marineoffiziere entstand zunächst, Mitte November 1918, ein konspirativer Zusammenschluß gleichgesinnter Seeoffiziere. Er stellte die Keimzelle für die spätere Aufstellung der Marinebrigade v. Loewenfeld[239] dar. Der Aufbau dieses Freiwilligenverbandes, der später 3. Marinebrigade genannt wurde, ist hier zudem von Interesse, da Noske mehr als nur oberflächlich in ihn verwickelt war. Die Entstehungsgeschichte dieses Freikorps spiegelt zugleich wichtige Stationen der militärpolitischen Entwicklung in Deutschland zwischen November 1918 und März 1919 wider.

Bereits seit dem 10. November 1918 trafen in Kiel einzelne Seeoffiziere Vorbereitungen für eine organisatorische Zusammenfassung der Angehörigen ihres Korps. Das Resultat dieser Bemühungen war die Gründung der »Seeoffizier-Vereinigung Ostsee« (SOVO) noch im November 1918, die unter maßgeblicher Beteiligung des Stationskommandos zustande kam[240] und alsbald »wohl ziemlich alle Seeoffiziere des Standortes« erfaßte[241]. Sprecher dieser Vereinigung wurde Kapitän zur See Heinrich, ein betont reaktionär eingestellter Mann, der großen Einfluß auf die jüngeren Offiziere in Kiel ausübte und der in der Verfolgung seiner Ziele auch Konflikte mit dem nach Souchons Abgang ranghöchsten Offizier in Kiel, Konteradmiral Küsel, nicht scheute[242].

Wie man in Kieler Seeoffizierskreisen die eigene Situation beurteilte, machte Küsel als Sprecher der SOVO anläßlich einer Sitzung des

238 Aufstellung des Befehlshabers der Sicherung der Ostsee vom 26. 11. 1918 über »das Verhalten sämtlicher mir bei Beginn der Novemberrevolution unterstellt gewesenen Offiziere«, BA-MA RM 8/1009, Bl. 64–69.

239 Vgl. Friedrich Forstmeier, Vor sechzig Jahren. Die »Brigade Loewenfeld«. In: Marine-Rundschau 76 (1979). S. 634 f.

240 Vgl. den Bericht von Konteradmiral Küsel, BA-MA RM 8/1026, Bl. 64 f.

241 Wie die 3. Marinebrigade von Loewenfeld erstand, BA-MA RM 122/116, Bl. 110.

242 Vgl. zu diesem Konflikt BA-MA RM 8/1027, Bl. 123–148.

»Zehnerausschusses«, dem vorläufigen Leitungsgremium dieser Vereinigung, am 19. November 1918 deutlich: »Hier in Kiel sind es wir Seeoffiziere, gegen die sich in erster Linie die Verhältnisse gekehrt haben. In uns sieht man die Hauptträger des sogenannten Militarismus, und, von uns ausgehend, fürchtet man allein noch Möglichkeiten, die der neuen Bewegung hemmend entgegentreten könnten. Daher versucht man uns mit allen Mitteln auszuschalten[243].«

Verständlicherweise gab die SOVO nicht zu, welche Ziele sie darüber hinaus anstrebte. Sie bezeichnete sich, analog zu den Verbänden der Deckoffiziere und der Unteroffiziere, als Vertreterin der »beruflichen und wirtschaftlichen Angelegenheiten« der Seeoffiziere[244].

Trotz dieser betont unpolitischen Aufgabenbeschreibung wagten es die konterrevolutionär eingestellten Seeoffiziere innerhalb der SOVO nicht, Versammlungen abzuhalten, da sie das anhaltende Mißtrauen der Soldatenräte fürchteten und selbst wußten, daß sie »auf einem Pulverfaß saßen«[245].

Um ihm zu entgehen, baute die SOVO ein konspiratives Kommunikationsnetz auf. Wie Korvettenkapitän Joachim Schaper, der von dem erwähnten Kapitän zur See Heinrich den Auftrag zum Aufbau dieser privaten Benachrichtigungsorganisation für Seeoffiziere erhalten hatte, später mitteilte, funktionierte sie nach dem Schneeballsystem: »Die Organisation war in der Weise aufgebaut, daß Nachrichten oder Anweisungen, die von der Spitze ausgingen, zunächst an mich gelangten, von mir aus gingen sie zunächst an 10 Verbindungsoffiziere I. Ordnung weiter. Diese waren so ausgewählt, daß sie Telefonanschluß besaßen, um die augenblicklich Erreichbaren schnell irgendwo zusammenrufen zu können, ferner waren ihre Wohnungen so gelegen, daß man sie etwa innerhalb einer Stunde mündlich oder schriftlich benachrichtigen konnte. Diese 10 Verbindungsoffiziere I. Ordnung hatten wieder je 8–10 Verbindungsoffiziere II. Ordnung unter sich, die so ausgewählt waren, daß sie möglichst in einer Stadt- oder Straßengegend zusammen wohnten, um möglichst schnell erreichbar zu sein. Von den 10 Verbindungsoffizieren I. Ordnung waren also 80–100 Verbindungsoffiziere II. Ordnung zu benachrichtigen. Diese hatten die betreffenden Anweisungen dann wieder an den Rest der Offiziere weiterzugeben, und zwar kamen auf jeden der Verbindungsoffiziere II. Ordnung etwa 5–6 weitere Offiziere. Diese konnten meist so gewählt werden, daß sie in demselben Hause oder den nächsten Nebenhäusern wohnten. Damit war eine schnelle Benachrichtigung von rund 500 Of-

243 Ebda., Bl. 3.

244 Vgl. den Text der Einladung zur »Offiziersversammlung der Seeoffiziere« in Kiel am 25. 11. 1918, BA-MA RM 8/1024, Bl. 29.

245 So drückte sich Loewenfeld in seiner späteren Aufzeichnung (1934) aus: Wie die 3. Marinebrigade von Loewenfeld erstand, BA-MA RM 122/116, Bl. 111 f.

fizieren ermöglicht [...] Die Organisation umfaßte die Subalternoffiziere, Kapitänleutnants und die jüngeren Korvettenkapitäne, für die älteren Offiziere war die Aufstellung einer besonderen Organisation geplant[246].« Diese Art der Benachrichtigung hatte den Vorteil, daß auf schriftliche Aufzeichnungen verzichtet werden konnte[247].

Während die Existenz der Seeoffiziersvereinigung in Kiel bekannt war, zumal Noske ihre offiziellen Veranstaltungen in den Tagesbefehlen des Gouvernements ankündigen ließ[248], blieb das private Benachrichtigungssystem der Seeoffiziere natürlich ebenso ein Geheimnis wie das, was unter dem Deckmantel dieser Vereinigung von einer Gruppe konterrevolutionärer Offiziere über die berufliche und wirtschaftliche Interessenvertretung hinaus gedacht und geplant wurde.

Korvettenkapitän Wilfried von Loewenfeld, der spätere Freikorps-Kommandeur, war die treibende Kraft unter den Vorstandsmitgliedern der SOVO. Er wurde am 17. November 1918 von der Seekriegsleitung zur Ostseestation in Kiel kommandiert[249] und beschäftigte sich seitdem damit, im geheimen Kontakte zu gegenrevolutionär gesonnenen Offizieren herzustellen. Dabei kam ihm seine Vorstandstätigkeit sehr zustatten. Er berichtet: »Die öffentliche Arbeit der SOVO war ein guter Deckmantel für mich, denn sie machte, daß das viele Kommen und Gehen von Offizieren bei mir für jeden Beobachter erklärlich war[250].« Loewenfelds Ziel bestand darin, sich mit den neuen Verhältnissen nicht etwa resignierend abzufinden, sondern statt dessen alles zu versuchen, um den früheren Einfluß der Seeoffiziere wiederherzustellen und dem Kieler Soldatenrat sowie dem militärisch tonangebenden Deckoffizierbund die Macht zu entreißen. Wie Loewenfeld, der sich selbst als Kämpfer »für die nationale Tradition und die nationale Zukunft«[251] bezeichnete, dachten damals wohl die meisten Seeoffiziere, wenngleich nur wenige, wie er, seine Ideen auch planmäßig in die Tat umzusetzen versuchten[252]. Neben dem Kapitänleutnant von Bothmer, dem Leutnant (Ing.) Gerhard Schwarz und dem Hauptmann

[246] Handschriftliche »Darstellung der Benachrichtigungsorganisation für Offiziere. Aufgestellt Nov./Dez. 1918«, von Korvettenkapitän Joachim Schaper, datiert: Kiel, den 24. 4. 1919, BA-MA RM 8/1028, Bl. 14–15.

[247] Vgl. Aufzeichnung Loewenfelds: Wie die 3. Marinebrigade von Loewenfeld erstand, BA-MA RM 122/116, Bl. 111.

[248] Siehe die Gouvernements- und Stations-Tagesbefehle der Monate November und Dezember 1918, BA-MA RM 31/v. 2394, Bl. 56, 66, 74 f., 108.

[249] Gouvernements- und Stations-Tagesbefehl Nr. 25 vom 1. 12. 1918, ebda., Bl. 74.

[250] So in der 1934 geschriebenen Aufzeichnung »Wie die 3. (Freiwillige) Marinebrigade von Loewenfeld erstand«, BA-MA RM 122/116, Bl. 107–133, hier: Bl. 112.

[251] Vgl. ebda., Bl. 108–112.

[252] Wilfried von Loewenfeld, Das Freikorps von Loewenfeld. Der letzte Tag der Brigade. In: Hans Roden (Hrsg.), Deutsche Soldaten, Leipzig 1935, S. 149–158, hier S. 149; fortan zit.: Loewenfeld, Freikorps.

i.G. Ullrich von Bose[253] wurde Kapitänleutnant Canaris – der Mann, der später Hitlers Abwehrchef[254] werden sollte – einer der engsten Mitarbeiter Loewenfelds. Canaris kehrte mit den aus noch 13 Unterseebooten bestehenden beiden U-Boot-Flottillen Mittelmeer am 29. November 1918 in den Kieler Hafen zurück[255] und erlebte dort mit, wie die Besatzung bei ihrer Ankunft vom Gouverneur Noske mit einer Ansprache empfangen wurde. Noske gab Aufschluß über die inzwischen in der Heimat eingetretenen Vorgänge, »über die sie trotz funktelegraphischer Benachrichtigung doch nur recht mangelhaft unterrichtet waren«[256]. Der Bitte des früheren Chefs der Pola-Flottille[257], Kapitän zur See Theodor Püllen, folgend, den er von seinem Pola-Besuch 1917 her kannte[258], legte Noske am nächsten Tag den zurückgekehrten U-Boot-Soldaten die politische Situation eingehend dar. Noske erinnerte sich an das äußere Bild, das sich ihm gelegentlich dieser Veranstaltung darbot: »Blitzblank saßen sie bis auf den letzten Mann beieinander, brave, gut disziplinierte Leute[259].« Nach der Rede Noskes, deren Inhalt leider nicht überliefert ist, fragte der Flottillenchef, wer von den Leuten gewillt sei, zu dem Gouverneur zu stehen. Noske berichtet: »Wie aus einer Pistole geschossen schnellten ein paar hundert frische, straffe Leute in die Höhe«, und, die weitere Entwicklung einbeziehend: »Sie haben mir treue Anhänglichkeit bewahrt[260].«

Erneut war es Noske durch sein persönliches Auftreten gelungen, das Vertrauen einer größeren Anzahl von Marinesoldaten zu gewinnen. Das vollzog sich durchaus nicht zwangsläufig. Denn die zurückgekehrten U-Boot-Besatzungen standen den revolutionären Veränderungen indifferent bis ablehnend gegenüber[261]. Wahrscheinlich akzeptierten sie Noske als die neue, legale Autorität, nachdem dieser sie mit Ruhe-und-Ordnungs-Parolen beruhigt hatte. Vielleicht sahen sie in

[253] Die 3. Marinebrigade von Loewenfeld 1919/20. Hrsg. v. d. Kameradschaft der 3. Marinebrigade, Kiel 1963, S. 4 f., fortan zit.: Die 3. Marinebrigade, die Namen weiterer Mitarbeiter nennt Loewenfeld in seiner Aufzeichnung von 1934: Wie die 3. Marinebrigade von Loewenfeld erstand, BA-MA RM 122/116, Bl. 111.

[254] Genaue Dienstbezeichnung: Chef der Abwehr im Oberkommando der Wehrmacht (OKW).

[255] Vgl. das von Canaris als Kommandant geführte Kriegstagebuch von UB-128, das zur Pola-Flottille gehörte, BA-MA RM 97/1648. Vgl. auch die Schilderung des damaligen Kommandanten des U-Bootes UC 67, Martin Niemöller, Vom U-Boot zur Kanzel, Berlin 1934, S. 140 f.; fortan zit.: Niemöller, Vom U-Boot. Niemöller betont seine damalige Verachtung für Soldatenräte und rote Fahnen. Weiter berichtet er, der neue Gouverneur Noske sei von den U-Boot-Besatzungen kaum beachtet worden.

[256] Noske, Kiel bis Kapp, S. 45.

[257] So genannt nach dem Stützpunkt Pola (heute Pula) an der Südküste Istriens, das damals zu Österreich gehörte.

[258] Vgl. Kapitel IV/3.

[259] Noske, Kiel bis Kapp, S. 45.

[260] Ebda. S. 46.

[261] Diese Feststellung generalisierend bei Dülffer, Reichs- und Kriegsmarine, S. 341. So auch der Bericht von Niemöller, Vom U-Boot, S. 140 f.

ihm auch den beherzten Mann, der sich in schwieriger Situation bemühte, »die Fahrt in die Katastrophe aufzuhalten«[262]. Letzteres war jedenfalls bei Canaris der Fall, der schon wenige Tage später, Anfang Dezember 1918, in engeren Kontakt zu Noske trat, da er eine Funktion als Verbindungsoffizier des Ostseekommandos zum Gouverneur erhielt. Noskes »schlichte Ordnungsvorstellungen« – so der Canaris-Biograph Höhne[263] – zogen den jungen Marineoffizier »fast magisch« an. »Canaris faszinierten damals Männer, die sich durchsetzen und sich Respekt verschaffen konnten.«

Damit war die personelle Konstellation vorhanden, mit der Loewenfeld operieren konnte. Denn sein dem Kreis der Seeoffiziere verbundener Mitarbeiter Canaris hatte fortan ständigen Zugang zu Noske. Wie dieser bewunderte auch Loewenfeld Noske als den Tatmenschen, »der einfach mehr Initiative hatte als sämtliche älteren Offiziere, die damals in maßgebenden Stellungen saßen«[264].

Trotz dieser – aus ihrer Sicht – guten Voraussetzungen für eine Zusammenarbeit haben die beiden Marineoffiziere den Kieler Gouverneur vor dem Jahreswechsel 1918/19 offenbar nicht ins Vertrauen gezogen, um zu erkunden, ob er ihren Plan unterstützen würde, aus eigener Initiative ein außerhalb der Kieler Militärorganisation stehendes Marine-Freikorps zu bilden. Denn sie wußten, daß das Bekanntwerden des Vorhandenseins einer Gruppe organisierter Seeoffiziere mit dezidiert konterrevolutionären Ambitionen sofortige Gegenmaßnahmen des mißtrauischen Kieler Soldatenrats hervorgerufen hätte[265]; und sie konnten sich ausrechnen, daß Noske, der die Deckoffiziere und die Unteroffiziere hinter sich wußte und der mit einigen Offizieren der Ostseestation unter Konteradmiral Küsel recht konstruktiv zusammenarbeitete, Loewenfeld zu diesem Zeitpunkt wohl kaum unterstützt hätte.

Dieser ging daher einen anderen Weg. Er drängte seit Anfang Dezember 1918 das Stationskommando in Kiel sowie das Reichsmarineamt in Berlin, ihm den Aufbau eines Freikorps zu gestatten[266]. Hier wie dort stieß er auf Widerstand, da die höheren Marinebehörden in Kiel und Berlin befürchteten, das Loewenfeldsche Projekt einer an traditionellen Mustern orientierten und von Seeoffizieren geführten Truppe werde jeden Ausgleich mit den Soldatenräten zunichte machen und neuerliche schwere Konflikte hervorrufen.

Als Canaris im Auftrage Loewenfelds Anfang Dezember nach Berlin

262 Heinz Höhne, Canaris. Patriot im Zwielicht, München 1976 S. 57; fortan zit.: Höhne, Canaris.
263 Ebda., S. 61.
264 Wie die 3. Marinebrigade von Loewenfeld erstand, BA-MA RM 122/116, Bl. 109.
265 Vgl. ebda., Bl. 112. Loewenfeld schloß nicht aus, daß in diesem Fall »die Revolution ins russische Fahrwasser geraten wäre« und ein »Offiziersmorden« begonnen hätte.
266 Vgl. Loewenfeld, Freikorps, S. 150.

reiste, um dort mit Stellen Verbindung aufzunehmen, »die möglicherweise eine Art Gegenrevolution vorbereiteten« (Loewenfeld), fand dieser im Reichsmarineamt nur eindeutige Ablehnung; bei Hauptmann Pabst und den beiden Brüdern von Pflugk-Harttung von der Garde-Kavallerie-Schützen-Division wurde er jedoch vertrauensvoll empfangen[267]. Pabst machte Canaris bei einem weiteren Besuch im Januar den bezeichnenden Vorschlag, die Deckoffiziere allmählich auszuschalten und an Stelle der »Eisernen Marinebrigade« ein Freikorps zu bilden[268]. Noske wußte zu diesem Zeitpunkt nichts von den engen Verbindungen zwischen Loewenfeld, Canaris und Pabst, die als die aktivsten konterrevolutionären Militärs in Kiel und Berlin gelten konnten und die in Noskes weiterer politischer Tätigkeit als Reichswehrminister noch eine wichtige, für ihn, den Reichswehrminister, schließlich verhängnisvolle Rolle spielen sollten. Obwohl der Regierungsaufruf »Freiwillige vor!« vom 7. Januar 1919 eine Möglichkeit geboten hätte, den Wünschen Loewenfelds zur Bildung eines Marine-Freikorps nachzukommen, dauerte es noch bis zum Februar, ehe der Kieler Korvettenkapitän formell ermächtigt wurde, aus den »Getreuen«, die er seit November 1918 um sich gesammelt hatte[269], eine Truppe zu bilden. Canaris, der erneut nach Berlin gereist war, gelang es – ausgerechnet mit Hilfe des Vorsitzenden des Deckoffizierbundes, Alboldt – unter Umgehung aller Dienstwege zu Noske vorzudringen und von ihm am 3. Februar 1919 eine auf den Namen Loewenfeld ausgestellte Vollmacht zur Bildung eines Freikorps zu erhalten[270]. Loewenfeld selbst sprach wahrheitsgemäß von einer nachträglichen Sanktionierung[271] seiner schon Monate zuvor begonnenen Aktivitäten. Unter anderem hatte er Verpflegung, Bekleidung, Bewaffnung und Ausrüstung für 2000 Mann beschafft, ohne daß die militärischen Dienststellen davon Kenntnis hatten[272].

Als in Kiel bekannt wurde, daß Loewenfeld eine schriftliche Vollmacht Noskes zum Aufbau einer »Regierungstruppe« in Händen hatte, rief dieser Vorgang heftigen Widerstand hervor. Loewenfeld notierte: »Schärfste Gegenwirkung, sobald Unternehmen bekannt, durch Soldatenrat, durch militärische Marinestation (Konteradmiral Küsel), teilweise auch durch Reichsmarineamt und durch die s. Zt. dienstma-

267 Wie die 3. Marinebrigade von Loewenfeld erstand, BA-MA RM 122/166, Bl. 115. Diese Offiziere waren später an der Ermordung von Liebknecht und Luxemburg beteiligt.

268 Ebda., Bl. 116 f.

269 Die 3. Marinebrigade, S. 6.

270 Wie die 3. Marinebrigade von Loewenfeld erstand, BA-MA RM 122/116, Bl.117. Die Vollmacht selbst ist in den Akten nicht enthalten.

271 Loewenfeld, Freikorps, S. 149.

272 Bericht des Fregattenkapitäns v. Loewenfeld über die 3. Marinebrigade (v. Loewenfeld), ihre Gründung und ihre Tätigkeit bis zur Auflösung, BA-MA RM 8/1013, Bl. 42 a.

chende Truppe, die republikanische Wehr[273], die ihr Ende voraussah. Militärische Marinestation erhoffte immer noch, von sich aus Offiziere in die politisch infizierten Truppenteile hineinkommandieren und damit Ordnung schaffen zu können, und sah darin einen möglichen Weg zur Gesundung. Konteradmiral Küsel fürchtete durch Aufstellen des Freikorps gerade in Kiel schwere Ausschreitungen, die eventuell zur allgemeinen Anarchie und Mord in Kiel führen würden[274].« Küsel soll Loewenfeld als »Verbrecher« beschimpft haben[275]. Er befürchtete, die radikalen Kieler Matrosen würden als Reaktion auf die Freikorpsgründung gewaltsam gegen die Offiziere und ihre Familien vorgehen. In Briefen an den designierten Chef der Admiralität, v. Trotha, und an den Chef der Zentralabteilung im Reichsmarineamt, Fregattenkapitän Raeder, warnte Küsel eindringlich vor dem Unternehmen Loewenfeld[276]. Falls es entgegen seinem Rat gestartet würde, werde Garbe – der Nachfolger Noskes als Gouverneur von Kiel – in die Opposition gedrängt, und die Kieler Arbeiter würden in die Hände der USPD getrieben.

Das Reichsmarineamt wie auch die Offiziere der Ostseestation Kiel fühlten sich auch ganz formell von Noske übergangen, der sie nicht einmal um ihre Meinung gefragt und dann unter Umgehung aller Dienstwege eine Einzelweisung erteilt hatte. Der Kieler Oberste Soldatenrat erkannte sofort, daß der Erfolg Loewenfelds eine Provokation, aber auch eine Niederlage des Soldatenrates bedeutete; denn er hatte sich bei Noske nicht mit der Forderung durchzusetzen vermocht, neben der »Revolutionstreuen Sicherheitstruppe« keine weiteren Einheiten in Kiel zu bilden[277].

Alles in allem war es schon eine bemerkenswerte Konstellation, die Noske da herbeigeführt hatte. Auf der einen Seite standen der Gouverneur Garbe (MSPD), der Chef des Stabes der Ostseestation, Konteradmiral, und der Kieler Oberste Soldatenrat und auf der anderen der Freikorpsführer Loewenfeld und sein Gönner, der sozialdemokratische Reichswehrminister Noske. Loewenfeld hat dessen Hilfe dankbar anerkannt: »Es heißt nur der Wahrheit zum Recht zu verhelfen, wenn ich [...] sage, daß ohne Herrn Noskes Unterstützung die Aufstellung der 3. – und wahrscheinlich auch der 2. (Ehrhardt) – Marinebrigade unmöglich gewesen wäre[278].« Tatsächlich wich Noske vor den Wider-

273 Gemeint ist die »Revolutionstreue Sicherheitstruppe Kiel.«
274 Bericht des Fregattenkapitäns v. Loewenfeld über die 3. Marinebrigade (v. Loewenfeld), ihre Gründung und ihre Tätigkeit bis zur Auflösung, ebda., Bl. 42 und 42 a.
275 Wie die 3. Marinebrigade von Loewenfeld erstand, BA-MA RM 122/116, Bl. 126.
276 Beide Briefe zit. von Dähnhardt, Revolution, S. 158, Anm. 676.
277 Ebda., S. 144.
278 Wie die 3. Marinebrigade von Loewenfeld erstand, BA-MA RM 122/166, Bl. 109. Hsl. Vollmacht für die Aufstellung der Marinebrigade Ehrhardt in Wilhelmshaven

ständen, die seine Vollmacht an Loewenfeld hervorriefen, nicht zurück, sondern er bestellte Garbe und Küsel Anfang Februar 1919 nach Weimar und versuchte dort ihre Bedenken zu zerstreuen, ohne selbst zu irgendwelchen Zugeständnissen bereit zu sein[279]. Das Ergebnis war, daß Noske der Marinestation Ostsee am 18. Februar 1919 den ausdrücklichen Befehl erteilte, bei der Aufstellung eines Marinelandtruppenteils in Kiel unter dem Korvettenkapitän v. Loewenfeld mitzuwirken[280].

Anfang März begann dann der offizielle Teil der Aufstellung des Freikorps, das am Tage der Aufstellung bereits 400 Mann stark war[281]. Dabei dürfte es sich um den Offizierbestand gehandelt haben, den Loewenfeld seit November 1918 auf privater Basis um sich versammelt hatte. Zwei Wochen später zählte das Freikorps 1500 Köpfe. Im Laufe des Jahres 1919 soll sich die Stärke auf 6000 Mann erhöht haben[282]. Den Kern des Verbandes bildeten junge Seeoffiziere, zumal Unterseebootfahrer[283]. Aber auch Deckoffiziere und Unteroffiziere meldeten sich freiwillig, da die Leitung des Deckoffizierbundes die Aufstellung unterstützte, womit sie offenbar die Hoffnung verband, auf die Besetzung der Führerstellen Einfluß nehmen zu können[284]. Offenbar durchschaute Alboldt die wirklichen Ziele Loewenfelds nicht.

So kann die Entstehung der Marinebrigade v. Loewenfeld als Beispiel für den Tatbestand gelten, daß Noske nach den Erfahrungen mit den Januarunruhen in Berlin »ohne Skrupel jeden Offizier, egal welcher Gesinnung, unterstützte, solange dieser in der Lage war, eine einsatzbereite Truppe aufzubauen und zu führen[285].« Zugleich belegt Noskes Vorgehen seit Januar/Februar 1919 aber auch, daß er nun nicht mehr, wie noch in seiner Zeit als Kieler Gouverneur, das Ziel

vom 24. 1. 1919 mit den Unterschriften von Noske, Giebel und Raeder siehe BA-MA RM 8/1022, Bl. 119.

279 Nach dem »Bericht des Fregattenkapitäns v. Loewenfeld über die 3. Marinebrigade (v. Loewenfeld), ihre Gründung und ihre Tätigkeit bis zur Auflösung«, BA-MA RM 8/1013, Bl. 42 a.

280 BA-MA RM 122/71, Bl. 6.

281 Die 3. Marinebrigade, S. 7.

282 Wirren, S. 215. Ebenso »Bericht des Fregattenkapitäns v. Loewenfeld über die 3. Marinebrigade (v. Loewenfeld), ihre Gründung und ihre Tätigkeit bis zur Auflösung«, BA-MA RM 8/1013, Bl. 42–52, hier: Bl. 43.

283 Dülffer, Reichs- und Kriegsmarine, S. 352. Zur personellen Zusammensetzung vgl. auch BA-MA RM 122/71, Bl. 6.

284 Vgl. diesbezügliche Hinweise von Konteradmiral Küsel, BA-MA RM 8/1028, Bl. 23; sowie die Schilderung der konfliktreichen Zusammenarbeit zwischen Deckoffizierbund und SOVO bei Loewenfeld: Wie die 3. Marinebrigade von Loewenfeld erstand, BA-MA RM 122/116, Bl. 110 ff. Loewenfeld berichtet (ebda., Bl. 110), trotz aller Kontroversen habe Alboldt »in allem, was das spätere Freikorps anging, zu mir und meinen Mitarbeitern gehalten«. Er fügte hinzu: »Daß ich und meine Herren im Grunde gegenrevolutionäre Ziele verfolgten, wurde ihm natürlich von uns verschwiegen, denn es war klar, daß er dafür kein Verständnis gehabt hätte.«

285 Dähnhardt, Revolution, S. 159.

verfolgte, einen Kompromiß zwischen den gegensätzlichen Interessen herzustellen, sondern daß er nun gegen alle Proteste und Widerstände seine Freikorps-Politik rigoros durchsetzte[286]. Die Beschaffung von Machtmitteln für die Reichsregierung besaß für ihn absolute Priorität. Seit Ende April 1919 war die Marinebrigade v. Loewenfeld an verschiedenen Brennpunkten des Reiches im Einsatz[287].

Im Ergebnis bleibt festzuhalten, daß Noske, indem er die Bildung des Freikorps Loewenfeld gegen alle Widerstände durchsetzte, maßgeblich dazu beitrug, daß ausgerechnet in Kiel, jener Stadt, in der Anfang November 1918 das Signal zur deutschen Revolution gegeben wurde, eine republikfeindliche Formation entstand, die sich dann später, während des Kapp-Lüttwitz-Putsches vom März 1920, auch gegen ihn, den Reichswehrminister, wenden sollte[288], indem sie sich – ebenso wie die maßgeblich an dem Staatsstreich beteiligte Marinebrigade Ehrhardt, die in Wilhelmshaven aufgestellt worden war und noch eindeutiger konterrevolutionäre Ziele verfolgte – auf die Seite der rechtsradikalen Putschisten schlug.

8. Von Noske über Garbe zu Meurer. Die »Normalisierung« der Kieler Verhältnisse im Frühjahr 1919

Überblickt man die militärpolitischen Maßnahmen, die Noske in seiner Funktion als Gouverneur von Kiel traf, im Zusammenhang und zwar im Hinblick auf die Frage, ob sich bereits hier die Grundlinien seiner späteren Politik als Volksbeauftragter für Heer und Marine beziehungsweise als Reichswehrminister abzeichneten, so kommt man zu dem Ergebnis, daß sich in der Tat eine durchgehende Linie beobachten läßt. Von Anfang an suchte Noske die Zusammenarbeit mit den durch die Revolution zunächst entmachteten Offizieren sowie mit den Deckoffizieren und Unteroffizieren, also mit dem – in seiner Sicht – allein funktionstüchtigen Militärpersonal. Die Soldatenräte betrachtete er – ebenfalls von Beginn an – als eine bloße Übergangserscheinung. Er akzeptierte sie, solange sie ihre demokratische Legitimation dazu einsetzten, Ordnungsaufgaben zu übernehmen, drängte sie dann aber zielstrebig zurück, wobei ihm die personelle Demobilma-

286 Ebda., S. 159, konstatiert Dähnhardt ein Abrücken Noskes von seiner in Kiel verfolgten Politik der Kompromißbereitschaft.
287 Vgl. die verschiedenen, in den vorherigen Anmerkungen zitierten Selbstdarstellungen Loewenfelds; sowie die entsprechenden Passagen in: Wirren.
288 Vgl. Wirren, S. 215, sowie den Abschnitt XI dieses Buches.

chung sehr zustatten kam, weil sie den Räten ihre Basis entzog. Dem Plan, in Kiel eine »rote Truppe« aufzustellen, stand er grundsätzlich ablehnend gegenüber, weil er von politisierenden Soldaten nichts hielt, wohl aber von militärischer Disziplin. Auch später, bei den Januarunruhen in Berlin und anderen Gelegenheiten, sollte sich dann zeigen, daß Noske keinerlei Zutrauen zu republikanischen Verbänden hatte und statt dessen die Freikorps förderte, in denen die alten Offiziere den Ton angaben und in denen eine Form von Disziplin herrschte, die ihm vertraut war und von der er sich die Verwendbarkeit der Truppe als Instrument der Politik versprechen konnte.

Als seine zentrale Aufgabe, die er in Kiel zu bewältigen hatte, sah Noske die Wiederherstellung von »Ruhe und Ordnung« an. Darüber hinausgehende Erwartungen durfte man an ihn nicht stellen. Den Kieler Soldatenräten gab er keine Impulse zu einer weitergehenden Demokratisierung in der Marine. Wenn von Kiel gleichwohl Anstöße zu einer demokratischen Militärpolitik ausgingen (»Kieler Punkte«[289]), so geschah dies nicht durch Noske, sondern trotz Noske. In Erinnerung an seine Kieler Zeit erfreute er sich, als er in den dreißiger Jahren seine Memoiren niederschrieb, an folgendem Gedanken: »Von Kiel aus wäre, wenn ich die rote Sturmfahne ergriffen und vorangetragen hätte, eine Flut über Deutschland hinweggebraust, deren Ausmaß man sich heute kaum ausdenken kann[290].« Dieser hypothetische Satz war jedoch nichts als ein Spiel mit Worten; denn Noskes politische Einstellung ließ nur eine pragmatische Ordnungspolitik zu, nicht aber eine risikoreiche Veränderungspolitik.

Seit Weihnachten 1918 war Noske in Kiel nicht mehr persönlich anwesend. Von Berlin aus richtete er zum Jahreswechsel 1918/19 einen Aufruf an die Soldaten der Marinestation der Ostsee[291], in dem er seiner Freude darüber Ausdruck gab, daß Kiel so rasch zur Ordnung zurückgekehrt war. Im übrigen versuchte er in allgemein gehaltenen Redewendungen Zuversicht über die weitere Entwicklung des Landes zu verbreiten. Der Aufruf hatte folgenden Wortlaut:

»Kameraden! Das verflossene Jahr 1918 brachte das Ende des Krieges. Der Waffenstillstand auferlegt dem deutschen Volke furchtbare Bedingungen. Die Marine mußte dem Gegner ihre besten Schiffe überliefern. An fremder Küste harren eine beträchtliche Anzahl Kamera-

[289] Hier wäre zu erinnern an die folgenden Punkte: 2. Vollständige Rede- und Preßfreiheit. 3. Aufhebung der Briefzensur. 4. Sachgemäße Behandlung der Mannschaften durch Vorgesetzte. 10. Es gibt außer Dienst keine Vorgesetzten mehr. 11. Unbeschränkte persönliche Freiheit jedes Mannes von Beendigung des Dienstes bis zum Beginn des nächsten Dienstes. Die 14 »Kieler Punkte« sind abgedruckt in: Dähnhardt, Revolution, S. 90.

[290] Noske, Erlebtes, S. 71.

[291] Gouvernements- und Stations-Tagesbefehl Nr. 56 vom 31. 12. 1918, BA-MA RM 31/v. 2394, Bl. 168.

den des Friedenstages, der ihnen erst die Rückkehr in die Heimat ermöglicht. Die Revolution brauste über Deutschland hinweg. In Kiel ist nach wenigen Sturmtagen rasch wieder leidliche Ordnung eingekehrt, die langsam aber stetig Fortschritte macht. Ein neues, freies, glückliches Deutschland soll aufgebaut werden. Wer bisher für Land und Volk seine Kraft einsetzte, sei gedankt. Die schwersten Aufgaben harren ihrer Lösung. Setze dafür jeder Mann an seinem Platze alles Können ein. In freiwilliger Disziplin und treuer Pflichterfüllung zum Wohle unseres Vaterlandes hat die Marine ihre Obliegenheiten zu erledigen. Vom Jahre 1919 erhoffen wir, daß es uns bald den endgültigen Frieden bringt. Wird er auch hart sein, garantiert doch der gesunde Sinn des deutschen Volkes, seine Tüchtigkeit und Freudigkeit zur Arbeit, daß den düsteren Tagen, die wir durchlebten, und Zeiten schwerer Not und Sorgen, die noch bevorstehen, eine Zukunft voller Freiheit, Glück und Wohlstand für alle folgen wird. In dieser Zuversicht wünsche ich allen Angehörigen der Ostseestation ein frohes Neujahr.

Der Gouverneur gez. Noske«

Obwohl Noske zu diesem Zeitpunkt bereits in den Rat der Volksbeauftragten eingetreten war[292], übte er sein Gouverneursamt formell noch bis zum 6. Januar 1919 aus. Dann war seine »Kieler Mission« offiziell beendet, was aber nicht bedeutete, daß Noske fortan keinen Einfluß auf die weitere Entwicklung in der Ostseestadt genommen hätte. Die Vielzahl persönlicher Verbindungen, die er während seiner Anwesenheit in Kiel geknüpft hatte, führte dazu, daß sich Kieler Politiker, Vertreter der Berufsorganisationen der Marineangehörigen, Soldatenräte und führende Militärs in den kommenden Monaten des öfteren an den Minister in Berlin wandten. Mehrfach fuhren auch ganze Delegationen aus Kiel zu ihm. Das rührte wohl daher, daß Noske es während seiner Amtszeit als Kieler Gouverneur verstanden hatte, mit nahezu allen politischen und militärischen Gruppierungen gleichermaßen gut auszukommen und so ein reiches Kapital an Vertrauen anzusammeln. Dabei war ihm gewiß die politische Struktur der Ostseestadt entgegengekommen, deren Hauptmerkmal in dem bestimmenden Einfluß der Mehrheitssozialdemokratie bestand. Diese Dominanz wurde in den Wahlen zur Nationalversammlung am 19. Januar 1919 erneut bestätigt. Die MSPD errang mit 50,2 Prozent der Stimmen die absolute Mehrheit, wogegen die USPD nur 7,6 Prozent erreichte. Mit 42,1 Prozent blieben die bürgerlichen Parteien eine starke Minderheit[293]. Dieses politische Kräfteverhältnis führte dazu, daß es in Kiel im Frühjahr 1919 zwar mehrfach zu Unmutsäußerungen und Protesten gegen die

[292] Vgl. Kapitel VI/1.
[293] Dähnhardt, Revolution, S. 156.

Politik der Reichsregierung kam, nicht aber, wie anderswo im Reich, zu einer Konfrontation mit Berlin.

Der erste Konflikt, in dem Noske nun kraft seines neuen Amtes zu entscheiden hatte, entbrannte schon vor seinem offiziellen Rücktritt vom Gouverneursposten, und zwar in der Nachfolgefrage[294]. Das für die Neubesetzung zuständige Reichsmarineamt ging davon aus, daß nun wieder ein Admiral an die Spitze der Ostseestation gestellt werden müsse, da – so die Sicht des RMA – die Betrauung Noskes mit dem Gouverneursamt durch die revolutionäre Entwicklung in Kiel erzwungen und nur provisorisch war. Daher ernannte es infolgedessen den in Wilhelmshaven abkömmlichen Konteradmiral Hugo Meurer zum Chef der Marinestation der Ostsee[295]. Diese Entscheidung stieß in Kiel jedoch auf heftigen Widerspruch[296]. Sowohl der Arbeiterrat als auch der Oberste Soldatenrat wollten keinen Admiral, sondern einen Politiker als Nachfolger Noskes auf dem Gouverneursposten. Obwohl die Reichsregierung, die von diesen Bestrebungen Kenntnis erhalten hatte, telegraphisch erklärte, die Kommandierung Meurers sei »im vollen Einverständnis mit dem Gouverneur Noske erfolgt« und es sei nicht angängig, daß in Kiel ein Gouverneur ohne Genehmigung der Regierung ernannt werde[297], wählte die Vertrauensmännerversammlung des Befehlsbereichs Kiel am 9. Januar 1919 den Gewerkschaftssekretär und Vorsitzenden des Kieler Arbeiterrats, Gustav Garbe, zum Gouverneur von Kiel[298]. Die Reichsregierung, die zunächst unter Hinweis auf das vorliegende Einverständnis Noskes das Reichsmarineamt gedeckt hatte, rückte nun von dieser Linie ab und ernannte Gustav Garbe zum Gouverneur[299]. Wahrscheinlich ging der Ernennung eine entsprechende Vermittlung Noskes voraus[300]. Stellvertreter des neuen Gouverneurs Garbe blieb der Chef des Stabes der Ostseestation, Konteradmiral Küsel, der das Vertrauen Noskes besaß. Küsel regelte mit seinem

294 Zur Frage der Neubesetzung des Gouverneurspostens vgl. Konteradmiral a.D. Küsel, Beitrag zur Geschichte des revolutionären Umsturzes in der Kaiserlichen Marine und in Kiel, BA-MA RM 8/1026, Bl. 65–71; Dähnhardt, Revolution, S. 145 ff.

295 Telegramm des RMA, gez. Rogge, Vogtherr, Wengora, an Marinestation Ostsee vom 1. 1. 1919, BA-MA RM 8/1028, Bl. 31.

296 Konteradmiral a.D. Küsel, Beitrag zur Geschichte des revolutionären Umsturzes in der Kaiserlichen Marine und in Kiel, BA-MA RM 8/1026, Bl. 66.

297 Telegramm Eberts und Scheidemanns an das Stationskommando Kiel vom 7. 1. 1919, BA-MA RM 8/1028, Bl. 32.

298 Dies teilte der Oberste Soldatenrat Kiel der Reichsregierung am 9. 1. 1919 telegraphisch mit. Handschriftl. Telegrammtext in ebda., Bl. 33; Kässner, Geschichte, S. 115, bezeichnet Garbe als »alten biedernen Gewerkschaftssekretär«, der ähnlich wie Noske von den Radikalen Kiels gehaßt wurde, der aber mit dem Deckoffizierbund gut zusammenarbeitete.

299 Telegramm der Reichsregierung an Station Kiel vom 10. 1. 1919, BA-MA RM 8/1028, Bl. 34. In der Sonderausgabe des Gouvernements- und Stations-Tagesbefehls Nr. 11 vom 11. 1. 1919 wurde mitgeteilt, Garbes Wahl sei von der Regierung »bestätigt« worden, BA-MA RM 31/v. 2395.

300 Vermutung Dähnhardts, Revolution, S. 145, Anm. 615.

Stabe die militärischen Angelegenheiten der Station, von denen Garbe nichts verstand, weitgehend selbständig.

Mit der Ernennung Garbes konnte sich die Kieler Basis ein letztes Mal gegen die Marinespitze, nämlich das Reichsmarineamt, durchsetzen. Da jedoch Meurers Kommandierung nicht zugleich rückgängig gemacht wurde, sondern in der Schwebe blieb, konnte jeder der Beteiligten ahnen, daß es sich nur um ein zeitweiliges Nachgeben, nicht aber um eine auf Dauer gültige Entscheidung handelte. Den geeigneten Anlaß für einen neuerlichen Vorstoß der Marinebürokratie, den Gouverneursposten wieder mit einem Offizier zu besetzen, bot dann die Aufhebung des Belagerungszustandes. Formell gesehen, hatte der Posten des Gouverneurs jetzt gänzlich zu verschwinden. Der Stationschef behielt seine militärischen Kompetenzen, während die politisch-administrativen Aufgaben, die mit den militärischen zusammen während der Kriegszeit in der Hand des Gouverneurs gekoppelt waren[301], an die Zivilverwaltung zurückfielen. Dem Wirken des Gouverneurs Garbe wurde mit der Aufhebung des Belagerungszustandes »faktisch der Boden entzogen«; die Neuregelung kam »einer Amtsenthebung des in militärischen Dingen unerfahrenen Zivilisten Garbe gleich«[302]. Daß der Kieler Gouverneur nun eigentlich keine Existenzberechtigung mehr habe, wurde in einer Besprechung, die der Volksbeauftragte Noske mit den Admiralen Rogge, Meurer und Brüninghaus am 1. Februar 1919 in Berlin führte[303], denn auch klar gesagt. Um den zu erwartenden Konflikt mit dem Kieler Arbeiterrat und dem Obersten Soldatenrat nicht noch weiter anzuheizen, suchte Noske jetzt nach einem Kompromiß. Er machte im Einvernehmen mit Admiral Rogge, der den Staatssekretär des Reichsmarineamtes vertrat, das Angebot, Garbe als »Regierungsbeauftragten für Arbeiterfragen und für politische Fragen der Marine« zu belassen, ihm also lediglich die militärischen Kompetenzen zu nehmen. Der bisherige Chef des Stabes der Station Ostsee, Konteradmiral Küsel, sollte im Auftrage Noskes und des RMA versuchen, sich mit Garbe in diesem Sinne zu verständigen. Im Laufe eines Gesprächs, das Garbe und Küsel am 21. Februar 1919 mit Noske in Weimar führten, wo die Nationalversammlung tagte, wurde dieses Einvernehmen dann erreicht[304].

Obgleich sich Garbe durchaus konzessionsbereit gab, wollte sich der Kieler Oberste Soldatenrat mit dieser weitgehenden Restaurierung des vorrevolutionären Zustandes nicht abfinden. Er lehnte die Einsetzung

[301] Zu den Kompetenzen des Gouverneurs vgl. Kapitel V/3.
[302] Dähnhardt, Revolution, S. 146.
[303] Handschriftliche Aufzeichnung des Ergebnisses dieser Besprechung vom 1. 2. 1919 siehe BA-MA RM 8/1028, Bl. 40.
[304] Aufzeichnung Küsels über die Forderung des O.S.R. Kiel vom 27. 2. 1919, ebda., Bl. 69.

des Konteradmirals Meurer erneut ab und verlangte, daß der bisherige Gouverneur Garbe zum Stationschef ernannt werde[305]. Der von Noske und dem RMA vorgeschlagene Kompromiß einer Teilung der Kompetenzen wurde als Augenwischerei abgetan. Der damit in Gang gesetzte neuerliche Konflikt um die Besetzung des Gouverneurspostens zog sich über Monate hin. Er muß als Bestandteil der generellen Auseinandersetzungen um die Wiedereinführung der Kommandogewalt der Offiziere gesehen werden[306]. Eine Delegation des Kieler Obersten Soldatenrats reiste schließlich Anfang März 1919 nach Berlin, um mit Reichswehrminister Noske und Vizeadmiral Rogge erneut über die anstehenden Konfliktpunkte zu verhandeln[307]. Die Kieler Soldatenräte mußten nun begreifen, daß Noske ihrer Haltung keinerlei Verständnis mehr entgegenbrachte. Noske stellte sich auf den Standpunkt, daß der Primat der Politik auch dann gewährleistet sei, wenn wieder ein Offizier der Marinestation der Ostsee vorstehe. Er sagte: »Sie haben die Gewähr, daß ich als Sozialdemokrat Reichswehrminister bin, und der Stationschef kann nichts ausführen, womit ich nicht einverstanden bin[308].« Die Vertreter des Kieler Soldatenrats – Riefstahl, Klaus, Rannow[309] und Thümmel – fühlten sich von Noske »wie Handwerksburschen« behandelt. Im Hinblick auf die frühere gute Zusammenarbeit mit dem Gouverneur stellte einer von ihnen – die Kontinuität der Anschauungen dieses Politikers verkennend – fest, »daß Noske kein Noske mehr ist, daß er eingewickelt ist von A bis Z«[310]. Seit er in Berlin sei und dort lediglich mit Offizieren zusammenarbeite, werde er nur noch einseitig informiert, könne sich kein eigenes Urteil mehr erlauben und man habe den Eindruck, daß er von seiner Umgebung ebenso eingewickelt werde wie früher der Kaiser. Als der schärfste Mann im RMA und als der »böse Geist von Noske«[311] galt Admiral Rogge.

Diese Auseinandersetzung wurde dann in der Weise beendet, daß Noske Mitte März 1919 den Konteradmiral Meurer zum Chef der Marinestation der Ostsee ernannte und den bisherigen Gouverneur Garbe mit dem Titel »Zivilgouverneur« schmückte[312]. Dieser Kompromiß

305 Ebda.
306 Vgl. hierzu Kapitel VII/1.
307 Über diese Verhandlungen wurde in der Sitzung des Obersten Soldatenrates Kiel am 8. 3. 1919 berichtet, Protokoll siehe BA-MA RM 8/1028, Bl. 96–108. Offizielles Protokoll der »Sitzung über die Verhältnisse in Kiel im Reichs-Marine-Amt am 6. März 1919«, BA-MA RM 8/1022, Bl. 23–42.
308 Protokoll der Sitzung des O.S.R. Kiel, BA-MA RM 8/1028, Bl. 97.
309 Rannow betrieb in Kiel den organisatorischen Zusammenschluß von Berufssoldaten, die sich zur SPD bekannten. »Vorläufige Richtlinien« dieser Organisation, hsl. unterzeichnet von Rannow, siehe BA-MA RM 8/1022, Bl. 63.
310 Ebda., Bl. 98.
311 Ebda., Bl. 108.
312 Befehl Noskes vom 12. 3. 1919 an die Station 0, BA-MA RM 8/1026, Bl. 71 (Aufzeichnungen Küsels). Bekanntmachung in: Gouvernements- und Stations-Tagesbefehl Nr. 73 vom 14. 3. 1919, BA-MA RM 31/v. 2395.

konnte jedoch nicht darüber hinwegtäuschen, daß von nun an in Kiel wieder ein Offizier die einflußreichste Stellung einnahm. Die Belassung Gustav Garbes als Zivilgouverneur mit ungeklärten Kompetenzen war eigentlich eher ein dekoratives Zugeständnis an den Obersten Soldatenrat und an den Arbeiterrat.

Sein Amt als Zivilgouverneur übte Garbe nicht lange aus. Als die Ostseestation aufgrund des Gesetzes über die Bildung einer vorläufigen Reichsmarine[313] am 4. Juni 1919 umgebildet wurde, hob Noske seinen Posten endgültig auf. Damit war das schrittweise Zurückdrängen der in der Novemberrevolution erkämpften Machtpositionen, die zuletzt ohnehin nur noch symbolischer Natur waren, endgültig abgeschlossen. Wie vor Beginn des Krieges, gab es nun wieder ausschließlich einen militärischen Stationschef. Die Soldatenräte, die in Kiel eigentlich nur in der ersten Novemberhälfte 1918 eine starke politische Stellung hatten und die dann mit der fortschreitenden Demobilmachung ihrer Machtbasis Schritt für Schritt beraubt wurden[314], bildeten jetzt nur noch eine politische Randerscheinung[315]. Die in anderen Städten des Reiches im Februar und im April 1919 besonders stark geforderte Errichtung eines Rätesystems fand in Kiel keinen Widerhall[316]. Hier war die Resignation stärker als die Tendenzen zur Radikalisierung. Nicht einmal der Wille zur evolutionären Entwicklung des Erreichten vermochte sich durchzusetzen.

Obwohl die Offiziere nun wieder in ihre alten Machtpositionen eingesetzt waren, sich also im Ergebnis als die eigentlichen Sieger der »Normalisierung« der Kieler Verhältnisse im Frühjahr und Sommer 1919 betrachten konnten, blieb die Erfahrung der eigenen Ohnmacht, die sie während der Revolution machen mußten, ein wunder Punkt in ihrem Selbstwertgefühl. Dies bekam der Deckoffizier Franz Riefstahl, der seit Anfang Dezember 1918 im Kieler Obersten Soldatenrat eine führende Stellung innehatte, noch viele Jahre später zu spüren. An Riefstahl, den der Freikorpskommandeur von Loewenfeld als einen »widerlichen, roten aufgeblasenen Gesellen und Offiziershasser« schilderte[317], erinnerte man sich nämlich 1934 wieder, als sich die Gegenrevolution in Gestalt des faschistischen Dritten Reiches etabliert hatte. Das nun Hermann Göring unterstehende preußische Innenministe-

313 RGBl 1919, S. 431 ff.; Bekanntgabe der Umbildung der Ostseestation im neuen »Ostseestationstagesbefehl« Nr. 1 vom 4. 6. 1919, BA-MA RM 31/v. 2395.

314 Zur Demobilmachung vgl. Kapitel V/4. Die einzelnen Etappen des Niedergangs des Kieler Soldatenrats schildert Dähnhardt, Revolution, S. 150 f. Zur gegen die Räte gerichteten Politik der Reichsregierung vgl. Kapitel VII/1.

315 Die Auflösung aller Soldatenräte Kiels wurde im Ostseestationstagesbefehl Nr. 2 vom 5. 6. 1919 angeordnet, BA-MA RM 31/v. 2395.

316 Vgl. Dähnhardt, Revolution, S. 153.

317 Loewenfeld, Wie die 3. Marinebrigade von Loewenfeld erstand, BA-MA RM 122/116, Bl. 113. Riefstahl hatte sich unter anderem gegen Loewenfelds Methoden zur Anwerbung Freiwilliger für seinen Verband gewandt.

rium ließ die Marineabwehrabteilung Erkundigungen über Riefstahls Tätigkeit während der Revolutionszeit anstellen[318], um ihn auf Grund des Gesetzes zur Wiederherstellung des Berufsbeamtentums aus dem Beamtendienst entfernen zu können. Im Zuge dieser Ermittlungen denunzierte der ehemalige Chef des Stabes der Ostseestation, Küsel, seinen damaligen Gegenspieler Riefstahl, indem er aussagte, dieser habe sich »dann besonders hervorgetan, wenn es galt, die Seeoffiziere zu bekämpfen«; Riefstahl habe den stärksten Widerstand gegen die Einsetzung des Konteradmirals Meurer als Stationschef entfacht[319]. Es ist anzunehmen, daß dies ausreichte, um Riefstahl, der 1934 als Stadtamtmann beim Bezirksamt Berlin beschäftigt war, seiner Beamtenstellung zu entheben.

Zur Beurteilung dieses Vorganges muß nachgetragen werden, daß weder Riefstahl noch die übrigen Mitglieder des Kieler Obersten Soldatenrats vom Frühjahr 1919 typische Vertreter der linksradikalen Strömung waren, die sich der Politik des Reichswehrministers Noske konsequent widersetzten. Vielmehr akzeptierten sie rascher als anderswo die Januarverordnungen über die Wiedereinsetzung der Offiziere in die Kommandogewalt[320] und protestierten auch nur schwach gegen die Aufstellung des konterrevolutionären Freikorps Loewenfeld. Wie die Auseinandersetzungen um den Gouverneursposten zeigten, gaben sie auch hier letztlich nach und waren bestrebt, im Einverständnis mit den mehrheitssozialdemokratisch eingestellten Soldatenbundsvorsitzenden Alboldt und Hirschmann zu handeln. Für die Kieler Entwicklung war es während der gesamten Übergangszeit charakteristisch, daß die Mehrheitssozialdemokratie einen so bestimmenden Einfluß ausübte, daß es hier trotz gelegentlicher Unmutsäußerungen über die Maßnahmen der Reichsregierung nicht zu einer zweiten revolutionären Welle kam.

[318] Schreiben des Leiters der Marineabwehrabteilung an Konteradmiral a.D. Küsel vom 22. 1. 1934, BA-MA RM 8/1028, Bl. 62.

[319] Schreiben Küsels an den Leiter der Marineabwehrabteilung vom 26. 1. 1934, ebda., Bl. 63.

[320] Vgl. Kapitel VII/1.

VI. Die Politik Noskes als Volksbeauftragter für Heer und Marine

1. Zur Entwicklung der militärpolitischen Verhältnisse im Reich im November und Dezember 1918

Nach der Revolution in Kiel breitete sich die Aufstandsbewegung in wenigen Tagen im ganzen Reich aus[1]; zunächst im Küstenbereich der Nord- und Ostsee – Lübeck, Hamburg, Wismar, Schwerin, Rostock, Warnemünde, Brunsbüttel, Cuxhaven, Bremen, Wilhelmshaven, Bremerhaven. Hiernach folgte am 7. November die Militärrevolte in München und damit verbunden der Sturz der Monarchie in Bayern. Nachdem die Revolution sodann ganz Nord-, Süd- und Ostdeutschland überflutet hatte, erreichte sie, vergleichsweise spät, am 9. November, die Reichshauptstadt Berlin. Kaiser Wilhelm II. dankte ab, ebenso die Bundesfürsten. Als Folge des Umsturzes konstituierten sich am 10. November in Berlin mit dem Rat der Volksbeauftragten und dem Vollzugsrat der Arbeiter- und Soldatenräte revolutionäre Regierungsgremien. Ebenfalls am 10. November, noch bevor der Rat der Volksbeauftragten gebildet war, fiel in einer unter dem Vorsitz des kurzfristig als Reichskanzler amtierenden SPD-Vorsitzenden Friedrich Ebert tagenden Konferenz[2] die Entscheidung über die Annahme der Waffenstillstandsbedingungen. Das Abkommen[3] wurde am 11. November 1918 in Compiègne unterzeichnet.

Bereits vor der Bildung des Koalitionskabinetts des Rates der Volksbeauftragten fiel eine militärpolitisch bedeutsame Entscheidung, die in

[1] Vgl. die detaillierte Darstellung von Kluge, Soldatenräte, S. 48–94. Dort auch umfassende Literaturangaben.

[2] Protokoll der Sitzung in: Die Regierung der Volksbeauftragten, Bd 1, S. 23–28.

[3] Zum Abschluß und Inhalt des Abkommens vgl. Huber, Verfassungsgeschichte, Bd 5, S. 760–763. Dokumente in: Edmund Marhefka (Hrsg.), Der Waffenstillstand 1918–1919, 3 Bde, Berlin 1928.

der Literatur, einer späteren Formulierung Groeners folgend[4], als »Bündnis Ebert–Groener«[5] herumgeistert. Worum handelte es sich dabei? Am Abend des 9. November[6] – Prinz Max von Baden hatte gerade die Reichskanzlergeschäfte in die Hände Eberts gelegt – rief der Erste Generalquartiermeister, Generalleutnant Wilhelm Groener, wichtigster Mitarbeiter des Generalfeldmarschalls v. Hindenburg in der Obersten Heeresleitung, über eine geheime Telefonleitung den neuen Reichskanzler an. Diese Kontaktaufnahme Groeners, der Ebert schon seit einigen Jahren persönlich kannte, geschah aus eigenem Entschluß, ohne vorherige Abstimmung mit dem Chef der OHL, Hindenburg. Groener signalisierte dem neuen Regierungschef, daß der Generalstab nicht beabsichtigte, mit Gewalt gegen die Revolution vorzugehen, und bot die Zusammenarbeit an, was Ebert offenbar sofort akzeptierte.

Mit dem Begriff »Bündnis« wird diese Vereinbarung zwischen dem Repräsentanten der OHL[7] und Ebert nicht konkret beschrieben; suggeriert er doch die unzutreffende Vorstellung, hier hätten zwei gleichgewichtige und jeweils souveräne Machtzentren bestanden, die nun auf der Basis von Gleichberechtigung eine politische Kooperation vereinbarten. Die konkrete Situation war durchaus anders. Ebert repräsentierte die neuen Machtverhältnisse, während Groener und die OHL an der Spitze einer geschlagenen und ihrem Fahneneid nicht mehr folgenden Armee standen, also keineswegs jenen maßgeblichen Machtfaktor verkörperten, als den sich die OHL in der zweiten Kriegshälfte unbestrittenermaßen betrachten konnte. Die OHL war in der Stunde der militärischen Niederlage also kein eigenständiger und gleichwertiger Bündnispartner[8], und in diesem Sinne gab es auch kein »Bündnis Ebert–Groener«.

Als sich Groener mit Ebert in Verbindung setzte, dürften vielmehr die beiden folgenden zwei Überlegungen[9] seine Initiative bestimmt haben: eine militärisch-pragmatische und eine machtpolitische. Das

[4] Dolchstoß-Prozeß 1925, S. 223 f.

[5] Wichtigste Literatur: Wolfgang Sauer, Das Bündnis Ebert–Groener. Eine Studie über Notwendigkeit und Grenzen der militärischen Macht, Phil. Diss. Berlin 1957 [Masch]; ders., Die Reichswehr. In: Karl-Dietrich Bracher, Die Auflösung der Weimarer Republik. Eine Studie zum Problem des Machtverfalls in der Demokratie, Villingen ³1960; Lothar Berthold und Helmut Neef, Militarismus und Opportunismus gegen die Novemberrevolution, (Ost-)Berlin ²1978, fortan zit.: Berthold/Neef, Militarismus; Zwischen Revolution.

[6] Groener, Lebenserinnerungen, S. 467, datiert das Telefonat auf den 10. 11. abends, ihm folgend: Kluge, Soldatenräte, S. 137 f.; Erich-Otto Volkmann, Revolution über Deutschland, Oldenburg 1930, S. 68, fortan zit.: Volkmann, Revolution, und ihm folgend Huber, Verfassungsgeschichte, Bd 5, S. 752 f., legen stichhaltig dar, daß das Gespräch bereits am 9. 11. erfolgt sein muß.

[7] Zur Politik der OHL 1918/19 vgl. Gerhard W. Rakenius, Wilhelm Groener als Erster Generalquartiermeister, Boppard a. Rh. 1977; fortan zit.: Rakenius, Groener.

[8] Hier folge ich Kluge, Soldatenräte, S. 144.

[9] Vorzügliche Analyse der Groenerschen Überlegungen ebda., S. 133 ff.

pragmatische Kalkül bestand darin, daß Groener die neue Lage anerkennen und mit der neuen Reichsgewalt zusammenarbeiten mußte, um glaubhaft geltend zu machen, daß nur die OHL in der Lage sei, das schwierige technische Problem der ordnungsgemäßen Rückführung des Frontheeres in die Heimat zu bewerkstelligen und so ein planloses Zurückfluten der Soldatenmassen in das Reich zu verhindern. Der machtpolitische Gesichtspunkt war längerfristig angelegt. Er zielte darauf ab, daß sich die OHL und mit ihr das Offizierkorps insgesamt durch die Beauftragung mit der Rückführung unentbehrlich machten, um dann zu gegebener Zeit ihre alte Machtposition wiedergewinnen und auf die deutsche Militär- und Innenpolitik Einfluß nehmen zu können.

Gewiß begrüßte Ebert das Angebot Groeners zur Zusammenarbeit, da er sich nicht vorstellen konnte, wie die Rückführung des Feldheeres und die Demobilmachung ohne Inanspruchnahme des beruflichen Könnens der Offiziere bewerkstelligt werden sollte. Dabei sah er Groener lediglich als kooperationsbereiten Vertreter der Armee an führender Stelle, dem nun eine militärtechnische Aufgabe zu übertragen war.

In dem Telefongespräch wurde eine weitere bedeutsame Absprache getroffen. Sie betraf die Regelung der Befehlsgewalt der Offiziere und die Kompetenzen der Soldatenräte, die sich auch im Feldheer allmählich zu bilden begannen. Daß über diese Fragen gesprochen worden sein muß, ergibt sich aus einem Telegrammwechsel sowie Befehlen der OHL an die unterstellten Truppen. Jedenfalls erging noch am Abend des 9. November ein von Hindenburg unterzeichneter Befehl der OHL an das Westheer[10], in dem das Zusammenwirken der obersten militärischen Führung mit der neuen Regierung angekündigt und zugleich angeordnet wurde, jeder Soldat habe, wie bisher, seinen Vorgesetzten zu gehorchen, weil nur dann eine geordnete Rückführung des Heeres in die Heimat stattfinden könne. Diese Forderung, daß die Befehlsgewalt in den Händen der Offiziere verbleiben müsse, übermittelte Groener ebenfalls noch am 9. November in einem Telegramm[11] an Ebert, und zwar als Bedingung für die Zusammenarbeit der OHL mit der neuen Regierung. In anmaßendem Tone, der erkennen ließ, daß man in der Obersten Heeresleitung noch nicht begriffen hatte, daß die Tage vorbei waren, in denen die Spitzenmilitärs der Regierung vorschreiben konnten, was zu tun sei, formulierte er: »Der Feldmarschall erwartet von der Regierung Unterstützung in jeder Beziehung. Er legt Wert darauf, Vertreter der neuen Regierung baldigst im Großen Hauptquartier zu empfangen, damit das Weitere besprochen werden

[10] Huber, Dokumente, Bd 3, Nr. 12, S. 9, sowie Militär und Innenpolitik II, Nr. 512, S. 1400 f.

[11] Huber, Dokumente, Bd 3, Nr. 13, S. 10.

kann.« Ebert antwortete anderntags sehr gelassen[12], er danke für die Bereitwilligkeit, mit der von ihm gebildeten Regierung zum Wohle des Landes zusammenzuwirken und bitte die OHL im übrigen, zu seiner Verfügung zu stehen.

Weitere wichtige Entscheidungen enthielt die mit Gesetzeskraft verkündete Proklamation des Rates der Volksbeauftragten vom 12. November 1918[13]. Sie stellte das bedeutendste gesetzgeberische Werk der Revolutionsregierung überhaupt dar[14]. In der Sache brachte sie die Aufhebung des bei Kriegsbeginn 1914 verhängten Belagerungszustandes, die Aufhebung aller Beschränkungen des Vereins- und Versammlungsrechts und der Zensur, die Einführung des achtstündigen Arbeitstags, das gleiche, geheime, direkte und allgemeine Wahlrecht, die Einführung der Erwerbslosenunterstützung und andere wichtige politische und soziale Errungenschaften. Hinsichtlich der Arbeiter- und Soldatenräte sowie militärpolitischer Fragen enthielt sich die Proklamation jeder Aussage. In seiner Konzentration auf Wahlrecht und Sozialpolitik war dieses Gesetz »merkwürdig einseitig«[15]; aber eben diese Einseitigkeit, diese Beschränkung auf die Durchsetzung der alten demokratischen und sozialpolitischen Forderungen der deutschen Arbeiterbewegung, machte das durchaus gewollte Charakteristikum der Proklamation aus.

Wie bereits angedeutet wurde, nutzte der Rat der Volksbeauftragten die Chance nicht, mit seiner Proklamation vom 12. November 1918 auch im militärpolitischen Bereich eine grundlegende Weichenstellung herbeizuführen oder doch wenigstens einzuleiten. Er hatte in diesem Augenblick zweifellos die Macht, das Militärwesen zumindest im grundsätzlichen neu zu ordnen, etwa durch die gesetzliche Einführung der demokratischen Volkswehr entsprechend dem Erfurter Programm der SPD von 1891. Statt dessen schwieg sich die Revolutionsregierung in diesem Politikbereich vollständig aus. Als sie sich, einen Monat später, des Versäumnisses bewußt wurde, hatte sich die machtpolitische Konstellation bereits erheblich geändert. Fragt man nach den Gründen für die militärpolitische Abstinenz der Volksbeauftragten in den ersten Tagen ihrer Regierungstätigkeit, so drängt sich die Vermutung auf, daß sie glaubten, die Niederlage des wilhelminischen Reiches sei

[12] Telegramm Eberts an die OHL v. 10. 11. 1918, ebda. Nr. 14, S. 10.

[13] Text des »Aufrufes des Rates der Volksbeauftragten an das deutsche Volk« vom 12. 11. 1918, RGBl 1918, S. 1303 f. Wiederabdruck u. a. in: Die Regierung der Volksbeauftragten, Bd 1, Nr. 9; Huber, Dokumente, Bd 3, S. 6 f.; sowie in: Gerhard A. Ritter und Susanne Miller (Hrsg.), Die deutsche Revolution 1918–1919, Frankfurt/M., Hamburg 1968; fortan zit.: Ritter/Miller, Die deutsche Revolution.

[14] Miller, Bürde, S. 99, spricht – Dittmann folgend – von der »Magna Charta der Revolution«.

[15] Arthur Rosenberg, Geschichte der Weimarer Republik. Hrsg. von K. Kersten, Frankfurt/M. [13]1972, S. 37 ff.; fortan zit.: Rosenberg, Geschichte.

vollständig und man könne daher auf eine militärische Absicherung der neuen Herrschaftsverhältnisse verzichten. Sie erlagen, ebenso wie die meisten Räte, »der Faszination des allumfassenden Zusammenbruchs der Monarchie«[16].

Ein akuter Entscheidungsbedarf bestand, wegen diesbezüglicher Forderungen der OHL, in der Frage der Kommandogewalt der Offiziere. Sie wurde ebenfalls am 12. November durch einen Erlaß der Volksbeauftragten an das Feldheer[17] geregelt. Die Regierung appellierte darin an die Soldaten des Feldheeres, den Befehlen der Offiziere weiterhin Folge zu leisten, mit der Begründung, nur dann sei die geordnete Rückführung in die Heimat möglich. Dem Appell folgte der Befehl, daß das Vorgesetztenverhältnis bestehen bleibe und die zwischenzeitlich auch im Feldheer gebildeten Soldatenräte[18] lediglich beratende Stimme hätten, aber keine Befehlsbefugnisse. Aufgrund dieses der OHL sogleich telegraphisch übermittelten Erlasses übte der Generalstab im Auftrage des Rates der Volksbeauftragten »die Funktion einer [...] militärtechnischen Liquidationsinstanz« aus[19]. Er konnte fortan in allen Fragen, die die Rückführung und Demobilmachung betrafen, auf die vom Rat der Volksbeauftragten bestätigte Kommandogewalt pochen.

Wie dem vorangegangenen Telegrammwechsel zwischen OHL und Ebert zu entnehmen ist, schrieb der Erlaß an das Feldheer lediglich offiziell fest, was zuvor schon mündlich und schriftlich bezüglich des Rückführungsauftrages an die OHL, der Bestätigung der Kommandogewalt der Offiziere und der Eindämmung der Soldatenratsbewegung vereinbart worden war. Da man rückblickend zu der Einschätzung gelangen kann, daß mit dem Zugeständnis an die Offiziere unter der Hand schon die Weichen zu einer künftigen militärpolitischen Restauration gestellt waren, drängt sich die Frage auf, ob die sechs Volksbeauftragten, die den Erlaß allesamt eigenhändig unterschrieben[20], die Tragweite ihrer Entscheidung erkannt haben oder überhaupt erkennen konnten. Hierzu ist zu sagen: Wahrscheinlich hielten die Volksbeauftragten diese Regelung der Befehlsgewalt nur für jenen kurzen Zeitraum von etwa drei Wochen[21] für erforderlich, in dem die Rückfüh-

16 Kluge, Soldatenräte, S. 169.

17 Reichsanzeiger v. 13. 11. 1918, Nr. 269. Wiederabdruck in: Ritter/Miller, Die deutsche Revolution, S. 101 f.; Huber, Dokumente, Bd 3, Nr. 18, S. 12 f.

18 Detaillierte Informationen über die unterschiedliche Entwicklung der Soldatenratsbewegung im Ost- und im Westheer in: Kluge, Soldatenräte, S. 94–105.

19 Ebda., S. 139.

20 Die Regierung der Volksbeauftragten, Bd 1, Nr. 11, S. 42, Anm. 5; Kluge, Soldatenräte, S. 141 und 407, Anm. 83.

21 Der Rückzug des Feldheeres bis hinter die Reichsgrenzen war am 28. 11. 1918 abgeschlossen.

rung des Heeres abgewickelt sein würde[22]. Hiernach glaubten sie eine Neuregelung[23] durchsetzen zu können.

In jener Phase der Rückführung des Heeres in die Heimat gab es für die Volksbeauftragten anscheinend keinen Anlaß, sich nun die Frage zu stellen, ob die Bildung militärischer Formationen zur Sicherung der neuen Machtverhältnisse erforderlich werden könnte. Denn das alte Militär kooperierte scheinbar loyal und das Sicherheitsproblem auf lokaler Ebene wurde durch örtliche »Volks-« und »Sicherheitswehren« gelöst, die auf Initiative der Arbeiter- und Soldatenräte gebildet worden waren. In eben dieser Phase der Abwicklung ihres Rückführungsauftrages erlangte die Oberste Heeresleitung jedoch – wenige Wochen nach ihrer weitgehenden Machtentblößung in den ersten Revolutionstagen – wieder eine Verfügungsgewalt über größere Truppenkontingente, was sie befähigte, im politischen Kräftespiel erneut als Machtfaktor aufzutreten. Dieser »Funktionswechsel der OHL von der militärtechnischen Liquidationsinstitution zur innerpolitischen Ordnungsmacht«[24] sollte die Entwicklung der militärpolitischen Verhältnisse im Reich maßgeblich beeinflussen.

Ebert scheint die sich aus dem Wiedererstarken des Militärs ergebenden Gefahren nach einiger Zeit erkannt zu haben. Jedenfalls legte er am 3. Dezember 1918 im Kabinett einen Plan zur Errichtung einer Volkswehr vor[25]. Das war eine Initiative, die sich eindeutig gegen den Herrschaftsanspruch der OHL richtete[26]. Unter »Volkswehr« verstand Ebert »neue militärische Organe auf demokratischer Grundlage«, die sich aufgrund »freiwilliger Meldung« rekrutierten und in denen die »Gruppenführer«[27] demokratisch gewählt werden sollten. Ihr Aufgabenbereich war nach Eberts Vorstellungen eher innenpolitscher Natur: »Aufrechterhaltung der Sicherheit und Ordnung; vor allem für Lebensmittelversorgung, dann aber auch als Schutz gegen gemeine Verbrecher«. Diese Volkswehr sollte der Regierung und den Räten bei der Durchführung ihrer Aufgaben zur Seite stehen und durch Handschlag auf die Republik und das Regierungsprogramm verpflichtet werden. Ebert definierte die Volkswehr ausdrücklich als »Sicherheitswache ge-

[22] Dies ist einem Telegramm der Volksbeauftragten Ebert und Haase vom 14. 11. 1918 an den Obersten Soldatenrat der Ostseestation zu entnehmen. Siehe: Die Regierung der Volksbeauftragten, Bd 1, S. 42, Anm. 6.

[23] Kluge, Soldatenräte, S. 207 unter Berufung auf gleichlautende Erklärungen der Koalitionsparteien in ihren zentralen Presseorganen: Vorwärts Nr. 317 vom 17. 11. 1918; Freiheit Nr. 6 vom 18. 11. 1918.

[24] Kluge, Soldatenräte, S. 205 ff.

[25] Die Regierung der Volksbeauftragten, Bd 1, Nr. 37, S. 247 f.

[26] Kluge, Soldatenräte, S. 248.

[27] Mit dem Begriff »Gruppenführer« wollte Ebert offenbar sämtliche Führungspositionen zusammenfassend beschreiben. Das spätere Volkswehr-Gesetz präzisierte: Wahl der Zugführer, der Führer einer Hundertschaft und der Abteilungsführer.

gen jede Konterrevolution«[28]. Der Volksbeauftragte Dittmann empfahl, die Arbeiter-Turnvereine hierzu heranzuziehen. Haase ermunterte Ebert dazu, einen »Aufruf zur Bildung einer freiwilligen Armee« zu erlassen und Scheidemann betonte nun ebenfalls, die Regierung müsse »ihre Autorität auf Macht stützen können«. Das Kabinett faßte schließlich den Beschluß, das preußische Kriegsministerium schnellstens mit den Vorbereitungen zu beauftragen[29]. Anfang Dezember erkannte das Kabinett also einmütig die Notwendigkeit zur Bildung einer neuen, republikanischen Regierungstruppe an.

Wenige Tage später, am 6. Dezember, wurde der Entwurf des »Gesetzes zur Bildung einer freiwilligen Volkswehr« durch einstimmigen Kabinettsbeschluß angenommen[30]. Die Bekanntgabe des Volkswehr-Gesetzes erfolgte am 12. Dezember[31]. Anderntags wurden der Armee die Ausführungsbestimmungen mit den Unterschriften des Kriegsministers Scheüch und des Beigeordneten Göhre (SPD) zur Kenntnis gebracht[32]. In klarer Abgrenzung zur OHL bestimmte das Gesetz, daß »ausschließlich der Rat der Volksbeauftragten« die Vollmachten zur Aufstellung der Abteilungen dieser Volkswehr erteile. Obwohl die gesetzgeberischen Weichen damit gestellt waren, wurde das Volkswehrgesetz nie durchgeführt[33]. Die Bürokratie des preußischen Kriegsministeriums und die Oberste Heeresleitung boykottierten es so erfolgreich, daß es nur ganz vereinzelt zur Aufstellung von Volkswehr-Einheiten kam, die zudem den Intentionen des Rates der Volksbeauftragten kaum entsprach[34]. Die Machtmittel verblieben daher weitgehend in der Hand der OHL.

Wenige Tage nach der Verkündung des Volkswehr-Gesetzes trat in Berlin der »Allgemeine Kongreß der Arbeiter- und Soldatenräte Deutschlands«[35] – kurz I. Rätekongreß genannt – zusammen. Er tagte

28 Die Regierung der Volksbeauftragten, Bd 1, Nr. 37, S. 247 f.

29 Ebda., S. 248 f.

30 Ebda., Kabinettssitzung vom 6. 12. 1918 nachmittags, Nr. 41, S. 276. Zum Inhalt siehe Kluge, Soldatenräte, S. 248 f.

31 RGBl 1918, S. 1424.

32 AVBl 1918, S. 745 ff.

33 Zum Schicksal des Volkswehr-Gesetzes vgl. Eberhard Kolb, Die Arbeiterräte in der deutschen Innenpolitik 1918/19, Düsseldorf 1962, S. 177; fortan zit.: Kolb, Arbeiterräte; und Kluge, Soldatenräte, S. 249 f. Zur Mißachtung des Volkswehr-Gesetzes durch Noske vgl. Kapitel VI/4.

34 In der gemeinsamen Sitzung von Kabinett und Zentralrat am 28. 12. 1918 führte der Volksbeauftragte Haase aus, daß die inzwischen gebildeten Volkswehr-Formationen »fast nur aus Leuten zusammengesetzt sei(en), die in der Hand der alten Generäle seien«. Siehe: Die Regierung der Volksbeauftragten, Bd 2, Nr. 78, S. 108 f.

35 Die Beratungen sind protokolliert in dem Band: Allgemeiner Kongreß der Arbeiter- und Soldatenräte Deutschlands. Vom 16. bis 21. 12. 1918 im Abgeordnetenhause zu Berlin. Stenographische Berichte. Hrsg. vom Zentralrat der sozialistischen Republik Deutschlands, Berlin o. J. [1919]; fortan zit.: Allgemeiner Kongreß. Der II. Rätekongreß fand statt vom 8. bis 14. 4. 1919. Zentralrat (Hrsg.): II. Kongreß der Arbeiter-, Bauern- und Soldatenräte Deutschlands am 8. bis 14. April 1919 im Herrenhaus in

vom 16. bis zum 21. Dezember. Seine wichtigste Entscheidung lautete, daß am 19. Januar 1919 Wahlen zu einer verfassunggebenden Nationalversammlung stattfinden sollten. Damit bestätigte der Rätekongreß eine zuvor schon vom Rat der Volksbeauftragten erlassene Verordnung[36]. Gewiß hatte es im Vorfeld des Kongresses Auseinandersetzungen um die Frage gegeben, ob anstelle der Einberufung der Nationalversammlung eine Rätedemokratie errichtet werden sollte[37]; aber dies waren Vorstellungen einer Minderheit. Die USPD-Mitglieder im Rat der Volksbeauftragten wollten die Wahlen lediglich etwas hinausschieben, etwa bis Frühjahr 1919, damit sich die revolutionären Machtverhältnisse konsolidieren konnten. Die in der damaligen Zweckpropaganda stilisierte Alternative, es sei Mitte Dezember 1918 um die grundlegende Frage: Rätediktatur oder parlamentarische Demokratie gegangen, verschleierte den wirklichen Tatbestand. Dieser läßt sich nicht zuletzt daran ablesen, daß die überwältigende Mehrheit des obersten Revolutionsorgans, nämlich des Reichsrätekongresses, die Entscheidung gegen ein Rätesystem und für die Nationalversammlung fällte und den Wahltermin, den die Regierung ursprünglich für den 16. Februar vorgesehen hatte, sogar noch auf den 19. Januar vorverlegte. Die Wahlen zur Nationalversammlung waren insofern kein ernsthafter Streitgegenstand unter vergleichbar mächtigen Kontrahenten.

Neben dieser Grundsatzentscheidung faßte der Rätekongreß am 18. Dezember 1918 wichtige Beschlüsse zur Militärpolitik, die als »Hamburger Punkte«[38] bekannt geworden sind. Sie verlangten die Ausübung der Kommandogewalt über Heer und Marine durch die Volksbeauftragten, unter der Kontrolle des Vollzugsrats; die Entfernung aller Rangabzeichen und das Verbot des Waffentragens außer Dienst – »als Symbol der Zertrümmerung des Militarismus und der Abschaffung des Kadavergehorsams«; die Verantwortlichkeit der Soldatenräte für die Zuverlässigkeit der Truppenteile und die Aufrechterhaltung der Disziplin; die Wahl der militärischen Führer durch die Soldaten sowie die beschleunigte Abschaffung des stehenden Heeres und die »Errichtung der Volkswehr«. Diese Beschlüsse, die unter Mitwirkung

Berlin. Stenographisches Protokoll, Berlin o. J. [1919]; fortan zit.: II. Rätekongreß. Siehe: Zentralrat, Nr. 105 (Bericht des Zentralrats über den 2. Rätekongreß).

36 Verordnung des Rates der Volksbeauftragten über die Wahlen zur Nationalversammlung vom 30. 11. 1918. In: RGBl 1918, S. 1345 ff. Siehe auch: Huber, Verfassungsgeschichte, Bd 5, S. 793 f.

37 Der Vollzugsausschuß der Arbeiter- und Soldatenräte Groß-Berlins stimmte am 16. 11. 1918 einem von dem Unabhängigen Ernst Däumig entworfenen Verfassungsprogramm zu, das die Errichtung einer »proletarischen Republik« als Räterepublik vorsah. Text des Programms in: Hermann Müller, Die Novemberrevolution. Erinnerungen, Berlin 1928, S. 127; fortan zit.: Hermann Müller, Novemberrevolution.

38 Vgl. die Beschlüsse »Zur Kommandogewalt« in: Allgemeiner Kongreß, S. 181. Vgl. auch Huber, Verfassungsgeschichte, Bd 5, S. 839–841.

der Volksbeauftragten Ebert und Haase formuliert worden waren[39] und angesichts noch wesentlich weiter gehender Anträge eine Kompromißformel darstellten, standen, was die Rolle der Soldatenräte betraf, im Widerspruch zur bisherigen Politik des Rates der Volksbeauftragten.

Über die Ausführung bzw. die Rücknahme der Hamburger Punkte entbrannte in der Folgezeit ein heftiger Streit, in dem der Rat der Volksbeauftragten sowohl von links her wegen seiner Verschleppungstaktik angegriffen wurde, als auch, wesentlich massiver, von seiten des alten Militärs. Hindenburg und Groener hatten von Ebert bereits am 8. Dezember in ultimativer Form gefordert, die Soldatenräte müßten verschwinden und die ausschließliche militärische Kommandogewalt der Offiziere wiederhergestellt werden[40]. Nun, nach der Verabschiedung der »Hamburger Punkte«, erklärte die OHL kurz und bündig, daß sie die militärpolitischen Beschlüsse des Rätekongresses nicht anerkenne[41]. Indirekt sprach die OHL damit dem Rat der Volksbeauftragten zugleich das Recht ab, so einschneidende Veränderungen des Militärwesens in der Übergangszeit zu verordnen. Mit dieser Erklärung und einem Auftritt Groeners im Kabinett am 20. Dezember[42] signalisierte der Generalstab der Regierung, daß er sich nun wieder als Machtfaktor fühlte, gegen dessen Willen in der deutschen Innenpolitik nichts zu geschehen habe.

In der Sache wurde diese Konfliktsituation allerdings weitgehend dadurch entschärft, daß Ebert selbst der Auffassung war, maßgebliche Entscheidungen über das Militärwesen sollten der zu wählenden Nationalversammlung überlassen bleiben. Die Mehrheitssozialdemokraten im Rat der Volksbeauftragten wie auch der vom Rätekongreß gewählte Zentralrat, der in seiner politischen Kontrollfunktion den Vollzugsrat ablöste, behandelten die »Hamburger Punkte« denn auch dilatorisch. In der Kabinettssitzung vom 20. Dezember beharrte nur der unabhängige Volksbeauftragte Emil Barth auf ihrem uneingeschränkten Vollzug. Die Mehrheit beschloß, die Ausführung der Hamburger Punkte aufzuschieben[43]. Der rein mehrheitssozialdemokratisch zusammengesetzte Zentralrat erhob hingegen keine Einwände. Aus diesem Grunde trug der Zentralrat von Beginn seiner Amtszeit an »den Ma-

39 Die Regierung der Volksbeauftragten, Bd 2, S. 13, Anm. 37.

40 Text des Schreibens der OHL vom 8. 12. 1918 auszugsweise in: Huber, Dokumente, Bd 3, Nr. 43. Siehe auch: ders., Verfassungsgeschichte, Bd 5, S. 807–809, und Kluge, Soldatenräte, S. 210.

41 Telegramm Hindenburgs an die Armeeoberkommandos vom 19. 12. 1918, in: Huber, Dokumente, Bd 3, Nr. 51.

42 Groener trug die Einwendungen der OHL gegen die »Hamburger Punkte« in der Kabinettssitzung vom 20. 12. 1918 mit äußerster Schärfe vor. Siehe: Die Regierung der Volksbeauftragten, Bd 2, S. 4–6.

43 Ebda., S. 10 und 14.

kel, willfähriges Instrument der rätefeindlichen mehrheitssozialdemokratischen Regierungsgruppe zu sein«[44]. Die Absicht, die militärpolitischen Beschlüsse des Rätekongresses nicht auszuführen, stand bei der Regierung also schon am 20. Dezember eindeutig fest. Damit war im Kabinett eine geradezu paradoxe Lage gegeben: Auf der einen Seite folgten die SPD-Volksbeauftragten, zusammen mit dem in diesem Punkt wenig standfesten Hugo Haase und unterstützt durch den Zentralrat, dem Druck der Obersten Heeresleitung und legten die »Hamburger Punkte« auf Eis; auf der anderen Seite manövrierten sich die USPD-Volksbeauftragten Dittmann und Barth mit ihrem Anliegen ins Abseits, die militärpolitischen Beschlüsse des von den Delegierten der Mehrheitssozialdemokraten beherrschten Rätekongresses auch tatsächlich durchzusetzen.

Diese Politik des Rates der Volksbeauftragten drohte die Macht des monarchistischen Offizierkorps zu restaurieren statt sie zu brechen. Befürchtungen dieser Art trugen nicht nur maßgeblich zur Radikalisierung der Arbeiterschaft bei, sondern auch zum Bruch der Regierungskoalition aus SPD und USPD, zu dem es wenige Tage später und aus durchaus auf derselben Linie liegendem Anlaß kommen sollte.

Bevor die Ereignisse weiterverfolgt werden, die zum Koalitionsbruch und als dessen Folge zum Eintritt Noskes in das Kabinett führen sollten, ist – in der von der Sache her gebotenen Kürze – auf eine bislang nicht erwähnte Funktion einzugehen, die Noske zeitlich parallel zu seiner Tätigkeit als Gouverneur von Kiel ausübte, nämlich seine Rolle als Beigeordneter im Reichsmarineamt.

2. Zwischenspiel: Noske als Beigeordneter im Reichsmarineamt

Das aus der Revolution am 9. November 1918 hervorgegangene Koalitionskabinett aus Mehrheitssozialdemokraten und Unabhängigen bestellte wenige Tage nach der Übernahme der Regierungsgewalt sogenannte Beigeordnete für die einzelnen Reichsministerien[45]. Hierin kam zum Ausdruck, daß sich die Revolutionsregierung nicht in der Lage sah, sämtliche Ministerien mit Politikern aus den eigenen Reihen zu besetzen, zugleich aber auch, daß sie neben dem Bruch mit dem Alten ein hohes Maß an Kontinuität in den neuen Staat hinüberretten wollte.

[44] Kluge, Soldatenräte, S. 260.
[45] Die Berufung der Beigeordneten durch den Rat der Volksbeauftragten wurde am 14. 11. 1918 bekanntgegeben. Siehe: Schultheß EGK 1918, I, S. 481.

Die Beigeordneten hatten die Aufgabe, die in ihren Ämtern belassenen bürgerlichen Staatssekretäre sowie den Beamtenapparat politisch zu kontrollieren[46]. In der Alltagspraxis bestand ihre wichtigste Kontrollmöglichkeit darin, daß sie sich den gesamten Schriftwechsel der Ministerien beziehungsweise Reichsämter vorlegen lassen konnten. Erlasse wurden erst mit der Unterschrift des zuständigen Beigeordneten rechtswirksam. Wie im Rat der Volksbeauftragten, so fand auch bei der Auswahl der Beigeordneten der Grundsatz der Parität von SPD und USPD Anwendung. Dies bedeutete, daß im Regelfall je ein Vertreter der beiden koalierenden sozialdemokratischen Parteien in die Reichsbehörden entsandt wurde. Der Rat der Volksbeauftragten berücksichtigte dabei sowohl erfahrene Reichstagsabgeordnete als auch prominente Parteigrößen wie etwa Karl Kautsky.

Hier soll lediglich auf die Personen eingegangen werden, denen die Regierung die Kontrolle der obersten Militärbehörden übertrug. Im preußischen Kriegsministerium nahm der mehrheitssozialdemokratische Reichstagsabgeordnete Paul Göhre die Kontrollaufgabe allein wahr, da der USPD-Politiker Ernst Däumig[47] es ablehnte, dieses Amt anzunehmen, obwohl er, anders als Göhre, von seinem Werdegang und seiner Beschäftigung mit militärischen Fragen her hierfür durchaus geeignet gewesen wäre. Offenbar befürchtete Däumig, die Tätigkeit im Kriegsministerium könne ihn in den Augen seiner revolutionär gesinnten Anhängerschaft kompromittieren. Aus demselben Grunde lehnte er auch den Vorschlag seines Parteigenossen, des Volksbeauftragten Emil Barth, ab, Nachfolger des preußischen Kriegsministers, General Scheüch, zu werden[48]. Der Obersten Heeresleitung wurden die SPD-Reichstagsabgeordneten Carl Giebel und Paul Lensch zugeteilt. Zur Kontrolle des Reichsmarineamts berief die Regierung die Reichstagsabgeordneten Gustav Noske (SPD) und Ewald Vogtherr (USPD)[49].

Formell bekleidete Noske diese Beigeordneten-Funktion vom 14. November 1918 an bis zu seiner Ernennung zum Volksbeauftragten für Heer und Marine am 29. Dezember 1918, also genau über jene Zeitspanne hinweg, in der er als Gouverneur in Kiel amtierte. Von der Sachkompetenz her gesehen war Noske, der über die Erfahrung eines

[46] Zur Institution der Beigeordneten vgl. Erich Matthias, Zwischen Räten und Geheimräten. Die deutsche Revolutionsregierung 1918/19, Düsseldorf 1970, S. 61–72; Miller, Bürde, S. 170 ff.; Huber, Verfassungsgeschichte, Bd 5, S. 744 ff.; Wolfgang Elben, Das Problem der Kontinuität in der deutschen Revolution. Die Politik der Staatssekretäre und der militärischen Führung vom November 1918 bis Februar 1919, Düsseldorf 1965, S. 141 f.; fortan zit.: Elben, Problem der Kontinuität.

[47] Die Regierung der Volksbeauftragten, Bd I, Einleitung S. LXIX f., LXVII, sowie S. 74, Anm. 6. Däumig war einer der profiliertesten Vertreter des linken USP-Flügels.

[48] Hermann Müller, Novemberrevolution, S. 103.

[49] Angaben zur Person der Beigeordneten in: Huber, Verfassungsgeschichte, Bd 5, S. 747.

ganzen Jahrzehnts als Militärexperte der sozialdemokratischen Reichstagsfraktion, speziell als Korreferent für den Marineetat, verfügen konnte, zweifellos der geeignete Mann für die Beigeordneten-Aufgabe. Gleichwohl muß man seine Ernennung als eine Verlegenheitslösung bezeichnen, da den Volksbeauftragten bewußt sein mußte, daß Noske nicht zugleich in Kiel als Gouverneur residieren und im Berliner Reichsmarineamt seinen Kontrollaufgaben gerecht werden konnte. So ist es gewiß kein Zufall, daß der Name Noskes in den Akten des Reichsmarineamts nur ein einziges Mal auftaucht, und zwar in einer Mitteilung über seine Berufung, die mit dem Zusatz versehen war: »Herr Noske ist zur Zeit noch Gouverneur in Kiel[50].«

Die Anfang Dezember erlassene Geschäftsordnung für das Reichsmarineamt, den Admiralstab und das Marinekabinett[51] regelte zwar die Kompetenzen des Beigeordneten Vogtherr und des Zentralrats der Marine (53er Ausschuß), ließ Noske dagegen vollständig unerwähnt. In der GO wurde folgendes festgelegt: »Der Beigeordnete Vogtherr und die den einzelnen Gruppen [im RMA, d. Verf.] zugeteilten Vertrauensmänner des 53er Ausschusses üben eine überwachende Tätigkeit über den Dienstbetrieb und insbesondere über den gesamten Schriftwechsel aus [...] Kein Schriftstück, gleich viel welcher Art, darf das Reichs-Marine-Amt und dessen Gruppen ohne die Mitunterschrift des Bg. [Beigeordneten] und des Zr. [Zentralrats] oder eines der Vertrauensmänner verlassen[52].« Es war vorhersehbar, daß diese komplizierte Regelung schwer zu praktizieren sein würde. Noske wurde jedenfalls alsbald darüber informiert, daß der Marine-Staatssekretär von Mann und die Departementsdirektoren ziemlich ratlos waren, wie sie »mit dieser Schar« der Soldatenräte fertig werden sollten[53]. Obwohl Noske eigentlich in Kiel alle Hände voll zu tun hatte und bislang lediglich ein einziges Mal im Reichsmarineamt gewesen war, um sich in seiner Funktion als Beigeordneter zu zeigen, wobei er allerdings einschlägige Erfahrungen sammelte[54], mischte er sich nun in die Auseinandersetzungen des RMA ein. Er tat dies in einer für seine politische Einstellung bezeichnenden Weise, indem er nämlich mit großer Entschiedenheit zugunsten der Bürokratie und gegen den Zentralrat der Marine intervenierte, und zwar nicht hinter verschlossenen Türen, sondern in der Öffentlichkeit.

Als Forum benutzte er den vom 16. bis zum 21. Dezember in Berlin tagenden Reichsrätekongreß[55]. Vor den Delegierten dieses Kongresses

[50] Bekanntmachung des Reichs-Marine-Amtes M 7582 vom 16. 11. 1918, BA-MA RM 23/1, Bl. 10 sowie RM 8/36, Bl. 7.
[51] Die Geschäftsordnung datiert vom 3. 12. 1918, BA-MA RM 23/6, Bl. 5.
[52] Ebda., Bl. 10.
[53] Noske, Kiel bis Kapp, S. 49.
[54] Vgl. die ausführliche Schilderung ebda., S. 45 f.
[55] Allgemeiner Kongreß, S. 91.

warf Noske den Soldatenräten im RMA vor, sie beschäftigten sich »mit politischen Problemen«, und darunter leide die Abwicklung der »technischen Arbeit«. Die Art und Weise, wie der Ausschuß den Geschäftsverkehr handhabe, führe »zu einer geradezu unerträglichen Verschleppung der wichtigsten Angelegenheiten«. In diesem Zusammenhang mokierte sich Noske auch über die Kopfstärke des »Überwachungsapparats im Marineamt« und gab seiner Überzeugung Ausdruck, daß dieses Gremium beträchtlich verkleinert werden müsse. In diesem Punkt wurde Noske durch ein Mitglied des Obersten Soldatenrats Kiel, Robert Pfaff[56], unterstützt, der vor dem Rätekongreß sagte, mit dem viel zu großen Ausschuß blamiere sich die gesamte Soldatenratsbewegung und mache sich gegenüber den bürgerlichen Parteien und der Reaktion geradezu lächerlich.

Für den Zentralrat der Marine – den man sich als Plenum der Soldatenräte in der Marine vorstellen muß, als eine zentrale Interessenvertretung der Matrosen – wies dessen Sprecher Albers vor dem Auditorium des Rätekongresses die Angriffe Noskes und Pfaffs zurück. Er betonte, die Kritik an der Tätigkeit des Ausschusses habe erst begonnen, als dieser sich, nach Anhörung von Referaten Philipp Scheidemanns und Karl Liebknechts, politische Richtlinien[57] gegeben habe. Erst dies, so vermutete er wohl mit Recht, habe bei Noske und anderen Anstoß erregt[58]. Seine Legitimation, auch politische Stellungnahmen abzugeben, leitete der Zentralrat der Marine aus dem Tatbestand ab, daß seine Mitglieder auf demokratischer Grundlage in den Marinestationen gewählt worden waren[59]. Er beanspruchte, für die Angehörigen der Marine in ihrer Gesamtheit sprechen zu können[60]. Die große Zahl der Ausschußmitglieder kam dadurch zustande, daß der Zentralrat der Marine seine Vertrauensleute in alle Abteilungen des Reichsmarineamts entsandte. Nur auf diesem Wege, so glaubten die Marineräte, sei eine optimale Kontrolle der Geschäfte des RMA zu gewährleisten.

Noskes Angriffe gegen den 53er Ausschuß hatten zur Folge, daß der Rätekongreß einen Antrag verabschiedete, in dem die Reduzierung der Kopfstärke dieses Ausschusses verlangt wurde[61]. Der Zentralrat der

[56] Ebda.

[57] Gemeint ist »Das politische Programm des 53er Ausschusses (Zentralrat der Marine)« vom 9. 12. 1918. Abgedruckt in: Richard Müller, Geschichte der deutschen Revolution, Bd II: Die Novemberrevolution, Nachdruck Berlin 1979, S. 192; fortan zit.: R. Müller, Geschichte der deutschen Revolution Bd II.

[58] Allgemeiner Kongreß, S. 151 f.

[59] Zum Aufbau der regionalen und zentralen Räteorganisation in der Marine vgl. Kluge, Soldatenräte, S. 157 f., und Zwischen Revolution, S. XXXVI.

[60] Hierauf verwies Otto Tost, Mitglied des Zentralrats der Marine, während des Rätekongresses. Ebda., Sp. 131. Vgl. auch die nachfolgend zitierte Denkschrift des Zentralrats sowie Hürten in: Zwischen Revolution, S. XXXVI.

[61] Gestellt wurde der Antrag von einem Soldatenrat der bayerischen Volks-Marine-Division in München namens Schöberle, Allgemeiner Kongreß, S. 151.

Marine reagierte auf diesen Beschluß recht massiv, indem er anderntags eine gedruckte »Denkschrift des 53er Ausschusses (Zentralrat der Marine) über die Ausführungen des Herrn Noske in der Reichskonferenz der Arbeiter- und Soldatenräte im Abgeordneten-Hause, Berlin am 18. Dezember 1918«[62] verteilte. Darin wurde Noske vorgeworfen, er habe den Sitzungen des 53er Ausschusses nur ein einziges Mal beigewohnt und bei dieser Gelegenheit dem Gremium sogleich seine Existenzberechtigung abgesprochen, was dann zu scharfen Auseinandersetzungen nicht nur mit den Ausschußmitgliedern, sondern auch mit dem der USDP angehörenden Beigeordneten Vogtherr geführt habe[63].

In der Denkschrift wurde weiterhin die Wirksamkeit der Kontrolle des Reichsmarineamts und des Admiralstabes durch die Zentralratsmitglieder hervorgehoben. In den Ausführungen über konzeptionelle politische Gedanken des Ausschusses[64] für die künftige Ausgestaltung der Marine hieß es, sie solle »im sozialistischen Sinne« organisiert sein; die bisherige Rangordnung und die Abzeichen sollten beseitigt und es sollten Anordnungen für das Arbeiten der Soldatenräte erarbeitet werden. Hieraus konnte abgeleitet werden, daß der Ausschuß die Räte als einen festen Bestandteil der künftigen Marine betrachtete. Abschließend warnten die Verfasser der Denkschrift davor, »uns unsere revolutionäre Arbeit zu erschweren« und bezeichneten das »treueste Streben für die Ziele der jungen sozialistischen Republik« als ihr wichtigstes politisches Anliegen.

Die Denkschrift machte klar, daß der Zentralrat der Marine nicht daran dachte, lediglich als innermilitärischer Stoßdämpfer zwischen Offizieren und Mannschaften zu wirken, sondern daß er konkrete militär- und verfassungspolitische Ziele verfolgte. Er beanspruchte ein politisches Mandat zumindest in allen Marineangelegenheiten und war damit in der Tat das typische Beispiel eines politisierenden Soldatenrats. Hier lag denn auch der Kern der Attacken Noskes[65] und anderer SPD-Politiker, die eine über die Kontrollfunktion hinausgehende politische Betätigung der Räte strikt ablehnten. Hinzu kam als weiterer Stein des Anstoßes der Inhalt des politischen Programms. Zwar berief es sich vielfach auf das Erfurter Programm der SPD und bewegte sich im großen und ganzen durchaus im Rahmen der Politik der ersten

[62] BA-MA RM 23/6.

[63] Noske berichtet über diese Sitzung ausführlich in: Kiel bis Kapp, S. 49 f. Er teilt dort weiterhin mit, die Volksbeauftragten, besonders auch Haase (USDP), hätten die Anwesenheit dieser Körperschaft nicht gebilligt und ihm, Noske, anheimgegeben, »danach zu verfahren«, was wohl heißen sollte, dem Zentralrat gegenüber dessen Entbehrlichkeit zu betonen.

[64] Kurzfassung des politischen Programms des 53er Ausschusses vom 9. 12. 1918 in der genannten Denkschrift, S. 5. Ausführlich, wie oben erwähnt, bei R. Müller, Geschichte der deutschen Revolution Bd II, S. 192, sowie in: Ursachen und Folgen, Bd 3, Nr. 552, S. 32.

[65] So auch die Meinung von Dähnhardt, Revolution, S. 122 f.

Regierung der Volksbeauftragten, allerdings mit unverkennbarer Sympathie für die Richtung Haases (USPD)[66].

Auf die in der Denkschrift des Zentralrats gegen ihn erhobenen Vorwürfe reagierte Noske mit einem Schriftsatz[67], den er Ende Dezember 1918 in Kiel verbreiten ließ. Er wiederholte darin seine Anschuldigungen, der Rat habe »in geradezu sträflicher Weise den Geschäftsbetrieb des Reichs-Marine-Amtes behindert« und bezeichnete die Schilderung der fraglichen Ausschußsitzung als unwahr. Er habe dort mit Recht dagegen protestiert, daß seine Anwesenheit als Beigeordneter in jener Sitzung von einer Abstimmung im 53er Ausschuß abhängig gemacht wurde[68]. Insgesamt sei die Denkschrift ein »skrupelloses Machwerk« von Leuten, die den Ausschuß offenbar als Filiale der Unabhängigen Sozialdemokratie betrachteten.

Unter die in der Folgezeit andauernde Kontroverse zwischen Noske und dem Zentralrat der Marine vom Dezember 1918 wurde knapp zwei Monate später ein bürokratischer Schlußstrich gezogen, indem die Reichsregierung, die sich in dieser Angelegenheit auf den erwähnten Beschluß des Reichsrätekongresses berufen konnte, am 6. Februar 1919 anordnete, der Zentralrat der Marine sei von 53 auf 6 Mitglieder zu reduzieren[69]. Zugleich sperrte die Regierung die Mittel für Aufwandsentschädigungen der Ausschußmitglieder. Der 53er Ausschuß trat daraufhin geschlossen zurück[70]. Seine Kontrollaufgaben gingen an den Beigeordneten Carl Giebel[71] über, der als Nachfolger Vogtherrs seit dem 25. Januar als »Regierungsbevollmächtigter« im RMA arbeitete[72]. Gleichzeitig wurde verfügt, die Mitglieder des neuzubildenden 6er Rates hätten vor Aufnahme ihrer Tätigkeit schriftlich zu erklären, »daß sie sich auf den Boden der gegenwärtigen Regierung stellen und sich verpflichten, nichts gegen diese zu unternehmen, sondern sie in jeder Weise zu unterstützen«[73]. Die Kompetenzen des 6er Rates wurden erheblich beschnitten. In einer Bekanntmachung[74] hieß es, seine

[66] Vgl. hierzu auch die zurückhaltende, durchaus um Gerechtigkeit bemühte Einschätzung von R. Müller, Geschichte der deutschen Revolution II, S. 192 f. Müller hebt ausdrücklich hervor, daß der 53er Ausschuß nicht unter spartakistischem Einfluß stand.

[67] Gustav Noske, Der 53er Ausschuß. Anlage zum Gouvernements- und Stations-Tagesbefehl Nr. 52 vom 28. 12. 1918, BA-MA RM 31/v. 2394.

[68] Noske, Kiel bis Kapp, S. 50.

[69] Telegramm der Reichsregierung vom 6. 2. 1919, BA-MA RM 23/6, Bl. 8. Zum Konflikt insgesamt vgl. Huber, Verfassungsgeschichte, Bd 5, S. 942 f.

[70] Zwischen Revolution, S. XXXVI.

[71] Carl Giebel, SPD, Reichstagsabgeordneter, war von November 1918 bis Januar 1919 Beigeordneter bei der OHL. Vogtherr wurde auf eigenen Wunsch aus seiner Beigeordnetenstellung entlassen.

[72] Bekanntmachung des R. M. A. vom 25. 1. 1919, BA-MA RM 20/10, Bl. 209; ebenfalls BA-MA RM 8/36, Bl. 127.

[73] Bekanntmachung des R. M. A. vom 14. 2. 1919, BA-MA RM 23/6, Bl. 11.

[74] Bekanntmachung des R. M. A. betreffend die Tätigkeit des 6er Rates im Reichs-Marine-Amt vom 18. 2. 1919, ebda., Bl. 12.

Mitglieder würden »bei wichtigen Entscheidungen im Reichs-Marine-Amt zur Mitarbeit herangezogen«; im übrigen sollten sie – sozusagen als Vertrauensmänner – »Wünsche der Front, der Werften usw. zur Geltung bringen und somit ein vertrauensvolles Zusammenarbeiten zwischen diesen Stellen und dem Reichs-Marine-Amt gewährleisten«.

Übrig blieben also nur beratende Funktionen. Da diese Maßnahmen von den Unabhängigen nicht widerspruchslos hingenommen wurden – der USPD-Vorsitzende Hugo Haase und der ehemalige Beigeordnete im Reichsmarineamt, Ewald Vogtherr, kritisierten die Regierung diesbezüglich vor dem Plenum der Nationalversammlung –, ergriff Noske, inzwischen im Amte des Reichswehrministers, die Gelegenheit, die gegenüber dem Zentralrat der Marine gewählte Vorgehensweise noch einmal öffentlich zu rechtfertigen. Dabei vermied er es, das Zurückdrängen des 53er Ausschusses in den Zusammenhang der gegen die Soldatenräte insgesamt gerichteten Politik der Regierung zu stellen, und hob statt dessen auf das Finanzgebaren dieses speziellen Soldatenratsgremiums ab. Zuvor hatte Reichsfinanzminister Schiffer (DDP) in behutsamen Formulierungen den Standpunkt vertreten, es wäre »durchaus verfehlt, auch vom finanziellen Standpunkt aus, die Arbeiter- und Soldatenräte in Bausch und Bogen zu verdammen«, aber es habe auch Räte wie zum Beispiel den Zentralrat der Marine gegeben, deren Bezüge und Ausgaben doch zu denken gäben[75]. Noskes Sprache war da drastischer. Er nannte es eine »peinliche« Tatsache, »daß aus eigener Machtvollkommenheit[76] sich anfänglich 53 Mann, später 25 Mann im Marineamt festsetzten und sich dort eine monatliche Entlöhnung von 1215 Mark neben freier Wohnung und Kleidung, das heißt 14500 Mark Jahreseinkommen, sicherten und daß es in den letzten Tagen erst eines Machtgebots bedurft hat, um diese große Zahl von Leuten aus dem Marineamt zu entfernen«[77].

Tatsächlich stellten die Ausgaben dieses Soldatenrats einen kritikwürdigen Punkt dar. Er eignete sich daher besonders gut zur Stimmungsmache gegen die Räte. Worum es Noske in Wirklichkeit ging, zeigte seine wenige Tage später erlassene Verfügung, mit der die Auflösung sämtlicher Marineräte[78] angeordnet wurde. Die Begründung lautete, nach der Neuregelung der Kommandogewalt[79] und der fortge-

[75] Verhandlungen NV, Bd 326, 15. 2. 1919, S. 94 f.

[76] Dies war unzutreffend. Wie oben bereits erwähnt wurde, hatten die Mitglieder des Zentralrats der Marine eine hohe demokratische Legitimation. Vgl. Zwischen Revolution, S. XXXVI.

[77] Verhandlungen NV, Bd 326, 15. 2. 1919, S. 111.

[78] BA-MA RM 23/6, Bl. 15. Betroffen waren die »Obermarineräte, Oberstenmarineräte, Obermatrosenräte, Marineräte und Matrosenräte« in den Garnisonsstädten. Ihre Funktionen wurden den Marine-Entlassungsbüros übertragen. Nicht betroffen war der 6er Rat im RMA.

[79] Gemeint ist die Verordnung über die Regelung der Kommandogewalt. Vgl. dazu das

schrittenen Demobilmachung liege für das Weiterbestehen der Räte »keinerlei Berechtigung mehr« vor. Der 6er Rat beim Reichsmarineamt, der von dieser Regelung zunächst ausgenommen war, fristete dann noch eine Zeitlang ein unauffälliges Dasein, bis ihn Noske im Juni 1919 endgültig abschaffte und Vertrauensleute an seine Stelle setzte[80].

Nach diesem Ausblick auf das Frühjahr 1919, der erkennen läßt, wie Noske seine unterschwellig schon während des I. Rätekongresses artikulierte, gegen die Räte gerichtete Politik Schritt für Schritt verwirklichte, muß nun noch einmal auf seinen Auftritt vor dem Rätekongreß im Dezember 1918 zurückgeblendet werden. Denn wichtiger als seine Attacke gegen den Zentralrat der Marine war eigentlich, was Noske vor dem Rätekongreß *nicht* sagte. Der Marineexperte der MSPD, damals Gouverneur in Kiel, zugleich Beigeordneter im Reichsmarineamt, der Mann, der in militärpolitischen Angelegenheiten als einer der wenigen kompetenten Politiker der Sozialdemokratie gelten konnte, die auf dem Rätekongreß über eine breite Mehrheit verfügte, hatte zu den großen Debatten des Kongresses, die sich mit Militärproblemen befaßten, nichts anderes beizutragen als die geschilderte, zumindest dem Augenschein nach vordergründige und ziemlich kleinkarierte Kritik an der schwerfälligen Art und Weise, in welcher der 53er Ausschuß die Kontrolle des Geschäftsverkehrs im RMA handhabte. In die grundlegenden programmatischen Erörterungen einer künftigen demokratischen Militärpolitik, die zu der Beschlußfassung über die »Hamburger Punkte«[81] führten, schaltete sich Noske überhaupt nicht ein. Es wäre wohl zu simpel, anzunehmen, er habe dazu einfach keine Zeit gehabt. Ob es ihm völlig gleichgültig war, was der Rätekongreß beschloß, weil er zu diesem Zeitpunkt noch nicht Regierungsmitglied war und sich infolgedessen nicht in der Verantwortung sah, oder ob er sich bewußt zurückhielt, weil er nicht zu erkennen geben wollte, daß seine eigenen militärpolitischen Vorstellungen ganz anders gelagert waren, muß ebenfalls offen bleiben.

Wenn man die Tätigkeit der Beigeordneten in der Revolutionszeit insgesamt zu werten versucht, so wäre zu sagen, daß sie ihre Bewährungsprobe nicht bestanden haben[82], da sie kaum etwas zu bewirken vermochten. Gerade die Beigeordneten, die in die Militärbehörden de-

Kapitel VII/1 »Kommandogewalt und Soldatenräte: Die Verordnungen vom 19. Januar 1919«.

[80] Dies war eine Folge der »Organisatorischen Bestimmungen über die Bildung der vorläufigen Reichsmarine«, veröffentlicht in: Marineverordnungsblatt (MVBl) Nr. 17 vom 28. 5. 1919, Nr. 181. Zum Ende des 6er Ausschusses die Weisung des Chefs der Admiralität, v. Trotha, vom 8. 6. 1919, BA-MA RM 23/6, Bl. 19.

[81] Abgedruckt in: Allgemeiner Kongreß, S. 181.

[82] Miller, Bürde, S. 171.

legiert wurden, verfügten nicht über die erforderliche Kompetenz. Paul Göhre[83] etwa, der ins preußische Kriegsministerum entsandt wurde, war ein ehemaliger protestantischer Pfarrer, der von militärischen Dingen nur so viel verstand, wie er als Kriegsfreiwilliger des Weltkrieges gelernt hatte. Für den Kriegsminister, General Scheüch, stellte er kaum einen gleichwertigen Widerpart dar. Göhre unterzeichnete Verfügungen Scheüchs, auch wenn sie bei den Soldatenräten helle Empörung hervorriefen. Unnötigerweise ordnete er sich freiwillig den militärischen Gepflogenheiten unter, indem er sich zum Beispiel bereit erklärte, »in Uniform zu erscheinen«[84], obwohl er ja nicht als Reserveleutnant, sondern als Politiker im Range eines Unterstaatssekretärs fungierte. Der Zentralrat forderte schließlich seine Absetzung mit der Begründung, Göhre sitze »einfach da als Unterschreibungsmaschine«[85] und sei seiner Kontrollaufgabe ganz offensichtlich nicht gewachsen. Eine ähnlich unvorteilhafte Rolle spielte Carl Giebel als Regierungsvertreter bei der Obersten Heeresleitung[86]. Seine dortige Präsenz war ebenfalls nicht im geringsten dazu angetan, die Stellung der Regierung gegenüber dem Militär zu stärken. Als er am 24. Februar 1919 zurücktrat – die Regierung hob zu diesem Zeitpunkt generell die Einrichtung der Beigeordneten bei den Zentralbehörden auf[87] –, hatte er in der OHL kaum Spuren hinterlassen. Dasselbe muß über Noskes Tätigkeit als Beigeordneter im Reichsmarineamt gesagt werden, allerdings nicht aus denselben Gründen wie bei Göhre und Giebel. Denn Noskes Ernennung war unter dem Aspekt der Arbeitsbelastung von vornherein ein Mißgriff des Rates der Volksbeauftragten. Nach dessen eigenem Beschluß sollte ein Beigeordneter sein Amt »unter voller Einsetzung seiner Zeit und Arbeitskraft« ausüben[88]. Dazu war Noske als Gouverneur von Kiel jedoch aus zeitlichen wie auch räumlichen Gründen gar nicht in der Lage. Wenn die Regierung der Volksbeauftragten dennoch keine andere Lösung fand, so wirft dies ein bezeichnendes Licht auf die äußerst dünne Personaldecke sowohl der SPD als auch der USPD.

[83] Zu Göhre vgl. Regierung der Volksbeauftragten, Bd I, S. 7, Anm. 20; Zentralrat, S. 280 f., 298, 508; Miller, Bürde, S. 171.
[84] Aufzeichnungen Böhm, S. 61; vgl. auch Elben, Problem der Kontinuität, S. 138 f.
[85] Zentralrat, Nr. 41, Sitzung vom 9. 1. 1919, S. 281, Beitrag des Zentralratsmitglieds Kohl.
[86] Miller, Bürde, S. 180 f.
[87] Siehe die Bekanntmachung M 1183 des R.M.A. vom 24. 2. 1919, BA-MA RM 8/36, Bl. 180.
[88] Beschluß der Reichsregierung vom 28. 11. 1918. Zit. nach Noske, Erlebtes, S. 49 f.

3. Ernennung Noskes zum Volksbeauftragten für Heer und Marine

Als einer der führenden sozialdemokratischen Parlamentarier gehörte Noske am Ende des Weltkrieges zu jenen Politikern, die für den Fall einer Regierungsbeteiligung oder gar Regierungsübernahme durch die Sozialdemokratie für ein Ministeramt in Betracht kamen. Möglicherweise hätte man ihn bereits in die erste Regierung der Volksbeauftragten berufen, wenn er in Kiel abkömmlich gewesen wäre. Im Zusammenhang mit Überlegungen zu einer Regierungsbildung wurde Noskes Name schon zu einer Zeit genannt, als noch das letzte kaiserliche Kabinett des Prinzen Max von Baden amtierte. Diesem Kabinett gehörten mit Philipp Scheidemann und Gustav Bauer bekanntlich auch zwei Sozialdemokraten an. Prinz Max von Baden selbst war es, der in einer Sitzung seines Kabinetts am 8. November 1918 das Angebot machte, es könnten »unbedenklich mehr Sozialdemokraten in die Regierung aufgenommen werden, aber vielleicht andere, die weniger das Redetalent als ihre solide Tüchtigkeit emporgetragen hätte. Wir dachten an Noske[89].« Woran der Prinz dachte, hatte zu diesem Zeitpunkt allerdings kein politisches Gewicht mehr. Daher konnte auch Scheidemann die gegen ihn gerichtete Spitze – »Redetalent« – gelassen überhören.

Nach erfolgreichen Verhandlungen zwischen den Parteivorständen der SPD und der USPD wurde zwei Tage später die Revolutionsregierung des »Rates der Volksbeauftragten« gebildet. Es handelte sich um ein sechsköpfiges, paritätisch besetztes Gremium. Seitens der SPD gehörten ihm Friedrich Ebert, Philipp Scheidemann und Otto Landsberg an. Die USPD entsandte ihren Parteivorsitzenden Hugo Haase, den erfahrenen Parteisekretär Wilhelm Dittmann sowie Emil Barth aus dem Kreis der Revolutionären Obleute. In der SPD wäre man auch bereit gewesen, den bekanntesten Vertreter des linken Flügels der USPD, Karl Liebknecht, in das Revolutionskabinett aufzunehmen, den Scheidemann noch im Oktober 1918 als »typischen Bolschewisten« bezeichnet hatte[90]. Doch Liebknecht zog sein anfängliches Einverständnis zu einer Kandidatur[91] dann wieder zurück.

In der genannten Besetzung übte der Rat der Volksbeauftragten[92] et-

[89] Max von Baden, Erinnerungen, S. 618. Scheidemann und Bauer waren am 3. 10. 1918 als Staatssekretäre in das Kabinett Max von Baden eingetreten.

[90] In der Sitzung der Staatssekretäre beim Reichskanzler am 7. 10. 1918. Zit. nach Peter Lösche, Der Bolschewismus im Urteil der deutschen Sozialdemokratie 1903–1920, Berlin 1967, S. 143; fortan zit.: Lösche, Bolschewismus.

[91] Miller, Bürde, S. 94.

[92] Die Begriffe »Rat der Volksbeauftragten«, »Kabinett« und »Reichsregierung« wurden wechselweise ohne Bedeutungsunterschied verwendet.

wa sechs Wochen lang, vom 10. November bis zum 29. Dezember 1918, die Regierungsgeschäfte aus. Der vereinbarten Aufgabenverteilung[93] gemäß war Ebert für die politisch entscheidenden Gebiete der Innenpolitik und des Militärwesens zuständig; Haase, der sich mit Ebert gleichberechtigt den Vorsitz teilte, für Äußeres, Justiz und Kolonien; Scheidemann für Finanzen; Dittmann für Demobilisierung und Verkehrswesen; Landsberg für Presse und Nachrichtenwesen; Barth für Sozialpolitik. Mit dieser Aufgabenverteilung wurden die Volksbeauftragten jedoch nicht zu Ressortchefs, sondern sie bestimmten lediglich die Richtlinien der von den Ressorts auszuführenden Politik. Die alten bürgerlichen Staatssekretäre[94] – ein Element der Kontinuität – blieben in ihren Ämtern.

Während der kurzen Amtszeit dieses ersten Rates der Volksbeauftragten kam es zu mannigfachen persönlichen und politischen Konflikten zwischen den mehrheitssozialdemokratischen und den unabhängigen Regierungsmitgliedern[95] auf der einen Seite und den aus der Kaiserzeit übernommenen Staatssekretären auf der anderen. Mehrfach war im Zuge solcher Unstimmigkeiten von personellen Um- und Neubesetzungen die Rede. Immer wieder fiel dabei auch der Name Gustav Noske. Besonders Ebert hätte Noske, mit dem ihn ein enges politisches und persönliches Freundschaftsverhältnis verband, gerne in seiner Nähe gesehen.

Obwohl es tägliche Telefonkontakte zwischen Berlin und Kiel gab[96], hielt es Ebert Anfang Dezember für erforderlich, daß Noske nach Berlin kam. Dort erörterten die beiden Politiker neben den aktuellen Unstimmigkeiten im Rat der Volksbeauftragten eine Frage, die Ebert nicht ohne den langjährigen Marineexperten Noske entscheiden wollte, die Frage nämlich, was geschehen sollte, wenn der Staatssekretär des Reichsmarineamts, v. Mann, der die Eingriffe des 53er Ausschusses in seine Amtsgeschäfte nicht länger hinnehmen wollte, seinen mehrfach angekündigten Rücktritt wahr machen würde[97]. Nach dem Willen Eberts wäre Noske in diesem Falle Staatssekretär des Reichsmarineamtes geworden. Aber der Admiral blieb dann schließlich doch noch bis zum 14. Februar 1919 im Amt[98]. Noske versichert in seinen Revolutionserinnerungen glaubhaft, daß er Anfang Dezember 1918

[93] Festgelegt in der am 12. 11. 1918 erlassenen Geschäftsordnung. Text in: Die Regierung der Volksbeauftragten, Bd 1, S. XLV, Anm. 14. Zu den Aufgaben und Zuständigkeiten vgl. auch: Huber, Verfassungsgeschichte, Bd 5, S. 731 f.

[94] Namentlich aufgeführt in: Huber, Verfassungsgeschichte, Bd 5, S. 744 ff. Zur Problematik der Belassung im Amt vgl. Elben, Problem der Kontinuität.

[95] Vgl. R. Müller, Geschichte der deutschen Revolution, Bd III, S. 6.

[96] Dies berichtet Noske, Kiel bis Kapp, S. 49.

[97] Vgl. Noske, Kiel bis Kapp, S. 49; sowie das Protokoll der Kabinettssitzung vom 13. 12. 1918, Die Regierung der Volksbeauftragten, Bd 1, Nr. 55, S. 373.

[98] Vgl. die Niederschrift der Abschiedsrede v. Manns vom 14. 2. 1919, BA-MA RM 20/10, Bl. 248.

wenig Lust verspürte, in Berlin ein Regierungsamt zu übernehmen; denn es war nach seiner Auffassung »von größter Bedeutung, Kiel und damit die Hälfte der Marine fest in der Hand zu behalten«[99].

Am 15. Dezember 1918 reichte der preußische Kriegsminister, Generalleutnant Heinrich Scheüch, beim Rat der Volksbeauftragten und bei der preußischen Regierung sein Rücktrittsgesuch ein. Er tat dies aus ähnlichen Gründen wie Staatssekretär v. Mann vom Reichsmarineamt. Scheüch, der bei Revolutionsbeginn zunächst bereit gewesen war, sich mit der neuen Regierung zu arrangieren[100], fühlte sich dann in der Folgezeit in für ihn nicht hinnehmbarer Weise durch den Berliner Vollzugsrat der Arbeiter- und Soldatenräte sowie durch die Soldatenräte im preußischen Kriegsministerium in der Ausübung seines Amtes beeinträchtigt; gleichzeitig wollte er mit seinem Rücktritt gegen »das Mißtrauen und den Haß gegen das dienstbereite Offizierkorps« protestieren[101]. Dem Chef der Reichskanzlei, Curt Baake[102], der als sozialdemokratischer Vertrauensmann die Nachfolge des Unterstaatssekretärs Arnold Wahnschaffe angetreten hatte, unterbreitete Scheüch den Vorschlag, man solle doch den Generalleutnant Groener (OHL) zu seinem Nachfolger machen. Baake, der es für wünschenswert hielt, einen Politiker auf diesem wichtigen Posten zu sehen, fragte zurück: »Was würden Sie zu Noske als Kriegsminister sagen?« Dagegen hatte Scheüch, Tradition und militärfachlichem Denken verhaftet, Bedenken. Nur ein Offizier, meinte er zu Baake, sei mit dem Apparat des Kriegsministeriums genügend vertraut[103]. Der Rat der Volksbeauftragten und die preußische Regierung schleppten die Entscheidung über die Entlassung Scheüchs und seinen Nachfolger hin. Noske blieb nach wie vor im Gespräch. Die Volksbeauftragten sowie Baake strebten jetzt eine Lösung an, nach der ein Zivilist als Kriegsminister und unter ihm ein tüchtiger militärischer Unterstaatssekretär ernannt werden sollten. Favorit für die letztgenannte Position war Oberst Walther Reinhardt von der Demobilmachungs-Abteilung des Kriegsministeriums[104]. Tatsächlich trat dieser Offizier dann Anfang Januar 1919 die Nachfolge Scheüchs an.

In den Weihnachtstagen 1918 spitzten sich die politischen Verhältnisse in der Reichshauptstadt in dramatischer Weise zu. Ein seit länge-

99 Noske, Kiel bis Kapp, S. 49.

100 Seine Bereitschaft zum Verbleiben im Amt, für welche die Volksbeauftragten übrigens dankbar waren, beruhte allerdings nicht auf politischer Übereinstimmung, sondern auf dem Pflichtgefühl Scheüchs im Hinblick auf die fachbezogene Aufgabe der Demobilmachung. Vgl. hierzu Schmidt, Heimatheer, S. 339 f. und 345 ff.

101 Rücktrittsschreiben Scheüchs vom 15. 12. 1918 in: Aufzeichnungen Böhm, S. 107–109; Huber, Dokumente, Bd 3, Nr. 44; zur Interpretation vgl. auch Huber, Verfassungsgeschichte, Bd 5, S. 828.

102 Zur Person Baakes vgl. Die Regierung der Volksbeauftragten, Bd 1, Einleitung, S. L f.

103 Aufzeichnungen Böhm, Eintragung vom 15. 12. 1918, S. 107.

104 Ebda., Eintragungen vom 23. und 25. 12. 1918, S. 114 und 119 ff.

rer Zeit schwelender Konflikt zwischen der Regierung und einer revolutionär eingestellten Truppenformation, der sogenannten Volksmarinedivision, nahm gewaltsame Formen an, als sich der Rat der Volksbeauftragten weigerte, den Entlöhnungsforderungen der Volksmarinedivision nachzukommen und diese daraufhin den Berliner Stadtkommandanten Otto Wels (SPD) festsetzten. Die mehrheitssozialdemokratischen Volksbeauftragten gaben nun dem preußischen Kriegsministerium den Befehl, gewaltsam gegen die unbotmäßige Volksmarinedivision vorzugehen. Die Schießerei in der Nacht vom 23. auf den 24. Dezember endete mit einer Niederlage der schwachen und unmotivierten Truppen des Generalkommandos Lequis. Zugleich war dies ein blamabler Mißerfolg der mehrheitssozialdemokratischen Volksbeauftragen, die nun gezwungen waren, sich mit der Volksmarinedivision auf dem Vertragswege zu einigen[105]. Politisch schwerwiegender als dieser Gesichtsverlust war jedoch, daß die USPD-Kollegen im Rat der Volksbeauftragten, die an den Anordnungen nicht beteiligt worden waren, die Gewaltmaßnahmen ihrer Kabinettskollegen nunmehr scharf mißbilligten und mit dem Austritt aus der Regierung drohten. In dieser prekären Situation rief Friedrich Ebert am zweiten Weihnachtsfeiertag (26. Dezember 1918) erneut seinen Freund Noske in Kiel an und ließ ihn wissen: »Komm sofort her, ich muß mit Dir reden[106]!« Noske glaubte, er werde einen Tag später wieder nach Kiel zurückreisen können. Aber es sollte anders kommen.

Nach seinem Eintreffen in Berlin am 27. Dezember nahm Noske, der den Konteradmiral v. Trotha aus Kiel mitgebracht hatte, zunächst an einer Krisensitzung in der Reichskanzlei[107] teil. Gegenstand der Beratungen war ausschließlich die politische Lage, die sich aus dem allseits erwarteten Ausscheiden der USPD-Volksbeauftragten aus der Regierung ergeben würde. Für Noske gab es keine Zweifel, daß in diesem Falle die Mehrheitssozialdemokraten eben allein regieren müßten. Im Hinblick auf die vorweihnachtlichen Schießereien und die ihnen folgenden Demonstrationen in der Reichshauptstadt erklärte Noske aus eigenem Antrieb, er habe in Kiel mehrere tausend zuverlässige Matrosen hinter sich und sei gegebenenfalls bereit, die Regierung in Berlin mit »seinen Kieler Matrosen herauszuhauen«. Falls Berlin nicht gehalten werden könne, empfahl Noske, müsse die Regierung an einen sicheren Ort ausweichen, dort die erforderlichen Truppen zusammenstellen und mit diesen dann Berlin wieder »nehmen«. Den Aufzeich-

[105] Text des Vertrages vom 24. 12. 1918 in: Schultheß EGK 1918 I, S. 597; vgl. auch Huber, Verfassungsgeschichte, Bd 5, S. 903.

[106] Dies berichtete Noske in seinem Nachruf auf Ebert 1925.

[107] Die Aufzeichnungen Böhm, Eintragung vom 27. 12. 1918, S. 121, enthalten einen ausführlichen Bericht über diese ansonsten kaum belegte Sitzung in der Reichskanzlei. Die Besprechung findet auch eine kurze Erwähnung in: Noske, Kiel bis Kapp, S. 63.

nungen des in dieser Sitzung anwesenden Adjutanten des preußischen Kriegsministers, Hauptmann Böhm, zufolge, trat Noske dann noch einmal »sehr energisch dafür ein, zu schießen, wenn sich dies zur Wiederherstellung der Ordnung als notwendig erweisen sollte, und zwar auf jeden, der der Truppe vor die Flinte läuft. Ohne Blut sei die Sache eben nicht zu machen[108].«

Mit der Bemerkung »So ändern sich die Zeiten«[109] kommentierte der preußische Kriegsminister Scheüch hernach die Kraftsprüche Noskes und spielte damit wohl auf Äußerungen des früheren Kaisers Wilhelm II. an, der mehrfach öffentlich gedroht hatte, er werde notfalls das Heer gegen das sozialdemokratische »Gift« einsetzen[110]. Auf Böhm, den Adjutanten Scheüchs, machte Noske in dieser Sitzung »einen guten, ruhigen Eindruck«; mit Genugtuung stellte er fest, daß er und auch die anderen »leitenden Köpfe in der Sozialdemokratie fest entschlossen sind, dem Bolschewismus und den Unabhängigen das Feld in der Regierung nur nach Kampf zu überlassen, die Zeit der Kompromisse endlich zu beenden und sich von den Unabhängigen zu trennen«[111].

Wenig später sollte Noske dann – bei der blutigen Niederschlagung der Januarunruhen in Berlin[112] – wahrmachen, womit Wilhelm II. nur gedroht hatte: Er setzte das Militär zum Kampf gegen den innenpolitischen Gegner ein, wobei seine Sicht der aktuellen Konfliktlage sich kaum von der des soeben zitierten Offiziers unterschied. Noskes Aussagen in der Krisensitzung am 27. Dezember 1918 verdienen besondere Beachtung, weil sie das Erklärungsmuster für seine spätere Politik enthalten: Erstens betrachtete Noske die Aufgabe des »Ordnungschaffens« schon damals nicht als eine polizeiliche Angelegenheit; sondern er dachte sofort an den Einsatz von Militär. Zweitens zeigte sich bereits hier seine Neigung, eine Konfliktsituation nicht im Hinblick auf Kompromißmöglichkeiten zu betrachten, sondern im energischen Gewalteinsatz das einzig angemessene Konfliktlösungsmittel zu sehen.

Ebert, Scheidemann und Landsberg, die offenbar bereits fest mit einem alsbaldigen Auseinanderbrechen der Koalition mit den Unabhängigen rechneten, verlangten in dieser Sitzung von Noske, nicht wieder nach Kiel zurückzukehren, sondern in Berlin zu bleiben[113], um für die

[108] Aufzeichnungen Böhm, S. 121; Bestätigung in: Noske, Kiel bis Kapp, S. 63, wo dieser sich erinnerte, er habe die Genossen in der Reichskanzlei gemahnt, »daß unter allen Umständen der Versuch gemacht werden müsse, Ordnung zu schaffen«.

[109] Aufzeichnungen Böhm, Eintragung vom 27. 12. 1918, S. 122.

[110] Vgl. etwa die berühmte Rekrutenansprache Wilhelms II. am 23. 11. 1891 in Potsdam, Schultheß EGK 1891, S. 141.

[111] Aufzeichnungen Böhm, S. 122.

[112] Vgl. hierzu das nachfolgende Kapitel.

[113] Noske, Kiel bis Kapp, S. 63. Daß Noske sich nicht in das Amt des Volksbeauftragten drängte, bestätigt Rudolf Wissell in seinen Memoiren: »Sein Einwand, er sei in Kiel unabkömmlich, fand kein Gehör.« Rudolf Wissell, Aus meinen Lebensjahren, Berlin 1983, S. 147.

Übernahme eines Regierungsamts zur Verfügung zu stehen. Noske sträubte sich zunächst. Er verspüre keine Neigung, sagte er zu den drei Volksbeauftragten, »in kurzer Zeit abzuwirtschaften, wie das jedem Manne passieren müsse, der jetzt in die Regierung eintrete«[114]. Aber schließlich ließ er sich dann doch in die Pflicht nehmen.

Der Austritt der USPD-Volksbeauftragten Haase, Dittmann und Barth aus dem Rat der Volksbeauftragten erfolgte in der Nacht vom 28. zum 29. Dezember 1918. Sie begründeten ihren Schritt, der im Ablauf der revolutionären Übergangszeit vom Kaiserreich zur Weimarer Republik eine schwerwiegende Zäsur darstellte, fast ausschließlich mit Argumenten, die das Verhältnis der sozialdemokratischen Parteien zum Militär und zum Militarismus betrafen[115]. Eine Anlehnung der Regierung an die Generäle und an die Reste des alten stehenden Heeres, wie sie von den mehrheitssozialdemokratischen Volksbeauftragten in den Weihnachtskämpfen gesucht worden war, lehnten die USPD-Politiker klar ab. Sie drängten auf restlose Beseitigung des Militarismus noch vor dem Zusammentritt der Nationalversammlung. Die Kontroverse um die Gewaltmaßnahmen gegen die Volksmarinedivision stellte also nur den aktuellen Anlaß zum Verlassen des Regierungsbündnisses dar. Dahinter standen, wie angedeutet, grundsätzliche Meinungsverschiedenheiten in den anstehenden Militärfragen, aber auch unterschiedliche Auffassungen über die in der Revolution anzustrebenden politischen Ziele, und nicht zuletzt waren Spannungen innerhalb der USPD[116] eine Ursache für die Aufkündigung des Regierungsbündnisses.

Das Rest-Kabinett und der Zentralrat berieten nun unverzüglich über die notwendig gewordene Ergänzung des Rates der Volksbeauftragten. Daß auch Ebert, Scheidemann und Landsberg zurücktraten, war eine Formalität, um dem Zentralrat in der Frage der Neuberufung freie Hand zu lassen[117]. Die Vorstellung, daß auch die SPD-Volksbeauftragten die Flinte ins Korn werfen könnten, existierte nicht, wohl aber die Gewißheit, daß der Zentralrat sie neuerlich bestätigen würde. Eine Regierungskoalition mit bürgerlichen Parteien stand zu diesem Zeitpunkt nicht zur Debatte.

In den nun einsetzenden Personaldiskussionen wurde Noske gleich

[114] Noske, Kiel bis Kapp, S. 63, sowie ders., Erlebtes, S. 82.

[115] Text der Rücktrittserklärung der USPD-Volksbeauftragten in: Die Regierung der Volksbeauftragten, Bd 2, Nr. 81, S. 137 f.; sowie in: R. Müller, Geschichte der deutschen Revolution, Bd III, S. 213 f.

[116] Miller, Bürde, S. 214 f.; im Gegensatz zur Darstellung Millers steht die Aussage von Scheidemann, daß die MSPD-Volksbeauftragten es waren, die bereits seit dem 29. 11. 1918 auf einen Bruch mit den Unabhängigen hinarbeiteten. Siehe: Walter Wimmer, Ein Blatt aus Scheidemanns Tagebuch. In: Beiträge zur Geschichte der deutschen Arbeiterbewegung 1959/2, S. 368–371.

[117] Die Regierung der Volksbeauftragten, Nr. 85, S. 145; zur Berufungskonferenz des Zentralrats vgl. Huber, Verfassungsgeschichte, Bd 5, S. 844 und 910.

von mehreren Seiten in Vorschlag gebracht und offenbar auch allseits akzeptiert. Lediglich im Zentralrat gab es das Votum des Delegierten Robert Pfaff aus Kiel, der davor warnte, Noske, der in der Ostseestadt »der reinste Herrgott« sei, von dort fortzunehmen[118]. Philipp Scheidemann sprach die Mahnung aus, die Wahl der neuen Regierungsmitglieder sorgfältig zu treffen; denn nicht jeder wolle in diesen Hexenkessel hineingehen, in dem jeder in Gefahr stehe, zum »Bluthund« zu werden[119]. Die Entscheidungen fielen dann in der Nacht vom 28. auf den 29. Dezember. Der Zentralrat berief Noske, der den bisher Ebert zugeordneten Bereich »Heer und Marine« übernahm, und Wissell, der für Sozialpolitik zuständig wurde. Paul Löbe, Parteiredakteur in Breslau – in den 20er Jahren wurde er Reichstagspräsident –, der ebenfalls berufen werden sollte, verweigerte die Annahme des Amtes[120]. Ebert behielt die Verantwortung für die Innenpolitik und Scheidemann wurde zuständig für die Außenpolitik. Den Vorsitz in dem nunmehr fünfköpfigen Kabinett teilten sie sich.

Noske hat sich nach dieser politischen Spitzenposition nicht gedrängt. Er wurde vielmehr gedrängt, und zwar mit der Begründung, daß ein Mann seiner Autorität, Entschlossenheit und Erfahrung[121] im Kabinett dringend gebraucht werde und er daher seine persönlichen Wünsche, nämlich die Rückkehr nach Kiel, hintanstellen müsse. Bei Noskes eigenen Überlegungen spielten Karrieregesichtspunkte höchstens insoweit eine Rolle, als er, genau wie Scheidemann, den Volksbeauftragten-Posten als einen politischen Schleudersitz ansah. Es muß also letzten Endes Pflichtgefühl gewesen sein, das ihn veranlaßte, sich dem Drängen seiner politischen Freunde schließlich doch nicht zu entziehen.

Welche Vorstellungen machte sich Noske von seinen Aufgaben als Volksbeauftragter für Heer und Marine, als er am 29. Dezember 1918 in das Revolutionskabinett eintrat? Was die gesetzgeberischen Maßnahmen des ersten Rates der Volksbeauftragten anlangte, so bot sich ihm ein nicht gerade leicht zu entwirrendes Bild. Da gab es das nach vorne weisende Volkswehr-Gesetz vom 12. Dezember, um dessen sachgerechte Ausführung sich jedoch offensichtlich niemand kümmerte. Weiterhin fand er mit den »Hamburger Punkten« eine militärpolitische Beschlußlage vor, hinter der das politische Gewicht des Reichsrätekongresses stand. Noske wußte, daß sowohl das Kabinett als auch der Zentralrat zu der Auffassung gelangt waren, es sei am besten,

118 Gemeinsame Sitzung von Kabinett und Zentralrat in der Nacht 28./29. 12. 1918. Protokoll in: Die Regierung der Volksbeauftragten, Bd 2, Nr. 83, S. 142.

119 Scheidemann-Beitrag ebda.

120 Zu seinen Gründen vgl. ebda., S. 143, Anm. 2, sowie Einleitung, S. XLI f.

121 So die Charakteristik von Matthias in: Die Regierung der Volksbeauftragten, Bd 1, Einleitung, S. XL.

diese radikalen Forderungen stillschweigend zu den Akten zu legen; doch sah man auch, daß die dilatorische Behandlung des Problems bald zu schweren politischen Konflikten mit den Unabhängigen führen würde, die ihren Austritt aus dem Kabinett dann in der Tat unter anderem mit der Verschleppungstaktik begründeten, die Ebert und seine Freunde den »Hamburger Punkten« hatten angedeihen lassen. Schließlich fand Noske das Faktum vor, daß der Rat der Volksbeauftragten bereits seit Beginn der Revolution mit der Obersten Heeresleitung zusammenarbeitete und mit ihr Vereinbarungen über die Kompetenzen der Soldatenräte und die Kommandogewalt der Offiziere getroffen hatte, die in deutlichem Gegensatz zu den Beschlüssen des Rätekongresses standen. Es bleibt also mit Nachdruck festzuhalten, daß es nicht Noske war, der nach seinem Eintritt ins Kabinett die monarchistischen Generäle wieder rief und das militärpolitische Reformprogramm des Rätekongresses boykottierte. Diese Politik fand er bereits vor, als er sein Amt antrat. Er setzte sie nur zielstrebig fort.

Aber gegen Ende des Jahres 1918 beschäftigten Noske und seine Kabinettskollegen die tagespolitischen Sorgen stärker als die perspektivische Gestaltung künftiger republikanischer Verhältnisse. Besonders Noske selbst sah seine Aufgabe genau so pragmatisch, wie seine politischen Freunde, die ihn seit mehr als einem Jahrzehnt kannten, das von ihm erwarteten. Der neue Mann im Kabinett wollte in Berlin wie im Reich insgesamt zunächst einmal »etwas für die Herstellung geordneter Zustände«[122] leisten. Denn der Zustand des Reiches war – nach seinen eigenen Worten – »chaotisch«, und in Berlin gab es den »Unfug lärmender Demonstrationen der von Liebknecht und seiner Gefolgschaft aufgehetzten Teile der Berliner Bevölkerung«. Es kam also darauf an, »in Berlin und dann im Reich mit allen Mitteln Ordnung zu schaffen«[123].

Man muß sich nun allen Ernstes fragen, ob Noske mit diesen Vorstellungen von seinen Aufgaben als Mitglied des Rates der Volksbeauftragten, das für Heer und Marine verantwortlich war, nicht von Beginn an einem folgenschweren Mißverständnis zum Opfer fiel. Geht aus seinen Formulierungen nicht hervor, daß er das Amt des Militärministers – um einmal dieses andere Wort zu benutzen – mit dem Amte des Innenministers verwechselte, der über die Polizei verfügte? War mit dieser Sicht der Dinge – daß es darum gehe, mit allen Mitteln, also auch mit militärischen, Ordnung im Innern zu schaffen – der Bürgerkrieg nicht schon ein Stück weit vorprogrammiert? Noske selbst hat über Fragen dieser Art auch später nicht reflektiert, obwohl

[122] Noske, Kiel bis Kapp, S. 65.
[123] Noske, Erlebtes, S. 82 f. Zu Noskes Gleichsetzung von Bolschewismus und Chaos vgl. das nachfolgende Kapitel über die Berliner Januarunruhen.

man ihm in den zwanziger Jahren seitens der Reichsbanner-Führung Vorhaltungen machte, die in diese Richtung gingen. Daher ist auch aus Noskes rückblickenden Betrachtungen kein Aufschluß über die Ursachen dieser problematischen Sicht der Aufgaben eines für das Militär verantwortlichen Volksbeauftragten und späteren Reichswehrministers zu gewinnen.

4. Die militärische Niederschlagung des Januaraufstandes in Berlin

Nach dem Ausscheiden der Unabhängigen aus dem Revolutionskabinett sah es die – nunmehr rein mehrheitssozialdemokratische – Regierung für erforderlich an, noch einmal öffentlich zu bekräftigen, daß sie die Absicht habe, »die Volkswehr mit allen Mitteln zu fördern«[124]. Die Volksbeauftragten ahnten wohl, daß ihre Untätigkeit auf dem Gebiete militärpolitischer Reformen, wie sie der Rätekongreß mit den »Hamburger Punkten« gefordert hatte, selbst bei der mehrheitssozialdemokratisch eingestellten Arbeiterschaft auf zunehmende Kritik stieß. Damit bestand die Gefahr, daß die Enttäuschung über das Ausbleiben einer sichtbaren Abrechnung mit dem verhaßten »Militarismus« selbst die eigenen Anhänger radikalisierte.

Mit der erwähnten öffentlichen Erklärung war der Aufgabenbereich des neuen Volksbeauftragten Noske angesprochen. Dieser machte jedoch keinerlei Anstalten, die Durchführung des Volkswehr-Gesetzes auch nur anzupacken. Es drängt sich daher der Verdacht auf, daß das neuerliche Bekenntnis zur Volkswehr ein lediglich taktisch eingesetztes Mittel war, um die Öffentlichkeit zu beruhigen. Als sich die Regierung und der Zentralrat am 3. Januar zum ersten Mal im neuen Jahr zu gemeinsamen Beratungen trafen[125], vertrat Noske – ohne das Wort Volkswehr auch nur zu erwähnen – die Auffassung, der Rat der Volksbeauftragten müsse »mit allem Nachdruck Freiwillige auf die Beine bringen« und eine »neue Armee« bilden. Damit es aber nicht, wie bisher, bei bloßen Absichtserklärungen blieb, präsentierte er seinen Kabinettskollegen sogleich den Entwurf eines Aufrufes zur Bildung einer Freiwilligen-Armee[126], in dem wiederum keine Beziehung zum Volks-

[124] Aufruf der Reichsregierung an das deutsche Volk vom 29. 12. 1918. Veröffentlicht u. a. in: Vorwärts Nr. 358 vom 30. 12. 1918; Wiederabdruck in: Ritter/Miller, Die deutsche Revolution, S. 170 f.; Die Regierung der Volksbeauftragten, Bd 2, Nr. 85, S. 145 f.

[125] Protokoll der Sitzung in: Die Regierung der Volksbeauftragten, Bd 2, Nr. 93, S. 183–191, hier: S. 185.

[126] Text ebda., S. 185 f.

wehr-Gesetz vom 12. Dezember hergestellt wurde. Hinsichtlich der Aufgaben, die von der geplanten Freiwilligen-Armee erfüllt werden sollten, blieb der Text auffällig vage. Obwohl nur von Grenzschutzaufgaben im Osten die Rede war und eine mögliche Ordnungsaufgabe im Innern nicht erwähnt wurde, argwöhnte der Vorsitzende des Zentralrats, Robert Leinert (SPD), der Aufruf sehe »zu sehr danach aus, als wollten wir für die Regierung eine Schutztruppe gegen die Unabhängigen und die Spartakusgruppe schaffen«[127]. Außerdem entging es Leinert nicht, daß die alte sozialdemokratische Volkswehr-Idee in diesem Schriftsatz keinen Niederschlag gefunden hatte. Er wollte daher von Noske eine Erläuterung des Unterschieds dieser von ihm anvisierten Freiwilligen-Armee zu den stehenden Heeren haben[128], die von der Sozialdemokratie seit den sechziger Jahren des vorigen Jahrhunderts bekämpft worden waren. Dem überlieferten Protokoll dieser Sitzung ist nicht zu entnehmen, ob und in welcher Weise dieser Punkt vertieft worden ist. Wir wissen lediglich, daß Regierung und Zentralrat – trotz der geäußerten Bedenken – den von Noske vorgelegten Entwurf schließlich billigten.

Eine weitere Begebenheit belegt, wie wenig sich Noske um die vorhandene gesetzliche Grundlage scherte und seine eigenen Wege ging. Sie ist überliefert von Oberst van den Bergh, einem Offizier aus dem preußischen Kriegsministerium, der zu den wenigen Offizieren gehörte, die sich aus politischer Überzeugung in den Dienst der Republik stellten. Van den Bergh machte Noske in den ersten Januartagen 1919 den Vorschlag, einen neuen Volkswehr-Aufruf zu konzipieren. Dem sozialdemokratischen Volksbeauftragten für Heer und Marine hätte es gewiß niemand verübelt, wenn er sich nun angenehm überrascht gezeigt hätte über diese für einen preußischen Offizier nicht gerade selbstverständliche Initiative, und wenn er sich diesen Mann in seine nähere Umgebung geholt hätte. Aber Noskes Reaktion war ganz anders. Er lehnte den Vorschlag rundweg ab, und zwar mit dem fadenscheinigen Argument, daß er dann ein Programm bringen müsse, das noch gar nicht feststehe[129]. Mit anderen Worten: Noske wollte gegenüber van den Bergh nicht zu erkennen geben, daß er den vom Volkswehr-Gesetz vorgezeichneten Weg nicht für gangbar hielt, sondern sich längst entschieden hatte, unter Verzicht auf jegliche Reformideen und unter vollständiger Desavouierung der »Hamburger Punkte« in möglichst kurzer Zeit eine Freiwilligen-Armee aufzubauen, die nur einem Kriterium genügen mußte, nämlich dem der Einsatzfähigkeit im Dienste der Regierung. So erklärt sich der Tatbestand, daß Noske be-

[127] Ebda., S. 186.
[128] Ebda., S. 187.
[129] BA-MA N 112/11, S. 36 ff.; zum Zusammenhang vgl. auch Kluge, Soldatenräte, S. 250.

reits vor der Absegnung seines Freiwilligen-Aufrufs im Kabinett »ohne Skrupel jeden Offizier, egal welcher Gesinnung, unterstützte, solange dieser in der Lage war, eine einsatzbereite Truppe aufzubauen und zu führen«[130]. Da für ihn allein die Verwendbarkeit einer Truppe zählte, basierend auf Disziplin und militärischer Sachkompetenz, wischte er sämtliche Ideen und Forderungen vom Tisch, die traditionellen militärischen Grundsätzen zu widersprechen schienen.

Bereits vor dem Jahreswechsel ließ Noske, wie bereits erwähnt[131], die Kieler »Eiserne Brigade« aufstellen. In der Reichshauptstadt bildete der Oberst Wilhelm Reinhard[132] – nicht zu verwechseln mit dem preußischen Kriegsminister, Oberst Walther Reinhardt –, zum selben Zeitpunkt sein »Freiwilligenregiment Reinhard«, das später in »Freiwilligen-Korps Berlin« umbenannt wurde[133]. Anfang Januar wurde diese Tätigkeit durch eine Anordnung Noskes gedeckt und gefördert[134]. Im Lager Zossen nahe Berlin traf Ende Dezember eine andere Freikorps-Formation ein, nämlich das »Freiwillige Landesjägerkorps« des Generalmajors Georg Maercker[135]. Über das Verhältnis der sozialdemokratischen Volksbeauftragten zu diesem Freikorps ist eine charakteristische Episode überliefert. Ebert und Noske fuhren am 4. Januar ins Zossener Lager, um sich über den Zustand der Truppe zu informieren und zu den Soldaten zu sprechen. Maercker berichtet: »Sie waren freudig erstaunt, wieder ›richtige Soldaten‹ vor sich zu sehen. Als sie die Truppen von allen Seiten mit klingendem Spiel in fester, strammer Haltung heranrücken sahen, beugte sich Noske zu Ebert herab und sagte: ›Sei nur ruhig, es wird alles wieder gut werden‹[136].« Im Februar 1919 wurde das Freiwillige Landesjägerkorps dann mit dem Schutz der in Weimar tagenden Nationalversammlung beauftragt.

Die geschilderte Szene im Zossener Lager zeigte, in welche Sackgasse sich die sozialdemokratischen Volksbeauftragten hineinmanövriert hatten. Alles, was es in Berlin und im Reich zu dieser Zeit noch an revolutionären Impulsen gab, war ihnen zutiefst suspekt. Ebenso mißtrauten sie den verschiedenen militärischen Formationen, die sich in der Reichshauptstadt seit dem November des Vorjahres zum Schutze

[130] Dähnhardt, Revolution, S. 156, demonstriert diesen Sachverhalt am Beispiel des im Frühjahr 1919 in Kiel aufgestellten Freikorps Loewenfeld. Vgl. dazu Kapitel V/5.
[131] Vgl. Kapitel V/6.
[132] Daten zur Person in: Das Deutsche Führerlexikon 1934/35, Berlin 1934, S. 375.
[133] Wirren, S. 49; siehe auch: Die Regierung der Volksbeauftragten, Bd 2, S. 38, Anm. 13.
[134] Das genaue Datum ist nicht zu ermitteln. Reinhard teilte dem preußischen Staatsministerium in einem Brief vom 9. 1. 1919 mit, er sei von Noske mit der Aufstellung eines Freiwilligenregiments beauftragt worden. Siehe: Die Regierung der Volksbeauftragten, Bd 2, Nr. 38, Anm. 14.
[135] Vgl. Wirren, S. 50.
[136] Georg Maercker, Vom Kaiserheer zur Reichswehr, Leipzig 1921, S. 64; fortan zit.: Maercker, Vom Kaiserheer.

der Revolution gebildet hatten[137]. Die radikalen Reformvorschläge des Rätekongresses, ja selbst ihr eigenes Volkswehr-Gesetz empfanden sie jetzt als eine politische Belastung, weil sie einem Arrangement mit dem Militär – repräsentiert durch Oberste Heeresleitung und preußisches Kriegsministerium – im Wege standen. Nach Ansicht von Ebert und Noske gab es zu dieser Zusammenarbeit mit den Offizieren keine realistische Alternative. Überdies hielten sie es auch gar nicht für wünschenswert, sich diese einflußreiche gesellschaftliche Gruppe zum innenpolitischen Gegner zu machen. Sie wollten mit ihr zusammenarbeiten und damit ein Stück Kontinuität bewahren. Das bedeutet zugleich, daß sie den Bruch mit dem Militarismus[138] und damit auch einen wirklichen Neuanfang letztlich gar nicht wollten. Jahrzehntelang ist die Behauptung verbreitet worden, die Januarunruhen 1919 in Berlin – häufig als »Spartakusaufstand« bezeichnet – hätten Noske keine andere Wahl gelassen, als Freikorps zu bilden, was nur unter Rückgriff auf die »kaiserlichen« Offiziere möglich gewesen sei. Noske und die Offiziere, so diese Sicht der Dinge, hätten Deutschland damals vor dem Bolschewismus gerettet. In nicht geringem Maße hat Noske selbst an dieser Interpretation des Geschehens mitgewirkt. Er behauptete später, Berlin habe im Januar 1919 »unmittelbar vor der bolschewistisch-proletarischen Diktatur« gestanden, und nur mit den von ihm aufgestellten Truppen habe diese Gefahr dann überwunden werden können[139].

Bekanntlich hat dieses Deutungsmuster dann seinerseits Geschichte gemacht. Denn bis in die fünfziger und sechziger Jahre hinein hat es das Geschichtsbild über die deutsche Revolution geprägt. Seitdem konnte jedoch eine gründliche wissenschaftliche Erforschung des Revolutionsgeschehens[140] den Nachweis erbringen, daß sich die damalige politische Lage durchaus anders darstellte. Dies wird in den folgenden Kapiteln noch eingehend darzulegen sein. Nach unserem heutigen Kenntnisstand läßt sich jedenfalls sagen, daß die von Noske behauptete Gefahr einer unmittelbar bevorstehenden bolschewistischen Machtübernahme tatsächlich weder zu diesem Zeitpunkt noch zu einem an-

137 Vgl. hierzu Kapitel VI/7.

138 Im Sinne einer Entmachtung des »kaiserlichen« Offizierkorps als einer bislang in Staat und Gesellschaft dominierenden Gruppe.

139 Noske, Abwehr, S. 35 ff. Auch Philipp Scheidemann stellte sich in seinen 1928 erschienenen Memoiren, Bd 2, S. 310 ff., als Retter Deutschlands vor dem Bolschewismus dar. Beide Politiker projizierten damit zehn Jahre nach den Ereignissen eine politische Gegnerschaft und innenpolitische Machtkonstellation auf die Revolutionszeit zurück, die so damals nicht bestanden hat. Siehe dazu auch Lösche, Bolschewismus, S. 167.

140 Vgl. dazu die vorzüglichen Zusammenfassungen der neueren Revolutionsforschung durch Eberhard Kolb, Arbeiter- und Soldatenräte in der deutschen Revolution. In: Michael Salewski (Hrsg.), Die Deutschen und die Revolution, Göttingen, Zürich 1985, S. 301–319, und Rürup, Demokratische Revolution.

deren bestand. Seine Sicht muß daher als eine historische Legende qualifiziert werden. Indem er sie zehn Jahre nach den Ereignissen in seinem Buchbeitrag »Die Abwehr des Bolschewismus«[141] einer breiten Öffentlichkeit präsentierte, machte Noske den verständlichen Versuch, die gesamte von ihm zu verantwortende Politik – besonders sein extrem hartes, gewaltsames Vorgehen gegen die ›linken‹ Gegner der mehrheitssozialdemokratischen Revolutionsregierung – noch einmal zu rechtfertigen.

Da diese Probleme den Kern der Noske-Politik berühren und da von ihrer Klärung in beträchtlichem Maße das historische Urteil über diesen sozialdemokratischen Politiker abhängig ist, scheint es angebracht zu sein, hier einiges über die Rolle der Bolschewismusfurcht in der deutschen Revolution auszuführen[142]. Im Hinblick auf Noske wie auch auf die anderen führenden mehrheitssozialdemokratischen Politiker der Revolutionszeit ist dabei besonders die Frage von Interesse, ob ihre Bolschewismusfurcht echt war oder ob sie von ihnen bloß taktisch als Propaganda- und Diffamierungsinstrument eingesetzt wurde.

Wie wir den historischen Quellen des Spätjahres 1918 entnehmen können, beurteilten nicht wenige Politiker der SPD ziemlich pauschal alle jene Kräfte, welche die Revolution weitertreiben wollten, nach bestimmten, bereits zum Klischee erstarrten Kriterien, welche schon recht deutlich die Konturen eines Feindbildes erkennen ließen. Das Schwarzweißschema wurde etwa so gezeichnet: Spartakus gleich Bolschewismus, gleich Gewalt, Chaos, Terror und Bürgerkrieg. Konkret wurde die radikale Linke beschuldigt, sie wolle die parlamentarisch-demokratische Neuordnung mit Gewalt verhindern. Dies wurde behauptet, obwohl den verschiedenen Gruppen der revolutionären Linken[143] in den ersten beiden Monaten nach der Novemberrevolution Gewaltaktionen tatsächlich nicht nachgewiesen werden konnten[144]. Wie aber war es dann zu diesem Feindbild gekommen?

[141] Noske, Abwehr, S. 35 ff.

[142] Bereits untersucht in Wolfram Wette, Frieden durch Revolution? Das Scheitern der Friedenskonzeption der radikalen Linken in der deutschen Revolution von 1918/19, in: W. Huber und J. Schwerdtfeger (Hrsg.), Frieden, Gewalt, Sozialismus, Stuttgart 1976, S. 282–357, hier Abschnitt 6 »Zur Rolle der Bolschewismusfurcht in der Novemberrevolution«, S. 315–322; fortan zit.: Wette, Frieden durch Revolution. Einschlägig weiterhin Lösche, Bolschewismus. Peter Borowski, Die »bolschewistische Gefahr« und die Ostpolitik der Volksbeauftragten 1918/19. In: Industrielle Gesellschaft und politisches System, Bonn 1978, S. 389–403; fortan zit.: Borowski, Die »bolschewistische Gefahr«, weist nach, daß die Regierung der Volksbeauftragten das Bild von der »bolschewistischen Gefahr« außenpolitisch als Instrument einsetzte, um die Beziehungen zu den Westmächten zu verbessern. Die Franzosen, Engländer und Amerikaner durchschauten dies jedoch. Sie waren der Ansicht, daß die Regierung der Volksbeauftragten die »bolschewistische Gefahr« aus taktischen Gründen maßlos übertrieb (ebda., S. 402 f.).

[143] Vgl. im einzelnen Wette, Frieden durch Revolution, S. 294 ff., Kapitel »Minoritäten ohne Massenbasis: Die Organisation der revolutionären Linken«.

[144] Siehe ebda., S. 317.

Seine Entstehungsgeschichte geht, wie Peter Lösche in seiner einschlägigen Untersuchung »Der Bolschewismus im Urteil der deutschen Sozialdemokratie 1903–1920«[145] nachgewiesen hat, auf den Anfang des Jahres 1918 zurück. Sie läßt sich recht genau auf den 19. Januar 1918 datieren[146], den Tag nämlich, an dem die Bolschewiki die russische Konstituante, in der sie keine Mehrheit hatten, gewaltsam vertrieben. Diese Parlamentsauflösung wurde in der deutschen Sozialdemokratie ziemlich einhellig verurteilt, stellte sie doch eine krasse Mißachtung des Volkswillens dar und war daher völlig unvereinbar mit den demokratischen Traditionen der europäischen Arbeiterbewegung. Daneben spielte die Verurteilung der Gewaltmethoden eine entscheidende Rolle in der Bolschewismuskritik der Mehrheitssozialdemokraten, die den Sozialismus »nicht auf Bajonetten und Maschinengewehren« aufbauen wollten (Otto Braun), sondern auf demokratischem Wege[147]. Die Folge war, daß ein klarer Trennungsstrich zum russischen Sozialismus gezogen wurde, besonders im Hinblick auf seine undemokratischen und terroristischen Methoden.

Gleichzeitig setzte eine breite und zum Teil auf hohem intellektuellem Niveau stehende theoretische Auseinandersetzung mit der Politik der Bolschewiki ein[148]. Noske beteiligte sich an dieser Diskussion nicht, aber bei seiner feindseligen Haltung gegen die »Renegaten«, welche 1917 auch mit seiner Unterstützung aus der SPD hinausgedrängt worden waren und die dann mit der USPD ihre eigene Partei gegründet hatten, läßt sich leicht erahnen, daß ihm die neue Angstvokabel »bolschewistisch« gerade recht kam, um in den innenpolitischen Auseinandersetzungen nach der Novemberrevolution 1918 als Schlagstock verwendet zu werden. Lösche zieht das Fazit: »Nach der Vertreibung der Konstituante erstarrte in der Mehrheitspartei das Bild vom Bolschewismus allmählich zu einem Klischee, das sich später, in der Novemberrevolution, zu einer Art negativem Mythos verfestigte und in der Auseinandersetzung mit den Spartakisten und der USPD instrumentalen Charakter erhielt, mit dem Ziel, die Kommunisten zu isolieren und die Unabhängigen zu spalten[149].« Diese Entwicklung führte zu der paradoxen Situation, daß selbst die Rätebewegung, die fast geschlossen für die Wahlen zur Nationalversammlung eintrat, als »bolschewistisch« angesehen und entsprechend bekämpft wurde.

Die Frage, in welchem Maße die Bolschewismusfurcht der Mehrheitssozialdemokraten echt, das heißt Ausdruck eines wirklichen

[145] Lösche, Bolschewismus, Berlin 1967.
[146] Zum Folgenden ebda., S. 132–138.
[147] Zitat aus einem Leitartikel von Otto Braun im »Vorwärts« vom 15. 2. 1918. Siehe Lösche, Bolschewismus, S. 139.
[148] Vgl. im einzelnen Lösche, Bolschewismus, S. 137–157.
[149] Ebda., S. 139.

Angstgefühls im Hinblick auf die Aussicht war, die Linksradikalen könnten in Deutschland nach dem Vorbild der Bolschewiki die politische Macht übernehmen, wird wohl nie exakt geklärt werden können. In der ersten Phase der Revolution (November/Dezember 1918) dürfte eindeutig das taktische Moment überwogen haben, das heißt, die führenden mehrheitssozialdemokratischen Politiker benutzten die besonders in bürgerlichen Kreisen weit verbreitete und tief sitzende Bolschewismusfurcht ganz bewußt, um die eigenen Ziele zu fördern. Friedrich Ebert etwa beschwor schon während der Beratung der Verfassungsreformen vom Oktober 1918 die Gefahr einer bolschewistischen Entwicklung für den Fall, daß die Reformen nicht verabschiedet würden, und später hat sich die MSPD wiederholt als Retter vor dem Bolschewismus empfohlen[150]. In der zweiten Phase der Revolution, also seit dem Beginn der Januarunruhen in Berlin, schien die eigene Propaganda dann ihre Bestätigung zu finden. Jetzt entstand bei den mehrheitssozialdemokratischen Führern offenbar eine echte Bolschewismusangst[151], zumal ja das russische Beispiel auch gelehrt hatte, daß entschlossene Minderheiten erfolgreich handeln konnten. Insgesamt scheinen rationale Gegnerschaft, politische Taktik, die Wirkungen der eigenen Propaganda, einseitige Informationen und eine Portion Angst vor einer Entwicklung ähnlich wie in Rußland zu jenem antibolschewistischen Feindbild geführt zu haben, das zumal seit dem Januar 1919 die Regierungsentscheidungen maßgeblich beeinflußte.

Bei Noskes gut entwickeltem machtpolitischen Instinkt wird man schwerlich annehmen können, daß er die innenpolitischen Machtverhältnisse völlig falsch einschätzte und sich von einer realen Bolschewismusfurcht gefangennehmen und leiten ließ. Vieles spricht dafür, daß er sich – mehr noch als andere MSPD-Politiker – dieser Bedrohungsvorstellung auch ganz gezielt in manipulativer Absicht bediente. Er war ein Mann, dem die Aufrechterhaltung von Ruhe und Ordnung über alles ging. Ihm vermittelten die Massendemonstrationen in Berlin und die Propaganda der radikalen Linken, die zu der Entstehung des Feindbildes ihrerseits in nicht geringem Maße beitrug, den Eindruck eines allgemeinen Chaos. Sein Handeln resultierte aus einer Grundhaltung heraus, die man einmal als »Anti-Chaos-Reflex«[152] be-

[150] Ebda., S. 144 und 151.

[151] Ebda., S. 172. Auch Lösche geht davon aus, daß sich echte Bolschewismusfurcht und taktisches Kalkül vermischt haben. Borowski, Die »bolschewistische Gefahr«, betont im Hinblick auf die deutsche Außenpolitik zwischen Oktober 1918 und Februar 1919 noch stärker als Lösche den Instrumentalcharakter der »bolschewistischen Gefahr«.

[152] Mit diesem Phänomen hat sich Richard Löwenthal in mehreren Publikationen auseinandergesetzt. Vgl. seine Einleitung zu George Eliasberg, Der Ruhrkrieg von 1920, Bonn–Bad Godesberg 1974, S. IX–XXI. Teilweise wieder abgedruckt in: ders., Sozialismus und aktive Demokratie. Essays zu ihren Voraussetzungen in Deutschland, Frankfurt/M. 1974, S. 97–115. Weiterentwicklung der Argumentation im interna-

zeichnet hat. Ein Politiker von der politischen Statur Noskes setzte ohne weitere Umstände Chaos und Bolschewismus in eins und war nun froh, seinem Bestreben, für Ruhe und Ordnung zu sorgen, den klingenden Namen »Kampf gegen das bolschewistische Chaos«[153] geben zu können. Denn er wußte sehr genau, daß dieses Feindbild, propagandistisch genutzt, nicht nur ein wirkungsvolles Kampfmittel gegen die ›Linken‹ darstellte, sondern auch – wichtiger noch – als eine ideologische Klammer für die sozialdemokratisch-bürgerlich-militärische Ordnungskoalition dienen konnte.

Bei dem zur Erklärung der Verhaltensweise Noskes herangezogenen »Anti-Chaos-Reflex« handelt es sich weniger um ein individualpsychologisches Deutungsmuster als vielmehr um ein allgemein sozialpsychologisches. Gemeint ist damit eine Reaktion, die für industrielle Bevölkerungen in Krisenzeiten typisch sein und die eine der strukturellen Schwierigkeiten einer Revolution in einem hochentwickelten Industriestaat ausmachen soll. Da in einer Industriegesellschaft dem Funktionieren der staatlichen Verwaltung auch in Krisenzeiten eine große Bedeutung zukommt, vollziehen sich in ihr bedeutende politische und gesellschaftliche Machtverschiebungen in anderen Formen als in den klassischen Revolutionen. Der Politologe Richard Löwenthal hat dieses Erklärungsmodell folgendermaßen auf die deutsche Revolution von 1918/19 angewendet: »In Deutschland war der ›Anti-Chaos-Reflex‹ nach meiner Überzeugung 1918 und in den folgenden Jahren die entscheidende Ursache, warum nicht nur Ebert und die Führung der Mehrheitssozialdemokraten den Bruch mit der Obersten Heeresleitung nicht wagten und sich bei der Aufrechterhaltung der Ordnung schließlich auf weitgehend antidemokratisch eingestellte Freikorps stützten, sondern warum auch die Masse ihrer Anhänger, die der Entscheidung gegen die Räterepublik und für eine freigewählte

tionalen Maßstab in: ders., Vom Ausbleiben der Revolution in der Industriegesellschaft. In: Historische Zeitschrift 232 (1981), S. 1–24, zu den deutschen Verhältnissen besonders S. 14 f. und 22. Angewendet auf den Vergleich der Weimarer Republik und der Bundesrepublik in: ders., Bonn und Weimar. Zwei deutsche Demokratien. In: Politische Weichenstellungen im Nachkriegsdeutschland 1945–1953. Hrsg. v. H. A. Winkler, Göttingen 1979, S. 9–25 (= Geschichte und Gesellschaft. Sonderheft 5.), besonders S. 11; fortan zit.: Löwenthal, Bonn und Weimar.

153 Verallgemeinernd für die MSPD insgesamt Lösche, Bolschewismus, S. 163. Diese innenpolitische Funktion der antibolschewistischen Propaganda betont auch R. Löwenthal in seiner soeben zitierten Einleitung zu Eliasberg, S. XIII. Es heißt dort: »Wichtiger als die unbegründete Furcht vor einer Machtergreifung des ›Bolschewismus‹ in Deutschland, wichtiger auch als die zeitweilig eher begründete Furcht vor einem äußeren Zerfall des Reiches durch separatistische Bewegungen im Westen und Angriffe polnischer Insurgenten im Osten, war Ende 1918 die Angst vor dem ›Chaos‹: vor dem Zusammenbruch von Lebensmittel- und Brennstoffversorgung, von Transport- und Gesundheitswesen im Zuge einer unkontrollierten Demobilisierung der heimkehrenden Truppen und bei Fortdauer der alliierten Blockade.« Folgendes Zitat aus Löwenthal, Bonn und Weimar, S. 11.

Nationalversammlung zustimmten, aber die Zusammenarbeit mit den ›Militaristen‹ mißbilligten und eine Zerschlagung der Macht der Offizierskaste wünschten, in der Praxis nicht bereit waren, diesem Wunsch mit revolutionären Mitteln Geltung zu verschaffen.«

Noskes Abscheu vor dem »Chaos« war gewiß ein wesentliches Antriebselement seiner Politik. Insofern wird man seine Haltung auch im Kontext einer verbreiteten gesellschaftlichen Strömung interpretieren müssen. Zweifellos war der Volksbeauftragte und spätere Reichswehrminister bestrebt, die Staatsfunktionen sicherzustellen. Aber er tat dies mit Mitteln, die eher kontraproduktiv waren, da sie mehr zur Eskalation der Massenstimmung als zu ihrer Beruhigung beitrugen. Was dabei auf der Strecke blieb, war eine tiefgreifende Änderung der gesellschaftlichen Machtverhältnisse.

Mit der Legende von einer im Januar 1919 drohenden bolschewistischen Diktatur ist, wie bereits erwähnt wurde, die Vorstellung verknüpft, Noske habe in dieser konkreten Notlage gar nicht anders handeln können, als auf die »kaiserlichen« Offiziere zurückzugreifen. Im Hinblick auf diese Argumentation ist hier noch einmal daran zu erinnern, daß die Zusammenarbeit des sozialdemokratischen Volksbeauftragten mit dem monarchistischen Offizierkorps keine Folge des Januaraufstandes war, sondern daß sie längst existierte und praktiziert wurde. Die Aufstellung von Freikorps unter dem Befehl »kaiserlicher« Offiziere begann ebenfalls nicht erst mit dem Januaraufstand, sondern wesentlich früher. Ebenso beschloß die Regierung den von Noske vorgelegten Aufruf »Freiwillige vor!«[154], der dann am 8. Januar 1919 veröffentlicht wurde, bereits am 3. Januar, als noch niemand ahnen konnte, daß es alsbald zu den Januarunruhen kommen würde. Die Bildung der »Noskegarden«[155], wie die Freikorps dann im Volksmund genannt wurden, vollzog sich nachher allerdings in wesentlich rascherem Tempo und mit größerer Effektivität. Vor diesem Hintergrund muß die Politik Noskes während des Berliner Januaraufstandes gesehen werden, über den im folgenden berichtet wird.

Nach dem Austritt der USPD-Volksbeauftragten aus der Regierung am 29. und der Gründung der Kommunistischen Partei Deutschlands (KPD) am 31. Dezember 1918 nahmen die politischen Spannungen in der Reichshauptstadt zu. Sie machten sich in Demonstrationen Luft, zu denen die konkurrierenden Arbeiterparteien aufriefen, aber auch in einer feindseliger werdenden politischen Agitation. Die Anhänger-

[154] Der Aufruf der Reichsregierung »Freiwillige vor!« wurde zunächst veröffentlicht in: Reichsanzeiger vom 8. 1. 1919, S. 17; dann im AVBl vom 11. Januar 1919, S. 17. Wiederabdruck u. a. in: Die Regierung der Volksbeauftragten, Bd 2, Nr. 91, S. 182, Anm. 25, und Huber, Dokumente, Bd 3, Nr. 55, S. 45.

[155] Vgl. die Broschüre von Ernst Heilmann, Die Noskegarde, Berlin o. J. [1919]; fortan zit.: Heilmann, Noskegarde.

schaft der beiden links von den »Regierungssozialisten« stehenden Parteien gewann zunehmend den Eindruck, daß die Mitglieder der Regierung nur noch auf den Wahltermin am 19. Januar starrten und sich um das, was USPD und Spartakus als »revolutionäre Errungenschaften« verteidigt oder erst noch erkämpft sehen wollten, überhaupt nicht kümmerten.

In diese ohnehin schon gespannte Stimmung platzte am 4. Januar 1919 die Nachricht, daß der preußische Innenminister Hirsch (SPD) die Entlassung des kommissarischen Polizeipräsidenten von Berlin, Emil Eichhorn (USPD), und seine Ersetzung durch den Mehrheitssozialdemokraten Eugen Ernst verfügt habe[156]. Eichhorn war nicht etwa unfähig oder korrupt, wie ihm später unterstellt wurde; was an ihm störte, war sein Verbleiben im Amte des Polizeipräsidenten noch zu einem Zeitpunkt, als sich die Unabhängigen sowohl aus dem Rat der Volksbeauftragten als auch aus der preußischen Regierung[157] zurückgezogen hatten. Unverständlicherweise beharrte Eichhorn darauf, sein Amt, das er als eine Machtposition betrachtete, zu behalten und weigerte sich daher, seiner Entlassung Folge zu leisten. Daß der preußische Innenminister den dem linken Flügel der USPD angehörenden Polizeipräsidenten loswerden wollte, ist leicht zu verstehen. Diese Maßnahme lag in der Logik der politischen Entwicklung. Denn das Berliner Polizeipräsidium war »vielleicht das wichtigste Exekutivorgan der preußischen Regierung«[158]. Konnte man es einem Mann überlassen, der kaum erwarten ließ, die Reichs- bzw. die preußische Regierung im Konfliktfalle mit seinen Polizeiformationen verläßlich zu schützen?

In der Berliner Arbeiterschaft riefen die Nachrichten über diese Vorgänge – die Absetzung Eichhorns und seine Weigerung, zu gehen – heftige Proteste hervor, und aus ihnen sollten sich dann »Kämpfe von historischer Bedeutung«[159] entwickeln. Der Zentralvorstand der USPD von Groß-Berlin, die Revolutionären Obleute sowie die Zentrale der KPD riefen für den 5. Januar zu einer großen Massendemonstration gegen die Regierung Ebert-Scheidemann auf[160]. Mehr als hunderttau-

[156] Vgl. zum Folgenden: Miller, Bürde, S. 225–227; Kluge, Soldatenräte, S. 268 f.; R. Müller, Geschichte der deutschen Revolution III, S. 25 ff.

[157] Rücktrittserklärung der USPD-Mitglieder der preußischen Regierung vom 3. 1. 1919, in: Ritter/Miller, Die deutsche Revolution, S. 174 f.

[158] In der Beurteilung der Vorgänge um die Entlassung Eichhorns folge ich Rosenberg, Geschichte, S. 54 f., Zitat S. 54.

[159] Ebda., S. 55.

[160] Der Aufruf von USPD, KPD und Revolutionären Obleuten Groß-Berlins gegen die Absetzung des Polizeipräsidenten Eichhorn vom 5. 1. 1919 ist abgedruckt in: Emil Eichhorn, Über die Januar-Ereignisse. Meine Tätigkeit im Berliner Polizeipräsidium und mein Anteil an den Januar-Ereignissen, Berlin 1919, S. 68 f.; Huber, Dokumente, Bd 3, Nr. 60, S. 50 f.

send Menschen sollen ihm gefolgt sein[161]. Was diese Massendemonstration von früheren Protestkundgebungen unterschied, war jedoch nicht so sehr die große Teilnehmerzahl, sondern vielmehr der folgenreiche Tatbestand, daß sie am Ende teilweise der Kontrolle ihrer Führer entglitt. Eine kleine radikale Minderheit von einigen hundert Demonstranten, die bewaffnet waren, zog nämlich auf eigene Faust in Richtung Zeitungsviertel und besetzte die Druckerei des sozialdemokratischen »Vorwärts«, das »Berliner Tageblatt«, die großen Betriebe von Mosse, Ullstein, Scherl, Büxenstein und das Wolffsche Telegraphenbüro.

Dieser spontanen gewaltsamen Aktion folgte am Abend des 5. Januar die Bildung eines Revolutionsausschusses, der zum Generalstreik und zum Sturz der Regierung aufrief[162]. Damit schalteten sich die beiden Linksparteien nachträglich in das von ihnen weder geplante noch gewollte Geschehen ein, von dessen Sinnlosigkeit jeder politisch Erfahrene überzeugt war. Die Gründung des Revolutionsausschusses stellte einen Akt der nachträglichen Solidarisierung mit den Besetzern des Zeitungsviertels dar. Einen Plan zum bewaffneten Aufstand gab es ebensowenig wie eine konkrete Vorstellung, auf welchem Wege der Sturz der Regierung herbeigeführt werden sollte[163].

Noske selbst hat sich später in betont herablassender Weise über die Entscheidungsunfähigkeit dieses Revolutionsausschusses geäußert[164], zugleich aber die Vorstellung genährt, als habe hinter diesem Ausschuß ein furchterregendes militärisches Machtpotential gestanden[165]. Die Fragen, wie es um die Machtverhältnisse tatsächlich bestellt war, und ob Noskes Reaktionen daher als angemessen anerkannt werden können oder nicht, werden in einem eigenen Kapitel[166] zu untersuchen sein.

Am Morgen des 6. Januar trat die Reichsregierung zusammen, um gemeinsam mit dem Zentralrat und dem hinzugezogenen preußischen

161 Illustrierte Geschichte der deutschen Novemberrevolution 1918/19. Von einem Autorenkollektiv unter der Leitung von Günter Hortzschansky, (Ost-)Berlin 1978, S. 291; fortan zit.: Illustrierte Geschichte (1978). Vgl. auch die eingehende Schilderung der gesamten Vorgänge nach der Absetzung von Eichhorn bei R. Müller, Geschichte der deutschen Revolution, Bd III, S. 30–36.

162 Proklamation des Revolutionsausschusses vom 6. 1. 1919, in: Schultheß EGK 1919 I, S. 4 f.; detaillierteste Schilderung der Vorgänge am Abend des 5. 1. 1919 in: R. Müller, Geschichte der deutschen Revolution, Bd III, S. 32 ff.

163 Der Begriff »Spartakusaufstand« unterstellt jedoch eben dieses. In: Ploetz. Deutsche Geschichte (^{3}1983), S. 251 wird fälschlicherweise behauptet, der »Spartakusaufstand« sei von Kommunisten, USPD und revolutionären Obleuten der Metallarbeiter »in Gang gesetzt« worden.

164 Noske, Kiel bis Kapp, S. 69 f.; ders., Abwehr, S. 36.

165 Noske, Abwehr, S. 35 f.; dort wird behauptet, Kommunisten und Unabhängige hätten um den 6. und 7. 1. herum »durchaus das militärische Übergewicht in Berlin« besessen.

166 Vgl. das übernächste Kapitel, das die Frage nach der Verhältnismäßigkeit der Mittel untersucht.

Kriegsminister Reinhardt sowie weiteren Mitgliedern des preußischen Kabinetts über die Maßnahmen zu beraten, die nun getroffen werden sollten[167]. Ebert erklärte im Hinblick auf die Ereignisse des Vortages kategorisch, daß es so nicht weitergehen könne. Die Regierung sei zu der Überzeugung gekommen, daß sie sich eine Truppe schaffen müsse, auf die sie sich verlassen könne[168]. Noske erklärte, den Ansatz Eberts konkretisierend, »daß nun versucht werden müsse, mit Waffengewalt Ordnung zu schaffen«[169]. Da keiner der Anwesenden dieser Ansicht widersprach[170], konnte Noske davon ausgehen, daß sein Vorschlag eines militärischen Vorgehens gegen die Besetzer des Zeitungsviertels allseitige Billigung fand.

In der nächsten Beratungsrunde ging es um die Frage, wer mit dieser militärischen Aufgabe betraut werden sollte. Der preußische Kriegsminister Reinhardt benannte den Kommandeur der in Berlin stationierten Garde-Kavallerie-Schützen-Division, Generalleutnant v. Hoffmann. Gegen diesen Vorschlag wurde jedoch sogleich eingewendet, »daß die Arbeiter gegen einen General größte Bedenken hegen würden«[171]. Also entstand die Überlegung, welcher Nicht-General die Aufgabe würde übernehmen können. Wer den Namen Noske ins Spiel brachte, ist nicht bekannt, aber letztlich auch unwichtig. Denn es lag natürlich nahe, nun an den für Heer und Marine zuständigen Volksbeauftragten zu denken, der sich, wie er in Kiel bewiesen hatte, aufs »Ordnungschaffen« verstand. Gleichwohl fällt auf, daß in diesem Augenblick offenbar niemand den preußischen Innenminister in Vorschlag brachte, dem doch die Polizei des größten deutschen Staates unterstand. Bedeutete das, daß sämtliche Mitglieder der Regierung und des Zentralrats die nie näher erörterte Überzeugung Noskes teilten, daß diese Konfliktsituation mit polizeilichen Mitteln nicht zu lösen war? Und wenn ja, warum eigentlich nicht?

Nachdem der Name Noskes gefallen war, antwortete dieser mit den – berühmt gewordenen – Worten: »Meinetwegen! Einer muß der Bluthund werden, ich scheue die Verantwortung nicht[172]!« Allzu große Überwindung dürfte ihn seine Entscheidung nicht gekostet haben. Denn er hatte ja, wie bereits erwähnt, schon nach den Weihnachts-

[167] Ein Protokoll dieser wichtigen Sitzung existiert nicht. Der Verlauf läßt sich jedoch einigermaßen aus den nachfolgend zitierten Memoiren von Hermann Müller, Noske und Oehme rekonstruieren, die sämtlich an der Sitzung teilnahmen.

[168] Hermann Müller, Novemberrevolution, S. 256; Walter Oehme, Damals in der Reichskanzlei. Erinnerungen aus den Jahren 1918/19, (Ost-)Berlin 1958, S. 298 ff. und 204 ff., fortan zit.: Oehme, Damals; zur Ernennung Noskes zum Oberbefehlshaber vgl. auch Heinrich Schäfer, Tagebuchblätter eines rheinischen Sozialisten, Bonn 1919, S. 92.

[169] Noske, Kiel bis Kapp, S. 68.

[170] Ebda.

[171] Ebda.; gleichlautend Hermann Müller, Novemberrevolution, S. 256.

[172] Noske, Kiel bis Kapp, S. 68.

kämpfen 1918 im Hinblick auf die dringend nötige Befriedung Berlins gesagt, »ohne Blut sei die Sache eben nicht zu machen«[173]; d.h., die Anwendung von Waffengewalt seitens der staatlichen Instanzen galt ihm schon damals als unausweichlich.

Nun, da Noske bereit war, die Verantwortung zu übernehmen, wurde ein mündlicher Beschluß des Inhalts formuliert, daß die Regierung und der Zentralrat ihm »weitgehendste Vollmachten zum Zweck der Wiederherstellung geordneter Verhältnisse in Berlin übertrugen«[174]. Die von Reinhardt vorsorglich mitgebrachte und auf den Namen des Generalleutnants v. Hoffmann ausgestellte schriftliche Vollmacht wurde handschriftlich geändert und der Name Hoffmann durch den Namen Noske ersetzt[175]. Dieses von Ebert, Scheidemann und Reinhardt unterzeichnete Dokument, das Noske nach eigener Aussage nie gelesen oder auch nur in der Hand gehabt haben will, hatte folgenden Wortlaut: »Das Mitglied der Regierung, Herr Noske, erhält hiermit den Auftrag, zur Sicherung der Regierung in Berlin unmittelbar zu befehlen an Generalkommando Garde, Generalkommando III, Kommandantur Berlin, Kommandantur Potsdam, ferner an die unmittelbar unterstellten Truppen des Korps Lüttwitz. Zunächst sind die wichtigsten noch nicht in den Händen der Regierungsfeinde befindlichen Staatsgebäude zu verteidigen, vor allem Reichskanzlerpalais, Reichsbank, Kriegsministerium, Haupttelegraphenamt. Dazu sind alle notwendigen Mittel anzuwenden. Befehl zu angriffsweisem Vorgehen, zur Wiedergewinnung der in der Nacht vom 5. zum 6. Januar verlorenen Punkte behält sich die Regierung vor.«

Der Zivilist Noske hatte damit – nach seinem Gouverneurs-Amt in Kiel – erneut eine mit militärischer Befehlsgewalt verbundene Aufgabe übernommen, die mit der vagen Formulierung »Oberbefehlshaber der Regierungstruppen in und um Berlin« umschrieben wurde. Diese Aufgabenbeschreibung scheint ad hoc gewählt worden zu sein. Jedenfalls war sie nicht identisch mit dem traditionsreichen Amt des »Oberbefehlshabers in den Marken«. Aber auf solche Feinheiten kam es für Noske auch nicht an. Er sah sich mit weitgehendsten Vollmachten ausgestattet, die ihm auch in der Wahl der Mittel völlig freie Hand ließen. Rückblickend läßt sich mit Sicherheit sagen, daß mit der Entscheidung von Kabinett und Zentralrat, Noske mit der Bekämpfung der Aufständischen zu betrauen, auch die Sachentscheidung gefallen war, daß dieser Kampf eine militärische Angelegenheit sein werde und der Weg zu einer politischen Beilegung des Konflikts damit verbaut war.

173 Aufzeichnungen Böhm, Eintragung vom 27. 12. 1918, S. 121.
174 Noske, Kiel bis Kapp, S. 68.
175 Kopie des Originals der Vollmacht in: BA NL 46, Nr. 18, Bl. 35; Faksimile in: Illustrierte Geschichte (1978), S. 297.

Sofort nach seiner Ernennung zum Oberbefehlshaber der Truppen in und um Berlin ging Noske auf der Grundlage der ihm erteilten Vollmachten daran, die militärische Niederwerfung des Aufstandes vorzubereiten. Beraten von General v. Lüttwitz sowie von den Generalstabsmajoren v. Hammerstein-Equord und v. Stockhausen[176], beurteilte er die Lage dahingehend, daß mit den augenblicklich zur Verfügung stehenden Kräften der Erfolg eines Angriffs gegen die Aufständischen nicht sichergestellt sei[177]. Obwohl er die Lage der Reichsregierung als akut gefährdet ansah, entschloß sich Noske daher, zunächst einmal »genügend starke Kräfte« zu sammeln[178]. Zu diesem Zwecke requirierte er ein leerstehendes Mädchenpensionat am Rande Berlins, das Luisenstift in Dahlem, schlug dort ein improvisiertes Hauptquartier auf und arbeitete in den folgenden Tagen, unterstützt von Major v. Gilsa, den ihm der preußische Kriegsminister als Adjutanten zugewiesen hatte, an der Sammlung von Freiwilligen. Diese wurden nach ihrer Meldung umgehend auf die bereits vorhandenen Truppen in und um Berlin verteilt. Als ausführender Befehlsstelle bediente sich Noske des Generalkommandos Lüttwitz, das ebenfalls umgehend in das Luisenstift übersiedelte[179].

Der gewaltige Tatendrang, den der Volksbeauftragte und Oberbefehlshaber Noske in seiner neuen Funktion entfaltete, und natürlich auch die Lage in Berlin, ließen ihm offenbar nicht die Muße, noch einmal in Ruhe über die Voraussetzungen seines Tuns nachzudenken. Stimmte die von den Militärs beeinflußte Lagebeurteilung überhaupt? Oder handelte es sich eigentlich mehr um eine Annahme, die dem typisch militärischen Denkansatz verpflichtet war, daß man auf den schlechtesten aller denkbaren Fälle vorbereitet sein müsse?

Während Noske in Dahlem mit dem Sammeln von Freiwilligen beschäftigt war, bereiteten seine Kabinettskollegen und der Zentralrat die Bevölkerung auf den bevorstehenden Gewalteinsatz vor. In einem an alle Arbeiter- und Soldatenräte Deutschlands gerichteten Aufruf[180] stellte der Zentralrat am 7. Januar die Situation so dar, daß in Berlin eine kleine Minderheit gegen den allgemeinen Willen der Arbeiter- und Soldatenräte ganz Deutschlands bestrebt sei, »eine brutale Gewaltherrschaft zu errichten«; daher habe der Zentralrat der Reichsleitung »außerordentliche Vollmachten« erteilt. In Berlin mußte Ebert nicht nur die auf rasche Taten drängenden Regierungsmitglieder beruhi-

[176] Wirren, S. 58; Noske, Kiel bis Kapp, S. 71.
[177] Kritische Auseinandersetzung mit dieser Lagebeurteilung in Abschnitt 7 »Freikorps oder republikanische Wehren?«
[178] Noske, Kiel bis Kapp, S. 71, auch zum Folgenden.
[179] Wirren, S. 58.
[180] Text des Aufrufs des Zentralrats vom 7. 1. 1919 in: Huber, Dokumente, Bd 3, Nr. 62, S. 51 f.

gen[181], sondern auch die Bevölkerung. An letztere richtete sich ein Aufruf vom 8. Januar[182], in dem es hieß: »Habt nur noch kurze Zeit Geduld! Seid zuversichtlich, wie wir es sind [...] Die Stunde der Abrechnung naht [...] Entscheidende Handlungen werden nicht mehr lange auf sich warten lassen. Es muß aber gründliche Arbeit getan werden, und die bedarf der Vorbereitung.«

Am Tage der Ernennung Noskes zum Oberbefehlshaber war offenbar das gesamte Kabinett entschlossen, den Konflikt gewaltsam zu lösen, obwohl schon bald zu sehen war, daß die Aufständischen weder über einen militärischen Plan noch über eine handlungsfähige politische Führung verfügten. Am 7. Januar kam es zur Bildung eines Vermittlungsausschusses[183], in dem Vertreter der Aufständischen mit Vertretern der Regierung verhandelten. Diesem Ausschuß gehörten Rudolf Breitscheid, Oskar Cohn, Wilhelm Dittmann, Karl Kautsky und Luise Zietz vom Zentralvorstand der USPD Groß-Berlins an, sechs Vertreter des »Aktionskomitees der revolutionären Arbeiter Groß-Berlins«, dem die Revolutionären Obleute und die Kommunisten angehörten, sowie von Regierungsseite Ebert, Scheidemann, Landsberg und Wissell. Nach dem Willen seines Vorsitzenden Dittmann sollte der Vermittlungsausschuß »zur Vermeidung weiteren Blutvergießens zunächst über die Einstellung der Feindseligkeiten« verhandeln[184]. Die Volksbeauftragten erklärten daraufhin, es sei ihnen »eine Gewissenssache, Gewalt lediglich zur Abwehr von Gewalt anzuwenden [...] Wir werden von der Waffe keinen Gebrauch zum Angriff machen«. Zugleich forderten sie jedoch als Vorbedingung für eine Einigung die »Wiederherstellung der Pressefreiheit«[185], womit konkret die Räumung der am 5. und 6. Januar besetzten Gebäude des Zeitungsviertels[186] gemeint war. Sie verlangten von der Gegenseite also nichts Geringeres als die bedingungslose Kapitulation.

In klarem Gegensatz zu der Erklärung, die Regierung wolle nicht angreifen, standen Äußerungen von Regierungs- und Zentralratsmitgliedern, die im Rahmen ihrer nichtöffentlichen Sitzungen fielen. So betonte Albert Grzesinski[187], der Zentralrat habe den Volksbeauftragten

[181] Vgl. Protokoll der Sitzung von Kabinett und Zentralrat vom 7. 1. 1919. In: Die Regierung der Volksbeauftragten, Bd 2, Nr. 96, S. 198.
[182] Text des Aufrufs der Reichsregierung an die Bevölkerung Berlins vom 8. 1. 1919, Reichsanzeiger vom 9. 1. 1919, Nr. 7; Wiederabdruck in: Huber, Dokumente, Bd 3, Nr. 63, S. 52.
[183] Vgl. den Bericht in »Die Freiheit« vom 8. 1. 1919, Morgen-Ausgabe. Abgedruckt in: Zentralrat, Nr. 32, S. 223–225.
[184] Ebda., S. 224.
[185] Die Regierung der Volksbeauftragten, Bd 2, Nr. 96, S. 197.
[186] Zentralrat, Nr. 32, S. 224. Dabei blieb es auch nach einer erneuten Sitzung von Kabinett und Zentralrat am 7. 1. nachmittags. Siehe: Die Regierung der Volksbeauftragten, Bd 2, Nr. 97, S. 199–201.
[187] Die Regierung der Volksbeauftragten, Bd 2, Nr. 96, S. 198.

»unbeschränkte Vollmacht gegeben, nicht nur um Truppen vor der Reichskanzlei zu versammeln, sondern um Schluß zu machen und zum Angriff vorzugehen«; und der Volksbeauftragte Landsberg[188] bekräftigte diese Auffassung mit dem Satz: »Die beste Parade ist [...] der Hieb, und wir haben uns nicht auf die reine Defensive festgelegt.«

Eine derartig harte Linie verfocht auch Noske, der in häufigen Telefonaten die Forderung an das Kabinett herantrug, keinerlei Konzessionen zu machen. Nach eigener Aussage sprach er sich »fortgesetzt auf das nachdrücklichste gegen einen Kompromiß« aus[189] und trug damit wohl den größten Teil der Verantwortung für das Scheitern der Verhandlungen des Vermittlungsausschusses zwischen dem 6. und dem 8. Januar[190]. Auch als die Arbeiter der Schwartzkopf-Werke, der A. E. G. und anderer Berliner Großbetriebe einen »Verbrüderungsausschuß«[191] wählten, der in Verhandlungen mit dem Zentralrat[192] weiteres Blutvergießen verhindern und eine Einigung der Arbeiterparteien herbeiführen helfen sollte, ließen sich Noske und seine Kabinettskollegen nicht von ihrer kompromißlosen Haltung abbringen. Wenn Regierung und Zentralrat diese harte Linie verlassen hätten, hätte Noske wahrscheinlich den Oberbefehl niedergelegt, möglicherweise sogar das Amt des Volksbeauftragten[193]. Denn er war erstens von der Notwendigkeit des gewaltsamen »Ordnungschaffens« im Interesse der Regierungsautorität fest überzeugt, und zweitens dürfte er um seine guten Beziehungen zu den Offizieren gebangt haben, die ihm Verhandlungsbereitschaft als Schwäche ausgelegt hätten. Tatsächlich ließ die OHL den Rat der Volksbeauftragten offiziell wissen, daß sie »von weiteren Verhandlungen mit den Spartakisten [einen] ungünstigen Einfluß auf die Truppe« befürchte[194].

Nach tagelangem Drängen des Kabinetts, endlich Regierungstruppen einzusetzen, gab Noske – der mit seinen Vorbereitungen noch nicht zum Abschluß gekommen war – schließlich den Befehl, daß in der Nacht vom 10. auf den 11. Januar »eine Anzahl Formationen, darunter als Kerntruppe die Kieler Brigade«, zum Marsch antreten und

188 Ebda.

189 Noske, Kiel bis Kapp, S. 73; ebenso ders., Abwehr, S. 36.

190 Dokumentiert in: Zentralrat, Nr. 32–39, S. 223–234, 252–266.

191 Auch »Achterkommission« genannt. Sie bestand aus je zwei Vertretern der SPD, USPD, KPD und der Revolutionären Obleute. Vgl. den Bericht von Leinert über die Einigungsverhandlungen in der Sitzung des Zentralrats vom 9. 1. In: Zentralrat, Nr. 41, S. 277 f., bes. Anm. 3; sowie die Berichte von Leinert und Scheidemann in der gemeinsamen Sitzung von Kabinett und Zentralrat am 11. 1. 1919. In: Die Regierung der Volksbeauftragten, Bd 2, Nr. 101, S. 210 f.

192 Sie fanden am 9. 1. 1919 statt.

193 Miller, Bürde, S. 233.

194 Siehe: Protokoll der Kabinettssitzung vom 13. 1. 1919, Die Regierung der Volksbeauftragten, Bd 2, Nr. 102, S. 213.

das »Vorwärts«-Gebäude stürmen sollten[195]. Den Angriff gegen den »Vorwärts« führte das zur Freiwilligenbrigade Reinhard gehörende »Regiment Potsdam« unter dem Befehl des Majors v. Stephani[196]. Dem Bericht des Obersten Reinhard zufolge gingen die »Potsdamer« mit größter Brutalität gegen die Aufständischen vor[197]. Nach dem Beschuß mit Kanonen und Minenwerfern kapitulierte die Besatzung des »Vorwärts«-Gebäudes[198]. Obwohl weiße Fahnen gezeigt wurden und die Kampfhandlungen beendet waren, erschossen die Regierungssoldaten sieben Männer der »Vorwärts«-Besatzung, was vom Rechtsstandpunkt aus »ein durch nichts zu entschuldigender kaltblütiger Mord«[199] war, der allerdings trotz monatelanger gerichtlicher Untersuchungen[200] gegen den Major v. Stephani nie gesühnt wurde.

Am Samstagvormittag, 11. Januar, wenige Stunden nach der Rückeroberung des »Vorwärts«-Gebäudes, marschierte der Oberbefehlshaber Noske an der Spitze von etwa 3000 Regierungssoldaten durch die Berliner Innenstadt und das Regierungsviertel[201], um der Bevölkerung zu demonstrieren, daß die Regierung wieder über militärische Machtmittel verfügte und daß sie gewillt war, diese zur Wiederherstellung der Ordnung auch einzusetzen[202]. Für Noske war es charakteristisch, daß er nicht nur den Befehl zur Durchführung dieses Demonstrationsmarsches gab, sondern diesen zusammen mit dem Obersten Deetjen trotz der Gefahr, in Straßenkämpfe verwickelt zu werden, persönlich anführte und damit seine Furchtlosigkeit und seine Entschlossenheit öffentlich bekundete. Auf bewaffneten Widerstand stießen die Regierungstruppen bereits zu diesem Zeitpunkt nicht mehr.

Vor dem Reichskanzlerpalais hielten die Volksbeauftragten Ebert und Noske kurze Ansprachen an die Regierungstruppen, die den Demonstrationsmarsch durchgeführt hatten. Ebert[203] hieß die Soldaten herzlich willkommen und dankte ihnen, daß sie sich »einmütig und entschlossen hinter die Republik und ihre provisorische Regierung«

195 Noske, Kiel bis Kapp, S. 74, allerdings ohne Schilderung der bewaffneten Kämpfe.

196 Stephani gehörte später zu den Führern des rechtsgerichteten Wehrverbandes »Stahlhelm – Bund der Frontsoldaten«. Siehe Volker R. Berghahn, Der Stahlhelm. Bund der Frontsoldaten 1918–1935, Düsseldorf 1966, S. 133 u.ö.; fortan zit.: Berghahn, Stahlhelm.

197 Vgl. Reinhard, Wehen, S. 76.

198 Wirren, S. 61 ff.

199 Hermann Müller, Novemberrevolution, S. 268, Zum Sachverhalt vgl. auch Friedrich Wilhelm von Oertzen, Die deutschen Freikorps 1918–1923, München [6]1939, S. 269; fortan zit.: Oertzen, Freikorps.

200 Vgl. Emil Julius Gumbel, Vier Jahre politischer Mord, Berlin 1922, S. 9 f.; fortan zit.: Gumbel, Vier Jahre.

201 Wirren, S. 69; Noske, Kiel bis Kapp, S. 74.

202 Dieses Motiv für den Demonstrationsmarsch gab Noske in seinem am selben Tage (11. 1. 1919) an die Berliner Bevölkerung gerichteten Aufruf an, Huber, Dokumente, Bd 3, Nr. 64, S. 53.

203 Text der Ansprache Eberts in: Berthold/Neef, Militarismus, Nr. 161, S. 361 f.

gestellt hatten. Er bezeichnete es als die Aufgabe der Regierungstruppen, die öffentliche Sicherheit wiederherzustellen und die glatte Durchführung der Wahlen zur Nationalversammlung zu sichern. »Wahnwitzige Elemente«, so Ebert, hätten die Absicht, die wahre Vertretung des Volkes in ihrer Arbeit durch Gewalt zu behindern. Dem müsse entgegengetreten werden. Unter dem lebhaften Beifall der Regierungssoldaten demonstrierte Ebert seinen Willen zum harten Durchgreifen, indem er ausrief, seit Wochen habe die Regierung jene kleine Minderheit mit großer Geduld zur Besonnenheit und zur Zurückhaltung gemahnt, leider jedoch ohne Erfolg, und daher müsse ihrem Treiben jetzt »mit äußerster Entschlossenheit entgegengetreten werden«.

Im Anschluß an Ebert ergriff Noske das Wort[204]. Er ging zunächst auf das mit dem militärischen Demonstrationsmarsch beabsichtigte politische Ziel ein: Der Bevölkerung Berlins, dem ganzen Reiche und auch dem Ausland solle bewiesen werden, »daß die Regierung keineswegs so schwach ist, daß sie nicht Macht genug aufbringen könnte, um die Ruhe und Ordnung herzustellen und die Wahlen zur Nationalversammlung zu sichern«. Im Hinblick auf die Kritiker seiner Militärpolitik betonte Noske: »Wir wollen keine Konterrevolution machen, wir wollen auch kein unnützes Blutvergießen, aber wir wollen den Unfug einer kleinen gewissenlosen Minderheit, die mit Maschinengewehren die Mehrheit des Volkes vergewaltigen will, [...] beseitigen.« Zum Schluß sprach er seine Hoffnung »auf ein gutes, erfolgreiches Zusammenarbeiten« mit den Regierungstruppen aus.

Am selben Tag – 11. Januar – wandte sich Noske als »Oberbefehlshaber in den Marken«[205] in einem weiteren Aufruf[206] an die Arbeiter, Soldaten und Bürger Berlins, um ihnen den Sinn des Demonstrationsmarsches zu erläutern und um anzukündigen, daß weitere Kampfhandlungen voraussichtlich nicht vermieden werden könnten. Noske versuchte mit diesem Aufruf für die Regierung Stimmung zu machen, indem er seinen Gegnern das politische Motiv absprach und sie in die Nähe gewöhnlicher Krimineller rückte: »Die letzte Maske, als handle es sich um eine politische Bewegung, ist gefallen, Raub und Plünderung entpuppt sich als letztes und einziges Ziel des Aufruhrs.« Nach

[204] Text der Ansprache Noskes: ebda., Nr. 162, S. 363 f.; Hinweis auf die Rede in: Wirren, S. 69.

[205] Tatsächlich war Noske im Januar 1919 nicht »Oberbefehlshaber in den Marken«, sondern führte, wie oben bereits erwähnt, den ad hoc geschaffenen Titel eines »Oberbefehlshabers der Regierungstruppen in und um Berlin«. In der Praxis dürften die Kompetenzen beider Verantwortungsbereiche sich nur unwesentlich unterschieden haben.

[206] Aufruf des Oberbefehlshabers in den Marken, Noske, vom 11. 1. 1919. In: Huber, Dokumente, Bd 3, Nr. 64, S. 53; sowie in: Berthold/Neef, Militarismus, Nr. 160, S. 360.

dieser den Tatsachen gewiß nicht entsprechenden Schmähung zeichnete Noske von sich das Bild eines Arbeiterführers, der nur unter dem Zwang der Verhältnisse zur Gewalt greife: »Arbeiter, die Reichsregierung hat mir die Führung der republikanischen Soldaten übertragen. Ein Arbeiter steht also an der Spitze der Macht der sozialistischen Republik. Ihr kennt mich und meine Vergangenheit in der Partei. Ich bürge Euch dafür, daß kein unnützes Blut vergossen wird. Ich will säubern, nicht vernichten; ich will Euch mit dem jungen republikanischen Heer die Freiheit und den Frieden bringen. Die Einigkeit der Arbeiterklasse muß gegen Spartakus erfolgen, wenn Demokratie und Sozialismus nicht untergehen sollen.«

Nachdem die von den Aufständischen besetzten Gebäude von den republikanischen Wehren sowie von Noskes Truppen in kürzester Zeit zurückerobert worden waren, gab der Oberbefehlshaber am 13. Januar einen detaillierten »Geheimbefehl über das Zusammenwirken der in Groß-Berlin einrückenden Regierungstruppen mit den dort bereits vorhandenen Truppen und Wehren«[207] heraus, der die Durchführung des bevorstehenden allgemeinen Einmarschs aller Noske unterstellten Truppen regelte. Die Bevölkerung Berlins wurde durch einen Aufruf des Oberbefehlshabers Noske vom 14. Januar[208] auf die Besetzung der Stadt vorbereitet. Darin betonte Noske noch einmal, daß die von ihm geführten Divisionen »nicht Werkzeuge der Konterrevolution« seien, sondern vielmehr »die Befreiung von unerhörtem terroristischem Druck bringen [würden], unter dem die Masse der Bevölkerung Berlins zu leiden hatte«. Gleichzeitig kündigte er an, daß seine Truppen nach erfolgtem Einmarsch in Verbindung mit der Polizei Hausdurchsuchungen durchführen würden, um die von der Regierung angeordnete Waffenabgabe[209] zu kontrollieren. Der allgemeine Einmarsch erfolgte noch am selben Tage, dem 14. Januar 1919, ohne daß es zu Zwischenfällen gekommen wäre. Plangemäß wurden die verschiedenen Stadtteile Berlins militärisch besetzt. In der Reichshauptstadt herrschte wieder Ruhe. Mit Genugtuung konstatierte Noske, daß die Wahlen zur Nationalversammlung am 19. Januar reibungslos durchgeführt werden konnten[210]. Am Tage nach den Wahlen wurde ein Großteil der Truppen wieder aus der Hauptstadt herausgezogen

[207] Der Oberbefehlshaber der regierungstreuen Truppen in und bei Berlin. la Nr. 10, vom 13. 1. 1919. Abgedruckt in: Wirren, S. 69 f.; sowie in: R. Müller, Geschichte der deutschen Revolution, Bd III, S. 231 f.

[208] Aufruf des Oberbefehlshabers Noske »An die Bewohner Berlins!« vom 14. 1. 1919. Abgedruckt in: R. Müller, Geschichte der deutschen Revolution, Bd III, S. 233; Huber, Dokumente, Bd 3, Nr. 66, S. 55.

[209] Gemeint ist die vom Rat der Volksbeauftragten erlassene »Verordnung über Waffenbesitz. Vom 13. 1. 1919«, RGBL 1919, S. 31 f. Zu den Beratungen im Kabinett vgl.: Die Regierung der Volksbeauftragten, Bd 2, Nr. 102, S. 214.

[210] Noske, Kiel bis Kapp, S. 75.

und in die Vororte Berlins sowie in nahegelegene Landgemeinden verlegt[211]. Wie der Untersuchungsausschuß des preußischen Landtages später feststellte, forderten die Januarunruhen 156 Tote[212]. Noske war der Mann des Tages: von den einen als Sieger gefeiert, von den anderen als Bluthund gehaßt, der auf Arbeiter hatte schießen lassen.

5. Karl Liebknecht und Rosa Luxemburg ermordet

Am späten Abend des 15. Januar 1919, als die Niederschlagung des Januaraufstandes längst abgeschlossen war, wurden die beiden führenden Köpfe des Spartakusbundes, der zwei Wochen zuvor in der Kommunistischen Partei Deutschlands (KPD) aufgegangen war, von Soldaten des Stabes der Garde-Kavallerie-Schützen-Division brutal ermordet. Karl Liebknecht und Rosa Luxemburg erhielten Gewehrkolbenschläge auf den Kopf und wurden anschließend aus nächster Entfernung erschossen. Der Hergang der Mordtat konnte durch die historische Forschung relativ exakt rekonstruiert werden[213]. Offen zutage liegt auch die Verantwortung des damaligen Stabschefs der genannten Division, Hauptmann Waldemar Pabst. Er rühmte sich im Jahre 1962 – im Schutze der Verjährungsfrist – öffentlich, er habe die beiden Kommunistenführer »richten lassen«[214], was den Sprecher der damaligen Bundesregierung veranlaßte, die Ermordung als »standrechtliche Erschießungen« zu bezeichnen[215]. Mit dieser wahrheitswidrigen Darstellung aus der Zeit des Kalten Krieges erreichte ein Vertuschungs- und Justizskandal einen späten Höhepunkt, der bereits in der Mordnacht des 15. Januar 1919 damit begonnen hatte, daß der genannte Hauptmann Pabst eine großenteils frei erfundene, bewußt falsche Darstellung der Ermordung zu Papier brachte[216], die dann als »amtlicher Bericht der Garde-Kavallerie-Schützen-Division« herausgegeben wurde. Auf dieser Grundlage machte die Presse den Mord in der Öffentlich-

211 Wirren, S. 72 f.

212 Hermann Müller, Novemberrevolution, S. 268.

213 Vgl. die Darstellung in: Illustrierte Geschichte (1978), S. 312 ff.

214 Vgl. das mit Pabst geführte Interview in: Der Spiegel Nr. 16 vom 18. 4. 1962, S. 38–43, hier: S. 38. In seinen unveröffentlichten Lebenserinnerungen gibt Pabst ebenfalls vorbehaltlos zu, daß er den Befehl gab, Liebknecht und Luxemburg zu »beseitigen«; polizeiliche Gründe hätten es erforderlich gemacht, »im Falle Liebknecht-Luxemburg auch – ausnahmsweise – abzuweichen von den in einem Rechtsstaat notwendigen gesetzlichen Weg«. Siehe: BA-MA N 620/v. 2, S. 83–85.

215 So Felix von Eckardt, der Pressechef von Bundeskanzler Adenauer, in: Bulletin des Presse- und Informationsamtes der Bundesregierung Nr. 27 vom 8. 2. 1962, S. 223.

216 Vgl. den von »WTB« verbreiteten »amtlichen« Bericht des Stabes der Garde-Kavallerie-Schützen-Division. In: Schultheß EGK 1919 I, S. 11 f.

keit unter den irreführenden Schlagzeilen »Liebknecht auf der Flucht erschossen! Rosa Luxemburg von der Menge getötet[217]!« bekannt.

Den amtlichen Falschmeldungen folgte in den kommenden Wochen und Monaten vor dem Feldkriegsgericht eben jener Division, der die Mörder angehörten[218], eine Justizposse[219], die als einer der großen Justizskandale unseres Jahrhunderts bezeichnet werden muß und auch damals schon – nicht nur von Gegnern der Regierung, sondern auch von führenden Mehrheitssozialdemokraten wie dem Zentralratsmitglied und späteren preußischen Innenminister Albert Grzesinski[220] – so bezeichnet worden ist. Die wirklichen Schuldigen an der Ermordung Liebknechts und Luxemburgs wurden letztendlich entweder gar nicht belangt oder mit lächerlich geringen Strafen[221] belegt.

Der Mord an den beiden bedeutendsten Persönlichkeiten der radikalen Linken war natürlich über den Kriminalfall hinaus ein eminent politisches Ereignis. Denn Liebknecht und Luxemburg stellten für all jene Zeitgenossen, die die Revolution »weitertreiben« wollten, die Symbolfiguren dar. Sie waren zugleich die prominentesten Antimilitaristen, die gegen das Zusammengehen der mehrheitssozialdemokratischen Volksbeauftragten mit dem alten Militär opponierten, so wie sie zuvor gegen den Weltkrieg und gegen die Bewilligung der Kriegskredite durch die Sozialdemokraten opponiert hatten. Mit Recht ist gesagt worden, die Ermordung Liebknechts und Luxemburgs sei »keine Kampfhandlung im Bürgerkrieg« gewesen, sondern mit ihnen habe man symbolisch die Revolution erschlagen[222], die sie wie niemand sonst in den Augen von Freund und Feind verkörperten.

217 Vgl. das Faksimile der »BZ am Mittag« vom 16. 1. 1919. In: Illustrierte Geschichte (1929), S. 294.

218 Nach der geltenden Militärstrafgerichtsordnung war dieses Gericht formell zuständig. Doch wurde seinerzeit wegen offensichtlicher Verdunkelung des Tathergangs durch das Gericht ein Eingreifen der Regierung und die Einsetzung eines unabhängigen Sondergerichts gefordert, z. B. in der Denkschrift Rusch–Wegmann–Struve vom 15. 2. 1919. Abgedruckt in: Die Freiheit Nr. 84 vom 16. 2. 1919, Morgen-Ausgabe; und in: Rote Fahne Nr. 16 vom 16. 2. 1919. Wiederabdruck in: Zentralrat, Nr. 89, S. 663–671.

219 Vgl. Der Mord an Karl Liebknecht und Rosa Luxemburg. Darstellung des gesamten Untersuchungsmaterials mit ausführlichem Prozeßbericht, Berlin 1920, sowie die Auszüge aus dem Verhandlungsprotokoll des Feldkriegsgerichts des Garde-Kavallerie-Schützen-Korps vom 8. bis 14. 5. 1919, in: Elisabeth Hannover-Drück und Heinrich Hannover, Der Mord an Rosa Luxemburg und Karl Liebknecht, Frankfurt/M. 1967, S. 59–126; fortan zit.: Hannover-Drück/Hannover, Der Mord.

220 Grzesinski nannte das Verfahren in der Zentralratssitzung vom 15. 2. 1919 einen »ganz großen Skandal«, Zentralrat, S. 654.

221 Der Husar Runge, der die Gewehrkolbenschläge führte, wurde mit zwei Jahren Gefängnis, der Oberleutnant Vogel, der Rosa Luxemburg erschoß, mit zwei Jahren und vier Monaten Gefängnis gestraft. Eine Reihe weiterer Schuldiger wurde freigesprochen. Das Urteil ist abgedruckt in: Hannover-Drück/Hannover, Der Mord, S. 116–121.

222 Sebastian Haffner, Die deutsche Revolution 1918/19, München 1979, S. 162; fortan zit.: Haffner, Die deutsche Revolution.

Als die Nachricht vom gewaltsamen Tode der beiden Spartakusführer der Regierung bekannt wurde, herrschte offenbar große Bestürzung, verbunden mit dem Drang zur Rechtfertigung[223]. Der sozialdemokratische Unterstaatssekretär in der Reichskanzlei, Curt Baake, und der Volksbeauftragte Landsberg waren der Ansicht, »das sei überhaupt nicht zu überstehen«[224]. Ebert war, wie Landsberg berichtet, von der abscheulichen Tat »fast zu Boden geworfen«[225]. Einen Augenblick sollen die Volksbeauftragten mit dem Gedanken an Rücktritt gespielt haben[226]. Nach eigener Bekundung hat dagegen Noske die Nachricht recht kühl aufgenommen. Rückblickend erklärte er die Morde »aus der wahnwitzig erregten Stimmung jener Tage in Berlin«, drehte aber sogleich – nach dem Motto, nicht der Mörder, sondern der Ermordete sei schuld – den Spieß um, indem er Liebknecht und Luxemburg als »Hauptschuldige« daran bezeichnete, »daß die unblutig begonnene Umwälzung zum Bürgerkrieg mit allen seinen Scheußlichkeiten ausartete«. In jenen Schreckenstagen des Januar 1919 hätten Tausende die Frage aufgeworfen, »ob denn niemand die Unruhestifter unschädlich mache«[227]. Noske erklärte zwar, er verabscheue jeden Mord, stieß sich dann aber lediglich an der Art, wie die beiden Führer der Spartakisten ums Leben gekommen seien.

Selbstverständlich machten USPD und KPD sogleich die SPD-Regierung für das Geschehen politisch verantwortlich. Das Berliner USPD-Organ »Die Freiheit« kommentierte bereits am 16. Januar: »Das ist die Frucht der Gewaltpolitik der Ebert–Scheidemann–Landsberg, das ist die Frucht der gewissenlosen Hetze des ›Vorwärts‹ und seiner bürgerlichen Helfershelfer, das ist das Werk des Noske und seines Befehlshabers Reinhard[228].« In einem anderen Aufruf klagte die USPD-Führung die mehrheitssozialdemokratischen Volksbeauftragten so an: »In unglaublicher Verblendung läßt die Regierung Ebert, Scheidemann, Landsberg, Noske, die sich noch immer eine sozialistische zu nennen wagt, ihre Söldner schalten und walten. Sie bewaffnet die Offiziere und die Bürgersöhne gegen die Arbeiterschaft. Erschießungen sind in Massen vorgekommen! Verhaftungen folgen auf Verhaftungen! [...]

[223] Ein Protokoll der umgehend für den 16. 1. 1919 einberufenen Sondersitzung von Kabinett und Zentralrat existiert nicht, lediglich eine von »WTB« am 17. 1. 1919 verbreitete Erklärung über ihr Ergebnis, in der es heißt: »Alle waren sich einig in der schärfsten Verurteilung besonders der Vorgänge, die zum Tode der Frau Luxemburg geführt haben.« Gesamter Text in: Schultheß EGK 1919 I, S. 12; sowie in: Zentralrat, Dok. 55, S. 430 f.

[224] So berichtet Noske, Kiel bis Kapp, S. 75.

[225] Otto Landsberg, Der Rat der Volksbeauftragten. In: Friedrich Ebert und seine Zeit, Charlottenburg o. J. [ca. 1925], S. 207; fortan zit.: Landsberg, Rat der Volksbeauftragten.

[226] Oertzen, Freikorps, S. 281.

[227] Noske, Kiel bis Kapp, S. 75 f. Auch zum Folgenden.

[228] Die Freiheit Nr. 29 vom 16. 1. 1919, Abend-Ausgabe, S. 1.

Für alle diese Greuel ist die Regierung Ebert, Scheidemann, Noske und Landsberg für alle Zeit verantwortlich. Sie hat die Geister der Gewalt gerufen und ist schon heute das Werkzeug ihrer eigenen Schergen[229].« Am Rande sei angemerkt, daß Lenin die SPD-Volksbeauftragten in gleicher Weise verurteilte. In einem am 21. Januar 1919 veröffentlichten »Brief an die Arbeiter Europas und Amerikas[230]« schrieb er: »Man findet keine Worte für die ganze Abscheulichkeit und Niedertracht dieser Henkertaten der Pseudosozialisten.« Ähnlich sollte es in den zwanziger Jahren auch ein junger Mann namens Fritz Erler sehen, damals in der sozialistischen Arbeiterjugend engagiert und, da von seinem Vater bewußt antimilitaristisch erzogen, ein Verehrer der beiden Ermordeten. Er hätte Noske, dessen Mitschuld er für erwiesen hielt, am liebsten auf »glühenden Kohlen gebraten«[231].

Gab es eine mehr als nur allgemein politische Mitverantwortung Noskes, dem ja die Garde-Kavallerie-Schützen-Division unterstellt war? Sogleich nach seiner Ernennung zum Oberbefehlshaber der Truppen in und um Berlin hatte er im Luisenstift in Dahlem, seinem provisorisch eingerichteten Hauptquartier, dem Leutnant Friedrich Wilhelm von Oertzen – nach dessen schriftlicher Aussage[232] – persönlich den Befehl erteilt, »die Führer der Spartakisten und die unsicheren führenden Männer der Unabhängigen Sozialdemokratie möglichst dauernd zu überwachen«. Oertzens erste Maßnahme war die Überwachung des privaten Telefonanschlusses von Liebknecht. Weiterhin setzte er etwa 40 bis 50 ausgesuchte Offiziere in allen Berliner Postämtern zur Überwachung der führenden Spartakisten und Unabhängigen ein. Es war dieser Befehl Noskes, der schließlich zur Ergreifung Liebknechts und Luxemburgs führte. Dem Verhaftungsfieber jener Tage war zuvor neben vielen anderen auch Karl Kautsky versehentlich zum Opfer gefallen, der sich zu dieser Zeit im Auftrage der Regierung im Reichsarchiv mit Forschungen über die Kriegsschuldfrage beschäftigte. Er war von einem Unteroffizier des Regiments Reinhard mit Liebknecht verwechselt worden[233]. Noske hielt die Telefonüberwachung

[229] Aufruf der USPD-Führung »An die gesamte Arbeiterschaft«. Veröffentlicht in: Die Freiheit, Nr. 30 vom 17. 1. 1919, Morgen-Ausgabe, S. 1. Wiederabdruck in: Ritter/Miller, Die deutsche Revolution, S. 193 f.

[230] Lenin, Werke, Bd 28, S. 446 f.; siehe auch: Dokumente und Materialien zur Geschichte der deutschen Arbeiterbewegung, Reihe II, Bd 3, (Ost-)Berlin 1958, Nr. 47, S. 106 f. (mit anderer Übersetzung); fortan zit.: Dokumente und Materialien.

[231] Hartmut Soell, Fritz Erler. Eine politische Biographie, Bd I, Berlin, Bonn-Bad Godesberg 1976, S. 5 f. In den fünfziger Jahren sollte der Politiker Erler sich dann von seiner nun als »ultralinks« eingeschätzten Meinung der Jugendjahre distanzieren und die Ansicht vertreten: »Die Partei hat damals Noske im Stich gelassen.« Ebda., S. 6.

[232] Oertzen, Freikorps, S. 276.

[233] Vgl. die Schilderung von Reinhard, Wehen, S. 78, sowie den Protest gegen die Verhaftung Kautskys in: Die Freiheit Nr. 29 vom 16. 1. 1919, Abend-Ausgabe, S. 1; ebenso die Mitteilung Eberts in der Sitzung von Kabinett und Zentralrat am 15. 1.

Liebknechts für erforderlich, da dieser die Proklamation des provisorischen »Revolutions-Ausschusses« vom 6. Januar 1919, in dem die Regierung für abgesetzt erklärt wurde, mit unterzeichnet hatte[234]. Das war aus der Sicht der Volksbeauftragten eine Bürgerkriegshandlung, und daher schien es nicht nur politisch notwendig, sondern auch rechtens zu sein, die Verantwortlichen des Januaraufstandes zu ergreifen und vor Gericht zu stellen. Letzteres geschah denn auch mit den übrigen Beteiligten des 53 Köpfe zählenden Revolutionsausschusses[235]. In einem aufsehenerregenden Prozeß (19. Mai bis 23. Juni 1919)[236] wurde der prominenteste unter ihnen, der USPD-Politiker Georg Ledebour, schließlich freigesprochen, obwohl der Staatsanwalt ihn u. a. der Anstiftung zum Aufruhr, des Landfriedensbruchs und der Bildung eines bewaffneten Haufens beschuldigt hatte – was das Gericht ihm nicht beweisen konnte –, und obwohl Ledebour »die volle Verantwortung für die revolutionäre Aktion gegen die Regierung Ebert–Scheidemann«[237] übernommen hatte. Mit Sicherheit wäre auch Rosa Luxemburg und möglicherweise sogar Karl Liebknecht von dem Gericht freigesprochen worden.

Der spätere Hinweis Noskes, viele hätten damals in Berlin gefragt, ob denn niemand die Unruhestifter unschädlich mache, entspricht den Tatsachen. Ja mehr als dies: Es gab regelrechte Aufrufe zum Mord, und zwar bereits zu einer Zeit, als niemand auch nur ahnen konnte, daß es im Januar zu einem Aufstand kommen würde. Schon Anfang Dezember 1918 hing an allen Berliner Anschlagsäulen ein mit »Die Frontsoldaten« gezeichnetes Plakat[238] mit dem Text: »Arbeiter, Bürger! Das Vaterland ist dem Untergang nahe. Rettet es! Es wird nicht von außen bedroht, sondern von innen: Von der Spartakusgruppe. Schlagt

1919, in: Zentralrat, S. 416. Die Reichsregierung ordnete die sofortige Enthaftung an und ließ die Verantwortlichen ermitteln.

234 Proklamation in: Huber, Dokumente, Bd 3, Nr. 61, S. 51.

235 In ihn wurden Vertreter der Revolutionären Obleute, der USPD und der KPD gewählt. Der Revolutionsausschuß sollte nach dem Sturz der Regierung provisorisch die Regierungsgeschäfte übernehmen. Über die Sitzung vom 5. 1. 1919 abends und den Beschluß zum Sturm auf die Regierung vgl. die Schilderung des Mitakteurs R. Müller, Geschichte der deutschen Revolution Bd III, Der Bürgerkrieg, S. 30–36. Auszug in: Ritter/Miller, Die deutsche Revolution, S. 175–178.

236 Vgl. Der Ledebour-Prozeß. Gesamtdarstellung des Prozesses gegen Ledebour wegen Aufruhr etc. vor dem Geschworenengericht Berlin-Mitte vom 19. Mai bis 23. Juni 1919 auf Grund des amtlichen Stenogramms bearbeitet und mit einem Vorwort versehen von Georg Ledebour, Berlin 1919; fortan zit.: Ledebour-Prozeß. Zusammenfassend Ratz, Ledebour, S. 196–199.

237 Ledebour-Prozeß, S. 56 f.

238 Fotografie des Plakats in: Illustrierte Geschichte der Deutschen Revolution, Frankfurt/M. 1970 (unveränd. Nachdruck der Ausgabe von 1929), S. 241; fortan zit.: Illustrierte Geschichte (1929). Richard Müller brachte diese Mordhetze in einer gemeinsamen Sitzung von Kabinett und Vollzugsrat am 7. 12. 1918 zur Sprache. Er konnte das Kabinett jedoch, soweit aus dem Protokoll ersichtlich, nicht zum Einschreiten bewegen. Siehe: Die Regierung der Volksbeauftragten, Bd I, Nr. 44b, S. 294.

ihre Führer tot! Tötet Liebknecht! Dann werdet ihr Frieden, Freiheit und Brot haben.« So stand es zugleich auf Hunderttausenden Flugzetteln[239]. Für diese Mordhetze zeichnete die von einem gewissen Eduard Stadtler gegründete »Antibolschewistische Liga« verantwortlich. Stadtler, früherer Presseattaché der kaiserlichen deutschen Botschaft in Moskau, der in zweijähriger russischer Kriegsgefangenschaft zu einem haßerfüllten Gegner des Sowjetsystems geworden war[240], rief am 1. Dezember 1918 in Berlin das als wissenschaftliche Institution getarnte »Generalsekretariat zum Studium und zur Bekämpfung des Bolschewismus« sowie die »Antibolschewistische Liga« ins Leben. Beide Organisationen wirkten durch Flugschriften, Vorträge, Beeinflussung der Truppen wie auch durch die Verfolgung linksradikaler Politiker[241]. Wie Stadtler selbst berichtet, flossen ihm große Geldsummen seitens der Großindustrie zu[242]. Am 10. Januar 1919 referierte er vor etwa 50 Industriellen und Bankiers über das Thema »Bolschewismus als Weltgefahr«, mit dem Ergebnis, daß seine Zuhörer, dem Vorschlag des Industrieverbandsvorsitzenden Hugo Stinnes folgend, die »Antibolschewistische Liga« fortan großzügig finanziell unterstützten.

Es gab auch Verbindungen zwischen Stadtler und Hauptmann Pabst von der Garde-Kavallerie-Schützen-Division. Sie hatten am 12. Januar 1919 im Hotel Eden eine Unterredung, in der es offenbar um die Beseitigung der Spartakusführer ging. Pabst soll zu Stadtler gesagt haben, er könne sich dabei auf ihn verlassen[243]. Rückblickend stellte Stadtler fest: »Ein Mann, ein Wort. Wenige Tage darauf, am 15. Januar, hatten die Mannen Major Pabsts, die Brüder Pflugk-Harttung und der Husar Runge, die beiden führenden Kommunisten Rosa Luxemburg und Karl Liebknecht als politische Gefahrenzentren beseitigt[244].« Stadtler behauptet, in der Woche der Januarkämpfe auch bei Noske gewesen zu sein und ihn in Anwesenheit seines Stabschefs (v. Gilsa) gedrängt zu haben, »die militärische Einmarschaktion zu erzwingen und gegen die in Berlin überhandnehmende Spartakusherrschaft den entscheidenden Schlag zu beschleunigen«[245].

239 Vgl. den Bericht »Gesindel« in: Die Freiheit vom 7. 12. 1918, Morgen-Ausgabe, S. 1.

240 Vgl. die am 1. 11. 1918 in der Berliner Philharmonie gehaltene Rede von Eduard Stadtler, Der Bolschewismus und seine Überwindung. Hrsg. vom Generalsekretariat zum Studium und zur Bekämpfung des Bolschewismus, Berlin 1919 [Flugschrift].

241 Illustrierte Geschichte (1929), S. 225.

242 Eduard Stadtler, Als Antibolschewist 1918/19, Düsseldorf 1936, S. 48 (= ders., Lebenserinnerungen, Bd 3).

243 Ebda., S. 52.

244 Zit. nach Joachim Petzold, Eduard Stadtler. Antibolschewismus und nationalsozialistische Demagogie. In: Gewalten und Gestalten. Miniaturen und Portraits zur deutschen Novemberrevolution 1918/1919, Leipzig, Jena, Berlin o. J. [1978], S. 305, fortan zit.: Petzold, Stadtler. Daß Stadtler seine faschistischen Ideen weiter verfolgte, belegt sein Buch: Seldte– Hitler–Hugenberg! Die Front der Freiheitsbewegung, Berlin 1930. – Zu den Umständen der Beförderung Pabsts zum Major siehe S. 677.

245 Petzold, Stadtler, S. 303.

Fortan lag die politische Verantwortung für die von ihnen gewiß nicht gewollte Ermordung der beiden Spartakusführer als schwere Last auf den führenden mehrheitssozialdemokratischen Politikern. Noske wurde noch mehrfach mit den Spätfolgen konfrontiert. Zunächst war dies der Fall, als die Leiche von Rosa Luxemburg Ende Mai 1919 aus dem Landwehrkanal in Berlin gezogen wurde. Während der preußische Innenminister Wolfgang Heine (SPD) und der Berliner Polizeipräsident Eugen Ernst (SPD) in einem Gespräch mit Noske heftige Demonstrationen und Unruhen befürchteten, reagierte dieser wiederum betont gelassen und traf die Anordnung, die Leiche Rosa Luxemburgs solle in das Lazarett des Truppenübungsplatzes Zossen außerhalb Berlins gebracht werden, und dort solle auch die Beerdigung stattfinden. Die Tatsache, daß er mit diesen Anordnungen in Befugnisse des zuständigen Gerichts eingriff, störte Noske wenig. Für ihn war »die Rücksichtnahme auf das Staatswohl« entscheidend, und das bedeutete hier die Verhinderung von Wirren um jeden Preis[246].

Als am 14. Mai 1919 in der Strafsache wegen Ermordung von Karl Liebknecht und Rosa Luxemburg das Feldkriegsgericht der Garde-Kavallerie-Schützen-Division sein Urteil[247] sprach, das – wie schon ausgeführt – mit seinen geringen Strafen und vielen Freisprüchen einen einzigen Skandal darstellte, fiel Noske in seiner Eigenschaft als Oberbefehlshaber in den Marken[248] nach der Militärstrafgerichtsordnung die Kompetenz zu, das Urteil entweder zu bestätigen oder zu verwerfen und damit eine Wiederholung der Beweisaufnahme in Gang zu setzen. Obwohl die USPD-Presse das Urteil »mit einem Aufschrei der Entrüstung« aufnahm[249] und selbst die liberale »Frankfurter Zeitung« den Ausgang des Prozesses »aus rechtlichen wie auch politischen Gründen durchaus unbefriedigend« nannte, da zwei schwere Mordtaten ungesühnt blieben[250], bestätigte Noske das Urteil[251], nachdem er sich zuvor von Gutachtern hatte berichten lassen, daß eine Wiederaufnahme des Prozesses keine härteren Strafen für die Angeklagten erwarten ließ.

Zehn Jahre später kam es zu einem Prozeß gegen den inzwischen zum Reichsanwalt avancierten Kriegsgerichtsrat Jorns, dem vorgeworfen wurde, in den Ermittlungsverfahren von 1919 gegen die Liebknecht-Luxemburg-Mörder den Mördern Vorschub geleistet zu ha-

[246] Noske, Erlebtes, S. 84–86; Hannover-Drück/Hannover, Der Mord, S. 127; vgl. auch den Artikel »Die Wegschaffung der Leiche«. In: Die Freiheit, Nr. 266 vom 3. 6. 1919, Abend-Ausgabe, S. 2, wo von einem »skandalösen Eingriff Noskes« die Rede war.

[247] Die wesentlichen Auszüge in Hannover-Drück/Hannover, Der Mord, S. 116–121.

[248] Dieses Amt übernahm Noske aufgrund einer Verordnung der preußischen Regierung am 3. 3. 1919.

[249] Die Freiheit vom 15. 5. 1919. Auszug in: Hannover-Drück/Hannover, Der Mord, S. 122.

[250] Frankfurter Zeitung vom 16. 5. 1919. Auszug in: Hannover-Drück/Hannover, Der Mord, S. 123.

[251] Noske, Kiel bis Kapp, S. 76.

ben[252]. Im Urteil des Berliner Schöffengerichts vom 27. April 1929 wurden die gegen Jorns erhobenen Vorwürfe bestätigt. Mit dem Abstand von zehn Jahren und den zusätzlichen Erkenntnissen des Jorns-Prozesses stellten sich für einen kritischen Autor der liberaldemokratischen »Berliner Volkszeitung«[253] die Geschehnisse im Januar 1919 folgendermaßen dar:

»Herr Noske verschrieb sich den Männern der Gardekavallerie-Schützendivision, reaktionären Offizieren mit sehr zweifelhaftem Anhang. Nicht die republikanische Abwehr, sondern der weiße Terror wurde die Parole. Sicher war das den meisten der Volksbeauftragten nicht recht, aber Herr Noske hatte die Macht, und man wollte ihm nicht dreinreden. Die Landsknechte der Gardekavallerie-Schützendivision sorgten in ihrer Weise für Ruhe; es war die Ruhe des Kirchhofs. Als die Nachricht von der Ermordung des kommunistischen Führers und seiner Mitstreiterin bekanntgegeben wurde, verlegte man sich auf eine Berichterstattung, die an die schlimmsten Lügenberichte aus der Kriegszeit anknüpfte. Man hatte nicht den Mut, zu seinen Taten zu stehen, und die Führer der herrschenden Partei, der damaligen Mehrheitssozialdemokratie, hatten nicht den Mut, ihre exzedierenden Landsknechte zur Verantwortung zu ziehen [...] Vielleicht war es auch gar nicht möglich, in jenem Stadium die Geister wieder zu bannen, die man gerufen hatte. Der General Reinhardt und die Freikorps verstärkten ihre Macht von Tag zu Tag. Herr Noske war der Gefangene seiner Offiziere [...] Es war jenes System Noske, das die Freiheit der jungen Republik mit den Landsknechten der alten Armee verteidigen wollte. Ein entsetzlicher Irrtum! Denn Rosa Luxemburg und Karl Liebknecht waren zwar die ersten, die von jenen Gewaltmenschen gemordet wurden, aber nicht die einzigen.«

6. Zur Frage der Verhältnismäßigkeit der Mittel

Die Berliner Vorgänge vom Januar 1919 bedeuteten »eine historische Zäsur, eine Wende zur Katastrophe hin«[254]. Denn mit ihnen kehrte die Gewalt in die innenpolitischen Auseinandersetzungen Deutsch-

[252] Zum Jorns-Prozeß vgl. Heinrich Hannover und Elisabeth Hannover-Drück, Politische Justiz 1918–1933, Frankfurt/M. 1966, S. 200 ff., fortan zit.: Hannover/Hannover-Drück, Politische Justiz; Hannover-Drück/Hannover, Der Mord, S. 133–161.

[253] Berliner Volkszeitung vom 28. 4. 1929. Abgedruckt in: Hannover-Drück/Hannover, Der Mord, S. 162 f. Als liberaldemokratisches Blatt wird die Zeitung bezeichnet in: Brockhaus Enzyklopädie, [17]1967, Bd 2, S. 575.

[254] Miller, Bürde, S. 235.

lands ein; mit ihnen begann der deutsche Bürgerkrieg[255], der dann – mit Unterbrechungen – der politischen Szene im Innern Deutschlands bis zur Jahresmitte 1919 seinen Stempel aufprägen sollte. Hatte sich die revolutionäre Umwälzung vom November 1918 durch einen hohen Grad von Gewaltfreiheit ausgezeichnet – was hauptsächlich daher rührte, daß sich niemand fand, der nach dem verlorenen Krieg bereit war, die Monarchie mit Waffengewalt zu verteidigen[256] –, so kam es nun, zwei Monate nach dem Novemberumsturz, doch noch zu blutigen Auseinandersetzungen. In ihnen standen sich allerdings nicht Anhänger von Monarchie und Republik gegenüber, sondern es gab eine andere Konfliktkonstellation: Auf der einen Seite stand die sozialdemokratische Regierung im Bündnis mit dem Militär und mit der stillschweigenden Unterstützung der bürgerlichen Ordnungsparteien, auf der anderen jener radikalere Teil der Arbeiterschaft, der, politisch vertreten durch die USPD und die KPD, die Revolution »weitertreiben« wollte. Weder die eine noch die andere Partei stellte sich dieses »Weitertreiben« jedoch als eine gewaltsame Auseinandersetzung vor. Das heißt, es gab keinen Plan zum bewaffneten Aufstand, keine kalkulierte Gewaltstrategie. Die Januarunruhen begannen als spontane Gewaltaktionen radikaler Minderheiten.

Die blutigen Auseinandersetzungen im Januar 1919 ließen die politische Gegnerschaft zwischen Sozialdemokraten und Kommunisten zur offenen Feindschaft werden. Von den Anfängen der Republik bis zu ihrem Ende blieb das Verhältnis des sozialdemokratischen und des kommunistischen Teils der deutschen Arbeiterbewegung maßgeblich durch die damaligen gewaltsamen Konflikte in Berlin geprägt. Gleichzeitig schuf das Bündnis der sozialdemokratischen Obrigkeit mit den Kräften des alten Regimes eine Konstellation, die den Start in die erste deutsche Republik erschwerte und die Geschichte dieser Republik, ebenfalls bis zu ihrem Ende, nachhaltig belastete.

In Anbetracht dieser Folgen muß die Überlegung erlaubt sein, ob denn tatsächlich alles so kommen mußte, wie es gekommen ist. Im Zusammenhang mit der Rolle Noskes während der Januarunruhen 1919 lautet eine der entscheidenden Fragen, ob es wirklich unabdingbar war, in der geschilderten Weise gegen jene gewalttätige Minderheit vorzugehen, die sich nach der Massendemonstration am 5. Januar in

[255] Mit »Der deutsche Bürgerkrieg« überschrieb Richard Müller den dritten Band seiner Geschichte der deutschen Revolution.

[256] Die Ursachen dieses bemerkenswerten Vorgangs analysiert Schmidt, Heimatheer. Sein zusammenfassendes Urteil lautet: »Nicht die Macht der Meuterer und Aufständischen oder die Gewalt der Friedensbewegung, sondern die Entscheidungsschwäche, Plan- und Tatenlosigkeit der örtlichen Befehlshaber und die Ohnmacht des durch eine dysfunktionale Kommandostruktur gelähmten Obermilitärbefehlshabers im Heimatgebiet sind wesentlich entscheidende Faktoren für den Erfolg der Umsturzbewegung gewesen.« (S. 433)

den Besitz mehrerer Verlagshäuser und Zeitungsdruckereien setzte. Damit verbindet sich die weitergehende Frage, ob die Politik Noskes jene Eskalation der Gewalt nicht erst in Gang setzte, die für das Jahr 1919 charakteristisch war.

Eines steht bei alledem jedenfalls zweifelsfrei fest: Noske schaffte es in kürzester Zeit, sich jenes »Bluthund«-Image zuzulegen, das er dann nie wieder los werden sollte. Damit war gemeint, daß man sich von ihm die Vorstellung eines »primitiven Gewaltmenschen« machte, »der Politik nach einem simplen Freund-Feind-Schema betrieb«, der »in Gewalttätigkeit verliebt« war und deswegen nach der Methode verfuhr, »auf jeden Feind jederzeit mit allen zur Verfügung stehenden Mitteln einzudreschen«[257]. An diesem Bild stimmt immerhin so viel, daß Noske in der Tat keine Skrupel hatte, Gewalt einzusetzen, ja daß er es sogar vorzog, mittels überlegener Gewalt zu »ganzen« Lösungen zu kommen, statt auch die Möglichkeit zur Gewaltminderung durch die Suche nach politischen Kompromissen auszuloten. Gerade sein Verhalten während der Januarunruhen machte zudem deutlich, daß er in den Kategorien Sieg oder Niederlage dachte, die dem militärischen Milieu entstammten, und die für das Einsatzdenken der Polizei charakteristische Frage nach der Verhältnismäßigkeit der Mittel gar nicht erst stellte. Wahrscheinlich ist dafür in erster Linie das Weltkriegserlebnis verantwortlich zu machen, das Noskes Einstellung zur militärisch organisierten Gewalt in entscheidender Weise prägte und das wohl auch seine früheren Vorbehalte gegen den militaristischen Gewaltkult preußischer Provenienz abschwächte. So waren wohl die unmittelbaren Erfahrungen der Kriegsjahre die Ursache dafür, daß Noske in keiner der Konfliktsituationen des Jahres 1919 nach den regulären polizeilichen Ordnungskräften rief, sondern immer nach den Kanonen des Militärs.

An der generellen Berechtigung des Rates der Volksbeauftragten, auf die gewaltsame Besetzung des Zeitungsviertels ihrerseits mit Gewalt zu antworten, kann kein Zweifel bestehen. Mehr noch: die Regierung hatte die Pflicht, die Besetzer hinauszuwerfen und sich selbst Autorität zu verschaffen. Daher erklärte sie in ihrem Aufruf an die Berliner Bevölkerung vom 8. Januar völlig zu Recht: »Gewalt kann nur mit Gewalt bekämpft werden[258].« Diese Einschätzung wurde auch von dem Historiker Arthur Rosenberg geteilt, der in den zwanziger Jahren der KPD-Reichstagsfraktion angehörte: »Die Gewaltanwendung gegen die Utopisten[259] war nicht zu vermeiden. Noskes Schuld liegt nicht

[257] Haffner, Die deutsche Revolution, S. 166.

[258] Der Aufruf wurde veröffentlicht in: Reichsanzeiger vom 9. 1. 1919, Nr. 7. Wiederabdruck in: Ritter/Miller, Die deutsche Revolution, S. 184 f., und in: Berthold/Neef, Militarismus, S. 354 f.

[259] Damit meinte Rosenberg diejenigen Leute, die auf eigene Faust Gebäude im Berliner Zeitungsviertel besetzten und die Politiker der Linken damit in einen von ihnen nicht gewollten Zugzwang brachten.

darin, daß er die Verantwortung für die Niederkämpfung des Aufstandes übernahm. Seine Fehler im Januar und in den folgenden Monaten liegen überhaupt nicht auf dem moralischen, sondern auf dem politischen Gebiet. Das Verhängnis für die deutsche Republik kam nicht dadurch, daß Noske Gewalt anwandte, sondern mit was für Truppen er Gewalt anwandte[260].« Dieses Urteil ist verständlicherweise von Sympathisanten der mehrheitssozialdemokratischen Politik vielfach zustimmend zitiert worden[261]. Betrachtet man die Aufrufe zum bewaffneten Kampf, die von den linken Regierungsgegnern vorbereitet wurden, nachdem sie sich dazu entschlossen hatten, die »Utopisten« nicht im Stich zu lassen, so steht in der Tat außer jedem Zweifel, daß die Regierung zu Taten schreiten mußte.

Da hieß es beispielsweise in einem KPD-Flugblatt vom 8. Januar: »Rüstet euch! Jeder waffenfähige Mann versehe sich mit einem Gewehr! [...] Entwaffnet die Gegenrevolutionäre[262]!« Und der von den Revolutionären Obleuten, der USPD Groß-Berlins und der KPD gezeichnete Aufruf zum Generalstreik vom 9. Januar forderte, nachdem seine Verfasser für die Aufständischen eine Notwehr- und Verteidigungssituation konstruiert hatten: »Es muß gekämpft werden bis aufs Letzte [...] Zeigt den Schurken eure Macht! Bewaffnet euch! Gebraucht die Waffen gegen eure Todfeinde, die Ebert–Scheidemann! [...] Auf zum Kampfe, auf zum vernichtenden Schlage, der zerschmettern muß die blutbesudelten Ebert–Scheidemann[263]!« Das waren eindeutige Aufrufe zum Bürgerkrieg, deren abenteuerlicher und unverantwortlicher Charakter dadurch noch verstärkt wurde, daß nicht einmal ein realistisches Ziel des Kampfes angegeben werden konnte.

Unabhängig von der Legitimation und der Pflicht des Rates der Volksbeauftragten zur Bewältigung der Situation auch mit gewaltsamen Mitteln muß jedoch in Frage gestellt werden, ob die dröhnende Rhetorik der erwähnten Aufrufe die tatsächlichen Machtverhältnisse nicht maßlos verzerrte. Wurde mit der Gewaltpropaganda nicht verschleiert, daß der harte Kern der kampfbereiten Aufständischen sehr klein und die Masse der den Unabhängigen zuneigenden Arbeiterschaft einer blutigen Auseinandersetzung gänzlich abgeneigt war?

Solches läßt jedenfalls die Bilanz der Januarunruhen vermuten, d. h. die Zahl der Opfer an Menschenleben, die der Aufstand und seine Niederschlagung gekostet haben. Dabei fällt ins Auge, daß die Noskeschen Regierungstruppen nur sehr wenige Tote zu beklagen hatten, obwohl ihnen bei der Rückeroberung der besetzten Gebäude die Rolle

260 Rosenberg, Geschichte, S. 67 f.
261 Vgl. etwa Miller, Bürde, S. 233.
262 Wiederabdruck in: Dokumente und Materialien II/3, Nr. 11, S. 22.
263 Ebda., Nr. 16, S. 33–35, Zitat S. 34. Auszug ebenfalls in: Ritter/Miller, Die deutsche Revolution, S. 190.

des Angreifers zufiel, während die Zahl der Toten bei den Aufständischen um ein Vielfaches höher lag, obgleich sie in der militärisch gesehen vorteilhafteren Situation des Verteidigers waren. Wie dem im Jahre 1921 vorgelegten Bericht des Untersuchungsausschusses des preußischen Landtags zu entnehmen ist, mußten während der Januarkämpfe 1919 in Berlin insgesamt 156 Menschen ihr Leben lassen[264]. Nach der amtlichen militärhistorischen Darstellung fanden bei den Kämpfen um das »Vorwärts«-Gebäude und das Reichspatentamt am 11. Januar sechs Soldaten der Regierungstruppen den Tod gegenüber 60 Gefallenen bei den Aufständischen[265], wobei die sieben ermordeten Parlamentäre der »Vorwärts«-Besatzung wahrscheinlich nicht einmal mitgezählt sind. Derselben Quelle zufolge fanden bei den Zusammenstößen seit dem 14. Januar »31 Aufrührer und Unbeteiligte« den Tod; dagegen erlitten die freiwilligen Truppen in dieser Zeit »keine nennenswerten Verluste«[266]. Über die Verluste der regierungstreuen republikanischen Wehren sind keine zuverlässigen Zahlen vorhanden[267]. Insgesamt ist eine exakte Klärung allerdings nicht möglich, denn: »Die genaue Zahl der Opfer der Januarkämpfe ist bis heute nicht bekannt und wird wahrscheinlich kaum noch ermittelt werden können[268].« In den beiden gründlichsten historischen Spezialstudien zu diesem Thema[269] wird die Zahl von insgesamt etwa 200 Toten angegeben; unter ihnen sollen sich ein Zehntel Regierungssoldaten und neun Zehntel Aufständische befunden haben.

Dieses Verhältnis läßt auf eine vielfache Überlegenheit der Noskeschen Regierungstruppen und der republikanischen Wehren schließen, und zwar sowohl was die Anzahl und Bewaffnung der Kämpfer als auch was die militärische Planung der Kampfhandlungen betrifft. In der amtlichen militärgeschichtlichen Darstellung der Januarkämpfe finden sich dazu folgende Feststellungen: »Der Widerstand der Aufständischen war überraschend schwach gewesen. Zu Ansammlungen, Schießereien und zur Bekämpfung von Dachschützen war es wiederholt gekommen, zu einem regelrechten Aufruhr und zu ernsten Ge-

264 Hermann Müller, Novemberrevolution, S. 268.
265 Wirren, S. 63 f.
266 Ebda., S. 73.
267 Von dem Vorsitzenden der SPD-Fraktion im preußischen Landtag, Ernst Heilmann, stammt die Information, der »Helferdienst der sozialdemokratischen Partei« habe in den Kämpfen 100 Tote verloren. Diese Zahl muß jedoch angesichts der erwähnten Gesamtbilanz mit einem Fragezeichen versehen werden. Vgl. die Rede Heilmanns in der Preußischen Landesversammlung am 15. 11. 1919, Bd 5, Sp. 6565. Zit. nach Miller, Bürde, S. 234.
268 Dies die Aussage der Spezialstudie von Dieter Baudis und Hermann Roth, Berliner Opfer der Novemberrevolution 1918/19. In: Jahrbuch für Wirtschaftsgeschichte, Teil III, (Ost-)Berlin 1968, S. 87.
269 Vgl. neben der in der vorigen Anmerkung genannten Arbeit die Untersuchung von Rudolf Lindau, Revolutionäre Kämpfe 1918–1919. Aufsätze und Chronik, Berlin 1960, S. 249.

fechten aber nirgends. Ohne Widerstand konnten die wichtigsten Gebäude besetzt, Fabriken, Lager, Häuser und Passanten auf Waffen durchsucht werden[270].«

Hervorhebenswert an diesen Aussagen ist das Wort »überraschend«, weil es einen indirekten Hinweis darauf gibt, daß die vom Feindbilddenken beeinflußte Lagebeurteilung bei den Regierungstruppen zu der Vorstellung führte, daß es sich um einen »Spartakusaufstand« handelte, den es in dieser Weise eben gar nicht gab. Was sich nach der Massendemonstration am 5. Januar im einzelnen abspielte, schildert Richard Müller, einer der Sprecher der Revolutionären Obleute, zugleich Mitglied der USPD. Nach seinem Bericht[271] waren es lediglich »einige Hundert Demonstranten«, die am Abend jenes Tages nach dem Zeitungsviertel zogen und dort einige Gebäude besetzten; das Ullstein-Gebäude wurde von nur zwölf Personen, das Wolffsche Telegraphenbüro von etwa 20 Personen »gestürmt« und ähnlich kleine bewaffnete Gruppen nahmen die anderen Zeitungsbetriebe in Besitz. Einschließlich der »Vorwärts«-Besatzung waren es – Richard Müller zufolge, der selbst ein erklärter Gegner dieser Aktion war, weil er erkannte, daß für einen erfolgreichen Kampf »weder politisch noch militärisch die Voraussetzungen gegeben« waren[272] – »kaum 300 Personen«, die sich an der Besetzung beteiligten. In der Folgezeit sei die Zahl auf »nicht mehr als 1000« angewachsen[273]. Ihnen gegenüber standen am Ende der Kämpfe neben den etwa 4000 Mann starken republikanischen Wehren[274], an deren Aufstellung Noske keinen Anteil hatte, mindestens 10000 Mann Regierungstruppen unter dem Oberbefehl Noskes[275]. War ein solches Truppenaufgebot nötig, um die Aufständischen niederzuringen? Oder stand es eigentlich in gar keinem rechten Verhältnis zu der Bedrohung, der die Regierung ausgesetzt war? Hätte sich die gewaltsame Auseinandersetzung nicht sogar gänzlich vermeiden lassen?

Zur letztgenannten Frage ist an dieser Stelle noch einmal hervorzuheben, daß Noske es war, der alle Ansätze vereitelte, die zu einem Kompromiß zwischen Aufständischen und Regierung hätten führen können. Er selbst machte daraus überhaupt kein Geheimnis: »Ich habe mich immer wieder auf das nachdrücklichste jedem Kompromiß widersetzt, weil bei mir nicht der geringste Zweifel bestand, daß die Auseinandersetzung zwischen revolutionärer Phraseologie und den realen

[270] Wirren, S. 73.
[271] R. Müller, Geschichte der deutschen Revolution, Bd III, S. 32 und 35.
[272] Ebda., S. 33.
[273] Ebda., S. 42 f.
[274] Wirren, S. 73; zu den republikanischen Wehren vgl. im einzelnen das nachfolgende Kapitel.
[275] Wirren, S. 46 und 55 f.; Stichdatum Mitte Januar, beim Einmarsch der Truppen in die Reichshauptstadt.

Notwendigkeiten früher oder später doch hätte kommen müssen. Es ist also durchaus richtig, daß bei den tagelang geführten Verhandlungen die Regierung und der Zentralrat keine Verständigung mit der Gegenseite wollten, und daß sie nur deshalb die Verhandlungen so lange hinzogen, bis in Berlin dem Willen der Reichsregierung Geltung und Respekt verschafft werden konnte[276].« Das bedeutet, daß Noske von dem Augenblick an, als ihn Regierung und Zentralrat mit dem Oberbefehl der regierungstreuen Truppen in und bei Berlin betrauten und ihn mit unbegrenzten Vollmachten ausstatteten, ganz offen einen Kurs steuerte, der nicht bloß auf die Wiederherstellung der öffentlichen Ordnung in Berlin zielte, sondern auf die gewaltsame Auseinandersetzung mit den Gegnern der Regierung hin angelegt war, ja mehr noch, auf ihre Vernichtung hin. Auch der Tatbestand, daß es sich bei diesen Gegnern um Angehörige der Klasse handelte, der er selbst entstammte und deren Interessen zu vertreten er als eine Lebensaufgabe betrachtete, hat Noske nicht kompromißbereit gemacht. Was andere als »Brudermord«[277] bezeichneten, hieß für ihn lediglich, die Ordnung wieder herzustellen. Blutvergießen nahm er dabei in Kauf.

7. Freikorps oder republikanische Wehren?

Nach der Frage, ob der Politik Noskes während der Januarunruhen 1919 nicht eine sehr weitgehende Fehleinschätzung der Stärke der Aufständischen zugrunde lag, was dann zu einem weit überzogenen, also unverhältnismäßigen Mitteleinsatz führte, ist eine andere von vielleicht noch größerer Bedeutung zu stellen. Sie klang in Rosenbergs Überlegung bereits an, daß das Verhängnis für die deutsche Republik nicht schon dadurch gekommen sei, daß Noske überhaupt Gewalt angewandt habe, sondern mit was für Truppen dies geschehen sei.

Die Freikorps, die er bilden ließ und einsetzte, verkörperten mehr als jede andere militärische Formation der Übergangszeit zwischen Monarchie und Republik den alten militaristischen Geist, vermischt mit dem im Kriege gewachsenen Frontsoldatenmythos[278]. Diese »Nos-

[276] Noske, Abwehr, S. 36; zur Kompromißlosigkeit Noskes siehe auch: Miller, Bürde, S. 232; und den Artikel »Der Bankerott der Regierungspolitik«, in: Die Freiheit Nr. 29 vom 26. 1. 1919, Abend-Ausgabe, S. 1 f., in dem die Ansicht vertreten wird, daß die Besetzung des Zeitungsviertels »in einigen Stunden« hätte rückgängig gemacht werden können, wäre Noske kompromißbereit gewesen.

[277] Etwa R. Müller, Geschichte der deutschen Revolution, Bd III, S. 59.

[278] Zur Zusammensetzung des Freikorps und den unterschiedlichen Motiven der Freiwilligen siehe die komprimierte Darstellung von Wohlfeil, Heer und Republik, S. 69–73.

kegarden« wurden – allen gegenteiligen Beteuerungen ihres Oberbefehlshabers zum Trotz – selbst in der mehrheitssozialdemokratisch orientierten Arbeiterschaft als ausgesprochen konterrevolutionäre Truppen angesehen. Mußte Noske gerade auf diese Soldaten zurückgreifen? Hatte er keine andere Wahl? Oder gab es Alternativen zu den Freikorps, und Noske hat sie nur nicht genutzt? Bekanntlich waren die Freikorps eine der Schienen, auf denen die Offiziere der Kaiserzeit in die Reichswehr der Weimarer Republik hineingezogen wurden. Angesichts dieses Zusammenhangs braucht die historische Bedeutung der genannten Fragen nicht eigens betont zu werden.

Die damit aufgeworfene Problematik hat Noske seinerzeit überhaupt nicht als solche erkannt. Für ihn ging es, wie bereits mehrfach erwähnt wurde, seit seiner Berufung in die Regierung der Volksbeauftragten darum, rasch ein militärisches Instrument aufzubauen, das der Regierung Respekt verschaffen würde. Dies wollte er mit qualifiziertem, ausgebildetem Personal bewerkstelligen. Also mußte er – so seine Überzeugung – die Offiziere und Unteroffiziere der Monarchie in den Dienst der Republik stellen, sofern sie bereit waren, sich freiwillig zu melden. Wenn ein Soldat militärisch brauchbar war, so konnte er in politischer Hinsicht ruhig denken, was er wollte. Nach dieser Devise verfuhr Noske bereits vor dem Januaraufstand. Dieser führte lediglich zu einer Beschleunigung des bereits eingeschlagenen Weges.

In der ersten Januarhälfte 1919 wurden die Freiwilligen mündlich auf die vorläufige Regierung verpflichtet. Nachher mußten sie durch Unterschrift und Handschlag das folgende Treuegelöbnis ablegen: »Ich verpflichte mich, der deutschen sozialistisch-demokratischen Republik mit allen Kräften und nach bestem Wissen als Soldat zu dienen. Die jetzige provisorische Regierung werde ich unbedingt schützen und sie unterstützen in der Aufrechterhaltung von Ruhe und Ordnung im Innern und an den Grenzen des Reiches. Ich trete ein für ungestörte Nationalwahlen, den Schutz der Nationalversammlung und der von dieser beschlossenen Gesetze[279].« Es war, wie man sieht, eine bewußt nur auf kurzfristige Ziele hin formulierte Gelöbnisformel, mit der die Angehörigen der Freiwilligenverbände an die Regierung gebunden werden sollten. Daß mit der Unterzeichnung eines solchen Textes aus eingefleischten Monarchisten und Anhängern des Obrigkeitsstaates noch keine Republikaner gemacht werden konnten, wußte auch Noske. Aber es schien ihm das geringere Übel zu sein.

Die Frage, ob es vorstellbar war, daß die republikanischen Formationen, die sich nach der Novemberrevolution in der Reichshauptstadt gebildet hatten, in der Lage sein könnten, die gewalttätigen Linksradikalen aus dem Zeitungsviertel hinauszuwerfen, stellte sich für Noske

[279] Wirren, S. 46 f.

also generell nicht, da er den Rückgriff auf das Berufsmilitär als unumgänglich ansah. Allerdings bot die militärische Lage in der Reichshauptstadt nach Beginn der Januarunruhen auch wenig Anlaß zu Hoffnungen auf die Zuverlässigkeit dieser Wehren. Für Noske ergab sich folgendes Bild: »In den ersten Januartagen waren von den annähernd 20000 Waffenträgern – 12000 Mann republikanische Volkswehr, 3500 Mann Sicherheitswehr, mehrere Tausend Mann Volksmarine-Division – ganz abgesehen von den vielen Tausenden in den Kasernen herumlungernden Soldaten, nicht 100 Mann, auf die unbedingter Verlaß war[280].« Philipp Scheidemann beurteilte die Lage nicht anders: »Es waren sehr viele Soldaten in Berlin, aber wie weit man von diesen Soldaten sagen konnte, daß eine nennenswerte Anzahl der Regierung zur Verfügung gestanden hätte, wird niemand beantworten können [...] Es waren sehr viele Soldaten hier, aber zu machen war mit ihnen nichts. Deswegen die Übersiedlung Noskes nach Dahlem, um von dort aus neue frische Truppen zusammenzustellen[281].« Traf diese Einschätzung zu? Und weshalb waren die vielen in Berlin stationierten Soldaten nicht für den Schutz des Rates der Volksbeauftragten zu verwenden?

Die erste Antwort lautet, daß die Regierung zu Beginn der Januarunruhen tatsächlich fast über keine militärischen Machtmittel verfügte, und zwar – zweite Antwort –, weil die Reste des alten Heeres mit der Demobilmachung beschäftigt waren und weil sich die republikanischen Wehren, die nach dem Novemberumsturz gebildet worden waren, in einem Zustand der Orientierungslosigkeit befanden. Die nicht selten anzutreffende generalisierende Aussage, die große Masse der sozialdemokratischen Arbeiter sei nicht bereit gewesen, »der jungen Revolutionsrepublik Blut und Leben zur Verfügung zu stellen im Kampf gegen links«[282], ist durchaus unzutreffend. Gewiß war die Arbeiterschaft kriegsmüde. Gleichwohl bestätigt aber alleine schon die Existenz der republikanischen Wehren, daß keineswegs eine generelle Weigerung der sozialdemokratischen Arbeiterschaft zum Schutz der Republik vorlag.

Eine differenziertere Sicht der Dinge stößt auf den bereits erwahnten Zustand der Orientierungslosigkeit, in dem sich die republikanischen Wehren um die Jahreswende 1918/19 befanden. Dieser Zu-

280 Noske, Abwehr, S. 35; ähnlich ders., Erlebtes, S. 83.

281 Scheidemann am 28. 11. 1919 vor der Untersuchungskommission der Preußischen Landesversammlung. In: Bericht des Untersuchungsausschusses über die Januar-Unruhen 1919 in Berlin. In: Sammlung der Drucksachen der verfassunggebenden Preußischen Landesversammlung (Anlagen zu den Sitzungsberichten), Tagung 1919/21, Bd 15, Berlin 1921, S. 8052; fortan zit.: Januar-Unruhen.

282 So Julius Leber, Ein Mann geht seinen Weg, Berlin, Frankfurt 1952, S. 204 f., auf den sich Anhänger dieser Sicht häufig berufen. Zur Kriegsmüdigkeit der Arbeiter sowie zum Verhältnis von Gewerkschaften und Militär vgl. das Kapitel X/7.

stand war, betrachtet man die Entstehungsgeschichte dieser Formationen und ihre Zusammensetzung, alles andere als verwunderlich. Sowohl die von Otto Wels (SPD) in seiner Eigenschaft als Berliner Stadtkommandant geschaffene Republikanische Soldatenwehr (RSW), als auch die Volksmarinedivision, als auch die – bis 3. Januar 1919 dem unabhängigen Polizeipräsidenten Eichhorn unterstehende – Sicherheitswehr beruhten auf der Idee eines Zusammengehens der beiden sozialdemokratischen Parteien, wie es im ersten Rat der Volksbeauftragten praktiziert wurde. Nachdem der wichtigste Streitpunkt, der zur Parteispaltung geführt hatte, nämlich die Stellung zum Kriege, weggefallen war, stellte der Wunsch nach Einheit der Arbeiterklasse[283] die vorrangige Orientierung dar. Deshalb traten in die genannten Wehren Anhänger der MSPD wie der USPD ein. Als dann Ende Dezember 1918 der Austritt der USPD aus der Regierung erfolgte, brach auch der Konsens zusammen, der die neu geschaffenen Wehren bis dahin motiviert hatte. Anfang 1919, zu Beginn der Januarunruhen, war die Spaltung der Arbeiterschaft in zwischenzeitlich sogar drei politische Lager zwar ein Tatbestand. Aber diese parteipolitische Entwicklung hatte noch keine endgültigen Konturen, und sie hatte sich auf die republikanischen Wehren noch nicht in der Weise ausgewirkt, daß sie sich auf die eine oder die andere Seite der Rivalen geschlagen hätten[284]. Ihren Mitgliedern war auch nicht klar, ob es sich bei der Absetzung des unabhängigen Polizeipräsidenten Eichhorn um mehr als einen Konflikt zwischen den rivalisierenden sozialdemokratischen Parteien handelte. Sollten sie in einer solchen Auseinandersetzung ihren Kopf riskieren?

Die solchermaßen hochgradig verworrene Situation war also keineswegs ein Zufallsprodukt, sondern sie spiegelte getreu den bisherigen Verlauf der Revolution wider, der bis kurz vorher – seit dem Bruch des Koalitionskabinetts war ja gerade erst eine Woche vergangen – durch die Zusammenarbeit von MSPD und USPD geprägt war. Als sich die bisherigen Koalitionsparteien nun plötzlich in einem Konflikt gegenüberstanden, der bürgerkriegsähnliche Formen anzunehmen drohte, machten sich Unschlüssigkeit und Lähmung breit. Sie führten zu charakteristischen Reaktionen: Sowohl die Volksmarinedivision[285]

[283] Vgl. hierzu die Spezialstudie von Guido F. Knopp, Einigungsdebatte und Einigungsaktion in der SPD und USPD 1917–1920, Phil. Diss. Würzburg 1975; fortan zit.: Knopp, Einigungsdebatte.

[284] Zu diesem Ergebnis kam auch der 1921 von der Preußischen Landesversammlung eingesetzte Untersuchungsausschuß in seinem Bericht über die Januar-Unruhen 1919 in Berlin. Das Schlußkapitel des Berichts wurde wieder abgedruckt in: Ritter/Miller, Die deutsche Revolution, S. 196–198.

[285] Zur Neutralitätserklärung der Volksmarinedivision kam es in einer Versammlung am 9. 1. 1919. Die dort verabschiedete Resolution ist abgedruckt in: Dokumente und Materialien II/3, Dok. 17, S. 36 f.

als auch Teile der Republikanischen Soldatenwehr[286] erklärten sich neutral und taten damit kund, daß sie nicht in einen »Bruderzwist« hineingezogen werden wollten. Ähnlich war die Haltung der Sicherheitswehr[287]. Für die machtpolitische Konstellation in der Reichshauptstadt bedeutete dies, daß keine der beiden Konfliktparteien – also weder der sozialdemokratische Rat der Volksbeauftragten noch der Revolutionsausschuß mit seiner Anhängerschaft – auf eine Unterstützung der republikanischen Wehren rechnen konnte.

Zur gleichen Zeit, als der Volksbeauftragte und Oberbefehlshaber Noske am Rande Berlins Freiwilligentruppen aufstellte, bildeten sich im Zentrum der Reichshauptstadt spontan militärische Formationen, die es sich zur Aufgabe machten, den sozialdemokratischen Rat der Volksbeauftragten zu schützen. Das spielte sich ungefähr folgendermaßen ab: Aufgeschreckt durch die Nachrichten von der Besetzung des Zeitungsviertels und durch die Aufrufe des linksradikalen Revolutionsausschusses zum Sturz der Regierung, fanden sich im Laufe des 6. Januar 1919 mehrere tausend regierungstreue Arbeiter vor dem Reichskanzlerpalais in der Wilhelmstraße ein, um für die Regierung zu demonstrieren und um sie vor direkten Angriffen durch ihre bloße Anwesenheit zu schützen[288]. Aus dieser Demonstration regierungstreuer Arbeiter heraus entstand ein sogenannter »freiwilliger Helferdienst der sozialdemokratischen Partei« unter der Leitung des Verlegers Artur Baumeister[289] und des Unteroffiziers der Reserve Liebe. Dieser Helferdienst stellte in den nächsten Tagen zwei militärische Formationen mit insgesamt 4500 Mann auf, nämlich das »Regiment Liebe« und das »Regiment Reichstag«[290]. In letzterem spielte der »Vorwärts«-Redakteur Erich Kuttner eine maßgebliche Rolle. Kuttner hielt,

286 Über die Neutralitätserklärung des 6. Depots der Republikanischen Soldatenwehr berichtete K. Grünberg vor dem Untersuchungsausschuß der Preußischen Landesversammlung. Siehe: Januar-Unruhen, S. 7791 ff.; vgl. auch Wirren, S. 16; Anton Fischer, Die Revolutions-Kommandantur Berlin, Berlin o. J. [1919?], S. 10 und 63, fortan zit.: A. Fischer, Revolutions-Kommandantur; Ursachen und Folgen, Bd 3, S. 31; Hans J. L. Adolph, Otto Wels und die Politik der deutschen Sozialdemokratie 1894–1939, Berlin 1971, S. 86, fortan zit.: Adolph, Wels.

287 Vgl. den Bericht von Eichhorns Nachfolger im Amt des Berliner Polizeipräsidenten, Eugen Ernst (SPD), in der Sitzung des Zentralrats mit dem preußischen Kabinett am 9. 1. 1919. In: Zentralrat, Nr. 40, S. 276.

288 Noske, Erlebtes, S. 83 f.: »In der Wilhelmstraße stauten sich ein paar Tausend Arbeiter vor der Reichskanzlei, um die Regierung zu decken.« Vgl. auch die Aussage von Baumeister in: Januar-Unruhen, S. 7761; sowie Landsberg, Rat der Volksbeauftragten, S. 204.

289 Siehe: Januar-Unruhen S. 7762, 7849. Baumeister war Geschäftsführer des Verlages für Sozialwissenschaft.

290 Diese Stärke soll die Truppe bereits am 9. 1. 1919 gehabt haben. Siehe die Aussage von Baumeister ebda., S. 7691. Eine verläßliche Geschichte des »Regiments Reichstag« gibt es nicht, wohl aber eine romanhafte Darstellung von Kurt Lamprecht, Regiment Reichstag, Berlin 1931. Da sie »jede dichterische Freiheit« in Anspruch nimmt, ist sie als Informationsquelle wenig brauchbar.

einer Aufforderung des Chefs der Reichskanzlei, Curt Baake, folgend, vor regierungstreuen Demonstranten, die sich am 7. Januar erneut vor dem Reichskanzlerpalais versammelten, eine Ansprache, mit der er die Anwesenden aufforderte, »die Verteidigung der Regierung durch die Tat in die Hand zu nehmen«[291]. Daraufhin schloß sich ein Trupp von 150 Mann zusammen, der dann sogleich das Brandenburger Tor besetzte. Am 9. Januar erhielten die Führer der republikanischen Formationen eine von Ebert und Scheidemann unterzeichnete Vollmacht, also eine regierungsoffizielle Autorisation[292]. Gleichentags bekamen sie einen von Baumeister angeforderten »militärischen Sachverständigen«. Der preußische Kriegsminister entsandte – mit Baumeisters Einverständnis – den Obersten Grautoff[293]. Die republikanischen Formationen übernahmen dann den Schutz eines großen Stadtteils rings um den Reichstag[294] und beteiligten sich nachher aktiv an der Rückeroberung der von den Aufständischen besetzten Zeitungsgebäude[295]. So eroberte das »Regiment Reichstag« die Betriebe Mosse und Ullstein zurück[296].

Der Sozialdemokrat Anton Fischer, seit dem Rücktritt von Otto Wels Berliner Stadtkommandant, während der Januarunruhen Vertreter des Oberbefehlshabers Noske[297], gab rückblickend eine recht positive Einschätzung der beiden republikanischen Regimenter. Aus seiner Sicht waren sie in den schweren Tagen, in denen noch keine Noske-Truppen zur Verfügung standen, zusammen mit der Republikanischen Soldatenwehr und den Berliner Truppen[298], die einzige Hilfe der Kommandantur. Sie hätten, berichtet Fischer, »in einwandfreier Weise mit Bravour, Geschick und vielen blutigen Opfern Berlin und die Regierung wieder auf die alten Füße gestellt, Ordnung und Sicherheit geschaffen«, und zwar bevor die Noskeschen Freikorps überhaupt einge-

[291] Vgl. den Artikel »Der Schutz des Vorwärts«, in: Vorwärts Nr. 29/30 vom 17. 1. 1919, Beilage; sowie die Aussage Kuttners in: Januar-Unruhen, S. 7771 f.

[292] Aussage Baumeisters in: Januar-Unruhen, S. 7761.

[293] Aussagen Baumeisters und des Majors v. Hammerstein ebda., S. 7761 und 7848.

[294] Ebda., S. 7690 (aus dem Bericht des Untersuchungsausschusses).

[295] Dies wird auch von der amtlichen militärgeschichtlichen Darstellung, die von der Unverzichtbarkeit der Freikorps ausgeht und pauschal die militärische Unbrauchbarkeit der republikanischen Formationen behauptet, nicht bestritten. Siehe: Wirren, S. 55. Vor der Untersuchungskommission sagte Major v. Hammerstein aus, die Wehren hätten sich »zweifellos Verdienste erworben«. Siehe: Januar-Unruhen, S. 7848.

[296] Januar-Unruhen, S. 7691.

[297] Anton Fischer war früher Franziskanermönch gewesen, dann Gymnasialprofessor. Als Reserveleutnant hatte er einige militärische Kenntnisse. Im November und Dezember amtierte er als Stellvertreter des Berliner Stadtkommandanten Otto Wels und wurde dann dessen Nachfolger. Obwohl Mitglied der SPD, besaß Fischer nicht das Vertrauen Noskes. Die folgenden Informationen sind aus seinem Erinnerungsbuch entnommen: A. Fischer, Revolutions-Kommandantur.

[298] Mit den »Berliner Truppen« kann in diesem Zusammenhang nur das Regiment des Obersten Reinhard oder das Regiment Potsdam gemeint sein. Vgl. Wirren, S. 59–66.

griffen hätten[299]. Daher habe er dem Oberbefehlshaber am 13. Januar, als dieser mit seinen Truppen in Berlin einzog, melden können, »daß nichts mehr zu tun sei, als die Ordnung nun aufrecht zu erhalten und die Waffenabgabe zu erzwingen«[300]. Dieser Darstellung zufolge war Noskes Freikorps-Politik, soweit sie die Niederschlagung des Januaraufstandes in Berlin betraf, mehr oder weniger entbehrlich.

Eine ähnlich positive Einschätzung der Rolle der spontan gebildeten republikanischen Regimenter gab der preußische Abgeordnete und spätere Vorsitzende der preußischen Landtagsfraktion der SPD, Ernst Heilmann. Er erklärte am 15. November 1919 im Parlament[301], es seien »in erster Linie sozialdemokratische Freiwillige«, nämlich der Helferdienst der sozialdemokratischen Partei beziehungsweise das Regiment Reichstag gewesen, die den ersten und schwersten Teil der Januarkämpfe ausgefochten hätten. Von allen besetzten Gebäuden seien es allein der »Vorwärts« und das Verlagshaus Büxenstein gewesen, die von aus Potsdam herangezogenen Truppen zurückerobert worden seien. »Alles übrige haben Freiwilligenregimenter unter selbstgewählten Führern, bestehend in ihrer Mehrheit aus sozialdemokratischen Arbeitern, gemacht.« Auch Heilmann vertrat damit die Auffassung, daß Noskes Freikorps-Politik zumindest nicht in diesem Umfang hätte betrieben werden müssen.

Die historische Forschung hat bislang die Zweckbehauptung weitgehend ungeprüft hingenommen, daß Noske die Hilfe der Freikorps brauchte, um den Januaraufstand niederzuschlagen. Die Rolle der republikanischen Verbände bleibt zwar unscharf, da kein einschlägiges Quellenmaterial vorhanden ist, das eine präzise Rekonstruktion der verwirrenden Szenerie der unruhigen Berliner Januarwoche ermöglichen würde; gleichwohl können nach dem Gesagten einige Feststellungen getroffen werden, die das in der Literatur bisher gezeichnete Bild in Frage stellen. Erstens: Die gewaltsame Beendigung der Januarunruhen war keineswegs ausschließlich das Werk der Noskeschen Freikorps, sondern auch das der republikanischen Wehren. Zweitens: Die beiden Regimenter Reichstag und Liebe, hervorgegangen aus dem Helferdienst der Sozialdemokratischen Partei, belegen, daß es unter der Anhängerschaft dieser Partei durchaus Personen gab, die bereit waren, den militärischen Schutz der Regierung und damit der Republik zu übernehmen. Drittens: Niemand hat damals geprüft, ob diese Regimenter zusammen mit den regierungstreuen Teilen der Republikani-

299 A. Fischer, Revolutions-Kommandantur, S. 77.
300 Ebda.
301 Zum Folgenden die Rede Heilmanns in: Preußische Landesversammlung, Bd 5, 15. 11. 1919, Sp. 6562. Zit. nach Miller, Bürde, S. 234. Heilmann behauptete, wie oben bereits erwähnt, der Helferdienst habe bei den Kämpfen 100 Tote zu beklagen gehabt.

schen Soldatenwehr den Grundstock zu einer Truppe hätten bilden können, die der Republik auch innerlich verpflichtet gewesen wäre. Noske machte nicht einmal den Versuch, mit diesen Wehren zu arbeiten[302]. Er war von vornherein auf die Zusammenarbeit mit dem aus der Kaiserzeit überkommenen Berufsmilitär festgelegt und daher Alternativen gegenüber grundsätzlich ablehnend eingestellt.

Initiativen Noskes aus der Zeit nach den Januarunruhen 1919 lassen erkennen, daß der Volksbeauftragte für Heer und Marine seine Freikorpspolitik letztlich unabhängig von der aktuellen Berliner Szene betrieb. Er wollte »durch Gestaltung eines Machtfaktors« der Reichsregierung Autorität verschaffen, und zwar auf lange Sicht. Vor seinen Kabinettskollegen führte er am 21. Januar 1919 aus, er wolle über die in der Januarwoche aufgestellte Truppe von 22000 Mann hinaus in den nächsten zwei bis drei Wochen etwa 50000 Mann zusammenbringen. Mit dieser Truppe könne die Regierung dann »eine gewisse Ordnung schaffen«, und zwar nicht nur in Berlin, sondern auch in Oberschlesien, Weimar, Halle, Braunschweig, Bremen, Cuxhaven und Hamburg[303]. Am Rande teilte er bei dieser Gelegenheit mit, daß er »800 Mann des Baumeister-Regiments« zur Verstärkung der Grenztruppen im Osten gesandt habe[304].

Statt sich dieses republikanischen Verbandes, der großenteils aus Mitgliedern seiner eigenen Partei bestand[305], besonders anzunehmen und ihn zu fördern, entledigte er sich seiner also durch Abtransport aus der Reichshauptstadt. Im übrigen läßt die Äußerung Noskes im Kabinett erkennen, daß für ihn zu diesem Zeitpunkt längst feststand, daß auch in den übrigen Teilen des Reiches[306], in denen das, was er unter Ordnung verstand, noch nicht wieder eingekehrt war, mit militärischer Waffengewalt eingegriffen werden müsse.

Weder in dieser Kabinettssitzung noch in einer der vorangegangenen[307] wurde über Noskes Militärpolitik debattiert. Es gab keinen Beschluß darüber, an welcher politischen Linie sich Noske orientieren

[302] Charakteristisch für seine negative Einstellung ist der Tatbestand, daß Noske in seinen Revolutionserinnerungen mit keinem Wort auf den Anteil der republikanischen Verbände an der Rückeroberung des Zeitungsviertels einging. In seinen Memoiren traf er lediglich die dürre Feststellung: »In Berlin bildeten sich die Regimenter ›Reichstag‹ und ›Liebe‹.« Siehe: Noske, Kiel bis Kapp, S. 70–75 und 113 f.; ders., Erlebtes, S. 84.

[303] Sitzung des Rates der Volksbeauftragten am 21. 1. 1919. In: Die Regierung der Volksbeauftragten, Bd II, S. 287 f.

[304] Ebda., S. 287.

[305] Aussage von Baumeister in: Januar-Unruhen, S. 7762. Baumeister berichtete vor dem Untersuchungsausschuß, in seine Truppe sei nur aufgenommen worden, wer einen sozialdemokratischen Ausweis vorlegte, ebda., S. 7763. Dasselbe sagte Kuttner aus, ebda., S. 7772.

[306] Vgl. dazu im einzelnen Abschnitt VIII: Noskes Politik der eisernen Faust 1919.

[307] Vgl. die Protokolle der Kabinettssitzungen zwischen dem 6. und dem 21. 1. 1919. In: Die Regierung der Volksbeauftragten, Bd II, S. 95–102, 195–220, 287 ff.

sollte, und es gab auch keine Kritik an dem Weg, den er dann von sich aus eingeschlagen hatte. Es hat den Anschein, als ob die Volksbeauftragten Ebert, Scheidemann, Landsberg und Wissell ihrem Kollegen Noske ganz einfach dankbar waren für seine Bereitschaft, die »Dreckarbeit« zu erledigen, die ihnen zuwider, weil mit Blutvergießen verbunden war, die aber doch nach ihrer Auffassung in irgendeiner Weise getan werden mußte, wollte die Regierung nicht kampflos abdanken. Auch die militärpolitische Alternative, die sich aus dem Vorhandensein der republikanischen Wehren ergab, wurde im Kabinett nicht erörtert.

Anders lagen die Dinge im Zentralrat. Dort wurde am 9. Januar in gereizter Stimmung sehr eingehend über die Probleme debattiert, die sich aus der Politik Noskes zu ergeben drohten[308]. Den Anstoß gab Grzesinski mit der Feststellung, das wahllose und unkontrollierte Hineinziehen bürgerlicher Elemente in die Freiwilligenverbände könne zu späterer Zeit recht unliebsame Folgen haben[309]. Seine Bedenken wurden von Max Cohen unterstützt, der gerade in Noskes Hauptquartier in Dahlem gewesen war und sich dort unter anderem über die Anwerbung von Freiwilligen informiert hatte. Cohen berichtete, er sei »entsetzt« gewesen und es sei ihm »kalt über den Rücken gelaufen«, als er feststellen mußte, daß unter den angeworbenen Offizieren viele seien, »denen alles sozialistische Empfinden fern liegt, und die sich darauf freuen, einmal wieder dazwischenhauen zu können«. »Ich muß sagen«, so Cohen, »es graut mich vor dem, was kommen kann. An denen ist die ganze Zeit spurlos vorübergegangen[310].« Auch andere Zentralratsmitglieder empfanden es als »furchtbar«, daß die sozialistische Partei sich jetzt ihrer »Feinde von gestern und morgen« bedienen müsse und sich lediglich »mit Hilfe dieser Leute« am Ruder halten könne[311]. Mehrfach wurde geäußert, daß man sich der »geschichtlichen Bedeutung« des Vorgangs bewußt sei[312]. Die einzige Alternative zu Noskes wahllosen Anwerbungen sah man in dem Versuch, statt der Offiziere möglichst viele sozialdemokratische Arbeiter für den Eintritt in die Freikorps zu gewinnen. Der Zentralratsvorsitzende Leinert verhinderte eine konstruktive Diskussion zu dieser wichtigen Frage mit dem – sachlich durchaus unzutreffenden – Einwand, wenn sich nicht genügend Arbeiter meldeten, dann müßten »eben die Bürgerlichen genommen werden«; eine Konterrevolution sei von ihnen nicht zu be-

308 Sitzung des Zentralrats am 9. 1. 1919. In: Zentralrat, Nr. 41, S. 277–294, besonders 284 ff.; die Feststellung, daß diese Sitzung in gereizter Stimmung stattfand, traf der dort anwesende Albert Grzesinski.

309 Ebda., S. 284.

310 Ebda., S. 287.

311 So Hermann Wäger, ebda., S. 291, 289.

312 Heinrich Schäfer, ebda., S. 288; Hermann Wäger, ebda., S. 289; Robert Leinert, ebda., S. 292.

fürchten, da sie ja auf die Regierung einen Eid ablegen müßten[313]. Leinert war es auch, der mehr als einmal darauf hinwies, Noske sei mit Zustimmung des Zentralrats mit Vollmachten ausgerüstet worden und nun sei es seine Sache, »die Armee so herzustellen, daß er die Verhältnisse in Berlin meistern kann«[314]. Ihm stimmte Georg Maier mit dem bezeichnenden Bekenntnis zu: »Ich bin ganz zufrieden, daß ich nicht in alle Sachen eingeweiht worden bin.« Er riet dem Zentralrat ganz generell ab, »in die militärischen Sachen einzugreifen und mitzureden«[315].

So geschah es dann auch. Die Debatte zeigte zwar, daß es im Zentralrat durchaus Politiker gab, die die Problematik der Noskeschen Militärpolitik frühzeitig erkannten und vor den Folgen warnten. Letztendlich sah sich das Gremium jedoch nicht genötigt, der Regierung auch nur Bedenken vorzutragen, geschweige denn, in Noskes Anwerbepraktiken direkt einzugreifen, was etwa durch eine nachträgliche Beschränkung der gegebenen Vollmachten hätte geschehen können. Die republikanischen Wehren waren im Zentralrat überhaupt nicht Gegenstand der Debatte, was auf mangelnde Informationen zurückzuführen sein dürfte.

Noske hatte also bei der Aufstellung der Freikorps und ebenso bei der Ignorierung des Potentials der republikanischen Wehren völlig freie Hand. Weder seine Kabinettskollegen noch der Zentralrat, der bis zum Zusammentritt der Nationalversammlung als Ersatzparlament und damit als Kontrollinstanz fungieren sollte, gaben ihm politische Direktiven. Indem sie ihn gewähren ließen, übernahmen sie ihren Anteil an der Verantwortung[316].

Über mögliche Alternativen zu den Freikorps hat der Rat der Volksbeauftragten auch nach der Niederschlagung des Januaraufstandes nicht nachgedacht. Als Berlin längst pazifiziert war, hielten die Regierungsmitglieder die Situation in der Reichshauptstadt immer noch für so unsicher[317], daß sie erwogen und schließlich auch beschlossen[318], die am 19. Januar zu wählende Nationalversammlung nach Weimar einzuberufen, weil diese Stadt militärisch leichter zu sichern war[319].

313 Leinert, ebda., S. 288.
314 Ebda., S. 285.
315 Ebda., S. 286.
316 Ausdrücklich bekräftigte dies der Zentralratsvorsitzende Leinert mit der Aussage, die Mitglieder des Zentralrats könnten »in diesem Augenblicke der Weltgeschichte« durchaus »die Verantwortung für das Verhalten unserer Volksbeauftragten mitübernehmen«. Ebda., S. 292.
317 Siehe die Aussagen Eberts in der Kabinettssitzung am 14. 1. 1919. In: Die Regierung der Volksbeauftragten, Bd II, Nr. 224 f. und 228 f.
318 Der Beschluß wurde am 20. 1. 1919 gefaßt. Siehe: Die Regierung der Volksbeauftragten, Bd II, Nr. 112, S. 283 f.; Verordnung ebda., Nr. 113, S. 285.
319 Für die Weimar-Entscheidung sprachen auch politische Gründe sowie die Forderung

Den Ausschlag für die Entscheidung, nach Weimar zu gehen, gab offenbar das von Noske vorgebrachte Argument seiner Generale, »die agitatorische Bearbeitung der Soldaten durch Unabhängige und Spartakusleute sei derartig intensiv, daß sie für den Bestand der Truppen keine Garantie übernehmen könnten, wenn man längere Zeit in Berlin bleibe«[320]. Auf Anweisung Noskes übernahm das Freiwillige Landesjägerkorps des Generals Maercker die Aufgabe, Weimar militärisch zu sichern[321].

der süddeutschen Staaten, die Nationalversammlung nicht nach Berlin einzuberufen. Vgl. ebda., S. 225.

320 Noske, Kiel bis Kapp, S. 85.

321 Ebda., S. 86. Die Regierung der Volksbeauftragten, Bd II, S. 287. Maercker, Vom Kaiserheer, S. 89 ff.

VII. Militärpolitische Weichenstellungen

1. Kommandogewalt und Soldatenräte: Die Verordnungen vom 19. Januar 1919

Wie bereits im Zusammenhang mit der Entwicklung der militärpolitischen Verhältnisse im Spätjahr 1918 berichtet wurde, stand im Kabinett, dem damals noch die Unabhängigen Haase, Dittmann und Barth angehörten, bereits am 20. Dezember 1918, wenige Tage nach dem Beschluß der »Hamburger Punkte« durch den Reichsrätekongreß, fest, daß die Volksbeauftragten mehrheitlich nicht gewillt waren, die radikalen militärpolitischen Beschlüsse des Kongresses auszuführen. Besonders die von General Groener namens der Obersten Heeresleitung vorgetragenen massiven Drohungen[1] veranlaßten die Regierung seinerzeit, die Verwirklichung der Beschlüsse des Rätekongresses auf Eis zu legen. Der Zentralrat deckte diese Verfahrensweise[2] und trug so dazu bei, daß die in den »Hamburger Punkten« vorhandenen Ansätze zur Demokratisierung des deutschen Heeres in zu zaghafter Weise weiterverfolgt wurden.

Den Kabinettsbesprechungen, die der Berufung des Obersten Walther Reinhardt zum Nachfolger des zurückgetretenen preußischen Kriegsministers Scheüch vorhergingen, ist zu entnehmen, in welchem Maße die Regierung bereit war, den Wünschen der Militärs entgegenzukommen. Der designierte neue Kriegsminister sah nach Besprechungen mit dem Volksbeauftragten Noske[3] in dieser Kompromißbereitschaft eine Basis für seine eigene Arbeit. Um das in den Besprechungen mit Noske und anderen Regierungsmitgliedern erzielte Einverständnis zu bestätigen, hielt Reinhardt in einem an Ebert gerichteten Schreiben vom 31. Dezember 1918[4], in dem er sich zur Übernahme

[1] Vgl. die Ausführungen Groeners in der gemeinsamen Sitzung von Kabinett und Zentralrat am 20. 12. 1919. In: Die Regierung der Volksbeauftragten, Bd II, Nr. 62, S. 11–13.

[2] Im einzelnen Kluge, Soldatenräte, S. 259.

[3] Vgl. den Bericht Noskes über diese Besprechungen in der Kabinettssitzung am 30. 12. 1918. In: Die Regierung der Volksbeauftragten, Bd II, Nr. 86, S. 148.

[4] Schreiben des Obersten Walther Reinhardt an die Reichsregierung vom 31. 12. 1918. Abgedruckt ebda., Nr. 88, S. 152 f.

des Amtes des preußischen Kriegsministers bereit erklärte, fest, in welchen Punkten man den Beschlüssen des Rätekongresses ganz oder teilweise folgen wollte und in welchen ein völlig anderer Kurs gesteuert werden sollte. Die wesentlichen Differenzen betrafen die Offizierswahl – hier stand für Reinhardt fest, daß ein solches Prinzip »zu keinem lebensfähigen Zustand« führen könne – und die künftige Rolle der Arbeiter- und Soldatenräte. Von einer Kommandogewalt für die Soldatenräte, wie sie der dritte der Hamburger Punkte forderte[5], war nun keine Rede mehr. Aber Reinhardt steuerte diesbezüglich gleichwohl nicht den Kurs der Obersten Heeresleitung, die pauschal forderte, die Soldatenräte müßten restlos verschwinden, sondern suchte nach einem Kompromiß: »Den Arbeiter- und Soldatenräten muß ein gangbarer Weg eröffnet werden, Klagen und Wünsche über Stellenbesetzung vorzubringen«[6]. Die personalpolitische Entscheidungskompetenz sollte jedoch bei der Regierung und beim Kriegsminister bleiben. Für die Disziplin konnten nach Reinhardts – und Noskes – Überzeugung nur die Offiziere verantwortlich sein. Bezüglich der Soldatenräte sprach er jedoch immerhin von »Mithilfe« und »Mitverantwortung«, ein Tatbestand, der in der Literatur häufig übersehen wird.

In einer gemeinsamen Sitzung von Kabinett und Zentralrat[7] verlas Noske dieses Schreiben Reinhardts und kommentierte es dahingehend, daß eine Verständigung hierüber schnell erzielt werden könne. Noske erinnerte daran, daß schon die frühere Regierung, einschließlich der inzwischen ausgeschiedenen USP-Volksbeauftragten, Reinhardt für geeignet gehalten habe, preußischer Kriegsminister zu werden, nachdem der Oberst erklärt hatte, er stelle sich rückhaltlos auf den Boden der gegebenen Tatsachen, anerkenne »das Gegebene« und wolle mit der Regierung der Volksbeauftragten zusammenarbeiten, »wie das von einem pflichtbewußten Mann erwartet werden« könne. Noske berichtete auch, Reinhardt habe in der Besprechung erklärt, er sei kein Sozialdemokrat. Aber dies brauchte nach Noskes Auffassung auch nicht gefordert zu werden. In diesem Zusammenhang formulierte der Volksbeauftragte erstmals einen Vorbehalt, der für seine künftige Personalpolitik generell von Bedeutung werden sollte: »Wenn jetzt Leute zu uns kommen und erklären, daß sie in ganz kurzer Zeit sich eine andere Weltanschauung erworben haben und auf unserem Standpunkt stehen, so ist das durchaus nicht immer eine Empfehlung[8].« Da war es ihm schon lieber, wenn Reinhardt geradeheraus bekannte, er

[5] Wortlaut: »Für die Zuverlässigkeit der Truppenteile und die Aufrechterhaltung der Disziplin sind die Soldatenräte verantwortlich.«
[6] Brief Reinhardts an Ebert, ebda., S. 153.
[7] Sitzung von Kabinett und Zentralrat am 31. 12. 1918. Protokoll ebda., Nr. 89, S. 153–170.
[8] Noske-Ausführungen mit diesem Zitat ebda., S. 154.

sei überzeugter Monarchist[9], wolle aber trotzdem ehrlich mit den Volksbeauftragten zusammenarbeiten.

Im Verlaufe der Sitzung von Kabinett und Zentralrat am 31. Dezember machte Reinhardt selbst noch einmal klar, daß man sich in der Frage der Kommandogewalt nicht an die »Hamburger Punkte« halten könne. Seiner Überzeugung nach sei es unmöglich, Soldatenräte an die Stelle von Kommandeuren zu setzen. Den Soldatenräten müsse vielmehr die Aufgabe zufallen, »das Vertrauen zwischen den Kommandeuren und den Leuten wiederherzustellen«[10]. Die Mitglieder des Kabinetts und des Zentralrats gaben sich schließlich mit der Erklärung Reinhardts zufrieden, es werde sich wohl eine ganze Anzahl von Punkten »zur Befriedigung« – was immer das heißen mochte – erledigen lassen[11]; und im übrigen werde man es ohnehin niemals »allen recht machen können«[12]. Sodann wurde der Vorschlag des Rates der Volksbeauftragten, Reinhardt zum Kriegsminister zu ernennen, vom Zentralrat bei lediglich drei Gegenstimmen angenommen[13]. Nach seiner Ernennung hatte der neue Minister freie Hand, die notwendigen Militär-Verordnungen, die inhaltlich sinnwidrig als »Ausführungsbestimmungen« zu den Beschlüssen des Rätekongresses bezeichnet wurden, von den Offizieren seines Ministeriums ausarbeiten zu lassen.

In der Zeit vom 13. bis zum 17. Januar 1919 beriet dann der Zentralrat[14] über die vom preußischen Kriegsministerium vorgelegten Verordnungsentwürfe. Von Regierungsseite waren an den Beratungen Unterstaatssekretär Göhre, zeitweise Kriegsminister Reinhardt sowie einige Offiziere des Kriegsministeriums und des Reichsmarineamtes beteiligt[15]. Weder Noske noch ein anderes Mitglied des Rates der Volksbeauftragten griffen in die Verhandlungen ein. Die Zentralratsmitglieder machten ihrerseits keine Anstalten, die Beratungen als eine Grundsatzdiskussion über die Möglichkeiten einer militärischen Reformpolitik in gedanklicher Anlehnung an die »Hamburger Punkte«

9 Dies hatte Reinhardt Noske gegenüber erklärt. Siehe: ebda., Nr. 86, S. 148. Reinhardt war also ein typischer »Vernunftrepublikaner«, der, wenngleich er im Grunde seines Herzens Monarchist blieb, die »Tatsache der Republik« anerkannte und sie zur Prämisse seines Handelns machte. Vgl. hierzu Theodor Eschenburg, Die improvisierte Demokratie, München 1964, S. 161 f., der Stresemann als »Vernunftrepublikaner« beschreibt.

10 Die Regierung der Volksbeauftragten, Bd II, Nr. 89, S. 159. Damit, meinte Reinhardt, seien die Soldatenräte »an den richtigen Platz« gerückt.

11 Ebda., S. 162. Wenn der »Vorwärts« Nr. 5, vom 3. 1. 1919, Abend-Ausgabe, S. 1, meldete, der neue Kriegsminister habe sich »vollkommen auf den Boden der Beschlüsse des Kongresses der Arbeiter- und Soldatenräte gestellt«, so war dies eine Falschmeldung.

12 Die Regierung der Volksbeauftragten, Bd II, Nr. 89, S. 155.

13 Ebda., S. 162.

14 Zentralrat, Nr. 46, S. 339–439; Nr. 48, S. 351–363; Nr. 50, S. 382–399; Nr. 54, S. 422–429; Nr. 56, S. 431–440.

15 Siehe: ebda., Protokolle der Sitzungen vom 13.–17. 1. 1919, Anwesenheitsnachweise.

zu führen, sondern sie akzeptierten die ihnen vorgelegten Schriftsätze dem Grundsatz nach, gingen sie akribisch Punkt für Punkt durch und versahen sie lediglich mit geringfügigen Änderungen. Die vom Zentralrat gebilligten Texte wurden dann von der Regierung ohne weitere Debatte übernommen und am 19. Januar 1919 mit Gesetzeskraft[16] verkündet. Es war derselbe Tag, an dem sich das Interesse der politischen Parteien wie der gesamten Öffentlichkeit auf die Wahlen zur Nationalversammlung konzentrierte, ein Tatbestand, welcher den für die »Januarverordnungen« Verantwortlichen zumindest nicht ungelegen kam. Denn es handelte sich um eine wichtige und politisch brisante Weichenstellung auf dem Gebiet des Militärwesens. Die Verordnungen trugen Kompromißcharakter. Es gab einige eindeutig progressive Elemente, aber in der Summe überwogen doch jene Bestimmungen, die auf eine Rückkehr zu den vorrevolutionären Zuständen abzielten. Der Protest sowohl der Soldatenräte als auch der Offiziere war daher vorhersehbar.

Das Verordnungswerk[17] trug die Unterschriften von Ebert und Noske für die Reichsregierung, von Reinhardt und Göhre für das preußische Kriegsministerium und von Max Cohen und Hermann Müller für den Zentralrat. Die erste und wichtigste der drei Januarverordnungen trug die Überschrift: »Vorläufige Regelung der Kommandogewalt und Stellung der Soldatenräte im Friedensheer«. Mit Friedensheer war das Heimatheer gemeint, also diejenigen Formationen des alten Heeres, die sich in der Demobilmachung befanden und die insofern in der Zukunft ohnehin keine Rolle mehr spielen sollten. Die der Obersten Heeresleitung unterstehenden Fronttruppen des Ost- und Südostheeres unterlagen den neuen Gesetzesbestimmungen dagegen ebensowenig wie die neugebildeten Freikorps[18]. Für diese, in den Verordnungen als »mobile Verbände« bezeichneten Formationen sollten »besondere Regelungen« getroffen werden, was jedoch auch später nicht geschah[19], obwohl der Zentralrat noch Ende März 1919, einer allzu späten Einsicht folgend, den Versuch machte, den Geltungsbereich der Januarverordnungen auch auf die Freikorps auszudehnen[20]. Die Beschrän-

[16] Huber, Verfassungsgeschichte, Bd 5, S. 935, bemerkt, der Sache nach habe es sich vor allem bei der Neuregelung der Kommandogewalt um einen »Akt von materiellem Verfassungsrang« gehandelt.

[17] Veröffentlicht in: AVBl, 53 (1919), Nr. 8 vom 19. 1. 1919, S. 53–57. Wiederabdruck u. a. in: Zentralrat, Nr. 57, S. 441–448; Berthold/Neef, Militarismus, S. 374–376.

[18] Neben dem preußischen Friedensheer waren auch das bayerische, sächsische und württembergische Kontingent und, durch späteren Erlaß, die Kriegsmarine einbezogen. Zum Geltungsbereich vgl. Huber, Verfassungsgeschichte, Bd 5, § 54, S. 934–936; Kluge, Soldatenräte, S. 277 f.; Zur Einbeziehung der Marine vgl. Erlaß der Reichsregierung vom 23. 1. 1919. In: MVBl 1919, S. 20.

[19] Kluge, Soldatenräte, S. 277.

[20] Vgl. den Entwurf des Zentralrats »Bestimmungen über Gliederung und Wahl der S.-Räte und Vertrauensleute im Friedensheere« vom 27. 3. 1919, BA-MA, MSg. 1/269

kung des Geltungsbereichs ging übrigens auf Vorschläge Eberts zurück, der auf diesem Wege die unterschiedlichen Interessen ausgleichen zu können hoffte[21]. In den Freikorps bedauerte es verständlicherweise niemand, daß man sich nach den neuen Regelungen nicht richten mußte. Denn in diesen hatten die Offiziere die anstehenden Fragen ja bereits auf ihre Weise geregelt, wie Noske bestätigte: »Soweit die neuen Formationen überhaupt Soldatenräte statt Vertrauensleuten hatten, war ihnen doch von Anfang an keinerlei Einwirkung auf die Kommandogewalt zugestanden worden[22].« Hier brauchte also weder ein revolutionärer Geist zurückgedrängt noch überhaupt ein Streit um die Kompetenzen der Soldatenräte geführt zu werden.

Die Beschränkung des Geltungsbereichs der Januarverordnungen auf das Heimatheer war gewiß eine äußerst problematische Angelegenheit. Gleichwohl lag der eigentliche politische Sprengstoff anderswo, nämlich in der Verbindung der folgenden drei Faktoren: Erstens der Wiederherstellung der Befehlsgewalt der Offiziere, und zwar – zweitens – bei gleichzeitigem Herausdrängen der Soldatenräte aus der Kommandogewalt und – drittens – vor dem Hintergrund der Vorgänge in Berlin im Januar, die nicht erkennen ließen, daß der Volksbeauftragte Noske und seine Kabinettskollegen eine Politik zur »Zertrümmerung des Militarismus« betrieben, wie es der Rätekongreß von ihnen verlangt hatte.

Anläßlich der Bekanntgabe der Verordnungen mahnte Reinhardt in einem an die Soldaten des Heeres gerichteten Aufruf[23], daß es jetzt auf ein »verständnisvolles Zusammenwirken mit den Soldatenräten« ankomme. Zwar handelte es sich bei diesem Zusammenwirken nicht um ein gleichberechtigtes Nebeneinander – die Kommandogewalt wurde eindeutig nur den »Führern«, also den Offizieren, zugestanden –, aber die Soldatenräte blieben auch nicht völlig machtlos. Zunächst einmal war höchst bedeutsam, daß die Daseinsberechtigung der Soldatenräte nicht in Frage gestellt, sondern ausdrücklich bestätigt[24] wurde, und daß ihre Kompetenzen weiterhin keineswegs auf den Status von Ver-

(Handakten des Majors Wolfgang Fleck vom preußischen Kriegsministerium). Dort wurde verlangt: »Der Erlaß vom 19. 1. 1919 mit den vorstehenden Bestimmungen und Ergänzungen gilt für alle mobilen Formationen und Dienststellen einschließlich der freiwilligen Verbände«. Im Kontext vgl. Zentralrat, S. 788 f., Anm. 5, und Kluge, Soldatenräte, S. 282 f.

21 Kluge, Soldatenräte, S. 259.

22 Noske, Kiel bis Kapp, S. 94.

23 Die Verordnungen vom 19. 1. 1919 wurden veröffentlicht in: AVBl 1919, S. 54 ff.; der Aufruf Reinhardts vom selben Tage ebda., S. 53.

24 Zum Aufbau der bestätigten Räteorganisation vgl. im einzelnen Kluge, Soldatenräte, S. 275, der jedoch die politischen Kontrollaufgaben, die den Soldatenräten in den Januarverordnungen zugeordnet wurden, nicht angemessen würdigt.

trauensleuten heruntergedrückt wurden[25]. Die Soldatenräte hatten das Recht der Mitwirkung in den Bereichen der Fürsorge für die Truppen, der sozialen und wirtschaftlichen Fragen, des Urlaubs und der Disziplinarsachen. Zugleich aber, und dies war das Wesentliche, wurden ihnen Kontrollbefugnisse politischer Natur zugestanden: »Sie überwachen die Tätigkeit der Führer in der Richtung, daß die letzteren ihre Dienstgewalt nicht zu Handlungen gegen die bestehende Regierung mißbrauchen[26].« An einer anderen Stelle derselben Verordnung ist noch einmal ausdrücklich von der politischen Aufgabe der »Überwachung der Befehlsführung im Sinne der Regierung«[27] die Rede. Wie diese politische Überwachungsaufgabe – die im übrigen eher an die Rolle eines Politkommissars der sowjetischen »Roten Armee« als an die eines Vertrauensmannes in den früheren »Küchenkommissionen« der deutschen Weltkriegsarmee erinnerte – praktisch ausgeübt werden sollte, war den Verordnungen nicht zu entnehmen[28]. Der bislang praktizierte Brauch, daß militärische Befehle der Gegenzeichnung durch Soldatenräte bedurften, um Gültigkeit zu erlangen, entfiel. Dafür war die politische Kontrollaufgabe nunmehr gesetzlich verbrieft, und es lag an den Soldatenräten und an der Regierung, was sie daraus machten.

Hatte der Rätekongreß in der Wahl der militärischen Führer ein Strukturelement der aufzubauenden »sozialistischen Volkswehr« gesehen, so blieb davon in den »Reinhardt-Verordnungen« praktisch nichts übrig. Von »Volkswehr« war überhaupt nicht mehr die Rede, und die Vorgesetztenwahl wurde nur auf der untersten Ebene zugelassen[29]. Alle personalpolitischen Entscheidungsrechte lagen beim preußischen Kriegsminister. Die Soldatenräte konnten lediglich die Absetzung eines Vorgesetzten verlangen, sofern dieser nicht das Vertrauen der Truppe genoß. Die Entscheidung hierüber lag in letzter Instanz wieder beim Kriegsminister. In einigen politisch weniger brisanten Fra-

[25] Eine politische Rechtfertigung der Januarverordnungen aus mehrheitssozialdemokratischer Sicht publizierte Paul Göhre, Die Soldatenräte und der Erlaß des Kriegsministeriums über die Kommandogewalt. In: Vorwärts Nr. 143, 19. 3. 1919, Morgen-Ausgabe, S. 1 f.

[26] Ziffer 5 der 1. Januarverordnung.

[27] Ziffer 11 derselben Verordnung.

[28] Ein vom Zentralrat am 27. 3. 1919 ausgearbeiteter Entwurf von »Bestimmungen über Gliederung und Wahl der S.-Räte und Vertrauensleute im Friedensheere« (BA-MA, MSg. 1/269), der als Ausführungsbestimmung zur Januarverordnung gedacht war, aber praktisch nicht mehr wirksam wurde, hieß es dazu: »Um den Soldatenräten die Überwachung der Führer zu ermöglichen, steht denselben das Recht zu, Einblick in den gesamten Schriftverkehr, die Buchführung usw. zu nehmen.«

[29] Ziffer 10 der 1. Januarverordnung. Sie ermöglichte die »Wahl von Unteroffizieren oder Mannschaften als Zugführer in Offizierstellen«. Nach Kluge, Soldatenräte, S. 274, wurde von dieser Möglichkeit im Frühjahr 1919 jedoch nirgendwo Gebrauch gemacht.

gen folgten die Verordnungen den Beschlüssen des Rätekongresses[30]. Die alten Rang- und Dienstgradabzeichen, also die Symbole der vorrevolutionären Zeit, wurden abgeschafft und durch neue, behelfsmäßige Abzeichen ersetzt[31]. Das Waffentragen außer Dienst wurde verboten, die militärische Grußpflicht dagegen beibehalten.

Es ist bemerkenswert, daß seinerzeit niemand auf die Idee kam, das Verordnungswerk vom 19. Januar 1919 mit dem Namen Noskes zu verknüpfen, obwohl Noske doch der für Heer und Marine verantwortliche Volksbeauftragte war. Eher sprach man schon einmal von den »Reinhardt-Verordnungen«, was dessen Rolle in der Tat angemessen charakterisierte, während das Wort von den »Noske-Garden« wiederum dessen Anteil an der Aufstellung der Freikorps durchaus korrekt andeutete. Wie bereits erwähnt, beteiligte sich Noske Ende Dezember 1918 in Besprechungen mit Reinhardt an der Festlegung der allgemeinen politischen Linie. Nachher, in der ersten Januarhälfte, war er dann vollauf mit der Vorbereitung und Durchführung seiner gewaltsamen Pazifizierungspolitik in Berlin beschäftigt und zudem eine Zeitlang infolge Überarbeitung fieberkrank bettlägerig[32]. Es fragt sich, ob die Januarverordnungen bei einer stärkeren Mitwirkung Noskes anders ausgesehen hätten.

Aus Noskes eigenen Äußerungen läßt sich ableiten, daß sie eher noch restaurativer ausgefallen wären. Denn für ihn stand bezüglich der »Hamburger Punkte« von vornherein fest: »Danach konnte man sich unmöglich richten[33].« Ebenso eindeutig war seine Position, daß die Machtbefugnisse der Soldatenräte eingeschränkt werden mußten[34]. Obwohl Noske anerkannte, daß die Räte in den ersten Novembertagen 1918 »das Chaos verhütet« hatten, erkannte er ihnen nur für die Übergangszeit bis zum Zusammentritt der Nationalversammlung eine Funktion zu. Bis dahin konnten sie nämlich »eine wertvolle Unterstützung« für den Rat der Volksbeauftragten sein[35], sofern sie sich um die Aufrechterhaltung von Ruhe und Ordnung kümmerten und sich nicht als politische Organe begriffen. In seinem neuen Amt als Volksbeauftragter stellte sich ihm daher lediglich die Frage, wie man die »Hamburger Beschlüsse« umgehen konnte, ohne allzu viel politisches

[30] Huber, Verfassungsgeschichte, Bd 5, S. 841 und 941, vertritt die Auffassung, bei den Beschlüssen des Rätekongresses habe es sich, verfassungsrechtlich gesehen, nur um Empfehlungen an den Rat der Volksbeauftragten gehandelt. Diese Interpretation ist jedoch strittig.

[31] Vgl. im einzelnen Kluge, Soldatenräte, S. 276 und 257.

[32] Vorwärts Nr. 31/32, 18. 1. 1919, 2. Beilage. Bei einer Vollversammlung der Großberliner-Soldatenräte am 17. 1. 1919 ließ sich Noske durch Anton Fischer wegen Krankheit entschuldigen.

[33] Noske, Kiel bis Kapp, S. 94.

[34] Ebda.

[35] Ebda., S. 93.

Porzellan zu zerschlagen: »Wie weit dabei auf den ersten Anlauf gegangen (sic!) werden konnte, mußte sorgfältig überlegt werden[36].«

Das bedeutete, daß Noske die Januarverordnungen nicht als Modell für die Struktur der künftigen Reichswehr auffaßte, sondern als einen taktischen Schritt auf dem Wege zu einer generellen Abschaffung der Soldatenräte. Wie die führenden Militärs zu den diesbezüglichen Beschlüssen des Rätekongresses standen, war ihm bekannt. Ebenso wußte er aber auch, daß dem Rat der Volksbeauftragten und dem Zentralrat eine Flut von Depeschen zugegangen war, die keinen Zweifel daran ließen, daß die Räte überall im Lande über die Nichtausführung der militärischen Beschlüsse des Rätekongresses empört waren[37]. Tatsächlich bestand ja zwischen der militärpolitischen Enthaltsamkeit des Rates der Volksbeauftragten und der Radikalisierung der Arbeiterschaft ein ursächlicher Zusammenhang. In den Massen, die im November 1918 die Revolution gemacht hatten und die damit auch den Militarismus entthronen wollten – damit war vornehmlich die Beseitigung der Vormachtstellung der Offiziere in Staat und Gesellschaft gemeint –, entwickelte sich Ende 1918/Anfang 1919 ein politisches Gespür dafür, daß der Rat der Volksbeauftragten offenbar keine Anstrengungen unternahm, eine Demokratisierung des Militärwesens ernsthaft in Angriff zu nehmen und eine Volkswehr aufzubauen, sondern daß er statt dessen mit den kaiserlichen Offizieren zusammenarbeitete und mit ihnen gemeinsam den Machtfaktor Arbeiter- und Soldatenräte Zug um Zug auszuschalten trachtete.

Die von der kommunistischen und zum Teil auch der unabhängigen Propaganda verbreitete Forderung »Alle Macht den Räten!« verschleierte nur den Tatbestand, daß die große Mehrzahl der Arbeiter- und Soldatenräte durchaus nicht »alle Macht« wollte und mit den Wahlen zur Nationalversammlung und der Etablierung einer parlamentarischen Demokratie einverstanden war[38]. Abgelehnt wurde jedoch die Restaurierung der politischen Macht des Militärs.

In der Literatur ist die Ansicht vertreten worden, mit den Januarverordnungen habe »die Ministerialbürokratie mit Unterstützung der Volksbeauftragten und der meisten Mitglieder des Zentralrats über die militärische Rätebewegung gesiegt«; denn weder sei die Volkswehr geschaffen noch sei das vorhandene Wehrsystem »im Sinne einer Demo-

[36] Ebda., S. 94.

[37] Vgl. die diesbezügliche Mitteilung des Zentralratsmitglieds Wilhelm Knoblauch in der Sitzung von Kabinett und Zentralrat am 15. 1. 1919. In: Die Regierung der Volksbeauftragten, Bd II, Nr. 107, S. 273, sowie den Bericht des Zentralratsvorsitzenden Leinert in der Sitzung des Zentralrats am 9. 1. 1919, Zentralrat, Nr. 41, S. 292.

[38] Zum Forschungsstand vgl. den Aufsatz von Eberhard Kolb, Rätewirklichkeit und Räte-Ideologie in der deutschen Revolution von 1918/19. In: ders. (Hrsg.), Vom Kaiserreich zur Weimarer Republik, Köln 1972, S. 165–184; sowie Reinhard Rürup, Probleme der Revolution in Deutschland 1918/19, Wiesbaden 1968.

kratisierung« neu geordnet worden[39]. Gemessen an den »Hamburger Punkten« stellte das Verordnungswerk vom 19. Januar 1919 in der Tat einen Rückschritt dar. Von einer »offenen Desavouierung der Kongreßbeschlüsse«[40] kann man jedoch nur zum Teil sprechen. Denn die Januarverordnungen brachen mit nicht wenigen militärischen Traditionen. Sie ordneten den Soldatenräten zwar keine Kommandogewalt, aber doch eine politische Kontrollaufgabe zu.

Auf der Basis der Januarverordnungen in Verbindung mit einer konsequenten Personalpolitik wäre der Aufbau einer republiktreuen Reichswehr durchaus möglich gewesen. Viele Zeitgenossen schienen jedoch zu ahnen, daß dieses Verordnungswerk nur der Anfang einer schrittweisen Entmachtung der Soldatenräte sein würde. Jedenfalls setzte alsbald nach dem Bekanntwerden der Bestimmungen reichsweit eine Protestwelle ein, »die teilweise eine fast ebenso große Energie entfaltete wie beim Sturz der alten Staatsordnung«[41] im November des vergangenen Jahres. Die meisten Räte waren der Meinung, die Regierung habe die revolutionäre Bewegung an das überkommene Militär »verraten«. Im Mittelpunkt ihrer Kritik stand naturgemäß der für das Militärwesen verantwortliche Volksbeauftragte Noske.

2. Proteste der Militärs und der Soldatenräte gegen die Januarverordnungen

Reichsregierung, Zentralrat und preußisches Kriegsministerium, die für das militärpolitische Verordnungswerk vom 19. Januar 1919 gemeinsam verantwortlich zeichneten, mußten rasch erkennen, daß die als Kompromiß gedachte Neuregelung bei nahezu allen Betroffenen auf Kritik stieß. Die Soldatenräte protestierten gegen die Aushöhlung ihrer Machtbefugnisse. Die Militärs empörten sich darüber, daß die »Soldatenratswirtschaft« nun auch noch gesetzlich sanktioniert wurde. Weder bei der einen noch bei der anderen Gruppe war Kompromißbereitschaft zu erkennen. So saß die Regierung plötzlich zwischen den Stühlen, und sowohl die Soldatenräte als auch die Militärs suchten nach Wegen, wie sie die Verordnungen umgehen und in ihrem jeweiligen Interesse Abänderungen durchsetzen konnten.

Zum Sprecher der Offiziere machte sich erneut der Erste Generalquartiermeister, Generalleutnant Groener. Er schrieb dem als »sehr

39 Kluge, Soldatenräte, S. 276 f.
40 Ebda., S. 277.
41 Ebda., S. 278.

verehrter Herr Ebert« angesprochenen Reichskanzler am 27. Januar einen Brief[42], in dem er besonders die Regelung der Kommandogewalt und der Stellung der Soldatenräte als einen »schweren Fehler« bezeichnete und die Abschaffung der Soldatenräte forderte. In diesem Vorgehen zeigte sich erneut, daß die führenden Militärs – und Groener gehörte, im Vergleich zur Gruppe um Lüttwitz, zu den gemäßigten – es nach wie vor als selbstverständlich betrachteten, sich wertend und fordernd über rechtmäßig zustande gekommene politische Entscheidungen zu äußern; deutlicher gesagt, sie maßten sich ein innenpolitisches Mitspracherecht an.

Dieses Selbstverständnis schlug sich auch in der Diktion des Groenerschen Briefes nieder. Über die Soldatenrats-Regelung in der 1. Januarverordnung schrieb er: »Erfahrene, im Krieg und Frieden bewährte Männer sollen sich von unreifen, sachunkundigen 19–20jährigen Jungen kontrollieren bzw. bescheinigen lassen, daß sie das Vertrauen ihrer Truppe haben. Ein völliger Unsinn und außerdem eine Forderung, die sich auf die Dauer mit der Ehre und Würde eines aufrechten Mannes nicht vereinbaren läßt[43].« Weiterhin meinte Groener, »ohne die jetzt erfolgte Anerkennung« wäre die Institution der Soldatenräte »eines unrühmlichen Todes gestorben«, zumal, wenn die Regierung sie finanziell ausgetrocknet hätte. Er könne Ebert nur dringend raten, »sobald als möglich durch die Nationalversammlung einen Beschluß herbeizuführen, der die Stellung des Offiziers neu regelt und die Einrichtung der Soldatenräte in ihrer jetzigen Gestalt verschwinden läßt«. Was man brauche, sei eine »festgefügte Truppe«, in der Disziplin herrsche und in der die Autorität der Führer gewahrt sei. Soldatenräte hätten darin keinen Platz, denn sie seien der Tod jeder Autorität und damit jeder Staatsgewalt überhaupt. Mit seiner Schlußbemerkung, er glaube sich mit Ebert einig in der Auffassung, »daß wir uns den Luxus einer allgemeinen Abwanderung gerade der besten Elemente unter Offizieren und Unteroffizieren aus dem Heere nicht leisten können«[44], drohte Groener unterschwellig, daß die besten Offiziere gehen würden, wenn die Soldatenräte blieben.

Der preußische Kriegsminister, Oberst Reinhardt, unter dessen Federführung die Januarverordnungen ausgearbeitet worden waren, notierte, sie hätten »einen gewaltigen Sturm entfacht«; »ein Teil der alten Offiziere war tief erbittert, und die gegen mich erhobenen Vorwürfe gingen bis zur Morddrohung«[45]. Da Reinhardt unter den Unterzeich-

[42] Schreiben Groeners an Ebert vom 27. 1. 1919. In: Zwischen Revolution, Dok. 15, S. 51–53.
[43] Ebda., S. 51.
[44] Ebda., S. 52 f.
[45] Aus der Niederschrift Reinhardts »Der Aufbau der Reichswehr«. Zit. in: Ernst, Nachlaß Reinhardt, S. 19.

nern der Verordnungen der einzige Vertreter des alten Offizierkorps war, wurde er nun zur Zielscheibe der Kritik von rechts, aus dem Kreise der alten Kameraden, von denen viele in ihm so etwas wie einen Verräter sahen, zumindest einen Schuldigen, einen Sündenbock[46].

Der Widerstand von rechts richtete sich nicht nur gegen die Sanktionierung der Soldatenräte in einer der Januarverordnungen, sondern in gleicher Weise gegen die Bestimmungen über die Rangabzeichen und den militärischen Gruß, die als der Tradition und den eigenen Grundsätzen widersprechend angesehen wurden und die das Gefühlsleben vieler Militärs besonders stark zu beeinträchtigen schienen. Für sie war die Beibehaltung der Achselstücke und Tressen, die sie im Kriege getragen hatten, keine »Schneiderfrage«, wie der pragmatisch denkende Noske sich ausgedrückt hatte[47], sondern ein »Ehrenpunkt«[48]. Viele Offiziere und Unteroffiziere, die innerlich noch dem Kaiserreich anhingen, sich aber gleichwohl dem neuen Staat zur Verfügung gestellt hatten, empfanden die Januarverordnungen mehr emotional als rational wie eine »Demütigung«; ihr Vertrauen zur Regierung erlitt »einen neuen Stoß«, ebenso das Ansehen des Kriegsministers Reinhardt[49]. Dieser vertrat seinerseits in der Nationalversammlung den Standpunkt, daß die Kritik sowohl der Offiziere als auch der Soldatenräte vielleicht beweise, »daß die richtige Mittellinie für die Bedürfnisse des Augenblicks gefunden wurde«[50], und darauf sei es dem Zentralrat und der Regierung angekommen.

Bedrohlicher für die Regierung war die reichsweite Protestbewegung der Soldatenräte gegen die Januarverordnungen. Der Widerstand formierte sich zunächst in der Reichshauptstadt Berlin. Bereits wenige Tage nach Bekanntwerden der Verordnungen wandte sich der Vollzugsrat der Arbeiter- und Soldatenräte Groß-Berlins mit dem Wunsch an die Reichsregierung, in einer Vollversammlung der A- und S-Räte von etwa 2500 Personen Bericht zu erstatten. In dem Einladungsschreiben[51] an den Rat der Volksbeauftragten hieß es: »Da sich die Versammlung vorwiegend mit den Vorgängen der letzten Wochen beschäftigen wird, insbesondere wohl auch mit den getroffenen militärischen Maßnahmen, dürfte es sich empfehlen, wenn Herr *Noske* selbst anwesend ist und selbst darüber Aufschluß geben würde.« Unter Hinweis auf die Rechtslage, derzufolge das Kabinett nur dem Zentralrat

46 Ebda., S. 17.

47 Noske in seiner Rede vor den Arbeiter- und Soldatenräten Groß-Berlins am 27. 1. 1919. Siehe den Bericht über diese Veranstaltung in: Vorwärts Nr. 50, 28. 1. 1919, Morgen-Ausgabe, Beilage.

48 Wirren, S. 76.

49 Ebda., S. 77.

50 Verhandlungen NV, Bd 326, 19. 2. 1919, S. 177.

51 Schreiben des Vollzugsrats an den Rat der Volksbeauftragten vom 22. 1. 1919. In: Die Regierung der Volksbeauftragten, Bd 2, S. 330, Anm. 37.

verantwortlich war, nicht aber örtlichen Rätegremien, lehnte es die Reichsregierung ab[52], den Berliner Arbeiter- und Soldatenräten mündlich zu berichten. Noske erschien gleichwohl am 27. Januar in einer Vollversammlung der Soldatenräte der Groß-Berliner Truppenteile im Berliner Abgeordnetenhaus und nahm in einem längeren Redebeitrag zu den Januarverordnungen Stellung[53]. Offenbar setzte er darauf, die versammelten Berliner Soldatenräte mittels seiner vielfach erprobten persönlichen Ausstrahlungskraft und seines Redetalents von der Richtigkeit seiner Politik überzeugen zu können. Einleitend brachte er sein Bedauern darüber zum Ausdruck, bislang so wenig Gelegenheit gehabt zu haben, »mit den Truppen der Berliner Garnison in engere Fühlung zu treten«. Andernfalls, meinte Noske, »wäre es sehr bald zu einer guten Zusammenarbeit gekommen«, ebenso wie in Kiel, wo er bis zum Tag seiner Abreise nach Berlin mit den 80000 Matrosen der dortigen Garnison »im besten Einvernehmen gearbeitet« habe. Auch in der Sache selbst gab sich Noske werbend und konziliant. Er räumte ein, daß die Verordnung über die vorläufige Regelung der Kommandogewalt »nach keiner Seite hin voll befriedigend« sei. Aber man müsse doch berücksichtigen, daß es sich um eine »provisorische Regelung« handele. Gleichwohl ließ Noske keinen Zweifel daran aufkommen, daß nach seiner Meinung die Räte spätestens mit dem Zustandekommen einer verfassungsmäßigen Regierung[54] keine politische Macht mehr ausüben durften: »Gewiß sind die Soldatenräte Träger der Revolution, aber die große Masse unseres Volkes und auch viele Soldatenräte sind sich völlig darüber klar, daß das System der Soldatenräte, wie es in den ersten Revolutionsmonaten geschaffen worden ist, nicht eine dauernde Einrichtung bleiben kann. Die Soldatenräte sollen und dürfen zwar nicht ganz verschwinden, sie dürfen aber nicht auch dann noch eine politische Macht ausüben, nachdem die Nationalversammlung eine verfassungsmäßige Regierung eingesetzt hat. Was in Rußland erträglich erscheint, muß in Deutschland zu völligem Zusammenbruch führen.« Es sei jedoch falsch, fuhr Noske fort, wenn gesagt werde, die Verordnung wolle die Soldatenräte »absägen«. Vielmehr hätten die Offiziere »auf eingehendste Zusammenarbeit mit den Soldatenräten zu achten«.

Noskes Linie war klar, soweit es um die politische Entmachtung der Soldatenräte ging. Nebulös dagegen blieb, welche Funktionen sie positiv behalten und ausüben sollten. In diesem Punkt vermochten auch

[52] Schreiben der Reichsregierung vom 29. 1. 1919 an den Vollzugsrat der Berliner Arbeiter- und Soldatenräte. Abgedruckt in: Vorwärts Nr. 54, 30. 1. 1919, Morgen-Ausgabe, S. 2. Vgl. auch die Beratungen im Kabinett am 28. 1. 1919. In: Die Regierung der Volksbeauftragten, Bd 2, Nr. 121, S. 329 f.

[53] Bericht in: Vorwärts Nr. 50, 28. 1. 1919, Morgen-Ausgabe, Beilage. Artikel »Zur Regelung der Kommandogewalt«.

[54] Damit meinte Noske eine von der Nationalversammlungsmehrheit getragene Reichsregierung.

die Äußerungen anderer Redner, die sich für die Januarverordnungen aussprachen, keine klärende und beruhigende Wirkung auszulösen. Max Cohen-Reuß[55], der stellvertretende Vorsitzende des Zentralrats, als solcher einer der einflußreichsten mehrheitssozialdemokratischen Politiker in jenen Tagen, versuchte den versammelten Soldatenräten die Verordnung mit dem Hinweis schmackhaft zu machen, daß in ihr zum ersten Male die Gewalt der Soldatenräte gesetzlich festgelegt sei, was man als einen »erheblichen Fortschritt« ansehen müsse, zudem als einen Anfang, auf dem man weiterbauen könne[56]. Göhre, der mehrheitssozialdemokratische Unterstaatssekretär im preußischen Kriegsministerium, bezeichnete die Verordnungen als eine für den Augenblick geschaffene Kompromißarbeit und behauptete – was eine recht waghalsige Überinterpretation darstellte –, die Soldatenräte stünden »als Aufsichtsbehörde über der lokalen Kommandogewalt«[57].

Keiner der Redner, weder Noske noch Cohen oder Göhre, vermochte die etwa 200 versammelten Berliner Soldatenräte dafür zu erwärmen, sich mit dem Kompromißwerk der Januarverordnungen anzufreunden. Vielmehr sagte die Vollversammlung[58] mit großer Mehrheit[59] ein deutliches Nein: »Die Versammlung protestiert auf das Schärfste gegen die Verordnung des Kriegsministeriums, betreffend die Neuregelung der Kommandogewalt, da sie geeignet ist, die Soldatenräte zur völligen Macht- und Bedeutungslosigkeit herabzudrücken [...] Die Versammlung fordert die sofortige Einberufung eines Reichskongresses der Soldatenräte sämtlicher Armeekorps und die Außerkraftsetzung der Verordnung bis zur endgültigen Stellungnahme und Beschlußfassung des Kongresses.« Damit waren zwei Forderungen formuliert, die schon in den Tagen zuvor von vielen Korps-Soldatenräten telegraphisch an die Regierung und den Zentralrat gerichtet worden waren: 1. Vorläufige Außerkraftsetzung der Januarverordnungen; 2. Einberufung eines Reichskongresses der Soldatenräte bzw. eines neuen Reichskongresses der Arbeiter- und Soldatenräte, der über die Verbindlichkeit oder aber Unverbindlichkeit der Verordnungen entscheiden sollte.

Am 31. Januar, also nur wenige Tage nach der Vollversammlung der Berliner Soldatenräte, in der Noske gesprochen hatte, trat in der Berliner Philharmonie eine von mehr als 2000 Teilnehmern besuchte Vollversammlung der Arbeiter- und Soldatenräte Groß-Berlins zusam-

[55] Zur Person und Politik Cohens vgl. Zentralrat, S. XXXVI f.

[56] Nach dem Bericht »Zur Regelung der Kommandogewalt«. In: Vorwärts Nr. 50, 28. 1. 1919, Morgen-Ausgabe, Beilage.

[57] Ebda.

[58] Nach dem Bericht über die »Vollversammlung der Soldatenräte Groß-Berlins«, ebda., Nr. 56, 31. 1. 1919, Morgen-Ausgabe, Beilage. Dort ist auch die nachfolgend zitierte Resolution abgedruckt.

[59] Dem »Vorwärts«-Bericht zufolge handelte es sich um eine Dreiviertelmehrheit.

men[60]. Mitglieder der Regierung waren infolge des erwähnten Kabinettsbeschlusses[61] nicht anwesend. Als Hauptkontrahenten standen sich Max Cohen vom Zentralrat und der linke Unabhängige Ernst Däumig gegenüber. Cohen vertrat den in der gesamten MSPD unstrittigen Standpunkt, seit dem Beschluß des Rätekongresses vom Dezember 1918, demzufolge die Nationalversammlung über die Zukunft Deutschlands zu entscheiden habe, sei die Frage des Rätesystems »erledigt« und müsse »erledigt bleiben«. Die politische Tätigkeit der Räte sei nun auf die Nationalversammlung übergegangen. Dies bedeute aber nicht, daß die Räte ihre Existenzberechtigung verloren hätten. Aber sie müßten die Januarverordnungen akzeptieren. Es gehe nicht an, daß jeder nur die Gesetze anerkenne, die ihm paßten.

Däumig definierte die Situation dahingehend, daß es »um Sein oder Nichtsein der Arbeiter- und Soldatenräte« gehe, da den Trägern der Revolution jetzt das Grab geschaufelt werden solle. Der Regierung warf er vor, mit der Verordnung über die Kommandogewalt den Beschluß des Rätekongresses mißachtet und einem Wiederaufleben des Militarismus Vorschub geleistet zu haben: »Wenn die Soldatenräte verschwinden, wird der alte militaristische Geist, der die Offiziere beherrscht, wieder aufleben.« Daher könnten die Räte auf »politische Betätigung« nicht verzichten.

Auch diese Versammlung war sich schließlich im Widerstand gegen die Verordnungen einig. Sie faßte den Beschluß[62], den Zentralrat aufzufordern, »so schnell als möglich« einen neuen Kongreß der Arbeiter- und Soldatenräte ganz Deutschlands einzuberufen, der unter anderem »über das weitere Wirken und die staatsrechtliche Stellung der Arbeiter- und Soldatenräte zu entscheiden« habe. Die Berliner Arbeiter- und Soldatenräte folgten mit diesem Beschluß den Vorstellungen Däumigs, denen zufolge die Räte eine in der Verfassung zu definierende Funktion erhalten sollten.

Die Reichsregierung ließ sich von der Protestflut gegen die Januarverordnungen wenig beeindrucken. Am 30. Januar erstattete der preußische Kriegsminister Reinhardt dem Kabinett einen Bericht über den scharfen Widerstand der Offiziere und Unteroffiziere auf der einen und der Soldatenräte auf der anderen Seite[63]. Eine große Anzahl von Korps-Soldatenräten habe der Regierung glatt den Gehorsam versagt. Reinhardt riet der Regierung, sich keinesfalls auf eine Änderung des »Soldatenrats-Reglements« einzulassen, zumal die Soldatenräte »über keine besondere Macht« verfügten.

[60] Das Folgende nach dem Bericht »Versammlung der A.- und S.-Räte Groß-Berlins«, ebda., Nr. 57, 31. 1. 1919, Abend-Ausgabe, S. 3.
[61] Siehe: Die Regierung der Volksbeauftragten, Bd 2, Nr. 121, S. 329 f.
[62] Nach dem Bericht des Vorwärts Nr. 57, 31. 1. 1919, Abend-Ausgabe, S. 3. Resolution ist abgedruckt in: Dokumente und Materialien, Reihe II, Bd 2, Nr. 55, S. 122 f.
[63] Die Regierung der Volksbeauftragten, Bd II, Nr. 126, S. 352 f.

Noske, der schon bei früherer Gelegenheit unter Hinweis auf die von ihm aufgestellte Regierungstruppe bemerkt hatte, der Verkehr mit den Soldatenräten habe sich zwischenzeitlich »im Ton etwas verschoben«, denn früher seien die Soldatenräte der Machtfaktor gewesen, dieser Machtfaktor aber seien »wir nun geworden«[64], spielte die Bedeutung der Proteste ebenfalls herunter. Er bewertete die Protestbewegung der Soldatenräte als eine Aktion »der inaktiven Leute, die nicht aus ihrer Stellung in die Reihe der Arbeitslosen gestoßen werden wollen«, und meinte, man müsse sie »zunächst sich austoben lassen«. Als die Hamburger Korps-Soldatenräte ihn gefragt hätten, ob die Verfügung aufgehoben werde[65], habe er »mit der Faust auf den Tisch gehauen und ›nein‹ gesagt«[66]. Noske schätzte die machtpolitische Lage demnach so ein, daß die Regierung auf die Proteste nicht allzuviel Rücksicht zu nehmen brauchte und es sich mittlerweile leisten konnte, ihnen energisch entgegenzutreten.

Das Kabinett beschloß nun, wegen der Januarverordnungen einen Aufruf an die Soldatenräte ergehen zu lassen und »für weitreichende Aufklärung der ganzen Frage zu sorgen«[67]. Diesen Aufruf gaben Reinhardt und Unterstaatssekretär Göhre dann am 4. Februar heraus. Darin wurde auf die zahlreichen Protestkundgebungen folgendes erwidert: »Die verworrenen Zustände im deutschen Heere verlangten gebieterisch eine unverzügliche Regelung der Kommandogewalt. Die Regierung hat sich hierbei von dem Gedanken leiten lassen, daß Verhältnisse geschaffen werden, die von allen Seiten anerkannt werden konnten. Das hatte zur Folge, daß von beiden Seiten Ansprüche und Rechte geopfert werden müssen [...] Selbstverständlich muß es der Nationalversammlung überlassen bleiben, die endgültigen Bestimmungen über das spätere Friedens- bzw. Volksheer anzugeben[68].« Die Regierung suchte also nicht die Konfrontation, sondern wollte die Proteste mit dem Hinweis auf den Kompromiß- und Übergangscharakter der Verordnungen dämpfen.

Noch flexibler als das Kabinett reagierte der Zentralrat. Er entschloß sich angesichts der Beschlüsse der beiden Rätevollversammlungen in Berlin und der Flut von Protesterklärungen der Korps- und Garnisonssoldatenräte aus allen Teilen des Landes, einen Reichssoldatenrätekon-

[64] Noske in der Kabinettssitzung vom 21. 1. 1919, ebda., Nr. 114, S. 287.

[65] Über diesen Vorgang berichtete das Mitglied des Korps-Soldatenrates in Altona, Evers, in der Besprechung des Zentralrats mit den Korpsvertretern in Berlin am 4./5. 2. 1919. Siehe Zentralrat, Nr. 78, S. 555 f. Weitere Einzelheiten sind nicht bekannt.

[66] Noske in der Kabinettssitzung vom 30. 1. 1919. In: Die Regierung der Volksbeauftragten, Bd II, S. 353.

[67] Ebda.

[68] Bekanntmachung des preußischen Kriegsministeriums, veröffentlicht in: Vorwärts Nr. 63, 4. 2. 1919, Morgen-Ausgabe. Wiederabdruck in: Regierung der Volksbeauftragten, Bd II, S. 353, Anm. 24.

greß zu einer »Besprechung« einzuberufen[69]. Die Mehrheit der Mitglieder des Zentralrats hatte eingesehen, »wie berechtigt die Proteste der Korpsorganisationen und die Warnungen vor weiteren Übergriffen des überkommenen Militärapparates auf die bestehende politische Konstellation tatsächlich waren«[70] und hatte dies auch der Regierung mitgeteilt[71].

Die Besprechung der »Zentralräte aller Armeekorps« fand am 4. und 5. Februar 1919 im Berliner Herrenhaus statt[72]. Unter der Leitung von Cohen verhandelten die Vertreter von fast allen 30 Armeekorps über die Verordnung zur Regelung der Kommandogewalt, über eingebrachte Abänderungsvorschläge, die beim Erlaß der Ausführungsbestimmungen berücksichtigt werden sollten, über die Frage der Einsetzung eines Reichs-Soldatenrates und über die Wahl einer Kommission, welche an den Beratungen über die Ausführungsbestimmungen zu den Januarverordnungen beteiligt werden sollte. Cohen und Göhre mußten sich gegen heftige Kritik insbesondere an der Verordnung zur Regelung der Kommandogewalt verteidigen. Die schwersten Angriffe der Korpssoldatenräte richteten sich jedoch gegen den abwesenden Volksbeauftragten Noske. Der Vertreter des IX. Armeekorps, Evers, ein Hamburger Mehrheitssozialdemokrat, stellte den Antrag: »Die Versammlung spricht dem Volksbeauftragten Noske ihr schärfstes Mißtrauen aus und fordert seinen sofortigen Rücktritt[73].« Die Versammlung nahm diesen Antrag »mit übergroßer Mehrheit« an[74]. Evers beschuldigte Noske, er beachte die Räte überhaupt nicht[75].

Nach heftig geführten Debatten, in deren Verlauf sowohl die Vertreter des Zentralrats als auch die des preußischen Kriegsministeriums mehrfach Verhandlungsbereitschaft signalisierten, sofern die Korpssoldatenräte die Gesetzeskraft der Januarverordnungen dem Grundsatz nach anerkannten[76], kam schließlich ein Kompromiß zustande. Es wurde eine »Neunerkommission« gewählt und die Regierung ersucht,

[69] Sitzung des Zentralrats am 29. 1. 1919. In: Zentralrat, Nr. 70, S. 515–517. Vgl. auch Kluge, Soldatenräte, S. 280 f.

[70] Kluge, Soldatenräte, S. 281.

[71] Brief des Zentralrats an die Reichsregierung vom 29. 1. 1919. In: Zentralrat, Nr. 73, S. 527. Zur Entstehung des Schreibens ebda., Nr. 70, S. 511 f. In dem Schreiben ist von »fortwährend einlaufenden, wohlbegründeten Mitteilungen« über eine »gefahrdrohende Entwicklung« die Rede.

[72] Protokoll der Besprechung des Zentralrats mit den Vertretern der Korpssoldatenräte am 4./5. 2. 1919, ebda., Nr. 78, S. 546–572. Vgl. auch den Bericht »Reichskonferenz der Korps-Soldatenräte Deutschlands«, in: Vorwärts Nr. 65, 5. 2. 1919, Morgen-Ausgabe, Beilage.

[73] Vorwärts Nr. 65, 5. 2. 1919, Morgen-Ausgabe; Die Freiheit Nr. 63, 5. 2. 1919, Morgen-Ausgabe; Zentralrat, Nr. 78, S. 554, Anm. 33.

[74] Vorwärts Nr. 65, 5. 2. 1919, Morgen-Ausgabe; im Protokoll heißt es, der Antrag Evers sei mit »einigen Stimmenthaltungen« angenommen worden. Siehe Zentralrat, S. 556.

[75] Zentralrat, S. 555.

[76] Ebda., S. 565 (Cohen), 567 f. (Cohen), 559 (Göhre).

diese Kommission »in kürzester Frist« zu einer Besprechung der strittigen und abänderungsbedürftigen Punkte der Verordnung mit den zuständigen Stellen zusammenzurufen[77].

Anderntags, am 6. Februar, fand eine weitere Konferenz der Korpssoldatenräte statt[78], bei der keine Zentralratsmitglieder zugegen waren. Auf dieser Veranstaltung, die als »Reichskongreß der Korps-Räte« firmierte, wurden sehr viel weitergehende Beschlüsse gefaßt als zuvor in der Besprechung mit dem Zentralrat. Unter Hinweis auf die vom Rätekongreß beschlossenen »Hamburger Punkte« traf die Konferenz die schwerwiegende Feststellung, die Verordnung vom 19. Januar 1919 über die Kommandogewalt im Heere sei »auf rechtsungültiger und revolutionsverfassungswidriger Grundlage erlassen worden«, und aus diesem Grunde müsse die Anwendung der erlassenen Verordnung abgelehnt werden[79]. Dieser Beschluß fand jedoch keine einhellige Zustimmung. Die Delegation des VIII. Armeekorps verließ unter Protest den Saal mit der Begründung, der Kongreß habe sich mit dieser Position außerhalb des Gesetzes gestellt[80].

Des weiteren beschloß der »Reichskongreß der Korps-Räte« die Bildung eines Reichs-Soldatenrats, der als »die automatische Fortsetzung der Organisation des Rätesystems nach oben und höchste Instanz aller Soldatenräte« gedacht war und der »gemeinsam mit der Regierung« die Kommandogewalt ausüben und das Recht haben sollte, als »Mitbestimmungsorgan in allen militärischen Angelegenheiten [...] alle militärischen Verfügungen gegenzuzeichnen, die erst dadurch Gesetzeskraft erhalten«[81].

Mit diesen Beschlüssen, die unter dem Einfluß der Unabhängigen Barth und Däumig, die während des Kongresses Referate gehalten hatten[82], zustande kamen, gingen die Korps-Soldatenräte in jeder Hinsicht auf einen harten Konfrontationskurs zur Reichsregierung und zum Zentralrat. Durchsetzen konnten sie sich jedoch in keinem der genannten Punkte. Noske blieb bei seiner Taktik, die Soldatenräte »sich austoben zu lassen«, selbst aber zu keinerlei Zugeständnissen bereit zu sein. Sein politisches Ziel lautete unverändert: Abbau der Soldatenräte.

In der Verfolgung dieser Politik konnte Noske davon ausgehen, daß

[77] Zur Beschlußfassung siehe ebda., S. 570–572. Das Ergebnis wurde zusammengefaßt in einem Schreiben des Zentralrats (gez. Cohen) an den Rat der Volksbeauftragten in Weimar vom 5. 2. 1919. Abgedruckt ebda., S. 572, Anm. 90.

[78] Siehe den Bericht »Reichskongreß der Korps-Räte« in: Vorwärts Nr. 69, 7. 2. 1919, Morgen-Ausgabe, S. 3.

[79] Dieser Beschluß ebda., sowie in: Die Regierung der Volksbeauftragten, Bd II, S. 352, Anm. 20; Noske, Kiel bis Kapp, S. 96; Huber, Dokumente, Bd III, Nr. 69, S. 60.

[80] Vorwärts Nr. 69, 7. 2. 1919, Morgen-Ausgabe, S. 3. Noske, Kiel bis Kapp, S. 96 f.

[81] Vorwärts Nr. 69, 7. 2. 1919, Morgen-Ausgabe, S. 3. Teilweise abweichender Text des Beschlusses in: Huber, Dokumente, Bd III, Nr. 69, S. 59 f.

[82] Siehe Vorwärts Nr. 69 vom 7. 2. 1919, Morgen-Ausgabe, S. 3.

die rasch voranschreitende Demobilmachung[83] des alten Heeres die Legitimation der Soldatenräte schwächen und ihre Machtposition ganz automatisch aushöhlen würde. Noskes gelassene Reaktion auf die Räte-Proteste gegen die Januarverordnungen erklärt sich nicht zuletzt daraus, daß er wohl klarer als andere Mitglieder der Reichsregierung sah, wie die mit den Januarverordnungen eingeleitete Entwicklung verlaufen würde. Für das in den Rumpf-Armeekorps organisierte alte Heer, das den Bestimmungen vom 19. Januar unterlag, würde die Demobilmachung das Widerstandspotential zunehmend lähmen, und die Freikorps, die von den Bestimmungen nicht betroffen waren, würden den Kern der vorläufigen Reichswehr bilden. Während die Korps-Soldatenräte noch der immer illusionärer werdenden Vorstellung anhingen, sie repräsentierten das »Volk in Waffen«[84], hatte Noske längst erkannt, wie weit sich die Gewichte vom Friedensheer weg- und zu den Freikorps und der OHL hinverlagert hatten, obwohl alte und neue Formationen noch eine ganze Zeitlang nebeneinander existierten.

Wie wenig das preußische Kriegsministerium daran interessiert war, dem zwischen den Korps-Soldatenräten und dem Zentralrat ausgehandelten Kompromiß nachzukommen, nämlich die strittigen Punkte der Januarverordnungen schnellstens mit dem Ziel der Abänderung zu beraten, sollte sich in der Folgezeit erweisen. Mit dem Erlaß der »Bestimmungen über Gliederung und Wahl der Soldatenräte und Vertrauensleute im Friedensheer«[85] ließ sich das Ministerium bis zum 20. Februar Zeit. Der Zentralrat seinerseits lud die »Neunerkommission« erst Ende März 1919 zu einer Besprechung ein, und obwohl in dieser praktisch ein Gegenentwurf[86] zum Entwurf des Kriegsministeriums beschlossen wurde, kam es zu keinen Entscheidungen. Seit der Verabschiedung des Gesetzes über die vorläufige Reichswehr am 6. März 1919[87] wurde den Soldatenräten »mehr und mehr die Existenzberechtigung abgesprochen, weil sie keinen Rückhalt mehr in den aufgelösten Formationen des alten Heeres besaßen«[88]. Den Schlußstrich unter die Soldatenratsbewegung zog Noske Mitte Mai 1919 mit einer Verordnung[89], in der

[83] Vgl. Kapitel V/7 über Demobilmachung.

[84] So hieß es in einem Beschluß, der während der Besprechung der Korps-Soldatenräte mit dem Zentralrat am 4./5. 2. 1919 gefaßt wurde. Text in: Dokumente und Materialien, Reihe II, Bd 3, Nr. 59, S. 128. Dort werden die Besprechung vom 4./5. 2. und die Konferenz vom 6. 2. 1919 fälschlicherweise zusammengezogen.

[85] Kluge, Soldatenräte, S. 282.

[86] Eine Ausführung des Gegenentwurfs des Zentralrats der »Bestimmungen über Gliederung und Wahl der S.-Räte und Vertrauensleute im Friedensheere« vom 27. 3. 1919 befindet sich in den Handakten des Majors W. Fleck, BA-MA MSg. 1/269.

[87] RGBl 1919, S. 295 f. Das Gesetz sah nur noch Vertrauensleute mit begrenzten Kompetenzen vor, nicht aber Soldatenräte.

[88] Kluge, Soldatenräte, S. 283.

[89] Verordnung des Reichswehrministers Noske vom 4. 5. 1919 über »Soldatenräte. Zur Verordnung vom 19. 1. 1919.« AVBl 1919, Nr. 735, S. 427 f.

bestimmt wurde, daß sich die Soldatenräte selbst aufzulösen hätten, sobald die aufzulösenden Truppenteile des Friedensheeres eine bestimmte Personalstärke unterschritten hatten.

3. Reichswehrminister Noske – »starker Mann« im Kabinett Scheidemann

Der 19. Januar 1919 war nicht nur ein Tag der militärpolitischen Verordnungen, vielmehr fanden an ihm auch die Wahlen zur Nationalversammlung statt[90]. Die SPD, die sich eine Mehrheit der Mandate erhofft hatte, wurde mit 165 von 423 Sitzen zwar stärkste Fraktion, verfehlte damit ihr Wahlziel jedoch erheblich. Die USPD erhielt lediglich 22 Sitze. Zusammengenommen gewannen die beiden sozialdemokratischen Parteien 47 Prozent aller Wähler für sich. Die katholische Zentrumspartei errang 90 Mandate und wurde damit zweitstärkste Fraktion, gefolgt von der linksliberalen DDP mit 75 Sitzen. Bei den Rechtsparteien mußten sich die Deutsche Volkspartei (DVP) mit 22 und die Deutschnationale Volkspartei (DNVP) mit 42 Sitzen begnügen. Sieben Mandate fielen an Splittergruppen. Die KPD hatte keine Kandidaten aufgestellt und sich an den Wahlen nicht beteiligt.

Das Wahlrecht wich vom alten Reichstagswahlrecht der Kaiserzeit so erheblich ab, daß Vergleiche mit früheren Wahlergebnissen kaum möglich sind. Bislang hatten nur die über 25 Jahre alten männlichen Reichsangehörigen wählen dürfen, sofern sie nicht dem Heer oder der Marine angehörten. Nach dem neuen, vom Rat der Volksbeauftragten am 30. November 1918 verordneten Reichswahlgesetz[91] wurde die Wahlberechtigung erheblich ausgedehnt, und zwar erstens auf die Frauen, zweitens auf die 20 bis 25jährigen und drittens auf die Personen des Soldatenstandes. Diese Neuerungen gingen auf alte sozialdemokratische Forderungen zurück[92], ebenso wie das nunmehr eingeführte Verhältniswahlsystem[93]. Während sich die Herabsetzung des Wahlalters zum Vorteil der beiden sozialdemokratischen Parteien aus-

[90] Zu den Wahlergebnissen vom 19. 1. 1919 siehe: Handbuch der verfassunggebenden Nationalversammlung. Amtliche Ausgabe. S. 119; Alfred Milatz, Wähler und Wahlen in der Weimarer Republik, Bonn 1965, S. 35 f.; Miller, Bürde, Anhang I, S. 452; Huber, Verfassungsgeschichte, Bd 5, S. 1068 f.

[91] Verordnung über die Wahlen zur verfassungsgebenden Deutschen Nationalversammlung (Reichs-Wahlgesetz) vom 30. 11. 1918. In: RGBl 1918, S. 1345–1349, vgl. auch Huber, Verfassungsgeschichte, Bd 5, S. 793 u. 1066 f.

[92] Vgl. die diesbezüglichen Ausführungen der SPD-Abgeordneten Marie Juchacz in der Nationalversammlung, Verhandlungen NV, Bd 326, 19. 2. 1919, S. 177 f.

[93] Siehe: Wahlordnung für die Wahlen zur verfassungsgebenden Deutschen Nationalversammlung vom 30. 11. 1918. In: RGBl 1918, S. 1353–1366. Sie schrieb als Zuteilungssystem das d'Hondtsche Verfahren vor (§ 51).

gewirkt haben dürfte, verhinderten das Frauenwahlrecht und das Verhältniswahlsystem, daß es in der deutschen Nationalversammlung zu einer absoluten Mehrheit der SPD kam[94]. Die Frauen wählten eher bürgerlich, und vom Verhältniswahlrecht profitierten hauptsächlich die beiden Rechtsparteien.

Nach dem Reichswahlgesetz wurde das Reichsgebiet in 38 Wahlkreise eingeteilt[95]. In jedem Wahlkreis hatten die sich bewerbenden Parteien ihre Wahlvorschläge in Listenform mit fester Reihenfolge der benannten Kandidaten vorzulegen[96]. Noske kandidierte wieder in seinem Wohnort Chemnitz. Diese Stadt gehörte zum sächsischen Wahlkreis 30, der durch eine Zusammenlegung der früheren sächsischen Reichstagswahlkreise 15–23 neu gebildet worden war und der 12 Abgeordnete in die Nationalversammlung zu entsenden hatte[97]. Die dortigen sozialdemokratischen Parteigliederungen wählten den langjährigen Reichstagsabgeordneten und neuerdings prominenten Volksbeauftragten Gustav Noske auf Platz 1 ihrer Liste[98]. Damit stand die Wahl Noskes natürlich von vorneherein außer Zweifel. Denn das sächsische Industrierevier war eine alte SPD-Hochburg[99], und so sollte es auch in den Wahlen zur Nationalversammlung bleiben. Von den zwölf zu wählenden Abgeordneten entsandte die SPD zwei Drittel, nämlich acht, während die USPD erstaunlicherweise leer ausging. Die weiteren Mandate wurden von der DDP (3) und der DNVP (1) errungen[100]. Der für die SPD abgegebene Stimmenanteil von 58,7 Prozent entsprach exakt dem Wahlergebnis, das die Partei in den Reichstagswahlen vom 12. Januar 1912 in diesen sächsischen Wahlkreisen erhalten hatte[101]. Weder die Politik der SPD im Kriege noch die Regierungsübernahme im November 1918 wirkten sich also positiv oder negativ aus.

Das Wahlergebnis im Reich legte es nahe, daß die SPD, die bislang im Rat der Volksbeauftragten allein regierte und nun die stärkste Fraktion in der Nationalversammlung stellte, die Initiative zur Bildung einer neuen Regierung ergriff. Angesichts der Mehrheitsverhältnisse konnte es sich dabei nur um eine Koalitionsregierung handeln. Die Verhandlungen über die Regierungsbildung begannen bereits Anfang Februar, noch vor dem Zusammentritt der Nationalversammlung in

[94] Huber, Verfassungsgeschichte, Bd 5, S. 1067.
[95] Zur Wahlkreiseinteilung siehe § 6 des Reichswahlgesetzes und die Anlage, RGBl 1918, S. 1350–1352.
[96] Siehe § 11 des Reichswahlgesetzes.
[97] Anlage zum Reichswahlgesetz, RGBl 1918, S. 1351.
[98] Die Wahlen zur verfassungsgebenden Deutschen Nationalversammlung am 19. 1. 1919. Bearb. im Statistischen Reichsamt, Berlin 1919, S. 57.
[99] Vgl. im einzelnen Kapitel II/2: Stadtverordneter im sächsischen Chemnitz.
[100] Ebda., S. 18 f.
[101] Ebda., S. 32. Wenn man allerdings die 1919 für die USPD abgegebenen 6,3 % hinzurechnet, ergibt sich für beide sozialdemokratischen Parteien zusammen eine Steigerung auf 65 %.

Weimar[102]. Obwohl die mehrheitssozialdemokratischen Parteiführer von vorneherein zu einer Koalition mit den Demokraten und der Zentrumspartei entschlossen waren und daher die seit der gemeinsamen Friedensresolution im Reichstag vom Juli 1917 und der Zusammenarbeit im Interfraktionellen Ausschuß nie völlig abgerissenen Verbindungen wieder aktivierten, führten sie auch mit der USPD Koalitionsgespräche. Diese endeten jedoch erfolglos[103], weil die Unabhängigen nicht »die Greueltaten der Noske-Soldaten«[104] decken und für die Politik des »wildgewordenen Unteroffiziers und Spießbürgers«[105] Noske mitverantwortlich gemacht werden wollten.

Als die Nationalversammlung am 6. Februar 1919 in Weimar zu ihrer konstituierenden Sitzung zusammentrat, militärisch geschützt vom »Freiwilligen Landesjägerkorps« des Generals Maercker, das Noske dorthin entsandt hatte[106], waren die Weichen für die Bildung einer mehrheitssozialdemokratisch-bürgerlichen Koalitionsregierung gestellt. Der »Zentralrat der deutschen sozialistischen Republik« legte schon vorab die ihm vom Reichskongreß der Arbeiter- und Soldatenräte übertragene Macht in die Hände der Nationalversammlung[107], ohne sich jedoch gleichzeitig selbst aufzulösen, da er sich weiterhin als oberste Berufungsinstanz für die Soldatenräte verstand[108]. Auch Ebert als Vorsitzender des Rates der Volksbeauftragten übergab im Namen der provisorischen Regierung deren politische Macht an die Nationalversammlung[109] und machte damit den Weg für die Wahl einer parlamentarischen Regierung frei.

Danach konnte die Nationalversammlung am 10. Februar 1919 das »Gesetz über die vorläufige Reichsgewalt«[110] verabschieden. Es stellte

[102] Kabinett Scheidemann, S. XXIV, die Verhandlungen mit der DDP betreffend. Vgl. im einzelnen Alfred Kastning, Die deutsche Sozialdemokratie zwischen Koalition und Opposition 1919–1923, Paderborn 1970, S. 19–24; fortan zit.: Kastning, Sozialdemokratie.

[103] Antwortschreiben der USPD vom 6. 2. 1919 auf ein entsprechendes Angebot der SPD-Fraktion in: Schultheß EGK 1919 I, S. 34; im einzelnen Miller, Bürde, S. 244–248.

[104] Ausdruck von Wilhelm Dittmann, zit. nach Miller, Bürde, S. 246.

[105] Prager, Gebot der Stunde, S. 181. Daß Noske nicht gedient hatte, also auch nicht Unteroffizier war, wurde bereits an anderer Stelle richtiggestellt.

[106] Noske, Kiel bis Kapp, S. 86.

[107] Vgl. Kundgebung des Zentralrats an die Nationalversammlung vom 4. 2. 1919. In: Huber, Dokumente Bd 3, Nr. 73, S. 63 f., Zitat S. 7. Ein gleichlautendes Schreiben des Zentralrats wurde am 11. 2. 1919 in der Nationalversammlung verlesen. Siehe: Verhandlungen NV, Bd 326, 11. Februar 1919, S. 37.

[108] Siehe die soeben zitierte »Kundgebung des Zentralrats«, Ziff. 8. Dies ergab sich aus den Januarverordnungen über die Kommandogewalt. Ebenso wollte der Zentralrat »noch wichtige wirtschaftliche Aufgaben für die Arbeiterräte« regeln und einen zweiten Rätekongreß einberufen. Siehe: Huber, Dokumente, Bd 3, Nr. 74, S. 64 f.

[109] Eberts Eröffnungsrede in der Nationalversammlung am 6. 2. 1919. In: Verhandlungen NV, Bd 326, S. 1–3; vgl. auch Erklärung Scheidemanns, ebda., 10. 2. 1919, S. 36.

[110] 2. und 3. Beratung des Gesetzes, ebda., S. 18–36. Text des Gesetzes in: RGBl 1919, S. 169 ff.

eine vorläufige Reichsverfassung dar und führte formell den demokratisch-parlamentarischen Verfassungsstaat ein. Das Gesetz sah unter anderem die Wahl eines Reichspräsidenten durch die Nationalversammlung vor sowie die Bildung eines »Reichsministerium« genannten Kabinetts, dessen Mitglieder, die Reichsminister, vom Reichspräsidenten zu berufen waren und die für ihre Amtseinführung des Vertrauens der Nationalversammlung bedurften[111]. Schon einen Tag später, am 11. Februar, wählte die Nationalversammlung Friedrich Ebert mit großer Mehrheit zum Reichspräsidenten[112]. Am 13. Februar berief dieser das neue Reichsministerium Scheidemann, dem 15 Minister angehörten[113], darunter – mit Ausnahme Eberts – alle mehrheitssozialdemokratischen Mitglieder des bisherigen Rates der Volksbeauftragten, nämlich Philipp Scheidemann (Präsident des Reichsministeriums), Gustav Noske (Reichswehrminister), Otto Landsberg (Reichsjustizminister) und Rudolf Wissell (Reichswirtschaftsminister). Hinzu kamen die Sozialdemokraten Gustav Bauer (Reichsarbeitsminister), Robert Schmidt (Reichsernährungsminister) und Eduard David (Reichsminister ohne Geschäftsbereich). Drei weitere Minister gehörten der DDP an, drei dem Zentrum, und drei waren parteilos. Auffallend an der Zusammensetzung dieser ersten Regierung der Weimarer Republik war das hohe Maß an Kontinuität[114] im Vergleich zur bisherigen Reichsleitung. 13 der 15 Minister hatten schon während der Regierungszeit des Rates der Volksbeauftragten leitende Regierungsämter inne.

Mit der Ernennung Noskes zum Reichswehrminister war auch eine bedeutsame Sachentscheidung verbunden. Denn der Entschluß von Regierung und Parlament, auf Reichsebene ein Militärressort einzurichten, bedeutete einen »symbolischen Anfang mit dem Abbau des bundesstaatlichen Kontingentsystems«[115], das für das Kaiserreich charakteristisch gewesen war. Schon im Januar hatte der preußische Kriegsminister Reinhardt, der von Beginn seiner politischen Tätigkeit an die Idee eines einheitlichen Reichsheeres verfochten hatte, den Vorschlag gemacht, für den Volksbeauftragten Noske den Titel »Reichswehrminister« vorzusehen[116]. Bei dieser Wortwahl ging es Reinhardt einerseits um eine reichseinheitliche Regelung der militäri-

[111] § 8 des Gesetzes.
[112] Verhandlungen NV, Bd 326, 11. 2. 1919, S. 40. Ebert erhielt 277 von 379 Stimmen, nämlich die der Abgeordneten von SPD, DDP und Zentrum.
[113] Vollständige Kabinettsliste ebda., S. 43; Kabinett Scheidemann, S. 509; Huber, Verfassungsgeschichte Bd 5, S. 1084; kurze Lebensbeschreibungen der Kabinettsmitglieder in: Kabinett Scheidemann, Einleitung des Bearb. Hagen Schulze, S. XXV–XXXII.
[114] Kabinett Scheidemann, S. XXXIII.
[115] Jürgen Schmädeke, Militärische Kommandogewalt und parlamentarische Demokratie. Zum Problem der Verantwortlichkeit des Reichswehrministers in der Weimarer Republik, Lübeck, Hamburg 1966, S. 32; fortan zit.: Schmädeke, Militärische Kommandogewalt, S. 32.
[116] Ernst, Nachlaß Reinhardt, S. 19.

schen Verhältnisse, andererseits um eine Vermeidung des Begriffs »Kriegsminister«, da sich nach seiner richtigen Einschätzung »Deutschland für lange Zeit nur mit Verteidigungsfragen zu befassen haben würde«[117], so daß es ihm tunlich schien, das Wort »Krieg« durch den Begriff »Wehr« zu ersetzen.

Noske wurde so zum ersten deutschen *Reichs*-Wehrminister. Zugleich war er der erste zivile Minister, dessen politischer Leitung sich das Militär nun unterzuordnen hatte. Nach dem Willen des Gesetzgebers hatte er eine starke politische Stellung, da alle militärischen Anordnungen des Reichspräsidenten, der in vieler Beziehung die Stellung eines »Ersatzkaisers« einnahm, ausnahmslos der Gegenzeichnung des Reichswehrministers bedurften[118]. Dieser wiederum war der Nationalversammlung gegenüber verantwortlich. In der Entscheidung zur Ernennung eines Reichswehrministers dokumentierte sich also zugleich der Wille von Regierung und Parlament, das Militär einer zivilen politischen Leitung und der parlamentarischen Kontrolle zu unterwerfen.

An Noskes Berufung zum Reichswehrminister, d. h. an der Personalentscheidung zugunsten Noskes, hatte nie ein Zweifel bestanden. Er hatte sich bereits in den sechs Wochen als Volksbeauftragter für Heer und Marine unentbehrlich gemacht. Welches politische Gewicht ihm im neugebildeten Kabinett Scheidemann zuwuchs, konnte der aufmerksame Beobachter schon während der ersten Sitzungen der Nationalversammlung registrieren. Am 13. Februar gab Scheidemann vor dem Plenum seine Regierungserklärung[119] ab, in der er Lösungsvorschläge für die »wichtigsten Aufgaben der nächsten Zukunft« umriß. Für den Bereich der Militärpolitik[120], den er als Bestandteil der Innenpolitik abhandelte, kündigte er die »Schaffung eines auf demokratischen Grundlagen aufgebauten Volksheeres zum Schutz des Vaterlandes« an. Die Dienstzeit sollte wesentlich herabgesetzt werden. Das Wort »Soldatenräte« kam in der Regierungserklärung bereits nicht mehr vor. Statt ihrer sollte in jedem Truppenteil ein »Vertrauensausschuß« gewählt werden, und zwar »zur Mitwirkung bei Verpflegung (Kantine), Urlaub und Unterbringung sowie bei Beschwerden«. Von den während der Revolutionszeit entwickelten Demokratisierungsforderungen war also nichts übriggeblieben. Die Aufgabenbeschreibung für den Vertrauensausschuß erinnerte fatal an die schon während des Weltkrieges vorhandenen »Küchenkommissionen«. Weiterhin erklärte Scheidemann, seine Regierung wolle alle noch in den Kasernen befindlichen wehrpflichtigen Soldaten, auch die des Jahrgangs 1899, entlassen. Die militärischen Behörden, die nur für den Krieg geschaffen wa-

[117] Ebda.
[118] Schmädeke, Militärische Kommandogewalt, S. 32 und 54.
[119] Verhandlungen NV, Bd 326, 13. 2. 1919, S. 44–49.
[120] Ebda., S. 44, auch zum Folgenden.

ren, sowie die inzwischen als überflüssig zu betrachtenden Friedensbehörden sollten aufgelöst werden. Scheidemann versprach »Fürsorge für die bisherigen aktiven Offiziere und Unteroffiziere«. Für eine Übergangszeit bestätigte die Regierung die von den Soldaten gewählten Führer, »soweit sie sich bewährt haben«. Diesem insgesamt wenig zukunftsweisenden Programm fügte Scheidemann dann noch einige allgemeine Bemerkungen über die Rolle des Heeres im republikanischen Staat hinzu: »Es kann in Deutschland keine anderen Soldaten mehr geben als Soldaten der Republik, und niemand anders wird die höchste Kommandogewalt haben als das Volk selbst durch seine verfassungsmäßige Vertretung. Dem einzelnen steht seine Überzeugung vollständig frei. Die Armee als Ganzes darf keine eigene Politik betreiben, weder royalistische noch bolschewistische[121].«

Im alten Vokabular der Vorkriegssozialdemokratie[122] unterstützte der württembergische SPD-Abgeordnete Keil[123] die Regierungserklärung: »Unser stehendes Heer geht der Auflösung entgegen [...] Wir wollen uns ein Volksheer schaffen«, ein Volksheer mit geringer Präsenz von äußerstenfalls einigen Hunderttausend jungen Männern von 20 und 21 Jahren, die lediglich eine kurze Ausbildungszeit erhalten sollten. Es werde in diesem demokratischen Volksheer Vertrauensmänner geben, aber sie dürften keine politische Machtstellung beanspruchen, sondern nur den Platz, »der ihnen gebührt«.

Der neuernannte Reichswehrminister Noske rechtfertigte die durchaus spärlichen und wenig konkreten Aussagen des Regierungsprogramms zu den Aufgaben seines Ressort zu Beginn seiner Rede indirekt mit den Hinweisen, es handle sich um ein »Arbeitsprogramm für die verfassungsgebende Nationalversammlung«, in dem auf die Koalitionsparteien habe Rücksicht genommen werden müssen[124]. Im übrigen befaßte er sich vordringlich mit der Tagespolitik, wies – mehrfach von stürmischem Beifall der SPD-Fraktion unterbrochen[125] – die Angriffe seiner Vorredner zurück und rechtfertigte seine gewaltsame Befriedungspolitik im Innern[126]. Großen Wert legte Noske darauf, vor dem Plenum der Nationalversammlung sein gutes Verhältnis zu den Soldaten zu demonstrieren. Er gedachte »mit der größten Dankbarkeit« der Männer, die während der langen Kriegsdauer die Waffen tragen mußten und versprach die finanzielle Versorgung der Kriegsbeschädigten und Hinterbliebenen. Den Offizieren, Beamten und Solda-

[121] Ebda., S. 48.
[122] Vgl. Erfurter Programm der SPD von 1891 und Bebels Schrift »Nicht stehendes Heer sondern Volkswehr« von 1903.
[123] Verhandlungen NV, Bd 326, 14. 2. 1919, S. 76.
[124] Ebda., 15. 2. 1919, S. 110–116, hier: S. 110.
[125] Nach dem Bericht des Vorwärts Nr. 86 vom 16. 2. 1919, S. 2.
[126] Verhandlungen NV, Bd 326, 15. 2. 1919, S. 113–116. Noske befaßte sich mit den Kämpfen in Berlin, Bremen, Bremerhaven und Cuxhaven.

ten – und in diesem Zusammenhang selbst den Soldatenräten – dankte er für die Bewältigung des Rückmarsches der Heeresmassen und der anschließenden Demobilmachung. Der Zusammenbruch des Reiches wäre noch furchtbarer geworden, »wenn in jenen Tagen, als alle alte Autorität dahingeschwunden war, nicht zahlreiche Soldatenräte in die Bresche gesprungen wären«. Ausdrücklich nahm Noske dann die Offiziere gegen pauschale und unberechtigte Angriffe in Schutz und fügte hinzu, den Mitgliedern der Freiwilligenverbände schulde das Volk »hohen Dank«[127]. »Vor mir selber müßte ich mich schämen, wenn ich nicht auch von dieser Stelle aus versichern würde, daß diese Männer opfervoll mit einem außerordentlich hohen Maße von Selbstüberwindung dem Reiche und dem deutschen Volke loyal und pflichtgetreu gedient haben«. Dem noch andauernden »Wirrwarr« in vielen Teilen des Reiches, erklärte er abschließend, werde er »mit aller Kraft entgegentreten«, und machte damit deutlich, daß das Ordnungschaffen auch künftig seine Hauptaufgabe bleiben würde.

Noskes Rede animierte den Sprecher der Deutschen Volkspartei[128] zu der Feststellung, der »frische, scharfe Ton des Herrn Reichswehrministers« habe ihm »in tiefster Seele wohlgetan«; kein Kriegsminister des alten Regimes hätte eine bessere Rede über Zucht und Ordnung und über die Notwendigkeit eines guten Heeres halten können; er hoffe, daß Noske dabei bleibe, zu handeln und nicht zu verhandeln. Die USPD-Abgeordnete Luise Zietz[129], die Noske schärfer als alle anderen Redner attackierte, bemerkte hierzu, sie beneide Noske nicht um Komplimente dieser Art, um dann zu berichten, der politische Rechtsaußen Oldenburg-Januschau[130], ein westpreußischer Rittergutsbesitzer, habe in einer Versammlung des Bundes der Landwirte erklärt, er hätte lieber Noske an der Seite des Kaisers gesehen als den Prinzen Max von Baden, da Noske den Grundsatz verfolge, »Gewalt gegen Gewalt zu setzen«[131]. Der frühere Kaiser Wilhelm II. war übrigens ebenfalls der Meinung, daß man sich im Falle einer Restaurierung der Monarchie Männer wie Noske »heranholen« müsse[132], wobei er wohl verdrängt hatte, daß gerade Noske es gewesen war, der in der letzten

127 Ebda., S. 111 f.
128 Dr. Kahl, ebda., 20. 2. 1919, S. 220.
129 Ebda., S. 239.
130 Elard von Oldenburg-Januschau (1855–1937), Vorsitzender des Bundes der Landwirte in Westpreußen; 1902–1912 MdR (Konservative Partei); 1930–Juli 1932 MdR (DNVP). Siehe Reichshandbuch der deutschen Gesellschaft, Bd 2, Berlin 1931, S. 1355, fortan zit.: Reichshandbuch; und Schwarz, MdR, S. 722.
131 Zu diesem Vorgang auch der Bericht »Noske als Ideal des Januschauers« in: Freiheit Nr. 91, 20. 2. 1919, Morgen-Ausgabe, S. 2.
132 Dies äußerte Wilhelm II. im Juni 1922 zu seinem Adjutanten Sigurd von Ilsemann. Siehe: Sigurd von Ilsemann, Der Kaiser in Holland. Aufzeichnungen des letzten Flügeladjutanten Kaiser Wilhelms II. Hrsg. von Harald v. Koenigswald, München 1967, S. 225.

Sitzung des kaiserlichen Reichstags im Oktober 1918 die sofortige Abdankung des Kaisers gefordert hatte[133].

In der mehrtägigen Debatte zur Regierungserklärung Scheidemanns zeigte sich dann, daß nicht der »Präsident des Reichsministeriums« selbst im Mittelpunkt der Kritik von links, d. h. von seiten der USPD, stand, sondern Reichswehrminister Noske, der die »Gewaltpolitik der Regierung«[134] verkörperte. Scheidemann konnte sich zurückhalten. Noske dagegen mußte mehrfach das Wort nehmen, um sich gegen heftige Kritik der USP-Sprecher zu wehren. So entstand schon in dieser Aussprache der Eindruck, daß Noske und sein Ministerkollege Erzberger, der Leiter der deutschen Waffenstillstandskommission, die »starken Männer«[135] des Kabinetts Scheidemann waren. Tatsächlich konnte Noske als Reichswehrminister, wie zuvor schon als Volksbeauftragter, schalten und walten, wie er es für richtig hielt, ohne daß seine Kabinettskollegen ihn gebremst hätten[136]. Was sein politisches Gewicht noch verstärkte, war, daß er nach wie vor Eberts[137] volles Vertrauen genoß.

4. Die vorläufige Reichswehr

Vier Monate nach der Novemberrevolution, drei Monate nach dem Volkswehrgesetz der Regierung der Volksbeauftragten und knapp zwei Monate nach den Januarverordnungen über Kommandogewalt und Soldatenräte wurde mit dem »Gesetz über die Bildung einer vorläufigen Reichswehr« vom 6. März 1919[138] und dem entsprechenden »Gesetz über die Bildung einer vorläufigen Reichsmarine« vom 16. April 1919[139] der Grundstein für die Schaffung des militärischen Instruments der Weimarer Republik gelegt. Der geistige Vater dieses Gesetzes, der preußische Kriegsminister Walther Reinhardt, betrachtete die Verkündung dieses Gesetzes nicht zu Unrecht »als die eigentliche Geburtsstunde der Reichswehr«[140], da es, zusammen mit den Ausführungsbestimmungen[141], im Keime schon alle Grundsätze enthielt, die

133 Verhandlungen RT, Bd 314, Sitzung am 24. 10. 1918, S. 6186 ff.; vgl. auch Huber, Verfassungsgeschichte, Bd 5, S. 630, mit weiterer Quellenangabe.

134 Ausdruck von Hugo Haase (USPD), Verhandlungen NV, Bd 326, 15. 2. 1919, S. 102.

135 Miller, Bürde, S. 250.

136 So auch Schulze, Einleitung in: Kabinett Scheidemann, S. XXXIX, mit der Feststellung, die Bürgerkriegssituation des Jahres 1919 spiegele sich in den Kabinettsprotokollen kaum wider.

137 Miller, Bürde, S. 251 f., 395–397.

138 RGBl 1919, S. 295 f.; Text ebenfalls in: AVBl 1919, S. 215.

139 RGBl 1919, S. 431.

140 Ernst, Nachlaß Reinhardt, S. 20.

141 Ausführungsverordnung zum Gesetz über die Bildung einer vorläufigen Reichswehr, ebenfalls vom 6. 3. 1919, in: RGBl 1919, S. 296–298; sowie »Zusatz zur Ausfüh-

später das Gesicht der Reichswehr prägten. Das Gesetz stellte, wenn man seine zeitliche Gültigkeit betrachtet, ein recht langlebiges Provisorium dar. Denn es blieb mehr als zwei Jahre, also über die »Ära Noske« hinaus, in Kraft[142].

Betrachtet man die militärpolitische Entwicklung in der Übergangszeit zwischen Kaiserreich und Weimarer Republik insgesamt, so fällt es schwer, das Gesetz über die vorläufige Reichswehr als einschneidende Zäsur zu bewerten. Gewiß stellte es eine Stufe im Prozeß des Zurückrollens der Revolution dar. Aber die maßgeblichen militärpolitischen Entscheidungen waren zum größten Teil schon vorher gefallen. Sie wurden durch das Gesetz sozusagen nur noch notariell beglaubigt. Daher rief seine Verkündung auch bei weitem nicht die scharfen Reaktionen hervor, die etwa nach dem Bekanntwerden der Verordnungen vom 19. Januar 1919 reichsweit zu verzeichnen waren.

Die Frage drängt sich auf, weshalb dieses Gesetz überhaupt gemacht wurde, da in ihm gestaltende Gesichtspunkte, die über die bisher getroffenen Maßnahmen hinausgingen, nicht enthalten waren. Die Antwort ist die, daß das neugewählte Parlament, die Nationalversammlung, ganz einfach das, was der Rat der Volksbeauftragten zuvor auf dem Verordnungswege verfügt hatte, gesetzgeberisch bestätigen sollte[143]. Gerade diese Beschränkung auf das Formale ist politisch höchst aufschlußreich: Weder die Koalitionsregierung Scheidemann mit ihrem Reichswehrminister Noske noch die in der Nationalversammlung vertretenen Parteien nutzten die mit der Vorlage des Gesetzes gegebene Chance, sich über die Grundlagen einer demokratischen Militärpolitik Gedanken zu machen. Statt dessen kapitulierten sie erneut vor dem sogenannten Sachverstand der Militärbürokratie des preußischen Kriegsministeriums und schalteten sich zudem, nachdem das Gesetz einmal beschlossen war, weitgehend selbst aus und überließen in der praktischen Ausführung des Gesetzes vollends den Militärs das Feld. Die Regierung und die sie tragenden Parteien und ebenso der zuständige Reichsminister Noske hatten kein eigenes militärpolitisches Konzept. Allzu willig griffen sie alle nach den Vokabeln »vorläufig« und »Übergangsregelung«, um diese Blöße der Konzeptionslosigkeit zu überdecken[144]. Die Art und Weise, wie die parlamentarische Beratung

rungsverordnung zum Gesetz über die Bildung einer vorläufigen Reichswehr« vom 31. 3. 1919, in: AVBl 1919, S. 263–267, mit weiteren Zusatzbestimmungen S. 268 ff.

142 Das Gesetz war in Kraft vom 6. 3. 1919 bis zum 23. 3. 1921. Es wurde abgelöst durch das Reichswehrgesetz vom 23. 3. 1921, RGBl 1921, S. 329.

143 Wohlfeil, Heer und Republik, S. 85. Es handelte sich also keineswegs um eine »Neuregelung der Wehrverhältnisse«, wie Huber, Verfassungsgeschichte, Bd 5, S. 1087, meint.

144 Schmädeke, Militärische Kommandogewalt, S. 36.

des Gesetzes in wenigen Tagen über die Bühne gebracht wurde, machte dieses schwerwiegende Manko überdeutlich.

Betrachtet man das Zustandekommen des Gesetzes im einzelnen, so sucht man vergeblich nach Richtlinien der Regierung und des zuständigen Ministers Noske. Der Rat der Volksbeauftragten scheint sich schon im Vorfeld aus der Verantwortung für die Gestaltung der künftigen Militärpolitik verabschiedet zu haben. Symbolisch für den gesamten Vorgang war der Tatbestand, daß Reinhardt den am 21. Januar 1919 vom Kabinett gefaßten Beschluß, eine »Militärkommission zur Bildung eines Volksheeres«[145] einzusetzen, zwar ausführte, besagte Kommission aber kurzerhand in »Reichswehrausschuß«[146] umtaufte und sich damit auch verbal von den Zielsetzungen des Volkswehrgesetzes distanzierte. In welchem Umfang Noske den Kabinettsauftrag, die personelle Zusammensetzung der Kommission vorzubereiten und sodann ihre Arbeiten zu kontrollieren, wahrgenommen hat, ist heute nicht mehr zu ermitteln. Reinhardt zufolge soll der Reichswehrminister »entscheidenden Einfluß« auf die Formulierung des Gesetzes genommen haben[147]. Dabei ist allerdings zu berücksichtigen, daß Noske in dieser Zeit »vielfach gleichzeitig als Reichswehrminister und als Oberkommandierender fungierte« und zeitweise durch letzteres erheblich mehr in Anspruch genommen wurde[148]. Dadurch, so Reinhardt, sei das Kriegsministerium »weitgehend entlastet und für organisatorische Aufgaben freigemacht« worden.

Zu diesen »organisatorischen«, in Wirklichkeit hochpolitischen Tätigkeiten gehörte die Ausarbeitung des Gesetzentwurfs über die Bildung einer vorläufigen Reichswehr. Mit ihr wurde der erwähnte Reichswehrausschuß betraut, der ausschließlich aus Offizieren des preußischen Kriegsministeriums bestand. Die Leitung hatte Oberstleutnant von Pawelsz. Fast alle Abteilungschefs des Ministeriums beteiligten sich an den Arbeiten[149]. Nach den Worten Reinhardts sollte der Ausschuß seine Arbeit leisten »auf Grund aller Kriegserfahrungen, aber auch in Ansehung der Forderungen der nunmehr zur Regierung gekommenen Schichten«[150], das heißt, er sollte herkömmliche militärische Prinzipien mit den Erfordernissen des neuen republikanischen Staates in Einklang zu bringen versuchen.

[145] Siehe: Die Regierung der Volksbeauftragten, Bd 2, Nr. 117, S. 301. Dieser Beschluß kam auf eine Anregung des Generals Groener zustande. Siehe den Bericht Eberts hierüber im Kabinett am 21. 1. 1919, ebda., Nr. 114, S. 290.

[146] Ernst, Nachlaß Reinhardt, S. 19.

[147] Ebda., S. 22; ebenso Wohlfeil, Heer und Republik, S. 84.

[148] Ernst, Nachlaß Reinhardt, S. 20.

[149] Ebda., S. 19. Reinhardt berichtet dort weiterhin, daß dem Ausschuß Major von Blomberg angehörte, den er als »namhaften zukunftsgläubigen Offizier« charakterisierte, dann Oberst Kraehe, ein »besonders bewährter Frontkommandeur«, sowie »auch ganz junge Frontoffiziere und bewährte Unteroffiziere«.

[150] Ebda., S. 19.

Durch den damaligen Stabschef Reinhardts, Major Fleck, ist überliefert, daß der preußische Kriegsminister dem Oberstleutnant von Pawelsz den ersten Entwurf des Gesetzes über die Bildung einer vorläufigen Reichswehr »in die Feder diktierte«[151]. Der Reichswehrausschuß arbeitete dann entlang dieser Vorgaben eine »Denkschrift über die Aufstellung einer Reichswehr«[152] aus, die den Militärministerien der Bundesstaaten zur Stellungnahme übersandt wurde[153]. Die Denkschrift läßt erkennen, daß ihr Auftraggeber – Reinhardt – und ihre Verfasser ihre Aufgabe im wesentlichen so verstanden: Es sollten die gesetzgeberischen Voraussetzungen geschaffen werden, um der Regierung »mit größter Beschleunigung« ausreichende militärische Kräfte zur Aufrechterhaltung der inneren Ordnung und zum Schutz der bedrohten Grenzen zur Verfügung stellen zu können. Diese Aufgabe stellte sich dem Reichswehrausschuß ausschließlich als ein Organisationsproblem dar, als Frage der praktikabelsten Aufstellungsart, wobei eine möglichst weitgehende Kontinuität von alter Armee und vorläufiger Reichswehr als selbstverständlich vorausgesetzt wurde. Was beim »Neubau des jungen republikanischen Heeres« anders sein sollte als es in der alten, »kaiserlichen« Armee war, blieb vollständig offen. Hierzu hieß es in der Denkschrift lediglich, man habe »genau zu unterscheiden, was wir vom Althergebrachten opfern können, um Mißtrauen und Übelwollen zu entwaffnen, und was wir bewahren und verteidigen müssen, um eine brauchbare Waffe zu schmieden«. Das Politikum bestand darin, daß die Militärs selbst es waren, die nun zu definieren unternahmen, was geopfert werden sollte und was bewahrt werden mußte. Es konnte kaum zweifelhaft sein, in welche Richtung das Pendel bei ihnen ausschlagen würde: sie wollten die neue Armee auf dem Kernbestand der alten aufbauen.

Ein verfassungsrechtlich wichtiger Gesichtspunkt war schließlich, was schon im Begriff «Reichs«-Wehrausschuß zum Ausdruck kam, daß Reinhardt ein einheitliches Reichsheer schaffen[154], also nicht zum Kontingentssystem der Kaiserzeit zurückkehren wollte. Um es den Bundesstaaten zu erleichtern, sich mit dem Gedanken an die künftige Kompetenzeinbuße zu befreunden, verfocht Reinhardt konsequent den Plan zur Errichtung eines neu zu schaffenden Reichswehrministeriums, das über allen Länderministerien für militärische Angelegenheiten, also auch über dem preußischen Kriegsministerium, stehen sollte.

151 Ebda., S. 21.

152 Diese Denkschrift vom 5. 2. 1919 ist abgedruckt in: Friedrich Rau, Personalpolitik und Organisation in der vorläufigen Reichswehr, Phil. Diss. München 1970, S. 93–96; fortan zit.: Rau, Personalpolitik.

153 Ebda., S. 93.

154 Vgl. Ernst, Nachlaß Reinhardt, S. 19. Reinhardt vertrat dies auch im Kabinett. Siehe Kabinettssitzung am 31. 1. 1919, in: Die Regierung der Volksbeauftragten, Bd II, Nr. 127, S. 356.

Ein Reichswehrminister würde unitarische Verfügungen leichter durchsetzen können als ein preußischer Kriegsminister[155], der zugleich, wie in der Vergangenheit, auch Reichsaufgaben wahrnahm.

Es sei hier vorweggenommen, daß sich Reinhardts unitarische Militärpolitik, die von den Regierungsparteien sowie von führenden Militärs wie Groener und Seeckt unterstützt wurde und die im linksliberalen »Vater« der Weimarer Reichsverfassung, Hugo Preuß[156], den wohl gewichtigsten Fürsprecher hatte, sich bei den Beratungen über die neue Reichsverfassung im Verfassungsausschuß der Nationalversammlung[157] schließlich durchsetzte, was u.a. eine Niederlage für den von Bayern vehement vertretenen partikularistischen Standpunkt bedeutete. Die Reichsverfassung gab dem Reich die ausschließliche Gesetzgebung über die Wehrverfassung (Art. 6) und legte fest, daß die Verteidigung des Reiches »Reichssache« sei (Art. 79). Die Angehörigen der Reichswehr wurden auf die Reichsverfassung vereidigt.

Das »Gesetz über die vorläufige Reichsgewalt«, die Übergangsverfassung, übertrug dem Reichswehrminister die parlamentarische Verantwortung für alle Militärangelegenheiten[158]. Der Entwurf des Gesetzes über die Bildung einer vorläufigen Reichswehr war die zweite Vorlage, mit der sich die Nationalversammlung befaßte. Die parlamentarische Beratung fand am 25. und am 27. Februar 1919 statt[159]. Ob der Gesetzentwurf zuvor im Kabinett beraten wurde, ist nicht bekannt[160]. Um das Gesetzgebungsverfahren zu beschleunigen, hatten Regierung und Mehrheitsparteien sich darauf geeinigt, das Gesetz nicht vom Reichskabinett als Regierungsvorlage, sondern als Initiativantrag aus der Mitte des Parlaments einzubringen[161]. Den drei Regierungsparteien – SPD, Zentrum und DDP – hatte sich noch die DVP angeschlossen[162]. Der »Antrag Löbe, Gröber, v. Payer, Dr. Rießer« war von 348 (von insgesamt 421) Abgeordneten unterzeichnet, also von mehr als einer Dreiviertelmehrheit der Nationalversammlung, womit seine Annahme natürlich sichergestellt war.

[155] Aufzeichnungen Böhm, Eintragung vom 9. 3. 1919, S. 140.

[156] Prof. Preuß gehörte dem Kabinett Scheidemann als Reichsinnenminister an.

[157] Zur parlamentarischen Beratung vgl. Schmädeke, Militärische Kommandogewalt, S. 38 ff., Kapitel »Verfassungsausschuß und Einheitsheer«.

[158] Soweit es um gleichmäßige Ausbildung und Organisation ging, blieb der preußische Kriegsminister verantwortlicher Leiter der Wehrmacht des ganzen Reiches. Siehe: Ernst, Nachlaß Reinhardt, S. 19 f.

[159] 1. und 2. Lesung am 25. 2. 1919, Verhandlungen NV, Bd 326, S. 295–319. 3. Lesung und Beschlußfassung am 27. 2. 1919, ebda., S. 322–342.

[160] Für den gesamten ersten Monat der Regierung Scheidemann, vom 13. 2. bis zum 10. 3. 1919, fehlen die Sitzungsprotokolle. Vgl. Kabinett Scheidemann, Einleitung von Hagen Schulze, S. XIX.

[161] Andernfalls hätte zuvor der Staatenausschuß eingeschaltet werden müssen. Huber, Verfassungsgeschichte, Bd 5, S. 1087.

[162] Text in: Verhandlungen NV, Bd 355 (Anlagenband), Drucksache Nr. 58, S. 46–48. Auszug in: Noske, Kiel bis Kapp, S. 114.

Der Initiativantrag der Parteien – er bestand aus einem lediglich fünf Paragraphen umfassenden Gesetzentwurf und einer kurzen Begründung – war vollständig identisch mit der Vorlage, die der Reichswehrausschuß im preußischen Kriegsministerium erarbeitet hatte. In der Nationalversammlung kam es dann nicht einmal zu einer eingehenden Beratung des Antrages. Auch lehnten die Mehrheitsparteien das Ansinnen der USPD ab, ihn zunächst an einen Ausschuß zu überweisen[163]. Wie die Debatte zeigte, standen sowohl Noske als auch die Redner der den Antrag unterstützenden Fraktionen ganz unter dem Eindruck der aktuellen Bedrohungen im Innern und an der Ostgrenze, die zum Teil in den düstersten Farben geschildert wurden, und hatten nur den einen Wunsch, den Gesetzesentwurf schnellstens über die parlamentarischen Hürden zu bringen.

Georg Johann Schöpflin (SPD), der den Antrag im Plenum einbrachte und begründete[164], betonte wie alle Redner nach ihm, das Gesetz solle keineswegs die Grundlage für die spätere bewaffnete Macht sein, sondern sei lediglich ein »Notbehelf«, entstanden »aus der bitteren Not der Zeit«, um »dem gegenwärtigen Chaos, das in militärischer Beziehung herrscht, ein Ende zu bereiten« und um »die vorhandenen zersplitterten militärischen Kräfte zusammenzufassen«. Schöpflin sprach sich namens seiner Fraktion nachdrücklich für die militärische Kommandogewalt der Offiziere und für straffe Disziplin aus. Daß gegen die durch das Gesetz zu schaffende – genauer gesagt: zu legitimierende – »Söldnertruppe« auch Bedenken am Platz seien, konzedierte Schöpflin, um aber sogleich hinzuzufügen, daß er die von einer solchen Truppe möglicherweise ausgehenden Gefahren als »nicht allzu stark« einschätze. Auch der DNVP-Abgeordnete Baerecke stimmte der Vorlage im Grundsatz zu und freute sich darüber, daß die Mehrheitssozialdemokraten sich jetzt gezwungen sähen, »zum Militarismus zurückzukehren«[165]. So blieb als einziger Gegner des Gesetzes die USPD-Fraktion, die sich jedoch nicht auf eine pauschale Ablehnung beschränkte, sondern das Gesetz durch mehrere Einzelanträge[166] präzisiert und verbessert haben wollte. Ihr Sprecher Henke[167] legte die Schwachstellen des Gesetzentwurfs bloß, indem er – zu Recht – kritisierte, daß über den Umfang der vorläufigen Reichswehr nichts ausgesagt sei, daß unklar bleibe, was man unter der Formulierung, die Reichswehr solle »auf demokratischer Grundlage« errichtet werden, zu verstehen habe, daß man offenbar eine »vollkommene Eliminierung der Soldatenräte« be-

[163] Verhandlungen NV, Bd 326, 25. 2. 1919, S. 305 (Antrag Henke, USPD). Vgl. auch Schmädeke, Militärische Kommandogewalt, S. 35.
[164] Verhandlungen NV, Bd 326, 25. 2. 1919, S. 295–297.
[165] Ebda., S. 300.
[166] Ebda., S. 312 f.
[167] Ebda., S. 305–308.

fürchten müsse. »In unseren Augen«, schloß Henke, »ist das [Gesetz] ein Schritt weiter auf dem Wege zur Konterrevolution« und »zur Wiederbelebung des Militarismus«. Die von der Regierung beschworenen Gefahren im Osten tat der USPD-Sprecher als »Schwindel« und als eine »erdichtete Darstellung« ab.

In welchem Maße die von den Regierungsparteien beschworenen Gefahren an der Ostgrenze des Reiches tatsächlich bestanden, war damals schwer zu durchschauen. Gab es wirklich eine konkrete Bedrohung der Provinzen Westpreußen, Posen und Oberschlesien durch polnische Truppen und der Provinz Ostpreußen durch sowjetische? Hatten deren »Übergriffe«[168] den Charakter lokaler Auseinandersetzungen oder verfolgten sie das strategische Ziel der Lostrennung dieser Provinzen vom Deutschen Reich? In welchem Umfang spielten separatistische Bestrebungen der dort wohnhaften deutschen Bevölkerung eine Rolle? Im Falle Oberschlesiens scheint die Bildung einer selbständigen oberschlesischen Republik 1918/19 jedenfalls eine akutere Gefahr gewesen zu sein als eine Polonisierung[169]. Wie auch immer die Konfliktlage im einzelnen beurteilt wurde: Sowohl die Oberste Heeresleitung[170] als auch die Regierung der Volksbeauftragten[171] hielten schon im Spätjahr 1918 die Präsenz von Militär an den Ostgrenzen für erforderlich und unternahmen daher Schritte zum Aufbau eines »Grenzschutzes Ost«, der, nicht anders als die im Innern eingesetzten Regierungstruppen, aus Freiwilligenverbänden bestehen sollte. Ein spezielles Problem, das mit dem Schutz der deutschen Grenzen weit weniger zu tun hatte als mit imperialistischen Vorstellungen einer neuen deutschen Siedlungspolitik im Osten, stellte das Baltikum mit den dort kämpfenden deutschen Freikorps dar[172]. Schließlich spielte etwa seit dem Jahreswechsel 1918/19 bei der Beurteilung der tatsächlichen oder vermeintlichen »Bedrohung im Osten« auch ein antibolschewistisches Feindbild[173] eine Rolle, das von der Regierung beispielsweise bei der

168 Mit dem unklaren Terminus »Übergriffe« umschreibt Wohlfeil, Heer und Republik, S. 76, die komplizierte Situation, die von der Forschung bis heute nicht restlos aufgeklärt worden ist.

169 Vgl. dazu den Aufruf zur Gründung eines selbständigen Freistaates Oberschlesien vom 20. 12. 1918 und die Beratung der oberschlesischen Frage in der Regierung der Volksbeauftragten am 28. 12. 1918. Beide Dokumente in: Ritter/Miller, Die deutsche Revolution, S. 430–436.

170 Groener ermächtigte den Befehlshaber Ober-Ost bereits mit Schreiben vom 16. 11. 1918 zum Aufbau von Freiwilligenverbänden im Osten. Siehe: Berthold/Neef, Militarismus, S. 118 f.

171 Der Volksbeauftragte Landsberg verlangte die Entsendung von zuverlässigen Truppen nach Oberschlesien wegen der dortigen separatistischen Bestrebungen. Siehe: Ritter/Miller, Die deutsche Revolution, S. 436 (Prot. der Sitzung der Regierung der Volksbeauftragten vom 28. 12. 1985).

172 Siehe dazu im einzelnen Kapitel X/4 »Militärrevolte im Baltikum«.

173 Ein drastisches Beispiel hierfür stellte ein im: Vorwärts Nr. 357 vom 29. 12. 1918 veröffentlicher »Warnruf vor dem Bolschewismus« dar, unterzeichnet mit »Die aus Rußland zurückgekehrten Reichsdeutschen«. Darin finden sich geradezu klassische

Freiwilligenwerbung[174] für den »Grenzschutz Ost« offensiv eingesetzt wurde. Die Kritik des USPD-Abgeordneten Henke an der Argumentation der Regierung war also durchaus nicht völlig abwegig. Allerdings ist es infolge fehlender Spezialstudien noch heute schwer, die latenten und akuten Konflikte, die im Jahre 1919 pauschal als »Gefahren im Osten« wahrgenommen wurden, mit der wünschenswerten Klarheit zu analysieren.

Im Anschluß an Henke – um nun wieder auf die parlamentarischen Beratungen des Gesetzentwurfs betreffend die Bildung einer vorläufigen Reichswehr zurückzukommen – gab sich Reichswehrminister Noske[175] in seiner kurzen und wenig systematischen, im wesentlichen auf seine Vorredner reagierenden Rede zunächst Mühe, seine Militärpolitik als im Einklang mit den sozialdemokratischen Traditionen stehend hinzustellen. Er erinnerte an den Satz aus dem Erfurter Programm der SPD von 1891 »Erziehung des Volkes zur Wehrhaftigkeit« und sagte, die SPD habe auch in der Vergangenheit nie der Wehrlosigkeit des Reiches und des deutschen Volkes das Wort geredet, sondern lediglich gewisse Einrichtungen des alten Heeres bekämpft und sie habe jetzt die Pflicht, diese Mängel zu beseitigen. Gewiß, schränkte Noske ein, komme der vorliegende Gesetzentwurf dem sozialdemokratischen Ideal der allgemeinen Wehrhaftigkeit nicht im entferntesten nahe, da man statt der Wehrpflicht auf Freiwillige zurückgreifen müsse, aber in der derzeitigen Notsituation sei es unangebracht, »über Wehrfragen in weiterer Zukunft« zu reden. Wenn man über die schwersten Zeiten hinweg und ein tragbarer Friedensvertrag vorhanden sei, dann werde »an die großen Erziehungsideale herangegangen werden können, die die Sozialdemokratie auch auf militärischem Gebiet hofft verwirklichen zu können«. Die Gefahr einer Wiederbelebung des Militarismus bezeichnete Noske als ein lebhafter Phantasie entsprungenes »Schreckgespenst«.

Klischees. So wird der Bolschewismus beschrieben als »die leibhaftige Hölle mit all' ihren Schrecknissen«, als »Massengrab menschlicher und wirtschaftlicher Werte, menschlicher Wünsche und Hoffnungen«, und es wurde drohend gewarnt: »Deutschland hüte dein Haus! Die russische Seuche lauert am Tor!« Sechs Wochen später veröffentlichte der »Vorwärts« (Nr. 73, 9. 2. 1919; ebenso in den Ausgaben Nr. 76 vom 11. 2. und Nr. 82 vom 14. 2. 1919) einen Aufruf, der von Noske für die Reichsregierung und von Hirsch für die preußische Regierung unterzeichnet war. Er trug die Überschrift »Deutsche Brüder! Die Heimat ist in Gefahr!« und vermittelte dieselbe Bedrohungsvorstellung: »Ein Überfluten der bolschewistischen Welle über unsere östlichen Grenzen droht von Rußland und im eigenen Lande regen sich bolschewistische Kräfte der Zersetzung!«

174 Im Gegensatz zu dem soeben zitierten Aufruf von Noske und Hirsch vermied der Aufruf der Reichsregierung zur Bildung eines freiwilligen Grenzschutzes im Osten vom 7. 1. 1919 (in: Reichsanzeiger Nr. 6 vom 8. 1. 1919. Wiederdruck in: Ritter/Miller, Die deutsche Revolution, S. 438 f.) dieses plumpe Feindbild. Er argumentierte stärker mit der Gefahr eines »polnischen Imperialismus«.

175 Verhandlungen NV, Bd 326, 25. 2. 1919, S. 308–310; Zusammenfassung dieser Rede in: Noske, Kiel bis Kapp, S. 115.

Bezüglich der Stärke der vorläufigen Reichswehr machte er die vage Angabe, sie solle weniger als ein Drittel der alten Friedensstärke des Heeres betragen[176]. Da das Heer 1914 rund 800000 Mann stark gewesen war, konnten sich die Sachverständigen unter den Parlamentariern eine ungefähre Vorstellung von der Größenordnung machen, an die Noske dachte. Tatsächlich gingen die Pläne des preußischen Kriegsministeriums im Februar 1919 dahin, die Reichswehr auf etwa 200000 Mann zu beschränken[177]. Doch schon bald stellte sich heraus, daß diese Zahl nicht genügte. Die Planungen vom April sahen bereits eine 350000 Mann starke Reichswehr vor, obwohl im Etat nur 322000 Soldaten vorgesehen waren. In der Praxis wurden Noskes Ankündigungen noch weniger eingehalten als in den genannten Planungen. Nach den Feststellungen des Reichswehrausschusses umfaßte die vorläufige Reichswehr im Juni 1919 etwa 422000 Köpfe. Hinzu kamen die noch nicht aufgelösten Teile des alten Heeres mit etwa 123000 Mann, so daß die Gesamtzahl der Heeresstreitkräfte in der Jahresmitte 1919 bei 545000 Mann lag[178]. Gemäß den Bestimmungen des Versailler Vertrages sollte aus diesem Potential dann bis zum 1. Oktober 1919 ein Übergangsheer von 200000 Mann gebildet werden[179].

Zur Frage der Kommandogewalt bemerkte Noske, die Führer militärischer Formationen dürften »nicht der Spielball der Stimmung der Mannschaften sein«[180]. Gewiß solle den Mannschaften auch in den Freiwilligenformationen »das erforderliche Mitbestimmungsrecht« zugestanden werden, soweit es sich mit der Schlagkraft und der Geschlossenheit der Truppe vereinbaren lasse. Politische Rechte aber könnten die Soldatenräte nicht haben. Das wäre vom »demokratisch-politischen Standpunkt« aus höchst bedenklich. Zu der Gesetzesformulierung »auf demokratischer Grundlage« hatte Noske zwei Absichtserklärungen beizusteuern: erstens sollte künftig bewährten Unteroffizieren die Offizierslaufbahn eröffnet werden nach dem Motto «freie Bahn dem Tüchtigen«; zweitens müßten Beschwerden frei geltend gemacht werden können. In der Frage der Personalauswahl waren jedoch bereits wichtige Vorentscheidungen gefallen, die in dem neuen Gesetz insoweit ihren Niederschlag fanden, als es dort hieß, die vorläufige Reichswehr solle »unter Zusammenfassung bereits bestehender

176 Verhandlungen NV, Bd 326, 25. 2. 1919, S. 309.

177 Vgl. den Bericht des Reichswehrausschusses über die Entwicklung der Reichswehr vom 16. 6. 1919, BA-MA PH 2/42. Abgedruckt in: Karl Nuss, Zur Entstehung und inneren Funktion der vorläufigen Reichswehr. In: Zeitschrift für Militärgeschichte 7 (1968), S. 216–234, hier Dok. 1, S. 222–227; fortan zit.: Nuss, Entstehung.

178 Zahlenangaben nach dem in der vorigen Anmerkung erwähnten Bericht sowie nach einem anderen, ebenfalls vom Leiter des Reichswehrausschusses, Oberstleutnant v. Pawelsz, gezeichneten Dokument vom 25. 6. 1919, abgedruckt in: Rau, Personalpolitik, S. 220 f.

179 Vgl. dazu im einzelnen Kapitel X/3.

180 Verhandlungen NV, Bd 326, 25. 2. 1919, S. 309.

Freiwilligenverbände gebildet werden«[181]. Das bedeutete, mit den Worten des preußischen Kriegsministers Reinhardt ausgedrückt, nichts anderes als eine nachträgliche »Legalisierung der Freiwilligenformationen«[182].

Die 3. Lesung des Gesetzes am 27. Februar 1919 ist nur deshalb der Erwähnung wert, weil sie noch drastischer als die beiden ersten Beratungen zeigte, daß die Nationalversammlung weder willens noch fähig war, eine sachkundige Debatte über die Grundlagen einer demokratischen Militärpolitik zu führen. Kleinkariertes, tagespolitisches Parteiengezänk beherrschte die Szene. Mit Recht sprach Noske von einer »entsetzlich beschämenden Debatte«[183]. Aber er selbst hatte wenig dazu beigetragen, um dies zu verhindern und die Abgeordneten zu einer Grundsatzdebatte anzuregen oder herauszufordern.

Dann wurde das Gesetz mit den Stimmen aller Abgeordneten – außer denen der USPD – angenommen[184]. Wenige Tage später wurde es im Reichsgesetzblatt verkündet, und zwar in Verbindung mit einer von Ebert, Noske und Reinhardt gezeichneten Ausführungsverordnung[185], die sehr viel ausführlicher und klarer als das knappe Gesetz selbst die Struktur der künftigen Reichswehr festlegte. Es darf mit Sicherheit angenommen werden, daß diese Verordnung bereits zu der Zeit ausgearbeitet vorlag, als die Nationalversammlung über das Gesetz beriet. Gleichwohl vermied es Noske vor dem Parlament, sich auf diese Bestimmungen zu beziehen oder auch nur ihre Existenz zu erwähnen. Hätte der Text der Ausführungsverordnung vorgelegen, wäre den kritisch denkenden Abgeordneten schnell deutlich geworden, welchen Rückschritt sie selbst im Vergleich zu den Januarverordnungen darstellte, da in ihr beispielsweise die Soldatenräte nicht einmal mehr erwähnt wurden. Mit Bekanntwerden der Verordnung wurde die von Henke (USPD) in der Nationalversammlung vorgetragene Befürchtung, Noske erstrebe die »vollkommene Eliminierung der Soldatenräte«[186], zur Gewißheit.

Besonders auffallend war die Enthaltsamkeit des Parlaments bezüglich der Frage, welche Vorstellungen die Regierung mit der Formulierung des Gesetzes verband, die Reichswehr solle »auf demokratischer Grundlage« gebildet werden, zumal es in der Gesetzesbegründung ebenfalls nur sehr allgemein hieß: »Der innere Ausbau der Reichswehr

[181] § 2 des Gesetzentwurfs. Text in: Verhandlungen NV, Bd 335, S. 47.

[182] Ernst, Nachlaß Reinhardt, S. 20; ebenso Wohlfeil, Heer und Republik, S. 85; Regierungschef Scheidemann sagte in der Kabinettssitzung am 29. 1. 1919 ebenfalls, die Nationalversammlung müsse die freiwilligen Regierungstruppen sanktionieren. Siehe: Die Regierung der Volksbeauftragten, Bd 2, Nr. 125, S. 348.

[183] Verhandlungen NV, Bd 326, 27. 2. 1919, S. 322–342. Noske-Zitat, S. 339.

[184] Ebda., S. 342.

[185] RGBl 1919, S. 296–298; weitere Bestimmungen siehe BA-MA PH 2/41.

[186] Verhandlungen NV, Bd 326, 25. 2. 1919, S. 306.

wird den volkstümlichen Forderungen der Gegenwart Rechnung tragen[187].« In der Folgezeit sollte sich dann rasch zeigen, daß die Forderung des Gesetzes nach »demokratischer Grundlage« tatsächlich nur deklamatorischen Charakter hatte[188]. Nachdem das Gesetz die Freikorps parlamentarisch sanktioniert hatte, war ein Bruch mit den militärischen Traditionen kaum noch durchsetzbar. Die Selbstausschaltung des Parlaments gipfelte schließlich darin, daß es sich künftig um die Probleme der inneren Demokratisierung der vorläufigen Reichswehr überhaupt nicht mehr kümmerte. So wichtige Bestimmungen wie die Wahlordnung und Dienstanweisung für Vertrauensleute, die Beschwerdeordnung und die Änderung der bisherigen Disziplinarstrafordnung wurden von der Militärbürokratie formuliert und nicht einmal als Rechtsverordnungen im Reichs-Gesetzblatt, sondern lediglich als Ausführungsbestimmungen im Armee- beziehungsweise im Marine-Verordnungsblatt verkündet[189]. Erneut zeigte sich, daß Regierung wie Parlament es vorzogen, die Regelung militärischer Einzelheiten den militärischen Fachleuten im preußischen Kriegsministerium zu überlassen. Da es bis zum Herbst 1919 zwar einen Reichswehrminister, aber kein Reichswehrministerium gab, also keine eigene Behördenorganisation des Ministers, hatte Noske in Anbetracht seiner im Laufe der Frühjahrs- und Sommermonate noch eher zunehmenden Aufgaben als Oberkommandierender auch kaum eine Chance, sich intensiv in die Beratungen über die innere Struktur der vorläufigen Reichswehr einzuschalten.

Mit der Verkündung des Gesetzes über die vorläufige Reichswehr am 6. März 1919 war die Zeit der republikanischen Wehrformationen ebenso abgelaufen wie die der Soldatenräte. Als Ergebnis kann festgehalten werden, daß jene führenden Militärs, die – im Einklang mit Noske – das Ziel verfolgten, die neue Armee auf einem Kernbestand der alten aufzubauen und die innere Struktur der neuen Streitkräfte im wesentlichen an den vertrauten Verhältnissen der Kaiserzeit zu orientieren, einen vollen Erfolg errungen hatten[190]. Insofern handelte es sich bei der vorläufigen Reichswehr letztlich nicht um eine Neubildung, sondern, wie sich Kriegsminister Reinhardt ausdrückte, um eine »Umbildung vorhandener Kräfte«[191], nämlich der noch bestehenden Reste des alten Heeres und der neugebildeten Freikorps.

[187] Ebda., Bd 335, Nr. 58, S. 47.
[188] Wohlfeil, Heer und Republik, S. 85.
[189] »Ausführungsbestimmungen für die Bildung einer vorläufigen Reichswehr« vom 31. 3. 1919, in: AVBl 1919, S. 263–267. »Organisatorische Bestimmungen über die Bildung der vorläufigen Reichsmarine« vom 27. 5. 1919, in: MVBl 1919, S. 195 ff.; zur Kritik an der militärpolitischen Abstinenz des Parlaments vgl. Schmädeke, Militärische Kommandogewalt, S. 36 f.
[190] Vgl. Zwischen Revolution, S. XVI.
[191] Ernst, Nachlaß Reinhardt, S. 20.

5. Noskes Personalpolitik

Für Gustav Noske stand fest, daß letztlich nur ein Mann das Recht für sich beanspruchen konnte, in die Geschichte als Begründer der Reichswehr einzugehen, nämlich er selbst, der verantwortliche Reichswehrminister. Als der Pensionär Noske in den 30er Jahren den Erinnerungsbüchern einiger Militärs entnehmen mußte, daß sie dieses, sein Werk, nicht angemessen würdigten, reagierte er verbittert und entrüstet[192]. Da schilderte ein ehemaliger Offizier namens Marcks[193] die Geschichte des Reichsheeres von 1919 bis 1935, ohne den Namen Noskes auch nur zu erwähnen, und General von Hülsen[194] behauptete, die neue Reichswehr sei »ganz ausschließlich das Werk der Offiziere« gewesen. Noske revanchierte sich, indem er diese und andere unfreundliche Autoren als »Märchenerzähler« abqualifizierte[195]. In der Sache selbst hielt er ihnen entgegen, niemand habe seinerzeit, im Jahre 1919, ohne des Reichswehrministers Rückendeckung eine Waffe tragen können. War Noske in der Aufbauphase der vorläufigen Reichswehr wirklich der Mann, der höchstpersönlich die personellen Weichen stellte?

Gewiß ist es richtig, daß Noske in seiner Zeit als Volksbeauftragter einzelnen Offizieren – beispielsweise dem Obersten Wilhelm Reinhard und dem Korvettenkapitän von Loewenfeld – persönliche Vollmachten zur Aufstellung von Freiwilligenverbänden erteilte und daß er auch dort, wo ohne seine Vollmachten Freikorps gebildet wurden, hierfür die politische Verantwortung übernahm. Weiterhin oblag dem Reichswehrminister in der Tat auch die gesetzliche Pflicht, auf die personelle Zusammensetzung der künftigen Streitkräfte der Republik maßgeblichen Einfluß zu nehmen. Denn in der Ausführungsverordnung zum Gesetz über die Bildung einer vorläufigen Reichswehr wurde der Reichswehrminister ausdrücklich ermächtigt, »zu bestimmen, welche von den bestehenden Freiwilligenverbänden, Volkswehren usw. in die Reichswehr aufzunehmen oder ihr anzugliedern sind«[196]. Damit war ihm die Möglichkeit der Auswahl unter der Vielzahl der vorhandenen Formationen eröffnet, und es gab, wie Kriegsminister Reinhardt sich ausdrückte, die Chance einer »möglichst weitgehenden Abstreifung ungeeigneter Elemente«[197]. Gemeint waren jene Verbände,

[192] Noske, Erlebtes, S. 114 f.

[193] Oberst Erich Marcks, Das Reichsheer von 1919 bis 1935. In: Karl Linnebach (Hrsg.), Deutsche Heeresgeschichte, Hamburg 1935, S. 376–404; fortan zit.: Linnebach, Deutsche Heeresgeschichte.

[194] Generalleutnant Botho von Hülsen, Kampf von Volk ohne Staat. In: ebda., S. 362–375. Die von Noske, Erlebtes, S. 114, zitierte Aussage findet sich in dem Beitrag Hülsens nicht wörtlich, höchstens sinngemäß: Vgl. S. 364.

[195] Noske, Erlebtes, S. 114.

[196] § 8 der Verordnung, RGBl 1919, S. 297.

[197] Ernst, Nachlaß Reinhardt, S. 20.

die sich irgendwann einmal geweigert hatten, Befehle höherer Kommandobehörden zu befolgen[198]. Mit dieser Fassung der einschlägigen Bestimmung hatte sich Noske jedoch in beträchtlichem Umfang selbst die Hände gebunden, da sie auf die Übernahme oder Nichtübernahme ganzer Formationen abhob und nicht auf die Auswahl einzelner Soldaten. Berücksichtigt werden muß weiterhin, daß die im Frühjahr 1919 zur Bekämpfung innerer Unruhen verwendeten Freikorps aus ihrem Einsatz ein Anrecht ableiteten, bevorzugt in die vorläufige Reichswehr aufgenommen zu werden, und daß Noske diese Ansprüche wohl kaum negieren konnte, wenn er nicht Gefahr laufen wollte, in einen Gegensatz zu den Freikorps mit unabsehbaren Folgen zu geraten. Dem personalpolitischen Bewegungsspielraum des Reichswehrministers waren somit von vornherein enge Grenzen gesetzt, selbst wenn er die Absicht gehabt hätte, von der Ermächtigung zur Auswahl geeigneter Formationen ausgiebigen Gebrauch zu machen. In der Praxis vollzog sich die Übernahme der Freikorps im Regelfall einfach so, daß sie eine neue Truppenbezeichnung erhielten[199].

Bei der Festlegung der Kriterien für die Auswahl der sich bewerbenden Offiziere waren Noske und Reinhardt ängstlich bemüht, ja nicht den Eindruck aufkommen zu lassen, das Verhältnis der Bewerber zum republikanischen Staat spiele eine Rolle. Sie beschränkten sich vollständig auf militärfachliche Gesichtspunkte. Bevorzugt eingestellt werden sollten diejenigen Offiziere, die als Führer von Verbänden und Einheiten »im Kriege sich als geschickt und erfahren in der Behandlung von Mannschaften bewährt« hatten und die »länger und erfolgreicher als andere Bewerber in der Infanteriefront fechtend tätig waren«[200]. Noske hatte im Februar 1919 in der Nationalversammlung als seine allgemeine personalpolitische Linie verkündet, daß er sich der »bewährten Kräfte« zu bedienen beabsichtige[201]. Das war nun durch die Ausführungsbestimmungen zum Gesetz über die vorläufige Reichswehr präzisiert: Fronterfahrung und Fähigkeiten in der Menschenführung sollten die Offiziere der künftigen Reichswehr haben.

Auf den ersten Blick gesehen handelte es sich dabei um rein militärische Auswahlgesichtspunkte. Wenn sie gleichwohl umgehend eine heftige innermilitärische Diskussion auslösten, so lag dies zum einen daran, daß die Generalstabsoffiziere, die ja im Regelfall nicht »in der Infanteriefront fechtend« tätig gewesen waren, eine Bevorzugung der Frontoffiziere befürchteten. Zum anderen verbarg sich dahinter »die soziale Brisanz der politischen Alternative zwischen monarchischer

198 Wohlfeil, Heer und Republik, S. 82.
199 Beispiele ebda.
200 Ziffer 7 der Ausführungsbestimmungen vom 31. 3. 1919. In: AVBl 1919, S. 266.
201 Noske in der 1. Lesung des Gesetzes über die Bildung einer vorläufigen Reichswehr, Verhandlungen NV, Bd 326, 25. 2. 1919, S. 309.

und republikanischer Gesinnung«[202]. Während die Generalstabsoffiziere nach sozialer Herkunft und politischer Einstellung erwarten ließen, daß sie sich obrigkeitsstaatlichen und monarchistischen Denkmustern verpflichtet fühlten, da sie in der Kaiserzeit ihre Stellung als Angehörige der »erwünschten Kreise«[203] erhalten hatten, standen die Frontoffiziere im Verdacht, der Demokratie gegenüber aufgeschlossener zu sein.

Die Unruhe unter den Offizieren spitzte sich verständlicherweise weiter zu, als die militärischen Bestimmungen des Versailler Vertrages bekannt wurden. Mit ihnen war das Problem gestellt, den um die Jahresmitte 1919 noch vorhandenen Personalbestand von etwa 545 000 Soldaten – darunter mehr als 40 000 Offiziere – binnen eines dreiviertel Jahres auf 100 000 Mann zu reduzieren. Jetzt machte sich General von Seeckt zum Sprecher der Generalstäbler. In einem Brief an Kriegsminister Reinhardt[204] ging er so weit, sich abfällig über die Frontoffiziere zu äußern und in aller Form eine stärkere Berücksichtigung der Generalstabsoffiziere zu fordern. Seeckt wußte sich dabei in weitgehender Übereinstimmung mit Groener, der zur gleichen Zeit den Part übernahm, Reichswehrminister Noske davon zu überzeugen, daß in der künftigen Reichswehr die Generalstabsoffiziere bevorzugt werden müßten[205]. Mehr als die beiden Minister war jedoch der Leiter des Personalamtes im preußischen Kriegsministerium, General von Braun[206], mit der Mißstimmung unter den Offizieren konfrontiert. Denn auf seinen Schultern wurden die Kontroversen in erster Linie ausgetragen. Anfang September 1919 legte Braun schließlich den ganzen Schriftwechsel, der sich aus den im März festgelegten Auswahlkriterien ergeben hatte, Reichswehrminister Noske zur Entscheidung vor[207].

Ob Noske den politischen Hintergrund, der mit den Personengruppen »Frontoffiziere« und »Generalstäbler« verbunden war, in vollem Umfang durchschaute, ist nicht zweifelsfrei zu klären. In seinen öffentlichen Äußerungen ging er, der ansonsten geradezu einen Drang verspürte, die Motive seiner Politik immer wieder zu erläutern, nicht auf die genannten Auswahlkriterien ein. Es darf daher vermutet werden, daß Reinhardt in dieser Frage die treibende Kraft war.

Noske hingegen engagierte sich weit stärker in einer anderen perso-

202 Bald, Der deutsche Offizier, S. 48.

203 Zum Auslese- und Rekrutierungsmodell der »erwünschten Kreise« siehe ebda., S. 39 ff.

204 Brief Seeckts an Reinhardt vom 29. 8. 1919, in: Ernst, Nachlaß Reinhardt, S. 50 f.

205 Seine Vorstellungen von einem Elite-Offizierkorps entwickelte Groener in einem Brief an Kriegsminister Reinhardt vom 26. 8. 1918, BA-MA RH 3/27; siehe auch: Ernst, Nachlaß Reinhardt, S. 53; Hans Meier-Welcker, Seeckt, Frankfurt/M. 1967, S. 240, Anm. 143; fortan zit.: Meier-Welcker, Seeckt.

206 General Johann Ritter und Edler von Braun.

207 Ernst, Nachlaß Reinhardt, S. 52.

nalpolitischen Frage, der im Hinblick auf die Besetzung der Führungspositionen in der künftigen Reichswehr zwar nur eine untergeordnete Bedeutung zukam, die ihm persönlich aber seit mehr als einem Jahrzehnt am Herzen lag. Es handelte sich um das Problem der sozialen Durchlässigkeit, d. h. des Zugangs zu den Offizierstellen. Wie andere sozialdemokratische Reichstagsabgeordnete hatte es auch Noske in der Vorkriegszeit vielfach beklagt, daß das Rekrutierungsmodell der »erwünschten Kreise« nur Angehörigen des Adels und bestimmter großbürgerlicher Schichten den Zugang zum Offizierkorps von Heer und Marine eröffnete, während sich die Mittel- und Unterschichten mit den niederen Dienstgradgruppen begnügen mußten. Ein Mann, der verdächtigt wurde, Sozialdemokrat zu sein, konnte nicht einmal Unteroffizier werden. Mit dieser exklusiven Personalpolitik wollte Noske nunmehr, da er als Reichswehrminister die Macht dazu hatte, ein für allemal brechen. Daher kündigte er bereits im Februar 1919 vor der Nationalversammlung an, daß in der Reichswehr der Republik das Wort »freie Bahn dem Tüchtigen«[208] Geltung haben werde. Insbesondere sollte bewährten Unteroffizieren und Deckoffizieren der Zugang zur Offizierlaufbahn eröffnet werden.

Dieses Versprechen hat Noske gehalten. In den Ausführungsbestimmungen legte er konkret fest, daß 30 Prozent der bis zum 1. Oktober 1919 auszusprechenden Beförderungen zum Offizier für bewährte Unteroffiziere vorbehalten blieben[209]. Fast 1000 verdiente ältere Unter- und Deckoffiziere verdankten dieser politischen Maßnahme Noskes ihre Beförderung zum Offizier[210]. Diese sogenannten Noske-Offiziere haben jedoch in der Reichswehr keine sichtbaren Wirkungen hinterlassen[211].

Politische Gesichtspunkte – womit nicht parteipolitische Präferenzen gemeint sind, sondern das allgemeinere Kriterium republikanischer Zuverlässigkeit – spielten in Noskes militärischer Personalpolitik dagegen keine Rolle. Das hatte sich schon in seiner Kieler Gouverneurszeit gezeigt, und im Laufe des Jahres 1919 verhärtete sich sein Standpunkt, daß es alleine auf militärische Tüchtigkeit ankomme, in einer Weise, die für seine Kritiker nicht mehr nachzuvollziehen war. Als ihm beispielsweise der Sprecher der USPD-Fraktion, der Bremer

208 Verhandlungen NV, Bd 326, 25. 2. 1919, S. 309.
209 Ausführungsbestimmungen vom 31. 3. 1919, Ziffer 7. In: AVBl 1919, S. 267.
210 Karl Demeter, Das Deutsche Offizierkorps in Gesellschaft und Staat 1650–1945, Frankfurt/M. [4]1965, S. 53.
211 Nach Bald, Der deutsche Offizier, S. 56, gehörten im Jahre 1928 nur noch 117 »Noske-Offiziere«, also zu Offizieren beförderte ehemalige Unteroffiziere, dem Heer an. Aus der Rangliste der Reichsmarine von 1928 geht hervor, daß zu dieser Zeit etwa 25 ehemalige Marine-Unteroffiziere bzw. Deckoffiziere als Marineoffiziere dienten. Siehe: Rangliste der Deutschen Reichsmarine. Nach dem Stande vom 5. Januar 1928. Bearb. im Reichswehrministerium (Marineleitung), Berlin 1928.

Abgeordnete Henke, in der Nationalversammlung vorhielt, man befände sich mit dem Reichswehrgesetz auf dem Wege zum alten Militarismus, da der Kastengeist des alten Offizierkorps nun wieder einzuziehen drohe und sich manche Offiziere im übrigen nur aus opportunistischen Motiven heraus den neuen Zuständen angenähert hätten[212], wischte Noske diese gewiß berechtigten Bedenken einfach vom Tisch. »Die Besorgnis aber«, beschwichtigte er, »daß viele Träger des alten Systems, daß besonders viele ältere verknöcherte Offiziere in die Reichswehr hineinkommen, ist hinfällig, weil wir in großem Maße eine Verabschiedung der älteren Offiziere schon vorgenommen haben, weil diese Verabschiedungen weitergehen. Ebenso ist auch klar, daß die Verpflichtung, die Mannschaften wie Offizieren auferlegt wird, wenn sie in die Reichswehr eintreten, einer ganzen Anzahl sagen wir etwa von starren Royalisten schon den Zutritt zu dieser Wehr, ich will nicht sagen, verrammelt, aber erschwert; denn wer glaubt, daß er sich mit der Republik und mit den veränderten Verhältnissen in Deutschland nicht abfinden kann, wird diese eidliche Verpflichtung nicht eingehen[213].«

Bei der »eidlichen Verpflichtung«, von der Noske da so hoffnungsvoll sprach, handelte es sich in Wirklichkeit nicht um einen Eid, der ein ähnlich loyalitätsstiftendes Gewicht wie jener vor 1918 besaß – bis dahin wurde dem Kaiser als dem obersten Kriegsherrn persönlich Gehorsam geschworen –, sondern um ein Gelöbnis[214] mit recht allgemein gehaltenen Bezügen: »Ich gelobe, daß ich mich als tapferer und ehrliebender Soldat verhalten, der Verteidigung des Deutschen Reichs und meines Heimatstaats zu jeder Zeit und an jedem Orte meine ganze Kraft widmen, die vom Volke eingesetzte Regierung schützen und meinen Vorgesetzten Gehorsam leisten will.« Wenn man weiß, wie in den Freikorps über dieses Gelöbnis gedacht wurde, wird man sich fragen müssen, wie realistisch die Hoffnung Noskes war, diese Verpflichtung werde eine freiwillige Selektion bewirken und so zur Schaffung einer republiktreuen Armee beitragen.

Die Freiwilligen nämlich akzeptierten die Verpflichtung auf die – ferne – Berliner Regierung »mit einer Haltung, die zwischen milder Verachtung und tiefem Abscheu lag«[215]. Da sagte ein Offizier in einer Ansprache vor seinen Freiwilligen beispielsweise: »Ich diene nicht dieser Schandregierung. Ich diene dem Vaterland. Das will ich vor dem Bolschewismus schützen. Mein Wille gilt hier. Wer nicht pariert und

212 Verhandlungen NV, Bd 326, 25. 2. 1919, S. 306.
213 Ebda., S. 316.
214 Die Formel wurde nicht im Gesetz selbst festgelegt, sondern in der von Ebert, Noske und Reinhardt gezeichneten Ausführungsverordnung vom 6. 3. 1919, § 11, RGBl 1919, S. 298.
215 Schulze, Freikorps, S. 204.

keine Kameradschaft hält, fliegt fristlos[216].« Aus einer solchen Einstellung heraus weigerten sich einzelne Freikorps generell, das Gelöbnis abzulegen und wählten statt dessen ihre Fahne oder ihren Führer zu jeweiligen Eidträgern[217]. Erst nach Verabschiedung der Weimarer Reichsverfassung im August 1919 wurden die Soldaten der Reichswehr – übrigens erstmals in der preußisch-deutschen Militärgeschichte – eidlich zur Verfassungstreue verpflichtet. Die Formel[218] lautete nun: »Ich schwöre Treue der Reichsregierung und gelobe, daß ich als tapferer Soldat das Deutsche Reich und seine gesetzmäßigen Einrichtungen jederzeit schützen, dem Reichspräsidenten und meinen Vorgesetzten Gehorsam leisten will.« Aber auch diese Schwurformel hat den inneren Vorbehalt, ja die Feindschaft vieler Freikorpssoldaten, die dann in die Reichswehr übernommen wurden, gegenüber der Republik keineswegs überwunden, geschweige denn im Sinne einer freiwilligen Selektion gewirkt.

Bezüglich der Durchführung der personalpolitischen Vorgaben muß schließlich hervorgehoben werden, daß die von Ebert und Noske zu verantwortenden Ausführungsbestimmungen zum Gesetz über die vorläufige Reichswehr die praktische Personalpolitik nahezu vollständig der Militärbürokratie auslieferten. Denn für die Ernennung, Beförderung, Versetzung und Entlassung der Offiziere mit Ausnahme der Generale blieben die bisherigen Stellen in den Länder-Kontingenten zuständig. Die Verantwortung für die Anwerbung neuer Freiwilliger wurden den beiden Generalkommandos übertragen[219]. Diese konnten Offiziere bis zur mittleren Führungsebene in eigener Verantwortung einstellen. Für die Besetzung der Stellen vom Bataillonskommandeur an aufwärts hatten die Generalkommandos »unter Berücksichtigung der Wünsche der Freiwilligenformationen« dem preußischen Kriegsministerium Vorschläge einzureichen[220]. General von Braun beschritt in engem Einvernehmen mit seinem Minister Reinhardt den Weg, »den Kameradenkreis mitreden zu lassen«[221], um kein persönliches Angriffsziel zu bieten. In den Militärministerien der Länder Sachsen, Bayern, Württemberg und Baden gab es ähnliche Regelungen. Die Mitwirkung der Offiziere an der Personalauswahl – eine Art Kooptationsver-

[216] Helmut Franke, Staat im Staate. Aufzeichnungen eines Militaristen, Magdeburg 1924, S. 26.

[217] Vgl. Schulze, Freikorps, S. 56 f. und 205 f.

[218] Siehe Verordnung über die Vereidigung der öffentlichen Beamten vom 14. 8. 1919, RGBl 1919, S. 1419 f. bzw. HVBl 1919, S. 79 f. Mit dieser Verordnung wurde die unverzügliche Vereidigung der Reichswehrsoldaten auf die Reichsverfassung angeordnet.

[219] § 9 der Ausführungsverordnung vom 6. 3. 1919, RGBl 1919, S. 297.

[220] Ziff. 7 der Ausführungsbestimmungen vom 31. 3. 1919, die von Noske und Reinhardt gemeinsam unterzeichnet waren, AVBl 1919, S. 266.

[221] Bericht des Majors Fleck, Chef des Stabes von Kriegsminister Reinhardt. In: Ernst, Nachlaß Reinhardt, S. 22.

fahren – wurde im Sinne der Konfliktdämpfung ein um so dringlicheres Erfordernis, je stärker sich – nach Versailles – die Personalführung zu einer Frage der Personalreduzierung gestaltete.

Die Zuständigkeit für die Ernennung und Entlassung von »Offizieren in Generalstellen« hatte sich der Reichspräsident reserviert[222], und der Reichswehrminister verfügte seinerseits, bei der Besetzung der höchsten Führungsstellen sei zuvor seine Genehmigung einzuholen[223]. Ob und in welchem Umfang Noske von seinem Recht, bei der Besetzung höherer Führungspositionen seine Genehmigung zu versagen, Gebrauch gemacht und eigene Personalvorstellungen durchgesetzt hat, läßt sich leider im einzelnen nicht nachweisen, da weder die Akten des persönlichen Stabes des Reichswehrministers[224] noch die des preußischen Kriegsministeriums erhalten geblieben sind[225]. Sofern es Konflikte zwischen Noske und der Militärbürokratie bezüglich einzelner Stellenbesetzungen gegeben haben sollte, wurden sie unter Ausschluß der Öffentlichkeit bereinigt. Es ist jedoch wenig wahrscheinlich, daß es solche Konflikte überhaupt gegeben hat. Denn Noskes Personalpolitik bestand ja maßgeblich im Gewährenlassen der militärischen Sachverständigen, also der mit der Personalführung betrauten Offiziere.

So ganz unrecht hatte der eingangs dieses Kapitels erwähnte General von Hülsen demnach nicht, wenn er die neue Reichswehr als das Werk der Offiziere reklamierte. Der Wille Noskes, möglichst viel Kontinuität zu wahren, führte im Rahmen der militärischen Personalpolitik erneut zu jenem Verzicht auf politische Führung, der schon für die Arbeit des Rates der Volksbeauftragten charakteristisch gewesen war[226]. Das hohe Maß an personeller Kontinuität zwischen »kaiserlichem« Offizierkorps und dem der vorläufigen Reichswehr war die notwendige – und von Noske ja letztlich auch gewollte – Folge. Selbst die Vorstellung Reinhardts, man könne durch eine Abhebung auf das Kriterium der praktischen Fronterfahrung das traditionelle Rekrutierungsprinzip der »erwünschten Kreise« etwas aufbrechen, konnte sich schließlich nicht durchsetzen. Seeckt und seinen Gesinnungsgenossen sollte es im Zuge der durch den Friedensvertrag erzwungenen Personalverminderungen sogar gelingen, die während des Weltkrieges

[222] § 5 der Ausführungsverordnung vom 6. 3. 1919, RGBl 1919, S. 297.

[223] In der Verfügung M 2489 des Reichswehrministers Noske an das Reichsmarineamt vom 7. 4. 1919 wurde bestimmt, daß Stellenbesetzungsangelegenheiten Sache des Chefs der Admiralität waren. Die Genehmigung Noskes war einzuholen bei der Besetzung folgender Stellen: Stationschefs, Geschwaderchefs, Departementsdirektoren, Oberwerftdirektoren, Direktor der Torpedowerkstatt, Kommandanten von Linienschiffen und großen Kreuzern, Inspekteuren, Divisionskommandeuren und Festungskommandanten, BA-MA RM 8/37, Bl. 18.

[224] Bis zur Schaffung des Reichswehrministeriums am 1. 10. 1919 arbeitete Noske nur mit diesem persönlichen Stab.

[225] Siehe: Einleitung, Kapitel »Quellen«.

[226] Elben, Problem der Kontinuität, S. 164.

1914–1918 aufgrund des steigenden Bedarfs an Offizieren veränderte soziale Zusammensetzung des Offizierkorps rückgängig zu machen und die personelle Restauration[227] so weit zu treiben, daß das kleine Offizierkorps der Reichswehr der Weimarer Republik den Homogenitätsgrad der Vorkriegszeit erreichte. Während in der deutschen Gesellschaft die sozialen Privilegien des Adels zurückgedrängt wurden, vollzog sich also in der Reichswehr der anachronistische Vorgang einer Begünstigung adliger Offiziere.

Diese für den rückschauenden Betrachter analysierbare Entwicklung war in Ansätzen auch schon für Zeitgenossen zu erkennen. Vordergründig entzündete sich die Kritik seinerzeit an der von Noske zu verantwortenden Werbung von Freiwilligen über Zeitungsinserate, wobei die Regelung, daß die einzelnen Freikorps in eigener Zuständigkeit und damit in Konkurrenz zueinander werben konnten, wohl besonders aufreizend wirkte. Noske selbst stellte den Vergleich an, daß es zur Zeit Wallensteins wohl nicht viel anders gewesen sein könne[228]. Aber er sah zu dieser Methode der Söldnerwerbung keine Alternative. Denn Einberufungen nach dem Wehrpflichtgesetz glaubte man nicht riskieren zu können, weil befürchtet werden mußte, daß ihnen keine Folge geleistet wurde; und den alten Militärapparat, d.h. die Korpskommandos und die Garnisonen, waren nach Noskes Auffassung schon deshalb nicht für die Werbung geeignet, weil dort noch immer Soldatenräte mitzureden versuchten[229]. Tatsächlich hatten die Korpssoldatenräte die Werbemethoden der »Noske-Garden« als erste öffentlich an den Pranger gestellt und aufgrund der schroff gegen sie gerichteten Haltung Noskes sogar zu dem Mittel gegriffen, das Werben von Freiwilligen in ihrem Korpsbereich zu verbieten[230]. Ähnliche Boykottbeschlüsse über die an anderer Stelle noch zu berichten sein wird[231], gab es bei den Gewerkschaften.

Aber auch in Noskes eigener Partei mehrten sich die Stimmen, die skeptisch fragten, ob die vom Reichswehrminister betriebene Personalpolitik im wohlverstandenen republikanischen Interesse liege, zumal ja nicht wenige Offiziere aus ihrer antirepublikanischen Einstellung keinerlei Hehl machten. Schon vor dem ersten Nachkriegsparteitag der SPD[232], auf dem Noske mit einer Vielzahl von Bedenken dieser Art konfrontiert wurde, meldeten sich seine Kritiker zu Wort. Einer von ihnen war der schwäbische SPD-Landtagsabgeordnete Karl Hof, der in den Revolutionstagen dem württembergischen Landesausschuß der

[227] Bald, Der deutsche Offizier, S. 43 ff.
[228] Noske, Kiel bis Kapp, S. 116.
[229] Ebda., S. 117, zitiert Noske eine diesbezügliche Resolution des Kongresses der Zentralsoldatenräte aller Armeekorps (von Anfang Februar 1919).
[230] Ebda., S. 117 f.
[231] Siehe Kapitel X/7: Gespanntes Verhältnis zu den Gewerkschaften.
[232] Vgl. Kapitel VIII/5.

Soldatenräte angehört hatte und der nun eine vollständige Restauration befürchtete. Hof wandte sich in einem offenen Brief, den die Ulmer »Donau-Wacht« am 7. Juni 1919 abdruckte[233], an den Reichswehrminister und machte ihm den Vorwurf, er habe eigentlich gar keine Personalpolitik gemacht, sondern »kurzerhand zu dem bestehenden Offizierkorps gegriffen«, habe also die »feudalen Monokelträger« übernommen. Diese Kreise, »die gestern noch Sozialistenfresser und Götzendiener einer absolutistischen Monarchie waren«, seien heute wohl kaum Verfechter demokratischer Ideen. Hof hielt Noske besonders eindringlich vor, daß er offenbar die politische Dimension einer starken Soldatenvertretung nicht erkannt habe und argumentierte, man brauche doch »ein Kontrollorgan, dessen sich eine demokratische Regierung mindestens so lange bedienen muß, bis durch eine neue Generation an Offizieren sich dieses erübrigt«. Aus eigener Anschauung konnte Hof berichten, mit welcher Energie die mit Werbung und Einstellung beauftragten Generalkommandos versuchten, »alle ihre Offiziere, auch diejenigen, die täglich ihrer reaktionären Gesinnung Ausdruck geben, in die Reichswehr in irgendeiner Form unterzubringen« und die alten, erfahrenen Unteroffiziere dagegen abwiesen. Hof forderte Noske auf, neues und besseres zu schaffen als den alten Militarismus mit anderem Namen und schloß: »Ich bitte Sie, Herr Reichswehrminister, werden Sie hart, aber nicht konservativ. Verleugnen Sie nicht die Fahne, die Ihnen in Chemnitz so oft zum Sieg verholfen hat.«

6. Reichswehrminister und Republikanischer Führerbund (RFB)

Überlegungen der soeben geschilderten Art führten im Sommer 1919 zur Gründung des »Republikanischen Führerbundes« (RFB). Dabei handelte es sich um eine aus privater Initiative entsprungene, überparteiliche Vereinigung von republikanischen Offizieren und Unteroffizieren, die zum einen Teil im aktiven Dienst standen, zum anderen Teil Reservisten waren. Dem Bund sollen mehrere tausend Mitglieder angehört haben, die meist der MSPD nahestanden[234]. Seine Vorsitzen-

[233] Schreiben von Karl Hof an Reichswehrminister Noske vom 6. 6. 1919. Veröffentlicht in: Donau-Wacht (Ulm) Nr. 125 vom 7. 6. 1919. Wiederabdruck in: Eberhard Kolb und Klaus Schönhoven (Bearb.), Regionale und lokale Räteorganisationen in Württemberg 1918/19, Düsseldorf 1976, S. 218–222; fortan zit.: Kolb/Schönhoven, Räteorganisationen.

[234] Francis L. Carsten, Die unblutige Revolution und ihr Preis. In: Vorwärts Nr. 44, 2. 11. 1978, S. 44 f.

den waren Otto Strasser[235], der 1919 kurzzeitig der MSPD angehörte und sich dann Mitte der zwanziger Jahre dem linken, sozialrevolutionär eingestellten Flügel der NSDAP anschloß[236], Hinrich Wilhelm Kopf[237], der 1919 ebenfalls zur Sozialdemokratie stieß, persönlicher Referent des Reichsministers Eduard David (MSPD) wurde und der nach dem Zweiten Weltkrieg, von 1946–1955, das Amt des Ministerpräsidenten des Landes Niedersachsen bekleidete, sowie der »Vorwärts«-Redakteur Erich Kuttner, der die treibende Kraft des Unternehmens war.

Kuttner gehörte zu denjenigen Sozialdemokraten, die sich schon jahrelang mit dem Problem befaßt hatten, wie sich das Verhältnis von Sozialdemokratie und Militär unter einer republikanischen Staatsform gestalten lassen könnte. 1916 stellte er zusammen mit Friedrich Stampfer, dem Chefredakteur des »Vorwärts«, Überlegungen hinsichtlich einer späteren Zusammenfassung von Kriegsteilnehmern an, die der Sozialdemokratie oder den Gewerkschaften angehörten[238]. Im Januar 1919 baute er zusammen mit anderen sozialdemokratisch orientierten Offizieren das »Regiment Reichstag« auf[239] und profilierte sich dann als Militärexperte des »Vorwärts«. Hier tat er sich – zum Leidwesen Noskes, der behauptete, Kuttner habe ihm die Reichswehroffiziere vergrämt[240] – als ein scharfer Kritiker der antirepublikanisch eingestellten Offiziere in den Freikorps und in der vorläufigen Reichswehr hervor.

Über die Ziele des Republikanischen Führerbundes hieß es in dem am 30. Juni 1919 erstmals veröffentlichten Programm[241]: »1. Der Republikanische Führerbund erstrebt die Erfüllung der deutschen Wehrmacht mit republikanischem und demokratischem Geiste durch

[235] Nach einer Mitteilung Strassers an die Frankfurter Allgemeine Zeitung, Nr. 63, 15. 3. 1961. Zit. nach Francis L. Carsten, Reichswehr und Politik 1918–1933, Köln, Berlin 1964, S. 82; fortan zit.: Carsten, Reichswehr und Politik.

[236] Karl Rohe, Das Reichsbanner Schwarz-Rot-Gold, Düsseldorf 1966, S. 213; fortan zit.: Rohe, Reichsbanner; Biographisches Wörterbuch zur deutschen Geschichte, Bd 3, München 1975, S. 2796 f., fortan zit.: Biographisches Wörterbuch; Otto Ernst Schüddekopf, Linke Leute von rechts, Stuttgart 1960, S. 154 ff.

[237] Biographisches Wörterbuch Bd 2, S. 1547.

[238] Vgl. Rohe, Reichsbanner, S. 127.

[239] Vgl. Kapitel VI/7.

[240] Noske, Erlebtes, S. 134. Noske berichtet auch (ebda., S. 133), Kuttner habe während des Krieges in der von Noske geleiteten Redaktion der Chemnitzer »Volksstimme« in entschiedenster Weise eine Durchführung des Krieges bis zum Siege befürwortet und sei selbst »als tapferer Mann ins Feld« gegangen. Zur Entwicklung Kuttners während des Weltkrieges vgl. auch seine Aussage in: Dolchstoß-Prozeß 1925, S. 103 f.

[241] Das Programm wurde von Erich Kuttner im Rahmen eines Artikels »Die Republikanisierung der Wehrmacht« publiziert, in: Vorwärts Nr. 329, 30. 6. 1919, Abend-Ausgabe, S. 1 f.; Wiederabdruck in: Franz Carl Endres, Reichswehr und Demokratie, München, Leipzig 1919, S. 42 f., fortan zit.: Endres, Reichswehr und Demokratie; Otto-Ernst Schüddekopf, Das Heer und die Republik, Hannover, Frankfurt/M. 1955, S. 97 f., fortan zit.: Schüddekopf, Heer und Republik; Zwischen Revolution, S. 177 f., Anm. 1.

Sammlung aller Führer und Unterführer, die ehrlich auf dem Boden der Republik stehen. Diese sollen gegen jede Verfolgung und Schikane seitens anders denkender Elemente gesichert werden. 2. Der Republikanische Führerbund will die Republik gegen jeden gewaltsamen Umsturz schützen, möge er von rechts oder von links kommen. Indem er sich zu den Grundsätzen der Demokratie bekennt, erkennt der Republikanische Führerbund nur die von einer frei gewählten Volksvertretung eingesetzte Regierung als rechtmäßig an und stellt sich auf den Boden der neuen Verfassung [...] 4. [...] Auf die Dauer kann die Republik nur geschützt werden, wenn die Kommandogewalt in den Händen ehrlich republikanischer Offiziere liegt. Die vielfach erfolgte Einstellung innerlich monarchistisch gesinnter Offiziere ist nur als Notbehelf zu betrachten und muß sobald als möglich beseitigt werden.« Der RFB verlangte, und dies war eine nicht zu überhörende Kritik an Noske, »daß in der Wehrmacht der Republik *in erster Linie* republikanische Führer und Unterführer eingestellt werden«. Weiterhin forderte er, eine Ankündigung Noskes aus der Nationalversammlung aufgreifend[242], »daß das Wort: ›Freie Bahn dem Tüchtigen‹ wahr werde«. Durch sein Bestreben und Wirken wolle der RFB dem deutschen Volke »Gewähr dafür verschaffen, daß die Wehrmacht sich zu einer zuverlässigen Stütze der Republik entwickelt und jeden Mißbrauch aus sich selbst heraus ablehnt«. Dadurch sollte gleichzeitig »ein gutes Verhältnis zwischen Volk und Wehrmacht« angebahnt werden.

Die Erbitterung und der immer wieder auflodernde Haß gegen die vorläufige Reichswehr und die Freikorps, die nicht nur bei den radikalen Linken, sondern auch bei den Bevölkerungsteilen, die hinter der Regierung standen, zu beobachten waren, führte Kuttner als Sprecher des RFB[243] darauf zurück, daß man im Volk glaube, der Wehrmacht sei an der Aufrechterhaltung der demokratisch-sozialistischen Republik nichts gelegen, diese vielmehr auf die Wiederherstellung der Monarchie und des alten Systems hinstrebe. Kuttner hielt die Reichswehr zwar nicht für insgesamt »monarchistisch verseucht«, da beim größten Teil der Mannschaften und Unteroffiziere ein durchaus gesunder republikanischer Geist herrsche, aber bei den Offizieren bildeten die reaktionären Elemente nach seiner Überzeugung einen festen Block, gegen den Andersdenkende einfach nicht aufkämen. Im Schweizer Heer, bei dem freiester republikanischer Geist und beste Manneszucht im Einklang miteinander standen, sah der RFB ein Vorbild für die im Aufbau befindliche Wehrmacht der deutschen Repu-

242 Siehe: Verhandlungen NV, Bd 326, 25. 2. 1919, S. 309.

243 Erich Kuttner, Die Republikanisierung der Wehrmacht. In: Vorwärts Nr. 329, 30. 6. 1919, Abend-Ausgabe, S. 1 f.

blik. Mehrfach machte der Bund öffentlich deutlich[244], daß es ihm lediglich darum ging, »das Reichswehrministerium bei der Schaffung eines republikanischen Heeres zu unterstützen«.

Alles in allem waren diese programmatischen Vorstellungen des RFB gemäßigt und systemkonform. Der Bund wollte dazu beitragen, daß die Wehrmacht der Republik auch durch republikanische Offiziere und Unteroffiziere geführt werde. Seine Forderung an den Reichswehrminister, auch seinerseits alles zu tun, um die republikanische Zuverlässigkeit der Streitkräfte sicherzustellen, war eigentlich nicht mehr als eine Erinnerung an eine seiner wichtigsten politischen Aufgaben[245].

Sogleich nach Bekanntwerden des Programmes des Republikanischen Führerbundes zeigte die heftige Reaktion aus Offizierskreisen und seitens der reaktionären Presse[246], wie berechtigt die Zweifel an der Republiktreue der Offiziere waren. Sie sagten dem RFB umgehend den Kampf an. Den Anfang machte einer der einflußreichsten Offiziere, nämlich General von Lüttwitz, der Mann, der später gegen die Republik putschen sollte. Lüttwitz wandte sich schriftlich an Reichswehrminister Noske[247]. Da es sich um einen Verein mit ausgesprochen politischer Tendenz handle, und nicht bloß um einen Zusammenschluß von Offizieren zur Vertretung ihrer wirtschaftlichen und berufsständischen Interessen, argumentierte er, könne er »nicht scharf genug davor warnen, die Politik ins Heer zu tragen. Verwirrung, Zersplitterung und letzten Endes Zerfall der Truppe würden die Folgen eines solchen Fehlers sein.« Zugleich ließ der General Noske wissen, daß er die Offizierkorps der ihm unterstellten Verbände bereits von dieser seiner Auffassung über den RFB informiert habe.

Noch einen Schritt weiter ging der General von Freytag-Loringhoven. Er verlangte von Noske öffentlich, er solle den Republikanischen Führerbund wegen seiner »unausbleiblichen zersetzenden Einwirkung« auf das Heer einfach verbieten[248]. Monarchistische Offiziere wandten

244 Siehe den Artikel »Regierung und Republikanischer Führerbund«, ebda., Nr. 366, 20. 7. 1919, 3. Beilage.

245 Franz Carl Endres, ein pensionierter bayerischer Generalstabsoffizier, der zu den wenigen gehörte, die sich öffentlich für die »Einordnung der Reichswehr in den demokratischen Rahmen der Zeit« einsetzten, kommentierte die Ziele des RFB positiv: »Es ist weder angängig, daß die Mehrzahl aller Offiziere einer republikanischen Armee Monarchisten sind oder daß sie konservative Junker sind, noch ist es angängig, daß die höchsten Kommandostellen einer zum Schutze der Republik bestehenden Armee einer politischen Richtung huldigen, die in der Vernichtung der republikanischen Staatsform ihr selbstverständliches Ziel sehen muß.« Endres, Reichswehr und Demokratie, S. VIII und 43 f.

246 Vgl. dazu den Artikel »Die Angst des bösen Gewissens. Gesinnungsschnüffelei im Heere«. In: Vorwärts Nr. 356, 15. 7. 1919, Morgen-Ausgabe, S. 2.

247 Lüttwitz an Noske am 11. 6. 1919. Zit. nach Carsten, Reichswehr und Politik, S. 83.

248 So Freytag-Loringhoven in einem Artikel des »Reichsboten«. Vgl. »Schutzgesetze für

sich in einem offenen Brief an Noske und brachten ihre Befürchtung zum Ausdruck, es könne auf sie ein Druck ausgeübt werden, der republikanischen Vereinigung beizutreten[249]. Ein reaktionärer Offizier namens von Jena nahm die Gründung des RFB zum Anlaß, die republikanisch denkenden Offiziere öffentlich als »Jammerlappen« zu verunglimpfen[250]. Die Rechtspresse äußerte den Verdacht, der RFB wolle im Heer eine »Gesinnungsschnüffelei« einführen[251], worauf der »Vorwärts« antwortete, tatsächlich betreibe eine »fest zusammenhaltende reaktionäre Offiziersclique« eine »Gesinnungsschnüffelei« übelster Sorte« gegen alle freiheitlich gerichteten Elemente. Republikanische Offiziere würden systematisch aus der Armee herausgeekelt: »Mehrheitssozialdemokratische Kompanieführer sucht man dadurch unmöglich zu machen, daß die vorgesetzten Stellen systematisch alle von ihnen vorgeschlagenen Beförderungen und Auszeichnungen der Mannschaften ablehnen. Andere republikanische Führer werden plötzlich unter nichtigen Vorwänden von ihrer Truppe weggenommen. Erheben die Mannschaften, die an diesen Führern hängen, dann Einspruch dagegen, so hat man dann die beliebten ›spartakistischen Umtriebe‹, die den Vorwand zur Auflösung des ganzen Truppenteils geben. So wird alles herausgeholt, was nicht auf das alte System schwört.« Insgesamt existiere der unglaubliche Zustand, daß unter der Herrschaft der Republik ein Offizier oder Unteroffizier zurückgesetzt oder entlassen werde, wenn er seine republikanische Gesinnung bekenne.

Von der Rechtspresse und den Offizieren solchermaßen öffentlich bedrängt, stand Noske nun vor einer Entscheidung, von der er wissen mußte, daß sie sowohl für sein künftiges Verhältnis zur Reichswehr als auch für das zu seiner eigenen Partei und den anderen republikanischen Kräften, die im RFB vertreten waren, Bedeutung erlangen würde. Mit dem sehr weit rechts stehenden »Nationalverband deutscher Offiziere« gab es seit längerem eine ausgesprochen republikfeindliche Vereinigung, über die sich Noske bislang nicht kritisch ausgelassen hatte. Daher wäre es ihm ein leichtes gewesen, unter Hinweis auf diesen Offizierbund wenigstens eine neutrale Position zu beziehen und die Bestrebungen des Republikanischen Führerbundes als berechtigt anzuerkennen. Da Noske sich jedoch längst für die Zusammenarbeit mit den Offizieren entschieden hatte und alles tat, um sich ihr Wohlwollen zu erhalten und sie an sich zu binden, mußte auch in dieser Si-

die Reaktion? General v. Loringhoven verlangt das Verbot einer republikanischen Organisation«. In: Vorwärts Nr. 357, 15. 7. 1919, Abend-Ausgabe, S. 2.

249 Vgl. »Die Angst des bösen Gewissens. Gesinnungsschnüffelei im Heere«, ebda., Nr. 356, 15. 7. 1919, Morgen-Ausgabe, S. 2.

250 »Beschimpfung republikanischer Offiziere«, ebda., Nr. 364, 19. 7. 1919, Morgen-Ausgabe, Beilage.

251 Aus dem soeben ziterten Artikel »Die Angst des bösen Gewissens«.

tuation wieder befürchtet werden, daß er wider besseres Wissen ihrem Druck nachgab und gegen den RFB öffentlich Stellung bezog, statt die fordernd gegen ihn auftretenden Offiziere in ihre Schranken zu verweisen.

Im übrigen scheint Noske von den Zielen des RFB zunächst durchaus angetan gewesen zu sein. Als ihn die Initiatoren des Bundes noch vor seiner offiziellen Gründung aufsuchten, um ihm ihre Pläne zu schildern, gewannen sie im Laufe des Gesprächs den Eindruck, bei Noske »volles Verständnis für ihre Bestrebungen« gefunden zu haben[252]. Als der RFB dies dann ein paar Wochen später publik machte, sah sich Noske allerdings, da er es mit den Offizieren nicht verderben wollte, genötigt, diese Mitteilung in einem Telegramm[253] an den »Vorwärts« zu dementieren: Richtig sei vielmehr, ließ er wissen, »daß ich erklärt habe, die Gründung nicht verhindern zu können, daß aber dann eine Organisation mehr entstehe, gegen deren Wirken in der Reichswehr ich würde später Stellung nehmen müssen.«

Darüber hinaus verfaßte Noske eine ausführliche Erklärung[254], die er in der Reichswehr bekanntmachen ließ und in der er sich ganz eindeutig vom Republikanischen Führerbund distanzierte. Da in der Öffentlichkeit entsprechende Mutmaßungen laut geworden waren, stellte er zunächst heraus, daß es sich beim RFB nicht um eine von der Reichsregierung und vom Reichswehrminister geförderte Organisation handelte, sondern »um Bestrebungen, die lediglich der Initiative einiger Herren entsprungen sind«. Noske weigerte sich sogar, die Ziele des RFB wenigstens dem Prinzip nach gutzuheißen und wich statt dessen in allgemeine Ausführungen über die parteipolitische Betätigung in der Reichswehr aus: »Politische Vereinigungen innerhalb der Reichswehr, z.B. konservative, demokratische, sozialdemokratische oder kommunistische Soldaten- und Führervereine, also Republikanischer Führerbund oder Nationalverband deutscher Offiziere, können auf die Dauer keinen Platz in der Reichswehr haben und dürfen die Reichswehr selbst nicht zum Tummelplatz ihrer Bestrebungen machen [...] Von der Reichswehr als Gesamtkörperschaft muß die Politik ferngehalten werden[255].« Unter Hinweis auf einen von ihm und vom preußischen Kriegsminister Reinhardt vor kurzem gemeinsam herausgegebenen Erlaß[256] betonte Noske, jede Art von politischer Propaganda habe innerhalb der Kasernen zu unterbleiben. In diesem Erlaß war zudem

252 »Regierung und republikanischer Führerbund«, ebda., Nr. 363, 18. 7. 1919, Abend-Ausgabe, S. 2.
253 Veröffentlicht ebda.
254 Erklärung des Reichswehrministers Noske über den Republikanischen Führerbund vom 17. 7. 1919. In: Zwischen Revolution, Dok. 64, S. 177–179.
255 Ebda., S. 178.
256 Verordnung betreffend »Ausübung des Vereins- und Versammlungsrechts in der Reichswehr«, AVBl 1919, S. 539 f.

festgelegt, daß innerhalb der Reichswehr keine parteipolitischen Zusammenschlüsse erlaubt waren, der einzelne Reichswehrangehörige jedoch durchaus Mitglied einer politischen Partei oder Vereinigung sein konnte, sofern deren Zwecke nicht »in Widerspruch mit der von den Reichswehrangehörigen eingegangenen Treuepflicht« gegenüber der Regierung bzw. der Verfassung standen.

Auf der Grundlage eben dieses Erlasses hätte Noske gegen den republikfeindlichen Nationalbund deutscher Offiziere vorgehen, den Republikanischen Führerbund dagegen unterstützen müssen, da es sich bei ihm um eine überparteiliche Vereinigung außerhalb der Reichswehr handelte, die der Republikanisierung der Streitkräfte zu dienen bestrebt war. Ein Problem ergab sich allenfalls daraus, daß unklar blieb, in welcher Weise der RFB in der Praxis auf die militärische Personalpolitik Einfluß nehmen wollte. Wie der Referent im Reichswehrministerium, Bernhard Rausch[257], in einer öffentlichen Veranstaltung des RFB in Berlin ausführte, mußte der Reichswehrminister es ablehnen, »wenn der RFB sich zu einer Art Stellenvermittlung machen wollte«[258].

In seiner Erklärung ging Noske so weit, die politische Einstellung der Offiziere generell für bedeutungslos zu erklären: »Bei der Auswahl der Führer wird nicht die politische Gesinnung der Einzelnen, sondern lediglich die militärische Eignung maßgebend sein[259].« Der Reichswehrminister werde nicht seine Hand dazu bieten, daß alte Übelstände wieder Platz greifen, die von ihm vor dem Kriege lange genug bekämpft worden seien, womit er die seinerzeit in Heer und Marine geübte Praxis meinte, Sozialdemokraten nicht einmal in Unterführerstellen gelangen zu lassen. Jetzt, erklärte Noske, müßten auch diejenigen Männer militärische Führerstellen einnehmen können, die kein republikanisches Bekenntnis ablegen.

Später rechtfertigte Noske diese Haltung mit der Behauptung, bekannte demokratische Offiziere habe es in Deutschland eben nicht gegeben, als er die Aufgabe hatte, die Reichswehr aufzustellen. Besonders die preußischen Offiziere seien nach einer starren Schablone erzogen worden. Eine »stramm monarchistisch-konservative Gesinnung«

[257] Rausch war ein aus Kiel stammender Mehrheitssozialdemokrat, den Noske ins Reichswehrministerium geholt hatte. Über die Kieler Revolution berichtete Rausch in seinem Buch: Am Springquell der Revolution. Die Kieler Matrosenerhebung, Kiel 1918; fortan zit.: Rausch, Am Springquell. In seiner Kieler Zeit war Rausch Chefredakteur der sozialdemokratischen »Volkszeitung«. Vgl. Dähnhardt, Revolution, S. 184.

[258] Bericht über diese RFB-Versammlung in: Vorwärts Nr. 365, 19. 7. 1919, Abend-Ausgabe, S. 2, »Politik und Heer«.

[259] Zwischen Revolution, S. 179.

habe er bei ihnen als eine Selbstverständlichkeit vorausgesetzt und daher nur verlangen können, daß sie sich politisch nicht betätigten[260].

Noskes Erklärung vom 17. Juli 1919 stellte im Ergebnis eine klare Desavouierung des Republikanischen Führerbundes und damit zugleich derjenigen Sozialdemokraten dar, denen seine ganze militärische Personalpolitik ein Dorn im Auge war. Sie mußten den Eindruck haben, daß Noske sich erneut den Forderungen der Generale gebeugt hatte, statt das berechtigte Anliegen des RFB, »das Reichswehrministerium bei der Schaffung eines republikanischen Heeres (zu) unterstützen«[261], zu seinem eigenen zu machen. Ohne Berücksichtigung des Tatbestandes, daß Deutschland seit einigen Monaten Republik war, hatte Noske den Republikanischen Führerbund auf eine Stufe mit dem reaktionär-monarchistischen Offizierbund gestellt und sich damit die Loyalität seiner Offiziere erkauft.

Verständlicherweise nahm die Rechtspresse Noskes Erklärungen mit tiefer Befriedigung auf[262], während der Sozialdemokrat und ehemalige preußische Oberleutnant Colin Ross, der jetzt die republikanisch orientierte Zeitschrift »Die Reichswehr«[263] leitete, Noske vorhielt, die fessellose Hetze der alldeutschen Presse gegen den RFB hätte doch mehr als alles andere zeigen müssen, wie notwendig der RFB sei[264].

Mit seiner öffentlichen Distanzierung forderte Noske geradezu her-

[260] Noske, Kiel bis Kapp, S. 199.

[261] Erklärung des RFB, in: Vorwärts Nr. 366, 20. 7. 1919, 3. Beilage, Artikel »Politik und Heer«.

[262] Vgl. den Bericht »Reaktionäre Anmaßung«, ebda., Nr. 368, 21. 7. 1919, Abend-Ausgabe, S. 3, in dem die konservative Zeitung »Post« zitiert wird.

[263] Bei der Zeitschrift »Die Reichswehr« handelte es sich nicht um ein sozialdemokratisches, wohl aber um ein streng republikanisches Blatt, das nach dem Urteil von Philipp Scheidemann »ausgezeichnet gemacht war«. Nach einem Bericht von Scheidemann wurde dieses Blatt von einer ganzen Anzahl kommandierender Offiziere in den Kasernen glatt verboten. Statt dessen schleppte die Reaktion ausgesprochen monarchistische Zeitungen in die Reichswehr ein wie die »Deutsche Zeitung«, »Die Trommel« und die »Offenen Worte«. Scheidemann beklagte, daß von republikanischer Seite nichts in die Reichswehr hineingelange. Siehe: Protokoll der Sitzung des Parteiausschusses der MSPD vom 13. 12. 1919, S. 27; siehe SPD-Parteiausschuß.
Auf den Mißstand, daß die Zeitschrift »Die Reichswehr« von den Offizieren bekämpft und durch rechtsstehende Organe ersetzt wurde, wies Erich Kuttner bereits im Juli 1919 in einer öffentlichen Versammlung des RFB in Berlin hin. Siehe: »Die Ziele des Republikanischen Führerbundes«. In: Vorwärts Nr. 364, 19. 7. 1919, Morgen-Ausgabe, Beilage.

[264] Colin Ross, Der Geist im alten und neuen Heer. In: Die Glocke, 5 (1919), Nr. 20, 16. 8. 1919, S. 626. Zit. nach Miller, Bürde, S. 366, Anm. 15.
Dr. Colin Ross (1885–1945), im Kriege Oberleutnant, war 1919 in der Presseabteilung des Auswärtigen Amtes beschäftigt. Er gehörte in der Revolutionszeit dem Berliner Vollzugsrat der Arbeiter- und Soldatenräte an, ebenso der militärischen Spitze der vom Berliner Stadtkommandanten Otto Wels (MSPD) gegründeten Republikanischen Soldatenwehr. Sein Ziel bestand darin, dem Rat der Volksbeauftragten eine einsatzfähige Truppe zur Verfügung zu stellen. Siehe: Kluge, Soldatenräte, S. 233 und 392. Zur Person von Colin Ross siehe auch die kritischen Bemerkungen von R. Müller, Geschichte der deutschen Revolution II, S. 154–156.

1. Gustav Noskes Eltern. Links die Mutter, Emma Auguste Friederike Noske, geborene Herwig, rechts der Vater Karl Heinrich Noske, von Beruf Korbmacher. Sohn Gustav wurde am 9. Juli 1868 in Brandenburg an der Havel geboren, wo er in ärmlichen Verhältnissen aufwuchs.

3. »Journalist mit Mandat«: Nach einer Lehre als Korbmacher arbeitete Noske als Redakteur sozialdemokratischer Zeitungen in Brandenburg, Königsberg und – seit 1902 – in Chemnitz. Dort wurde er 1906 erstmals in den Reichstag gewählt, dem er bis zum Jahre 1920 angehörte.

2. Heinrich Otto Gustav *Noske und seine Ehefrau Martha, geborene Thiel, in ihrem Hochzeitsjahr 1891 in Brandenburg. Aus der Ehe gingen zwei Töchter und ein Sohn hervor.*

4. Das Rathaus am Markt in Chemnitz im Jahre 1911. Hier wirkte Noske von 1906 bis 1919 als sozialdemokratisches Mitglied der Chemnitzer Stadtverordnetenversammlung.

5. Für die Chemnitzer »Volksstimme« arbeitete Noske von 1902 bis 1918 als leitender Redakteur. Hier das im Jahre 1911 neu erbaute Verlagshaus sowie die Druckerei der »Volksstimme«.

4

5

6. *1916 feierten Martha und Gustav Noske in Chemnitz ihre Silberhochzeit. Im Reichstag war Noske zwischenzeitlich zum Sprecher seiner Fraktion für Kolonialpolitik, Heer und Marine sowie den Reichshaushalt avanciert. Er saß als ständiges Mitglied im – damals wichtigen – Hauptausschuß des Reichstages.*

7. *Während der Novemberrevolution wirkte der prominente SPD-Reichstagsabgeordnete Noske in der Ostseestadt Kiel als Vorsitzender des Obersten Soldatenrats und als Gouverneur. Hier spricht er (November 1918) von der Brücke eines außer Dienst gestellten Panzerkreuzers zu den Matrosen.*

8. *Als Gouverneur von Kiel war Noske der militärische Chef der Marinestation der Ostsee, der etwa 80 000 Marinesoldaten unterstanden, sowie zugleich der Chef der zivilen Verwaltung. Zum Jahreswechsel 1918/19 erließ er diesen Aufruf an die Soldaten seines Befehlsbereichs.*

Nr. [illegible]. Kiel, den 31. Dezember 1918.

Gouvernements- und Stations-Tagesbefehl.

Kameraden!

Das verflossene Jahr 1918 brachte das Ende des Krieges. Der Waffenstillstand auferlegt dem deutschen Volke furchtbare Bedingungen. Die Marine mußte dem Gegner ihre besten Schiffe überliefern. An fremder Küste harren eine beträchtliche Anzahl Kameraden des Friedenstages, der ihnen erst die Rückkehr in die Heimat ermöglicht. Die Revolution brauste über Deutschland hinweg. In Kiel ist nach wenigen Sturmtagen rasch wieder leidliche Ordnung eingekehrt, die langsam aber stetig Fortschritte macht. Ein neues, freies, glückliches Deutschland soll aufgebaut werden. Wer bisher für Land und Volk seine Kraft einsetzte, sei gedankt. Die schwersten Aufgaben harren ihrer Lösung. Setze dafür jeder Mann an seinem Platze alles Können ein. In freiwilliger Disziplin und treuer Pflichterfüllung zum Wohle unseres Vaterlandes hat die Marine ihre Obliegenheiten zu erledigen. Vom Jahre 1919 erhoffen wir, daß es uns bald den endgültigen Frieden bringt. Wird er auch hart sein, garantiert doch der gesunde Sinn des deutschen Volkes, seine Tüchtigkeit und Freudigkeit zur Arbeit, daß den düsteren Tagen, die wir durchlebten, und Zeiten schwerer Not und Sorgen, die noch bevorstehen, eine Zukunft voller Freiheit, Glück und Wohlstand für alle folgen wird. In dieser Zuversicht wünsche ich allen Angehörigen der Ostseestation ein frohes Neujahr.

Der Gouverneur gez. Noske

9. Nach dem Rücktritt der Unabhängigen Sozialdemokraten aus dem »Rat der Volksbeauftragten« wurde die zweite Regierung der Volksbeauftragten aus fünf SPD-Politikern gebildet: Otto Landsberg, Philipp Scheidemann, Gustav Noske, Friedrich Ebert, Rudolf Wissell (v.l.n.r.).

10. Im Februar 1919 wurde unter Reichsministerpräsident Philipp Scheidemann (SPD) die erste parlamentarische Regierung der Weimarer Republik gebildet. Gustav Noske (im Vordergrund rechts), zuvor Volksbeauftragter für Heer und Marine, gehörte ihr als Reichswehrminister an.

11. Volksbeauftragter Gustav Noske bei einer Agitationsrede auf der Straße in der Reichshauptstadt Berlin. Der großgewachsene Mann mit dem charakteristischen Schlapphut machte sich bald als energischer Ordnungspolitiker einen Namen.

12. Seit Januar 1919 ließ Noske Freikorps aufstellen, die dann hauptsächlich in den bürgerkriegsähnlichen Auseinandersetzungen der kommenden Monate eingesetzt wurden. Hier das in Berlin gebildete Freischützenkorps unter dem republiktreuen Major Meyn (2.v.l.).

13. Treibender oder Getriebener! Reichswehrminister Noske im Gespräch mit Offizieren, die in ihm den »starken Mann« schätzten, der einen Sinn für das Militärische hatte.

14. Zu Beginn der Berliner Januarunruhen wurde Noske von der Regierung der Volksbeauftragten mit weitgehenden Vollmachten ausgestattet. Kommentar Noskes: »Meinetwegen! Einer muß der Bluthund werden, ich scheue die Verantwortung nicht!«

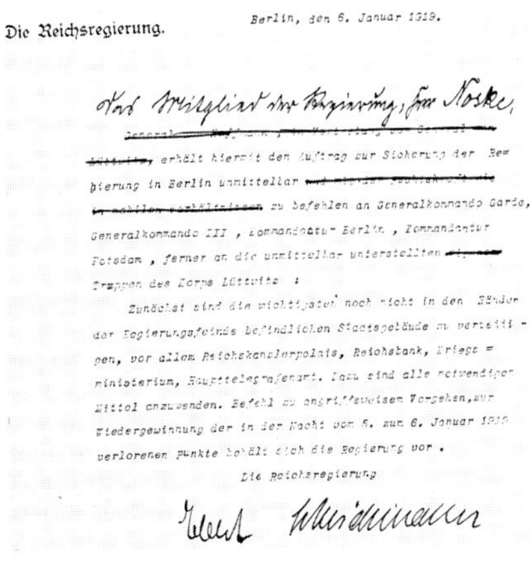

Die Reichsregierung. Berlin, den 6. Januar 1919.

Das Mitglied der Regierung, Herr Noske,

~~[illegible]~~ erhält hiermit den Auftrag zur Sicherung der Regierung in Berlin unmittelbar ~~[illegible]~~ zu befehlen an Generalkommando Garde, Generalkommando III, Kommandantur Berlin, Kommandantur Potsdam, ferner an die unmittelbar unterstellten ~~[illegible]~~ Truppen des Korps Lüttwitz:

Zunächst sind die wichtigsten noch nicht in den Händen der Regierungsfeinde befindlichen Staatsgebäude zu verteidigen, vor allem Reichskanzlerpalais, Reichsbank, Kriegsministerium, Haupttelegrafenamt. Dazu sind alle notwendigen Mittel anzuwenden. Befehl zu angriffsweisen Vorgehen, zur Wiedergewinnung der in der Nacht vom 5. zum 6. Januar 1919 verlorenen Punkte behält sich die Regierung vor.

Die Reichsregierung

Ebert Scheidemann

15. Charakterköpfe der Gegenwart: Noske. Mit diesem Portrait des Reichswehrministers bestückte die viel gelesene »Berliner Illustrirte Zeitung« das Titelblatt ihres Heftes vom 2. März 1919.

16. *Zeitgenössische Karikatur aus dem »Simplizissimus« (1. April 1919), die Rolle des Reichswehrministers beleuchtend, der mit der »eisenen Faust« die »Ordnung« wiederherstellte: »Jede ordnungsliebende Familie betet vor Tisch ihr Pater Noske.«*

17. *Reichswehrminister Noske (in der Kutsche) nach der Parade des Freiwilligen Landesjägerkorps im Sennelager am 15. April 1919.*

18. *Kommandeur des Freiwilligen Landesjägerkorps war Generalmajor Georg Maercker (Bildmitte, neben Noske), ein monarchistisch eingestellter, gleichwohl zur Zusammenarbeit bereiter Offizier. Der Reichswehrminister beauftragte ihn mit dem Schutz der in Weimar tagenden Nationalversammlung.*

19. Reichspräsident Friedrich Ebert und Reichswehrminister Gustav Noske waren nicht nur durch gemeinsame politische Überzeugungen, sondern auch durch persönliche Freundschaft verbunden. Das Foto zeigt Ebert und Noske 1919 bei einem Besuch in Bayern am Königssee.

20. General Wilhelm Groener, Erster Generalquartiermeister und Vertreter Hindenburgs als Chef der Obersten Heeresleitung, besuchte Reichspräsident Ebert im Sommer 1919 in dessen Urlaubsort Schwarzburg bei Weimar (Thüringen). v.l.: Noske, Ebert, Groener.

21. Das berühmte Badehosenbild: Zwei führende Repräsentanten der neu gegründeten Republik, Noske und Ebert, während eines Besuchs im Ostseebad Travemünde. Die Rechtspresse inszenierte daraus einen Prestigemord an den beiden Politikern.

22. Unzählige Karikaturisten nahmen das Badehosen-Foto zur Vorlage für herablassende Darstellungen der sozialdemokratischen Spitzenpolitiker Ebert und Noske. Angesprochen werden sollte der an kaiserlichem Gepränge orientierte Spießbürger.

23. Mit der Bildung eines einheitlichen Reichswehrministeriums wurden die militärischen Kontingente der deutschen Staaten in die Reichswehr eingegliedert. Zur Übernahme des bayerischen Heeres reisten Ebert und Noske nach München. Hier mit dem bayerischen Obersten Franz von Epp.

24. Reichswehrminister Noske im Gespräch mit General Walther Freiherr v. Lüttwitz, der zusammen mit dem preußischen Generallandschaftsdirektor Wolfgang Kapp im März 1920 einen Militärputsch gegen die Republik inszenierte und die legale Reichsregierung zur Flucht aus Berlin zwang.

Nach dem Kapp-Lüttwitz-Putsch, an dem Teile
Reichswehr aktiv beteiligt waren, drängten Par-
und Gewerkschaftsführung den Reichspräsi-
nten zur Entlassung Noskes. Dieser mußte
ließlich zurücktreten.

26. Die zeitgenössische Karikatur aus der »Deutschen Tageszeitung« (4. Oktober 1919) sieht Reichswehrminister Gustav Noske, Reichspräsident Ebert und Reichskanzler Gustav Bauer (alle SPD) vor dem Hintergrund »kaiserlicher« Generäle.

27. Nach seinem Rücktritt als Reichswehrminister amtierte Noske von 1920 bis 1933 als Oberpräsident der preußischen Provinz Hannover. Hier (ganz links) als Gast beim Stapellauf des Dampfers »Carl Legien« in Wilhelmshaven. Daneben: Hugo Stinnes, Admiral Behncke, Reichspräsident Ebert.

28. Oberpräsident Gustav Noske zusammen mit seinem Nachfolger als Reichswehrminister, dem ehemaligen General Wilhelm Groener, beim Stapellauf des Kreuzers »Köln« in Wilhelmshaven im Jahre 1928.

29. Wegen seiner Verbindung zu Widerstandskreisen wurde Noske nach dem 20. Juli 1944 verhaftet und ins Konzentrationslager verschleppt. Er starb am 30. November 1946 im Alter von 78 Jahren und wurde in Hannover beerdigt.

30. Am 15. Todestag Gustav Noskes im Jahre 1961 legten Vertreter des Landtages und der Landesregierung von Niedersachsen sowie der Bundeswehr auf seinem Grab auf dem Engesohdener Friedhof in Hannover Kränze nieder.

aus, daß die republikfeindlichen Offiziere einschließlich ihrer Publikationsorgane sich in ihrer Haltung bestätigt fühlten. Ein Beispiel dafür war die Redaktion des vom Reichswehrministerium finanziell unterstützten und damit zumindest offiziösen »Militärwochenblatts«. Sie leistete sich die Dreistigkeit, das Anliegen des RFB, seine Zuschriften zu veröffentlichen, mit der Begründung abzulehnen, das »Militärwochenblatt« stehe auf monarchischem Boden und sehe sich nicht in der Lage, Beiträge eines Bundes zu publizieren, dessen Mitglieder anscheinend nicht gewillt seien, sich an den früher Seiner Majestät dem Kaiser und König geleisteten Fahneneid gebunden zu fühlen, nachdem der allerhöchste Kriegsherr nun ins Unglück gestürzt sei[265]. Auch als der »Vorwärts« diese Auslassungen als einen Skandal bezeichnete[266], sah sich Noske nicht genötigt, etwas gegen das »Militärwochenblatt« zu unternehmen.

Der Republikanische Führerbund seinerseits vermutete sicher nicht zu Unrecht, daß hinter der Erklärung Noskes reaktionäre Offiziere standen, die sich wegen der bevorstehenden Truppenreduzierungen um ihre Stellen sorgten[267]. Er gab jedoch nicht klein bei, sondern bedeutete, er werde sich auch künftig nicht das Recht nehmen lassen, »zu seinem Teil den unwürdigen und unmöglichen Zustand beendigen zu helfen, daß heute Offiziere und Mannschaften in der Reichswehr zurückgesetzt und schikaniert werden, weil sie auf dem Boden der geltenden Staatsordnung stehen« und sich dafür von ihren monarchistisch gesonnenen Kameraden auch noch als »Gesinnungslumpen« beschimpfen lassen müßten.

Währenddessen wurde Noske auch von anderen hohen Offizieren, die der Republik etwas näher standen als der reaktionäre General von Lüttwitz, gedrängt, dem Republikanischen Führerbund das Handwerk zu legen. Im August 1919 wandte sich General Groener mit einer entsprechenden Forderung an den Reichswehrminister. Als dieser daraufhin erklärte, es sei gegenwärtig unmöglich, noch weiter gegen den RFB vorzugehen, befahl Groener dem Verbindungsoffizier der Obersten Heeresleitung beim Reichswehrminister, Noske auf diesen Punkt immer wieder hinzuweisen[268], obwohl ihm zu diesem Zeitpunkt längst bekannt war, daß der Republikanische Führerbund angesichts der massiven Widerstände, die sich ihm entgegenstellten, kaum die Möglichkeit hatte, eine wirksame Aktivität zu entfalten. Schon zuvor hatte

265 Veröffentlicht in: Vorwärts Nr. 375, 25. 7. 1919, Morgen-Ausgabe, S. 1 f.; Artikel »Die Offiziersfrage«.

266 Ebda.

267 »Reichsregierung und republikanischer Führerbund«, ebda., Nr. 363, 18. 7. 1919, Abend-Ausgabe, S. 2.

268 Protokoll über die Dienstreise des Generalleutnants Groener vom 19.–24. 8. 1919, S. 5. Nachlaß von Schleicher, Nr. 10. Zit. nach Carsten, Reichswehr und Politik, S. 83.

Groener nämlich Hindenburg die beruhigende Mitteilung gemacht[269], daß der RFB bislang »glücklicherweise« keine besondere Bedeutung gewinnen konnte und daß ihm hauptsächlich Offiziere des Beurlaubtenstandes und Unteroffiziere angehörten, nicht aber aktive Offiziere der vorläufigen Reichswehr.

In der Reichswehrbrigade 15 wurde den Offizieren der Beitritt zum Republikanischen Führerbund einfach verboten[270]. Nachdem einige der leitenden Mitglieder des Bundes in der Reichswehr gemaßregelt wurden, fühlte sich jeder dem RFB angehörende Offizier in der Gefahr, auf die Straße zu fliegen. Leutnant Müller-Brandenburg, der dem Bund seit seiner Gründung angehörte und öffentlich für ihn warb, berichtete dies in einem Vortrag, zu dem ihn die MSPD-Nationalversammlungsfraktion im Oktober 1919 gebeten hatte[271]. Da Noske, um sich bei den Offizieren nicht die Sympathien zu verscherzen, weiterhin dem RFB die kalte Schulter zeigte, nützte es auch nichts, daß der MSPD-Parteivorsitzende Otto Wels die Auffassung vertrat, der Bund könne »sehr wohl als Kontrollorgan der reaktionären Offiziere dienen«[272], und den Wunsch äußerte, daß der Parteivorstand mit dem RFB in Verbindung treten sollte. Die Folge dieses Vorstoßes war, daß die Führung der MSPD dem Republikanischen Führerbund ihre moralische Unterstützung zusagte und ihm seit Dezember 1919 zugleich eine geringe finanzielle Zuwendung von monatlich 500 Mark bewilligte[273]. Nach dem Zeugnis von Paul Löbe[274] hatte der RFB im Jahre 1920 jedoch keinerlei Machtstellung innerhalb der Reichswehr, weshalb man sich in der Partei dann überlegte, ob es überhaupt noch einen Sinn habe, ihn zu unterstützen.

In seinem Rückblick auf die Zeit »von Kiel bis Kapp« hat sich Noske sehr negativ über den Republikanischen Führerbund ausgelassen. Er habe ihm »bei der Besetzung von Offizierstellen nichts nützen können«, da ihm »keine brauchbaren Offiziere« angehörten. Die Kritik, er habe auch nicht im Sinne der Ziele des RFB gehandelt, wies er mit der Bemerkung zurück, es seien fortgesetzt Offiziere entlassen worden, die zur Beanstandung Anlaß boten[275].

[269] Groener an Hindenburg am 7. 8. 1919. Nachlaß Groener, Box 7, Nr. 28. Zit. nach Carsten, Reichswehr und Politik, S. 83.

[270] »Erlaubte monarchistische, verbotene republikanische Propaganda. Eine Armee-Idylle«. In: Vorwärts Nr. 387, 31. 7. 1919, Abend-Ausgabe. S. 3.

[271] Sitzung der MSPD-Nationalversammlungsfraktion am 28. 10. 1919, Protokoll (Mikrofilm), AdsD. Siehe auch: Miller, Bürde, S. 367. Zu Müller-Brandenburgs Rolle als Redner des RFB vgl. den Artikel »Politik und Heer«. In: Vorwärts Nr. 365, 19. 7. 1919, Abend-Ausgabe, S. 2.

[272] Otto Wels in der Parteiausschußsitzung der MSPD am 13. 12. 1919, Protokoll, S. 6 f.

[273] Dies berichtete Otto Wels in der Sitzung des Parteiausschusses der MSPD am 8. 12. 1920. Protokoll, S. 33.

[274] So Paul Löbe ebda., S. 35. Zum Folgenden ebda., S. 35 f.

[275] Noske, Kiel bis Kapp, S. 199.

Nun läßt sich im Rückblick nicht mehr feststellen, »ob die Mitglieder des Republikanischen Führerbundes das Material für ein tüchtiges und loyales Offizierkorps hätten abgeben können«[276]. Es ist Noske wohl auch kaum anzulasten, daß er sich nicht im Einzelfall um die Einstellung in oder um die Entlassungen aus der Reichswehr kümmerte. Dies konnte er unmöglich alles überwachen. Was ihm vorzuwerfen ist und ihm auch schon 1919 vorgeworfen wurde, ist, daß er es beim Aufbau der vorläufigen Reichswehr – ebenso wie im Januar 1919, als er die republikanischen Wehren kurzerhand für unbrauchbar erklärte[277] – sogar am Versuch fehlen ließ, republikanische Zuverlässigkeit als Kriterium der militärischen Personalpolitik durchzusetzen. Als der Republikanische Führerbund im Sommer 1919 mit dem erklärten Ziel gegründet wurde, Noske bei der Schaffung eines republikanischen Heeres zu unterstützen, ließ sich der Reichswehrminister durch den von den Offizieren und der Rechtspresse entfachten Sturm der Entrüstung dazu verleiten, den Ideen und der Organisation des RFB eine klare Absage zu erteilen. Wenn sein Kalkül lautete, er könne sich nur auf diese Weise das mühsam errungene Vertrauen der Offiziere erhalten, so sollte die weitere Entwicklung zeigen, daß er sich irrte.

Was den Republikanischen Führerbund auszeichnete, war, daß er in der bewegten Übergangsphase vom Kaiserreich zur Weimarer Republik klar erkannte, in welche Gefahr sich eine republikanische Regierung begab, die das mächtigste Gewaltinstrument des Staates, die Reichswehr, nicht unter ihre Kontrolle zu bringen vermochte. Angesichts der monarchistischen und betont antidemokratischen Grundeinstellung der großen Mehrheit des Offizierkorps war es nach der Überzeugung des RFB ein schwerer Fehler, dem Militär bei der Auswahl der Offiziere weitgehend freie Hand zu lassen. Wenn der Republikanische Führerbund seine selbstgesteckten Ziele nicht einmal ansatzweise zu erreichen vermochte und wegen der sich ihm entgegenstellenden massiven Widerstände bereits in seinem Gründungsjahr 1919 und endgültig im folgenden Jahr bis zur völligen Bedeutungslosigkeit herabsank, so war diese Entwicklung nicht zuletzt das Ergebnis der politischen Kurzsichtigkeit des Reichswehrministers Noske.

Von der politischen Intention her gesehen kann der Republikanische Führerbund als ein Vorläufer der sozialdemokratischen Selbstschutzorganisationen gelten, die sich nach dem Kapp-Lüttwitz-Putsch im März 1920 bildeten. Diese waren ihrerseits Vorläufer des im Jahre 1924 gegründeten »Reichsbanners Schwarz Rot Gold, Bund Republikanischer Kriegsteilnehmer«[278]. Alle diese Organisationen folgten der

[276] Carsten, Reichswehr und Politik.
[277] Vgl. Kapitel VI/7: Freikorps oder republikanische Wehren?
[278] Vgl. Rohe, Reichsbanner, S. 29 ff., Kapitel »Vorläufer des Reichsbanners«.

Idee, daß die junge, die erste deutsche Republik auch im außerparlamentarischen Raum fester Stützen bedurfte, um im politischen Kampf dem Ansturm der rechten Gegner der Republik angemessen begegnen zu können. Weder RFB noch Reichsbanner waren rein sozialdemokratische Vereinigungen. Ihnen gehörten auch Mitglieder an, die dem katholischen Zentrum und den Linksliberalen (DDP) nahestanden. Sie spiegelten also das Parteienbündnis der Weimarer Koalition wider. Anders als dem RFB gelang es dem Reichsbanner allerdings, die republikanisch eingestellten Kriegsteilnehmer in einer nach Millionen zählenden Mitgliedschaft zusammenzufassen.

7. Das Ende der Republikanischen Schutztruppe in Berlin und der Volkswehren in Württemberg, Baden und Bayern

Das Gesetz über die Bildung einer vorläufigen Reichswehr sah vor, daß ihr »bereits bestehende Volkswehren und ähnliche Verbände« angegliedert werden konnten[279]. Während der parlamentarischen Beratung in der Nationalversammlung versuchte die USPD-Fraktion durch einen Antrag[280] eine Mußbestimmung zu erreichen, weil sie nicht zulassen wollte, daß die auf Grund des Gesetzes zur Bildung einer freiwilligen Volkswehr vom 12. Dezember 1918 aufgestellten Wehren dem Ermessen der militärischen Exekutive ausgeliefert wurden. Noske bat das Parlament daraufhin, diesen Antrag abzulehnen. Viele dieser Wehren, argumentierte er, seien ohne militärischen Wert. Es könne der Regierung nicht zugemutet werden, alle die Wehren, die sich in verschiedenen Städten des Reiches gebildet hätten, in die Reichswehr aufzunehmen, auch wenn diese Wehren sich formell auf den Boden des Volkswehrgesetzes gestellt hätten. Nein, worum es gehe, sei dies: »Wir müssen so rasch wie möglich etwas Verwendbares haben[281].« Noske wollte sich also in keiner Weise die Hände binden lassen. Mit seinen Ausführungen in der Nationalversammlung machte er erneut deutlich, daß er in vollem Umfang auf die Freikorps setzte und von den Parlamentariern nichts anderes als eine Bestätigung dieser Politik erwartete.

[279] § 2 des Gesetzes.
[280] Verhandlungen NV, Bd 326, 25. 2. 1919, S. 313 f. Der Antrag wurde von Cohn begründet.
[281] Ebda., S. 316.

Das preußische Kriegsministerium und die Oberste Heeresleitung konnten sich also auf Noske berufen, wenn sie seit März 1919 daran gingen, »die überall im Reichsgebiet vorhandenen Volkswehren von der Anwartschaft auf Einstellung in die Reichswehr auszuschließen«[282]. Sie mußten lediglich bestrebt sein, möglichst zu vermeiden, daß diese Politik einen Sturm der Empörung unter den zum Militärdienst bereiten Teilen der Arbeiterschaft entfachte.

Das nun einsetzende Abwürgen der Volkswehrbewegung vollzog sich in mehreren Schritten. Mitte April 1919 wurde in einer von Ebert, Noske und Reinhardt gezeichneten Verfügung angeordnet, daß die Volkswehren sich mit der Übernahme in die Reichswehr den für diese erlassenen Bestimmungen unterzuordnen hatten[283]. Damit wurde das Volkswehrgesetz vom 12. Dezember 1918 endgültig außer Kraft gesetzt. Ende Mai 1919 forcierten Noske und Reinhardt das weitere Zurückdrängen der Volkswehren, indem sie Bestimmungen über Freiwilligenverbände erließen, »deren Ein- oder Angliederung in die Reichswehr nicht beabsichtigt ist«[284]. »Aus Sparsamkeitsgründen«, hieß es darin, könnten diese Freiwilligenverbände nun nicht weiter beibehalten werden. Dann folgte das ausschlaggebende Machtwort: Ab 31. Juli 1919 könnten ihnen keine Reichsmittel mehr zur Verfügung gestellt werden.

Nach den Planungen Noskes und Reinhardts sollten höchstens 10 Prozent der Reichswehrtruppen aus angegliederten Volkswehrverbänden bestehen. Die Ausführungsbestimmungen vom 31. März 1919[285] sahen 11000 Mann Volkswehr in einer auf rund 120000 Mann konzipierten Reichswehr vor. Im April 1919, als die Militärplaner bereits von einer 350000 Mann starken Reichswehr ausgingen, wurde die Volkswehr-Quote auf 25000 Mann erhöht[286]. Dem mit den Planungen beauftragten Reichswehrausschuß des preußischen Kriegsministeriums erschienen selbst diese knappen 10 Prozent als ein kaum verdaubarer Fremdkörper, besaßen die aufgrund des Volkswehrgesetzes gebildeten Wehren doch ganz »andere Bedingungen und Gesetze« als die übrige Reichswehr[287]. Der Ausschuß wies die Verantwortung für ihre Angliederung von sich, indem er auf ihm vorgegebene politische Weisungen abhob: Die Angliederung von 25000 Mann Volkswehr sei

282 Kluge, Soldatenräte, S. 335.

283 »Gültigkeit der Reichswehrbestimmungen für die Volkswehren« vom 17. 4. 1919. In: AVBl 1919, S. 359.

284 Bestimmungen vom 27. 5. 1919, ebda., S. 487.

285 Ausführungsbestimmungen für die Bildung einer vorläufigen Reichswehr vom 31. 3. 1919, gez. von Noske und Reinhardt, ebda., S. 264 f., Tabelle S. 265. Vgl. auch die Tabelle in Kluge, Soldatenräte, S. 336.

286 Vgl. den Bericht des Reichswehrausschusses über die Entwicklung der Reichswehr vom 16. 6. 1919, gez. von Pawelsz. In: Nuss, Entstehung, Dok. 1, S. 222–227, hier: S. 225.

287 Ebda., S. 223.

vorgesehen worden, »um Formationen, die in ihrer Kriegsgliederung und Stellenbesetzung nicht in die eigentliche Reichswehr hineinpaßten [...], deren Weiterbestehen aber nötig war, dennoch unterbringen zu können«[288]. Den Weg, auf dem die Volkswehren dann endgültig ausgebootet werden konnten, boten die militärischen Bestimmungen des Versailler Vertrages. Schon drei Tage nach seiner Annahme gab der Reichswehrausschuß neue Richtlinien zur Verminderung der Reichswehr auf das Übergangsheer von 200000 Mann heraus. Sie bestimmten, daß bis zum 1. Oktober 1919 neben 20 Reichswehrbrigaden auch »sämtliche Volkswehren« aufzulösen waren[289].

In der Reichshauptstadt Berlin war zur Zeit des Inkrafttretens des Reichswehr-Gesetzes Anfang März 1919 die »Republikanische Schutztruppe«[290] der einzige volkswehrähnliche Verband. Während der Januarunruhen aus dem Helferdienst der sozialdemokratischen Partei entstanden, wuchs er rasch auf eine Stärke von 4500 Mann an[291]. Noske, der von dieser Truppe nichts hielt[292] und dem es auch ganz gleichgültig war, daß Mitglieder seiner eigenen Partei hier einen ausschließlich der Republik verpflichteten Verband geschaffen hatten, baute die »Republikanische Schutztruppe« Stück um Stück ab. Einen Teil sandte er noch im Januar in den Osten zur Verstärkung der dortigen Grenztruppen. Überdies ordnete er an, den Verband wieder in seine ursprünglichen Regimenter »Reichstag« und »Liebe« aufzuteilen. Das »Detachement Reichstag« kam nun zur Deutschen Schutz-Division[293], einem Freikorpsverband, und wurde dann im Mai 1919 unter der Bezeichnung »Reichswehr-Bataillon Berlin« Bestandteil der vorläufigen Reichswehr. Das »Regiment Liebe« wurde nicht in die Reichswehr übernommen, sondern der Republikanischen Soldatenwehr (RSW) zugeschlagen. Diese im November 1918 vom Berliner Stadtkommandanten Otto Wels (MSPD) gegründete und zum Sicherheitsdienst in Berlin eingesetzte Truppe ließ Noske im Frühjahr 1919 ebenfalls er-

288 Ebda., S. 224.

289 Richtlinien zur Verminderung der Reichswehr vom 25. 6. 1919. Abgedruckt in: Rau, Personalpolitik, S. 220 f.

290 Die Republikanische Schutztruppe, am 19. 1. 1919 gebildet aus den Regimentern »Reichstag« und »Liebe«, ist nicht zu verwechseln mit der Republikanischen Soldatenwehr.

291 Nach Angaben Artur Baumeisters, einer der führenden Persönlichkeiten der Republikanischen Schutztruppe. In: Januar-Unruhen, S. 7761.

292 Noske, Kiel bis Kapp, S. 114. Ebenso negativ äußerte sich General Maercker über die Republikanische Schutztruppe. Vgl. Maercker, Vom Kaiserheer, S. 36. Vgl. auch: Schulze, Freikorps, S. 19 f.

293 Vgl. den Bericht »Die Zukunft der Republikanischen Schutztruppe«. In: Vorwärts Nr. 146, 20. 3. 1919, Abend-Ausgabe, S. 3. Zum Abbau der Truppe insgesamt Kluge, Soldatenräte, S. 334–336. Siehe auch: Harold J. Gordon jr., Die Reichswehr und die Weimarer Republik 1919/1926, Frankfurt/M. 1959, S. 31; fortan zit.: Gordon, Reichswehr.

heblich verringern, was bei den vielen republiktreuen Angehörigen der RSW auf Unverständnis und Proteste stieß[294].

Noskes Politik richtete sich auch gegen alle diejenigen militärischen Formationen, die sich auf lokaler Ebene gebildet hatten, unabhängig von der Regierungspolitik in Berlin und lange vor dem Volkswehrgesetz des Rates der Volksbeauftragten. Diese Volks- oder Sicherheitswehren wurden von Soldatenräten geführt. Da sie sich mit dem Regierungsprogramm der Sozialdemokraten weitgehend identifizierten und von Gruppen aus dem Bürgertum und aus der Arbeiterschaft gleichermaßen getragen wurden, konnten sie im eigentlichen Sinne als »militärische Kräfte der Republik« gelten[295]. Besonders in den außerpreußischen Landesteilen vermochte sich diese reichsweit verbreitete Volkswehrbewegung nach dem Jahreswechsel 1918/19 zu konsolidieren, etwa in Württemberg und in Baden. Die bislang gründlichste Untersuchung über die recht heterogene Volkswehrbewegung kommt zu dem Schluß, daß in ihr »eine Reihe konstruktiver Ansätze und Möglichkeiten für den Aufbau eines demokratischen Wehrsystems jenseits der Freikorps« angelegt waren[296], die wegen der ablehnenden Haltung Noskes jedoch nicht weiter verfolgt wurden und damit auch keine Entfaltungsmöglichkeit besaßen. Bei den Ministerien für militärische Angelegenheiten in den Ländern Bayern, Sachsen, Baden und Württemberg bestand im Frühjahr 1919 der ausgeprägte politische Wille zur Neuordnung des Wehrwesens nach demokratischen Prinzipien. Auch die Soldatenräte sollten als ein konstruktives Element einbezogen werden. Hieraus entwickelten sich Konflikte mit dem Reichswehrminister Noske, der aus süddeutscher Sicht die ungeliebte preußische Militärpolitik verkörperte.

Um sich über die künftige Wehrverfassung und die damit zusammenhängenden Verfassungsfragen auszusprechen, trafen am 3. Februar 1919 in Stuttgart Vertreter der Militärministerien von Bayern, Sachsen, Baden und Württemberg zusammen, darunter die Minister Herrmann (Württemberg), Roßhaupter (Bayern) und Hummel (Baden). Gemeinsam wandten sie sich gegen die zentralistischen Tendenzen der Reichsregierung und des preußischen Kriegsministeriums und betonten den Wunsch nach Aufrechterhaltung der bisherigen militärpolitischen Selbständigkeit ihrer Länder. Gleichwohl vermochten sie es nicht, sich auf eine alternative, demokratischen Prinzipien verpflichte-

[294] Befehl Noskes zur Verringerung der RSW vom 22. 2. 1919 sowie Offener Brief der RSW an Noske, in dem gegen die Verringerung protestiert wurde, in: Freiheit Nr. 106, 28. 2. 1919, Morgen-Ausgabe, Beilage.

[295] Kluge, Soldatenräte, S. 325.

[296] Ebda., S. 350.

te Wehrkonzeption gegenüber der preußischen zu einigen und vergaben damit eine große Chance[297].

Zu einem gemeinsamen Vorstoß der außerpreußischen Länder gegen die Noskesche Militärpolitik ist es auch in der Folgezeit nicht gekommen. Aber die einzelnen Länder gaben den Versuch nicht auf, »das republikanische Wehrwesen jenseits der in Preußen allenthalben aufgestellten Freikorps nach demokratischen Prinzipien zu ordnen«[298] und erzielten dabei zum Teil Ergebnisse, die als eine echte republikanische Alternative zu der weitgehend am Herkömmlichen orientierten Politik des Reichswehrministers gewertet werden müssen, auch wenn sie sich letztendlich nicht gegen Berlin durchsetzen konnten.

Am weitesten waren die Überlegungen zu einem demokratischen Wehrmodell in Württemberg gediehen. Der württembergische Landesausschuß der Soldatenräte, der sich an der Politik der Mehrheitssozialdemokraten des Landes orientierte[299], entschied sich für die Militärpolitik des I. Rätekongresses und damit zugleich für das Volkswehr-Konzept[300]. Die Voraussetzungen für seine Verwirklichung waren insofern günstig, als in den verschiedenen Garnisonsstädten des Landes bereits seit November/Dezember 1918 eine größere Anzahl von zuverlässigen republikanischen Sicherheitskompanien bestanden, die dann unter der Leitung des Leutnants Paul Hahn[301] landesweit zusammengefaßt[302] wurden. Diese über eine Gesamtstärke von über 7000 Mann[303] verfügenden Sicherheitseinheiten wollte der sozialdemokratische württembergische Kriegsminister Immanuel Herrmann als Grundstock des künftigen republikanischen Wehrsystems verwenden.

Als mit dem Bekanntwerden der Januarverordnungen und des Gesetzes über die vorläufige Reichswehr deutlich wurde, welche Richtung die Berliner Militärpolitik einschlug, gab man in Württemberg nicht klein bei, sondern entwickelte in einem demonstrativen Gegen-

297 Protokoll der Besprechung siehe GLA Karlsruhe 233/12298. Zum Zusammenhang vgl. Ulrich Kluge, Das »württembergische Volksheer« 1918/19. In: Günther Doeker und Winfried Steffani (Hrsg.), Klassenjustiz und Pluralismus. Festschrift für Ernst Fraenkel zum 75. Geburtstag, Hamburg 1973, S. 92–130, hier S. 111 f., fortan zit.: Kluge, »Württembergisches Volksheer«; zusammenfassend ders., Soldatenräte, S. 342.

298 Kluge, Soldatenräte, S. 343.

299 Kolb/Schönhoven, Räteorganisationen, Einleitung S. LXIX; Kluge, »Württembergisches Volksheer«, S. 106, stellt fest, daß in den württembergischen Räteorganisationen stabile Mehrheitsverhältnisse zugunsten der SPD herrschten.

300 Kluge, »Württembergisches Volksheer«, S. 108.

301 Vgl. Paul Hahn, Erinnerungen aus der Revolutionszeit in Württemberg, Stuttgart o.J. [1923], fortan zit.: Hahn, Erinnerungen; zu seinen politischen Vorstellungen vgl. Kluge, »Württembergisches Volksheer«, S. 112 ff.

302 Zur Organisation der Sicherheitstruppen in Württemberg vgl. das Schreiben des Generalkommandos des XIII. (Württ.) Armeekorps vom 20. 12. 1918. Faksimile in: Günter Cordes, Krieg, Revolution, Republik, Ulm 1978, S. 214 f., fortan zit.: Cordes, Krieg.

303 Kluge, Soldatenräte, S. 327.

zug ein eigenes militärisches Neuordnungskonzept. Auf der IV. Landesversammlung der württembergischen Soldatenräte im März 1919[304] einigte sich der Landesausschuß der Soldatenräte mit dem württembergischen Kriegsministerium auf »Bestimmungen für den Neuaufbau des württembergischen Volksheeres«[305], die am 21. März 1919, also zwei Wochen nach dem Reichswehrgesetz, in Kraft traten. Diese Bestimmungen sahen vor, daß wichtige Rechte und Funktionen für die Soldatenräte erhalten wurden. Es handelte sich insgesamt um ein Konzept, das realistische Möglichkeiten zum Aufbau eines demokratisch verfaßten Heeres aufwies[306].

Wenig später schaltete sich Noske ein. In Weimar, am Tagungsort der Nationalversammlung, beraumte er eine Besprechung[307] mit dem württembergischen Kriegsminister Herrmann an, in dessen Begleitung auch der württembergische Gesandte Hildenbrandt, der württembergische Freikorpsführer Generalmajor Otto Haas sowie Wilhelm Frick als Vertreter des Landesausschusses der württembergischem Soldatenräte erschienen. Zugegen waren weiterhin der preußische Kriegsminister Reinhardt sowie seine und Noskes militärische Adjutanten v. Gilsa, Lichtenberg und Zimmermann. Der Reichswehrminister machte seinen württembergischen Gesprächspartnern in resoluter Form den Standpunkt der Berliner Regierung klar und teilte ihnen ohne weitere Umstände seine bereits gefällte Entscheidung mit, daß die württembergischen Sicherheitswehren »verschwinden« müßten und daß die Freiwilligenabteilung Haas »als erster Bestandteil von Württemberg in die Reichswehr aufgenommen werden« sollte[308].

Bei der Freiwilligenabteilung Haas handelte es sich um einen ganz nach alten militärischen Ordnungsprinzipien aufgebauten Verband[309], in dem nach dem Willen seines Führers »eiserne Mannszucht« zu herrschen und Soldatenräte ebensowenig etwas zu suchen hatten wie die

304 Sitzungsprotokoll der vom 19.–21. 3. 1919 im Stuttgarter Gewerkschaftshaus tagenden Versammlung in: Kolb/Schönhoven, Räteorganisationen, Dok. 7, S. 155–222.

305 Ebda., Dok. 29, S. 457461. Faksimile in: Cordes, Krieg, S. 230.

306 Vgl. die insgesamt positive Einschätzung von Kluge, »Württembergisches Volksheer«, S. 119 f.; ders., Soldatenräte, S. 343 f.; Kolb/Schönhoven, Räteorganisationen, Einleitung S. LXX.

307 Niederschrift dieser Besprechung vom 26. 3. 1919 in: Cordes, Krieg, S. 231 f.; Original siehe HStA Stuttgart M 356 Bü 1.

308 Cordes, Krieg, S. 231. Zu dieser Entscheidung war Noske befugt durch § 8 des Gesetzes über die Bildung einer vorläufigen Reichswehr, der die Ermächtigung für den Reichswehrminister enthielt, zu bestimmen, welche Formationen in die Reichswehr aufzunehmen waren und welche nicht.

309 Vgl. das von Haas im Frühjahr 1919 persönlich entworfene Organisationsstatut für das »Württembergische Frei-Korps Ost«, abgedruckt ebda., S. 225–227. Wenn es am Schluß dieses Statuts hieß, es enthalte »die Grundzüge einer neuen wahrhaft demokratischen und darum höchstwertigen Wehrverfassung« und somit die Grundzüge der »künftigen Volkswehr«, so war dies nichts weiter als eine verbale Konzession an die neuen Verhältnisse, die jedoch in der inneren Struktur des Verbandes keinen konkreten Ausdruck fand.

Führerwahl. Dieses Freikorps war im Januar 1919 vom württembergischen Kriegsministerium mit Zustimmung des Landesausschusses der Arbeiter- und Soldatenräte aufgestellt worden, nachdem General Haas beteuert hatte, keine gegenrevolutionären Absichten zu verfolgen. Da der Landesausschuß die Notwendigkeit des Grenzschutzes im Osten anerkannte[310], wie das zuvor schon der I. Rätekongreß getan hatte, und da die Abteilung Haas unter der Bezeichnung »Württembergisches Frei-Korps Ost« ausdrücklich und ausschließlich für diese Verwendung vorgesehen war, sah der Landessoldatenrat keinen Grund, seine Zustimmung zu verweigern. In der von Noske in Weimar anberaumten Besprechung machte nun der preußische Kriegsminister Reinhardt deutlich, daß die »Brigade Haas« augenblicklich im Grenzschutz Ost gar nicht benötigt werde[311]. Tatsächlich ist das Freikorps Haas dann im April 1919 gegen die Münchener Räterepublik eingesetzt und nachher, wie von Noske angekündigt, zusammen mit einigen Sicherheitstruppen in die württembergische Reichswehrbrigade 13 umgewandelt worden.

Kriegsminister Herrmann nahm die ihm von Noske in Weimar verkündete Entscheidung keineswegs widerspruchslos hin, sondern machte den Reichswehrminister darauf aufmerksam, daß das Haassche Freikorps schon jetzt stellenweise als »weiße Garde« angesehen werde und die Aufstellung dieses Verbandes überhaupt nur möglich war, weil er im Osten und nicht im Innern verwendet werden sollte. Nachdrücklich verteidigte Herrmann den militärischen Wert der Sicherheitskompanien und vertrat die Meinung, daß sie unbedenklich in die vorläufige Reichswehr aufgenommen werden könnten[312]. Noske widersprach ihm heftig: Für die Reichswehr, sagte er, kämen »nur Truppen von straffster militärischer Zucht« in Frage, »wirkliche Stoßtruppen«; Beratungen über Fähigkeiten der Führer und ähnliche Eingriffe in die Kommandogewalt seien in der Reichswehr »ein Unding«; ein Hineinreden der Landessoldatenräte in Angelegenheiten der Regierung, wetterte Noske in Anspielung auf das württembergische Volkswehrmodell, sei »politischer Unsinn«. Lieber gehe er aus dem Amt, als einen Reichs-Soldatenrat[313] zu dulden[314]. Insgesamt wies er das in Württemberg eingespielte Soldatenratssystem als »unerträglich« und als »politischen Wahnsinn« zurück.

[310] Kluge, »Württembergisches Volksheer«, S. 109 f.

[311] Siehe Cordes, Krieg, S. 231.

[312] Ebda.

[313] Die Einsetzung eines Reichssoldatenrates wurde seit Januar 1919 von den Soldatenräten gefordert. Der vom 8. bis 14. 4. 1919 tagende II. Rätekongreß machte sich dieses Anliegen zu eigen. Vgl. II. Rätekongreß. Zur Einsetzung dieses Gremiums kam es jedoch nicht, da Noske sich dem Projekt entgegenstellte und die Räte zu diesem Zeitpunkt längst nicht mehr die Macht hatten, sich gegen Noske durchzusetzen.

[314] Siehe Niederschrift der Besprechung in Weimar am 26. 3. 1919. In: Cordes, Krieg, S. 231 f.

Über die scharfen Ausführungen Noskes konnte sich nur einer freuen, nämlich der Freikorps-Führer General Haas. Durch Noskes Haltung gegenüber Herrmann und dem Landesausschuß in seinen eigenen Anschauungen bestärkt, verbat sich Haas fortan »jede Soldatenratswirtschaft« und betonte, daß seine Truppe nur dem Reich unterstehe und sich daher an die württembergischen Volkswehr-Bestimmungen nicht gebunden fühle[315]. Der reformwillige Minister Herrmann dagegen, der Noske versichert hatte, die Soldatenräte in Württemberg arbeiteten mit dem Kriegsministerium ausgezeichnet zusammen, mußte sich desavouiert fühlen. Nachdem er begriffen hatte, daß seine von den Soldatenräten unterstützte militärische Reformpolitik von der Zentrale in Berlin zunichte gemacht werden sollte, resignierte Herrmann und trat im Juni 1919 von seinem Amt als württembergischer Kriegsminister zurück. Zwei Monate später wurde auch sein Ministerium aufgelöst und in eine »Reichswehrbefehlsstelle« umgewandelt.

Aufgrund der Weisungen Noskes wurden die württembergischen Sicherheitskompanien zum größten Teil dem Innenministerium dieses Landes als Polizeiwehr unterstellt. Nur ein geringer Prozentsatz fand Aufnahme in die Reichswehr[316]. Noskes Politik setzte sich in vollem Umfang durch. Was blieb, war die Erbitterung der württembergischen Soldatenräte, die großenteils der SPD angehörten, gegen den aus den Reihen ihrer eigenen Partei stammenden Reichswehrminister. Während sie in dem der DDP angehörenden Minister Herrmann ihren »treuen Freund« sahen, der »zweifellos den besten und ehrlichsten Willen mitbrachte«, das Soldatenratssystem zu halten, beklagten sie, daß »der von der racheschnaubenden Offizierskaste eingewickelte Noske« immer deutlicher nach Württemberg herunter gewirkt habe, mit dem Ergebnis, daß das neue Heer nicht im Geiste der dortigen Sicherheitstruppen, sondern »in dem von der Militärkamarilla inspirierten Geist Noskes« aufgebaut wurde[317].

In der Öffentlichkeit machte sich der bereits an anderer Stelle erwähnte sozialdemokratische Landtagsabgeordnete Karl Hof[318] aus Ulm zum Sprecher der württembergischen Soldatenräte. Hof verteidigte de-

[315] Kluge, »Württembergisches Volksheer«, S. 117.

[316] Hahn, Erinnerungen, S. 97; Kluge, »Württembergisches Volksheer«, S. 119; vgl. auch Kolb/Schönhoven, Räteorganisationen, Einleitung S. LXX, und Kluge, Soldatenräte, S. 343 f.

[317] Vgl. Tätigkeitsbericht der Vorsitzenden des Garnisonssoldatenrates Ludwigsburg vom August 1919. In: Kolb/Schönhoven, Räteorganisationen, Dok. 23, S. 391–441, Zitate: S. 425 und 432. Die erwähnten Passagen des Tätigkeitsberichts wurden von Emil Schuler verfaßt. Er gehörte der SPD an, war Delegierter der württembergischen Soldatenräte auf dem I. Rätekongreß und von 1920–1933 sozialdemokratischer Abgeordneter im württembergischen Landtag. Siehe ebda., S. 98, Anm. 52.

[318] Offener Brief von Karl Hof an Reichswehrminister Noske vom 6. 6. 1919, ebda., S. 218–222, hier: S. 221 f.

ren Volkswehr-Konzeption und griff das Reichswehrgesetz an. Doch Noske ließ sich durch Kritiken dieser Art von seinem Kurs nicht abbringen. Damit war der in Württemberg unternommene Versuch, unter der Bezeichnung »Volksheer« eine realisierbar erscheinende neue Wehrkonzeption zu erproben und dabei auch das demokratische Potential der Soldatenräte zu nutzen, zum Scheitern verurteilt.

In ähnlicher Weise rückläufig entwickelten sich die militärpolitischen Verhältnisse in Baden. Dort hatten sich nach dem Umsturz im November 1918 ebenfalls in vielen Städten Volkswehren gebildet[319]. Sie wurden in der Folgezeit von der badischen Landesregierung unter dem Sozialdemokraten Anton Geiß[320] und den anderen republikanischen Kräften des Landes gegenüber der Obersten Heeresleitung und dem preußischen Kriegsministerium verteidigt[321]. Die badische Landeskonferenz der Arbeiter-, Bauern-, Volks- und Soldatenräte forderte im Januar – ähnlich wie in Württemberg – die »Ersetzung der heutigen Heeresorganisation durch ein Volksheer auf demokratischer Grundlage«[322] und folgte damit den Intentionen des I. Rätekongresses. Die Badische vorläufige Volksregierung erließ daraufhin am 11. Januar 1919 einen »Aufruf zur Bildung eines badischen Volksheeres«[323], in dem neben den republikanischen Zielen auch eine separatistische beziehungsweise eine antipreußische Tendenz zum Ausdruck kam.

In dem nun folgenden Machtkampf mit den Militärbehörden, besonders mit dem Generalkommando des XIV. Armeekorps in Karlsruhe, gab die badische Landesregierung schließlich nach und opferte das im Aufbau begriffene Volksheer[324] den Berliner Vorstellungen. Einige Formationen des badischen Volksheeres gingen im Sommer 1919 in der badischen Reichswehrbrigade 14 auf, der Rest wurde in eine Polizeitruppe umgebildet[325]. Als diese Umbildung vollzogen war, stattete Noske der badischen Reichswehrbrigade 14 in Karlsruhe am 5. August 1919 in Begleitung des badischen Staatspräsidenten Geiß einen offiziellen Besuch ab.

319 Alleine in der nach dem Waffenstillstand militärisch geräumten, 10 km breiten Zone an der badischen Westgrenze betrug die Stärke der Volkswehren im Dezember 1918 über 10000 Mann. Siehe: Mitteilung des Badischen Ministeriums des Innern über die Stärke der Volkswehren in der neutralen Zone vom 9. 12. 1918. Abgedruckt in: Cordes, Krieg, S. 220.

320 Es handelte sich um die Regierung einer Großen Koalition aus MSPD, USPD, Zentrum, FVP und Nationalliberalen. Vgl. Bekanntgabe über die Bildung einer vorläufigen Regierung für Baden vom 10. 11. 1918, ebda., S. 98, vgl. auch ebda., S. 54 f.

321 Kluge, Soldatenräte, S. 339.

322 Ebda., S. 340.

323 Faksimile dieses Aufrufs in: Cordes, Krieg, S. 221.

324 Kluge, Soldatenräte, S. 340–342.

325 Siehe Schreiben des badischen Innenministers Adam Remmele (SPD) vom 30. 8. 1919. Abgedruckt in: Cordes, Krieg, S. 235 f.

In seiner Ansprache[326] vor den angetretenen Soldaten verteidigte der Reichswehrminister noch einmal die Regierungspolitik. Es sei viel darüber gezetert worden, sagte er, »daß ich so rasch für die Abschaffung der Soldatenratswirtschaft und für die Unterordnung unter die Kommandogewalt sowie Innehaltung strengster Manneszucht eingetreten bin«. Aber nur so habe er die Reichswehr schaffen können. Sie sei »kein Instrument gegen das Volk, sondern dazu berufen, das Land vor Zerrüttung zu bewahren«.

Improvisierte örtliche Volkswehren hatten sich nach der Novemberrevolution auch im bayerischen Militärbereich formiert, unter anderem in München, Nürnberg, Fürth, Passau und Rosenheim[327]. Anders als in Württemberg und Baden war in Bayern das Verhältnis zwischen dem Minister für militärische Angelegenheiten, Albert Roßhaupter (SPD), und den Soldatenräten und den von diesen geführten Volkswehr-Einheiten nicht auf konstruktive Zusammenarbeit hin angelegt. Roßhaupter, der in der Regierung Eisner (USPD) das bayerische Militärministerium leitete, wollte nicht die bestehenden Volks- und Sicherheitswehren zur Grundlage des künftigen bayerischen Wehrsystems machen, sondern beabsichtigte die bestehende Militärorganisation zu reformieren, wobei er sich weitgehend an den im preußischen Kriegsministerium erarbeiteten Januarverordnungen orientierte[328]. Darüber hinaus plante er, zusätzlich zu den bayerischen Reichswehrtruppen ein eigenes bayerisches Milizsystem aufzuziehen[329]. Dieses Vorhaben scheiterte jedoch am Widerstand der Arbeiter- und Soldatenräte.

Noch Anfang April 1919 versuchten der sozialdemokratische bayerische Ministerpräsident Johannes Hoffmann, der Nachfolger Eisners, und sein Militärminister Schneppenhorst den Volkswehrgedanken zu beleben. Sie erließen einen Aufruf zur Errichtung einer »wahren Volkswehr«[330]. Dieser späte Anlauf zur Demokratisierung des bayerischen Wehrsystems wurde jedoch durch die inneren Erschütterungen des Freistaats zunichte gemacht. Denn mit der Niederschlagung der linksradikalen Münchener Räterepublik durch Freikorpstruppen[331]

[326] Rede des Reichswehrministers Noske vor den in Karlsruhe stationierten Reichswehr-Truppen am 5. 8. 1919. Mitteilung der Reichswehrbrigade 14. In: Cordes, Krieg, S. 233 f.

[327] Ulrich Kluge, Die Militär- und Rätepolitik der bayerischen Regierungen Eisner und Hoffmann 1918/19. In: Militärgeschichtliche Mitteilungen 13/1973, S. 57; fortan zit.: Kluge, Militär- und Rätepolitik.

[328] Ebda., S. 21–38.

[329] Ebda., S. 21 und 39.

[330] Horst G. W. Nusser, Militärischer Druck auf die Landesregierung J. Hoffmann vom Mai 1919 bis zum Kapp-Putsch. In: Zeitschrift für bayerische Landesgeschichte 33 (1970), S. 819, fortan zit.: Nusser, Militärischer Druck; Kluge, Militär- und Rätepolitik, S. 58. Der Aufruf Hoffmanns datiert vom 14. 4. 1919.

[331] Vgl. im einzelnen Kapitel VIII/4.

Anfang Mai 1919 fanden die in Bayern ohnehin nur schwach ausgebildeten Ansätze zur Demokratisierung des Heeres ein Ende. Als ein kleines Zugeständnis an die bayerische Volkswehrbewegung wurde schließlich ein 3000 Köpfe starkes Kontingent aus Volkswehreinheiten in das bayerische Reichswehrgruppenkommando 4 unter Generalmajor von Möhl übernommen[332], dem insgesamt 34000 Soldaten unterstanden.

Dieser Vorgang war charakteristisch für die gesamte militärpolitische Situation um die Jahresmitte 1919. Die schroffe Art, in der Noske alle Initiativen zurückwies, die das Ziel einer stärkeren Anpassung der Streitkräfte an die Erfordernisse der neuen republikanischen Staatsform verfolgten, kennzeichnete die Situation um die Jahresmitte 1919 und prägte sie zugleich. Der Reichswehrminister ließ vor allem in der Personalpolitik der Restauration freien Lauf, er wehrte die Bestrebungen des Republikanischen Führerbundes ab und er opferte die Volkswehren selbst dort, wo sie sich, wie in den süddeutschen Ländern, als durchaus tragfähige Modelle erwiesen hatten. Die Auflösung der letzten Volkswehren bzw. ihre Eingliederung in die Verbände der vorläufigen Reichswehr markierte somit den Endpunkt des Zurückdrängens der Revolution auf militärpolitischem Gebiet.

[332] Kluge, Soldatenräte, S. 327 und 343.

VIII. Noskes Politik der eisernen Faust 1919

Die militärische Niederschlagung des Januaraufstandes in Berlin führte in mehreren Großstädten des Reiches zu Protestkundgebungen gegen die Regierung, die zugleich Sympathiebekundungen für die Aufständischen waren. Teilweise kam es zu blutigen Zusammenstößen, zum Beispiel in München und in Düsseldorf[1]. Obwohl sich diese Demonstrationen – reichsweit gesehen – »äußerst ungleichmäßig entfalteten«[2], kann man von einer neuerlichen revolutionären Welle sprechen. Von der ersten – im November 1918 – unterschied sie sich dadurch, daß sie sich nun nicht mehr gegen den monarchischen Obrigkeitsstaat richtete, sondern gegen die inzwischen etablierte mehrheitssozialdemokratisch-bürgerlich-militärische Ordnungskoalition, die vollständig auf die Nationalversammlung fixiert war und in jeder außerparlamentarischen Aktion eine antiparlamentarische Stoßrichtung sehen zu müssen glaubte, was in vielen Fällen durchaus abwegig war.

Die Unruhen, Streiks und Erhebungen wie auch die räterepublikanischen Experimente der Monate Januar bis Mai 1919 wird man in erster Linie als ein spontanes Aufbegehren interpretieren müssen, als »Ausdruck des Protests gegen den bisherigen Revolutionsverlauf«[3], wobei besonders die Mehrheitssozialdemokraten für das Ausbleiben grundlegender Veränderungen im Bereich der Militär-, Beamten- und Sozialisierungspolitik verantwortlich gemacht wurden. Man darf sich diese zweite Welle der Revolution also nicht als eine reichsweit koordinierte und organisierte Aufstandsbewegung mit einer klaren politischen Zielsetzung vorstellen, sondern als eine »soziale Protestbewegung«, eine »elementare Streikbewegung«[4], die sich parteipolitisch eigentlich gar nicht einordnen läßt, da sich die Radikalisierung der Arbeiterschaft, die dieser zweiten Revolutionsphase ihren Stempel aufprägte, »gleichsam quer zu dem überkommenen Parteienspektrum in-

[1] Vgl. R. Müller, Geschichte der deutschen Revolution, Bd III, S. 135; Miller, Bürde, S. 236.

[2] J. S. Drabkin, Die Novemberrevolution 1918 in Deutschland, Berlin 1968, S. 537, der auch eine Übersicht über die reichsweite Protestwelle bietet (S. 520–538).

[3] Gerald D. Feldman, Eberhard Kolb, Reinhard Rürup, Die Massenbewegungen der Arbeiterschaft in Deutschland am Ende des Ersten Weltkrieges (1917–1920). In: Politische Vierteljahresschrift 13 (1972), H. 1, S. 84–105; fortan zit.: Feldman/Kolb/Rürup, Massenbewegungen.

[4] Vgl. dazu den vorzüglichen Beitrag von W. J. Mommsen, Die deutsche Revolution, bes. S. 383 f., der die zweite Welle der Revolution eingehend untersucht und zu teilweise neuen Einschätzungen ihres politischen und sozialen Charakters kommt.

nerhalb der Arbeiterbewegung« vollzog[5]. Die Hilflosigkeit der Parteien- und Gewerkschaftsführungen gegenüber dem Massenprotest ist hierfür ein sprechender Beleg.

Damit ist zugleich gesagt, daß die zweite Welle der Revolution, die in ihren Ausmaßen übrigens hinter der des November 1918 deutlich zurückblieb, auch nicht, wie so häufig geschehen, kurzschlüssig als das unmittelbare Ergebnis linksradikaler Agitation begriffen werden darf. Ganz unbestreitbar gab es diese Agitation, und sie war auch keineswegs dazu angetan, den von der Regierung eingeschlagenen Weg – alle Macht der Nationalversammlung – zu stützen. Der Spartakusbund bzw. die am 31. Dezember 1918 neu gegründete KPD und jener Teil der USPD, der mit ihr sympathisierte[6], machten eine vehemente Propaganda für ein »Weitertreiben der Revolution«, wobei auch gelegentlich antiparlamentarische Parolen ausgegeben wurden, die in der Massenbewegung jedoch durchaus nicht das erwartete Echo hervorriefen. Überhaupt spiegelte die Propaganda von KPD und USPD die Massenstimmung der radikalisierten Arbeiterschaft nur zum Teil wider. Letztere zielte nämlich weniger auf ein anderes Regierungssystem ab als vielmehr auf eine andere Militärpolitik und auf eine Veränderung der Machtverhältnisse im Bereich der Wirtschaft (Stichwort »Sozialisierung«).

Bei den mehrheitssozialdemokratischen Politikern, die sich in Regierungsverantwortung befanden, scheint demgegenüber der Eindruck vorherrschend gewesen zu sein, daß man es bei den ›linken‹ Regierungsgegnern, die – trotz der erfolgten Wahlen zur Nationalversammlung und der im Gang befindlichen Arbeiten an einer neuen republikanischen Verfassung – noch immer »Revolution machten«, mit Kräften zu tun habe, die – nach bolschewistischem Vorbild – auf eine proletarische Diktatur hindrängten. Daß es sich um eine Massenbewegung radikalisierter Arbeiter handelte, die bei einer entsprechend reformfreudigen Regierungspolitik wahrscheinlich durchaus hätte integriert werden können, sahen die MSPD-Politiker nicht. Jedenfalls wurde die geschilderte, verhängnisvolle Fehleinschätzung[7] dieses sozialen Protestpotentials zur Grundlage des Regierungshandelns in der ersten Hälfte des Jahres 1919.

Jetzt wurden auch die Vorbehalte gegenüber der Gewalt immer mehr abgebaut. War der Verlauf der Revolution in den Monaten November und Dezember 1918 noch weithin gewaltfrei gewesen, so hat-

[5] Ebda., S. 370.

[6] Vgl. dazu jetzt, die neuere Literatur zusammenfassend, Susanne Miller, Die USPD in der Revolution 1918. In: Die Deutschen und die Revolution. Hrsg. von Michael Salewski, Göttingen, Zürich 1985, S. 346–359.

[7] Das Urteil von W. J. Mommsen, Die deutsche Revolution, S. 376, der Einsatz der Freikorps gegen die lokalen putschistischen Regime habe auf einem »historischen Irrtum« beruht, besteht daher durchaus zu Recht.

ten die Januarkämpfe in Berlin schlagartig den Charakter der Auseinandersetzungen geändert. Der Einsatz von Waffengewalt hinterließ nicht nur Sieger und Besiegte, sondern auch Haß und Rachegefühle. Bei vielen politischen Akteuren – nicht zuletzt bei Noske, und auf diesen kam es in der gegebenen Situation maßgeblich an – dominierte fortan nicht mehr die differenzierte politische Bewertung und die Suche nach dem Kompromiß, sondern das schematisierte Denken in Freund-Feind-Vorstellungen[8]. Die Regierung hatte einen nicht geringen Anteil daran, daß jetzt ein Prozeß der Eskalation in Gang kam, der zu immer neuen bürgerkriegsähnlichen Kämpfen führen und der die Macht des Militärs restaurieren mußte.

Tatsächlich war es das »durchgehend negative Charakteristikum« der Regierungspolitik in dieser zweiten Phase der Revolution, daß sie die Massenbewegung systematisch militärisch zerschlug[9], auch dort, wo dies keineswegs erforderlich gewesen wäre, da abzusehen war, daß etwa einzelne lokale räterepublikanische Experimente über kurz oder lang an ihren eigenen Unzulänglichkeiten zugrunde gehen mußten[10]. Nach Berlin statuierte Noske in Bremen das zweite Exempel: seine »Politik der eisernen Faust«. Nach Bremen sollte sie noch eine Reihe weiterer Städte an der Küste, im rheinisch-westfälischen Industriegebiet und in Oberschlesien zu spüren bekommen.

1. Mit Waffengewalt gegen die Räterepublik Bremen

Bremen war schon während des Krieges eine Hochburg der Linksradikalen. Deren lokale Organisation, die sich seit dem 23. November 1918 »Internationale Kommunisten Deutschlands (IKD)« nannte, gab auch in den ersten Monaten der Revolution, zusammen mit der auf dem linken Parteiflügel stehenden Bremer USPD-Gliederung, im Arbeiterrat den Ton an. Als führende Köpfe taten sich der Kommunist Johann Knief und der Unabhängige Alfred Henke, seit 1912 sozialdemokratischer Reichstagsabgeordneter, seit 1917 Mitglied der USPD, hervor.

Die Bremer Kommunisten glaubten, mit dem Januaraufstand in Ber-

[8] Vgl. dazu die Ausführungen zur Rolle des antibolschewistischen Feindbildes in der deutschen Revolution in Kapitel VI/4 »Die militärische Niederschlagung des Berliner Januaraufstandes«.

[9] Feldman/Kolb/Rürup, Massenbewegungen, S. 100.

[10] So auch die Einschätzung von W. J. Mommsen, Die deutsche Revolution, S. 376, unter Verweis auf die inneren Widersprüche und die fehlende Massenbasis der lokalen Räteregime.

lin habe die »zweite Etappe der Revolution«[11] begonnen, die sie in Parallele zur russischen Entwicklung sahen[12]. Sie proklamierten daher, ohne bei der Bremer USPD auf nachdrücklichen Widerstand zu stoßen, am 10. Januar 1919 die »Unabhängige sozialistisch-kommunistische Räterepublik Bremen«. Dieser Vorgang konnte »ohne Blutvergießen und bei musikalischer Begleitung«[13] vonstatten gehen, da die Linksradikalen es schon zuvor vermocht hatten, die militärische Machtfrage in Bremen zu ihren Gunsten zu entscheiden. Gegen den Willen der Mehrheitssozialdemokraten und der Soldatenräte im Bremer Arbeiter- und Soldatenrat hatte Knief nämlich seit Ende Dezember 1918 nicht ohne Erfolg versucht, radikale Werftarbeiter, die Mitglieder der IKD und der USPD waren, illegal zu bewaffnen und gleichzeitig die Entwaffnung der politischen Gegenspieler durchzusetzen[14]. Nun, nach der Proklamierung der Räterepublik am 10. Januar, schickten sich die Unabhängigen und Kommunisten an, ihre Machtposition zu festigen, indem sie den Senat und die Bürgerschaftsversammlung für abgesetzt erklärten, das Standrecht über Bremen verhängten und für unerlaubten Waffenbesitz, Diebstahl, Raub, Plünderung sowie für jeden »gegenrevolutionären Versuch« die Todesstrafe androhten[15]. Der neu gebildete »Rat der Volkskommissare«, wie sich die Regierung der »proletarischen Diktatur«[16] selbst nannte, machte in der Folgezeit den von vornherein wenig aussichtsreichen Versuch, den sowohl in wirtschaftlicher wie auch politischer Hinsicht isolierten revolutionären Vorposten Bremen lebensfähig zu erhalten.

Da sich dieser »Rat der Volkskommissare« nicht auf den Mehrheitswillen der Bevölkerung des Stadtstaates berufen konnte, sah die Reichsregierung in ihm das Terrorregiment einer kleinen Minderheit[17]. In der Tat gingen die Mehrheitssozialdemokraten aus den Neuwahlen zum Arbeiter- und Soldatenrat am 6. Januar als stärkste Partei hervor[18], und bei den Wahlen zur Nationalversammlung am 19. Januar erlitten

[11] Peter Kuckuk, Bremer Linksradikale bzw. Kommunisten von der Militärrevolte im November 1918 bis zum Kapp-Putsch im März 1920, Phil. Diss. Hamburg 1970, S. 99, fortan zit.: Kuckuk, Bremer Linksradikale, unter Bezug auf die Zeitung »Kommunist«, Organ der IDK, vom 10. 1. 1919.

[12] Gemeint ist die Ablösung der Kerenski-Regierung durch die Bolschewiki unter Lenin.

[13] Kuckuk, Bremer Linksradikale, S. 103.

[14] Im einzelnen Kluge, Soldatenräte, S. 327–329; Kuckuk, Bremer Linksradikale, S. 43–49; R. Müller, Geschichte der deutschen Revolution, Bd III, S. 116.

[15] Bekanntmachung vom 10. 1. 1919. Abgedruckt in R. Müller, Geschichte der deutschen Revolution, Bd III, S. 116.

[16] In einer weiteren Bekanntmachung vom 10. 1. 1919. Abgedruckt ebda., S. 116 f.

[17] Vgl. den Artikel »Noske über die Expedition nach Bremen«. In: Vorwärts Nr. 56, 31. 1. 1919, Morgen-Ausgabe, S. 2.

[18] Die USPD errang 64 Mandate, die Kommunisten 62, die MSPD jedoch 113. Der »Rest der Volkskommissare« verhinderte die Konstituierung dieses neugewählten Arbeiterrates. Siehe: Kluge, Soldatenräte, S. 239.

die Linksradikalen eine drastische Niederlage[19]. Doch es war nicht nur die fehlende demokratische Legitimation, welche der Macht des »Rates der Volkskommissare« Grenzen setzte. Hinzu kamen Konflikte der Kommunisten und Unabhängigen untereinander, organisatorische Unfähigkeiten sowie eine Finanzkrise, hervorgerufen durch die Weigerung sämtlicher Bremer Banken, der Räteregierung weiter Kredite zu gewähren. All dies zusammengenommen führte alsbald zu einer Regierungskrise[20], die mit Sicherheit auch ohne äußere Einwirkung zum Ende des Experiments der Bremer Räterepublik geführt hätte.

Eine solche Entwicklung wollte Noske jedoch nicht abwarten. Am 21. Januar erklärte er seinen Kabinettskollegen, daß er – neben anderen Unruheherden des Reiches – auch Bremen »in Ordnung bringen« wolle, und zwar binnen einer Woche[21]. Da Noske im selben Atemzug auf das Vorhandensein eines der Regierung zwischenzeitlich zur Verfügung stehenden »Machtfaktors« in Gestalt einer Truppe von 22000 Mann verwies, mußte jedem Regierungsmitglied klar sein, daß er die militärische Besetzung Bremens plante. Das Kabinett erhob keine Einwände und ließ Noske damit wiederum freie Hand. Als »Oberbefehlshaber der Regierungstruppen und Staatssekretär für Heer und Marine« beauftragte dieser daraufhin am 25. Januar den General von Lüttwitz damit, »schleunigst in Bremen die Ordnung wiederherzustellen«[22].

Lüttwitz übertrug die Durchführung des Unternehmens gegen Bremen dem Obersten Gerstenberg, dem Freiwilligentruppen in der Stärke einer Division (rund 3500 Mann) unterstellt wurden, genannt »Detachement« oder »Division Gerstenberg«[23]. Lüttwitz' Befehl schloß mit den Sätzen: »Besonderer Wert ist auf die Entwaffnung aller regierungsfeindlichen Elemente zu legen, bewaffneter Widerstand rücksichtslos zu brechen. Spartakistische Rädelsführer sind den Gerichten zuzuführen. Baldiges Freimachen der unterstellten Truppenkräfte für andere Aufgaben muß im Auge behalten werden. Geplant wird, anschließend in Bremen, Cuxhaven und Emden Ordnung zu schaffen[24].« Am 2. Februar gingen die Truppen des Detachements Gerstenberg vor Bremen in Stellung. Für den folgenden Tag war der Angriff vorgesehen.

Zwischenzeitlich hatte jedoch die Bevölkerung der Küstenstädte vom Anmarsch der Regierungstruppen und den Absichten der Reichs-

[19] Die Kommunisten beteiligten sich an den Wahlen zur Nationalversammlung nicht. Es wurden 65406 bürgerliche, 69489 sozialdemokratische und 30123 unabhängige Stimmen abgegeben. Siehe R. Müller, Geschichte der deutschen Revolution, Bd III, S. 117.

[20] Kolb, Arbeiterräte, S. 341–343; Miller, Bürde, S. 237–239.

[21] Regierung der Volksbeauftragten, Bd 2, Nr. 114, S. 287. Kabinettssitzung vom 21. 1. 1919.

[22] Wirren, S. 106.

[23] Ebda., S. 106 f.; vgl. auch die Kriegsgliederung des Detachements, ebda., Anlg. 2, S. 208.

[24] Wortlaut des Befehls von Lüttwitz an Gerstenberg vom 27. 1. 1919 ebda., S. 106.

regierung erfahren, unter anderem durch eine im »Vorwärts« veröffentlichte Meinungsäußerung von Noske, in der er für den Fall, daß sich die Minderheit in Bremen nicht füge und gewaltsamen Widerstand leiste, ankündigte, es werde »mit rücksichtsloser Entschlossenheit« durchgegriffen[25]. Eine Welle des Erschreckens ging durch die radikale und durch die sozialdemokratische Arbeiterschaft Norddeutschlands, deren übergroße Mehrheit zwar eine Beendigung der Kommunistenherrschaft in Bremen wünschte, nicht aber, daß sie durch das militärische Eingreifen eines »reaktionären Freikorps« herbeigeführt wurde[26]. Der von der SPD beherrschte Soldatenrat des IX. Armeekorps in Altona protestierte »mit aller Schärfe« gegen die Entsendung von Truppen in den Bereich seines Armeekorps und erklärte, er sähe in dem beabsichtigten Schritt der Regierung »eine Kriegserklärung an das IX. A.-K.«; es wurde verlangt, die Truppen unverzüglich zurückzuziehen[27]. Noske wies die Vorstellung des Soldatenrates, er übe die Kommandogewalt in seinem Korpsbezirk[28], zu dem auch Bremen gehörte, aus, als »Anmaßung« zurück und ließ die Vorbereitungen zum Angriff auf Bremen fortsetzen[29], obwohl der Hamburger Große Arbeiter- und Soldatenrat ihm am 1. Februar androhte, er werde die Arbeiterschaft sofort bewaffnen und Bremen unterstützen[30]. Die am 4. Februar in Berlin tagenden Korpssoldatenräte aller Armeekorps sandten an Noske das folgende Telegramm[31]: »Die versammelten Vertreter der deutschen Armeekorps erklären der Reichsregierung, daß sie die Politik der Gewalt um jeden Preis verurteilen und unbedingt fordern, daß nicht kleinlicher Kompetenzkonflikte wegen das Blut deutscher Genossen vergossen wird. Sie fordern die Zurücknahme der Truppen.« Der Soldatenrat Cuxhaven verkündete in einem Flugblatt[32], er habe die Bewaffnung der Werftarbeiter beschlossen, und in ganz kurzer Zeit werde »ein kampfbegeistertes, gut ausgerüstetes Heer von

25 Vorwärts, Nr. 56, 31. 1. 1919, Morgen-Ausgabe, S. 2: »Noske über die Expedition nach Bremen«.

26 Kolb, Arbeiterräte, S. 345.

27 Resolution der Delegierten des Korpsdelegiertentages der Soldatenräte des IX. A.-K. (vermutlich vom 30. 1. 1919). Abgedruckt in: Noske, Kiel bis Kapp, S. 79; sowie in: Dokumente und Materialien II/3, Nr. 56, S. 134 f., Zitat S. 125.

28 Einen solchen Beschluß faßten die S-Räte des IX. Armeekorps am 30./31. 1. 1919. Text in: Dokumente und Materialien II/3, Nr. 56, S. 124 f.

29 Noske, Kiel bis Kapp, S. 79. Zur Kontroverse um die Frage der Kommandogewalt vgl. auch die Besprechung des Zentralrats mit den Korpsvertretern, in der Evers vom IX. A.-K. behauptete, Noske habe den Vertretern des Altonaer Soldatenrats zugesichert, daß die Kommandogewalt beim Korpssoldatenrat verbleibe, was Noske jedoch nicht bestätigte. Siehe: Zentralrat, Nr. 78, S. 555. Weiterhin den Bericht »Die Neuregelung der Kommandogewalt. Konflikt in Hamburg«. In: Vorwärts Nr. 49, 27. 1. 1919, Abend-Ausgabe, S. 2.

30 Kolb, Arbeiterräte, S. 245; Kluge, Soldatenräte, S. 332.

31 Text des Telegramms in: Zentralrat, Nr. 78, S. 554, Anm. 31; sowie in: Vorwärts Nr. 65, 5. 2. 1919, Morgen-Ausgabe, Beilage.

32 Text des Flugblatts in: Noske, Kiel bis Kapp, S. 80.

entschlossenen Revolutionären [...] bereitstehen und losstürmen zur Niederwerfung der weißgardistischen Söldnertruppen unter konterrevolutionärem Befehl«. Auch in Kiel kam es zu Protestaktionen gegen das von Noske angeordnete Vorgehen gegen Bremen. Etwa 500–1000 Demonstranten forderten am 4. Februar Waffen vom Obersten Soldatenrat, »um ihren bedrängten Kameraden in Bremen helfen zu können«. Als der Soldatenrat und der Gouverneur Garbe dies verweigerten, machten Kieler Spartakisten den Versuch, sich durch Überfälle auf Kasernen und Patrouillen Waffen zu beschaffen. Dabei kam es zu Schießereien, bei denen es Tote und Verletzte gab[33].

Zur selben Zeit, als diese Proteste und Drohungen mit gewaltsamen Gegenmaßnahmen bei Noske eingingen, kam es zu erfolgversprechenden Bemühungen um eine friedliche Beilegung des Konflikts. In Verden an der Aller handelten die Bremer Volksbeauftragten, Abgeordnete des Soldatenrats und der SPD Bremens, Vertreter der Division Gerstenberg[34] sowie Vertreter des Obersten Soldatenrats Hamburg, des Arbeiter- und Soldatenrats Oldenburg und des Korpssoldatenrats des IX. Armeekorps ein Abkommen aus, das den Rücktritt der Bremer Volksbeauftragten und die Auslieferung der im Besitz der Bremer Arbeiter befindlichen Waffen an den Soldatenrat des IX. Armeekorps vorsah[35]. Der Oberste Soldatenrat Groß-Hamburg und der Korpssoldatenrat des IX. A.-K. verbürgten sich für die Durchführung der Entwaffnung und die Wiederherstellung geordneter Zustände in Bremen[36].

Der Vorsitzende des Hamburger Soldatenrats, der Mehrheitssozialdemokrat Walther Lamp'l, sowie Leutnant von Pritzelwitz als Vertreter der Division Gerstenberg[37], reisten am selben Tag, an dem das Verdener Abkommen ausgehandelt wurde (3. Februar), nach Berlin, um die Zustimmung der Reichsregierung für diese Regelung zu gewinnen. Bei der abends in der Reichskanzlei stattfindenden Besprechung machte Lamp'l einen letzten Versuch, die Regierung vom Angriff auf Bremen abzuhalten. Zugleich drohte er den Berliner Volksbeauftragten, er würde im IX. Korpsbezirk 50000 Mann aufbieten, wenn die Regierung nicht zurückweiche[38]. Um dieselbe Zeit baten die SPD Bremens und die Hamburger Soldatenräte telegraphisch um die sofortige Zurückziehung der Division Gerstenberg[39]. Noske selbst berichtet, ihm

[33] Dähnhardt, Revolution, S. 156. Am 7. 2. 1919 protestierten die MSPD, USPD und KPD Kiels gemeinsam gegen das Vorgehen der Reichsregierung in Bremen. Resolution in: Dokumente und Materialien II/3, Nr. 62, S. 136.
[34] Leutnant v. Pritzelwitz.
[35] Vorwärts Nr. 61, 3. 2. 1919, Morgen-Ausgabe, S. 1: »Friedensverhandlungen in Bremen«.
[36] Ebda.
[37] Ebda.
[38] Noske, Kiel bis Kapp, S. 81.
[39] Kolb, Arbeiterräte, S. 346, mit Quellennachweisen.

sei während der entscheidenden Verhandlungen eine Depesche überreicht worden, in der es hieß, am nächsten Tage würden 150000 Bergarbeiter in den Streik treten, wenn die Expedition gegen Bremen nicht abgebrochen werde[40]. Doch trotz all dieser Bemühungen kam es nicht zu einer friedlichen Beilegung des Konflikts, obwohl die politischen Forderungen der Reichsregierung durch das Verdener Abkommen weitgehend als erfüllt gelten konnten.

Noske wollte den Ausgleich nicht. Er beriet sich mit seinen Kabinettskollegen und gewann sie für seine Auffassung, daß niemand mehr die Regierung respektiere, »wenn Bremen nicht in Ordnung gebracht werde«, und daß daher »jedes Risiko« übernommen werden müsse[41]. So lehnte die Regierung das Verdener Abkommen ab und verlangte die unbedingte Unterwerfung: »Der Bremer Rat der Volksbeauftragten tritt sofort zurück. Es ist im Laufe des Montag eine neue Bremer Regierung zu bilden auf Grund des Stimmenverhältnisses bei den Nationalwahlen. Ablieferung der Waffen hat sofort an die neugebildete Regierung zu erfolgen, die sie der Division Gerstenberg überliefert. Sind die Bedingungen einwandfrei erfüllt, wird die Division Gerstenberg Bremen nicht besetzen[42].«

Die Bremer Volksbeauftragten kamen diesen Forderungen sehr weit entgegen. Sie akzeptierten ihren Rücktritt und stimmten der Bildung einer neuen Bremischen Regierung zu, in der alle sozialistischen Parteien paritätisch vertreten sein sollten. Aber die Waffen wollten sie nicht der Division Gerstenberg abgeben, sondern den aus Hamburg und Bremen anrückenden Truppen des IX. AK[43]. Aus der Sicht Noskes waren die Forderungen der Regierung damit abgelehnt, obwohl die einzige Differenz in der Frage bestand, wem die Waffen ausgehändigt werden sollten. Die »Freiheit« bemerkte hierzu: »Daß um diese Frage ein Gemetzel angerichtet, die Truppen gegen die Arbeiterschaft marschieren sollten, das können wir nicht einmal der Regierung Ebert-Scheidemann-Noske zutrauen[44].« Das USPD-Organ sprach die Erwartung aus, »daß der Feldzug Noskes gegen die Bremer Arbeiterschaft

40 Noske, Kiel bis Kapp, S. 81.

41 Ebda., S. 82. Dagegen behauptete der Delegierte des IX. A.-K., Evers, der in Berlin an der Besprechung der Korpssoldatenräte teilnahm, sowohl Ebert als auch Scheidemann seien mit der Verdener Regelung, die Waffen an das IX. A.-K. abzugeben, einverstanden gewesen, Noske aber habe nein gesagt und darauf bestanden, daß die Waffen an die Division Gerstenberg abgegeben würden, Zentralrat, Nr. 78, S. 555 f. Dieser Behauptung widersprach die Reichsregierung telegraphisch aus Weimar. Sie stellte klar, alle Entscheidungen über Bremen habe das politische Kabinett einstimmig gefaßt. Siehe: Vorwärts Nr. 96, 7. 2. 1919, Morgen-Ausgabe, S. 3.

42 Text der Forderung nach Noske, Kiel bis Kapp, S. 82; vgl. auch Kolb, Arbeiterräte, S. 346.

43 Die Vorschläge der Bremer Volksbeauftragten in: Freiheit Nr. 61, 4. 2. 1919, Morgen-Ausgabe, S. 1; sowie in: Noske, Kiel bis Kapp, S. 82.

44 Freiheit Nr. 61, 4. 2. 1919, Morgen-Ausgabe, S. 1: »Die Lage in Bremen«.

mit einem wohlverdienten strategischen Rückzug sein Ende finden wird«[45]. Doch diese Hoffnung auf eine Einsicht Noskes trog.

Am 4. Februar erfolgte der Einmarsch der Truppen Gerstenbergs. Es kam zu blutigen Kämpfen[46]. Die Bremer Verteidiger verloren »an Toten, Verletzten und Gefangenen fast 300 Mann«, die Regierungstruppen 26 Tote und 51 Verwundete[47]. Am Abend des 4. Februar war Bremen vollständig in der Hand der Division Gerstenberg. Die Führer der Räterepublik räumten bereits bei Beginn der Kampfhandlungen das Rathaus[48]. Henke war schon zuvor nach Weimar zur Eröffnung der Nationalversammlung abgereist, was ihm Noske später als unglaubliche Feigheit auslegte[49]. Am Abend des 4. Februar wurde gemeldet, das IX. Armeekorps habe mobil gemacht und sei im Anmarsch auf Bremen, um den Kampf gegen die Division Gerstenberg aufzunehmen[50]. Tatsächlich kam es dazu jedoch nicht, da der Transport der über 1100 Freiwilligen, die dem Aufruf zur »Volksbewaffnung« gefolgt waren – diese Zahl lag weit über der von Lamp'l angenommenen –, durch einen Streik der Bahnbeamten verhindert wurde[51].

Die Notwendigkeit des militärischen Einschreitens gegen Bremen begründete Noske am 5. Februar in der Sitzung der SPD-Nationalversammlungsfraktion[52] und am 15. Februar vor dem Plenum der Nationalversammlung[53]. Während Noske in seiner Fraktion als gravierendsten Anlaß für die militärische Aktion anführte, die Zustände in Bremen hätten keine Gewähr dafür geboten, daß die Lebensmittelversorgung des Reiches über den Bremer Seehafen ordnungsgemäß und pünktlich abgewickelt werden könne[54] – eine offensichtlich an den

[45] Ebda., Nr. 60, 3. 2. 1919, Morgen-Ausgabe, S. 1: »Beginnende Einsicht«.

[46] Zu den Kampfhandlungen vgl. Wirren, S. 108–114.

[47] Ebda., S. 113. Leider keine nähere Aufschlüsselung möglich.

[48] Kolb, Arbeiterräte, S. 347, kritisiert, die führenden Bremer Linksradikalen hätten in der Endphase ihrer Herrschaft nicht sehr viel Mut und Verantwortungsgefühl bewiesen.

[49] Verhandlungen NV, Bd 326, 15. 2. 1919, S. 115; sowie Noske, Kiel bis Kapp, S. 83. Dagegen erklärte die USPD-Abgeordnete Zietz, Henke sei nach Weimar abgereist, weil er der Überzeugung war, mit dem Rücktrittsangebot der Bremer Regierung sei »die Basis zur Verständigung« geschaffen gewesen. Siehe: Verhandlungen NV, Bd 326, 20. 2. 1919, S. 238.

[50] Zentralrat, S. 566, Anm. 80. Diesbezügliches Telegramm von Lamp'l an den Berliner Zentralrat vom 4. 2. 1919 ebda., S. 554, Anm. 31.

[51] Kluge, Soldatenräte, S. 332. Zum Ausbleiben der Hamburger Unterstützungstruppen vgl. auch das Flugblatt der KPD Hamburgs von Anfang Februar 1919 »Das Blutbad von Bremen. Weshalb unterlag die Arbeiterschaft?«, in: Dokumente und Materialien II/3, Nr. 61, S. 131–135.

[52] Laut Miller, Bürde, S. 239, Anm. 19 ist Noskes Bericht zwar nicht in den Fraktionsprotokollen enthalten, aber wiedergegeben in einer WTB-Meldung vom 6. 2. 1919.

[53] Verhandlungen NV, Bd 326, 15. 2. 1919, S. 114–116.

[54] Miller, Bürde, S. 238 f.; dieselbe Argumentation gebrauchte Noske in einem Interview mit »P. P. N.«, den von einem SPD-Pressebüro herausgegebenen »Politisch-parlamentarischen Nachrichten«, veröffentlicht in: Vorwärts Nr. 56, 31. 1. 1919, Morgen-

Haaren herbeigezogene Begründung[55] –, richtete er in der Nationalversammlung seine Hauptangriffe gegen den Korpssoldatenrat des IX. Armeekorps, weil dieser »der Regierung in aller Form eine Art von Kriegserklärung übermittelt« habe[56]. »Um wichtigster Reichsinteressen willen«, so Noske, mußte gegen Bremen marschiert werden. Denn dort seien die Pressefreiheit in der schändlichsten Weise vergewaltigt[57], die Versammlungsfreiheit beeinträchtigt, die Arbeiter wiederholt gegen ihren Willen zum Streik gezwungen, der Kassenbestand der dortigen SPD geraubt, das aus dem Felde zurückkehrende Bremer Regiment unter schändlichem Treuebruch mit Maschinengewehren empfangen und entwaffnet[58], der Belagerungszustand verhängt und die Bremer Banken bedroht worden. Diese absolute Unsicherheit der Verhältnisse habe schließlich »die Zufuhr von Lebensmitteln nach Deutschland ernstlich in Frage [gestellt]«. Insgesamt habe man mit Bremen »ein Höchstmaß von Geduld an den Tag gelegt«[59]. Bei dieser Gelegenheit rechtfertigte Noske auch das sich an die Besetzung Bremens anschließende militärische Vorgehen gegen Bremerhaven und Cuxhaven[60], um zum Schluß seiner Rede – in Erwiderung auf die vielfache Kritik an seiner Gewaltpolitik – noch einmal zu betonen, er habe den lebhaften Wunsch, die Wiederherstellung friedlicher Zustände im Innern »durch Verhandlungen und Mahnungen zu erreichen«; wenn »die Verblendeten oder Böswilligen« jedoch nicht hören und sich dem Willen der großen Mehrheit des Volkes nicht fügen wollten, drohte er, dann müsse und solle ihnen »mit aller Kraft entgegengetreten« werden[61].

Nun war es jedoch – im Gegensatz zur Betonung seiner Geduld und Verhandlungsbereitschaft – gerade das Charakteristische an Noskes Verhalten im Fall Bremen, daß er weder abwartete, bis die Räterepublik an ihren internen Schwierigkeiten zerbrach, noch sich auf die vielfältigen Bemühungen um eine friedliche Beilegung des Konflikts einließ, sondern erneut, wie zuvor schon während der Berliner Januarunruhen, kompromißlos seine einmal eingeschlagene Linie verfolgte und die bedingungslose Kapitulation mit Waffengewalt erzwang.

Ausgabe, S. 2: »Noske über die Expedition nach Bremen. Sicherung der Lebensmittelzufuhr«.

55 Miller, Bürde, S. 239.

56 Verhandlungen NV, Bd 326, 15. 2. 1919, S. 115.

57 Am 21. 12. 1918 hatten linksradikale Arbeiter- und Soldatenräte die Redaktionsräume der sozialdemokratischen »Bremer Bürgerzeitung« gestürmt und die Redakteure davongejagt. Ab 10. 1. war über alle bürgerlichen Zeitungen Bremens die Vorzensur verhängt. Siehe: R. Müller, Geschichte der deutschen Revolution, Bd III, S. 116.

58 Zu diesen Vorgängen vgl. Kluge, Soldatenräte, S. 328 f.

59 Verhandlungen NV, Bd 326, 15. 2. 1919, S. 114 f.

60 Ebda., 115 f.; vgl. auch Noske, Kiel bis Kapp, S. 84; sowie: Wirren, S. 115 f., Kapitel »Die Besetzung von Bremerhaven am 9. Februar 1919«, und S. 120, Kapitel »Wiederherstellung der Ordnung in Cuxhaven«.

61 Verhandlungen NV, Bd 326, 15. 2. 1919, S. 116.

Mit Recht ist betont worden, daß der Vermittlungsvorschlag des Soldatenrats des IX. Armeekorps in Altona zunächst keineswegs eine feindselige Haltung der Reichsregierung gegenüber darstellte, »sondern einen Versuch, die militärische Besetzung Bremens durch ein Freikorps zu verhindern und die damit verbundene Gefahr blutiger Zusammenstöße abzuwenden«[62]. Wenn Noske weder von diesen noch anderen Vermittlungsbemühungen etwas wissen wollte, so folgte er damit der Devise, daß hier »wichtigste Reichsinteressen« auf dem Spiel standen. Gemeint war damit das Interesse der Reichsregierung, wie Noske es interpretierte, unter allen Umständen, »selbst um den Preis eines Blutbades«[63], vor aller Augen zu demonstrieren, daß die Regierung in der Lage war, Ruhe und Ordnung zu garantieren und, wo nötig, diese wiederherzustellen[64]. Er nahm es gelassen in Kauf, daß nun wieder vom »Bluthund« und von der »Regierung des Arbeitermordes« die Rede war[65]. Aber dies war es nicht allein. Er sah sich außerdem gezwungen, »den einmal eingeschlagenen Weg, die Gegner der Regierung von links mit Hilfe des alten Militärs niederzuringen, konsequent weiterzugehen«[66]. Ein Kompromiß hätte ihn in den Augen des Militärs kompromittiert. Noske fand nichts dabei, wenn »das Selbstbewußtsein der Offiziere [...] in jenen Tagen und den folgenden Monaten, als sie sahen, wie sie gebraucht wurden, eine kräftige Wiederbelebung« erfuhr[67]. Das durchaus berechtigte Mißtrauen, das nicht nur die linken Regierungsgegner, sondern auch viele Mehrheitssozialdemokraten gegen das alte, innerlich noch immer dem Kaiserreich verbundene Militär hegten, war ihm gänzlich fremd. Für ihn waren die Freikorps keine »weiße Garde«, sondern Truppen, »die treu zur sozialistischen Regierung stehen und uns helfen, Deutschland vor Anarchie und völligem Zusammenbruch zu bewahren«[68]; daher konnte er auch für die Mahnungen und Warnungen seiner Bremer und Hamburger Parteigenossen, auf den Einsatz der Division Gerstenberg zu verzichten, keinerlei Verständnis aufbringen. Die SPD-Nationalversammlungsfraktion war zu diesem Zeitpunkt noch bereit, seine Politik zu unterstützen. Sie faßte am 5. Februar in Weimar den einstimmigen Beschluß: »Die Fraktion nimmt von den Mitteilungen über die Vorgänge in Bremen

[62] Miller, Bürde, S. 239.
[63] Peter Kuckuk (Hrsg.), Revolution und Räterepublik in Bremen, Frankfurt/M. 1969, S. 30.
[64] Kolb, Arbeiterräte, S. 346, meint, der Rückzug der Division Gerstenberg sei für Noske untragbar gewesen, weil er eine »Bloßstellung« der Reichsregierung bedeutet hätte.
[65] Freiheit Nr. 63, 5. 2. 1919, Morgen-Ausgabe, S. 1, Leitartikel »Die Regierung des Arbeitermordes«.
[66] Miller, Bürde, S. 240.
[67] Noske, Kiel bis Kapp, S. 84.
[68] Telegramm Noskes vom 4. 2. 1919 an den Soldatenrat Bremerhaven, AdsD, Nachlaß Noske.

Kenntnis und billigt das Verhalten der Reichsregierung[69].« Sie tat dies, nachdem Noske gedroht hatte, wenn man ihm in schwieriger Lage in den Rücken falle, so sei das tieftraurig für die gesamte Sozialdemokratie, und wenn das so weitergehe, dann wolle er lieber gleich den Bankrott erklären[70].

Gleichwohl bahnte sich seit Bremen an, was im weiteren Verlaufe des Jahres 1919 immer deutlicher werden sollte, nämlich die zunehmende Isolierung Noskes in der eigenen Partei. Charakteristisch hierfür war der Kommentar der mehrheitssozialdemokratischen Zeitung »Hamburger Echo«[71] zu den Vorgängen in Bremen: »Wir erkennen ohne weiteres an, wie riesenschwer die Aufgabe der Regierung war, sich Ansehen zu verschaffen, um die Entente zu gewinnen, dem hungernden Deutschland Nahrung zu geben. Wir wissen auch, daß die äußersten Extreme keinen Sinn für diese Sorgen haben, und daß sie gerade solche Schwierigkeiten begrüßen, um das von ihnen gewünschte Chaos zu beschleunigen. Aber trotz alledem ist dieses Bremer Ereignis für uns Sozialisten nur schwer zu ertragen. Wir werden die Sorge um die Konsequenzen nicht los. Noch einige solcher Siege wie in Berlin und Bremen und das Offizierkorps und die bürgerlich-aristokratische Reaktion hat das, was sie braucht: ein mit neuem Selbst- und Kraftbewußtsein ausgerüstetes militärisches Instrument. Von diesen Konsequenzen hat Noske nicht gesprochen. Uns sind sie aber die wichtigsten. Kann die Offizierkaste wieder ihr Haupt erheben, dann recken sich die anderen Elemente der Reaktion ebenfalls. Das gilt es zu bedenken und zu verhindern.«

2. Die Berliner Märzkämpfe

Noskes Gewaltpolitik in Berlin und in Bremen hatte keineswegs zur Folge, daß sich die innenpolitische Szene nun reichsweit beruhigt hätte. Das Gegenteil war der Fall. Die Protestbewegung schwoll weiter an und entlud sich in Massenstreiks. Ihre Intensität und ihre politische Zielrichtung war regional recht unterschiedlich. Die Streikaktivitäten im rheinisch-westfälischen und im mitteldeutschen Industriegebiet hatten eine eher soziale und wirtschaftliche Stoßrichtung[72], wogegen

[69] Freiheit Nr. 66, 6. 2. 1919, Abend-Ausgabe, S. 1.

[70] Ebda.; in der Nationalversammlung behauptete die USPD-Abgeordnete Zietz, Noske habe in seiner Fraktion »ein herzerbarmendes Jammerlied angestimmt« und damit das Vertrauensvotum erwirkt. Siehe: Verhandlungen NV, Bd 326, 20. 2. 1919, S. 238.

[71] Der Artikel aus dem »Hamburger Echo« wurde nachgedruckt in: Freiheit Nr. 75, 8. 2. 1919, Abend-Ausgabe, S. 1.

[72] Auf die Streikaktivitäten in diesen Regionen wird hier nicht näher eingegangen. Vgl. hierzu den Sammelband von Reinhard Rürup (Hrsg.), Arbeiter- und Soldatenräte im

die Arbeiterschaft in der Reichshauptstadt Berlin seit Ende Februar wiederum politische Forderungen an die Regierung formulierte. Sie bezogen sich im wesentlichen auf drei Fragen: die Sozialisierung, die Zukunft der Arbeiter- und Soldatenräte und die Militärpolitik der Regierung. Zur Durchsetzung der Forderungen agitierten die Unabhängigen und die Kommunisten für die Ausrufung eines Generalstreiks. Aber auch die mehrheitssozialdemokratischen Funktionäre waren unter dem Eindruck der Proteststimmung der Berliner Arbeiterschaft in wachsendem Maße bereit, ein Zeichen zu setzen und sich einem Streik anzuschließen[73], selbst wenn er sich gegen die Mitglieder der eigenen Partei richten mußte, die in Weimar ihren Regierungsgeschäften nachgingen.

Die Regierung selbst war über die explosive Stimmung in Berlin durchaus unterrichtet. Um die Wogen zu glätten, erließ sie am 1. März 1919 einen Aufruf[74], in dem sie den Vorwurf, Nationalversammlung und Reichsregierung hätten sich den Aufgaben der Stunde entzogen oder wollten gar die Arbeiter um die Früchte der Revolution bringen, aufnahm und als »Verleumdung gefährlichster Art«, erfunden von »gewalttätigen Schürern des Aufrufs«, zurückwies. Die Regierung sei dabei, hieß es in dem Aufruf, ein sozialistisches Arbeiterrecht zu schaffen, die Betriebsräte als Organe der wirtschaftlichen Demokratie auszubauen und die Sozialisierung[75] voranzutreiben. Gleichzeitig drohte die Regierung ihren Gegnern mit der »Strenge des Gesetzes«. Auch der Parteivorstand der Sozialdemokratie und die sozialdemokratische Fraktion der Nationalversammlung mahnten am 1. März 1919 mit einem gemeinsamen »Gegen die Tyrannei«[76] überschriebenen Aufruf vor weiteren Unruhen und versicherten, daß weder die Soldatenräte noch die Arbeiterräte verschwinden sollten und daß die Sozialisierung so rasch wie möglich kommen werde. Die Arbeiterschaft wurde

rheinisch-westfälischen Industriegebiet, Wuppertal 1975, sowie zusammenfassend Miller, Bürde, S. 254–259.

[73] Am 28. 2. 1919 forderte z. B. die Vollversammlung der Arbeiter- und Soldatenräte Groß-Berlins in einer von MSPD und USPD gemeinsam eingebrachten Resolution, das Rätesystem zu verwirklichen. Text der Resolution in: Dokumente und Materialien II/3, Nr. 95, S. 205 f.; zur wachsenden Radikalisierung auch der mehrheitssozialdemokratischen Arbeiterräte vgl. die Darstellung von R. Müller, Geschichte der deutschen Revolution, Bd III, S. 148–155, die sich auf die stenographischen Verhandlungsberichte der Vollversammlung der Berliner A- und S-Räte stützt.

[74] Wiedergabe in: R. Müller, Geschichte der deutschen Revolution, Bd III, S. 144 f.; siehe auch Stampfer, Jahre, S. 106 f.

[75] Derzeit beriet die Nationalversammlung in Weimar über die Sozialisierung. Im Zentralrat wurde kritisch gesagt, der Generalstreik sei die notwendige Konsequenz dessen, daß bisher in der Sozialisierungsfrage nichts geschehen sei. Die Sozialisierung hätte früher geschehen müssen. So Hugo Struve in: Zentralrat, Sitzung vom 4. 3. 1919, Nr. 96, S. 762; vgl. auch die Bekanntmachung der Reichsregierung »Die Sozialisierung ist da!« In: Dokumente und Materialien II/3, Nr. 119, S. 294.

[76] Wiedergabe in: R. Müller, Geschichte der deutschen Revolution, Bd III, S. 145 f.

gewarnt: »Laßt Euch nicht von wenigen bewaffneten Fanatikern aus den Betrieben mit Gewalt oder durch heuchlerische Betörungen herauslocken!«

Noske, der den Ernst der Lage erkannte, begab sich nach Berlin, um dort mit der preußischen Regierung über die im Falle eines Generalstreikes zu treffenden Maßnahmen zu konferieren[77]. Bei der Zusammenkunft am 3. März vormittags wurde festgelegt, daß dann der Belagerungszustand verhängt und der Reichswehrminister zum Oberbefehlshaber in den Marken ernannt werden sollte. Noch am gleichen Tage erteilte Noske daraufhin dem Generalkommando Lüttwitz den Befehl, die Truppen sollten sich verwendungsbereit halten[78]. Die damit verbundenen Vorbereitungen für ein militärisches Eingreifen in der Reichshauptstadt waren also bereits zu einem Zeitpunkt getroffen, als noch niemand übersehen konnte, in welcher Form sich die angestaute Proteststimmung der Berliner Arbeiterschaft äußern würde. Gewiß mußten sich der Reichswehrminister, die preußische Regierung wie auch die Berliner Kommandantur auf alle denkbaren Möglichkeiten einstellen und rechtzeitig überlegen, mit welchen Mitteln gegebenenfalls angemessen zu reagieren sein würde. Es fragte sich nur, ob die frühe Alarmierung der Truppen nicht wiederum einen Automatismus in Gang setzte, der dann nicht mehr zu bremsen war und der die Entscheidungsträger zu Überreaktionen verleitete.

Die maßlosen Angriffe und Schmähungen, denen sich die Regierungsmitglieder in diesen Tagen seitens der kommunistischen Presse ausgesetzt sahen, brachten das politische Klima in Berlin zum Siedepunkt. Sie gingen auch an dem nervenstarken Noske nicht spurlos vorüber. Im Aufruf der KPD zum Generalstreik, den ihr Organ »Die Rote Fahne« am 3. März veröffentlichte[79], konnte Noske lesen, er habe die Proletarierleichen in Deutschland »haushoch geschichtet«, er habe »wie der Barbar mit seinen Scharen in den Stätten des deutschen Arbeiters« gehaust; die amtierende »sozialistische« Regierung sei »zum Massenhenker des deutschen Proletariats geworden«; lang seien die »blutigen Stationen des Noskeschen Kreuzzuges gegen das deutsche Proletariat«; die Ebert-Scheidemann-Noske seien »die Todfeinde der Revolution«; und die Revolution könne nur voranschreiten »über das Grab jener Mehrheitssozialdemokratie«, dieser »neuaufgetakelten Verbrechergesellschaft«. Der kommunistische Aufruf schloß mit den politischen Parolen: »Auf zum Kampfe! Auf zum Generalstreik! Nieder mit Ebert-Scheidemann-Noske, den Mördern, den Verrätern! Nieder

[77] Noske, Kiel bis Kapp, S. 101, auch zum Folgenden.
[78] Ebda., S. 106.
[79] Die Rote Fahne, Nr. 45, 3. 3. 1919. Wiederabdruck in: Dokumente und Materialien II/3, Nr. 112, S. 282–286. Noske hat diesen Aufruf in seinen Revolutionserinnerungen ebenfalls fast vollständig wiedergegeben. Siehe: Noske, Kiel bis Kapp, S. 101–103.

mit der Nationalversammlung! Alle Macht den Arbeiterräten!« Der Reichswehrminister zitierte diesen Aufruf später in der Nationalversammlung[80], um zu belegen, in welcher Weise die Berliner Arbeiterschaft durch die KPD Anfang März aufgeputscht wurde. Aber nicht nur er, sondern auch Richard Müller (USPD), der in den folgenden Tagen als Berliner Streikführer fungierte, machte diesen Aufruf der KPD für die »aufgepeitschten Leidenschaften« verantwortlich[81], welche zu jener Zeit die Atmosphäre in der Reichshauptstadt prägten.

Noch bevor die für den Nachmittag des 3. März einberufene Vollversammlung der Arbeiter- und Soldatenräte Groß-Berlins, auf der dann der Beschluß zum Generalstreik gefaßt wurde, zusammentrat, kam es auf dem Berliner Alexanderplatz und an anderen Orten zu Radauszenen, Plünderungen von Geschäften und schließlich auch zum Sturm auf mehrere Polizeireviere[82]. Es ist später viel darüber gerätselt worden, wer für diese Ausschreitungen die Verantwortung trug, und ob »das in jenen Stadtteilen ständig anwesende Gesindel zu diesen Schandtaten angestachelt worden war«, etwa von Provokateuren der Garde-Kavallerie-Schützen-Division[83], deren Befehlshaber die Regierung dazu drängen wollten, in jedem Falle militärisch zuzuschlagen. Auszuschließen ist es nicht, daß der Stab dieser Division der Initiator jener Plünderungen und anderer Gewalttaten war, aufgrund derer dann noch am selben Tage der Belagerungszustand ausgerufen wurde.

Währenddessen trat die Vollversammlung der Berliner Arbeiter- und Soldatenräte zusammen. Nach einer stürmischen Auseinandersetzung wurde mehrheitlich[84] – mit den Stimmen von MSPD, USPD und KPD – der Generalstreik für den kommenden Tag beschlossen[85]. Die Streikforderungen[86] bezogen sich auf wirtschaftliche und politische Fragen, nicht jedoch auf die Beseitigung der Regierung[87]. Die politi-

[80] Verhandlungen NV, Bd 327, 13. 3. 1919, S. 740.

[81] R. Müller, Geschichte der deutschen Revolution, Bd III, S. 168.

[82] März-Unruhen, S. 8180 f. In diesem Bericht des preußischen Innenministeriums wird minutiös über Angriffe gegen einzelne Polizeibeamte, über Waffendiebstähle und Plünderungen berichtet. Vgl. auch Noske, Kiel bis Kapp, S. 103; R. Müller, Geschichte der deutschen Revolution, Bd III, S. 155.

[83] Dies vermutet R. Müller, Geschichte der deutschen Revolution, Bd III, S. 155 f., 170 ff.

[84] Der Beschluß erfolgte mit ca. 400 gegen ca. 120 Stimmen bei etwa 200 Enthaltungen. Siehe: Zentralrat, S. 752, Anm. 2.

[85] Im einzelnen R. Müller, Geschichte der deutschen Revolution, Bd III, S. 154.

[86] Streikforderungen der Vollversammlung der Arbeiter- und Soldatenräte Groß-Berlins vom 3. 3. 1919. Vollständiger Text in: Dokumente und Materialien II/3, Nr. 115, S. 289 f. Auszüge in: R. Müller, Geschichte der deutschen Revolution, Bd III, S. 155; Miller, Bürde, S. 260.

[87] Dies wird fälschlicherweise behauptet in dem Bericht des preußischen Innenministeriums an den Untersuchungsausschuß der Landesversammlung »Entstehung und Verlauf der März-Unruhen in Berlin im Jahre 1919«. Dort heißt es, die Ziele des Generalstreiks seien gewesen: »die Beseitigung der Regierung, die Aufhebung der Nationalversammlung, die Fortführung der Revolution, die Einsetzung einer Räteverfassung

schen Forderungen konzentrierten sich im wesentlichen auf die von Noske zu verantwortende Militärpolitik der Reichsregierung: Sofortige Durchführung der Hamburger Punkte, Aufhebung der Militärgerichtsbarkeit, sofortige Bildung einer revolutionären Arbeiterwehr und Auflösung der Freiwilligenverbände, Anerkennung der Arbeiter- und Soldatenräte. Selbstverständlich war keiner dieser Punkte für Noske annehmbar. Für den Reichswehrminister stellten die Streikforderungen eine Kampfansage dar, über die es nichts zu verhandeln gab.

Obwohl zwischen den erwähnten Ausschreitungen und dem Generalstreikbeschluß kein direkter Zusammenhang bestand, kamen Noske und die preußische Regierung infolge des zeitlichen Zusammenfallens beider Vorgänge zu dem Schluß, daß nun die Zeit zum Handeln gekommen sei. Noch am Abend des 3. März verhängte das preußische Staatsministerium den Belagerungszustand über das Gebiet von Groß-Berlin und übertrug dem Reichswehrminister, der gleichzeitig zum Oberbefehlshaber in den Marken ernannt wurde, die vollziehende Gewalt[88]. Mehrere Verfassungsrechte – persönliche Freiheit und Unverletzlichkeit der Wohnung, ordentliche Gerichtsbarkeit, Freiheit der Presse, Vereins- und Versammlungsrecht, Beschränkung militärischer Befugnisse – wurden außer Kraft gesetzt. Unter dem Signum »Reichswehrminister und Oberbefehlshaber in den Marken« erließ Noske noch in derselben Nacht seine Anordnungen[89]. Er verbot Versammlungen, öffentliche Aufzüge und Zusammenrottungen, drohte an, die Befolgung dieser Anordnungen werde nötigenfalls mit Waffengewalt erzwungen, und er setzte außerordentliche Kriegsgerichte ein. In einem Zusatz[90] warnte er, alle Straftaten des Hochverrats, Landesverrats, Mordes, Aufruhrs, der tätlichen Widersetzung, der Zerstörung von Eisenbahn und Telegraphen, der Befreiung von Gefangenen, der Meuterei, des Raubes, der Plünderung, der Erpressung, der Verleitung von Soldaten zur Untreue u. a. würden von diesen außerordentlichen Kriegsgerichten »im beschleunigten Verfahren abgeurteilt«. Erneut machte Noske deutlich, daß er zum Äußersten, dem Waffeneinsatz, entschlossen war. Während man im Zentralrat noch zweifelte, ob die Verhängung des Belagerungszustandes überhaupt »taktisch klug« war,

und die Diktatur des Proletariats«. Siehe: März-Unruhen, S. 8179. Kolb/Rürup werten diesen Bericht insgesamt mit Recht als »reine Propagandaschrift«, die von Unrichtigkeiten und bewußten Fälschungen strotze. Siehe: Zentralrat, S. 752, Anm. 2.

88 Verordnung des preußischen Staatsministeriums, gez. Hirsch, Braun, E. Ernst, Fischbeck, Hoffmann, Haenisch, Dr. Südekum, Heine, Reinhardt, vom 3. 3. 1919. Text in: R. Müller, Geschichte der deutschen Revolution, Bd III, S. 169, sowie in: Noske, Kiel bis Kapp, S. 103. Faksimile des Plakats, das den Belagerungszustand verkündete, in: Illustrierte Geschichte (1929), S. 359.

89 Verordnungen Noskes vom 3. 3. 1919, in: Miller, Bürde, S. 169 f.; sowie in: Noske Kiel bis Kapp, S. 104; vgl. auch März-Unruhen, S. 8180.

90 Zusatz zur Verordnung Noskes vom 3. 3. 1919. In: Noske, Kiel bis Kapp, S. 104.

und ob der Generalstreik nicht auch ohne Einsatz von Gewalt gemeistert werden könnte[91], kamen Überlegungen dieser Art bei dem Reichswehrminister offenbar erst gar nicht auf.

Am folgenden Tag, dem 4. März 1919, setzte der Generalstreik ein. Im Leitungsgremium, dem Vollzugsrat der Groß-Berliner Arbeiter- und Soldatenräte, begriff man sofort, welche Gefahr die Plünderungen und Gewalttätigkeiten für die Sache des Generalstreiks bedeuteten. In ihrem Mitteilungsblatt[92] distanzierte sich die Streikleitung umgehend von diesen »Hyänen der Revolution«: »Wie bei allen großen Massenbewegungen heften sich auch bei diesem Generalstreik allerlei unsaubere Elemente an die Fußspuren der ehrlichen und klassenbewußten Arbeiterschaft [...] Leider hat am Montag abend derartiges lichtscheues Gesindel dem ehrlichen Kampf der Arbeiterschaft dadurch geschadet, daß sie Plünderungen und Radauszenen hervorgerufen haben.«

Für den weiteren Verlauf der Ereignisse war es von Bedeutung, daß bereits an diesem ersten Tag des Generalstreiks in der Streikleitung die parteipolitischen Gegensätze in vollem Umfang ausbrachen. Die Kommunisten zogen sich aus Protest gegen die Anwesenheit von Mehrheitssozialdemokraten in der Streikleitung aus dieser zurück und bildeten ein eigenes Streikkomitee[93]. Als die Vollversammlung des Arbeiterrats am 6. März den Beschluß faßte, den Generalstreik auf die lebenswichtigen Gas-, Wasser- und Elektrizitätswerke Berlins auszudehnen, brachen auch die Mehrheitssozialdemokraten und die Berliner Gewerkschaftskommission aus der Streikfront aus. Die Berliner Mehrheitssozialdemokraten befanden sich während der Streiktage ohnehin in einem kaum lösbaren Dilemma: »Einerseits teilten sie die wachsende Erbitterung gegen die Regierung und auch gegen die Nationalversammlung, die weder wirksame Maßnahmen gegen die materielle Verelendung der Bevölkerung und gegen die rücksichtslose Ausnutzung der materiellen Notlage durch eine kleine Schicht ergriff, noch die Forderungen der Arbeiter nach Mitbestimmung und Demokratisierung erfüllte. Andererseits hemmte sie ihre Loyalität gegenüber ihrer Parteiführung und der durch sie gestützten Regierung wie auch ihre Ablehnung der Methoden der linken Opposition, an Aktionen teilzunehmen, die einen Frontalangriff gegen diese Regierung bedeuteten.

[91] Max Cohen in der Sitzung des Zentralrats am 4. 3. 1919. Siehe: Zentralrat, Nr. 96, S. 752. Cohen hatte die Einsicht, »daß der Satz von früher, daß man auf Bajonetten nicht sitzen kann, heute noch ebenso gilt«.

[92] Als Ersatz für die nicht erscheinenden Zeitungen brachte die Streikleitung ein eigenes »Mitteilungsblatt des Vollzugsrats der A.- und S.-Räte Groß-Berlins« heraus. Text der zitierten Stellungnahme in: Noske, Kiel bis Kapp, S. 195. Auch die unabhängige »Freiheit« Nr. 138 vom 22. 3. 1919 anerkannte, daß gegen »plündernden Janhagel« Gewalt angewendet werden mußte, wies aber jede Verbindung zwischen Plündereien und Generalstreik weit von sich. Der Streikleiter, Richard Müller, hatte in diesem Sinne an Reichskanzler Scheidemann geschrieben.

[93] Vgl. R. Müller, Geschichte der deutschen Revolution, Bd III, S. 156 f.

So haben viele Mehrheitssozialdemokraten zunächst dem Generalstreik als einem Mittel, Besserungen zu erzwingen, zugestimmt, gleichzeitig jedoch Möglichkeiten gesucht, diese auf dem Wege der Verständigung zu erreichen[94].«

Schon am 4. März fanden Verhandlungen[95] zwischen dem Berliner MSPD-Vorstand und der Regierung in Weimar statt. Sie hatten zum Ergebnis, daß die Regierung gesetzgeberische Absichten ankündigte, die den Streikforderungen entgegenzukommen schienen, in Wirklichkeit jedoch über das Programm der Regierung Scheidemann nicht hinausgingen[96]. Auch die Streikleitung selbst verhandelte am 5. und 6. März über Bedingungen für den Abbruch des Streiks[97], allerdings völlig erfolglos. Schließlich wurde am 8. März auch von den USPD-Arbeiterräten der sofortige Abbruch des Generalstreiks beschlossen[98]. Damit war dieser Streik nach fünf Tagen Dauer beendet.

Nicht beendet waren jedoch die in Berlin tobenden Straßenkämpfe. Vom ersten Tage des Streiks an waren sie völlig außer Kontrolle geraten. Was auf der Ebene der politisch Verantwortlichen – Noske und Regierung einerseits, Streikleitung und Berliner MSPD-Vorstand andererseits – verhandelt wurde, kam den Kämpfenden gar nicht zu Bewußtsein. In Berlin herrschte Bürgerkrieg.

Nachdem Noske am Morgen des 4. März gemeldet worden war, in der vergangenen Nacht sei es im Berliner Stadtteil Lichtenberg zu einem regelrechten Feuergefecht gekommen und 32 Polizeiwachen seien gestürmt worden[99], erteilte er dem Generalkommando Lüttwitz den Befehl zum Einmarsch in Berlin[100]. Lüttwitz setzte die Garde-Kavallerie-Schützen-Division und andere Verbände mit einer Gesamtstärke von 31 400 Mann ein[101]. Die Besetzung der einzelnen Stadtteile erfolgte noch am Vormittag des 4. März, und zwar nach dem sogenannten »Pharusplan«, den General Lüttwitz bereits am 31. Januar 1919 (!) als vorbereitenden Befehl erlassen hatte[102].

Auf dem Berliner Alexanderplatz versammelten sich trotz Noskes

[94] Miller, Bürde, S. 262.

[95] Im einzelnen ebda., S. 262 f.

[96] Reichskanzler Scheidemann berichtete in der Nationalversammlung über seine Verhandlungen mit Berliner Arbeiterdelegationen und betonte bei dieser Gelegenheit, die Regierung habe unter dem Druck der Berliner Verhältnisse keinerlei Zugeständnisse gemacht, sondern sei in der Frage der Sozialisierung lediglich dabei, das Regierungsprogramm zu verwirklichen. Verhandlungen NV, Bd 326, 8. 3. 1919, S. 576.

[97] Text der Bedingungen bei R. Müller, Geschichte der deutschen Revolution, Bd III, S. 160 f.; vgl. auch ebda., S. 174.

[98] Miller, Bürde, S. 261, mit Quellenangaben.

[99] Noske, Kiel bis Kapp, S. 105. Zum Zustandekommen dieser Meldung vgl. das nachfolgende Kapitel VIII/3.

[100] Noske, Kiel bis Kapp, S. 106.

[101] Genaue Angaben über die eingesetzten Truppen in: Wirren, S. 81. Gliederung der Korps Lüttwitz im März 1919 ebda., S. 196–207.

[102] Der Befehl ist auszugsweise abgedruckt ebda., S. 81 f.

Versammlungsverbot große Menschenmengen. Als sie der Anordnung, den Platz zu verlassen, nicht Folge leisteten, sondern die Regierungssoldaten als Mörder und Bluthunde beschimpften, schossen die Truppen scharf in die unbewaffnete Menge[103]. Dies war der Auftakt zu den bewaffneten Straßenschlachten, die sich bis zum 16. März hinzogen und auf beiden Seiten verbittert und rücksichtslos geführt wurden. Offiziellen Angaben zufolge[104] sollen etwa 15000 Aufständische mit der Waffe in der Hand gegen die Regierungstruppen gekämpft haben.

Der Verlauf und die einzelnen Etappen der Berliner Märzkämpfe sind aus unterschiedlicher Sicht mehrfach geschildert worden[105]. Eine abschließende historische Darstellung steht jedoch noch aus. Unter anderem ist bis heute ungeklärt, wie es dazu kommen konnte, daß Freikorpstruppen und regierungstreue Volkswehren – nämlich die Republikanische Soldatenwehr und die Reste der Volksmarinedivision – sich gegenseitig beschossen, was dann zur Folge hatte, daß ein Teil der Wehren sich auf die Seite der Aufständischen schlug. Es ist vermutet worden, die monarchistischen Offiziere der Garde-Kavallerie-Schützen-Division hätten die Republikanische Soldatenwehr als unliebsame, weil – im Gegensatz zu den Freikorps – wirklich regierungstreue Konkurrenz angesehen und die Gelegenheit der Berliner Märzkämpfe dazu benutzt, diese Wehren zu provozieren, um sie nachher endgültig beseitigen zu können[106]. Richard Müller berichtet, die unter dem Befehl des Generalkommandos Lüttwitz stehende Berliner Kommandantur habe am 5. März Befehle gegeben, die zwangsläufig dazu führen mußten, daß die Soldaten der Republikanischen Soldatenwehr und des Freikorps Lützow aufeinander schossen[107]. Jedenfalls kam es dann zu schrecklichen Kämpfen zwischen diesen Truppen. Noske ließ schließlich die Leitung der RSW verhaften, forderte die Mannschaften zur sofortigen Waffenstreckung auf und befahl, den republikanischen Verband von 16000 Mann auf 6500 zu verringern[108]. Zugleich befahl er die vollständige Auflösung der Volksmarinedivision[109].

Zur Beurteilung der Verhaltensweise Noskes ist der Tatbestand von Bedeutung, daß er während der gesamten Märzkämpfe nahezu ausschließlich von den Informationen abhängig war, die ihm vom Korps

[103] März-Unruhen, S. 8183.
[104] Wirren, S. 83.
[105] Aus der Sicht der Regierungstruppen ebda., S. 84–103; März-Unruhen, S. 8182–8190. Aus der Sicht der USPD: R. Müller, Geschichte der deutschen Revolution, Bd III, S. 163–190. Aus der Sicht der KPD: Illustrierte Geschichte (1970), S. 357–371.
[106] R. Müller, Geschichte der deutschen Revolution, Bd III, S. 164.
[107] Ebda., S. 173.
[108] Noske, Kiel bis Kapp, S. 108; R. Müller, Geschichte der deutschen Revolution, Bd III, S. 174.
[109] März-Unruhen, S. 8185.

Lüttwitz und vom Stabe der Garde-Kavallerie-Schützen-Division zugingen. Eine veröffentlichte Meinung der Gegenseite gab es in diesen Tagen nicht, da Noske selbst schon zu Beginn der Märzunruhen die unabhängige »Freiheit« und die kommunistische »Rote Fahne« verboten hatte. Wenn Noske »den rücksichtslosen Einsatz starker Kräfte« zur Herstellung der Ordnung befahl[110], so stand er dabei ebenso unter dem Einfluß seiner militärischen Umgebung wie bei der Entscheidung über den Schießbefehl vom 9. März, über den noch zu berichten sein wird[111]. Selbstverständlich wurden auch alle militärischen Einzelpläne von den Militärs ausgearbeitet. Dem Reichswehrminister blieb es lediglich vorbehalten, sie zu billigen und damit politisch zu verantworten[112]. Auf diese Weise wurde der Oberbefehlshaber fast zwangsläufig das Opfer dieser Informationen der Militärs.

Rund 1200 Personen sollen in den Berliner Märzkämpfen getötet worden sein[113]. Viele Frauen, Kinder und sonstige Unbeteiligte wurden Opfer des Bürgerkrieges. Die Verluste der Regierungstruppen betrugen 75 Tote[114]. Schon diese Zahlen machen deutlich, wie ungleich die Parteien waren, die sich in diesem Kampf gegenüberstanden. Noske bemerkte hierzu: »Daß undisziplinierte Aufständische größere Verluste haben wie die sie niederzwingenden gut geführten und besser bewaffneten Truppen und Polizeikörper, ist selbstverständlich[115].« Der Vergleich der Opfer auf beiden Seiten belegt gewiß, daß die Aufständischen ziemlich planlos, ja spontan und weithin führungslos gekämpft haben müssen. Er führt aber auch erneut zu der Frage, wie es in diesen Kämpfen um die Verhältnismäßigkeit der Mittel stand.

Während der Generalstreik wenigstens bewirkte, daß sich die Regierung in Weimar bereit erklärte, die Arbeiterräte in der Verfassung zu verankern[116], endeten die bürgerkriegsähnlichen Kämpfe in einer vollständigen Niederlage für die Aufständischen und mit einem vollen Erfolg für Noske und die Regierungstruppen. Indirekt rettete Noskes »brutale Entschlossenheit« auch das auf schwankendem Boden stehende Kabinett[117], das sich übrigens – erstaunlich genug – mit den Berliner Märzkämpfen nur ein einziges Mal kurz befaßte.

Der militärische Sieg Noskes ließ in Berlin für längere Zeit Ruhe und Ordnung einkehren, oder besser gesagt: einen Kirchhofsfrieden.

110 Wirren, S. 86.
111 Vgl. Kapitel VIII/3.
112 Vgl. Noske, Kiel bis Kapp, S. 107.
113 Ebda., S. 110. Ebenso: Wirren, S. 103. R. Müller, Geschichte der deutschen Revolution, Bd III, S. 188, hält diese Zahl für »zu niedrig« angesetzt.
114 Wirren, S. 103.
115 Noske, Erlebtes, S. 93.
116 Vgl. die Kabinettsdebatte über den Regierungsentwurf von Reichsarbeitsminister Gustav Bauer (MSPD) über die Verankerung der Arbeiterräte in der Verfassung. In: Kabinett Scheidemann, Nr. 18, S. 72 ff.
117 Miller, Bürde, S. 266.

Das erneute kompromißlose Vorgehen des Reichswehrministers brachte ihm zwar – zunächst noch – den Beifall der Regierungskoalition und der politischen Rechten ein, aber es vereitelte jede Möglichkeit eines Aufeinanderzugehens von Mehrheitssozialdemokraten und Unabhängigen[118]. Die tastenden Versuche, die der Sozialdemokrat Gustav Heller, der Diplomat Harry Graf Kessler[119] und der parteilose Außenminister Graf Brockdorff-Rantzau[120] in diesen Tagen unternahmen, um die noch vorhandenen Spielräume für einen Eintritt der USPD in die Regierung auszuloten, waren angesichts der Noskeschen Gewaltpolitik zum Scheitern verurteilt.

3. Der Schießbefehl Noskes vom 9. März 1919

Die Berliner Märzkämpfe bieten ein überzeugendes Anschauungsmaterial für die Beobachtung, daß der Reichswehrminister – ohne sich dessen recht bewußt zu sein – in eine immer größere Abhängigkeit von seiner militärischen Umgebung geriet. Man gewinnt den Eindruck, daß nicht er es war, der den militärischen Apparat dirigierte, sondern daß umgekehrt dieser ihn dirigierte. Einige Offiziere betrieben dies mit großem Geschick, wie zu zeigen sein wird. Noske seinerseits, der ja vor der Novemberrevolution 1918 nie Gelegenheit gehabt hatte, im Umgang mit der Verwaltung oder mit dem Militär praktische Erfahrungen zu sammeln, war offenbar außerstande, das Spiel, das andere mit ihm trieben, voll zu durchschauen. Schwerwiegende Fehleinschätzungen und Fehlentscheidungen waren die Folge.

Noske wurde immer einseitig und gelegentlich falsch informiert. Er hat dies jedoch weder in der aktuellen Situation begriffen noch später, rückblickend, eingestanden. Beispielsweise glaubte er, nur die Aufständischen hätten während der Berliner Märzkämpfe Grausamkeiten verübt. Noch ein Jahr später, als er seine Revolutionserinnerungen niederschrieb, fehlte jede Einsicht, daß er seinerzeit gelenkten Informationen ausgesetzt war. Undifferenziert behauptete er: »In bestialischer Weise wurden einzelne Soldaten abgeschlachtet. Greuelgeschichten tauchten wieder auf wie in der ersten Kriegszeit [...] Die Soldaten wur-

[118] Ebda., S. 265 f.

[119] Graf Kessler, Tagebücher 1918–1937, S. 143 ff.; vgl. auch: Kabinett Scheidemann, S. 41, Anm. 1.

[120] Vgl. Brockdorff-Rantzaus vertrauliche Mitteilungen in der Kabinettssitzung vom 12. 3. 1919. Kabinett Scheidemann, Nr. 10a, S. 36 f., sowie seine Erklärung im Reichskabinett über seine Verhandlungen mit der USPD. Ebda., Nr. 10b, S. 40–42. In letzterer berichtete der Außenminister, er habe mit Rudolf Breitscheid und Hugo Haase entsprechende Gespräche geführt.

den beim Anblick ihrer gemordeten Kameraden in höchste Wut versetzt[121].« Diese Fälle hat es unbestreitbar gegeben. Aber es war – nach den zwischenzeitlich durch die Gerichte aufgehellten Tatbeständen – eine unverantwortliche Irreführung der Öffentlichkeit, die Dinge nur von dieser einen Seite her zu beleuchten.

Am 9. März 1919 sollte Noske das Opfer einer besonders schwerwiegenden Falschmeldung werden. Sie wurde aus militärischen Kreisen ganz gezielt lanciert, um ihn zur Unterschrift unter einen sehr weitgehenden Schießbefehl zu nötigen. Der Vorgang spielte sich folgendermaßen ab: Die Berliner Tageszeitung »B. Z. am Mittag«[122] sowie das Wolffsche Telegraphenbüro (WTB) verbreiteten an jenem Tage unter Berufung auf eine »militärische Stelle« die Meldung, die Spartakisten hätten im Stadtteil Lichtenberg 60 Kriminalbeamte und viele andere Gefangene kaltblütig erschossen. Am nächsten Tage ging diese Meldung durch alle Blätter. Die Tat wurde in blutrünstigen Schilderungen ausgemalt. Auch der mehrheitssozialdemokratische »Vorwärts« trug seinen Teil dazu bei, die ohnehin schon vorhandene Pogromstimmung anzuheizen. Auf der ersten Seite berichtete er über den »Lichtenberger Gefangenenmord«[123] folgendermaßen: »Was am Sonnabend in Lichtenberg und im Omnibusdepot der Warschauer Straße geschehen ist, das ist kein politisches Verbrechen, sondern ein gemeiner Massen- und Meuchelmord. Die Feder sträubt sich, wenn sie die grausenerregenden Handlungen nochmals beschreiben soll, die hier von spartakistischen Haufen an wehrlosen Gefangenen verübt worden sind. Sechzig Polizeibeamte und einige Dutzend Regierungssoldaten sind wie Tiere abgeschlachtet worden wegen keines anderen Verbrechens, als daß sie ihre eidlich gelobte Pflicht taten. Man muß fast glauben, daß die Nähe des Zentralschlachthofes auf die Phantasie der Mörder erregend eingewirkt hat. Entsetzen packt jeden Menschen, den der Krieg noch nicht völlig verroht hat, wenn er die Schilderung liest, wie vier fünf Mann unter rohesten Mißhandlungen das schreiende und verzweifelt sich sträubende Opfer festhalten, während ein sechster ihm gelassen den Revolver zwischen die Augen setzt.«

Als Quelle für diese Greuelgeschichten nannte der »Vorwärts« die »Leitung der Regierungstruppen«[124]. Die Fäden führten wieder einmal

[121] Noske, Kiel bis Kapp, S. 108, wo auch ausführlich die grausame Ermordung eines Regierungssoldaten am 7. 3. 1919 geschildert wird.

[122] B. Z. am Mittag, Nr. 9, 9. 3. 1919, S. 1, Schlagzeile »Furchtbarer Massenmord durch Spartakisten in der Warschauer Straße«. Faksimile in: Illustrierte Geschichte (1978), S. 364. Vgl. auch R. Müller, Geschichte der deutschen Revolution, Bd III, S. 174 f.

[123] Artikel »Der Lichtenberger Gefangenenmord«. In: Vorwärts Nr. 126, 10. 3. 1919, Morgen-Ausgabe, S. 1.

[124] Siehe den Artikel »Der Kampf gegen die Massenmörder«, ebda., S. 1.

zur Garde-Kavallerie-Schützen-Division[125], genauer gesagt zu dem dort als Erster Generalstabsoffizier tätigen Hauptmann i.G. Pabst, dem Mann, der den Befehl zur Ermordung von Liebknecht und Luxemburg gegeben hatte, dem »ehrgeizigen Putschstrategen«[126], der schon vor dem Jahreswechsel zielstrebig daran gegangen war, die Garde-Kavallerie-Schützen-Division zu einem Instrument seiner konterrevolutionären Bestrebungen zu machen[127]. Pabst war der Prototyp des militanten Konterrevolutionärs, der über den Kopf seines Divisionskommandeurs, Generalleutnant von Hofmann, hinweg Politik auf eigene Faust betrieb und der in der Wahl seiner Mittel vor nichts zurückschreckte. Noske wurde während der Berliner Märzunruhen mehrfach das Opfer der Ambitionen dieses Offiziers. Tagelang hatte dieser ihn vergeblich gedrängt, den von ihm entworfenen Schießbefehl zu unterzeichnen[128]. Nun brauchte Pabst ein spektakuläres Ereignis, um den zögernden Noske doch noch zu dem Schritt zu bewegen, welcher – nach Pabsts Auffassung – der militärischen Führung endlich das Mittel in die Hand geben sollte, »in Berlin reinen Tisch zu machen«[129].

Die Greuelgeschichte vom Polizistenmord war genau das, was der Offizier brauchte: »Nunmehr war Noske innerlich so weit, daß er meinen Entwurf als Befehl herausgab[130].« Er hatte folgenden Wortlaut: »Die zunehmende Grausamkeit und Bestialität der gegen uns kämpfenden Spartakisten zwingen mich zu befehlen: Jede Person, die mit Waffen in der Hand gegen Regierungstruppen kämpfend angetroffen wird, ist sofort zu erschießen[131].« Eine rechtliche Würdigung dieses rigorosen Schießbefehls wird an anderer Stelle vorzunehmen sein. Hier geht es zunächst um den nochmaligen Hinweis, daß Noske sich erst unter dem Eindruck der Greuelmeldungen über die angeblichen Massenmorde in Lichtenberg dazu bewegen ließ, dem Drängen von Pabst

[125] Diese meldete: »Das Polizeipräsidium wurde gestürmt, sämtliche Einwohner, mit Ausnahme des Sohnes des Polizeipräsidenten, auf viehische Weise niedergemacht.« Zit. nach: R. Müller, Geschichte der deutschen Revolution, Bd III, S. 176; siehe auch: Gumbel, Vier Jahre politischer Mord, S. 15, der sich auf eine diesbezügliche Meldung der »Deutschen Tageszeitung« vom 10. 3. 1919 beruft.

[126] Höhne, Canaris, S. 78. Portraitfoto von Pabst in: Illustrierte Geschichte (1978), S. 310; sowie in: Lüttwitz, Kampf, S. 64.

[127] Vgl. Nachlaß Pabst, Erinnerungen, Teil III, BA-MA N 620/v. 2, Bl. 31 ff. Dort wird geschildert, wie sich die Garde-Kavallerie-Schützen-Division seit Weihnachten 1918 auf den Bürgerkrieg vorbereitete und die Volksbeauftragten mehrfach zum Handeln gegen den »Bolschewismus« drängte.

[128] Dieser Tatbestand ist mehrfach belegt. Siehe: Pabst, Spartakus (1933), S. 762.; Nachlaß Pabst, BA-MA N 620/v. 2, Bl. 94 f.; Wirren, S. 95.

[129] Pabst, Spartakus, S. 762.

[130] Nachlaß Pabst, BA-MA N 620/v. 2, Bl. 95.

[131] Diesen Wortlaut des Befehls gab Noske in der Nationalversammlung wieder. Siehe: Verhandlungen NV, Bd 327, 13. 3. 1919, S. 742. So übernommen in: Schultheß EGK 1919 I, S. 110; Huber, Dokumente Bd 3, Nr. 93, S. 86; Noske, Kiel bis Kapp, S. 109.

nachzugeben[132]. Der Verdacht liegt auf der Hand, daß die Greuelgeschichte im Stabe der Garde-Kavallerie-Schützen-Division inszeniert wurde, um Noske dahin zu bringen, wo man ihn haben wollte.

Wenig später wurde der ganze Schwindel aufgedeckt. Offenbar mißtrauisch geworden, sandte der Vollzugsrat der Groß-Berliner Arbeiter- und Soldatenräte umgehend eine Kommission nach Lichtenberg, um die Vorgänge an Ort und Stelle aufzuklären[133]. Sie berichtete, dort sei ein einziger Polizeibeamter im Kampf getötet und ein weiterer sei verletzt worden. Alles andere beruhe auf freier Erfindung. Einige Tage später dementierte auch der Oberbürgermeister von Lichtenberg die Greuelmeldung[134]. Der Chefredakteur des »Vorwärts«, Friedrich Stampfer, mußte öffentlich eingestehen, seine Redaktion sei wie die der anderen Blätter auf die Nachrichten aus Lichtenberg »hereingefallen«[135].

Wir haben es also mit dem ungeheuerlichen Tatbestand zu tun, daß eine militärische Stelle, mit hoher Wahrscheinlichkeit der Stab der Garde-Kavallerie-Schützen-Division, mit der Meldung über angebliche spartakistische Massenmorde in Lichtenberg eine bewußte Falschmeldung in die Welt setzte, um eine Pogromstimmung zu erzeugen, in der die Regierungstruppen dann ungehemmt auf alles losschlagen konnten, was irgendwie nach Revolution aussah, sowie um den Oberbefehlshaber zu Handlungen zu treiben, die dieses ungehemmte Losschlagen legitimierten.

Anfang Januar 1919 hatte Pabst Noske schon einmal hinters Licht geführt. Damals ging es darum, daß der Volksbeauftragte die Aufstellung einer Technischen Nothilfe[136] innerhalb des organisatorischen Rahmens der Garde-Kavallerie-Schützen-Division genehmigen sollte, wobei die Betreiber dieser Idee fürchteten, Noske werde sich sperren, weil er als alter Gewerkschaftler auf den Gedanken kommen konnte, daß hier eine Streikbrecherorganisation gebildet werden sollte. Seinerzeit holte sich Pabst die Unterschrift Noskes auf eine nicht weniger windige Weise. Mit dessen zweitem Adjutanten, Hauptmann Schmidt, sprach er ab: »Sie legen das Ganze heute Nacht dem Herrn Noske zur

[132] Der direkte Zusammenhang mit der Meldung über die Vorgänge in Lichtenberg wird betont in: Wirren, S. 95.

[133] R. Müller, Geschichte der deutschen Revolution, Bd III, S. 175, berichtet, diese Kommission sei bereits am Abend des 9. 3. tätig geworden und habe den Schwindel aufgedeckt. Siehe auch die Mitteilung in: Vorwärts, Nr. 129, 11. 3. 1919, Abend-Ausgabe, S. 2.

[134] Vgl. Die Wahrheit über die Berliner Straßenkämpfe, Berlin 1919, S. 12. R. Müller, Geschichte der deutschen Revolution, Bd III, S. 175 f.

[135] Stampfer erklärte dies auf dem MSPD-Bezirksparteitag für Groß-Berlin am 6. 4. 1919. Siehe: Vorwärts Nr. 178, 7. 4. 1919.

[136] Weitere Ausführungen zur Technischen Nothilfe, deren Aktionen zu dem gespannten Verhältnis Noskes zu den Gewerkschaften beitrugen, finden sich in Kapitel X/7.

Kenntnis vor, wenn er so richtig müde ist[137].« Auf diese Weise kam dann tatsächlich das Signum Noskes unter den Befehl zur Aufstellung der Technischen Nothilfe.

Die Unterschrift, die Noske am Abend des 9. März 1919 unter den Schießbefehl setzte, war in ihrer Tragweite noch schwerwiegender, und zwar sowohl rechtlich als auch politisch gesehen. Nach dem Urteil des Verfassungsrechtlers Huber kann, »auch wenn man die extremen Gegebenheiten bürgerkriegsartiger Kämpfe berücksichtigt, kein Zweifel an der Rechtswidrigkeit des Schießbefehls bestehen. Denn dieser ließ eine Grundregel militärischen Einsatzes, das Verbot des Tötens auch des bewaffneten Gegners nach dem Ende des Kampfes, außer acht«[138]. Eine derartige Wertung wird durch den Wortlaut des Befehls zwar nicht völlig gestützt, denn dort hieß es ja, daß der Waffenbesitzer »kämpfend angetroffen« werden müsse; aber erstens ist doch zu fragen, wie man sich in der Praxis eine angemessene Beurteilung des Sachverhalts vorstellte, und zweitens ist festzuhalten, daß der Befehl mündlich in durchaus unterschiedlichem Wortlaut[139] weitergeleitet wurde.

General v. Lüttwitz beispielsweise behielt den Befehl so in Erinnerung: »Wer mit der Waffe in der Hand getroffen werde, solle sofort standrechtlich abgeurteilt und notfalls erschossen werden[140].« Hinzu kam der Tatbestand, daß die Garde-Kavallerie-Schützen-Division – also Pabst – am 10. März einen eigenen Befehl herausgab, der Noskes Schießbefehl noch wesentlich verschärfte. Er lautete: »Wer sich mit Waffen widersetzt oder plündert, gehört sofort an die Mauer. Daß dies geschieht, dafür ist jeder Führer mitverantwortlich. Ferner sind aus Häusern, aus welchen auf die Truppen geschossen wurde, sämtliche Bewohner, ganz gleich, ob sie ihre Schuldlosigkeit beteuern oder nicht, auf die Straße zu stellen, in ihrer Abwesenheit die Häuser nach Waffen zu durchsuchen; verdächtige Persönlichkeiten, bei denen tatsäch-

[137] Nach den – ca. 1943 niedergeschriebenen – Erinnerungen von Pabst, BA MA N 620/v. 5. Pabst sandte ein Manuskript seiner Memoiren, in dem sich auch die zitierte Passage befand, im Jahre 1947 an den Newsweek-Journalisten Franz Robert Ingrim, der mit Pabsts politischer Einstellung sympathisierte. Ingrim lobte das Werk, riet jedoch, dort taktisch klüger zu formulieren, »wo von der Unterschiebung des Papiers unter Herrn Noskes müde Augen die Rede ist«. Brief Ingrims an Pabst vom 29. 10. 1947, ebda.

[138] Huber, Verfassungsgeschichte, Bd 5, S. 1104.

[139] Die amtliche militärgeschichtliche Darstellung bringt folgenden Wortlaut: »Jede Person, die im Kampf gegen die Regierungstruppen mit der Waffe in der Hand getroffen wird, ist sofort zu erschießen.« Siehe: Wirren, S. 95. Der »Vorwärts« Nr. 126, 10. 3. 1919, Morgen-Ausgabe, S. 1, gab den Befehl Noskes so wieder: »Wer von jetzt ab mit der Waffe in der Hand gegen die Regierungstruppen kämpfend angetroffen wird, ist auf der Stelle zu erschießen.«

[140] Lüttwitz, Kampf, S. 55.

lich Waffen gefunden werden, zu erschießen[141].« Nach diesem Befehl konnte also jeder, der im Besitz einer Waffe war, ob er sie benutzt oder bloß in seiner Wohnung versteckt hatte, auf der Stelle erschossen werden. Das war eine erneute unrechtmäßige Anmaßung des ersten Generalstabsoffiziers der Garde-Kavallerie-Schützen-Division. Noske wußte von diesem Befehl zunächst nichts, und abweichend von seiner sonstigen Gewohnheit, sich öffentlich schützend vor die Soldaten zu stellen, war er auch später nicht bereit, ihn zu decken[142].

Die Existenz dieses Divisionsbefehls wurde der Öffentlichkeit erstmals am 18. März durch die Veröffentlichung der USPD-Zeitung »Freiheit« bekannt[143]. Hugo Haase (USPD) verlas ihn am 27. März in der Nationalversammlung[144]. Der Reichswehrminister, der in derselben Sitzung detailliert auf die Rede Haases einging[145], dementierte nicht, daß es einen solchen Befehl gab. Aus dem Tatbestand, daß Reichsjustizminister Landsberg seinem Kabinettskollegen Noske vorwurfsvoll riet, er möge sich künftig »derartige Befehle vorher zeigen« lassen[146], und dieser auch hier nicht bestritt, daß ein solcher Befehl ergangen war, geht klar hervor, daß das gesamte Kabinett von seinem Vorhandensein wußte. Der oder die Verantwortlichen für diesen Befehl sind dennoch nie zur Rechenschaft gezogen worden.

Die Folgen waren verheerend. Richard Müller berichtet: »Noskes Befehl und die weit schärferen Geheimbefehle der G. K. Sch. D.[147] verleiteten Offiziere und Mannschaften der Freikorps zu bestialischen Handlungen. Der Besitz eines leeren russischen Patronenrahmens, eines Handgranatenstieles, irgendeine Denunziation usw. genügten, um sofort standrechtlich erschossen zu werden[148].« Das größte öffentliche Aufsehen erregte die Tat des Oberleutnants Otto Marloh[149]. Dieser Of-

141 Garde-Kav.-Division, Abt. I a Nr. 20 950, Div.-St.-Qu., den 10. 3. 1919. Wortlaut des Befehls abgedruckt in: R. Müller, Geschichte der deutschen Revolution, Bd III, S. 177 f.

142 Hannover/Hannover-Drück, Politische Justiz, S. 40.

143 Die Freiheit Nr. 130, 18. 3. 1919, Abend-Ausgabe, Titelseite in großer Aufmachung.

144 Verhandlungen NV, Bd 327, 27. 3. 1919, S. 844.

145 Ebda., S. 851–854.

146 Kabinettssitzung vom 19. 3. 1919. In: Kabinett Scheidemann, Nr. 17, S. 67 f.; in den Akten ist dieser Befehl nicht auffindbar, ebda., S. 67, Anm. 7.

147 Abkürzung für Garde-Kavallerie-Schützen-Division.

148 R. Müller, Geschichte der deutschen Revolution, Bd III, S. 182. Die von Müller erwähnten Beispiele sind nicht willkürlich gewählt, sondern beziehen sich auf konkrete Fälle. Vgl. dazu Emil Julius Gumbel (Hrsg.), Denkschrift des Reichsjustizministers zu »Vier Jahre politischer Mord«, Berlin 1924, S. 19, fortan zit.: Gumbel (Hrsg.), Denkschrift, »Fall Dänschel: Leere Patronenrahmen und Handgranatenstiele als Erschießungsgrund«, sowie S. 18 f.: Erschießung dreier Jugendlicher aufgrund einer Denunziation. Vgl. auch den Fall des Zigarrenhändlers Müller, der ebenfalls aufgrund einer unhaltbaren Denunziation erschossen wurde. Geschildert in: Hannover/Hannover-Drück, Politische Justiz, S. 41 f.

149 Der Fall Marloh wird zusammenfassend geschildert in: Gumbel, Vier Jahre, S. 35 ff.; Hannover/Hannover-Drück, Politische Justiz, S. 45–52; R. Müller, Geschichte der

fizier befahl am 11. März 1919 aufgrund des verschärften Schießbefehls der Garde-Kavallerie-Schützen-Division die willkürliche Erschießung von 29 Angehörigen der Volksmarinedivision, nachdem diese anläßlich eines Appells, bei dem sie ausbezahlt und formell entlassen werden sollten, verhaftet worden waren. Ob Oberst Reinhard, der Freikorps-Führer, den Erschießungsbefehl gab, oder ob ein Erschießungsbefehl aufgrund fehlerhafter Übermittlung des Oberleutnants von Kessel bei Marloh ankam, ist strittig. Denn in dem Militärgerichtsverfahren gegen Marloh[150] agierten »Kameraden« in allen Rollen. Mehrfach wurden Marlohs Tatberichte abgeändert. Das skandalöse Verfahren endete mit der Feststellung, daß die Erschießungen zwar »objektiv unberechtigt« gewesen seien, Marloh jedoch geglaubt habe, einen Dienstbefehl auszuführen. Daher wurde er freigesprochen und auf freien Fuß gesetzt. Seine Vorgesetzten wurden, soweit sie überhaupt angeklagt waren, ebenfalls freigesprochen[151]. Noske erklärte die »entsetzliche und unverantwortliche« Tat Marlohs als einen »Ausfluß schwerster nervöser Überreizung in blutigen Tagen«; er verurteilte diesen Exzeß ebenso wie die Freisprechung des Offiziers, die er für einen »schweren Rechtsirrtum« hielt[152].

Der Verlauf des Prozesses gegen Marloh war durchaus kein Einzelfall. Tatsächlich wurden nur die wenigsten der in Befolgung dieser Schießbefehle begangenen Morde aufgeklärt[153], da die Kriegsgerichte, die sich mit ihnen zu befassen hatten, die Täter in skandalöser Weise deckten. Auch der Offizier, der den Befehl der Garde-Kavallerie-Schützen-Division zu verantworten hatte, kam nie auf die Anklagebank, obwohl er der vielhundertfachen Anstiftung zum Totschlag, wenn nicht zum Mord schuldig war[154]. In einer der Gerichtsverhandlungen, die am 16. Oktober 1922 stattfand, und in der dieser Befehl verlesen wurde, kam Noske als Zeuge zu Wort. Er erklärte: »Ich habe auch von diesem Befehl gehört; er deckt sich ja nur zur Hälfte mit meinen Anordnungen. Es besteht kein Zweifel daran, daß jeder Offizier berechtigt war, Waffenträger zu erschießen. Dafür trage ich die moralische Verantwortung. Bei der Heftigkeit der damaligen Kämpfe und der bestialischen Art und Weise, mit der viele Soldaten niedergemacht worden sind, war natürlich die Erregung unter den Truppen groß. Nach ehrli-

deutschen Revolution, Bd III, S. 183–187. Vgl. auch die beschönigende und sachlich unzutreffende Darstellung in: Wirren, S. 93, sowie in: Lüttwitz, Kampf, S. 57 f.

150 Vgl. dazu die Prozeßberichte in: Vorwärts vom 3., 4., 5., 6. und 7. 12. 1919.

151 Gumbel, Vier Jahre, S. 22.

152 Noske, Kiel bis Kapp, S. 110 f.; ders., Erlebtes, S. 94 f.

153 Vgl. die Schilderung von Hannover/Hannover-Drück, Politische Justiz, S. 39–52; Emil Julius Gumbel, Zwei Jahre Mord, Berlin ²1921; ders., Vier Jahre; ders. (Hrsg.), Denkschrift, S. 17–28.

154 Hannover/Hannover-Drück, Politische Justiz, S. 40.

cher Prüfung muß ich auch heute sagen, daß vieles, was in ruhigen Zeiten grauenhaft wirken mag, damals doch von einem ganz anderen Gesichtspunkt aus betrachtet werden mußte[155].«

Noske blieb also hartnäckig bei der Version, sein Schießbefehl sei gerechtfertigt und politisch notwendig gewesen. Vor der Nationalversammlung begründete er seine Maßnahmen erstmals am 13. März 1919 mit folgenden Ausführungen:

»In höchster Not habe ich mich zu dieser Anordnung entschlossen. Aber ich durfte die Abschlachtung von einzelnen Soldaten nicht weiter dauern lassen, (sehr richtig! bei den Mehrheitsparteien und rechts) mußte den Versuch machen, dieser Bestialität Einhalt zu gebieten durch die Androhung härtester Abschreckungsmittel. (Sehr richtig! bei den Mehrheitsparteien und rechts.) Wenn ich das nicht getan und dadurch eine gewisse Kontrolle geschaffen hätte, insofern wenigstens, als eine Anzahl Offiziere und Mannschaften zusammentreten müssen, um darüber klar zu werden, ob Erschießung stattzufinden habe, wären die Truppen nicht mehr in der Hand zu halten gewesen, und es hätte entsetzlich viel mehr Blut gekostet als so[156].« Als Noske in der Nationalversammlung den Wortlaut seines Schießbefehls vortrug, erntete er bei den Mehrheitsparteien und rechts »stürmischen Beifall«[157], was als eine Zustimmung per Akklamation aufgefaßt werden mußte.

In derselben Sitzung konnte Noske noch ein zweites Mal stürmischen Beifall ernten, als er Zweifel an der Rechtmäßigkeit seines Schießbefehls als belanglos vom Tisch wischte: »Ich lasse mich auf juristische Tüfteleien nicht ein. Wenn in den Straßen Berlins Tausende Menschen die Waffen gegen die Regierung führen, Mörder und Plünderer Orgien feiern, besteht ein Zustand außerhalb jedes Rechts.« Es sei, fuhr Noske fort, ein Gebot der Staatsnotwendigkeit gewesen, so rasch wie möglich Ruhe und Sicherheit herzustellen. »Mögen die Rasenden«, schloß er seine Rede, »die das Reich jetzt zerstören, zur Vernunft kommen, damit wieder ein normaler Rechtszustand hergestellt werden kann. Je früher ich die furchtbare Bürde meines Amtes in Berlin loswerden kann, um so froher werde ich sein. Getan habe ich, was ich gegenüber dem Reiche und dem Volke für meine Pflicht hielt. Ich scheue das Urteil unserer Nation nicht[158].«

Dem Sprecher der USPD-Fraktion in der Nationalversammlung, Hugo Haase, der – trotz dieser Berufungen auf das Gebot der Staatsnotwendigkeit und auf das Urteil der Nation – darauf beharrte, daß Noskes Schießbefehl »widergesetzlich« sei, weil durch ihn »die gesetzlichen Bestimmungen über die Zuständigkeit der Gerichte zur Aburtei-

155 Gumbel (Hrsg.), Denkschrift, S. 21.
156 Verhandlungen NV, Bd 327, 13. 3. 1919, hier: S. 742.
157 Ebda.
158 Ebda., S. 743.

lung strafbarer Handlungen beseitigt« worden seien[159], ließ Noske durch seinen Chef des Stabes, Major v. Gilsa, ausweichende Antworten[160] erteilen, die von den Unabhängigen mit Recht als eine »Verhöhnung des Parlaments« bezeichnet wurden. Wegen der anhaltenden Kritik verteidigte Noske sich dann bei nächster Gelegenheit noch einmal persönlich vor der Nationalversammlung. Wieder berief er sich darauf, daß in Berlin damals »höchste Gefahr im Verzuge« gewesen sei und »das Leben von Tausenden und Zehntausenden von Menschen auf dem Spiel« gestanden habe. Dann sprach er – wohl wissend, wie recht Hugo Haase hatte – den bemerkenswerten Satz: »Da gelten Paragraphen nichts, sondern da gilt lediglich der Erfolg, und der war auf meiner Seite[161].« Damit hatte sich der Reichswehrminister erneut zu der Devise bekannt, daß in außergewöhnlicher Lage der Zweck die Mittel heilige. Man muß es Noske abnehmen, daß er davon überzeugt war, in höchster Not aus Gründen der Staatsräson hart durchgreifen zu müssen. Diese Selbstdarstellung des erneut in die Rolle des militärischen Oberbefehlshabers geschlüpften Politikers verdrängte jedoch den Tatbestand, daß Noske im März 1919 keineswegs in vollem Umfang Herr seiner Entschlüsse war, sondern vielmehr, wie bereits gezeigt werden konnte, immer wieder dem Druck der Militärs nachgeben mußte. Er selbst war es, der vor der Nationalversammlung den Hinweis gab, die Truppen wären »nicht mehr in der Hand zu halten gewesen«[162], wenn er diesen Befehl nicht gegeben hätte. Im Kabinett argumentierte er ähnlich, als er gefragt wurde, ob es wahr sei, daß in einigen Fällen »Leute auf bloßen Verdacht hin erschossen worden seien«[163]. Er warnte dort nämlich davor, den Übergriffen der aufs höchste gereizten Truppen eine »gar zu strenge Nachforschung« angedeihen zu lassen, da sich dies nachteilig auf die Kampfbereitschaft auswirken würde[164]. Auch hier zeigte sich, daß Noske durchaus nicht der starke Mann war, der als der politisch verantwortliche Oberbefehlshaber die Truppen fest im Griff hatte, sondern daß er sich genötigt sah, diesen immer wieder Konzessionen zu machen, um sie überhaupt »in der Hand zu halten«.

In militärischer Hinsicht waren sich Noske und die Offiziere aus seiner Umgebung völlig einig, daß der Schießbefehl, der eine ganze Woche lang in Kraft blieb, also nach der Aufklärung der Lichtenberger

[159] Ebda., Bd 327, 25. 3. 1919, S. 787.
[160] Ebda., S. 787.
[161] Ebda., 27. 3. 1919, S. 854.
[162] Ebda., 13. 3. 1919, S. 742.
[163] So Reichsminister Landsberg in der Kabinettssitzung vom 19. 3. 1919. Siehe: Kabinett Scheidemann, Nr. 17, S. 67.
[164] Noske ebda., S. 67.

Greuelgeschichten nicht zurückgenommen wurde[165], ein erfolgreiches militärisches Handeln ermöglicht hatte. »So hart der Befehl war«, meinte Noske, »so rasch wirkte er, nachdem er allgemein bekannt geworden war. Die Aufrührer gaben das Spiel verloren[166].« General v. Lüttwitz pries die »außerordentlich segensreichen« Wirkungen des Schießbefehls: »Er kürzte die Kämpfe dadurch ab, daß viele Spartakisten es nun doch vorzogen, ihre Gewehre still und leise an irgendeine Hauswand zu lehnen und als friedliche Bürger nach Hause zu gehen[167].« Denselben Tenor hatten die Lehrsätze, die seitens der militärischen Führung nun aus den Erfahrungen der Märzkämpfe gezogen wurden. Lehre Nummer 1: »Je schärfer die Mittel, desto schneller der Erfolg [...] Die schärferen Mittel sind die humaneren.« Lehre Nummer 2: »Keine Verhandlungen führen, sondern restlose Ergebung fordern[168].« In der nächsten Etappe des deutschen Bürgerkrieges, deren Schauplatz die bayerische Landeshauptstadt München war, vollzogen sich die Operationen der Regierungstruppen nach diesem Handlungsmuster.

4. Oberbefehlshaber Noske: Reichsexekution gegen die Münchener Räterepublik

In Bayern wurde die zweite Welle der Revolution durch das Attentat auf den Ministerpräsidenten des Freistaates, Kurt Eisner (USPD), am 21. Februar 1919 ausgelöst[169]. Nach Karl Liebknecht und Rosa Luxemburg war Eisner[170] die dritte, reichsweit bekannte Führungspersönlichkeit der Linken, die einem politischen Mord zum Opfer fiel. Als der rechtsradikale Leutnant Graf Arco[171] den pazifistisch gesonnenen, je-

[165] Anweisung Noskes zur Rücknahme des Befehls in: Vorwärts Nr. 139, 17. 3. 1919, Morgen-Ausgabe, S. 2. Siehe auch: März-Unruhen, S. 8190.

[166] Noske, Kiel bis Kapp, S. 109.

[167] Lüttwitz, Kampf, S. 55; ebenso Pabst, Spartakus, S. 762.

[168] »Erfahrungen der Truppe und Führung aus den Märzkämpfen in Berlin 1919«, herausgegeben vom Generalkommando Lüttwitz. Vollständige Wiedergabe in: Wirren, S. 104. Vgl. weiterhin die »Erfahrungen über die Kämpfe in Spandau und Berlin«, verfaßt vom Freikorps Hülsen, Abt. I a Nr. 3301, Döberitz, den 27. 3. 1919, BA-MA RH 37/5058, Bl. 65–68; und die »Erfahrungen über Bekämpfung innerer Unruhen«, zusammengestellt vom Reichswehrgruppenkommando 1 (Abteilung Lüttwitz) Ia/Id Nr. 7328 A. 1. Berlin, 14. 5. 1919, ebda., Bl. 81–84.

[169] Siehe: Schultheß EGK 1919 I, S. 80 ff.

[170] Zur Person Eisners vgl. Falk Wiesemann, Kurt Eisner. Studie zu einer politischen Biographie. In: Bayern im Umbruch. Die Revolution von 1918, ihre Voraussetzungen, ihr Verlauf und ihre Folgen. Hrsg. von Karl Bosl in Verb. mit Karl Möckl (u. a.), München, Wien 1969, S. 387–426, und die dort angegebene Literatur; das Gesamtwerk fortan zit.: Bosl (Hrsg.), Bayern.

[171] Er gehörte der präfaschistischen Thule-Gesellschaft an.

der Gewaltpolitik ablehnend gegenüberstehenden bayerischen Ministerpräsidenten auf offener Straße erschoß, nahm die Eskalation der Gewalt in Bayern ihren Lauf. Sie setzte noch am selben Tage ein. Sofort nach Bekanntwerden der Bluttat, die sich in München wie ein Lauffeuer verbreitete, eilte der Kellner Alois Lindner, ein Mitglied der KP, mit seinem Gesinnungsgenossen Georg Frisch in den Landtag, um Eisner zu rächen. Er schoß dort auf den mehrheitssozialdemokratischen Parteivorsitzenden Erhard Auer und verletzte diesen so schwer, daß er dem politischen Leben Bayerns für mehrere Jahre entzogen blieb. Im Landtag entstand eine Schießerei, in deren Verlauf der Abgeordnete der Bayerischen Volkspartei (BVP), Hofrat Heinrich Osel, sowie der als Besucher anwesende Major von Jahreiß getötet wurden.

Später ist – auch von Noske[172] – behauptet worden, die Gewalttat der beiden Kommunisten sei keine Folge des Attentats auf Eisner gewesen, sondern sie sei planmäßig vorbereitet worden. Für diese Version spricht wenig. Sehr viel wahrscheinlicher ist, daß es sich dabei um die spontane Tat eines fanatischen Einzelgängers handelte[173]. Mit Eisner und Auer hatte die bayerische Politik ihre beiden damals hervorragendsten Köpfe verloren.

Politisch gesehen bewirkte die Ermordung Eisners zunächst einen Aufschub der Parlamentarisierung des Freistaats Bayern[174]. Nach dem Sturz des bayerischen Königshauses Wittelsbach und der Ausrufung der Republik Bayern am 7./8. November 1918 hatten die beiden Parteien MSPD und USPD auf der Grundlage der revolutionären Machtverhältnisse eine gemeinsame Regierung unter dem Ministerpräsidenten Eisner gebildet. Die Wahlen zur bayerischen Landesversammlung am 12. Januar 1919 hatten der USPD Eisners dann eine vernichtende Niederlage beschert[175]. Obwohl er ein Anhänger des Rätegedankens war, stellte sich Eisner der Bildung einer parlamentarischen Regierung nicht in den Weg. Er wollte sie lediglich hinauszögern, um Zeit für die Sicherstellung der Errungenschaften der Revolution zu gewinnen. Als Eisner am 21. Februar ermordet wurde, befand er sich auf dem Weg zu dem von ihm einberufenen Landtag, dem er seinen Rücktritt erklären und damit die Weichen in Richtung Parlamentarisierung stellen wollte.

Die direkte Folge des Attentats war, daß es nun nicht zur Etablierung einer republikanischen Regierung kam. Statt ihrer übernahm ein

[172] Noske, Kiel bis Kapp, S. 134.

[173] Heinrich Hillmayr, Roter und Weißer Terror in Bayern nach 1918, München 1974, S. 37; fortan zit.: Hillmayr, Roter und Weißer Terror.

[174] Zur Revolution in Bayern vgl. die Darstellungen: Bosl (Hrsg.), Bayern; Allan Mitchell, Revolution in Bayern 1918/1919, München 1967; fortan zit.: Mitchell, Revolution.

[175] Die USPD erhielt nur 2,5 % der Stimmen, während die Bayerische Volkspartei 35, die MSPD 30 und die DDP 14 % auf sich vereinigen konnten.

Zentralrat der bayerischen Räte unter dem Vorsitz des Mehrheitssozialdemokraten Ernst Niekisch[176] vorläufig die Regierungsgewalt. Dieser Zentralrat, dem die Parteien MSPD, USPD und KPD sowie Vertreter der Bauernräte angehörten[177], berief wenig später einen bayerischen Rätekongreß[178] ein. Ein diesem Kongreß vorliegender Antrag, Bayern zur sozialistischen Räterepublik zu proklamieren, wurde mehrheitlich abgelehnt. Statt dessen wurde die sofortige Wiedereinberufung des Landtags beschlossen.

Die Zeit des Interregnums seit der Ermordung Eisners fand Mitte März 1919 formell ihr Ende, als der Landtag wieder zusammentrat und am 17. März dem neu gebildeten Kabinett unter Johannes Hoffmann (MSPD) umfassende gesetzgeberische Vollmachten erteilte. Bei seiner Amtsübernahme sagte der neue Regierungschef: »Der politische Akt, den Ministerpräsident Eisner am 21. Februar vornehmen wollte, vollzieht sich jetzt[179].« Aber bald sollte sich zeigen, daß die wenig tatkräftige Regierung Hoffmann es nicht vermochte, die durch die Ermordung Eisners hervorgerufene allgemeine Radikalisierung der Arbeiterschaft aufzufangen. Die Nachrichten über die Ausrufung der Räterepublik Ungarn am 21. März und die anhaltende Unzufriedenheit mit der Politik der Reichsregierung kamen hinzu. Diese und andere Faktoren bildeten den Hintergrund zu einer neuen Etappe in der Entwicklung Bayerns.

Am 7. April 1919 riefen der Zentralrat, der Revolutionäre Arbeiterrat, die USPD und einzelne Mitglieder der MSPD die bayerische Räterepublik aus[180]. In seiner ersten Erklärung lehnte der »Revolutionäre Zentralrat Bayerns«, für den Ernst Niekisch unterzeichnete, »jedes Zusammenarbeiten mit der verächtlichen Regierung Ebert-Scheidemann-Noske-Erzberger ab«, weil diese »das imperialistisch-kapitalistisch-militaristische Geschäft« des Kaiserreiches fortsetzte[181]. Die starken Worte konnten jedoch nicht darüber hinwegtäuschen, daß es sich bei der Proklamation der Räterepublik – ähnlich wie zuvor in Bremen – um eine vom übrigen Reich isolierte Aktion[182] handelte, die von vornherein

[176] Zur Person Niekischs vgl. die Biographie von Friedrich Kabermann, Widerstand und Entscheidung eines deutschen Revolutionärs. Leben und Denken von Ernst Niekisch, Köln 1973.

[177] Im einzelnen: Mitchell, Revolution, S. 242 ff.

[178] Vgl. Stenographischer Bericht über die Verhandlungen der Arbeiter-, Bauern- und Soldatenräte vom 25. 2.–8. 3. 1919; Schultheß EGK 1919 I, S. 101 f.

[179] Hoffmann am 19. 3. 1919 im Landtag. Zit. nach: Mitchell, Revolution, S. 253.

[180] Vgl. Schultheß EGK 1919 I, S. 162–166; Mitchell, Revolution, S. 267 ff.; auch Hoffmanns Minister für militärische Angelegenheiten, Schneppenhorst (MSPD), erklärte sich für die Räterepublik, was ein Rätselraten über seine Motive auslöste.

[181] Text der Kundgebung in: Schultheß EGK 1919 I, S. 162 f.

[182] So das Urteil von R. Müller, Geschichte der deutschen Revolution, Bd III, S. 195, der die Räterepublik im übrigen als die »Verkörperung der vollendetsten Konfusion« bezeichnete.

kaum eine Aussicht hatte, sich halten zu können. Die KP Bayerns wollte mit dieser, wie sie sagte, »Schein-Räterepublik« nichts zu tun haben[183].

Die Regierung Hoffmann mußte München verlassen. Sie floh nach Bamberg und erklärte: »Die Regierung des Freistaates Bayern ist *nicht* zurückgetreten. Sie hat ihren Sitz von München verlegt. Die Regierung ist und bleibt die *einzige* Inhaberin der Gewalt in Bayern und ist allein berechtigt, rechtswirksame Anordnungen zu erlassen und Befehle zu erteilen[184].« Da die Ausrufung der bayerischen Räterepublik unzweifelhaft nicht den Mehrheitswillen der bayerischen Bevölkerung widerspiegelte, war es für die Reichsregierung gar keine Frage, daß die aus München geflohene Regierung Hoffmann als »die einzige Inhaberin der Höchstgewalt in Bayern« anzusehen und gegen die Rätemachthaber zu unterstützen war[185]. Wie diese Unterstützung praktisch aussehen sollte, blieb zunächst noch unklar.

Bereits mehr als eine Woche vor der Ausrufung der Räterepublik in München war das Reichskabinett über die kritische Entwicklung der Lage in Bayern unterrichtet. Reichsminister Erzberger hatte von einer »Zuspitzung der Verhältnisse« gesprochen und seine Vermutung geäußert, daß in München schon in wenigen Tagen mit der Ausrufung einer Räterepublik gerechnet werden müsse[186]. Reichswehrminister Noske erhielt am 4. April zusätzliche Informationen von dem in Berlin weilenden bayerischen Militärbevollmächtigten, Major Sperr[187]. Schon bei dieser Besprechung vertrat Noske die Auffassung, daß ein militärisches Eingreifen des Reiches erforderlich sein würde. Er bot dem Vertreter Bayerns offiziell seine Hilfe an[188].

Noske hatte die Politik Eisners mit Sorge verfolgt. Er hielt den USPD-Politiker zwar für einen »uneigennützigen, geistreichen Mann«, sprach ihm jedoch die Fähigkeit zur Realpolitik ab und war gewiß froh, als Eisner, dessen Politik sich nach seiner Auffassung »nicht zum Vorteil Deutschlands« ausgewirkt hatte[189], durch die parlamentarische Regierung unter seinem Parteifreund Hoffmann abgelöst wurde. Doch entsprach auch die Politik der Regierung Hoffmann nicht den Vorstel-

[183] Für den KP-Führer Eugen Leviné war die Haltung Schneppenhorsts, den er den »Nürnberger Noske« nannte, Grund genug, mit den Trägern der ersten Räterepublik nicht zusammenzuarbeiten. Siehe Mitchell, Revolution, S. 270; vgl. den Aufruf der KP vom 7. 4. 1919 in: Schultheß EGK 1919 I, S. 164 f.

[184] Veröffentlicht in: Vorwärts, Nr. 179 vom 7. 4. 1919. Wiederabdruck in: Kabinett Scheidemann, S. 144, Anm. 6. Weiterhin in: Schultheß EGK 1919 I, S. 165.

[185] Zitat aus der Erklärung der Reichsregierung vom 7. 4. 1919. In: Kabinett Scheidemann, S. 144, Anm. 6.

[186] Erzberger in der Sitzung des Reichskabinetts am 31. 3. 1919, ebda., Nr. 29, S. 118 f.

[187] Die Niederwerfung der Räteherrschaft in Bayern 1919, Berlin 1939, S. 15; fortan zit.: Niederwerfung.

[188] Ebda.

[189] Noske, Kiel bis Kapp, S. 134.

lungen des Reichswehrministers, da sie ihm nicht durchsetzungsfähig genug erschien. Denn sie konnte sich nicht auf ein zuverlässiges militärisches Machtmittel stützen, war daher zum »Lavieren« gezwungen und mußte sich, wie Noske sich ausdrückte, auf »Experimente« einlassen[190], womit gemeint war, daß Hoffmann nicht rigoros genug gegen die Räte vorging, sondern statt dessen den Ausgleich mit ihnen suchte.

Den Hintergrund dieser Kritik Noskes bildeten beträchtliche Spannungen zwischen der bayerischen und der Reichsregierung auf dem Gebiet der Militärpolitik. Sowohl Ministerpräsident Hoffmann als auch sein – von Noske im übrigen als »energischer Mann« geschätzter[191] – Minister für militärische Angelegenheiten, Ernst Schneppenhorst, lehnten es ab, die Militärpolitik Noskes auf Bayern zu übertragen. Statt dessen wollten sie entgegen den preußischen Vorstellungen einen »eigenen Weg zur Verwirklichung eines demokratischen Wehrkonzeptes« gehen[192], und zwar mit Unterstützung der militärischen Räteorganisationen Bayerns. Die sozialdemokratisch geführte bayerische Regierung plante, eine freiwillige Volkswehr aufzubauen, die im wesentlichen polizeiliche Aufgaben übernehmen sollte[193]. Keinesfalls wollte Schneppenhorst die von der Nationalversammlung beschlossene Bildung einer Reichswehr mitmachen. Daher bestätigte er Ende März das schon vom Kabinett Eisner erlassene allgemeine Werbeverbot für den Grenzschutz Ost ausdrücklich[194]. Nach seiner Auffassung ging es Noskes Freiwilligenwerbern nicht um den Schutz des Landes, sondern »um die Stärkung der reaktionären Kräfte« und um das Wiederaufleben des alten Militarismus[195]. Die unterschiedlichen Auffassungen waren so ausgeprägt, daß Schneppenhorst sogar den Wunsch Noskes ausschlug, hierüber in eine Aussprache einzutreten[196].

Schließlich verknüpfte Noske auf Empfehlung des Reichsaußenministers Brockdorff-Rantzau sein militärisches Hilfsangebot mit der politischen Forderung, Bayern solle endlich auf seine militärischen Reservatrechte verzichten und seine Zustimmung zum Reichswehrgesetz geben[197], was bei der bayerischen Regierung Hoffmann als Druckmit-

190 Ebda., S. 135.
191 Ebda.
192 Kluge, Militär- und Rätepolitik, S. 50.
193 Ebda., S. 50 f.
194 Erlaß Eisners vom 10. 2. 1919. Siehe: Niederwerfung, S. 10. Text der Anordnung Schneppenhorsts vom 30. 3. 1919, in: Noske, Kiel bis Kapp, S. 137.
195 Vgl. Schneppenhorsts Ausführungen in einer Besprechung mit den Abteilungschefs seines Ministeriums und Vertretern des Generalkommandos am 1. 4. 1919, Protokollauszüge in: Rau, Personalpolitik, S. 104 f.
196 Nach einer Mitteilung Schneppenhorsts, ebda.
197 Wolfgang Benz, Süddeutschland in der Weimarer Republik. Ein Beitrag zur deutschen Innenpolitik 1918–1923, Berlin 1970, S. 147, fortan zit.: Benz, Süddeutschland; zum Folgenden ebda., S. 148 ff.; sowie Hillmayr, Roter und Weißer Terror, S. 89.

tel verstanden wurde und entsprechende Empörung auslöste, in der späteren Zwangslage aber doch akzeptiert werden mußte.

Der Konflikt zwischen dem Reich und Bayern veranlaßte den Reichswehrminister, hinter dem Rücken der Regierung Hoffmann ein »Bayerisches Freikorps für den Grenzschutz Ost« aufstellen zu lassen, und zwar außerhalb der Grenzen des Freistaates. Den Befehl hierzu erteilte er dem bayerischen Obersten von Epp – Hitlers späterem Reichskommissar und Reichsstatthalter in Bayern –, der ihn bereits am 11. Februar 1919, also noch zu Zeiten der Regierung Eisner, in Weimar aufgesucht hatte. Noske ließ Epp im Reichskabinett eine Verfügungssumme bewilligen[198]. Der bayerische Oberst stellte seinen Freikorpsverband wegen des von der bayerischen Regierung erlassenen Werbeverbots auf dem thüringischen Truppenübungsplatz Ohrdruf auf[199]. Mitte April 1919 wurde das Freikorps Epp auf Befehl des Reichswehrministers in »Bayerisches Schützenkorps« umbenannt[200] und dann nicht etwa, wie es im Aufstellungsbefehl vorgesehen war, dem Grenzschutz Ost eingegliedert, sondern im Rahmen der Reichsexekution gegen München aufgeboten[201], was die bayerische Regierung Hoffmann zu diesem Zeitpunkt widerstrebend hinnehmen mußte.

Vor dem Hintergrund der geschilderten Spannungen, die zwischen Berlin bzw. Weimar und München bestanden, ist es erklärlich, daß die Regierung Hoffmann das ihr vom bayerischen Militärbevollmächtigten am 4. April übermittelte Hilfsangebot Noskes zunächst einmal rundweg ablehnte. Ihr widerstrebte es überdies generell, preußische Truppen im Lande zu haben. Sie wollte deshalb den Versuch machen, die Lage selbst zu meistern[202]. Dem Vorschlag Major Sperrs, angesichts der besorgniserregenden Entwicklung in München den Regierungssitz rechtzeitig nach dem politisch ruhigeren Nordbayern zu verlegen, kam die bayerische Regierung ebensowenig nach[203]. Die Notwendigkeit zu diesem Schritt ergab sich für sie nach der Proklamation der Räterepublik am 7. April.

In Bamberg begab sich die geflohene »Exilregierung« Hoffmann un-

[198] Über die mit Epp getroffenen Übereinkünfte berichtet Noske ausführlich in: Kiel bis Kapp, S. 137; vgl. auch: Niederwerfung, S. 10 und 13 f.; sowie Walter Frank, Franz Ritter von Epp. Der Weg eines deutschen Soldaten, Hamburg 1934, S. 76; fortan zit.: Frank, Epp.

[199] Vgl. Frank, Epp, S. 76 und 84 ff.

[200] Niederwerfung, S. 48.

[201] Vgl. Noskes Direktive vom 23. 4. 1919. In: Niederwerfung, S. 213.

[202] Ebda., S. 15. Mitchell, Revolution, S. 264, berichtet, Hoffmann habe am 5. April eine Reise nach Berlin unternommen. Mit wem und worüber er dort gesprochen hat, ist nicht bekannt. Es ist jedoch naheliegend, daß er auch mit Noske zusammentraf und dieser sein Sperr gegenüber gemachtes Angebot wiederholte.

[203] Niederwerfung, S. 15.

ter den Schutz der dort liegenden Rumpftruppen des alten Heeres[204]. Trotz der veränderten Lage verschloß sie sich wiederum dem neuerlichen Angebot Noskes, die Hilfe des Reiches in Anspruch zu nehmen, da sie immer noch hoffte, die Räteherrschaft in München allein niederwerfen oder aber die Krise durch Verhandlungen[205] mit den Rätemachthabern in München lösen zu können.

Am 14. April scheiterte dann ein Aufstandsversuch regierungstreuer Garnisonsbesatzungen der Münchener Kasernen[206]. Gleichzeitig mußten einige der Regierung Hoffmann ergebene Verbände ihre von außen gegen München vorgetragenen Angriffe abbrechen[207]. Am 15. April wurde die zweite Räterepublik ausgerufen, diesmal unter kommunistischem Vorzeichen[208]. In dieser prekären Situation sah sich Hoffmann schließlich genötigt, auf Noskes Hilfsangebot zurückzukommen[209]. Zu seinem Entschluß trug auch die Erkenntnis bei, daß frühere Aufrufe zur Bildung einer »wahren Volkswehr«[210] unter Einbeziehung des bestehenden Volksheimatschutzes[211] nicht zu einem raschen Ergebnis geführt hatten.

Am 14. April bat Hoffmann telefonisch den Reichsministerpräsidenten Scheidemann, »alle Vorbereitungen zu treffen, um Reichstruppen nach Bayern werfen zu können, wenn darum gebeten würde«[212]. Zwei Tage später, am 16. April, erfolgte die förmliche Zusage der Reichsregierung[213]. Darin wurde betont, ein größeres militärisches Hilfsunternehmen könne nicht in wenigen Tagen begonnen und durchgeführt werden; zunächst müßten militärische Kräfte im Norden und Westen der bayerischen Grenze gesammelt werden. Die Regelung der Befehlsverhältnisse behielt sich die Reichsregierung selbst vor.

Von diesem Zeitpunkt an wurde die Durchführung der Reichsexekution gegen die Münchener Räterepublik zu einer Angelegenheit, für die der Reichswehrminister die volle Verantwortung trug. Weder das

204 Ebda., S. 22.

205 Zu den Bemühungen der Regierung Hoffmann um eine friedliche Beilegung des Konflikts vgl. Hillmayr, Roter und Weißer Terror, S. 72–78.

206 Zur Eintagsdiktatur der Münchener Garnison vgl. Schultheß EGK 1919 I, S. 188 f.; Hillmayr, Roter und Weißer Terror, S. 43 ff., spricht vom »Palmsonntagsputsch«.

207 Vgl. Niederwerfung, S. 32 ff.

208 Vgl. im einzelnen Mitchell, Revolution, S. 271 ff.

209 Niederwerfung, S. 42.

210 Einen solchen Aufruf hatte die Regierung Hoffmann in Bamberg zuletzt am 14. 4. 1919 erlassen, Schultheß EGK 1919 I, S. 190. Siehe auch den in der nachfolgenden Anm. genannten Aufruf.

211 Zur Bildung eines Volksheimatschutzes hatte Eisners Militärminister Albert Roßhaupter (MSPD) am 13. 2. 1919 aufgerufen. Siehe: Frank, Epp, S. 76.

212 Nach dem Bericht Scheidemanns in der Sitzung des Reichskabinetts am 16. 4. 1919. In: Kabinett Scheidemann, Nr. 43, S. 175 f.

213 Telegramm der Reichsregierung vom 16. 4. 1919, gezeichnet vom preußischen Kriegsminister Reinhardt und von Reichsministerpräsident Scheidemann, an die Regierung Hoffmann, ebda., S. 196, Anm. 3. Auch zum Folgenden.

Reichskabinett noch die Weimarer Nationalversammlung beschäftigten sich fortan noch einmal mit der Entwicklung der Ereignisse in Bayern. Noske wurde nicht einmal zur Berichterstattung aufgefordert. Dieser Tatbestand bestätigt wiederum, daß Minister und Parlamentarier nur zu gerne bereit waren, die »Bluthund«-Arbeit denjenigen ausführen und ausbaden zu lassen, der sich im Januar bereit erklärt hatte, sie zu übernehmen.

Noske seinerseits war fest entschlossen, dem »Karneval des Wahnsinns«, wie er sich ausdrückte, bei dem sich »eine besonders große Zahl von Phantasten und Narren ein Stelldichein« gaben[214], nach dem schon mehrfach erprobten Muster ein Ende zu bereiten. Die nunmehr in der Reichshauptstadt geführten Einsatzbesprechungen führten zu dem Ergebnis, daß sich bayerische, württembergische und preußische Verbände an der Reichsexekution gegen München beteiligen sollten. Am 23. April erließ der Reichswehrminister seine »Direktive für die Truppenführung bei der Operation nach München«[215]. Darin behielt er sich den Oberbefehl selbst vor und bestimmte, daß ihm der Stab der Abteilung Lüttwitz für die Bearbeitung und Leitung der militärischen Operation zur Verfügung stand. Das Ziel des Unternehmens wurde so beschrieben: »In München ist die Gewalt der gesetzmäßigen bayerischen Regierung wiederherzustellen. Die militärischen Verhältnisse sind so zu regeln, daß die gesetzmäßige Regierung dauernd geschützt und die Wiederkehr ungesetzmäßiger Zustände verhindert wird[216].« Die Leitung der militärischen Operation wurde dem preußischen General von Oven übertragen, obwohl der bayerische Oberbefehlshaber von Möhl[217] sich selbst gerne in dieser Rolle gesehen hätte.

Insgesamt ließ die Direktive Noskes keinen Zweifel daran, daß der Reichswehrminister seine Funktion als Oberbefehlshaber tatsächlich auch wahrzunehmen gewillt war und keineswegs die Absicht hatte, die Zügel nunmehr aus der Hand zu geben. Er ernannte den Major i. G. Knauer zu seinem persönlichen Verbindungsoffizier im Stab der Abteilung Lüttwitz, um eine exakte Befehlsübermittlung sicherzustellen; er kündigte an, daß er den zeitlichen Beginn der Operation selbst zu regeln gedachte, und er betonte, daß der Meldeweg zu ihm keines-

[214] Noske, Kiel bis Kapp, S. 136. Vgl. auch ders., Erlebtes, S. 95, wo Noske die Rätemachthaber als »politische Narren und Verbrecher« bezeichnete. Vor der Weimarer Nationalversammlung hatte Scheidemann diese Propagandatonart bereits angeschlagen, als er die Münchener Vorgänge als das Werk von »Abenteurern und Phantasten« wertete. Siehe: Verhandlungen NV, Bd 327, 10. 4. 1919, S. 914.

[215] Vollständiger Text der Direktive Noskes in: Niederwerfung, Anlage 3, S. 213 f.; Auszug in: Peter Kritzer, Die bayerische Sozialdemokratie und die bayerische Politik in den Jahren 1918 bis 1923, München 1969, S. 219 f.; fortan zit.: Kritzer, Die bayerische Sozialdemokratie.

[216] Ebda., Ziff. 3 der Direktive.

[217] Vgl. dazu die unklar formulierten Bestimmungen in Ziff. 4 der Direktive und die Kommentare in: Niederwerfung, S. 73 f.

wegs abreißen dürfe[218]. Gleichwohl verselbständigte sich der militärische Apparat in zunehmendem Maße. Allerdings ist nicht festzustellen, ob sich Noske nach der Erteilung seiner grundlegenden Direktive überhaupt noch einmal in die militärische Operation gegen München eingeschaltet hat. Oberst von Unruh, seinerzeit Chef des Stabes im Oberkommando von Oven, sagte später aus[219], der Reichswehrminister habe keine weiteren Befehle mehr erteilt und sei mit den Truppen nicht in »Berührung« getreten. Die detaillierten Angriffsbefehle[220] gab General von Oven am 25. April selbständig heraus.

An dieser Stelle muß daran erinnert werden, daß sich die räterepublikanischen Experimente in München für Noske nicht als ein isoliertes Phänomen darstellten, auf das er seine Arbeitskraft voll konzentrieren konnte, sondern als ein Teil der im ganzen Reich aufflammenden Unruhen, Streiks und Aufstände[221]. Als das Reichskabinett am Tage der Ausrufung der ersten Münchener Räterepublik zusammentrat, um über die innenpolitische Lage zu beraten[222], hatte es sich mit Unruhen im Ruhrgebiet, in Braunschweig, Magdeburg, in den Ostprovinzen und in Württemberg zu befassen. Die Minister erwogen seinerzeit, ob über das ganze Reich der Belagerungszustand verhängt werden sollte, wozu es dann doch nicht kam, weil Reichspräsident Ebert befürchtete, daß durch eine solche Maßnahme auch in die regierungstreuen Gebiete Unruhe getragen würde.

Am gefährlichsten erschien den Ministern damals die Lage in Magdeburg, wo soeben ihr Kollege, der Reichsjustizminister Otto Landsberg, von Aufständischen verhaftet worden war. Noske wurde beauftragt, sofort die erforderlichen militärischen Maßnahmen zur Befreiung Landsbergs in die Wege zu leiten[223]. Noske entledigte sich dieses Auftrages dadurch, daß er dem Kommandeur des Freiwilligen Landesjägerkorps, Generalmajor Maercker, sehr weitgehende Vollmachten erteilte: Er solle in Magdeburg einrücken, die Regierung des Landes Braunschweig ab- und eine der Zusammensetzung der Landesversammlung entsprechende Regierung einsetzen[224]. Ähnlich weitgehend

218 Ziff. 4c und 5 der Direktive. Die Kritik von Kritzer, Die bayerische Sozialdemokratie, S. 212, Noske habe das Problem München nicht politisch zu lösen versucht, sondern es »wie nur irgendein Berufsoffizier ausschließlich als militärische Operation« behandelt, ist durchaus berechtigt.

219 Staatsarchiv München, STA Mü I, Nr. 3, 082/VI. Zit. nach Hillmayr, Roter und Weißer Terror, S. 95.

220 Vollständige Texte der Angriffsbefehle des Generals von Oven in: Niederwerfung, Anlage 4, S. 215–217, und Anlage 5, S. 218 f.

221 Zu den Unruhen im ganzen Reichsgebiet zusammenfassend Miller, Bürde, S. 266–271.

222 Kabinettssitzung am 7. 4. 1919. In: Kabinett Scheidemann, Nr. 38, S. 141–145.

223 Ebda., S. 143. Zu den Vorgängen in Magdeburg vgl. Miller, Bürde, S. 267 f.

224 Maercker, Vom Kaiserheer, S. 199. Die Neubildung der Regierung erfolgte am 15. 4. 1919. Siehe: Schultheß EGK 1919 I, S. 194.

war Noskes schriftlich gegebene Direktive für die Operation gegen München.

Im Jahre 1926 sagte Noske in einer Gerichtsverhandlung, zu der er als Zeuge geladen war, aus, er habe dem General von Oven im April 1919 »direkt oder indirekt nur eine einzige Anweisung gegeben, nämlich so rasch wie möglich der Räteherrschaft in München ein Ende zu machen. Die militärische Aktion sollte durch keinerlei Rücksichtnahme auf innerbayerische politische Erwägungen beeinträchtigt werden[225].« Mit dieser Aussage konzedierte Noske im nachhinein, daß seine Aufgabe eigentlich nur darin bestehen konnte, die politische Entscheidung zu treffen, daß eine militärische Reichsexekution gegen München durchzuführen war. Die Ausführung im Rahmen seiner grundlegenden Direktive mußte er den Exekutivorganen überlassen, also den Generälen.

Während diese ihre Truppen bereitstellten und in Richtung München marschieren ließen[226], überlegte die bayerische Regierung Hoffmann in Bamberg erneut, wie die Reichsexekution vielleicht doch noch verhindert werden könnte[227], zumal sie darüber informiert war, daß es neben den Radikalen unter den Rätemachthabern auch eine größere Anzahl von Oppositionellen gab, die in jedem Falle ein Blutbad verhindern wollten[228]. Obwohl sie die Reichsregierung selbst um Militärhilfe gebeten hatten, hielten sich bei Hoffmann und seinen Ministern generelle Skrupel gegen den Einsatz militärischer Gewalt, besonders aber gegen die Verwendung nicht-bayerischer Truppen.

Die Militärs brachten hierfür keinerlei Verständnis auf. Wie sie über die Regierung Hoffmann dachten, mag dem folgenden – in den 30er Jahren von Historikern des Reichskriegsministeriums formulierten – Satz entnommen werden: »Auch ihrer ganzen Vergangenheit nach neigten diese durch Parteipolitik emporgetragenen Männer mehr zum Verhandeln als zum Handeln[229].« Es überrascht bei dieser Sicht der Dinge nicht, daß die leitenden Militärs sämtliche Verständigungsversuche entschieden zurückwiesen[230]. In der amtlichen kriegsgeschichtlichen Darstellung über die Niederwerfung der Räteherrschaft

225 Aussage des Reichswehrministers a. D. Noske vor dem Schwurgericht München I im Januar 1926 zu den sog. Perlacher Erschießungen am 5. 5. 1919. Zit. nach: Emil Julius Gumbel, »Verräter verfallen der Feme«. Opfer, Mörder, Richter 1919–1929. Abschließende Darstellung von E. J. Gumbel unter Mitw. von Berthold Jacob und Ernst Falck, Berlin 1929, S. 94; fortan zit.: Gumbel, Verräter.

226 Vgl. Niederwerfung, die Kapitel »Angriffsplanung und Bereitstellung« (23. bis 28. 4.), »Vormarsch auf München« (29. 4.) und »Einschließung von München« (30. 4.), S. 72–121.

227 Dies wurde u. a. in einer Ministerbesprechung am 27. 4. 1919 in Ingolstadt noch einmal deutlich. Vgl. Niederwerfung, S. 100 f.

228 Hillmayr, Roter und Weißer Terror, S. 76.

229 Niederwerfung, S. 181.

230 Hillmayr, Roter und Weißer Terror, S. 79.

in Bayern wird diese Grundhaltung auch noch offen gerechtfertigt: »Es bedurfte daher kraftvoller und entschiedener Anstöße von militärischer Seite, um den Kampf gegen die drohende schwere Gefahr in Gang zu bringen[231].«

Nachdem die Angriffsbefehle ergangen waren, war die Regierung Hoffmann an den Entscheidungen faktisch nicht mehr beteiligt. Das gewaltsame Vorgehen gegen München fand statt, obwohl sich die kommunistische Räterepublik bereits am 30. April nahezu vollständig aufgelöst hatte und obwohl 24 Stunden vor dem Einmarsch der Regierungstruppen in München ein Beschluß zur sofortigen Waffenniederlegung gefaßt wurde[232]. Der militärische »Einbruch« in München begann am 1. Mai, und bereits am 2. Mai stand der vollständige Sieg der Truppen des Oberbefehlshabers Noske fest[233]. An diesem Ausgang konnte von vornherein keinerlei Zweifel bestehen. Denn die zur Reichsexekution aufgebotenen Truppen waren annähernd 35000 Mann stark[234], während der Kern der »Roten Armee« der Räterepublik offiziell auf 10000 Mann geschätzt wurde[235]. In Wirklichkeit war er jedoch noch viel kleiner. An den Kämpfen in den ersten Maitagen 1919 haben tatsächlich nur einige hundert Rotgardisten aktiv teilgenommen – keinesfalls mehr als 1000[236].

Im Verlaufe der Kämpfe, die, wie erwähnt, bereits am 2. Mai entschieden waren, sich aber in Einzelaktionen noch etwa eine Woche lang fortsetzten[237], verübten die in der bayerischen Hauptstadt eingesetzten Regierungstruppen Greuel, »die weit über alles hinausgingen, was den Taten und Untaten der Räteherrscher angemessen gewesen wäre«[238]. Diese Greuel geschahen keineswegs zufällig. Sie waren das Produkt der propagandistischen Beeinflussung der Exekutionstruppen wie auch einer Befehlsgebung, die der Willkür Tür und Tor öffnete. Da dem Oberbefehlshaber und Reichswehrminister Noske später die

231 Niederwerfung, S. 181; ebda., S. 102, heißt es: »Dem immer noch schwankenden und zaudernden Ministerpräsidenten wurden endgültig die letzten Hemmungen ausgetrieben.«

232 Hillmayr, Roter und Weißer Terror, S. 71, 77, 78.

233 Vgl. die ausführliche, aber einseitige Darstellung in: Niederwerfung, S. 121–167.

234 Mitchell, Revolution, S. 281 f.; R. Müller, Geschichte der deutschen Revolution, Bd III, S. 199, bezifferte die Stärke der Noskeschen Truppen fälschlicherweise auf »über 100000 Mann«.

235 Niederwerfung, S. 50. Der wegen ihrer angeblichen politischen Naivität so viel verspotteten Räteregierung war es zunächst gelungen, die Unterstützung der Mehrzahl der in und um München liegenden Rumpfverbände des alten bayerischen Heeres zu erhalten. Siehe ebda., S. 15 f.; vgl. auch die Darstellung aus kommunistischer Sicht von Hans Beyer, München 1919. Der Kampf der Roten Armee in Bayern 1919, (Ost-)Berlin 1956.

236 Hillmayr, Roter und Weißer Terror, S. 51.

237 Vgl. Kapitel »Säuberung und Befriedung Münchens«, in: Niederwerfung, S. 167–170, das die Vorgänge allerdings extrem einseitig schildert.

238 Kritzer, Die bayerische Sozialdemokratie, S. 127. Zu den Eingriffen und Gewalttätigkeiten der Rätemachthaber vgl. Hillmayr, Roter und Weißer Terror, S. 66–72.

politische Verantwortung für die von den Regierungssoldaten begangenen Exzesse angelastet wurde, muß hierauf näher eingegangen werden.

Wie Hillmayr nachgewiesen hat[239], waren die Regierungstruppen Ende April einer massiven Propagandakampagne ausgesetzt, an der sich auch die bayerische Regierung Hoffmann beteiligte. Die Anhänger der Räterepublik wurden als »bolschewistisches Raub- und Mordgesindel« dargestellt. Es wurde behauptet, die Rätemachthaber hätten in München 2000 Geiseln genommen. Gerüchte von der bestialischen Ermordung hochgestellter Persönlichkeiten gingen um. Durch diese Volksverhetzung wurde eine wahre Pogromstimmung erzeugt, mit der Folge, daß die Regierungssoldaten beim Vorgehen gegen die »roten Mordbestien« keine Gnade kannten.

In diese solchermaßen angeheizte Stimmung war dann die zutreffende Meldung geplatzt, Angehörige der »Roten Armee« hätten am 30. April im Münchener Luitpold-Gymnasium zehn Geiseln ermordet[240]. Dieser Geiselmord – Noske nannte ihn »eine der scheußlichsten Bestialitäten, die unter Berufung auf die Revolution verübt wurden«[241] – scheint bei den Regierungstruppen die letzten Hemmungen beseitigt zu haben. Sie gingen jedenfalls mit extremer Härte gegen alle vor, die des Spartakismus verdächtig waren. Noske selbst berichtet, die Truppen hätten sich in einem »Blutrausch« befunden[242].

Während der Tage des weißen Terrors in München und später, vor Gericht, beriefen sich die Militärs als Legitimation für ihre Brutalitäten und Greueltaten auf Noskes Schießbefehl vom 9. März 1919. Tatsache war jedoch, daß Noske diesen Befehl am 16. März aufgehoben und seitdem nicht erneuert hatte. Seine »Direktive« vom 23. April enthielt keine diesbezügliche Anordnung. Im Jahre 1926 sagte Noske als Zeuge vor Gericht aus, er wisse nicht, ob den Truppen auf dem Weg nach München Befehle mitgegeben worden seien, denen sein Schießerlaß vom März zugrunde gelegen habe[243].

Tatsächlich war dies jedoch der Fall. Die Generale von Möhl und von Oven hatten in einer – von einem Vertreter der Regierung Hoff-

239 Zum Folgenden Hillmayr, Roter und Weißer Terror, S. 78–80: »Der Propagandafeldzug«.

240 Bericht über den Geiselmord in: Schultheß EGK 1919 I, S. 198 f. Der Oberbefehlshaber der »Roten Armee«, Rudolf Egelhofer, hatte seine Zustimmung zur Erschießung der Geiseln gegeben. Siehe Faksimile in: Niederwerfung, S. 160, Tafel 9. Später ist behauptet worden, die Unterschrift Egelhofers sei gefälscht gewesen. Vgl. dazu Hillmayr, Roter und Weißer Terror, S. 109; zur Vorgeschichte, den näheren Umständen und den Folgen des Geiselmords ebda., S. 100–116.

241 Noske, Erlebtes, S. 96.

242 Ebda. In: Niederwerfung, S. 123, heißt es im Hinblick auf die Erhebung der rätefeindlichen Münchener Bürgerschaft: »Der Geiselmord war der Funke, der das Pulverfaß entzündete.«

243 Aussage Noskes vor dem Schwurgericht München I im Januar 1926. Zit. nach: Gumbel, Verräter, S. 94.

mann mitunterzeichneten – Proklamation[244] an die bayerische Bevölkerung folgendes verkündet: »Die bayerische Regierung hat den Kriegszustand und das Standrecht verhängt. Wer den Regierungstruppen mit der Waffe in der Hand entgegentritt, wird mit dem Tode bestraft [...] Jeder Angehörige der roten Armee wird als Feind des bayerischen Volkes und des Deutschen Reiches behandelt.« Diese Formulierungen lehnten sich vage an Noskes Schießerlaß vom März an. Oberst von Unruh, Chef des Stabes des Oberkommandos von Oven, sagte später vor Gericht aus[245], bei der Truppe sei die Ansicht vorhanden gewesen, daß nicht nur jeder, der mit der Waffe gegen die Regierungssoldaten kämpfend angetroffen wurde, zu erschießen war, sondern auch jeder, der im Besitz einer Waffe war und dies verschwieg. Auch sei die Anschauung verbreitet gewesen, daß während des Standrechts kein Soldat strafrechtlich verfolgt werden konnte, der nach seiner Auffassung zu Recht von der Waffe Gebrauch gemacht hatte. Unruh führte diese »irrigen Ansichten« auf »angebliche Äußerungen Noskes [zurück], die tatsächlich kursierten, obwohl sie nicht oder in anderer Form gegeben worden sind«. Es sei üblich gewesen, so der Oberst von Unruh, »sich auf angebliche Noske-Aussprüche zu berufen«. Der Freikorpsführer Major Hans von Lützow[246] behauptete, »daß Noske in Berlin nach Niederschlagen der Unruhen vom März 1919 in einer Besprechung der Kommandeure uns seinen Dank ausgesprochen und dabei hinzugesetzt hat, er wäre der Letzte, der hinter einem kleinen Leutnant wegen einer vielleicht nicht ganz gerechtfertigten Erschießung herlaufen und ihm den Prozeß machen würde«. Es ist eine große Zahl weiterer Zeugnisse[247] überliefert, die verdeutlichen, daß manche Offiziere sich berechtigt fühlten, auf bloßen Verdacht hin Erschießungen vornehmen zu können, ohne dafür gerichtlich belangt zu werden.

Während der Münchener Bürgerkriegstage verloren zwischen 500 und 1000 Menschen das Leben[248], darunter nicht weniger als 184, die »durch eigene Leichtfertigkeit oder durch tückische Zufälligkeit«[249] umkamen, die also weder im Kampf fielen noch standrechtlich er-

[244] Dokument abgedruckt in: Gumbel (Hrsg.), Denkschrift, S. 98.

[245] Aussage des Obersten von Unruh im Prozeß gegen die Mörder der zwölf Perlacher Arbeiter im November 1925, Staatsarchiv München, StA Mü I, Nr. 3.082/VI. Zit. nach: Hillmayr, Roter und Weißer Terror, S. 95.

[246] Aussage Lützows in seiner Vernehmung am 18. 7. 1925 durch OLGR Weiglein in Gotha, ebda.

[247] Vgl. die ebda., S. 95 f., geschilderten Fälle.

[248] Gumbel, Zwei Jahre Mord, S. 25, spricht von 1000 Toten; Wilhelm Hoegner, Die verratene Republik, München 1979, S. 36, fortan zit.: Hoegner, Verratene Republik, von 1100 Toten; in: Niederwerfung, Anlage 2 »Verluste«, S. 209–212, wird die Zahl der gefallenen Regierungssoldaten mit 58 angegeben, die Mindestzahl der gefallenen Anhänger der Räterepublik mit 557. Darunter fielen auch 186 standrechtliche Erschießungen.

[249] Formulierung aus: Niederwerfung, S. 212.

schossen wurden, sondern wahrscheinlich als Opfer von Mordtaten angesehen werden müssen. Unter den von Regierungssoldaten Ermordeten befanden sich der anarchistische Schriftsteller Gustav Landauer – er war in der ersten Münchener Räterepublik Volksbeauftragter für Volksaufklärung –, der Gymnasiallehrer Professor Karl Horn, zwölf Arbeiter aus dem Dorf Perlach bei München und 21 katholische Gesellen, die man aufgrund einer Denunziation versehentlich für Spartakisten gehalten hatte[250].

Von diesen und anderen Greueltaten fand nur der sogenannte Gesellenmord eine angemessene gerichtliche Sühne, da hinter dem katholischen Gesellenverein die mächtige Bayerische Volkspartei stand, die auf eine gerichtliche Untersuchung drängte[251]. Ansonsten erfolgten regelmäßig Freisprüche. E. J. Gumbel hat den normalen bayerischen Fall folgendermaßen beschrieben: »N. N. wurde am soundsovielten Mai aus seiner Wohnung auf Grund der Denunziation einer unerkannt gebliebenen Zivilperson von unbekannt gebliebenen Soldaten auf Befehl eines unerkannt gebliebenen Offiziers geholt und auf unbekannt gebliebene Art umgebracht[252].« Im Geiselmord-Prozeß[253] dagegen wurden sechs Todesurteile und sieben mal die Höchststrafe von 15 Jahren Zuchthaus verhängt. Auch der kommunistische Führer der zweiten Münchener Räterepublik, Eugen Leviné, wurde von einem Standgericht zum Tode verurteilt und erschossen.

Wie bereits erwähnt, mußte Noske in den späteren Gerichtsverhandlungen, die sich mit dem roten und weißen Terror in den Münchener Maitagen 1919 befaßten, mehrfach als Zeuge auftreten; so auch im Prozeß über die sogenannten Perlacher Erschießungen, der 1926 in München stattfand.

Er sagte bei dieser Gelegenheit aus[254], er habe ursprünglich eine schonungsvolle Behandlung der Gefangenen anbefohlen, doch sei diese in der Praxis unmöglich gewesen. Im übrigen habe damals nur der Erfolg gezählt. Der Minister gab dem Gericht zu verstehen, daß die Offiziere seinerzeit »das taten, was der militärischen Situation nach ihrer Auffassung entsprach«, und davon hätten die Richter auszugehen. Damals habe den preußischen Truppen in Bayern das Standrecht zugestanden. Ihm, Noske, habe die rechtmäßige Reichsregierung die vollziehende Gewalt übertragen, und er habe sie seinerseits an das Korps von Oven delegiert.

250 Zu den Greueln ausführlich: Gumbel (Hrsg.), Denkschrift, S. 81–127; Hannover/Hannover-Drück, Politische Justiz, S. 55–63.
251 Noske, Erlebtes, S. 96; Hannover/Hannover-Drück, Politische Justiz, S. 63.
252 Gumbel (Hrsg.), Denkschrift, S. 127.
253 Vgl. die Prozesse des Geiselmordes im Luitpold-Gymnasium in München vor dem Volksgericht, München o. J. [1920]. Zusammenfassend: Hannover/Hannover-Drück, Politische Justiz, S. 68–75.
254 Zit. nach: Gumbel, Verräter, S. 94 f., Kapitel »Perlacher Erschießungen«, S. 86–96.

Später schrieb Noske[255], er habe sich auf das nachdrücklichste dagegen verwahrt, daß die Perlacher Erschießungen »von den Beschuldigten als durch meine Befehle gedeckt und als durchaus meinen Anschauungen entsprechend dargestellt« wurden. In der Tat kann ihm nicht unterstellt werden, daß er verbrecherische Übergriffe dieser Art guthieß oder deckte. Aber er war auch nicht völlig unschuldig daran, daß es zu solchen Exzessen gekommen ist. Die Berliner Märzkämpfe hatten gezeigt, welchen Mißbrauch die Militärs mit seinem ohnehin schon allzu weitgehenden Schießbefehl trieben. Noske war also gewarnt. Er hätte Vorsorge treffen müssen, daß sich dies nicht wiederholte. Da dies nicht geschah, konnte bei den Offizieren der Eindruck entstehen, der Reichswehrminister werde sie in jedem Falle decken.

Mit der Niederschlagung der Münchener Räterepublik Anfang Mai war die zweite Welle der Revolution gebrochen und zugleich die revolutionäre Rätebewegung endgültig mit militärischen Mitteln bezwungen worden. In München hatte die letzte große Auseinandersetzung im deutschen Bürgerkrieg von 1919 stattgefunden. Noske ging aus ihr zwar als Sieger hervor, aber die Parteien der Arbeiterbewegung waren nach dem mehrfachen Zusammenprall im Bürgerkrieg unversöhnlich verfeindet – auf Jahrzehnte hinaus.

In Bayern kehrte allmählich wieder »Ruhe und Ordnung« ein. Ministerpräsident Hoffmann erließ am 9. Mai einen Aufruf, in dem es u. a. hieß: »Genug des grausamen Mordens! [...] Zurück zur Arbeit im Geiste der Versöhnung und des Sozialismus[256]!« Nach Berlin sandte Hoffmann, der die Reichsexekution erst zu vermeiden gesucht hatte und Noske dann doch um Hilfe rufen mußte, ein Telegramm, in dem er den Dank seiner Regierung für die Hilfe der Reichstruppen zur Wiederherstellung der Ordnung in Bayern zum Ausdruck brachte[257]. Da jedoch in Bayern ein Wiederaufflammen spartakistischer Unruhen befürchtet wurde, faßte das Reichskabinett den Beschluß, die Reichstruppen vorläufig nicht aus Bayern zurückzuziehen[258]. Erst am 12. Juli 1919 wurde das Generalkommando Oven abberufen. Bei dieser Gelegenheit sprach ihm Reichswehrminister Noske seine Anerkennung für die »umsichtige und erfolgreiche Leitung der Operation« aus[259]. Das am 25. April verhängte Standrecht wurde erst am 1. August wieder aufgehoben[260], der seit 1914 geltende Kriegszustand dagegen erst am

255 Noske, Erlebtes, S. 97.
256 Aufruf der Regierung Hoffmann vom 9. 5. 1919, Schultheß EGK I, S. 201 f.
257 Text des Telegramms Hoffmanns vom 9. 5. 1919 in: Kabinett Scheidemann, Nr. 96, S. 310, Anm. 3.
258 Kabinettssitzung am 22. 5. 1919. Ebda., Nr. 82, S. 364.
259 Niederschlagung, S. 178. Wortlaut des Telegramms Noskes an General von Oven in: R. Müller, Geschichte der deutschen Revolution, Bd III, S. 201.
260 Schultheß EGK 1919 I, S. 197 und 309.

1. Dezember 1919[261]. Bis dahin blieb die vollziehende Gewalt in den Händen der Militärbehörden.

Die Bevölkerung Münchens dankte weder Noske noch Hoffmann, der ihn gerufen hatte. Als wenige Wochen nach dem gewaltsamen Ende der zweiten Räterepublik Kommunalwahlen anstanden, stellte die USPD, die zu Zeiten Eisners in den Landtagswahlen nur 2,5 Prozent der Stimmen in Bayern zu gewinnen vermocht hatte, plötzlich die stärkste Fraktion im Münchener Rathaus[262].

Mit der Reichsexekution gegen Bayern kam auch das Ende aller militärreformerischen Ansätze, die seit den Revolutionstagen im November 1918 entwickelt worden waren. Der mehrheitssozialdemokratische Minister Albert Roßhaupter, im Kabinett Eisner für militärische Angelegenheiten zuständig, hatte die Konzeption verfolgt, neben der Reichswehr ein eigens für Bayern bestimmtes Milizsystem nach schweizerischem Vorbild zu etablieren[263]. Er war jedoch damit am Widerstand der Arbeiter- und Soldatenräte gescheitert. Hoffmann und sein Militärminister Schneppenhorst standen Noskes Politik sogar noch wesentlich distanzierter gegenüber als Roßhaupter. Sie wollten das bayerische Wehrwesen – in betontem Gegensatz zu Preußen – nach demokratischen Prinzipien neu ordnen und das Element der Soldatenräte dabei einbeziehen. Hierauf zu verzichten, war der Preis, den die Regierung Hoffmann für den Einsatz der Noskeschen Exekutionstruppen gegen München zu zahlen hatte[264]. Nach dem gewaltsamen Ende des Räteexperiments in der bayerischen Hauptstadt galten hier nun ebenfalls die Bestimmungen des Gesetzes über die vorläufige Reichswehr[265]. Unter Generalmajor von Möhl stellte man nun das Bayerische Reichswehrgruppenkommando 4 mit einer Stärke von etwa 34 000 Soldaten[266] auf.

Für die künftige Entwicklung Bayerns waren zwei militärpolitische Faktoren[267] von besonderer Bedeutung: Erstens nahm der Einfluß reaktionärer Militärkreise um General v. Möhl und Oberst v. Epp unter

[261] Ebda., S. 474 f.

[262] Feldman/Kolb/Rürup, Massenbewegungen, S. 100; Kritzer, Die bayerische Sozialdemokratie, S. 140 f.

[263] Kluge, Militär- und Rätepolitik, S. 21, 39.

[264] Ebda., S. 58. Zum Niedergang der bayerischen Volkswehren vgl. im einzelnen Kapitel VII/7.

[265] Am 10. 5. 1919 ordnete das Bayerische Ministerium für militärische Angelegenheiten die Ausführung des Reichswehrgesetzes vom 6. 3. 1919 an. Siehe: Niederwerfung, S. 176.

[266] Kluge, Soldatenräte, S. 327, 343. Darunter befanden sich etwa 3000 Mitglieder ehemaliger Volkswehreinheiten, was nicht mehr als ein symbolisches Zugeständnis an die bayerische Volkswehrbewegung war. Vgl. hierzu Kluge, Militär- und Rätepolitik, S. 54 f., 57.

[267] Vgl. zum Folgenden: Horst G. W. Nusser, Konservative Wehrverbände in Bayern, Preußen und Österreich 1918–1933. Mit einer Biographie von Forstrat Georg Escherich 1870–1941, München 1973, S. 93 f.; fortan zit.: Nusser, Konservative Wehrverbände; und ders., Militärischer Druck.

den Bedingungen des noch bis zum November 1919 in Bayern in Kraft befindlichen Ausnahmezustandes ständig zu. Zweitens entstand in dieser Zeit ein neues Machtpotential, nämlich die bayerischen Einwohnerwehren, angeführt von dem konservativen Forstrat Georg Escherich, der sich mehr noch als Möhl und Epp auf die wohlwollende Unterstützung des Reichswehrministers Noske berufen konnte.

Daß Escherich in Noske einen Verbündeten fand, obwohl er erkennbar gegen die Regierung des sozialdemokratischen Ministerpräsidenten Hoffmann arbeitete, ist auf den ersten Blick schwer verständlich. Eine mögliche Erklärung ist in der noch aus der Kriegszeit stammenden Bekanntschaft Escherichs mit Noske zu suchen. Die beiden sozialdemokratischen Reichstagsabgeordneten David und Noske hatten Escherich im Juli 1916 in Bialowies nahe der russischen Stadt Brest-Litowsk besucht, wo Escherich zu dieser Zeit als Ortskommandant über 10000 Kriegsgefangene und Zwangsarbeiter herrschte, die der deutschen Kriegswirtschaft Holz zuführten[268].

Zwischen Noske und Escherich scheint sich schon damals eine engere Beziehung entwickelt zu haben. Beide hatten ähnliche Interessengebiete: »Noske wollte ursprünglich Förster werden, aber der Vater war zu arm. Er neigte auch in kolonialpolitischen Fragen zu den selben Vorstellungen wie Escherich, da er mehr und mehr zu der Ansicht kam, wieviel wertvolle Kulturarbeit in den afrikanischen Schutzgebieten geleistet wurde[269].« Der bayerische Forstrat wußte diese Verbindung jedenfalls zu nutzen. Als er im Februar 1919 an Noske schrieb[270] und ihn um Unterstützung für seine Pläne zur Bewaffnung des flachen Landes in der Form von Einwohnerwehren bat, reagierte dieser positiv, zumal er schon im Januar 1919 in Berlin und Magdeburg[271] die Bildung von Einwohnerwehren gebilligt hatte.

Freie Bahn für seine Bestrebungen bekam Escherich in den Tagen der zweiten Münchener Räterepublik, als die bayerischen Ministerien des Innern und für militärische Angelegenheiten eine »Bekanntmachung betreffend der Einwohnerwehren«[272] erließen, in der die Zivil- und Militärbehörden dringend aufgefordert wurden, die Schaffung sol-

[268] Vgl. Nusser, Konservative Wehrverbände, S. 60–69. Vgl. auch Kriegstagebuch Eduard David, S. 185, wo sich David begeistert über die Person Escherichs und seine »großartige Unternehmung« äußerte.

[269] Nusser, Konservative Wehrverbände, S. 73. Zu Noskes Wunsch, Förster zu werden, siehe: Noske, Wie ich wurde, S. 13; vgl. auch S. 35 in diesem Band.

[270] Der Brief Escherichs an Noske ist abgedruckt in: Nusser, Konservative Wehrverbände, S. 92.

[271] In Magdeburg organisierte der Fabrikant Franz Seldte, der im Januar zu den Gründern des rechtsgerichteten Frontsoldatenbundes »Stahlhelm« gehörte, mit Unterstützung Noskes eine Einwohnerwehr. Siehe: Miller, Bürde, S. 268 f.; Berghahn, Stahlhelm, S. 13–18.

[272] Bekanntmachung vom 17. 5. 1919 in: Bayerischer Staatsanzeiger Nr. 127. Nusser, Konservative Wehrverbände, S. 95.

cher Formationen zu fördern. Schließlich erreichte es Escherich sogar, von Noske für den 26. Juni 1919 nach Berlin eingeladen zu werden, um dort mit ihm über den weiteren Ausbau der Einwohnerwehren zu sprechen. Das Ergebnis war, daß Noske nun den bayerischen Regierungschef Hoffmann für die Ideen des Monarchisten Escherich zu begeistern versuchte[273]. Er sah sich allerdings veranlaßt, die nichtmilitärischen Aufgaben der Einwohnerwehren zu betonen: »Der Aufbau der Einwohnerwehren auf militärischer Grundlage wird unter Anwendung des Artikels 177 des Versailler Vertrages zweifellos verboten. Um die Beibehaltung der Einwohnerwehren bei der Entente durchsetzen zu können, müssen die Wehren schon jetzt ihres militärischen Charakters entkleidet werden[274].« Daher wurden sie in der Folgezeit zwar vom Staat finanziert, waren aber rein juristisch Privatorganisationen. Die bayerischen Einwohnerwehren häuften ein gigantisches Waffenarsenal an, das den Mitgliederbestand von rund 350000 Mann (Stand: August 1919) um nahezu das Siebenfache übertraf[275].

Finanziell und materiell unterstützten Noske und die von ihm beeinflußte sozialdemokratisch geführte Regierung Bayerns[276] damit ihre eigenen konservativen Gegner. Mit Duldung des bayerischen Innenministers Fritz Endres (MSPD) – Wilhelm Hoegner nannte ihn den »kleinen bayerischen Noske« – entwickelte sich die Einwohnerwehr »aus einer harmlosen bürgerlichen Selbstschutztruppe zu einer militärisch aufgezogenen staatsgefährdenden Organisation«[277]. Noske soll einen der Führer der bayerischen Wehren, Rudolf Kanzler, der ihn im Oktober 1919 in Berlin aufsuchte, gefragt haben: »Ja was wollt ihr bayerischen Reaktionäre mit so vielen Gewehren[278]?« Die Antwort erhielt er im März 1920, als die Regierung Hoffmann mit Hilfe der bayerischen Einwohnerwehren unter ihrem Landeshauptmann Escherich gestürzt wurde[279]. Hoffmanns Nachfolger, der Monarchist Gustav von Kahr, war »der Mann der bayerischen Einwohnerwehren«[280]. Mit seinem Amtsantritt schied die Sozialdemokratie Bayerns für die gesamte Weimarer Zeit aus der Regierung aus. Der Freistaat wurde zum Sammelpunkt der antirepublikanischen Reaktion.

[273] Nusser, Konservative Wehrverbände, S. 101.
[274] Schreiben Noskes vom 5. 7. 1919, ebda., S. 100 mit Quellenangabe in Anm. 14.
[275] Ebda., S. 130–135; vgl. auch Hoegner, Verratene Republik, S. 112.
[276] Ministerpräsident Hoffmann (MSPD) stand einer Koalitionsregierung aus Bayerischer Volkspartei, Sozialdemokraten und Linksliberalen vor.
[277] Hoegner, Verratene Republik, S. 112 f.
[278] Rudolf Kanzler, Bayerns Kampf gegen den Bolschewismus. Geschichte der bayerischen Einwohnerwehren, München 1931, S. 176.
[279] Zu den parallel zum Kapp-Lüttwitz-Putsch in Berlin stattfindenden Vorgängen in Bayern vgl. Kritzer, Die bayerische Sozialdemokratie, S. 156–163.
[280] Karl Schwend, Bayern zwischen Monarchie und Diktatur, München 1954, S. 152; zit. nach Kritzer, Die bayerische Sozialdemokratie, S. 163. Zu Kahrs Einwohnerwehrpolitik vgl. Benz, Süddeutschland, S. 287 ff.

5. Noske im Mittelpunkt des Weimarer SPD-Parteitages im Juni 1919

Der letzte sozialdemokratische Parteitag lag lange zurück. Er war im Oktober 1917, noch mitten im Kriege, in Würzburg abgehalten worden[281]. Während der ereignisreichen Monate seit dem Oktober 1918 – zu erinnern ist an die militärische Niederlage des Reichs, den Waffenstillstand, die Revolution, den Rat der Volksbeauftragten, den Rätekongreß, die Wahlen zur Nationalversammlung, die Bildung des Kabinetts Scheidemann, den Bürgerkrieg, die Verfassungsberatungen und Friedensverhandlungen – wurde die mehrheitssozialdemokratische Politik nicht von der Partei gemacht, sondern von den Spitzenpolitikern in den Regierungen des Reichs und der Einzelstaaten. Naturgemäß trugen die Mitglieder des Reichskabinetts die größte Verantwortung. Ihre Entscheidungen – und Unterlassungen – prägten das Bild sozialdemokratischer Politik in der Öffentlichkeit; ihre Handlungen waren es aber auch, die Unmut und Widerspruch in den Reihen der eigenen Partei hervorriefen. Dies trat besonders dann ein, wenn die Mitgliedschaft der Partei den Eindruck gewann, daß die Genossen in der Regierung nicht energisch genug auf einen konsequenten Bruch mit dem kaiserlichen Militärstaat hinarbeiteten, sowie auf die rasche und durchgreifende Durchführung dessen, was sie als die Errungenschaften der Revolution gesichert sehen wollten: Demokratisierung und Sozialisierung.

Den Spitzenfunktionären blieb nicht verborgen, wie stark innerhalb der Partei die Unzufriedenheit mit der Regierung Scheidemann im Reich und mit der Regierung Hirsch in Preußen wie auch mit der bisherigen Arbeit der Nationalversammlungsfraktion der MSPD bereits im Frühjahr 1919 angewachsen war. Dies wurde in den Beratungen einer Konferenz der Führungsgremien der Partei deutlich, die am 22. und 23. März in Weimar stattfand[282]. Da hinter verschlossenen Türen getagt wurde, fiel hier manches offene, selbstkritische Wort, das in der Öffentlichkeit so nicht gesagt worden wäre. Die Mitglieder der Regierung insgesamt, besonders aber Noske, sahen sich mit zum Teil heftigen Vorwürfen konfrontiert. Oswald Schumann, Abgeordneter der Nationalversammlung und Vorsitzender des Transportarbeiterverbandes, stellte fest, die zögernde Politik der Regierung habe die Partei »das

[281] Vgl. Protokoll SPD-Parteitag Würzburg 1917.

[282] Vgl. Protokoll der Parteikonferenz am 22. und 23. März 1919. In: SPD-Parteiausschuß, Bd II, S. 619–658. Es handelte sich um eine gemeinsame Konferenz von Parteivorstand, Parteiausschuß, Kontrollkommission und Nationalversammlungsfraktion.

Vertrauen der Massen gekostet«[283]. Ein anderer Redner warnte, gegen die »Verärgerung und Gewalttätigkeit« der Massen dürfe nicht nur »die negative Politik der Gewalt« getrieben, sondern es müßten positive Leistungen erbracht werden[284]. In dieselbe Richtung ging die Kritik von Hermann Beims: »Wir können die Gegner nicht allein durch die Energie des Genossen Noske niederhalten, sondern müssen auch tun, was die Genossen im Lande verlangen.« Noske möge bedenken, »ob er nicht den höheren Offizieren auf seine Entschließungen einen allzu großen Einfluß« einräume[285]. Mehrfach wurde die Gefahr eines Auseinanderdriftens von Partei und Regierungsmitgliedern[286] beschworen.

Noske trat den gegen ihn erhobenen Vorwürfen entgegen[287]. Der Einfluß der Offiziere auf ihn sei nicht zu groß; schließlich sei er »keine Wetterfahne und kein Waschlappen«. Sodann nutzte Noske seinen Diskussionsbeitrag, um in den Führungsgremien seiner Partei um Verständnis für seine schwierige Aufgabe zu werben: »Ich habe doch wahrhaftig das allerübelste Geschäft während der ganzen Revolution.« Nachdem er für diesen Satz lebhafte Zustimmung erhalten hatte, fuhr er fort: »Da kann ich erwarten, daß Sie mir nicht meine Arbeit erschweren und in den Rücken fallen.« Er habe die Offiziere, Studenten, Bürger und Indifferente in die Freikorps nehmen müssen, denn die 200000 Berliner Mehrheitssozialisten seien nicht gekommen; sie hätten sich die Errungenschaften der Revolution von den bürgerlichen Leuten sichern lassen, statt selbst die Waffen zu tragen. Die Offiziere kämen natürlich um ihrer eigenen Existenz willen. Aber die meisten hätten sich mit der veränderten Lage abgefunden und dächten nicht an eine Konterrevolution; »widerhaarige Offiziere« habe er teilweise kurzerhand hinausgeschmissen; man müsse einsehen, daß es über jede menschliche Kraft gehe, aus Leuten, die vielfach Landsknechte und Abenteurer seien, im Handumdrehen innerhalb weniger Tage eine Mustertruppe zu machen.

Diese Ausführungen blieben auf die versammelten Parteifunktionäre nicht ohne Eindruck. Der Vorsitzende Hermann Müller[288] dankte Noske in seinem Schlußwort »für seine Arbeit für unsere Partei und das deutsche Volk« und deckte zugleich seine Politik: »Wenn wir die Freiwilligen nicht hätten, hätten wir längst das vollendete Chaos«.

283 Ebda., S. 638.
284 Max König, Bezirksparteisekretär aus Dortmund. Ebda., S. 641.
285 Hermann Beims, Magdeburg, MdNV. Ebda., S. 635. Beims wurde im Herbst 1919 zum Oberbürgermeister von Magdeburg gewählt.
286 Der Gewerkschaftsvorsitzende Carl Legien sagte: Wir brauchen einen Parteitag. »Er muß eine Abgrenzung der Partei gegen die Regierung schaffen.« Derzeit laufe die Partei nur »hinter unseren Führern her, die in der Regierung sitzen«. Ebda., S. 637.
287 Diskussionsbeitrag Noskes ebda., S. 638 f.
288 Schlußwort Hermann Müller. Ebda., S. 644. Zu den Vorwürfen gegen Noske und dem Dank Müllers an ihn vgl. auch den Bericht über die Parteikonferenz. In: Vorwärts Nr. 152, 24. 3. 1919, Morgen-Ausgabe, S. 1.

Müller versicherte, daß Übergriffe der Regierungstruppen unter allen Umständen geahndet würden. Um den Vertretern der Parteibasis ein »Ventil«[289] zur Artikulation ihrer Unzufriedenheit mit den regierenden Spitzenpolitikern der Partei zu öffnen, verständigten sich die Führungsgremien anschließend darauf, alsbald einen Parteitag einzuberufen. Er sollte zugleich Gelegenheit bieten, die Partei gegenüber der Regierung zu profilieren.

Nach dieser Parteikonferenz konnte Noske das Gefühl haben, von der Mehrzahl der führenden sozialdemokratischen Politiker verstanden und unterstützt zu werden. In den zwei Monaten bis zum Zusammentritt des Parteitages am 10. Juni bekam er jedoch zu spüren, daß der ihm vom Parteivorsitzenden Hermann Müller abgestattete Dank durchaus nicht die Haltung aller Gliederungen der MSPD ausdrückte. Immer häufiger beschlossen gewerkschaftliche und mehrheitssozialdemokratische Versammlungen, auf die im Auftrag des Reichswehrministers durchgeführte Freiwilligenwerbung nicht zu reagieren. Auf dem MSPD-Bezirksparteitag von Groß-Berlin, der am 6. April zusammentrat, fand sich eine Mehrheit für den Antrag, im Zentralorgan »Vorwärts« keine Inserate für die Freiwilligenwerbung mehr aufzunehmen[290]. Betriebsversammlungen beschlossen, ehemalige Freikorps-Angehörige zu boykottieren, d. h., nicht mit ihnen zusammenzuarbeiten und sie aus den Betrieben herauszudrängen[291]. Eine wegen dieser Konflikte anberaumte Aussprache zwischen Noske und Gewerkschaftsführern endete ergebnislos, so daß sich der Reichswehrminister schließlich genötigt sah, einen derartigen Boykott unter schwere Strafe zu stellen[292]. Danach lenkten die Gewerkschaften zwar formell ein, aber die Spannungen waren keineswegs gelöst.

Gelassen konnte Noske dem II. Reichsrätekongreß entgegensehen, der vom 8. bis zum 14. April 1919 in Berlin tagte[293]. Der Zentralrat – seit dem Zusammentritt der Nationalversammlung längst politisch bedeutungslos geworden[294] – hatte sich genötigt gesehen, diesen Kongreß einzuberufen, um der Stimmung in der Arbeiterschaft Rechnung zu tragen[295], und den Resten der Rätebewegung, wenn schon keine Zukunftschancen, so doch wenigstens ein Diskussionsforum zu geben. Die militärische Rätebewegung befand sich zu diesem Zeitpunkt infolge der strikt rätefeindlichen Politik Noskes in der Phase der Auflö-

289 So drückte sich Georg Thöne (Kassel) aus. Siehe: SPD-Parteiausschuß Bd II, S. 633.
290 Bericht über diesen Bezirksparteitag in: Vorwärts Nr. 178 vom 7. 4. 1919. Der Beschluß erfolgte mit 140 gegen 116 Stimmen.
291 Beispiele schildert Noske, Kiel bis Kapp, S. 120 f.
292 Ebda., S. 121. Später machte Noske diese Boykottbeschlüsse mit dafür verantwortlich, daß die organisierten Arbeiter der Truppe fernblieben. Vgl. ebda., S. 121 f.
293 Vgl. II. Rätekongreß. Auszüge in: Zentralrat Nr. 105, S. 790–805.
294 Vgl. Kolb, Arbeiterräte, S. 244 ff.
295 Miller, Bürde, S. 349.

sung; sie existierte »nur noch in stark abgewandelter, in ihrer Organisation reduzierter und in ihren Funktionen entpolitisierter Form«[296]. Einen bestimmten Einfluß übte sie nicht mehr aus. Der Kongreß debattierte denn auch nicht mehr allgemein über die Zukunft der Rätebewegung, sondern nur noch über die Chancen, für die Arbeiterräte einen Platz in der Verfassung und im künftigen Leben der Republik zu finden. Während im zivilen Bereich mit dem Betriebsrätegesetz von 1920 wenigstens ein Schritt auf diesem Wege getan wurde, hatte die regierende Mehrheitssozialdemokratie für die Soldatenräte generell keine Existenzberechtigung mehr.

Da der II. Rätekongreß – wie schon der I. vom Dezember 1918 – von einer überwältigenden SPD-Mehrheit beherrscht wurde[297], brauchte die Reichsregierung von dieser Veranstaltung keine massive Opposition zu befürchten. Naturgemäß spiegelten die Debatten die parteipolitische Polarisierung wider, wie sie sich seit dem Austritt der USPD aus dem Rat der Volksbeauftragten entwickelt hatte. Der mehrheitssozialdemokratische Zentralratsvorsitzende Leinert stellte sich schützend vor Noske und seine Ministerkollegen[298], während der USPD-Sprecher Richard Müller die Regierungssozialisten beschuldigte, durch ihre Gewaltanwendung das Volk immer tiefer ins Elend gestürzt zu haben: »Aber diejenigen, die die Stimme des Volkes nicht hören wollen, die glauben, alles als Bolschewismus, als Spartakus nur verleumden und herabsetzen, die glauben, diese gerechten revolutionären Forderungen des Volkes in einem Meer von Blut ersäufen zu können, die werden sich schwer irren. Auf sie fällt die furchtbare Verantwortung, auf sie fallen die Folgen, die das deutsche Volk dem Untergang entgegenführen[299].« Das vielleicht wichtigste Ergebnis des II. Rätekongresses bestand darin, daß Vertreter der zutiefst zerstrittenen Parteien überhaupt wieder einmal miteinander redeten.

Am Vorabend des ersten sozialdemokratischen Nachkriegsparteitages[300], der vom 10. bis zum 15. Juni 1919 in Weimar, am Tagungsort der Nationalversammlung, abgehalten wurde, prophezeite man Noske, daß er wahrscheinlich einen besonders schweren Stand haben werde[301]. In der Tat ließen die 22 aus den Parteigliederungen eingegangenen Anträge zum Thema Militärpolitik erkennen, wieviel Unmut über die Politik Noskes sich in der Partei zwischenzeitlich angesammelt hatte. Obwohl die Zeit der Bürgerkriegskämpfe im Juni 1919 im wesentlichen vorüber war und die Diskussion über die harten Versailler Frie-

296 Kluge, Soldatenräte, S. 352 f.
297 Einzelheiten siehe: Miller, Bürde, S. 350, Anm. 5.
298 Zentralrat, S. 795.
299 Ebda., S. 799.
300 Vgl. Protokoll SPD-Parteitag Weimar 1919.
301 Dies erwähnte Noske in seiner Rede auf dem Parteitag. Ebda., S. 202.

densbedingungen in den Mittelpunkt des öffentlichen Interesses rückte, konnte kein Zweifel bestehen, daß viele Delegierte die Chance nutzen würden, mit der Politik des Reichswehrministers ins Gericht zu gehen. Der Parteivorstand selbst scheint allerdings wenig Neigung gehabt zu haben, die gewählten Vertreter der Partei zur Festlegung programmatischer Aussagen über die brennendsten politischen Themen anzuregen. Die von ihm vorgeschlagene Tagesordnung war »merkwürdig dürftig«[302]. Denn sie enthielt eine Vielzahl von Berichten der Parteigremien, sah jedoch keine Aussprache über die konfliktträchtigen Themen der Außen-, Sozialisierungs-, Militär- und Verfassungspolitik vor. Wenn sie auf dem Parteitag dann doch debattiert wurden, so war dies ausschließlich eine Folge der in großer Zahl eingegangenen Anträge. Die Kritik des Parteitages konzentrierte sich auf zwei Problembereiche, nämlich erstens auf die Militärpolitik der Reichsregierung und zweitens auf die schleppende Politik der preußischen Regierung auf dem Gebiet der Demokratisierung des Verwaltungsapparates, also auf Gustav Noske und den preußischen Innenminister Wolfgang Heine, die beide Exponenten des rechten Flügels der Partei waren. In der Sache richtete sich die Kritik vornehmlich gegen die Personalpolitik der beiden Minister.

Einzelne der dem Parteitag vorliegenden Anträge gingen so weit, ganz direkt den Rücktritt Noskes von seinem Ministeramt[303] und sogar seinen Ausschluß aus der Partei[304] zu fordern. Andere enthielten scharfe Mißbilligungen der Person und der Politik Noskes, etwa der Antrag aus Altona[305], in dem es hieß: »Die Maßnahmen des Reichswehrministers Noske in manchen Fällen und die Bevorzugung der Offizierskaste durch denselben sind eines überzeugten Genossen unwürdig.« Noske wurde ersucht, sich auf die Pflichten eines Parteigenossen zu besinnen und jede Provokation der Arbeiterschaft zu unterlassen«. In dieselbe Richtung zielte ein Resolutionsentwurf[306], der Noske außerhalb der sozialdemokratischen Tradition zu stellen versuchte: »Wer in so durchsichtiger Weise die alte Militärkaste wieder hervorzaubert und nach dem Wort Wilhelms II. auf Vater, Mutter und Bruder schießen läßt[307] und die Reichswehr auf Spaziergängen in Stadt

302 Miller, Bürde, S. 299.

303 Antrag 158 Weimar, Protokoll SPD-Parteitag Weimar 1919, S. 96; Antrag 178 Göttingen (S. 100); Antrag 195 Schleswig-Eckernförde (S. 105).

304 Antrag 159 Weimar, ebda., S. 96. Dieser Antrag wurde für nicht zulässig erklärt, weil er den Statuten der Partei zuwiderlief (vgl. S. 303). Er rief überdies empörte Stellungnahmen hervor. Der Lübecker Delegierte Stelling, MdNV, sagte, er habe sich nach der Lektüre dieses Antrages geschämt, einer Partei anzugehören, in der so etwas möglich sei (S. 209).

305 Antrag 157 Altona, ebda., S. 96.

306 Resolution 196 Wehrstedt, ebda., S. 107.

307 Im Jahre 1891 hielt Kaiser Wilhelm II. anläßlich einer Rekrutenvereidigung in Potsdam eine vielkritisierte Ansprache mit folgendem Satz: »Bei den jetzigen sozialisti-

und Land mit Handgranaten gehen läßt, kann das Vertrauen des Proletariats nicht genießen.« Das gestörte Vertrauen der Partei zum Reichswehrminister artikulierte der Berliner Delegierte Davidsohn, MdNV, in einer für sozialdemokratische Solidaritätsvorstellungen ungewöhnlichen Schärfe. Er bezeichnete es als ein »zweifelhaftes Vergnügen«, hier vor Noske sprechen zu müssen und fügte hinzu, wenn die Gefahr bestehe, daß die Partei an Noskes Politik zugrunde zu gehen drohe, so wäre es besser, daß Noske ›gehe‹[308].

Eine größere Anzahl von Anträgen[309] war in der Tendenz etwas gemäßigter. Auf eine Kritik an der Person Noskes wurde verzichtet, nicht aber auf Kritik an seiner Politik. Die politische Forderung lautete – ganz in der traditionellen militärpolitischen Gedankenwelt der Partei stehend –, die Freikorps müßten aufgelöst und eine Volkswehr auf demokratischer Grundlage neu gebildet werden. Dem Parteitag lagen jedoch auch Stellungnahmen[310] vor, in denen die Notwendigkeit der Freikorps dem Grundsatz nach anerkannt wurde. Aber auch sie forderten von Noske, er müsse die reaktionären Offiziere aus den verantwortlichen Stellen entfernen und versuchen, organisierte Arbeiter für den Eintritt in das Heer zu gewinnen.

Ganz auf der Linie Noskes lagen schließlich Voten, die den Parteitag aufforderten, nicht zu verhehlen, »daß die sozialdemokratischen Arbeiter an der Unzufriedenheit mit den Freiwilligenkorps nicht unschuldig sind, weil zu wenige Arbeiter in diese Korps eintraten und damit die einseitige Zusammensetzung dieser Truppen verschuldeten«[311]. Auf diesen Punkt abzielend, gab ein weniger bekannter Sprecher[312] die folgende Stellungnahme ab, die typisch für die Denkhaltung vieler Parteimitglieder gewesen sein dürfte: »Wir sind antimilitaristisch bis auf die Knochen. Es müssen erst große sichtbare Notwendigkeiten hervortreten, bevor der Andrang aus den Kreisen unserer Partei größer wird. Die meisten unserer Parteigenossen haben jahrelang in den Schützengräben gelegen und den Tag begrüßt, an dem sie den Schießprügel an die Wand stellen konnten.«

schen Umtrieben kann es vorkommen, daß Ich Euch befehle, Eure eigenen Verwandten, Brüder, ja Eltern niederzuschießen – was ja Gott verhüten möge – aber auch dann müßt Ihr Meine Befehle ohne Murren befolgen.« Siehe: Schultheß EGK 1891, S. 141.

308 Protokoll SPD-Parteitag Weimar 1919, S. 198.

309 Antrag 74 Frankfurt a.M., ebda., S. 85; Antrag 82 Landesorganisation Hamburg (S. 87); Antrag 156 Altona (S. 96); Antrag 175 Essen (S. 99); Resolution 181 Berlin (S. 101); Resolution 186 Danzig (S. 103); Antrag 223 (S. 115).

310 Antrag 68 Danzig, ebda., S. 84; Antrag 192 Neidenburg (S. 104 f.).

311 Antrag 203 König-Dortmund ebda., S. 109 f. Dieses Argument machte sich auch der Parteivorsitzende Otto Wels in seiner für den Parteivorstand gehaltenen Rede zu eigen. Siehe ebda., S. 154.

312 Stoll (Ottensen), ebda., S. 291 f.

Die Anträge in ihrer Gesamtheit konnten gewiß als »ein Barometer der innerhalb der Partei herrschenden Stimmung gelten«[313], und dies bedeutete, auf Noske und seine Politik bezogen, daß der Unmut über ihn alles in allem deutlich überwog. Dieser Stimmungslage der Delegierten trugen die Sprecher des Parteivorstandes teilweise Rechnung, indem sie die Ausschreitungen der Freikorps entschieden verurteilten. Gleichzeitig ließen sie jedoch keinen Zweifel daran, daß sie die Notwendigkeit der Freikorps anerkannten, da eine Regierung ohne militärische Machtmittel nun einmal nicht auskommen könne und sie in der gegebenen Situation eben die Hilfe habe nehmen müssen, »woher sie sie bekam«[314]. Das Abrücken vom Volkswehrprogramm wurde jetzt mit dem Argument begründet, daß die Entente dem Deutschen Reich ein »Söldnerheer« vorschreiben werde[315]. Noskes gegen die Soldatenräte gerichtete Politik verteidigte der Parteivorsitzende Otto Wels mit dem Hinweis, daß auch Trotzki in der Roten Armee der Sowjetrepublik die Soldatenräte wieder abgeschafft und die Kommandogewalt nach altem zaristischem Muster wieder eingeführt habe. Wels glaubte den Vergleich verantworten zu können, Trotzki sei eben »der Noske Rußlands«[316].

Der von vielen Delegierten kritisierte und vom Parteivorstand verteidigte, jedenfalls aber in den Brennpunkt der Auseinandersetzungen geratene Reichswehrminister erhielt am zweiten Verhandlungstag des Parteitages das Wort[317]. Die Delegierten gaben Noske Gelegenheit, seine Redezeit weit über das übliche Maß hinaus auszudehnen, da er, wie der Parteitagsvorsitzende Heinrich Schulz sagte, »hier und draußen in der Öffentlichkeit vielleicht der am meisten angegriffene Parteigenosse« sei und daher Gelegenheit erhalten müsse, »sich ausgiebig verteidigen zu können«[318]. Verteidigen aber mochte sich Noske keineswegs. Er habe, bemerkte er, »nicht eine Sekunde das Gefühl gehabt, daß ich hier als Angeklagter zur Verteidigung das Wort zu nehmen habe«[319]. Noske ließ sich denn auch in seiner Rede keineswegs durch die gegen ihn gerichteten Vorwürfe irritieren und ging sogleich in die Offensive.

Er habe sich gewiß nicht danach gedrängt, das »unerfreuliche Amt« des Reichswehrministers zu übernehmen, und auch jetzt sei es für ihn kein Vergnügen, seinen »anständigen, ehrlichen Namen durch alle Gossen Deutschlands schleifen zu lassen«. Begreiflich nannte Noske den Unwillen, der sich innerhalb der Arbeiterschaft wegen des enttäuschenden Verlaufs der Revolution angesammelt habe. Den Grund

313 Miller, Bürde, S. 300.
314 Otto Wels, Protokoll SPD-Parteitag Weimar 1919, S. 154 f.
315 Otto Wels, ebda.
316 Ebda., S. 155.
317 Noske-Rede, ebda., S. 200–207.
318 Heinrich Schulz, ebda., S. 202.
319 Noske, ebda.

hierfür solle man jedoch nicht in der Politik der Regierung suchen, sondern in den schwierigen Zeitumständen, »wo Millionen von Menschen nicht satt zu machen sind«. Deutschland sei heute finanziell bankrott; daher ließen sich die geforderten großen wirtschaftlichen Umgestaltungen nicht in dem wünschenswerten Tempo durchführen und daher sei derjenige »ein Dummkopf oder schamloser Demagoge«, der immer neue Ansprüche wachrufe.

Als nächstes ging Noske auf die zurückliegenden Bürgerkriegskämpfe ein. Erneut machte er für das Blutvergießen ausschließlich »die Liebknecht, Ledebour und Genossen« verantwortlich, die ihre Anhänger bewaffnet auf die Straße geschickt und damit die Verhängung des Belagerungszustandes erforderlich gemacht hätten. Noske forderte den Parteitag auf, Courage zu zeigen, sich durch die Unabhängigen nicht fortgesetzt ins Bockshorn jagen zu lassen und die Abwehrmaßnahmen der Regierung öffentlich zu unterstützen. Er ging dann noch einen Schritt weiter und griff diejenigen unter seinen Parteigenossen direkt an, die ihm »immer wieder in den Rücken« gefallen seien und ihm »die Arbeit unendlich schwer gemacht« hätten. Gerade bei den vielen Klagen über die Freiwilligentruppen werde »viel zu sehr verallgemeinert«; zwar seien in einigen Fällen »außerordentlich böse und verurteilungswürdige Dinge vorgekommen«, aber der Wiederholung habe er nun mit allem Nachdruck vorgebeugt; die Truppen seien in den letzten Monaten »besser, disziplinierter, manierlicher geworden«. Insgesamt, so rechtfertigte der Reichswehrminister die große Linie seiner Politik, dürfe über aller berechtigten Kritik an den Freikorps nicht vergessen werden, »daß die unter meiner verantwortlichen Leitung organisierten Freiwilligen das große Verdienst haben, Deutschland vor dem Chaos bewahrt zu haben. Dafür verdienen die Truppen und dafür verdienen ihre Führer Dank und Anerkennung. Mancher Mann hat dabei sein Leben lassen müssen.«

Dann beleuchtete Noske seine eigene Rolle. Er erinnerte an seinen inzwischen berühmt gewordenen Bluthund-Ausspruch vom 6. Januar 1919 und gab ihm folgende Interpretation: »Damals habe ich gesagt: einer muß ja die Geschichte machen, ich bin mir aber klar darüber, daß das für mich bedeutet, daß ich als Bluthund durch die Deutsche Revolution werde laufen müssen. Dessen war ich mir am ersten Tage bewußt, und nicht aus Vergnügen und nicht aus Herostratentum, sondern lediglich aus ernstem Pflichtbewußtsein habe ich mich veranlaßt gesehen, diese Blutarbeit im Interesse des deutschen Volkes zu leisten.« (Das Parteitagsprotokoll verzeichnet an dieser Stelle »Bewegung« im Saale und »Bravo«.) Als dann in der akuten Gefahrensituation im Januar die Neuformationen buchstäblich aus dem Boden gestampft worden seien, habe er, Noske, nicht nach dem Parteimitgliedsbuch der Freiwilligen fragen können, sondern er habe froh sein müssen, wenn sie sich ihm überhaupt zur Verfügung stellten. Gewiß habe es im Januar und im März in Berlin »Späne« und »bedauernswerte Opfer« gegeben, aber nach viereinhalb Jahren Krieg und nach einer Revolution könne man aus dem Soldaten nicht in kurzer Zeit »ein Gemisch von einem sozialdemokratischen Parteischüler und einem Engel« machen. Wenn er »damals nicht hätte zuschlagen lassen«, dann wäre die Regierung geflogen und »dann tagte die Nationalversammlung nicht, dann tagte auch dieser Parteitag heute nicht«.

Dem Vorwurf, seine Truppen seien reaktionär, begegnete der Minister mit dem Hinweis auf seine große eigene Erfahrung mit den Soldaten. Er habe Hunderte von Ansprachen vor den Formationen gehalten und ihnen als Sozialdemokrat gesagt, sie hätten unter allen Umständen die neue Freiheit in Deutschland zu schützen. Seine umstrittene Personalpolitik verteidigte Noske noch einmal mit dem Hinweis, es sei eine »unbillige Erwartung«, man könne das Heer von heute auf morgen demokratisch machen. Außerdem würdigte er das »hohe Staatsgefühl und Pflichtgefühl«, das er bei einer Anzahl von Offizieren kennengelernt habe und betonte, sein Versprechen, geeignete Unteroffiziere zu Offizieren zu befördern, sei gehalten worden. Gleichwohl bleibe es fraglich, ob diese in jedem Falle eine zuverlässigere Stütze der Republik seien als die Offiziere.

Auch gegen Angriffe des sozialdemokratischen »Vorwärts« nahm Noske die Soldaten ausdrücklich in Schutz. Sie würden häufig genug »in der unflätigsten und unmanierlichsten Weise beschimpft oder gar tätlich angegriffen«. Es sei zu viel verlangt, wenn der Reichswehrminister den Leuten beibringen solle, daß sie sich von jedem Rotzjungen als Mordbuben oder Bluthund beschimpfen, sich den Rock bespucken lassen und dann wie ein steinerner Gast ruhig ihres Weges gehen sollten. Er forderte den Parteitag auf, die Leute zu respektieren, »die jetzt den Soldatenrock anhaben«. Wie schon anläßlich seiner öffentlichen Auseinandersetzungen mit dem Republikanischen Führerbund[320] verdeutlichte Noske auch jetzt wieder seinen Grundsatz, parteipolitische Agitationsarbeit innerhalb der Kasernen nicht zuzulassen, wohl aber auf die Erziehung der Truppe »im modernen staatsbürgerlichen Sinne« zu achten.

Mit keinem Wort ging Noske auf die Anträge ein, die seinen Rücktritt als Minister oder gar seinen Parteiausschluß forderten. Auch sah er keinen Anlaß, sich mit den Parteien der politischen Rechten auseinanderzusetzen. Seine Gegner waren die »Liebknecht, Ledebour und Genossen« sowie die Kritiker in der eigenen Partei. Letzteren warf er wiederholt und unter dem Beifall des Parteitages vor, sie fielen immer wieder auf die Agitationsparolen der Unabhängigen herein. Seine An-

[320] Vgl. Kapitel VII/6.

griffe gegen die politische Linke krönte er am Schluß seiner Rede mit einer als sensationell aufgenommenen Enthüllung[321]: Während die Mehrheitssozialdemokraten zweifelten, ob man die Freikorps überhaupt brauche und dabei seien, ihm die Freiwilligen zu verprellen, hätten die namhaftesten Führer der Unabhängigen begriffen, daß man heute ohne die Freiwilligen nicht regieren könne; sie hätten die Truppen für ihre politischen Bestrebungen zu gewinnen versucht. Namentlich nannte Noske den ehemaligen Volksbeauftragten Emil Barth. Er habe mit den Führern[322] der Garde-Kavallerie-Schützen-Division in Berlin verhandelt. Das Ziel sei gewesen, die Offiziere davon zu überzeugen, daß die Truppen nach einem Sturz der jetzigen Regierung und einer Regierungsübernahme durch die Unabhängigen auch diesen dienen müßten.

Nach dieser Mitteilung, die auf dem Parteitag wie eine Bombe einschlug, konnte Noske seine Rede »unter stürmischem, anhaltendem Beifall und Händeklatschen« beenden[323]. Er hatte sich »als Mann der Entschlossenheit und Zielsicherheit«[324] präsentiert, der es verstand, seine Politik in einprägsamen und, wenn nötig, drastischen Worten wirkungsvoll zu vertreten. Mit dieser Rede war es dem umstrittensten sozialdemokratischen Minister nicht nur gelungen, seine innerparteilichen Kritiker an die Wand zu spielen, sondern darüber hinaus die große Mehrheit der Parteitagsdelegierten auf seine Seite zu ziehen. Nimmt man die Tatbestände, daß der Parteitag einberufen worden war, damit die Parteibasis ihrem Unmut über die Politik der regierenden Genossen Luft machen konnte, sowie daß Noske in keinem Punkte Abstriche an seiner bisherigen Politik vornahm und gewiß niemandem nach dem Munde redete, so muß man seinen Auftritt vor dem Parteitag als einen großen persönlichen Erfolg werten.

In der Tat war nun das Rennen für Noske gelaufen. In der nachfolgenden Aussprache wurden zwar noch einzelne Punkte seiner Ausführungen in Zweifel gezogen[325], aber die für Noske positiven Stimmen überwogen[326]. Otto Wels faßte den Diskussionsverlauf, soweit er militärpolitische Fragen betraf, durchaus korrekt zusammen, wenn er ab-

[321] Vgl. den Bericht über den Parteitag in: Vorwärts Nr. 295, 12. 6. 1919, Morgen-Ausgabe, S. 1.

[322] In dem soeben zitierten »Vorwärts«-Artikel wurden als Gesprächspartner namentlich General v. Oven und Hauptmann Pabst genannt.

[323] Protokoll SPD-Parteitag Weimar 1919, S. 207.

[324] Miller, Bürde, S. 303.

[325] Etwa die Aussage, daß von seiten der Freikorps keine reaktionären Gefahren drohten; vgl. dazu den Beitrag von Stelling MdNV, Lübeck, Protokoll SPD-Parteitag Weimar 1919, S. 208.

[326] Vgl. ebda. die Beiträge von Karl Thielemann, Düsseldorf, S. 288 f.; Max König MdNV, Dortmund, S. 289 f.; sowie des einflußreichen Vorsitzenden des MSPD-Bezirks Groß-Berlin, Franz Krüger, S. 212.

schließend feststellte[327], der Parteitag habe Noske Beifall gezollt, weil die Delegierten von seinen Ausführungen beeindruckt gewesen seien und weil alle »überzeugt waren von der Notwendigkeit des Schutzes der Demokratie durch eine bewaffnete Macht, solange wie eine bewaffnete Minderheit bereit ist, in Deutschland die Gewalt an sich zu reißen und die Mehrheit zu vergewaltigen. Wir können ohne die Freiwilligentruppen nicht auskommen.« Daher, so der auf diesem Parteitag zusammen mit Hermann Müller in das Amt des Vorsitzenden gewählte Otto Wels[328], dürfe man die Truppen auch nicht diskreditieren.

Nach diesem Diskussionsverlauf hatte keiner der gegen Noske gerichteten Anträge mehr eine Chance, von einer Mehrheit des Parteitages gebilligt zu werden[329]. Statt dessen sprach der Parteitag »trotz der zu tadelnden Vorkommnisse seinen in der Regierung sitzenden Genossen volles Vertrauen aus«[330], was natürlich auch für Noske galt. In der Entschließung über die Freikorps[331] wurden diese im Prinzip anerkannt, ihre Ausschreitungen aber entschieden verurteilt. Vom Reichswehrminister wurden »eindeutige und feste Maßnahmen gegen jeden Mißbrauch der militärischen Gewalt erwartet«, und zwar »vor allem durch die weitestgehende Demokratisierung des Offizierkorps und durch den Eintritt unserer Parteigenossen in die Reichswehr«. Im übrigen, hieß es in der Resolution, müsse die völlige Neutralität der Freiwilligentruppen in politischen Fragen sichergestellt werden. Der Partei müsse künftig eine unmittelbare Mitwirkung vor dem Verhängen des Belagerungszustandes und dem Einsatz der Truppen zukommen, und den militärischen Befehlshabern sollten »geeignete Personen aus Parteikreisen« beigeordnet werden[332]. Hierbei hatte man offenbar das Beispiel des rheinisch-westfälischen Industriegebietes vor Augen, wo der MSPD-Abgeordnete Carl Severing[333] seit dem 7. April 1919 als Reichs- und Staatskommissar die Ausübung des Belagerungszustandes durch den Kommandierenden General des VII. Armeekorps in Münster, Generalleutnant v. Watter, überwachen sollte.

327 Schlußwort von Otto Wels, ebda., S. 293.

328 Müller und Wels wurden Nachfolger von Friedrich Ebert (Parteivorsitz seit 1913) und Philipp Scheidemann (für Hugo Haase, den Mitbegründer der USPD, 1917 als Parteivorsitzender nachgewählt).

329 Für den Antrag, Noske solle zurücktreten, gab es nur wenige Stimmen. Siehe ebda., S. 302.

330 Antrag 228, ebda., S. 116 und 300.

331 Entschließung 203, ebda., S. 109 f. und 302.

332 Antrag 227, ebda., S. 116 und 302.

333 Zur Ernennung Severings vgl. Kabinett Scheidemann, Nr. 37, 7. 4. 1919, S. 142 f., mit Anm. 4. Da die Reichsregierung und die preußische Staatsregierung, die Severing ernannten, seine Kompetenzen unbestimmt ließen, war dessen Aufgabe nicht gerade einfach. General von Watter erließ seine Verordnungen fortan mit dem Zusatz »im Einverständnis mit dem Reichskommissar«. Vgl. die Beispiele in: Zwischen Revolution, Nr. 40, S. 135 und Nr. 59, S. 171. Zum Zusammenhang vgl. auch Noske, Kiel bis Kapp, S. 126.

Im Hinblick auf die weitere Entwicklung im Herbst 1919 und im Frühjahr 1920 sind einige Anmerkungen zu der Rolle, die Reichskanzler Philipp Scheidemann auf dem Weimarer SPD-Parteitag vom Juni spielte, zu machen. Er hielt ein wortreiches, wie immer rhetorisch eindrucksvolles, aber inhaltlich ziemlich oberflächliches Referat über »Die Aufgaben der Sozialdemokratie in der Deutschen Republik«[334]. Darin streifte er auch kurz die Militärpolitik seiner Regierung und beklagte die Kluft zwischen den idealen Vorstellungen der Sozialdemokratie und der aktuellen Wirklichkeit. Der Bruderkampf unter den sozialistischen Parteien habe bessere Lösungen verhindert. Mit einer Truppe, die zu einem Drittel aus Sozialdemokraten, zu einem Drittel aus Unabhängigen und zu einem Drittel aus Kommunisten bestehe, sei »absolut nichts anzufangen«. Anders als Noske gab Scheidemann dann allerdings zu erkennen, daß es nach seiner Meinung sehr wohl Anzeichen für eine putschistische Gefahr von rechts gebe; er wolle diese Gefahr »für den Augenblick nicht übertreiben«, sagte er, aber man könne nie wissen, »was eines Tages wird«[335].

Dies veranlaßte den Sprecher der MSPD-Nationalversammlungsfraktion, Paul Löbe, den Regierungschef nachdrücklich mit der Bemerkung zu unterstützen, »daß eine gegenrevolutionäre Militärkaste ein militärisches Nebenregiment auszuüben beginnt«[336]. Im Herbst 1919 war es dann wiederum Scheidemann, der die Warnung ausrief: »Der Feind steht rechts[337]!« und damit auf eine Entwicklung aufmerksam machte, die dann im März 1920 zum Kapp-Lüttwitz-Putsch führte. Sowohl im Juni als auch im Oktober 1919 richteten sich Scheidemanns Mahnungen und Warnungen unausgesprochen an die Adresse des Reichswehrministers, der nach seiner Überzeugung den reaktionären Offizieren allzu vertrauensselig gegenübertrat. Dies ist auch insoweit bemerkenswert, als Noske, wie seine Parteitagsrede noch einmal deutlich machte, auf dem rechten Auge völlig blind war und er den Gegner nur auf seiten der Linken suchte.

Der Vorsitzende der Unabhängigen, Hugo Haase, hatte während des USPD-Parteitages Anfang März 1919 hierzu seine Beobachtungen aus der Nationalversammlung zum besten gegeben: »Noske muß man in Weimar sehen, wenn er zur Rechten, den Konservativen gewendet, seine Ausführungen macht, wenn die Konservativen ihm Beifall spen-

334 Protokoll SPD-Parteitag Weimar 1919, S. 233–239.

335 Ebda., S. 235.

336 Paul Löbe, ebda., S. 350.

337 Vgl. die Rede Scheidemanns vom 7. 10. 1919 in der Nationalversammlung. In: Verhandlungen NV, Bd 330, S. 2888. Vgl. auch seinen Leitartikel »Der Feind steht rechts!« in: Vorwärts Nr. 586 vom 15. 11. 1919, S. 1. Zum Zusammenhang vgl. Miller, Bürde, S. 363–374 und das Kapitel X/5 in diesem Band.

den.« Er könne es verstehen, »daß der Pfarrer Traub[338], der während des Krieges eine blutrünstige Politik trieb, Eroberungen auf Eroberungen forderte, nun sich ganz seelenverwandt mit Noske fühlt«. Haase zitierte einen Artikel Traubs, in dem dieser geschrieben hatte: »Der Reichswehrminister Noske erfreut sich allgemeiner Beliebtheit – die Unabhängigen und Spartakisten ausgenommen. Mit Recht! Er besitzt Geradheit und Mannhaftigkeit und geht entschlossen auf sein Ziel los. Ich habe mich selbst in Weimar über ihn gefreut. In der Stickluft Ministersessel begehrender Parteiwirtschaft erquickt eine solch kernige Gestalt, der man anmerkt, daß hier ein Herz für das Vaterland schlägt[339].« Daß Noske Lob von rechts und Prügel von links bezog, war ein Tatbestand, der sich gewiß nicht ohne Zutun des Reichswehrministers ergeben hatte.

Über den Weimarer Parteitag der SPD vom Juni 1919 ist hier aus drei Gründen ausführlich berichtet worden: Erstens war es für Noske seit seinem Amtsantritt als Volksbeauftragter für Heer und Marine und dann als Reichswehrminister im Kabinett Scheidemann die erste Gelegenheit, seine Politik vor seiner eigenen Partei zusammenfassend darzustellen und zu rechtfertigen. Zweitens zeigte der Parteitag, wie es der umstrittenste Politiker der SPD vermochte, durch sein entschlossenes persönliches Auftreten seine Partei hinter sich zu bringen. Drittens schließlich bewiesen die Debattenbeiträge des Parteitages, daß die innerparteilichen Kritiker Noskes in der Sache keine Alternative zu seiner Politik anzubieten hatten, die über die Benennung traditioneller Schlagworte wie »Volkswehr« hinauswies, mit dem Ergebnis, daß der Parteitag sich zum Schluß zu einer die Freikorps bejahenden Haltung durchrang und Noske lediglich recht vage gehaltene Demokratisierungs-Forderungen mit auf den Weg gab.

Die USPD, seit ihrem Ausscheiden aus dem Rat der Volksbeauftragten nicht mehr mit der ›Bürde der Macht‹ beladen und zu ihrem ursprünglichen Rollenverständnis einer Protestbewegung zurückgekehrt[340], hatte es in programmatischer Hinsicht wesentlich leichter als die regierenden Mehrheitssozialdemokraten. Auf dem außerordentlichen MSPD-Parteitag Anfang März 1919 wurde ein Aktionsprogramm[341] beschlossen, das in seinem militärpolitischen Teil teilweise

[338] Der Schriftsteller und evangelische Pfarrer Gottfried Traub war 1918 Vorstandsmitglied der alldeutsch orientierten »Deutschen Vaterlandspartei«, 1919 Vorstandsmitglied der DNVP und deren Fraktion in der Nationalversammlung. Zudem gab er die »Eisernen Blätter« heraus. Siehe: Reichshandbuch, Bd 2, S. 1919.

[339] Aus der Rede Haases in: Protokoll über die Verhandlungen des außerordentlichen Parteitages [der USPD] vom 2.–6. März 1919 in Berlin, Berlin o. J., S. 247. In: Protokolle der Parteitage der Unabhängigen Sozialdemokratischen Partei Deutschlands 1917–1923, Bd 1, Glashütten 1975; fortan zit. Protokoll USPD-Parteitag Berlin 1919.

[340] Miller, Bürde, S. 322.

[341] Die nächsten Forderungen der USPD, Bestandteil der »Programmatischen Kundge-

an das Erfurter Grundsatzprogramm der SPD von 1891 wie auch an die »Hamburger Punkte« des I. Rätekongresses vom Dezember 1918 anknüpfen konnte. Die Forderungen lauteten: Völlige Auflösung des alten Heeres. Sofortige Auflösung des durch Freiwilligenkorps gebildeten Söldnerheeres. Entwaffnung des Bürgertums. Errichtung einer Volkswehr aus den Reihen der klassenbewußten Arbeiterschaft[342].

Mit diesen Aussagen, die sich im übrigen von einigen Anträgen, die dem SPD-Parteitag vorlagen, kaum unterschieden, stellte sich die linke Oppositionspartei USPD deutlich gegen Noskes Militärpolitik. Mit gewissem Recht konnten die Unabhängigen auch für sich in Anspruch nehmen, mit ihren Forderungen der sozialdemokratischen Tradition näher zu sein als die MSPD. Wie aber eine Volkswehr »aus den Reihen der klassenbewußten Arbeiterschaft« in Anbetracht der einander verfeindet gegenüberstehenden Parteien der Arbeiterbewegung praktisch zu verwirklichen gewesen wäre, konnte der USPD-Parteitag ebensowenig beantworten wie die Frage, ob sich eine solche Volkswehr mit dem neuen republikanischen Staatswesen vereinbaren ließ. Die in diesen Monaten vereinzelt unternommenen Bemühungen, die Einigungsfrage[343] voranzubringen und die Bedingungen für ein eventuelles Zusammengehen von MSPD und USPD auszuloten, versprachen wenig Aussicht auf Erfolg, zumal, seitdem sich die USPD in ihrem »Revolutionsprogramm«[344] vom März 1919 – ohne der parlamentarischen Demokratie eine vollständige Absage zu erteilen – unter dem Einfluß von Däumig auf das Rätesystem und die Diktatur des Proletariats festgelegt hatte.

bung«, beschlossen auf dem Parteitag vom 2. bis 6. März 1919. In: Protokoll USPD-Parteitag Berlin 1919, S. 4.

342 Ziff. 2 der »nächsten Forderungen«.

343 Vgl. Der Sozialistentag. Protokoll der Konferenz für Einigung der Sozialdemokratie im ehemaligen Herrenhause zu Berlin vom 21.–23. Juni 1919, Berlin 1919. Nachdruck in: Protokolle der Parteitage der USPD, Bd 1: 1917–1919, Glashütten 1975.

344 So bezeichnete die USPD ihr Programm selbst. Siehe: Miller, Bürde, S. 323.

IX. Versailles und die Folgen

1. Annahme oder Ablehnung des Friedensvertrages?

Als die Siegermächte des Ersten Weltkrieges der deutschen Friedensdelegation in Versailles am 7. Mai 1919 ihre Friedensbedingungen zur Kenntnis brachten[1] und als die Regierung in Berlin wie die deutsche Öffentlichkeit zu begreifen begannen, welchen Preis Deutschland für seine Kriegspolitik bezahlen sollte[2], herrschte zunächst einmal in allen politischen Lagern eine weithin einhellige Empörung. Noske erinnerte sich: »Auf Schweres waren wir gefaßt, Elsaß-Lothringen war als verloren anzusehen. Die Anerkennung des Selbstbestimmungsrechts der Völker bedeutete den Verlust von Gebiet und Menschen im Norden Schleswig-Holsteins, sowie im Osten an Polen. Daß Frankreich und Belgien große Summen fordern würden, war selbstverständlich.« Aber der Haß und die Gewinnsucht der Sieger hätten bei der Ausarbeitung des Vertrages, bei der die Deutschen überhaupt nicht beteiligt worden seien, zu einem Ergebnis geführt, »wie es raffinierter und grausamer nicht hätte ersonnen werden können. Die Verstümmelung und Zerstückelung Deutschlands wurde beschlossen[3].« Die Kolonien seien geraubt worden und Deutschland habe man obendrein – was für den ehemaligen Kolonialpolitiker[4] Noske besonders schmerzlich war – als »unfähig beschimpft, fremde Völker regieren zu können«[5].

Die Abschaffung der allgemeinen Wehrpflicht und die Beschränkung auf »100000 Mann Söldner« bedeutete nach Noskes Urteil »die völlige Wehrlosmachung Deutschlands«. Die finanziellen und wirtschaftlichen Bestimmungen liefen darauf hinaus, »unser Volk zum

[1] Schultheß EGK 1919 I, S. 203. Zum Atmosphärischen der Vorgänge in Versailles vgl. Friedrich Stampfer, Die vierzehn Jahre der ersten deutschen Republik, Köln ³1953, S. 116–119; fortan zit.: Stampfer, Vierzehn Jahre.

[2] Dieser Preis war keineswegs so extrem hoch, wie es die zeitgenössische nationalistische Betrachtungsweise nahelegte. Gemessen an den Kriegszielen der Entente handelte es sich vielmehr um einen »glimpflichen Ausgang«. So die Wertung von Andreas Hillgruber, Die Außenpolitik der Weimarer Republik in der Spannung zwischen dem Trauma der Niederlage von 1918 und dem fortdauernden weltpolitischen Geltungsanspruch. In: Volker Rittberger (Hrsg.), 1933. Wie die Republik der Diktatur erlag, Stuttgart usw. 1983, S. 13.

[3] Noske, Kiel bis Kapp, S. 147 f.

[4] Vgl. Kapitel III/2.

[5] Gemeint ist die Kolonialschuldklausel des Versailler Vertrages.

Lohnsklaven der Sieger zu machen«. Mit den Forderungen der Siegermächte nach einem deutschen Kriegsschuldbekenntnis und nach Auslieferung deutscher Staatsbürger, die beschuldigt wurden, Kriegsverbrechen begangen zu haben[6], sei zudem »der Versuch der Ehrlosmachung« gekommen. Die ganze Furchtbarkeit des Vertrages habe nach der Überreichung der Note in ganz Deutschland und damit auch auf ihn »fast lähmend vor Entsetzen« gewirkt.

Diese zusammenfassende Einschätzung der Friedensbedingungen durch Noske entsprach im Mai 1919 ziemlich genau der allgemeinen Stimmung in Deutschland. Allenthalben wurden sie als in schreiendem Widerspruch zu den auch von der Entente angenommenen 14 Punkten des amerikanischen Präsidenten Wilson empfunden, auf die sich viele, gerade auch die regierenden Mehrheitssozialdemokraten, seit dem Abschluß des Waffenstillstandes am 11. November 1918 verlassen hatten. Für die MSPD-Politiker mußte die Härte der Friedensbedingungen besonders bitter sein. Denn sie waren angesichts der militärischen Niederlage mit ihrem Eintritt in die letzte kaiserliche Regierung des Prinzen Max von Baden »in die Bresche gesprungen«[7], und sie hatten nach der Revolution die Umgestaltung Deutschlands in eine demokratische Republik vollzogen, und dies nicht zuletzt in der Hoffnung, Deutschland einen harten Frieden ersparen zu können. Auch Noske hatte damals gehofft: »...wenn der Kaiser geht, kriegen wir einen guten Frieden«[8]. Nun mußten sie einsehen, daß diese Erwartungen nicht in Erfüllung gegangen waren.

Dennoch scheint Noske nicht zu jenen Politikern gehört zu haben, die im Frühjahr 1919 an erträgliche Friedensbedingungen glaubten. Jedenfalls zieh er diese Optimisten einer »unübertrefflichen Leichtfertigkeit«[9]. Ein Gespräch mit dem amerikanischen Obersten Arthur L. Conger[10], der im März in Berlin weilte und nachher in Kolberg mit Hindenburg und Groener sprach, dürfte ihn in seiner Ansicht bestärkt haben, obwohl Conger dem Reichswehrminister offenbar Hoffnungen

[6] Zu diesem Problemkreis vgl. die bereits erwähnte Spezialuntersuchung Schwengler, Völkerrecht.

[7] Miller, Bürde, S. 277. Ebert, Scheidemann und andere führende Politiker der SPD benutzten für den Regierungseintritt auch die Wendung vom »Opferbringen«. Vgl. ebda., S. 36, sowie dies., Burgfrieden, S. 396.

[8] So Noske Ende Oktober 1918 zu Wilhelm Solf, Staatssekretär des Äußeren. Siehe: Max von Baden, Erinnerungen, S. 494.

[9] Noske, Kiel bis Kapp, S. 147.

[10] Oberst Arthur L. Conger war Chef der Abteilung G-2 (Nachrichtendienst) des vorgeschobenen amerikanischen Hauptquartiers in Trier. Er unternahm vom 14. bis zum 21. 3. 1919 auf Einladung der deutschen Regierung eine Informationsreise nach Berlin und Kolberg. Zur Rolle Congers vgl. Fritz T. Epstein, Zwischen Compiègne und Versailles. Geheime amerikanische Militärdiplomatie in der Periode des Waffenstillstandes 1918/19: Die Rolle des Obersten Arthur L. Conger. In: VfZG 3 (1955), S. 412–445.

auf ein 300000 Mann starkes Heer machte[11]. Tatsächlich hatten die empörten Reaktionen der Reichsregierung nach dem 7. Mai etwas Künstliches an sich, da sie von der Härte der alliierten Forderungen eigentlich nicht überrascht sein konnte[12]. Leichtfertig war es, die deutsche Öffentlichkeit auf das zu Erwartende nicht vorzubereiten und wider besseres Wissen dem »wirklichkeitsfremden Optimismus« anzuhängen, der Wilson-Friede sei vielleicht doch noch zu bekommen[13]. So hatte die Regierung, die zu lange Hoffnungen genährt hatte, im Mai kein Konzept, wie sie mit der Realität fertig werden sollte.

Die Tage nach dem Bekanntwerden der Friedensbedingungen waren beherrscht von reichsweiten Protestkundgebungen, die jedoch nicht mit der Bereitschaft zu aktivem militärischem Widerstand verwechselt werden durften[14]. Reichspräsident und Reichsregierung wandten sich mit einem Aufruf[15] an das deutsche Volk, in dem mit den Vokabeln »unerträglich« und »unerfüllbar« die Taktik für die kommenden Wochen vorgegeben wurde, in denen man einen erträglicheren Frieden durch Verhandlungen mit den Siegermächten erreichen zu können glaubte. Diesem »Unannehmbar« schlossen sich die Führungsgremien der SPD wenig später an[16]. Reichsministerpräsident Scheidemann traf die Anordnung, den Gefühlen »bitterster Enttäuschung« und »unsäglicher Trauer« solle durch die Unterlassung aller öffentlichen Lustbarkeiten für die Dauer einer Woche Ausdruck gegeben werden[17]. Die eindrucksvollste Kundgebung gegen den Gewaltfrieden war die Sitzung der Nationalversammlung am 12. Mai 1919 in der Aula der Berliner Universität[18]. Hier wiederholte Scheidemann, der Vertrag sei nach Auffassung der Reichsregierung unannehmbar[19], und fügte die für sein eigenes politisches Schicksal folgenreichen Fragen hinzu: »Wer kann als ehrlicher vertragstreuer Mann, ich will gar nicht sagen als deutscher, nur als ehrlicher vertragstreuer Mann solche Bedingungen eingehen? Welche Hand müßte nicht verdorren, die sich und uns in

11 Klaus Schwabe, Deutsche Revolution und Wilson Frieden, Düsseldorf 1971, S. 396–399 und S. 573; fortan zit.: Schwabe, Deutsche Revolution.

12 Bereits die MSPD-Parteikonferenz am 22./23. 3. 1919 hatte gegen die »Vergewaltigungs«-Absichten der Siegermächte protestiert.

13 Miller, Bürde, S. 275, 277.

14 Vgl. dazu im einzelnen das nachfolgende Kapitel IX/4.

15 Beschlossen in der Kabinettssitzung am 8. 5. 1919. Siehe: Kabinett Scheidemann, Nr. 66, Ziff. 5, S. 305. Die Proklamation wurde in den Morgenausgaben der Presse am 9. 5. 1919 veröffentlicht. Text in: Schultheß EGK 1919 I, S. 203 f.

16 Beratung der MSPD-Führungsgremien über die Friedensbedingungen am 10. 5. 1919. Siehe: Miller, Bürde, S. 279.

17 Telegramm Scheidemanns an die Regierungen der Freistaaten vom 8. 5. 1919, in: Schultheß EGK I, S. 204. Gebilligt vom Kabinett am 8. 5. 1919. Siehe: Kabinett Scheidemann, Nr. 66, Ziff. 9, S. 305 f.

18 Verhandlungen NV, Bd 327, 12. 5. 1919, S. 1081–1111.

19 Ebda., S. 1084.

diese Fesseln legt[20]?« Die Sprecher aller in der Nationalversammlung vertretenen Parteien[21] stellten sich hinter das »Unannehmbar« der Regierung – mit Ausnahme der USPD.

Deren Sprecher Hugo Haase protestierte gleichfalls scharf gegen den Vertrag, ließ aber mit der Bemerkung, für das deutsche Volk sei der Frieden einfach unentbehrlich, anklingen, daß sich die Unterzeichnung schließlich doch nicht verhindern lassen werde. Zugleich machte Haase deutlich, daß diejenigen Parteien, welche die Kriegspolitik unterstützt hatten, nun auch in der Pflicht stünden, den Abschluß des Krieges herbeizuführen[22]. Die Auffassung der unabhängigen Sozialdemokraten, daß man sich dem Zwange wohl fügen und unterzeichnen müsse, war auch von der Annahme beeinflußt, der Frieden von Versailles könne nur von kurzer Lebensdauer sein, da er ebenso wie die Friedensschlüsse von Brest-Litowsk[23] und von Bukarest[24] »durch die revolutionäre Entwicklung zunichte gemacht« würde[25]. Während des Krieges, seit ihrer Gründung im Jahre 1917, hatte die USPD als einzige deutsche Partei gegen die Kriegspolitik der kaiserlichen Regierung und gegen die Parteien, die diese unterstützten, protestiert und offen von einer Mitschuld Deutschlands am Kriege gesprochen. Jetzt, 1919, war sie die einzige deutsche Partei, die für Unterzeichnung plädierte. In der Folgezeit behielt sie diese Linie durchgängig bei. Denn sie ging in nüchterner Einschätzung der Lage davon aus, daß die »imperialistischen« Siegermächte versuchen würden, ihre Rolle voll auszuspielen.

Es lag nahe, daß Noske, der während des Weltkrieges die kaiserliche Kriegspolitik aus nationalen Motiven heraus unterstützt hatte und der nun in nationaler Empörung auf die als unerträglich hart empfundenen Friedensbedingungen reagierte, für die Position der USPD keinerlei Verständnis aufzubringen vermochte. Er attackierte die Unabhängigen heftig, obwohl er – anders als Scheidemann – zu der realistischen Beurteilung gelangt war, daß die Frage der Ablehnung oder der Annahme ziemlich theoretisch bleiben mußte, wenn Deutschland machtpolitisch nichts in die Waagschale zu werfen hatte, um den im Falle einer

20 Ebda., S. 1083.

21 Es sprachen u.a. Hermann Müller (MSPD), Gröber (Zentrum), Haußmann (DDP), Graf Posadowski (DNVP), Stresemann (DVP) und Quidde (DDP).

22 Verhandlungen NV, Bd 327, 12. 5. 1919, S. 1102 ff.

23 Brest-Litowsker Friedensvertrag zwischen den Mittelmächten und Sowjetrußland vom 3. 3. 1918, bei dem es sich ebenfalls um ein Diktat handelte. Vgl. Werner Hahlweg (Bearb.), Der Friede von Brest-Litovsk, Düsseldorf 1971 (= Quellen zur Geschichte des Parlamentarismus und der politischen Parteien. 1. Reihe. Bd 8.); Brest-Litovsk. Ausgew. u. eingel. v. Winfried Baumgart u. Konrad Repgen, Göttingen 1969 (= Historische Texte. Neuzeit 6.).

24 Bukarester Friedensvertrag zwischen Deutschland und Rumänien vom 7. Mai 1918. Vgl. Bornemann, Frieden.

25 Entschließung der USPD-Parteikonferenz vom 11. 5. 1919. Text in: Schultheß EGK 1919 I, S. 206. Teilweise auch in: Noske, Kiel bis Kapp, S. 149 f., und ders. Erlebtes, S. 105; zum Zusammenhang: Miller, Bürde, S. 278.

Ablehnung drohenden Einmarsch der Truppen der Siegermächte zu verhindern. Wenn Noske noch aus dem Rückblick des Jahres 1920 die USPD für den harten Frieden mitverantwortlich zu machen versuchte, weil deren Haltung nach seiner Auffassung den Alliierten deutlich gemacht habe, »daß ein Widerstand des ganzen deutschen Volkes gegen den Vertrag von ihnen nicht befürchtet zu werden brauchte«[26], so muß dies als Ausdruck seiner Voreingenommenheit gegenüber den linken Sozialdemokraten gewertet werden. Denn in der Sache wußte Noske genau, daß die Frage eines erfolgreichen Widerstandes gegen den Vertrag mit der Haltung der USPD verhältnismäßig wenig zu tun hatte.

In seiner Rolle als Reichswehrminister sah Noske die Versailles-Problematik primär unter einem innenpolitischen Gesichtswinkel. Für ihn galt es, die folgenden Fragen abzuwägen: Konnte die von der Regierung Scheidemann verkündete Politik des »Unannehmbar« militärisch abgesichert werden? Würde die vorläufige Reichswehr gegebenenfalls fähig sein, dem angedrohten Einmarsch der Alliierten einen erfolgversprechenden bewaffneten Widerstand entgegenzusetzen? War es eine realistische Annahme, daß dieser Widerstand, der ja nichts anderes als die Fortsetzung des Krieges bedeutet hätte, von der Masse der deutschen Bevölkerung akzeptiert und unterstützt werden würde? Für den Fall eines politischen Umschwenkens der Regierung in Richtung Annahme der Bedingungen mußte sich Noske fragen: Würde das Militär sich einer solchen politischen Entscheidung überhaupt beugen oder würde es – in Erinnerung an seine politisch hervorgehobene Stellung im Kaiserreich, besonders während des Weltkrieges – in die Versuchung geraten, selbst die Politik des Reiches in die Hand zu nehmen? Stand also eine Kraftprobe um den Primat der Politik gegenüber dem Militär bevor? Würde es ihm, Noske, gelingen, die zu erwartenden Machtansprüche der Militärs erfolgreich abzuwehren und die vorläufige Reichswehr als Instrument der Regierungspolitik zu erhalten?

In den sechs Wochen zwischen dem Bekanntwerden der Friedensbedingungen (7. Mai 1919) und dem Beginn der heißen Verhandlungsphase (16. Juni 1919)[27] über die Frage der Annahme oder Ablehnung des Friedensvertrages wurde die Brisanz dieser Fragen dem Kabinett allmählich deutlich. In den Tagen vom 16. Juni bis zu der alles entscheidenden Abstimmung in der Nationalversammlung am 23. Juni trat sie offen zutage. Jetzt, besonders nach dem Rücktritt des Kabinetts Scheidemann am 20. Juni und der sich im Parlament abzeichnenden Mehr-

26 Noske, Kiel bis Kapp, S. 150.

27 An diesem Tage wurde der deutschen Friedensdelegation die Antwortnote der Alliierten auf die deutschen Gegenvorschäge übergeben, in der die Forderung gestellt wurde, innerhalb von 7 Tagen eine Entscheidung herbeizuführen, andernfalls der Einmarsch der Siegermächte erfolgen werde.

heit für eine bedingungslose Unterzeichnung, wurde Versailles für Noske zur innenpolitischen Bewährungsprobe.

Es war Noske bekannt, daß die Möglichkeit einer Wiederaufnahme des Krieges als Antwort auf die Friedensbedingungen der Siegermächte in militärischen Kreisen ernsthaft erwogen und auf ihre Erfolgschancen hin überprüft wurde. Auf Einladung des preußischen Kriegsministers, Oberst Walther Reinhardt, fand bereits am 14. Mai – eine Woche nach Bekanntwerden des Friedensvertragsentwurfs – eine Besprechung führender Militärs statt, in der es um eben diese Frage ging. Erstaunlicherweise war es Reinhardt, der Württemberger, der bei dieser Gelegenheit den Gedanken entwickelte, »die deutsche Einheit vorübergehend aufzugeben, um vom selbständigen Osten her den Widerstand gegen den Feind aufzunehmen«[28]. Nach Aussage eines Kenners der Verhältnisse spielte der Oststaat-Plan[29] – die Vorstellung, Ostpreußen und weitere preußische Provinzen vom preußischen Staat und vom Deutschen Reich loszulösen – seinerzeit »in zahlreichen preußischen Köpfen eine Rolle«[30]. General Groener, der faktische Chef der OHL, widersprach Reinhardt eindeutig, da für ihn die Erhaltung der Reichseinheit das oberste politische Ziel war[31]. Reichswehrminister Noske, der an der von Reinhardt anberaumten Besprechung ebenfalls kurzzeitig teilnahm, gab seiner Meinung Ausdruck, daß man »nicht an ein Wiederaufleben der gesamten Kraft« glauben dürfe, und warnte die Militärs vor einer »Desperadopolitik«[32]. Damit trat er den Reinhardtschen Plänen deutlich entgegen.

Wenig später, am 21. Mai 1919, sandte General Groener ein Rundschreiben[33] an die Verbindungsoffiziere der OHL bei den Generalkommandos in den verschiedenen Teilen des Reiches, in dem Feststellungen darüber gefordert wurden, wie sich die deutsche Bevölkerung zu einer etwaigen Wiederaufnahme des Krieges stellen würde. Scheidemann, der von dieser Umfrage Kenntnis erhielt[34], war empört über die Einmischung der OHL in politische Angelegenheiten. Er forderte seine Regierungskollegen auf, »der OHL sofort die schärfste Mißbilligung des Kabinetts auszusprechen« und nahm den Vorgang zum Anlaß für

[28] Groener, Lebenserinnerungen, S. 493; zu der Besprechung vom 14. 5. 1919 vgl. auch: Ernst, Nachlaß Reinhardt, S. 30.

[29] Zu diesem Plan vgl.: Kabinett Scheidemann, Dok. Nr. 111, S. 454–464. Er hatte in den Befreiungskriegen des 19. Jahrhunderts sein historisches Vorbild.

[30] Groener, Lebenserinnerungen, S. 493.

[31] Ebda.; vgl. auch: Dorothea Groener-Geyer, General Groener. Soldat und Staatsmann, Frankfurt/M. 1955, S. 143, 145 f; fortan zit.: Groener-Geyer, General Groener.

[32] Nach den Aufzeichnungen des Majors Fleck, des persönlichen Adjutanten Reinhardts, in: Ernst, Nachlaß Reinhardt, S. 30.

[33] Text des Rundschreibens in: Kabinett Scheidemann, Nr. 93, S. 400, Anm. 1.

[34] Die Umfrage geriet in die Hände des mehrheitssozialdemokratischen Gouverneurs von Berlin, Georg Schöpflin, der die politische Brisanz erkannte und das Schreiben Scheidemann aushändigte. Siehe: ebda., Nr. 88, S. 382.

die Forderung, »die bereits beschlossene Auflösung des OHL nunmehr beschleunigt durchzuführen«[35]. Kriegsminister Reinhardt warnte den Ministerpräsidenten vor »übereilten Maßnahmen« und empfahl, zunächst den zuständigen Reichswehrminister anzuhören[36].

Nachdem Admiral v. Trotha den in Hamburg weilenden Noske informiert hatte, telegraphierte dieser an Scheidemann, er halte Groeners Vorgehen nur für eine »schwere Ungeschicklichkeit« und warne vor einer »Brüskierung« der OHL[37]. Die Kontroverse zwischen Reichskabinett und OHL wurde schließlich in einer mündlichen Aussprache Scheidemanns mit General Groener, bei der auch Noske zugegen war, bereinigt[38]. Der Reichswehrminister hatte den Kabinettskollegen zuvor die Argumentation der OHL nahegebracht[39]. Diese hatten sich jedoch nur bestätigen lassen wollen, daß eine Wiederaufnahme des Kampfes unmöglich sei, und nachdem Groener der Reichsregierung versichert hatte, er habe mit dem erwarteten Ergebnis der Rundfrage auf einige militärische Hitzköpfe, die der OHL Mangel an Entschlossenheit und nationale Lauheit vorgeworfen hätten[40], beruhigend einwirken wollen. In der Sache erbrachte die Umfrage tatsächlich das von Groener erwartete und von ihm als »recht traurig« gewertete Ergebnis. Die Bevölkerung war gegen eine Wiederaufnahme des Kampfes, und im Falle eines bewaffneten Widerstandes mußten »in den großen Städten und Industriebezirken mit Sicherheit schwere Unruhen« erwartet werden[41].

Diese Lagebeurteilung hatte Noske schon in der von Reinhardt einberufenen Besprechung[42] am 14. Mai sowie gegenüber seinem Parteifreund, dem preußischen Innenminister Wolfgang Heine[43], vertreten.

35 Ebda. Vgl. auch den auf S. 720, Anm. 3, erwähnten Sachverhalt.

36 Ebda.

37 Text des Telegramms Noskes an Scheidemann vom 28. 5. 1919 ebda., S. 391, Anm. 2. Ebenso äußerte sich Noske noch einmal in der Sitzung des Reichskabinetts am 30. 5. 1919. Ebda., Nr. 91, S. 397.

38 Mitteilung Scheidemanns in der Kabinettssitzung am 2. 6. 1919. Ebda., Nr. 97, S. 412 f., mit Anm. 5. Nach einer Tagebuchnotiz Groeners fand die Besprechung mit Scheidemann am 1. 6. 1919 statt. Auch Noske, Reichsminister Eduard David, der Unterstaatssekretär in der Reichskanzlei, Heinrich F. Albert, und Ulrich Rauscher, der Pressechef der Reichsregierung, sollen an ihr teilgenommen haben. Ebda., S. 413, Anm.5.

39 Nach dem Bericht des Leiters der Nachrichtenabteilung des Auswärtigen Amtes, Gesandter Naumann, an den Reichsminister des Auswärtigen, Brockdorff-Rantzau, vom 28. 5. 1919. Ebda., S. 382, Anm.4.

40 Schreiben Groeners vom 30. 5. 1919 an die Reichsregierung. Ebda., Nr. 93, S. 400 f.

41 Mitteilung Groeners in einer Besprechung mit den Verbindungsoffizieren der OHL am 12. 7. 1919. Ebda., Nr. 93, S. 110, Anm. 2.

42 Siehe oben.

43 Heine erklärte in der Sitzung des preußischen Kabinetts am 23. 5. 1919, Noske denke über die Möglichkeit eines bewaffneten Widerstandes ebenso skeptisch wie er selbst. Siehe: Nachlaß Südekum, Nr. 105. Zit. nach: Kabinett Scheidemann, S. 386, Anm. 3. Heine wiederholte seine Auffassung, es müsse unterzeichnet werden, da jede Kraft

Daher schloß er sich in der Sitzung des Reichskabinetts am 3. Juni[44] dem Standpunkt Erzbergers an, daß, um der Erhaltung des Reiches willen, nichts anderes übrig bleiben werde, als den Vertrag – »unter Protest, der Gewalt weichend« – zu unterzeichnen, während Scheidemann[45] erklärte, auch ein zerrissenes Deutschland werde sich wieder zusammenfinden; er, Scheidemann, werde jedoch, wenn die Siegermächte nicht zu wesentlichen Änderungen bereit seien, nicht zustimmen können. Noske begründete seine Stellungnahme damit, daß »die Haltung der Truppen immer unsicherer würde« und die Agitation der Unabhängigen bereits Erfolge zeige.

Der kurzgefaßten Niederschrift Erzbergers über diese Kabinettssitzung ist leider nicht zu entnehmen, weshalb der Reichswehrminister die unsichere Haltung der Truppen als ein Argument für die notgedrungene Unterzeichnung einbrachte. Klar war, daß die Unruhe in den Freikorps und in der vorläufigen Reichswehr hauptsächlich aus jener Bestimmung des Friedensvertragsentwurfs erwuchs, welche eine Reduzierung der – im Juni 1919 noch etwa 545000 Mann[46] betragenden – Truppenstärke auf 100000 Mann vorsah[47]. Sie warf unter den Soldaten natürlich die existentielle Frage »über ihr künftiges Schicksal«[48] auf. Denn jeder konnte sich leicht ausrechnen, daß, sollten die Alliierten sich durchsetzen, nur höchstens jeder fünfte Soldat in der Reichswehr würde bleiben können.

Wahrscheinlich war längst durchgesickert, daß das Reichskabinett mit Mehrheit – auch mit der Stimme Noskes – beschlossen hatte, den Siegermächten auf militärischem Gebiet »möglichst weitgehende Zugeständnisse« zu machen und die Verringerung der Truppenstärke auf 100000 Mann »im Grundsatz« zu akzeptieren, lediglich vorübergehend eine stärkere Truppenzahl zu verlangen[49]. In dieser Frage kam es dann zu einem Konflikt mit dem preußischen Kriegsminister Rein-

des Widerstandes fehle, in der Sitzung des Reichskabinetts am 3. 6. 1919. Ebda., Nr. 99, S. 417 f.

44 Ebda.

45 Ebda., S. 418; vgl. auch Scheidemann, Zusammenbruch, S. 249 f.

46 Kriegsministerium, Reichswehrausschuß, Entwicklung und derzeitige Gestaltung der Reichswehr (nach dem Stande vom 15. 6. 1919), BA-MA PH 2/42, Bl. 6.

47 Zu den militärischen Bestimmungen des Versailler Vertrages vgl. Wilhelm Deist, Die militärischen Bestimmungen der Pariser Vorortverträge. In: Ideologie und Machtpolitik 1919, Göttingen usw. 1966, S. 187–209.

48 So Kriegsminister Reinhardt in der Sitzung des Reichskabinetts am 14. 6. 1919. Siehe: Kabinett Scheidemann, Nr. 110, Ziff. 3, S. 453. Vgl. dazu auch das Schreiben des Garde-Kavallerie-Schützenkorps vom 28. 5. 1919 an General v. Lüttwitz, der dieses an Noske, Reinhardt, Ebert, Scheidemann und Groener weiterleitete. Ebda., S. 453, Anm. 4.

49 Beschluß des Reichskabinetts am 20. 5. 1919. Ebda., Nr. 80, Ziff. 8, S. 358. Zur Haltung Noskes ebda., Anm. 10.

hardt[50], dem militärischen Vertreter in der deutschen Friedensdelegation, Generalmajor v. Seeckt[51], und General Groener[52] von der OHL, die eine so weitgehende Truppenverminderung nicht für vertretbar hielten.

Trotz gegenteiliger Regierungsverlautbarungen[53] blieb die Frage letztlich ungelöst, ob das von der Reichsregierung mehrfach bekräftigte »Unannehmbar« nicht doch die Wiederaufnahme des Krieges nach sich ziehen mußte, obwohl in der deutschen Bevölkerung – wie die Umfrage Groeners nahelegte[54] – keinerlei Neigung zu einem solchen Kampf vorhanden war. Noske wollte diesbezüglich jedenfalls rasch Klarheit geschaffen haben, um die Unruhe in der Truppe nicht weiter um sich greifen zu lassen, und diese Klarheit konnte in der gegebenen Situation nach seiner Überzeugung nur lauten: Unterzeichnung – »der Gewalt weichend«.

Dessenungeachtet hofften sowohl die Reichsregierung als auch die sie tragenden Parteien noch bis Mitte Juni 1919 auf eine Milderung der Friedensbedingungen[55]. Am 16. Juni, als die Siegermächte der deutschen Friedensdelegation in Versailles ihre Antwort auf deren Gegenvorschläge überreichten, fiel diese Hoffnung dann in sich zusammen. Über die Annahme dieser endgültigen Bedingungen hatten die Deutschen binnen sieben Tagen zu entscheiden[56]; im Falle einer Ablehnung, so wurde gedroht, sei der Waffenstillstand beendet und die Mächte würden Schritte ergreifen, um die Durchsetzung ihrer Forderungen zu erzwingen. In den folgenden sieben Tagen jagten sich in Weimar die Krisensitzungen des Kabinetts, der Fraktionen und der Regierungsmitglieder mit den Führern der Mehrheitsparteien. Noch immer war eine erdrückende Mehrheit für die Ablehnung, aber es regten sich auch zunehmend die Stimmen jener Realisten, die sich die Folgen

50 Vgl. Erklärung Reinhardts in Sitzung des Reichskabinetts am 26. 5. 1919. Ebda., Nr. 86, Ziff. 3, S. 375.

51 Vgl. Protestschreiben Seeckts vom 26. 5. 1919 an Graf Brockdorff-Rantzau, in dem er sich über die Nichtbeteiligung der militärischen Stellen bei der Formulierung der deutschen militärischen Gegenvorschläge beschwerte. Ebda., Nr. 87, S. 379–381.

52 Groener unterstützte den Vorstoß Seeckts. Ebda., S. 379 f., Anm. 3.

53 Die Reichsregierung hatte bereits am 14. 5. 1919 die Behauptung des USPD-Organs »Die Freiheit«, der Generalstab bereite mit Billigung der Reichsregierung Pläne zur Erhebung des deutschen Volkes vor, als unsinnig und bösartig zurückgewiesen und erklärt, niemand denke daran, »aufs neue zum Kampf mit den Waffen aufzurufen«. Siehe: Kabinett Scheidemann, Nr. 72, 14. 5. 1919, S. 321, Ziff. 3 mit Anm. 3. Die Erklärung der Reichsregierung wurde veröffentlicht in: Vorwärts Nr. 246 vom 15. 5. 1919.

54 Auch Reinhardt stimmte nun der Auffassung zu, daß angesichts des in der deutschen Bevölkerung fehlenden Widerstandswillens ein Krieg »aussichtslos« sei und man daher einen anderen Weg der Nichtunterzeichnung finden müsse. Siehe: Kabinett Scheidemann, Nr. 100, 4. 6. 1919, S. 420.

55 Die deutschen Gegenvorschläge wurden am 28. und 29. 5. 1919 übergeben. Siehe: Schultheß EGK 1919 I, S. 224. Antwort der Alliierten am 16. 6. Ebda., S. 243.

56 Gute Zusammenfassung des Inhalts der deutschen Gegenvorschläge und der alliierten Antwort in: Stampfer, Vierzehn Jahre, S. 121–124.

eines Einmarsches feindlicher Truppen konkret ausmalten und daher für die Unterzeichnung plädierten. Zumal in der größten unter den Regierungsparteien, der SPD, begann jetzt ein nüchterner Umdenkungsprozeß, an dem Noske tatkräftig mitwirkte.

2. Der »Kriegsrat« in Weimar am 19. Juni 1919

Nach dem Bekanntwerden der ultimativen Forderung der Alliierten beorderten Reichswehrminister Noske und Kriegsminister Reinhardt fernschriftlich die Befehlshaber und andere führende Offiziere der vorläufigen Reichswehr und der vorläufigen Reichsmarine sowie Vertreter der Obersten Heeresleitung zu Beratungen nach Weimar. Die Truppenführerbesprechung[57], von General Groener als »Kriegsrat«[58] bezeichnet, begann am Morgen des 19. Juni, drei Tage vor der entscheidenden Sitzung der Nationalversammlung, die über die Annahme oder Ablehnung des Friedensvertrages zu beschließen hatte. Im Dienstzimmer des Obersten van den Bergh[59], das im Marstall von Weimar, dem damaligen Quartier des Kriegsministers lag, berieten Noske und Reinhardt mehrere Stunden lang mit 33 Generalen und anderen hohen Offizieren[60] die militärische Lage.

[57] Über den Verlauf liegen folgende Quellen vor: a) »Protokoll der Sitzung in Weimar am 19. 6. 1919«, Nachlaß Walther Reinhardt, BA-MA N 86, Film 2, 10 Seiten mit Anlage »Liste der Anwesenden«, sowie mit Reinhardts »Tagesordnung«. Letztere wörtlich und das Protokoll auszugsweise abgedruckt in: Ernst, Nachlaß Reinhardt, S. 32–37; b) Handschriftliche Aufzeichnungen über den Verlauf der Beratung von Generalen und Offizieren in Weimar am 19. 6. 1919 (ohne Unterschrift, wahrscheinlich gefertigt von einem Begleitoffizier des sächsischen Generals Fortmüller). In: Deutsches Militärarchiv, Akte Nr. R 4507, Bl. 166 ff. Veröffentlicht von Kurt Schützle, Der »Kriegsrat« am 19. Juni 1919. In: Zeitschrift für Militärgeschichte 5 (1966), S. 584–594 (fortan zit.: Schützle, Kriegsrat), Dok. 2: S. 591–594; ebda. als Dok. 1 (S. 590 f.) auch die »Tagesordnung« Reinhardts; c) Aufzeichnung des Ersten Generalquartiermeisters, Generalleutnant Groener, über die Tage in Weimar vom 18. bis zum 20. Juni 1919, Nachlaß Schleicher, BA-MA N 42/12. Veröffentlicht in: Kabinett Scheidemann, Nr. 114, S. 476–492, die Passagen über den »Kriegsrat« S. 479–483; d) Tagebuchaufzeichnungen des Obersten Ernst van den Bergh vom Abend des 19. 6. 1919, Nachlaß van den Bergh, BA-MA N 112/11, S. 66–70. Auszugsweise veröffentlicht in: Ernst, Nachlaß Reinhardt, S. 32 f., Anm. 23.

[58] Groener, Lebenserinnerungen, S. 476.

[59] BA-MA N 112/11, S. 66.

[60] Handschriftliche Anwesenheitsliste BA-MA N 86, Film 2, Anlage zum Protokoll. An den Beratungen des »Kriegsrates« nahmen teil: Generalleutnant Groener, Erster Generalquartiermeister; Oberst Reinhardt, Preußischer Kriegsminister; Generalmajor v. Loßberg, Chef des Generalstabes des Oberkommandos Grenzschutz Süd; General d. Inf. v. Below, Kdr. General des XVII. AK in Danzig; Oberst Heye, Chef des Generalstabes des Oberkommandos Grenzschutz Nord; Generalmajor v. Möhl, Militärbefehlshaber von Bayern; General Fortmüller, Sächsischer Reichswehrkommandeur; Generalmajor Maercker, Kommandeur des Freiwilligen Landesjägerkorps; General v.

Was war der Sinn dieser »in der neueren deutschen Heeresgeschichte einzigartigen Besprechung«[61]? Welche Ziele verfolgten die Minister Noske und Reinhardt, als sie in der heißen Verhandlungsphase die wichtigsten Truppenführer in Weimar zusammenriefen, wo die politischen Gremien – Regierung und Nationalversammlung – in kurzer Frist ihre schwerwiegende Entscheidung zu treffen hatten? War den Initiatoren dieser Veranstaltung klar, daß es ein Politikum ersten Ranges darstellte, wenn sie in dieser gespannten Situation den Generalen den Eindruck vermittelten, sie hätten einen – wie auch immer gearteten – Anteil an der zu treffenden Entscheidung?

Noske hat in seinen beiden Erinnerungsbüchern[62] in befremdlicher Kürze über diese denkwürdige Veranstaltung informiert und über die Beweggründe, die ihn zur Einberufung des »Kriegsrates« veranlaßten, keine Angaben gemacht. Es steht jedoch zweifelsfrei fest, daß er nicht die Absicht hatte, die »soldatischen Autoritäten« zu hören, um sich »wegen der Möglichkeit militärischen Widerstandes«[63] Klarheit zu verschaffen. Denn der Reichswehrminister war, wie bereits erwähnt wurde, bereits seit Wochen zu der Überzeugung gelangt, daß es zur Annahme keine Alternative gab, eben weil er, wie ja auch General Groener, keine Chancen zu einem erfolgreichen Widerstand sah: »Der Ausgang bewaffneten Widerstandes war jedoch nicht einen Augenblick fraglich. Das rasche Ende wäre furchtbar gewesen, weil ein halb verhungertes Volk den Kampf nicht wollte und der bürgerkriegsähnliche Zustand im Lande die Aktionsfähigkeit der geringfügigen deutschen Streitkräfte gelähmt hätte[64].«

Wenn Noske die Generale dennoch zusammenrief – wahrscheinlich ging die Initiative von Reinhardt aus und der Reichsminister stimmte ihr lediglich zu –, so dürften für ihn andere Motive maßgebend gewesen sein: Erstens wollte er feststellen, ob und inwieweit die führenden Militärs seinem Standpunkt, daß die Wiederaufnahme des Kampfes

Lüttwitz, Kommandierender General des Reichswehrgruppenkommandos 1; Kontreadmiral v. Trotha, Chef der Admiralität; Oberst Oldershausen, Chef des Feldeisenbahnwesens; Generalmajor v. Seeckt, Militärsachverständiger der deutschen Friedenskommission; Major Sperr, bayer. Militärbevollmächtigter; sowie u.a. folgende Begleitoffiziere: Major v. Gilsa, Chef des Stabes des Reichswehrministers; Major v. Stülpnagel, OHL; Major v. Schleicher, OHL; Major v. Stockhausen, Stab Lüttwitz; Major Fleck, Stabschef Reinhardts.

61 Ernst, Nachlaß Reinhardt, S. 36. Carsten, Reichswehr und Politik, S. 49, spricht von einer »Offizierjunta, wie es sie kaum je in der Geschichte der preußischen Armee gegeben hatte«.

62 In: Noske, Kiel bis Kapp, S. 151, wird die Besprechung »mit einer Anzahl von Truppenführern« in wenigen Zeilen abgehandelt; in: Erlebtes, S. 105, geht sie in dem einzigen Satz auf: »Wegen der Möglichkeit militärischen Widerstandes habe ich alle soldatischen Autoritäten gehört.«

63 Noske, Erlebtes, S. 105.

64 Ebda.

sinnlos sei und an der Annahme des Ultimatums kein Weg vorbeigehe, zustimmen und einer dementsprechend handelnden Regierung ihre Unterstützung geben würden[65]. Zweitens mußte ihm daran gelegen sein, die Generale mit der zu erwartenden Entwicklung vertraut zu machen, um sie von eigenmächtigen Handlungen abzuhalten. Beide Motive zeigen, daß sich Noske nicht sicher war, ob die prestige- und machtbewußten Militärs den Primat der Politik, also die von Regierung und Nationalversammlung zu treffende Entscheidung, achten würden. Anlaß zu dieser Unsicherheit gaben – neben den befürchteten Auswirkungen der absehbaren Truppenverminderungen – die Proteste der Militärs insbesondere gegen die sogenannten Schmachparagraphen, jene Teile des Vertragswerks also, in denen von Deutschland verlangt wurde, die Kriegsschuld[66] anzuerkennen und den Kaiser und die sogenannten Kriegsverbrecher an die Alliierten auszuliefern[67].

Die Tatsache, daß Noske diese Zusammenkunft nicht unterband, sondern förderte, unterstreicht erneut »den großen Einfluß«[68], den die Militärs ein halbes Jahr nach der Revolution wieder auf das politische Geschehen in Deutschland ausübten. Hauptmann Böhm, der Adjutant des preußischen Kriegsministers, charakterisierte die Situation treffend: »Es ergibt sich [...] das für die Verworrenheit der augenblicklichen politischen Verhältnisse in Deutschland bezeichnende Bild, daß die sozialistische Republik genötigt ist, mit den Generälen zu verhandeln, ein für die Kaiserzeit undenkbarer Begriff[69].« Es war kein USPD-Politiker, sondern Generalleutnant Groener, der diesen Kriegsrat als »militärisch unnötig, ja schädlich« bezeichnete und der befürchtete, er könne politisch »zur größten Katastrophe für Deutschland führen«[70].

Mit seiner Einladung an die Offiziere hatte Kriegsminister Rein-

[65] Schützle, Kriegsrat, S. 585.

[66] Vgl. jetzt Ulrich Heinemann, Die verdrängte Niederlage. Politische Öffentlichkeit und Kriegsschuldfrage in der Weimarer Republik, Göttingen 1983. Die Arbeit befaßt sich besonders mit den psychologischen Auswirkungen der alliierten Schuldanklagen auf die deutsche Öffentlichkeit sowie mit der nationalistischen Propagandakampagne, welche die militärische Niederlage verdrängte, jede deutsche Kriegsschuld leugnete und auf dieser Basis den Anspruch auf eine Totalrevision des Versailler Friedensvertrages erhob. Zur halbherzigen Behandlung der Kriegsschuldfrage in der SPD vgl. Winkler, Von der Revolution, Kapitel »Kriegsschuldfrage und Friedensvertrag: Der Nationalismus in der Sozialdemokratie«, S. 206–226.

[67] Die Reaktion der Militärs auf die »Schmachparagraphen«, besonders auf die Forderung nach Auslieferung der deutschen Kriegsverbrecher wird detailliert dargestellt von Schwengler, Völkerrecht, S. 213 ff. und 281 ff.

[68] Schützle, Kriegsrat, S. 585.

[69] Aufzeichnungen Böhm, Eintragung vom 29. 6. 1919, S. 152.

[70] Aufzeichnungen Groeners, in: Kabinett Scheidemann, Nr. 114, S. 479. Groener begründete seinen Standpunkt folgendermaßen: »Im Kern bedeutete der Kriegsrat nichts anderes als die Aufforderung seitens des Kriegsministers an die anwesenden Generale, für den Fall der Annahme der Friedensbedingungen durch die Regierung an die Spitze allgemeiner Aufstandsbewegungen im Osten zu treten.« (ebda.)

hardt eine Tagesordnung versandt[71], in der die Truppenführer aufgefordert wurden, über die militärische Lage in ihrem jeweiligen Befehlsbereich zu berichten. Der in dieser Tagesordnung enthaltene Fragenkatalog ließ erkennen, daß Reinhardt seinen Mitte Mai entwickelten Plan – vorübergehend die Reichseinheit aufzugeben, Süd- und Westdeutschland zu räumen, um dann von Osten her den militärischen Widerstand zu entfachen[72] – noch immer verfolgte, obwohl er wußte, daß Noske ihn als eine gefährliche »Desperadopolitik« betrachtete, und obwohl ihm Groener mehrfach, zuletzt am Vortage des »Kriegsrats«[73], seine grundsätzlich gegenteilige Auffassung verdeutlicht hatte. Beide, Groener und Noske, waren am Abend des 18. Juni in Weimar zusammengetroffen und hatten sich die weitgehende Übereinstimmung ihrer Auffassungen gegenseitig noch einmal bestätigt. Groener nahm den Eindruck mit, »daß Noske nicht nur aus innerpolitischen, sondern auch aus militärischen Gründen die Annahme des Friedens für unvermeidlich hielt«[74].

Noske und Reinhardt, die im Laufe ihrer Zusammenarbeit seit Anfang des Jahres fast immer gemeinsame Positionen vertreten und durchgesetzt hatten, traten also mit ganz unterschiedlichen Zielvorstellungen vor die im Weimarer Marstall versammelten Offiziere. Der Reichswehrminister war für Annahme, der preußische Kriegsminister für Ablehnung des Vertrages. Noske überließ es Reinhardt, die Besprechung zu eröffnen. Dieser konstatierte einleitend, eine Entscheidung über Annahme oder Ablehnung sei bis jetzt nicht gefallen. Die Besprechung habe den Zweck, die »militärische Lage klarzustellen und Bausteine zu liefern für etwa notwendigen Beschluß«[75]. Dann sprach als erster Generalmajor von Loßberg über die Lage in Schlesien. Die Disziplin der dort stationierten Truppen, sagte er, sei gut, und das Armeeoberkommando könne sich voll auf sie verlassen, aber die deutsche Bevölkerung habe Angst vor polnischen Repressalien.

Hier unterbrach Noske und informierte über den neuen Vorschlag der Entente, in Oberschlesien – das zuvor bedingungslos an Polen abgetreten werden sollte – eine Volksabstimmung abzuhalten, der man nach Meinung des dortigen Reichskommissars Hörsing[76] gelassen entgegensehen könne. Mit der an Loßberg gerichteten Frage, ob eine Regierung, die den Frieden annimmt, auf die Truppe rechnen könne[77],

[71] Text der Tagesordnung BA-MA N 86, Film 2. Abgedruckt in: Ernst, Nachlaß Reinhardt, S. 33 f.
[72] Ebda., Ziff. 3–5 der Tagesordnung.
[73] Kabinett Scheidemann, Nr. 114, S. 477 f.
[74] Aufzeichnungen Groeners ebda., Nr. 118, S. 479.
[75] Protokoll der Sitzung in Weimar am 19. 6. 1919 (fortan zit.: Protokoll »Kriegsrat«), BA-MA N 86, Film 2, S. 1.
[76] Otto Hörsing, MdNV (MSPD), seit 7. 6. 1919 Reichskommissar für Schlesien.
[77] Protokoll »Kriegsrat«, S. 1, BA-MA N 86, Film 2.

löste Noske dann den ersten Eklat in dieser Besprechung aus. Denn Loßberg antwortete, die Truppe werde einen Befehl zur Räumung des ihr bisher anvertrauten Gebietes »nicht ausführen«. Auf die von Reinhardt gestellte Frage, wie sich die Truppe verhalten würde, wenn die Entente Oberschlesien militärisch besetzen wolle, entgegnete Loßberg – so, als ob es eine politische oder militärische Instanz über ihm nicht gebe und das AOK Grenzschutz Süd allein über die Zukunft Schlesiens zu befinden hätte –, in diesem Falle komme es mit den Franzosen »bestimmt zum Kampf«[78]. Noske nahm diese Anmaßung unwidersprochen hin und fuhr fort, die versammelten Offiziere über den Stand der politischen Entscheidungsfindung zu unterrichten: »In Nationalversammlung wird sich eine Mehrheit für Unterzeichnung finden, aber unter Protest, Zentrum in seiner Mehrheit dafür, Soz. wahrscheinlich auch. Sie sind gegen mil. Widerstand. Kabinett halb und halb. Wird also vermutlich morgen zurücktreten und teilweise ersetzt werden[79].«

Nachher berichteten weitere Offiziere über die militärische Lage in ihrem Bereich, wobei sie – je nach ihrem Standpunkt – die Wahl hatten, die Frage Noskes an Loßberg, ob die Regierung sich bei Annahme des Vertrages auf die Truppe verlassen könne, auch auf sich zu beziehen, oder auf die in Reinhardts Tagesordnung gestellte Frage zu antworten, ob die Truppe im Falle schwerer innerer Unruhen die Ordnung aufrechterhalten könne. Das AOK Grenzschutz Nord, so Oberst Heye, sei in der Lage, »jeden inneren Aufstand aus eigenen Kräften niederzuwerfen«; es bestehe vollkommenes Einvernehmen mit dem für Ost- und Westpreußen zuständigen Reichskommissar Winnig[80]. Der Militärbefehlshaber von Bayern, Generalmajor von Möhl, befürchtete bei Nichtunterzeichnung des Friedens schwere Unruhen. Ähnlich äußerten sich der sächsische Reichswehrkommandeur, General Fortmüller, und der Militärbevollmächtigte von Württemberg, Generalmajor Renner[81]. Generalmajor Maercker[82], der Führer des Freiwilligen Landesjägerkorps, berichtete, seine Truppe könne die Ruhe in

[78] Ebda., S. 2. Oberst van den Bergh urteilte über Loßberg folgendermaßen: Er ist »ganz ein General der alten Schule mit der gewissen Überkultur der Willenskraft und Ablehnung nüchterner Überlegung von einer gewissen Grenze ab«, BA-MA N 112/11, S. 66. Groener bezeichnete die Generale v. Below und v. Loßberg als »sehr patriotisch gesinnt, aber wenig nüchtern denkend«. Aufzeichnungen Groeners 18. – 20. 6. 1919, in: Kabinett Scheidemann, Nr. 114, S. 477. Insbesondere Loßberg habe sich in der Truppenführerbesprechung »an seinen eigenen Worten berauscht, die jedes nüchterne, klare und logische Wägen eines im Kriege bewährten Generalstabschefs vermissen ließen«. Ebda., S. 480.

[79] Protokoll »Kriegsrat«, S. 2, BA-MA N 86, Film 2.

[80] August Winnig, MdNV (MSPD), Bevollmächtigter des Reiches für die Baltischen Lande, Reichs- und preußischer Staatskommissar für Ost- und Westpreußen.

[81] Zu Möhl, Forthmüller, Renner s. ebda., S. 2 f.

[82] Ebda., S. 3.

Mitteldeutschland aufrechterhalten, obwohl sich dort einige Städte zu Hochburgen des Kommunismus entwickelt hätten. Auf die von Noske gestellte Frage eingehend, brachte der ranghöchste unter den anwesenden Offizieren, General v. Lüttwitz[83], zum Ausdruck, »die Truppe« würde die Ablehnung des Vertrages mit Sicherheit gut aufnehmen; auf keinen Fall werde sie aber mit der Annahme der Schmachparagraphen einverstanden sein; in diesem Falle würden die Führer zurücktreten, und dann bestehe die dringende Gefahr, daß die Truppe auseinanderlaufe. Als General von Below erklärte, in Danzig seien Truppe und Bevölkerung der Ansicht, daß jetzt gekämpft werden müsse, widersprach ihm Noske und bezweifelte die Kampfstimmung. General Groener[84] von der Obersten Heeresleitung pflichtete ihm bei, indem er ein »Abflauen der Stimmung« für wahrscheinlich hielt. Er forderte die Anwesenden auf, die Lage »mit dem Blicke des Staatsmannes« und »im großen Rahmen« zu betrachten: Im Westen bestehe eine zehnfache Überlegenheit der Entente; im Falle der Ablehnung werde Süddeutschland vom Reiche abtrünnig werden; ein militärischer Widerstand könne frühestens östlich der Elbe organisiert werden; man habe sich während des Weltkrieges immer an Hoffnungen geklammert und nicht auf die Tatsachen gesehen; jetzt gelte es zu begreifen, daß der nationale Aufschwung »erst später kommen« könne; jedenfalls würde eine militärische Aktion nach Anfangserfolgen »doch schließlich zum Scheitern verurteilt sein«; daher müsse man jetzt »die Politik spielen lassen« und Zeit gewinnen.

Nach dieser klaren Stellungnahme Groeners, mit der er unter den preußischen Militärs übrigens ziemlich allein dastand – bei den süddeutschen verhielt es sich anders –, ergriff Noske[85] erneut das Wort, um zu unterstreichen, daß auch nach seiner Überzeugung an eine Wiederaufnahme des Kampfes nicht zu denken war. Westlich der Oder, erklärte er, komme ein Widerstand nicht in Frage; dort herrsche »überall große Sorge vor einem feindlichen Einmarsch und dem damit verbundenen Elend«; die Ernährungsschwierigkeiten seien groß; es gebe rege Loslösungsbestrebungen vom Reich; die Regierungen von Baden, Hessen und Württemberg hätten einstimmig den Abschluß des Friedens verlangt, auch in Hannover gebe es separatistische Strömungen; Bayern habe Vergrößerungspläne; in Bremen habe man mit Streik, in Hamburg mit der Ausrufung der Räterepublik zu rechnen. Wenn die militärische Widerstandsbewegung in Oberschlesien und Westpreußen »von einem Riesenelan getragen wäre, so würde der Reichswehrminister sich mit Feuer und Flamme an die Spitze stellen«,

[83] Ebda.
[84] Ebda., S. 4 f.
[85] Ebda., S. 5 f.

betonte Noske in Richtung Reinhardt, Below, Loßberg und Lüttwitz, aber an diesen Elan glaube er nicht. Nachdem er noch einmal kundgetan hatte, daß sich die Mehrheit der Nationalversammlung für die Unterzeichnung unter Protest aussprechen werde, zog Noske eine letzte Trumpfkarte, mit deren Hilfe er Klarheit über die Verläßlichkeit der Generale zu gewinnen hoffte. Da Scheidemann sich auf Nichtunterzeichnung festgelegt habe, sei eine Kabinettsneubildung nötig, und es werde erwogen, ihn, Noske, als Reichswehrminister gleichzeitig zum Nachfolger Scheidemanns als Reichsministerpräsident zu machen[86]. Noske fragte, »ob in diesem Fall damit zu rechnen sei, daß Offizierkorps und Truppen hinter der Regierung stünden«[87]. Nur unter dieser Voraussetzung könne er das Amt annehmen[88]. Noske stellte der Generalität damit sozusagen die Vertrauensfrage. Er ließ erkennen, daß er seine politische Zukunft vom Votum der Spitzenmilitärs abhängig zu machen gedachte. Dies war ein für republikanische Verhältnisse einigermaßen gespenstisches, aber die machtpolitische Konstellation wohl nicht ganz falsch einschätzendes Vorgehen des Reichswehrministers.

Die Offiziere, die sich daraufhin zu Wort meldeten – unter anderem Oberst Reinhardt, die Generale Groener und v. Lüttwitz sowie der Chef der Admiralität, Kontreadmiral v. Trotha –, machten einhellig klar, daß sie die »Schmachparagraphen« unter keinen Umständen akzeptieren konnten. Im übrigen fielen ihre Treuekundgebungen recht nuanciert aus[89]. Während Groener erklärte, er gehe »durch dick und dünn mit Noske«, sprach sich Lüttwitz indirekt gegen Noske aus, indem er erneut für die Ablehnung und die Verteidigung im Westen votierte[90]. Kontreadmiral v. Trotha sagte, wenn die Ehrenpunkte berücksichtigt würden, stünde die Marine »unbedingt hinter dem Reichswehrminister«. General v. Loßberg sprach vom »guten Klang«, den Noskes Namen in der Truppe habe, da dieser oft persönlichen Mut und Entschlußfähigkeit bewiesen habe; aber nur wenn der Friede abgelehnt werde, stehe »alles restlos hinter dem Reichswehrminister«[91]. Groener schloß diesen Teil der Besprechung mit dem vieldeutigen Satz: »Die Rettung Deutschlands liegt in den Händen des Reichswehrministers[92].« Noske dankte daraufhin den Teilnehmern und verließ die Besprechung, um sich in eine Sitzung der SPD-Nationalversamm-

[86] Dies nach der von Schützle, Kriegsrat, edierten handschriftlichen Aufzeichnung eines in der Sitzung anwesenden Offiziers; ebda., S. 593. In dem im Nachlaß Reinhardt befindlichen Protokoll, S. 6, heißt es weniger klar, Noske habe »seine etwaige künftige Stellung« berührt.

[87] Protokoll »Kriegsrat«, S. 6, BA-MA N 86, Film 2.

[88] Nach der von Schützle, Kriegsrat, edierten Aufzeichnung, S. 593.

[89] Zum Folgenden: Protokoll »Kriegsrat«, S. 6 f., BA-MA N 86, Film 2.

[90] Nach der von Schützle, Kriegsrat, edierten Aufzeichnung, S. 593.

[91] Protokoll »Kriegsrat«, S. 6 f., BA-MA N 86, Film 2; anders bei Schützle.

[92] Protokoll »Kriegsrat«, S. 7, BA-MA N 86, Film 2.

lungsfraktion[93] zu begeben, in der zeitlich parallel zum »Kriegsrat« seit den Vormittagsstunden über die politische Lage beraten wurde.

Der Kriegsrat tagte dann unter der Leitung Reinhardts weiter[94], wobei die Offiziere, ohne die Ankündigung Noskes zu berücksichtigen, daß eine Mehrheit in der Nationalversammlung für Annahme sei, den Fall durchspielten, wie den nach Vertragsablehnung einmarschierenden Ententetruppen sowie einem polnischen Angriff begegnet werden könne. In Abwesenheit des Reichswehrministers erörterten die Generale nun ganz offen die Frage eines eigenmächtigen Vorgehens der Truppe, sollten die Politiker den Vertrag annehmen. Der Wortführer war hier wiederum General v. Loßberg, der den Standpunkt vertrat, bei Annahme müßten sich die Offiziere »gegen die Regierung« stellen[95]. Groener dagegen erklärte, die OHL sei ein »Organ der Regierung«[96] und werde sich bei Eigenmächtigkeiten der Truppen nicht an deren Spitze stellen. Kriegsminister Reinhardt, dem die Brisanz dieser Erwägungen bewußt wurde, unterband sie schließlich mit dem Hinweis, sie könnten »nur im kleinsten Kreise erörtert werden«[97]. Bleibt zum Schluß zu erwähnen, daß Generalmajor von Seeckt[98], damals Militärsachverständiger der deutschen Friedenskommission, während der mehrstündigen Beratungen des »Kriegsrates« als einziger der anwesenden Generale schweigsam geblieben war.

3. Das Spiel mit einer Diktatur Noske

Aus dem »Kriegsrat« am 19. Juni 1919 nahm General Groener den Eindruck mit, Noske werde sich unter bestimmten Voraussetzungen bereit erklären, »Ministerpräsident mit diktatorischen Vollmachten«[99] zu werden. Oberst van den Bergh notierte sich noch am Abend des 19. Juni in sein Tagebuch, Noske habe geäußert, im Falle seiner Ernennung zum Reichsministerpräsidenten könne eine Entwicklung eintreten, »die eine Art Diktatur mit sich brächte«[100]. Das im Nachlaß des preußischen Kriegsministers Walther Reinhardt befindliche »Protokoll der

[93] Protokoll der MSPD-NV-Fraktion vom 19. 6. 1919 vormittags. Mikrofilm in: AdsD. Siehe auch: Miller, Bürde, S. 283.
[94] Vgl. Protokoll »Kriegsrat«, S. 7–10, BA-MA N 86, Film 2.
[95] Nach der von Schützle, Kriegsrat, edierten Aufzeichnung, S. 593.
[96] Protokoll »Kriegsrat«, S. 10, BA-MA N 86, Film 2.
[97] Nach der von Schützle, Kriegsrat, edierten Aufzeichnung, S. 593.
[98] Seeckt war für Annahme des Vertrages. Siehe: Friedrich von Rabenau, Seeckt. Aus seinem Leben 1918–1936, Leipzig 1940, S. 185 f; fortan zit.: Rabenau, Seeckt.
[99] Aufzeichnungen Groeners. In: Kabinett Scheidemann Nr. 114, S. 481.
[100] BA-MA N 112/11, S. 69.

Sitzung in Weimar am 19. 6. 1919« beschränkt sich – ohne daß das Wort Diktatur fiele – auf die Mitteilung, Noske habe »seine etwaige zukünftige Stellung« berührt[101]. Einer anderen Niederschrift der im »Kriegsrat« gefallenen Äußerungen zufolge, die wahrscheinlich von einem Begleitoffizier des sächsischen Generals Fortmüller verfaßt wurde[102], stellte Noske die Frage, ob er Offiziere und Truppe hinter sich habe, falls er als Reichswehrminister gleichzeitig zum Ministerpräsidenten ernannt werde.

Im nachhinein ist daraus der Schluß gezogen worden, »daß Noske, wenigstens in dieser Besprechung, niemand eine Hoffnung gemacht hat, er werde sich an der Spitze von Offizierkorps und Truppen zum nationalen Diktator aufstellen lassen«[103]. Ganz so eindeutig scheint die Haltung des Reichswehrministers allerdings nicht gewesen zu sein. Wie sonst hätte Groener in Noskes Gegenwart die – für Interpretationen letztlich nur wenig Spielraum lassende – Aufforderung aussprechen können, die Rettung Deutschlands liege in den Händen des Reichswehrministers[104], ohne damit dessen sofortigen Widerspruch herauszufordern?

Der Reichswehrminister war an den Gedankenspielen mit einer Diktatur unter seiner Führung zumindest nicht völlig unschuldig. Auch der Tatbestand – und dieser wird durch alle verfügbaren Quellen übereinstimmend belegt –, daß die Offiziere ihm persönlich das Vertrauen aussprachen und nicht der Regierung insgesamt, bestärkt diesen Eindruck. Außerdem akzeptierte Noske nicht nur das durchaus ungewöhnliche Votum der Offiziere für ihn, sondern unterließ es auch, was an sich eine Selbstverständlichkeit gewesen wäre, den am 19. Juni versammelten Militärs unzweideutig klarzumachen, daß sie jeder legalen republikanischen Regierung zu Gehorsam verpflichtet waren.

Die Idee, Gustav Noske zum Diktator zu machen, wurde allerdings nicht erst an jenem denkwürdigen Tag geboren, an dem sich der »Kriegsrat« der Generale mit Duldung des Reichswehrministers auf politisches Terrain begab. General Groener und seine Mitarbeiter in der OHL hatten schon in den ersten Monaten des Jahres 1919 mit dem Gedanken gespielt, eine starke Regierung einzusetzen[105], weil sie fürchteten, das von der SPD geführte Reichskabinett könnte dem innenpolitischen Druck von links allzu leicht nachgeben[106]. Sie dachten dabei nicht unbedingt an eine Militärdiktatur; vielmehr schwebte ih-

[101] Protokoll »Kriegsrat«, S. 6, BA-MA N 86, Film 2.
[102] Schützle, Kriegsrat, Dok. 2, S. 593.
[103] Ernst, Nachlaß Reinhardt, S. 37.
[104] Protokoll »Kriegsrat«, S. 7, BA-MA N 86, Film 2.
[105] Groener, Lebenserinnerungen, S. 481 f.
[106] Vgl. Erger, Kapp-Lüttwitz-Putsch, S. 18, und die dort erwähnten Ausführungen Groeners vom März 1919.

nen ein »Regierungskollegium mit starken Vollmachten«[107] vor, zusammengesetzt aus führenden Köpfen des rechten Flügels der Mehrheitssozialdemokraten, nämlich Ebert, Noske und dem preußischen Innenminister Wolfgang Heine. Bei diesen Politikern handelte es sich nach Groeners Auffassung um Männer, die »wirklich Charakter hatten«, und um »Vertreter des Machtgedankens, die sich von schönen Reden nichts versprachen«. Mit solchen Persönlichkeiten würde man – d. h.: die Offiziere – »handeln« können.

Am 6. März 1919, also bei Beginn der Berliner Märzkämpfe, wurde Noske zum ersten Male erklärt, daß er bei dem Ansehen, das er in breiten Kreisen des Volkes und besonders bei der Truppe genoß, »auf begeisterte Zustimmung« rechnen könnte, wenn er bereit wäre, »mit oder ohne Zustimmung des Kabinetts und der Nationalversammlung diktatorisch die Geschäfte des Reiches« zu führen[108]. Groener sprach auch mit Ebert und Heine über seine Pläne. Sie seien damals, so Groener, »gescheitert an der Eifersucht der anderen Minister, die nach sozialistischem Prinzip keinen über den anderen hinauswachsen lassen wollten«[109]. Richtig war hingegen, daß das demokratische Prinzip seit Jahrzehnten zu den Grundüberzeugungen der Sozialdemokratie gehörte, an denen sie auch in Krisensituationen nicht rütteln ließ. Dafür mag Groener wenig Verständnis besessen haben. Jedenfalls ist festzuhalten, daß der General seit März 1919 – nach eigenem Zeugnis – den im Offizierkorps ernstlich erwogenen Gedanken, Noske »zum Regierungsoberhaupt mit starken Vollmachten zu machen«, nachdrücklich unterstützte[110].

Wie Noske berichtet[111], legten ihm Offiziere Ende April ein Heft über »Betrachtungen zur Diktatur«[112] auf den Arbeitstisch, in dem die vorübergehende Abkehr von der »Parlamentswirtschaft« und die Errichtung einer Diktatur empfohlen wurde. Der unbekannte[113] Verfasser dieser Broschüre vertrat die Auffassung, weder die außenpolitische noch die innenpolitische Lage lasse es derzeit möglich erscheinen, »eine mit militärischem Range bekleidete Person in den Vordergrund zu stellen«. Eine »reine Militärdiktatur« komme nicht in Betracht. Es müsse also eine andere Lösung gefunden werden. Der Diktator, dessen Aufgabe darin bestehe, in einer Übergangszeit »zu retten, was noch zu

107 Groener, Lebenserinnerungen, S. 481 f., auch zum Folgenden.
108 Noske, Kiel bis Kapp, S. 196.
109 Groener, Lebenserinnerungen, S. 503.
110 Ebda., mit Bezug auf die Monate Mai und Juni 1919.
111 Noske, Erlebtes, S. 110 f.; ebenso ders., Kiel bis Kapp, S. 196 f.
112 Die Broschüre »Betrachtungen zur Diktatur« ist in keinem der gebräuchlichen Literatur-Findmittel nachweisbar und muß daher nach den von Noske ausgewählten Passagen zitiert werden. Noske, Kiel bis Kapp, S. 196, schrieb 1920, merkwürdigerweise sei die Broschüre bis zu diesem Zeitpunkt nicht bekannt geworden.
113 Nach Schüddekopf, Heer und Republik, S. 80, soll Wolfgang Kapp der Verfasser dieser Broschüre gewesen sein.

retten ist«, müsse »eine Persönlichkeit sein, die in weiten Kreisen Volkstümlichkeit genießt«. Nur auf solcher Grundlage könne der in schwerer Stunde Berufene festen Fuß fassen und die nötige Bewegungsfreiheit zum Handeln finden. Dann kam der Diktatur-Planer konkret zur Sache: »Jedem, der unter den hervorstechenden Persönlichkeiten des Landes Umschau hält, drängt sich unwillkürlich ein Name auf: Noske. Es kann keinem Zweifel unterliegen, daß der derzeitige Reichswehrminister, trotz oder gerade wegen der Anfeindungen, denen er ausgesetzt ist, zur Zeit volkstümlicher ist als irgendeine andere Person in Deutschland. Gerade die Hetze, die von radikaler Seite in Versammlungen, durch Flugblätter und in der Presse gegen ihn getrieben wird, hat dazu gedient, sein Ansehen nicht nur bei den ihm unterstellten Truppen, sondern auch bei allen ordnungsliebenden Elementen zu erhöhen. Er ist von allen Persönlichkeiten, die nicht der einst so glorreichen und in Trümmer gegangenen Armee angehört haben, die einzige, die seit viereinhalb Jahren Taten gezeigt hat. Inwieweit diese seiner eigenen Initiative entsprungen sind, ist gleichgültig, weil es gleichgültig sein muß. Die in der nächsten Gegenwart zu entwirrenden politischen Probleme sind, gerade weil sie, wie schon gesagt, dem gordischen Knoten gleichen, nicht an Hand von Doktrinen, oder durch diplomatische Taschenspielerkünste zu lösen, sie erfordern vielmehr nichts als gesunden Menschenverstand und den Willen zur Tat, auf wirtschaftlichem Gebiet sachverständigen Beirat, der nicht durch selbstsüchtige Motive getrübt ist. Der gesunde Menschenverstand ist vorhanden und der Wille zur Tat wird es sein, wenn die geeignete Lage geschaffen wird.«

Daß der Verfasser der »Betrachtungen zur Diktatur« in einem militärischen Ordnungsdenken befangen war, geht schon aus der Tatsache hervor, daß er am liebsten eine reine Militärdiktatur gesehen hätte, aber erkannte, daß die nach dem verlorenen Krieg in Deutschland weit verbreitete antimilitaristische Stimmung einem solchen Unternehmen kaum die nötige Gefolgschaft sichern würde. Bezeichnenderweise wurde in den »Betrachtungen« nicht genau definiert, welches politische Ziel der Diktator eigentlich durchsetzen sollte – vermutlich war kurzfristig an die Wiederaufnahme des Krieges als Folge einer Ablehnung der Friedensbedingungen gedacht, langfristig an die Bewahrung vordemokratischer Verfassungsstrukturen, also an die Beseitigung der Republik –, sondern daß die politische Lage statt dessen mit einem »gordischen Knoten« verglichen wurde, den ein mit gesundem Menschenverstand versehener Mann der Tat mit dem Schwert durchhauen sollte. Der volkstümliche sozialdemokratische Reichswehrminister Noske, der undoktrinäre Pragmatiker, der wegen seiner Politik der eisernen Faust bei den Soldaten und allen anderen ordnungsliebenden Elementen in hohem Ansehen stand, stellte sich diesem und anderen

Diktatur-Planern unter den gegebenen Verhältnissen als die zweitbeste Lösung dar.

Seit dem Bekanntwerden des ersten Friedensvertragsentwurfs der Siegermächte Anfang Mai 1919 wurde der Gedanke einer Diktatur Noske dann mit verstärkter Intensität an den Reichswehrminister herangetragen. Ein Autor namens Marc Anton[114], der seine politische Heimat nicht zu erkennen gab und sich als neutraler und unabhängiger Mann mit politischem Weitblick vorstellte[115], entwickelte in einer Broschüre, die nach Aussage Noskes im Mai 1919 von Hand zu Hand gereicht und auch ihm zugeleitet wurde[116], ähnliche Gedanken wie der Verfasser der Broschüre »Betrachtungen zur Diktatur«. Marc Anton vertrat die Meinung, Deutschlands Gesamtlage lasse nur noch zwei Möglichkeiten offen: »Diktatur oder Untergang«[117], wobei für ihn auch der ehrenvolle Untergang etwas Akzeptables zu sein schien, wie das Horaz-Wort andeuten könnte, das er seinen Ausführungen voranstellte: »Und wenn der Weltbau krachend einstürzte, werden seine Trümmer ein furchtloses Herz treffen[118].« Der Verfasser trat entschieden für die Nichtunterzeichnung des Friedensvertrages ein, weil er das Ende Deutschlands bedeuten würde[119]. Innenpolitisch sah er die Entwicklung der deutschen Revolution in einem Stadium, in dem sich die russische Umwälzung etwa gegen Ende der Herrschaft Kerenskis befand[120] – also kurz vor einer bolschewistischen Machtübernahme. Diese schwierige Lage könne, meinte er, von dem derzeitigen Ministerpräsidenten Scheidemann, der »nach wie vor Parteiführer und Doktrinär geblieben« sei, nicht gemeistert werden. Alle unter der Demokratie und Revolution ins Amt gelangten Parteipolitiker einschließlich der bürgerlichen kämen für die Führung des Volkes nicht in Betracht. »Einzig und allein der unter den Aufrührern verhaßte Reichswehrminister Noske erfreut sich einer gewissen Volkstümlichkeit, weil er als eine starke Persönlichkeit gilt[121].« Auch bei Marc Anton war vom »gordischen Knoten« die Rede, den eine starke Regierung, »ein Mann mit dem Schwert«, durchtrennen müsse. Dieses scharfe Schwert – lautete

[114] Vermutlich ein Pseudonym. Näheres war jedoch nicht zu ermitteln.

[115] Marc Anton, Die politische Lage und die Forderung der Stunde, Berlin 1919; fortan zit.: Marc Anton, Lage. In dem vom Mai 1919 datierten Geleitwort schrieb der Verfasser: »Als Deutscher, der lange im Auslande gelebt hat und der daher die außen- und innerpolitischen Vorgänge nicht durch die Parteibrillen sieht, glaubte ich, meinem Vaterlande in dieser schweren Zeit durch Aufzeichnung der politischen Vorgänge, so, wie ich sie gesehen habe, dienen zu sollen.«

[116] Noske, Erlebtes, S. 111.

[117] Marc Anton, Lage, S. 35.

[118] Ebda., S. 5.

[119] Ebda., S. 20.

[120] Ebda., S. 24; vgl. auch S. 29.

[121] Ebda., S. 26 f., Zitat S. 27.

die Schlußfolgerung, in Anspielung auf Noske und die Reichswehr – sei vorhanden, und die Forderung der Stunde laute: »Diktatur[122]!«

Diktaturpläne wurden zu dieser Zeit auch auf der Ebene der jüngeren Generalstabsoffiziere geschmiedet, die – wie das Beispiel des Hauptmanns Pabst von der Garde-Kavallerie-Schützen-Division durchaus exemplarisch deutlich macht – häufig ihre Generals-Vorgesetzten überspielten und selbst die politischen Fäden zogen. In diesem Falle waren es die Majore Alexander v. Falkenhausen und Kurt v. Schleicher – der spätere Reichskanzler –, der eine Chef des Stabes des II. Armeekorps in Stettin, der andere Generalstabsoffizier in der Obersten Heeresleitung, die sich zum Zwecke des »gemeinsamen Ziehens an einem Strange« gegenseitig ihrer Überzeugung versicherten, »daß nur die Diktatur uns retten kann«[123]. Bei der Wahl der Persönlichkeit für den Diktator an der Spitze des Reichs waren sich die beiden Offiziere »über Noske einig«; sollte dieser alleine nicht wollen, so dachten sie »nach altem Muster [an] ein Triumvirat, etwa Noske – Groener – Seeckt«. Für eine Diktatur sprach nach ihrer Auffassung nicht nur die außenpolitische Lage, wie sie sich nach der erhofften Ablehnung des Friedensvertrages ergeben würde, sondern auch die innenpolitischen Aussichten, eine USPD-Regierung zu erhalten, die man für »Bolschewismus« hielt.

Nicht nur Militärs, sondern auch »namhafte Sozialisten« hätten ihm damals (Mai/Juni 1919) in Sorge um das Geschick Deutschlands vorgetragen, »daß sie damit einverstanden wären, wenn ich, gestützt auf die Truppen, mich zum Alleinherrn gemacht hätte«, berichtet Noske[124], ohne allerdings Namen zu nennen. Im einzelnen ist hierüber nichts bekannt. Ebert hat einige Tage lang erwogen, Noske zum Nachfolger Scheidemanns zu machen, allerdings keineswegs mit diktatorischen Vollmachten. Der Reichspräsident ließ diesen Gedanken aber rasch wieder fallen, weil er fürchtete, Noskes Ministerpräsidentschaft würde auf die Arbeiterschaft provozierend wirken[125], was auch bedeutete, daß die von den Militärs angenommene Volkstümlichkeit Noskes in dieser allgemeinen Form unzutreffend war.

Zu einem aktuellen Erfordernis wurden die Pläne einer Noske-Diktatur nach Auffassung vieler Offiziere am 22. Juni, als die Siegermächte ihre endgültige und ultimative Forderung nach bedingungsloser Unterzeichnung des Friedensvertrages einschließlich der sogenannten

[122] Ebda., S. 35.
[123] Schreiben Falkenhausen an Schleicher vom 8. 6. 1919. In: Zwischen Revolution, Nr. 43, S. 137–139, auch zum Folgenden. Zitate S. 138.
[124] Noske, Erlebtes, S. 110.
[125] Aufzeichnungen Groeners, Kabinett Scheidemann, Nr. 114, S. 482; vgl. auch ders., Lebenserinnerungen, S. 505, wo berichtet wird, Ebert habe die Ernennung Noskes »wegen der Stimmung der Arbeiterschaft gegen diesen« abgelehnt.

Schandparagraphen stellten[126]. Noch bevor die Nationalversammlung zusammentreten konnte, um über dieses Ultimatum zu befinden, ging Generalmajor Maercker, der mit seinem Freiwilligen Landesjägerkorps seit Februar 1919 mit dem Schutz der Nationalversammlung betraut war, in Begleitung von Major v. Gilsa[127] und Hauptmann Jacobsen[128] erneut zu Noske. Er bat ihn mit eindringlichen Worten, »er möge die Geschicke des Vaterlandes in seine starke Hand nehmen, sich zum Diktator aufwerfen und den Vertrag ablehnen«[129]. Maercker versicherte Noske, die Reichswehr würde sich in diesem Falle »wie ein Mann« hinter ihn stellen. Seinem Bericht zufolge gab Noske keine Antwort. Er sei jedoch von der Tragik der Lage ebenfalls so erschüttert gewesen, daß ihm die Tränen in die Augen getreten seien, er dann auf den Tisch gehauen habe und ihm, Maercker, mit den Worten: »Herr General, ich habe die Schweinerei jetzt auch satt« mit einer kurzen, schnellen Bewegung krampfhaft die Hand geschüttelt habe. Maercker war bekannt, daß sich Noske zuvor für die Unterzeichnung ausgesprochen hatte. Jetzt gewann er den Eindruck, Noske sei schwankend geworden: »Ich konnte seinen Händedruck nicht anders auffassen, als eine Zustimmung, sich unter Umständen als Diktator an die Spitze zu stellen. Im Gefühl dieser Gewißheit verließen wir das Schloß.« Nachher sprachen Major v. Gilsa und Major v. Feldmann mit Noske und baten ihn wiederum eindringlich, »diese Schicksalsstunde des deutschen Volkes nicht vorübergehen zu lassen, ohne seinerseits die Führung in die Hand zu nehmen«. Bei Annahme des Ultimatums, warnten Gilsa und Feldmann, seien »heftige Militärrevolten gegen die Regierung möglich und wahrscheinlich«[130]. Tatsächlich hatte kurz zuvor General v. Lüttwitz dem Reichswehrminister mitgeteilt, es sei »mit Sicherheit zu erwarten, daß die Masse der guten Truppen im Falle der Annahme Stellung gegen die Regierung nehmen würde«, und daß er, Lüttwitz, es sehr bedauern würde, wenn sich diese Stellungnahme auch gegen Noske richten müßte[131]. Weder die Drohungen noch die Bitten hatten jedoch zur Folge, daß Noske aus seiner Reserve herausging. Er blieb wortkarg, ließ die anderen sein Schweigen interpretieren.

Um die Mittagszeit des 23. Juni – im Verlauf des Tages mußte sich die Nationalversammlung entscheiden – erkundigte sich Reichspräsident Ebert ein letztes Mal, in Kenntnis der Drohungen Lüttwitz' mit Militärrevolten, bei General Groener in Kolberg, welche Stellung die Truppen im Falle der bedingungslosen Annahme beziehen würden.

126 Zu den Vorgängen auf politischer Ebene vgl. im einzelnen Kapitel IX/4.
127 Noskes Stabschef.
128 Erster Generalstabsoffizier im Freiwilligen Landesjägerkorps. Siehe: Wirren, S. 185.
129 Maercker, Vom Kaiserheer, S. 289, auch zum Folgenden.
130 Vortrag Groeners über die Entwicklung der Lage vom 21. bis zum 23. 6. 1919. In: Kabinett Bauer, S. 3 ff., hier: S. 7 und 9.
131 Ebda., S. 7. Vgl. auch Lüttwitz, Kampf, S. 73 f.

»Nicht als I. Generalquartiermeister, sondern als Deutscher, der die Gesamtlage klar übersieht«, gab Groener dem Reichspräsidenten daraufhin den Rat: »Minister Noske muß die Führung des Volkes und die Verantwortung für den Friedensschluß übernehmen«[132]. Denn der Kampf sei »im Enderfolg« aussichtslos.

Die von den Militärs favorisierten Pläne zur Errichtung einer Noske-Diktatur zeigen, daß sich tonangebende Offiziere der jungen Reichswehr keineswegs in die Rolle von ausführenden Organen des Regierungswillens hineingefunden hatten, sondern sich als »Königsmacher« fühlten, die berufen waren, einer nicht-demokratischen Regierung den Weg zu bereiten. Allerdings hatte sich selbst bei ihnen die Erkenntnis durchgesetzt, daß der gerade Weg, nämlich die Errichtung einer reinen Militärdiktatur, in Anbetracht des durch den Weltkrieg und den Nachkrieg desavouierten deutschen Militarismus unmöglich war, weil er einen Aufstand der Arbeiterschaft nach sich ziehen würde. Dies war dann neun Monate später, beim Kapp-Lüttwitz-Putsch, auch der Fall. Aus dieser realistischen Annahme erklärt sich der auffallende Tatbestand, daß alle Diktatur-Planer nach einer »sozialen« Galionsfigur Ausschau hielten, die diesen Gefahren erfolgreich würde begegnen können. Noske hielten die Offiziere für den Mann, der diese Rolle spielen konnte. Ins Auge fällt schließlich, und dies kann wohl generell als typisch für die demokratiefeindliche Haltung der potentiellen Putschisten gelten, daß sie mit Diktatur die Vorstellung konzentrierter, im wesentlichen militärischer Machtentfaltung verbanden und die Hoffnung hegten, mit dieser Macht würden sich die komplizierten innen- und außenpolitischen Probleme, die sich ihnen als ein unentwirrbarer »gordischer Knoten« darstellten, lösen lassen. Die Diktaturpläne des Sommers 1919 gehören insoweit in die Vorgeschichte des Kapp-Lüttwitz-Putsches vom März 1920[133].

Wie stellte sich Noske selbst zu den mit seiner Person verknüpften Diktaturplänen? Er behauptete später, diese »Neigung zu Torheiten« sei von ihm »dauernd gedämpft worden«[134]. Den spärlichen zeitgenössischen Quellen ist zu entnehmen, daß Noske jedenfalls vorsichtig genug war, sich in dieser Frage nie unzweideutig festzulegen. Er scheint – dies kann aus den Reaktionen der Militärs geschlossen werden – zumindest offengelassen zu haben, wie er sich verhalten würde, falls tatsächlich eine Situation eintreten sollte, in der die Errichtung einer Diktatur das Gebot der Stunde sein würde. Es mag sein, daß er diesbezüglichen Gedankenspielen nur deshalb ihren Lauf ließ, weil er verhindern wollte, daß sich die nach einer starken Hand sehnenden Offi-

[132] General Groener am 23. 6. 1919 mittags fernschriftlich an Major v. Feldmann zur Weitergabe an den Reichspräsidenten. In: Kabinett Bauer, Nr. 3, S. 8 f., Zitat S. 9.

[133] Erger, Kapp-Lüttwitz-Putsch, S. 22.

[134] Noske, Kiel bis Kapp, S. 197.

ziere von ihm ab- und einem anderen zuwandten. So rechtfertigte Noske jedenfalls nachträglich sein zweideutiges Verhalten: »Hätte ich von solchen Unterhaltungen damals Mitteilung gemacht (gemeint ist wohl: der Öffentlichkeit, d. Verf.), wären die Diktaturschwärmer einem anderen mit ihren Plänen gekommen, der vielleicht weniger kühlen Kopf bewahrt hätte[135].« Auszuschließen ist aber auch nicht, daß ihm die an ihn herangetragenen Pläne schmeichelten und er daher – entgegen seiner Rechtfertigungsschrift von 1920 – mit ihnen zumindest liebäugelte.

Aufschlußreich sind in diesem Zusammenhang die in den dreißiger Jahren niedergeschriebenen Lebenserinnerungen Noskes. Dort erklärte er nämlich, nicht ohne verhaltenen Stolz, keiner der Warner, die seinerzeit nach sofortiger Rettung und Diktatur gerufen hätten, habe »sich selbst das Zeug zugetraut, Retter und Diktator zu werden. Von den bekannten Männern des alten Regimes hätte nicht einer wagen können, sich zu dem Zweck herauszustellen[136].« Unausgesprochen war damit gesagt, daß man eben nur ihm, dem Reichswehrminister, die Kraft und die Fähigkeit zur Übernahme diktatorischer Regierungsgewalt zugetraut habe. In seinen Erinnerungen fuhr Noske dann fort: »Nach meiner genauen Kenntnis der Verhältnisse war der Gedanke an die Aufrichtung einer Diktatur 1919 völlig aussichtslos, ganz gleichgültig, welcher Mann dafür in Aussicht genommen wurde. Der Versuch, meine Diktatur aufzurichten, hätte den sofortigen Aufruf zum Generalstreik durch Kommunisten und Unabhängige zur Folge gehabt, der auch bei großen Massen der übrigen Arbeiterschaft offene Ohren gefunden hätte, denn inzwischen war ich schon monatelang als Bluthund, Arbeitermörder und Reaktionär täglich durch Zeitungen, Flugblätter und in Versammlungen verschrien worden[137].«

Noske erklärte in seinen rückblickenden Betrachtungen, als er ja längst keine taktischen Rücksichten mehr auf die mit einer Diktatur liebäugelnden Offiziere zu nehmen brauchte, also nicht etwa, eine solche Lösung habe damals für ihn aus grundsätzlichen demokratischen Erwägungen heraus niemals in Frage kommen können, sondern er betonte, er habe sie in Kenntnis der Verhältnisse für »völlig aussichtslos«[138], also lediglich für praktisch nicht realisierbar gehalten. Hieraus darf wohl geschlossen werden, daß jene Diktatur-Planer, die Noske 1919 diesen »Willen zur Tat« zutrauten, so unrecht nicht hatten. Tat-

135 Ebda.
136 Noske, Erlebtes, S. 112.
137 Ebda.
138 So Noske auch schon ebda., S. 106: »Eine Kompanie des Landesjägerkorps hätte genügt, der Tagung der Nationalversammlung ein Ende zu machen, die Regierung für abgesetzt zu erklären und mich als Diktator einzusetzen. Das hätten Maercker und seine Männer unbedenklich durchgesetzt. Aber es hätte zum völligen Zusammenbruch Deutschlands geführt.«

sache blieb jedoch, daß Noske weder im Sommer 1919 noch später ihrem Drängen nachgab, sondern vielmehr den immer schwieriger werdenden Versuch machte, die Offiziere unter den Primat der Politik zu zwingen.

4. Die Bildung des »Unterzeichnungskabinetts Bauer« und Noskes kurzfristige Rücktrittsabsichten

Zur selben Stunde, als in Weimar der militärische »Kriegsrat« tagte, trat auch die mehrheitssozialdemokratische Nationalversammlungsfraktion zusammen, um über die weiteren Schritte zu beraten, die sich durch die Antwort der Alliierten auf die deutschen Gegenvorschläge ergaben. Reichsministerpräsident Scheidemann erklärte in dieser Sitzung am Vormittag des 19. Juni, er werde zurücktreten, wenn sich die Fraktion nicht für das »Unannehmbar« entscheiden könne[139]. Seit seiner rhetorischen Frage vom 12. Mai: »Welche Hand müßte nicht verdorren, die sich und uns in diese Fesseln legt[140]?« waren ihm die Hände tatsächlich gebunden. Seine Rücktrittsankündigung für den Fall der Annahme war die unumgängliche Konsequenz dieser frühen Festlegung.

Während Reichsjustizminister Otto Landsberg in der Fraktionssitzung den gleichen Standpunkt wie Scheidemann einnahm, sprachen sich Noske sowie seine Ministerkollegen Eduard David und Robert Schmidt für die Unterzeichnung aus. Die Ansichten in der Fraktion waren ebenfalls geteilt. Eine Probeabstimmung ergab 75 Stimmen für und 39 gegen die Unterzeichnung[141]. Die Fraktion zeigte sich von Scheidemanns Rücktrittsankündigung nur wenig beeindruckt. Sie war mehrheitlich zu der Überzeugung gelangt, daß sich das früher festgelegte »Unannehmbar« unter dem Eindruck der Stimmung im Lande nicht würde aufrechterhalten lassen[142].

Neben der Stimmung im Lande gab es eine Reihe weiterer Gründe, die es der MSPD-Fraktion geraten erscheinen ließen, vom glatten Nein abzurücken. Mancher sozialdemokratische Parlamentarier zog die Par-

139 Protokoll MSPD-Fraktion, Protokollheft III (IISG Amsterdam). Zit. nach Miller, Bürde, S. 282 f.
140 Siehe Kapitel IX/1.
141 Miller, Bürde, S. 282 f.
142 Ebda., S. 283 f.

allele zur Entwicklung in Rußland, wo die bürgerliche Regierung Kerenski von den Bolschewiki gestürzt worden war, weil sie den Krieg fortgesetzt und damit die Hoffnung des russischen Volkes auf Frieden zuschanden gemacht hatte[143]. Auf die deutschen Verhältnisse übertragen, hieß dies: Würde man beim »Unannehmbar« bleiben, mit der möglichen Konsequenz einer Wiederaufnahme der Kampfhandlungen als Folge des Einmarsches alliierter Truppen, so würde die USPD, die ja als einzige Partei seit langem für Annahme plädiert hatte, einen ungeheuren Zulauf erhalten und damit die Chance, die Regierungsgeschäfte zu übernehmen.

Eine wichtige Rolle spielten auch die Argumente Noskes, daß an einen erfolgreichen Widerstand gegen einmarschierende alliierte Truppen nicht zu denken war, sowie, daß die große Mehrheit der deutschen Bevölkerung alles andere wollte als erneute kriegerische Verwicklungen. General Groeners »Denkschrift über die militärische Lage« vom 17. Juni 1919[144] bestätigte diese Einschätzung ebenso, wie ein vom gleichen Tage datiertes Telegramm des Generalfeldmarschalls Hindenburg[145] an Noske, in dem es hieß: »Wir sind bei Wiederaufnahme der Feindseligkeiten militärisch in der Lage, im Osten die Provinz Posen zurückzuerobern und unsere Grenzen zu halten. Im Westen können wir bei ernstlichem Angriff unserer Gegner angesichts der numerischen Überlegenheit der Entente und deren Möglichkeit, uns auf beiden Flügeln zu umfassen, kaum auf Erfolg rechnen. Ein günstiger Ausgang der Gesamtoperationen ist daher sehr fraglich«. Dieser klaren Aussage ließ Hindenburg noch einen Nachsatz folgen, der zur Sache nichts Neues brachte, der aber eine politische Propagandaabsicht erkennen ließ: »[...] aber ich muß als Soldat den ehrenvollen Untergang einem schmählichen Frieden vorziehen«. Hindenburg, der sich schon im November 1918 geweigert hatte, nach Compiègne zu gehen und damit die Verantwortung für die militärische Niederlage zu übernehmen, lehnte es nun erneut ab, seinen Namen und im weiteren Sinne die Armee mit dem Versailler Frieden zu belasten.

Hindenburgs Erklärung erinnert an jenen verhängnisvollen Ehrbegriff, der die Marine im Oktober 1918 zu dem Plan verleitete, in ei

[143] Dies berichtet Otto Landsberg, Die Entscheidung im Kabinett. In: Victor Schiff (Hrsg.), So war es in Versailles... Mit Beiträgen von Otto Landsberg, Hermann Müller, Friedrich Stampfer, Berlin 1929, S. 112; fortan zit.: Schiff (Hrsg.), Versailles. Zu dieser Parallele vgl. auch Lösche, Bolschewismus, S. 172 f. und Wette, Frieden durch Revolution, S. 317 f.

[144] Auszugsweise abgedruckt in: Groener-Geyer, General Groener, Dok. Nr. 8, S. 379–385. Groener übersandte diese Denkschrift Noske im Original, und zwar schon am 18. 6., also noch vor dem Zusammentritt des »Kriegsrats« in Weimar. Siehe Groener, Lebenserinnerungen, S. 477.

[145] Text des Telegramms Hindenburgs an Noske in: Kabinett Scheidemann, Nr. 114, S. 477, Anm. 5. Datiert vom 17. 6. 1919 an Noske abgesandt am 20. 6. 1919; inhaltlich gleichlautende WTB-Meldung in: Schultheß EGK 1919 I, S. 263 f.

nem vor der Regierung verheimlichten und militärisch sinnlosen Unternehmen den »ehrenvollen Untergang« zu suchen[146]. Auch im Juni 1919 drohte der militärische Ehrbegriff wieder politisches Unheil zu stiften, da die Mehrheit der Generale die sogenannten Schmachparagraphen als diejenigen »Ehrenpunkte«[147] ansahen, die unter Umständen erneut Eigenmächtigkeiten nach sich ziehen mußten.

Es war schon eine bemerkenswerte Angelegenheit, daß in jenen »heißen« Tagen in Weimar die schwerwiegenden materiellen Vertragsbedingungen in den Hintergrund traten und plötzlich alles auf die »deutsche Ehre« abgestellt wurde. Friedrich Stampfer bemerkte hierzu: »Mit diesem Begriff war aber schon in der Vergangenheit ein derartiger Mißbrauch getrieben, es war damit so viel Unglück über Deutschland heraufbeschworen worden, daß man Grund zum Mißtrauen hatte. Zumal es dieselben Kreise waren, die seit jeher allein über den Ehrbegriff zu urteilen sich anmaßten, welche jetzt die ›Ehrenpunkte‹ in den Vordergrund stellten. Man konnte sich ja mit ebensolchem Rechte auf den Standpunkt stellen, daß eine durch Gewaltdrohung erpreßte Unterschrift niemals die Ehre des Erpreßten antasten kann, sondern umgekehrt den Erpresser, und ihn allein entehrt[148].« Noske argumentierte in der MSPD-Fraktion und in der Regierung – wie zuvor schon im »Kriegsrat« – auch mit dem schwergewichtigen Gesichtspunkt, ein bei Ablehnung zu erwartender Einmarsch der Ententetruppen werde den separatistischen Tendenzen in den süddeutschen Staaten, im Rheinland und in Hannover starken Auftrieb geben und das Ende der Reichseinheit herbeiführen. Wie wir heute wissen, waren diese Befürchtungen keineswegs übertrieben. Der französische Marschall Foch und sein Stabschef Weygand hatten im Auftrage des »Rates der Vier« der Siegermächte einen Plan entworfen, demzufolge französische, belgische, amerikanische und englische Truppen in Deutschland einmarschieren und das Ruhrgebiet und die Reichshauptstadt besetzen sollten. Zugleich wollte Foch alle separatistischen Strömungen in Deutschland fördern und Süddeutschland von Norddeutschland abtrennen. Bei Ablehnung des Vertrages durch die deutsche Regierung und die Nationalversammlung wäre diese Politik der französischen Militärs zwangsläufig aussichtsreich geworden[149], obwohl der amerikanische Präsident Woodrow Wilson und der englische Premierminister Lloyd George im Prinzip der Auffassung waren, nur ein national ge-

[146] Vgl. hierzu Abschnitt V/1.

[147] Vizeadmiral v. Trotha im »Kriegsrat«: »Die Marine will, daß die Ehre gewahrt wird.« Protokoll »Kriegsrat«, S. 6, BA-MA N 86, Film 2. Vgl. ausführlich Schwengler, Völkerrecht, S. 217 ff., mit sehr viel Einfühlungsvermögen in die Gefühlswelt der damaligen Militärs.

[148] Stampfer in: Schiff (Hrsg.), Versailles, S. 120.

[149] Henning Köhler, Novemberrevolution und Frankreich, Düsseldorf 1980, S. 312–315; fortan zit.: Köhler, Novemberrevolution.

eint bleibendes Deutschland werde seine Reparationsverpflichtungen erfüllen können[150]. Diese alliierten Planungen zeigen, »daß die Befürchtungen Noskes durchaus als realistisch anzusehen waren«[151], da im Falle einer deutschen Weigerung das Gesetz des Handelns wahrscheinlich von den alliierten Politikern auf die französischen Militärs übergegangen wäre.

Nachdem die Probeabstimmung in der MSPD-Nationalversammlungsfraktion am Vormittag des 19. Juni eine Mehrheit für die Annahme erbracht hatte und die Ablehnungsminderheit in der Fraktion zudem von Stunde zu Stunde zusammenschrumpfte[152], demissionierte das Kabinett Scheidemann in der Nacht vom 19. auf den 20. Juni[153]. Am Morgen des 20. hielt das zurückgetretene Kabinett in Anwesenheit des Reichspräsidenten eine Sitzung ab, in deren Verlauf Scheidemann und Landsberg, die unter keinen Umständen zu einer Rücknahme ihrer Entscheidung zu bewegen waren, von Ebert gebeten wurden und sich hierzu auch bereit erklärten, noch einige Tage die Geschäfte weiterzuführen, bis eine neue Regierung gebildet sein würde[154].

Zu gleicher Stunde beriet erneut die MSPD-Fraktion[155]. Paul Löbe trug den Wunsch Eberts vor, die Fraktion möge auf Scheidemann einwirken, daß er in der Regierung verbleiben solle. Dies wurde abgelehnt. Die übrigen Minister wurden gebeten, in ihren Ämtern zu bleiben. Alle außer Landsberg – also auch Noske – entsprachen dieser Bitte. Dann ging es um die Nachfolgefrage. In ihren Sitzungen am 21. Juni erwog die Fraktion, Noske zum Reichsministerpräsidenten zu machen[156]. Daß er schließlich fallengelassen wurde, war nicht zuletzt auf die Bedenken Eberts zurückzuführen[157]. Eduard David und Hermann Müller[158] lehnten es ab, Nachfolger von Scheidemann zu werden. Hiernach konzentrierten sich die Beratungen auf den bisherigen Ar-

150 Ebda., S. 319; vgl. auch Schwabe, Deutsche Revolution.

151 Köhler, Novemberrevolution, S. 323.

152 Am Abend des 20. 6. waren nur noch 12 MSPD-Abgeordnete gegen die Unterzeichnung. Auch sie unterwarfen sich am Ende der Fraktionsdisziplin, indem sie bei der namentlichen Abstimmung in der Nationalversammlung am 22. 6. 1919 eine »nichtdemonstrative« Haltung einnahmen und bei der Abstimmung fehlten. Siehe: Miller, Bürde, S. 283. Ergebnis der namentlichen Abstimmung in: Verhandlungen NV, Bd 327, 22. 6. 1919, S. 1136–38.

153 Über die am Abend des 19. und in der Nacht 19./20. 6. abgehaltenen Sitzungen des Kabinetts und der Mehrheitsparteien sind keine Protokolle vorhanden. Einen Kurzbericht enthält die geheime Aufzeichnung Brockdorff-Rantzaus, in: Kabinett Scheidemann, Nr. 118, S. 502 f.; Hinweis auf fehlende Belege ebda., Anm. 6.

154 Kurzbericht Brockdorff-Rantzaus über diese Kabinettssitzung ebda., Nr. 117, S. 496.

155 Protokoll MSPD-Fraktion 20. 6. 1919 vormittags. Zit. nach Miller, Bürde, S. 292.

156 Ebda.

157 Vgl. Aufzeichnung Groeners in: Kabinett Scheidemann, Nr. 114, S. 482 und 490 f.; sowie Groener, Lebenserinnerungen, S. 505.

158 Voreilig meldete der »Vorwärts« am 20. 6. 1919 (Nr. 311, Abend-Ausgabe, S. 1): »Unterzeichnungskabinett Hermann Müller«. In demselben Bericht wurde auch erwähnt, daß Noske für das Amt des Reichsministerpräsidenten in Frage komme.

beitsminister Gustav Bauer. Da die MSPD-Fraktion gegen ihn keinen Einspruch erhob, beauftragte Reichspräsident Ebert ihn mit der Kabinettsbildung[159]. Diese wurde noch am selben Tag abgeschlossen. Der neue Reichsministerpräsident Bauer berief 7 Mehrheitssozialisten und 4 Zentrumspolitiker[160], unter ihnen die bisherigen Minister Erzberger (Zentrum) und Noske (SPD), womit die Kontinuität mit dem Kabinett Scheidemann betont wurde. Die Demokratische Partei[161] lehnte es ab, sich an dieser Regierung zu beteiligen, da sie sich mit der Unterzeichnung nicht belasten wollte. Sie trat erst im Oktober 1919 erneut in die Regierung ein und stellte damit die »Weimarer Koalition« wieder her.

Dann jagten sich die Ereignisse. Am 22. Juni nachmittags, kurz nach der konstituierenden Sitzung des Kabinetts Bauer[162], trat die Nationalversammlung zusammen – erstmals wieder seit ihrer »Unannehmbar«-Demonstration am 12. Mai[163] –, um die Regierungserklärung Bauers entgegenzunehmen und über die Unterzeichnung des Friedensvertrages abzustimmen. Nachdem Bauer vorgetragen hatte, die Regierung könne der Annahme des Vertrages nur unter dem Vorbehalt zustimmen, daß Deutschland nicht anerkenne, alleiniger Urheber des Krieges zu sein, und daß es auch keine sogenannten Kriegsverbrecher an die Siegermächte ausliefern werde[164], stimmte die Nationalversammlung der Unterzeichnung mit 237 gegen 138 Stimmen zu. Auch Noske stimmte mit Ja. Noch vor Ablauf des Tages gerieten das »Unterzeichnungskabinett Bauer« und die Nationalversammlung dann in die verzweifelte Lage, daß die Siegermächte die Vorbehalte nicht akzeptierten und die bedingungslose Unterzeichnung binnen 24 Stunden forderten[165]. In hektischer Aktivität wurden die bislang schon nahezu permanent stattfindenden Sitzungen fortgesetzt.

Seit dem »Kriegsrat« am 19. Juni wußte Noske, daß die Reichswehr-Generale nicht gewillt waren, ihn und die Regierung weiter zu unterstützen, wenn sie keinen Weg fanden, die »Schmachparagraphen« aus dem Vertrag wegzubekommen. Das Kabinett fürchtete daher einen Reichswehrputsch[166], und Noske stand am Rande eines Zusammen-

159 Miller, Bürde, S. 292 f.
160 Ministerliste in: Kabinett Bauer, S. 806 f.
161 Zur Politik der DDP vgl. jetzt: Linksliberalismus in der Weimarer Republik. Die Führungsgremien der Deutschen Demokratischen Partei 1918–1933. Bearb. v. Konstanze Wegner, Düsseldorf 1980; fortan zit.: Linksliberalismus.
162 Ein Protokoll dieser Sitzung ist nicht vorhanden. Siehe: Golecki, Kabinett Bauer, S. 2, Anm.2.
163 Siehe: Verhandlungen NV, Bd 327, 12. 5. 1919, bzw. 22. 6. 1919.
164 Erklärung Bauers u. a. in: Schultheß EGK 1919 I, S. 249 ff., die Passagen über die Vorbehalte S. 252.
165 Ebda., S. 258.
166 Stampfer in: Schiff (Hrsg.), Versailles, S. 131. Nach einer entsprechenden Mitteilung von General v. Lüttwitz an Noske waren Militärrevolten zu befürchten. Siehe: Kabinett Bauer, Nr. 3, S. 8.

bruchs. In einer für den Morgen des 23. Juni anberaumten Sitzung der MSPD-Fraktion führte er aus, »daß bei Annahme der ›Schmachparagraphen‹ der größte Teil der Offiziere, darunter die Generale v. Lüttwitz und Maercker und die Oberste Heeresleitung, ihre Ämter niederlegen« würden. Er schloß mit der Erklärung: »Ich selber habe bis jetzt ausgeharrt, mein Instrument, das ich mir zur Aufrechterhaltung der Ordnung geschaffen, ist kaputt, damit ist meine Mission zu Ende.« Das Protokoll vermerkt weiterhin: »Noske, der zuletzt nur noch mühsam seine Fassung behalten, bricht mit tränenerstickter Stimme ab und verläßt die Sitzung[167].«

Ob Noske nachher beim Reichspräsidenten ein offizielles Rücktrittsgesuch eingereicht hat und dieses abgelehnt wurde[168], ist nicht zu ermitteln. Wahrscheinlich erklärte er Ebert, wie zuvor der Fraktion, daß bei bedingungsloser Unterzeichnung des Vertrages der Verfall der Loyalität der Truppe nicht aufzuhalten und sein Verbleiben im Amte daher zwecklos sei[169]. Die mehrheitssozialdemokratische Fraktion bat Noske an diesem Tage einstimmig, in seinem Amte zu bleiben. Auch der Reichspräsident schloß sich diesem Wunsche an. Hinzu kam, daß Maercker und andere Generale jetzt erklärten, sie wollten doch auf ihren Posten bleiben[170].

Die OHL, in der Nacht vom 22. zum 23. Juni vom Reichspräsidenten zu einer Stellungnahme zur nunmehr geschaffenen Lage aufgefordert, antwortete in einem von Hindenburg unterzeichneten Telegramm[171], eine große Anzahl von Offizieren und Freiwilligentruppen werde einer Regierung die Dienste aufsagen, die die Schmachparagraphen annehme. Durch Noskes Stabschef, Major v. Gilsa, wurde Ebert am Vormittag des 23. Juni bestätigt, daß General v. Lüttwitz sich der Stellungnahme der OHL anschließe[172]. Lüttwitz teilte Noske etwa zur selben Zeit telefonisch mit, es sei »mit Sicherheit zu erwarten, daß die Masse der guten Truppen im Falle der Annahme Stellung gegen die Regierung nehmen würde[173].« In dieser ungewissen Situation rief Ebert

[167] Protokoll MSPD-Fraktion 23. 6. 1919 vormittags. Zit. nach Miller, Bürde, S. 295 f. mit Anm. 5.

[168] So in: Schultheß EGK 1919 I, S. 262.

[169] Noske, Kiel bis Kapp, S. 153.

[170] Ebda., im Gegensatz zu dieser Erinnerung Noskes behauptet Generalmajor Maercker, er habe dem Reichswehrminister am 23. 6. (möglicherweise schon am Vormittag, d. Verf.) erklärt: »Ich bin als preußischer General nicht in der Lage, einer Regierung weiterhin Dienste zu leisten, die Deutschland die Schuld am Kriege zuerkennt und die meinen ehemaligen obersten Kriegsherrn und deutschen Führer dem Feinde ausliefert. So wie ich denkt sicherlich auch ein großer Teil des Offizierkorps und nicht wenige unter den Unteroffizieren und Mannschaften des Landesjägerkorps.« Maercker, Vom Kaiserheer, S. 288. Maercker blieb jedoch trotzdem im Dienst.

[171] Text in: Kabinett Bauer, Nr. 3, S. 5 f.

[172] Ebda., S. 6.

[173] Ebda., S. 7.

Groener in Kolberg an und fragte ihn noch einmal persönlich um Rat in der Frage, welche Haltung die Truppen bei einem bedingungslosen Ja zum Friedensvertrag einnehmen würden. Groener antwortete mündlich und dann noch einmal schriftlich, ein Kampf sei im Enderfolg aussichtslos, Noske müsse die Führung des Volkes und die Verantwortung für den Friedensschluß übernehmen und dessen Notwendigkeit in einem Aufruf an die Reichswehr darlegen; von jedem Offizier und Soldaten sei zu verlangen, »daß er auch bei Unterzeichnung des Friedensvertrages auf seinem Posten bleibt und seine Pflicht und Schuldigkeit gegenüber dem Vaterlande tut«; nur dann bestehe Aussicht, »daß das Militär sich hinter ihn stellt und damit jede neue Umsturzbewegung im Innern, sowie Kämpfe nach außen im Osten verhindert werden«[174].

Als Noske diese Erklärung Groeners sowie der ihm von Eduard David übermittelte Wunsch der MSPD-Fraktion, im Amt zu bleiben, bekannt wurde, revidierte er am frühen Nachmittag des 23. Juni seine wenige Stunden zuvor geäußerte Rücktrittsabsicht. In einer unter Vorsitz Eberts in Anwesenheit der Fraktionsführer der Regierungsparteien stattfindenden Kabinettssitzung erklärte er, seine pessimistische Auffassung vom Vormittag inzwischen korrigiert zu haben[175]. Noske stimmte nun im Kabinett gegen die Unterzeichnung[176], wohl wissend, daß er sich dies leisten konnte, da seine Ministerkollegen keinen anderen Ausweg mehr sahen, als der Nationalversammlung die bedingungslose Annahme zu empfehlen.

Die Unterzeichnungsfrage war damit für die Regierung noch immer nicht endgültig geklärt, denn die Zentrumspartei, die sich erst kurz zuvor auf die »Ehrenpunkte« festgelegt hatte, war durch das Ultimatum der Alliierten in Panik geraten. Einen Ausweg wußte in dieser Lage ein Mann, der schon seit Tagen gewarnt hatte, sich keinen Illusionen über die Absichten der Siegermächte hinzugeben: Hugo Haase, der Vorsitzende der USPD[177]. Er riet, die Parteien, welche abzulehnen beabsichtigten, sollten zuvor öffentlich erklären, daß sie die vaterländischen Motive der »Ja-Sager« nicht bezweifelten. Als die Rechtsparteien und die Demokraten, die sich ursprünglich gänzlich aus der Verantwortung hatten stehlen wollen, sich hierzu bereit erklärten, konnte die Nationalversammlung wieder zusammentreten, um über die bedingungslose Unterzeichnung abzustimmen.

[174] Ebda., S. 8 f.

[175] Nach dem Bericht von Eduard David, Die Nationalversammlung und ihr Werk. In: Friedrich Ebert und seine Zeit. Ein Gedenkwerk über den ersten Präsidenten der Deutschen Republik, Charlottenburg o.J. [1925] S. 256 f.

[176] Noske, Kiel bis Kapp, S. 154.

[177] Stampfer in: Schiff (Hrsg.), Versailles, S. 129 und 132. Zur Sitzung Eberts mit den Vorsitzenden der Oppositionsparteien am 23. 6. mittags siehe: Kabinett Bauer, S. 10, mit Literaturhinweisen.

Am Nachmittag des 23. Juni, um 15.15 Uhr, buchstäblich in letzter Minute, ermächtigte die große Mehrheit der Nationalversammlung – ohne namentliche Abstimmung – die Regierung, den Friedensvertrag zu unterzeichnen[178]. Währenddessen hatte Noske bereits den Vorschlag Groeners aufgegriffen und einen Aufruf an die Reichswehr[179] herausgeben lassen. Zur gleichen Zeit richtete Noskes Stabschef, Major v. Gilsa, ein Telegramm[180] an das Berliner Reichswehrgruppenkommando des Generals v. Lüttwitz, da von dort die Gefahr einer Militärrevolte an Ebert gemeldet worden war. Auch die Nationalversammlung hielt es für angebracht, sich an die Reichswehr zu wenden. Noch am Nachmittag des 23. Juni verabschiedete sie eine Kundgebung[181], die von allen Parteien der Nationalversammlung getragen wurde:

»In der Stunde tiefsten vaterländischen Unglücks dankt die Deutsche Nationalversammlung der deutschen Wehrmacht für die opfervolle Verteidigung der Heimat. Ungeheure und niederdrückende Anforderungen stellt der trotz des Heldenmutes unserer Truppen aufgezwungene Frieden an alle Teile des Volkes, besonders schwere aber an das Ehrgefühl unserer Soldaten. Das deutsche Volk erwartet zuversichtlich, daß Heer und Marine, Offiziere, Unteroffiziere und Mannschaften treu ihrer großen Vergangenheit, in dieser schwersten Zeit ein Beispiel der Selbstverleugnung und Aufopferung geben und Hand in Hand mit den anderen Volksgenossen an der Wiederaufrichtung unseres Vaterlandes arbeiten werden. Es muß gelingen, wenn alle ihre vaterländische Pflicht erfüllen.«

5. Noske und die Offiziere

In seinem Aufruf an die Reichswehr vom 23. Juni 1919[182] teilte Noske den Soldaten mit, er habe sich, ebenso wie der preußische Kriegsminister Reinhardt, im Reichskabinett vergeblich für die Nichtunterzeichnung des »Gewaltfriedens« eingesetzt. Jedoch: »Ich bin überstimmt worden. Mein Rücktrittsangebot hat der Reichspräsident und der Ministerpräsident in Übereinstimmung mit dem Kabinett und den Mehrheitsparteien der Nationalversammlung abgelehnt.« Sein Stabschef v.

178 Verhandlungen NV, Bd 327, 23. 6. 1919, S. 1139 ff.

179 Text in: Noske, Kiel bis Kapp, S. 154 f.; sowie in: Vorwärts Nr. 317, 24. 6. 1919, Morgen-Ausgabe, Beilage; Ursachen und Folgen, Bd III, Nr. 772, S. 531 f.; Schultheß EGK 1919 I, S. 262 f.

180 Text des Telegramms in: Noske, Kiel bis Kapp, S. 155; Original BA-MA RM 8/37.

181 Verhandlungen NV, Bd 327, 23. 6. 1919, S. 1141 f.; Auszug in: Kabinett Bauer, Nr. 3, S. 11.

182 Text in: Schultheß EGK 1919 I, S. 262 f.; Noske, Kiel bis Kapp, S. 154; Ursachen und Folgen, Bd III, Nr. 772, S. 531 f.

Gilsa[183] telegraphierte an General v. Lüttwitz in gleichem Sinne: Minister Noske habe im Kabinett und bei den Parteien »mit vollstem Einsatze seiner Persönlichkeit« für die Ablehnung gesprochen, sei aber überstimmt worden und habe daraufhin sein Portefeuille zur Verfügung gestellt. Auf dringendes Bitten des Reichspräsidenten und aller Kabinettsmitglieder habe sich Noske dann zum Wiedereintritt entschlossen, »um das Vaterland vor dem Chaos zu bewahren«.

Mit diesen ausdrücklichen Hinweisen auf seinen Einsatz für die Ablehnung des Vertrages und sein Rücktrittsangebot machte Noske den Versuch, sich der Reichswehr als dasjenige Regierungsmitglied darzustellen, das bis zum Schluß die Interessen der Reichswehr vertrat und sich schließlich dann doch hatte beugen müssen. Tatsächlich war Noske aber nur an einem Tag, eben dem 23. Juni, an dem über die ultimative Unterzeichnungsforderung der Siegermächte zu entscheiden war, für die Ablehnung eingetreten. Er befand sich an diesem Tage gewiß in einer verzweifelten Stimmung, weil nicht abzusehen war, welche Reaktionen die notgedrungene Annahme auch der »Schmachparagraphen« bei den Militärs auslösen würde. Aber man geht wohl nicht fehl in der Annahme, daß der erfahrene Politiker Noske auch in einer prekären Situation wie dieser das taktische Kalkül nicht völlig aus den Augen verlor. Seit dem »Kriegsrat« wußte er, welche Bedeutung die Militärs den »Ehrenpunkten« beimaßen. Wie würde er dastehen, wie würde er vor ihnen rechtfertigen können, diesen Punkten zugestimmt zu haben? Noske wurde an diesem Tage klar, daß er ablehnen und das Spiel mit Rücktritt und Wiedereintritt ins Kabinett inszenieren mußte, wollte er das von den Militärs in ihn gesetzte Vertrauen nicht verlieren. Dieses Vertrauen aber – davon war Noske fest überzeugt – stellte die wichtigste und vielleicht einzige Klammer dar, die das Militär an die republikanische Regierung band[184]. Ohne ihn, Noske, würde die Machtkonstellation, die seit den Novembertagen 1918 bestand, endgültig auseinanderbrechen.

In seinem Aufruf an die Reichwehr hob Noske daher in geradezu beschwörenden Worten auf die Gemeinsamkeit ab: »In gemeinsamer Tätigkeit haben die Freiwilligen-Verbände und die Reichswehr, sowie die Angehörigen des alten Heeres mit mir in den letzten Monaten mit wachsendem Erfolge sich bemüht, unser Land vor dem Zusammenbruch und dem Chaos zu bewahren.« Er selbst habe in diesen Monaten »in treuer Kameradschaft [...] mit der Truppe in Not und Gefahr zusammengestanden«, und in dieser »schwersten Stunde unseres Vater-

[183] Text in: Noske, Kiel bis Kapp, S. 155.

[184] Ebda., S. 154, gab Noske rückblickend zu bedenken: »Das Vertrauen, das ich besaß, hat vielleicht damals (gemeint ist die Situation zwischen dem 19. und dem 23. 6. 1919 – d. Verf.) Handlungen verhütet, die dem Reiche zum schlimmsten Verhängnis geworden wären.«

landes« verbiete es ihm die Not unseres Volkes, »fahnenflüchtig« seinen Posten zu verlassen.

Sodann appellierte der Reichswehrminister »an den kameradschaftlichen Geist jedes Führers, jedes Mannes«, ihm »weiter zur Seite zu stehen«; er wisse das Opfer zu würdigen, das der Truppe damit zugemutet werde. Im Hinblick auf diejenigen Offiziere, die für den Fall der bedingungslosen Unterzeichnung ihre Demission angekündigt hatten, fügte Noske hinzu: »Treue Gesinnung werde ich auch denen bewahren, welche angesichts der schimpflichen Bedingungen der Feinde glauben, ihre weiteren Dienste versagen zu müssen.«

Der Aufruf war bis in die Wortwahl hinein auf die Gefühlswelt der Soldaten abgestimmt. Mit Begriffen wie »Kameradschaft«, »Fahnenflucht«, »Opfer«, »Pflicht« und in einem verständnisvoll bittenden Ton wollte Noske den Angehörigen der Reichswehr zu erkennen geben, daß er letztlich einer der Ihren sei, sozusagen der »Repräsentant der Armee«, wie sich General Lüttwitz einmal ausdrückte[185], und man nun wie bisher »hingebungsvoll« zusammenstehen müsse. Unklar war zu diesem Zeitpunkt, ob Noske mit diesem – gewiß seiner persönlichen Überzeugung und Stimmungslage entsprechenden – Appell Erfolg haben würde oder nicht. Nicht abzuschätzen war überdies, ob die in diesem kameradschaftlichen Ton angesprochenen Soldaten sich nicht in einer Weise aufgewertet fühlen mußten, die dazu führen konnte, daß sich die ohnehin nicht sonderlich ausgeprägte Distanz zur Ebene der Politik weiter verringerte.

Aufschluß hierüber sollte eine Besprechung mit sämtlichen höheren Truppenführern aus Berlin und der weiteren Umgebung bringen, die der Reichswehrminister für den 24. Juni im Saale seines Ministeriums anberaumte. Major v. Gilsa hatte General v. Lüttwitz telegraphisch angekündigt[186], daß Noske und Reinhardt aus Weimar kommend rechtzeitig in der Reichshauptstadt eintreffen würden. Der Reichswehrminister sah sich zu der sofortigen Abreise nach Berlin veranlaßt, da von dort beunruhigende Meldungen über drohende Militärrevolten eingegangen waren, unter anderem von General v. Lüttwitz selbst. In dessen Befehlsbereich hatte sich am Nachmittag des 23. Juni folgendes[187] zugetragen: Ein zur Brigade Reinhard gehörender Regimentskommandeur, Oberst v. Hahnke, erklärte vor seinen Soldaten, die Reichswehr konne mit einer Regierung nicht zusammenarbeiten, die diesen Frieden unterzeichne. Der Oberst verkündete, General v. Lüttwitz habe bereits mit verschiedenen führenden Politikern verhandelt, die ein neues Kabinett bilden sollten.

185 Lüttwitz, Kampf, S. 74.
186 Telegramm Gilsa an Lüttwitz v. 23. 6. 1919. Text in: Noske, Kiel bis Kapp, S. 155.
187 Nach dem Bericht »Eine Verschwörung im Korps Lüttwitz«, in: Vorwärts Nr. 318, 24. 6. 1919, Abend-Ausgabe, S. 1.

Der sozialdemokratische »Vorwärts«, der noch kurz zuvor den Wunsch Lüttwitz', seine Auffassung zu publizieren, daß er gegen die Annahme des Friedensvertrages sei, mit dem bissig-herablassenden Kommentar versehen hatte, man sei gegenwärtig von wesentlicheren Dingen in Anspruch genommen[188], machte nun mit der ganzseitigen Schlagzeile auf: »Eine Verschwörung im Korps Lüttwitz«[189]. Gleichzeitig wurde unter Berufung auf Mannschaften des Korps Lüttwitz berichtet, in Unteroffiziers- und Mannschaftskreisen sei man »fest entschlossen, sich zu keinerlei reaktionären Putschversuchen mißbrauchen zu lassen«, und man fühle sich selbstverständlich nur der rechtmäßigen Reichsregierung zu Gehorsam verpflichtet.

General v. Lüttwitz gab eine in aggressivem Ton gehaltene öffentliche Erklärung[190] ab, in der es hieß, die Reichswehr habe der Regierung rechtzeitig[191] erklärt, daß die Deutschland entehrenden Paragraphen mit ihrer und des Vaterlandes Ehre unvereinbar seien. Er, Lüttwitz, »halte an diesem Standpunkt fest und werde ihn dem Reichswehrminister und preußischen Kriegsminister gegenüber erneut aufrecht zu erhalten wissen«.

Der Chef der Admiralität, Kontreadmiral v. Trotha, der sich offensichtlich mit Lüttwitz abgestimmt hatte, richtete am 23. Juni ein gleichlautendes Telegramm[192] an die Dienststellen der Marine. Darin forderte er das militärische und zivile Personal der Marine zugleich auf, auch weiterhin vertrauensvoll seiner Leitung zu folgen. Die Marineführung distanzierte sich damit unzweideutig von der Reichsregierung. In einer Unterredung mit Noske[193] rechtfertigte Trotha sein illoyales Verhalten mit der Behauptung, nur so habe er die drohende Auflösung der Marine verhindern können. Die Auswirkungen dieser Politik Trothas, die Loyalität der Marine auf den Gehorsam gegenüber dem Chef der Admiralität zu reduzieren und die Bereitschaft des Marineoffizierkorps, ihm auf diesem Weg zu folgen, sollte schwerwiegende Konsequenzen[194] haben: Während des Putsches vom März 1920 orientierte sich das Seeoffizierkorps nicht am Eid auf die Verfassung[195], son-

[188] Vorwärts Nr. 315, 23. 6. 1919, Morgen-Ausgabe, S. 3.
[189] Ebda., Nr. 318, 24. 6. 1919, Abend-Ausgabe, S. 1.
[190] Erklärung des Generals v. Lüttwitz vom 23. 6. 1919. Wortlaut in: Vorwärts Nr. 317, 24. 6. 1919, Morgen-Ausgabe, Beilage. Erneut abgedruckt ebda., Nr. 318, S. 1.
[191] Gemeint ist der »Kriegsrat« vom 19. 6. 1919.
[192] Telegramm Kontreadmiral v. Trothas vom 23. 6. 1919, BA-MA RM 8/37, Bl. 123 f.; auch in: Adolf v. Trotha, Volkstum und Staatsführung. Briefe und Aufzeichnungen 1915–1920, Berlin 1928, S. 169; fortan zit.: Trotha, Volkstum.
[193] Aufzeichnung Trothas über seine Unterredung mit Noske am 24. 6. 1919, abgedruckt ebda., S. 167–169.
[194] Schwengler, Völkerrecht, S. 241, spricht von »katastrophalen« Auswirkungen.
[195] Siehe dazu Friedrich Forstmeier, Zur Rolle der Marine im Kapp-Putsch. In: Seemacht und Geschichte, Bonn-Bad Godesberg 1975, S. 51–80. Zu den Ereignissen in Wilhelmshaven während des Putsches vgl. weiterhin den Bericht des Chefs des Stabes der Nordseestation, Kapitän z. S. Quaet-Faslem, abgedruckt in: Die Anfänge der Ära

dern folgte dem obersten Marinesoldaten, der sich der Putschregierung zur Verfügung stellte.

Den Meldungen, die ihm aus dem Korps Lüttwitz zugingen, entnahm der »Vorwärts«[196], ein paar Generale wollten in Verbindung mit »abgewirtschafteten reaktionären Politikern« mit Waffengewalt eine neue Regierung erzwingen. Niemand werde es monarchistischen Offizieren verübeln, schrieb das mehrheitssozialdemokratische Zentralorgan, wenn sie jetzt »schweigend auf die Seite treten und ihren Abschied nehmen«. Aber wenn sich solche Elemente »zu offener Meuterei und zu Hochverrat zusammentun«, dann müsse »mit erbarmungsloser Schärfe« gegen sie eingeschritten werden. Ein Putschversuch bedeute die Nichtanerkennung des geschlossenen Friedens und damit eine Kriegserklärung des bankrotten Deutschlands an sämtliche Ententestaaten.

In dieser ungewissen Situation traf Noske am 24. Juni in Berlin ein. Er hatte zunächst eine Unterredung mit General v. Lüttwitz[197]. Dieser erklärte ihm in kompromißloser Form, der Reichswehrminister hätte »als Repräsentant der Armee aus dem Kabinett austreten müssen«, denn dieses »hätte sich in Widerspruch zur Armee gesetzt«. Nun habe das »Offizierkorps das Vertrauen zur Regierung verloren«. Darüber hinaus[198] brachte Lüttwitz gegenüber Noske zum Ausdruck, daß die Offiziere der Regierung ihre Dienste nur weiter zur Verfügung stellen könnten, wenn in Zukunft härter regiert werde. Nötig sei eine diktatorische Regierung, ein Kabinett tatkräftiger Männer, gleich welcher Parteizugehörigkeit, um die innere Lage zu konsolidieren und den Staat zu retten. Noske[199] wies diese Vorstellungen als Einmischung der Reichswehrführung in die Politik zurück und betonte, weder Ebert noch seine Partei würden eine diktatorische Regierung tolerieren und daher gebe es für eine solche auch keine Basis. Er warnte Lüttwitz vor einer Politik der Gewalt, da sie zur Zerstörung des Reiches führen müsse.

Seitdem wußte Noske, daß das von Major v. Gilsa in seinem Auftrag an das Berliner Reichswehrgruppenkommando gesandte Tele-

Seeckt. Militär und Innenpolitik 1918–1922. Bearb. v. Heinz Hürten, Düsseldorf 1979, Dok. 29, S. 55–67, fortan zit.: Anfänge der Ära Seeckt. Ein differenziertes Bild der Ereignisse in Kiel zeichnet die Dokumentation von Dirk Dähnhardt und Gerhard Granier (Hrsg.), Der Kapp-Putsch in Kiel, Kiel 1980.

196 Artikel »An die Reichswehr!« in: Vorwärts Nr. 318, 24. 6. 1919, Abend-Ausgabe, S. 1 f.

197 Lüttwitz, Kampf, S. 74.

198 Nach der Darstellung von Volkmann, Revolution, S. 315 f., der – cum grano salis – Quellenwert zugesprochen werden kann, da dem Verfasser, der als Archivrat im Reichsarchiv tätig war, heute nicht mehr verfügbare Originalquellen zur Verfügung standen.

199 Ebda.

gramm, in dem über seinen Rücktritt und seinen der Zwangslage gehorchenden Wiedereintritt in das Kabinett informiert wurde, zumindest bei Lüttwitz nicht auf Verständnis gestoßen war. Dieser General vermochte, wie viele andere Soldaten mit ihm, nicht zu erkennen – oder er wollte es nicht respektieren –, daß die Regierung sich dem Druck der Siegermächte zwar gebeugt, nicht aber die umstrittenen Vertragsabstimmungen als gerechtfertigt anerkannt hatte[200]. Überdies wußte Noske nun, daß der ranghöchste Militär sich tatsächlich mit Diktaturplänen trug, auch wenn es sich dabei nicht um konkrete und aktuelle Putschabsichten handelte. Zwischen Noske und Lüttwitz gab es fortan keine Vertrauensbasis mehr.

Nachher, um 18 Uhr, fand dann die von Noske und Reinhardt einberufene Kommandeurbesprechung[201] statt. Zunächst legte der Reichswehrminister noch einmal ausführlich die Gründe für die aufgezwungene Unterzeichnung des Friedensvertrages dar und erörterte die dadurch entstandene politische Situation[202]. Die Regierung, führte Noske[203] aus, habe sich in einer Zwangslage befunden. Sie könne sich jetzt auch von den Offizieren keine Vorschriften machen lassen. Die Meldung über eine drohende Militärrevolte aufgreifend, erinnerte er die Offiziere daran, daß sicher nur ein kleiner Teil der Mannschaften hinter ihnen stünde[204]. Mit diesem Hinweis spielte Noske einen Trumpf aus, dem die militärischen Führer nichts entgegenzusetzen hatten.

Dem rückblickenden Betrachter, der das Scheitern des Kapp-Lüttwitz-Putsches von 1920 als Erfahrungswert in die historische Beurteilung einbeziehen kann, mag die – gewiß letztlich spekulativ bleibende – Einschätzung[205] erlaubt sein, daß Noske die Machtverhältnisse innerhalb der Reichswehr und insbesondere in der Gesellschaft zutreffender beurteilte als die Militärs. Noske hielt den empörten Offizieren völlig zu Recht vor, daß ihnen für eine Militärrevolte ganz einfach die Massenbasis fehle. Obwohl der preußische Kriegsminister im weiteren Verlaufe der Konferenz vom 24. Juni angesichts der erregten Stim-

[200] Wohlfeil, Heer und Republik, S. 91; Schwengler, Völkerrecht, S. 234 ff.

[201] Ein Protokoll der Besprechung vom 24. 6. 1919 existiert nicht. Die Überlieferung ist spärlich. Lt. Berliner Tageblatt Nr. 283 vom 25. 6. 1919 nahmen an der Konferenz u.a. folgende Offiziere teil: Die Generale v. Lüttwitz, v. Lettow-Vorbeck, v. Heuduck, v. Oven, Oberst Wilhelm Reinhard, Korvettenkapitän Ehrhardt, Hauptmann Pabst.

[202] Noske, Kiel bis Kapp, S. 155.

[203] Nach dem Bericht von Lüttwitz, Kampf, S. 74 f.

[204] Ebda.; Ende Juli 1919 bestätigten die Generalstabsoffiziere v. Stockhausen und v. Hammerstein gegenüber General Groener diese Einschätzung Noskes. Sie vertraten die Auffassung, die Truppe werde sich einem Vorgehen der Offiziere gegen die Regierung »kaum anschließen«. Groener, Lebenserinnerungen, S. 514.

[205] Anders Schwengler, Völkerrecht, S. 233, der die Auffassung vertritt, das Überleben der verfassungsmäßigen Regierung habe im Juni 1919 von der Haltung des Offizierkorps in der Frage der bedingungslosen Unterzeichnung abgehangen.

mung zum Disziplinhalten mahnte[206], drohte die Besprechung nun, wie sich Noske erinnert, »aus den richtigen Bahnen zu laufen«[207]. Der Reichswehrminister wurde nicht nur »sehr scharf angegriffen und mit groben Vorwürfen überschüttet«[208], besonders wegen des Auslieferungsparagraphens[209], sondern mehrere Offiziere konfrontierten ihn auch mit politischen Forderungen. General v. Lüttwitz[210] verlangte »im Namen der Offiziere«, daß erstens die sogenannten Kriegsverbrecher nicht ausgeliefert werden, zweitens im Inneren Deutschlands Ordnung geschaffen werde und Streiks nicht mehr zugelassen würden, sowie schließlich drittens der »in erster Linie mit der Annahme der Friedensbedingungen belastete Minister Erzberger« zurücktreten solle.

Der Kommandeur der 2. Marinebrigade, Korvettenkapitän Ehrhardt, der dann beim Kapp-Lüttwitz-Putsch vom März 1920 eine maßgebliche Rolle spielen sollte, äußerte sich in nicht weniger scharfem Tone. »Unter leidenschaftlicher Zustimmung seiner Kameraden«[211] führte er aus, das Offizierkorps habe sich der Regierung Ebert am 9. November 1918 in der Erwartung zur Verfügung gestellt, »daß es in Ehren werde dienen können«. Mit der »Ungeheuerlichkeit« des jetzt geschlossenen Friedens sei das, was dem Offizier »ehrenwürdig und heilig« sei, in den Staub gezogen worden. In Anspielung auf die in der zurückliegenden Zeit an Noske herangetragenen Diktaturpläne fügte er anklagend hinzu, der an die verantwortlichen Männer ergangene Ruf, die nationale Führung zu übernehmen, sei nicht verstanden worden, und darin liege ein »Versagen in historischer Stunde«.

Den Blick nach vorn zu richten, empfahl der einflußreiche Erste Generalstabsoffizier des Garde-Kavallerie-Schützen-Korps, Hauptmann Pabst[212]. Darunter verstand er jedoch nicht etwa ein Sichabfinden mit der gegenwärtigen Lage, sondern die Erwartung, daß in Zukunft die Gedankengänge der Offiziere auch in der Politik der Regierung ihren Ausdruck fänden[213]. Pabst, der sich gleich Lüttwitz zum Sprecher des Offizierkorps machte[214], legte Noske politische Forderungen[215] vor, die

206 Lüttwitz, Kampf, S. 75; auch Reinhard, Wehen, S. 110, berichtet, »eigenartiger Weise« habe der preußische Kriegsminister nun für Noske und die Regierung gesprochen.
207 Noske, Kiel bis Kapp, S. 155.
208 Lüttwitz, Kampf, S. 74.
209 Noske, Kiel bis Kapp, S. 155.
210 Lüttwitz, Kampf, S. 75; vgl. auch die unten erwähnten Forderungen von Pabst.
211 Nach dem Bericht von Volkmann, Revolution, S. 317, auch zum Folgenden.
212 Ebda.
213 Oertzen, Freikorps, S. 359.
214 Ursachen und Folgen, Bd III, S. 532, Anm. 1.
215 Schüddekopf, Heer und Republik, S. 95. Nachgedruckt in: Ursachen und Folgen, Bd III, Dok. Nr. 773, S. 532 f. Im einzelnen abweichend die Aufzeichnung von Lüttwitz vom Sommer 1920, in: Erger, Kapp-Lüttwitz-Putsch, Dok. Nr. 2, S. 304. Es ließ sich nicht klären, ob sich Lüttwitz und Pabst abgesprochen hatten. Der Darstellung von Volkmann, Revolution, S. 316 f., zufolge nahm in dieser Kommandeurbespre-

teils mit denen von Lüttwitz identisch waren, teils über sie noch hinausgingen.

Über den weiteren Verlauf der Besprechung berichtet Noske[216], er habe einen Regimentskommandeur wegen einer unzulässigen Äußerung scharf zurechtgewiesen und im übrigen eine eigentliche Diskussion nicht zugelassen, »weil die Herren nur die Wahl haben konnten, aus dem Dienste zu scheiden oder als Soldat ihre Pflicht zu tun«. Zum Abschluß wiederholte Noske seinen bereits im »Aufruf an die Reichswehr« vom Vortage enthaltenen Appell[217], allen Bedenken zum Trotz auch weiterhin zu dienen.

Aufgrund von Mitteilungen aus der Umgebung Noskes berichtete der »Vorwärts«[218] über Verlauf und Ergebnis der Kommandeurbesprechung vom 24. Juni folgendes: »Ein Teil der versammelten Offiziere gab seinem Schmerz darüber Ausdruck, daß mit dem Frieden auch die schändlichen Schmachparagraphen unterzeichnet wurden. Es gelang jedoch dem Reichswehrminister, sämtliche anwesenden Offiziere davon zu überzeugen, daß es jetzt oberste Staatsbürgerpflicht ist, über persönliche Bedenken hinweg dem schwergeprüften Vaterlande weiter treu zu dienen, um es vor dem Chaos zu bewahren und an dem Wiederaufbau mitzuwirken [...] Die Konferenz war eine Vertrauenskundgebung und ein voller Erfolg für den Reichswehrminister. Demnach sind alle Gerüchte über eine angeblich drohende, den Bestand der Reichswehr gefährdende Zersplitterung gänzlich hinfällig.«

Major Adam meldete am gleichen Tag an das bayerische Ministerium für militärische Angelegenheiten[219], Noske habe in dieser Besprechung »bittere Wahrheiten zu hören bekommen, z.B. auch über die Haltung des ›Vorwärts‹ gegen die Offiziere«, aber insgesamt sei »das getrübte Verhältnis zwischen Reichsminister und Reichswehr« durch diese Besprechung »gebessert worden«.

Eine »volle Vertrauenskundgebung«[220] für Noske also? Der geschilderte Verlauf der Aussprache des Reichswehrministers mit den Trup-

chung nur Pabst, nicht aber Lüttwitz das Wort. Nach der Darstellung von Lüttwitz, Kampf, S. 75, trug er und nicht Pabst die politischen Forderungen vor.

216 Noske, Kiel bis Kapp, S. 155 f.; weitere Bestätigungen dieser Aussagen Noskes liegen nicht vor, so daß nicht ausgeschlossen werden kann, daß er sie erst zur nachträglichen Rechtfertigung hinzufügte.

217 Ebda., S. 156; dies wird auch in dem ansonsten unzuverlässigen Bericht von Reinhard, Wehen, S. 109, bestätigt.

218 Vorwärts Nr. 319, 25. 6. 1919, Morgen-Ausgabe, S. 1. Von einer »vollen Vertrauenskundgebung für den Reichswehrminister« ist auch die Rede in: Schultheß EGK 1919 I, S. 263.

219 Meldung Major Adams v. 25. 6. 1919. In: Zwischen Revolution, Dok. Nr. 52, S. 156.

220 Schultheß EGK 1919 I, S. 263, in Anlehnung an die von Noskes Stab der Presse übergebene Meldung. Siehe den oben erwähnten Bericht des »Vorwärts«. Ähnlich berichtete das Berliner Tageblatt Nr. 283 v. 25. 6. 1919. Zit. in: Schwengler, Völkerrecht, S. 235.

penführern und Regimentskommandeuren läßt unschwer erkennen, daß es sich bei der an die Presse gegebenen Mitteilung um eine beschönigende bis falsche Darstellung handelte. Tatsächlich muß jener 24. Juni 1919 vielmehr als der Tag angesehen werden, an dem viele der führenden Offiziere Noske das Vertrauen entzogen[221] und sich von ihm abwandten. Ihre Distanz zur republikanischen Regierung war seit langem bekannt. Nun wurde auch ihr Mangel an Loyalität sichtbar. Die Kluft zwischen der Regierung und denjenigen Offizieren, die an ihr massive Kritik geübt oder denen Lüttwitz, Ehrhardt und Pabst Beifall gespendet hatten, ließ sich noch eine Zeitlang nach außen hin übertünchen, tatsächlich aber nicht mehr überbrücken. Die Konstellation, die ein dreiviertel Jahr später den Putsch hervorbrachte, hatte sich am 24. Juni 1919 bereits im Ansatz formiert. Es ist schwer zu sagen, ob Noske das Ausmaß des Vertrauensentzuges richtig erkannt und eingeschätzt hat. Die Entwicklung in den kommenden Monaten bis zum März 1920 spricht eher dagegen. Noske scheint davon überzeugt gewesen zu sein, daß das in der Vergangenheit angehäufte Vertrauenskapital ausreichen würde, auch diesen Konflikt zu bewältigen.

Tatsächlich hatte er die Offiziere bislang bei jeder sich bietenden Gelegenheit öffentlich gegen Angriffe, von welcher Seite sie auch kamen, in Schutz genommen – in der Nationalversammlung, auf dem MSPD-Parteitag, in Presseerklärungen und in seinen vielen Ansprachen. Von links hatte er sich dafür die Schelte eingehandelt, er sei zu einer Marionette der Offiziere geworden, er dünke sich – wie ihm die USPD-Abgeordnete Luise Zietz[222] in der Nationalversammlung entgegenschleuderte – »als Herr der Offiziere, weil er ihre schnarrende Sprechweise und ihr Säbelrasseln und ihre Anwendung von Gewalt angenommen« habe, während er doch in Wirklichkeit der »Diener« und »Gefangene« der alten Kräfte und des Militarismus sei. Auch die Kritik des »Vorwärts« und von Teilen seiner eigenen Partei hatte er auf sich gezogen und es in Kauf genommen, daß sich die Distanz zwischen ihm und der MSPD zunehmend vergrößerte.

Aber Noske wußte auch, wie sehr in der Vergangenheit gerade die gleichklingende Kritik an ihm, dem »Bluthund«, und an den Soldaten, den »Noskehunden«, beide hatten enger zusammenrücken lassen. Ihm war wohl bekannt, welche Wirkungen sein öffentliches Eintreten für

[221] Ähnliche Urteile: Volkmann, Revolution, S. 317, spricht von »tiefem Mißtrauen« und urteilt: »Das Band, das bis zum 23. Juni Noske und das Offizier-Korps zusammenhielt, hat sich gelockert.« Erger, Kapp-Lüttwitz-Putsch, S. 30 ff.; Hansjoachim W. Koch, Der deutsche Bürgerkrieg, Berlin 1978, S. 181, fortan zit.: Koch, Bürgerkrieg; Schwengler, Völkerrecht, S. 236. Jetzt auch: Ekkehart P. Guth, Der Loyalitätskonflikt des deutschen Offizierkorps in der Revolution 1918–20, Frankfurt/M., Bern, New York 1983, Kap. 3 d »Der Friedensvertrag als Schicksalsfrage für das Offizierkorps«; fortan zit.: Guth, Loyalitätskonflikt.

[222] Verhandlungen NV, Bd 326, 20. 2. 1919, S. 241.

die Belange der Soldaten bei diesen hinterlassen hatte. Da gab es immerhin die bemerkenswerte Erklärung der Obersten Heeresleitung vom März 1919[223], in der es hieß: »Die Armee hat Vertrauen zur Regierung, mäßiges Vertrauen zum Kriegsministerium; nur in einer Hinsicht hat sie unbedingtes Vertrauen, nämlich zum Reichswehrminister.«

Die enge Bindung zwischen dem sozialdemokratischen Reichswehrminister und den Offizieren hatte nicht zuletzt in den Plänen der Militärs ihren Ausdruck gefunden, Noske zum Diktator[224] zu machen. Hinzu kamen die vielen positiven Äußerungen einzelner Offiziere über Noske, die diesem nicht verborgen geblieben waren. Hier sei nur erinnert an die Aussage des Generals v. Loßberg, Noskes Namen habe in der Truppe einen guten Klang, da der Reichswehrminister oft persönlichen Mut und Entschlußkraft gezeigt habe[225], oder an Groeners Bekundung, er wolle mit Noske durch dick und dünn gehen[226], sowie an die Versicherung General Maerckers: »Für Sie, Herr Minister, lasse ich mich in Stücke hauen und meine Landesjäger auch[227]!«

Noske hatte fast alles getan, um die Achtung und das Vertrauen der Offiziere zu gewinnen. Nur ihrem Wunsch, mit diktatorischen Vollmachten die Führung des Reiches zu übernehmen und in dieser Rolle die Folgen einer Nichtunterzeichnung des Versailler Diktatfriedens zu tragen, war er nicht gefolgt. Dies bekam er jetzt nicht bloß von politischen Heißspornen wie dem General v. Lüttwitz oder dem Freikorpsführer Ehrhardt zu hören, sondern auch von Groener, der ihn, wie geschildert, bis zum 23. Juni immer wieder in seiner Meinung bestärkt hatte, daß ein militärischer Widerstand bei einem Einmarsch der Ententetruppen letztlich aussichtslos sei und es daher keine Alternative zur Unterzeichnung gebe. Nun distanzierte sich Groener nachträglich auch von Noske, weil dieser in den entscheidenden Junitagen seinem Rat, sich zum Diktator aufzuschwingen, nicht gefolgt war: »Der Kern meines Rates an Ebert[228] war der«, sagte der General am 12. Juli 1919 vor den Verbindungsoffizieren der OHL, »daß wir zu einer Regierung kommen müssen, die diktatorische Vollmachten hat zur Führung der inneren Politik; ob Noske der Mann dazu ist, möchte ich allerdings nicht als absolut sicher hinstellen, denn er ist auch Parteimann, meine

223 Erklärung der OHL vom 18. 3. 1919. Zit. nach Gordon, Reichswehr, S. 36. Ebenfalls in: Noske, Kiel bis Kapp, S. 169.
224 Vgl. Kapitel IX/3.
225 Loßberg im »Kriegsrat« am 19. 6. 1919. Protokoll, BA-MA N 86, Film 2, S. 6.
226 Groener, ebda.
227 Noske, Kiel bis Kapp, S. 154.
228 Gemeint ist das erwähnte Telefonat Ebert-Groener am Mittag des 23. 6. 1919. Siehe: Kabinett Bauer, Nr. 3, S. 8 f.

Herren, er kann nicht aus seiner Haut heraus, und ich fürchte, daß wir mit einer Parteiregierung nichts gewonnen haben[229].«

Für Noske gab es trotz der »aus den Bahnen gelaufenen« Besprechung vom 24. Juni allerdings auch Gründe, sich insgesamt als Sieger zu fühlen. Denn es kam weder zu den befürchteten Militärrevolten noch zu den zuvor vielfach angedrohten Demissionen führender Offiziere. Zumindest unterblieb »ein den Bestand der Reichswehr gefährdendes Ausscheiden von Führern«[230], wie Noske rückblickend feststellen konnte.

Dies war um so bemerkenswerter, als der preußische Kriegsminister Reinhardt unverzüglich den Weg für Demissionen ebnete. Bereits am 24. Juni gab er einen – mißverständlichen und auch mißverstandenen – Erlaß[231] heraus, im dem er einerseits mit dem Hinweis, die Friedensbedingungen seien mit der Ehre der Soldaten nicht in Einklang zu bringen, beruhigend auf die Truppe einzuwirken versuchte, in dem er andererseits aber »im Einvernehmen mit dem Reichswehrminister« Bestimmungen traf, die »das beschleunigte Ausscheiden von Offizieren aus dem Dienste [...] erleichtern« sollten. Dem Erlaß zufolge konnten sämtliche preußischen Generale ab sofort bis zum 23. Juli 1919 formlos beim Kriegsministerium ihre »Stellung zur Disposition« beantragen. Im Reichskabinett erwirkte Reinhardt gleichzeitig die Zusage[232], daß rasch ein Pensionsgesetz eingebracht und eine Regelung über Abgangsprämien für die Freiwilligen getroffen werde. Viele Offiziere lasen aus dem erwähnten Erlaß die Aufforderung Reinhardts heraus, möglichst rasch auszuscheiden, was Reinhardt dann zu der rechtfertigenden Erklärung[233] veranlaßte, dies habe ihm ferngelegen, er habe den Offizieren nur in ihrem inneren Kampf helfen wollen.

Die Empörung und Erbitterung über den »Schandfrieden«, die »Schmachparagraphen« und die lasche Regierung, die sich dem nicht widersetzt hatte, war jedenfalls eine Sache, und die Frage, ob das angedrohte Ausscheiden mit seinen materiellen Folgen dann wirklich wahrgemacht werden sollte, eine andere. Gerade die politischen Köpfe unter den Militärs waren sich natürlich auch, und dies nicht zuletzt, darüber im klaren, daß ihre Demission sie aller innenpolitischen Einflußmöglichkeiten beraubt hätte.

[229] Groener in einer Stellungnahme zur Friedensfrage am 12. 6. 1919. Ungezeichnetes Vortragsmanuskript im Nachlaß Schleicher, BA N 42/12, Bl. 144. Die zitierte Passage ist abgedruckt in: Kabinett Bauer, Nr. 3, S. 9, Anm. 20. Vgl. auch Groener, Lebenserinnerungen, S. 508; sowie Carsten, Reichswehr, S. 51.

[230] Noske, Kiel bis Kapp, S. 156.

[231] Erlaß des preußischen Kriegsministers »Die Armee und die Friedensbedingungen« vom 24. 6. 1919. In: AVBl, Nr. 943, S. 571; sowie in: Vorwärts Nr. 319, 25. 6. 1919, Morgen-Ausgabe, S. 2.

[232] Kabinett Bauer, Nr. 4, Sitzung vom 25. 6. 1919, S. 15. Das sogenannte Offizierentschädigungsgesetz trat dann am 1. 9. 1919 in Kraft. Siehe: RGBl 1919, S. 1654.

[233] Ernst, Nachlaß Reinhardt, S. 41.

Hinzu kam, daß Noske in den schwierigen Junitagen wiederum die richtigen Worte fand, um diejenigen Offiziere, die er halten wollte, zum Bleiben zu bewegen. Das Beispiel des Generalmajors Maercker mag für andere stehen. Am Vormittag des 23. Juni hatte der Führer des Freiwilligen Landesjägerkorps dem Reichswehrminister – wie schon erwähnt – erklärt, er sei als preußischer General nicht in der Lage, einer Regierung weiterhin Dienste zu leisten, die Deutschland die Schuld am Kriege zuerkenne und seinen ehemaligen obersten Kriegsherrn dem Feind ausliefere[234]. Wenige Stunden später brauchte Noske dem General nur die auch nach der Unterzeichnung fortbestehende Notwendigkeit zur Bekämpfung innerer Unruhen vor Augen zu führen[235], um ihn umzustimmen. Maercker mußte jetzt sogar die Hilfe eines führenden Sozialdemokraten suchen, um die nach der Unterzeichnung in seiner Truppe aufgekommene Erregung zu dämpfen. Einige Soldaten seines Korps gingen mit dem Gedanken um, den besonders verhaßten Erzberger zu »züchtigen«, was diesen, als er davon hörte, zur Flucht veranlaßte[236]. Maercker konnte dann den Reichspräsidenten Ebert persönlich dafür gewinnen, der Truppe einige beruhigende Worte zu sagen[237].

Zwischen Noske und Maercker blieb das alte Vertrauensverhältnis offenbar auch in der Folgezeit bestehen. Am 9. Juli feierte Noske seinen 51. Geburtstag im Kreise der Offiziere des Landesjägerkorps[238]. General Maercker hielt die Festrede. Er freue sich, sagte er, »den Mann in der Mitte seiner Offiziere zu sehen, der durch sein unerschrockenes und erfolgreiches Eintreten für die Truppe sowohl im Parlament als auch in der Presse sich ihren Dank verdient habe«, und hoffe, »daß der Reichswehrminister auch weiterhin die Verdienste des Freikorps tatkräftig verteidigen werde«. Noske möge »noch recht lange an seinem verantwortungsvollen Posten zum Nutzen der Armee bleiben«.

In seiner Erwiderung betonte Noske, im Januar 1919 hätten die disziplinierten Freiwilligentruppen in ihm erstmals seit dem Zusammenbruch den festen Glauben aufkeimen lassen, »daß es mit uns wieder aufwärts gehen wird«. Maercker nannte er den »Städtebezwinger«, dessen Taten man später »dankbar als hervorragende vaterländische Leistung« anerkennen werde. »Seien Sie überzeugt«, schloß Noske, »daß ich stets, so lange ich die Ehre haben werde, Reichswehrminister zu

234 Maercker, Vom Kaiserheer, S. 288.

235 Ebda., S. 290.

236 Ebda., S. 290 f.; zu diesem Vorfall vgl. auch Noske, Kiel bis Kapp, S. 170 f.

237 Ansprachen Maerckers und Eberts vor dem Freiwilligen Landesjägerkorps auf dem Schloßplatz in Weimar am 24. 6. 1919 auszugsweise in: Maercker, Vom Kaiserheer, S. 291–293. Die Ansprache Eberts vollständig in: Friedrich Ebert, Schriften, Aufzeichnungen, Reden. Hrsg. von Friedrich Ebert junior, Dresden 1926, Bd 2, S. 168 f.

238 Aufzeichnungen Böhm, Tagebucheintragung vom 15. 10. 1919, S. 155 f., auch zum Folgenden.

sein, und diese Aussicht besteht wohl noch für eine ganze Weile, für die Freikorps eintreten werde«.

Der Berliner Brigadekommandeur Oberst Reinhard[239], der nach der Offizierbesprechung am 24. Juni trotz der zum Weiterdienen auffordernden Worte Noskes seinen Abschied einreichte, ließ sich ebenfalls zum Bleiben bewegen, als Noske ihm sagte, seine weiteren Dienste lägen im »vaterländischen Interesse«. Wenn Reinhard, der erklärte Monarchist, aus »nationalen Gründen« nun sein Abschiedsgesuch zurückzog, obwohl er von den »Sünden der Sozialdemokratie« überzeugt blieb, so war es doch nur eine Frage der Zeit, bis der verdrängte Konflikt[240] bei ihm wieder zum Ausbruch kommen würde.

Obwohl die erregte Stimmung unter den Offizieren in den folgenden Wochen und Monaten keineswegs abnahm und die Gefahr eines Militärputsches noch immer nicht gebannt zu sein schien[241], blieb der Reichswehrminister bei seinem einmal eingeschlagenen Weg, sich in der Öffentlichkeit vor die Soldaten zu stellen und sich in der Regierung und im Parlament als ihr Interessenvertreter zu präsentieren. Anfang August verkündete er beispielsweise anläßlich eines Truppenbesuches bei der badischen Reichswehrbrigade 14 in Karlsruhe[242]: »Solange ich mich um die Truppen zu kümmern habe, werde ich dafür eintreten, das Militär zu heben, mich schützend vor die Truppe zu stellen und für das Wohl derselben nach Kräften Sorge zu tragen.« Als Gegenleistung verlangte er von den Soldaten »treue Hingabe und strenge Disziplin«.

Diese auf Vertrauensbildung abgestellte Politik des Reichswehrministers wertete der gutinformierte und politisch durchaus urteilsfähige Adjutant des preußischen Kriegsministers Reinhardt, Hauptmann Böhm, als den einzig gangbaren Weg, sollten die dünnen Bande zwischen Regierung und Offizieren nicht vollends zerreißen. Böhm notierte: »Noske handelt klüger als die Masse seiner Parteigenossen und stützt bewußt das Offizierkorps und das Heer, weil er sie braucht. Er gehört zu den wenigen Sozialdemokraten, die erkannt haben, daß die Partei, wenn sie sich in der Regierung behaupten will, zur Armee ein grundsätzlich anderes Verhältnis gewinnen muß, als sie es in ihrer vorrevolutionären Stellung als Oppositionspartei sich leisten konnte. Ob er und seine wenigen Gesinnungsgenossen sich in der eigenen Partei freilich werden durchsetzen können, erscheint mehr als fraglich. Die Vergangenheit, das politische Beharrungsvermögen werden die Partei an ihrer militärfeindlichen Einstellung wohl festhalten. Das

239 Reinhard, Wehen, S. 109–111.
240 Vgl. Kapitel X/5: Die Fälle Herrgott und Reinhard.
241 Vgl. hierzu das nachfolgende Kapitel IX/6.
242 Rede Noskes anläßlich eines Besuches bei der Reichswehrbrigade 14 in Karlsruhe am 3. 8. 1919. Text der Rede in: Cordes, Krieg, S. 233 f.

wird sich aber eines Tages an ihr rächen[243].« Das durch den jahrzehntelangen politischen Kampf der Armee gegen die Sozialdemokratie gespannte Verhältnis[244] zwischen beiden wurde auch im Jahre 1919 nicht entkrampft. Darin hatte Böhm gewiß recht. Was sich jedoch rächen sollte, war weniger die andauernde militärfeindliche Einstellung vieler Sozialdemokraten als vielmehr das übermäßige Vertrauen, das Noske trotz der negativen Erfahrungen im Juni 1919 auch weiterhin den Militärs entgegenbrachte und das zu Lasten der erforderlichen politischen Wachsamkeit ging.

6. Der Putschversuch des Garde-Kavallerie-Schützen-Korps vom 21. Juli 1919

Angesichts des anmaßenden politischen Auftretens führender Offiziere während der Auseinandersetzungen um den Versailler Friedensvertrag konnte sich Noske nicht darüber im Zweifel befinden, in welch hohem Maße es Männern wie Lüttwitz, Ehrhardt, Pabst und ihren Gefolgsleuten an Loyalität zur Reichsregierung mangelte. Der Reichswehrminister durfte nicht einmal vor einem überraschenden Putsch der reaktionären Berliner Militärclique sicher sein. Um so mehr stellt sich die Frage, weshalb er darauf verzichtete, die Wortführer der potentiellen Putschisten im Zuge der ohnehin unumgänglichen Truppenverminderungen umgehend zu entlassen.

Bezüglich des tonangebenden Generals v. Lüttwitz war Noske im übrigen seit langem vorgewarnt. Bereits Ende Januar 1919 hatte ihn sein Parteifreund Max Cohen, der damals das Amt des stellvertretenden Vorsitzenden des Zentralrats bekleidete, in deutlichen Worten ersucht, diesen General schleunigst aus seinem Amte zu entfernen[245]. Mehrfach hatte sich der »Vorwärts« in ähnlicher Weise ausgesprochen, ohne Noske damit zum Handeln bewegen zu können. Dieser schreckte vor einer Entlassung des Generals selbst dann noch zurück, als ihm im Juni 1919 in vollem Umfang deutlich wurde, daß Lüttwitz sich offen gegen die Reichsregierung stellte und erkennen ließ, wie wenig ihn ein Mehrheitsvotum der Nationalversammlung beeindruckte. Noske konnte auch nicht verborgen geblieben sein, daß in der Umgebung dieses Generals Pläne sondiert wurden, die auf eine Diktatur sowie auf ein härteres Eingreifen des Militärs in die gesellschaftlichen Konflikte

[243] Aufzeichnungen Böhm, Tagebucheintragung vom 15. 10. 1919, S. 156.
[244] Vgl. Höhn, Sozialismus und Heer, Bd 3.
[245] Zentralrat, Nr. 70, Sitzung vom 29. 1. 1919, S. 511.

abzielten. Die Gruppe um Lüttwitz wartete offenbar nur auf einen geeigneten Anlaß, um diese Pläne in die Tat umzusetzen.

Diesbezügliche Hoffnungen erweckte zum Beispiel der Streik des Verkehrspersonals, der am 24. Juni in der Reichshauptstadt begann[246]. Lüttwitz und die ihm nahestehenden Offiziere hätten es gerne gesehen, wenn sich diese Streikbewegung zum Aufstand ausgeweitet hätte, weil es dann leichter gewesen wäre, die politischen Führer von der Notwendigkeit einer »sozialen Diktatur« zu überzeugen[247]. Damals favorisierte man die Namen Noske, Heine und Lüttwitz[248] als eine mögliche Kombination. Es ist nicht auszuschließen, daß Noske über die an die Streikbewegung geknüpften Erwartungen informiert war. Jedenfalls griff er rasch und hart ein, allerdings nicht gegen die Offiziere, sondern gegen die Streikenden. Seine am 27. Juni 1919 erlassene Verordnung zur Sicherung des Eisenbahnbetriebes kam einem Streikverbot gleich[249]. Die direkte Folge war, daß ein Teil der Eisenbahner einlenkte und die Arbeit wieder aufnahm. Aber zugleich wurden die ohnehin belasteten Beziehungen des Reichswehrministers zu den Gewerkschaften und den linken Parteien weiter verschlechtert.

Auch Generalmajor Bernhard von Hülsen, ehemals Freikorpsführer und jetzt Kommandeur der Reichswehr-Brigade 3 in Potsdam[250], gehörte zu jener Gruppe von Offizieren, die latent zum Militärputsch bereit waren, derzeit – nach der bedingungslosen Unterzeichnung des Friedensvertrages – die Erfolgsaussichten jedoch als gering einschätzten. Hülsen legte sich die Frage vor, ob die Armee »durch eigenmächtige politische Maßnahmen« wenigstens die Auslieferung der sogenannten Kriegsverbrecher an die Siegermächte verhindern könne[251]. Seine Überlegungen führten ihn zu dem Ergebnis, daß die Streitkräfte unter den gegebenen Bedingungen nicht in der Lage wären, die zu befürchtenden Folgen einer solchen Eigenmächtigkeit, nämlich den Bürgerkrieg im Innern und den Einmarsch der Ententetruppen, erfolgreich zu überstehen. Die USPD, die Kommunisten und der linke Flügel der MSPD – so lautete seine Analyse –, würden zum bewaffneten

[246] Der Berliner Eisenbahnerstreik begann am 24. 6. und entwickelte sich in der ersten Julihälfte zu einem vollständigen Verkehrsstreik. Zu den militärischen Gegenmaßnahmen vgl. Wirren, S. 124 f.

[247] Diese Informationen sind in einer Meldung enthalten, die der bayerische Verbindungsoffizier in Berlin, Major Wilhelm Adam, am 25. 6. 1919 an Major Hermann v. Leeb vom bayerischen Ministerium für militärische Angelegenheiten in München sandte. Text der Meldung in: Zwischen Revolution, Dok. Nr. 52, S. 156 f.

[248] Ebda.

[249] Noske, Kiel bis Kapp, S. 132; vgl. auch zum Zusammenhang das Kapitel »Eisenbahnerstreiks« ebda., S. 130–134.

[250] Vgl. Wirren, S. 204 f. (Freikorps Hülsen) und 225 (Reichswehr-Brigade 3). Diese Brigade unterstand dem Reichswehrgruppenkommando 1, General v. Lüttwitz.

[251] Denkschrift Generalmajor v. Hülsens vom 24. 6. 1919. In: Zwischen Revolution, Dok. Nr. 51, S. 54 f.

Aufstand gegen die Armee aufrufen, und es sei nicht einmal sicher, ob alle Reichswehrverbände der Armeeführung Folge leisten würden. Daher blieb nach Hülsens Auffassung nur eine Hinhaltetaktik gegenüber der Entente übrig, um sowohl deren Einmarsch als auch die Auslieferung der sogenannten Kriegsverbrecher zu verhindern. In der durch Hinhalten gewonnenen Zeit mußte die Armee ihre Position stärken, im Innern Ordnung schaffen, und außerdem sollte eine Diktatur eingesetzt werden. Hülsen dachte an eine »freiwillige Abtretung der Regierung an Noske«. Dieser hätte dann – unter anderem mit Vertretern der »nationalen Parteien« und mit General v. Lüttwitz als Kriegsminister – ein mit diktatorischen Vollmachten ausgestattetes Ministerium (Kabinett) zu bilden.

Für prononciert antidemokratische Offiziere wie Hülsen war Noske noch immer ein unverzichtbarer personeller Faktor, obwohl sich der Reichswehrminister durch sein Verbleiben in der Regierung in ihren Augen desavouiert hatte. Angesichts der innenpolitischen Machtverhältnisse, die Hülsen in seiner »Denkschrift« durchaus nüchtern und zutreffend analysierte, gab es jedoch zu dem militärfreundlichen Wehrminister aus der Sozialdemokratie offenbar noch keine realistische Alternative.

Aber die Zeit sollte kommen, in der man sich stark genug fühlte, auf Noske als den »Repräsentanten der Armee« und als deren Bindeglied zum rechten MSPD-Flügel verzichten zu können. Ende Juni 1919 trat erstmals der ostpreußische Generallandschaftsdirektor Wolfgang Kapp auf den Plan[252], um die Reichswehr für einen Staatsstreich zu gewinnen und sich selbst als geeignete Führungspersönlichkeit zu empfehlen. Die Entrüstung der Offiziere über das Auslieferungsbegehren der Siegermächte und über die bevorstehenden Truppenverminderungen waren die konkreten Ansatzpunkte, deren er sich dabei zu bedienen versuchte.

Aber nicht Kapp war es, der im Sommer 1919 zu Taten schritt, sondern wieder einmal der Chef des Stabes des Garde-Kavallerie-Schützen-Korps, Hauptmann Pabst. Der ehrgeizige politische Heißsporn mit dem niedrigen Dienstgrad konnte zum eigentlichen Führer des rund 60000 Mann starken Korps werden, weil ihm sein Kommandierender General, Generalleutnant v. Hofmann, der sich in schlechter gesundheitlicher Verfassung befand, völlig freie Hand ließ[253]. Pabst inszenierte am 21. Juli 1919 einen Putschversuch, der das Ziel verfolgte, die Regierung zu stürzen.

Das Unternehmen hatte eine Vorgeschichte, in der Noske eine merkwürdige Rolle spielte. Am 5. Juli erschien Pabst beim Reichswehr-

[252] Vgl. Erger, Kapp-Lüttwitz-Putsch, S. 38 ff.
[253] Ebda., S. 36 f., Anm. 7.

minister und fragte ihn erneut, ob er sich nicht doch dazu entschließen könne, die Macht zu ergreifen; es bedürfe nur eines Wortes, und die Truppe werde ihn auf den Schild heben[254]. Noske, an den solche Aufforderungen ja schon mehrfach herangetragen worden waren, lehnte wiederum ab. Er bedeutete dem Generalstäbler, den er als einen jener Offiziere kannte, die »leidenschaftlich politisierten« und »politische[n] Phantastereien« nicht abgeneigt waren[255], jeder Versuch, gegen die breiten Massen zu regieren, führe zur Katastrophe. Aber diesmal gab Pabst warnend zur Antwort: »Es wäre ein Unglück, Herr Minister, wenn die nationale Welle Sie nicht an der Seite der Offiziere fände[256].« Darauf Noske: »Das soll wohl eine Art von Drohung sein? Ich habe Sie im Verdacht, lieber Herr Hauptmann, daß Sie eines Tages die ganze Regierung, mich eingeschlossen, vom Fleck weg einsperren lassen wollen.« Pabsts zweideutige Antwort: »Sie unter keinen Umständen, Herr Minister[257].« Noske erwiderte abschließend: »Sehen Sie, Herr Hauptmann, da besteht zwischen uns beiden ein beträchtlicher Unterschied. Ich garantiere Ihnen gar nicht, daß ich Sie nicht eines Tages festnehmen lasse[258].« Im nachhinein wollte Noske das Ganze als einen »Scherz« gewertet wissen, dem er jedoch warnend einen ernsten Unterton beigemischt habe[259]. Wie sich zeigen sollte, ließ sich Pabst von den Warnungen Noskes in keiner Weise beeindrucken. Der Reichswehrminister nahm diese makabre Unterhaltung jedenfalls zum Anlaß, die schon seit längerem ins Auge gefaßte Umorganisation des Garde-Kavallerie-Schützen-Korps nunmehr endgültig anzupacken. Er gab den Befehl, das Korps aufzuteilen und seine Verbände in verstreute Garnisonen des Reiches zu verlegen. Seit Monaten war Noske der kopfstarke Großverband als eine nicht ungefährliche Kräftezusammenballung in der näheren Umgebung Berlins suspekt, und es war ihm – nach eigener Aussage – auch nicht unbekannt geblieben, daß im Eden-Hotel, wo Pabst seit Januar d. J. residierte, »manches getan und geplant wurde, was außerhalb des ihm gesteckten Rahmens lag«[260].

Pabst begriff sofort, daß der Aufteilungsbefehl Noskes, sofern er zur Ausführung kam, seine eigene Machtposition hinfällig machen würde. Die Aufteilung des Korps war nun aber nicht mehr durch Worte, sondern nur noch durch Taten zu verhindern. In dieser Überzeugung ging

[254] Nach Volkmann, Revolution, S. 322.
[255] Noske, Kiel bis Kapp, S. 200.
[256] Nach Volkmann, Revolution, S. 323.
[257] Ebda., S. 324.
[258] Noske, Kiel bis Kapp, S. 200. Sinngemäß ebenso Volkmann, Revolution, S. 324.
[259] Noske, Kiel bis Kapp, S. 200.
[260] Ebda., S. 199; Volkmann, Revolution, S. 323 f.; zur Aufteilung des Garde-Kavallerie-Schützen-Korps vgl. auch die Zeugenaussage Noskes im Jagow-Prozeß, zit. bei Karl Brammer, Verfassungsgrundlagen und Hochverrat, Berlin 1922, S. 17; fortan zit.: Brammer, Verfassungsgrundlagen.

Pabst umgehend daran, Offiziere aus dem Stabe des Berliner Reichswehrgruppenkommandos 1, das seinem Korps vorgesetzt war, für ein militärisches Vorgehen gegen die Regierung zu gewinnen[261]. General Groener, der durch seine Vertrauten in der Reichshauptstadt, die Majore im Generalstab v. Stockhausen und v. Hammerstein, über die Aktivitäten des politisierenden Hauptmanns informiert wurde, notierte sich, Pabst wolle wohl »den kleinen Napoleon spielen«[262]. General v. Seeckt, soeben zum Chef des Generalstabs ernannt, stellte Pabst »in der schärfsten Weise zur Rede« und drohte ihm mit Festnahme, »wenn er dumme Streiche mache«[263]. Dieser ließ sich jedoch auch durch Seeckts Vorhaltungen nicht beirren.

Am 9. Juli brachte Pabst eine »Verschwörerbesprechung« (Groener) zustande, in der die Chancen für ein militärisches Vorgehen gegen die Reichsregierung erörtert wurden. Während Seeckt und die Offiziere aus dem Stab Lüttwitz ein solches Vorhaben strikt ablehnten, erhielt Pabst Unterstützung durch die Generale v. Lüttwitz, v. Below und v. Loßberg. Als Seeckt einsehen mußte, daß seine Warnungen nichts fruchteten, befahl er Pabst, einen dreimonatigen Urlaub anzutreten. In Sorge um den Zusammenhalt der Reichswehr kommentierte Groener im fernen Kolberg: »Die Offiziere müssen wieder gehorchen lernen und von der verflixten Politik die Finger lassen[264].«

Pabst ließ die Finger nicht von der Politik. Er trat den von Seeckt befohlenen Urlaub nicht an und plante statt dessen mit gleichgesinnten Offizieren des Korps eine militärische Aktion zum Sturz der Regierung. Am 21. Juli ließ er unter dem Vorwand, daß ein kommunistischer Aufstand drohe, das Garde-Kavallerie-Schützen-Korps gegen Berlin aufmarschieren und die Truppen in die Vorstädte einrücken. Den vorbereiteten Erlassen zufolge[265] sollte dann General v. Lüttwitz den Oberbefehl über das Putschkorps übernehmen und die übrigen Truppen im Reich auffordern, sich ihm anzuschließen. Berlin sollte militärisch besetzt und unter verschärften Belagerungszustand gestellt werden.

Den eiligst herbeigerufenen Generalen Lüttwitz und Maercker gelang es dann gerade noch rechtzeitig, die Offiziere des Garde-Kavallerie-Schützen-Korps zum Gehorsam zurückzubringen und die weitere Durchführung der Aktion zu verhindern[266]. Lüttwitz, der mit dem Unternehmen sympathisierte, wollte sich in dieser Konfliktsituation

[261] Erger, Kapp-Lüttwitz-Putsch, S. 36, unter Berufung auf Mitteilungen von Pabst.
[262] Groener-Tagebuch, Eintragung vom 8. 7. 1919. Abgedruckt in: Erger, Kapp-Lüttwitz-Putsch, Dok. 5, S. 305 f.; Hammerstein war der Schwiegersohn von Lüttwitz, nicht aber sein politischer Gefolgsmann.
[263] Groener-Tagebuch, Eintragung vom 9. 7. 1919, ebda., S. 306.
[264] Ebda.
[265] Ebda., Dok. Nr. 6, S. 306.
[266] Volkmann, Revolution, S. 325; Lüttwitz, Kampf, S. 83.

jedoch gegen einen »von höherer Stelle gegebenen Befehl« – gemeint ist der Umorganisations-Befehl Noskes – nicht auflehnen[267] und ließ Pabst daher unter dem Druck der Umstände fallen[268]. Erst später erkannte er, daß dieser Befehl auch ihn ein Stück weit entmachtete: »Das Korps war reaktionär und sein Generalstabschef, Hauptmann Pabst, selbstbewußt, wie so tüchtige Männer, wie er einer war, es oft sind[269].« Im übrigen war das Korps, so Lüttwitz[270], damals eine große Macht, mit der man die Regierung sehr wohl hätte matt setzen können.

Die deutsche Öffentlichkeit erfuhr vom Putschversuch des Garde-Kavallerie-Schützen-Korps am 21. Juli 1919 nahezu nichts. Die linksorientierten Presseorgane, die Informationen über umstürzlerische Bestrebungen in der Reichswehr zweifellos in angemessener Weise publik gemacht hätten, waren in jenen Tagen in vollem Umfang von der Berichterstattung über geplante Aktionen der organisierten Arbeiterschaft gegen den Versailler Gewaltfrieden in Anspruch genommen. Gleich den Schwesterparteien in England, Frankreich und Italien hatten die Parteileitungen von USPD[271] und MSPD[272] zu großen Protestkundgebungen aufgerufen. Der 21. Juli sollte zum Demonstrationstag der Sozialisten Europas gegen den gewalttätigen Imperialismus der Ententeregierungen werden[273]. Erneut kamen bei dieser Gelegenheit die parteipolitischen Gegensätze zum Ausdruck. Der Beschluß des von den Unabhängigen beherrschten Vollzugsrats der Arbeiter- und Soldatenräte Groß-Berlins, am Demonstrationstag zugleich zu einem 24stündigen Generalstreik aufzurufen[274], hatte den Austritt der MSPD-Mitglieder aus diesem Gremium zur Folge[275]. Der Konflikt spitzte sich zu, als das »Oberkommando Noske« unter Berufung auf den Belagerungszustand jede öffentliche Versammlung unter freiem

[267] Lüttwitz, Kampf, S. 83.

[268] Volkmann, Revolution, S. 324.

[269] Lüttwitz, Kampf, S. 84.

[270] Ebda.

[271] Vgl. die Kundgebung der Parteileitung der USPD an das »revolutionäre Proletariat Deutschlands« vom 15. 7. 1919. In: Schultheß EGK 1919 I, S. 305. Die »Freiheit« Nr. 341 vom 19. 7. 1919, Abend-Ausgabe, S. 1, brachte den folgenden Aufruf: »Wir demonstrieren am Montag für internationale Solidarität, für die sozialistische Völkerbefreiung, gegen Imperialismus und Kapitalismus, gegen Militärherrschaft und Gewaltregierung.«

[272] Vgl. den Aufruf des Vorstandes der MSPD vom 16. 7. 1919. In: Schultheß EGK 1919 I, S. 305.

[273] So hieß es in dem vorgenannten Aufruf des MSPD-Vorstandes, der sich im übrigen sowohl gegen die Reaktionäre von rechts als auch gegen die Unabhängigen und Kommunisten richtete.

[274] Vgl. den Artikel »Der Streikbeschluß« in: Freiheit Nr. 342 vom 20. 7. 1919, Morgen-Ausgabe, S. 1.

[275] Die MSPD-Vertreter lehnten den Generalstreik wegen seiner wirtschaftlichen Folgen ab. Siehe: Schultheß EGK 1919 I, S. 305.

Himmel in Berlin verbot[276] und damit sowohl die Kundgebungen der USPD und KPD als auch die der MSPD zu verhindern suchte. Die dennoch stattfindenden Demonstrationsstreiks nahmen in Berlin einen gewalttätigen Verlauf[277].

Erst Tage später berichtete der »Vorwärts«[278] unter Bezugnahme auf eine ungenannte »glaubwürdige Stelle«, Truppen des Garde-Kavallerie-Schützen-Korps seien in Berlin eingerückt und mit wehenden schwarz-weiß-roten Fahnen provozierend durch die Straßen marschiert. Da die Redakteure über nähere Hintergründe weder beim Reichswehrministerium noch beim Stabe Lüttwitz noch bei dem zuständigen Korps etwas in Erfahrung zu bringen vermochten, schimpften sie zwar über »junkerliche Provokationen« und »gegen-revolutionäre monarchistische Kundgebungen«, schöpften aber keinen weitergehenden Verdacht. Auch das unabhängige Organ »Freiheit«[279] verfügte über keine Hintergrundinformationen.

Der Reichswehrminister selbst scheint über die Vorgänge im Garde-Kavallerie-Schützen-Korps ebenfalls nicht unterrichtet gewesen zu sein. Während Pabst in Berlin die letzten Vorbereitungen für seinen Putschversuch traf, war Noske in der Nationalversammlung wieder einmal damit beschäftigt, die Soldaten der Reichswehr gegen Angriffe der Unabhängigen in Schutz zu nehmen. Anlaß hierzu boten neuerliche Ausschreitungen von Reichswehrangehörigen. In Königsberg waren schwerbewaffnete Soldaten in eine Stadtverordnetensitzung eingedrungen und hatten versucht, zwei der USPD angehörende Mitglieder dieses Gremiums, von denen sie sich öffentlich angegriffen fühlten, zu verhaften[280]. In einem Hamburger Marinelazarett war es zu Mißhandlungen von Schwerverletzten durch Reichswehrsoldaten gekommen, nachdem ein Denunziant den Verdacht geäußert hatte, daß in dem Lazarett Waffen versteckt würden[281]. Als Noske in der Nationalversammlung mit diesen Vorgängen konfrontiert wurde, nutzte er die Gelegenheit zu massiven Angriffen gegen die Unabhängigen. Deren Presse, wetterte er, habe Tag für Tag Gemeinheit, Lüge und Nie-

276 Text des Verbots in: Freiheit Nr. 342 vom 20. 7. 1919, Morgen-Ausgabe, S. 1.

277 Vgl. den Artikel »Statt Völkerversöhnung – Bruderkampf« in: Vorwärts Nr. 369 vom 22. 7. 1919, S. 1; sowie: Schultheß EGK 1919 I, S. 312.

278 Vgl. den Artikel »Junkerliche Provokationen in Berlin« in: Vorwärts Nr. 373 vom 24. 7. 1919, Morgen-Ausgabe, S. 1.

279 Vgl. den Artikel »Die monarchistischen Provokationen« in: Freiheit Nr. 349 vom 25. 7. 1919, Morgen-Ausgabe, S. 2, in dem lediglich Informationen des »Vorwärts« nachgedruckt und kommentiert wurden.

280 Vgl. den Bericht »Übergriff des Grenzschutzes, Eindringen in die Stadtverordnetensitzung« in: Vorwärts Nr. 364 vom 19. 7. 1919, Morgen-Ausgabe, S. 1. Der Vorfall ereignete sich am 18. 7. 1919.

281 Vgl. den Bericht »Königsberg und Hamburg. Unerfreuliches von der Reichswehr«, in: Vorwärts Nr. 366 vom 20. 7. 1919, 3. Beilage; sowie den Artikel »Nosketruppen gegen Schwerverwundete« in: Freiheit Nr. 341 vom 19. 7. 1919, Abend-Ausgabe, S. 1.

derträchtigkeit gegen die Soldaten ausgesprochen, und vorgekommene Ausschreitungen seien »lediglich die Folge der schmählichen Hetze«, die gegen die Truppe getrieben worden sei. Mit diesen Anschuldigungen löste Noske einen »ungeheuren, minutenlangen Lärm bei den Unabhängigen« sowie Zurufe wie »Schwindler, Lump, unverschämter Mensch« aus[282]. Erneut dankte der Reichwehrminister der Truppe, daß sie Deutschland vor dem Chaos bewahrt habe und »für den inneren Frieden« eingetreten sei.

Dies war schon eine beängstigende politische Konstellation: Während ein mächtiger Reichswehrverband unter dem Einfluß des Desperado-Hauptmanns Pabst daran ging, langgehegte Putsch- und Diktaturpläne in die Tat umzusetzen und den Tag internationaler Solidaritätskundgebungen zu einem Tag des militärischen Staatsstreichs umzufunktionieren, verbot der Reichswehrminister die Aktionen der sozialistischen Parteien und stellte sich im Parlament schützend vor die Reichswehr.

Diese Konstellation war von Noske so nicht gewollt. Aber sie war auch keineswegs zufällig, sondern das folgerichtige Ergebnis der Politik des Reichswehrministers, der sich allzu weit in die Rolle des Repräsentanten der Reichswehr hinein- und zugleich aus der Rolle des politischen Kontrolleurs herausbegeben hatte. Noske war bereits so weit aus dem innermilitärischen Informationsfluß ausgeklammert, daß sich so hochbrisante Ereignisse wie der Putschversuch Pabsts vom 21. Juli 1919 abspielen konnten, ohne daß ihm Meldung erstattet wurde[283]. Die Offiziere betrachteten die Aktion des Garde-Kavallerie-Schützen-Korps als eine interne militärische Angelegenheit und waren im Interesse des Zusammenhalts der Reichswehr und ihres Rufes in der Öffentlichkeit bestrebt, möglichst wenig über die unerfreulichen Vorgänge nach außen dringen zu lassen.

Der Putsch-Hauptmann Pabst wurde weder verhaftet noch bestraft. Er mußte lediglich, nach einer scharfen Zurechtweisung durch Seeckt, den schon früher befohlenen Urlaub antreten. Wenig später verließ er die Reichswehr. Ob er auf eigenen Wunsch[284] oder auf Veranlassung Seeckts entlassen[285] oder, wie Noske behauptet, von ihm selbst »innerhalb weniger Stunden« aus dem Heere entfernt worden ist, nachdem

282 Verhandlungen NV, Bd 328, 19. 7. 1919, S. 1732 f.; Auszüge der Rede Noskes in: Schultheß EGK 1919 I, S. 308 f.; sowie in: Vorwärts Nr. 366 vom 20. 7. 1919, 1. Beilage.
Zu den Vorgängen in Hamburg vgl. auch Noskes Ausführungen in der 67. Sitzung der Nationalversammlung am 26. 7. 1919. In: Verhandlungen NV, Bd 328, S. 1973 f.

283 Jedenfalls finden sich in den Akten und den Memoiren keine Hinweise auf derartige Meldungen. Auch Erger, Kapp-Lüttwitz-Putsch, S. 38, glaubt, daß Noske von dem Putschversuch nichts erfahren hat.

284 Pabst, Kapp-Unternehmen, S. 6.

285 So Volkmann, Revolution, S. 324.

er den »Nachweis einer unzulässigen Betätigung« erhalten hatte[286], läßt sich ebensowenig klären wie die Frage, um welchen Nachweis es sich hierbei handelte. Noske scheint auch später über den Putschversuch nicht völlig aufgeklärt worden zu sein. Anders ist es kaum zu verstehen, daß er sich rückblickend lobend über die Tüchtigkeit Pabsts ausließ und seinem Bedauern Ausdruck gab, daß er ihn wegen der angespannten Finanzlage des Reichs nicht habe befördern können[287].

Pabst knüpfte in der Folgezeit unter dem Deckmantel der neugegründeten »Nationalen Vereinigung«[288] neue und alte Verbindungen zu Kapp, Lüttwitz, Oberst Bauer und seinem ehemaligen Chef in der OHL, Ludendorff, und anderen, die dann im März 1920, diesmal besser vorbereitet, zu gemeinsamem Handeln ansetzen sollten. General Groener urteilte mit einigem zeitlichem Abstand, man habe bereits Ende Juli 1919 »die Vorboten des Kapp-Putsches« erkennen können[289]. Aber Groener, der von seinen »alten Getreuen«, den Generalstäblern v. Hammerstein und v. Stockhausen, über die Vorgänge im Befehlsbereich des Generals v. Lüttwitz laufend unterrichtet worden war[290], hatte es nicht für nötig gehalten, den politisch verantwortlichen Reichswehrminister an diesen Informationen teilhaben zu lassen. Noske selbst zog später aus dem Fall Pabst die wenig überzeugende Lehre, daß mit der Entlassung von Offizieren seines Schlages aus dem Dienstverhältnis politisch nichts gewonnen war, weil sie dann ihre »Minierarbeit mit vermehrtem Eifer« außerhalb der Reichswehr fortsetzten und durch diese nicht mehr zu kontrollieren waren[291]. Gerade der Putschversuch vom 21. Juli bewies ja, wie schlecht es um die Kontrolle innerhalb der Reichswehr bestellt war. Hierauf zielte Hugo Haase[292] ab, als er in der Nationalversammlung ausrief: »Herr Noske spielt sich oft als den starken Mann auf, aber im Grunde ist er an beiden Händen gefesselt. Und die Offiziere erlauben sich eine Sprache gegen ihn, wie sie früher einfach unmöglich gewesen wäre.«

Daß der Putschversuch des Garde-Kavallerie-Schützen-Korps kein

[286] Noske, Kiel bis Kapp, S. 200. Fest steht lediglich, daß Pabst mit dem Datum vom 5. 12. 1919 verabschiedet wurde. Siehe: Militär-Wochenblatt 1919, Sp. 1365.

[287] Noske, Kiel bis Kapp, S. 200.

[288] Die »Nationale Vereinigung« wurde im August 1919 von Pabst gegründet. Sie stützte sich organisatorisch auf die ehemalige Deutsche Vaterlandspartei, eine rechtsradikale, alldeutsche Vereinigung. Die N.V. war führend an der Vorbereitung des Kapp-Lüttwitz-Putsches beteiligt. Ihr Programm druckte Noske in: Kiel bis Kapp, S. 201 f. ab.

[289] Groener, Lebenserinnerungen, S. 514. In der Literatur wird der Putschversuch vom 21. 7. 1919, soweit er überhaupt beachtet wird, im Rahmen der Vorgeschichte des Kapp-Lüttwitz-Putsches behandelt. Vgl. etwa Erger, Kapp-Lüttwitz-Putsch, S. 33 ff., und Wohlfeil, Heer und Republik S. 242 ff.

[290] Groener, Lebenserinnerungen, S. 514; vgl. auch Volkmann, Revolution, S. 327 ff.

[291] Noske, Kiel bis Kapp, S. 199.

[292] Haase in der Nationalversammlung am 26. 7. 1919. Zit. nach: Schultheß EGK 1919 I, S. 339.

einmaliger Betriebsunfall war, sondern ein Glied in einer Kette von Versuchen führender Militärs, die deutsche Innenpolitik nach ihren eigenen Vorstellungen und mit illegalen Mitteln zu beeinflussen, bewies eine geheime Kommandeurbesprechung, die General v. Lüttwitz für den 26. Juli 1919, also nur fünf Tage nach dem vereitelten Putschversuch und in unmittelbarem Zusammenhang mit ihm, anberaumte. Lüttwitz rügte in dieser Lagebesprechung nicht etwa die Absichten Pabsts, sondern er versuchte die anwesenden Offiziere – die ihm unterstehenden Generale v. Hofmann, v. Oven, v. Heuduck, v. Hülsen, Maercker, v. Lettow-Vorbeck, v. der Lippe sowie eine Reihe von Generalstabsoffizieren[293] – für seine politischen Vorstellungen zu gewinnen. Sie kulminierten darin, der Reichsregierung nicht mehr nur mit Forderungen, sondern auch mit militärischer Gewalt entgegenzutreten; denn der Wiederaufstieg Deutschlands könne nur auf dem Wege über eine Militärdiktatur eingeleitet werden[294].

Die Mehrzahl der anwesenden Generale wollte Lüttwitz' gefährlicher Konfrontationspolitik jedoch nicht folgen. Unter dem mäßigenden Einfluß General Maerckers sowie der Generalstäbler v. Hammerstein und v. Stockhausen kamen schließlich Beschlüsse zustande, die zwar noch immer den eindeutigen Charakter politischer Forderungen[295] hatten, aber niemanden auf die Vorbereitung eines Staatsstreichs festlegten: Keine Auslieferung der »angeblichen Kriegsverbrecher«; keine Verminderung der Reichswehr auf unter 200000 Mann, solange eine »bolschewistische Gefahr« bestehe; keine Beteiligung der USPD an der Regierung; bessere Versorgung der Truppe und der zur Entlassung kommenden Soldaten; Erhaltung der Reichseinheit. Nicht einigen konnten sich die Generale des Reichswehrgruppenkommandos 1 hinsichtlich der wohl bedeutsamsten Frage, was im Falle der Nichterfüllung dieser Forderungen zu geschehen habe, ob man lediglich verbalen Druck auf die Regierung ausüben oder ob auch militärische Maßnahmen in Betracht gezogen werden sollten. Mehrere Generale wollten keinesfalls auf ein Zusammengehen mit Ebert und Noske verzichten[296], weil man ohne sie nichts würde durchsetzen können. Besonders deutlich äußerte Maercker[297] seine Bedenken gegen Lüttwitz' Pläne. Er hielt ihm vor, es könne nicht Aufgabe der Reichswehr sein, Regierungen ab- und einzusetzen; außerdem dürfe keinesfalls etwas gegen Noske unternommen werden.

293 Lüttwitz, Kampf, S. 85.

294 Wohlfeil, Heer und Republik, S. 244. Zum Folgenden auch Volkmann, Revolution, S. 326 f.

295 Diese »Leitsätze« in: Lüttwitz, Kampf, S. 86.

296 Ebda.

297 Volkmann, Revolution, S. 326 f. Vgl. auch die Aussage Maerckers im Jagow-Prozeß. In: Brammer, Verfassungsgrundlagen, S. 17. Zusammenfassung dessen in: Erger, Kapp-Lüttwitz-Putsch, S. 42 f.

Im Verlauf der geheimen Kommandeurbesprechung am 26. Juli 1919 mußte Lüttwitz zwei Tatsachen erkennen: Erstens, daß das Offizierkorps seines Befehlsbereichs keineswegs geschlossen hinter ihm stand; sowie zweitens, daß die innermilitärische Sprengkraft seiner Putschpläne unkalkulierbar groß war[298]. Schnelle Taten ließen sich unter diesen Voraussetzungen nicht verwirklichen. Ohne sich in seinen Plänen beirren zu lassen[299], beschränkte sich der General daher in der Folgezeit zunächst einmal darauf, Gefolgsleute zu gewinnen und seine politischen Forderungen bei verschiedenen Gelegenheiten[300] gegenüber dem Reichspräsidenten Ebert, dem Reichskanzler Bauer und dem Reichswehrminister vorzutragen. Bei diesen stieß er jedoch durchgehend auf Ablehnung.

Noske scheint erst im Herbst 1919 von den Staatsstreichplänen des nach dem Ausscheiden Hindenburgs dienstältesten und daher potentiell einflußreichsten Generals unterrichtet worden zu sein. Öffentlich deutete er erstmals am 29. Oktober 1919 in der Nationalversammlung vage an, ihm sei bekannt, »daß der Gedanke an Putsche in wirren Köpfen« spuke. »Leute à la Major Bischoff[301] sitzen in dem einen oder anderen Falle wahrscheinlich auch in der Heimat[302].« Aufgrund der ihm zugegangenen Informationen wollte Noske Lüttwitz pensionieren, setzte sich aber nicht gegen Reinhardt durch, der ihn vor diesem Schritt warnte[303]. Lüttwitz blieb somit im Amt.

Zusammenfassend ist festzuhalten, daß der Putschversuch des Garde-Kavallerie-Schützen-Korps am 21. Juli 1919 den Punkt markierte, an dem der Protest einflußreicher Teile des Offizierkorps gegen Versailles – besonders gegen die »Ehrenpunkte« und die vorgeschriebenen Truppenverminderungen – sich zum Protest gegen eine Regierung entwickelte, der die Schuld für die Annahme des Friedensvertrages angelastet wurde. Nicht alles, was unter der Flagge des verletzten Nationalstolzes segelte, ist im Rahmen idealistischer Wertvorstellungen oder emotionaler Aufwallungen zu interpretieren. Vielmehr artikulierten sich in der Verweigerung gegen Versailles auch ganz praktische materielle Interessen. Besonders die Truppenverminderung[304] von etwa 540000 auf 100000 Mann, dieser letzte Akt der Demobilmachung nach dem Ersten Weltkrieg, ließ manchen Offizier um seine materielle

[298] Wohlfeil, Heer und Republik, S. 244.
[299] Erger, Kapp-Lüttwitz-Putsch, S. 44.
[300] Am 18. 8 1919 sprach Lüttwitz mit Reichskanzler Bauer in Weimar; im selben Monat suchte er Ebert in dessen Urlaubsort Schwarzburg in Thüringen auf; an Noske wandte er sich schriftlich am 1. 9. 1919. Siehe: Lüttwitz, Kampf, S. 89–93. Wortlaut des Schreibens an Noske ebda., S. 90–93.
[301] Zu Bischoff vgl. Kapitel X/4 »Militärrevolte im Baltikum«.
[302] Verhandlungen NV, Bd 330, 29. 10. 1919, S. 3552. Vgl. auch Wohlfeil, Heer und Republik, S. 245.
[303] Wohlfeil, Heer und Republik, S. 245.
[304] Vgl. im einzelnen Kapitel X/3: »Gefahren und Chancen der Truppenreduzierung«.

Existenz und, mehr noch, um seinen politischen Einfluß bangen. Es war kein Zufall, daß der Befehl Noskes, das Garde-Kavallerie-Schützen-Korps zu zerlegen, den auslösenden Faktor für Pabsts Putschversuch bildete. Dieses brisante Gemisch von Unbehagen, Protest, Illoyalität und latenter Bereitschaft zum gewaltsamen Eingreifen in die deutsche Innenpolitik bildete den Nährboden, auf dem die Putschgefahren in der zweiten Jahreshälfte 1919 und im Frühjahr 1920 weiter anwachsen sollten. Noske, dessen vordringliche Aufgabe es hätte sein müssen, diesen Gefahren rechtzeitig zu wehren, hat sie zunächst falsch eingeschätzt, und ist ihnen dann, als er gewarnt wurde, nicht mit der angemessenen Härte entgegengetreten.

X. Das Reichswehrministerium unter der Leitung Noskes

1. Auflösung der Obersten Heeresleitung

Mit der Unterzeichnung des Versailler Friedensvertrages wurde die Oberste Heeresleitung funktionslos und konnte aufgelöst werden. Noskes Erlaß vom 3. Juli 1919[1], in dem die Auflösung der OHL angeordnet wurde, bedeutete das formelle Ende des einst mächtigsten militärischen Führungsgremiums.

Die Oberste Heeresleitung war im Krieg und für den Krieg geschaffen worden[2]. Zur Zeit der sogenannten 3. OHL unter Generalfeldmarschall von Hindenburg als dem Chef des Generalstabes des Feldheeres und seinem Ersten Generalquartiermeister, General Ludendorff, hatte sich diese militärische Spitzenbehörde in den Jahren von 1916 bis zum Kriegsende 1918 zum eigentlichen Machtzentrum des kriegführenden Reiches entwickelt[3], und zwar nicht nur in militärischer, sondern auch in politischer Hinsicht. Die Heeresleitung gab in dieser Kriegsphase der Reichsregierung die politischen Ziele vor, nicht umgekehrt. Die Macht der 3. OHL symbolisierte den Höhepunkt der Entwicklung des wilhelminischen Reiches zum reinen Militärstaat, zum Prototyp des Militarismus.

Geschaffen als Organ des Kaisers zur Ausübung der kaiserlichen Kommandogewalt, war sie untrennbar mit dem Kaisertum verbunden und hätte folgerichtig mit der Abdankung Wilhelms II. am 9. November 1918 ihre Existenzberechtigung verlieren müssen[4]. Aber aufgrund einer der letzten mündlichen Weisungen Wilhelms II. hatte Hindenburg den Oberbefehl über das Feldheer übernommen und konnte daher gegenüber dem durch die revolutionäre Umwalzung ins Amt gekommenen Rat der Volksbeauftragten als Inhaber der obersten militä-

[1] Erlaß des Reichspräsidenten, des Reichswehrministers und des Preußischen Kriegsministers vom 3. 7. 1919 über die Auflösung der Obersten Heeresleitung. Abschrift: BA-MA RM 8/37, Bl. 145.

[2] Zur Entstehung der OHL im Oktober 1914 vgl. Militär und Innenpolitik, Einleitung, S. LII.

[3] Ebda., S. LIII: „Die dritte OHL entwickelte sich rasch zur allein entscheidenden und maßgebenden politischen Institution des Kaiserreiches."

[4] Gerhard W. Rakenius, Wilhelm Groener als Erster Generalquartiermeister. Die Politik der Obersten Heeresleitung 1918/19, Boppard a. Rh. 1977, S. 61; fortan zit.: Rakenius, Groener.

rischen Gewalt auftreten[5]. Gleichwohl wäre die OHL bereits im November 1918 als politischer Faktor am Ende gewesen, wenn der Rat der Volksbeauftragten auf ihre Dienste verzichtet hätte. Da Ebert jedoch das Angebot von Ludendorffs Nachfolger Groener zur Zusammenarbeit akzeptierte und die OHL mit der Rückführung des Feldheeres in die Heimat beauftragte, blieb die Heeresleitung in veränderter Funktion weiter bestehen. Bis zum Jahresende 1918 gelang es ihr, über die Rolle einer „militärtechnischen Liquidationsinstitution"[6] hinaus wieder zu einem maßgeblichen innenpolitischen Ordnungsfaktor zu werden und die Reichsregierung mit politischen Forderungen unter Druck zu setzen.

Der Kampf für Ruhe und Ordnung und gegen alles, was man für »Bolschewismus« hielt, wurde über den Jahreswechsel 1918/19 hinaus zu jenem Ziel, das Regierung und OHL verband. Der neu in den Rat der Volksbeauftragten berufene Noske war aus der Sicht der OHL ebenso wie Ebert ein Garant für dieses gemeinsame innenpolitische Ordnungsziel. Nach der gewaltsamen Niederschlagung der Unruhen in Berlin, Bremen und anderswo sprach sich Hindenburg über den inzwischen zum Reichswehrminister ernannten Noske überaus positiv aus: »Noske denkt glücklicherweise so wie wir«. Er »macht wirklich einen guten Eindruck, denkt ganz soldatisch«[7]. Von manchen Sozialdemokraten, meinte der Feldmarschall auch im Hinblick auf Gustav Noske, möchte man wünschen, daß sie unserer konservativen Partei angehörten.

Da die OHL die einzige militärische Dienststelle war, der sich auch die Bundeskontingente fügen mußten[8], wurde sie vom Rat der Volksbeauftragten Anfang Februar 1919 mit der militärischen Leitung des Grenzschutzes im Osten beauftragt[9]. Als die OHL daraufhin am 12. Februar 1919 von der Wilhelmshöhe bei Kassel nach Kolberg in Pommern übersiedelte, bedeutete dies eine Minderung der innenpolitischen Einflußmöglichkeiten Hindenburgs und insbesondere Groeners, der die Geschäfte der OHL seit dem November 1918 faktisch führte[10], allerdings mit voller Rückendeckung seines Chefs Hindenburg.

[5] Wohlfeil, Heer und Republik, S. 42.

[6] Vgl. Kluge, Soldatenräte, Kapitel III: »Der Funktionswechsel der Obersten Heeresleitung von der militärtechnischen Liquidationsinstitution zur innenpolitischen Ordnungsmacht."

[7] Hindenburg in Briefen an seine Frau vom 5. und 18. 3. 1919. Zit. nach Walther Hubatsch, Hindenburg und der Staat. Aus den Papieren des Generalfeldmarschalls und Reichspräsidenten von 1878 bis 1934, Göttingen 1966, S. 49 (fortan zit.: Hubatsch, Hindenburg), auch zum Folgenden.

[8] Dieses Argument benutzte der preußische Kriegsminister Reinhardt, um im März 1919 einer Auflösung der OHL entgegenzuwirken. Siehe: Kabinett Scheidemann, Sitzung am 15. 3. 1919, Nr. 14b, S. 53.

[9] Die Unterstellung der Freiwilligenverbände des Grenzschutzes Ost unter die Oberste Heeresleitung erfolgte am 3. 2. 1919. Wohlfeil, Heer und Republik, S. 76.

[10] Noske, Kiel bis Kapp, S. 168: »Tatsächlich führte General Groener die Geschäfte.«

Militärische Verordnungen erließ der preußische Kriegsminister jetzt weitgehend unabhängig von der OHL und nach den Wahlen zur Nationalversammlung und der Bildung einer parlamentarischen Reichsregierung unter Scheidemann ging die Wehrgesetzgebung auf die republikanischen Staatsorgane über, die sich von der OHL noch weniger beeinflussen ließen.

Von der Möglichkeit, von sich aus den planmäßigen Aufbau von Freiwilligenverbänden zu betreiben, machte die OHL – und Offiziere wie General Maercker warfen ihr diesbezüglich Unterlassungssünden vor – keinen Gebrauch, da sie in den Freikorps nur eine Übergangslösung auf dem Wege zur Schaffung einer neuen bewaffneten Macht sah[11]. In der Folgezeit entwickelte sich dann ein regelrechtes Konkurrenzverhältnis zwischen den Offizieren der OHL und der Vorläufigen Reichswehr auf der einen und den Freikorpsführern auf der anderen Seite, zumal diese sich »nicht allein als Befehlsempfänger und dienende Organe« verwendet sehen, sondern ihrerseits Einfluß auf die politische Entwicklung ausüben wollten und daher die Autorität hoher Kommandobehörden wie der OHL in Frage stellten[12]. All das führte zum weiteren Machtverlust der Obersten Heeresleitung.

Hinzu kam, daß Mitglieder der Reichsregierung wie Erzberger und Brockdorff-Rantzau in der Fortexistenz der OHL eine Belastung der bevorstehenden Friedensverhandlungen sahen und auf ihre Auflösung drängten[13]. Aus diesem Grunde entsandte die Regierung nun den Reichswehrminister nach Kolberg, um zu erkunden, ob eine Auflösung »in freundlichem Einvernehmen mit Generalfeldmarschall Hindenburg« erfolgen könne[14], zumal dieser ja schon wiederholt um seine Entlassung gebeten hatte. Noske selbst sprach sich im Kabinett dafür aus, daß im Falle einer Auflösung jedenfalls »eine sehr schonende Form gefunden werden« müsse[15].

Anscheinend hat Noske seinen Regierungsauftrag nicht sehr wörtlich genommen. Das Ergebnis seines Besuchs in Kolberg, bei dem ihn Reinhardt, General v. Winterfeldt, Oberstleutnant v. Pawelsz, Major v. Gilsa und Major v. Stockhausen begleiteten[16], war jedenfalls keine Vereinbarung über die Auflösung der OHL[17], sondern jene bereits an

[11] Vgl. Wohlfeil, Heer und Republik, S. 68 ff.

[12] Ebda., S. 72.

[13] Kabinett Scheidemann, Sitzung am 15. 3. 1919, Nr. 14a, S. 49 und Nr. 14b, S. 53 f.

[14] Ebda.

[15] Ebda., S. 54.

[16] Groener-Tagebuch, Eintragung vom 18. 3. 1919, BA-MA N 46/24; wiedergegeben in: Kabinett Scheidemann, S. 54 ff., Anm. 17.

[17] Inhaltlich ging es bei den Gesprächen Noskes mit Hindenburg und Groener um die Frage, »in welchem Tempo die Heeresleitung und die Osttruppen abbauen könnten«, sowie um Personenfragen und um das Verhältnis der Truppe zur Regierung. So der Bericht von Noske, Kiel bis Kapp, S. 168. Über die Ergebnisse der Gespräche ist nichts bekannt.

anderer Stelle erwähnte Kundgebung der OHL, in der diese dem Reichswehrminister demonstrativ ihr »unbedingtes Vertrauen« aussprach, während sie gleichzeitig auf merkliche Distanz zu Kriegsminister Reinhardt ging[18]. Diese Vertrauensdemonstration wäre wohl kaum erfolgt, wenn Noske auf ein schleuniges Ende der Kolberger Dienststelle gedrängt hätte. Als Reichsministerpräsident Scheidemann wenig später erneut die OHL „alsbald auflösen" wollte, widersprach Noske unter Hinweis auf die „jetzige Zuspitzung der Verhältnisse gegenüber Polen", was dann dazu führte, daß die Regierung zu der Entscheidung gelangte, lediglich öffentlich zu verkünden, die Auflösung der OHL sei für die Zeit nach Abschluß des Friedensvertrages in Aussicht genommen[19].

Hindenburg, der seine Zeit in Kolberg unter anderem zur Arbeit an seinen Lebenserinnerungen nutzte[20], ließ nun seinerseits den Reichspräsidenten durch ein offizielles Schreiben[21] wissen, daß er, sobald der Frieden geschlossen sein würde, seine Aufgabe für erfüllt halte und daher zurücktreten und sich ins Privatleben zurückziehen wolle. Er verwies in diesem Zusammenhang nicht nur auf sein hohes Alter – Hindenburg war 1847 geboren, 1919 also bereits 72 Jahre alt –, sondern auch auf seine Distanz zur »jetzigen Zeit«[22], d.h. zu der durch die Revolution geschaffenen republikanischen Staatsform. Ebert nahm das Abschiedsgesuch zustimmend zur Kenntnis und benutzte die Gelegenheit, Hindenburg für seine »dem Vaterland während des Krieges und in jetziger Zeit unter großer Aufopferung geleisteten Dienste den unauslöschlichen Dank des deutschen Volkes auszusprechen«[23].

Noske bekam ein weiteres Mal Gelegenheit, sich für die Vertrauenskundgebung der OHL vom März erkenntlich zu zeigen, als es Ende Mai 1919 zu einer erheblichen Mißstimmung zwischen der Reichsregierung und Groener kam. Anlaß hierzu war das bereits erwähnte Rundschreiben der OHL[24], durch das Informationen über die Bereitschaft der deutschen Bevölkerung zur Wiederaufnahme des Kampfes im Falle einer Ablehnung des Friedensvertrages eingeholt werden sollten. Noske konnte die Forderung Scheidemanns, die OHL,

[18] Erklärung der OHL vom 18. 3. 1919. In: Noske, Kiel bis Kapp, S. 169; Gordon, Reichswehr, S. 33.

[19] Kabinett Scheidemann, Nr. 22, Sitzung vom 22. 3. 1919, S. 99.

[20] Im einzelnen Hubatsch, Hindenburg, S. 53 f.

[21] Brief Hindenburgs mit seiner Rücktrittsankündigung an Reichspräsident Ebert vom 1. 5. 1919. In: Schultheß EGK 1919 I, S. 200. Über verschiedene Entwürfe dieses Schreibens berichtet: Hubatsch, Hindenburg, S. 54.

[22] Wörtlich schrieb Hindenburg: Es ist ja bekannt, »wie schwer es mir bei meinen Anschauungen und meiner ganzen Persönlichkeit und Vergangenheit geworden ist, in der jetzigen Zeit mein Amt weiter auszuüben«.

[23] Schreiben Eberts an Hindenburg vom 2. 5. 1919. In: Schultheß EGK 1919 I, S. 200. Siehe auch: Hubatsch, Hindenburg, S. 54 f.

[24] Der gesamte Vorgang wurde in Kapitel IX/1 ausführlich dargestellt.

die sich mit dieser Maßnahme nach seiner Überzeugung in politische Angelegenheiten eingemischt hatte, beschleunigt aufzulösen, wiederum abbiegen und den Konflikt einer befriedigenden Lösung zuführen.

Mitte Juni 1919, als es um die Entscheidung über Annahme oder Ablehnung der Friedensbedingungen ging, setzte sich Noske in dem Bewußtsein für die Unterzeichnung ein, daß Hindenburg und besonders Groener, der in den kritischen Tagen nach Weimar gereist war, seine eigenen Anschauungen mit ihrer militärischen Kompetenz stützten[25].

Die Auseinandersetzungen der führenden Militärs in der Frage des Versailler Friedens machten aber zugleich den weiteren Autoritätsverfall der OHL deutlich. Sie konnte, wie sich im »Kriegsrat« am 19. Juni und bei weiteren Anlässen zeigte, nicht einmal sicher sein, daß innerhalb ihres Befehlsbereiches, nämlich des Grenzschutzes Ost, keine eigenmächtigen Handlungen erfolgen würden. Nach der Entscheidung der Nationalversammlung für die bedingungslose Unterzeichnung wurde die Gefahr besonders groß, daß die Truppen des Grenzschutzes Ost dem Führungsanspruch der OHL vollends entglitten. Denn obwohl Groener den Grenzschutz-Generalen v. Loßberg und v. Below im »Kriegsrat« unmißverständlich erklärt hatte, er und die OHL würden nur mit der Zustimmung der Reichsregierung militärische Operationen leiten und müßten es daher ablehnen, sich an einer militärischen Aufstandsbewegung[26] gegen den Versailler Frieden zu beteiligen, gaben die Kommandeure aus den Ostprovinzen ihre Pläne nicht auf.

Am 22. Juni traf in Kolberg ein an Hindenburg gerichtetes Schreiben des Kommandierenden Generals des XVII. Armeekorps in Danzig, v. Below, ein, in dem der Chef der OHL gefragt wurde, ob er bereit sei, sich an die Spitze einer Aufstandsbewegung im Osten zu stellen; andernfalls wolle er, v. Below, selbst die Führung übernehmen[27]. Hindenburg geriet durch dieses Ansinnen nicht in Versuchung, sich noch einmal zum handelnden Feldherrn aufzuschwingen. In seinem Antwortschreiben lehnte er es strikt ab, eine »Yorck-Rolle«[28] zu spielen und machte klar, daß Eigenmächtigkeiten nicht geduldet würden. Auf Antrag der OHL wurde General v. Below dann wenige Tage später zur Disposition gestellt[29]. Hindenburg und Groener haben in dieser prekä-

25 Vgl. ebenfalls Kapitel IX/1, sowie Kapitel IX/2 (»Kriegsrat«), und: Kabinett Scheidemann, Nr. 114, S. 479.

26 Wenn »die Truppe allein losgehe«, sagte Groener, scheide die OHL aus. Siehe: Ernst, Nachlaß Reinhardt, S. 36.

27 Rakenius, Groener, S. 224, mit Quellennachweisen; vgl. auch Wohlfeil, Heer und Republik, S. 76.

28 Generalleutnant Yorck hatte 1812/13 gegen den Willen des preußischen Königs Friedrich Wilhelm III. als Gouverneur von Ost- und Westpreußen die allgemeine Volksbewaffnung gegen die napoleonische Besetzung organisiert.

29 Kabinett Scheidemann, S. 480, Anm. 13; Rakenius, Groener, S. 224.

ren Lage eindeutig mäßigend gewirkt und nicht unwesentlich dazu beigetragen, daß die Osttruppen nicht gegen den Willen der Reichsregierung handelten.

Obwohl es Hindenburg war, der ihnen die kalte Schulter gezeigt hatte, richtete sich der Unmut der Generale des Grenzschutzes Ost, die den Versailler Vertrag nicht hinnehmen und auf eigene Faust Politik machen wollten, nicht so sehr gegen diesen, als vielmehr gegen General Groener, von dem man seit langem wußte, daß er Planungen, die auf eine Veränderung der deutschen Lage mit Waffengewalt hinausliefen, strikt ablehnte. Es kam zu formellen Protesten gegen Groener. Die Generale von dem Borne und v. Loßberg vom Oberkommando Süd sandten Ende Juni 1919 Briefe an Hindenburg und Noske, in denen sie Groener das Mißtrauen aussprachen[30]. In gleichem Sinne wurden die Generale v. Watter, v. Lüttwitz, v. Kessel und v. Wrisberg beim preußischen Kriegsminister Reinhardt vorstellig[31]. Die Rechtspresse griff Groener als »Liquidationsgeneral« an[32].

Auch diesmal reagierte die OHL konsequent und beantragte bei Noske die sofortige Auflösung des Oberkommandos Süd, welche dann bis Ende Juli 1919 auch vollzogen wurde[33]. Dennoch zeigten diese Vorgänge den tiefgreifenden Autoritätsverfall der einst einflußreichsten militärischen und politischen Institutionen des Reiches. Letztlich besaß die OHL im Sommer 1919 nur noch insofern einen gewissen politischen Einfluß, als führende Politiker der Republik, voran Ebert und Noske, etwas auf den Rat des kooperationsbereiten und politisch urteilsfähigen Generals Groener gaben.

So gesehen, war der Macht- und Autoritätsverlust der OHL kein gutes Omen für die junge deutsche Republik. Wie immer man das politische Wirken Groeners im einzelnen beurteilen mag: Diese militärische Spitzenbehörde stand seit den Tagen der Revolution als sichtbarer Ausdruck für die Bereitschaft eines Teils der Offiziere, mit der Republik wenn schon nicht aus Überzeugung, so doch aus Einsicht in die neugeschaffenen Machtverhältnisse loyal zusammenzuarbeiten. Der enge Kontakt zwischen Ebert und Groener, der bereits im Weltkrieg geknüpft worden war und der bei Revolutionsbeginn am 9. November 1918 eine so wichtige Rolle gespielt hatte, setzte sich kontinuierlich bis zu jenem bedeutungsvollen 23. Juni 1919 fort, dem Tag, an dem Ebert kurz vor der Entscheidung der Nationalversammlung über den Friedensvertrag sich noch einmal telefonisch bei Groener erkundigte, wie sich die Offiziere zu einer bedingungslosen Unterzeichnung stel-

30 Schreiben des AOK Süd vom 26. 6. 1919. In: Ernst, Nachlaß, Reinhardt, S. 44 f.
31 Eigenhändige Aktennotiz Reinhardts vom 28. 6. 1919, ebda.
32 Deutsche Zeitung vom 2. 7. 1919, Morgen-Ausgabe; von einer regelrechten Pressekampagne gegen Groener spricht Rakenius, Groener, S. 44.
33 Rakenius, Groener, S. 228.

len würden. In dieses Verhältnis einer vertrauensvollen Zusammenarbeit war Noske in vollem Umfang einbezogen.

Nach der Unterzeichnung des Friedensvertrages legte Hindenburg den Oberbefehl nieder und trat am 25. Juni 1919 zurück[34]. An die ihm unterstehenden Truppen richtete er gleichzeitig eine Abschiedsadresse[35]. Darin berief er sich erneut auf seine wenige Tage zuvor gegenüber der Reichsregierung abgegebene Erklärung, er müsse »als Soldat den ehrenvollen Untergang einem schmählichen Frieden vorziehen«. Mit diesem offenbar irrationalen Stimmungen, gewiß aber einem äußerst problematischen Ehrbegriff entsprungenen Satz wurde der ganz banale Tatbestand verbrämt, daß der Rücktritt eine längst beschlossene Sache war. Gleichwohl handelte es sich bei diesen Formulierungen nicht um eine Lappalie, sondern um ein Politikum. Denn der Protest gegen den »schmählichen Frieden« und die verbale Stilisierung des »ehrenvollen Untergangs« als vergleichsweise bessere Lösung wurden von Hindenburg selbst alsbald nach seiner Entlassung in Beziehung gesetzt zu der Behauptung, Deutschland habe 1918 keine militärische Niederlage erlitten, sondern die Armee sei durch den »versiegenden Quell der heimatlichen Kraft« um den Erfolg gebracht worden[36]. Die verhängnisvolle Dolchstoßlüge sollte zu einer der schwersten Belastungen der Weimarer Republik werden, weil sie von Millionen Deutschen geglaubt wurde, zu denen auch Hitler[37] gehörte.

Am 3. Juli 1919 reiste Hindenburg von Kolberg nach Hannover ab, wo ihm die Stadt als ihrem Ehrenbürger eine Villa mit Garten auf Lebenszeit zur Verfügung gestellt hatte[38]. Am gleichen Tage löste Reichswehrminister Noske die Oberste Heeresleitung auf[39], verfügte ihre Umbenennung in »Kommandostelle Kolberg« und beauftragte General Groener mit der einheitlichen Durchführung des Grenzschutzes im Osten.

Als der legendenumwobene »deutsche Kriegsgott«[40] Hindenburg neun Monate nach Kriegsende seinen Posten als Chef des OHL verließ, dankten ihm der sozialdemokratische Reichsministerpräsident Bauer und sein Wehrminister in öffentlichen – und weit mehr als nur

34 Telegramm Hindenburgs an Ebert vom 25. 6. 1919. In: Schultheß EGK 1919 I, S. 266.

35 Abschiedskundgebung Hindenburgs an die Osttruppen vom 25. 6. 1919. In: AVBL 1919, S. 579 f.; Schultheß EGK 1919 I, S. 267; Ursachen und Folgen, Bd III, Dok. Nr. 774, S. 533.

36 Generalfeldmarschall v. Hindenburg, Aus meinem Leben, Leipzig 1927, S. 403.

37 Fritz Fischer, Bündnis der Eliten, Düsseldorf 1979, S. 58: »Durch Verräter um den Sieg gebracht zu sein, diese Vorstellung hatte welthistorische Folgen durch ihre Wirkung auf die Gedankenwelt Hitlers; sie wurde sein Trauma.«

38 Hubatsch, Hindenburg, S. 55.

39 Erlaß des Reichswehrministers vom 3. 7. 1919. Abschrift: BA-MA RM 8/37, Bl. 145. Zum Ende der OHL vgl. auch Wohlfeil, Heer und Republik, S. 98 f.

40 So nannte ihn die Londoner »Times« am 29. 7. 1919, hinzufügend, er sei heute »ein bitter enttäuschter, alter Mann«. Zit. nach Hubatsch, Hindenburg, S. 55.

formellen – Erklärungen[41] für die geleisteten Dienste. Noske drückte dem scheidenden Feldmarschall »im Namen der neuen deutschen Wehrmacht« den »herzlichsten und unauslöschlichen Dank des Vaterlandes« aus[42]. Erst sehr viel später, als er in den dreißiger Jahren seine Lebenserinnerungen niederschrieb, stellte Noske dann die kritische Frage, warum Hindenburg nicht nach Compiègne gegangen sei[43], was wohl heißen sollte, weshalb der seit 1916 für Krieg und Niederlage an vorderster Stelle mitverantwortliche Chef des Generalstabes des Feldheeres nicht auch für den Waffenstillstand und das Aushandeln der Friedensbedingungen Verantwortung übernommen hatte.

Am gleichen Tage wie Hindenburg teilte General Groener dem Reichspräsidenten seinen Wunsch mit, aus dem Amt zu scheiden, erklärte sich jedoch bereit, bis zur endgültigen Regelung der Verhältnisse im Osten auf seinem Posten auszuharren[44]. Als Chef der »Kommandostelle Kolberg«[45], die in allen Fragen der Truppenverwendung dem Reichswehrminister direkt unterstellt wurde, leitete Groener in der Folgezeit die Durchführung der Grenzschutzaufgaben[46] sowie die sich aus dem Versailler Vertrag ergebenden Maßnahmen zur Räumung des Baltikums und zur Verlegung von Grenzschutztruppen nach dem Westen. Das Personal der ehemaligen OHL verblieb zum einen Teil bei der »Kommandostelle Kolberg«, zum anderen wurde es demobil gemacht und dem Generalstab in Berlin zur Verfügung gestellt.

Als die Kommandostelle Kolberg am 20. September 1919 durch eine Verfügung Noskes[47] aufgelöst und in das Reichswehrministerium überführt wurde, schied Groener aus der Reichswehr aus[48]. Bis dahin war er jedoch nicht untätig geblieben. Unter anderem versuchte er, wichtige militärische Personalentscheidungen zu beeinflussen. So reiste er Ende Juli 1919 zu Reichspräsident Ebert in dessen Urlaubsort Schwarzburg[49] in Thüringen, um mit ihm und dem ebenfalls anwesen-

41 Telegramm Bauers an Hindenburg vom 3. 7. 1919. In: Schultheß EGK 1919 I, S. 281.

42 Telegramm Noskes an Hindenburg vom 3. 7. 1919. Ebda. Sowie in: Vorwärts Nr. 336, 4. 7. 1919, Morgen-Ausgabe, S. 2, Artikel »Hindenburgs Abgang«.

43 Noske, Erlebtes, 28. Kapitel: »Warum ging Hindenburg nicht nach Compiègne?«, S. 104 ff.

44 Telegramm Groeners an Ebert vom 25. 7. 1919. In: Schultheß EGK 1919 I, S. 267; sowie in: Groener, Lebenserinnerungen, S. 510 f.

45 Wegen der Umbenennung der OHL in »Kommandostelle Kolberg« kam es zu einer heftigen Kontroverse zwischen dem preußischen Kriegsminister Reinhardt und General Groener, der in ihr – zu Unrecht – eine Untergrabung seiner Autorität erblickte. Vgl. Ernst, Nachlaß Reinhardt, S. 45 f., sowie Rakenius, Groener, S. 229 f.

46 Diese und die folgenden Regelungen im Erlaß des Reichswehrministers vom 3. 7. 1919. Abschrift: BA-MA RM 8/37, Bl. 145.

47 Telegramm Noskes vom 16. 9. 1919, BA-MA N 46/131. Zit. nach Rakenius, Groener, S. 237. Noskes Erlaß in: HVBl 1919, S. 148.

48 Groener, Lebenserinnerungen, S. 519.

49 Ebda., S. 514. Vgl. auch die Briefe Groeners an seine Frau vom 1. 8. und 12. 9. 1919 mit ihren kraß negativen Wertungen der Person Reinhardts, BA-MA N 46/32,

den Noske über die Auswahl der leitenden militärischen Persönlichkeiten und über den Aufbau des Reichswehrministeriums zu sprechen. Der Württemberger Groener wollte insbesondere den Württemberger Reinhardt möglichst ausgeschaltet sehen und den reaktionären General von Seeckt, den er für den fähigsten Mann hielt, für eine militärische Spitzenstellung favorisieren[50]. Zwischen Groener und Reinhardt bestanden tiefgehende Spannungen, die offenbar primär im Bereich des Persönlichen lagen und gerade deshalb letztlich unverständlich bleiben, da doch beide als Exponenten jener Gruppe von Offizieren gelten konnten, die bereit waren, mit sozialdemokratischen Politikern konstruktiv und nicht allein nur aus opportunistischen Gründen zusammenzuarbeiten[51], und die daher in der Sache weit mehr einte als trennte. Noske und Ebert ließen Reinhardt trotz des Drängens von Groener nicht fallen. Reinhardt konnte mit der Unterstützung Noskes und gegen den Widerstand Seeckts und Groeners durchsetzen, daß als militärische Spitze die Stellung eines »Chefs der Heeresleitung«[52] unter dem politisch verantwortlichen Reichswehrminister geschaffen und er selbst mit diesem Amt betraut wurde.

Die Auflösung der Obersten Heeresleitung war das sang- und klanglose Ende einer einst mächtigen Institution, nicht aber das Ende des politischen Einflusses ihrer führenden Repräsentanten. Hindenburg, um den sich die Rechtsparteien bereits seit Ende 1918 bemüht hatten[53], wurde 1925 als Nachfolger Eberts zum Reichspräsidenten gewählt und 1932 wiedergewählt. General Groener, der bei seinem Ausscheiden aus der Reichswehr im September 1919 das Angebot Eberts, in einer zivilen Position der Republik zu dienen, zunächst ausgeschlagen hatte, nahm im Sommer 1920 dann doch die Berufung ins Reichsverkehrsministerium an[54]; er diente zwischen 1920 und 1923 in mehreren Kabinetten als parteiloser Fachminister. 1928 übernahm er von Noskes Nachfolger Geßler das Amt des Reichswehrministers im Kabinett des sozialdemokratischen Reichskanzlers Hermann Müller. Er behielt dieses Ministeramt auch in dem von keiner Parlamentsmehrheit

Kriegsbriefe 1918–1920, S. 281, 284 und 310. Siehe auch Zwischen Revolution, Dok. Nr. 76, S. 196 f.

50 Vgl. im einzelnen Rakenius, Groener, S. 235–237.

51 Groener hatte bereits im April 1917 die Überzeugung vertreten, daß die Armee mit dem rechtsstehenden Flügel der Sozialdemokratie werde zusammengehen müssen, weil er dies – seinerzeit aus durchaus opportunistischen Erwägungen heraus – im Interesse der Kriegführung für erforderlich hielt. Vgl. Militär und Innenpolitik, Dok. Nr. 289, S. 726.

52 Vgl. Wohlfeil, Heer und Republik, S. 99 f.; zur Organisation des Reichswehrministeriums vgl. im einzelnen Kapitel X/2.

53 Vgl. Hubatsch, Hindenburg, S. 55 ff.

54 Vgl. die Kurzbiographie von Friedrich Frhr. Hiller v. Gaertringen, Groener, in: NDB, Bd 7, S. 111–114.

mehr getragenen Kabinett Brüning bei. Brüning übertrug ihm zusätzlich das Reichsinnenministerium. Im Zusammenhang mit dem Sturz Brünings im Mai 1932 trat Groener von beiden Ämtern zurück. Neuer Reichswehrminister unter Kanzler v. Papen wurde ein Mann, der 1919 unter Groener in der OHL als Generalstabs-Major gedient hatte: Kurt von Schleicher. Er bildete Ende 1932 das letzte Kabinett der längst im Niedergang befindlichen Weimarer Republik, bis ihn sein ehemaliger Chef der OHL, der damalige Reichspräsident Hindenburg, fallenließ und Hitler am 30. Januar 1933 zum Reichskanzler ernannte.

Am Ende der Weimarer Republik – Noske war schon über ein Jahrzehnt von der politischen Bühne der Reichspolitik verschwunden – besetzten also die OHL-Offiziere von 1919 die entscheidenden Machtpositionen des Reiches. Repräsentanten des Militärs leiteten in dieser Phase der deutschen Geschichte die wichtigsten Reichsgeschäfte. Wie die 3. OHL von 1916–1918 Ausdruck einer tendenziell totalen Militarisierung des kaiserlichen Deutschlands war, so führte die Politik der Hindenburg, Groener und Schleicher – wie unterschiedlich im einzelnen sie auch gewichtet werden mag – am Ende von Weimar hinüber zu einer neuerlichen Militarisierung Deutschlands unter Hitler. Zusammen mit anderen Führungseliten verkörperten sie die Kontinuität, nicht Noske.

2. Konsolidierung: Verfassung, Oberbefehl und Reichswehrministerium

Seit der Berufung Noskes zum Reichswehrminister im Kabinett Scheidemann im Februar 1919 gab es in der Reichsregierung zwar einen für Militärangelegenheiten zuständigen Minister, jedoch noch kein Ministerium. Noske verfügte lediglich über einen kleinen, provisorisch zusammengestellten Stab von militärischen Adjutanten, dem der preußische Major Erich v. Gilsa vorstand. Kriegsminister Reinhardt hatte diesen Offizier zu Beginn der Januarunruhen 1919 zu Noske kommandiert, der seinerzeit gerade dabei war, vom Berlin-Dahlemer Luisenstift aus regierungstreue Truppen zu sammeln[55]. Zwischen beiden entwickelte sich ein Verhältnis vertrauensvoller Zusammenarbeit, obwohl der preußische Offizier den politischen Anschauungen seines sozialdemokratischen Ministers nicht nahestand. Gilsa blieb auch nach der Bildung des Reichswehrministeriums im Oktober 1919 Noskes Chef-

[55] Vgl. Kapitel VI/3.

adjutant[56]. Erst der Rücktritt Noskes im Gefolge des Kapp-Lüttwitz-Putsches beendete ihr Zusammenwirken. Gilsa brachte es in der Reichswehr bis zum Range eines Obersten. Später betätigte er sich politisch und gehörte von Mai 1928 bis zum September 1930 als Abgeordneter der rechtsliberalen Deutschen Volkspartei dem Reichstag an[57].

Zu Noskes persönlichem Stab zählte auch der Kapitänleutnant Canaris. Er bearbeitete die Marineangelegenheiten[58]. Noske hatte Canaris im November/Dezember 1918 in Kiel kennengelernt und ihn Anfang 1919 nach Berlin geholt. Dort arbeitete Canaris dann im Vorzimmer Noskes und im Stabe der Garde-Kavallerie-Schützen-Division[59]. Auf diese Weise schuf sich der fähige und ehrgeizige, mit den konterrevolutionären Plänen des Hauptmanns Pabst sympathisierende Marineoffizier eine einflußreiche Stellung, von der aus er die Fäden zu den Marinebrigaden Ehrhardt und Loewenfeld, zum Reichsmarineamt und zu den im Raum Berlin liegenden Truppen ziehen konnte. Seine Verbindungen sicherten ihm »eine ungewöhnliche Schlüsselposition in den Vorzimmern der sich formierenden Militärführung der Republik«[60]. Obwohl sich seit dem April 1919 offenbarte, daß Canaris in irgendeiner Weise in die Ermordung der Spartakus-Führer Rosa Luxemburg und Karl Liebknecht verwickelt war, trennte sich Noske nicht von ihm[61].

Gilsa und Canaris waren zweifellos die wichtigsten Köpfe in Noskes persönlichem Stab. Äußerlich loyale Mitarbeiter ihres Ministers, blieben sie innerlich hin und her gerissen zwischen ihren Amtspflichten und den Erwartungen ihrer reaktionären Offizierskameraden. Dies galt für Canaris mehr als für Gilsa. Jedenfalls bleibt es ein wenig verständlicher Tatbestand, daß Noske nicht einmal in seiner nächsten Umgebung Offiziere seines politischen Vertrauens hatte[62] und er auch, soweit bekannt, keine Versuche machte, solche an sich heranzuziehen.

[56] Die exakte Dienstpostenbeschreibung lautete »Chef des persönlichen Stabes des Reichswehrministers«. Der Stelleninhaber bezog die Gebührnisse eines Regimentskommandeurs. Siehe: Haushalt der Verwaltung des Reichsheeres für das Rechnungsjahr 1919, S. 6, Verhandlungen NV, Bd 339 (Anlagen), Nr. 1046.

[57] Schwarz, MdR, S. 655. Wie einleitend bereits vermerkt wurde, ist der Nachlaß Erich v. Gilsas leider nicht verfügbar.

[58] Siehe: Bekanntmachung M I 5927 vom 1. 10. 1919: Besetzung der Admiralität mit Offizieren und Marine-Zahlmeistern ab 1. 10. 1919, BA-MA RM 20/28, Bl. 6–10.

[59] Höhne, Canaris, S. 61 f., 65 ff., 69 f.

[60] Ebda., S. 72. Zur Persönlichkeit von Wilhelm Franz Canaris vgl. auch die Dokumentation von Helmut Krausnick, Aus den Personalakten von Canaris. In: VfZG 10 (1962), S. 280–310.

[61] Im einzelnen vgl. Höhne, Canaris, S. 72 ff., vgl. auch Kapitel VI/7.

[62] In einem Artikel »Gegen die militärische Reaktion« forderte der »Vorwärts« Nr. 453, 5. 9. 1919, Morgen-Ausgabe, S. 2, es gehe darum, »Noske mit einem weit größeren Stab republikanisch zuverlässiger Mitarbeiter zu umgeben, der es ihm besser ermöglicht, sich gegen reaktionäre Einflüsse seiner Umgebung durchzusetzen, als es ihm jetzt in seiner isolierten Stellung möglich ist«.

Noskes Ordonnanzoffizier Rahe, der ebenfalls dem persönlichen Stab angehörte, stammte aus der Kieler Deckoffizier-Brigade[63]. Es scheint sich um einen Noske treu verbundenen Mann gehandelt zu haben[64], eine Art Leibwächter, nicht aber um einen politisch denkenden Offizier.

Um seine Funktion als militärischer Oberbefehlshaber ausüben zu können, mußte sich Noske in der ersten Jahreshälfte 1919 zur Kommandoführung des Stabes der Garde-Kavallerie-Schützen-Division und des Stabes des Generalkommandos Lüttwitz bedienen. Die längerfristig angelegten Planungsaufgaben – Truppenverminderung, Personalauswahl, Organisation der künftigen Reichswehr – ließ der Reichswehrminister in dieser Übergangszeit durch das preußische Kriegsministerium erledigen.

Insgesamt waren die militärischen Befehlsbefugnisse, Unterstellungsverhältnisse und Verwaltungskompetenzen in der Zeit des Übergangs nur provisorisch und wenig übersichtlich geregelt[65]. Die Zersplitterung der Zuständigkeiten war nicht dazu angetan, Noske die politische Kontrolle der obersten militärischen Behörden zu erleichtern. Zwar war ihm bereits im Rat der Volksbeauftragten »die verantwortliche Bearbeitung aller Angelegenheiten für Heer und Marine«[66] übertragen und das preußische Kriegsministerium seiner Verantwortung unterstellt worden. Aber die Oberste Heeresleitung verblieb zunächst noch in einer Sonderstellung, die es Groener ermöglichte, sich unter Umgehung sowohl des preußischen Kriegsministers als auch Noskes direkt an Ebert zu wenden.

Die Ernennung Noskes zum Reichswehrminister im Kabinett Scheidemann im Februar 1919 brachte keine wesentlichen Änderungen dieses Zustandes. Obwohl er nun als Mitglied einer parlamentarischen Reichsregierung der Nationalversammlung für seine Amtsführung verantwortlich wurde, verfügte er noch immer über keinen eigenen Apparat, sondern blieb auf die Zusammenarbeit mit der Obersten Heeresleitung und dem preußischen Kriegsministerium angewiesen. Diese beiden Spitzenorganisationen des alten Heeres besaßen noch immer »praktisch den Status von Reichsministerien«, standen also gleichberechtigt neben dem Reichswehrminister[67]. Bei diesen unklaren Ver-

[63] Vgl. Kapitel V/5.

[64] In: Kiel bis Kapp, S. 170, berichtet Noske, sein treuer Ordonnanzoffizier Rahe sei ihm »fünfviertel Jahr lang selten von der Seite gewichen«.

[65] Auch das Reichsgesetz über die Bildung einer vorläufigen Reichswehr vom 6. 3. 1919 und die dazugehörige Ausführungsverordnung (siehe RGBl 1919, S. 295 ff.) waren nur für den Übergang bestimmt und brachten keine klaren Regelungen.

[66] Noske, Abwehr, S. 34.

[67] Schmädeke, Militärische Kommandogewalt, S. 53. Reinhardt war Mitglied der Reichsregierung. Die OHL wurde durch das »Gesetz über die vorläufige Reichsgewalt« dem Kabinett unmittelbar unterstellt.

hältnissen wurde Noskes Stellung »hauptsächlich durch sein persönliches Prestige abgesichert«[68], das er sich in seiner Rolle als Oberbefehlshaber in den Bürgerkriegsauseinandersetzungen einerseits und als Vertrauensperson der Militärs andererseits erworben hatte. Die Funktionen des »Oberbefehlshabers der Truppen in und um Berlin«, die er im Januar 1919 erhielt, und die des »Oberbefehlshabers in den Marken«, die ihm die preußische Regierung im März übertrug, beruhten auf Ausnahmevollmachten. Sie gaben ihm, ebenso wie der Erlaß des Reichspräsidenten vom 9. März[69], eine konkrete militärische Kommandogewalt über Teile der Streitkräfte. Da die OHL jedoch nach wie vor die Angelegenheiten des Grenzschutzes Ost selbständig regelte und Noske nicht unterstellt war, und da die kommandierenden Generale in bestimmten Fragen dem preußischen Kriegsminister unmittelbar verantwortlich blieben, die Kompetenzen also alles in allem schwer durchschaubar waren, bestand letztlich keine eindeutige Klarheit darüber, wofür der Reichswehrminister der Nationalversammlung verantwortlich war und wofür nicht.

Darüber hinaus harrten die Beziehungen zwischen dem Reichswehrminister und den Militärministerien der Bundesstaaten einer verfassungsrechtlichen Regelung. Die Grundsatzfrage, ob sich die Streitkräfte der Republik wie zur Zeit des Kaiserreichs aus Kontingenten der einzelnen Bundesstaaten zusammensetzen sollten, oder ob statt dessen einer einheitlichen Reichswehr – bestehend aus Reichsheer und Reichsmarine – der Vorzug zu geben wäre, wurde allerdings schon früh, und zwar von fast allen politisch relevanten Kräften, im Sinne einer unitarischen Lösung beantwortet. Schon der erste Verfassungsvorschlag[70], den der Staatssekretär im Reichsamt des Innern und spätere Reichsinnenminister, Professor Hugo Preuß, der als »Vater« der Weimarer Reichsverfassung in die Geschichte einging, bereits im Dezember 1918 im Rat der Volksbeauftragten vorlegte, enthielt die Tendenz zur Schaffung einer starken Reichsgewalt. Dieser Entwurf wurde dann in der Folgezeit zur Grundlage der interministeriellen und parlamentarischen Verfassungsberatungen. Praktisch schlug sich der unitarische Gedanke bereits jetzt insoweit nieder, als Noske im Rat der Volksbeauftragten und im ersten parlamentarischen Kabinett die oberste politische Verantwortung für *alle* militärischen Angelegenheiten des Reiches beanspruchte[71], obwohl eine verfassungsrechtliche Grundlage ja zunächst noch fehlte und die Kriegs- beziehungsweise Militärministe-

[68] Ebda., S. 53.

[69] Erlaß des Reichspräsidenten zur Regelung der Befehlsbefugnis. In: AVBl 1919, Nr. 365, S. 207. Der Reichswehrminister erhielt die unmittelbare Verfügungsgewalt über eine Reihe von Generalkommandos des alten Heeres, nicht aber über die OHL.

[70] Huber, Verfassungsgeschichte, Bd 5, S. 1178 f.

[71] Schmädeke, Militärische Kommandogewalt, S. 38.

rien der Bundesstaaten (Preußen, Sachsen, Bayern, Württemberg und Baden) vorläufig weiterbestanden.

Zwischen Januar und Juli 1919 wurde in zum Teil schwierigen Verhandlungen zwischen der Reichsleitung und den Landesregierungen, in denen besonders Bayern seine Reservatrechte verteidigte und offen auf die Beibehaltung einer eigenen bayerischen Armee hinsteuerte, Einvernehmen darüber erzielt, daß die militärische Gewalt künftig ausschließlich Reichssache sein und der Reichspräsident den Oberbefehl über die gesamte Wehrmacht ausüben sollte[72]. Die »Weimarer Vereinbarung«[73] zwischen Reich und Ländern vom 17. Juni 1919 legte fest, daß »die vollkommene Einheitlichkeit des deutschen Heerwesens« das Ziel der verfassungsmäßigen Neuordnung sei. Bis zu dieser Vereinheitlichung wählten Noske und Reinhardt den Weg, alle wichtigen Erlasse gemeinsam zu unterzeichnen, um Zweifel an ihrer Rechtsverbindlichkeit auszuschließen[74].

Die unitarische Lösung entsprach voll der Überzeugung Noskes, und sie war auch bei den Parteien der »Weimarer Koalition«, die in der verfassunggebenden Nationalversammlung über eine solide Dreiviertelmehrheit verfügte, nicht umstritten. Besonders bei den Sozialdemokraten – und zwar bei der USPD nicht minder als bei der MSPD – stellte die Abwehr aller partikularistischen und separatistischen Bestrebungen eine konsequent verfochtene politische Leitlinie dar[75]. Das Bekenntnis zum deutschen Einheitsstaat hatte in diesen beiden Parteien Tradition[76] und schloß in den Jahren 1918/19 selbst die Forderung nach einem Anschluß Deutsch-Österreichs[77] mit ein.

Die Mehrheit der Nationalversammlung ließ sich in den Verfassungsberatungen nicht zuletzt von dem Gedanken leiten, daß der Primat der Politik – also die politische Kontrolle der künftigen Reichswehr durch eine zentrale Führung und durch den Reichstag – bei der unitarischen Lösung wesentlich leichter durchzusetzen sein würde als im Falle einer aus Kontingenten der Einzelstaaten zusammengesetzten Armee[78]. Zugeständnisse an föderalistisches Denken hätten den Kontrollanspruch der Reichsinstanzen fragwürdig gemacht. Parlamentarischer Einfluß ließ sich nur durch die Vereinheitlichung des Militärwesens sichern.

[72] Ebda., S. 39 ff.; Huber, Verfassungsgeschichte, Bd 5, S. 786 f. und 1181 ff.
[73] Die »Weimarer Vereinbarung« ist abgedruckt in: Martin Rittau, Das Wehrgesetz vom 23. März 1921, Berlin ²1926, Anlage 1, S. 170–172; fortan zit.: Rittau, Wehrgesetz. Vgl. auch: Kabinett Scheidemann, Nr. 106, S. 439–443.
[74] Zwischen Revolution, Einleitung, S. XXXV.
[75] Vgl. Miller, Bürde, S. 189–193.
[76] Vgl. Hans Mommsen, Arbeiterbewegung und nationale Frage, Göttingen 1979; Hans-Ulrich Wehler, Sozialdemokratie und Nationalstaat, Göttingen ²1971.
[77] Vgl. Susanne Miller, Das Ringen um »die einzige großdeutsche Republik«. In: Archiv für Sozialgeschichte 11 (1971), S. 15 und 21 ff.
[78] Schmädeke, Militärische Kommandogewalt, S. 44 f.

Diese Überzeugung teilte auch der preußische Kriegsminister Reinhardt, der, neben Hugo Preuß, den militärischen Teil der Verfassungsberatungen auf der Regierungsseite im wesentlichen bestritt. Reinhardt war ein überzeugter Anhänger einer einheitlichen Reichswehr. Wenn Noske sich an den Verfassungsberatungen aufgrund seiner vielfältigen anderweitigen Aufgaben und wahrscheinlich auch wegen eines gewissen Desinteresses an dieser rechtlichen Materie nicht beteiligte, so konnte er doch sicher sein, daß Reinhardt konsequent die Lösung ansteuerte, die auch er für richtig hielt. Prinzipiell wurde der Gedanke eines deutschen Einheitsheeres auch von maßgebenden Militärs wie Groener und Seeckt verfochten[79], so daß es zumindest in diesem Punkt keine Meinungsverschiedenheiten mit Reinhardt gab.

Nach Überwindung der bayerischen Widerstände[80] war der Weg zur Vereinheitlichung des deutschen Militärwesens frei. In der Weimarer Reichsverfassung erhielt das Reich die ausschließliche Gesetzgebungskompetenz in sämtlichen Wehrangelegenheiten[81]. Erstmals in der preußisch-deutschen Heeresgeschichte wurde zugleich die Vereidigung der Soldaten auf die Reichsverfassung angeordnet[82], um die Streitkräfte in den republikanischen Staat einzubinden. Während die Unterstellung der Reichswehr unter den Reichspräsidenten von den Militärs als problemlos akzeptiert wurde, weil man im Reichspräsidenten – zumindest in der Institution – so etwas wie einen Ersatzkaiser erblickte und insoweit keinen allzu harten Traditionsbruch empfand, gab der Eid auf die Verfassung Anlaß zu Bedenken. General v. Watter beispielsweise fragte bei Seeckt an, ob dieser Eid auch Gültigkeit haben könne, wenn eines Tages die USPD oder gar die KPD mitregieren würde[83].

Mit dem Inkrafttreten der Weimarer Reichsverfassung am 11. August 1919[84] wurden alle deutschen Truppen ›auf das Reich‹ übernom-

[79] Ebda., S. 45, mit Belegen.

[80] In der 3. Lesung des Verfassungsentwurfes am 29./30. 7. 1919 faßte das Plenum der Nationalversammlung einen Beschluß, der alle wehrverfassungsrechtlichen Reservatrechte der Länder aufhob, Verhandlungen NV, Bd 328, S. 2071 ff.; siehe auch Huber, Verfassungsgeschichte, Bd 5, S. 1195.

[81] Dies bestimmt Artikel 6 Abs. 4 der Verfassung. In Artikel 79 heißt es: Die Verteidigung des Reichs ist Reichssache. Die Wehrverfassung wird unter Berücksichtigung der besonderen landsmannschaftlichen Eigenarten durch ein Reichsgesetz einheitlich geregelt.

[82] Durch die »Verordnung über die Verteidigung der öffentlichen Beamten« vom 14. 8. 1919. Siehe RGBl 1919, S. 1419 f.; HVBl 1919, S. 79 f. Die Schwurformel lautete: »Ich schwöre Treue der Reichsverfassung und gelobe, daß ich als tapferer Soldat das Deutsche Reich und seine gesetzmäßigen Einrichtungen jederzeit schützen, dem Reichspräsidenten und meinen Vorgesetzten Gehorsam leisten will.«

[83] Vgl. den Brief General v. Watters an Seeckt am 26. 8. 1919 und Seeckts Antwort vom 30. 8. 1912. In: Zwischen Revolution, Dok. Nr. 83, S. 207, und Dok. Nr. 85, S. 211.

[84] Die Schlußabstimmung in der Nationalversammlung erfolgte am 31. 7. 1919. Siehe: Verhandlungen NV, Bd 329, S. 2182 ff.; am 11. 8. 1919 erlangte die Reichsverfassung mit der Verkündung im Reichsgesetzblatt verbindliche Kraft, RGBl 1919, S. 1383 ff.

men. Reichspräsident Ebert erließ eine Verordnung[85], in der er den Oberbefehl über die Wehrmacht auf den Reichswehrminister übertrug, den Länder-Militärministerien jede eigenständige Kommandogewalt und Verwaltungsbefugnis nahm und sie in »Reichswehr-Befehlsstellen« umwandelte, die ebenfalls dem Reichswehrminister unterstanden. Nachdem sie die Geschäfte der ehemaligen Länderministerien abgewickelt hatten, löste Noske die Reichswehr-Befehlsstellen zum 30. September 1919 auf[86].

Auch in der Frage des militärischen Oberbefehls schuf die Verfassung endlich klare Verhältnisse. Sie übertrug dem Reichspräsidenten den Oberbefehl über die gesamte Wehrmacht des Reiches[87], bestimmte jedoch zugleich, daß seine Verfügungen und Anordnungen auf dem Gebiete der Wehrmacht zu ihrer Gültigkeit der Gegenzeichnung durch den Reichskanzler oder den zuständigen Reichswehrminister bedurften[88]. Dieser hatte innerhalb der vom Reichskanzler bestimmten Richtlinien der Politik seinen Geschäftszweig »selbständig und unter eigener Verantwortung gegenüber dem Reichstag« zu leiten[89]. Damit war die parlamentarische Ministerverantwortlichkeit als Verfassungsprinzip verankert, und zwar sehr viel weitgehender, als dies in der Oktoberverfassung von 1918[90] der Fall gewesen war. Für Reichswehrminister Noske beinhalteten die Verfassungsbestimmungen in Verbindung mit der Verordnung Eberts, die ihm den Oberbefehl übertrug, eine klare Regelung, die den bis dahin noch vorhandenen Kompetenzwirrwarr beendete. Der Reichswehrminister übte nun unter dem Reichspräsidenten die oberste Kommandogewalt über das deutsche Heer und die Marine aus und leitete die Verwaltung. Er war »Vorgesetzter aller Angehörigen des Heeres und der Marine« und »dem deutschen Volke und der Volksvertretung verantwortlich für die Kommandoführung und die Verwaltung«[91].

Verglichen mit dem Amt des preußischen Kriegsministers des Kaiserreiches, der ja zugleich als Reichsminister fungierte, verfügte der Reichswehrminister nun – verfassungsrechtlich gesehen – über eine

[85] Verordnung, betreffend die Übertragung des Oberbefehls über die Wehrmacht des Deutschen Reiches auf den Reichswehrminister. Vom 20. 8. 1919. Gezeichnet von Ebert und Noske. In: RGBl 1919, S. 1475; sowie HVBl 1919, S. 1 f., und in: Huber, Dokumente Bd 3, Nr. 165, S. 171 f.

[86] Erlaß des Reichswehrministers Noske vom 14. 9. 1919 über die »Auflösung der Kriegsministerien (Reichswehr-Befehlsstellen), der Generalkommandos, Auflösungsstäbe, Abwicklungsstellen usw. des alten Heeres«. In: HVBl 1919, S. 107 f.

[87] Artikel 47 der Weimarer Reichsverfassung (WRV).

[88] Artikel 50 (WRV).

[89] Artikel 56 (WRV).

[90] Vgl. Huber, Verfassungsgeschichte, Bd 5, S. 600 ff.; Schmädeke, Militärische Kommandogewalt, S. 18 ff.

[91] Denkschrift »Einrichtung des Reichswehrministeriums«, die der Nationalversammlung mit dem Haushaltsplan 1919 am 19. 9. 1919 vorgelegt wurde. Die Denkschrift ist abgedruckt in: Schmädeke, Militärische Kommandogewalt, Anlage 4, S. 196–199.

starke Stellung[92]. Demgegenüber war die Oberbefehlshaber-Funktion des Reichspräsidenten eher nomineller, repräsentativer Natur. Der Reichswehrminister fungierte als der eigentliche Oberbefehlshaber über die Reichswehr, war Vorgesetzter aller Soldaten und Leiter der Verwaltung. Die Stellung des zivilen Ministers gegenüber der militärischen Führung war damit ebenso eindeutig geregelt wie seine für das gesamte Militärwesen geltende Verantwortlichkeit gegenüber dem Parlament. Offen blieb allein noch, wie diese Festlegungen in der Organisation des künftigen Reichswehrministeriums ihren Niederschlag finden sollten.

Die Weimarer Reichsverfassung behandelte den Reichswehrminister wie jeden anderen Reichsminister: er hatte den ihm anvertrauten Geschäftszweig selbständig und unter eigener Verantwortung zu leiten[93], nähere Festlegungen, die auf die Organisation des Reichswehrministeriums hätten bezogen werden können, enthielt die Verfassung nicht. Das bedeutete, daß das brisante Problem der militärischen Spitzengliederung nicht auf der Ebene der Verfassungspolitik angesiedelt, sondern in die Zuständigkeit der Exekutive verlagert wurde. Soweit es um die militärische Spitzenorganisation und um die innere Ordnung der entstehenden Reichswehr ging, war die Nationalversammlung schon im Frühjahr 1919 völlig abstinent geblieben[94]. Jetzt, um die Jahresmitte 1919, als der unterzeichnete Friedensvertrag den quantitativen und die Verfassung den rechtlichen Rahmen für die Streitkräfte der Republik abgesteckt hatten, wiederholte sich dieser Vorgang. Gänzlich abgekoppelt von der parlamentarischen Ebene[95], wurde die Planung der Spitzengliederung der künftigen Reichswehr zu einem Tummelplatz berufener und unberufener Militärs, die von den Politikern offenbar als die kompetenten Fachleute für die Regelung vermeintlich zweitrangiger Organisationsprobleme angesehen wurden.

Die Auseinandersetzungen um die politisch-militärische Spitzengliederung der künftigen Reichswehr waren bereits seit dem Frühjahr 1919 im Gang. Im August/September traten sie in ihr entscheidendes Stadium. Bei diesen Auseinandersetzungen spielten Positions- und Prestigekämpfe ehrgeiziger Militärs eine Rolle. Gewiß ging es dabei um reine Sachfragen, also um eine optimale Lösung der Organisationspro-

[92] Ebda., S. 58 f., auch zum Folgenden.

[93] Artikel 56 (WRV).

[94] Dies konstatiert Schmädeke, Militärische Kommandogewalt, S. 36.

[95] Daran änderte sich auch nach der Einrichtung des Reichswehrministeriums am 1. 10. 1919 nichts. Als die Nationalversammlung Ende Oktober die ihr zugeleitete »Denkschrift zum Haushaltsplan 1919 über die Errichtung des Reichswehrministeriums« vom 19. 9. 1919 beriet, setzte sich lediglich der MSPD-Abgeordnete Daniel Stücklen mit ihr kritisch, wenngleich mit wenig Sachkenntnis auseinander. Denkschrift ebda., Anlage 4, S. 196–199. Redebeitrag Stücklen in: Verhandlungen NV, Bd 330, 29. 10. 1919, S. 3531.

bleme unter dem Gesichtspunkt militärischer Effizienz[96]. Aber im Kern handelte es sich um wesentlich Bedeutenderes, nämlich um die politische Frage, ob es den traditionell machtbewußten Militärs auch unter den gegebenen Rahmenbedingungen gelingen würde, eine weitgehend unabhängige und damit politisch nur schwer kontrollierbare militärische Spitzengliederung durchzusetzen; oder aber, ob es statt dessen gelang, eine Organisation des Reichswehrministeriums zu finden, die den zivilen Reichswehrminister auch tatsächlich in die Lage versetzte, seiner verfassungsmäßigen Aufgabe gerecht zu werden. So gesehen, hat man es bei der Betrachtung dieser militärischen Organisationsfragen keineswegs mit einer »spröden Materie«[97] zu tun, sondern mit politisch motivierten Machtkämpfen[98] vor dem Hintergrund des erstmals in der deutschen Geschichte unternommenen Versuchs, das an ein politisches Eigenleben gewohnte Militär in die republikanische Staatsform einzubinden und diese Einbindung auch organisatorisch abzusichern. Wer die Regelung dieser Fragen als bloßes Managementproblem mißverstand, sollte spätestens durch die in der Ära Seeckt sich vollziehende Entwicklung der Reichswehr zum »Staat im Staate« eines Besseren belehrt werden.

In der Entstehungsphase des Reichswehrministeriums – Februar bis Oktober 1919 – war es naturgemäß die Oberste Heeresleitung, die, in den Traditionen des deutschen Generalstabes, eine möglichst unabhängige und eigenständige militärische Führung durchzusetzen versuchte[99]. Besonders klar wurde dieses Ziel in einer Denkschrift »Zur Organisation der Obersten Reichsmilitärbehörden« vom 9. Mai 1919[100] formuliert, die wahrscheinlich von General Groener inspiriert

[96] Hans Meier-Welcker, Die Stellung des Chefs der Heeresleitung in den Anfängen der Republik. In: VfZG 4 (1956), S. 145–160, fortan zit.: Meier-Welcker, Stellung, erweckt durchgängig den Eindruck, es sei den planenden Militärs um nichts anderes als um militärische Effektivität gegangen. Diese Auffassung wird hier nicht geteilt. Vgl. dazu auch die an H. Herzfeld und W. Sauer anknüpfende Kritik von Schmädeke, Militärische Kommandogewalt, S. 62.

[97] Zwischen Revolution, Einleitung, Abschnitt »Die militärischen Kommandobehörden in der Übergangsepoche«, S. XXVII.

[98] Anders Meier-Welcker, Stellung, S. 160, der die Auffassung vertritt, bei der Bildung des Reichswehrministeriums habe »kein machtpolitisches Streben vorgeherrscht«.

[99] Der Standpunkt der OHL wird deutlich in einer Denkschrift des Chefs des Feldeisenbahnwesens, Oberst v. Oldershausen, vom 9. 2. 1919, welche die Überschrift trägt: »Wie kann dem Generalstab in der künftigen Reichsverfassung seine bisherige Stellung gegenüber dem Kriegsministerium gewahrt werden?« Text der Denkschrift in: Schmädeke, Militärische Kommandogewalt, Anlage 1, S. 188 f.; Kommentare dazu ebda., S. 62 ff. Vgl. auch die in einer Besprechung bei der OHL am 22. 3. 1919 ausgearbeiteten Gliederungsvorschläge, denen zufolge sich der Reichswehrminister auf einen kleinen Stab beschränken und die »Facharbeit« den obersten militärischen Behörden überlassen sollte. Ausführliche Schilderung der Besprechung in: Schmädeke, Militärische Kommandogewalt, S. 65–67; Meier-Welcker, Stellung, S. 146.

[100] Verfasser waren die beiden Hauptleute i. G. Karmann und Krukenberg. Text der Denkschrift in: Schmädeke, Militärische Kommandogewalt, Anlage 2, S. 189–194. Dorothea Groener-Geyer, Groeners Entwurf »Zur Organisation der Obersten Mili-

war und von zwei Vertretern der OHL im Reichswehrausschuß verfaßt wurde. Groeners Anliegen bestand darin, und er wußte sich dabei in voller Übereinstimmung mit Seeckt, dem neu zu bildenden Reichswehrministerium »restlos den Stempel des Generalstabes« aufzuprägen[101]. Nach mehreren Gesprächen mit Ebert und Noske erreichte er im September schließlich immerhin das Teilziel, daß der Kern der alten OHL in das neue Reichswehrministerium eingegliedert wurde[102].

Demgegenüber entwickelte der preußische Kriegsminister Reinhardt im Laufe des Jahres 1919 die Konzeption eines einheitlichen ministeriellen Verwaltungs- und Kommandoapparates, in dem es unter dem Minister eine Heeresleitung und eine Marineleitung geben sollte und in dem eine der alten OHL entsprechende, politisch unverantwortliche militärische Spitze keinen Platz hatte. Obwohl der Versailler Vertrag den Fortbestand des Generalstabes verboten hatte[103], hielten Reinhardts Gegner an ihrem Ziel fest, die Position des Reichswehrministers möglichst auf die Rolle eines Chefs der Verwaltung von Militärangelegenheiten herabzudrängen, um dann einen General als obersten militärischen Befehlshaber installieren zu können, der dem Parlament für seine Kommandoführung nicht verantwortlich gewesen wäre[104].

Bevor dieser Streit zur Entscheidung gelangte, hatte Noske im Hinblick auf die Bildung des Reichswehrministeriums zunächst Ansprüche einzulösen, die sich aus der »Weimarer Vereinbarung« zwischen dem Reich und den Bundesstaaten ergaben. Dort war ausdrücklich festgehalten worden, daß bei der Bildung des Reichswehrministeriums und den übrigen oberen Reichswehrbehörden Offiziere und anderes Personal »aus allen Teilen des Reiches herangezogen« werden sollten[105]. Gleichwohl blieben die Ländervertreter mißtrauisch. Sie fürchteten, das neue Reichswehrministerium könne lediglich unter Rückgriff auf das dominierende preußische Kriegsministerium gebildet werden, was zur Folge gehabt hätte, daß das nach der Auflösung der Länder-Militärministerien frei werdende Personal nicht untergekommen wäre und

tärbehörden«. In: Die Gegenwart 9 (1954), Nr. 201 v. 23. 2. 1954, S. 109, interpretiert dieses Dokument dahingehend, daß Groener einen organisatorischen Aufbau des Reichswehrministeriums »zu einer parlamentarischen Spitze« hin schaffen wollte. Schmädeke, Militärische Kommandogewalt, S. 70 ff., vertritt eine grundsätzlich andere Deutung: es sei darum gegangen, das militärische Gewicht des Reichswehrministers möglichst niedrig zu halten. Vgl. auch Meier-Welcker, Stellung, S. 147 f.

101 Groener, Lebenserinnerungen, S. 516; Meier-Welcker, Stellung, S. 153 f.

102 Groener, Lebenserinnerungen, S. 515 f.

103 Huber, Verfassungsgeschichte, Bd 5, S. 1175. Dies bestimmte der Artikel 60 des Versailler Vertrages.

104 So Schmädeke, Militärische Kommandogewalt, S. 60, dem ich hier gegen Meier-Welcker, Stellung, folge.

105 »Weimarer Vereinbarung« vom 17. 6. 1919, Ziff. 12. In: Rittau, Wehrgesetz, Anlg. 1, S. 172.

sich zudem der Einfluß der Länder verringert hätte. Der württembergische Kriegsminister Herrmann (MSPD) machte sich in dieser Angelegenheit zum Sprecher seiner Kollegen in München, Dresden und Karlsruhe und forderte Noske auf, eine anteilmäßige Übernahme des Friedenspersonals der bundesstaatlichen Kriegsministerien in das neue Reichswehrministerium in Aussicht zu nehmen[106]. Daß dabei auch der Reichspräsident eingeschaltet wurde[107], empfand Noske als »schroffes«[108] Vorgehen. In der Sache sicherte er jedoch zu, »daß die Bundesstaaten bei der Zusammensetzung des Reichswehrministeriums durch eine ihrer Größe entsprechende Anzahl von Offizieren und Beamten im Reichswehrministerium vertreten sein würden«[109]. Zugleich ordnete er im Einvernehmen mit Reinhardt an, »daß schon bei den Vorarbeiten zum Aufbau des Reichswehrministeriums Vertreter der Bundesstaaten zu beteiligen« seien[110]. Er trat so allen Bedenken entgegen, die Länder-Militärministerien könnten von Preußen einfach überrollt werden. In einer Besprechung in Berlin am 5. Juli 1919, an der Vertreter aller zentralen militärischen Stellen sowie militärische Vertreter von Bayern, Sachsen und Württemberg teilnahmen, wurde die Regelung vereinbart, »die Bundesstaaten bei der Besetzung des Reichswehrministeriums nach Maßgabe ihrer Einwohnerzahl zu beteiligen«[111]. Hieraus ergab sich für Preußen eine Beteiligung von 72 Prozent, für Bayern eine von 11–12, für Sachsen 8, für Württemberg und Baden je 4 Prozent. Das Personal sollte »allen Kreisen von Offizieren entnommen werden, sowohl dem Generalstab, als dem jetzigen Kriegsministerium und der Front«; im übrigen dürfe dem neuen Ministerium »nur Elitepersonal«[112] angehören.

Anfang Juli 1919 ernannte Noske den bislang in der deutschen Friedenskommission tätigen General v. Seeckt zum Chef des Friedens-Generalstabes und erteilte ihm den Auftrag, den Vorsitz über eine Organisationskommission zu übernehmen, die den »Aufbau des künftigen

106 Schreiben des württembergischen Kriegsministers Herrmann an Reichswehrminister Noske vom 14. 6. 1919 betreffend Errichtung des Reichswehrministeriums, GLA Karlsruhe, Abt. 233/320. Das Schreiben ging nachrichtlich an das Preußische Kriegsministerium, das Bayerische Ministerium für militärische Angelegenheiten, das Sächsische Ministerium für Militärwesen, sowie an die Badische Regierung.

107 Telegramm des württembergischen Kriegsministeriums vom 18. 6. 1919 an Ebert, Noske und die Regierungen in Bayern, Sachsen und Baden. Ebda.

108 Telegramm Noskes aus Weimar am 21. 6. 1919 an die Kriegsministerien in Württemberg, Bayern und Sachsen sowie an den württembergischen Staatspräsidenten Blos. Ebda.

109 Ebda.

110 Ebda.

111 Schreiben des Badischen Bevollmächtigten zum Staatenausschuß in Berlin vom 5. 7. 1919 an das Badische Ministerium für militärische Angelegenheiten betreffend Bildung eines Reichsministeriums. In: GLA Karlsruhe, Abt. 233/230.

112 Ebda.

Reichswehrministeriums« entwerfen sollte[113]. In den Ausschuß berief Noske weitere zwölf Offiziere, darunter Vertreter Bayerns, Sachsens, Württembergs und Badens[114]. Gleichzeitig gab er eine Reihe von Richtlinien vor, auf deren Grundlage das Gremium arbeiten sollte. Die heiklen Fragen der Spitzengliederung blieben darin weitgehend ausgeklammert. Über die personelle Stärke des künftigen Ministeriums hatte Noske damals folgende Vorstellungen: ihm sollten etwa 8 Generale, 25 Obersten, 100 Stabsoffiziere sowie 40 Hauptleute und Leutnante angehören[115].

Die Tatsache, daß Noske ausschließlich Offiziere in diese wichtige Kommission berief und den Aufbau des Reichswehrministeriums somit ganz in die Hände militärischer Fachleute gab, wurde außerhalb des militärischen Bereichs – im Reichskabinett oder in der Nationalversammlung – offensichtlich nicht beachtet. Lediglich eine kritische Stimme regte sich. Der sozialdemokratische Politiker Albert Grzesinski, seit dem 16. Juni 1919 als Nachfolger Paul Göhres mit dem Amt des Unterstaatssekretärs im preußischen Kriegsministerium betraut, wandte sich mit der Forderung an Noske, den zivilen Einfluß zu stärken und wenigstens zwei Verwaltungsexperten in die Kommission hineinzunehmen[116]. Noske folgte diesem Rat nicht. Rückblickend beklagte Grzesinski – er wurde später (1926–1930) preußischer Innenminister und war zuvor und danach langjähriger Berliner Polizeipräsident –, daß das Reichswehrministerium aufgrund der Personalpolitik Noskes noch »militaristischer und reaktionärer« geworden sei als das frühere Königlich Preußische Kriegsministerium.

Die Militärministerien der Länder fühlten sich in der Organisationskommission angemessen vertreten. Mit Genugtuung mußte sie auch die Ankündigung Noskes erfüllen, daß die künftige Adjutantur des Reichswehrministers aus einem preußischen Chef und drei weiteren Adjutanten aus Bayern, Sachsen und Württemberg bestehen sollte. Le-

113 Befehl des Reichswehrministers vom 19. 7. 1919 betreffend Bildung des Reichswehrministeriums. Ebda. In dem Befehl Noskes wird dieses Gremium als »Ausschuß« bezeichnet. Rabenau, Seeckt, S. 466, spricht von einer Organisationskommission, was die Aufgabenstellung besser trifft.

114 Hauptmann Hahn vom persönlichen Stabe des Reichswehrministers, Oberst Wurtzbacher und Major v. Garnier vom preußischen Kriegsministerium, Oberstleutnant Hasse vom Generalstabe, General v. Berendt von der Feldzeugmeisterei und Hauptmann Fischer wurden namentlich bestimmt.

115 Befehl des Reichswehrministers vom 19. 7. 1919 betreffend Bildung des Reichswehrministeriums: GLA Karlsruhe Abt. 233/320. Eine Einteilung in Heeres- und Marineoffiziere wurde nicht vorgenommen.

116 Brief Grzesinskis an Noske vom 16. 8. 1919. Siehe Albert Grzesinski, Inside Germany, New York 1939, S. 92 f., auch zum Folgenden. Zit. nach Meier-Welcker, S. 148, Anm. 10.

diglich die Badener fühlten sich benachteiligt und forderten eine weitere Adjutantenstelle[117].

Waren mögliche Konflikte zwischen dem Reich und den Bundesstaaten damit weitgehend ausgeräumt, so traten nun um so deutlicher die unterschiedlichen Organisationsvorstellungen Reinhardts und Seeckts hervor. Am 10. Juli 1919 fand in Weimar eine Besprechung statt, in der Seeckt und Reinhardt dem Reichswehrminister ihre Pläne vortrugen. Seeckts Vorschlag[118] verfolgte, wie die vorherigen der Obersten Heeresleitung, die Tendenz, den Reichswehrminister vom eigentlich militärischen Bereich zu isolieren[119] und diesen von einem als »Chef des Truppenamtes« firmierenden General leiten zu lassen, während Reinhardt erneut seine Konzeption eines einheitlichen ministeriellen Verwaltungs- und Kommandoapparats entwickelte. Noske stellte sich in dieser Besprechung eindeutig gegen Seeckt und auf die Seite Reinhardts. Im Hinblick auf Seeckts Vorschlag zur Schaffung eines Chefs des Truppenamtes äußerte er, daß der Zuschnitt der Organisation auf eine Person vermieden werden müsse[120]. Diese Bemerkung zeigte, daß Noske nicht verborgen blieb, in welchem Maße die vorgelegten Pläne auch mit den persönlichen Ambitionen ihrer Verfasser zusammenhingen. Zweifellos durchschaute er auch, daß Groener und Seeckt an einem Strick gegen Reinhardt zogen. Noske, der selbst keine detaillierten Vorschläge zur Organisation seines künftigen Ministeriums entwickelte, akzeptierte das politische Prinzip Reinhardts und verließ sich bei den weiteren Planungen auf dessen Geradlinigkeit und unbedingte Loyalität. In seinen Erinnerungen dankte er seinem engsten Mitarbeiter mit dem Satz: »Deutschland hat in der Nachkriegszeit keinen treueren Mann gehabt als den General Walther Reinhardt[121].«

Noch im August und September 1919, als der Sieg der parlamentarischen Lösung der Spitzengliederung längst feststand und Groener genau wußte, daß Noske seinen Vertrauten Reinhardt für das dann »Chef der Heeresleitung« genannte militärische Spitzenamt vorgesehen hatte, machte Groener in Gesprächen mit Noske und Ebert noch mehrmals den Versuch, Reinhardt zugunsten von Seeckt auszubooten. Nach einem erfolglos gebliebenen Vorstoß bei Ebert am 23. August in Berlin schrieb Groener in einem Privatbrief: »Ich hatte eine Aussprache mit dem Reichspräsidenten wegen Reinhardt. Dieser ist den neuen Leuten sehr bequem, weil er als Soldat weiter geht in der Beseitigung

117 Telegramm des badischen Militärbevollmächtigten in Berlin an das Militärministerium in Karlsruhe vom 17. 9. 1919, GLA Karlsruhe, Abt. 233/320.

118 Vorschlag des Chefs des Generalstabes, v. Seeckt, zur Gliederung des Reichswehrministeriums vom 9. 7. 1919. Text und Gliederungsschema in Schmädeke, Militärische Kommandogewalt, Anlage 3, S. 194–196.

119 Ebda., S. 78.

120 Nach Rabenau, Seeckt, S. 467 f., der nach dem Sitzungsprotokoll zitiert.

121 Noske, Erlebtes, S. 178 f.

der alten militärischen Errungenschaften, als selbst die Sozialdemokraten zu tun wagen. Er hat Seeckt an die Wand gedrückt. Noske ist von Reinhardt abhängig, weil dieser arbeiten kann und Noske nicht. Es geht ihm die militärische Vorbildung ab, ohne die man eben nicht Reichswehrminister spielen kann[122].«

Zieht man von diesen Behauptungen einmal die persönliche Verbitterung Groeners über seine Niederlage in der Sache ab, so bleibt, Noske betreffend, der Vorwurf, er habe sich bei der Planung der Spitzengliederung der Reichswehr und damit der Organisation des Reichswehrministeriums ganz in die Hand Reinhardts begeben, sei von ihm abhängig gewesen, weil er von den Fragen militärischer Organisation nichts verstanden habe. Richtig an dieser Kritik war, daß Noske sich um diese Fragen in der Tat wenig kümmerte und auch keine Initiativen entfaltete, weil er Reinhardt vertraute. Aber man wird Noske kaum vorwerfen können, daß er nicht das richtige politische Gespür gehabt hätte. Er durchschaute durchaus, worauf die Vorschläge der OHL und Seeckts abzielten, nämlich auf eine Beschneidung der Kompetenzen des politisch verantwortlichen Reichswehrministers zugunsten einer an der alten Generalstabstradition orientierten Verselbständigung der militärischen Spitze, und stellte sich daher eindeutig gegen diese Pläne.

Noske war nicht gewillt, die ihm vom Reichspräsidenten übertragenen Oberbefehlshaberrechte weiter nach unten, an einen General, zu delegieren. Daran ließ sein Erlaß vom 26. August 1919[123] keinen Zweifel: »Ich habe die mir vom Reichspräsidenten übertragene Kommandogewalt über alle Teile des Heeres am heutigen Tage übernommen.« Wenig später machte Groener in einem erregten Gespräch mit Ebert, Noske, Reinhardt und einigen weiteren Offizieren einen letzten Versuch, doch noch zu einer Regelung zu kommen, »die selbständige und verantwortliche Kommandogewalt« auf Seeckt zu übertragen, woraufhin Reinhardt klarstellte, daß endgültig die Kommandogewalt bei Noske liege[124]. Mit der Unterstützung Eberts und Noskes hatte Reinhardt dem »parlamentarischen Prinzip«[125] zum Sieg verholfen, d. h. die Ministerverantwortlichkeit auch in der Frage der militärischen Kommandogewalt sichergestellt und damit der Durchsetzung des Machtanspruchs des Generalstabs organisatorisch den Boden entzogen.

[122] Brief Groeners an seine Frau vom 24. 8. 1919. Zitiert in: Groener-Geyer, General Groener, S. 169.

[123] Erlaß Noskes vom 16. 8. 1919 anläßlich der Übertragung des Oberbefehls über die Wehrmacht des Deutschen Reiches auf den Reichswehrminister. Veröffentlicht im Heft 1 des damals neugegründeten Heeres-Verordnungsblatts (HVBl), Nachfolgeorgan des bis dahin vom preußischen Kriegsministerium herausgegebenen Armee-Verordnungsblatts. HVBl 1919, S. 2.

[124] Über das Gespräch, das am 11. 9. 1919 bei Ebert stattfand, berichtet Groener in seinem Tagebuch unter diesem Datum. Zit. nach Carsten, Reichswehr, S. 65.

[125] Diese Terminologie verwendet Schmädeke, Militärische Kommandogewalt, S. 79.

Das neue Reichswehrministerium nahm am 1. Oktober 1919 termingerecht[126] seine Arbeit auf. Es stellte sich dar als ein einheitlicher Apparat unter der Leitung des Ministers, dem Reinhardt als »Chef der Heeresleitung« und Trotha als »Chef der Admiralität« – später in »Chef der Marineleitung« umbenannt – unterstanden. Wie der »Denkschrift zum Haushaltsplan für 1919 über die Einrichtung des Reichswehrministeriums« vom 19. September 1919 zu entnehmen ist[127], verfügte der Minister über einen »persönlichen Stab« mit einem Chef an der Spitze, der als »persönlicher Berater des Ministers in laufenden Arbeiten, die weder der Heeresleitung, noch der Admiralität zufallen«, bezeichnet wird. Weiterhin war dem Minister ein »Hauptbüro« zugeordnet, das sämtliche im Reichswehrministerium eingehenden Schriftstücke an die zuständigen Stellen verteilte, somit den täglichen Geschäftsgang regeln konnte, und das im übrigen für die Beschaffung aller Arbeitsunterlagen zuständig war, die der Minister benötigte[128]. Ausdrücklich wurde noch einmal festgelegt, daß der Minister »die oberste Kommandogewalt über das deutsche Heer und die Marine ausübt und die Verwaltung leitet«, daß er »Vorgesetzter aller Angehörigen des Heeres und der Marine« sei, sowie, daß die Chefs der Heeresleitung und der Admiralität keine politische Verantwortung tragen. Den Weg der militärischen Kommandoführung regelte Noske in einem gesonderten Erlaß[129]. Die endgültige Gliederung der Heeresleitung im Reichswehrministerium wurde am 8. November 1919 als gemeinsamer Erlaß des Reichswehrministers Noske und des Chefs der Heeresleitung Reinhardt im Heeres-Verordnungsblatt bekanntgemacht[130].

In den etwas mehr als fünf Monaten bis zum Kapp-Lüttwitz-Putsch, in denen Noske und sein Vertrauter Reinhardt das Reichswehrministerium führten, »unterstand das Heer zum erstenmal in der Geschichte der preußisch-deutschen Armee der ungeteilten, durch keine besondere Kommandogewalt des Staatsoberhaupts und keine Immediatbe-

[126] In der Verordnung des Reichspräsidenten vom 20. 8. 1919 betr. »Übertragung des Oberbefehls« verfügte Ebert: »Spätestens bis zum 1. Oktober 1919 soll aus den vorhandenen einzelstaatlichen Kriegsministerien und sonst geeigneten Militärbehörden das Reichswehrministerium gebildet werden.« RGBl 1919, S. 1475 f.; HVBl 1919, S. 1 f.

[127] Dieses Organisationsschema entstand vermutlich Anfang September 1919. Es wurde dem Reichstag als Anlage zum Haushaltsplan 1919 vom Reichswehrminister am 19. 9. 1919 übersandt. Es war der verbindliche Gliederungsplan für die Einrichtung des Reichswehrministeriums. Abgedruckt in: Schmädeke, Militärische Kommandogewalt, Anlage 4, S. 196–199.

[128] Siehe Ziff. 2 und 4 des Dokuments. Auf die Fürsorgeabteilung des Ministeriums und die der Heeres- und Marineleitung unterstehenden Ämter wird hier nicht eingegangen.

[129] Erlaß des Reichswehrministers Noske zur vorläufigen Regelung der militärischen Befehlsbefugnisse in der Reichswehr. Vom 19. 9. 1919. Auszug abgedruckt in: Schmädeke, Militärische Kommandogewalt, Anlage 5, S. 199 f.

[130] HVBl 1919, S. 345 f.

hörden beschränkten Befehls- und Kommandogewalt eines zivilen Ministers, der sich allein ›dem deutschen Volke und der Volksvertretung verantwortlich für die Kommandoführung und die Verwaltung‹ fühlte und keine Neigung zeigte, sich die Kommandogewalt aus den Händen nehmen zu lassen. Die Nationalversammlung, die in all die [...] Kämpfe um die militärische Verfügungsgewalt kein einziges Mal eingegriffen hat, besaß in Noske einen Minister, der dafür sorgte, daß die vom Parlament bei den Beratungen der neuen Verfassung beschlossenen Grundsätze in die Tat umgesetzt wurden[131].« Auf legalem Wege konnte in dieser Zeit kein Militär in den Besitz der militärischen Kommandogewalt gelangen. Wer sie erstrebte, mußte den offenen Putsch wagen.

In welchem Umfang der Bestand der rechtlichen und organisatorischen Regelungen von der Loyalität von Personen abhing, sollte sich dann nach dem Rücktritt Noskes und Reinhardts Ende März 1920 zeigen. Jetzt rückte ihr Widersacher Seeckt in die Position des »Chefs der Heeresleitung« ein und erreichte zugleich das, was ihm unter der Ministerschaft Noskes trotz mehrmaliger Vorstöße[132] mißlungen war, nämlich daß er zum Oberkommandierenden der Reichswehr ernannt wurde[133]. Unter Noskes Nachfolger, dem neuen Reichswehrminister Geßler, konnte er in mehreren Etappen bis zum Herbst 1920 eine weitreichende Beschneidung der Kompetenzen des Reichswehrministers und eine grundlegende Umorganisation der bisherigen Heeresleitung durchsetzen. Diese Entwicklung »vom parlamentarischen Ministerium zum unverantwortlichen Kommandostab«[134] in der Ära Seeckt entsprach der Entwicklung der Reichswehr zu einem »Staat im Staate«, in der die parlamentarische Kontrolle des Militärs immer mehr zur Farce wurde, wobei der Nachfolger Noskes im Sessel des Reichswehrministers wertvolle Schützenhilfe leistete. Noskes Rat, »sich sobald wie möglich Seeckt vom Halse zu schaffen«[135], hat Geßler nicht beherzigt.

[131] Schmädeke, Militärische Kommandogewalt, S. 86.
[132] Vgl. den Brief des Chefs des Allgemeinen Truppenamtes, v. Seeckt, an Reichswehrminister Noske über die Organisation des Reichswehrministeriums vom 16. 1. 1919. Abgedruckt ebda., Anlage 7, S. 202–205.
[133] Diese Ernennung nahm die nach dem Kapp-Lüttwitz-Putsch nach Stuttgart geflohene Reichsregierung in einer außerordentlichen Sitzung bereits am 18. 3. 1920 vor. Ebda., S. 91, unter Berufung auf Grzesinski. Vgl. auch Meier-Welcker, Stellung, S. 158.
[134] Vgl. Schmädeke, Militärische Kommandogewalt, S. 94 ff.
[135] Otto Geßler, Reichswehrpolitik in der Weimarer Zeit. Hrsg. von Kurt Sendtner, Stuttgart 1958, S. 134.

3. Gefahren und Chancen der Truppenreduzierung

Der Versailler Vertrag begrenzte die Streitkräfte des Deutschen Reiches auf eine Gesamtstärke von 100000 Mann einschließlich höchstens 4000 Offizieren für das Heer und von 15000 Mann einschließlich höchstens 1500 Offizieren und Deckoffizieren für die Kriegsmarine[136]. Da die allgemeine Wehrpflicht von den Siegermächten verboten wurde, war Deutschland gezwungen, ein Heer aus Berufssoldaten zu bilden, in dem die neuernannten Offiziere mindestens 25 Jahre und die Unteroffiziere und Mannschaften 12 Jahre ununterbrochen Dienst zu leisten hatten. Ähnliches wurde für die Marine festgelegt.

In Deutschland empfand man diese militärischen Bestimmungen allgemein als sehr hart. Wegen der Truppenverminderung und wegen der Auslieferungsforderung war unter den Soldaten der Eindruck vorherrschend, daß das Heer der Hauptleidtragende des Vertrages sei[137]. Zwar versuchten die Siegermächte, die Deutschen mit der Aussicht zu vertrösten, die Verminderung der deutschen Truppen sei lediglich der erste Schritt zu einer allgemeinen Begrenzung der Rüstungen, die der Völkerbund regeln müsse; aber diese vage Aussicht vermochte die verbreitete Empörung kaum zu dämpfen.

Fest stand vorerst nur eines, nämlich daß Deutschland gezwungen sein würde, die Vorläufige Reichswehr kurzfristig durch Massenentlassungen drastisch zu verringern. Sieht man diese durch den Versailler Friedensvertrag erzwungene Truppenreduzierung in einem größeren zeitlichen Zusammenhang, so stellt sie sich als die zweite und letzte Phase der militärischen Demobilmachung nach dem Ersten Weltkrieg dar. Sie unterschied sich von der ersten allerdings erheblich; denn diese hatte sich in den Monaten zwischen November 1918 und Januar 1919 alles in allem verhältnismäßig problemlos vollzogen, obwohl sie der militärischen Führung seinerzeit weithin aus der Hand geglitten war[138]. Millionen kriegsmüder Soldaten hatten aus eigenem Antrieb nach Hause gedrängt. Bei dem Personal, das in den Garnisonen geblieben war oder dann, seit Januar 1919, von Noske wieder gerufen wur-

136 Durch die Zustimmung der Nationalversammlung und des Staatenausschusses erlangte der Vertrag am 16. 7. 1919 Gesetzeskraft. Siehe: Gesetz über den Friedensschluß zwischen Deutschland und den alliierten und assoziierten Mächten, RGBl 1919, Teil I, 2, S. 687–1349.
Zu den im Text genannten Bestimmungen siehe: Artikel 160 und 163 des Vertrages. Eine gute Zusammenfassung der militärischen Bestimmungen des Versailler Vertrages bietet Wohlfeil, Heer und Republik, S. 92 f.

137 So der preußische Kriegsminister Reinhardt in: Verhandlungen NV, Bd 329, 18. 8. 1919, S. 2559.

138 Vgl. Kapitel V/8.

de, handelte es sich um die Berufssoldaten, unter ihnen nicht wenige Landsknechtstypen, die nun in den Nachkriegskämpfen im Inneren Deutschlands oder beim Grenzschutz Ost ihrem Metier treu bleiben konnten und nachher, da sie für die republikanische Regierung ihre Haut zu Markte getragen hatten, einen zumindest moralischen Anspruch auf Weiterbeschäftigung in der Reichswehr geltend machten, auch wenn diese nun erheblich verringert werden mußte. Während sich die erste Phase der Demobilmachung also weithin als spontanes, freiwilliges Nachhauseströmen von Millionen kriegsmüden wehrpflichtigen Soldaten ereignete, trug die zweite Phase einen völlig anderen Charakter: Es ging um zwangsweise Massenentlassungen von Berufssoldaten, die viel lieber in der Reichswehr geblieben wären und die sich nun notgedrungen auf den Gedanken einstellen mußten, daß sie künftig im bürgerlichen Erwerbsleben ihren Lebensunterhalt zu bestreiten haben würden. Da die wirtschaftliche Lage des Reiches nach wie vor desolat und ein Arbeitsplatz keineswegs sicher zu finden war, sahen viele der von der Entlassung bedrohten Berufssoldaten ihre materielle Existenz in Frage gestellt.

Natürlich erkannten Reichsregierung und Nationalversammlung dieses Problem[139]. Sie gingen sogleich daran, die materielle Seite der Truppenreduzierung mit sogenannten Entschädigungsgesetzen abzumildern. Mit ihrer Hilfe sollte Offizieren und Unteroffizieren der Wechsel ins zivile Leben erleichtert werden. Die Beratung der Gesetzesvorlagen in der Nationalversammlung[140] machte deutlich, daß dem Grundsatz nach alle Fraktionen mit der Regierung darin einig gingen, daß hier eine moralische und eine soziale Verpflichtung vorlag, der sich der Gesetzgeber nicht entziehen durfte[141]. Allerdings gab es recht unterschiedliche Akzentuierungen in der Begründung dieser Verpflichtung.

Der preußische Kriegsminister Reinhardt betonte bei der Einbringung des Gesetzes, die Reichsregierung habe eine dreifache Pflicht zu erfüllen: »Sie muß in Erfüllung des Friedensvertrages abrüsten, die von der Abrüstung am härtesten getroffenen Berufssoldaten entschädigen für den Verlust ihres Lebensberufes, den sie im Vertrauen auf den Staat erwählt hatten, und muß den ins bürgerliche Leben übertreten-

139 Zunächst dachte die Regierung auch an die Bildung freiwilliger Ansiedlungsgruppen aus den zur Entlassung gelangenden Soldaten. Sie legte den Einzelstaaten nahe, versuchsweise Land für eine Ansiedlung zur Verfügung zu stellen. Vgl. die Anfrage von Anton Erkelenz (DDP) in: Verhandlungen NV, Bd 329, 1. 8. 1919, S. 2203. Vorschläge zur Ansiedlungsfrage hatte Professor Franz Oppenheimer entwickelt in: Frankfurter Zeitung Nr. 488 v. 5. 7. 1919.

140 Erste Lesung: Verhandlungen NV, Bd 328, 19. 7. 1919, S. 1728–1734. Zweite und dritte Lesung: ebda., Bd 329, 18. 8. 1919, S. 2532–2568.

141 Die Sprecher der Fraktionen: Davidsohn (MSPD), Neumann-Hofer (DDP), Oberfohren (DNVP), Schirmer (Zentrum), Becker (DVP) und Seger (USPD) billigten in der Ersten Lesung die Grundtendenz der Gesetzesvorlagen.

den Männern helfen, in ihren neuen Berufsarten in den Sattel zu kommen«[142]. Das Offiziers-Entschädigungsgesetz sollte potentiell 16000 Offizieren zugute kommen[143]; denn von den derzeit noch im Dienst stehenden etwa 20000 Offizieren konnte das zukünftige Heer nur 4000 aufnehmen.

Während der Beratung der Gesetzentwürfe im Haushaltsausschuß kam es zu einigen unliebsamen Vorfällen. Vor den Türen des Beratungsraumes unterstützte eine Offiziersabordnung die sehr weitgehenden Forderungen der DNVP, und gleichzeitig ergoß sich über verschiedene Abgeordnete der Mehrheitsparteien »eine wohlorganisierte Sturmflut von Telegrammen«[144], abgesandt von ungezählten Kommandostellen der Reichswehr. Anläßlich der abschließenden Beratung der Entschädigungsgesetze in der Nationalversammlung[145] Mitte August 1919 kritisierte Noske[146] diese Vorgänge scharf und gab bekannt, daß er sofort gegen sie eingeschritten sei. Es gehe nicht an, sagte er, »daß entgegen aller militärischen Unterordnung und Disziplin in einer solchen Frage die Offiziere vollständig aus der Reihe heraustanzen und in Tönen zur Regierung reden, die einer Drohung ähnlich klingen«. Gleichzeitig verwahrte sich der Reichswehrminister gegen eine vom »Reichsverband Deutscher Unteroffiziere« der Nationalversammlung vorgelegte Denkschrift, in der die Kapitulanten (Unteroffiziere) bei der Vertretung ihrer Wünsche weit über das Ziel hinausgeschossen seien. Noske forderte die Betroffenen auf, die schwierige finanzielle Lage des Reiches zu berücksichtigen und zu erkennen, welche schwere Belastung die Entschädigungsgesetze für die Reichskasse darstellten. Gleichzeitig gab er zu bedenken, daß in Deutschland Millionen Menschen infolge des verlorenen Krieges schwersten wirtschaftlichen Schaden erlitten hätten und es absolut unmöglich sei, alle diese Schäden zu ersetzen.

Im Anschluß an diese Argumentation Noskes betonte der USPD-Abgeordnete Friedrich Johann Seger[147], man müsse in den über die Pensionsgesetze hinausgehenden, in den Gesetzesvorlagen vorgesehe-

[142] Ebda., Bd 328, 19. 7. 1919, S. 1728.

[143] Ebda., S. 1729. Noske beschränkte sich bei dieser Gelegenheit (ebda., S. 1732 f.) darauf, zu betonen, daß die Regierung eine Verpflichtung habe, »wohlerworbene Rechte zu respektieren bzw. abzulösen«. – Diese Interpretation griff jedoch zu kurz. Denn mit den Entschädigungsgesetzen sollte den Offizieren und Unteroffizieren neben ihrer gesetzlichen Pension für eine bestimmte Zeit eine Übergangszulage gewährt werden.

[144] Vgl. den Artikel »Das Offiziersabfindungsgesetz« in: Vorwärts Nr. 409, 12. 8. 1919, Abend-Ausgabe, S. 1. Der MSPD-Abgeordnete Stücklen klärte später auf, daß dieser Depeschensturm auf eine Anweisung des Generalkommandos (Lüttwitz?) hin ausgelöst wurde. Verhandlungen NV, Bd 329, 18. 8. 1919, S. 2546.

[145] Zweite und Dritte Lesung am 18. 8. 1919, in: Verhandlungen NV, Bd 329, S. 2532 f.

[146] Noskes Rede ebda., S. 2541–2543.

[147] Segers Rede ebda., S. 2561–2564.

nen Übergangsgebührnissen »ein außerordentliches Entgegenkommen an die Offiziere« sehen, wie es anderen Schichten des Volkes eben nicht gewährt werde. Eine Bevorzugung von Offizieren und Unteroffizieren sah er auch darin, daß sie nach ihrer Entlassung in Beamtenstellungen übernommen werden sollten, was überdies eine weitere Militarisierung der Bürokratie nach sich ziehen werde. Der USPD-Politiker zog zum Vergleich die »Kriegsaushelfer« (im Kriege herangezogene Hilfskräfte) und die Arbeiter der Militärwerkstätten heran, die man zu Zigtausenden rücksichtslos auf die Straße gesetzt habe. Darin komme »die besondere Bevorzugung des Militärs auch im neuen Staate« drastisch zum Ausdruck. Seger gab die daraus von der USPD gezogene Konsequenz bekannt: sie werde über die gesetzlichen Pensionsansprüche hinaus keine zusätzlichen Vergünstigungen bewilligen.

Schließlich wurden das Offiziers-Entschädigungsgesetz, das Kapitulanten-Entschädigungsgesetz sowie eine Ergänzung des Mannschafts-Versorgungsgesetzes von der Nationalversammlung mit Mehrheit angenommen[148]. Noskes Engagement für eine rasche Verabschiedung dieser Gesetze hat unbestreitbar dazu beigetragen, daß die mit der Truppenverminderung verbundenen sozialpolitischen Probleme vorab in einer Weise gelöst wurden, die letztlich auch von den meisten Betroffenen akzeptiert werden konnte.

Seit der Unterzeichnung des Friedensvertrages versicherte Noske mehrfach öffentlich, er werde die Vertragsbestimmungen loyal ausführen. Am 26. Juli 1919 sagte er in der Nationalversammlung: »Die Truppe wird loyal, ehrlich, wie es dem Friedensvertrag entspricht, reduziert werden«[149]. Gleichzeitig ließ Noske jedoch keinen Zweifel daran, daß er sich nicht vorstellen konnte, »wie man mit einer so geringen Truppe auskommen sollte«[150]. Weder der Grenzschutz noch die Ordnungsaufgaben im Innern waren nach seiner Überzeugung mit einem auf 100000 Mann zusammengeschrumpften Heer zu bewältigen.

In dieser Auffassung wurde er nicht nur von den Parteien der Rechten, sondern ebenso von der sozialdemokratischen Presse unterstützt. »Auf die Dauer«, schrieb das MSPD-Zentralorgan Anfang Oktober 1919[151], »wird sich auch das ängstliche Gemüt auf seiten der Entente der Einsicht nicht verschließen können, daß 200000 bis 300000 Mann deutscher Reichswehr für niemand in der Welt eine Gefahr bilden, daß dazu aber gegenwärtig 100000 Mann werden kön-

[148] Ebda., S. 2568, 2581. Die Gesetze wurden veröffentlicht in: RGBl 1919, Teil I/2, S. 1654–1664; sowie in: HVBl 1919, S. 467–482 (mit Ausführungsverordnungen).
[149] Verhandlungen NV, Bd 328, 26. 7. 1919, S. 1975. Ebenso am 18. 8. 1919 ebda., Bd 329, 18. 8. 1919, S. 2541.
[150] U. a. ebda., Bd 330, 9. 10. 1919, S. 2955. Zitat in: Noske, Kiel bis Kapp, S. 168.
[151] Vorwärts Nr. 503, 2. 10. 1919, Morgen-Ausgabe, S. 1 f.

nen, denn diese dürften augenblicklich kaum in der Lage sein, die Flut des Bolschewismus aufzuhalten«. Die Gefahr des Bolschewismus – sie war tatsächlich weder innen- noch außenpolitisch in dieser Weise vorhanden, sondern entsprang einem undifferenzierten Feindbilddenken[152] – mußte in diesen Monaten vielfach als Begründung für die Forderung nach einer wesentlich stärkeren Reichswehr, als sie im Vertrag vorgesehen war, herhalten.

Selbstverständlich taten die Generale ihrerseits alles, um die Politiker davon zu überzeugen, wie gefährlich eine Reduzierung auf 100 000 Mann sei. Unter Hinweis auf die von Polen ausgehende Bedrohung sowie auf die Ordnungsaufgaben der Reichswehr im Innern forderte Generalleutnant Groener in einer an Reichspräsident Ebert gerichteten Denkschrift[153], »daß mit oder ohne Einverständnis der Entente mindestens ein Heer von 350 000 Mann bestehen bleibt«; wenn es nicht anders gehe, müsse dieses Ziel, so Groener, »durch passive Resistenz« erreicht werden.

Der Chef des Truppenamtes, Generalmajor v. Seeckt, malte die Folgen einer Reduzierung der Streitkräfte im vorgesehenen Umfang in den schwärzesten Farben[154]. In diesem Falle würden »die Sicherheit oder der Bestand des Staates [...] auf das Ernsteste gefährdet«. Seeckt wollte angesichts der unsicheren Verhältnisse im Inneren Deutschlands mindestens bis zum Frühjahr 1920 eine Heeresstärke von 200 000 Mann erhalten wissen. Noske und sein Chef der Heeresleitung, General Reinhardt, teilten diese Auffassung völlig. Gegenüber Reichskanzler Bauer erklärten sie am 21. Dezember 1919 eine weitere Heeresverminderung für »überaus bedenklich«[155]. Seeckts Forderung sollte »als Richtlinie für die Verhandlungen mit den Überwachungskommissionen des Feindbundes« genommen werden[156]. Noske gab die Hoffnung also nicht auf, daß die Siegermächte doch noch eine Truppe von wenigstens 200 000 Mann zugestehen könnten; eine solche, meinte er[157], könne doch unmöglich als eine Bedrohung für die Nachbarn Deutschlands angesehen werden.

Im Sommer und im Herbst 1919 mußten Noske und die Reichs-

152 Vgl. dazu die Ausführungen in Kapitel VI/4, VII/4 und im Vorspann zu Abschnitt VIII.

153 Denkschrift Groeners vom 17. 9. 1919. Auszüge in: Kabinett Bauer, S. 142 f., Anm. 6.

154 Vgl. Seeckts »Denkschrift betr. Beibehaltung eines stärkeren Heeres als es der Friedensvertrag vorschreibt« vom 24. 11. 1919. Ebda., Nr. 110, S. 414–417. Zur Interpretation der Denkschrift, die Noske Mitte Dezember dem Reichskanzler und den wichtigsten Kabinettsmitgliedern als die Meinung des Reichswehrministeriums zustellte, vgl. Michael Salewski, Entwaffnung und Militärkontrolle in Deutschland 1919–1927, München 1966, S. 85 f.; fortan zitiert: Salewski, Entwaffnung.

155 Kabinett Bauer, S. 417, Anm. 8.

156 So Noske in seinem Anschreiben zu Seeckts Denkschrift. Ebda., S. 414, Anm. 1.

157 Noske, Kiel bis Kapp, S. 173.

wehrführung davon ausgehen, daß die im Versailler Vertrag festgelegten Reduzierungsfristen einzuhalten waren. Danach sollte drei Monate nach der Vertragsratifizierung, die man alsbald nach der Unterzeichnung[158] erwartete, ein Übergangsheer von 200000 Mann geschaffen sein – voraussichtlich also bis zum 1. Oktober 1919 –, und der Abbau der Truppen bis zur erlaubten Friedensstärke von 100000 Mann sollte bis zum 31. März 1920 erfolgen.

Noske erließ daher bereits Anfang August vorbereitende Befehle über eine rasche Verminderung der Truppen auf das sogenannte »Übergangsheer«[159]. Dies bedeutete jedoch nicht, daß schon jetzt Massenentlassungen vorgenommen wurden. Zunächst gingen Noske und Reinhardt davon aus, daß sich infolge des Wegfalls von Neuanwerbungen »bald ein Zusammenschrumpfen der Truppenkörper« bemerkbar machen werde[160]. Weiterhin erwarteten die militärischen Spitzenbehörden positive Wirkungen der Entschädigungsgesetze, nämlich eine größere Anzahl freiwilliger Abschiedsgesuche. Die konkreten Maßnahmen des Personalamts des preußischen Kriegsministeriums[161] beschränkten sich darauf, ab Mitte August 1919 eine genaue Bestandsaufnahme der noch im aktiven Dienst befindlichen Offiziere vorzubereiten und Beurteilungen anzufordern, nach denen später die 8000 Offiziere des Übergangsheeres ausgewählt werden sollten, übrigens unter Beteiligung neu zu wählender Vertrauensleute der Offiziere. Der Personalchef des Ministeriums, General v. Braun, versuchte der in Offizierskreisen um sich greifenden Beunruhigung zunächst damit entgegenzuwirken, daß er betonte, die vielfach verbreitete Auffassung, bis zum 1. Oktober 1919 müsse die Verabschiedung aller nicht in der Reichswehr unterzubringenden Offiziere erfolgen, treffe nicht zu, vielmehr habe man mehr Zeit zur Verfügung. Noske versicherte demgegenüber Mitte August im Parlament[162], es finde bereits eine Verringerung der Truppen statt, »und zwar in dem Tempo, daß hoffentlich am 1. Oktober die Reduzierung bis auf 250000 Mann durchgeführt

158 Die Unterzeichnung wurde am 28. 7. 1919 in Versailles von den Reichsministern Bell (Zentrum) und Müller (MSPD) vollzogen. Siehe: Kabinett Bauer, Einleitung, S. XXXI.

159 Erlasse des Reichswehrministers vom 5. 8. und vom 13. 8. 1919, betreffend die bevorstehende Verminderung des Heeres. Diese Erlasse sind in den offiziellen Verordnungsblättern nicht abgedruckt. Spätere Erlasse nehmen regelmäßig Bezug auf diese Befehle Noskes, etwa Reinhardts Erlaß »Verminderung des Heeres auf 200000 Mann« vom 28. 8. 1919, in: HVBl 1919, S. 46. Siehe auch: Noske, Kiel bis Kapp, S. 173.

160 Erlaß Reinhardts vom 28. 8. 1919: »Verminderung des Heeres auf 200000 Mann«, in: HVBl 1919, S. 46. Vgl. auch Noskes Ausführungen in: Verhandlungen NV, Bd 330, 9. 10. 1919, S. 2956.

161 Erlaß des preußischen Kriegsministeriums vom 12. 8. 1919: »Zukunft der Offiziere«, gez. vom Personalchef, General v. Braun, sowie von Unterstaatssekretär Grzesinski. In: HVBl 1919, S. 721–723.

162 Verhandlungen NV, Bd 329, 18. 8. 1919, S. 2564.

worden ist«. Diese Reduzierungsfrist hatte sich die deutsche Regierung selbst gesetzt[163], als sie noch annehmen konnte, die Ratifizierung des Friedensvertrages werde bis spätestens zum Oktober abgeschlossen sein.

Hierzu kam es jedoch nicht. Das Ratifizierungsverfahren, bei dem es sich eigentlich um eine rein geschäftsmäßige Angelegenheit handelte, ging aufgrund inneramerikanischer Vorgänge – der US-Senat und der Auswärtige Ausschuß wollten dem Vertrag entgegen dem Wunsch des Präsidenten Wilson nicht zustimmen – nicht so rasch und reibungslos über die Bühne, wie man ursprünglich erwartet hatte. Die deutsche Seite versuchte die gewonnene Zeit für eine Revision der militärischen Vertragsbestimmungen zu nutzen[164], blieb dabei jedoch ohne Erfolg. Nach mehrfachem Drängen der Alliierten wurde das Ratifikationsprotokoll zum Versailler Vertrag schließlich am 10. Januar 1920 in Paris unterzeichnet und der Vertrag konnte am gleichen Tage in Kraft treten[165]. Der Waffenstillstandsvertrag vom 11. November 1918 wurde damit endlich hinfällig und die zahlreichen, im Friedensvertrag festgesetzten Fristen begannen zu laufen.

In diesem Sinne interpretierte zumindest Noske die praktischen Folgen des verzögerten Ratifizierungsverfahrens. Er bat nunmehr den Reichskanzler, sich in Verhandlungen mit der Interalliierten Militär-Kontroll-Kommission (IMKK) das Hinausschieben der Fristen für die Truppenreduzierung bestätigen zu lassen[166]. Noske wünschte, daß für den Abbau auf 200000 Mann bis zum 10. April 1920 Zeit blieb und erst bis zum 1. Juli 1920 auf 100000 Mann reduziert werden mußte. Tatsächlich erklärten sich die Alliierten[167] mit einer solchen Regelung dann einverstanden.

Infolgedessen fand bis zum Frühjahr 1920 eine Truppenverminderung im großen Stil nicht statt. Obwohl detailliertes Zahlenmaterial nicht vorliegt[168], darf angenommen werden, daß aufgrund der Möglichkeiten, welche die Entschädigungsgesetze boten, bis zum März 1920 nicht mehr als etwa 100000 Soldaten ihren Abschied nahmen.

163 Vgl. die Ausführungen von Reichskanzler Bauer ebda., Bd 330, 7. 10. 1919, S. 2879 f.

164 Vgl. Kabinett Bauer, S. 462, Anm. 3.

165 Schultheß EGK 1920 I, S. 2 ff. und II, S. 305 ff. Vgl. auch Kabinett Bauer, Nr. 144, S. 514, Anm. 4. Schriftstücke betreffend die Ratifikation des Versailler Vertrages in: Urkunden zum Friedensvertrage von Versailles vom 28. Juni 1919, zusammengestellt von Herbert Kraus und Gustav Rödiger, Bd 2, Berlin 1921, S. 859 ff.

166 Schreiben des Reichswehrministers an den Reichskanzler vom 14. 2. 1920. Auszug in: Kabinett Bauer, S. 610, Anm. 3.

167 Vgl. Mitteilung des Präsidenten des Obersten Rates, des britischen Premierministers Lloyd George, an die deutsche Reichsregierung vom 18. 2. 1920: Bis 10. 7. 1920 sollte das Heer auf die Friedensstärke von 100000 Mann verkleinert sein. Schultheß EGK 1920 II, S. 321.

168 Die Spezialstudie von Salewski, Entwaffnung, bietet eine ausführliche Schilderung der diplomatischen Aktivitäten, aber bedauerlicherweise keine Informationen über die faktische Durchführung der »Entwaffnung«, d.h. der Truppenverminderung.

Der Ergänzungshaushalt 1919 des Reiches ermöglichte für die Zeit bis zum 31. März 1920 die Besoldung von insgesamt 393 500 Mann[169]. Es muß davon ausgegangen werden, daß die Reichswehrführung die unerwartet eingetretene Rechtslage voll ausschöpfte, mit der konkreten Durchführung der militärischen Vertragsbedingungen zunächst einmal abwartete und daher auch die im Etat vorgesehenen Mittel in vollem Umfang in Anspruch nahm. Am 6. März 1920 folgte den vorbereitenden Befehlen der von Noske und Reinhardt gemeinsam unterzeichnete »Befehl für die Verminderung des Heeres auf 200 000 Mann zum 1. April 1920«[170]. Jetzt erst, ab Anfang März 1920, wurde also der Startschuß für die Zwangsentlassung gegeben. Er gehörte zu den direkten Auslösefaktoren des Kapp-Lüttwitz-Putsches vom 13. März 1920.

Da Reichswehrminister Noske die drastischen Reduzierungsvorschriften des Versailler Vertrages für ein Unglück hielt, kam ihm die Verzögerung des Ratifizierungsverfahrens, welche es ihm ermöglichte, im Winter 1919/20 noch keine größeren Reduzierungen vornehmen zu müssen, sehr gelegen. Noske wollte jedoch den Vertrag loyal ausführen. Es gibt keine Hinweise darauf, daß er, wie General Groener es dem Reichspräsidenten nahegelegt hatte, notfalls auch ohne Einverständnis der Entente durch passive Resistenz eine Verminderung verhindern wollte. Nach seiner Überzeugung waren Verhandlungen mit den Alliierten der Weg, auf dem man zu Zugeständnissen einer größeren Truppenstärke gelangen mußte.

Gleichwohl war Noske nicht völlig unschuldig daran, daß man seinen Loyalitätsbeteuerungen nicht überall glaubte. Wenn er beispielsweise im August 1919 die Stärke der Reichswehr mit 400 000 Mann angab[171], während die tatsächliche Stärke nach den Feststellungen des Reichswehrausschusses im preußischen Kriegsministerium wesentlich höher lag[172], so mußte dies bei Eingeweihten Fragen auslösen. Nicht

[169] Der von Noske im Herbst 1919 eingebrachte Haushalt sah für die Zeit vom 1. 10. 1919 bis zum 31. 3. 1920 eine Truppenstärke von 200 000 Mann vor. Allerdings gab es zugleich einen außerordentlichen Haushaltsteil, in dem ein weiterer Etat für eine Heeresverstärkung von 193 500 Mann vorgesehen war, so daß Noske bis zum Frühjahr 1920 insgesamt 393 500 Mann besolden konnte. Verhandlungen NV, Bd 339, Drucksache Nr. 1046, Anlg. V. Dies wurde vom Kabinett so gebilligt. Siehe Kabinett Bauer Nr. 62, Sitzung vom 13. 9. 1919, P. 8, S. 254.

[170] Befehl Noskes vom 6. 3. 1920: BA R 43 I/680, Bl. 100–108. Auszüge in: Kabinett Bauer, S. 611, Anm. 4. Vgl. auch die Kabinettsberatungen vom 24. 2. 1920, ebda., Nr. 172, P. 2, S. 610 f. Besonders folgenreich der anschließende Befehl Noskes vom 29. 2. 1920, der die Auflösung der bislang dem Reichswehrgruppenkommando 1 (Lüttwitz) unterstellten Marinebrigaden Ehrhardt und v. Loewenfeld zum 10. 3. 1920 zum Gegenstand hatte. Vgl. Noske, Kiel bis Kapp, S. 203.

[171] Verhandlungen NV, Bd 329, 18. 8. 1919, S. 2564. Ebenso Noske, Kiel bis Kapp, S. 173.

[172] Nach den Angaben des Reichswehrausschusses umfaßte die Vorläufige Reichswehr im Juni 1919 ca. 422 000 Köpfe. Hinzu kamen 123 000 Mann des noch nicht aufgelösten alten Heeres. Dies waren also insgesamt 545 000 Mann Landstreitkräfte. Vgl.

ganz ohne Grund mißtrauten sowohl die Kritiker der Reichsregierung auf der Linken als auch die auf diesem Gebiet besonders empfindlichen Franzosen den offiziell bekanntgemachten Daten.

Auf einer internationalen Sozialisten-Tagung in Luzern hatte der USPD-Politiker Artur Crispien Ende September behauptet, in Deutschland stünden noch 1,2 Millionen Mann unter Waffen[173]. In Frankreich wurde diese Behauptung von der linkssozialistischen Zeitung »Populaire« weiterverbreitet und von dem sozialistischen Politiker Jean Longuet in der französischen Nationalversammlung wiedergegeben[174], was das ohnehin ausgeprägte Mißtrauen gegen Deutschland zweifellos weiter verstärkte und in Frankreich, nach dem Urteil Scheidemanns[175], sogar eine »Panikstimmung« erzeugte.

Noske empfand diese hohen Zahlen über die in Deutschland angeblich noch vorhandenen Truppen als eine glatte Denunziation der deutschen Regierung[176], und von der sozialdemokratischen Presse wurden sie gar mit Landesverrat[177] in Zusammenhang gebracht. Vor der Nationalversammlung warf Noske den Unabhängigen vor, sie unterstellten, daß die Regierung heimlich rüste und die militärischen Bedingungen des Friedensvertrages nicht erfüllen wolle, und dies habe dazu geführt, daß Frankreich sich nicht dazu entschließen könne, die deutschen Kriegsgefangenen zurückzugeben, weil die französischen Politiker befürchteten, »sie könnten eine Vermehrung der deutschen Heeresmacht darstellen, von der man sich im Auslande noch eine total übertriebene Vorstellung macht«[178]. Reichskanzler Bauer[179] verwahrte sich ebenfalls entschieden gegen die Unterstellung, daß die Regierung »unter irgendeiner Maske« – sei es das Krümpersystem oder der vertragswidrige Ausbau der Einwohnerwehren – versteckte Vergrößerungen des Militärpersonals anstrebe.

Auf die Stärkeangaben von 1 Million Mann und darüber kamen die Unabhängigen, weil sie neben der Vorläufigen Reichswehr auch die

Kapitel VII/5, sowie Rau, Personalpolitik, S. 220 f. (Bericht des Reichswehrausschusses vom 25. 6. 1919). Die Marinesoldaten müßten noch hinzugerechnet werden.

173 Vgl. den Artikel »Unabhängig-Französische Waffenhilfe«, in: Vorwärts Nr. 501, 1. 10. 1919, Morgen-Ausgabe, S. 1; sowie den in der vorigen Anmerkung zitierten Bericht. Vgl. auch Noskes Ausführungen hierzu in: Verhandlungen NV, Bd 329, 18. 8. 1919, S. 2564.

174 Vorwärts Nr. 501, 1. 10. 1919, Morgen-Ausgabe, S. 1.

175 Verhandlungen NV, Bd 330, 7. 10. 1919, S. 2890.

176 Noske, Kiel bis Kapp, S. 173. Vgl. auch Noskes Ausführungen hierzu in: Verhandlungen NV, Bd 330, 9. 10. 1919, S. 2956.

177 Von »landesverräterischem Treiben« der Unabhängigen ist in diesem Zusammenhang die Rede in einem Artikel »Eine gemeingefährliche Denunziation«, in: Vorwärts Nr. 503, 2. 10. 1919, Morgen-Ausgabe, S. 1 f.

178 Noske anläßlich der 2. und 3. Beratung der Entschädigungsgesetze in: Verhandlungen NV, Bd 329, 18. 8. 1919, S. 2541.

179 Ebda., Bd 330, 7. 10. 1919, S. 2880.

Einwohnerwehren als Militärorganisationen betrachteten[180]. Völlig unrecht hatten sie damit nicht. Denn zweifellos handelte es sich bei den Einwohnerwehren um militärähnliche Gebilde, und ihre Kopfstärke war beträchtlich. Allein in Preußen sollen sich bis zum 1. Oktober 1919 etwa 600000 Freiwillige zum Eintritt in die Einwohnerwehren gemeldet haben[181]. Die in Bayern unter der Leitung des Forstrats Escherich[182] aufgestellten Einwohnerwehren verfügten bereits im August 1919 über einen Mitgliederbestand von rund 350000 Mann sowie über ein gigantisches Waffenarsenal[183]. Zwar boten diese Wehren kein einheitliches Bild – ihre Spannweite reichte von lokalen Bürgervereinigungen zum Selbstschutz bis zu echten paramilitärischen Formationen, die teilweise sogar mit schweren Infanteriewaffen ausgerüstet waren und daher neben polizeilichen auch militärische Aufgaben wahrnehmen konnten –, aber es war durchaus nicht abwegig, in ihnen den Ausdruck geheimer Rüstungen zu vermuten. Immerhin gab es auch enge Verbindungen zur Vorläufigen Reichswehr, und beim Reichswehrminister war eine Zentralstelle für Einwohnerwehren eingerichtet[184]. Noske selbst hatte wiederholt zum Eintritt in diese Wehren aufgerufen und sie dadurch im öffentlichen Bewußtsein mit seinem Namen verbunden. Schließlich war es eine unbestrittene Tatsache, daß der Nachtragshaushalt 1919 des Reichswehrministeriums[185] eine beträchtliche Summe für die Finanzierung der Einwohnerwehren enthielt.

Als die Durchführung der militärischen Bedingungen des Versailler Vertrages[186] im Frühjahr 1920 konkret angegangen wurde, sahen sich Noske und Reinhardt genötigt, sich öffentlich von jeder Beteiligung an den Einwohnerwehren zu distanzieren[187]. Dadurch verloren diese zwar formal ihren militärähnlichen Charakter, aber an ihrer militärisch organisierten Struktur und an ihrer Ausrüstung mit militärischem Gerät änderte sich nichts. Inoffiziell blieben auch die Verbindungen zu militärischen Stellen bestehen. Obwohl dic Interalliierte Militär-Kontroll-Kommission (IMKK) schon seit Dezember 1919 mehrfach verlangt hatte, die Einwohnerwehren und die Zeitfreiwilligen-

[180] Vgl. die Rede von Henke (USPD) ebda., 10. 10. 1919, S. 2997.
[181] Wohlfeil, Heer und Republik, S. 219.
[182] Vgl. Kapitel VIII/4 auch zur Zusammenarbeit von Noske und Escherich.
[183] Einzelheiten in: Nusser, Konservative Wehrverbände, S. 130–135; Hoegner, Verratene Republik, S. 219.
[184] Wohlfeil, Heer und Republik, S. 219.
[185] Siehe Verhandlungen NV, Bd 339, Drucksache Nr. 1046, Anlage V; sowie Kabinett Bauer, Nr. 62, 13. 9. 1919, P. 8, S. 254; und den Bericht über die Verhandlungen des Haushaltsausschusses in: Verhandlungen NV, Bd 339, Drucksache Nr. 1373.
[186] Hier: die Artikel 162, 177 und 178.
[187] Wohlfeil, Heer und Republik, S. 220, auch zum Folgenden.

Verbände aufzulösen[188], zog sich die Durchführung dieser Forderungen noch bis zum Jahre 1921 hin, als Noske längst nicht mehr im Amt des Reichswehrministers war.

Mit den Entschädigungsgesetzen versuchten Reichsregierung und Nationalversammlung die materielle, sozialpolitische Seite der erzwungenen Truppenverminderung zu lösen. Aber dies war nur ein Teil des Problems. Wie sich bereits im Herbst 1919 im Baltikum[189] zeigte – dort weigerten sich die Truppen, den Rückmarschbefehlen der Regierung Folge zu leisten, weil sie eine anschließende Entlassung fürchteten –, und wie dies im März 1920 während des Kapp-Lüttwitz-Putsches[190] noch sehr viel drastischer zum Ausdruck kam, war die zwangsweise Entlassung von Soldaten eine so brisante politische Aufgabe, daß darüber eine Regierung stürzen und die Republik selbst in Gefahr geraten konnte.

Was manche Politiker schon im Sommer und Herbst 1919 ahnten, wurde später für jedermann augenfällig: Truppenreduzierung hatte eine durchaus andere Qualität als beispielsweise die Massenentlassung von Arbeitnehmern im industriellen Bereich. Hier konnten die Gewerkschaften mit ihren spezifischen, friedlichen Kampfmitteln Druck ausüben, um Arbeitsplätze zu erhalten, oder um aufgetretene Härten auf andere Weise zu mildern. Dort, bei der zwangsweisen Verminderung von Militärpersonal, bestand die reale Gefahr, daß sich die von der Entlassung bedrohten Soldaten auf ihre berufsspezifischen Machtmittel besannen, nämlich auf die Waffen, und sie unter Umständen gegen diejenigen richteten, von denen sie glaubten, daß sie für den Verlust ihres ›militärischen Arbeitsplatzes‹ verantwortlich seien. Hat Noske diese Dimension des Problems, das mit der Truppenreduzierung auf ihn zukam, erkannt?

Am 26. Juli 1919 ging Noske im Plenum der Nationalversammlung erstmals auf diese Frage ein[191]. Es sei ihm bewußt, führte er aus, daß die bevorstehende Truppenreduzierung »keine leichte Aufgabe« sei: »Das wird noch manche Friktion, manche Schwierigkeiten geben. Ich bin mir vollständig im Klaren: Es wird weder in Ostpreußen noch in Oberschlesien absolut glatt und reibungslos gehen. Die Truppe, die in den ersten Novembertagen wie Hartglas auseinandersprang und die wir notdürftig jetzt erst wieder formiert haben, die spielt nicht so, wie wir das von dem alten militaristischen Instrument gewohnt waren. Deswegen wird dabei – darüber bin ich mir vollständig klar – noch

188 Vgl. Note der Entente betr. die Auflösung der Sicherheitsorganisationen vom 1. 12. 1919. In: Schultheß EGK 1919 II, S. 606 f. Zu den Aufgaben des IMKK vgl. Wohlfeil, Heer und Republik, S. 188 f.

189 Vgl. im einzelnen Kapitel X/4.

190 Vgl. im einzelnen Abschnitt XI.

191 Verhandlungen NV, Bd 328, 26. 7. 1919, S. 1975.

manche Unebenheit, die eine oder andere unerfreuliche Erscheinung zutage treten.« Im übrigen zweifle er nicht daran, daß es ihm gelingen werde, mit der Truppe ein Instrument aufrechtzuerhalten, das nach wie vor das Maß von Ordnung und Sicherheit im Lande garantieren werde, »ohne das wir nicht leben können«.

Diese Ausführungen des Reichswehrministers lassen erkennen, daß er die Schwierigkeiten nicht unterschätzte, die er bei der Durchführung der Truppenverminderung bewältigen mußte. Er betrachtete die Vorläufige Reichswehr keineswegs als eine Truppe, die bereits zur alten Disziplin zurückgefunden hatte, sondern er war sich, wie er rückblickend bejahte, bewußt, daß dieses bunte »Gemisch von Freikorps und wieder aufgefüllten alten Formationen«, die zum Teil »mehr oder weniger wild« entstanden und dann wegen der inneren Wirren dauernd umhergezogen waren, einen Charakter herausgebildet hatten, der »allmählich zu einer Gefahr wurde«[192].

Bereits vor seiner erwähnten Parlamentsrede hatten führende Militärs den Reichswehrminister davon in Kenntnis gesetzt, daß sie, anders als Noske, einen Abbau der Truppen überhaupt verhindert sehen wollten. General von Lüttwitz[193], der sich wieder einmal zum Sprecher dieser Offiziere machte, wollte zwar den Eindruck vermieden wissen, »als ob eine militärische Kamarilla lediglich aus Eigennutz und ohne zwingende politische Notwendigkeit die Erhaltung eines unnötig starken Heeres erstrebe«, aber im Kern handelte es sich um eben dieses: die Furcht der Generäle, daß die Verminderung der Truppen den Verlust der eigenen Machtposition mit sich bringen würde. Die Tatsache, daß Lüttwitz seine »Argumente« gegen die Truppenverminderung nicht nur dem Reichswehrminister, sondern auch dem Reichspräsidenten, dem Reichskanzler, dem preußischen Kriegsminister und den obersten militärischen Kommandobehörden zuleitete, stellte an sich schon ein unzulässiges Druckmittel dar. Noch bedenklicher war jedoch der drohende Unterton, mit dem Lüttwitz an die verantwortlichen Politiker schrieb, schon jetzt würden »Bedingungen« und scharf ausgesprochene »Forderungen« an den Reichswehrminister herangetragen; wenn aber erst einmal die wirkliche Auflösung von Verbänden beginne, dann, prophezeite der General, »ist der Weg zur glatten Weigerung mit allen ihren Folgen nicht mehr weit«. Noch war dies eher eine Vorwarnung als eine konkrete Drohung, und Lüttwitz beschränkte sich daher vorläufig auf die an die Adresse der Regierung gerichtete

192 Noske, Kiel bis Kapp, S. 169. Ebda. bemerkt Noske, er habe diese Gefahr »nie ganz gering eingeschätzt«. Eben hieran entzündete sich jedoch im Herbst 1919 die Kritik an Noske, dem vorgeworfen wurde, er unterschätze die von seiner reaktionären Truppe ausgehenden Gefahren. Vgl. dazu Kapitel X/5.

193 Schreiben des Generals v. Lüttwitz an Reichswehrminister Noske vom 25. 7. 1919. Text in: Kabinett Bauer, Nr. 32, S. 141–143.

Forderung, in Verhandlungen mit den Alliierten eine Verlängerung der Abbaufrist zu erreichen.

Noske antwortete Lüttwitz seinerzeit, es werde zwar alles versucht werden, die militärischen Bestimmungen zu mildern, aber auf einen Erfolg diesbezüglicher Verhandlungen dürfe nicht gebaut werden[194]. Als Lüttwitz' Schreiben in der Öffentlichkeit bekannt wurde, stellte sich Noske[195] vor den General, indem er noch einmal bekräftigte, daß auch er, Noske, die Verringerung als »außerordentlich bedenklich« einschätze. Daß es in der Folgezeit dann tatsächlich – wenngleich, wie geschildert, aus anderen Gründen – zu einer zeitlichen Verschiebung der Reduzierungstermine kam, verschob sich auch der Beginn jener Entwicklung, vor der General Lüttwitz gewarnt hatte, nämlich die »glatte Weigerung mit allen ihren Folgen«.

Schließlich ist zu fragen, ob Noske die Möglichkeiten gesehen und genutzt hat, die im Abbau der Streitkräfte für den Aufbau eines sehr viel kleineren Heeres lagen, d.h. in erster Linie die einmalige Chance, sich wenigstens jetzt der republikfeindlichen Elemente in der Reichswehr zu entledigen und ein militärisches Instrument aufzubauen, das der Republik verpflichtet war.

Mehrfach kam Noske im Herbst 1919 in öffentlichen Reden auf die Grundsätze der Personalauswahl für das künftige 100000-Mann-Heer zu sprechen. In einer aufsehenerregenden Rede vor Vertretern der Berliner Großbetriebe[196] erläuterte er, wie er bei der schwierigen Aufgabe, aus etwa 20000 Offizieren 4000 für die Reichswehr auszuwählen, zu verfahren gedachte: »In erster Linie werden die Offiziere berücksichtigt, die in den Januar-März-Kämpfen ihren Mann gestanden haben [...] Die Auswahl wird ferner nach den Verdiensten getroffen, die sich die Offiziere während des Krieges erworben haben. Von jedem Offizier wird außerdem ein Vermögensnachweis verlangt. Unbemittelte werden Bemittelten vorgezogen.« Besonders das letztgenannte, soziale Kriterium der Personalauswahl brachte Noske in die Schußlinie der politischen Rechten, zumal er wenig später in einer sozialdemokratischen Funktionärskonferenz in Berlin[197] in Aussicht stellte, aufgrund dieser Kriterien werde es künftig ein »bettelarmes Offizierkorps« geben, »das mit seiner Existenz an die Sicherheit des Landes und an die Festigkeit der Regierung gebunden ist«.

194 Schreiben Noskes an Lüttwitz vom 25. 8. 1919. Auszug ebda., S. 143, Anm. 7.

195 Verhandlungen NV, Bd 330, 9. 10. 1919, S. 2955 f.; zuvor hatte das Organ der Unabhängigen, »Freiheit« einen Artikel mit der Überschrift »Lüttwitz will nicht abrüsten« publiziert.

196 Ausführliche Wiedergabe dieser Rede Noskes unter dem Titel »Noske über die Gefahr von rechts«, in: Vorwärts Nr. 481, 20. 9. 1919, Morgen-Ausgabe, S. 2 f.

197 Rede Noskes am 28. 9. 1919 vor etwa 500 Funktionären der MSPD Groß-Berlins. Ausführliche Wiedergabe der Rede ebda. Nr. 497, 29. 9. 1919, Morgen-Ausgabe, S. 1, mit der Überschrift »Einstimmiges Vertrauensvotum für Noske«.

In der Rechtspresse riefen diese Ausführungen einen Sturm der Entrüstung hervor. Der verabschiedete General Ludendorff[198] empörte sich, Noske habe »die Ethik des Offiziers nie verstanden«, der »wirkliche Herr Noske« sei letztlich eben doch ein Parteimann; nun entlasse er die Offiziere, »wie es ihm einfällt«, und er wolle »die Bettelarmut als Bindeglied zwischen Offizierkorps und Regierung« einführen, den Gehorsam durch die bittere Not erzwingen; das also sei, so Ludendorff, »die sozialdemokratische Dankbarkeit und Lebensphilosophie, [...] die Dankbarkeit und Philosophie des Reichswehrministers, der für das deutsche Offizierkorps zu sorgen hat«.

Der sozialdemokratische »Vorwärts« wertete diese Angriffe als »gemeingefährliche, zermürbende Hetze«, die den Zweck verfolge, zwischen den Reichswehrminister und die Reichswehr einen Keil zu treiben[199]. So richtig dies war: Noch schwerwiegenderen Schaden mußte die von Ludendorff und anderen erweckte Vorstellung nach sich ziehen, als sei die bevorstehende Truppenverminderung nicht etwa die Folge des Friedensvertrages und damit des Ausgangs des Weltkrieges, den auch Ludendorff mit zu verantworten hatte, sondern eine aus Undankbarkeit resultierende Schikane der sozialdemokratisch geführten Reichsregierung[200]. Die Rechten taten so, als ob es der Regierung freigestanden hätte, die Truppenverminderung zu vollziehen oder nicht durchzuführen.

Die öffentlich hochgespielte Kontroverse über Noskes Vorstellungen von einem »bettelarmen Offizierkorps« war darüber hinaus geeignet, den Tatbestand zu verdecken, daß das von Noske genannte soziale Kriterium – »die reicheren Offiziere kann ich eher entlassen« als die armen[201] – nur eines von mehreren war. Tatsächlich erfolgte die Personalauswahl nach Richtlinien, in denen nicht allein die soziale Situation ausschlaggebend war, sondern in denen Tüchtigkeit und Fähigkeit die entscheidende Rolle spielten. Anders, als Noske es gewollt hatte, wurden schließlich nur wenige »arme Frontoffiziere«[202] in die

198 Der Artikel Ludendorffs »Zwei Welten«, erschienen in der deutsch-nationalen Presse, wurde auszugsweise nachgedruckt ebda., Nr. 504, 2. 10. 1919, Abend-Ausgabe, S. 2, Artikel »Ludendorff gegen Noske«.

199 Artikel von Bernhard Rausch, »Thersites Ludendorff«, ebda., Nr. 524, 13. 10. 1919, S. 1 f.

200 So auch Wohlfeil, Heer und Republik, S. 96.

201 So Noske in der o. a. Rede vom 28. 9. 1919, Vorwärts Nr. 497, 29. 9. 1919, Morgen-Ausgabe, S. 1. Gefallen an Noskes Vorstellungen fand damals übrigens der demokratische Student Gustav W. Heinemann. Er wandte sich in einem Presseartikel »Zwei Welten«, veröffentlicht in der »Hessischen Landeszeitung« vom 8. 10. 1919, gegen Ludendorff. Wiederabdruck des Artikels in: Gustav W. Heinemann, Es gibt schwierige Vaterländer... Reden und Aufsätze 1919–1969. Hrsg. v. Helmut Lindemann, Frankfurt/M. 1977, S. 11 f.

202 Formulierung aus Noskes o. a. Rede vom 28. 9. 1919.

Reichswehr übernommen, während der Prozentsatz der Generalstabsoffiziere überproportional hoch war[203].

Bei allen Reden, in denen sich Noske im Herbst und Winter 1919 mit der Frage der militärischen Personalpolitik auseinandersetzte, fällt durchgängig das Fehlen republikanischer Auswahlkriterien auf. Noske blieb auch jetzt bei seinem Grundsatz, daß Äußerungen reaktionärer Gesinnung von Angehörigen der Reichswehr nicht überbewertet werden dürften, und daß auch mit solchen Offizieren eine loyale Zusammenarbeit möglich war. Diese Ansicht hatte er im Plenum der Nationalversammlung Ende Juli 1919[204] folgendermaßen erläutert: »Ich kann es verstehen, daß die Offiziere, die in monarchischer Anschauung alt und grau geworden sind, nicht in 24 Stunden umlernen. Wenn die Herren zu mir gekommen wären und hätten sich als Republikaner oder gar als Sozialdemokraten präsentiert, so würde ich sie mit dem denkbar tiefsten Mißtrauen angesehen haben. Es ist mir sehr viel lieber, daß die Offiziere offen und ehrlich erklären: Wir können nicht so rasch umlernen –, oder: Wir bleiben bei unserer ehrlichen Überzeugung, aber wir stellen uns loyal auf den Boden, daß wir unsere Pflicht als Soldaten tun. Mehr kann ich billigerweise von den Offizieren nicht verlangen.«

Im September 1919 erklärte Noske[205], die zunehmende Kritik an seiner Politik aus den Reihen seiner eigenen Partei aufnehmend, die obere Truppenführung stehe »absolut loyal« hinter ihm und von den Heerführern, die ein politisch unliebsames Aufsehen erregt hätten, sei keiner mehr im Dienst; gleiches gelte für die Marine. Obwohl Noske hätte wissen müssen, was von Offizieren wie dem General von Lüttwitz oder dem Admiral von Trotha zu halten war, behauptete er kategorisch, es könne keinen Zweifel an der »unbedingten Zuverlässigkeit« der noch in der Reichswehr verbliebenen Generale und Admirale geben. Noske konzedierte lediglich, »daß sich in den unteren Führerstellen noch eine Anzahl kurzsichtiger Heißsporne befindet, die lieber heute als morgen losbrausen möchten«.

Zur Rechtfertigung dieser Personalpolitik entwickelte er nun sogar – ein für den Theoriegegner Noske seltener und daher bemerkenswerter Vorgang – so etwas wie eine historisch-politische Philosophie[206]: Es

203 Wohlfeil, Heer und Republik, S. 97. Darauf hatten die Generale Groener und v. Seeckt seit langem hingearbeitet. Siehe den Brief Groeners an Noske vom 24. 8. 1919, und den Brief Seeckts an Noske vom 30. 8. 1919, beides: BA-MA N 247/67, Bl. 14–19.

204 Verhandlungen NV, Bd 328, 26. 7. 1919, S. 1974.

205 Rede Noskes vor Vertretern der Berliner Großbetriebe am 19. 9. 1919. Zitiert nach der Wiedergabe in: Vorwärts Nr. 481, 20. 9. 1919, Morgen-Ausgabe, S. 2 f., Artikel »Noske über die Gefahr von rechts«.

206 Ebda.; kritisch kommentiert in: Die Freiheit, Nr. 456, 20. 9. 1919, Abend-Ausgabe, S. 1, Artikel »Es gibt keine Gegenrevolution!«

sei, meinte er, ein Fehler der französischen Revolution gewesen, daß sie die Vertreter des alten Regimes zuerst fast restlos über Bord warf. Dadurch habe sie sich ein Heer verzweifelter und entschlossener Gegenrevolutionäre geschaffen, die ihr zum Verhängnis wurden. »Unsere Kunst muß gerade darin bestehen, die brauchbaren Elemente des alten Regimes an uns zu fesseln.«

Was im Januar 1919 aus der Stunde der Not geboren war – und wozu es nach Noskes Überzeugung keine Alternative gegeben hatte[207] –, nämlich der Rückgriff auf die »kaiserlichen« Offiziere, wurde nun also zu einem großen historischen Lehrstück zu stilisieren versucht. Es kann keinen Zweifel geben, daß Noske mit dieser These seiner festen Überzeugung Ausdruck gab und nicht etwa nur einen raffinierten Rechtfertigungstrick vorführte. Noske glaubte an die Zusammenarbeit mit den monarchistischen Offizieren und sah die Vertrauensbasis zwischen ihm und ihnen nach wie vor als gesichert an. Infolgedessen stellte sich die Frage, ob die durch den Versailler Vertrag erzwungene Massenentlassung von Offizieren die Chance bot, frühere personalpolitische Fehlentscheidungen zu korrigieren und wenigstens jetzt dem Kriterium republikanischer Zuverlässigkeit Geltung zu verschaffen, für den Reichswehrminister gar nicht in dieser Weise. Er glaubte, daß er in der Vergangenheit richtig gehandelt hatte und daß es daher keine Notwendigkeit gab, das Steuer herumzureißen. So war es fast zwangsläufig, daß auch die zweite und letzte Chance, »alle republikfeindlichen Elemente rücksichtslos auszuscheiden und nur Offiziere in den Dienst des Staates zu übernehmen, die [...] bereit waren, sich auf den Boden der Tatsachen zu stellen«[208], die also, wenn schon nicht aus innerer Überzeugung, so doch zumindest als »Vernunftsrepublikaner« der neuen Staatsordnung dienen wollten, wiederum vergeben wurde.

Es ist gesagt worden, dieses Versäumnis sei maßgeblich auf die »Konzeptionslosigkeit und politische Blindheit des Reichswehrministers« zurückzuführen[209], der fast uneingeschränkt seinen auf den festgelegten alten Bahnen eingefahrenen militärischen Beratern vertraut habe und sich dazu noch von den Offizieren, die sich als Republikaner bekannten, abwandte. Tatsächlich ist ein derartiges Urteil nur teilweise berechtigt. Denn es war eben keine Konzeptionslosigkeit, sondern es war Noskes Konzeption, es war sein Verständnis von der »Kunst« zeitgemäßer Militärpolitik, das ihn der pragmatischen, aber politisch gefährlichen Maxime folgen ließ, »die brauchbaren Elemente des alten Regimes« an das neue »zu fesseln«.

Die praktischen Folgen dieser Politik waren verheerend, da die mon-

[207] Zur Kritik vgl. Kapitel VI/4 und 7.
[208] Wohlfeil, Heer und Republik, S. 168.
[209] Ebda., S. 169.

archistischen Offiziere die Reduzierung der Vorläufigen Reichswehr zunächst auf das 200000-Mann-Übergangsheer und dann auf das 100000-Mann-Friedensheer dazu benutzten, sämtliche republikanisch gesinnten Offiziere zu eliminieren. Einige von ihnen – darunter die Leutnante Paul Hahn, Julius Leber und Alfred Vagts – resignierten angesichts dieser Rückwärtsentwicklung und nahmen von sich aus den Abschied. Da das Personalamt der Reichswehr den Regiments- und Bataillonskommandeuren die im allgemeinen verbindliche Vorentscheidung bei der Offizierauswahl überließ, war gewährleistet, »daß das Offizierkorps des Reichsheeres politische Homogenität im Sinne eines Bekenntnisses zu vorrepublikanischen, obrigkeitsstaatlich und undemokratisch strukturierten Staats- und Gesellschaftsideen bewahrte«[210].

Ein Stück weit haben die Siegermächte des Ersten Weltkrieges zu dieser Negativentwicklung beigetragen, indem sie die allgemeine Wehrpflicht verboten. Sie taten dies, weil insbesondere der britische Premierminister Lloyd George und der französische Ministerpräsident Clémenceau in der Wehrpflicht die Wurzel jenes als »preußischer Militarismus« apostrophierten Übels erblickten. Gerade von den deutschen Sozialdemokraten wurde das Verbot der Rekrutierung durch allgemeine Wehrpflicht als besonders schmerzlich empfunden, da sie in dieser Maßnahme eine schwerwiegende Bedrohung ihrer traditionellen Vorstellungen von einer demokratischen Wehrstruktur erblickten. Seit Friedrich Engels, der sich hierzu im Jahre 1865 geäußert hatte[211], sahen die Sozialdemokraten in der allgemeinen Wehrpflicht ein Pendant zum allgemeinen Wahlrecht. Die Wehrpflicht galt seitdem als »spezifische Heeresorganisation der Demokratie« und als die Voraussetzung für ein wirkliches »Volksheer«, das allein als zuverlässiges und wirksames Instrument der Landesverteidigung angesehen wurde[212]. Viele Sozialdemokraten wünschten daher in der Umbruchsphase vom Kaiserreich zur Weimarer Republik kein Berufsheer, sondern ein Milizsystem[213] auf der Grundlage der allgemeinen Wehrpflicht und einer kurzen Dienstzeit. Wenn Gustav Noske 1919 mehrfach öffentlich monierte, er müsse sich wider Willen mit einem »Söldnerheer mit allen seinen Mängeln«[214] abfinden, so geht daraus hervor, daß selbst er viel lieber eine Wehrpflichtarmee geschaffen hätte.

210 Ebda., S. 169 f.

211 Friedrich Engels, Die preußische Militärfrage und die deutsche Arbeiterpartei (1865). In: MEW, Bd 16, S. 72.

212 Vgl. den Artikel von Bernhard Rausch, Auf dem Wege zur Abrüstung? In: Vorwärts Nr. 414, 15. 8. 1919, Morgen-Ausgabe, S. 1 f.

213 Ebda.

214 Noske, Kiel bis Kapp, S. 173. In einer Rede am 14. 9. 1919 vor dem Dresdener Parteitag der Sozialdemokratie Sachsens sagte Noske: »Das deutsche Heer der Zukunft ist nach dem Machtwort der Entente ein Söldnerheer, das wir hinnehmen müssen mit allen seinen Schwächen.« Nach dem Bericht »Noskes Rede in Dresden«, in: Vorwärts Nr. 472, 15. 9. 1919, Abend-Ausgabe, S. 2.

4. Militärrevolte im Baltikum

Im Sommer 1919 befanden sich deutsche Freikorps in einer Stärke von etwa 40000 Mann im Baltikum. Als sie erfuhren, daß die Reichsregierung entschieden hatte, das Baltikum binnen weniger Wochen zu räumen und die Truppen nach Westen abzutransportieren, kam es am 24. August zu einer regelrechten Militärrevolte. Die im lettischen Mitau stationierten deutschen Truppen verweigerten der Reichsregierung den Gehorsam[215]. Reichspräsident Ebert, Reichskanzler Bauer, Reichswehrminister Noske sowie der Nationalversammlung wurde telegraphisch mitgeteilt: »Sämtliche reichsdeutsche Truppen, durch ihre Abgeordneten[216] heute hier in Mitau vertreten, haben beschlossen, hier im Lande zu bleiben. Sie wollen Erfüllung der Versprechen des Bürgerrechts und der Ansiedlung, haben ihre Führer um Unterstützung gebeten und sind bereit, weiter als Vorposten die Heimat, besonders Ostpreußen, vor dem Bolschewismus zu schützen. Wir bitten und erwarten, daß die Regierung von Erwägungen und Erörterungen, die unserer Kommission in Aussicht gestellt sind, unverzüglich zur Wahrung unserer Rechte übergeht und durch die Tat beweist, daß ihr die versprochene Seßhaftmachung des Soldaten auf eigener Scholle ernst ist«[217]. Am Abend desselben Tages verübten empörte deutsche Freikorps-Angehörige sowie in weißrussischen Diensten stehende deutsche Soldaten in Mitau schwere Ausschreitungen[218]. Sie plünderten die lettische Kaserne und das Haus der englischen Mission.

Mit dieser spektakulären Gehorsamsverweigerung samt ihren gewalttätigen Begleiterscheinungen geriet ein Konflikt in den Blickpunkt der deutschen Öffentlichkeit, der, wie Eingeweihte wußten, seit langem im Anzug war und der nun der Autorität der Reichsregierung schweren Schaden zuzufügen drohte.

Vor einer besonderen Bewährungsprobe stand Noske. Wenige Tage zuvor, am 20. August 1919, war ihm vom Reichspräsidenten der Oberbefehl über die gesamten Streitkräfte des Reichs übertragen worden[219], also auch über die Truppen des Grenzschutzes Ost, zu denen die Freikorps im Baltikum gehörten. Nun stellten die »Baltikumer« den

[215] Schultheß EGK 1919 I, S. 400. Vgl. auch: Die Kämpfe im Baltikum nach der zweiten Einnahme von Riga, Berlin 1938, S. 59–61, fortan zit.: Kämpfe im Baltikum. Ebda., S. 69, wird »der formale Verstoß gegen die Unterordnung« als durch das »Gesetz der Vaterlandsliebe« gerechtfertigt dargestellt.

[216] Gemeint sind gewählte Vertreter der Truppen, die sich zu einer Delegiertenversammlung trafen.

[217] Schultheß EGK 1919 II, S. 333. Kämpfe im Baltikum, S. 64.

[218] Ebda.; vgl. auch den Bericht »Das Haus der englischen Vertretung in Mitau geplündert« in: Vorwärts Nr. 445, 1. 9. 1919, Morgen-Ausgabe, S. 1; Kämpfe im Baltikum, S. 61.

[219] HVBl 1919, S. 1 f.

Reichswehrminister vor eine bislang nicht dagewesene Herausforderung.

Nach Bekanntwerden der Militärrevolte gab die Reichsregierung eine Erklärung[220] heraus, welche offenbarte, wie hilflos man in Berlin den Vorgängen im Baltikum zunächst gegenüberstand. Die Regierung stellte fest, daß sie »Verständnis für die Mißstimmung« habe, die unter den Freiwilligen herrschte, weil diese sich nur wegen der Aussicht auf Ansiedlung im Baltikum hatten anwerben lassen. Fast entschuldigend fügte die Regierung hinzu, daß sie nicht die Machtmittel habe, die Wünsche der Truppen zu befriedigen, da sie verpflichtet sei, den Friedensvertrag zu erfüllen und deshalb mit Nachdruck auf der schleunigsten Räumung des Baltikums bestehen müsse. Sie erwarte von den im Baltikum kommandierenden Truppenführern, daß sie ihre Soldaten über die verhängnisvollen Folgen ihrer Disziplinlosigkeit aufklären und zum Gehorsam zurückbringen werden.

Der damit angesprochene Befehlshaber der Baltikum-Truppen, General von der Goltz, erließ daraufhin einen Korpsbefehl, in dem er die Widersetzung der Truppen gegen den Befehl der Reichsregierung mißbilligte[221]. Tatsächlich aber war Goltz[222] an der Entwicklung, die sich nun in einer Revolte entladen hatte, selbst maßgeblich beteiligt gewesen, und Noske wurde daher aufgefordert, diesen General unverzüglich aus Kurland abzuberufen[223]. Der Reichswehrminister lehnte diese Maßnahme jedoch ab[224].

Wie dem erwähnten, an Noske und andere verantwortliche Politiker gesandten Telegramm zu entnehmen ist, verstanden sich die Baltikum-Truppen als »Vorposten der Heimat«, der die Aufgabe erfüllte, das Reich, besonders Ostpreußen, »vor dem Bolschewismus zu schützen«[225]. Gleichzeitig machten sie angeblich wohlerworbene Rechte gel-

[220] Schultheß EGK 1919 II, S. 333. Danach handelte es sich um eine halbamtliche Meldung von WTB.

[221] Ebda., S. 333 f.; Text des Korpsbefehls abgedruckt in: Vorwärts Nr. 445, 1. 9. 1919, Morgen-Ausgabe, S. 1. Goltz verurteilte die Ausschreitungen als »gemeine Plünderungssucht« und gab dem Gouverneur von Mitau den Befehl, auf Plünderer rücksichtslos schießen zu lassen.

[222] Zu den weitreichenden politischen Zielsetzungen des Generals v. d. Goltz vgl. Guth, Loyalitätskonflikt, S. 165–177. Wie dort dargelegt wird, war G. grundsätzlich gegen eine Räumung des Baltikums, da er von diesem aus einen aktiven Kampf gegen das bolschewistische Rußland führen wollte, um nachher mit den Kräften des alten, zaristischen Rußland zu einem Büdnis zu gelangen. Ein mit Rußland verbündetes Deutschland würde, glaubte er, den Versailler Vertrag unterlaufen können.

[223] Vgl. »Die Militärrevolte im Baltikum«. In: Vorwärts Nr. 441, 29. 8. 1919, Abend-Ausgabe, S. 1 f.

[224] Die Abberufung v. d. Goltz' wurde vom Kabinett am 25. 9. 1919 gegen die Stimme Noskes beschlossen. Siehe: Kabinett Bauer, Nr. 67, S. 270.

[225] Vgl. hierzu auch den Aufruf »An das deutsche Vaterland und an alle Kulturvölker der Erde«, verfaßt von dem Freikorpsführer Kapitän zur See Siewert. Text in: Kämpfe im Baltikum, Anlg. 1, S. 193 f. Der Aufruf wurde Ende August Noske vorgelegt (ebda., S. 66 f.).

tend, besonders das Recht auf Ansiedlung in den baltischen Staaten. Hier deutete sich an, worum es in diesem Konflikt im Kern ging: Die Freikorps-Soldaten im Baltikum fühlten sich durch den Rückmarschbefehl der Reichsregierung um die Aussicht betrogen, sich dort eine neue Existenz als »Wehrbauern« schaffen zu können. Sie befürchteten, der Abtransport in die Heimat sei Bestandteil der Demobilmachung und werde für die meisten von ihnen die Entlassung nach sich ziehen und sie damit in eine ungewisse Zukunft hineinstoßen[226]. Ihre Gehorsamsverweigerung war insoweit eine Protesthandlung gegen die bevorstehende Demobilisierung.

Die verantwortlichen Politiker haben dies sogleich richtig erkannt. Reichsaußenminister Hermann Müller, der die internationalen Schwierigkeiten vorhersah, die sich aus der Militärrevolte deutscher Truppen jenseits der Reichsgrenzen ergeben mußten, interpretierte die Ereignisse im Baltikum als einen Teil des größeren Problems, das die Regierung mit der Truppenreduzierung zu lösen hatte: »Die letzten Vorgänge waren vorauszusehen von jedem, der die Dinge kannte. Wenn jetzt die Reichswehr im Lande selbst demontiert[227] wird, so halte ich es für gar nicht ausgeschlossen, daß sich mitten in Deutschland Vorgänge wie in Mitau wiederholen. Als die Demontierung der Reichswehr in diesem Umfange vorgeschrieben wurde, mußten wir uns klar darüber werden, was das bedeutet, und wir mußten mit solchen Zwischenfällen rechnen.« Jetzt müsse man, so Müller, von der Tatsache ausgehen, daß ein großer Teil der Baltikum-Truppen »aus dem Lande einfach nicht herausgehen will«, obwohl er seit seinem Amtsantritt als Reichsaußenminister im Juni 1919 schon aus außenpolitischen Gründen darauf gedrängt habe, daß die Truppen so schnell wie möglich abtransportiert würden[228].

Wie die Forderungen der Truppen in Mitau und die Reaktionen der Reichsregierung zeigten, verbarg sich hinter den Vorgängen im Baltikum eine vielschichtige Problematik mit einer komplizierten Vorgeschichte. Um sie zu verstehen, muß man bis zu jener Phase des Ersten Weltkrieges zurückgreifen, in der Rußland nach dem Sieg der Oktoberrevolution aus dem Krieg ausschied. Im Frieden von Brest-Litowsk (3. März 1918) diktierte Deutschland der Sowjetregierung die Abtretung der russischen Westprovinzen. Das Baltikum blieb seitdem von deutschen Truppen besetzt. Nachdem der Brest-Litowsker Gewaltfrieden durch den Waffenstillstand von Compiègne (11. November 1918)

226 Vgl. die Forderungen des Führers der Eisernen Division, Major Bischoff, von Ende August 1919. Auszugsweise wiedergegeben ebda., S. 62 f.

227 Gemeint ist: reduziert, vermindert.

228 MSPD-Parteiausschußsitzung am 28./29. 8. 1919 in Berlin. Protokoll S. 21 f., AdsD, Mikrofilm. Vgl. auch Hermann Müllers Rede in: Verhandlungen NV, Bd 328, 23. 7. 1919, S. 1856.

für ungültig erklärt wurde, hätte das Baltikum, wäre es nur nach der völkerrechtlichen Lage gegangen[229], an die Sowjetunion zurückgegeben werden müssen. Doch sowohl die deutsche Regierung als auch die westlichen Siegermächte[230] hatten ein Interesse daran, daß die deutschen Besatzungstruppen zumindest vorübergehend im Baltikum blieben, da sie eine Rückgabe der ehemaligen russischen Westprovinzen an das sowjetische Rußland ablehnten und eine Rückeroberung durch die Rote Armee befürchteten. Die deutschen Truppen standen also mit Billigung der westlichen Siegermächte im Baltikum, faktisch in der Funktion alliierter Hilfstruppen.

Unter Berufung auf das Selbstbestimmungsrecht der Völker, das der amerikanische Präsident Wilson in seinen 14 Punkten zur Grundlage einer künftigen Friedensregelung gemacht sehen wollte, arbeiteten der Rat der Volksbeauftragten und später die Regierung Scheidemann auf die Bildung selbständiger baltischer Republiken hin[231]. Noch im November 1918 ernannte Ebert den sozialdemokratischen Politiker August Winnig, der wegen seiner nationalen und ordnungspolitischen Überzeugungen später häufig mit Noske verglichen wurde, zum deutschen Generalbevollmächtigten für die baltischen Lande und erteilte ihm den Auftrag, eine schrittweise Übergabe der Verwaltung aus den Händen der deutschen Militärbehörden in die der provisorischen Regierungen der künftigen Republiken Estland und Lettland vorzubereiten[232]. Als die Staatsgründungen dann erfolgten, wurde Winnig deutscher Gesandter bei der estnischen und der lettischen Regierung. Diese vermochten sich jedoch vom deutschen Einfluß vorerst nicht abzutrennen. Da sie zunächst über keine eigenen Streitkräfte verfügten, aber sowohl eine bolschewistische Revolution im Innern als auch ein Vordringen der sowjetischen Roten Armee befürchteten, sahen sie sich trotz des Hasses gegen die Deutschen, der sich während der Besatzungszeit angesammelt hatte[233], genötigt, das Deutsche Reich vorübergehend um Waffenhilfe zu bitten. Die Anwesenheit deutscher Soldaten entsprach also zumindest teilweise auch dem Wunsch der neugegründeten baltischen Republiken.

Bei diesen Truppen handelte es sich jedoch nur noch zu einem geringen Teil um jene Soldaten, die bei Kriegsende im Baltikum als Be-

229 Diese Rechtsauffassung vertrat u.a. der USPD-Politiker Hugo Haase am 27. 12. 1919 im Rat der Volksbeauftragten. Siehe: Regierung der Volksbeauftragten, Bd 2, S. 51.

230 Vgl. Artikel XII der alliierten Waffenstillstandsbedingungen.

231 Hans Erich Volkmann, Das Deutsche Reich und die baltischen Staaten 1918–1920. In: Von den baltischen Provinzen zu den baltischen Staaten. Beiträge zur Entstehungsgeschichte der Republiken Estland und Lettland 1918–1920, Marburg/Lahn 1977, S. 380 f.; fortan zit.: Volkmann, Deutsches Reich und baltische Staaten.

232 Ebda., S. 383.

233 Vgl. Hugo Haase in: Verhandlungen NV, Bd 328, 26. 7. 1919, S. 1964: Mit Ausnahme der kleinen Schicht der Junker sei die ganze Bevölkerung des Baltikums »mit einem unsagbaren Haß gegen Deutschland erfüllt«.

satzungsstreitkräfte stationiert waren. Denn die Demobilmachung der im Osten eingesetzten 8. Armee verlief Ende 1918 nicht anders als im Reich selbst. Die Truppen verlangten, wie Noske[234] im Anschluß an einen Augenzeugenbericht von August Winnig[235] schilderte, »ungestüm nach der Heimbeförderung«. Manche Verbände hätten sich von selber aufgelöst und ihre Abbeförderung erzwungen; so habe eine »vollständig demoralisierte« Armee in die Heimat gedrängt.

Die von den Regierungen der baltischen Republiken erbetene Waffenhilfe konnte daher nur erfüllt werden, wenn sich im Reich Freiwillige fanden, die zum Dienst in der in Kurland unter der Leitung Winnigs gebildeten »Eisernen Division«[236] und anderen Freikorps bereit waren. Mit Billigung des Volksbeauftragten Noske war seit der Jahreswende 1918/19 im Reich eine »Anwerbestelle Baltenland« tätig, um Freiwillige nach dem Osten in Marsch zu setzen. Die lettische Regierung Ulmanis lockte dabei mit dem Angebot, »wonach allen deutschen Soldaten, die noch weiter für den Schutz des Landes kämpfen würden, das Einbürgerungsrecht in Lettland verliehen werden sollte«[237]. Gleichzeitig wurde in Aussicht gestellt, daß die Soldaten sich im Baltikum ansiedeln könnten. Obwohl Verhandlungen über das Ansiedlungsversprechen nicht zum Abschluß gelangten[238], operierte die »Anwerbestelle Baltenland« mit diesem Angebot so, daß die angeworbenen Freiwilligen darin eine verbindliche Zusage erblicken mußten[239]. Die Auswirkungen dieser Versprechungen schilderte Noske folgendermaßen: »Ein baltisches Fieber hat Tausende von Menschen befallen und bewirkt, daß auch dann der Zustrom von Männern nicht zu unterbinden war, als feststand, daß keiner der Träume jemals Tatsache werden würde«[240]. Der Konflikt war damit vorprogrammiert.

Die Soldaten, die sich für das Baltikum als Freiwillige anwerben ließen, folgten gleichwohl recht unterschiedlichen Motiven. Über die Zusammensetzung der baltischen Freikorps schreibt der nationalistische Schriftsteller Friedrich Wilhelm Heinz:

234 Noske, Kiel bis Kapp, S. 197.

235 Vgl. Winnigs Darstellung über die Entstehung der verworrenen Verhaltnisse im Baltikum u. d. T. »Die deutschen Soldaten im Baltikum«, in: Vorwärts Nr. 455, 6. 9. 1919, Morgen-Ausgabe, S. 1 f.

236 Vgl. Winnigs Darstellung ebda.

237 Noske, Kiel bis Kapp, S. 177. Ein entsprechender Vertrag wurde am 29. 12. 1918 unterzeichnet. Siehe Winnigs Darstellung in Vorwärts Nr. 455, 6. 9. 1919, Morgen-Ausgabe, S. 1 f. Text des Abkommens in: Die Freiheit Nr. 428, 5. 9. 1919, Abend-Ausgabe, S. 1.

238 Vgl. Winnigs o. g. Darstellung: Die Verhandlungen hätten »nie zu einem Ergebnis geführt«.

239 Noske, Kiel bis Kapp, S. 177, schreibt hierzu: »Wer sich für Kurland anwerben ließ, malte sich aus, wie er in Jahr und Tag auf eigener Scholle sitzen würde. Was auf den Werbeplakaten nicht versprochen wurde, verhießen die werbenden Offiziere den Mannschaften mündlich.«

240 Ebda.

»Offiziere und Kadetten, in denen die Schmach des 9. November brannte, Marineformationen, die sich der kampflosen Übergabe der Flotte schämten, badische und fränkische Siedler, die sich eine neue Heimat erobern wollten, von ihrer Scholle vertriebene Grenzlanddeutsche, in deren Herzen die Erbitterung über den Verlust des väterlichen Besitzes kochte, Landsknechte, die das Abenteuer suchten, Arbeiter und Soldaten aus den großen Städten, die es satt hatten, für die ›Volksbeauftragten‹ oder für Rosa Luxemburg aufeinander zu schießen, Bünde der Jugendbewegung, die mit Vorliebe ihre flatternden Locken unter dem Stahlhelm hervorwehen ließen, aber auch Abschaum der Großstädte, Beutemacher und verkommene Parteigänger, die sich hier im Nordosten Plünderungen und ein leichtes Leben erhofften. In sie eingegliedert die Träger altadeliger Namen aus den baltischen Geschlechtern voller Ordensritterstolz und kriegerischer Tradition[241].«

Was sie verband, waren Heinz zufolge die beiden Leitsterne »Kampf und Siedlung«, verbunden mit der Abneigung gegen die Aussicht, »in Büro und Fabrik zurückzukehren«, sowie dem »Mythos eines ewigen Soldatentums« und der Vorstellung, daß man eine »Wacht gegen den Bolschewismus« errichten müsse[242].

Seit dem Frühjahr 1919 entwickelten sich die Verhältnisse in den baltischen Republiken weitgehend losgelöst von den Einflüssen der Regierung im Reich. In mehreren Operationen blieben die deutschen Freikorps siegreich[243], entwickelten daher Selbstbewußtsein und nahmen sich Eigenmächtigkeiten heraus, die sie bald in einen scharfen Gegensatz zur lettischen Regierung wie auch zu den Alliierten brachten, die nun eine Machtausweitung Deutschlands im Osten befürchteten.

Wie Noske bestätigt, konnte sich die Reichsregierung nur »flüchtig« um die baltischen Angelegenheiten kümmern. »Vor lauter Sorge um die innere Ordnung« habe sie auch keine Zeit gehabt, das Geschäftsgebaren der baltischen Werbestellen im nötigen Umfang zu kontrollieren, so daß die »Wallensteiner« weitgehend freie Hand hatten, Truppen aufzustellen und nach dem Baltikum zu führen[244]. Tatsächlich überblickte die Reichsregierung die komplizierten Verhältnisse im Bal-

241 Friedrich Wilhelm Heinz, Der deutsche Vorstoß in das Baltikum, in: Deutscher Aufstand. Hrsg. von C. Hotzel, Stuttgart 1934, S. 51; fortan zit.: Heinz, Vorstoß.

242 Ebda., S. 51, 58, 50.
Von dem Glauben der Freikorps-Soldaten, sie hätten die Mission, einen »Wall gegen den Bolschewismus« zu bilden, berichtete auch Noske, Kiel bis Kapp, S. 178, nach seiner Reise ins Baltikum Ende April 1919.

243 Vgl. Der Feldzug im Baltikum bis zur zweiten Einnahme von Riga (Januar bis Mai 1919), Berlin 1937. Literarische Darstellung der Kämpfe: Heinz, Vorstoß. Vgl. auch den Roman von Ernst von Salomon, Die Geächteten, Gütersloh 1930.

244 Vgl. die Ausführungen Noskes hierzu in der Nationalversammlung am 26. 7. 1919. In: Verhandlungen NV, Bd 328, 26. 7. 1919, S. 1974; sowie: Noske, Kiel bis Kapp, S. 177 f.

tikum nicht mehr. Sie ließ Winnig und den Militärs »freie Hand für die Maßnahmen, die sie zur Sicherung politischer und militärischer Positionen im Baltikum für angemessen erachteten«[245].

Noske selbst hatte anläßlich eines Besuches in Kurland und Litauen Ende April 1919[246] Gelegenheit, mit den deutschen militärischen Stellen im Baltikum wie auch mit der litauischen Regierung Informationsgespräche zu führen. Er nahm von dieser Reise den Eindruck mit, daß sich zumal in Kurland, zum Teil auch in Lettland, viele deutsche Soldaten »in den Siedelungsgedanken förmlich verrannt« hatten. Es hieß, sie hätten bereits Genossenschaften gegründet und Boden in Bearbeitung genommen. Seinem eigenen Bericht zufolge erklärte Noske den Soldaten, daß sie Luftschlösser bauten und in die Heimat zurückkehren müßten, daß es ihm jedoch nicht gelungen sei, den Männern »ihre Wahnidee« auszureden[247]. Nach seiner Rückkehr verbot der Reichswehrminister am 5. Mai 1919 weitere Werbungen für das baltische Heer[248]. Diese Maßnahme bewirkte jedoch nur, daß die Anwerbungen heimlich fortgesetzt wurden, worin, wie Noske zugab, »ein Zeichen arger Schwäche der Regierung zu erblicken war«[249].

Am 16. April, also bereits vor der erwähnten Informationsreise, hatte die vom deutschen Adel organisierte und mit deutschen Waffen ausgerüstete baltische Landeswehr – sie war aus lettischen, weißrussischen und deutsch-baltischen Truppenteilen zusammengesetzt – die seit November 1918 im Amt befindliche provisorische lettische Regierung Ulmanis gestürzt[250]. An dem Staatsstreich waren auch deutsche Okkupationstruppen beteiligt[251]. Da sie internationale Schwierigkeiten fürchtete, wollte die deutsche Regierung das Baltikum nun endlich räumen und die deutschen Truppen hinter die eigene Grenze zurückziehen[252], erhielt dazu jedoch zunächst nicht das Einverständnis der al-

245 Volkmann, Deutsches Reich und baltische Staaten, S. 384. Kämpfe im Baltikum, S. 147: »Tatsächlich gingen die Dinge ohne maßgebenden Einfluß der Reichsregierung ihren Gang. Nachgeordnete Stellen [...] sahen sich vor Fragen und Entscheidungen gestellt, die in einem geordneten, einheitlich geführten Staate niemals an sie herangetreten wären.«

246 Noske, Kiel bis Kapp, S. 178.

247 Ebda., S. 179.

248 Ebda.

249 Ebda. Vgl. dazu die Kritik von Hugo Haase (USPD) in: Verhandlungen NV, Bd 328, 26. 7. 1919, S. 1962 ff. Die Reichsregierung habe keinen Einfluß mehr auf die Mächte, die mit den Werbungen befaßt seien. Haase führte Beweise vor, daß die Werbungen trotz Regierungsverbot fortgeführt wurden. Er sprach von einer »militärischen Nebenregierung«, die ihren Einfluß durchzusetzen vermöge (S. 1964).

250 Schultheß EGK 1919 II, S. 325. Führer der Landeswehr war der deutsch-baltische Baron v. Manteuffel.

251 Dies bestätigte Reichsaußenminister Hermann Müller in: Verhandlungen NV, Bd 330, 9. 10. 1919, S. 2959.

252 Dies kündigte die deutsche Regierung den Alliierten am 8. 5. 1919 an. Siehe Schultheß EGK 1919 II, S. 327.

liierten Regierungen[253]. Als der Versailler Friedensvertrag dann Ende Juni unterzeichnet wurde, war es für Berlin keine Frage mehr, daß die Räumung des Baltikums nicht mehr länger verzögert werden durfte. Nun aber, Ende Juli/Anfang August, spitzte sich der Konflikt um die Ansiedlungsfrage zu. Vertreter von etwa 10000 deutschen Soldaten forderten in Versammlungen in Mitau die Einlösung ihrer, wie sie glaubten, »wohlerworbenen Rechte auf die lettische Staatsangehörigkeit und damit auf die Lebenserwerbsmöglichkeiten in diesem Lande«[254]. In dieser Situation, als sich bei den deutschen Truppen, die sich betrogen fühlten, eine immer stärkere Erregung breitmachte, forderten die Engländer nunmehr den Abtransport der deutschen Soldaten bis spätestens zum 31. August, und die deutsche Regierung leitete – nach mit den Engländern abgestimmten Plänen – die Räumung ein, wies die alliierten Regierungen jedoch zugleich auf die Erbitterung unter den deutschen Soldaten und die Gefahren einer übereilten Räumung hin[255]. Die explosive Stimmung führte dann am 24. August in Mitau[256] zu der eingangs geschilderten Weigerung eines Teils der deutschen Baltikumtruppen, dem Befehl zum Rückmarsch in die Heimat nachzukommen.

Noske und die Reichsregierung konnten von dieser Entwicklung nicht überrascht sein, denn wenige Tage zuvor hatte der Kommandierende General der Baltikum-Truppe, v. d. Goltz, den Reichspräsidenten und den Reichsaußenminister wissen lassen, daß zu befürchten sei, die Truppen würden dem Rückmarschbefehl nicht Folge leisten[257]. Das Kabinett reagierte daher auch keineswegs schockiert auf die Militärrevolte im Baltikum, sondern ließ sich bis zur Beratung über die dadurch geschaffene Lage fast zwei Wochen Zeit. Es beauftragte nun den Reichswehrminister, den Truppen des Baltikums zur Kenntnis zu bringen, daß die Nichtbefolgung des Räumungsbefehls eine Löhnungs- und Verpflegungssperre zur Folge haben werde[258]. Noske telegraphierte nach Kolberg, die von den Truppen im Baltikum aufgestellten Forderungen seien zum größten Teil unerfüllbar; er forderte »unbedingten Gehorsam gegenüber Befehlen der Reichsregierung« und teilte die Sanktionen mit: »Beharren an Auflehnung hat Abbruch der Verbin-

[253] Es lag also an den Alliierten und nicht an der deutschen Regierung, wenn die Räumung nicht schon im Mai 1919 erfolgte. Dies betont Reichsaußenminister Müller in: Verhandlungen NV, Bd 330, 9. 10. 1919, S. 2959. Vgl. auch Schultheß EGK 1919 II, S. 328 f.

[254] Resolutionen der Soldatenversammlungen am 27. 7. und am 8. 8. 1919 in Mitau in: Schultheß EGK 1919 II, S. 331 f.

[255] Vgl. die deutsche Note betr. Räumung Lettlands vom 13. 8. 1919, ebda., S. 585.

[256] Siehe Schultheß EGK 1919 I, S. 400 und II, S. 333.

[257] Besprechung beim Reichspräsidenten über die Räumung des Baltikums am 20. 8. 1919 in Weimar. In: Kabinett Bauer, Nr. 52, S. 206–209, hier: 208. Schon früher war die Reichsregierung vorgewarnt worden. Siehe: ebda., S. 237, Anm. 5.

[258] Kabinettsitzung am 5. 9. 1919. Ebda., Nr. 58, S. 238.

dung zur Folge, Sperrung der Löhnung und der Verpflegung sowie strafrechtliche Ahndung«[259]. Im übrigen sah sich die Regierung gezwungen, den Alliierten mitzuteilen, daß sie die Gehorsamsverweigerung und die dadurch ins Stocken geratene Räumung zwar bedaure, sich aber außerstande sehe, den Gehorsam der Truppen durch Anwendung militärischer Machtmittel zu erzwingen[260]. Die Regierung könne nur den Versuch machen, »die Truppen durch Zureden zur Vernunft zu bringen«.

Da sich die Baltikum-Truppen von den Sanktionsdrohungen der Reichsregierung nicht beeindrucken ließen, die USA wegen der Vorgänge jedoch bereits harte wirtschaftliche Pressionen gegen Deutschland angekündigt hatten, falls die deutsche Regierung nicht energische Schritte unternehme[261], beschloß das Kabinett nun die Anfang des Monats angedrohte Sperrung der Geldmittel an die Truppen und die Abberufung des Generals v. d. Goltz[262], letzteres gegen die Stimme Noskes[263], der die Auffassung vertrat, der General habe von sich aus das Möglichste getan, um die Truppen zur freiwilligen Rückkehr zu bewegen. Reichskanzler Bauer und Reichsaußenminister Müller setzten sich dagegen mit den Argumenten durch, General v. d. Goltz gelte »in den Augen der Welt als Träger des östlichen Expansionsgedankens«[264], und in Deutschland herrsche gegen ihn großes Mißtrauen[265], weil der Name dieses Generals »mit den Vorkommnissen im Baltikum unlösbar verknüpft«[266] sei. Zum Nachfolger Goltz' berief Noske den Generalleutnant von Eberhardt, nicht ohne dem abberufenen Goltz gleichzeitig mitzuteilen, daß er weiterhin auf seine »bewährte Hilfe« rechne[267]. Das USPD-Organ »Die Freiheit«, das für den bislang geübten »bewundernswerten Langmut« der Regierung gegenüber den Baltikumern wenig Verständnis hatte, anerkannte im Hinblick auf den Kabi-

[259] Telegramm des Reichswehrministers vom 5. 9. 1919 an die Kommandostelle Kolberg. Text in: Kämpfe im Baltikum, S. 68.

[260] Note an die Entente betr. die Räumung des Baltikums vom 6. 9. 1919. In: Schultheß EGK 1919 II, S. 592 f. (Auszug). Vollständiger Text der Note in: Vorwärts Nr. 457, 7. 9. 1919, 3. Beilage, »Eine Note an die Entente«. Vgl. auch die Note an den Führer der lettischen Delegation in Berlin, Schreiner, vom selben Tag. In: Schultheß EGK 1919 I, S. 406.

[261] Mitteilungen von Reichsaußenminister Müller in der Kabinettssitzung am 25. 9. 1919. Kabinett Bauer, Nr. 67, S. 270.

[262] Ebda., S. 270 f., vgl. auch Graf Rüdiger v. d. Goltz, Meine Sendung in Finnland und im Baltikum, Leipzig 1920, S. 270 f.

[263] Kabinett Bauer, Nr. 67, S. 270; Kämpfe im Baltikum, S. 82.

[264] Reichskanzler Bauer in: Verhandlungen NV, Bd 330, 7. 10. 1919, S. 2881.

[265] Reichsaußenminister Müller ebda., 9. 10. 1919, S. 2959 f.

[266] Dies die Mehrheitsmeinung im Reichskabinett. Siehe: Kabinett Bauer Nr. 67, 29. 9. 1919, S. 270 f.

[267] Brief Noskes an v. d. Goltz vom 2. 10. 1919. Abgedruckt ebda., S. 271, Anm. 3.

nettsbeschluß, daß Noske nun endlich »schärfste Maßnahmen« anwende[268].

Währenddessen verschärfte sich die Haltung der westlichen Siegermächte. Sie warfen der deutschen Regierung vor, sie versuche sich der Verpflichtung zur Räumung des Baltikums zu entziehen, und drohten die »Einstellung jeder Nahrungsmittel- und Rohstoffzufuhren« an[269], also praktisch eine erneute[270] Verhängung der Blockade gegen Deutschland. Diese Drohung der Entente veranlaßte Noske zu folgenden Befehlen[271] an die Baltikum-Truppen: Sie sollten sofort darüber belehrt werden, »daß es ihre Pflicht ist, durch Gehorsam gegen die Befehle der Reichsregierung die Heimat vor den von der Entente bereits eingeleiteten folgeschweren Maßnahmen zu bewahren«. In Ausführung des Kabinettsbeschlusses befahl der Reichswehrminister weiterhin: »Allen Heeresangehörigen, die dem Abmarschbefehl nicht Folge leisten, sind keine Gebührnisse mehr zu zahlen.« Den von vielen Freikorpsleuten erwogenen und von manchen bereits vollzogenen Übertritt in weißrussische Dienste, vornehmlich in die Truppe des zaristischen Fürsten Awaloff-Bermondt, stellte Noske ab sofort unter Strafe[272]. Inoffiziell soll er dagegen geäußert haben[273], daß er nichts sehnlicher wünsche, als daß die noch im Baltikum befindlichen deutschen Truppen samt und sonders in die russische Armee überträten, weil er ihrer sonst nicht mehr Herr werde.

Gleichzeitig entfaltete die Regierung rege diplomatische Aktivitäten[274], um die angedrohte Blockade zu vermeiden. An die Baltikumer wandte sie sich mit einem von sämtlichen Ministern unterzeichneten

268 Vgl. den Kommentar »Noske bekommt Courage«, in: Die Freiheit Nr. 466, 26. 9. 1919, Morgen-Ausgabe, S. 2.

269 Note der Entente betr. sofortige Räumung des Baltikums vom 28. 9. 1919. In: Schultheß EGK 1919 II, S. 593.

270 Die Blockade gegen Deutschland war am 12. 7. 1919 von den Alliierten aufgehoben worden. Ebda., S. 584.

271 Befehle Noskes vom 30. 9. und 3. 10. (?) 1919. Abgedruckt in: Vorwärts Nr. 508, 4. 10. 1919, Abend-Ausgabe, S. 2.

272 Ebda.; Zusammenfassung der Befehle Noskes über »Heeresangehörige in russischen Diensten« vom 5. 11. 1919, in: HVBl 1919, S. 331. In: Kämpfe im Baltikum, S. 84, wird ein diesbezügliches Telegramm Noskes vom 5. 10. erwähnt, dem am 7. und 8. 10. weitere telegraphische Befehle folgten.

273 Dies berichtete die »Freiheit« am 3. 10. 1919. Wiedergabe in: Vorwärts Nr. 507, 4. 10. 1919, Morgen-Ausgabe, S. 1. Nachweislich hatte Noske in einem Telegramm vom 26. 9. 1919 an das AOK Nord die Baltikumtruppen vor die Wahl gestellt, entweder nach Deutschland zurückzukehren oder in die weißrussische Westarmee überzutreten. Siehe Kabinett Bauer, S. 271, Anm. 3; sowie: Kämpfe im Baltikum, S. 74.

274 Vgl. Deutsche Antwortnote an die Entente vom 3. 10. 1919. In: Schultheß EKG 1919 II, S. 593 f.; sowie in: Vorwärts Nr. 508, 4. 10. 1919, Abend-Ausgabe, S. 2. In der Note wurde auf die getroffenen Maßnahmen hingewiesen und Protest gegen die angedrohte Blockade ausgesprochen.

Aufruf[275], in dem das Verhalten der Truppen als »verbrecherischer Eigensinn« bezeichnet wurde, der in Deutschland eine Hungersnot auslösen könne, wenn die Entente erneut die Blockade verhänge. Die Regierung appellierte »an das Gewissen und das landsmannschaftliche Gefühl der deutschen Soldaten im Baltikum« und machte ihnen klar: »Wer sich nicht mitschuldig am Ruin des eigenen Volkes machen will, der folgt dem Befehl der Regierung, der kehrt aus dem Lande zurück, in dem deutsche Soldaten nichts mehr verloren haben.« Im Falle weiterer Weigerung wolle sie, drohte die Regierung an, »jedes ihr zu Gebote stehende Mittel« anwenden, um die Räumung des Baltikums zu erzwingen.

Doch weder Appelle an die Vernunft noch Sanktionsandrohungen noch die vorhersehbaren Folgen der Blockade konnten den harten Kern der Baltikumer zur Aufgabe ihrer Gehorsamsverweigerung bewegen. Major Bischoff, der Kommandeur der »Eisernen Division«, veröffentlichte am 5. Oktober 1919 in Mitau einen Aufruf[276], in dem er erklärte, die Baltikumer nähmen sich das förmliche Recht, »gegen unsere Regierung und unsere Heimat um unsertwillen Gewalt anzuwenden«, und kündigte den Übertritt der »Eisernen Division« in weißrussische Dienste an: »Wir wollen das von uns und nur von uns eroberte Land unter russische Flagge stellen.«

Noske reagierte auf diese Hiobsbotschaft mit dem telegraphischen Befehl[277] an General v. Eberhardt, gegen Bischoff kriegsgerichtlich vorzugehen. Als er hierüber dem Parlament berichtete[278], fügte er – in Erkenntnis seines geringen Handlungsspielraumes – hinzu, dieser Befehl sei selbst dann durchzuführen, »wenn nach Lage der Dinge eine Verhaftung praktisch undurchführbar ist«.

Noske befand sich in einem Dilemma: Appelle an die Vernunft der Baltikumer waren gescheitert. Das Sperren der Munitionszufuhr und der Löhne hatte so wenig bewirkt wie die Androhung, daß in russische Dienste übertretende deutsche Soldaten alle deutschen Ansprüche verlieren und zudem bestraft würden. Nun wußte der Minister nicht weiter. Seine und Reichskanzler Bauers in der Nationalversammlung gegen die Rechtsparteien gerichteten Angriffe, sie schadeten mit ihrer »verstiegenen Baltenromantik« den Interessen des Reiches und be-

275 Aufruf der Reichsregierung an die Baltikumer vom 3. 10. 1919. In: Schultheß EGK 1919 I, S. 416. Zu den vorhergehenden Kabinettsberatungen siehe: Kabinett Bauer, Nr. 72, 3. 10. 1919, P. 1, S. 284 f.

276 Veröffentlicht in: Vorwärts Nr. 514, 8. 10. 1919, Morgen-Ausgabe, 2. Beilage, Artikel »Übertritt der Eisernen Division«. Dieser Übertritt wurde auch tatsächlich vollzogen. Siehe: Kämpfe im Baltikum, S. 76.

277 Hierüber berichtete Noske in: Verhandlungen NV, Bd 330, 8. 10. 1919, S. 2919.

278 Ebda. Tatsächlich wurde die kriegsgerichtliche Untersuchung gegen Major Bischoff und Kapitän zur See Siewert alsbald eingestellt, weil die beiden Offiziere eine eingeschworene Truppe hinter sich hatten, man ihrer also nicht habhaft werden konnte. Siehe: Kämpfe im Baltikum, S. 65.

stärkten die widerspenstigen Soldaten nur in ihrer Haltung[279], hatten lediglich die Funktion, die eigene Hilflosigkeit zu verbergen. Nachdem er seinerseits von den Unabhängigen attackiert worden war, weil er den Widerstand der Truppen bislang nicht zu brechen vermocht hatte, bekannte Noske dann freimütig: »Ja, wenn ich wüßte, wie man das Kunststück fertig bringt[280].« Der Reichswehrminister, der gegen Unruhen im Innern regelmäßig seine Truppen in Marsch gesetzt und mit eiserner Faust Ordnung geschaffen hatte, hielt dieses Mittel im Konflikt mit den meuternden Baltikumern nicht für anwendbar. Im Sinne der von Seeckt während des Kapp-Lüttwitz-Putsches vertretenen Haltung – »Reichswehr schießt nicht auf Reichswehr!« – mußte er konzedieren, daß er aller Wahrscheinlichkeit nach in Deutschland »keine Truppe auftreiben könnte, die dem Befehl Folge leisten würde, in Kurland Krieg gegen deutsche Brüder zu führen«[281]. Daher mußte nach seiner Überzeugung auch weiterhin der Versuch gemacht werden, »diesen fürchterlichen Knoten durch andere, unblutige Mittel zu lösen«[282]. Die ihm angeratene sofortige Sperrung der Lebensmittel hielt er allerdings für keine anwendbare Maßregel, da sie Plünderungen der Truppe und damit Schaden für das lettische Land zur Folge hätten. »Vorsichtig verfahren«[283], war das Leitmotiv der Noskeschen Politik gegenüber den Trägern der Militärrevolte im Baltikum. Diese Devise machte er sich auch deshalb zu eigen, weil er – trotz der Gehorsamsverweigerung – die Motive der großen Mehrzahl der Baltikum-Soldaten vor dem Hintergrund der ihnen gegebenen Versprechungen und der sie erwartenden Arbeitslosigkeit in der Heimat für »durchaus anständige und zu respektierende«[284] hielt.

Die oppositionelle USPD ließ sich die Gelegenheit nicht entgehen, die Handlungsunfähigkeit der Regierung und besonders des Reichswehrministers herauszustellen. Aber an konkreten Maßnahmen fiel ihrem Sprecher Henke[285] auch nichts Besseres ein als der Vorschlag, Noske solle doch einmal persönlich seinen ganzen Einfluß aufbieten und die Truppen überreden – »meinetwegen mit ein paar Handgranaten vor dem Bauch«.

Als die Entente wegen des erneuten offensiven Vorgehens der deutsch-russischen Truppen im Baltikum ihre Drohung teilweise

279 Verhandlungen NV, Bd 330, 7. u. 8. 10. 1919, S. 2880 f. (Bauer) und 2919 (Noske). Vgl. dazu auch den Artikel »Noske gegen rechts!« in: Vorwärts Nr. 516, 9. 10. 1919, Morgen-Ausgabe, S. 2.

280 Verhandlungen NV, Bd 330, 9. 10. 1919, S. 2957.

281 Ebda.

282 Ebda.

283 Ebda. Aufgrund solcher Äußerungen entstand bei den Baltikum-Truppen der Eindruck, Noske stünde den Ideen der Baltikumer im Grunde mit Sympathien gegenüber. Ähnliches nahm man auch von Ebert an. Siehe: Kämpfe im Baltikum, S. 74.

284 Verhandlungen NV, Bd 330, 8. 10. 1919, S. 2919.

285 Ebda., 10. 10. 1919, S. 3004.

wahrmachte und am 10. Oktober eine Ostseeblockade verhängte[286], griff die Reichsregierung zu dem zuvor von Noske abgelehnten Druckmittel, verfügte die gänzliche Einstellung der Verpflegungszufuhren[287] und sperrte jeglichen Personenverkehr nach dem Baltikum[288]. Der Entente konnte nachher mitgeteilt werden[289], nun habe die deutsche Regierung »alle ihr zu Gebote stehenden Mittel angewandt, um den Widerstand der Truppenteile zu brechen«; sie habe den Truppen »den Sold, den Proviant und die sonstigen Zufuhren gesperrt und ihnen sogar die bereits erworbenen Ansprüche auf spätere Versorgung entzogen«; sie habe Maßnahmen getroffen, »um jeden etwaigen Versuch von Munitions- oder Mannschaftsnachschüben zu unterbinden« und habe »zu diesem Zwecke den gesamten Personenverkehr nach dem Baltikum gesperrt und die Überwachung aller Grenzstationen durch besondere Beauftragte angeordnet«.

Obwohl diese Maßnahmen auf einen klaren und eindeutigen Kabinettsbeschluß zurückgingen, wurden sie nur unzureichend befolgt[290]. General v. Seeckt, seit 21. Oktober Chef des Allgemeinen Truppenamtes im Reichswehrministerium, ließ trotz des Verbots vier Eisenbahnwaggons mit Infanterie- und Maschinengewehrmunition über die Grenze ins Baltikum schicken. Als Reichskanzler Bauer von diesem schwerwiegenden Verstoß informiert wurde und Noske zur Rede stellte, bezog dieser die Position, daß er die dem Kabinettsbeschluß widersprechende Anordnung »nachträglich nun durchaus billigen« könne, weil die Munitionslage der Truppen schlecht gewesen sei. Der Reichskanzler teilte Noske daraufhin sein stärkstes Befremden mit, zumal dieser ihn von der Durchbrechung des Kabinettsbeschlusses nicht von sich aus informiert hatte und Bauer daher Dritten gegenüber wochenlang unrichtige Erklärungen abgegeben hatte. Noske nahm diese Rüge gelassen hin und informierte »entsprechend dem Wunsch des Reichskanzlers« die beteiligten Stellen.

Die nachträgliche Billigung von Seeckts Eigenmächtigkeit, die Noske in einen Gegensatz zum Reichskanzler und zum ganzen Kabinett brachte, muß als ein neuerlicher Beleg dafür angesehen werden, daß der Reichswehrminister sich zu dieser Zeit längst in einer Situation befand, in der er es sich nicht glaubte erlauben zu können, einen hohen Offizier in angemessener Weise zur Rechenschaft zu ziehen, sondern

[286] Dadurch wurde die Ostsee für deutsche Schiffe gesperrt. Siehe: Schultheß EGK 1919 I, S. 433. Vgl. den Artikel »Der Druck der Ostseeblockade« in: Vorwärts Nr. 544, 24. 10. 1919, Morgen-Ausgabe, S. 1.

[287] Schultheß EGK 1919 I, S. 433.

[288] Kabinett Bauer, Nr. 77, Sitzung am 13. 10. 1919, S. 301.

[289] Deutsche Note an die Entente vom 10. 10. 1919. In: Schultheß EGK 1919 II, S. 596 f.

[290] Im Schriftwechsel zwischen Bauer und Noske in der nachfolgend geschilderten Kontroverse vgl.: Kabinett Bauer, Nr. 90, S. 334, Anm. 3. Akten: BA R 43/I/49, Bl. 46 f., 48 f., 137.

ihn statt dessen deckte. Seeckts Genehmigung des von der Regierung verbotenen Munitionstransports war ein eklatanter Verstoß gegen eine klare politische Weisung.

Einige Truppenteile ließen sich im Oktober aus dem Baltikum abtransportieren[291], die Mehrzahl weigerte sich jedoch immer noch, so daß sich die Reichsregierung Ende des Monats genötigt sah, eine »letzte Mahnung«[292] an die widerspenstigen Einheiten zu richten und anzukündigen, daß jeder Soldat, der nicht bis zum 11. November die Grenze passiert habe, als fahnenflüchtig erklärt würde und seine deutsche Staatsangehörigkeit sowie alle Versorgungsansprüche verlieren werde. Mit dieser »letzten Mahnung« spielte die Regierung zugleich die letzte Trumpfkarte aus, die ihr im Rahmen ihrer auf einer Skala von Versagungen aufgebauten Drohpolitik verblieben war.

Noske exekutierte die Regierungs-Ankündigung mit einem Befehl, durch den die – einzeln aufgelisteten – Formationen der noch im Baltikum befindlichen Freikorps als »aus dem Verbande des deutschen Heeres ausgeschieden«[293] erklärt wurden. Auch diese Maßnahme führte jedoch nicht zum Erfolg. Die nach wie vor im Ungehorsam verharrenden Freikorps, die zwischenzeitlich sämtlich in weißrussische Dienste übergetreten waren und sich damit dem Verantwortungsbereich der deutschen Regierung vorübergehend entzogen hatten, unterwarfen sich erst, als die konterrevolutionäre Armee des Obersten Awaloff-Bermondt militärisch und finanziell zusammengebrochen war[294].

Der nunmehr erfolgende Rücktransport vollzog sich zwar nicht ohne Komplikationen[295], aber doch ohne größere gewaltsame Auseinandersetzungen. Noske hatte nämlich darauf verzichtet, die heimkehrenden Formationen nach dem Übertreten der Reichsgrenze entwaffnen und wegen Meuterei festnehmen zu lassen, weil er befürchtete, daß sich keine Reichswehrtruppe zur Durchführung eines entsprechenden Befehls bereitgefunden hätte[296]. Die deutsch-baltischen Freikorps ver-

291 Noske, Kiel bis Kapp, S. 182. Kämpfe im Baltikum, S. 109 f.

292 Aufruf der Reichsregierung an die Truppen im Baltikum vom 30. 10. 1919. Wortlaut in: Vorwärts Nr. 561, 2. 11. 1919, S. 1 »Letzte Mahnung«. Vgl. auch: Schultheß EGK 1919 I, S. 464. Zu den vorangegangenen Kabinettsberatungen siehe: Kabinett Bauer, Nr. 90, 30. 10. 1919, S. 334 f.

293 Befehl Noskes vom 8. 11. 1919 »Ausscheiden von Formationen«, in HVBl 1919, S. 346.

294 Zur militärischen Lage der weißrussischen »Westarmee« im November 1919 vgl.: Kämpfe im Baltikum, S. 110 ff. Siehe auch: Noske, Kiel bis Kapp, S. 182.

295 Vgl. Kabinett Bauer, Nr. 106, 24. 11. 1919, S. 398–401, und ebda., Nr. 112, 25. 11. 1919, S. 421 f.

296 Noske, Kiel bis Kapp, S. 182. Dem Reichswehrminister war ein Bericht des Preußischen Staatskommissars für die Überwachung der öffentlichen Ordnung (11. 11. 1919) zugegangen, in dem es über die Rückwirkungen der Räumung des Baltikums hieß: »Keiner der Reichswehrtruppenteile Ostpreußens würde bereit sein, auf Befehl der Regierung gegen einen deutsch-baltischen Truppenteil einzuschreiten.« Bericht abgedruckt in: Kabinett Bauer, Nr. 102, S. 383–385, Zitat S. 384.

langten, »unter voller Wahrung der militärischen Ehre«[297] heimkehren zu können. Noske schätzte die Situation so ein, daß ihm nichts anderes übrig blieb, als sich auch dieser Forderung zu beugen. Er befahl[298], daß sämtliche aus dem Baltikum zurückkehrenden Militärpersonen und Truppenteile[299] zunächst in Durchgangslagern zu sammeln seien, dort wie Reichswehrangehörige untergebracht, verpflegt und entlohnt werden sollten. Nachher seien sie in ihre Demobilmachungsstandorte zu verlegen und die Verbände durch die Entlassung ihrer Angehörigen aufzulösen.

Der Beschluß des Kabinetts und Noskes hierauf gegründeter Befehl, der die Baltikum-Truppen als fahnenflüchtig erklärte und der ihren Mitgliedern die deutsche Staatsangehörigkeit samt Versorgungsansprüchen nahm, wurde bereits Mitte November durch einen anderslautenden Befehl des Generals v. Seeckt[300] umgangen. Danach konnten die aus der Reichswehr zwangsentlassenen Baltikum-Soldaten nach ihrer Rückkehr »unter neuer Verpflichtung« wieder in die Reichswehr eingestellt werden. Anfang Dezember wurden die von der Reichsregierung angedrohten Maßnahmen dann auch formell aufgehoben[301].

Mit der Ankunft des »Detachements Roßbach« auf deutschem Boden am 16. Dezember 1919 war die Rückführung der deutschen Truppen aus dem Baltikum nach mehr als fünfmonatigen Auseinandersetzungen abgeschlossen[302]. In den folgenden Wintermonaten standen die Behörden vor der alles andere als leichten Aufgabe, für mehr als 30000 Baltikumer[303] eine zivile Arbeitsstelle zu suchen. Einem Kabinettsbeschluß zufolge[304] mußten die Baltikumkämpfer allerdings erst bis spätestens zum 15. März 1920 entlassen werden und konnten bis zu diesem Termin die Löhnung der Reichswehr erhalten.

Um die Truppen zur raschen Rückkehr zu bewegen, hatte der deutsche Vertreter in der deutsch-alliierten Kommission zur Überwachung der Räumung des Baltikums, Vizeadmiral Hopmann, den Führern der Baltikum-Freikorps bereits im Dezember – offensichtlich auf eigene Faust – Straffreiheit zugesichert[305]. Obwohl Reichskanzler Bauer zu-

297 Kämpfe im Baltikum, S. 153.
298 Befehl Noskes vom 3. 12. 1919 »Verfahren mit den aus dem Baltikum zurückkehrenden Truppen, einzelnen Militärpersonen sowie Flüchtlingen«. In: HVBl 1919, S. 448 f.
299 Vgl. »Übersicht über die ehemals reichsdeutschen Truppenteile, mit deren Rückkehr aus dem Baltikum zu rechnen ist« (3. 12. 1919). Ebda., S. 450 f.
300 Befehl v. Seeckts »Einstellung von Angehörigen der im Baltenland verbliebenen Truppen in die Reichswehr« vom 12. 11. 1919. Ebda., S. 359 f.
301 Ergänzung zum Befehl Noskes vom 3. 12. 1919 »Verfahren mit den aus dem Baltikum zurückkehrenden Truppen« vom 6. 12. 1919. Ebda., S. 487 f.
302 Schultheß EGK 1919 I, S. 507; vgl. auch: Kabinett Bauer, S. 564, Anm. 7, und: Kämpfe im Baltikum, S. 143.
303 Nach Angaben von Noske, Kiel bis Kapp, S. 185.
304 Kabinett Bauer, Nr. 156, 28. 1. 1920, S. 563.
305 Ebda.

nächst gegen eine Amnestie war und den ostpreußischen Oberpräsidenten Winnig ermahnte, keine diesbezüglichen Versprechungen abzugeben[306], deckte das Reichskabinett im Januar 1920 rückwirkend die Maßnahme Hopmanns[307]. So brauchte Noske nicht einmal kriegsgerichtliche Verfahren gegen die verantwortlichen Freikorpsführer einzuleiten. Sogar dem Führer der »Eisernen Division«, Major Bischoff, der – nach dem Urteil Noskes – zusammen mit anderen Offizieren »mit verbrecherischer Leichtfertigkeit« die ihm vertrauenden Mannschaften »allen Warnungen zum Trotz ins Unglück geführt«[308] hatte, und dem Staatsstreichpläne nachgesagt wurden, die den Sturz der Berliner Regierung, die Errichtung einer Militärdiktatur und die Aufkündigung des Versailler Vertrages zum Ziel hatten[309], gelang es, daß die Soldaten seines Freikorps für ihn die Zusicherung der Straffreiheit ertrotzten[310]. Als Noske kurz vor Weihnachten 1919 mit Bischoff zusammentraf, gewann er den Eindruck, daß diesem nach wie vor jedes Empfinden für den angerichteten Schaden abging[311].

Dies mochte Noske verdrießen. Aber insgesamt überwog bei ihm doch die Genugtuung darüber, daß es gelungen war, die Rückkehr und Entlassung der »erbitterten und verhetzten Leute« ohne ernste »Ungelegenheiten« abzuwickeln, und daß sich die verübten Ausschreitungen zumindest in Grenzen hielten[312]. Rückblickend bemerkte er selbstzufrieden, seine Taktik, »von scharfen Gewaltmaßnahmen Abstand zu nehmen«, habe sich » als richtig erwiesen«[313].

Tatsächlich handelte es sich bei dem Konflikt der Reichsregierung mit den meuternden Baltikum-Freikorps um die einzige größere Auseinandersetzung des Jahres 1919, die Noske ohne Anwendung militärischer Gewalt beizulegen half. Diese Verhaltensweise beruhte jedoch nicht etwa auf einer geläuterten Einstellung zur früheren Politik der eisernen Faust, sondern auf der Erkenntnis der eigenen Schwächeposition. Noske und die Regierung waren stark, solange sie zusammen und im Einverständnis mit dem Militär gegen die Linke vorgingen. Kam es aber, wie erstmals bei der Meuterei der Baltikum-Truppen, zum Konflikt mit Teilen der Streitkräfte selbst, so zeigte sich, daß die Regie-

306 Ebda., S. 564, Anm. 9.

307 In der Sitzung am 20. 1. 1920. Siehe ebda, S. 564 f. Anderslautende Schilderung in: Kämpfe im Baltikum, S. 120.

308 Noske, Kiel bis Kapp, S. 182.

309 Nach dem Bericht des britischen Mitglieds der Interalliierten Baltikumkommission, General Turner, vom 5. 12. 1919. Siehe: Kabinett Bauer, S. 385, Anm. 4.

310 Noske, Kiel bis Kapp, S. 182. Amnestie für Bischoff hatte auch der preußische Staatskommissar v. Berger am 3. 12. 1919 gefordert, weil er glaubte, die etwa 10000 Mann starke »Eiserne Division« werde sich nicht auflösen, wenn Bischoff nicht die Straffreiheit zugesichert werde. Siehe: Kabinett Bauer, Nr. 156, S. 564, Anm. 7.

311 Noske, Kiel bis Kapp, S. 182.

312 Ebda., S. 183.

313 Ebda.

rung keine durchgreifenden Druckmittel besaß, um die disziplinlosen und ungehorsamen Formationen zur Respektierung des politischen Willens zu zwingen. So demonstrierte der Baltikum-Konflikt für jedermann im In- und Ausland sichtbar die Abhängigkeit der republikanischen Regierung vom Wohlverhalten des Militärs, beziehungsweise ihre Machtlosigkeit im Falle der Weigerung von Teilen des Militärs. Auch wenn Noske gewillt gewesen wäre, gegen die »Eiserne Division« mit scharfen Gewaltmaßnahmen vorzugehen: er hätte kein Instrument gehabt, um seine Absichten zu exekutieren.

Obwohl die Baltikum-Truppen im Frühjahr 1920 aufgelöst wurden, verschwanden sie noch lange nicht von der innenpolitischen Bildfläche. Die nationalistische Geschichtsschreibung konstatierte dies in heroisierender Absicht: »Überall, wo es galt, sich für das Vaterland mit Leib und Leben, mit oder gegen [!] die herrschenden Gewalten einzusetzen, begegnen wir von jetzt ab Namen aus dem Baltikum[314].« In der Tat: Als der preußische Generallandschaftsdirektor Kapp, der sich im März 1920 zum deutschen Diktator aufzuschwingen suchte, eiligst den Befehl gab, die »Eiserne Division« unter Major Bischoff wieder aufzustellen[315], stand dieser vor Monaten aufgelöste Kernverband der Baltikumarmee in wenigen Tagen fast vollständig da. Die von Pabst gegründete »Nationale Vereinigung« hatte die Freikorps-Soldaten zwischenzeitlich an pommersche und brandenburgische Güter vermittelt, wo sie in Stellen gemaßregelter Gewerkschaftsmitglieder eingerückt waren und sich, als Landarbeiter getarnt, auf Abruf bereitgehalten hatten[316].

Die damals nach Stuttgart entflohene rechtmäßige Reichsregierung wußte ebenso, was sie den Baltikumern verdankte. In einem auch von Noske unterzeichneten Aufruf der sozialdemokratischen Mitglieder der Reichsregierung und des Parteivorstandes der SPD vom 13. März 1920, dem Tag des Putsches, hieß es: »Der Militärputsch ist da! Die Baltikum-Landsknechte, die sich vor der befohlenen Auflösung fürchteten, haben den Versuch unternommen, die Republik zu beseitigen und eine diktatorische Regierung zu bilden [...] Wir haben die Revolution nicht gemacht, um uns heute wieder einem blutigen Landsknechtsregiment zu unterwerfen. Wir paktieren nicht mit den Baltikum-Verbrechern«[317]. Zwischen der Meuterei der »Baltikumer« am 23. August 1919 und dem März-Putsch 1920 besteht also eine enge Beziehung und später wird man diese Landsknechte der letzten Etappe

[314] Kämpfe im Baltikum, S. 156.
[315] Bericht des Major v. Gilsa an das am 16. 3. 1920 in Stuttgart tagende Reichskabinett. Kabinett Bauer, Nr. 197, S. 693.
[316] Schulze, Otto Braun, S. 286 f., 291 f.
[317] Faksimile des Aufrufs in: Illustrierte Geschichte (1929), S. 496.

der Nachkriegskämpfe in den Reihen der Nationalsozialisten[318] wiederfinden.

5. Die Fälle Herrgott und Reinhard

Die Militärrevolte der »Baltikumer«, die im August 1919 begann und sich – als permanente Gehorsamsverweigerung von Zehntausenden deutscher Freikorps-Soldaten – bis zum Jahresende hinzog, stellte eine eklatante Mißachtung des politischen Willens der Reichsregierung dar. Für das Verhältnis von Reichswehr und Republik insgesamt war das Verhalten der Baltikumtruppen jedoch keineswegs typisch. Hier lag vielmehr eine spezifische Situation vor, die mit der im Reich nicht verglichen werden konnte.

Gleichwohl lassen sich gewisse Parallelen zu einzelnen Vorgängen in der Reichswehr in der zweiten Jahreshälfte 1919 ziehen. Sie vermittelten, ebenso wie die Vorgänge im Baltikum, den Eindruck, daß die Regierung zwar den Willen, aber nicht die Macht hatte, illoyalen Militärs konsequent entgegenzutreten und sie in einer spektakulären Aktion aus der Reichswehr zu entfernen. Als symptomatisch hierfür können die Fälle des Oberstleutnants Herrgott in München und des Obersten Reinhard in Berlin gelten, die hier näher beleuchtet werden sollen. An ihnen läßt sich zweierlei zeigen: Erstens, wie das distanzierte Verhältnis vieler Offiziere zur Republik immer häufiger in demonstrative öffentliche Bekundungen antirepublikanischer Gesinnung umschlug; zweitens, wie die Regierung hierauf allzu behutsam, ja zaghaft reagierte. Das Kabinett folgte den Ratschlägen Noskes, und dieser blieb bei seiner einmal eingeschlagenen Taktik, die monarchistischen Offiziere zu decken, in der Hoffnung, daß auf diese Weise eine Vertrauensbasis erhalten oder neu geschaffen werden könnte. Der Reichswehrminister griff nicht durch. Der »starke Mann« scheute Konflikte mit den Militärs.

Nachdem die Reichsverfassung verabschiedet war, reisten Reichspräsident Ebert und Reichswehrminister Noske durchs Land, um Gespräche mit den Regierungen der Einzelstaaten zu führen und Truppenbesichtigungen vorzunehmen. Am 25. August wurden sie in München erwartet. Wenige Tage zuvor hatte der Reichspräsident dem Reichswehrminister die Ausübung des Oberbefehls über die gesamte Wehrmacht des Reiches übertragen[319]. Nun sollte, in Anwesenheit

[318] Kämpfe im Baltikum, S. 157.
[319] Verordnung Eberts vom 20. 8. 1919. In: HVBl 1919, S. 1 f.

von Ebert und Noske, das bisherige bayerische Heer im Rahmen einer militärischen Feier förmlich durch das Reich übernommen werden[320].

Bereits vor der Ankunft der beiden Berliner Politiker wurde in München eine heftige öffentliche Kontroverse zwischen der sozialdemokratischen Zeitung »Münchener Post« und dem Kommandeur des 1. bayerischen Schützenregiments, Oberstleutnant Adolf Herrgott, ausgefochten. Dieser hatte erklärt, »er kümmere sich nicht um die Befehle von Ministern, die ihrem König nicht die Treue gehalten haben«[321]. Die Angriffe des »monarchistischen Bramarbas«, wie ihn die »Münchener Post« nannte, richteten sich besonders gegen den bayerischen Minister für militärische Angelegenheiten, Ernst Schneppenhorst (MSPD), der verdächtigt wurde, im April 1919 die Räterepublik begünstigt zu haben[322], und der sich seitdem einer regelrechten Kampagne der bayerischen Militärs ausgesetzt sah. Herrgott, der in den Tagen der Reichsexekution gegen die Münchener Räterepublik als Stadtkommandant von München amtierte[323], wollte den Minister wegen Hochverrats angeklagt sehen. Er erklärte, es sei »für das bayerische Offizierkorps unerträglich, daß Schneppenhorst sein Militärminister ist«, und es verstoße »gegen die Ehre des Offizierkorps, einen derartigen Menschen [...] in seinen Reihen und an seiner Spitze zu dulden«[324]. Herrgott wurde daraufhin von seinen Vorgesetzten nicht etwa in die Schranken gewiesen, sondern selbst der Oberbefehlshaber des Gruppenkommandos 4, Generalmajor v. Möhl, drängte den Ministerpräsidenten Hoffmann nun, seinen Militärminister Schneppenhorst abzusetzen. Hoffmann belehrte den höchsten bayerischen Offizier daraufhin, »daß die Besetzung der Ministerposten ausschließlich den verfassungsmäßig berufenen Organen zukommt«, sowie, »daß aus Ihrem Schreiben eine Verkennung Ihrer Stellung und der damit verbundenen Aufgaben hervorgeht«[325].

Aus alledem geht hervor: In den bayerischen Rechtskreisen galt das republikanische Prinzip des Primats der Politik über das Militär wenig. Bezeichnenderweise wurde der streitbare Oberstleutnant Herrgott, der

320 Schultheß EGK 1919 I, S. 400 f.

321 Die betreffenden Berichte der »Münchener Post« werden zitiert in: Zwischen Revolution, S. 203, Anm. 3. Bestätigung dieser Aussagen in einem Brief des Generalmajors v. Möhl an das Bayerische Ministerium für militärische Angelegenheiten vom 21. 8. 1919. BayHStA, Abt. IV, OP 61507 (Personalakte Adolf Herrgott).

322 Vgl. Kritzer, Die bayerische Sozialdemokratie, S. 133–137.

323 Schultheß EGK 1919 I, S. 201.

324 Schreiben Herrgotts vom 6. 6. 1919 an seinen Brigadekommandeur, Oberst v. Epp, den er aufforderte, ein Verfahren in Gang zu bringen. BayHStA, Abt. IV, Reichswehrgruppenkommando 4, Nr. 24.

325 Schreiben des bayerischen Ministerpräsidenten Hoffmann vom 17. 6. 1919 an Generalmajor v. Möhl. Ebda.

Möhl zu diesen Aktivitäten gedrängt hatte, in der Folgezeit sogar als dessen denkbarer Nachfolger gehandelt[326].

Dieser Offizier galt als ein Mann, der die Weisungen des bayerischen Ministerpräsidenten Hoffmann oder des Reichswehrministers nur dann respektierte, »wenn sie ihm paßten«, weil er sein eigener bayerischer »Herrgott« sein wollte[327]. Als solcher führte er sich auch im August auf, als die Truppenparade vor Ebert und Noske bevorstand. Der Oberstleutnant meldete seinen Vorgesetzten, im Falle einer Teilnahme des Militärministers Schneppenhorst an der Veranstaltung müßten »Gehorsamsverweigerungen großen Stils – bis tief in die Mannschaften hinein – erwartet werden«; Vertrauensleute seines Regiments, behauptete er, hätten »direkt erklärt, sie ließen sich lieber totschießen, als daß sie einen Befehl zu einer Parade und dergl. vor Schneppenhorst befolgen würden«[328]. In weiteren Meldungen drohte der Offizier, »daß für die Sicherheit von Schneppenhorst keine Gewähr gegeben werden« könne, »wenn er sich unterstehen würde, vor die Truppe zu treten«[329]. Der bayerische Minister für militärische Angelegenheiten beantragte daraufhin beim Reichswehrminister die Absetzung Herrgotts[330], allerdings ohne Erfolg. Noske entschied, von einer Suspendierung sei Abstand zu nehmen[331]. Schließlich fand die Truppenparade statt. Schneppenhorst hielt eine beziehungsreiche Rede über die Soldatentreue[332]. Der eigentliche Adressat dieser Ausführungen fehlte jedoch, denn Herrgott war mit seinem Regiment einfach nicht erschienen[333] und hatte damit einen rechtmäßig erteilten Befehl in den Wind geschlagen.

Gleichzeitig wußte die sozialdemokratische Presse zu berichten, Herrgott habe sich vor Studenten folgendermaßen über das Verhalten seines Regiments in den letzten Tagen geäußert: »Ich hätte mit der Truppe alles machen können, was ich gewollt hätte – auch einen Putsch –, aber natürlich, es hätte keinen Zweck – einstweilen[334].« Ernst Röhm, der spätere SA-Führer, der 1919 dem Freikorps Epp ange-

326 Vgl. Zwischen Revolution, Dok. 34, S. 120.

327 Werner Maser, Die Frühgeschichte der NSDAP, Frankfurt/M. 1965, S. 190 f.

328 Hsl. Schreiben von Oberstleutnant Herrgott an die Schützenbrigade 21 vom 20. 8. 1919. BayHStA, Abt. IV, Reichswehrgruppenkommando 4, Nr. 24.

329 Aus dem Tagebuch der Bayerischen Schützen-Brigade 21. Abgedruckt in: Zwischen Revolution, Dok. 80, S. 203.

330 Nach dem Bericht der »Münchener Neuesten Nachrichten« Nr. 355 vom 23. 8. 1919. Siehe Zwischen Revolution, S. 203, Anm. 3.

331 Hsl. Notiz auf dem Schreiben des Bayer. Gruppenkommandos Nr. 4. Generalmajor v. Möhl, vom 22. 8. 1919, an das Ministerium für militärische Angelegenheiten. BayHStA, Abt. IV, OP 61507 (Personalakte Herrgott).

332 Rede Schneppenhorsts in: Schultheß EGK 1919 I, S. 401.

333 Ernst Röhm, Die Geschichte eines Hochverräters, München 1928, S. 99, fortan zit.: Röhm, Geschichte; ebenso: Frank, Epp, S. 91.

334 Nach dem Bericht der »Münchener Post« Nr. 196 vom 25. 8. 1919. Zit. nach Zwischen Revolution, S. 204, Anm. 6.

hörte, wertete Herrgotts Weigerung, mit seinem Regiment an der »großen republikanischen Revue« teilzunehmen, als einen Beweis für den »selbstbewußten Geist«, der »damals noch Gemeingut der Truppe war«[335]. Dagegen vermerkte das Tagebuch der Bayerischen Schützen-Brigade 21[336], der Herrgott unterstellt war, immerhin die bedenklichen Perspektiven, die sich aus dem Verhalten dieses Offiziers für das Freiwilligenheer ergeben könnten, daß nämlich an der Pflicht zum eisernen Gehorsam gerüttelt werde.

Seine Rede über die Soldatentreue war Schneppenhorsts letzte Amtshandlung, denn mit der Übernahme der bayerischen Truppen in die Reichswehr hörte das bayerische Ministerium für militärische Angelegenheiten auf zu bestehen. Noch am gleichen Tage trat der Minister von seinem Amt zurück[337]. Herrgott aber blieb. Dem republikfeindlichen und selbstherrlichen Oberstleutnant entstanden durch seinen provozierenden Ungehorsam keinerlei Nachteile[338]. Das Gegenteil war der Fall. Er wurde am 1. Oktober 1919, als das Reichswehrministerium in Berlin in Funktion trat, in dieses versetzt und übernahm das verantwortungsvolle Amt des Abteilungschefs der Inspektion für das Erziehungs- und Bildungswesen[339]. Noske hat diese Versetzung gewiß nicht selbst betrieben. Aber er hatte Verhältnisse geschaffen, in denen ein solcher Vorgang möglich war.

Die Offiziere, die Herrgott zunächst deckten und dann förderten, sahen in ihm einen der ihren. Um den Fall angemessen würdigen zu können, muß man sich vergegenwärtigen, daß sich das provozierende Verhalten dieses Offiziers vor und während der Anwesenheit des Reichspräsidenten und des Reichswehrministers in München in eine lange Kette ähnlicher Unbotmäßigkeiten rechtsgerichteter bayerischer Militärs einfügte. In Bayern war es seit dem militärischen Sieg über die Räterepublik Anfang Mai 1919 gang und gäbe gewesen, daß die Militärpartei der Regierung die Pistole auf die Brust setzte[340]. General Ernst v. Oven hatte sich zum Beispiel nicht gescheut, dem Ministerpräsidenten Hoffmann (MSPD) anzudrohen, es könne »zum Sturze der Regierung kommen«, wenn bestimmte Forderungen der Militärs nicht erfüllt würden[341]. Das Verhältnis von Regierung und Militär gestaltete

335 Röhm, Geschichte, S. 99.
336 Tagebuch-Auszüge abgedruckt in: Zwischen Revolution, Dok. 80, S. 203. Kommandeur dieser Brigade war Oberst v. Epp.
337 Schultheß EGK 1919 I, S. 400 f.
338 Nach Auskunft des BA-MA, Archivrat Dr. Gießler, enthält die Personalakte Herrgott keine Hinweise auf disziplinare Maßnahmen.
339 Hanns Möller (Hrsg.), Geschichte der Ritter des Ordens »Pour le merite« im Weltkrieg, Berlin 1935, Bd 1, S. 476; fortan zit.: Möller, »Pour le merite«.
340 Vgl. Kritzer, Die bayerische Sozialdemokratie, S. 133 ff. und Nusser, Militärischer Druck, S. 287 ff.; siehe auch das Kapitel VIII/4.
341 Brief des Generalleutnants v. Oven an den bayerischen Ministerpräsidenten Hoffmann vom 16. 5. 1919. Faksimile in: Kritzer, Die bayerische Sozialdemokratie,

sich 1919 in Bayern offenbar weniger nach dem Grundsatz des Primats der Politik als vielmehr entsprechend dem Machtanspruch und der tatsächlichen Machtposition des Militärs.

Bei Herrgotts bekannter antirepublikanischer Gesinnung lag es nahe, daß sich die Drahtzieher des Putsches im Frühjahr 1920 um ihn bemühten[342]. Sie hatten ihn, ebenso wie die bayerischen Obersten v. Epp und v. Danner, für den Fall eines siegreichen Militärputsches als Kommandeur eines bayerischen Armeekorps vorgesehen[343]. In welcher Weise Herrgott in den Kapp-Lüttwitz-Putsch verwickelt war, ist im einzelnen nicht bekannt. Jedenfalls gehörte er zu jenen 540 Offizieren, gegen die ein Verfahren eröffnet wurde, das dann allerdings, wie bei den meisten seiner Gesinnungsgenossen, ergebnislos niedergeschlagen wurde[344]. Herrgott blieb in der Reichswehr. Im Mai 1920 wurde er zum Oberst und im Februar 1923 zum Generalmajor befördert[345]. Erst die Beteiligung am Hitler-Putsch im November 1923 führte dann zu seinem Ausstoß aus der Reichswehr[346].

Ein weiterer, ideologisch motivierter Konflikt entstand 1919 um die Einführung der Reichsfarben Schwarz-Rot-Gold[347]. Viele Offiziere und Unteroffiziere empfanden die Abschaffung der alten Reichsfarben Schwarz-Weiß-Rot als einen Mangel an Nationalgefühl[348]. In manchen Offizierkasinos wurden die neuen Farben als »schwarzrotsenf« und das neue Reichswappen (schwarzer Adler auf goldenem Grund) als »Pleitegeier« verunglimpft[349]. Ende August 1919 bezeichneten beispielsweise Offiziere in der Garnison Pinneberg in Holstein die Reichsflagge als »schwarz-rot-goldene Judenfahne«; anhand eines in der »Berliner Illustrirten Zeitung« veröffentlichten und vielfach nachgedruckten Fo-

S. 221 ff. In Punkt 7 wurde die Ablösung Schneppenhorsts und die Betrauung des Freikorps-Führers Epp mit einem wichtigen Kommando gefordert. Tatsächlich wurde Epp Ende Mai 1919 Kommandeur der Reichswehr-Schützenbrigade 21, nachdem Noske diese Ernennung als »durchaus wünschenswert« erklärt hatte, wie aus dem erwähnten Brief v. Ovens hervorgeht.

342 Vgl. den Brief des mit den Putschisten zusammenarbeitenden Leutnants Fritz Hager aus Fürth vom 24. 1. 1920. Abgedruckt in: Emil Julius Gumbel, Verschwörer. Beiträge zur Geschichte und Soziologie der deutschen nationalistischen Geheimorganisationen seit 1918, Reprint Heidelberg 1979, S. 19 f.; fortan zit.: Gumbel, Verschwörer.

343 Dies ist einem Besprechungsprotokoll der Verschwörer vom 23. Februar 1920 zu entnehmen. Abgedruckt in: Gumbel, Verschwörer, S. 24 f.; vgl. auch die Denkschrift des Generals v. Lossow (ca. Ende Februar 1920) ebda., S. 26–30, zu Herrgott vgl. S. 29.

344 Vgl. Gumbel, Verschwörer, S. 33 und 37.

345 Möller, »Pour le merite«, Bd 1, S. 476.

346 Am 30. November 1923 schied Herrgott 51jährig aus der Reichswehr aus. Siehe: ebda., und: Gordon, Reichswehr, S. 245, mit falscher Dienstgradangabe »Oberstleutnant«.

347 Siehe Artikel 3 der Reichsverfassung.

348 Wohlfeil, Heer und Republik, S. 138 f.

349 Ebda., S. 139.

tos[350], das Ebert und Noske in der Badehose zeigte, machte man die beiden Politiker lächerlich; und gleichzeitig wurde berichtet, daß diejenigen Soldaten, die den Kurs nach rechts nicht mitmachen wollten, nach und nach resigniert aus dem Pinneberger Regiment des Obersten v. Ledebur ausgetreten seien[351].

Daß es in der Truppe schon öfters zu »antisemitischen Treibereien« gekommen war, hatte Noske[352] bereits vor Monaten in der Nationalversammlung zu seinem »lebhaften Bedauern« einräumen müssen. Er ordnete daher an, »daß alle Truppenführer darauf hingewiesen werden, sie hätten unter allen Umständen die Pflicht, jeder Art von antisemitischer Propaganda und Pogromhetze bei der Truppe mit allem Nachdruck entgegenzutreten«. Noske schätzte nämlich die antisemitische Hetze in Übereinstimmung mit dem USPD-Politiker Hugo Haase als »außerordentlich gefährlich« ein und versprach »zuzupacken«, wo sich eine Handhabe biete.

Einen Prüfstein dafür, was derartige öffentliche Erklärungen des Reichswehrministers wert waren, bot der Fall des Kommandeurs der Berliner Reichswehrbrigade 15, Oberst Wilhelm Reinhard – nicht zu verwechseln mit dem preußischen Kriegsminister, Oberst Walther Reinhardt. Dieser Fall begann so: Ein Offizier-Stellvertreter aus der Reichswehrbrigade 15 namens Georg Neuendorf[353] hatte den Mut, die Öffentlichkeit davon in Kenntnis zu setzen, daß sein Vorgesetzter Reinhard mit allen ihm zu Gebote stehenden Mitteln für die Monarchie agitiere; er habe die Regierung offen ein »Gesindel«, den Reichsfinanzminister Erzberger einen »Lumpen« und die schwarz-rot-goldene Fahne der Republik eine »Judenfahne« genannt; er habe republikanisch denkende Soldaten auf die Straße gesetzt und somit insgesamt seine Kommandogewalt mehrfach mißbraucht[354].

Den Kern der gegen ihn vorgebrachten Anschuldigungen stritt Reinhard nicht ab: »Daß bei den augenblicklichen Zuständen einem Feld- und Frontsoldaten gelegentlich ein recht derbes Wort über die Lippen fährt, wird wohl niemand wundern[355].« Um den skandalösen Vorgang weiter aufzuklären, nahm der »Vorwärts«-Redakteur Kuttner die Gelegenheit wahr, Reinhards Rolle während der Januarkämpfe in Berlin

350 Berliner Illustrirte Zeitung Nr. 34, 24. 8. 1919, Titelblatt. Zur Interpretation vgl. Kapitel XII/4.

351 Vgl. den Bericht »Die schwarz-rot-goldene Judenfahne«. In: Vorwärts Nr. 440, 29. 8. 1919, Morgen-Ausgabe, Beilage. Ledebour gehörte zu jenen Offizieren, die nach dem Kapp-Lüttwitz-Putsch aus der Reichswehr entfernt wurden.

352 Verhandlungen NV, Bd 328, 26. 7. 1919, S. 1970.

353 Neuendorf veröffentlichte seine Anklagen im Namen des »Bundes inaktiver Unteroffiziere und Mannschaften«.

354 Offener Brief Neuendorfs »Eine Anklage«, veröffentlicht in: Vorwärts Nr. 442, 30. 8. 1919, Morgen-Ausgabe, Beilage.

355 Brief Reinhards unter dem Titel »Oberst Reinhard gemaßregelt! Ein freches Schreiben«, veröffentlicht in: ebda., Nr. 447, 2. 9. 1919.

noch einmal zu beleuchten, zumal sich der damalige Freikorps-Kommandeur seitdem von der Rechtspresse als »Retter Berlins« feiern ließ[356]. Reinhard soll damals gesagt haben: »Für diese Regierung mache ich keinen Finger krumm[357].« Noske, der mit Kuttner, was Reinhards Retter-Rolle betraf, durchaus einer Meinung war[358], mit dem »Vorwärts« aber wegen dessen Kritik an seiner Militärpolitik im Dauerzwist lag, hörte sich nun zwar die Forderung an, dem reaktionären Treiben endlich Einhalt zu gebieten und Reinhard, dieses »Berliner Gegenstück zum Münchener Herrgott«, aus der republikanischen Reichswehr zu entfernen[359], reagierte aber nicht.

Beim Totschweigen des Falles durch den Reichswehrminister wäre es wohl auch geblieben, hätte sich nicht ein führender SPD-Politiker in die Angelegenheit eingeschaltet, nämlich Ex-Reichsministerpräsident Philipp Scheidemann, dem schon immer ein »Gespür für Situationen« nachgesagt wurde und ebenso ein »Talent, Massenstimmungen effektvoll zu artikulieren«[360]. Scheidemann, der sich nach seinem Rücktritt eine Zeitlang in der Schweiz von seiner Regierungstätigkeit erholt hatte, machte bei seiner Rückreise nach Berlin in seiner Heimatstadt Kassel Station, um auf Bitten von Parteifreunden auf einer Großveranstaltung zu sprechen. Was Scheidemanns Kasseler Rede[361] zur Sensation machte, war, daß nun erstmals ein sozialdemokratischer Spitzenpolitiker öffentlich »einen Frontalangriff auf die Schwäche der Regierung gegenüber ihren Feinden von rechts«[362] unternahm und dabei auch Noske nicht schonte.

Seine wichtigsten Argumente bei den Attacken gegen die eigenen Genossen in der Regierung lieferte ihm der Fall Reinhard. Da habe man den Tatbestand vor sich, erklärte Scheidemann, daß ein Offizier in Berlin, der die militärische Macht der Regierung repräsentiere, diese in wüstester Weise beschimpfe und ziemlich unverblümt zugebe, daß er für die Monarchie eintrete: »Das ist ein unmöglicher Zustand! Daß Oberst Reinhard bis zum heutigen Tage sein Kommando führt, ist eine Tatsache, die blitzartig die Situation beleuchtet, die unerträglich ist.« Hundertfach, behauptete Scheidemann, sei ihm in diesen Tagen

356 Vgl. dazu auch Noske, Kiel bis Kapp, S. 70 ff.: »Die Retter Berlins«.

357 Vgl. die Artikel »Reinhard der Retter. Seine Taten im Januar«, in: Vorwärts Nr. 451, 4. 9. 1919, Morgen-Ausgabe, S. 1, und »Reinhards Verdienste«, ebda., Nr. 469, 13. 9. 1919, Abend-Ausgabe, S. 2.

358 Vgl. Noske, Kiel bis Kapp, S. 70 f.

359 Artikel »Oberst Reinhard gemaßregelt«, in: Vorwärts Nr. 447, 2. 9. 1919, Morgen-Ausgabe, S. 2.

360 Miller, Bürde, S. 363 f.

361 Ausführlicher, offenbar wortgetreuer Bericht über Scheidemanns Rede vom 11. 9. 1919 unter dem Titel »Die alte Sturmfahne. Scheidemann spricht in Kassel« in: Vorwärts Nr. 466, 12. 9. 1919, Morgen-Ausgabe, S. 1 (ganzseitig aufgemacht). Der »Vorwärts« berichtet von über zehntausend Veranstaltungsteilnehmern.

362 Miller, Bürde, S. 346.

die Frage gestellt worden: »Hat die Regierung nicht die Macht, diesen Mann von seinem Posten zu entfernen?« Seine eigene Antwort war deutlich genug: »Dann wäre tatsächlich Herr Reinhard der Noske, der über die militärische Macht verfügt, Noske aber nur der Inhaber einer papiernen Vollmacht!« Damit hatte nun auch ein führender SPD-Politiker ausgesprochen, was bislang lediglich die oppositionellen Unabhängigen behauptet hatten: daß nämlich Noske nicht Herr im eigenen Hause sei, daß in Wirklichkeit nicht er, sondern die Offiziere über die militärische Macht verfügten. Wenn Scheidemann zugleich warnend feststellte, in den Kasernen werde offen monarchistische Propaganda betrieben und auch der Antisemitismus werde dort wieder als das allzeit bequemste Mittel reaktionärer Hetze eingesetzt, so richtete sich auch diese Kritik an die Adresse des politischen Kontrolleurs, nämlich Noske.

Wegen seiner Ausführungen zum Fall Reinhard wurde Scheidemann in Berlin sofort von Ebert und Noske zur Rede gestellt. Sie erklärten ihm, sie dächten nicht daran, einen so bewährten Offizier wie Reinhard zu entlassen[363]. Noske griff seinen innerparteilichen Kontrahenten auch öffentlich an. Als Forum diente ihm der gerade stattfindende Dresdner Parteitag der Sozialdemokratie Sachsens. In seiner vor diesem Gremium gehaltenen Rede[364] wandte sich der Reichswehrminister scharf gegen Scheidemann, dem er vorwarf, während seines dreimonatigen Aufenthalts in der Schweiz »den Zusammenhang mit den Dingen in Deutschland verloren« zu haben; Verdächtigungen aus seiner militärischen Umgebung aufnehmend[365], behauptete Noske weiterhin, Reinhards Ankläger Neuendorf sei »ein übel beleumundeter Mann, dem zuliebe er einen um die Regierung verdienten Mann nicht über die Klinge springen lassen werde«. Oberst Reinhard könne der Republik nicht gefährlich werden und die Gefahr einer Gegenrevolution bestehe in Deutschland nicht. Alles andere sei »Angstmeierei«. Er jedenfalls sei den Dingen »jederzeit gewachsen«. Auch der »Vorwärts«-Redakteur Kuttner bekam den Zorn Noskes zu spüren. Das Parteiblatt, sagte der Reichswehrminister, mache sich »ein spezielles Vergnügen daraus, alle Kleinigkeiten, die ihm von unkontrollierbaren Leuten zugetragen werden, zu registrieren«, und Kuttner werfe unter dem Motto »Konterrevolution der Offiziere« Tag für Tag Dreck gegen

[363] Scheidemann, Memoiren Bd II, S. 394 f.

[364] Über Noskes Rede vom 14. 9. 1919 in Dresden wird ausführlich berichtet in: Vorwärts Nr. 472, 15. 9. 1919, Abend-Ausgabe, S. 1 f., Artikel »Zum Fall Reinhard«, und ebda., S. 2, Artikel »Noskes Rede in Dresden«.

[365] Von »zuständiger Stelle«, also wahrscheinlich vom Reichswehrministerium, wurden auch WTB und anderen Redaktionen Informationen zugespielt, welche Neuendorf in ein schlechtes Licht zu setzen und seine Anklage als den Racheakt eines Hinausgeschmissenen darzustellen versuchten. Vgl. hierzu »Der Fall Reinhard« ebda., Nr. 473, 16. 9. 1919, Morgen-Ausgabe, S. 2.

die Reichswehr[366]. Schließlich nahm Noske den Fall Reinhard zum Anlaß, die Parteipresse und die Parteigenossen aufzufordern, nicht »auf jeden Spektakel hereinzufallen«, ein klein wenig mehr Vertrauen in die eigene Politik zu haben und »nicht gleich wegen jeder Kleinigkeit zu heulmeiern«. Wie schon so oft zuvor erntete Noske den »stürmischen Beifall« der Parteitagsdelegierten, als er ihnen abschließend zuredete, »mehr Vertrauen in die eigene Kraft« zu haben, »Gefühlsduselei und Sentimentalität« als für die heutige Politik unbrauchbare Regungen abzulegen und mit »Mut, Tapferkeit und Selbstvertrauen« gemeinsam Land und Volk wieder in die Höhe zu bringen.

Hatte der »Vorwärts« den Reichswehrminister noch kurz zuvor in Schutz genommen, als der sozialdemokratische Verein Breslau in einer Resolution den Rücktritt Noskes forderte, weil dieser »nicht in der Lage ist, der militärischen Reaktion Herr zu werden«[367], so nahm das Parteiblatt nun klar für Scheidemann und gegen Noske Stellung. Jener habe »nur ausgesprochen, was Millionen in Deutschland denken«, und auch Noske müsse mit dieser Tatsache rechnen und begreifen, daß »ein reaktionär gesinntes Offizierkorps [...] zum Quell dauernder innerpolitischer Unruhe« werden könne[368]. Es sei zwar in gewissem Maße verständlich, wenn Noske in seinem Kampf gegen »russische Methoden« die Gefahr von rechts übersehe, aber die Öffentlichkeit könne bei ihm nicht einmal den Willen erkennen, diese Bedrohung ebenfalls zu beseitigen. Anhand des Falles Reinhard warnte der »Vorwärts« den Reichswehrminister mit grundsätzlichen politischen Erwägungen: »Die Armee darf kein Staat im Staate werden, der von der Bevölkerung mit Sorge und Mißtrauen beobachtet wird [...] Jahrzehntelang hat die Sozialdemokratie für den Grundsatz gekämpft, daß die Zivilgewalt über die Militärgewalt gestellt werden müsse, sie kann nicht dulden, daß ein Offizier vor versammeltem Kriegsvolk die Zivilgewalt Gesindel schimpft[369].« Wohl erstmals wurde hier die Formulierung »Staat im Staate« gebraucht, die später zu einem eingängigen Schlagwort zur Beschreibung der Rolle der Reichswehr in der Weimarer Republik werden sollte.

Natürlich erregte die Kontroverse zwischen dem mehrheitssozialdemokratischen Parteiorgan und dem mehrheitssozialdemokratischen Reichswehrminister in der Öffentlichkeit beträchtliches Aufsehen.

366 Kuttner antwortete Noske mit einer »Erklärung«, abgedruckt ebda., Nr. 475, 17. 9. 1919, Morgen-Ausgabe, S. 2. Darin warf er Noske »Irrtümer« vor und betonte, er selbst wolle eine ernstlich gewollte demokratische Militärpolitik stets unterstützen, sich aber an Parteistreit nicht beteiligen.

367 »Gegen die militärische Reaktion. Ein Beschluß der Breslauer Parteigenossen«, ebda., Nr. 453, 5. 9. 1919, Morgen-Ausgabe, S. 2, mit dem Kernsatz: »Nicht Noske stürzen, sondern ihm eine feste Stütze geben, muß das Ziel sein.«

368 Kommentar »Zum Fall Reinhard« ebda., Nr. 472, 15. 9. 1919, Abend-Ausgabe, S. 1 f.

369 Ebda.

Ein Berliner Mittagsblatt wurde mit dem tausendfachen Ruf angeboten: »Der ›Vorwärts‹ gegen Noske[370]!«, was die Redaktion zu der Erklärung veranlaßte, ihr liege »jede persönliche Gegnerschaft gegen den Genossen Noske, dessen große Verdienste wir schätzen, vollkommen fern«; allerdings scheine der Reichswehrminister im Falle Reinhard »gröblich irregeführt« worden zu sein[371].

In einer Versammlung des Republikanischen Führerbundes (RFB) erklärte der von Noske verleumdete Neuendorf, fünfzig seiner Kameraden hätten eidesstattlich versichert, daß Oberst Reinhard die Beschimpfungen gegen die Regierung tatsächlich ausgestoßen habe[372]. Die unabhängige »Freiheit« nahm die Gelegenheit wahr und münzte den Fall Reinhard sogleich in einen »Fall Noske« um. Das oppositionelle Blatt bezeichnete es als »ein unwiderstehliches Reinlichkeitsbedürfnis, daß dieser Mann (gemeint war Noske, d. Verf.) aus dem öffentlichen Leben verschwindet«[373]. Als in denselben Tagen bekannt wurde, daß in Potsdam ein republikanischer Offizier von seinen Kameraden mißhandelt worden war, stellte der »Vorwärts«[374] die drängende Frage, wie lange Noske dem Skandal eigentlich noch zusehen wolle.

Zwischenzeitlich hatte der Reichswehrminister zehn Vertrauensleute der Brigade Reinhard in sein Ministerium befohlen und von seinem Chefadjutanten, Major v. Gilsa, vernehmen lassen[375]. Danach mußte nun auch Noske öffentlich konzedieren, daß dem Obersten Reinhard »ein derber Ausdruck entfallen« sein möge. Gleichzeitig blieb er jedoch bei seiner schon gegenüber Scheidemann zum Ausdruck gebrachten Überzeugung, daß dies angesichts der sonstigen Verdienste dieses Offizieres kein Grund für eine sofortige Entlassung sein könne, zumal diese »eine vollständige Zerrüttung seiner Existenz bedeutet« hätte[376]. In Anbetracht der bevorstehenden Massenentlassungen von etwa 16000 Offizieren war dies gewiß ein wenig überzeugendes Argument. Noske ging jedoch noch weiter, indem er den ganzen Vorgang mit dem Hinweis herunterzuspielen versuchte, man müsse den Offizieren

[370] »Der Fall Reinhard«, ebda., Nr. 474, 16. 9. 1919, Abend-Ausgabe, S. 1.
[371] Ebda.
[372] »Im republikanischen Führerbund«, ebda., S. 2.
[373] Vgl. »Unerbetene Einmischung«, ebda., Nr. 475, 17. 9. 1919, Morgen-Ausgabe, S. 2.
[374] »Wie lange noch soll der Skandal dauern?«, ebda., Nr. 476, 17. 9. 1919, Abend-Ausgabe, S. 1.
[375] Einzelheiten ebda., Nr. 482, 20. 9. 1919, Abend-Ausgabe, S. 1, Bericht »Keine Vertrauenskundgebung für Reinhard«, und ebda., Nr. 487, 23. 9. 1919, Abend-Ausgabe, S. 1, Bericht »Das einstimmige Vertrauensvotum«.
[376] Vgl. den Bericht »Scheidemann und Noske zum Fall Reinhard«, ebda., Nr. 481, 20. 9. 1919, Morgen-Ausgabe, Beilage. Bei späterer Gelegenheit, in einer Rede vor der Groß-Berliner MSPD-Konferenz am 28. 9. 1919, räumte Noske nochmals ein: »Es wird so sein, daß Reinhard einmal eine unpassende Bemerkung gemacht hat.« Text der Rede ebda., Nr. 497, 29. 9. 1919, Morgen-Ausgabe, S. 1.

»schon ein wenig Schimpffreiheit lassen«, und er selbst könne doch nicht »bei jedem unbedeutenden Anlaß mit brutaler Gewalt dazwischen fahren«[377].

Diese unangemessene Abwiegelungstaktik verfolgte Noske selbst dann noch, als Reichsaußenminister Hermann Müller ihm in Anwesenheit sämtlicher Kabinettsmitglieder vorhielt, es sei »international kaum [...] erträglich, einen Kommandeur an seiner Stelle zu belassen, der solche Ausdrücke gegen die Regierung und einzelne Minister gebraucht habe«[378]. Noske redete sich damit heraus, der Sachverhalt sei noch immer nicht abschließend geklärt, er erwäge aber eine Strafanzeige gegen Reinhard[379]. Auch dazu kam es jedoch nicht. Denn Reinhard griff jetzt einen Vorschlag von Minister Erzberger auf und gab öffentlich die Erklärung ab, daß ihm die Absicht einer Ehrenkränkung einzelner Minister ferngelegen habe[380]. Nach Vorliegen dieser Loyalitätserklärung kam das Kabinett einstimmig zu der Auffassung, »daß kein Anlaß vorliege, diese Affäre weiterzuverfolgen«[381]. Noske hatte sein Ziel erreicht. Als er Ende September 1919 in einer Groß-Berliner MSPD-Konferenz erneut angegriffen wurde, weil er Reinhard nicht entfernt, sondern gedeckt habe, berief er sich auf die schriftliche Loyalitätserklärung des Offiziers sowie auf den Kabinettsbeschluß[382] und machte seine Widersacher damit mundtot.

Nicht nur Noske, sondern das ganze Reichskabinett war also bereit, den Fall Reinhard mit großer, allzu großer Nachsicht zu behandeln, obwohl den Ministern nach den Ausführungen Hermann Müllers klar sein mußte, daß diese Milde nicht nur im Lande selbst, sondern auch jenseits der Grenzen die besorgte Frage auslöste, ob die republikanische Reichsregierung inzwischen in eine so starke Abhängigkeit vom Militärapparat geraten war, daß sie sich außerstande sah, dem Primat der Politik Geltung zu verschaffen. Da die Regierungsmitglieder sich nicht gegen Noskes Abwiegelungstaktik zur Wehr setzten und sich ihr vielmehr beugten, wurden sie insgesamt mitverantwortlich für die Wirkungen, die dieser Fall innerhalb der Reichswehr zeitigte. Die »national« gesinnten Offiziere, die sich im »Nationalverband Deutscher Offiziere« und im »Verband nationalgesinnter Soldaten« organisiert hatten, fuhren fort, jeden zu verdächtigen, der seine Einstellung nicht

377 So Noske in einer Rede am 19. 9. 1919 vor Vertretern der Berliner Großbetriebe. Ungefährer Wortlaut der Rede ebda., Nr. 481, 20. 9. 1919, Morgen-Ausgabe, S. 2 f., Artikel »Noske über die Gefahr von rechts. Mehr kaltes Blut und Vertrauen«.

378 Kabinett Bauer, Nr. 64, Sitzung am 18. 9. 1919, S. 259.

379 Vgl. Noskes Erklärungen im Kabinett am 16. und 18. 9. 1919. Ebda., Nr. 63, S. 257 und Nr. 64, S. 259.

380 Veröffentlicht in: Vorwärts Nr. 497, 29. 9. 1919, S. 2, »Reinhards Loyalitätserklärung«; sowie in: Vossische Zeitung Nr. 495 vom 29. 9. 1919.

381 Mitteilung Noskes in einer Rede vor der Groß-Berliner MSPD-Konferenz am 28. 9. 1919. Wortlaut in: Vorwärts Nr. 497, 29. 9. 1919, Morgen-Ausgabe, S. 1.

382 Ebda.

auf dem Markt verkündete und der Republik und den sie tragenden Parteien nicht den Krieg ansagte[383]. Die öffentlichen Reden Noskes zeigten ihnen, daß sie nicht befürchten mußten, dafür belangt zu werden. In unerschütterlicher Selbstgerechtigkeit verharrten sie auf ihrem politisch reaktionären Standpunkt, den der damalige Oberstleutnant und spätere Oberbefehlshaber des Heeres, Freiherr von Fritsch, im Jahre 1924 in privaten Ausführungen folgendermaßen zusammenfaßte: »Denn letzten Endes sind Ebert, Pazifisten, Juden, Demokraten, Schwarzrotgold u[nd] Franzosen alles das Gleiche, nämlich die Leute, die die Vernichtung Deutschlands wollen. Kleine Unterschiede mögen sein, im Enderfolg kommt es aber auf das Gleiche hinaus[384].« Dieses nationalistische Feindbildsyndrom war bereits im Jahre 1919 voll ausgebildet und stellte die wichtigste ideologische Triebkraft für jene Entwicklung dar, die dann im Kapp-Lüttwitz-Putsch kulminierte.

Wieder war es Scheidemann, der die drohenden Gefahren auf den politischen Punkt brachte, als er – in Fortsetzung seiner Kasseler Rede – am 7. Oktober 1919 in der Nationalversammlung der Regierung zurief: »Der Feind steht rechts[385]!«. Der ehemalige Reichsministerpräsident nahm damit die Proteststimmung in den Reihen der eigenen Partei auf und scheute sich nicht, die Schwäche der Regierung Bauer öffentlich zu kritisieren. Für die Nationalversammlung waren dies neue Töne. Denn bislang hatte sich das Feindbild der politischen Rechten wie auch der die Regierung tragenden Parteien der »Weimarer Koalition«[386] nahezu ausschließlich nach links orientiert, in Richtung USPD und KPD, und es sollte noch lange – nämlich bis nach dem Kapp-Lüttwitz-Putsch – dauern, bis Sozialdemokraten und Gewerkschaften in den Kampfruf Scheidemanns einstimmten. Aber erst als Reichskanzler Wirth nach der Ermordung des Außenministers Walther Rathenau im Juni 1922 die Scheidemannsche Warnung wiederholte, wurde sie zur gemeinsamen Losung der Republikaner gegen die antirepublikanische Rechte.

Scheidemann erklärte in seiner historischen Rede vor der Nationalversammlung am 7. Oktober 1919[387], die Propaganda der sogenannten Nationalen für das Gestrige, die »Kaiserherrlichkeit«, sei nicht nur »närrisch«, sondern auch »gefährlich«, weil sie Unruhe und Mißtrauen in die Bevölkerung hineintrage, wie dies durch den Fall Reinhard be-

383 Carsten, Reichswehr, S. 76.
384 Zit. nach Wohlfeil, Heer und Republik, S. 142.
385 Verhandlungen NV, Bd 330, 7. 10. 1919, S. 2888. Vgl. auch den Leitartikel Scheidemanns »Der Feind steht rechts!« in: Vorwärts Nr. 586, 15. 11. 1919.
386 Die DDP, die anläßlich des Versailler Vertrages im Juni aus der Regierungskoalition ausgeschert war, hatte sich soeben zum Wiedereintritt in die Regierung entschlossen.
387 Verhandlungen NV, Bd 330, 7. 10. 1919, S. 2887 f., auch zum Folgenden.

reits geschehen sei: »Wenn sich z.B. ein hoher Offizier, der im Vorkampf gegen die Unruhestifter von links gestanden hat, als ein leidenschaftlicher monarchistischer Reaktionär bekennt, ist es dann nicht begreiflich, daß die Massen die Ohren spitzen und sich argwöhnisch fragen: wohin geht die Reise? daß dann Gerüchte entstehen von monarchistischen Offiziersverschwörungen, reaktionären Putschen usw. [...] Wer als Offizier freiwillig den Rock der Republik trägt, der soll provozierende Redensarten und provozierende Taten gegen die Republik unterlassen [...] Wer nicht bereit ist, die Republik gegen alle Angriffe, auch von rechts, zu schützen, [kann] nicht Soldat und nicht Offizier sein.« Er hege den dringenden Wunsch, fuhr Scheidemann fort, »daß sich die große Energie meines Freundes, des Herrn Reichswehrministers Noske, auch nach dieser Richtung hin erfolgreich betätigen möchte.« Dann zählte der Redner dem Reichswehrminister seine Kritikpunkte vor: »Monarchistische Offiziere, die die republikanische Regierung sogar vor Mannschaften wüst beschimpfen, sind vollkommen unmöglich in der Reichswehr [...] Offiziere, die den Vertrieb republikanischer Schriften verbieten, müssen mindestens sofort zur Ordnung gerufen, Offiziere, die monarchistische Propaganda betreiben und nationalistische und monarchistische Schriftenverbreitung unter den Soldaten fördern, müssen entlassen werden.« – »Denn diese Offiziere sind es, die die Reichswehr zermürben, die den Geist der Truppen mehr verwirren als alle spartakistische Propaganda [...] Truppen, die auf die republikanische Verfassung vereidigt, aber der monarchistischen Propaganda ihrer Vorgesetzten ausgesetzt sind, müssen doch irre werden an der jungen Republik und ihrer Regierung.« Scheidemann ließ keinen Zweifel daran, daß nach seiner festen Überzeugung die »am üppigsten sprudelnde Quelle« für das in der Bevölkerung verbreitete Mißtrauen die Reichswehr sei. Da auch im Ausland »aus all den unliebsamen Blüten der Reichswehr [...] Honig gesogen« werde, müsse man diesen Dingen »die größte Aufmerksamkeit zuwenden«. Gleichzeitig stellte Scheidemann klar, daß seine Ausführungen nicht gegen Noske gerichtet seien: »Gerade weil wir die Reichswehr als wirkliche Schutztruppe der jungen deutschen Republik gegen Bedrohung von rechts und von links brauchen, weil wir das Volk vor weiterem Schaden bewahren wollen, weil wir unserem Parteigenossen Noske seine Stellung festigen, ihm in seiner schwierigen Situation den Rücken steifen wollen, deshalb habe ich gerade diese Ausführungen hier gemacht.« Das Volk müsse sehen, »daß die Demokratie nicht bloß eine neue Fassade für die alte Klassen- und Kastenherrschaft sein soll, sondern daß [...] sie den Weg freimachen soll für den Aufstieg zu neuen Formen der menschlichen Gesellschaft. In diesem Sinne rufe ich der Regierung zu: der Feind steht rechts!«

Noske, der anderntags in der Nationalversammlung das Wort ergriff[388], ging mit keiner Silbe auf Scheidemanns Rede ein, attackierte jedoch im Zusammenhang mit dem Baltikum-Problem in ungewohnter Schärfe die Rechtsparteien, woraus wohl geschlossen werden darf, daß die Ausführungen seines Parteigenossen zumindest nicht spurlos an ihm vorübergegangen waren.

Die Milde Noskes und der Reichsregierung konnten den Tatendrang des Obersten Reinhard keineswegs bremsen. Es dauerte nicht lange, bis er sich erneut auf unliebsame Weise bemerkbar machte. Obwohl unter dem Belagerungszustand Versammlungen unter freiem Himmel verboten waren, beteiligte er sich an einer nationalistischen Kundgebung, indem er nicht nur am 12. November 1919 den verabschiedeten Generalfeldmarschall v. Hindenburg durch eine Ehrenkompanie samt Militärmusik in Berlin empfangen ließ, sondern dabei auch zusammen mit Ludendorff und Helfferich[389] persönlich auftrat[390]. Noske hatte im Prinzip nichts dagegen, daß Hindenburg, den »großen Volksmassen auch nach dem verlorenen Kriege der Heros blieb«, respektvoll in Berlin empfangen wurde[391]. Aber immerhin stand die Reichshauptstadt unter dem Belagerungszustand, was bedeutete, daß jegliche Aufzüge verboten waren. Also mußte Noske handeln.

Der Reichswehrminister wies das Oberkommando Lüttwitz an, dafür Sorge zu tragen, »daß derartige Demonstrationen und Umzüge unter allen Umständen unterbleiben«[392], und er versetzte den Obersten Reinhard in eine andere Garnison[393]. Als dann einen Monat später dessen Rolle bei der Ermordung der 29 Matrosen der Volksmarinedivision während der Märzunruhen in Berlin bekannt wurde – der Marloh-Prozeß brachte ans Tageslicht, daß Reinhard es zumindest in der Hand gehabt hätte, diese Greueltat zu verhindern[394] – lief das Faß endlich über. Der Oberst erhielt nunmehr von seinem militärischen Vorgesetzten, General v. Lüttwitz, die Mitteilung, »daß er innerhalb weniger Stunden auf Wunsch des Reichspräsidenten und des Reichskanz-

388 Ebda., 8. 10. 1919, S. 2919 2921.

389 Karl Helfferich, ehemaliger Unterstaatssekretär im Reichsschatzamt.

390 Vgl. die Berichte »Reinhard empfängt Hindenburg«, in: Vorwärts Nr. 581, 13. 11. 1919, Morgen-Ausgabe, S. 2, und »Der Hindenburg-Skandal«, ebda., Nr. 584, 14. 11. 1919, Abend-Ausgabe, S. 1.

391 Noske, Erlebtes, S. 149.

392 Erlaß Noskes abgedruckt in: Vorwärts Nr. 584 (Bericht »Der Hindenburg-Skandal«)

393 Vgl. »Reinhards Abschied«, in Vorwärts Nr. 10, 2. 1. 1920, Abend-Ausgabe, S. 2. Danach wurde Reinhard nach Glogau versetzt.

394 Der Prozeß gegen Oberleutnant Otto Marloh, auf dessen Befehl hin am 1. 3. 1919 in Berlin 29 Angehörige der Volksmarinedivision anläßlich eines Löhnungsappells willkürlich erschossen worden waren, begann am 3. 12. 1919 vor dem Kriegsgericht der Reichswehrbrigade 3 in Berlin. Marloh wurde am 9. 12. 1919 von der Anklage des Totschlags freigesprochen. Siehe Schultheß EGK 1919 I, S. 600. Zur Rolle Reinhards vgl. Hannover/Hannover-Druck, Politische Justiz, S. 46–52; sowie Gumbel, Vier Jahre, S. 20–22.

lers seinen Abschied einzureichen hätte«[395]. Ebert soll Reinhard sogar die Beförderung zum General in Aussicht gestellt haben, wenn er nur sofort demissioniere[396]. Der Reichspräsident gab dem Offizier damit Gelegenheit, sich noch einmal als stolzer Held aufzuführen und das »unangebrachte Zuckerbrot«[397] dankend abzulehnen. Am 9. Dezember 1919 wurde Reinhard aus der Reichswehr entlassen[398]. General v. Lüttwitz, der sich vehement, aber vergeblich für sein Verbleiben eingesetzt hatte, verabschiedete ihn mit einem herzlich gehaltenen Schreiben[399], in dem es abschließend hieß: »Ihre Truppe wird Sie nie vergessen, und Ihre militärischen Vorgesetzten werden Ihnen mit mir stets das dankbarste Andenken bewahren.«

Das war nicht etwa nur so dahergeredet. Als Oberst a. D. Reinhard am 13. März 1920, am ersten Tag des Kapp-Lüttwitz-Putsches, »zufällig« anläßlich einer Familienfeier in Berlin weilte, wurde er zu General v. Lüttwitz beordert und gebeten, das Kommando über seine alte Truppe und zudem über den Wehrkreis Berlin zu übernehmen[400]. Reinhard entzog sich dem Drängen seines früheren Vorgesetzten und jetzigen militärischen Anführers des Putsches nicht. Dennoch setzte sich General v. Seeckt nach dem kläglichen Zusammenbruch der Kapp-Diktatur für das Verbleiben Reinhards in der Reichswehr ein. Ebert und Reichskanzler Bauer wollten davon freilich nichts wissen und warfen den Putsch-Obristen erneut hinaus. Doch erreichte Seeckt immerhin, daß Reinhard Pensionsbezüge bezahlt wurden[401]. Kein schlechtes Honorar für die Beteiligung am Staatsstreich gegen die Republik!

Wiederum, wie schon im Dezember 1919, war es nicht Reichswehrminister Noske, der die Entlassung Reinhards erzwang[402]. Die zwei höchsten Repräsentanten der Republik – der Reichspräsident und der Reichskanzler – mußten ihr Gewicht in die Waagschale werfen, damit ein offensichtlich illoyaler und später hochverräterischer Offizier aus der Reichswehr entfernt wurde, dessen Schmähungen der republikani-

395 »Reinhards Abschied«, in: Vorwärts Nr. 10, 6. 1. 1920, Abend-Ausgabe, S. 2, unter Bezugnahme auf Mitteilungen Reinhards, die in der Rechtspresse veröffentlicht worden waren. Ebenso: Reinhard, Wehen, S. 121 f.

396 Reinhard, Wehen, S. 122.

397 Aus dem soeben zitierten Artikel »Reinhards Abschied«, Vorwärts Nr. 10, 2. 1. 1920, Abend-Ausgabe, S. 2.

398 Schultheß EKG 1919 I, S. 500. Dort heißt es, Reinhard sei »mit der gesetzlichen Pension zur Disposition gestellt« worden. Dagegen behauptet Reinhard selbst (Wehen, S. 130), er sei im Dezember 1919 »ohne jede Pension auf die Straße gesetzt worden«.

399 Lüttwitz' Schreiben vom 12. 12. 1919 ist im Wortlaut abgedruckt in: Reinhard, Wehen, S. 123 f.

400 Ebda., S. 127–131, auch zum Folgenden.

401 1933 wurde Reinhard erster Vorsitzender des Nationalverbands Deutscher Offiziere, 1934 Bundesführer des Kyffhäuserbundes, 1938 Reichsführer des Reichskriegerbundes. Siehe Kurzvita Reinhard: BA-MA MSg 109/9277.

402 Noske, Kiel bis Kapp, S. 201, schreibt dagegen, er habe die Entlassung Pabsts, Reinhards und anderer »persönlich bewirkt«. Hierfür findet sich jedoch, was Reinhard betrifft, in den erhalten gebliebenen Quellen keine Bestätigung.

schen Regierung bereits seit dem Sommer 1919 über die Landesgrenzen hinaus Aufsehen erregt und im Inland wie im Ausland die Frage hatte aufkommen lassen, warum sich die republikanische Regierung in einer Weise auf das Militär angewiesen sehe, daß sie es nicht einmal wage, eklatanter Illoyalität mit angemessenen Mitteln entgegenzutreten. So offenbarte der »Fall Reinhard« nicht bloß Noskes Blindheit für die Gefahren von rechts, sondern zeigte darüber hinaus die Schwäche des »starken Mannes«, sich gegen Unbotmäßigkeiten seiner Offiziere durchzusetzen.

6. Schwindender Rückhalt für Noske in der MSPD

»Mein Bedarf an Arbeit und Beschimpfung ist durch das letzte halbe Jahr reichlich gedeckt. Wenn sich einer findet, der mein Amt haben will, mit Kußhand.« Als Noske dieses rhetorisch gemeinte Rücktrittsangebot machte, entstand große Heiterkeit und Bewegung im Saale. Ein Delegierter rief: »Justav muß bleiben!« Schauplatz des Geschehens waren die Zentralfestsäle in Berlin, wo am 28. September 1919 eine Konferenz[403] der Mehrheitssozialdemokratischen Partei Groß-Berlins stattfand, an der mehr als 500 Parteifunktionäre teilnahmen.

Wenn Noske »mit Kußhand« sein Amt als Reichswehrminister anbot, so wußte er natürlich sehr genau, daß er dies risikolos tun konnte, weil sich keiner seiner Parteigenossen um diese Verantwortung riß. Gleichwohl gab es zu jener Zeit Anzeichen dafür, daß diese Art von Unentbehrlichkeitsbekundungen keineswegs überall in der Partei auf Gegenliebe stieß.

Drei Monate zuvor hatte Noske auf dem Weimarer Parteitag der MSPD[404] die aus den Reihen der eigenen Partei gegen ihn vorgebrachte Kritik alles in allem erfolgreich abgewehrt. Damals, im Juni 1919, hatte außer Philipp Scheidemann und Paul Löbe eigentlich niemand einen Anlaß gesehen, den Reichswehrminister vor Putschgefahren von rechts zu warnen. Nun aber, im Herbst 1919, sollten sie zum beherrschenden politischen Thema innerhalb und außerhalb der Partei werden. Über die Fragen, ob es eine Gefahr von rechts überhaupt gab, wie sie einzuschätzen und wie ihr zu begegnen war, gab es zwischen Noske und der MSPD-Parteiführung Meinungsunterschiede, die in den folgenden Monaten bis an den Rand des Bruches führten.

[403] Zitiert nach dem ausführlichen Bericht über diese Konferenz in: Vorwärts Nr. 497, 29. 9. 1919, Morgen-Ausgabe, S. 1.
[404] Siehe Kapitel VIII/5.

Wie stellte sich die Situation der Reichsregierung im Herbst 1919 dar? Mit dem Friedensvertrag und der Weimarer Reichsverfassung waren die beiden wohl schwersten Aufgaben des Jahres gelöst, wenn auch, was den Frieden betraf, unter größten Opfern. Die Militärs hatten zwar wieder einmal mit einer Diktatur geliebäugelt, aber daraus war dann doch nichts geworden, weil Noske sich auf der ganzen Linie durchzusetzen vermocht hatte. Auch die Pläne für eine Wiederaufnahme des Kampfes gegen die Siegermächte waren nicht zum Zuge gekommen. Die Neuorganisation der militärischen Verhältnisse stand kurz vor dem Abschluß. Die OHL war aufgelöst, und das Reichswehrministerium sollte alsbald seine Tätigkeit aufnehmen. Nur die Frage der Truppenverminderung mußte noch gelöst werden. Die Parteien der politischen Rechten hatten zwar sowohl den Friedensvertrag als auch die Verfassung abgelehnt, aber ihre politischen Aktionen waren bislang im Rahmen der vorgegebenen parlamentarischen Spielregeln geblieben. Man wußte zwar, daß es in der Reichswehr gärte und rumorte; aber es fehlten konkrete Informationen über etwaige konterrevolutionäre Vorhaben. Vom Putschversuch des Garde-Kavallerie-Schützen-Korps am 21. Juli 1919 beispielsweise war kaum etwas an die Öffentlichkeit gedrungen. Intern und öffentlich hatte Noske mehrfach versichert, daß seitens des Militärs keine Gefahren für Regierung und Republik drohten, da er, der Reichswehrminister, die Reichswehr fest im Griff habe.

Die Anlässe, diese blauäugige Selbstdarstellung Noskes in Zweifel zu ziehen, waren vorerst noch nicht sehr zahlreich. Gewiß hatte die Gehorsamsverweigerung der Baltikumtruppen Mitte August aufhorchen lassen. Aber, so dachte man in der deutschen Öffentlichkeit und nicht minder in der mehrheitssozialdemokratischen Partei: Das Baltikum ist weit weg; und irgendwann werden auch die »Baltikumer« wieder Vernunft annehmen.

Als der Parteiausschuß der MSPD – das höchste Parteigremium zwischen den Parteitagen – Ende August zu einer zweitägigen Sitzung[405] zusammentrat, wollten die maßgeblichen Parteiführer von einer Gefahr von rechts nach wie vor nichts wissen. Reichsminister Eduard David[406], der dem Gremium über die politische Lage berichtete, registrierte zwar eine sich zuspitzende innenpolitische Konfrontation, sah die Ursache hierfür aber wie bislang ausschließlich bei der Opposition von links, die »mit den Mitteln einer terroristischen Diktatur« gegen die Reichsregierung vorgegangen sei und damit automatisch die Gefahr von rechts erzeugt habe. Die als »Nothelfer« gerufenen monarchistischen Offiziere hätten natürlich, konzedierte David, »auch eine ge-

[405] Protokoll MSPD-Parteiausschußsitzung 28./29. 8. 1919 in Berlin, AdsD, Mikrofilm.
[406] Ebda., S. 3.

wisse Machtstellung« gewonnen. Aber konkrete Gefahren sah er damit nicht verbunden. Der Berliner Parteivorsitzende Franz Krüger[407], Mitglied der Nationalversammlung und damals als Ministerialdirektor im Büro des Reichspräsidenten Ebert tätig, wie David ein Vertreter des rechten Parteiflügels, stimmte seinem Vorredner uneingeschränkt zu: »Ich bin mit David der Meinung, daß die Gefahr von rechts nicht groß ist. Gelingt es uns, die Gefahr von links zu überwinden, dann ist auch die Gefahr von rechts überwunden.« Ebenso vertrat Reichsaußenminister Hermann Müller[408] vor den Parteifreunden die Meinung, eine solche Gefahr sei »für absehbare Zeit überhaupt nicht vorhanden«.

Der deutlichste Widerspruch kam von dem Breslauer Abgeordneten Paul Löbe[409], der als Vizepräsident der Nationalversammlung zugleich einer der einflußreichsten Parlamentarier der MSPD war: »David und Noske schätzen die Gefahr von rechts falsch ein.« Über die Stimmung unter den Offizieren in seiner Heimatstadt Breslau wußte Löbe Alarmierendes zu berichten: »Als in der Presse eine Äußerung Noskes wiedergegeben wurde, er glaube nicht daran, daß die Reichswehroffiziere sich zu reaktionären Putschen hergeben würden, hat einer der älteren Offiziere gesagt: Wenn der Trottel das glaubt, um so besser für uns.« Zweifellos, faßte Löbe seine Eindrücke zusammen, herrsche im Offizierkorps »ein starker reaktionärer Geist« und bei der Offizierauswahl sei offensichtlich nicht die Tüchtigkeit, sondern die reaktionäre Gesinnung ausschlaggebend. Julius Leber[410] pflichtete Löbe bei und fügte hinzu: »Bei uns in Thüringen besteht vielfach der Eindruck, als ob Noske nur ein Spielball in der Hand der Offiziere ist.« In ähnlicher Weise warnte übrigens der aus Kiel stammende DDP-Politiker Ferdinand Hoff[411] zu dieser Zeit das Führungsgremium der linksliberalen Partei vor Noske, weil dieser sich »von gewissen Offizierskreisen« habe »einwickeln lassen«.

Löbes und Lebers Warnungen stießen bei den Parteiführern der MSPD auf taube Ohren. Nach Hermann Müller, der seit Juni 1919 zusammen mit Otto Wels den Parteivorsitz innehatte, konnte »gar keine Rede davon sein, daß Noske ein Spielball in der Hand der Offiziere wäre«. Noske könne auch nicht immer so, wie er wolle. Aber wenn die Thüringer einen besseren wüßten, so werde Noske gerne bereit sein, »sich zur Ruhe zu setzen oder als Botschafter nach Tokio oder anders-

407 Ebda., S. 19.
408 Ebda., S. 21.
409 Ebda., S. 18. Zum Vizepräsidenten der Nationalversammlung war Löbe am 15. 7. 1919 gewählt worden. Siehe: Verhandlungen NV, Bd 328, S. 1556.
410 Protokoll MSPD-Parteiausschußsitzung 28./29. 8. 1919 in Berlin, AdsD, Mikrofilm, S. 18.
411 Protokoll der Sitzung des DDP-Parteiausschusses am 28. 9. 1919. In: Linksliberalismus, S. 89. Hoff (1867–1942) war von 1912–1918 Mitglied des Reichstags (FVP) und von 1921–1932 Mitglied des preußischen Landtags (DDP/Staatspartei).

wohin zu gehen«[412]. Man war sich in der Parteispitze Ende August 1919 – von wenigen kritischen Stimmen abgesehen – also einig, daß Noske[413] seine politische Kontrollaufgabe gegenüber der Reichswehr wahrnahm und eine Putschgefahr von rechts, besonders seitens der Reichswehr, kaum befürchtet werden mußte.

Die gelegentliche Kritik mehrheitssozialdemokratischer Politiker an einzelnen Maßnahmen des Reichswehrministers nahm vorerst auch deshalb keine schärferen Formen an, weil man in den Gremien der Partei wußte, daß es in den eigenen Reihen niemanden gab, dem man es zugetraut hätte, die militärischen Angelegenheiten besser als Noske zu meistern. Aus diesem Mangel an personellen Alternativen nach außen hin das Beste zu machen, war ein legitimes Anliegen der Partei. Hinter dem oben erwähnten, aufmunternden Zwischenruf »Justav muß bleiben!« steckte die doppelte Erkenntnis: da wir keinen anderen haben, stellen wir uns eben demonstrativ hinter Noske.

Dieser Regie folgte also die Konferenz der MSPD-Funktionäre Groß-Berlins am 28. September 1919[414]. Die Parteileitung gab Noske die Möglichkeit, seine Politik in einer zweistündigen Rede darzustellen, und eine solche Chance ließ sich der wortgewaltige Reichswehrminister natürlich nicht entgehen. Seine innerparteilichen Kritiker, die zunächst das Wort hatten, hielten sich merklich zurück. Einer von ihnen, der »Vorwärts«-Redakteur Erich Kuttner, brachte zunächst seine Achtung gegenüber der Persönlichkeit Noskes zum Ausdruck und trat unaufgefordert den »unsinnigen Behauptungen« entgegen, »daß Noske innerlich kein Sozialdemokrat sei oder daß er absichtlich die Reaktion fördere«. Kuttner zeigte Verständnis für die Schwierigkeiten, mit denen Noske zu kämpfen hatte. In sehr maßvollen Worten beklagte er, daß Noske den Republikanischen Führerbund eher behindere statt ihn in Schutz zu nehmen, und daß er keine Republikaner in das Reichswehrministerium geholt habe. Weiterhin baute Kuttner Brücken zwischen dem »Vorwärts« und dem von ihm vielfach angegriffenen Reichswehrminister: »Der ›Vorwärts‹ denkt nicht daran, einen Kampf gegen Noske zu führen. Wir möchten, daß sich Noske mehr seinen Parteigenossen nähert, ihre Ratschläge und Wünsche nicht beiseite legt in dem Glauben, er wisse alles besser [...] Unser Kampf geht nicht gegen Noske, sondern um Noske. Wir wollen verhindern, daß er den Einflüssen seiner Umgebung erliegt, wir wollen ihm helfen, eine republikanische Wehrmacht aufzubauen.«

Obwohl Noske auf die kritischen Anmerkungen Kuttners in seiner Rede mit keinem Wort einging und im übrigen nur wiederholte, was

412 Protokoll MSPD-Parteiausschußsitzung 28./29. 9. 1919 in Berlin, AdsD, Mikrofilm, S. 21.

413 Noske war in dieser Sitzung selbst nicht anwesend.

414 Zum Folgenden siehe: Vorwärts Nr. 497, 29. 9. 1919, Morgen-Ausgabe, S. 1.

er zuvor schon mehrfach öffentlich ausgeführt hatte, erntete er den stürmischen, langanhaltenden Beifall der Delegierten. Lediglich einer von ihnen[415] brachte danach noch den Mut auf, Noske vorzuwerfen, er sei nicht den richtigen Weg gegangen und habe die Reaktion wieder in den Sattel gehoben. Einstimmig wurde eine Resolution[416] angenommen, in der es hieß: »Die Berliner Parteigenossen setzen in die Vertreter der Partei in der Regierung und insbesondere in den Genossen Noske nach wie vor das Vertrauen, daß sie allen gegenrevolutionären Bestrebungen von rechts und links wie bisher entschieden entgegentreten werden und geloben, in diesem Kampf für Demokratie und Sozialismus sie mit allen Kräften getreu zu unterstützen. Die Konferenz ist überzeugt, daß der Genosse Noske gewillt ist, mit allen geeigneten Mitteln dafür zu sorgen, daß die Reichswehr kein Werkzeug reaktionärer Machenschaften werden kann.« Nach der Abstimmung stellte der Vorsitzende der Berliner Parteiorganisation, Franz Krüger, voller Befriedigung fest, »daß die Tätigkeit, die Noske ausübt, trotz allem, was gegen sie gesagt wird, eine sozialdemokratische Arbeit ist.«

Am nächsten Tag kam der »Vorwärts« mit der ganzseitigen Schlagzeile »Einstimmiges Vertrauensvotum für Noske« heraus[417]. Im Kommentar wurde die Parteikonferenz als »ein besonderes Ereignis in unserer Parteigeschichte« dargestellt, weil sie das Vertrauensverhältnis zwischen den Berliner Parteigenossen und Noske neu gefestigt habe. Die »glänzende Rede« Noskes habe überzeugt. Es folgte dann eine Laudatio, wie sie Noske nur selten zuteil wurde: »Noskes Persönlichkeit, sein bloßes Auftreten straft alle die Gerüchte Lügen, die eine gehässige Fama um ihn gewoben hat. Wer Noske reden hört, der gewinnt den Eindruck einer großen politischen Intelligenz, die sich mit ungewöhnlicher Energie paart, aber auch das ist ihm sofort klar: dieser Mann ist weder der tyrannische Bluthund, als den ihn die Kommunisten malen, noch der Schrittmacher der Reaktion, als der er Ängstlichen erscheint. Er gehört mit seinem ganzen Denken und Fühlen zur Partei, er hat nicht um Haaresbreite aufgehört, Sozialist und Demokrat zu sein. – Allerdings ist Noske kein Schmeichler und Lobhudler der Masse, der ihr nach Kommunistenart Tugenden und Fähigkeiten andichtet, die sie nicht besitzt. Er hat einen scharfen Blick für die Unzulänglichkeiten, welche die Revolution bei großen Teilen der über Nacht erwachten Masse enthüllt hat, und er besitzt vor allem den Mut, seine Erkenntnis rücksichtslos auszusprechen, sei es auf die Gefahr zu mißfallen, und die Konsequenzen für sein Tun daraus zu ziehen. Gewiß bleiben eine Anzahl unerfreulicher Fälle, aber die Funktionäre begriffen

[415] Kölitz, ein ehemaliger Angehöriger der Republikanischen Soldatenwehr.
[416] Ebda.
[417] Ebda., Nr. 499, 30. 9. 1919, Morgen-Ausgabe, S. 1.

aus Noskes Rede die große Richtlinie seines Handelns und überzeugten sich, daß diese zielbewußt, klug und demokratisch einwandfrei ist.«

Weder vorher noch nachher ist Noske noch einmal in dieser Weise bejubelt worden. Weshalb diese Demonstration der Einigkeit? Gab es einen konkreten, aktuellen Anlaß, Noske das Vertrauen der Partei zu bekunden? Oder waren die Risse zwischen beiden schon so tief, daß es dieser Veranstaltung bedurfte, um sie notdürftig zu kitten?

Ungelöst waren Ende September 1919 das Baltikum-Problem, der Fall Reinhard, die Fragen der militärischen Personalpolitik und der drohenden Gefahr von rechts. In keinem einzigen dieser Punkte hatten Noske und die Partei einen gemeinsam errungenen Erfolg zu feiern. Ein aktueller Anlaß zum Jubeln lag der Berliner Funktionärskonferenz also nicht zugrunde. Viel eher war sie wohl gedacht als demonstrative Antwort der Berliner MSPD-Organisation, die dem rechten Flügel der Partei nahestand, auf Scheidemanns Kasseler Rede vom 11. September 1919. Scheidemann hatte die sozialdemokratischen Regierungsmitglieder insgesamt und Noske namentlich vor aller Öffentlichkeit kritisiert, weil sie nicht konsequent genug gegen die nach seiner Überzeugung offensichtlichen Gefahren von rechts vorgingen, und im Gegenzug hatte die MSPD Groß-Berlins nun die Regierungsmitglieder und den besonders attackierten Noske gedeckt. Zwei Beteiligte interpretierten den Vorgang in einem Schreiben an Reichskanzler Gustav Bauer folgendermaßen: Wer tiefer sah, mußte sich darüber im klaren sein, daß das einstimmige Vertrauensvotum »nicht dem Reichswehrminister Noske, sondern lediglich dem Menschen Noske erteilt worden ist«[418].

Die mehrheitssozialdemokratische Nationalversammlungsfraktion hatte sich aus den militärpolitischen Querelen möglichst weitgehend herauszuhalten versucht. Den Abgeordneten ging es nicht viel anders als den Kabinettsmitgliedern: Sie waren froh, daß Noske die Verantwortung für dieses Ressort übernommen hatte, und hofften, daß sie selbst davon verschont blieben, mit der ungeliebten und teilweise als anrüchig geltenden Materie näher in Kontakt treten zu müssen. In ihrer Fraktionssitzung am 28. Oktober 1919[419] mußten sie es dann doch. Scheidemann präsentierte den Abgeordneten einen Sachverständigen, nämlich den Leutnant Hermann Müller-Brandenburg, der gekommen war, um über Probleme der Reichswehr zu referieren. Scheidemann stellte ihn seinen Kollegen als einen »zwar kritischen, aber sachlichen Beurteiler« vor. Weitere Qualifikationen des Redners wurden nicht mitgeteilt.

418 Brief der Berliner MSPD-Funktionäre Heller und Caspari vom 10. 12. 1919 an den Reichskanzler. Abgedruckt in: Kabinett Bauer, Nr. 127, S. 470.

419 Protokoll MSPD-Nationalversammlungs-Fraktion 28. 10. 1919, AdsD, Mikrofilm.

Die Situation war schon bemerkenswert: Die parlamentarische Vertretung der größten Regierungspartei mußte auf die Kenntnisse eines kleinen Leutnants zurückgreifen, um sich Klarheit darüber zu verschaffen, ob die aus Parteikreisen vielfach gehörten Klagen über die Reichswehr und über die Uneinsichtigkeit Noskes zutrafen oder nicht. Offenbar gab es in der gesamten Vorläufigen Reichswehr weder einen General noch einen Stabsoffizier, der der MSPD nahestand und daher von der Nationalversammlungsfraktion zu einem vertraulichen Gespräch gebeten werden konnte.

Der Reichswehrminister lehnte es verständlicherweise ab, sich vor der Fraktion mit dem Leutnant Müller-Brandenburg auseinanderzusetzen[420]. In jüngster Zeit war dieser Offizier als Redner des Republikanischen Führerbundes hervorgetreten[421] und hatte wahrscheinlich auf diesem Wege mit Scheidemann Kontakt bekommen. Noske wußte über ihn aus der Zeit vor 1914, daß er in rechtsstehenden Zeitungen publiziert hatte[422], und hielt ihn für einen typischen »Novembersozialisten«, der sein Fähnchen nach dem Wind hängte[423]. Sozialdemokrat wurde Müller-Brandenburg tatsächlich erst nach seinem Auftritt vor der Fraktion[424]. Er machte dann bei der Polizei Karriere[425], um anschließend (1923) wieder aus der SPD auszutreten[426]. Ähnlich wie Colin Ross, der 1919 die republikanische Soldatenzeitung »Die Reichswehr« herausgab und später, im Dritten Reich, in den Diensten der NSDAP arbeitete, landete auch Müller-Brandenburg in den 30er Jahren bei der extremen Rechten[427].

Damit jedoch zurück zur Sitzung der MSPD-Fraktion am 28. Oktober 1919: Leutnant Müller-Brandenburg zeichnete den Abgeordneten in seinem Vortrag[428] ein düsteres Bild der Reichswehr. Kernpunkt seiner Ausführungen war, daß sich die Truppe vollständig in der Hand reaktionärer Offiziere befände, die den General v. Lüttwitz als den »Beherrscher der Reichswehr« betrachteten und die längst in der Lage seien, die modern denkenden, republikanisch eingestellten Offiziere, Unteroffiziere und Mannschaften mittels sogenannter geheimer Qua-

[420] Dies teilte Scheidemann in der Sitzung mit.

[421] Müller-Brandenburg sprach z. B. auf einer Kundgebung des RFB am 15. 9. 1919 im Plenarsaal des Berliner Heerenhauses. Vgl. den Artikel »Im republikanischen Führerbund« in: Vorwärts Nr. 474, 16. 9. 1919, Abend-Ausgabe, S. 2.

[422] Noske, Erlebtes, S. 139.

[423] Vgl. Rohe, Reichsbanner, S. 256, Anm. 2.

[424] Noske, Erlebtes, S. 140.

[425] Wie Noske, ebda., berichtet, wurde er in Mecklenburg Polizeikommandeur und kam von da aus als besonders vertrauenswürdiger Oberst an die Spitze der Thüringer Landespolizei.

[426] Rohe, Reichsbanner, S. 256, Anm. 2; sowie Noske, Erlebtes, S. 140.

[427] Laut Noske, Erlebtes, S. 140, erlangte er im Dritten Reich im Arbeitsdienst eine hohe Position.

[428] Der Inhalt des Vortrages ist in Stichworten festgehalten im Protokoll der Fraktionssitzung.

lifikationsberichte[429] aus ihren Stellen zu entfernen. Während diese reaktionären Offiziere nicht davor zurückschreckten, vor den Mannschaften offen gegen die Regierung und gegen den Reichswehrminister zu hetzen, müsse jeder Soldat, der sich zum Republikanischen Führerbund bekenne, befürchten, daß er auf die Straße fliege. Müller-Brandenburg monierte auch, daß der Reichswehrminister die Truppe nur bei Paraden und nicht bei Gefechtsübungen sehe und daher keine Kenntnis von ihrer schlechten Disziplin und ihrem schlechten Ausbildungsstand haben könne.

Das Bild, das Müller-Brandenburg von der Vorläufigen Reichswehr entwarf, war keinesfalls überzeichnet. Daran änderte auch die Kritik Noskes nichts, der Vortrag sei »sehr oberflächlich und verallgemeinernd« gewesen[430]. Noske, der einen Teil der Ausführungen des Leutnants gehört hatte und der nun der anschließend in der Fraktion geführten Diskussion beiwohnte, mußte erkennen, daß die von seinen Fraktionskollegen vorgetragene Kritik zum Teil noch schärfer war als die Müller-Brandenburgs. Eindringlich schilderte Otto Hörsing persönliche Erfahrungen, aus denen unzweifelhaft hervorging, daß Noske von seiner militärischen Umgebung tatsächlich abgeschirmt und von bestimmten Informationen ferngehalten wurde[431]. Auch die Entlassung zahlreicher demokratischer Offiziere aus der Reichswehr bestätigte er. Hörsing forderte Noske auf, diese Vorgänge in der Reichswehr sehr ernst zu nehmen und sich mit ein paar tüchtigen Genossen zu umgeben, »die mit scharfem Auge auf das sehen, was im Heere vorgeht«. Mehrere Redner – Kronen, Katzenstein, Davidsohn, Löbe – griffen Noskes Politik scharf an, wobei mehrfach die Befürchtung geäußert wurde, das Offizierkorps sei schon jetzt »zuverlässig gegenrevolutionär« und Noske könne sich ihm gegenüber längst nicht mehr durchsetzen[432]. Im Gegensatz zu seinen öffentlichen Erklärungen, in denen er mehrfach pauschal konstatiert hatte, er habe die Reichswehr fest in der Hand und von seiten rechter Militärs drohten keine Gefahren, verwies Noske nun – im Rahmen der vertraulichen Fraktionssitzung – auf einen machtpolitischen Zusammenhang, um seine Kollegen zu beruhigen: Es bestehe, sagte er, ein außerordentlich scharfer Gegensatz zwischen den Offizieren und den Mannschaften, und des-

[429] Die Abschaffung dieser geheimen Qualifikationsberichte für Offiziere forderte anderntags Daniel Stücklen als Sprecher der MSPD-Fraktion in der Nationalversammlung anläßlich der Beratungen über den Haushalt 1919 des Reichsheeres. Verhandlungen NV, Bd 330, 29. 10. 1919, S. 3531.

[430] Siehe Protokoll MSPD-Nationalversammlungs-Fraktion 28. 10. 1919, AdsD, Mikrofilm.

[431] Hörsing hatte an Noske Dutzende von Briefen geschickt und bei mündlicher Anmahnung einer Antwort bei ihm festgestellt, daß sie ihm gar nicht zur Kenntnis gebracht worden waren.

[432] So Kronen und Löbe.

halb würden die Offiziere sich hüten, zu irgendwelchen konterrevolutionären Handlungen überzugehen[433]. Erneut bot Noske seinen Rücktritt an: Wenn jemand da sei, der von sich glaube, es besser machen zu können, so mache er, Noske, ihm gerne Platz. Abschließend betonte Noske, die ganze Frage der Reichswehr sei »eine Frage des Vertrauens und der festen Nerven«. Die Sozialdemokratie müsse Vertrauen zur Arbeiterklasse und zu ihren Idealen haben, aber auch dazu, »daß wir mit 4000 Offizieren fertig werden«.

Mit diesem Appell Noskes an die Kraft des Vertrauens endete diese einzige Sitzung der MSPD-Nationalversammlungs-Fraktion des Jahres 1919, in der die Mandatsträger der Partei sich einigermaßen intensiv mit der Reichswehr und Noskes Militärpolitik auseinandersetzten. Die Stimmung war jedoch anders als auf dem Weimarer Parteitag vom Juni und auf der Groß-Berliner MSPD-Konferenz Ende September. Hatte Noske dort demonstrative Unterstützung erhalten, so wurde ihm diese von der vertraulich tagenden Fraktion, die nicht unter dem Zugzwang stand, vor der Öffentlichkeit allseitige Einheit zur Schau stellen zu müssen, nun verweigert. Unter der Regie von Scheidemann hatte die militärpolitische Debatte der Fraktion im Dissens geendet. Als nächstes kam es zu einer Auseinandersetzung des Parteivorstandes der MSPD mit Noske.

Weit mehr, als Noske dies vorhergesehen hatte, war der Fall des Obersten Reinhard geeignet, auch diejenigen unter seinen Parteigenossen gegen ihn aufzubringen, die bislang noch immer bereit gewesen waren, dem Reichswehrminister die besonderen Probleme seines Verantwortungsbereichs zugute zu halten und ihn gegenüber übertriebener Kritik in Schutz zu nehmen. Die Mitglieder und Funktionäre der MSPD verstanden nicht, weshalb Noske den erklärten Republikgegner Reinhard auch dann noch deckte, als ihm wie jedermann sonst, der die Affäre verfolgt hatte, klar sein mußte, daß die gegen diesen erhobenen Anschuldigungen berechtigt waren.

Wie ernst der MSPD-Parteivorstand die aus dem Fall Reinhard resultierende Mißstimmung einschätzte, geht daraus hervor, daß er sich am 13. November 1919 schriftlich an die sozialdemokratischen Mitglieder der Reichsregierung[434] wandte und ihnen die Sorgen der Partei über die steigende Gefahr einer gewaltsamen reaktionären Erhebung darlegte[435]. Der Vorstand sah sich hierzu genötigt, nachdem vorangegangene

[433] Ebda.

[434] Neben Reichskanzler Bauer gehörten zu diesem Zeitpunkt folgende Mehrheitssozialdemokraten der Reichsregierung an: Hermann Müller, Robert Schmidt, Alexander Schlicke, Gustav Noske, Eduard David. Vgl. die Liste in: Kabinett Bauer, S. 809 f.

[435] Denkschrift des Parteivorstandes der MSPD vom 13. 11. 1919. Hierüber berichteten Philipp Scheidemann, Protokoll MSPD-Nationalversammlungsfraktion 21. 11. 1919, AdsD, Mikrofilm, sowie Otto Wels, Protokoll MSPD-Parteiausschußsitzung 13. 12. 1919 in Berlin, S. 5, AdsD, Mikrofilm. Vgl. auch Noske, Erlebtes, S. 144 f., wo beson-

Gespräche mit Noske nicht zu dem gewünschten Ergebnis, nämlich zur Entlassung Reinhards, geführt hatten[436]. Nach Auffassung des Parteivorsitzenden Otto Wels wäre diese Maßnahme »das kleinere Übel« gewesen und hätte »einen heilsamen Schrecken in die Reihen der Offiziere getragen«[437].

Aufgrund der Denkschrift des Parteivorstandes fanden Verhandlungen mit den sozialdemokratischen Regierungsmitgliedern statt, und die MSPD-Nationalversammlungs-Fraktion befaßte sich ebenfalls mit der Angelegenheit[438]. Über das Ergebnis dieser Gespräche ist im einzelnen nichts bekanntgeworden.

Unabhängig von der Aktion des Parteivorstandes wandten sich Heller und Caspari, zwei Berliner MSPD-Funktionäre[439], in einem längeren Schreiben an Reichskanzler Bauer[440]. Es lag ihnen daran, in bezug auf das »System Noske« und besonders den Fall Reinhard, »endlich einmal das auszusprechen, was ist«[441]. Schon in der Groß-Berliner MSPD-Konferenz Ende September war Noskes Position nach ihrer Überzeugung da am schwächsten, als er den Oberst Reinhard in Schutz nahm. Inzwischen hätten die Hindenburg-Demonstrationen und der Marloh-Prozeß erwiesen, was für ein Mann dieser Reinhard sei. Die beiden Berliner MSPD-Politiker versicherten dem Reichskanzler ausdrücklich, sie seien weit davon entfernt, Noske »einen Vorwurf im Sinne subjektiver Schuld zu machen«, stellten aber im gleichen Atemzug fest: »Für uns ist Noske eine tragische Persönlichkeit[442], der die Dinge über den Kopf gewachsen sind, und von der wir nicht erwarten, daß sie die Kraft hat, die Reaktion in den Reihen der Reichswehr mit Erfolg zu bekämpfen«[443]. Solange das »System Noske«, wie der neue Militarismus vielerorts bezeichnet werde, andauere, sei es unmöglich, die Aktivität der Parteimitgliedschaft zu beleben. Auch auf die Gefahr hin, daß dies »als Undankbarkeit gegenüber Noske ausgelegt werden« könnte, erklärten Caspari und Heller dem Reichskanzler,

ders auf die nicht mit dem Fall Reinhard zusammenhängenden Sorgen des Parteivorstandes abgehoben wird.

436 Protokoll MSPD-Parteiausschußsitzung 13. 12. 1919, S. 5, AdsD, Mikrofilm. Dies berichtete Parteivorsitzender Wels.

437 Ebda.

438 Mitteilungen von Wels, ebda.

439 Gustav Heller war Mitglied des Vorstandes der MSPD-Fraktion in der Preußischen Landesversammlung. Kabinett Bauer, S. 835.

440 Das Schreiben von Heller und Caspari vom 10. 12. 1919 ist abgedruckt ebda., Nr. 127, S. 468–472.

441 Ebda., S. 469.

442 Die Denkfigur, Noske sei eine »tragische Persönlichkeit« gewesen, wurde nach dessen Rücktritt mehrfach auch von Philipp Scheidemann verwendet. Vgl. Kapitel XII/2 sowie die Schlußbetrachtung. Heller und Caspari waren jedoch, soweit bekannt, die ersten, die diese Wendung zur Charakterisierung Noskes benutzten.

443 Ebda., S. 471. Auch zum Folgenden.

es sei »unbedingt notwendig, daß Noske zurücktritt«, daß mit dem System Noske insgesamt gebrochen wird[444]. Obwohl die beiden Funktionäre wußten, daß es in den Reihen der eigenen Partei keinen Politiker gab, der bereit gewesen wäre, Noskes Nachfolge anzutreten[445] und das Reichswehrministerium zu übernehmen, sahen sie die Stunde für gekommen, in der Noske der Partei den Rücktritt schuldig sei.

Reichskanzler Bauer antwortete, die Briefschreiber hätten ihn nicht davon überzeugen können, »daß es im Parteiinteresse läge, wenn Genosse Noske von der Leitung des Reichswehrministeriums zurückträte«[446]. Bauer konnte sich dabei auch auf das Votum einer weiteren, kurz vor Weihnachten 1919 abgehaltenen Konferenz des MSPD-Bezirks Groß-Berlin berufen[447]. Dort hatten die Parteifunktionäre in Anwesenheit Noskes über dessen Militärpolitik debattiert und sich nachher »fast einstimmig« gegen den in der Heller-Casparischen Denkschrift geforderten Rücktritt Noskes ausgesprochen.

Zum Jahresende trat auch der Parteiausschuß der MSPD noch einmal in Berlin zusammen[448]. Vorsitzender Wels, der die politische Lage analysierte, schätzte die Situation der Partei als »denkbar unangenehm«[449] ein. Erstmals vertrat er – namens des ganzen Parteivorstandes – den Standpunkt, ein Austritt der MSPD aus der Regierung müsse nicht unbedingt das größte aller Übel sein; die großen Massen der Parteigenossen draußen im Lande würden diesen Schritt eher verstehen als vieles, was heute geschähe[450]. Wels beklagte auch die immer stärker werdende Konkurrenz der USPD, die inzwischen nach eigenen Angaben auf 750000 Mitglieder angewachsen war. Ganze Ortsvereine seien geschlossen zur USPD übergetreten[451]. Für diese Entwicklung machte Wels »insbesondere die Zustände in der Reichswehr« verantwortlich. Es sei für die Partei eben »unerträglich«, zusehen zu müssen, wie die Republik unausgesetzt von monarchistisch gesinnten Offizieren bloßgestellt werde, ohne daß Noske eine Änderung eintreten lasse[452]. Trokken präsentierte Wels Noske den schwerwiegenden Vorwurf: »Für den

[444] Ebda., S. 471 f.

[445] Sie machten den von wenig politischer Weitsicht zeugenden Vorschlag, keinen Parlamentarier an die Spitze des Reichswehrministeriums zu setzen, »sondern einen zuverlässigen, auf republikanischem Boden stehenden Offizier«, dem dann zwei sozialdemokratische Unterstaatssekretäre beigeordnet werden sollten. Ebda., S. 472.

[446] Brief Gustav Bauers an Heller vom 23. 12. 1919. Zit. in: Kabinett Scheidemann, S. 472, Anm. 14.

[447] Bericht über diese Konferenz vom 21. 12. 1919 in: Vorwärts Nr. 652, 23. 12. 1919.

[448] Protokoll MSPD-Parteiausschußsitzung 13. 12. 1919 in Berlin, AdsD, Mikrofilm.

[449] Ebda., S. 9.

[450] Ebda., S. 2.

[451] Ebda., S. 3.

[452] Ebda., S. 4. Wels gab dann eine ausführliche Darstellung der Entstehung der damaligen Problematik, in der er Noskes Politik als das zwangsläufige Ergebnis der politischen Umstände seit dem Januar 1919 erscheinen ließ, aber gleichzeitig betonte, daß dieser Weg zu einer anderen Reichswehr als der gewünschten geführt habe.

republikanischen Gedanken ist in der Reichswehr kein Platz.« Die gegenwärtige Reichswehr eigne sich wohl zum Kampf gegen links, wäre aber unbrauchbar im Kampf gegen rechts. Von dort, von rechts, drohten aber die Gefahren; die Zeit habe für die Rechte gearbeitet; die Gefahr von rechts habe sich immer mehr zugespitzt[453]. Auch die weiteren Kritikpunkte von Wels gingen an die Adresse Noskes: In den Einwohnerwehren habe sich die Gegenrevolution bewaffnet[454]; den Republikanischen Führerbund[455] dürfe man nicht einfach ablehnen; er könne »sehr wohl als Kontrollorgan der reaktionären Offiziere dienen« und im übrigen ein Instrument werden, das im Falle eines innenpolitischen Konflikts die republiktreuen Truppen mit Führungspersonal versorge; die Technische Nothilfe[456] sei zwar eine unumgängliche Notwendigkeit, aber sie dürfe unter keinen Umständen zu einer Streikbrecherorganisation werden. Indem der Parteivorsitzende seine Ausführungen vor dem Führungsgremium der MSPD mit der Aufforderung an die sozialdemokratischen Regierungsmitglieder schloß, »unseren Wünschen, vor allem auf militärischem Gebiet, mehr Rechnung [zu] tragen als bisher«[457], machte er noch einmal eindringlich klar, daß der Parteivorstand die miserable Lage der Partei zum Jahresende 1919 wie auch die in der Partei selbst grassierende Unzufriedenheit mit den Genossen in der Regierung maßgeblich auf die Politik Noskes zurückführte.

Auch in dieser Veranstaltung erhielt Noske ausführliche Gelegenheit zur Verteidigung[458]. Er komme sich in letzter Zeit, sagte er, wie eine Art Fußball vor: »erst bekommt man einen Tritt von ganz links, dann kommen Vorwürfe und Attacken von rechts, und nun kommen immer zahlreicher die Angriffe auch aus der Partei selbst«[459]; leider habe auch die sozialdemokratische Parteipresse wenig Verständnis für die »außerordentlichen Schwierigkeiten«, unter denen er und seine Ministerkollegen arbeiten müßten. Noske teilte Wels' Einschätzung der schlechten Lage der Partei, führte sie jedoch auf ganz andere Ursachen zurück, und zwar vornehmlich auf die jeder Revolution folgende »rückläufige Bewegung« und die augenblickliche wirtschaftliche Not des Volkes, die er als »die Quelle aller Unzufriedenheit sowohl rechts wie links« ansah[460]. Für die »Ungeduld unserer Leute auf dem Gebiete der Reform des Militärwesens« bekundete er zwar sein volles Verständnis, bestritt jedoch, daß er wesentlich anders hätte handeln kön-

453 Ebda., S. 5.
454 Ebda., S. 6 f.; auch zum Folgenden.
455 Zum R.F.B. vgl. im einzelnen Kapiel VII/7.
456 Zur »Teno« vgl. im einzelnen Kapitel X/7.
457 Wels, Protokoll MSPD-Parteiausschußsitzung 13. 12. 1919, S. 9, AdsD, Mikrofilm.
458 Ebda., S. 13–18.
459 Ebda., S. 13 f.
460 Ebda., S. 15.

nen. Seine Kritik an den Leuten, »die immer Zeter und Mordio schreien, wenn irgendwo einmal ein schwarz-weiß-rotes Fähnchen entfaltet wird oder wenn patriotische Lieder gesungen werden«[461], zeigte, daß er deren Warnungen vor den Gefahren von rechts nach wie vor für übertrieben hielt und die beanstandeten Sachverhalte als Einzelerscheinungen abtat, die nicht verallgemeinert werden durften. Den Vorwurf, Reichswehr wie Einwohnerwehren seien aus reaktionärem Personal zusammengesetzt, wies Noske mit dem Hinweis zurück, man könne »für die Unterlassungssünden unserer Genossen doch die Regierung nicht verantwortlich machen«[462]. Mit der Republikanisierung der Reichswehr müsse man mehr Geduld haben: »Jede Republik, die auf eine Monarchie folgt, hat Jahre, meistens Jahrzehnte gebraucht, bis sie ein brauchbares Offizierkorps hatte[463].« So etwas komme nur ganz allmählich. Er selbst gehe »so scharf vor, wie es möglich ist«. Statt sich über einzelne kleine Verstöße in der Reichswehr aufzuregen, sollten sich die Mitglieder der Partei darüber klarwerden, daß es derzeit »um Sein oder Nichtsein des ganzen Reiches, des ganzen deutschen Volkes, ja von ganz Europa« gehe[464].

Noske machte dem Parteivorstand also keinerlei Konzessionen, verteidigte seine Politik offensiv und gab nicht zu erkennen, daß er den von Wels vorgetragenen Einwänden der Parteiführung entgegenzukommen bereit war. Rückendeckung erhielt er dabei von Carl Severing[465], der die Einzelvorkommnisse in der Reichswehr ebenfalls herunterspielte und sie nicht als Beweis dafür gelten lassen wollte, daß Noske als Reichswehrminister Fehler gemacht habe. Nach Severings Auffassung war der Grund für die Unzufriedenheit der Partei und der Bevölkerung mit der Regierung nicht in Noskes Militärpolitik zu suchen, sondern in der wirtschaftlichen Not, im Fehlen von Kohlen und Kartoffeln[466]. Wels' Gedanken über einen möglichen Rückzug aus der Regierung wiesen Noske und Reichskanzler Bauer scharf zurück mit der Behauptung, dies würde den Bürgerkrieg bedeuten[467]. Die vorgetragene Kritik an der Reichsregierung, resümierte Gustav Bauer[468], beziehe sich in der Hauptsache auf das Verhalten der Reichswehr und damit auf Noske. Im Falle Reinhard gab Bauer dem Parteivorstand recht: »Reinhard hätte längst entlassen werden sollen[469].« In allen anderen

[461] Ebda., S. 16, vgl. auch ebda., S. 18.
[462] Ebda., S. 16.
[463] Ebda., S. 17.
[464] Ebda., S. 18.
[465] Severing, MdNV, war derzeit Kommissar des Reiches und Preußens für das rheinisch-westfälische Industriegebiet.
[466] Ausführungen Severings ebda., S. 10.
[467] Noske, ebda., S. 2 (Zwischenruf zu den Ausführungen von Wels) und Gustav Bauer, ebda., S. 22.
[468] Ebda., S. 21 f.
[469] Ebda., S. 23.

Punkten deckte der Reichskanzler seinen Reichswehrminister: Wegen einzelner Vorkommnisse dürfe man die eigenen Vertrauenspersonen in der Regierung nicht »herunterreißen«. Bauer gab zu, daß in der Reichswehr »unerfreuliche Dinge« vorgekommen waren. Aber die heftigen Angriffe gegen Noske seien gleichwohl nicht gerechtfertigt. Noske sei »in schwierigster Zeit in die Bresche gesprungen«, habe »Ungeheures geleistet und schließlich doch nicht nur seinen guten Namen, sondern [...] vielfach auch sein Leben aufs Spiel gesetzt«. Die Partei müsse draußen im Lande dafür sorgen, daß eine ruhigere Beurteilung der Dinge Platz greife und die Stimmungsmache und Hetze gegen Noske ablöse[470].

Von den Spitzenpolitikern der Partei war es neben Wels wiederum Scheidemann[471], der die Regierungsmitglieder in dringenden Worten davor warnte, die erkennbaren Gefahren zu unterschätzen. Er blieb bei seiner Meinung, daß der Offizier, der die Regierung als ein Lumpengesindel bezeichnet hatte, damals sofort hätte entlassen werden müssen; die Position Noskes wäre dadurch nur gestärkt worden. Die von Noske angegriffenen Parteiredakteure nahm Scheidemann in Schutz. Was sie schrieben, geschehe »aus der Sorge und der ganzen Stimmung heraus, in der sie leben«. Scheidemann betonte erneut, mit Noske seit 20 Jahren in freundschaftlicher Verbindung zu stehen, um sodann seinen zentralen Vorwurf an ihn zu formulieren: »Es ist vielleicht der einzige Vorwurf, den man Noske machen kann, daß er die reaktionäre Gefahr in der Truppe unterschätzt hat [...] Als der Hindenburgrummel losging und wir hörten, daß die Bauern, Gutsbesitzer und Studenten immer mehr mit Waffen versehen wurden, da zeigte uns das, daß wir gar nicht schwarz genug sehen konnten und alle Ursache hatten, vor der Gefahr von rechts zu warnen[472].« Noske warf an dieser Stelle ein, nach seiner ehrlichen Überzeugung werde die reaktionäre Gefahr in der Truppe von Tag zu Tag geringer.

Dies aber war genau der Punkt, an dem die Meinungen innerhalb der MSPD seit dem Spätjahr 1919 immer mehr auseinandergingen und der zugleich die Grenzen von Noskes Lernfähigkeit beschrieb. Vielfach wurde er gewarnt und schlug doch alle Warnungen in den Wind. Es war der ›Punkt‹, an dem Noske schließlich scheitern sollte, weil eben jene Kritiker aus seiner eigenen Partei, auf die er so lange nicht gehört hatte, nach dem Kapp-Lüttwitz-Putsch, der die Berechtigung ihrer Warnungen nachträglich bestätigte, auf seiner Ablösung bestanden.

[470] Ebda., S. 23 f.
[471] Scheidemanns Redebeitrag ebda., S. 26–28.
[472] Ebda., S. 27, auch Zwischenruf Noskes.

7. Gespanntes Verhältnis zu den Gewerkschaften

Im Juli 1919 erschien in der Reihe »Selbstbiographien volkstümlicher Persönlichkeiten« eine kurze Darstellung des Lebensweges von Noske unter dem Titel »Wie ich wurde«[473]. Noske hat sie nicht selbst geschrieben. Dazu ließ ihm sein aufreibendes Amt keine Muße. Gleichwohl konnte die Schrift mit Recht als Selbstbiographie vorgestellt werden; denn ihr Inhalt beruhte auf mündlichen Mitteilungen Noskes an Professor Dr. A. Silbermann[474], der dann den Text niederschrieb und ihm ein aufschlußreiches Vorwort voranstellte, in dem Noske nicht nur als Politiker, sondern auch als Mensch gewürdigt wurde.

Im Zusammenhang mit dem gespannten Verhältnis des Reichswehrministers zu den Gewerkschaften ist die folgende Feststellung Silbermanns von Interesse: »Daß Noske Humor hat, bewies sein herzliches Lachen, als er erzählte, daß man ihn wegen Verrats an der Arbeiterklasse jüngst aus dem Holzarbeiter-Verband habe ausschließen wollen[475].« Noske konnte sich zu diesem Zeitpunkt einfach nicht vorstellen, daß ein Arbeiterführer wie er, der in der Gewerkschaftsbewegung groß geworden war, der dem Holzarbeiter-Verband mehr als zwei Jahrzehnte lang angehörte und für ihn »nicht unbeträchtliche Arbeit geleistet« hatte[476], wegen einiger Differenzen in der aktuellen Tagespolitik aus seiner Gewerkschaft ausgeschlossen werden könnte. Wissend, daß er »zurzeit der best geachtete und best gehaßte Mann in Deutschland« zugleich war[477], schien ihm angebracht zu sein, über die Anfeindungen einiger Gewerkschaftsgliederungen gegen ihn mit Gelassenheit hinwegzugehen. Er hoffte, die »alte Zusammengehörigkeit«[478] werde stärker sein als das erst in jüngster Vergangenheit gegen ihn gewachsene Mißtrauen. Allerdings verließ ihn auch sein politisches Gespür für eventuell doch drohende Gefahren nicht, wie sein aufmerksames Registrieren der innergewerkschaftlichen Kräfteverhältnisse beweist: »Vorläufig hat mich der Verbandstag vor diesem Schicksal (gemeint ist der Ausschluß, d. Verf.) durch Übergang zur Tagesordnung bewahrt. Sehr groß aber ist die Mehrheit nicht gewesen, die mir gestatten wollte, auch weiterhin meine Beiträge zu entrichten[479].«

Tatsächlich war es auf dem 11. ordentlichen Verbandstag des Deut-

[473] Noske, Wie ich wurde.
[474] Über das Zustandekommen der Schrift berichtet Silbermann ebda., im Vorwort, S. 5 f.
[475] Ebda., S. 7.
[476] Ebda., S. 26.
[477] Silbermann, ebda., Vorwort, S. 3.
[478] Ebda., S. 26.
[479] Ebda.

schen Holzarbeiterverbandes[480] wegen Noske »zu wüsten Auftritten« gekommen, weil die Verbandsführung eine sachliche Beratung des vorliegenden Ausschlußantrages unter Hinweis auf bestimmte Regularien abgewürgt hatte[481]. Eine starke Minderheit, nämlich etwa ein Drittel der Delegierten, hatte daraufhin demonstrativ den Saal verlassen[482] und erklärt, daß sie »mit Leuten, die einen Noske in ihren Reihen dulden, nicht zusammen sein könnten«[483].

Durch den Geschäftsordnungstrick der Verbandsführung war die Entscheidung über die gegen Noske gerichteten Ausschlußbestrebungen nur verschoben, nicht aber aufgehoben. Schon bald regte sich die Basis wieder. Bei den Ende Juni 1919 anstehenden Vorstands-Neuwahlen in der »Zahlstelle Berlin« des Deutschen Holzarbeiter-Verbandes stand das Gewerkschaftsmitglied Noske erneut im Mittelpunkt der Auseinandersetzungen[484]. Die kandidierenden Kollegen wurden nach ihrer Meinung zu einem Ausschluß des Reichswehrministers aus der Gewerkschaft befragt, und die Mitgliedschaft wählte schließlich nur solche Bewerber, die bereit waren, sich für einen Ausschluß Noskes einzusetzen.

Diese Vorgänge machten deutlich, wieviel Konfliktstoff sich zwischen dem Reichswehrminister und den Gewerkschaften bereits um die Jahresmitte 1919 angesammelt hatte, obwohl Noske sein Regierungsamt zu dieser Zeit gerade erst ein halbes Jahr lang ausübte. Das gespannte Verhältnis spitzte sich in der Folgezeit immer mehr zu, führte schließlich zum Bruch und kulminierte darin, daß der ADGB-Vorsitzende Carl Legien im März 1920 maßgeblich zum Sturz Noskes beitrug.

Man würde diesen Konflikt gründlich mißverstehen, wollte man ihn auf persönliche Animositäten zurückführen. Solche mag es auch gegeben haben. Aber insgesamt drückte sich in den mit der Person Noskes verknüpften Auseinandersetzungen schwerwiegende politische Meinungsverschiedenheiten aus. Erstens spiegelte sich in ihnen die neue und daher ungewohnte Rolle wider, welche die Gewerkschaften im Jahre 1919 eher notgedrungen als freiwillig zu spielen hatten.

[480] Vgl. Protokoll des 11. ordentlichen Verbandstages des Deutschen Holzarbeiter-Verbandes. Abgehalten zu Berlin vom 15.–21. 6. 1919, Berlin 1919, S. 91, 104, 133 f., 246–249.

[481] Nach dem Bericht des Gewerkschaftssekretärs Fritz Tarnow. Siehe den Brief Tarnows an Noske vom 10. 3. 1920, AdsD, Nachlaß Noske, Teil I, Dok. 17. Der Vorstand gab dem Antrag nicht statt, da er nicht von der für Noske zuständigen Zahlstelle Chemnitz gestellt wurde, sondern von Berlin, Düsseldorf und Braunschweig. Dies rechtfertigte der Vorsitzende Leipart. Siehe Protokoll des 11. ordentlichen Verbandstages des Deutschen Holzarbeiter-Verbandes, S. 246 und 248 f.

[482] Brief Tarnows an Noske, ebda., Dok. 17.

[483] Siehe den Bericht »Gewerkschaftsbewegung. Generalversammlung der Holzarbeiter«, in: Vorwärts Nr. 326, 28. 6. 1919, Abend-Ausgabe, S. 3.

[484] Übereinstimmend belegt durch die in Anm. 481 und 483 genannten Quellen.

Zweitens aktualisierte sich in diesem Konflikt die traditionell ablehnende bis feindselige Haltung der Gewerkschaften gegenüber dem Militär allgemein und den Freikorps im besonderen. Drittens schließlich war der immer mehr eskalierende Konflikt Ausdruck einer neuen politischen Konstellation, die sich unter der republikanischen Staatsform herausgebildet hatte: Sozialdemokratische Regierungsmitglieder, die den Gewerkschaften seit Jahrzehnten eng verbunden waren, gerieten nun als Träger staatlicher Verantwortung in die Lage, Entscheidungen treffen zu müssen, die teilweise als gewerkschaftsfeindlich empfunden wurden. Im allgemeinen betrachteten die Gewerkschaften die mehrheitssozialdemokratisch geführten Reichsregierungen Scheidemann und Bauer – letzterer war immerhin seit 1908 stellvertretender Vorsitzender der Generalkommission der Gewerkschaften gewesen[485] – als ihre Repräsentanten und Interessenvertreter. Aber trotz dieses generell positiven Vorbehalts kam es, zumal im Zuge der Streikbewegungen, zu ernsten Auseinandersetzungen, die im Regelfall mit dem Namen Noskes verbunden waren, da es das Kabinett dem Reichswehrminister überließ, die von ihm für erforderlich gehaltenen staatlichen Maßnahmen anzuordnen.

Ein Jahrzehnt lang hatten die Sozialdemokratische Partei Deutschlands und die freien Gewerkschaften auf der Basis der im Mannheimer Abkommen von 1906[486] getroffenen Vereinbarungen eng zusammengearbeitet. Darin war ein Zusammenwirken der Zentralleitungen von SPD und Gewerkschaften bei allen wichtigen, die Gesamtinteressen der Arbeiterklasse betreffenden Fragen festgelegt worden. Diese Vereinbarung beinhaltete zugleich eine Arbeitsteilung: Während sich die Gewerkschaften auf die Durchsetzung sozial- und wirtschaftspolitischer Forderungen zur Verbesserung der Lebensverhältnisse der Arbeiterschaft konzentrierten, blieb die Politik im engeren Sinne Aufgabe der Sozialdemokratischen Partei. Hierzu gehörte auch die Militärpolitik.

Während des Weltkrieges, durch die Erfahrung des persönlichen Betroffenseins von den kriegerischen Ereignissen, kamen viele Gewerkschaftler zu der Überzeugung, daß ihre politische Abstinenz ein schwerer Fehler war. Seit der Parteispaltung von 1916 konnte das Mannheimer Abkommen auch praktisch nicht mehr eingehalten werden. Denn fortan gab es zwar eine in der Generalkommission repräsentierte einheitliche Gewerkschaft, aber zwei sozialdemokratische Parteien, die sich heftig befehdeten und die »Gesamtinteressen der Arbeiterklasse« ganz unterschiedlich interpretierten. So gerieten die Ge-

[485] Vgl. Kurzvita Gustav Adolf Bauers von Anton Golecki, in: Kabinett Bauer, Einleitung, S. XXVIII ff.

[486] Siehe Salomon Schwarz, Handbuch der Gewerkschaftskongresse, Berlin 1930, S. 301 ff.; fortan zit.: Schwarz, Gewerkschaftskongresse.

werkschaften infolge der Parteispaltung unfreiwillig in die Lage, sich den umstrittenen politischen Fragen selbst zuwenden und ihre Politik eigenständig formulieren zu müssen. Diese zusätzliche Rolle als »Ersatzpartei« spielten sie bis zum Jahre 1922, als sich die MSPD und der nicht zur KPD abgewanderte Teil der USPD wieder zur SPD vereinigten. Der 10. Deutsche Gewerkschaftskongreß, der erste nach dem Kriege – er wurde vom 30. Juni bis zum 5. Juli 1919 in Nürnberg abgehalten[487] –, suchte einen Weg, um den Bruch in den Gewerkschaften entlang der parteipolitischen Trennlinien zu vermeiden, und fand ihn darin, daß das Mannheimer Abkommen von 1906 beseitigt und die Neutralität[488] der Gewerkschaften gegenüber den politischen Parteien proklamiert wurde.

Soweit sich die Gewerkschaften im Zuge dieser Entwicklung auch der Militärpolitik zuwendeten, orientierten sie sich am »Volkswehr«-Konzept des Erfurter Programms der SPD von 1891. Beim aus Politikern von MSPD und USPD paritätisch besetzten Rat der Volksbeauftragten schien dieses Programm zunächst in guten Händen zu sein. Doch als sich zeigte, daß das Volkswehr-Gesetz vom 12. Dezember 1919 eine Episode blieb und der neue Volksbeauftragte für das Militärwesen, Noske, die »kaiserlichen« Offiziere rief, statt ein den traditionellen sozialdemokratischen und gewerkschaftlichen Vorstellungen entsprechendes demokratisches Wehrsystem aufzubauen, regte sich in den Gewerkschaften allmählich der Widerstand. Was sie unter »Volkswehr« verstanden, war in erster Linie eine Frage der republikanischen Gesinnung; sie wollten den wehrpflichtigen »Staatsbürger im Waffenrock«, ausgestattet mit gesicherten Rechten und einem gefestigten demokratischen Bewußtsein[489].

Durch Noskes Freikorps-Politik ging diese Perspektive rasch verloren. Wenn sich in den Gewerkschaften nun der Eindruck verbreitete, daß sich trotz sozialdemokratischer Regierungsverantwortung im Bereich der Militärpolitik nicht viel geändert habe, weil Noske und seine Ministerkollegen mit den alten, »kaiserlichen« Offizieren zusammenarbeiteten, so führte dies fast zwangsläufig dazu, daß die traditionell antimilitaristische Einstellung der gewerkschaftlich organisierten Arbeiter zu neuem Leben erwachte. Waren es doch die alten Offiziere –

[487] Protokoll der Verhandlungen des 10. Kongresses der Gewerkschaften Deutschlands. Abgehalten zu Nürnberg vom 30. Juni bis 5. Juli 1919, Berlin o. J. (1919), fortan zit.: Protokoll Gewerkschaftskongreß Nürnberg 1919. Zusammenfassender Bericht über den Kongreßverlauf in: Schultheß EGK 1919 I, S. 273–275.

[488] Resolution über die Aufhebung des Mannheimer Abkommens mit der SPD und die Neutralitätserklärung in: Protokoll Gewerkschaftskongreß Nürnberg 1919, S. 56, und in: Schwarz, Gewerkschaftskongresse, S. 302 f.

[489] Manfred Gessner, Wehrfrage und freie Gewerkschaftsbewegung in den Jahren 1918 bis 1923 in Deutschland, Phil. Diss. Berlin 1962, S. 50 f., fortan zit.: Gessner, Wehrfrage.

personalisierter Ausdruck des Militarismus der Kaiserzeit – welche nun wieder die von Noske geschaffenen Freikorps und den in der Vorläufigen Reichswehr entstehenden militärischen Apparat der Republik befehligten. Besonders die engen Bindungen Noskes an diese Offiziere waren es, die in Gewerkschaftskreisen Mißtrauen erweckten, alte Ressentiments und Vorbehalte neu belebten und den Reichswehrminister in den Ruf brachten, er paktiere mit dem verhaßten Militarismus.

Im nachhinein wird man fragen, weshalb die Gewerkschaftsleitung im Januar 1919 und später nicht die Möglichkeit ergriffen hat, die millionenstarke Mitgliedschaft ihrer Organisation zum Eintritt in die Freikorps aufzufordern und damit auf die personelle Zusammensetzung und den Geist der von Noske neu aufgestellten Truppen Einfluß zu nehmen. Entweder hat die Gewerkschaftsleitung diese Chance der Mitgestaltung nicht gesehen, oder sie blieb untätig, weil sie sich in Kenntnis der Kriegsmüdigkeit und der pazifistischen Grundstimmung der aus dem Felde zurückgekehrten Arbeiter von einer solchen Aufforderung ohnehin nichts versprach. Entscheidend war jedoch die Erfahrung vom Januar und März 1919, daß Noske den republikanischen Formationen, die sich selbständig gebildet hatten, keine Entwicklungsmöglichkeit bot[490]. Selbst wenn die Gewerkschaften gewollt hätten, wäre es nicht zu einer anderen Wehrmacht gekommen, weil Noske nicht wollte.

Die Frage einer gewerkschaftlichen Einflußnahme auf den Gang der militärpolitischen Entwicklung wurde jedenfalls im Frühjahr 1919 negativ beantwortet, sei es durch die Verhaltensweise des Reichswehrministers, sei es durch das Verhalten der Gewerkschaftsführung. Nachher gingen die Gewerkschaften auf merkliche Distanz zu Noske und seinen Freikorps und beschränkten sich darauf, diese Distanz, die alsbald in eine feindselige Haltung umschlug, in Wort und Tat zur Geltung zu bringen. Die Reaktion der Freikorps ließ nicht lange auf sich warten. Die Werbeoffiziere und Kommandeure achteten nun noch sorgfältiger als bislang schon darauf, daß keine Gewerkschaftler in ihre Verbände einsickerten.

Bereits im Frühjahr 1919 führte diese – an die Verhältnisse im Kaiserreich erinnernde – Konstellation dazu, daß sich zahlreiche Gewerkschaftsgliederungen in Resolutionen gegen Noskes Militärpolitik wandten und darüber hinaus Boykottbeschlüsse gegen Freikorps-Solda-

[490] Ich teile somit nicht die Ansicht von Julius Leber (Ein Mann geht seinen Weg, Berlin, Frankfurt/M. 1952, S. 204 f.), der 1933 zurückblickend niederschrieb: »Die große Masse der zur Sozialdemokratischen Partei stehenden Arbeiter kam gar nicht auf den Gedanken, der jungen Revolutionsrepublik Blut und Leben zur Verfügung zu stellen im Kampf gegen links.« Für diese allgemeine Behauptung läßt sich ein Beweis nicht erbringen. Im Gegenteil demonstrierte die sozialdemokratische Berliner Arbeiterschaft – trotz der verständlichen Kriegsmüdigkeit – zum Beispiel im Januar 1919 ihre Bereitschaft, die Regierung zu schützen. Vgl. dazu im einzelnen Kapitel VI/7.

ten faßten. Nach dem Bericht von Ernst Heilmann[491] wurde in Tausenden von politischen und gewerkschaftlichen Zusammenkünften der Beschluß durchgesetzt, »jeden, der nach dem 1. Mai 1919 noch im Freiwilligenheere, in der Reichswehr bleibt, für alle Zukunft zu boykottieren und nicht wieder in den Betrieb hineinzulassen, jede Zusammenarbeit mit ihm abzulehnen, ihn ›zu meiden wie die Pest‹.« Gewerkschaftsmitglieder, die sich aufgrund von Noskes Aufrufen freiwillig zum Militärdienst in einem Freikorps gemeldet hatten, wurden in einem dieser Beschlüsse als »Verräter am Proletariat« bezeichnet[492]. Ein dem Verbandstag der Holzarbeiter-Gewerkschaft vorliegender Antrag verlangte den Ausschluß derjenigen Kollegen, die freiwillig den Noske-Truppen beigetreten waren, mit der Begründung, daß »sie durch den freiwilligen Beitritt eine unkollegiale Gesinnung bezeigen sowie den Tendenzen des Proletariats Hohn lachen«[493]. Die ablehnende Haltung vieler Gewerkschaftler ging so weit, daß sie selbst ehemalige Freiwillige nachträglich aus den Betrieben herausekeln wollten[494].

Man kann Noske nicht vorwerfen, daß er sich nicht bemüht hätte, diese offensichtliche Konfrontationspolitik einzelner Gewerkschaftsgliederungen auf dem Wege der Verständigung abzumildern, um mit den Gewerkschaften insgesamt zu einem weniger konfliktträchtigen Verhältnis zu gelangen. Auf seine Einladung hin fand am 7. Mai 1919 eine Konferenz mit Gewerkschaftsfunktionären statt, in der über einige konkrete Boykottfälle, die auf Beschlüsse von Gewerkschaftsversammlungen zurückgingen, beraten wurde. Noske verhehlte zwar nicht seine Entrüstung über die Boykottbeschlüsse, brachte jedoch zum Ausdruck, daß ihm daran gelegen sei, eine Kraftprobe mit den Gewerkschaften zu vermeiden, und er auf die Einsicht der Mehrzahl der Berliner Arbeiter setze[495]. Als sich die Gewerkschaftsführer jedoch ihrerseits auf die Beschlüsse ihrer Mitgliederversammlungen beriefen und zum Einlenken nicht bereit waren, erließ Noske eine Verfügung, die den Boykott früherer Reichswehrangehöriger unter schwere Strafe stellte[496]. Erst nach dieser Maßnahme erklärten die meisten Gewerkschaftsführer den Boykott für aufgehoben.

Rückblickend führte Noske den Tatbestand, »daß die organisierten Arbeiter, von manchen rühmlichen Ausnahmen abgesehen, der Truppe fernblieben«[497], maßgeblich auf das feindselige Verhalten der Ge-

[491] Heilmann, Noskegarde, S. 3. Vgl. auch die Beispiele von Noske, Kiel bis Kapp, S. 120 f.
[492] Noske, Kiel bis Kapp, S. 120.
[493] Protokoll des 11. ordentlichen Verbandstages des Deutschen Holzarbeiter-Verbandes. Abgehalten zu Berlin vom 15. bis 21. Juni 1919, Berlin 1919, S. 91.
[494] Noske, Kiel bis Kapp, S. 120.
[495] Siehe: Vorwärts Nr. 233, 8. 5. 1919, Morgen-Ausgabe, S. 3.
[496] Noske, Kiel bis Kapp, S. 121.
[497] Ebda.

werkschaften gegenüber den Freiwilligen zurück. Jahre später mehrten sich auch die Stimmen, die vor den Folgen einer emotionalisierten Konfrontationspolitik warnten. Der Bergarbeiterführer Husemann erkannte im Jahre 1921: »Wenn wir die Reichswehr so von uns stoßen, wenn wir jeden in Acht und Bann tun, der in die Reichswehr eintritt, dann treiben wir die Reichswehr der Reaktion in die Arme[498].«

Im Jahre 1919, zur Zeit der Boykottbeschlüsse, war der gewerkschaftlich organisierte Arbeiter, der mit dem Gedanken spielte, in eine republikanische Reichswehr einzutreten, weil er dies aufgrund seiner republikanischen Überzeugung für sinnvoll und notwendig hielt, hin und her gerissen. Noske, der sozialdemokratische Reichswehrminister, forderte ihn zum Eintritt in die Freikorps oder in die Vorläufige Reichswehr auf; die Gewerkschaften bedrohten ihn mit Boykott und Verachtung, und die monarchistischen Offiziere mißtrauten ihm als Gewerkschaftler, fanden Mittel und Wege, um ihn von der Truppe fernzuhalten. Auf der Basis von Noskes Freikorpspolitik gab es keinen Ausweg aus diesem Dilemma.

Die Gewerkschaftsführung erkannte, daß sie an der verfahrenen Situation nicht unschuldig war. Sie legte dem 10. Gewerkschaftskongreß einen Antrag vor, der die bisherige Boykottpolitik beenden sollte. Die Delegierten wurden aufgefordert, zu verurteilen, »daß gewerkschaftlich organisierte Angehörige der Reichswehr [...] lediglich wegen ihrer Zugehörigkeit zur Reichswehr durch Ausschluß aus ihrer gewerkschaftlichen Organisation ihrer wohlerworbenen Rechte beraubt, oder nach dem Austritt aus den militärischen Verbänden an der Erlangung der Arbeit gehindert werden«[499]. Die große Mehrheit der Delegierten lehnte diesen Antrag ab[500], und das signalisierte, daß die Gewerkschaften auch für die Zukunft in ihrer ablehnenden Haltung zu verharren gedachten. Damit zogen sie sich praktisch in eine bloße Zuschauerrolle zurück. Da sie auch später keine alternative Militärpolitik konzipierten und von der Regierung deren Durchsetzung forderten, begaben sie sich der im Zuge der Heeresverminderung erneut möglichen Einflußnahme. Die Reichswehr-Führung focht dies nicht an. Sie nutzte die Gelegenheit, um eine in ihrem Sinne homogene Truppe zu schaffen, in der gewerkschaftliche Einflüsse vollständig ausgeschaltet wurden.

Das erwähnte Abstimmungsergebnis war noch aus einem anderen Grunde bemerkenswert. Denn auf diesem ersten Nachkriegskongreß der Gewerkschaften dominierten eindeutig die mehrheitssozialdemokratisch orientierten Gewerkschaftler, wie die erneute Wahl des

[498] Zit. nach Gessner, Wehrfrage, S. 54.
[499] Protokoll Gewerkschaftskongreß Nürnberg 1919, S. 87 (Antrag M. 10a. der Konferenz der Vorstandsvertreter).
[500] Ebda., S. 586.

MSPD-Abgeordneten Carl Legien zum Vorsitzenden bewies[501]. Es war also nicht so, daß nur die der USPD und der KPD nahestehende innergewerkschaftliche Opposition der Noskeschen Militärpolitik eine Absage erteilte, sondern darüber hinaus viele gemäßigte Delegierte, die in anderen Fragen mit der mehrheitssozialdemokratisch geführten Reichsregierung einig gingen.

Die mehrheitssozialdemokratisch orientierten Gewerkschaftler befanden sich offenbar in einem Gewissenskonflikt. Sie sahen Noskes Ordnungspolitik, soweit sie sich gegen linksradikale Unruhen richtete, im großen und ganzen als notwendig und unumgänglich an. Bei vielen erregte auch Noskes hervorstechendste Charaktereigenschaft, nämlich seine ausgeprägte Tatkraft, Bewunderung. Aber nur wenige wagten es, sich, wie der Bergarbeiterführer Sachse es tat, uneingeschränkt vor den sozialdemokratischen Reichswehrminister zu stellen: »Auch Noske ist ein Gewerkschaftler, er ist aus dem Arbeiterstand hervorgegangen, er ist kein Militarist[502].« Vorbehalte erwuchsen nicht zuletzt aus den Mitteln, mit denen Noske in der ersten Jahreshälfte 1919 seine Ordnungspolitik durchsetzte, nämlich den militärischen Gewaltmaßnahmen.

Die gewerkschaftlich organisierte, in antimilitaristischem Denken groß gewordene Arbeiterschaft lehnte die von Noske zu verantwortende Anwendung militärischer Gewalt in innenpolitischen Auseinandersetzungen ziemlich einhellig ab[503]. Manchen Gewerkschaftlern wäre ein reaktionärer General an der Spitze der Reichswehr viel lieber gewesen als der Sozialdemokrat Noske. Denn dieselben Maßnahmen hätten, wären sie von einem General befohlen worden, den geschlossenen Proteststurm der gesamten Arbeiterschaft hervorgerufen[504] und die Gewerkschaften in die Lage versetzt, den traditionellen Antimilitarismus als integratives Bindemittel zu benutzen, eben so, wie es in der Zeit des Kaiserreichs gewesen war.

Eine solche Einstellung verkannte jedoch die republikanischen Gegebenheiten. Die Regierung war verpflichtet, die junge Republik zu schützen, und sie konnte die Verantwortung dafür nicht an einen Militär abtreten, sondern mußte sie einem Politiker übertragen, der der gewählten Volksvertretung verantwortlich war.

Die gemäßigten Gewerkschaftler, die 1919 die Mehrheit der Ge-

[501] Ebda., S. 554. Legien wurde mit 428 von 600 Stimmen wiedergewählt.

[502] Protokoll der Generalversammlung des Bergarbeiter-Verbandes in Bielefeld im Juni 1919, S. 248. Zit. nach Gessner, Wehrfrage, S. 64.

[503] Schon während der Erhebung der Kieler Matrosen im November 1918 verlangten die Gewerkschaften mehr Zurückhaltung im militärischen Vorgehen bei Straßenunruhen und lehnten den Einsatz von Maschinengewehren gegen Menschenansammlungen strikt ab. Vgl. ebda., S. 47, der diesbezügliche Artikel des »Correspondenzblatts der Generalkommission der Gewerkschaften Deutschlands« zitiert.

[504] Ebda., S. 62.

werkschaftsbewegung stellten, begrüßten es wohl dem Grundsatz nach, daß nun einer der ihren Reichswehrminister war, lehnten aber die von im praktizierte Politik der eisernen Faust ab. Wo sie nach Alternativen zu Noske suchten, mußten jedoch auch sie erkennen, daß ihnen »keine andere Wahl [blieb], als sich hinter die Person des Ministers zu stellen, weil es offensichtlich in ihren Reihen niemanden gab, der ihn hätte gleichwertig ersetzen können«[505]. Auf die Dauer führte diese eher resignative Feststellung gleichwohl nicht zu einer Annäherung zwischen Noske und der gewerkschaftlich organisierten Arbeiterschaft, sondern eher zu einer wachsenden Entfremdung. Eine personelle Alternative zu Noske – dies sei hier vorweggenommen – hatten die Gewerkschaften auch nach Noskes Sturz Ende März 1920 nicht anzubieten.

Weitere Konflikte entstanden 1919 durch staatliche Eingriffe in spezifisch gewerkschaftliche Betätigungsfelder, nämlich in den Kampf der Gewerkschaften um die Erhaltung von Arbeitsplätzen sowie um bessere Lebensbedingungen für die Arbeiterschaft. In diesem Zusammenhang ist die im April von Noske verfügte Schließung der Spandauer Militärwerkstätten zu nennen, die zur Folge hatte, daß rund 45 000 Arbeiter kurzfristig entlassen wurden[506]. Als die gewählten Arbeiterräte die Belegschaft aufforderten, trotz der vom Reichswehrminister angeordneten Schließung dieses staatlichen Großbetriebes zur Arbeit zu erscheinen, ließ Noske die Betriebstore militärisch besetzen[507]. Zweifellos mußte der im Kriege personell aufgeblähte Rüstungsbetrieb abgebaut und auf zivile Produktion umgestellt werden. Aber es hätte dazu gewiß andere Wege als den von Noske gewählten gegeben, »kurzerhand durchzugreifen«[508] und die Durchführung seiner Anordnung durch den Einsatz von Militär zu erzwingen. Diese Maßnahme hat ihm, wie er selbst wußte, sowohl bei den direkt betroffenen Arbeitern als auch bei den Gewerkschaften »vermehrten Haß eingetragen«[509].

Der nächste Streitpunkt entwickelte sich aus den wilden Eisenbahnerstreiks, die seit dem 26. Juni den Verkehr in Berlin weitgehend lahmlegten und die sich, trotz umgehender Verhandlungen zwischen Vertretern der Eisenbahner und der Preußischen Staatsregierung, bis zum 3. Juli hinzogen[510]. Noske, der die Streikbewegung der Eisenbahner als ein politisches Kampfmittel von Unabhängigen und Spartakus-

[505] Ebda., S. 64. Vgl. hier auch das gesamte Kapitel »Gustav Noske im Urteil der Gewerkschaften«, S. 62–65.

[506] Vgl. die ausführliche Schilderung von Noske, Kiel bis Kapp, S. 139–144, Kapitel »Militärwerkstätten«. Hier: S. 143.

[507] Ebda.

[508] Ebda.

[509] Ebda., S. 144.

[510] Vgl. Schultheß EKG 1919 I, S. 270.

leuten bewertete[511] und eine »Kraftprobe mit der Regierung« vorhersah, nahm die Kampfansage auf seine Weise an und verordnete am 27. Juni 1919 Maßnahmen zur Sicherung des Eisenbahnbetriebes, die auch ein Streikverbot enthielten[512]. Diese Verordnung wurde von den Gewerkschaften sofort als ein schwerer Angriff auf das als revolutionäre Errungenschaft vom November 1918 gefeierte Streikrecht[513] angeprangert. Vertreter des Deutschen Eisenbahnerverbandes, des Allgemeinen Eisenbahnerverbandes und des Gewerkschaftsbundes deutscher Eisenbahnbeamter begaben sich umgehend zum Reichswehrminister, um gegen die Maßnahme zu protestieren[514]. Noske erklärte ihnen, sein Streikerlaß richte sich nicht gegen das Koalitionsrecht der Eisenbahner; als altem Gewerkschaftler liege es ihm völlig fern, die gewerkschaftlichen Rechte der Eisenbahner anzutasten; er müsse lediglich gegen die wilden Streiks einschreiten, die unter Umgehung und gegen den Willen der Gewerkschaftsorganisationen in frivoler Weise das Schicksal einer Millionen-Bevölkerung aufs Spiel setzten; das könne eine Regierung im Interesse des Volksganzen nicht zulassen[515]. Sobald der Streik beendet sei, sicherte Noske zu, werde er den Streikerlaß wieder aufheben.

In stürmischen Versammlungen[516] forderten nun die gewerkschaftlich organisierten Eisenbahner die sofortige Aufhebung des Noskeschen Streikerlasses, verurteilten aber zugleich die wilden Streiks, weil sie gewerkschaftlicher Disziplin zuwiderliefen. Da nur ein Teil der Eisenbahner bereit war, die Arbeit wieder aufzunehmen, kam es zu einer sich über mehrere Tage hinziehenden Kraftprobe zwischen Noske und den noch immer Streikenden, die von der USPD-Presse tatkräftig unterstützt wurden[517]. Als einer der Streikführer das starke Wort benutzte, die Eisenbahner hätten die Hand an der Gurgel des Staates, konterte Noske mit dem nicht weniger markigen Ausspruch, an der Hand,

511 Noske, Kiel bis Kapp, S. 132.

512 Ebda., S. 132 f.; vgl. auch Schwarz, Gewerkschaftskongresse, S. 250.

513 Es ging zurück auf den Aufruf des Rats der Volksbeauftragten an das deutsche Volk vom 12. 11. 1918, in dem mit Gesetzeskraft verkündet wurde: »Das Vereins- und Versammlungsrecht unterliegt keiner Beschränkung.« Text des Aufrufs in: Ritter/Miller, Die deutsche Revolution, S. 103 f. Vgl. auch Punkt 2 der Vereinbarung zwischen den Arbeitgeberverbänden und den Gewerkschaften vom 15. 11. 1918, ebda., S. 237–239.

514 »Verhandlungen mit den Eisenbahnern im Reichswehrministerium«, in: Vorwärts Nr. 327, 29. 6. 1919, S. 2.

515 Ebda.

516 Vgl. den Bericht »Stürmische Versammlung der Eisenbahnbeamten«, ebda., Nr. 328, 30. 6. 1919, Morgen-Ausgabe, S. 3.

517 Vgl. die Presseberichte »Noske kapitulierte«, in: Die Freiheit Nr. 303, 29. 6. 1919, Morgen-Ausgabe, S. 1; »Die Gewerkschaften gegen den Noske-Erlaß«, ebda., S. 2; »Noske kapituliert«, ebda., Nr. 304, 30. 6. 1919, Morgen-Ausgabe, S. 1; »Wachsende Erregung. Noskes Streikerlaß nicht aufgehoben«, ebda., Nr. 307, 1. 7. 1919, Abend-Ausgabe, S. 1. Vgl. auch die Schilderung der Auseinandersetzungen von Noske, Kiel bis Kapp, S. 133.

die das Leben des Volkes gefährde, würde er, so lange er im Amte sei, »die Knöchel zerschlagen«[518]. Die Erregung der Streikenden wurde hierdurch nicht gerade besänftigt. Nicht Noskes Streikverbot beendete schließlich den Aufstand der Eisenbahner, sondern eine terminierte Entlassungsdrohung des preußischen Eisenbahnministers[519]. Mit Noskes Namen verknüpften die Gewerkschaftler fortan den staatlichen Eingriff gegen Streikende.

Die 664 Delegierten des 10. Deutschen Gewerkschaftskongresses in Nürnberg, die fast fünf Millionen Mitglieder vertraten, schlugen bezüglich des Noskeschen Streikerlasses eine mittlere Linie ein[520]. Sie lehnten es mehrheitlich ab, einem scharf gegen Noske gerichteten Antrag zuzustimmen, in dem es hieß, die »Brutalität und Gewaltpolitik« des Reichswehrministers übertreffe »die Praktiken der schlimmsten Reaktionszeiten« und müsse die Arbeiterschaft zum Äußersten treiben[521]. Statt dessen nahmen sie mit großer Mehrheit einen Antrag[522] an, der Noske ein ganzes Stück entgegenkam, indem er zunächst die wilden Streiks und nachher erst Noskes Streikerlaß tadelte.

Die Summe des angesammelten Konfliktstoffs führte dazu, daß die Berliner Generalversammlung der Holzarbeiter-Gewerkschaft im August 1919 einen erneuten Vorstoß unternahm, um sich des ungeliebten Mitglieds Noske zu entledigen. Sie beschloß: »Das Mitglied Noske ist aus dem Verband auszuschließen, weil seine arbeiterfeindliche Handlungsweise mit den Ansichten und Pflichten eines organisierten Arbeiters unvereinbar ist[523].« In der Begründung[524] wurde ein ganzes Sündenregister des Reichswehrministers aufgezählt – er habe »in der eklatantesten Weise gewerkschaftliche Interessen verletzt«, z. B. sei er für die Auflösung von Versammlungen der Modelltischler, der Metallformer, Rohrleger und Schlächter verantwortlich; er habe den Eisenbahnern verboten, von ihrem Streikrecht Gebrauch zu machen; unter seinem Protektorat würden Streikbrecherorganisationen[525] geschaffen – mit der Schlußfolgerung: »Seine Handlungen sind notorisch arbeiterfeindlich und laufen den Interessen der organisierten Arbeiter in jeder Hinsicht zuwider.«

Bevor der Deutsche Holzarbeiter-Verband über den Ausschluß-An-

518 Noske, Kiel bis Kapp, S. 133.

519 Vgl. Schultheß EGK 1919 I, S. 270.

520 Vgl. auch Heinrich Potthoff, Gewerkschaften und Politik zwischen Revolution und Inflation, Düsseldorf 1979, S. 351 f.; fortan zit.: Potthoff, Gewerkschaften.

521 Text des Antrages in: Protokoll Gewerkschaftskongreß Nürnberg 1919, S. 32. Zur Abstimmung ebda., S. 406.

522 Text ebda., S. 55, und Abstimmung, S. 406. Zusammenfassend: Schwarz, Gewerkschaftskongresse, S. 250 f., und: Schultheß EGK 1919 I, S. 274 f.

523 Antragsteller war der Bezirk Osten II (Berlin) des Holzarbeiterverbandes. Siehe: AdsD, Nachlaß Noske, Teil I, Dok. 13. Auszüge in: Noske, Kiel bis Kapp, S. 190.

524 Ebda.

525 Gemeint ist die »Technische Nothilfe«.

trag der »Zahlstelle Berlin« entscheiden konnte, brachte der Herbst weitere heftige Auseinandersetzungen zwischen Noske und den Gewerkschaften. Im Oktober streikten in Berlin die Metallarbeiter[526], und ein gleichzeitiger Sympathiestreik der Beschäftigten der Gas-, Wasser- und Elektrizitätswerke drohte die Reichshauptstadt in eine echte Notstandslage zu versetzen. In dieser Situation entschloß sich Noske, in seiner Eigenschaft als Oberbefehlshaber einen »Schutzerlaß für lebenswichtige Betriebe«[527] herauszugeben. Er enthielt ein faktisches Streikverbot: »Auf Grund des Belagerungszustandsgesetzes verbiete ich daher jedwede weitere Betätigung durch Wort, Schrift oder andere Maßnahmen, die darauf gerichtet sind, lebenswichtige Betriebe zur Stillegung zu bringen [...] Als lebenswichtige Betriebe im Sinne dieser Verordnung sind anzusehen: alle Anlagen zur Erzeugung von Gas, Wasser und Elektrizität, sowie die öffentlichen Verkehrsmittel.« Als politische Begründung für seine Maßnahme fügte Noske hinzu, es liege ihm zwar fern, in wirtschaftliche Kämpfe einzugreifen, aber er könne es nicht dulden, daß Leben und Gesundheit der großstädtischen Bevölkerung aufs Spiel gesetzt werden. Zuwiderhandlungen gegen diese Anordnungen bedrohte das »Oberkommando Noske« mit schweren Strafen.

Zusätzlich verfügte Noske den Einsatz der »Technischen Nothilfe«[528], um die lebenswichtigen Betriebe während des Streiks der Maschinisten und Heizer in Gang zu halten. Die Kombination dieser beiden Maßnahmen – Streikverbot und Einsatz der »Teno« – war insoweit »psychologisch verhängnisvoll«[529], als nun selbst gemäßigte Gewerkschaften wie die Arbeitsgemeinschaft freier Angestelltenverbände (AfA) protestierten. Bei Reichsarbeitsminister Alexander Schlicke (MSPD) erhoben sie dagegen Einspruch, »daß das von der Regierung bisher unangetastete bedingungslose Koalitionsrecht durch militärbehördliche Streikverbote Beschränkungen erfährt oder durch unmittelbare Unterstützung von Organisationen wie der Teno ausgehöhlt wird«[530].

Vielen Gewerkschaftlern stellte sich die Teno ganz einfach als eine staatliche Streikbrecherorganisation dar. Aufrufe der »Zentrale der Technischen Nothilfe«[531] versuchten diese Befürchtungen entgegenzu-

526 Vgl. Schultheß EGK 1919 I, S. 474.

527 Noskes »Schutzerlaß für lebenswichtige Betriebe« vom 17. 10. 1919 ist abgedruckt in: Vorwärts Nr. 533, 18. 10. 1919, Morgen-Ausgabe, S. 2. Noch am selben Tage informierte Noske die Nationalversammlung hierüber. Siehe Verhandlungen NV, Bd 330, 17. 10. 1919, S. 3207.

528 Vgl. den Bericht »Die Streikleitung verhandelt mit Noske« in: Vorwärts Nr. 533, 18. 10. 1919, Morgen-Ausgabe, S. 1.

529 Potthoff, Gewerkschaften, S. 160.

530 Schreiben der AfA an Schlicke vom 24. 10. 1919, ebda.

531 Vgl. die Zweiseitenanzeige der »Zentralstelle für Technische Nothilfe«, die unter der Überschrift »Streikrecht und Lebensrecht« veröffentlicht wurde in: Vorwärts Nr. 522

wirken. Mit der Teno, hieß es in einer ihrer Werbeanzeigen, solle keineswegs das Koalitions- und Streikrecht der Arbeiter angetastet werden; aber das Streikrecht müsse da seine natürliche Grenze finden, »wo die Lebensbedingungen des Ganzen, die Existenz der Allgemeinheit, in Frage stehen«; leider, so wurde argumentiert, habe sich in der Vergangenheit gezeigt, »daß ungeschulte und unaufgeklärte Elemente sich durch gewissenlose Hetzer haben verführen lassen, gegen die Lebensmöglichkeiten der Gesamtbevölkerung zu streiken«; gegen einen solchen »Mißbrauch zu antisozialen Zwecken« einzuschreiten, sei die Aufgabe der Technischen Nothilfe.

Mit diesen Beteuerungen sollte den Gewerkschaften signalisiert werden, daß die Teno nur bei wilden, gewerkschaftlich nicht sanktionierten Streiks, die sich gegen lebenswichtige Betriebe richteten und daher den Charakter politischer Streiks erhielten, eingesetzt werden würde. Aber die Skepsis der Gewerkschaften konnte damit nicht ausgeräumt werden. Denn erstens löste der manipulierbare Begriff »lebenswichtige Betriebe« selbst bei regierungsfreundlichen Gewerkschaftlern erhebliches Unbehagen aus[532], da befürchtet werden mußte, daß die Definition dessen, was unter einem lebenswichtigen Betrieb zu verstehen war, in einer aktuellen Notstandssituation in das Ermessen der Militärbehörden gelegt würde; und zweitens betrachteten es die Gewerkschaften als ihre eigene Aufgabe, dafür Sorge zu tragen, daß lebenswichtige Betriebe von Streikaktionen ausgespart blieben. Insgesamt argwöhnten die Gewerkschaften, mit der Technischen Nothilfe sei eine staatliche Einrichtung geschaffen worden, die es der militärischen Führung ermöglichte, in ureigenstes gewerkschaftliches Gebiet vorzustoßen[533].

Aufgrund ihrer Entstehungsgeschichte galt die Teno als eine mehr oder minder paramilitärische Organisation. Die Anfänge der Nothilfe reichten bis zum Januar 1919 zurück und waren mit dem Namen der berüchtigten Garde-Kavallerie-Schützen-Division verknüpft. Mit Billigung Noskes wurden unter der Regie dieses Verbandes nach den Januarunruhen in Berlin besondere technische Einheiten aufgebaut, deren Personal in der Lage sein sollte, die Zufuhr von Wasser und Elektrizität sicherzustellen[534]. Bis zum März 1919 umfaßte diese technische Truppe bereits sechs Kompanien, wurde aber weiter ausgebaut. Ende

vom 12. 10. 1919. Vgl. dazu auch die kritischen Ausführungen von Luise Zietz (USPD) in: Verhandlungen NV, Bd 330, 17. 10. 1919, S. 3208: Der »Vorwärts« habe für Streikbrecherorganisationen Propaganda gemacht.

532 Gessner, Wehrfrage, S. 30 und 32.

533 Ebda., S. 31.

534 Zur Entstehungsgeschichte der Teno vgl. Wirren, S. 227; vgl. auch Noske, Kiel bis Kapp, S. 188, der ebenfalls auf die Januarunruhen verweist, aber fälschlicherweise bereits zu diesem Zeitpunkt von der »Technischen Nothilfe« spricht.

Juli 1919 ist eine 1100 Köpfe zählende »Technische Abteilung« in die Vorläufige Reichswehr übernommen worden[535]. Als klar wurde, daß nicht alle Angehörigen der technischen Truppe – ihr gehörten in Berlin allein 1900 Zeitfreiwillige an, die zumeist Studenten der Technischen Hochschule waren – in das künftige 100000-Mann-Heer überführt werden konnten, schlug ihr Führer, Otto Lumitzsch, der Reichsregierung die Bildung der »Technischen Nothilfe« vor[536]. Reichswehrminister Noske machte sich diesen Vorschlag zu eigen. Seine Verordnung vom 30. September 1919 über die Organisation der Teno[537] stellte sozusagen die offizielle Gründungsurkunde dar. Formell firmierte die Technische Nothilfe nur als eine private Organisation. Ihre »technische Oberleitung« lag jedoch beim Reichswehrministerium, und im Falle ihres Einsatzes war sie dem zuständigen Befehlshaber der Reichswehr unterstellt. Die Privatisierung beinhaltete demnach nur scheinbar eine Entmilitarisierung. Den Charakter einer paramilitärischen Einrichtung verlor die Technische Nothilfe erst im Januar 1920, als sie vom Reichswehrministerium in die Kompetenz des Reichsinnenministeriums überführt wurde[538]. Während ihres ersten großen Einsatzes im Herbst 1919[539] bei dem Berliner Metallarbeiterstreik unterstand die aus der Garde-Kavallerie-Schützen-Division hervorgegangene Teno dem Reichswehrminister[540] und wurde daher von den Streikenden nicht zu Unrecht als Teil des Militärapparats angesehen.

An demselben 17. Oktober 1919, an dem er für die vom Streik besonders betroffenen Bezirke Berlins den Belagerungszustand verhängt, das Streikverbot für lebenswichtige Betriebe erlassen und den Einsatz der Technischen Nothilfe angeordnet hatte, mußte Noske seine Maßnahmen vor der Nationalversammlung rechtfertigen. Dort machte sich die USPD-Abgeordnete Luise Zietz[541] zum Sprachrohr der Streikenden. Sie bezichtigte Noske der »Scharfmacherei«, weil er, statt sich für Verhandlungen mit den Arbeitern einzusetzen, überall die Leute seiner »Streikbrecherorganisation« hingesandt habe. Höhnisch fügte sie hinzu, Ebert und Noske – »Fritz der Erste« und »Gustav der Unüberwindliche« – sollten nur so fortfahren, damit den Arbeitern die Augen über die »verbrecherische Politik der Rechtssozialisten« geöffnet werde und sie dann scharenweise zur USPD überliefen. Noske verteidigte die

535 Wirren, S. 227.
536 Ebda.
537 Erlaß des Reichswehrministers Nr. B Nr. 40420 vom 30. 9. 1919, HStA Stuttgart, M 390 Bd 2, Nr. 11. Siehe Zwischen Revolution, S. 248, Anm. 2.
538 Erlaß des Reichswehrministers Nr. 540/1219 T 2 III. 2. Ang. vom 23. 1. 1920, HStA Stuttgart, M 390, Bd 2, Nr. 11.
539 Vgl. Wirren, S. 227 f.
540 In: Verhandlungen NV, Bd 330, 17. 10. 1919, S. 3210, stellte Noske klar, daß der Apparat der Nothilfe unter seiner Kontrolle arbeite.
541 Rede von Luise Zietz ebda., S. 3208 f.

Teno: »Die Männer der Nothilfe stehen hoch erhaben über dem Verdacht, daß sie Streikbrecher seien. Sie dienen der Allgemeinheit, schützen das Leben und die Gesundheit von Hunderttausenden von Menschen in Berlin; ihre Arbeit wird zweifellos von der großen Mehrheit der Bevölkerung anerkannt[542].« Schützenhilfe erhielt der Reichswehrminister vom Vorsitzenden der mehrheitssozialdemokratischen Berliner Parteiorganisation, Franz Krüger MdNV, der den Standpunkt vertrat, die Leute der Teno dienten »den Interessen der Allgemeinheit gegenüber den eigensüchtigen Interessen einer kleinen Minderheit«[543].

Durchaus anders sah dies die gewerkschaftliche Streikleitung. Sie trat noch am selben Abend mit Noske in Verhandlungen und forderte die Zurückziehung der Technischen Nothilfe[544]. Gleichzeitig drohte die Berliner Gewerkschaftskommission jedem Arbeiter, der sich dieser Organisation zur Verfügung gestellt hatte, mit dem Ausschluß aus der Gewerkschaft[545]. Diese Kampfansage konnte und wollte Noske nicht unbeantwortet lassen. Umgehend gab er eine in scharfem Ton formulierte Verordnung[546] heraus, die jede wirtschaftliche Schädigung und Bedrohung von Angehörigen der Technischen Nothilfe oder deren Familienmitglieder sowie deren öffentliche Beschimpfung unter Strafandrohung verbot.

Schließlich konnte der eskalierende Konflikt, in dem nicht nur wirtschaftliche Interessen der gewerkschaftlich organisierten Arbeiter vertreten, sondern auch parteipolitische Gegensätze der Berliner MSPD und USPD ausgetragen wurden[547], dadurch beigelegt werden, daß die Streikenden die Arbeit in den lebenswichtigen Betrieben wieder aufnahmen und Noske seinerseits einen Rückzieher machte, indem er sein Streikverbot aufhob und den Einsatz der Technischen Nothilfe für beendet erklärte[548].

542 Ebda., S. 3211.

543 Ebda., S. 3213.

544 Vgl. den Bericht »Die Streikleitung verhandelt mit Noske«. In: Vorwärts Nr. 533, 18. 10. 1919, Morgen-Ausgabe, S. 1.

545 Dies berichtete der Bezirksvorsitzende der Berliner MSPD, Franz Krüger MdNV, in einer von 800 Funktionären und Vertrauensleuten der Groß-Berliner MSPD besuchten Versammlung am 20. 10. 1919. Ausführlicher Bericht unter dem Titel »Wir und die Technische Nothilfe« in: Vorwärts Nr. 538, 21. 10. 1919, Morgen-Ausgabe, Beilage.

546 Noskes »Erlaß gegen Boykottversuche«, ebda., Nr. 536, 20. 10. 1919, Morgen-Ausgabe, S. 1. Eine entsprechende Verordnung erließ am 23. 10. 1919 der Befehlshaber im Wehrkreis VI, General v. Watter. Abgedruckt in: Zwischen Revolution, Dok. 116, S. 249 f.

547 In der erwähnten Versammlung am 20. 10. 1919 (siehe Anm. 545) führte Krüger den Boykottbeschluß darauf zurück, daß die Gewerkschaftskommission ganz zu einem »Organ der Unabhängigen« geworden sei, dem er wenig Respekt entgegenbringen könne. So auch Noske, Kiel bis Kapp, S. 188.

548 Die Aufhebeverordnung Noskes ist abgedruckt in: Vorwärts Nr. 538, 21. 10. 1919, Morgen-Ausgabe, Beilage.

Der Streik der radikalen Metallarbeiter[549] dauerte an und drohte sich Anfang November zu einem Generalstreik der gesamten Berliner Arbeiterschaft auszuweiten. Angesichts dieser Gefahr konnten die Reichsregierung und die preußische Regierung nicht untätig bleiben. In einem gemeinsamen Aufruf an die Streikenden wiesen sie auf die desolate wirtschaftliche Lage des Reiches hin und forderten die Gemäßigten unter den Streikenden auf, allen Versuchen zur Entfesselung des politischen Generalstreiks ihren »entschiedensten Widerstand« entgegenzusetzen[550]. Noske schlüpfte wieder in die Rolle des »Oberbefehlshabers in den Marken« und ging scharf gegen die linksradikalen Wortführer vor. Den von der USPD und der KPD beherrschten Vollzugsrat der Arbeiterräte Groß-Berlins, der als Streikleitung fungierte, löste er kurzerhand auf[551] und ließ seine Mitglieder verhaften[552].

In den heißesten Tagen des Berliner Metallarbeiterstreiks hatte sich die Technische Nothilfe nach Noskes Überzeugung als »ein ganz vortreffliches Gegenmittel gegen den Streikterror bewährt«[553] und maßgeblich dazu beigetragen, daß schwere Benachteiligungen von der Berliner Bevölkerung abgewendet werden konnten[554]. Die Angehörigen der Teno ihrerseits betrachteten den Reichswehrminister noch lange Zeit als ihren Fürsprecher und Schutzpatron[555]. Aber in den Gewerkschaften griff die Mißstimmung gegen Noske nun immer mehr um sich. Zwar gab es, wie die über den ganzen Winter 1919/20 hinweg geführten Kontroversen[556] zeigten, durchaus unterschiedliche Bewertungen dieser staatlichen Hilfsorganisation. Aber schließlich einigte sich die ADGB-Führung am 26. Februar 1920 auf eine Grundsatzresolution[557], in der die Technische Nothilfe »nach ihrer Natur und der Art ihrer Organisation« als eine ernste Bedrohung gewerkschaftlicher Interessen und des gesamten gewerkschaftlichen Kampfes eingestuft wurde. Diese Mißbilligung der Teno durch das höchste Gewerkschaftsgremium schloß Noske, unter dessen Verantwortung diese Organisation vor mehr als einem Jahr ins Leben gerufen worden war, ein.

Im nachhinein hat Noske erkannt, daß es die Auseinandersetzun-

549 Auf der 14. ordentlichen Generalversammlung des Deutschen Metallarbeiter-Verbandes in Stuttgart (13.–23. 10. 1919) hatte die Anhängerschaft des USPD die Überlegenheit im Vorstand zu erlangen vermocht. Gessner, Wehrfrage, S. 50.

550 Schultheß EGK 1919 I, S. 474.

551 Ebda.

552 Noske, Kiel bis Kapp, S. 188 f.

553 Vgl. den Befehl des Reichswehrministers vom 20. 10. 1919 an die Reichswehr-Gruppenkommandos über militärisches Vorgehen gegen Streiks. Abgedruckt in: Zwischen Revolution, Dok. 115, S. 248 f.

554 Noske, Kiel bis Kapp, S. 188.

555 Am 30. 9. 1927 – die Teno bestand immer noch – verlieh deren Hauptleitung dem ehemaligen Reichswehrminister als Ausdruck ihres Dankes eine Plakette. Siehe Noske, Erlebtes, S. 100.

556 Vgl. im einzelnen Potthoff, Gewerkschaften, S. 161 f.

557 Bundesausschußsitzung des ADGB am 24./25. 2. 1920, ebda., S. 162.

gen um die von den Gewerkschaften als Streikbrecherorganisation bekämpfte Technische Nothilfe waren, die den letzten Anstoß zum Bruch mit ihm, dem Reichswehrminister, gaben: »Meinen Bemühungen, die Bevölkerung vor schwerster Schädigung bei politischen Streiks in den lebenswichtigen Betrieben zu bewahren, habe ich es zuzuschreiben, daß meine Mitgliedschaft im deutschen Holzarbeiterverband ein Ende fand, dem ich 25 Jahre angehört und manche Arbeitsleistung gewidmet hatte[558].«

Dieses Hinausdrängen ging folgendermaßen vonstatten: Wegen des schwebenden Ausschlußverfahrens nahm die Berliner Verwaltungsstelle des Holzarbeiter-Verbandes Noskes Anmeldung in der Berliner Gliederung des Verbandes nicht an, so daß dieser seine Mitgliedsbeiträge nicht entrichten konnte[559]. Zu einem seinen Ausschluß betreffenden Verhandlungstermin erschien Noske nicht. Ebensowenig nahm er zu der gegen ihn erhobenen Anschuldigung Stellung, er habe »das gewerkschaftliche Leben gehemmt und geschädigt«[560]. Schließlich wurde Noske in einem kurzen Schreiben vom 9. März 1920 mitgeteilt: »Auf Grund der ganzen Verhältnisse ist Ihre Mitgliedschaft im Deutschen Holzarbeiter-Verband als erloschen zu betrachten[561].«

Der Verbandsvorsitzende Fritz Tarnow versuchte das prominenteste ehemalige Mitglied seiner Gewerkschaft in einem längeren Schreiben[562] zu trösten. Er sprach von der »Ungerechtigkeit des Ausschlußantrages« und wies darauf hin, daß ein formeller Ausschluß durch das Erlöschen der Mitgliedschaft gegenstandslos geworden sei. Tarnow riet Noske allerdings davon ab, von seinem Beschwerderecht Gebrauch zu machen, da dann »eine sehr häßliche Auseinandersetzung in aller Öffentlichkeit« befürchtet werden müsse. Obwohl der Vorwurf ausstehender Beitragszahlungen ein reiner Vorwand war – man hatte ihm das Entrichten der Beiträge ja unmöglich gemacht –, ließ Noske die Angelegenheit auf sich beruhen[563]. Er war jedoch äußerst verbittert: »22 Jahre lang nach dem Ausscheiden aus meinem ursprünglichen Beruf hatte ich, um Treue zu bewahren, dem Verbande Arbeit, Zeit und Geld geopfert, ohne eine Gegenleistung zu erwarten. Die Quittung, die ich dafür erhielt, zeugt von beklagenswerter Entartung und politi-

558 Noske, Kiel bis Kapp, S. 190.

559 Schreiben der Berliner Verwaltungsstelle des Deutschen Holzarbeiter-Verbandes an Reichswehrminister Noske vom 24. 10. 1919, AdsD, Nachlaß Noske, Teil I, Dok. 14.

560 Schreiben des Deutschen Holzarbeiter-Verbandes, Büro Theodor Leipart, an Noske vom 5. 1. 1920, ebda., Dok. 15.

561 Schreiben ebda., Dok. 16.

562 Schreiben Fritz Tarnows an Noske vom 10. 3. 1920, ebda., Dok. 17.

563 Handschriftliche Notiz Noskes auf o. g. Schreiben: »Ich ließ die Dinge auf sich beruhen.« Ebda.

scher Verwilderung in der deutschen Arbeiterbewegung, die hoffentlich nicht von Dauer sein wird[564].«

Noskes Ausschluß aus der Gewerkschaft – faktisch handelte es sich um nichts anderes – erfolgte also bereits vor dem Kapp-Lüttwitz-Putsch. Als dem außerordentlichen Holzarbeiter-Verbandstag im April 1920 erneut ein Antrag aus Stuttgart vorgelegt wurde, der Noskes Ausschluß forderte, konnte Tarnow eine Behandlung mit dem Hinweis, daß Noske nicht mehr Mitglied des Verbandes sei, von der Tagesordnung absetzen[565]. Diese Art der »Abhalfterung«[566] des Ministers war zweifellos insofern ein »bitteres Unrecht«, wie sich Tarnow ausgedrückt hatte[567], als sich die Gewerkschaft eines Vorwandes bediente, um Noske loszuwerden. Aber sie war ein Faktum, das signalisierte, wie wenig Rückhalt der Reichswehrminister schon vor seinem Desaster, das den Putsch gegen die Republik für ihn bedeutete, gerade in denjenigen Organisationen hatte, denen er sich nach Herkunft und Überzeugung besonders verbunden fühlte: den Gewerkschaften.

Bleibt nachzutragen, daß die Technische Nothilfe während des Militärputsches vom März 1920 eine zumindest zwielichtige Rolle spielte. Einige Gewerkschaften rechneten sie sogar zu den »der Verfassung nicht treu gebliebenen konterrevolutionären militärischen Formationen«[568]. Nachdem die Gewerkschaften den Putsch mit dem politischen Generalstreik beantwortet hatten, machten sie unter anderem die Auflösung der Technischen Nothilfe zur Bedingung für den Abbruch des Streiks[569]. Später – mit der Distanz des Memoirenschreibers – hat der langjährige Chefredakteur des »Vorwärts«, Friedrich Stampfer, die Teno als »eine in der wildesten Zeit entstandene Organisation bürgerlicher, oft reaktionärer Tendenz«[570] gewertet.

Noskes konfliktreiches Verhältnis zu den Gewerkschaften in seiner Amtszeit als Reichswehrminister war der Ausdruck eines strukturellen Konflikts, der auch in den folgenden Jahren der Weimarer Republik fortdauerte: als feindseliges Verhältnis zwischen der Reichswehr als einem mächtigen vordemokratischen Relikt und einer Gewerk-

[564] Noske, Kiel bis Kapp, S. 190. Gelassen schrieb er in: Erlebtes, S. 156: »Es gab größere Sorgen als die, daß die Holzarbeiter mir keine Beitragsgelder abnahmen.«

[565] Protokoll des außerordentlichen Verbandstages des Deutschen Holzarbeiter-Verbandes. Abgehalten zu Berlin vom 25. bis 27. 4. 1920, Berlin 1920, S. 89.

[566] Noske, Erlebtes, S. 155.

[567] In seinem Brief an Noske vom 10. 3. 1920, AdsD, Nachlaß Noske I, Dok. 17.

[568] Vgl. Potthoff, Gewerkschaften, S. 160 und 164; sowie die vom Zentralverband der Heizer und Maschinisten herausgegebene Schrift: Die Tätigkeit der Technischen Nothilfe während des Kapp-Putsches und unsere dazu getroffenen Maßnahmen. Bearbeitet von der Reichssektionsleitung der Elektrizitätswerke, Berlin 1920.

[569] Vgl. Kabinett Bauer, Nr. 204, S. 718. Dort die vom Vorsitzenden der Berliner Gewerkschaftskommission, Rusch, am 18. 3. 1920 der Reichsregierung, der Preußischen Regierung und den Vertretern der Mehrheitsparteien vorgetragenen gewerkschaftlichen Forderungen.

[570] Stampfer, Vierzehn Jahre, S. 260.

schaftsbewegung, die den Weimarer Staat bejahte, aber dessen militärisches Instrument ablehnte. Wegen der Unvereinbarkeit der Interessen von Reichswehr und Gewerkschaften vermochten diese Organisationen zu keinem der republikanischen Stabilität dienenden Verhältnis zu finden.

XI. Der Kapp-Lüttwitz-Putsch und Noskes Rücktritt

1. Im Vorfeld des Umsturzes: Machtkampf zwischen Noske und Lüttwitz

Die unmittelbare Vorgeschichte des reaktionären Militärputsches gegen die Weimarer Republik vom 13. März 1920 begann mit der Weigerung des Generals v. Lüttwitz, den Befehlen des Reichswehrministers über die Durchführung der Truppenverminderung Folge zu leisten. Hieraus entwickelte sich ein Konflikt, der vom Ansatz her so gelagert war, daß er nicht innerhalb der Spielregeln der Weimarer Reichsverfassung bewältigt werden konnte. Denn es handelte sich im Kern um die Frage, ob der politisch verantwortliche Reichswehrminister neben seinen verfassungsrechtlich abgesicherten Kompetenzen auch faktisch über die Mittel verfügte, die es ihm ermöglichten, sich gegen einen widerspenstigen General und seinen Anhang durchzusetzen. Die Republik hatte einen Machtkampf gegen illoyale, meuternde Militärs zu bestehen.

Was es noch heute interessant macht, diesen Machtkampf im einzelnen nachzuvollziehen, ist der Tatbestand, daß Lüttwitz ihn – zumindest in der letzten Phase – mit nahezu offenem Visier ausfocht, das heißt, es gab vor dem Militärputsch eine Vorwarnzeit, die von den Politikern hätte genutzt werden können. Das Ergebnis ist bekannt: Noske ging nur halbherzig gegen den sich widersetzenden und schließlich mit offenen Drohungen gegen die Reichsregierung operierenden General vor. Er konnte ihn zwar formell seines Postens entheben, vermochte es aber nicht, ihn auch handlungsunfähig zu machen.

Die Verlaufsgeschichte des Kapp-Lüttwitz-Putsches kann weitgehend als erforscht gelten, so daß es hier vornehmlich darauf ankommt, die Rolle Noskes vor dem Umsturz und während der Putschtage herauszuarbeiten. Dabei verdient die Frage besondere Aufmerksamkeit, wie groß oder wie gering der Handlungsspielraum einzuschätzen ist, der dem Reichswehrminister als Ergebnis seiner bisherigen Militärpolitik noch verblieben war.

Der Stein kam ins Rollen, als die Interalliierte Militär-Kontroll-

Kommission (IMKK) im Februar 1920 die Auflösung der beiden Marinebrigaden Ehrhardt und Loewenfeld verlangte[1]. Diese Forderung ergab sich aus dem Tatbestand, daß die beiden Marineverbände nicht in die nach dem Versailler Vertrag auf 15000 Mann beschränkte Reichsmarine eingegliedert waren, sondern dem ansonsten aus Heerestruppen bestehenden Reichswehrgruppenkommando I unterstanden. General v. Lüttwitz, der die Freikorps im ganzen und die Marinebrigade Ehrhardt im besonderen als seine Hausmacht betrachtete, war fest entschlossen, ihre Auflösung zu verhindern. Er machte aus dieser Ansicht von Anfang an kein Geheimnis[2]. Bereits im Februar erwogen Noske und Seeckt daher eine Verabschiedung des widerspenstigen Generals, nahmen von dieser Maßnahme jedoch zunächst Abstand, als der Chef des Personalamtes, General v. Braun, von ihr abriet[3]. Es kam zu einer scharfen Auseinandersetzung mit Lüttwitz, der sich lebhaft für den Fortbestand zumal der beiden Marinebrigaden einsetzte. Noske ließ sich dadurch nicht beirren. Am 29. Februar entschied er, daß die Auflösung sofort zu beginnen habe und bis zum 10. März 1920 unter allen Umständen durchzuführen sei[4].

Während der Chef des Truppenamtes, General v. Seeckt, und Lüttwitz' Chef des Stabes, General v. Oldershausen, in den kommenden Tagen die einzelnen Maßnahmen für die Auflösung der Marinebrigaden festlegten, behielt Lüttwitz selbst seinen Obstruktionskurs bei. Als die seit Januar des Jahres auf dem Truppenübungsplatz Döberitz bei Berlin untergebrachte Marinebrigade Ehrhardt am 1. März 1920 ihr einjähriges Bestehen mit einer große Parade feierte – eingeladen waren Lüttwitz, Trotha und andere hohe Offiziere, nicht aber Noske –, rief Lüttwitz den etwa 5000 versammelten Freikorps-Kämpfern zu: »Ich werde nicht dulden, daß mir eine solche Kerntruppe in einer so gewitterschwülen Zeit zerschlagen wird[5].« Tatsächlich handelte es sich bei dem von Kapitän Hermann Ehrhardt aufgebauten und ganz auf seine Person zugeschnittenen Verband um die kampferprobteste und damals vielleicht schlagkräftigste Truppe der ganzen Reichswehr. Politisch war sie regierungsfeindlich eingestellt, lehnte die schwarz-rot-goldenen Farben ab, trug statt dessen als »nationales Abzeichen« das Haken-

[1] Noske, Kiel bis Kapp, S. 203; Schultheß EGK 1920 I, S. 44; Erger, Kapp-Lüttwitz-Putsch, S. 115, mit weiteren Quellenangaben.

[2] Vgl. die Aussagen von Seeckt und Reinhardt, in: Brammer, Verfassungsgrundlagen, S. 62.

[3] Erger, Kapp-Lüttwitz-Putsch, S. 115.

[4] Noske, Kiel bis Kapp, S. 203.

[5] Friedrich Freksa, Kapitän Ehrhardt, Berlin 1924, S. 170. Weitere Einzelheiten über die Veranstaltung bei Erger, Kapp-Lüttwitz-Putsch, S. 115 f. Nach einer anderen Quelle (Nachlaß Michaelis, BA-MA N 164/5, Bl. 43) lautete der Schlußsatz der Ansprache Lüttwitz': »Wir lassen uns nicht auflösen, lieber stürzen wir die Regierung.«

kreuz[6], und ihr Führer war gleich Lüttwitz entschlossen, dem Auflösungsbefehl Gewalt entgegenzusetzen, selbst wenn dies den Sturz der Regierung bedeuten mußte. Die umstürzlerische Einstellung Ehrhardts erklärt sich nur zum Teil aus wirtschaftlichen Zukunftssorgen. Hauptmotiv dürfte im Selbstverständnis seiner Elitetruppe zu suchen sein, die sich als »Träger des nationalen Wiederaufstiegs« fühlte[7]. Da die Marinebrigade Loewenfeld zu dieser Zeit in Schlesien stationiert war, weitab von der Reichshauptstadt, fiel dem von Ehrhardt geführten Freikorps-Verband im Rahmen der von Lüttwitz erwogenen Umsturzideen eine Schlüsselrolle zu.

Noske erfuhr wenige Tage später von Lüttwitz' Auftritt in Döberitz[8], wußte also, daß der General sich öffentlich geweigert hatte, die befohlene Auflösung der Marinebrigade durchzuführen. Wer ihn darüber informierte, ist nicht bekannt. Noske scheint die Dimension des Problems zu diesem Zeitpunkt nicht voll erkannt zu haben. Beispielsweise kam er nicht auf den Gedanken, den Vizeadmiral v. Trotha und die anderen hohen Offiziere, die Lüttwitz' Ansprache mit angehört hatten, zur Rechenschaft zu ziehen, weil sie ihm nicht sogleich Meldung über den demonstrativen Ungehorsam des Generals gemacht hatten. Noske wußte natürlich, daß Lüttwitz von den Freiwilligen als »Vater der Freikorps« verehrt wurde, daß er in der Reichswehr insgesamt großes Ansehen genoß und es daher allemal eine Kraftprobe mit ungewissem Ausgang bedeutete, ihn zu entlassen. Aber mit der öffentlichen Ankündigung des Ungehorsams gegen einen Befehl des Reichswehrministers war eine Situation geschaffen, in welcher der politisch verantwortliche Minister handeln mußte, wollte er nicht sein eigenes Ansehen und seine Amtsautorität als Vorgesetzter aller Soldaten der Reichswehr aufs Spiel setzen.

Im Rückblick wird man es als einen schweren Fehler Noskes bezeichnen müssen, daß er den Konflikt zu diesem Zeitpunkt noch immer scheute. Er hätte Lüttwitz sofort entlassen und seinen Ungehorsam öffentlich anprangern müssen. Selbst die Rechtsparteien hätten eine solche Entscheidung Noskes vermutlich hingenommen, obgleich sie eine Heeresverminderung so wenig wünschten wie Lüttwitz. Grund zu dieser Vermutung gibt eine Unterredung[9], die Lüttwitz mit dem Vorsitzenden der DNVP, Oskar Hergt, und dem Fraktionsvorsit-

[6] Näheres über den Charakter der Brigade Ehrhardt in: Gabriele Krüger, Die Brigade Ehrhardt, Hamburg 1971, S. 33 ff., fortan zit.: Krüger, Brigade Ehrhardt; Erger, Kapp-Lüttwitz-Putsch, S. 112–115.

[7] Erger, Kapp-Lüttwitz-Putsch, S. 114.

[8] Noske, Kiel bis Kapp, S. 205 f.; nach den Erinnerungen von William Michaelis war Noske bereits anderntags im Besitz des Wortlauts der Rede Lüttwitz'. Siehe BA-MA N 164/5, Bl. 43.

[9] Aussage Hergts im Jagow-Prozeß. Siehe Brammer, Verfassungsgrundlagen, S. 19 f.; Zusammenfassung bei Erger, Kapp-Lüttwitz-Putsch, S. 117 f.

zenden der DVP, Rudolf Heinze, am 4. März hatte. Beide Politiker teilten zwar die Mißstimmung Lüttwitz' über die auswärtige Politik der Reichsregierung sowie über die Heeresverminderung, warnten ihn aber entschieden vor ultimativen Forderungen, weil die Regierung sich diese keinesfalls bieten lassen könne.

Für den Abend des 6. März hatte Reichspräsident Ebert zu einer gesellschaftlichen Zusammenkunft geladen. Als Noske bei dieser Gelegenheit unerwartet mit Lüttwitz zusammentraf, stellte er ihn kurz zur Rede und betonte, daß der Verminderungsbefehl auszuführen sei[10]. Lüttwitz ließ sich jedoch von dieser scharfen Ermahnung nicht beeindrucken. Während einer anderntags beim Reichswehrminister anberaumten Besprechung[11], bei der auch der Chef der Heeresleitung, Reinhardt, Lüttwitz' Chef des Stabes, General v. Oldershausen, sowie mehrere Offiziere aus dem Stabe des Reichswehrgruppenkommandos I zugegen waren, forderte Lüttwitz von Noske erneut die Aufhebung der bereits erteilten Verminderungsbefehle, namentlich die Befehle zur Auflösung der beiden Marinebrigaden. Wiederum lehnten Noske und Reinhardt strikt ab.

Staatskommissar Herbert von Berger, als Leiter des Amtes für öffentliche Ordnung mit dem Aufdecken verfassungsfeindlicher Bestrebungen befaßt, wußte, daß Lüttwitz entschlossen war, militärischen Druck auf die Reichsregierung auszuüben[12]. Da er jedoch innerlich auf seiten der Rechtsparteien stand, unterließ er es zunächst, seinen Vorgesetzten, den preußischen Innenminister Heine, zu unterrichten und machte selbst ein Stück Politik, indem er sich am 6. März zusammen mit General v. Oldershausen zu Lüttwitz begab und ihm nahelegte, seine Forderungen dem Reichspräsidenten persönlich vorzutragen. Lüttwitz war einverstanden. Ebert entschied, nachdem er den Bericht v. Bergers angehört hatte, der General solle am 10. März um 18 Uhr bei ihm erscheinen.

Bereits vor dieser wichtigen Besprechung, in der etwa noch vorhandene Kompromißmöglichkeiten endgültig zugeschüttet wurden, spitzte sich die Lage deutlich zu. Am 9. März wurde Noske darauf aufmerksam gemacht, daß Generallandschaftsdirektor Kapp und der frühere Hauptmann Pabst »sehr geschäftig« seien. Konkrete Informationen erhielt er jedoch nicht[13]. Tatsächlich waren die Warnungen, die Noske bis dahin zugegangen waren, eher allgemeiner Natur. Zum Beispiel machte Oberst van den Bergh, der Leiter der Fürsorgeabteilung im

[10] Noske, Kiel bis Kapp, S. 204; über diese Abendgesellschaft bei Ebert berichtet auch Oberst van den Bergh. Siehe: BA-MA N 112/11, S. 93.

[11] Aufzeichnung Reinhardts über die Besprechung am 7. März bei Noske. Siehe Ernst, Nachlaß Reinhardt, S. 59.

[12] Erger, Kapp-Lüttwitz-Putsch, S. 118 f., auch zum Folgenden.

[13] Noske, Kiel bis Kapp, S. 207.

Reichswehrministerium, ein überzeugter Republikaner, Noske unter vier Augen bereits mehrfach Mitteilungen über eine »militaristische Welle« in der Reichswehr, die er nicht bloß bei den Baltikumtruppen und in der Marinebrigade Ehrhardt beobachtet hatte[14]. Aber damit konnte Noske so wenig anfangen wie mit dem vertraulichen Bericht des Staatskommissars v. Berger über die innenpolitische Lage[15], den er am 10. März las[16]. Auch dieser Schriftsatz enthielt keine konkreten Hinweise auf die akute Gefahr eines Putschs von rechts.

Am gleichen Tage, dem 10. März, sprach Major v. Gilsa im Auftrage Noskes mit Korvettenkapitän Ehrhardt. Wie Gilsa dem Reichswehrminister hernach berichtete, hatte der Führer der Marinebrigade versichert, »er führe jeden Befehl seines Generals aus, doch würde er keinen Befehl befolgen, wenn er wisse, daß er dem Willen der Regierung zuwiderlaufe«[17]. Diese Aussage konnte alles und nichts zugleich besagen. General v. Seeckt, der die Auflösungsbefehle zu bearbeiten hatte und daher mit dem Reichswehrgruppenkommando I in ständigem Kontakt stand, meldete jedenfalls zu eben diesem Zeitpunkt dem Chef der Heeresleitung, Reinhardt, er schätze die Haltung Lüttwitz' gegenüber der Marinebrigade Ehrhardt als so »zweideutig« ein, daß es tunlich sei, sie seinem Kommando zu entziehen. Seeckt machte den Vorschlag, die Ehrhardt-Truppe dem Chef der Admiralität zu unterstellen. Mit diesem Vorschlag erschienen Reinhardt, Seeckt und Trotha am Nachmittag des 10. März bei Noske. Obwohl Trotha Bedenken äußerte, stimmte Noske, gewarnt durch die Informationen Gilsas, dem Vorschlag zu und ließ sofort Befehle fertigen, welche die beiden Marinebrigaden dem Kommando des Generals v. Lüttwitz entzogen und dem Chef der Admiralität unterstellten. Nachdem Noske die Befehle unterzeichnet hatte, informierte er unverzüglich Ebert von der neuen Sachlage[18].

Unmittelbar nach der Lektüre des Lageberichts von Staatskommissar v. Berger ging Noske die Mitteilung zu, daß Lüttwitz am Abend des 10. März vom Reichspräsidenten empfangen werden würde. Er setzte sich sogleich mit Ebert in Verbindung und bat ihn, zu der Aussprache zugezogen zu werden[19]. Als Lüttwitz um 18 Uhr in Begleitung der Generale v. Oven und v. Oldershausen beim Reichspräsidenten erschien,

[14] BA-MA N 112/11, S. 92. Van den Bergh bekannte jedoch gleichzeitig, daß er die seit Monaten vom »Vorwärts« veröffentlichten Warnungen vor gegenrevolutionären Umtrieben lediglich für »agitatorische Mache« gehalten habe (ebda.).

[15] Bericht des Staatskommissars v. Berger vom 8. 3. 1920. Abgedruckt in: Noske, Kiel bis Kapp, S. 204–206; sowie in: Kabinett Bauer, Nr. 183, S. 653–656.

[16] Noske, Kiel bis Kapp, S. 204.

[17] Ebda., S. 206 f.

[18] Ernst, Nachlaß Reinhardt, S. 59. Noske, Kiel bis Kapp, S. 206 f. Weitere Quellen bei Erger, Kapp-Lüttwitz-Putsch, S. 121, Anm. 2.

[19] Noske, Kiel bis Kapp, S. 206.

war Noske bereits anwesend. Lüttwitz trug Ebert seine Forderungen vor, »mit stärkerer Betonung als sonst«, wie sich Noske[20] erinnerte. General v. Oldershausen[21] sagte später aus, dies sei »mit größter Heftigkeit und scharf« geschehen. Ultimativ forderte Lüttwitz: 1. die sofortige Auflösung der Nationalversammlung, 2. die Einsetzung von Fachministern, 3. die Schaffung eines Oberbefehlshabers der gesamten Reichswehr in seiner Person und die Absetzung des Generals Reinhardt, 4. die Zurücknahme der Auflösungsbefehle. Weiterhin beschwerte er sich über Mängel in der Truppenversorgung.

Ebert reagierte überlegt. Er verzichtete darauf, den General sofort zurechtzuweisen und hinauszukomplementieren. Statt dessen wies er die Forderungen, die zum größeren Teil seit längerem von den Deutschnationalen propagiert worden waren, in großer Ruhe zurück und machte sich sogar die Mühe, seine Auffassung eingehend zu begründen[22]. Ebert soll etwa eine dreiviertel Stunde lang ruhig und sachlich zu Lüttwitz gesprochen haben. Dann nahm Noske das Wort. Er wurde sofort sehr heftig, lehnte das Ansinnen Lüttwitz' aufs schroffste ab und erklärte ihm: »Herr General, Sie sind ja im Winter schon öfter bei uns gewesen und sind mit Ihren Forderungen gekommen. Das waren aber immer Unterhaltungen, wo man mit Ihnen reden konnte. Jetzt haben Ihre Forderungen den Charakter eines Ultimatums und eines Pronunziamentos der Generale. Das können wir uns unter keinen Bedingungen gefallen lassen, und ich weise sie in jeder Beziehung schroff ab[23].« Noske teilte Lüttwitz dann mit, daß er ihm die Verfügungsgewalt über die beiden Marinebrigaden entzogen habe. Im übrigen werde die Truppenverminderung planmäßig weiterverfolgt. Selbstverständlich werde General Reinhardt auf seinem Posten bleiben und wie bisher werde jeder General entfernt, gegen den Bedenken bestünden. Abschließend warnte Noske Lüttwitz sehr nachdrücklich vor dem Gedanken einer Auflehnung. Eine Militärrevolte würde fürchterlichen Schaden anrichten, die Reichswehr zerstören und mit Sicherheit den Generalstreik heraufbeschwören.

Lüttwitz soll »sichtlich betreten« gewesen sein[24]. Aber er wich von seinen Forderungen nicht ab. Man trennte sich im Zorn. Dies bedeutete den offenen Bruch. Nun bestand nur noch die Alternative, vor der Oldershausen Lüttwitz zuvor gewarnt hatte: Abschied oder Staatsstreich[25].

20 Ebda., S. 207.
21 Aussagen von Oldershausen, Oven und Noske über den Verlauf der Unterredung vom 10. 3. 1920 in: Erger, Kapp-Lüttwitz-Putsch, Dok. 20, S. 317 f.
22 Ebda., sowie: Noske, Kiel bis Kapp, S. 207.
23 Dieser Wortlaut nach der Erinnerung des Generals v. Oldershausen. In: Erger, Kapp-Lüttwitz-Putsch, Dok. 20, S. 317; vgl. auch Lüttwitz, Kampf, S. 112 f.
24 Noske, Kiel bis Kapp, S. 207.
25 Erger, Kapp-Lüttwitz-Putsch, S. 121, mit Quellenangaben.

Ebert und Noske gingen davon aus, daß Lüttwitz nach diesem Eklat anderntags seinen Abschied einreichen würde[26]. Als am anderen Morgen ein entsprechendes Gesuch nicht vorlag, faßte Noske nach Beratungen mit Reinhardt und Oldershausen den Entschluß, Lüttwitz sofort seines Amtes zu entheben. General v. Oven wurde angewiesen, vorerst das Kommando zu führen. Der Leiter des Personalamtes im Reichswehrministerium, General v. Braun, erhielt von Noske den Auftrag, Lüttwitz noch vor der Mittagszeit die schriftliche Mitteilung auszuhändigen, daß er beurlaubt sei und seinen Abschied einzureichen habe[27]. Lüttwitz nahm diese Anordnungen zur Kenntnis und begab sich nach Döberitz zur Marinebrigade Ehrhardt. Noske und die Offiziere seiner Umgebung mußten nun auf alles gefaßt sein. Denn der General, das wußte man, war kein Mann des schnellen Aufgebens.

Auf den naheliegenden Gedanken, Lüttwitz verhaften zu lassen, sind Ebert und Noske offenbar nicht gekommen, oder sie haben ihn erwogen und wieder fallen gelassen. Die ultimativen Drohungen des Generals hätten eine solche Maßnahme durchaus gerechtfertigt. Dieser hatte keineswegs ausgeschlossen, daß sein Auftritt vor dem Reichspräsidenten und dem Reichswehrminister mit seiner Festsetzung enden könnte[28]. Um ihn auszuschalten, wäre dies auch erforderlich gewesen. Denn wie sich zeigen sollte, vermochte die formelle Amtsenthebung den Bewegungsspielraum des Generals, der zu Taten entschlossen war, kaum einzuschränken. Ehrhardt[29] konnte später sogar unwiderlegbar behaupten, er habe von der Beurlaubung seines Vorgesetzten keine Kenntnis gehabt und sei gemäß seinem Befehl auf Berlin marschiert.

Oldershausen, der sich sicher war, daß Lüttwitz nun einen Gewaltstreich verüben würde, unterrichtete sofort die unterstellten Kommandostäbe von dessen Beurlaubung, um zu verhindern, daß Befehle des Generals, die sich gegen die Regierung richteten, befolgt würden[30]. Zugleich sandte Oldershausen an alle Gruppenbefehlshaber und Wehrkreisbefehlshaber des Reiches ein Geheimtelegramm[31], in dem es hieß, Lüttwitz werde demnächst wegen eines Zerwürfnisses mit Ebert und Noske verabschiedet, und jeder Versuch gewaltsamer Regierungsänderung müsse wegen der getroffenen Gegenmaßnahmen scheitern.

Da Noske am Morgen des 11. März wiederum Warnungen vor ei-

[26] Noske, Kiel bis Kapp, S. 207. Erger, Kapp-Lüttwitz-Putsch, S. 122.
[27] Noske, Kiel bis Kapp, S. 208. Erger, Kapp-Lüttwitz-Putsch, S. 123 mit mehreren zusätzlichen Quellennachweisen. Krüger, Brigade Ehrhardt, S. 47.
[28] Dies äußerte er zu General v. Oven vor Beginn der Besprechung. Aussage Ovens in: Erger, Kapp-Lüttwitz-Putsch, Dok. 20, S. 317.
[29] Krüger, Brigade Ehrhardt, S. 48.
[30] Erger, Kapp-Lüttwitz-Putsch, S. 124.
[31] Text des Geheimtelegramms vom 10. 3. 1920, 11 Uhr, in: Volkmann, Revolution, S. 348 f.

nem drohenden Putsch zugingen, allerdings auch jetzt noch ohne konkrete Tatsacheninformationen, entschloß er sich auf Anraten Seeckts, Haftbefehle gegen die Verschwörer Kapp, Bauer, Pabst, Schnitzler und Grabowsky zu erwirken[32]. Der Polizeiapparat erwies sich jedoch als unzuverlässig. Kapp, Bauer und Pabst gingen direkte Warnungen aus dem Polizeipräsidium[33] zu, so daß sie sich rechtzeitig in Sicherheit zu bringen und der Festnahme zu entziehen vermochten. Pabst fand bei Ehrhardt in Döberitz Unterschlupf. Noske mußte erkennen, daß die polizeilichen Sicherheitsorgane gegen die Drohung eines Rechtsputsches nicht erfolgreich eingesetzt werden konnten.

Während General v. Lüttwitz und Korvettenkapitän Ehrhardt die Einzelheiten des Marsches der Marinebrigade auf Berlin absprachen und Kapp als den politischen Führer des geplanten Putsches davon in Kenntnis setzten, daß in der Zwangslage[34], wie sie sich nun ergeben habe, innerhalb von 24 Stunden losgeschlagen werden müsse, gingen bei Noske im Verlaufe des 12. März immer bedrohlichere Nachrichten über angebliche Putschabsichten der Marinebrigade Ehrhardt ein. Obwohl der Reichswehrminister noch immer kein schlüssiges Beweismaterial in Händen hatte, entschloß er sich nun zu mehreren Abwehrmaßnahmen[35]. Erstens alarmierte er die Presse; zweitens befahl er militärische Sicherheitsvorkehrungen; und drittens wies er den Vorgesetzten Ehrhardts, Vizeadmiral v. Trotha, an, nach Döberitz zu fahren, um festzustellen, ob dort Außergewöhnliches vorgehe. Ursprünglich hatte Noske[36] diese Inspektionsfahrt selbst unternehmen wollen. Davon war ihm jedoch von Reinhardt dringend abgeraten worden.

Kennzeichnend für den weiteren Verlauf der Ereignisse war die Art und Weise, wie sich Trotha seines Auftrages entledigte. Der Chef der Admiralität, der über die Putschvorbereitungen einigermaßen im Bilde war und mit ihnen sympathisierte, löste die für ihn heikle Aufgabe so, daß er vor der Abfahrt aus Berlin Ehrhardt sein Kommen telefonisch ankündigte. Als er dann nach Einbruch der Dunkelheit mit dem Kapitänleutnant Canaris, der seit mehr als einem Jahr mit Pabst in enger Verbindung stand, in Döberitz eintraf, war es im Lager dunkel und ruhig. Trotha kollaborierte zu diesem Zeitpunkt, als der Ausgang des Unternehmens noch nicht abgeschätzt werden konnte, zwar nicht offen mit dem Anführer der Putschtruppe, formulierte seine Fragen an Ehrhardt aber so sorgfältig, daß dieser nicht in Verlegenheit kam, den

[32] Noske, Kiel bis Kapp, S. 208. Brammer, Verfassungsgrundlagen, S. 25, Aussage Noskes im Jagow-Prozeß.

[33] Noske, Kiel bis Kapp, S. 208. Erger, Kapp-Lüttwitz-Putsch, S. 124, mit Hinweis auf eine entsprechende Mitteilung von Pabst an den Verf.

[34] Einzelheiten bei Erger, Kapp-Lüttwitz-Putsch, S. 125 ff.; vgl. besonders die Dokumente 21 und 22, ebda., S. 318–320.

[35] Noske, Kiel bis Kapp, S. 208. Ernst, Nachlaß Reinhardt, S. 61.

[36] Noske, Kiel bis Kapp, S. 208.

Admiral anlügen zu müssen[37]. Nach dem Putsch stellten sich Trotha und Canaris dann noch am gleichen Tage auf die Seite der Kappisten.

Noske ahnte nicht, daß er sich auf den ranghöchsten Marineoffizier keineswegs verlassen konnte. Im Laufe des Abends des 12. März meldete Trotha dem Minister, er habe das Döberitzer Lage ganz ruhig vorgefunden, aber eine Garantie, daß sich das Bild in einigen Stunden nicht ändern könne, vermöge er natürlich nicht zu übernehmen[38]. Erst später erfuhr Noske, daß Trotha seinen Besuch bei Ehrhardt zuvor avisiert hatte.

Zugleich mit der Entsendung Trothas befahl Noske »für alle Fälle« weitgehende militärische und polizeiliche Sicherheitsmaßnahmen[39] und ließ die Berliner Reichswehrtruppen sowie die Sicherheitspolizei in Alarmzustand versetzen. Der Befehl des Reichswehrministers begann mit dem Satz: »Nachrichten besagen, daß von rechtsradikaler Seite beabsichtigt ist, die Regierung heute oder in den nächsten Tagen zu stürzen[40].« Es war wohl mehr als Fahrlässigkeit, daß das Berliner Reichswehrgruppenkommando I den telegraphischen Alarmierungsbefehl auch an die Garnisonen außerhalb Berlins geben ließ, woraus sich die groteske Situation ergab, daß die Marinebrigade Ehrhardt von den Abwehrvorbereitungen offiziell in Kenntnis gesetzt wurde[41]. Angeblich wollte das Reichswehrgruppenkommando damit nochmals vor Unbesonnenheit warnen[42]. Doch Lüttwitz und Ehrhardt hatten zu diesem Zeitpunkt längst die Weichen zum Marsch auf Berlin gestellt.

Das Reichskabinett, das am Abend des 12. März zu einer normalen Arbeitssitzung zusammentrat, nahm die Nachricht Noskes, Gerüchten zufolge wolle die Marinebrigade in der kommenden Nacht das Regierungsviertel besetzen, gelassen entgegen, da es schon öfter Putschgerüchte gegeben hatte, die sich nachher als falsch erwiesen[43]. Als der preußische Innenminister Wolfgang Heine am Ende der Kabinettsberatungen mit der aktuellen Information eintraf, die Brigade bereite ihren Abmarsch vor, beschwichtigte Noske noch immer. »Nichts ist dran«, sagte er, »es ist blinder Lärm wie schon wiederholt.« Er habe Trotha

[37] Krüger, Brigade Ehrhardt, S. 50 f.; vgl. auch die hiervon abweichenden Aussagen Trothas über sein Verhalten beim Kapp-Lüttwitz-Putsch vor dem Untersuchungsrichter in der Zeit vom 28. bis 31. 5. 1920. In: Anfänge der Ära Seeckt, Dok. 20, S. 32–48, hier bes. S. 39 f.; den Versuch einer Deutung der Motive Trothas bietet Helmut Schubert, Admiral Adolf von Trotha (1868–1940), Phil. Diss. Freiburg 1976, S. 248–260; fortan zit.: Schubert, Trotha.

[38] Noske, Kiel bis Kapp, S. 208.

[39] Ebda.

[40] Erger, Kapp-Lüttwitz-Putsch, S. 131.

[41] Krüger, Brigade Ehrhardt, S. 48. Dort auch der Text des telegraphischen Befehls des Reichswehrgruppenkommandos I.

[42] Erger, Kapp-Lüttwitz-Putsch, S. 131.

[43] Kabinett Bauer, Nr. 186, S. 664–670, Noskes Mitteilungen, S. 667 f.

nach Döberitz geschickt, um die Brigade zur Vernunft zu bringen[44]. Aus dieser Verhaltensweise des Reichswehrministers war abzulesen, daß er, an Drohgebärden von Offizieren gewöhnt, den sich verdichtenden Gerüchten auch jetzt noch nicht glauben wollte. Noske hatte seine Abwehrmaßnahmen lediglich vorsorglich getroffen. Von der Loyalität der Reichswehr schien er nach wie vor überzeugt zu sein.

Allerdings bekam Noske noch am selben Abend einen Eindruck davon, wie unzureichend sein Befehl zur Vorbereitung militärischer Abwehrmaßnahmen ausgeführt worden war. Zu seinem Erstaunen mußte er nämlich feststellen, daß das Reichswehrgruppenkommando lediglich das Regierungsviertel hatte sichern lassen[45], wie es in Erwartung großer Demonstrationen üblich war. Noske hatte angenommen, auch außerhalb Berlins seien Truppen zur Verteidigung aufgestellt worden[46]. Was der Reichswehrminister, der kurz vor Mitternacht noch einmal zum Reichspräsidenten und zum Reichskanzler fuhr, zu diesem Zeitpunkt noch nicht wußte, war, daß die mit den Sicherungsaufgaben betrauten Offiziere der Reichswehr- und der Sicherheitspolizeitruppen es bereits abgelehnt hatten, für den Fall des Anrückens der Marinebrigade dem von General Reinhardt gegebenen Schießbefehl Folge zu leisten[47]. Es gab sogar Absprachen zwischen dem Reichswehrgruppenkommando I und der Marinebrigade Ehrhardt, den Schußwaffengebrauch in jedem Falle zu vermeiden[48]. Der Kommandeur des Infanterieregiments 6, Oberst v. Thaysen, der zunächst gewillt war, dem Befehl General Reinhardts zu folgen, daß einem gewaltsamen Vorgehen der Marinebrigade mit Waffengewalt entgegengetreten werden müsse, erhielt nachher, gegen Mitternacht, von seinem direkten Vorgesetzten, General Bernhard v. Hülsen, der zuvor Ehrhardt aufgesucht hatte, die gegenteilige Richtlinie: »Truppe kämpft nicht gegen Truppe«[49]. Der bewaffnete Widerstand wurde ihm damit verboten. Bevor Noske es wissen konnte, waren die von ihm befohlenen militärischen Abwehrmaßnahmen faktisch bedeutungslos geworden. Erst im Laufe der Nacht, während einer dramatischen Auseinandersetzung zwischen Noske und der militärischen Führung, wurden dem Reichswehrminister die Augen darüber geöffnet, wie es um die Loyalität der Berliner Reichswehr zur republikanischen Regierung wirklich bestellt war.

[44] Erger, Kapp-Lüttwitz-Putsch, S. 133, unter Berufung auf einen Bericht Heines.
[45] Noske, Kiel bis Kapp, S. 208.
[46] Erger, Kapp-Lüttwitz-Putsch, S. 137.
[47] Ernst, Nachlaß Reinhardt, S. 61. Erger, Kapp-Lüttwitz-Putsch, S. 137 f.
[48] Einzelheiten bei Erger, Kapp-Lüttwitz-Putsch, S. 137 f.
[49] Ernst, Nachlaß Reinhardt, S. 61; Erger, Kapp-Lüttwitz-Putsch, S. 138; vgl. auch ebda., Dok. 24, S. 321.

2. Der Militärputsch und die Machtlosigkeit des Reichswehrministers

Am 12. März, eine Stunde vor Mitternacht, erfuhr das Reichswehrgruppenkommando, daß sich die Marinebrigade Ehrhardt bereits nach Berlin in Marsch gesetzt hatte. Als Noske dies gemeldet wurde, entsandte er noch einmal zwei Offiziere nach Döberitz. Die Generale v. Oldershausen und v. Oven sollten in letzter Minute den Versuch machen, Ehrhardt von einem Vorhaben abzuhalten[50]. Sie drängten den noch im Döberitzer Quartier befindlichen Freikorps-Führer, seine bereits in kriegsmäßiger Ordnung in Richtung Berlin marschierende Brigade zurückzurufen, jedoch ohne Erfolg. Ehrhardt berief sich formell auf einen Befehl des Generals v. Lüttwitz. Schließlich erklärte er sich jedoch bereit, seine Forderungen zu fixieren, um wenigstens die Möglichkeit zu Verhandlungen zu geben. Ehrhardt notierte dann folgende Bedingungen[51], die mit denen Lüttwitz' weithin übereinstimmten: 1. Neuwahlen zum Reichstag, 2. baldige Wahl des Reichspräsidenten durch das Volk, 3. Einsetzung von Fachministern, 4. Zurücknahme der Auflösungsbefehle, 5. Wiedereinsetzung des Generals v. Lüttwitz, 6. Straffreiheit für die am Putsch Beteiligten, 7. Ein General statt Noske an der Spitze der Armee.

Als Noske diese Bedingungen fernmündlich durchgegeben wurde, lehnte er sie sofort ab und verlangte die unmittelbare Rückkehr der beiden Generale nach Berlin. Diese hielten jedoch eine Kabinettssitzung für geboten und bestanden darauf, daß verhandelt werden sollte. Ehrhardt wollte bis 7 Uhr früh auf die Annahme seines Ultimatums warten. Obwohl Noske und der Chef der Heeresleitung, General Reinhardt, fest entschlossen waren, der Gewalt mit Gewalt entgegenzutreten, wurden sie, besonders nach dem Telefongespräch mit Oven und Oldershausen, zunehmend unsicher, wie sich die leitenden Offiziere verhalten würden, wenn es tatsächlich zu einem bewaffneten Konflikt kommen sollte. Aus diesem Grunde ordnete Noske jetzt eine Offizierbesprechung an, die um 1 Uhr nachts im Reichswehrministerium in der Bendlerstraße beginnen sollte. In der Zwischenzeit informierte Noske Reichskanzler Bauer und Reichspräsident Ebert von der sich zuspitzenden Entwicklung.

In der nächtlichen Sitzung im Reichswehrministerium erschienen Noske, Reinhardt, Seeckt, dessen Mitarbeiter aus dem Truppenamt, Oberstleutnant Hasse, Major v. Stockhausen, Major v. Schleicher und

[50] Noske, Kiel bis Kapp, S. 209; Ernst, Nachlaß Reinhardt, S. 61; Erger, Kapp-Lüttwitz-Putsch, S. 139 f.

[51] Erger, Kapp-Lüttwitz-Putsch, S. 140, mit Quellenangaben. Siehe auch Ernst, Nachlaß Reinhardt, S. 62.

Hauptmann Fischer, sodann Major v. Hammerstein als Vertreter des Reichswehrgruppenkommandos I, Oberst Wetzell, der Chef des Stabes im Berliner Wehrkreis III, Major v. Bock, Chef des Stabes der Potsdamer Reichswehrbrigade des Generals v. Hülsen, Vizeadmiral v. Trotha, Noskes Adjutant Major v. Gilsa sowie der Pressechef der Reichskanzlei, Ministerialdirektor Ulrich Rauscher[52]. Etwas später trafen die aus Döberitz zurückkehrenden Generale v. Oldershausen und v. Oven ein.

Zunächst berichtete Hammerstein über die ultimativen Forderungen Ehrhardts. Nach ihm sprach Noske. Er lehnte Verhandlungen erneut strikt ab, sprach sich für den bewaffneten Widerstand aus und bezeichnete die Einberufung des Kabinetts als unnötig. General Reinhardt lehnte Verhandlungen mit den unbotmäßigen Truppen ebenfalls ab. Beide wiederholten ihren Standpunkt noch einmal, nachdem die inzwischen eingetroffenen Generale v. Oldershausen und v. Oven wiederum zu Verhandlungen mit Ehrhardt geraten hatten. Noske verlangte nun von den Offizieren ausdrücklich, daß sie auf die Marinebrigade schießen lassen sollten. In der dann folgenden Aussprache mit den Offizieren lehnten Seeckt, Oldershausen, Oven, Wetzell und Hammerstein dieses Verlangen ab. Sie gaben zu bedenken, »daß bei der zahlenmäßigen Überlegenheit der Marinebrigade und ihrer entschlossenen Stimmung der Widerstand nur von kurzer Dauer sein könne, die vorläufige Beseitigung der Regierung also nicht verhindert, sondern nur hinausgeschoben würde«; außerdem müsse eine Spaltung in der Reichswehr unter allen Umständen vermieden werden[53]; bei dem Kampf Truppe gegen Truppe würden die militärischen Befehlsverhältnisse vollkommen zerstört, was im Hinblick auf einen zu erwartenden Aufstand linksradikaler Elemente nicht zu verantworten sei[54]. Dem Chef der Admiralität, v. Trotha, der zu erkennen gab, daß er ähnlich dachte wie die Heeresoffiziere, rief Noske zu: »Herr Admiral, Ihre Marine wird Deutschland zum zweitenmal ins Unglück stürzen[55]!« Nur Reinhardt und v. Gilsa wollten der Aufforderung des Reichswehrministers, zu den Truppen zu gehen und sie zum Kampfe zu führen, nachkommen[56]. Danach brach Noske die Verhandlung »mit einem Gefühl tiefsten Ekels« ab, erklärte, daß er bei seinem Ent-

[52] Ernst, Nachlaß Reinhardt, S. 61. Vgl. auch den Vortrag des Obersten Hans von Feldmann, Leiter des Ausrüstungsamtes im Reichswehrministerium, vom 13. 3. 1920 in: Nachlaß Mentzel, BA-MA N 415/9, Bl. 28 f.

[53] Ernst, Nachlaß Reinhardt, S. 62.

[54] Ebda., sowie Aussage Oven, siehe: Erger, Kapp-Lüttwitz-Putsch, S. 142.

[55] Nach dem Bericht von Hauptmann i. G. Eugen Hahn vom persönlichen Stabe des Reichswehrministers. Vgl. dessen Bericht »Meine Erlebnisse beim innenpolitischen Umsturz im März«. Hsl. Manuskript vom 7. 4. 1920, HStA Stuttgart M 660, Nachlaß Eugen Hahn, H. 27.

[56] Noske, Kiel bis Kapp, S. 209.

schluß zu bleiben gedenke, nunmehr jedoch das Kabinett zusammenrufen werde, da er die erforderliche schwerwiegende Entscheidung nicht alleine treffen wolle[57].

Nach Rabenau[58] soll Seeckt die Offizierbesprechung maßgeblich mit der folgenden Bemerkung beeinflußt haben: »Truppe schießt nicht auf Truppe. Haben Sie, Herr Minister, etwa die Absicht, eine Schlacht vor dem Brandenburger Tor zu dulden zwischen Truppen, die eben erst Seite an Seite gegen den Feind gekämpft haben?« Den Erinnerungen des damaligen Seeckt-Adjutanten Fischer[59] zufolge soll Noske daraufhin auf den Tisch geschlagen und gefragt haben: »Bin ich denn ganz verlassen?« Fest steht jedenfalls, daß Seeckts Äußerungen in dieser dramatischen Besprechung eindeutig darauf abzielten, die Reichswehr möglichst aus den drohenden Auseinandersetzungen herauszuhalten, ganz gleich, was dies für die Reichsregierung auf der einen Seite und für das von Lüttwitz und Ehrhardt angeführte Putschunternehmen auf der anderen zur Folge haben würde.

Formell betrachtet, handelte es sich bei den Äußerungen Seeckts und der anderen Offiziere, die von Noskes und Reinhardts Beharren auf bewaffnetem Widerstand nichts wissen wollten, um einen Ratschlag an den Reichswehrminister und nicht schon um eine Gehorsamsverweigerung. Die Entscheidung mußte Noske fällen beziehungsweise, da er sie nicht allein verantworten wollte, das Kabinett. Gleichwohl kamen die Empfehlungen Seeckts und anderer in der Sache einer Aufkündigung des Gehorsams gleich. Denn die Offiziere ließen erkennen, daß sie nicht gewillt waren, die offene Meuterei von Lüttwitz und der Brigade Ehrhardt mit Gewalt zu beantworten, sondern daß sie sich statt dessen in eine Neutralitätsposition zu begeben wünschten, die ihnen zwar nicht zukam, die es ihnen jedoch aus ihrer Sicht erlaubte, sowohl einem Eidbruch als auch einem Schießbefehl zu entgehen.

Der Eid verpflichtete sie jedoch eindeutig zum Schutz der legalen Regierung der Republik. Sie im Stich zu lassen und Widerstand als unratsam zu erklären, konnte mit dieser Eidespflicht wohl kaum in Einklang gebracht werden. »Für die Offiziere um Seeckt waren nicht die verfassungsmäßige Regierung und die Nationalversammlung der Grundpfeiler des Staates, sondern die Macht und Einheit der Armee«[60]. Das Zerbrechen der Reichswehr stellte für sie die eigentliche Gefahr dar. Hatten Noske und das Reichskabinett hernach überhaupt noch eine Wahl der Entscheidung, oder waren sie durch den Rat der Offiziere dazu verurteilt, auf bewaffneten Widerstand zu verzichten?

[57] Ebda., sowie: Ernst, Nachlaß Reinhardt, S. 62.
[58] Rabenau, Seeckt, S. 221.
[59] Zit. nach Erger, Kapp-Lüttwitz-Putsch, S. 143, Anm. 3.
[60] Ebda., S. 145.

Um 2 Uhr morgens, sofort nach der Offizierbesprechung, bat Noske Reichskanzler Bauer telefonisch, die Regierungsmitglieder zusammenzurufen. Auch die Mitglieder der preußischen Regierung wurden, soweit erreichbar, in die Reichskanzlei gebeten. An der etwa um 4 Uhr beginnenden kurzen Sitzung[61] nahmen teil: Reichspräsident Ebert, Reichskanzler Bauer, Vizekanzler Schiffer, Reichswehrminister Noske, Innenminister Koch, Minister David, Postminister Giesberts, Arbeitsminister Schlicke, der preußische Ministerpräsident Hirsch mit seinen Kabinettskollegen Heine, Haenisch und Braun, weiterhin der Unterstaatssekretär in der Reichskanzlei, Albert, der Pressechef der Reichsregierung, Rauscher, sowie General Reinhardt und Noskes Adjutant Major v. Gilsa. Vor dem Chef der Admiralität, der normalerweise, ebenso wie der Chef der Heeresleitung, ständigen Zutritt zu den Kabinettssitzungen hatte, muß Noske bereits gewarnt worden sein, denn er verwehrte Trotha den Zutritt zum Beratungsraum mit dem Hinweis, diese hochpolitische Sitzung mache »eine Beschränkung der Teilnehmer auf die unbedingt im Vertrauen der Regierung stehenden Herren zur Pflicht«[62]. Wie Trotha[63] warteten die Generale Seeckt und Oldershausen dann in der Bibliothek der Reichskanzlei, bis sie von den Ministern hereingerufen wurden.

Die erregt verlaufende Debatte, von Ebert souverän geleitet, drehte sich im wesentlichen um zwei Fragen[64]: 1. Sollte der Truppe der Befehl zum bewaffneten Widerstand erteilt werden? 2. Sollte die Reichsregierung in Berlin bleiben, sich dort womöglich von den Putschtruppen vergewaltigen lassen, oder sollte sie die Reichshauptstadt verlassen und ihren Sitz an einen sicheren Ort verlegen? Nachdem sich Ebert, Bauer und Noske schon vorab darauf verständigt hatten, daß die For-

[61] Ein Protokoll dieser Sitzung liegt nicht vor, jedoch eine Reihe von Berichten und Aussagen einzelner Teilnehmer, aus denen der Hergang hinreichend rekonstruiert werden kann. Vgl. besonders den Bericht des Chefs der Heeresleitung, Reinhardt, in: Kabinett Bauer, Nr. 188, S. 672–676; sowie die Aufzeichnungen des Reichsinnenministers Koch und des Unterstaatssekretärs Albert, in: Erger, Kapp-Lüttwitz-Putsch, Dok. 25, S. 322 f., und die ebda., S. 146–149, angegebenen Quellen.

[62] Erinnerungen des Generalleutnants Fischer (seinerzeit als Hauptmann Adjutant Seeckts). Zit. nach Erger, Kapp-Lüttwitz-Putsch, S. 147. Vgl. auch Bericht Reinhardts, in: Kabinett Bauer, S. 673 f.; vgl. auch die Darstellung von Trotha, in: Anfänge der Ära Seeckt, S. 41.

[63] Die Tatsache, daß Trotha zu dieser Sitzung nicht hinzugezogen und nachher nicht über die in ihr gefaßten Beschlüsse unterrichtet wurde, wird von einigen Autoren als »verhängnisvolle Unterlassung« gewertet, die Trotha, »der stets der Anlehnung an eine Führerpersönlichkeit bedurfte«, erst an die Seite von Kapp und Lüttwitz getrieben habe. So Gerhard Granier, Magnus von Levetzow. Seeoffizier, Monarchist und Wegbereiter Hitlers, Boppard a. Rh. 1982, Abschn. »Die Rolle Trothas und der Marine beim Kapp-Putsch«, S. 70 ff.; und Schubert, Trotha, S. 252 f.

[64] Reinhardt nennt in seinem Bericht (Kabinett Bauer, S. 674 f.) fünf Fragen, die sich jedoch auf die beiden genannten reduzieren lassen, wie in den Aufzeichnungen von Albert geschehen, Erger, Kapp-Lüttwitz-Putsch, Dok. 25, S. 322 f.

derungen Ehrhardts absolut unannehmbar waren[65], wurde dieser Punkt erst gar nicht diskutiert. Noske legte dann zur Frage eines Widerstandes mit der Waffe die Auffassung der Generale v. Seeckt, v. Oldershausen und v. Oven dar. Die nachher hereingebetenen Militärs gaben vor den Ministern erneut das Urteil ab, die Brigade Ehrhardt sei ein überlegener Angreifer, Verteidigung bedeute zweckloses Blutvergießen und im übrigen sei die Ausführung des Widerstandes durch die Regierungstruppen sehr zweifelhaft. Im Gegensatz zu Seeckt und Oldershausen trat General Reinhardt wiederum für Widerstand ein, obwohl er die Erfolgsaussichten gering einschätzte. Ein kampfloses Preisgeben der Regierung wog nach seiner Überzeugung jedoch schwerer als ein örtlicher Mißerfolg[66], zumal im Hinblick auf das spätere Verhältnis zwischen Regierung, Reichswehr und Volk.

Nach diesen Stellungnahmen der Spitzenmilitärs kamen die Reichsminister zu der Lagebeurteilung, die Regierung riskiere »entweder ein Übergehen der noch regierungstreuen Truppen (in Berlin, d. Verf.) oder eine Niederlage nach schwerem Blutvergießen. Wurden die Truppen aber zurückgezogen, so waren sie mit ihrem Eide nicht in Konflikt gekommen und blieben bei dem zu gewärtigenden baldigen Zusammenbruch des Abenteuers für später sofort wieder verwendungsfähig[67].« Im Kabinett kamen also zwei Überlegungen zusammen: Erstens die Einschätzung der aktuellen Situation. Danach mußte aufgrund der Stellungnahmen der Militärs von der Aussichtslosigkeit gewaltsamen Widerstandes ausgegangen werden. Zweitens der Gesichtspunkt, den Seeckt ins Zentrum seiner Überlegungen gerückt hatte und der nun auch im Kabinett als bedeutsam anerkannt wurde, welche langfristigen Folgen der bewaffnete Kampf meuternder und loyaler Truppen gegeneinander für die Einheit der Reichswehr haben konnte. Schließlich entschied das Kabinett, auf Widerstand zu verzichten und die bereits alarmierten Truppen sowie die Sicherheitspolizei in ihre Kasernen abrücken zu lassen. General Reinhardt erhielt daraufhin von Noske, der sich gegen die Kabinettsentscheidung nicht mehr sträubte, den Befehl, die Truppen zu entlassen[68]. Reinhardt seinerseits, der mit seiner Auffassung nicht durchgedrungen war und seine Stellung als Chef der Heeresleitung gegenüber den Truppen dadurch als erschüttert ansah, zog aus dieser Situation sofort die Konsequenzen, indem er Ebert und Noske bat, ihn von seinen Aufgaben zu entbinden[69]. General v. Oldershausen erhielt den Befehl, Ehrhardt die Ablehnung des Ultimatums mitzuteilen.

[65] Erger, Kapp-Lüttwitz-Putsch, S. 146, unter Berufung auf Unterstaatssekretär Albert.
[66] Bericht Reinhardts in: Kabinett Bauer, S. 675. Erger, Kapp-Lüttwitz-Putsch, S. 147.
[67] Aufzeichnungen von Unterstaatssekretär Albert, in: Erger, Kapp-Lüttwitz-Putsch, Dok. 25, S. 323.
[68] Noske, Kiel bis Kapp, S. 209. Bericht Reinhardts in: Kabinett Bauer, Nr. 188, S. 675.
[69] Bericht Reinhardts in: Kabinett Bauer, Nr. 188, S. 675; Ernst, Nachlaß Reinhardt, S. 60; Brammer, Verfassungsgrundlagen, S. 33.

Die Zeit drängte nun, und die Minister mußten sich rasch darüber klar werden, ob die Reichsregierung und die preußische Regierung in der Hauptstadt verbleiben sollten oder nicht. Noske und Reinhardt machten den Vorschlag, Berlin zu verlassen, »um rasch auf die Truppen außerhalb Berlins Einfluß zu gewinnen«[70], d.h. um sie zum Widerstand gegen Lüttwitz zu organisieren. Weil Noske den General Maercker für zuverlässig hielt, riet er dazu, vorerst nach Dresden zu gehen. Die demokratischen Minister Koch und Schiffer waren ebenfalls der Auffassung, die Regierung müsse Berlin verlassen, da sie sonst verhaftet und damit aktionsunfähig würde und keine politischen Gegenmaßnahmen ergreifen könne. Obwohl Ebert, Bauer und David zunächst gegen eine Flucht waren, da sie fürchteten, ein Verlassen der Reichshauptstadt könnte den Eindruck der Schwäche und des Verzichts auf Widerstand erwecken, setzten sich schließlich Noske, Koch und Schiffer durch.

Nachdem die Entscheidung gefallen war, flohen Reichspräsident Ebert, Reichskanzler Bauer und die Minister Noske und Müller in Begleitung einiger Offiziere in eiligst herbeigerufenen Kraftwagen in Richtung Dresden. Bauer fuhr zusammen mit Noske, in dessen Begleitung sich Major v. Gilsa und Hauptmann Hahn vom Reichswehrministerium befanden[71]. Vizekanzler Schiffer blieb in Berlin. Die demokratischen Minister Koch und Giesberts stiegen in den nächsten Schnellzug nach Dresden. Zehn Minuten später rückte die Putschbrigade Ehrhardt in das Regierungsviertel ein.

Rasch zeigte sich die Richtigkeit der getroffenen Entscheidung. Sie war ein Schachzug, der den Putschisten schwer zu schaffen machte und nach ihrem eigenen Eingeständnis den Beginn ihres Mißerfolgs darstellte[72]. Die von Ehrhardt zur Festnahme der Minister bestimmten Offizierstoßtrupps stießen nun ins Leere. Kapp machte Ehrhardt wegen der unterlassenen Verhaftung der Minister in einem erregten Wortwechsel schwere Vorwürfe[73]. Der Mann, der sich dann zum Reichskanzler von Lüttwitz' Gnaden aufschwang, erkannte sofort, daß das Vorhandensein einer alten und einer neuen Regierung den Unentschiedenen Zeit ließ, erst einmal die weitere Entwicklung der Ereignisse abzuwarten[74]. Zunächst aber gingen Kapp, der von ihm zum Reichs-

[70] Noske, Kiel bis Kapp, S. 209; Bericht Reinhardts in: Kabinett Bauer, Nr. 188, S. 676.

[71] Karl Brammer, Fünf Tage Militärdiktatur, Berlin 1920, S. 11, fortan zit.: Brammer, Militärdiktatur; über Einzelheiten dieser Fluchtreise nach Dresden und dann weiter nach Stuttgart berichtet Hauptmann i.G. Eugen Hahn, Meine Erlebnisse beim innenpolitischen Umsturz im März. Hsl. Manuskript vom 7. 4. 1920, HStA Stuttgart M 660, Nachlaß Eugen Hahn, H. 27.

[72] Vgl. die Äußerungen des von Kapp als Kultusminister vorgesehenen deutschnationalen Abgeordneten Traub sowie Kapps selbst, in: Erger, Kapp-Lüttwitz-Putsch, S. 150 ff. und ebda., Dok. 26, S. 323 f.

[73] Aussage von Pabst. Siehe Erger, Kapp-Lüttwitz-Putsch, S. 151.

[74] Brief Kapp an Westarp vom 20. 8. 1920, ebda.

wehrminister ernannte General Lüttwitz, Oberst a. d. Bauer, der ehemalige Berliner Polizeipräsident v. Jagow und Hauptmann a. D. Pabst daran, die ihnen nach der militärischen Inbesitznahme des Regierungsviertels zugefallene Macht abzusichern. Die Aktionen der Putschdiktatur in den folgenden fünf Tagen (13.–17. März 1920) brauchen hier nicht noch einmal dargestellt zu werden, da dies anderweitig[75] bereits ausführlich geschehen ist. Im vorliegenden Zusammenhang ist jedoch die Feststellung von Bedeutung, daß das Kapp-Lüttwitz-Unternehmen in politischer Hinsicht dilettantisch vorbereitet war und sein Gelingen oder Mißlingen maßgeblich von der militärischen Macht abhing, also von der Frage, wie sich die Reichswehr verhalten würde.

Der Entschluß der Reichsregierung, auf Anraten Noskes nach Dresden zu fliehen, gab dem Befehlshaber des sächsischen Wehrkreises IV, Generalmajor Maercker, die Chance, sich demonstrativ der legalen Regierung zur Verfügung zu stellen und damit ein Zeichen für alle Reichswehrtruppen außerhalb Berlins zu setzen. Maercker reagierte jedoch nicht so, wie Noske und Reinhardt gehofft hatten. Er fühlte sich unversehens in einen Loyalitätskonflikt versetzt, als er begriff, was Noske seinerseits und Lüttwitz andererseits von ihm verlangten.

Sobald der Putschgeneral von der Flucht der Minister erfahren hatte, hatte er Maercker den Befehl gegeben, sie sofort nach ihrem Eintreffen in Dresden in Schutzhaft zu nehmen[76]. Nach einem zufällig zustande gekommenen Gespräch mit dem Fraktionsvorsitzenden der DVP, Dr. Heinze, der ihm den Schutz der legalen Regierung ans Herz legte, lehnte es Maercker dann zunächst ab, dem Befehl Lüttwitz' Folge zu leisten[77]. Eine klare Linie war damit jedoch keineswegs eingeschlagen. Denn einerseits sympathisierte Maercker mit den politischen und militärischen Forderungen Lüttwitz' und sah in ihm den Vorgesetzten, dem er glaubte gehorchen zu müssen[78], andererseits erklärte er sich zum Schutz der Reichsregierung bereit[79]. In diesem Konflikt zwischen dem geleisteten Eid auf die Verfassung und dem Befehl von Lüttwitz vermied es Maercker, sich zu einer der beiden Regierungen zu bekennen und machte den Versuch, einen Ausgleich zwischen ihnen zu erreichen[80]. Noske, für den die unschlüssige Haltung Maerckers eine weitere Enttäuschung war, hatte er den General doch für

[75] Zusammenfassend: Schultheß EGK 1920 I, S. 44–57. Die Proklamationen und Verordnungen Kapps sind dokumentiert in: Brammer, Militärdiktatur. Beste Darstellung: Erger, Kapp-Lüttwitz-Putsch, Kapitel IV und V.

[76] Brammer, Militärdiktatur, S. 11.

[77] Erger, Kapp-Lüttwitz-Putsch, S. 151, 167, 171 ff.; vgl. auch den Bericht von Regierungsrat Doehle, abgedruckt in: Kabinett Bauer, Nr. 190, S. 679–681.

[78] Maercker, Vom Kaiserheer, S. 353 f. In seinen Erinnerungen geht Maercker im übrigen über seine Rolle in Dresden am 13./14. 3. 1920 geflissentlich hinweg.

[79] Brammer, Militärdiktatur, S. 13.

[80] Erger, Kapp-Lüttwitz-Putsch, S. 172 f.; vgl. auch den Brief Maerckers an Ebert vom 14. 3. 1920, vor seiner Abreise nach Berlin, in: Brammer, Militärdiktatur, S. 13.

absolut zuverlässig gehalten[81], scheint der einzige unter den nach Dresden geflohenen Reichsministern gewesen zu sein, der mit einem solchen Vermittlungsversuch einverstanden war[82]. Ebert und die übrigen Kabinettsmitglieder wollten von derartigen Unternehmungen nichts wissen und verlangten die bedingungslose Unterwerfung Kapps.

Über Noskes psychische Verfassung nach der Flucht aus Berlin ist wenig bekannt. Er dürfte jedoch, ebenso wie seine sozialdemokratischen Freunde – Ebert, Bauer und Müller – deprimiert und unfähig zum Handeln gewesen sein[83]. Drei Tage lang sei Ebert »apathisch« gewesen, berichtet Reichsinnenminister Koch[84]. Am ersten Tage des Umsturzes kam Noske nicht einmal auf die naheliegende Idee, die Reichswehr von der Flucht der Regierung vor den Putschtruppen zu unterrichten und sie zum Gehorsam gegenüber der Regierung und der Verfassung aufzurufen. Die Versuchung mancher Offiziere, zunächst einmal »neutral« abzuwarten, dürfte durch diese Unterlassung verstärkt worden sein.

In Dresden war es Reichsinnenminister Koch (DDP)[85], der als erster zur Aktivität zurückfand. Er setzte sich telefonisch mit den Länderregierungen, den preußischen Oberpräsidenten und den Nachrichtenagenturen in Verbindung, um alle Neigungen zur Unterstützung Kapps im Keime zu ersticken. Wahrscheinlich entsprang auch der »Aufruf an das deutsche Volk«[86], der am Abend des 13. März mit den Unterschriften von Ebert, Bauer, Müller, Giesberts, Noske, Koch und Geßler in Dresden herausgegeben wurde, einer Initiative des agilen Innenministers. An die Adresse der Reichswehr richteten sich die beiden folgenden Sätze dieses Aufrufs: »Die Soldaten der Reichswehr haben die Verfassung zu schützen, dem Reichspräsidenten und der Regierung zu dienen und gehorsam zu sein. Den Eidbruch einer Anzahl Offiziere nachzuahmen, verbietet ihnen Pflicht und Recht.«

Den Präsidenten der Nationalversammlung, Fehrenbach, forderte Reichsminister Koch telefonisch auf, umgehend das Parlament nach Stuttgart einzuberufen[87]. Diesem Vorschlag ist zu entnehmen, daß sich die Regierung wegen ihres Mißtrauens[88] gegenüber Maercker noch am Abend des 13. März entschlossen hatte, alsbald nach Stuttgart weiterzureisen. Die Ministerpräsidenten von Bayern, Württem-

[81] Noske behauptete später, am 14. 3. habe sich der zunächst unschlüssige Maercker gewandelt und sich eindeutig für die verfassungsmäßige Regierung entschieden. Siehe Brammer, Verfassungsgrundlagen, S. 52.

[82] Aussage Maerckers, ebda, S. 48.

[83] Reichsinnenminister Koch notierte am 13. 3., 23 Uhr, in sein Tagebuch: »Bauer fast gebrochen. Auch Ebert stumpf.« Siehe: Erger, Kapp-Lüttwitz-Putsch, Dok. 32, S. 330.

[84] Bericht Kochs in Kabinett Bauer, S. 694, Anm. 4.

[85] Vgl. Erger, Kapp-Lüttwitz-Putsch, S. 174.

[86] Text des Aufrufs in: Brammer, Militärdiktatur, S. 12.

[87] Kabinett Bauer, Nr. 191, S. 682; Erger, Kapp-Lüttwitz-Putsch, S. 174.

[88] Vgl. den Bericht von Regierungsrat Doehle, in: Kabinett Bauer, Nr. 190, S. 680 f.

berg und Baden, Johannes Hoffmann, Wilhelm Blos und Anton Geiß, alle zugleich mehrheitssozialdemokratische Parteiführer, hatten bereits im Verlaufe des 13. März ein gemeinsames Treuegelöbnis[89] für die verfassungsmäßige Reichsregierung abgelegt. Zudem hatte der württembergische Wehrkreisbefehlshaber, General v. Bergmann, der Reichsregierung Schutz und Hilfe zugesichert[90] und damit die Aufgabe freiwillig übernommen, die Noske Maercker zugedacht hatte. Fehrenbach folgte dem Vorschlag Kochs und berief die Nationalversammlung für den 18. März 1920 in die württembergische Landeshauptstadt ein[91].

Am 14. März, dem Tage der Fahrt von Dresden nach Stuttgart, richteten Ebert und Noske endlich einen Aufruf an die Reichswehr[92]. Darin prangerten sie den Putsch als das »verbrecherische Vorgehen eines Häufleins reaktionärer politischer Abenteurer« an, denen leider ein Teil der in Berlin liegenden Reichswehr gefolgt sei. Reichspräsident und Reichswehrminister erinnerten die Soldaten an ihren Eid, der sie zum Schutze der Reichsverfassung und zum Gehorsam gegen die Reichsregierung verpflichtete, und forderten sie auf, treu zur allein rechtmäßigen Regierung zu halten und sich an dem verbrecherischen Wahnsinn der Putschisten nicht mitschuldig zu machen. Unter Hinweis auf das Belagerungszustandsrecht ordnete Noske zusammen mit Reichsinnenminister Koch ein Verbot zur Verbreitung von Aufrufen und Ankündigungen der Gewalthaber in Berlin an[93]. Ab Montag, den 15. März, führte das Reichskabinett in Stuttgart seine Geschäfte und wartete auf den vorhersehbaren Zusammenbruch der Kapp-Lüttwitz-Diktatur.

Die Vermittlungsbemühungen Maerckers, die von einigen Befehlshabern der Reichswehr unterstützt wurden[94], brachten eigenwillige Gedankenkonstruktionen hervor, die an die Auseinandersetzungen im »Kriegsrat« am 19. Juni 1919 erinnerten[95]. General von Loßberg, der Maerckers Anliegen unterstützte und wiederum einen Mittelweg zwischen der alten und der neuen Regierung suchte, trat am 16. März an

[89] Text in: Brammer, Militärdiktatur, S. 38.

[90] In einem Aufruf an die Soldaten der württembergischen Reichswehrbrigade 13 gab Generalleutnant v. Bergmann bekannt, daß er sich zum Schutze der verfassungsmäßigen Reichsregierung und der nach Stuttgart einberufenen Nationalversammlung verpflichtet habe. Text ebda., S. 38.

[91] Telegramm Fehrenbachs vom 13. 3. 1920 an die Mitglieder der Nationalversammlung in: Schultheß EGK 1920 I, S. 51. Zunächst war der 17. 3. festgelegt worden. Dann erfolgte die Verschiebung auf den 18.

[92] Text in: Brammer, Militärdiktatur, S. 13 f.

[93] Text der Verordnung vom 14. 3. 1920 ebda., S. 15.

[94] Einzelheiten bei Erger, Kapp-Lüttwitz-Putsch, S. 184 ff., zusammenfassend S. 229.

[95] Vgl. Kapitel IX/2 und 3. Im März 1920 war Loßberg Stabschef des Reichswehrgruppenkommandos 2 in Kassel. Der dortige Befehlshaber war General v. Schoeler. Beide verweigerten die Annahme von Befehlen der Kapp-Lüttwitz-Gruppe. Erger, Kapp-Lüttwitz-Putsch, S. 185.

Noske erneut mit dem Ansinnen heran, er möge an die Spitze einer Militärdiktatur treten[96]. Schon im Sommer des Vorjahres hatte Loßberg zu denjenigen Offizieren gehört, die eine Ablehnung des Friedens verlangten und mit Noske an der Spitze den Kampf gegen die Siegermächte wieder aufnehmen wollten[97]. Er hatte es offenbar immer bedauert, daß der Reichswehrminister sich den militärischen Diktaturplänen verschlossen hatte und hegte nun die Hoffnung, Noske werde in der Putschsituation des März 1920 vielleicht doch bereit sein, einen solchen Schritt zu wagen. Möglicherweise trug sich Maercker mit ähnlichen Gedanken. Er wollte am Kabinett vorbei Ebert und Noske für einen Kompromiß gewinnen und sie dazu bewegen, baldmöglichst wieder nach Berlin zurückzukehren[98]. Vom gleichen Tage datiert ein Notizzettel[99] des ebenfalls nach Stuttgart gereisten und wie Noske zum rechten Flügel der MSPD gehörenden preußischen Innenministers Wolfgang Heine, auf dem Namen für ein neues Kabinett aufgelistet waren, die einen Kompromiß zwischen legaler und Putschregierung darstellen konnten. Noske war dabei als Kanzler und Reichswehrminister vorgesehen.

Ähnliche irreale Vorstellungen hatte auch General v. Lüttwitz. Er wußte seit langem, daß unter den maßgeblichen Truppenführern die Auffassung vorherrschte, bei allen künftigen Regierungsbildungen müsse man angesehene Sozialdemokraten wie Ebert und Noske berücksichtigen. Wohl aus diesem Grunde sah das Aktionsprogramm der »Nationalen Vereinigung«[100] vor, Ebert und Noske nach erfolgtem Putsch zunächst festnehmen zu lassen und sie dann vor die Wahl zu stellen, ob sie in ihren Ämtern bleiben wollten oder nicht[101]. Lüttwitz waren diese Ideen bekannt und er hatte sich nicht gegen sie gesperrt. In Kapps Feindbild hatten derartige Kalkulationen jedoch keinen Platz. Er wollte eine wirkliche Gegenrevolution, den Sturz der »parlamentarischen Parteiregierung«, die Ausschaltung der Sozialdemokratie und die Errichtung einer Diktatur auf Dauer[102].

Im Jagow-Prozeß hat Noske später selbst bestätigt, daß Lüttwitz in jener heftigen Unterredung am 10. März sehr energisch die Auffas-

96 Tagebuch des O.v.D. (Offiziers vom Dienst) im Reichswehrministerium, S. 47 f. Zit. nach Erger, Kapp-Lüttwitz-Putsch, S. 245.

97 BA-MA N 86, Film 2, Protokoll der Sitzung in Weimar am 19. 6. 1919, S. 1 und 6 f. Van den Bergh charakterisierte Loßberg damals als einen »General der alten Schule mit einer gewissen Überkultur der Willenskraft und Ablehnung nüchterner Überlegung von einer gewissen Grenze ab«. Siehe: BA-MA N 112/11, S. 66.

98 Bericht des Staatsrats v. Berger vom 18. 3. 1920, S. 25. Zit. nach Erger, Kapp-Lüttwitz-Putsch, S. 245. Berger war Mitglied der Delegation Maerckers.

99 Heines »Notizen auf der Cabinettssitzung in Stuttgart am 16. März 1920«, ebda., S. 245, Anm. 1.

100 Text des Aktionsprogramms in: Brammer, Verfassungsgrundlagen, S. 65.

101 Weitere Belege für diesen Sachverhalt bei Erger, Kapp-Lüttwitz-Putsch, S. 101.

102 Zur politischen Vorstellungswelt Kapps vgl. ebda., S. 88 f., 99 f., 157 ff., 165–169.

sung vertreten habe, »daß der Reichswehrminister im Amte bleiben und ich Reichswehrminister bleiben müsse«[103]. Ebenso hätten Offiziere wie Oldershausen und Oven noch am Abend des 12. März ähnliche Gedanken zum Ausdruck gebracht. Auch Pabst hätte Noske gerne als diktatorischen Reichskanzler gesehen[104]. Lediglich der in die politischen Überlegungen der »Nationalen Vereinigung« weniger eingeweihte Korvettenkapitän Ehrhardt forderte in seinem Ultimatum »einen General statt Noske an der Spitze«[105].

Tatsächlich beschloß die Kapp-Lüttwitz-Gruppe dann am 14. März, dem zweiten Putschtage, als das Desaster durchaus noch nicht abzusehen war, unter dem Druck von Lüttwitz, Sozialdemokraten in die neue Regierung, die Kapp bilden sollte, aufzunehmen[106]. Die Putschisten wollten damit wohl ihr reaktionäres Image abmildern und dem heraufziehenden Generalstreik entgegenwirken. Als der preußische Arbeitsminister Rudolf Oeser (DDP) und der preußische Finanzminister Albert Südekum (MSPD) am 15. März bei Kapp erschienen und ihn ultimativ zum Rücktritt aufforderten, konterte Kapp mit dem überraschenden Angebot, jeweils drei bis vier Vertreter der MSPD in das Reichs- und in das preußische Kabinett aufzunehmen, stieß dabei jedoch auf unzweideutige Ablehnung[107]. Maercker und Loßberg erging es nicht anders, als sie Ebert und Noske am 16. März in Stuttgart ihre Kompromißvorschläge[108] unterbreiteten. Den antidemokratisch eingestellten Politikern und Militärs wollte offensichtlich nicht in den Kopf gehen, daß sozialdemokratische Politiker für Diktaturpläne irgendwelcher Art nicht zu haben waren.

Nachdem der aus Berlin angereiste Maercker mit dem Reichspräsidenten und dem Reichswehrminister gesprochen, aber nichts erreicht hatte[109], rief Ebert das Kabinett und die Vertreter der süddeutschen Regierungen zu einer gemeinsamen Sitzung zusammen. Sie verlief »außerordentlich turbulent«, zumal, nachdem der von Ebert zur Berichterstattung gebetene General Maercker wiederum für eine Einigung mit der Kapp-Lüttwitz-Gruppe eintrat, um gemeinsam den Bolschewismus bekämpfen zu können[110]. Ein Offizier aus der Begleitung Maerckers

[103] Noske-Aussage in: Brammer, Verfassungsgrundlagen, S. 62. Siehe auch Noske, Kiel bis Kapp, S. 207, wo die Bemerkung Lüttwitz' vom 10. 3. erwähnt wird, »gegen den Reichspräsidenten und mich [Noske] bestehe keine Abneigung«.

[104] Erger, Kapp-Lüttwitz-Putsch, S. 128.

[105] Ernst, Nachlaß Reinhardt, S. 62.

[106] Belege für diesen Sachverhalt bei Erger, Kapp-Lüttwitz-Putsch, S. 169.

[107] Ebda.

[108] Text einer Presseerklärung der Nachrichtenstelle im Reichswehrministerium vom 15. 3. 1920, in der die Vorschläge Maerckers enthalten sind, BA-MA N 415/9, Bl. 26.

[109] Aussage Maerckers im Jagow-Prozeß. Siehe Brammer, Verfassungsgrundlagen, S. 51.

[110] Aussage Maerckers ebda. Ebenso: Aufzeichnung über die Kabinettssitzung vom 16. 3. 1920 in: Kabinett Bauer, Nr. 198, S. 695–699, hier: S. 696.

schilderte die vehement ablehnende Haltung der Reichsminister so: »Das Ganze war so etwas wie ein wilder Schrei nach Rache«. Für ihn, den Offizier, der den Kapp-Streich nicht billigte, war es »erschütternd zu beobachten, wieviel gehäufter Haß gegen das deutsche Offizierkorps sich hier mit Leidenschaft entlud«[111]. Die Minister Koch, Bell, Müller, ebenso Reichspräsident Ebert, Reichskanzler Bauer und der Präsident der Nationalversammlung, Fehrenbach, machten übereinstimmend klar, daß es mit Kapp nichts zu verhandeln gebe[112]. Als Reichsinnenminister Koch erklärte, die Regierung sei auf jeden Fall im Stande, die Kapp-Regierung auch mit Gewalt niederzuschlagen[113] und Maercker entgegnete, Truppe würde nicht gegen Truppe kämpfen[114], mußte Noske allerdings die ablehnende Haltung der Reichswehrkommandeure zugeben[115]. Ebert, Bauer und Noske setzten schließlich im Kabinett durch, daß Maercker telefonisch an Kapp die folgenden, von Noske formulierten Kapitulationsbedingungen[116] übermitteln sollte: Sofortiger Rücktritt Kapps und Lüttwitz' und der neuen Minister, Unterstellung der Truppen unter General v. Seeckt oder einen General, der an der Revolte nicht beteiligt war und auf dem Boden der Verfassung steht; sofortiges Abstoppen der Aufstellung der Eisernen Division und der Offiziers-Kompanien; sofortiger Abtransport der Marine-Brigade zum Zwecke der Auflösung unter dem Kommando eines neuen Befehlshabers. Der inzwischen von Lüttwitz zum Major ernannte Pabst erklärte diese Bedingungen für unannehmbar[117]. Damit war das Ziel der Regierung in Stuttgart erreicht. Sie hatte Unnachgiebigkeit demonstriert, um sich nicht in einen Gegensatz zu der Massenbewegung zu setzen, die sich inzwischen gegen die Putschisten formiert hatte. Einen Tag später brach das Kapp-Lüttwitz-Unternehmen dann zusammen.

111 Oberstleutnant Horst v. Metzsch, Maerckers Chef des Stabes. Er berichtete über seine Erlebnisse in einem Artikel: Vom 13. März 1920. In: Süddeutsche Monatshefte, 17 (1920), H. 10, S. 186; fortan zit.: Metzsch, 13. März 1920.

112 Vgl. Kabinett Bauer, Nr. 198, S. 696–698.

113 Ebda., S. 696.

114 Ebda., und: Maerckers Aussage im Jagow-Prozeß, in: Brammer, Verfassungsgrundlagen, S. 51.

115 Metzsch, 13. März 1920, S. 186.

116 »Bedingungen der Reichsregierung an sogenannte Regierung Kapp« vom 16. 3. 1919. In: Kabinett Bauer, Nr. 198, S. 698, Anm. 9.

117 Erger, Kapp-Lüttwitz-Putsch, S. 247 f.

3. Generalstreik

Am 13. März, dem Tage des Militärputsches gegen die Republik, wurde in allen größeren deutschen Städten[118] ein Aufruf zum Generalstreik[119] bekannt, der von den sozialdemokratischen Mitgliedern der Reichsregierung und dem Vorstand der MSPD unterzeichnet war. Der Aufruf hatte folgenden Wortlaut:

»Arbeiter! Parteigenossen!

Der Militärputsch ist da! Die Baltikum-Landsknechte, die sich vor der befohlenen Auflösung fürchten, haben den Versuch unternommen, die Republik zu beseitigen, und eine diktatorische Regierung zu bilden.

Mit Lüttwitz und Kapp an der Spitze!

Arbeiter, Genossen!

Wir haben die Revolution nicht gemacht, um uns heute wieder einem blutigen Landsknechtregiment zu unterwerfen. Wir paktieren nicht mit den Baltikum-Verbrechern.

Arbeiter, Genossen!

Die Arbeit eines ganzen Jahres soll in Trümmer geschlagen, Eure schwer erkaufte Freiheit vernichtet werden.

Es geht um alles! Darum sind die schärfsten Abwehrmittel geboten.

Kein Betrieb darf laufen, solange die Militärdiktatur der Ludendorffe herrscht!

Deshalb legt die Arbeit nieder! Streikt! Schneidet dieser reaktionären Clique die Luft ab. Kämpft mit jedem Mittel um die Erhaltung der Republik! Laßt allen Zwist beiseite! Es gibt nur ein Mittel gegen die Diktatur Wilhelms II.:

Lahmlegung jeden Wirtschaftlebens!

Keine Hand darf sich mehr rühren!

Kein Proletarier darf der Militärdiktatur helfen!

Generalstreik auf der ganzen Linie!

Proletarier vereinigt Euch! Nieder mit der Gegenrevolution!

Die sozialdemokratischen Mitglieder der Regierung:

Ebert. Bauer. Noske. Schlicke. Schmidt. David. Müller.

118 Franz Krüger, Diktatur oder Volksherrschaft? Der Putsch vom 13. März 1920. Sein Verlauf und seine Lehren, Berlin 1920, S. 7 (fortan zit.: Krüger, Diktatur), berichtet, daß der Aufruf noch vor 7 Uhr morgens, also vor Ablauf des Ehrhardtschen Ultimatums, von Berlin aus telefonisch an die MSPD-Organisationen in den größten Städten Deutschlands durchgegeben wurde. Ebenso Wels in: Verhandlungen NV, Bd 332, 20. 3. 1920, S. 5008. – Der damalige Regierungsrat in der Reichskanzlei, Arnold Brecht, erhielt den Text des Aufrufs von Pressechef Rauscher ausgehändigt und gab ihn dann an die Presse weiter. Arnold Brecht, Aus nächster Nähe. Lebenserinnerungen 1884–1927, Stuttgart 1966, S. 302.

119 Text in: Schultheß EGK 1920 I, S. 47 f.; Brammer, Militärdiktatur, S. 65; Miller, Bürde, S. 377 f.; Faksimile in: Illustrierte Geschichte (1929), S. 469.

Der Parteivorstand der Sozialdemokratischen Partei:
Otto Wels.«

Noske rief zur Vereinigung des Proletariats und zum Generalstreik gegen die militärische Gegenrevolution auf? Noske, der seit mehr als einem Jahr gegen alle Streikbewegungen, die über wirtschaftliche Ziele hinaus auch politischen Charakter anzunehmen drohten, mit scharfen Maßnahmen vorgegangen war – Streikverbot, Strafandrohungen, Einsatz der Technischen Nothilfe in lebenswichtigen Betrieben, Einsatz von Militär – trat für den politischsten aller Streiks ein, für den »Generalstreik auf der ganzen Linie«, der in kürzester Zeit das gesamte Wirtschaftsleben lahmlegen konnte? Noske, der bislang das Militär gegen Streikende eingesetzt hatte, rief jetzt die »Arbeiter und Genossen« zum Kampf gegen das Militär auf? Kam es in der Stunde der Not zur Rückbesinnung des Arbeiterführers Noske, der nun seit eineinhalb Jahren als Reichswehrminister amtierte, auf die außerparlamentarische Machtstellung der organisierten Arbeiterschaft? Brachte der Militärputsch Noske schlagartig in die alte Tradition zurück, aus der er in seiner Ministerzeit herausgetreten war?

Über das Zustandekommen dieses Aufrufs ist lediglich bekannt, daß er vom Pressechef der Reichskanzlei, Ministerialdirektor Rauscher, einem als »überaus wendig und geschickt«[120] geschilderten Mann, verfaßt wurde sowie, daß die Unterschriften nicht persönlich geleistet worden sind[121]. Rauscher hatte an der Besprechung Noskes mit den leitenden Offizieren teilgenommen, die in den ersten Stunden des 13. März im Reichswehrministerium stattfand. Als Seeckt, Oven, Oldershausen und andere den gewaltsamen Widerstand gegen die Putschbrigade Ehrhardt ablehnten, hat Noske offenbar tatsächlich mit der Mobilisierung der Arbeiterschaft gedroht[122]. Diese Reaktion lag auf der Hand. Denn er hatte bereits bei der Besprechung Eberts mit Lüttwitz am 10. März seiner Meinung Ausdruck gegeben, daß eine Militärrevolte mit Sicherheit den Generalstreik heraufbeschwören werde[123]. Rauscher hatte in der Offizierbesprechung weiterhin gehört, wie Noske »jedes Verhandeln ablehnte und erklärte, daß mit allen Mitteln versucht werden würde, den Putsch niederzuzwingen«[124]. Dann folgte die von Ebert einberufene nächtliche Kabinettssitzung. Der Erinnerung Noskes zufolge[125] schrieb Rauscher während dieser Sitzung einen Entwurf des Aufrufs zum Generalstreik nieder und zeigte ihn dem Reichswehrminister. Er hatte mit Bleistift die Namen der Personen

[120] Otto Braun, Von Weimar zu Hitler, Hamburg 1949, S. 193; fortan zit.: Braun, Von Weimar.
[121] Miller, Bürde, S. 378.
[122] Rabenau, Seeckt, S. 222. Zit. nach Erger, Kapp-Lüttwitz-Putsch, S. 193.
[123] Lüttwitz, Kampf, S. 113.
[124] Noske, Erlebtes, S. 160.
[125] Ebda.

darübergesetzt, die für die Unterzeichnung in Betracht kommen konnten. Obwohl in der unter Zeitdruck stehenden Ministerrunde keine Gelegenheit war, den Entwurf zu besprechen, darf man davon ausgehen, daß Noske ihm stillschweigend zustimmte, da er gegen den Text keine Einwände erhob. Wie Stampfer berichtet, hat auch Reichskanzler Bauer Rauschers Entwurf gelesen und »durch handschriftlichen Vermerk die Kosten der Drucklegung und Verbreitung auf die Reichsregierung übernommen«[126]. Noske war davon überzeugt, daß die Arbeiterschaft die putschistische »Säbeldiktatur« in jedem Falle mit dem Generalstreik beantworten würde[127] und hat sich daher in jener Morgenstunde des 13. März, als die Marinebrigade Ehrhardt bereits vor den Toren Berlins stand, vermutlich von der Überlegung leiten lassen: Wenn es nun schon zwangsläufig zum Generalstreik kommen würde, und wenn er, der Reichswehrminister, über militärische Machtmittel nicht verfügte, um den Putsch niederzuschlagen und den Generalstreik damit entbehrlich zu machen, dann war es besser, wenn die sozialdemokratischen Reichsminister selbst zum Generalstreik aufriefen. Es ist zu vermuten, daß Rauscher die Zeit nutzte, in der die Minister zusammengerufen wurden, und sich mit dem Parteivorsitzenden Otto Wels in Verbindung setzte[128]. Offenbar war es Wels' Idee, den Streikaufruf als eine Gemeinschaftsaktion von Partei, sozialdemokratischen Regierungsmitgliedern und Reichspräsident erscheinen zu lassen[129].

Während für Ebert, Noske und die anderen sozialdemokratischen Regierungsmitglieder die stillschweigende Zustimmung zu diesem Aufruf angesichts der unmittelbaren Gefahr wahrscheinlich eher ein situationsbedingter taktischer Schachzug war, mußte sich Otto Wels[130] durch die Putschnachrichten in seinen monatelangen Warnungen vor der Gefahr von rechts bestätigt sehen. Für ihn war mit dem Putsch endgültig der Zeitpunkt gekommen, das Steuer herumzureißen und den Kampf nach rechts mit den traditionellen Waffen der Arbeiterbewegung aufzunehmen. Aus der Sicht des sozialdemokratischen Parteivorsitzenden mußte dieser Kampf gegen den Feind von rechts sowohl gegen die Putschisten als auch gegen die Rechtsparteien DNVP und

[126] Stampfer, Vierzehn Jahre, S. 166.

[127] Noske, Erlebtes, S. 160 f.

[128] Braun, Von Weimar, S. 94, lobt die Entschlußkraft von Wels, auf die es zurückzuführen sei, daß der Aufruf die Unterschriften der Minister trug.

[129] Miller, Bürde, S. 379. Vgl. auch Wels' Ausführungen am 18. 3. 1920 gegenüber Carl Legien: »Nur die sozialdemokratischen Mitglieder [der Reichsregierung] haben diese Aufforderung erlassen. Das war aber nichts Neues, sondern eine Erklärung dieser Art war bei einem Putsch schon häufig angekündigt worden. Reichskanzler Bauer hat das schon in Weimar und Berlin wiederholt gesagt.« Kabinett Bauer, Nr. 204, S. 714.

[130] Diese Interpretation in Anlehnung an Miller, Bürde, S. 379 f.

DVP[131] geführt werden. Ihnen warf er später in der Nationalversammlung[132] vor: »Ihre Phrasen, Ihr Geschrei, Ihr Gerede von Revanche, von Militarismus, Ihre Artikel und all das ist es gewesen, was den Boden für diesen Putsch mit vorbereitet hat.« Wels war es, der zusammen mit dem Berliner Bezirksvorsitzenden der MSPD, Franz Krüger, in den Morgenstunden des 13. März, als die Regierungsmitglieder bereits unterwegs nach Dresden waren, den Aufruf zum Generalstreik an die 20 Bezirksorganisationen durchtelefonierte und den Widerstand in Berlin zu organisieren begann[133].

Der mit den Unterschriften der sozialdemokratischen Mitglieder der Reichsregierung versehene Aufruf hat in den folgenden Tagen eine erhebliche Rolle gespielt. Zwar wäre der reaktionäre Militärputsch auch ohne diesen Aufruf mit dem Generalstreik der Arbeiterschaft beantwortet worden – darin hatte Noske recht[134] –, aber da er nun einmal da war, wirkte er sich in den Machtkämpfen der folgenden Tage in einer Weise aus, die es den sozialdemokratischen Ministern tunlich erscheinen ließ, sich Zug um Zug wieder von ihm zu distanzieren. Es fällt auf, daß die folgenden Regierungsaufrufe aus Dresden und Stuttgart – der Aufruf an das deutsche Volk, das Telegramm an die Regierungen der Länder, der Beamtenaufruf und der Aufruf an die Soldaten der Reichswehr[135] – auf die Generalstreik-Parole nicht mehr Bezug nahmen. Ihrer ganzen Diktion nach handelt es sich dabei weniger um klassenkämpferische Kundgebungen, als vielmehr um Appelle der legalen Reichsregierung an die jeweiligen Adressaten, die verfassungsmäßigen Institutionen zu schützen.

Jene Generale, die am 13. März zunächst einmal eine abwartende, »neutrale« Haltung einnahmen – wie Schoeler und Loßberg in Kassel und Maercker in Dresden –, waren entsetzt, als sie die Unterschriften Eberts, Bauers und Noskes unter dem Aufruf zum Generalstreik sahen. Denn dieser Aufruf mutete ihnen zu, zusammen mit dem streikenden Proletariat, also möglicherweise sogar zusammen mit Unabhängigen und Kommunisten, gegen den angesehenen General v. Lüttwitz vorzugehen, wo man doch bislang nur den gemeinsamen Kampf von Regierung und Militär gegen die vielen Streikaktionen der Linken gekannt hatte. Hinzu kam, daß die Reichsregierung erst jüngst, im Zu-

131 Zur Stellung dieser Parteien zum Putsch vgl. deren Aufrufe in: Brammer, Militärdiktatur, S. 48–51. Sie schwankte zwischen offener Zustimmung zu Kapp, wohlwollender Neutralität und der Forderung nach Wiederherstellung verfassungsmäßiger Zustände.

132 Rede von Otto Wels in: Verhandlungen NV, Bd 332, 30. 3. 1920, S. 5010.

133 Adolph, Wels, S. 155. Vgl. Protokoll MSPD-Parteiausschußsitzung am 30./31. 3. 1920, S. 2.

134 Noske, Erlebtes, S. 161.

135 Wortlaut dieser Aufrufe in: Schultheß EGK 1920 I, S. 48 f., 52; sowie in: Brammer, Militärdiktatur, S. 12–15. Aufruf »An das deutsche Volk« vom 14. 3. 1919 ebenfalls in: Kabinett Bauer, Nr. 192, S. 683 f.; und in: Krüger, Diktatur, S. 11.

sammenhang mit den Auseinandersetzungen um das Betriebsrätegesetz im Januar 1920, erneut jeden Streik in lebenswichtigen Betrieben verboten hatte[136]. Einige Generale forderten daher jetzt die Regierung auf, sich von dem Generalstreik-Aufruf zu distanzieren[137], bevor sie bereit waren, sich zur verfassungsmäßigen Regierung zu bekennen und sie zu schützen.

Als die Minister diese Problematik erkannten, leugneten sie noch im Laufe des 13. März ihre Beteiligung an dem Aufruf. Gegenüber General Maercker erklärten sie in Dresden, ihre Namen seien ohne ihre Einwilligung unter dieses Dokument gekommen[138]. Dasselbe wiederholte Noske gegenüber General v. Loßberg am 15. März[139]. General v. Watter, Befehlshaber des Wehrkreises VI, der das rheinisch-westfälische Industriegebiet umfaßte, ließ sich am 16. März von Noske am Telefon ausdrücklich versichern, daß die alte Regierung den »unheilvollen« Aufruf zum Generalstreik nicht erlassen habe, ihn vielmehr verurteile und ihn so schnell wie möglich rückgängig machen werde[140], und erklärte dann erst seine Loyalität zur Regierung Bauer. Noske scheint demnach bis zur Verurteilung des von ihm zunächst gebilligten Generalstreiks gegangen zu sein.

Dieses Umschwenken in der Frage des Generalstreiks war gewiß moralisch bedenklich[141] und stellte gegenüber der eigenen Partei eine neuerliche Illoyalität dar. Es besaß jedoch einen ernsthaften politischen Hintergrund, der den Zwiespalt offenbarte, in dem sich die MSPD-Minister befanden. Einerseits hatten sie erkennen müssen, daß die Reichswehr es mit der Devise »Truppe schießt nicht auf Truppe« hielt und daher von dieser Seite her keine erfolgversprechende Aktion zur Niederringung des Putsches zu erwarten war. Andererseits drohte der sich entfaltende Generalstreik[142] Ausmaße anzunehmen, die weit über die bloße Wiederherstellung der verfassungsmäßigen Ordnung hinauswiesen.

Allerdings stand die Person Noskes zunächst der Formierung einer breiten Streikfront entgegen. Als am Vormittag des 13. März die Vor-

[136] Verfügung der Reichsregierung vom 13. 1. 1920 in: Helmut Böttcher, Kapp-Lüttwitz-Putsch, Generalstreik und Bürgerkrieg. Die Wahrheit über die Ereignisse in Halle und Mitteldeutschland, Leipzig [3]1920, S. 119 f. Auf diese und andere Verfügungen bezog sich auch General v. Schoeler. Siehe Noske, Erlebtes, S. 170.

[137] Z. B. Brief des Generals v. Schoeler an Noske vom 18. 3. 1920. In: Noske, Erlebtes, S. 170 f. Ähnliches verlangte General v. Watter; siehe Erger, Kapp-Lüttwitz-Putsch, S. 182.

[138] Maercker, Vom Kaiserheer, S. 354.

[139] Noske, Erlebtes, S. 170.

[140] Erger, Kapp-Lüttwitz-Putsch, S. 194.

[141] Miller, Bürde, S. 379 vertritt die Auffassung, die sozialdemokratischen Reichsminister seien »nicht berechtigt« gewesen, sich von dem Aufruf zu distanzieren, nachdem er ergangen war.

[142] Auf den Verlauf des Generalstreiks wird hier nicht eingegangen. Vgl. dazu die Darstellung von Erger, Kapp-Lüttwitz-Putsch, S. 191–206.

stände von ADGB, SPD und USPD sowie der Arbeitsgemeinschaft freier Angestelltenverbände (AfA) zusammentrafen, um über einen gemeinsamen Streikaufruf gegen den Putsch zu verhandeln, weigerten sich die USPD-Vertreter mit dem Argument, es falle keinem Arbeiter ein, »für Noske in den Generalstreik zu treten«; sie verlangten die Absetzung der Regierung »Ebert-Bauer-Noske« und die Errichtung einer »sozialen Diktatur«[143]. Am Abend desselben Tages lehnte auch die KPD ein gemeinsames Vorgehen mit der MSPD zum Schutze der »Regierung Noske« ab[144]. Nachdem damit die Einigungsbemühungen gescheitert waren, gaben ADGB und AfA[145] einen gemeinsamen und USPD[146], KPD[147] sowie die linkssozialistisch orientierte Berliner Gewerkschaftsorganisation je einen eigenen Aufruf zum Generalstreik heraus. Der ADGB erinnerte später daran, daß »die Reichsregierung« es war, welche Arbeitnehmerschaft einschließlich Angestellte und Beamte aufforderte, in den Generalstreik zu treten[148]. Bereits am Sonntag, den 14., in vollem Umfang jedoch ab Montag setzte der gewaltigste Streik ein, den Deutschland je erlebt hatte. In Berlin ruhte der Verkehr vollständig. Es gab weder Wasser, Strom, noch Licht.

Nach dem Zusammenbruch der Kapp-Lüttwitz-Diktatur von 5 Tagen am 17. März mußten die mehrheitssozialdemokratischen Spitzenpolitiker, die sich noch am 13. März nicht gescheut hatten, sich von dem zuvor gebilligten Aufruf zum Generalstreik wieder zu distanzieren, bekennen, daß der Putsch in erster Linie am Streik gescheitert war[149], obgleich auch die Beamten und die verfassungstreu gebliebenen Reichswehrverbände am Erfolg ihren Anteil hatten. Carl Legien[150], der Vorsitzende des ADGB, wertete den erfolgreichen Streik als Beweis dafür, daß in Deutschland keine Regierung mehr ohne die Zustimmung der Arbeiterschaft existenzfähig sei.

143 Krüger, Diktatur, S. 7.

144 Ebda., S. 8 f.

145 Aufruf des ADGB (Legien) und der AfA (Aufhäuser) zum Generalstreik vom 13. 3. 1920. In: Brammer, Militärdiktatur, S. 67; sowie in: Dokumente und Materialien VII/1, Nr. 104, S. 209 f.

146 Kundgebung der USPD vom 13. 3. 1920. In: Brammer, Militärdiktatur, S. 66 f.

147 Aufruf der Zentrale der KPD vom 13. 3. 1920 zum Kampf gegen die Militärdiktatur der Kapp-Lüttwitz. In: Dokumente und Materialien VII/1, Nr. 105, S. 211 f.

148 Carl Legien am 18. 3. 1920, in: Kabinett Bauer, Nr. 204. S. 711. Wels berichtigte: »die sozialdemokratischen Mitglieder der Reichsregierung«, ebda., S. 714.

149 Vgl. die Rede von Reichskanzler Bauer in der nach Stuttgart einberufenen Nationalversammlung, Verhandlungen NV, Bd 332, 18. 3. 1920, S. 4903.

150 Legien am 18. 3. 1920 gegenüber Vizekanzler Schiffer: Entscheidend für die Niederschlagung des Putsches war die Arbeiterschaft. Kabinett Bauer, Nr. 204, S. 721. Ebenso argumentierte Legien in der Nationalversammlung. Siehe: Verhandlungen NV, Bd 332, 29. 3. 1920, S. 4954.

4. Noskes Rücktritt

Während der fünf Tage, in denen sich eine konterrevolutionäre Militärdiktatur anmaßte, das Deutsche Reich zu regieren, in denen der General v. Lüttwitz die Rolle des Reichswehrministers zu spielen versuchte, wurde es um den legalen Reichswehrminister Gustav Noske ruhig. Dieser wußte oder ahnte zumindest, daß er den Putsch, wie er auch ausgehen mochte, politisch kaum überleben würde. Denn zu oft war er seit Sommer und Herbst 1919 von seiner eigenen Partei, von den Gewerkschaften und selbst von einigen Offizieren vor der Gefahr von rechts gewarnt worden. Nun, da die putschistische Rechte den Staatsstreich gewagt und die Regierung zur Flucht gezwungen hatte, waren seine vielfachen Beteuerungen, er habe die Reichswehr im Griff und eine Gefahr von rechts sei nicht vorhanden[151], war seine Vertrauensseligkeit Lügen gestraft. Sein Integrationskonzept hatte versagt. Die alten Fronten, die er durch große, allzu große Hinwendung nach rechts zu überbrücken gehofft hatte, waren wieder aufgebrochen. Noske war zwischen dem 13. und dem 17. März 1920 nicht mehr der »starke Mann«, sondern das Gegenteil davon. Seine Verhaltensweise in diesen Tagen, eher lethargisch als aktiv, deutet darauf hin, daß ihm das Scheitern seiner Politik bewußt war.

An Rücktritt dachte Noske gleichwohl zunächst nicht. Er hielt es für seine Pflicht, alles, was nun noch in seiner Macht stand, zu tun, um den Militärputsch beenden zu helfen. Wieder neigte er dabei eher als andere Reichsminister zu Kompromissen nach rechts, wie seine Distanzierung vom Aufruf zum Generalstreik und sein unklares Taktieren gegenüber General Maerckers Vermittlungsbemühungen zeigte.

Daß Noske nicht weiter würde im Amt bleiben können, war allerdings anderen früher klar als ihm selbst. Reichsinnenminister Koch (DDP) notierte bereits am Vormittag des 13. März 1920, auf der Flucht-Fahrt mit dem Schnellzug nach Dresden, in sein Tagebuch, Noske werde »nach dieser Arglosigkeit nicht zu halten« sein und fragte sich zugleich, wer ihn ersetzen und wer ein »neues Heer« aufbauen könne[152].

Otto Wels, der Parteivorsitzende der MSPD, sah die Zukunft Noskes nicht anders als Koch. Als am Nachmittag des 13. März über einen gemeinsamen Aufruf zum Generalstreik mit der USPD verhandelt wurde und diese den Rücktritt Noskes zu einer ihrer Bedingungen machte, setzte sich Wels nicht für einen Verbleib des Reichswehrmini-

[151] Vgl. u. a. Kabinett Bauer, Nr. 127, S. 468–472, mit Anm. 13, sowie Kapitel X/6.
[152] Zit. nach Erger, Kapp-Lüttwitz-Putsch, S. 150.

sters ein, weil er ihn ohnehin für unmöglich hielt[153]. Zu diesem Zeitpunkt war der mehrheitssozialdemokratische Parteivorstand der Auffassung, nach der Niederschlagung des Militärputschs durch die Massenaktion der Arbeiterschaft müsse eine neue Regierung unter Beteiligung der USPD gebildet werden, und bei der Regierungsbildung dürfe an keinem der gegenwärtig amtierenden und durch den Putsch kompromittierten Minister festgehalten werden.

Jene Offiziere, die in loyaler Zusammenarbeit mit Noske das Reichswehrministerium aufgebaut hatten und sich nun weigerten, den Befehlen des von Kapp ernannten »Reichswehrministers« Lüttwitz Folge zu leisten[154], kamen ebenfalls noch während der Kapp-Tage zu der Überzeugung, daß sich Noske allein wegen der Tatsache des Militärputschs nicht würde halten können. Oberst van den Bergh[155], Leiter der Fürsorge-Abteilung im Reichswehrministerium, schrieb am 17. März in sein Tagebuch: »Noske kann wohl kaum Wehrminister bleiben. Er hat versagt. Er hatte zu viel Zutrauen zu gewissen Führern und zu viel Treuegefühl ihnen gegenüber. Er hat es nicht verstanden, die immer mehr anschwellende ›militaristische Welle‹ – wie ich sie nenne – zu brechen, ungeeignete Persönlichkeiten zu entfernen und eine Rückbildung in alte starre Verhältnisse unter Verstopfung der Sicherheitsventile zu verhindern.«

Noske scheint in den Kapp-Tagen, ähnlich wie Ebert, apathisch und handlungsunfähig gewesen zu sein. An den Beratungen des Kabinetts beteiligte er sich – den vorhandenen Quellen zufolge[156] – kaum. Als sein Adjutant v. Gilsa am 16. März den in Stuttgart weilenden Ministern berichtete, daß Lüttwitz in Berlin die nach ihrem Einsatz im Baltikum demobilisierte Eiserne Division unter Major Bischoff wieder aufstelle und anschließend Paul Löbe, der Vizepräsident der Nationalversammlung, seinen Eindruck wiedergab, daß sich die Offiziere im Osten Deutschlands wohlvorbereitet auf die Seite der Putschisten gestellt hätten, machte Noske den eher belanglosen Vorschlag, die Reichsregierung solle die Löhnung für die Soldaten erhöhen, weil auch Kapp eine erhöhte Löhnung auszahle[157]. Noske hat in diesen Tagen keinen Ansatz zu einer politischen Zukunftsstrategie entwickelt. Jedenfalls ist den Quellen kein Hinweis darauf zu entnehmen. Als sich

[153] Krüger, Diktatur, S. 8; Erger, Kapp-Lüttwitz-Putsch, S. 196; vgl. auch S. 240. Vgl. weiterhin Wels' Äußerungen in Protokoll MSPD-Parteiausschußsitzung 30. 3. 1920, S. 2.

[154] Die Abteilungen des Reichswehrministeriums einigten sich am 15. 3. 1920 auf eine Resolution, in der sie sich von Lüttwitz distanzierten und seine Befehlsgewalt nicht anerkannten. Erger, Kapp-Lüttwitz-Putsch, S. 183 f.

[155] Nachlaß van den Bergh, BA-MA N 112/11, S. 102 f.

[156] Vgl. Kabinett Bauer, Nr. 190, 193, 197, 198, 201, 202 (Kabinettssitzungen 13.–17. 3. 1920).

[157] Gilsa, Löbe und Noske in der Kabinettssitzung am 16. 3. 1920 in Stuttgart, ebda., Nr. 197, S. 693 f.

Lüttwitz am 17. März, nachdem Kapp bereits aufgegeben hatte, selbst für einige Stunden zum Militärdiktator ernannte[158] und im Reichskabinett in Stuttgart die Frage erörtert wurde, wie man die Truppen wieder zur Räson bringen könne[159], machte Noske keine Vorschläge. Er ließ es auch geschehen, daß der in Berlin verbliebene Vizekanzler Schiffer nach dem bedingungslosen Rücktritt Lüttwitz' am Abend des 17. März über seinen und Eberts Kopf hinweg General v. Seeckt in die Position von Lüttwitz einsetzte[160]. Die nunmehr in den Vordergrund rückende Frage, ob für die Reichswehr-Truppen, die sich zur Kapp-Lüttwitz-Gruppe geschlagen hatten, eine Amnestie[161] gewährt werden könne oder wie sonst mit ihnen zu verfahren sei, scheint Noske ebenfalls nicht mehr interessiert zu haben. Er empfand wohl, daß seine Tage im Amte des Reichswehrministers gezählt waren.

Am Vormittag des 18. März trat in Stuttgart die MSPD-Nationalversammlungs-Fraktion zusammen, um die für den Nachmittag einberufene Sitzung des Parlaments vorzuberaten. Bei dieser Gelegenheit – es war das erste Zusammentreffen der Fraktion nach dem Putsch – richtete Scheidemann heftige Angriffe gegen die Politik Noskes[162], und mehrere Parlamentarier der MSPD stimmten ihm zu. Im Saale des Kunstgebäudes in Stuttgart tagte dann die Nationalversammlung. Reichskanzler Bauer[163] gab einen ersten Überblick über die Ereignisse der letzten Tage. Er kündigte eine »gründliche Säuberung der Reichswehr« an und sagte: »Eine Truppe, die Politik macht oder in der Führer ihre Machtstellung zugunsten einzelner Parteien mißbrauchen, ist die größte Gefahr und kann jedes staatliche Leben jeden Augenblick aufs neue in Frage stellen[164].« Gegen die »Verführer« müsse nun mit der größten Strenge des Gesetzes vorgegangen werden.

Nach Bauer sprach Scheidemann[165]. Obwohl er Noske nicht namentlich erwähnte, richtete sich der erste Teil seiner Rede ausschließlich und für jedermann erkennbar gegen diesen. »Wer Augen und Ohren nicht absichtlich verschloß«, begann Scheidemann, »mußte herankommen sehen, was wir im Laufe der letzten Tage mit Abscheu und Empörung erlebt haben.« Die preußischen Reaktionäre seien immer frecher geworden und hätten in der Reichswehr eine Position nach der anderen gewonnen. Oberst Reinhard habe im Sommer 1919 die Regie-

[158] Vgl. ebda., Nr. 200, S. 702. Schultheß EGK 1920 I, S. 55.
[159] So Unterstaatssekretär Albert in der Sitzung des Reichskabinetts am 17. 3. 1920, ebda., Nr. 202, S. 706.
[160] Ebda., S. 706. Meier-Welcker, Seeckt, S. 269.
[161] Im Kabinett diskutiert am 17. 3. 1920. Siehe: Kabinett Bauer, Nr. 202, S. 707 f.; vgl. auch ebda., Nr. 203, S. 708 f.
[162] Schultheß EGK 1920 I, S. 63.
[163] Verhandlungen NV, Bd 332, 18. 3. 1920, S. 4901–4904.
[164] Ebda., S. 4904.
[165] Ebda., S. 4905–4910.

rung in der wüstesten Weise beschimpft und sei trotzdem in der Reichswehr geblieben. Offiziere und Unteroffiziere, die den reaktionären monarchistischen Offizieren verdächtig waren, weil sie deren Agitation nicht unterstützten, seien hinausgeekelt worden. Zahlreiche Großgrundbesitzer hätten sich Waffenlager zugelegt. Sozialdemokratische Arbeiter seien von den Einwohnerwehren ausgeschlossen worden. In der Reichswehr seien in provozierender Weise die Nationalfarben der Republik sabotiert und verhöhnt worden. Das einzige republikanische Blatt habe man in der Truppe ausgemerzt und statt dessen seien zahlreiche monarchistische reaktionäre Zeitungen eingeführt worden: »Sturmzeichen« der Reaktion in Hülle und Fülle.

Nachdem Noske diese Aufzählung gehört und als das Sündenregister seiner Reichswehrpolitik verstanden hatte, entwarf er noch während der Sitzung der Nationalversammlung sein Abschiedsgesuch[166]. Seinem Ministerkollegen Koch, der ihn bat, wenigstens mit der Einreichung noch zu warten, antwortete er: »Keine Stunde mehr«[167]. Am Schluß der Sitzung überreichte Noske dem Reichspräsidenten sein Demissionsgesuch[168].

Im weiteren Verlauf seiner Rede attackierte Scheidemann die Reaktion: »Dieselben Herren, dieselben Kreise, die uns in den Krieg getrieben, die unser Volk in Not und Elend gebracht, dieselben Kreise und Personen sind es auch, die das Verbrechen gegen die Republik und gegen die Demokratie vorbereitet und zu vollenden versucht haben«[169]. Die beiden Rechtsparteien, stellte Scheidemann fest, hätten den Putsch mit keinem Wort verurteilt[170]. Sie seien es gewesen, die zuvor schon auf die Nichterfüllung des Friedensvertrages hingearbeitet hätten, nämlich: »Nichtabbau der Reichswehr, Nichtauslieferung der Waffen, um gerüstet zu sein für – einen neuen Krieg«[171]. Für die mehrheitssozialdemokratische Fraktion verlangte Scheidemann »die Entlassung aller der Offiziere, deren Loyalität gegenüber der Republik nicht außer Zweifel steht, [...] strengste Bestrafung der Verbrecher« sowie die »Entwaffnung der Truppen, die gemeutert haben«[172].

Die folgenden Redner – Burlage von der Zentrumspartei, v. Payer (DDP), der Deutschnationale Kraut und Reichsinnenminister Koch – vermieden es, auf Noskes Politik näher einzugehen. Für den USPD-Sprecher Henke dagegen war dies die Stunde der Abrechnung mit der

[166] Schultheß EGK 1920 I, S. 63.
[167] Zit. nach: Kabinett Bauer, S. 709, Anm. 10. Koch hielt Scheidemann für einen rachsüchtigen Meuchelmörder. Vgl. ebda., S. 709.
[168] Schultheß EGK 1920 I, S. 63.
[169] Verhandlungen NV, Bd 332, 18. 3. 1920, S. 4905.
[170] Zur Stellung der DVP und DNVP zum Putsch vgl. deren Aufrufe vom 13. 3. 1920. Abgedruckt in: Brammer, Militärdiktatur, S. 48–51.
[171] Verhandlungen NV, Bd 332, 18. 3. 1920, S. 4905.
[172] Ebda., S. 4907.

Person und mit dem »System Noske«. Nach der Rede von Scheidemann sei Noske »endgültig unmöglich geworden«, stellte Henke selbstsicher fest. Gleichzeitig griff er die MSPD insgesamt an. Gewiß habe Noske »Augen und Ohren der wirklichen Gefahr gegenüber verschlossen«, aber daran sei die MSPD mitschuldig. Nicht nur Noske habe so lange – allen Warnungen zum Trotz – Vertrauen zu den Offizieren gepredigt, »bis sie ihn selbst zum Teufel gejagt haben«, sondern auch andere Regierungsmitglieder hätten diesen »Glauben an die Zuverlässigkeit der alten Generale« gehabt. Daher seien Bauer und Noske geradezu als »Mithelfer« von Kapp und Lüttwitz politisch abzuurteilen[173]. Henke erinnerte daran, daß Noske bei früheren Gelegenheiten ausgerufen habe: »Wer dem Staat die Hand an die Gurgel legt, dem schlage ich die Knochen kaputt!«, und kommentierte diese starken Worte vor dem Hintergrund der Putschwoche: »Wie lächerlich steht doch dieser Noske jetzt da; in dem Moment, wo der gefährlichste Feind der Revolution dem Staat die Hand an die Gurgel legte, da mußten Herr Noske und seine Freunde flüchten, da hatte er nichts zur Verfügung«[174]. Aus der Sicht der USPD hatte der erfolgreiche Generalstreik bewiesen, daß in der deutschen Republik keine Militärherrschaft mehr möglich war. Aber auch diese 5-Tage-Militärdiktatur hätte verhindert werden können, »wenn Herr Bauer, Noske und seine Freunde nicht dafür gesorgt hätten, daß die Militärkaste wieder hochgepäppelt und damit der Militarismus neu errichtet wurde. Dieser neue Militarismus ist noch nicht vollständig verschwunden, und das Bürgertum hängt ihm noch mit Leib und Seele an«[175]. Eine formelle Forderung nach dem Rücktritt Noskes brauchte Henke nach der Rede Scheidemanns gar nicht mehr zu erheben.

Zur selben Zeit, als in Stuttgart die Nationalversammlung eine erste rhetorische Aufarbeitung des Putsches leistete, waren in der Reichshauptstadt Berlin die Gewerkschaften dabei, ihre Bedingungen für den Abbruch des Generalstreiks zu formulieren, der trotz des Abtritts von Kapp und Lüttwitz von der politischen Bühne unvermindert andauerte. Die Führer des Allgemeinen Deutschen Gewerkschaftsbundes konferierten am Abend des 18. März im preußischen Staatsministerium mit den in Berlin verbliebenen Mitgliedern der Reichsregierung, mit der preußischen Regierung sowie mit Vertretern der Mehrheitsparteien[176]. Carl Legien, der Vorsitzende des ADGB – er war zugleich

173 Ebda., S. 4920.

174 Ebda., S. 4922.

175 Ebda.

176 Siehe die Niederschrift des preußischen Finanzministers Albert Südekum (MSPD), zuerst veröffentlicht von Erwin Könnemann, Protokoll Albert Südekums aus den Tagen nach dem Kapp-Putsch. In: Beiträge zur Geschichte der deutschen Arbeiterbewegung 8 (1966), S. 262–272. Wiederabdruck in: Kabinett Bauer, Nr. 204, S. 710–725.

mehrheitsozialdemokratisches Mitglied der Nationalversammlung – legte im Namen des ADGB, des AfA-Bundes[177] und des Deutschen Beamtenbundes, also im Namen von mehr als acht Millionen Gewerkschaftsmitgliedern[178], die folgenden Bedingungen[179] für den Abbruch des Generalstreiks vor:

1. Der Generalstreik wird erst abgeblasen, wenn die Besetzung Berlins durch meuternde Truppen beendet ist.

2. »Noske darf nicht mehr als Wehrminister zurückkehren. Noske hat uns in den Mehrheitsparteien[180] und in der sozialdemokratischen Fraktion ständig erklärt, daß die Reichswehr zur Regierung stehe. Er hätte müssen den Einbruch abwehren mit seiner Person. Weil er es nicht getan hat, deswegen Rücktritt.«

3. Entscheidender Einfluß der Gewerkschaften auf die Neuordnung der Dinge.

Franz Krüger, Vorsitzender des Bezirks Berlin der MSPD, der bislang Noske immer verteidigt hatte[181], mochte jetzt ebenfalls keine Lanze mehr für den Reichswehrminister brechen. Aus politischen Gründen, meinte er nun, könne Noske nicht bleiben, ganz gleich, ob er persönlich Schuld habe oder nicht[182]. Es sei lediglich ein taktischer Gesichtspunkt bezüglich des Zeitpunkts von Noskes Rücktritt zu berücksichtigen: Keinesfalls dürfe der Eindruck entstehen, die Kabinettsumbildung geschehe aufgrund der reaktionären Forderungen; daher müsse die noch in Stuttgart weilende Reichsregierung zunächst einmal nach Berlin zurückkehren. Dann könne der Reichswehrminister aus dem Amte scheiden. Noske habe dies auch selbst schon zugestanden.

Otto Wels setzte sich ebenfalls nicht für Noske ein[183]. Der Demokrat Gothein[184], ehemals Minister im Kabinett Scheidemann, gab seinerseits der vorhandenen Stimmung nach, indem er behauptete, die DDP habe sich schon immer gegen Noske gewandt. Der Zentrumspolitiker und Sprecher des Gesamtverbandes Christlicher Gewerkschaften, Adam Stegerwald, erklärte auch im Namen der Zentrums-Fraktion der Nationalversammlung, die Frage Noske sei »eine sozialdemokratische Parteifrage«[185]; die Zentrumspartei akzeptiere die ADGB-Forderung,

[177] AfA = Arbeitsgemeinschaft freier Angestelltenverbände, Allgemeiner freier Angestelltenbund. Zu seiner Rolle während des Kapp-Lüttwitz-Putsches siehe Potthoff, Gewerkschaften, S. 263–284.

[178] Hierauf verwies der Vorsitzende des AfA-Bundes, Siegfried Aufhäuser (USPD), im Verlaufe der Verhandlungen. Siehe: Kabinett Bauer, Nr. 204, S. 719.

[179] Ebda., S. 171.

[180] Gemeint sind die Regierungsparteien SPD, DDP und Zentrum.

[181] Vgl. Kapitel X/6.

[182] Kabinett Bauer, Nr. 204, S. 713.

[183] Ebda., S. 714 f.

[184] Ebda., S. 715.

[185] Ebda., S. 716 f.

daß Noske zurücktreten solle. Oswald Schumann[186], Vorsitzender des mächtigen Deutschen Transportarbeiterverbandes, betonte noch einmal, bei den Gewerkschaften herrsche Einmütigkeit darüber, daß Noske nicht wieder zurückkehren dürfe; dies sei die erste Voraussetzung für den Abbruch des Generalstreiks. Auch müßten die Gewerkschaften die Sicherheit haben, daß sie ein »entscheidendes Mitbestimmungsrecht auf die Zusammensetzung der Regierung und bei der Neuordnung der Verhältnisse« ausüben könnten. Diese Neuordnung, präzisierte Schumann, bedeute keine Änderung der Verfassung, wohl aber maßgebliche gewerkschaftliche Mitsprache. Man brauche diesbezüglich eine bündige Erklärung der Regierungsvertreter in Stuttgart. Vorher werde der Generalstreik nicht abgeblasen.

Dann sprach Reichsjustizminister und Vizekanzler Schiffer (DDP), der als einziges Kabinettsmitglied während der Putschtage in Berlin geblieben war und der die geflohene Reichsregierung in dieser Zeit durch seine eigenmächtigen Verhandlungen mit Kapp belastet[187] hatte: »Offen gesagt, es tut mir im Herzen weh, daß Noske gehen muß. Aber er muß gehen. Hat Autorität verloren. Über die Form des Abgangs scheint ein gewisser Zweifel zu bestehen. Ebert scheint noch warten zu wollen bis [zur] Rückkehr [der Reichsregierung] nach Berlin [...] Das gesamte Kabinett wird seine Ämter zur Verfügung stellen [...] Dann ist der Fall Noske in die Gesamtheit der Dinge eingeordnet[188].« Schiffer lastete also die Schuld an der zum Putsch führenden Entwicklung nicht allein dem Reichswehrminister an, wie es seine Vorredner getan hatten, sondern hielt die gesamte Reichsregierung für verantwortlich.

Diese Sitzung vermittelte ein aufschlußreiches Stimmungsbild: Die Gewerkschaften forderten Noskes Rücktritt, und keiner der Politiker, die für die Parteien der Weimarer Koalition das Wort ergriffen, setzte sich für einen Verbleib Noskes im Amte ein. Entscheidungen aber konnten die Politiker und Gewerkschaftsführer, die am Abend des 18. März in Berlin verhandelten, nicht fällen. Dies war Sache des in Stuttgart weilenden Kabinetts.

Es beriet am 19. März über die gewerkschaftliche Forderung zum Abbruch des Generalstreiks[189], ohne jedoch zu konkreten Ergebnissen zu gelangen. Nachher tagte die mehrheitssozialdemokratische Nationalversammlungs-Fraktion in Anwesenheit von Ebert und der sozialdemokratischen Regierungsmitglieder. Scheidemann unterrichtete die

[186] Ebda., S. 717.
[187] Vgl. ebda., Nr. 218, Abschnitt IV, S. 783–786; sowie ebda., Nr. 201, S. 703 f.
[188] Ebda., Nr. 204, S. 720 f., hier: S. 721.
[189] Ebda., Nr. 205, Sitzung am 19. 3. 1920, S. 726–728. Es handelt sich um eine Tagebuchaufzeichnung von Reichsinnenminister Koch. Ein offizielles Sitzungsprotokoll existiert nicht.

Abgeordneten über die gewerkschaftliche Forderung nach Noskes Rücktritt und sprach sich selbst für diesen Schritt aus. Die Fraktion folgte ihrem Vorsitzenden jedoch nicht. Statt dessen mißbilligte sie Scheidemanns Vorstoß gegen Noske in der Nationalversammlung und stellte fest, er habe keineswegs dem Willen der ganzen Fraktion entsprochen. Darüber hinaus beschlossen die mehrheitssozialdemokratischen Abgeordneten, Noske zu ersuchen, daß er auf seinem Posten bleiben möge[190]. Diese neuerliche Vertrauenskundgebung mochte Noske ein Gefühl der Befriedigung vermitteln. Am Gang der Ereignisse änderte sie nichts mehr. Denn in der Nacht vom 19. zum 20. März gelangten die Verhandlungen zwischen Politikern der Mehrheitsparteien[191] und Gewerkschaftsführern[192] zum Abschluß, obwohl die Reichsregierung noch nicht nach Berlin zurückgekehrt war[193]. Die Forderungen der Gewerkschaften wurden in einem 8-Punkte-Programm[194] zusammengefaßt. Ein 9. Punkt enthielt die Mitteilung[195], daß Noske und der preußische Innenminister Heine[196] ihr Abschiedsgesuch eingereicht hätten.

Während Ebert, Noske, David und Koch noch in Stuttgart blieben, waren die übrigen Kabinettsmitglieder einschließlich Reichskanzler Bauer in derselben Nacht nach Berlin gefahren. Dort ging es sogleich wieder um den Rücktritt Noskes. Der Vorsitzende der MSPD, Wels[197], machte Reichskanzler Bauer klar, daß von der schleunigen Entlassung des Reichswehrministers »die ruhige Entwicklung abhänge«. Das Vertrauen zu Noske sei dahin. Er sei politisch nicht mehr haltbar. Die ganzen Abmachungen mit den Gewerkschaften seien in Frage gestellt, wenn man Noske noch weiter als Wehrminister belassen wollte, so sehr andererseits sein Verbleiben die Sammlung der Truppe selbst erleichtern werde. Seeckt, der als inzwischen ranghöchster Militär erstmals an einer Sitzung des Kabinetts teilnahm, brachte zum Ausdruck, »daß das Wirken des Reichsministers in der Truppe sowohl nach der

190 Ebda., S. 726 f., Anm. 4, unter Bezug auf ein Extrablatt der Stuttgarter »Schwäbischen Tagwacht« vom 19. 3. 1920.

191 Reichswirtschaftsminister Schmidt, Reichsarbeitsminister Schlicke, Mitglieder der preußischen Regierung, der Koalitionsparteien im Reich und in Preußen.

192 Funktionäre des ADGB unter Führung Legiens, der AfA, des Deutschen Beamten-Bundes (DBB) und der Berliner Gewerkschaftskommission.

193 Ebert entschied am 19. 3., daß er selbst sowie die Minister Noske, David und Koch noch bis zum 20. 3. abends in Stuttgart bleiben sollten. Ebda., S. 727, Anm. 7.

194 Ebda., Nr. 218, Abschn. VII, S. 790 f.; sowie in: Dokumente und Materialien VII/1, Nr. 113, S. 222–225; und in: Krüger, Diktatur, S. 27 f.

195 Kabinett Bauer, S. 791.

196 Heine wurde für das unloyale Verhalten der Berliner Sicherheitspolizei während des Putsches verantwortlich gemacht. Er hatte bereits am 18. 3. dem preußischen Ministerpräsidenten Hirsch sein Abschiedsgesuch überreicht. Ebda., Nr. 218, S. 791, Anm. 48.

197 Kabinettssitzung am 20. März 1920 in Berlin. Ebda., Nr. 206, S. 728–732, hier: S. 729 f.

persönlichen wie auch der militärischen Seite hin sich gut bewährt habe, es sei ihm trotz erheblichster Widerstände gelungen, die Reichswehr aufzubauen, so daß er aus diesen Gründen ein Ausscheiden bedauern würde«[198].

Dies war jedoch nur noch Rhetorik eines Mannes, der sich selbst kurz vor dem Ziel seiner Wünsche sah, nämlich der Ernennung zum Chef der Heeresleitung. Der mehrheitssozialdemokratische Unterstaatssekretär im Reichsinnenministerium, Heinrich Schulz, bemerkte dazu, »er achte die ritterliche Art, mit der General von Seeckt die persönlichen und militärischen Vorzüge von Noske hervorgehoben habe; politisch sei Noske aber nicht mehr möglich, da sein Name ein Programm bedeute«[199]. Nachdem die Welle von rechts vorüber sei, gelte es nun den Ansturm von links abzuwehren, und das sei mit Noske als Reichswehrminister unmöglich.

Die zur Kabinettssitzung zugezogenen Abgeordneten der Mehrheitsparteien, Ludwig Haas (DDP), Heinrich Brauns (Zentrum), Johannes Meerfeld (MSPD) und der ebenfalls anwesende Chefredakteur des »Vorwärts«, Friedrich Stampfer, waren sich mit den Ministern weithin einig, daß Noske »die schwerste Belastung für die Mehrheitsparteien bilde« (Reichsaußenminister Müller) und daher politisch nicht mehr haltbar sei[200]. Eine Entscheidung wurde jedoch nicht getroffen, da man erst alle Minister hören wollte.

Als nun erkennbar wurde, daß sowohl der Reichspräsident als auch die Fraktionen von MSPD, DDP und Zentrum den Versuch machten, Noske zu halten[201], obwohl sein Abschiedsgesuch seit Tagen bei Ebert vorlag und Noske selbst noch einmal erklärt hatte, »daß man einen anderen Mann für das Wehrministerium suchen müsse«[202], begaben sich der MSPD-Parteivorsitzende Otto Wels und der ADGB-Vorsitzende Carl Legien am 22. März gemeinsam zu Reichspräsident Ebert, um ihn zu der ihres Erachtens längst überfälligen Entscheidung zu veranlassen. Wels[203] machte Ebert namens der Parteileitung der MSPD klar, daß er Noske als Persönlichkeit schätze und achte, daß er aber »um der Partei willen« nicht gehalten werden könne, »selbst wenn er unentbehrlich wäre«. Denn es sei undenkbar, einen Wehrminister weiter im Amte zu belassen, »der vor seinen eigenen Truppen davongelaufen ist«. Außerdem habe die Partei ein »brennendes Interesse« daran, »endlich die Verantwortung los zu werden für jeden militärischen Über-

[198] Ebda., S. 730.
[199] Ebda., S. 731.
[200] Ebda., S. 731 f.
[201] Noske, Erlebtes, S. 163.
[202] Ebda., S. 165.
[203] Nach dem Bericht von Otto Wels in der Sitzung des Parteiausschusses der MSPD am 30. 3. 1920. Protokoll MSPD-Parteiausschuß 30. 3. 1920, S. 6 f. Siehe auch: Schultheß EGK 1920 I, S. 71.

griff, der immer gegen Noske ausgemünzt und immer der Partei zur Last gelegt werde«. Die Partei, betonte Wels, wolle »befreit werden von dieser Last«. Der Parteivorstand habe die Überzeugung gewonnen, daß Noske die auf ihn zukommenden Dinge nicht übersehen habe, daß er sich auch in der Beurteilung von Personen getäuscht habe. Deshalb müsse er jetzt zurücktreten. Überdies habe der Parteivorstand in den Verhandlungen mit den Gewerkschaften der Forderung nach Noskes Rücktritt zugestimmt. Er stehe also im Wort. Wenn Noske nicht zurückträte, würde der Partei das Mißtrauen der gesamten Arbeiterschaft entgegenschlagen.

Ebert ließ sich von diesen Ausführungen zunächst nicht beeindrukken. Er erklärte gegenüber Wels und Legien, er werde unter keinen Umständen – komme, was da wolle – dulden, daß Noske gehe. Ebert nahm wohl an, daß Noske, um die Erfahrungen des Militärputsches reicher, künftig genau so mit eiserner Faust gegen rechts vorgehen werde, wie er das bislang schon gegen links getan hatte[204]. Wenn Partei und Gewerkschaften auf Noskes Rücktritt bestünden, dann werde er – Ebert – selbst gehen. Denn er fühle sich »verantwortlich für die Handlungen des Kriegsministers«[205].

Trotz dieser Drohung blieb Wels hart und gab dem Reichspräsidenten zu bedenken, daß die Mitglieder des sozialdemokratischen Parteivorstandes ein Verbleiben Noskes vor der eigenen Partei nicht verantworten könnten. Gebe Ebert nicht nach, so müsse umgehend ein außerordentlicher Parteitag einberufen werden und der jetzige Parteivorstand müsse seine Mandate niederlegen. Wels drohte Ebert nun seinerseits mit der Perspektive, daß dann wohl Noske die Führung der Partei übernehmen müsse, es aber wenig zweifelhaft sei, daß es ihm nicht gelingen könne, mehrheitssozialdemokratische Arbeiter im großen Umfange um sich zu sammeln oder hinter sich zu bringen.

Unter diesem massiven Druck gab Ebert seinen Widerstand schließlich auf und genehmigte noch am selben Tage das Rücktrittsgesuch seines Freundes Gustav Noske[206]. Er schrieb ihm[207]: »In zielbewußter harter Arbeit hast Du den Boden vorbereitet, auf dem das große Werk der neuen demokratischen Staatsordnung begonnen werden konnte. Daß dies in verhältnismäßig kurzer Zeit gelang, daß das Reich zusammenhielt und bald wieder zur Ordnung und Arbeit kam, das ist in erster Linie Dein großes Verdienst, das ist Deine Tat, die in der Geschichte unseres Vaterlandes nicht vergessen werden wird.«

204 Stampfer, Vierzehn Jahre, S. 176.
205 Protokoll MSPD-Parteiausschuß 30. 3. 1920, S. 6 f., auch zum Folgenden.
206 Die von Ebert und Bauer unterschriebene Entlassungsurkunde trägt das Datum vom 25. 3. 1920. Urkunde in: BA NL 46, Best. 22, Nr. 2.
207 Schultheß EGK 1920 I, S. 71. Vollständiger Text des Abschiedsschreibens in: Deutsche Allgemeine Zeitung (DAZ) Nr. 155 vom 4. 4. 1920. Abgedruckt in: Ursachen und Folgen, Bd 4, Nr. 867, S. 114 f.

Am 22. wohnte Noske ein letztes Mal einer Kabinettssitzung bei[208]. Es ging um die Gewerkschaftsforderungen – Aufhebung des verschärften Belagerungszustandes, Eintritt von Arbeitern in die Sicherheitswehr, Zurückziehung der Truppen aus Berlin, Bildung einer reinen Arbeiterregierung – sowie um die Frage, wie die Regierung der Streikbewegung entgegentreten sollte, die sich in Berlin und im Ruhrgebiet zunehmend radikalisierte. Noske, der sich während der Kapp-Tage zu keiner Aktion hatte aufraffen können, fand nun, angesichts der für ihn bekannten Konstellation, der Bedrohung von links, die Sprache rasch wieder. Er machte dem Kabinett den Vorschlag, »vor der Nationalversammlung drei Personen diktatorisch Vollmacht zu geben«[209], die in Berlin und im rheinisch-westfälischen Industriegebiet Ordnung schaffen sollten. Da war er also wieder, der Vertreter einer Politik der eisernen Faust – nach links! Der Vorschlag Noskes wurde im Kabinett nicht einmal diskutiert.

Um einen freiwilligen Abgang handelte es sich beim Rücktritt Noskes nicht. Ausschlaggebend für die Entscheidung Eberts, seinen Freund und Vertrauten Noske zu entlassen, war der Druck von Wels und Legien, also der mehrheitssozialdemokratischen Partei und der Gewerkschaften. In seinem Buch »Von Kiel bis Kapp« bemerkte Noske nicht ohne Bitterkeit: »Der Wehrminister wurde Sündenbock für die Fehler anderer und Opfer vorerst unüberwindlicher Schwierigkeiten[210].«

5. Preisgabe des Reichswehrministeriums durch die SPD

Fünf Tage lang weigerte sich der Reichspräsident, dem Rücktrittsgesuch Noskes stattzugeben. Ebert, einst als Nachfolger des legendären Parteiführers August Bebel selbst langjähriger Vorsitzender der SPD, kannte seine Partei gut genug, um beurteilen zu können, was ein Ausscheiden Noskes aus dem Regierungsamt für sie bedeuten würde. Nach Eberts intimer Personenkenntnis gab es unter den Führungskräften der Sozialdemokratischen Partei niemanden, der danach drängte, neuer Reichswehrminister zu werden. Der Reichspräsident mochte sich auch an die Jahreswende 1918/19 erinnern, als die Unabhängigen aus dem Rat der Volksbeauftragten ausgeschieden waren. Damals hatte sich Noske keineswegs um die Verantwortung für Heer und Marine

[208] Kabinettssitzung am 22. 3. 1920. In: Kabinett Bauer, Nr. 209, S. 738–741.
[209] Ebda., S. 739.
[210] Noske, Kiel bis Kapp, S. 210.

gerissen, sondern diese Aufgabe eher aus einem Pflichtgefühl heraus übernommen. Allerdings konnte Noske damals auf einen politischen Werdegang zurückblicken, der ihn wie keinen anderen dazu prädestinierte, im Falle einer sozialdemokratischen Regierungsübernahme Verantwortung für das Militärressort zu tragen.

Während seiner gesamten Amtszeit als Reichswehrminister war sich Noske durchaus bewußt, daß seine Partei ihn und seine Politik zwar kritisieren konnte, aber nicht in der Lage war, ihn durch eine andere Persönlichkeit aus den eigenen Reihen zu ersetzen. Noskes gelegentliche Rücktrittsangebote müssen in diesem Zusammenhang gesehen werden. Sie hatten gewiß auch den Sinn, allen Kritikern die eigene Unentbehrlichkeit bewußt zu machen. Als Scheidemann und Wels im Herbst 1919 die Beschwerden der Partei über Noske – wegen des Falles Reinhard und des Herunterspielens der Gefahr von rechts – schriftlich an Reichskanzler Bauer herantrugen, war denn auch von einer Abberufung Noskes keine Rede. Die Redakteure der Parteizeitung »Vorwärts«, denen man gewiß nicht vorwerfen konnte, sie hätten sich als Sprachrohr der Noske-Politik mißverstanden, betonten in konfliktträchtigen Situationen ihrerseits mehrfach, daß es ihnen überhaupt nicht darum gehe, Noske aus dem Amt zu treiben, sondern daß sie ihn durch ihre Kritik unterstützen wollten, damit er seine schwere Aufgabe im Interesse der Republik besser erfüllen könne. Sowohl im Herbst 1919 als auch im März 1920, nach dem Kapp-Lüttwitz-Putsch, lautete also die Frage: Würde sich in den Reihen der SPD ein Politiker finden, der bereit und fähig war, Noskes Aufgabe zu übernehmen?

Dabei ging es freilich nicht bloß um fachliche Qualifikationen, um militärischen Sachverstand, sondern auch um den Mut zur Übernahme einer in der Partei unpopulären Aufgabe. Jedem Politiker der ersten Garnitur, der sich die Frage vorlegte, ob er als Sozialdemokrat Reichswehrminister werden könne, war das ganze, über Jahrzehnte hinweg belastete Verhältnis von Militär und Sozialdemokratie präsent. Es war in erster Linie verursacht durch die Politik des Kaisers und seiner Regierungen sowie des Militärs selbst, das sich unter Wilhelm II. auch als politisches Instrument des Staates gegen die Sozialdemokratie begriff. Aus dieser Frontstellung der kaiserlichen Armee resultierte die traditionelle Militärfeindschaft der Sozialdemokraten. Nun, 1920, war offenkundig, daß sich der verhaßte Militarismus trotz Novemberrevolution und trotz fast eineinhalbjähriger sozialdemokratischer Regierungsverantwortung in die Republik hinübergerettet hatte.

Einiges von diesen historischen Belastungen im Verhältnis von Sozialdemokratie und Militär klang in der Argumentation an, mit der Otto Wels, der Parteivorsitzende, am 22. März den Reichspräsidenten zur Abberufung Noskes drängte. Gewiß spielte der aktuelle Gesichtspunkt eine wichtige Rolle, daß man unmöglich einen sozialdemokratischen Reichswehrminister im Amt belassen konnte, »der zwar gegen links erfolgreich operiert, dann aber vor den Meuterern von rechts die Flucht ergriffen hatte«[211]. Entscheidender war jedoch für Wels die weitergehende politische Überlegung, daß die Partei von einer »Last« befreit werden mußte, die das Reichswehrministerium für sie bedeutete; dies insofern, als die Partei von ihren Mitgliedern und Anhängern für jeden »Übergriff« verantwortlich gemacht worden war, den sich Soldaten hatten zuschulden kommen lassen. Mit »Übergriff» meinte Wels nicht zuletzt den Kapp-Lüttwitz-Putsch selbst. Bestand nicht die reale Gefahr – so die Überlegung des Parteivorsitzenden –, daß die SPD für den Militärputsch zumindest insoweit mitverantwortlich gemacht wurde, als Noske, der Sozialdemokrat, ihn nicht verhindert hatte? Ebert bekannte sich ausdrücklich zu seiner Mitverantwortung für die Handlungen und Unterlassungen des Reichswehrministers. Wels, der Parteiführer, konnte eine solche schon eher von sich weisen, da der Parteivorstand den Reichswehrminister seit einem halben Jahr immer wieder vor der Gefahr von rechts gewarnt hatte. So verstand Wels seine Rolle: Er mußte bestrebt sein, den Mißerfolg Noskes möglichst auf diesen einzugrenzen, damit nicht die gesamte Partei Schaden nahm.

Am 22. März billigte Ebert notgedrungen Noskes Rücktrittsgesuch. Nun zeigte sich, daß die SPD mit leeren Händen dastand. Noske erinnerte sich später nicht ohne Schadenfreude an die Situation, in die er seine Partei mit seinem Rücktritt gebracht hatte: »Beinahe vergnügt saß ich dabei, wie tagelang wegen der Wiederbesetzung des Amtes des Wehrministers in der Fraktion verhandelt wurde«[212]. Nun hatte Noske noch einmal einen Beweis für seine Unentbehrlichkeit. Daher registrierte er auch mit Genugtuung, daß die einzige Frau im Parteivorstand der MSPD, Marie Juchacz[213], ihn angesichts der aufgetretenen Schwierigkeiten bei der Suche nach einem Nachfolger alsbald – durchaus nicht scherzhaft – fragte, ob er denn jetzt schon wiederkommen müsse.

Die sozialdemokratische Nationalversammlungs-Fraktion sah zunächst nur einen Mann, von dem sie glaubte, daß er der Aufgabe gewachsen sein würde, das Amt des Reichswehrministers auszuüben: Otto Wels[214]. Sie faßte einen einstimmigen Beschluß, ihn als Nachfolger Noskes zu präsentieren[215]. Aber Wels leistete unüberwindlichen Widerstand. Er machte geltend, daß er als geschäftsführender Vorsitzender des Vorstandes der SPD in der kommenden, politisch überaus

211 Stampfer, Vierzehn Jahre, S. 176.
212 Noske, Erlebtes, S. 165.
213 Ebda., dort in falscher Schreibweise Jucharz.
214 Siehe den Artikel »Schwierigkeiten bei der Kabinettsbildung« in: Vorwärts Nr. 155, 24. 3. 1920, Abend-Ausgabe, S. 1.
215 Stampfer, Vierzehn Jahre, S. 176.

wichtigen Zeit dieses Parteiamt schwerlich abtreten könne[216]. Wels wollte die Partei führen und nicht Reichswehrminister werden. »Er fühlte sich nur stark, wo er sich zu Hause fühlte: in der Partei, im Kreise der Arbeiter, von denen er einer war«[217]. Die Fraktion würdigte zwar Wels' Argumentation, bat ihn aber dennoch wiederholt, das Reichswehrministerium zu übernehmen. Wels blieb hart. Ob er als Parteivorsitzender wirklich so unentbehrlich war[218], mag man bezweifeln.

Vizekanzler Eugen Schiffer (DDP), der den Kapp-Lüttwitz-Putsch ebenso wie Noske, wenngleich aus anderen Gründen[219], politisch nicht überlebte, berichtet in seinen Erinnerungen, Wels hätte ihn in diesen Tagen wegen der Noske-Nachfolge um Rat gefragt. Er, Schiffer, habe ihm dringend abgeraten, da sein Eintritt in die Regierung als Reichswehrminister eine »Massenflucht der Offiziere« zur Folge haben würde. Schiffer will Wels zudem vorgehalten haben, nachher würde aus der Armee eine »bewaffnete Gewerkschaft«, und ein solcher Wandel sei in dieser drangvollen Situation nicht erträglich[220]. Die Glaubwürdigkeit dieses Berichts ist schwer zu ermessen[221]. Denn weshalb sollte sich der sozialdemokratische Parteivorsitzende gerade bei einem Politiker Rat eingeholt haben, der sich in den Augen der Arbeiterschaft soeben durch seine Verhandlungen mit Kapp unmöglich gemacht hatte? Aber, einmal angenommen, diese Unterredung fand tatsächlich statt, so gibt sie zumindest Aufschluß über die politische Vorstellungswelt eines führenden liberal-demokratischen Politikers.

Reichsinnenminister Koch (DDP) berichtet, in seiner Fraktion habe man es für unmöglich gehalten, jetzt, nach dem Putsch, »einen Sozi mit der Aufgabe zu betrauen«; daher habe er den Vorschlag gemacht, seinen Parteifreund, den Reichsminister für Wiederaufbau, Otto Geßler, mit dem Reichswehrministerium zu betrauen[222]. Leider ist nicht bekannt, aufgrund welcher Überlegungen die Demokraten zu der Auffassung gelangten, ein Sozialdemokrat käme als Nachfolger Noskes ohnehin nicht in Frage. Legten sie es darauf an, nicht nur Noske, sondern die Sozialdemokratische Partei insgesamt mit der Verantwortung dafür zu belasten, daß der Rechtsputsch nicht rechtzeitig verhindert worden war?

In jenen drei Tagen zwischen Noskes Rücktritt (am 22. März) und

216 Nach dem Bericht des Vorwärts Nr. 156, 25. 3. 1920, Morgen-Ausgabe, S. 1.

217 Stampfer, Vierzehn Jahre, S. 176.

218 Seine Unentbehrlichkeit behauptet Miller, Bürde, S. 395.

219 Schiffer galt bei den Gewerkschaften als untragbar, weil er mit Kapp verhandelt hatte. Sie setzten daher seinen Rücktritt durch.

220 Unveröffentlichte Erinnerungen von Eugen Schiffer. Zit. nach Meier-Welcker, Seeckt, S. 273, Anm. 52.

221 Miller, Bürde, S. 395, Anm. 13, hält die Aussage Schiffers schlicht für »abwegig«.

222 Aufzeichnungen Kochs vom 23. 3. 1920. Zit. nach Kabinett Bauer, S. 755 f., Anm. 4.

der Ernennung des Demokraten Geßler zu seinem Nachfolger (am 24. März 1920) drehte sich das Personalkarussell in einer Weise, die auch verfassungsrechtlich nicht unbedenklich war[223]. Nach der Verfassung war es Aufgabe des vom Reichspräsidenten ernannten Reichskanzlers, sich ein Kabinett zusammenzustellen und damit auch einen ausgeschiedenen Minister zu ersetzen und ihn dem Reichspräsidenten zur Ernennung vorzuschlagen[224]. Gerade der sozialdemokratische Reichskanzler Gustav Bauer spielte bei der Suche nach einem Nachfolger für Noske jedoch eine denkbar unbeholfene Rolle. Als durchaus noch unsicher war, ob Wels bei seinem Nein bleiben würde, äußerte Bauer[225] gegenüber dem Vorsitzenden der DDP-Fraktion, Friedrich v. Payer, daß er Noske nicht durch einen Sozialdemokraten, aber, und dies im Einverständnis mit Noske, auch nicht durch einen General ersetzen wolle. Bauer favorisierte zu dieser Zeit den badischen Innenminister Ludwig Haas, der zugleich Mitglied der DDP-Fraktion in der Nationalversammlung war. Auch den DDP-Abgeordneten Andreas Blunck[226] brachte er ins Gespräch.

Reichskanzler Bauer ließ es auch zu, daß in einem vergleichsweise großen Gremium, nämlich dem Interfraktionellen Ausschuß, dem Vertreter der drei Regierungsparteien SPD, DDP und Zentrum angehörten, alle möglichen Namen in die Debatte geworfen wurden, sowie, daß es dabei niemand für nötig hielt, die Personenfrage an die Inhalte einer künftigen republikanischen Militärpolitik zu knüpfen. Der Zentrumspolitiker Trimborn vertrat in dieser wegen ihrer Niveaulosigkeit durchaus denkwürdigen Sitzung, in der auch Ebert[227] und Noske zugegen waren, den Vorschlag, »einen guten General, etwa Reinhardt« zum Reichswehrminister zu machen, da »ein Zivilist« das doch nicht könne[228]. Die Ernennung Reinhardts wäre auch nach Eberts[229] Auffassung die beste Lösung gewesen. Aber Reinhardt hatte ein entsprechendes Angebot des Reichspräsidenten unter Hinweis auf Noske abgelehnt. Dies teilte Noske jetzt Trimborn mit: Reinhardt stehe und falle mit ihm[230], komme demnach als sein Nachfolger nicht in Frage.

[223] Vgl. die diesbezügliche, völlig berechtigte Kritik von Reichsinnenminister Koch. Ebda., S. 756 und 758, Anm. 13.

[224] Zur Kommentierung der einschlägigen Artikel 53 und 54 der Weimarer Reichsverfassung vgl. Huber, Verfassungsgeschichte, Bd 6, S. 47–51.

[225] Aufzeichnungen Kochs vom 25. 3. 1920. In: Kabinett Bauer, S. 75 f., Anm. 4.

[226] Blunck wurde am 27. 3. 1920 im Kabinett Müller I als Nachfolger Schiffers Reichsjustizminister.

[227] Ebert eröffnete die Sitzung des Interfraktionellen Ausschusses vom 23. 3. 1920 mit der Bemerkung: »Im Wehrministerium schalten Militärs und führen böse Reden.« Ebda., Nr. 213, S. 756.

[228] Ebda., S. 757.

[229] Siehe Ernst, Nachlaß Reinhardt, S. 67.

[230] Kabinett Bauer, S. 757. Tatsächlich begründete Reinhardt sein Rücktrittsgesuch vom 25. 3. 1920 u. a. damit, daß er ohne Noske »keine ersprießliche Möglichkeit« sehe,

Der DDP-Vorsitzende Petersen[231] pflichtete dem Vorschlag Trimborns bei, am besten einen Offizier für das Reichswehrministerium zu nehmen und bedauerte noch einmal im Namen seiner Fraktion den Rücktritt Noskes[232]. Obwohl der sozialdemokratische Vizepräsident der Nationalversammlung, Paul Löbe, schon zu Beginn dieser Sitzung den Vorschlag gemacht hatte, Otto Wels zum Reichswehrminister zu ernennen[233], machte nun Reichskanzler Bauer gegen Löbe und offenbar völlig aus dem Handgelenk heraus das Angebot, daß Petersen Noskes Nachfolge antreten solle[234]. Dieser lehnte sogleich ab. Damit war diese unnütze Personaldebatte zunächst einmal beendet. Reichsinnenminister Koch kommentierte die Sitzung rückblickend folgendermaßen: »Ein trostloser Zustand! Es ist alles in Verwirrung. Ebert, sonst so klug, versteht nicht den einfachen Vorgang der Kabinettsbildung[235].« Mehr als dies: Führende Politiker der Weimarer Koalition waren in dieser Situation bedenkenlos bereit, das Amt des Reichswehrministers einem General anzuvertrauen. So war es im Kaiserreich gewesen. Warum sollte es in der Republik anders gehandhabt werden?

Nachdem Wels abgelehnt hatte, war man in der sozialdemokratischen Nationalversammlungsfraktion ziemlich ratlos. Nun wurde auch die preußische MSPD-Landtagsfraktion hinzugezogen[236]. Dabei schlug Scheidemann den Abgeordneten Albert Grzesinski zum Nachfolger Noskes vor[237]. Diese Empfehlung wurde aber offenbar nicht einmal näher diskutiert[238]. Als preußischer Innenminister in den Jahren 1926 bis 1930 sollte Grzesinski später beweisen, daß er durchaus in der Lage war, ein schwieriges Regierungsamt erfolgreich auszuüben.

Die sozialdemokratische Nationalversammlungs-Fraktion wandte sich auch an den preußischen Landwirtschaftsminister Otto Braun (SPD). Er hatte sich als energischer Mann erwiesen, der durchzugreifen verstand. Aus jüngster Zeit hatte man Äußerungen von ihm über die Reichswehr in Erinnerung, die darauf schließen ließen, daß er, anders als Noske, den nötigen Abstand zu den Offizieren halten würde[239]. Wie viele Sozialdemokraten mit ihm hatte jedoch auch Braun eine

weiterhin als Chef der Heeresleitung tätig zu sein. Text des Rücktrittsgesuchs in: Ursachen und Folgen, Bd 4, S. 115 f.

231 Carl Wilhelm Petersen, Senator in Hamburg, Vorsitzender der DDP, MdNV.

232 Kabinett Bauer, Nr. 213, S. 757.

233 Ebda., S. 756.

234 Ebda., S. 757.

235 Tagebuchaufzeichnung Kochs vom 24. 3. 1920. Ebda., S. 758, Anm. 13.

236 Noske, Erlebtes, S. 165 f.

237 Scheidemann, Memoiren II, S. 410. Biographische Daten Grzesinskis in: Zentralrat, S. XXXVIII f.; Grzesinski war 1919 kurzzeitig als Nachfolger Göhres Unterstaatssekretär im Reichswehrministerium und wurde dann Leiter des Abwicklungsamtes.

238 Miller, Bürde, S. 395.

239 Schulze, Otto Braun, S. 296.

»tief eingewurzelte Abneigung gegen alles Militärische«, und eigene Erfahrungen brachten ihn zu der Haltung, den Militärs prinzipiell zu mißtrauen[240]. Aber zugleich gehörte Braun zu jenen SPD-Politikern, die ohne Vorbehalte bereit waren, die Existenznotwendigkeit einer Reichswehr anzuerkennen, sich also nicht von antimilitärischem Klischeedenken leiten zu lassen. Gegen Soldaten hegte er durchaus keine grundsätzliche Abneigung[241]. Was ihn, zumal in den späten 20er Jahren, zunehmend mißtrauisch werden ließ, war die dreiste Art, mit der Vertreter der Reichswehr ihre republikanische Unzuverlässigkeit demonstrierten.

Otto Braun lehnte das Angebot, Reichswehrminister zu werden, rundweg ab, und zwar mit den beiden folgenden Argumenten: Erstens verstehe er nichts von den militärischen Geschäften, und zweitens sei er Pazifist[242]. Beide Gründe waren zumindest auch Vorwände. Denn – dies zum ersten Argument – bei einer anderen Gelegenheit, nämlich bei der Übernahme des preußischen Landwirtschaftsministeriums im Kabinett Hirsch 1918, hatte sich Braun durchaus nicht gescheut, sich in ein neues Politikfeld einzuarbeiten. Es gelang ihm sogar, sich darin rasch eine anerkannte Kompetenz zu erwerben. Zum zweiten Argument ist zu sagen, daß Braun unter Pazifismus hauptsächlich eine auswärtige Politik der Verständigung verstand, verbunden mit einer ausschließlich defensiven Militärpolitik[243]. Die Übernahme des Amtes des Reichswehrministers hätte für Braun also durchaus keine Vergewaltigung seiner pazifistischen Überzeugungen bedeuten müssen.

In den früheren Weimarer Jahren, als viele Sozialdemokraten die Macht eher als Bürde denn als Chance empfanden, gehörte Otto Braun überdies zu jenen, die ihre Partei immer wieder dazu mahnten, sich der Verantwortung nicht zu entziehen. Braun verkörperte geradezu den Willen zur Macht. Um so weniger ist es zu verstehen, daß er seine Mahnung in jenen Tagen, als es um die Noske-Nachfolge ging, nicht auf sich selbst und in der Sache auf das Gebiet der Militärpolitik bezog. Möglicherweise[244] sah Braun bereits zu diesem Zeitpunkt das Amt des preußischen Ministerpräsidenten in Reichweite, einen Posten, den er als bedeutsamer einschätzte als den des Reichswehrministers.

Betrachtet man den weiteren politischen Werdegang Brauns – er wurde am 27. März 1920 tatsächlich preußischer Ministerpräsident[245]

[240] Urteile von Schulze, Otto Braun, S. 546, vor dem Hintergrund der Erfahrungen Otto Brauns mit der Reichswehr in den 20er Jahren.
[241] Ebda., S. 608.
[242] Braun, Von Weimar, S. 92 f.
[243] Zu dieser Version von Pazifismus vgl. meine Einleitung zu Karl Holl und Wolfram Wette (Hrsg.), Pazifismus in der Weimarer Republik, Paderborn 1981, S. 13 ff.; fortan zit.: Holl/Wette (Hrsg.), Pazifismus.
[244] Vermutung von Schulze, Otto Braun, S. 297.
[245] Vgl. Schultheß EGK 1920 I, S. 75 f.

und behielt dieses Amt mit kurzen Unterbrechungen über die ganze Weimarer Zeit hinweg –, so wird man kaum fehl gehen in der Annahme, daß dieser sozialdemokratische Politiker gewiß das Zeug gehabt hätte, ein durchsetzungsfähiger und erfolgreicher Reichswehrminister zu werden, der sich gerade in der von Noske so einseitig betriebenen militärischen Personalpolitik engagiert hätte. Als preußischer Landwirtschaftsminister hatte Braun in der Zeit zwischen 1918 und 1920 den Beweis dafür geliefert, daß es auch für einen Sozialdemokraten nicht unmöglich war, ein solches Ministerium, in dem monarchistisch und großagrarisch eingestellte Beamte den Ton angaben, in den Griff zu bekommen. Anders als Noske, der den Offizieren einen Vertrauensvorschuß einräumte, den sie nicht verdienten, hatte Braun schon zu Beginn seiner Regierungstätigkeit in Preußen begriffen, daß die Chance einer Demokratisierung der Verwaltung maßgeblich davon abhing, ob es gelang, die dem alten Obrigkeitsstaat verhafteten Beamten wenigstens aus den politisch bedeutsamen Verwaltungspositionen zu verdrängen und sie durch Beamte zu ersetzen, die sich der Republik verpflichtet fühlten. So besetzte er die Oberpräsidentenposten mit Anhängern der Weimarer Koalitionsparteien und legte großen Wert auf die Personalauslese und die politische Bildung bei der preußischen Polizei. Trotz widriger Umstände stellten sich bei dieser Demokratisierungspolitik auch Erfolge ein. Der »rote Zar von Preußen«[246], wie Otto Braun auf dem Höhepunkt seiner Macht Ende der 20er Jahre genannt wurde, scheiterte schließlich nicht an seiner eigenen Politik, wie es bei Noske der Fall war, sondern er verlor sein Ministerpräsidentenamt am 20. Juli 1932 durch einen Putsch des damaligen Reichskanzlers v. Papen.

Auf Otto Braun wurde hier etwas aufführlicher eingegangen, weil er wahrscheinlich der geeignetste unter den wenigen sozialdemokratischen Kandidaten war, die zwischen dem 22. und dem 24. März 1920 als mögliche Noske-Nachfolger im Gespräch waren. Nachdem Wels und Braun abgewinkt hatten, stand die sozialdemokratische Fraktion endgültig mit leeren Händen da. Reichspräsident Ebert mußte sich nun mit dem Vorschlag Kochs auseinandersetzen, den Demokraten Dr. Otto Geßler zum Reichswehrminister zu ernennen. Ebert war zunächst gegen diesen Kandidaten, weil er ihn für »zu weich« hielt, wie er gegenüber Haußmann äußerte[247], fertigte dann jedoch angesichts der erfolglosen Verhandlungen in der SPD-Fraktion ohne weiteres Zö-

246 Vgl. Schulze, Otto Braun, Abschnitt V: »Der ›rote Zar von Preußen‹ 1925–1930«.

247 Aufzeichnung Haußmanns über ein Gespräch mit Ebert am Nachmittag des 23. 3. 1920. HStA Stuttgart, Nachlaß Haußmann, Nr. 43 d. Zit. nach: Kabinett Bauer, S. 756, Anm. 4.

gern die Ernennungsurkunde für Geßler aus[248]. Der neue Reichswehrminister behauptete später, vor seiner Ernennung nicht einmal befragt und daher von ihr überrascht worden zu sein[249].

Zu Noske soll Geßler geäußert haben, er habe sich dazu überreden lassen, »gewissermaßen kommissarisch« bis zur baldigen Rückkehr Noskes die Geschäfte des Reichswehrministers zu führen. Als er hinzufügte, er rechne auf Noskes Rat, empfahl ihm dieser dringlich, »sich sobald wie möglich Seeckt vom Halse zu schaffen«[250]. Dazu kam es jedoch ebensowenig wie zu einer Rückkehr Noskes ins Amt. Geßler, ehemaliger Oberbürgermeister von Nürnberg, hatte nach dem Wiedereintritt der Demokraten in das Kabinett Bauer im Herbst 1919 die Aufgaben des Reichsministers für Wiederaufbau übernommen. Seine Wahl galt bereits damals als Verlegenheitslösung[251]. Es fragt sich, wie die SPD diesen Mann als Nachfolger Noskes akzeptieren konnte, zumal sie wußte, daß er für das Amt des Reichswehrministers nicht qualifiziert war und im übrigen, wie er gegenüber Ebert offen zugab, im Herzen immer noch der Monarchie[252] anhing.

Noskes späterer Kommentar[253] zu dieser Entwicklung: »Das Resultat der dreitägigen Schwätzerei war die Preisgabe der Macht im Reiche mit der Begründung, daß bei der Stimmung der sozialdemokratischen Massen ein Sozialdemokrat mit der Verantwortung für die Reichswehr und die damit verbundenen sonstigen Aufgaben, zu denen die Niederwerfung des kommunistischen Aufstandes im Industriegebiet gehörte, nicht belastet werden könne. Man überließ dem Bürgertum in Dr. Geßler das Wehrministerium und dem General von Seeckt als Chef der Heeresleitung die Umgestaltung der Truppe. Damit hatte die Sozialdemokratische Partei als entscheidender Machtfaktor im Reiche ausgespielt«.

Man muß sich vergegenwärtigen, daß die SPD aufgrund ihrer Stärke in der Nationalversammlung jeden von ihr benannten Kandidaten als Reichswehrminister hätte durchsetzen können und Ebert umgehend die Berufung ausgesprochen hätte, daß es sich bei dem Verzicht der SPD auf die Benennung eines Nachfolgers für Noske also um eine freiwillige Preisgabe dieses wichtigen Ministeriums handelte. In der Literatur ist die Meinung vorherrschend, daß dies eine für das ferne Schicksal der Republik »verhängnisvolle Entscheidung« war, einer der

[248] Sie datiert vom 24. 3. 1920. BA R 43 I/952, Bl. 31, zit. nach: Kabinett Bauer, S. 766, Anm. 14.

[249] Geßler, Reichswehrpolitik, S. 129 f. Der DDP-Fraktionsvorsitzende Friedrich v. Payer, heißt es dort, habe ihn am 25. 3. mit der Nachricht von der bereits vollzogenen Ernennung überrascht.

[250] Noske, Erlebtes, S. 166. Zu Seeckt vgl. auch Kapitel XI/6.

[251] Miller, Bürde, S. 396.

[252] Über den »Herzensmonarchisten« und »parlamentarischen Prügelknaben« Geßler vgl. Schmädeke, Militärische Kommandogewalt, S. 118 ff.

[253] Noske, Erlebtes, S. 166.

schwersten Fehler, den die deutsche Sozialdemokratie begangen hat, weil damit die einzigartige Chance vertan wurde, die Reichswehr unter sozialdemokratischer Verantwortung doch noch zu einem zuverlässigen, demokratischen Machtinstrument umzuformen[254]. Im Gegenzug hierzu wurde die These[255] aufgestellt, es habe durchaus keine triftigen Gründe gegeben, das Amt des Reichswehrministers erneut mit einem Sozialdemokraten zu besetzen, da der Aufbau der Reichswehr im wesentlichen abgeschlossen gewesen sei und es Möglichkeiten einer weiteren Republikanisierung kaum noch gegeben habe.

Diese Ansicht trifft jedoch keineswegs zu. Im Zuge der nach dem Kapp-Lüttwitz-Putsch erst richtig beginnenden Truppenverminderung ließ sich noch vieles an der Personalstruktur der Reichswehr ändern, und es machte doch wohl einen Unterschied, ob ein Politiker an der Spitze des Reichswehrministeriums stand, der seine Aufgabe zuvörderst darin sah, dem Primat der Politik Geltung zu verschaffen, oder einer, der sich, wie dies bei Geßler bedauerlicherweise zur Gewohnheit werden sollte, als Interessenvertreter der Soldaten verstand und seine Aufgabe so mißinterpretierte, als ob es darum ginge, die Reichswehr Seeckts nach außen hin abzuschirmen und damit die ohnehin vorhandenen Abkapselungstendenzen noch zu verstärken.

Die im Gefolge von Putsch und Generalstreik eingetretene Regierungskrise war mit der Entlassung Noskes und der Ernennung Geßlers zu seinem Nachfolger keineswegs beendet[256]. Eine zunächst von MSPD und USPD erwogene »reine Arbeiterregierung« wurde von Zentrum und DDP rundweg abgelehnt und dann nicht weiterverfolgt. Daher blieb nur eine Neuauflage der Weimarer Koalitionsregierung. Als sich die Gewerkschaften unter Berufung auf die mit den Regierungsparteien getroffenen Vereinbarungen in die Kabinettszusammensetzung einmischten und sich u. a. gegen die Belassung von Vizekanzler Schiffer im Amt aussprachen, stellte die DDP die Koalitionsfrage[257]. Daraufhin sah Reichskanzler Bauer keine andere Möglichkeit mehr, als am 26. März dem Reichspräsidenten die Demission des Gesamtkabinetts zu überreichen. Ebert beauftragte nun auf Vorschlag der SPD-Fraktion den bisherigen Reichsaußenminister Hermann Müller mit der Neubildung des Kabinetts. Nachdem Schiffer und der von den Gewerkschaften ebenfalls attackierte Wilhelm Cuno[258] auf ihre Kandida-

[254] Schulze, Otto Braun, S. 296 f.; ebenso Gebhardt, Handbuch 4. 1. (1973), S. 223: die SPD habe ohne Not auf eine Schlüsselposition verzichtet; vgl. auch Stampfer, Vierzehn Jahre, S. 176 f., sowie Gordon, Reichswehr, S. 130, und Adolph, Wels, S. 158.

[255] Miller, Bürde, S. 398.

[256] Zusammenfassend Stampfer, Vierzehn Jahre, S. 177 f.

[257] Vgl. Schultheß EGK 1920 I, S. 71.

[258] Cuno war General-Direktor der Hamburg-Amerika-Linie. Er sollte Nachfolger des bereits vor dem Putsch zurückgetretenen Reichsfinanzministers Erzberger werden. Von November 1922 bis August 1923 war Cuno Reichskanzler.

turen verzichtet hatten, konnte am 27. März die Neubildung des Kabinetts unter Reichskanzler Hermann Müller bekanntgegeben werden[259]. Dieses Kabinett, dem wiederum Geßler als Reichswehrminister angehörte, wurde nicht einmal drei Monate alt[260]. Geßler selbst blieb länger, bis zum Jahre 1928[261]. Das Kabinett Müller demissionierte nach den Reichstagswahlen vom 6. Juni 1920[262], welche einen starken Rechtsdruck, erhebliche Verluste für MSPD und DDP und insgesamt den Verlust der Mehrheit für die Parteien der Weimarer Koalition mit sich brachten. Der von dem Zentrumspolitiker Fehrenbach gebildeten Mitte-Rechts-Regierung gehörte die SPD nicht mehr an. Erst im Jahre 1928, als Hermann Müller sein zweites Kabinett bilden konnte, übernahm die Sozialdemokratie noch einmal Regierungsverantwortung, bevor dann, mit dem Herbst 1930, die Zeit der parlamentsunabhängigen Präsidialregierungen Brüning, Papen, Schleicher begann. Hermann Müller behielt 1928 den parteilosen General a.D. Wilhelm Groener als Reichswehrminister im Kabinett. Dessen Nachfolger waren die aktiven Generale v. Schleicher und – nun schon unter Hitler – v. Blomberg. Noske und Geßler blieben somit die einzigen zivilen Militär-Minister in der Geschichte des deutschen Nationalstaats.

Einen für das Militär verantwortlichen Minister hat die Sozialdemokratie erst rund ein halbes Jahrhundert nach dem Rücktritt Noskes wieder gestellt. Es war Helmut Schmidt, der bei der Bildung der sozialliberalen Regierungskoalition im Jahre 1969 Verteidigungsminister der Bundesrepublik Deutschland wurde. Ein halbes Jahrhundert lang hatte die Sozialdemokratie somit keinen direkten, von einem Ministeramt ausgehenden Einfluß mehr auf das Militär in Deutschland.

6. Putschfolgen: Geschwächte Republik

Nachdem der reaktionäre Militärputsch zusammengebrochen war, konnte in der deutschen Öffentlichkeit der Eindruck entstehen, daß sich die Republik aus eigener Kraft gegen ihre Gegner von rechts durchgesetzt hatte. So klangen auch die Worte des sozialdemokratischen Reichskanzlers Gustav Bauer vor der Nationalversammlung in Stuttgart: »Kapp und Lüttwitz sind verschwunden, die meuternde Marinedivision auf dem Rückzug aus Berlin, Sieg der Demokratie auf der

259 Schultheß EGK 1920 I, S. 74 f.
260 Vgl. Kabinett Müller I. 27. 3. bis 21. 6. 1920.
261 Zur Bewertung der Politik Geßlers vgl. Karl Holl, Die Deutsche Demokratische Partei im Spannungsverhältnis zwischen Wehrpolitik und Pazifismus. In: Holl/Wette (Hrsg.), Pazifismus, S. 135–148.
262 Vgl. Schultheß EGK 1920 I, S. 146. Ausführliche Darstellung: Miller, Bürde, S. 409–415.

ganzen Linie«[263]. Ein Sieg der Demokratie? Tatsächlich traf diese Schlußfolgerung Bauers nicht zu, wie der Ausgang der ersten Reichstagswahlen der Weimarer Republik am 6. Juni 1920[264] beweisen sollte.

Die Wahlen, die noch unter dem unmittelbaren Eindruck des Putsches und seiner Folgen beziehungsweise seiner Folgenlosigkeit stattfanden, brachten nicht etwa eine Abrechnung des Wählers mit denjenigen Parteien, die mit den Putschisten in irgendeiner Weise sympathisiert hatten, sondern das Gegenteil war der Fall. Das Ergebnis war ein unübersehbarer Ruck nach rechts und eine sensationelle Niederlage der Weimarer Koalition. Die Reichstagswahlen von 1920 ließen erkennen, daß der Staat von Weimar zwar nicht eine »Republik ohne Republikaner« war, aber doch eine Republik ohne eine stabile republikanische Mehrheit. Dabei fehlte es der Reichsregierung nicht an guten Vorsätzen, die Niederlage der Putschisten in eine dauerhafte Festigung der Republik umzumünzen. Es fehlte ihr etwas anderes: die Macht.

Zudem zeigte sich nach dem Ende des Putsches alsbald, daß diejenigen, die sich ihm entgegengestellt und seinen Erfolg damit vereitelt hatten, durchaus nicht das gemeinsame Ziel verfolgten, lediglich die Zustände vor dem 13. März 1920 wiederherzustellen. Was die im Generalstreik stehenden Arbeiter erwarteten, war ein Ruck nach links in der Regierungsbildung und eine »Neuordnung der Verhältnisse«[265] in der Weise, daß militaristisch-nationalistische Gewaltakte wie der soeben abgewehrte künftig ausgeschlossen sein würden. Eine Rückkehr zur Ära Noske wollten sie nicht.

Die Gewerkschaften erklärten sich zum Abbruch des Generalstreiks bereit, als Regierungsvertreter am 20. März einer 9-Punkte-Vereinbarung[266] zustimmten, in der das zusammengefaßt war, was man sich unter Neuordnung vorstellte. Die Vereinbarung enthielt auch mehrere Maßnahmen zur unmittelbaren Bereinigung des Putsches: Erstens sollten die an ihm Beteiligten bestraft werden. Zweitens sollten die konterrevolutionären militärischen Formationen entwaffnet, aufgelöst und durch Formationen aus den Kreisen der zuverlässigen republikanischen Bevölkerung, insbesondere der organisierten Arbeiter, Angestellten und Beamten, ersetzt werden. Die Frage, ob diese jetzt eher als zuvor bereit waren, in die Reichswehr einzutreten und »republikanische Formationen« zu bilden[267], muß offen bleiben, da die Forderung nicht durchgesetzt wurde.

Die Bestrafung der Putschisten – das war nichts als eine blanke

263 Verhandlungen NV, Bd 332, 18. 3. 1920, S. 4902 f.

264 Vgl. Ursachen und Folgen, Bd 4, S. 139 ff.

265 Formulierung aus der 9-Punkte-Vereinbarung vom 20. 3. 1920. Zum Zusammenhang vgl. Miller, Bürde, Kapitel »Der Ruck nach links«, S. 382 f.

266 Text der Vereinbarung in: Schultheß EGK 1920 I, S. 69 f.

267 Vgl. Gessner, Wehrfrage, S. 67 f., der die Nichteinlösung der militärpolitischen Abmachungen allerdings einseitig der Regierung anlastet.

Selbstverständlichkeit, handelte es sich bei ihren Vergehen doch um Gewaltakte gegen die verfassungsmäßige Ordnung, um Hochverrat und militärischen Aufruhr[268]. Doch die deutsche Öffentlichkeit mußte erleben, daß die Reichsregierung nicht die Macht hatte, dieses selbstverständliche Anliegen zu verwirklichen.

Kapp, der dem Putschunternehmen seinen Namen gegeben hatte, konnte nicht einmal festgenommen werden. Er hielt sich zunächst in Ostpreußen versteckt und floh dann nach Schweden. Lüttwitz, gegen den ebenfalls Haftbefehl wegen Hochverrats und zudem wegen militärischen Aufruhrs erlassen war, hielt sich in der ersten Zeit nach dem Putsch relativ ungefährdet im Berliner Raum auf, da er von Freikorpsführern und Offizieren der Sicherheitspolizei gedeckt wurde[269]. Später floh er, ebenso wie Oberst Bauer, nach Ungarn. Ludendorff, der mit den Putschisten eng zusammengearbeitet, sich aber im Hintergrund gehalten hatte, blieb gänzlich ungeschoren[270]. Der von Lüttwitz zum Major beförderte Pabst – pikanterweise erlaubte ihm der spätere Reichspräsident Hindenburg, den im Putsch unrechtmäßig erworbenen Dienstgrad zu behalten – floh nach Österreich[271]. Kapitän Ehrhardt konnte gegen seinen Willen nicht festgenommen werden. Später tauchte auch er unter. Mit Ausnahme des von Kapp zum preußischen Innenminister ernannten v. Jagow[272], der zu fünf Jahren Festungshaft verurteilt wurde, konnte keiner der Putschführer bestraft werden.

Bereits in ihren Stuttgarter Tagen hatte die Reichsregierung beschlossen, die verführten Soldaten unter eine Amnestieregelung fallen zu lassen und nur die Haupträdelsführer harter Bestrafung zuzuführen. Tatsächlich wurde dann im August 1920 eine Generalamnestie erlassen[273], die alle in das Märzunternehmen verwickelten Personen bis auf die Hauptbeteiligten von gerichtlicher Verfolgung befreite. Was die Reichswehr betraf, so erwartete jeder deutsche Republikaner, daß die illoyalen Militärs, die sich Kapp und Lüttwitz zur Verfügung gestellt hatten, ihrer Posten enthoben und bestraft würden, sowie, daß nun endlich die Gelegenheit genutzt würde, um republikanisch denkende Offiziere in die verantwortlichen Spitzenstellungen zu berufen.

268 In seinem Aufsatz »Militärputsch in Berlin – und seine Lehren« faßte der österreichische General, Sozialdemokrat und spätere Bundespräsident (1952–1957) Theodor Körner seine Empörung über das Verhalten des angeblich besten Offizierkorps der Welt, nämlich das deutsche, in den folgenden Ausrufungen zusammen: »Beeidet auf die Republik! Bezahlt von der Republik. Und Eidbrecher! Meuterer! Putschisten!« Siehe: Theodor Körner, Auf Vorposten. Ausgewählte Schriften 1928–1938. Hrsg. u. kommentiert von Ilona Duczynska, Wien 1977, S. 138.

269 Vgl. Lüttwitz, Kampf, S. 133–135; Gumbel, Verschwörer, S. 33.

270 Auf Vorschlag Seeckts verzichtete das Kabinett am 22. 3. 1920 darauf, Ludendorff zu verhaften. Siehe: Kabinett Bauer, Nr. 209, S. 741.

271 Erger, Kapp-Lüttwitz-Putsch, S. 295.

272 Gumbel, Verschwörer, S. 33.

273 Erger, Kapp-Lüttwitz-Putsch, S. 295.

Der neue Reichswehrminister Geßler trat in seiner ersten großen Rede nach der Amtsübernahme als ein Mann auf, der die Fehler Noskes nicht wiederholen wollte und der erkannt hatte, daß nach dem Militärputsch zunächst einmal reiner Tisch geschaffen werden müsse. Vor der Nationalversammlung sagte Geßler am 29. März[274]: »Führer, die nicht rückhaltlos auf dem Boden der Verfassung stehen und im kritischen Augenblicke des Staatslebens Politik auf eigene Faust machen, sind unmöglich. Ihre Entfernung ist die erste Voraussetzung für die Wiederherstellung des Vertrauens«[275]. Anschließend werde man »ernstlich und unverzüglich daran gehen müssen, die Reichswehr auf breitester demokratischer Grundlage wieder aufzubauen«. Was Noske, der allen republikanischen Offizieren mißtraute, nie gesagt hätte, versprach nun sein Nachfolger Geßler: Er werde sich »mit aller Macht dafür einsetzen, daß die demokratisch und verfassungstreu gesinnten Führer und Mannschaften in der Reichswehr die ihnen gebührende Stellung erhalten« und »daß sie nicht aus der Truppe verdrängt werden dürfen«, wie dies unter Noske bedauerlicherweise geschehen war. Darauf spielte Geßler an, wenn er zudem verkündete, er werde »ferner dafür sorgen, daß Leute, die lediglich ihrer demokratischen Gesinnung wegen aus der Reichswehr ausgemerzt worden sind und die zum Teil noch jetzt beschäftigungslos im Lande umherirren, beschleunigt wieder, soweit es ihrem Willen entspricht, der Reichswehr zugeführt werden«. Er werde, schloß der Nachfolger Noskes seinen Katalog von Absichtserklärungen ab, auch dafür sorgen, »daß der Ersatz der Führer, der jetzt wohl in gewissem Umfang nötig werden wird, in erster Linie aus denjenigen Kreisen unseres deutschen Vaterlandes stattfindet, die offen für Demokratie und Republik eingetreten sind«[276]. Für jede dieser Maßnahmen spendeten die Mehrheitsparteien dem neuen Reichswehrminister lebhaften Beifall. Mancher der Abgeordneten mochte sich gedacht haben, daß hier nichts anderes als eine nachträgliche Korrektur der offensichtlichen Fehler Noskes vorgenommen werden sollte.

Den guten Absichten Geßlers kam entgegen, daß die Reichswehr zur Zeit seiner Amtsübernahme noch immer weit über 200 000 Mann stark war, also noch mehr als die Hälfte des Personals abgebaut werden mußte, um zu der vertraglich vorgeschriebenen Höchststärke von 100 000 Mann zu gelangen. Eine starke und konsequent handelnde Regierung hatte es demzufolge durchaus in der Hand, das Verhalten der Offiziere zur Kapp-Lüttwitz-Gruppe zum Maßstab für eine Weiterverwendung beziehungsweise Entlassung zu machen.

274 Verhandlungen NV, Bd 332, 29. 3. 1920, S. 4959–4962.
275 Ebda., S. 4959.
276 Ebda., S. 4962.

Tatsächlich vollzog sich die Abrechnung mit den eidbrüchigen Militärs dann jedoch durchaus nicht so, wie die Regierung es angekündigt hatte. Seeckt[277], die neue Nummer 1 unter den Generälen, verstand es, die Bereinigung des Putschs zur innerdienstlichen Reichswehrangelegenheit zu erklären und den von Geßler eingesetzten Untersuchungsausschuß mehr oder weniger leerlaufen zu lassen[278]. So kam es, daß schließlich kein einziger Reichswehrangehöriger eine Freiheitsstrafe für seine Beteiligung am Putsch erhielt. Es wurden jedoch 172 Offiziere, die sich aktiv für Kapp und Lüttwitz betätigt hatten, aus der Reichswehr entlassen[279]. Unter ihnen befanden sich die Generale v. Estorff (Königsberg), Maercker (Dresden), v. Lettow-Vorbeck (Schwerin), v. Bernuth (Stettin), Graf Schmettow (Breslau) und Hagenberg (Weimar)[280]. Alle diejenigen Offiziere, die angeblich lediglich einen Befehl ausgeführt hatten, brauchten sich – auch wenn sich der Befehl gegen die Verfassung und ihre Organe richtete – im Regelfall nicht zu verantworten. Die Verfahren gegen sie wurden eingestellt[281].

Auf der anderen Seite wurden nach dem Putsch auch Soldaten verabschiedet, die dadurch ihre Gehorsamspflicht verletzt hatten, daß sie sich während des Putsches für die legale Regierung einsetzten und ihren Offizieren den Gehorsam verweigerten[282]. Nach diesem Beurteilungsmaßstab, den Seeckt zu verantworten hatte, war also auch ein verfassungswidriger Befehl auszuführen; zu ahnden war aus solcher Sicht nur der Verstoß gegen die formale Disziplin.

Indirekt hatte auch der Rücktritt des Chefs der Heeresleitung, General Reinhardt, mit dieser verfassungswidrigen Interpretation der militärischen Gehorsamspflicht zu tun. Er war der einzige unter den in Berlin anwesenden Generälen gewesen, der die legale Reichsregierung mit Waffengewalt schützen wollte. Mit dieser verfassungskonformen Auffassung über die Pflichten, die sich aus dem Eid des Soldaten ergaben, hatte er sich bei seinen Offizier-Kameraden noch unbeliebter gemacht, als er es ohnehin schon war. Eben wegen dieses Tatbestandes resignierte Reinhardt: Denn er ist – neben Noskes Stabschef v. Gilsa[283] – der einzige gewesen, der sich richtig entschieden hatte, aber gerade

277 Zu Seeckts Rolle vgl. Wohlfeil, Heer und Republik, S. 252 f.

278 Die von ihm eingesetzte Untersuchungskommission erwähnte Geßler in seiner Rede vom 29. 3. 1920. Verhandlungen NV, Bd 332, 29. 3. 1920, S. 4959.

279 Wohlfeil, Heer und Republik, S. 252.

280 Am 29. 3. 1920 veröffentlichte das Reichswehrministerium eine Liste der seit dem 13. 3. verabschiedeten bzw. beurlaubten Offiziere, die mit Kapp kollaboriert hatten. Schultheß EGK 1920 I, S. 76. Die erwähnten Namen ebda., sowie in: Meier-Welcker, Seeckt, S. 272, und Gordon, Reichswehr, S. 132. Vgl. auch die Rede Geßlers in: Verhandlungen NV, Bd 332, 29. 2. 1920, S. 4959.

281 Vgl. die »Ergebnisse des Ausschusses zur Prüfung des Verhaltens der Offiziere während der März-Vorgänge (Kapp-Putsch)«. In: Gumbel, Verschwörer, S. 34–43.

282 Wohlfeil, Heer und Republik, S. 252 f.

283 Ernst, Nachlaß Reinhardt, S. 68.

er konnte sich nicht durchsetzen. Seine bereits am Morgen des 13. März geäußerten Absichten, als Chef der Heeresleitung zurückzutreten[284], revidierte er nicht mehr. Als er hörte, daß sein Minister Noske sich entschlossen hatte, sein Amt aufzugeben, wollte Reinhardt die Reichswehr ganz verlassen.

Sein Abschiedsgesuch[285], das er dem Reichspräsidenten am 25. März zustellte, beleuchtete noch einmal das gute Verhältnis zwischen Reichswehrminister Noske und General Reinhardt. Er schrieb dort: »Mein Amt als preußischer Kriegsminister und als Chef der deutschen Heeresleitung habe ich dauernd in engem Zusammenarbeiten mit dem Volksbeauftragten und späteren Reichswehrminister Noske geführt. Von ganz verschiedener politischer Grundanschauung ausgehend, waren wir einig in der Überzeugung, daß für das deutsche Volk eine [...] den Parteikämpfen entzogene, aber unbedingt verfassungstreue Wehrmacht eine Lebensnotwendigkeit ist.« Den Putsch bezeichnete Reinhardt als »schweren Rückschlag« für die Reichswehr, da ihr inneres Gefüge und ihr äußeres Ansehen schweren Schaden genommen hätten. Da Noske infolge dieses Rückschlages nicht Reichswehrminister bleiben könne, schloß Reinhardt, sehe er auch für sich »keine Möglichkeit, weiterhin als Chef der Heeresleitung tätig zu sein«. – In einer späteren Niederschrift[286] band Reinhardt seine Entfaltungsmöglichkeiten noch enger an die Person Noskes: Er habe die Organisationsarbeit für die neue Reichswehr nur durch die parlamentarische und politische Unterstützung Noskes leisten können, und daher sei es richtig gewesen, mit ihm zurückzutreten.

Reichspräsident Ebert, der Reinhardt zum Nachfolger Noskes als Reichswehrminister hatte machen wollen, ihn aber – aus den genannten Gründen – nicht zu gewinnen vermochte[287], lehnte es ab, ihn jetzt ganz aus der Reichswehr zu verabschieden, zumal dieses Ausscheiden mit dem von Offizieren zusammengefallen wäre, die durch den Putsch belastet waren. Den falschen Eindruck, der aus diesem Zusammenhang hätte entstehen können, wollte Ebert in jedem Falle vermeiden. Reinhardt wurde daher zwar von seiner Funktion als Chef der Heeresleitung entbunden, aber gleichzeitig mit einer neuen Aufgabe betraut[288]. Dieser Funktionswechsel konnte jedoch nichts an dem Tatbe-

284 Ebert und Noske hatten Reinhardt auf seinen Wunsch hin noch am Morgen des 13. 3. von seinen Aufgaben als Chef der Heeresleitung entbunden, ihn in den folgenden Tagen aber mehrfach gedrängt, seine alte Funktion wieder zu übernehmen. Ebda., S. 69 f.

285 Text des Abschiedsgesuchs von Reinhardt ebda., S. 65 f.; Ursachen und Folgen, Bd 4, Nr. 868, S. 115. Ausführlicher Auszug in: Noske, Erlebtes, S. 177.

286 Ernst, Nachlaß Reinhardt, S. 70.

287 Ebda., S. 67 und 70.

288 Schreiben Eberts an Reinhardt vom 25. 3. 1920, ebda, S. 66. Reinhardt führte zunächst in Döberitz eine besonders zusammengestellte Lehrbrigade und wurde dann zum Befehlshaber im Wehrkreis V (Stuttgart) ernannt.

stand ändern, daß nun ausgerechnet derjenige Offizier zu einem unfreiwilligen Opfer des Putsches geworden war, der seine Loyalität zur legalen Regierung auch in der Stunde der Not unter Beweis gestellt hatte.

Das politische Motiv für Reinhardts Rücktritt war dasselbe, das Noske zu Fall brachte. Der General hatte sich, und dies war, wie er selbst einräumte, ein »schwerwiegender Fehler«, von dem zum Putsch entschlossen General v. Lüttwitz, zu dem er als älterem »Kameraden« Vertrauen hatte, täuschen lassen[289]. Noske, der mit Reinhardt bis zu dessen Tode durch eine persönliche Freundschaft verbunden blieb[290], urteilte rückblickend, Reinhardts Rat, harte Schritte gegen Lüttwitz zu vermeiden, sei der einzige gewesen, der sich als »verhängnisvoll« erwiesen habe[291].

Mit Reinhardt verschwanden auch andere Offiziere, die mit Noske eng zusammengearbeitet hatten, aus dem Reichswehrministerium. Geßler beurlaubte Noskes Stabschef Major v. Gilsa und löste den ganzen persönlichen Stab des Reichswehrministers auf[292]. Mit Gilsa wurden die zum Stabe gehörenden Hauptleute Eugen Hahn und Friedrich auf Urlaub geschickt. Auch der politische Privatsekretär von Noske, der frühere sozialdemokratische Redakteur Bernhard Rausch, mußte verständlicherweise gehen.

Der »Vorwärts«[293] vermutete, Seeckt habe es dem Major v. Gilsa wohl nicht verzeihen können, daß dieser sich in kritischer Stunde treuer gezeigt hatte als er selbst. So sah es auch Gilsa. Er schrieb im Sommer 1920 an Noske: »Seeckt hat nur die Leute belassen, die wenigstens dem Anschein nach ihn während des Kapp-Lüttwitz-Putsches nicht gestört haben[294].« Weiter wurde im »Vorwärts« berichtet, die we-

289 Ebda., S. 68.
290 Noske, Erlebtes, S. 177.
291 Ebda., S. 179.
292 Siehe den Artikel »Die Säuberung des Reichswehrministeriums« in: Frankfurter Zeitung, 23. 4. 1920, den Bericht »Neuorganisation des Reichswehrministeriums. Auflösung des persönlichen Stabes« in: Berliner Lokal-Anzeiger, 22. 4. 1920, sowie die Meldung »Aufhebung des persönlichen Stabes des Reichswehrministeriums. Weitere Personalveränderungen« in: Berliner Tagblatt, 23. 4. 1920. In: Nachlaß Eugen Hahn, BA-MA N 500/v. 4.
293 Artikel »Seeckts umgekehrte Säuberung«, in: Vorwärts Nr. 206, 22. 4. 1920, Abend-Ausgabe, S. 2.
294 Brief zitiert in: Noske, Erlebtes, S. 189. Gilsa nahm dann seinen Abschied aus der Reichswehr, fand eine Stellung in der Industrie und wurde 1928 für zwei Jahre Reichstagsabgeordneter der DVP für den Wahlkreis Düsseldorf. Im Januar 1932 trat er von der DVP zur DNVP über und ging später auch in die SA. Gilsas Briefe an den Generaldirektor der Gutehoffnungshütte, Paul Reusch, aus den Jahren 1930–1932 lassen erkennen, wie sich der ehemalige Mitarbeiter Noskes immer weiter nach rechts hin orientierte. Die Briefe sind veröffentlicht in: Politik und Wirtschaft in der Krise 1930–32. Quellen zur Ära Brüning. Bearb. v. Ilse Mauerer und Udo Wengst, 2 Bde, Düsseldorf 1980. Siehe auch ebda., Einleitung (von Gerhard Schulz), S. XXI. Carl Severing, Mein Lebensweg, Bd 2, Köln 1950, S. 112 (fortan zit.: Severing, Lebensweg), erwähnt v. Gilsa als Beispiel für Noskes Unfähigkeit, sich zuverlässige

nigen Offiziere, die sich am 13. März als unbedingt zuverlässig erwiesen hätten, seien »restlos kaltgestellt« worden[295].

So positiv sich Noske über General Reinhardt äußerte, so negativ war sein Urteil über dessen Nachfolger als Chef der Heeresleitung, General v. Seeckt. Galt ihm Reinhardt als ein »lauterer Charakter«, der »den Verdacht an Untreue und Unverstand nicht aufkommen« ließ[296], zu dem er daher rasch Zutrauen faßte, so erschien ihm Seeckt als das gerade Gegenteil: »Ich habe Seeckt nie über den Weg getraut bei aller Anerkennung seiner militärischen Fähigkeiten«[297]. Daß Seeckt sich später als alleiniger Schöpfer der Reichswehr feiern ließ, gefiel Noske verständlicherweise überhaupt nicht, zumal er davon überzeugt war, daß Seeckt die Reichswehr »nur verdorben« hatte[298]. Im März 1920 machte Noske dem General den konkreten Vorwurf, ihn trotz besseren Wissens nicht rechtzeitig über die Putschvorbereitungen von Lüttwitz informiert zu haben[299]. Als Seeckt eines Tages, nach seinem Rücktritt, bei ihm erschien und erklärte, er habe den Eindruck, Noske sei der Ansicht, daß er sich ihm gegenüber nicht korrekt verhalten habe, führte das nicht zu langen Debatten. Noske[300] berichtet: »Meine Antwort, sein Eindruck sei völlig zutreffend, machte dem Besuch ein rasches Ende.«

Merkwürdigerweise begann der Aufstieg Seeckts jedoch nicht erst in der Amtszeit Geßlers, sondern bereits in der letzten Phase der Ministerschaft Noskes. Es kann Noske zwar nicht angelastet werden, daß er Seeckts Karriere begünstigt hätte, wohl aber, daß er sie nicht zu verhindern vermochte, trotz seines Einflusses auf Reichspräsident Ebert. Wie kein anderer unter den hohen Offizieren verstand es Seeckt, die unklaren Befehlsverhältnisse während der Kapp-Tage und danach in seinem Sinne zu nutzen und sich in die militärische Spitzenposition vorzuschieben, die ihm Ebert und Noske im Sommer 1919 gegen den Rat Groeners verwehrt hatten. Seeckt gehörte zu denjenigen, die während des Putsches lavierten und es vermieden, sich demonstrativ für die legale oder die Putschregierung einzusetzen. Eine Versammlung von Offizieren des Reichswehrministeriums sprach Seeckt gleichwohl ihr Vertrauen aus[301]. Der in Berlin verbliebene Vizekanzler Schiffer (DDP) war es dann, der – »als Vertreter des Reichskanzlers im Namen

Mitarbeiter auszuwählen; Noske sei eben »kein überragender Menschenkenner« gewesen.

295 Siehe den o.g. Artikel »Seeckts umgekehrte Säuberung«, in: Vorwärts Nr. 206, 22. 4. 1920, Abend-Ausgabe, S. 2.

296 Noske, Erlebtes, S. 179.

297 Ebda., S. 166.

298 Ebda., S. 178.

299 Ebda., S. 158.

300 Ebda.

301 Erger, Kapp-Lüttwitz-Putsch, S. 277 f.

des Reichspräsidenten« handelnd – Seeckt am 17. März an Stelle des soeben als Militärdiktator abgetretenen Generals v. Lüttwitz in dessen früheres Kommando einsetzte und ihn damit zum Befehlshaber über die Reichswehrgruppe 1 ernannte[302]. Während der Ernennungszeremonie ereignete sich ein aufschlußreicher Vorfall: Ein zufällig anwesender sozialdemokratischer Abgeordneter bemerkte laut über den ihm unbekannten Seeckt: »Dem Aas trau ich nicht«, und rief damit stürmisches Gelächter hervor[303]. Ohne es zu wissen, hatte der Abgeordnete damit die Haltung des abwesenden Reichswehrministers zum Ausdruck gebracht. Schiffer ernannte Seeckt in Unkenntnis des Mißtrauens, das Noske gegen diesen General hegte.

Am 18. März übernahm Seeckt zwar nicht de jure, aber doch de facto die Geschäfte des Chefs der Heeresleitung[304], nachdem Reinhardt schon am 13. März von seinen Aufgaben entbunden worden war. Am 22. März betraute Ebert ihn für einige Tage mit der vorübergehenden Wahrnehmung der Geschäfte des Reichswehrministers[305]. Längst bevor im Juni 1920 die formelle Ernennung zum Nachfolger Reinhardts als Chef der Heeresleitung erfolgte[306] hatte sich Seeckt zum Beherrscher des militärischen Machtapparats gemacht und damit sein lange gehegtes Ziel erreicht.

Zu den ersten Dienstobliegenheiten, die Seeckt zufielen, gehörte die »Neutralisierung«[307] der Putschbrigade Ehrhardt. In den Augen der republikanischen Öffentlichkeit wurde der Umgang mit dieser Truppe, ohne die der Versuch, eine Militärdiktatur Kapp-Lüttwitz zu errichten, nicht möglich gewesen wäre, zu einem Prüfstein für die Fähigkeit der Regierung, den Putsch zu liquidieren. Im Zusammenhang mit der Truppenverminderung gesehen, ging es dabei ja bekanntlich um nichts anderes, als den von Noske bereits im Februar 1920 erteilten Befehl zur Auflösung der 2. Marinebrigade durchzuführen. Aber gerade dieser Befehl war für die 5000 Köpfe zählende Truppe dann der Anlaß gewesen, gegen Berlin zu marschieren. Freilich, die Forderungen nach »Entwaffnung«, »Auflösung« und »Bestrafung« waren nun leichter gestellt als durchgeführt. Ehrhardt soll sogar gesagt haben: »Ich möchte den sehen, der es wagt, uns zu entwaffnen. Wir lassen uns

302 Meier-Welcker, Seeckt, S. 269.

303 Vgl. den Brief Schiffers an den Historiker Gordon vom 1. 11. 1950. Abgedruckt in: Gordon, Reichswehr, Anhang II, S. 421; Ursachen und Folgen, Bd 4, Nr. 856 d, S. 103; vgl. auch Meier-Welcker, Seeckt, S. 268.

304 Meier-Welcker, Seeckt, S. 269; Gordon, Reichswehr, S. 223. Zu der Rolle, die dabei die zufällige Abwesenheit Reinhardts spielte, vgl. Ernst, Nachlaß Reinhardt, S. 66.

305 Siehe: Kabinett Bauer, S. 740, Anm. 8. Seeckt führte diese Geschäfte bis zum Amtsantritt Geßlers am 25. bzw. 27. 3. 1920.

306 Schmädeke, Militärische Kommandogewalt, S. 91 und 123.

307 Formulierung von Reinhardt. Siehe: Ernst, Nachlaß Reinhardt, S. 70.

nicht entwaffnen«[308]. In der Tat: Auch nach dem Zusammenbruch des Putsches sahen die Machtverhältnisse nicht so aus, daß es sich für die Regierung empfohlen hätte, mit Gewalt gegen die Marinebrigade Ehrhardt vorzugehen.

Seeckt ging es zunächst darum, die Brigade rasch aus Berlin herauszubekommen, um sie dann später auflösen zu lassen. Um diesem Ziel näherzukommen, wählte er einen eigenwilligen Weg. Er suchte sich mit Ehrhardt zu arrangieren, »indem er der Brigade die Front gegen die im Zusammenhang mit dem Generalstreik in Gang gebrachten Spartakus-Umtriebe gab«[309], das heißt, er nahm die Putschtruppe unter der Parole »Kampf dem Bolschewismus« in seine Dienste, was praktisch einer Rehabilitation gleichkam[310]. Die Terminologie des Antibolschewismus war dem Putschkommandeur geläufig, hatte doch Lüttwitz am Tage seines Abtritts als Militärdiktator den folgenden Befehl[311] hinterlassen: »Die unmittelbar drohende Bolschewistengefahr fordert festen Zusammenschluß aller vaterlandsliebenden Männer zur Aufrechterhaltung von Ruhe und Ordnung.« Nichts anderes verlangte Seeckt jetzt von Ehrhardt. Zudem erklärte er ihm, er wolle die Brigade gut behandeln, wenn sie sich ihm unterstelle. Ehrhardt selbst sicherte er zu, daß er nicht verhaftet werde, solange er unter seinem Befehl stünde[312]. Durch diese Machenschaften wurde die Putschtruppe im Handumdrehen wieder in den Dienst eben jener Regierung gestellt, die sie vor wenigen Tagen gewaltsam aus der Reichshauptstadt vertrieben hatte. Daß es sich dabei um eine »ungeheuerliche Tatsache«[313] handelte, kam Seeckt anscheinend nicht in den Sinn. Für ihn zählte auch in dieser Situation nur der eine Gesichtspunkt, wie die Reichswehr vor dem Auseinanderbrechen bewahrt und zur Einheit zurückgebracht werden könne.

Die Marinebrigade Loewenfeld[314], die sich ebenfalls für Kapp erklärt hatte, wurde ins Ruhrgebiet entsandt, um den von General v. Watter geleiteten Kampf der Reichswehr gegen die unter kommunistischer Führung kämpfende »Rote Ruhrarmee«, die sich aus dem General-

308 Dies berichtete der USPD-Fraktionsvorsitzende Henke in: Verhandlungen NV, Bd 332, 29. 3. 1920, S. 4945, unter Berufung auf die »Neue Berliner Zeitung«.

309 Meier-Welcker, Seeckt, S. 271; Erger, Kapp-Lüttwitz-Putsch, S. 284 f.

310 Krüger, Brigade Ehrhardt, S. 60. Das milde Urteil Reinhardts, es sei Seeckt gelungen, »Ehrhardt gewissermaßen hinauszukomplimentieren« (Ernst, Nachlaß Reinhardt, S. 79), trifft den politischen Gehalt dieser Operation nicht.

311 Lüttwitz, Kampf, S. 133.

312 Meier-Welcker, Seeckt, S. 271.

313 Krüger, Brigade Ehrhardt, S. 60.

314 Siehe: Loewenfeld, Freikorps, S. 155 f.; der Kommandeur der 3. Marinebrigade, v. Loewenfeld, wurde nach kurzzeitiger Dienstenthebung wieder in die Reichsmarine übernommen und zum Kommandanten des Schulkreuzers »Berlin« ernannt. Siehe: Wohlfeil, Heer und Republik, S. 253; Krüger, Brigade Ehrhardt, S. 71; Gumbel, Verschwörer, S. 38.

streik zur Abwehr des Putsches heraus gebildet hatte[315], zu unterstützen.

Auch das weitere Schicksal dieser Truppe kann als Symbol für die Machtlosigkeit der Reichsregierung bei der Liquidation des Putsches gelten. Vom Ruhrgebiet aus wurde die Brigade nach Munsterlager bei Hannover transportiert, wo sie aufgelöst werden sollte. Dies zog sich bis zum September 1920 hin. Ein erheblicher Teil der Brigade wurde in die Reichswehr übernommen[316]. Die übrigen Angehörigen zogen zwar die Uniform aus, bildeten aber alsbald eine Geheimtruppe unter dem Namen »Organisation Consul«[317], welche sich in der Folgezeit durch spektakuläre politische Morde hervortat[318] und zu den gefährlichsten rechtsradikalen Terrorgruppen der Weimarer Zeit zählte. Ehrhardt selbst, gegen den ein vom Reichsjustizminister erwirkter Haftbefehl vorlag, floh Anfang Mai 1920 aus Munsterlager in Richtung München[319], höchstwahrscheinlich mit Billigung Seeckts[320].

Mit der unzulänglichen Liquidierung des Kapp-Lüttwitz-Putsches gegen die Republik begann eine neue Periode der Reichswehrgeschichte. Sie trug nicht den Namen des Reichswehrminister Geßler, sondern den des ersten Militärs. In der »Ära Seeckt«[321] wurde vieles von dem zurückgedreht, was Noske und Reinhardt 1919 durchgesetzt hatten, insbesondere die machtpolitische Unterordnung des Militärs unter den Reichswehrminister. Sie fand darin ihren sichtbarsten Ausdruck, daß in der Ministerzeit Noskes die militärische Kommandogewalt ausschließlich durch den politisch verantwortlichen Minister ausgeübt wurde, und nicht von einem Militär, wie es Seeckt gewollt hatte. Dem neuen Chef der Heeresleitung gelang es in der Folgezeit, die militärische Kommandogewalt Zug um Zug an sich zu ziehen, den Reichswehrminister radikal zu entmachten und diese Entmachtung im Wehrgesetz vom 23. März 1921 auch noch vom Gesetzgeber bestätigen zu lassen[322]. Zurückgerollt wurde auch die in der Ära Noske erst-

[315] Auf den »Ruhrkrieg« kann hier nicht eingegangen werden. Vgl. dazu Erhard Lucas, Märzrevolution im Ruhrgebiet. Vom Generalstreik gegen den Militärputsch zum bewaffneten Arbeiteraufstand März–April 1920, 3 Bde, Frankfurt 1970–1978.

[316] Krüger, Brigade Ehrhardt, S. 64 f.

[317] Die Bezeichnung geht auf den Decknamen »Consul Eichmann« zurück, den sich Ehrhardt 1920 zulegte. Zu den Nachfolgeorganisationen der Brigade Ehrhardt, ihren Finanzquellen und Zielen vgl. ebda., S. 72–100.

[318] Ehemalige Angehörige der Marinebrigade Ehrhardt ermordeten am 26. 8. 1921 den ehemaligen Reichsfinanzminister Matthias Erzberger und am 24. 6. 1922 den Reichsaußenminister Walter Rathenau. Am 4. 6. 1922 verübten sie ein Blausäureattentat auf den früheren sozialdemokratischen Reichsministerpräsidenten und damaligen Oberbürgermeister von Kassel, Philipp Scheidemann. Siehe: Gumbel, Verschwörer, S. 44–51.

[319] Schultheß EGK 1920 I, S. 131.

[320] Krüger, Brigade Ehrhardt, S. 67.

[321] Vgl. Anfänge der Ära Seeckt; Wohlfeil, Heer und Republik, S. 125 ff. und 134 ff.; Schmädeke, Militärische Kommandogewalt, S. 92–101.

[322] Vgl. Schmädeke, Militärische Kommandogewalt, S. 101 f.

mals verwirklichte Kontrolle der Reichswehr durch das Parlament. Geßler ließ sich zum bloßen parlamentarischen »Kugelfang«[323] für Seeckt degradieren und begünstigte damit eine Entwicklung[324], an deren Ende das Parlament vollständig ausgeschaltet war. Noske und Reinhardt, die den Weg zum Parlamentsheer beschritten hatten, mußten zusehen, wie Seeckt ihn unter dem Schutz Geßlers wieder verließ.

Der Militärputsch vom 13. März 1920 hatte gezeigt, wie tief die Kluft zwischen Reichswehr und Republik war. In der Ära Seeckt wurde diese Kluft nicht etwa überbrückt, sondern weiter vertieft. Dieser sprach zwar vordergründig vom Ziel einer »unpolitischen Armee«; was er aber in Wirklichkeit wollte, war die »politische Eigenständigkeit der bewaffneten Macht«, die Abkapselung der Soldaten vom politischen Leben des Volkes und nicht ihre Annäherung an die Republik[325]. So entfremdete sich die Reichswehr weiter von jenem Staat, zu dessen Schutz sie von Noske geschaffen worden war. Aus der Sicht der Reichswehrführung fanden Staat und Armee erst 13 Jahre später wieder zusammen, als die ungeliebte bis verhaßte Republik liquidiert wurde und Hitler die Wiederwehrhaftmachung des deutschen Volkes unter seiner einheitlichen und straffen Führung verkündete.

[323] Geßler, Reichswehrpolitik, S. 136.

[324] Zu den Stationen dieser Entwicklung vgl. Schmädeke, Militärische Kommandogewalt, S. 118–128.

[325] Wohlfeil, Heer und Republik, S. 253 f.

XII. Bilanz der Ära Noske

1. Der Ex-Reichswehrminister rechtfertigt sich

Noske war nicht der Mann, der sich nun, nach seinem Rücktritt, erst einmal ausgiebig von den Strapazen der Regierungstätigkeit erholt und eine besinnliche Ruhepause eingelegt hätte, um die zurückliegenden eineinhalb Jahre zusammenhängend und selbstkritisch zu reflektieren. Für einen rastlosen Tatmenschen wie ihn stellte sich Muße eher als Plage denn als Erholung dar.

So ergriff Noske gerne die ihm noch im März 1920 von der »Vorwärts«-Redaktion gebotene Gelegenheit, sich in der Parteizeitung ausgiebig »zu seiner Rechtfertigung« zu äußern[1]. Er stürzte sich geradezu ins Schreiben[2], um sich gegen die von allen Seiten auf ihn hereinprasselnde Kritik zu wehren. Bereits wenige Tage nach seinem Rücktritt konnte der »Vorwärts« den ersten Teil von Noskes dreiteiligem Aufsatz über das Thema »Reichswehr und Kapp-Putsch«[3] veröffentlichen.

Dabei handelte es sich um einen schnell, allzu schnell heruntergeschriebenen Text, dem sowohl die systematische Gedankenführung als auch der Ansatz einer selbstkritischen Überprüfung der eigenen Politik fehlte. Eine um Distanz und Einsicht bemühte Aufarbeitung der von ihm maßgeblich mitgestalteten Ära des Übergangs von der Monarchie zur Republik war Noskes Sache nicht. Er berichtete in eher zufälliger Auswahl über einige Ereignisse, die sich während seiner Amtszeit zugetragen hatten, um dann rückblickend in Worten genau dieselben Schlußfolgerungen noch einmal zu ziehen, die er zuvor schon als Politiker praktiziert hatte. Wenn gleichwohl nicht immer alles so gelaufen war, wie es aus Noskes Sicht wünschenswert gewesen wäre – der Kapp-Lüttwitz-Putsch ließ sich schließlich nicht einfach wegdiskutieren oder positiv uminterpretieren –, so machte der ehemalige

[1] Siehe den redaktionellen Artikel »Noskes Verteidigung« in: Vorwärts Nr. 160, 27. 3. 1920, Morgen-Ausgabe, S. 1, in dem die Artikelserie angekündigt wurde.

[2] Vgl. Noskes Ausführungen in: Erlebtes, S. 181, sowie die Buchbesprechung von Bernhard Rausch: Von Kiel bis Kapp. Noskes Revolutionserinnerungen. In: Die Neue Zeit, 38 (1920), Bd 2, S. 487; fortan zit: Rausch, Von Kiel.

[3] Gustav Noske, Reichswehr und Kapp-Putsch (fortan zit.: Noske, Reichswehr). In: Vorwärts Nr. 160 vom 27. 3 1920, Beilage; Nr. 162 vom 28. 3. 1920, 1. Beilage; Nr. 171 vom 2. 4. 1920, 1. Beilage. Ausschnitte in: BA NL 46, Nr. 9, Dok. 1, 2 und 4.

Reichswehrminister dafür »Narren« und »Verbrecher«[4] verantwortlich, ähnlich wie er bereits in der ersten Jahreshälfte 1919 wiederholt Narren und Verbrecher für alle Unruhen im Reich verantwortlich gemacht hatte[5]. Wer die Artikelserie »Reichswehr und Kapp-Putsch« damals las, mußte erkennen, daß dieser Politiker, der es immerhin vermocht hatte, einer ganzen Ära seinen Stempel und seinen Namen aufzuprägen, rückblickend nicht einmal andeutungsweise einräumte, daß auch er Fehler gemacht haben könnte. Noske beharrte uneinsichtig auf seinen altbekannten Standpunkten.

Eines hatte er allerdings begriffen: daß nämlich die bloße Tatsache des mit militärischer Gewalt durchgeführten Rechtsputschs gegen die Republik in der Öffentlichkeit als ein weithin sichtbares Zeichen seines, des Ministers, Mißerfolgs verstanden wurde. Daher war es das Hauptanliegen seiner Artikelserie, diesem Eindruck entgegenzutreten: »Es ist nicht wahr, daß mein Werk, die ganze Reichswehr, sich als unzuverlässig erwiesen hat.« Schließlich seien die Truppen in Sachsen, Bayern, Württemberg, Baden, Hessen und im ganzen westlichen Preußen »der Verfassung und der Regierung treu geblieben«, und die Offiziere des Reichswehrministeriums hätten sich »tadellos benommen«. Also schlußfolgerte Noske, sei die Reichswehr in ihrem »wesentlichen Teil« treu und intakt geblieben.

Die Gegenrechnung machte er jedoch nicht auf. Weder brachte er eine Aufzählung der eidbrüchigen Verbände des Heeres und der Marine, noch beantwortete er die Frage, wie der Tatbestand zu erklären war, daß diese Truppen zu einem – wenn auch kurzfristigen – Erfolg des Putsches maßgeblich beigetragen hatten. Wenn Noske es als die Frucht seiner politischen Arbeit zu verbuchen versuchte, »daß Monarchisten und Nationalisten den größten Teil der Reichswehr nicht zu erschüttern vermochten«, so machte er damit seinen Lesern den kaum akzeptierbaren Vorschlag, die Verfassungstreue der Reichswehr als ein rein quantitatives Problem zu betrachten und angesichts der angeblich in der Minderheit befindlichen Putschisten und Putschsympathisanten zur Tagesordnung überzugehen.

Dem für Noskes Militärpolitik zentralen Vorwurf, es sei ihm nicht gelungen, eine loyale republikanische Armee zu schaffen – mit republikanischem Geist und zuverlässigen Führern auf den entscheidenden Posten –, war angesichts des Militärputschs schwer zu widersprechen. Noske akzeptierte ihn gleichwohl nicht: »Ich möchte den Mann se-

[4] Noske, Reichswehr, 3. Teil. Vgl. auch Noskes Beitrag »Die Berliner Revolte« für die in Wien erscheinende »Neue Freie Presse« vom 4. 4. 1920; fortan zit. Noske, Berliner Revolte (BA NL 46 Teil 1, Dok. 5), wo er wiederum von einer »Anzahl politischer Narren und verdrehter Militärs« sprach.

[5] Vgl. u. a. das Kapitel VIII/4 über die Reichsexekution gegen die Münchener Räterepublik.

hen«, schrieb er, »der das Kunststück fertiggebracht hätte, während der Wirrnisse des letzten Jahres und dem Wechsel im Mannschaftsbestande eine gründliche Erziehungsarbeit zu leisten und alle Leute mit republikanischem Geiste zu erfüllen.« Noske betrachtete das Problem republikanischer Loyalität also nach wie vor unter dem Gesichtspunkt der Umerziehung, da er die Offiziere generell für konservativ, monarchistisch und antirepublikanisch hielt und in jedem, der sich als Republikaner ausgab, einen üblen Karrieremacher sah, dem zu trauen ein Fehler gewesen wäre. Den Einwand, daß in der Einseitigkeit der von ihm festgelegten Grundsätze der Personalauswahl – »frühzeitiges Bereitstehen nach der Revolution, Länge der Frontdienstzeit, sonstige Eignung, Vermögenslosigkeit« – eine der Ursachen für die zum Kapp-Lüttwitz-Putsch führende Entwicklung liegen konnte, ließ Noske nicht gelten. An dieser Stelle, wo seine Position am schwächsten war, ging er sogar zum Gegenangriff auf seine Kritiker über. Während er die Offiziere habe gewinnen und allmählich an die Republik gewöhnen wollen, habe ihm seine eigene Partei die Unterstützung versagt: »Törichter ist von der Sozialdemokratie und der demokratischen Presse keine Bevölkerungsschicht behandelt worden als die Offiziere. Statt zu versuchen, sie zu gewinnen, wurden sie dauernd vor den Kopf gestoßen.« Noch immer verteidigte Noske die Offiziere in ihrer Gesamtheit, obwohl eine beträchtliche Anzahl von ihnen gegen die Republik geputscht hatte. Die meisten Offiziere, schrieb er, von der politischen Seite des Themas ablenkend, seien »anständige Menschen«, die im Kriege »ihre volle Schuldigkeit getan« und nachher »Haut und Leben für die Erhaltung der Ordnung in Deutschland« eingesetzt hatten.

Es ist nicht leicht zu verstehen, weshalb Noske nach dem erzwungenen Rücktritt, der für ihn das Ende seiner politischen Karriere bedeutete, die Offiziere der Reichswehr noch immer in dieser pauschalen Weise in Schutz nahm und die Stoßrichtung der Kritik gegen die eigene Partei richtete, die ihn nicht nur seit langem vor den politischen Gefahren seiner Vertrauensseligkeit gewarnt, sondern inzwischen auch den Beweis für die Richtigkeit ihrer Warnungen erhalten hatte. Noske selbst begründete dieses Vorgehen folgendermaßen: Er habe die Zeitungsartikel wie auch sein Buch »Von Kiel bis Kapp«, von dem sogleich zu reden sein wird, geschrieben, »um die Reichswehr dem Verständnis der Arbeiter näher zu bringen«, was um so nötiger gewesen sei, als infolge des Putsches die Abneigung gegen die Truppe riesig angeschwollen war[6]. Erreicht hat Noske damit allerdings gar nichts. Die Reaktionen auf seine Artikelserie hielten sich im üblichen Schema: Während der Freikorps-Führer Paulsen sich bei Noske dafür bedankte, daß er die Sorgen und Nöte der Truppe verstanden und objektiv be-

[6] Noske, Erlebtes, S. 179.

trachtet habe, tat der »Vorwärts«-Redakteur Kuttner ihn als »unheilbaren Optimisten« ab[7], der aus den Vorfällen nichts gelernt habe.

Noske wollte sich nicht eingestehen, daß die Ergebnisse seiner Politik eine andere Betrachtungsweise erforderlich machten. Denn diese Politik hatte weder eine loyale Reichswehr hervorgebracht noch war durch sie der Primat der zivilen Politik über das militärische Instrument garantiert worden. Statt diese Sachverhalte zu analysieren, kritisierte er die Weimarer Koalitionsparteien, weil sie nicht, wie er, auf die Reichswehr zugegangen, ihr vielmehr mit übermäßigem Mißtrauen begegnet seien. Insgesamt machte die Artikelserie im »Vorwärts« klar, daß der ehemalige Reichswehrminister auch rückblickend keine Alternative zu der von ihm praktizierten Politik erkennen konnte. Hier war ein tatkräftiger Mann seinen geraden Weg gegangen, hatte kurz vor dem erfolgreichen Abschluß seines politischen Werkes gestanden, und ausgerechnet in dieser hoffnungsvollen Situation hatten einige wenige Offiziere verrückt gespielt und ihm alles verdorben.

In jenen Wochen der erzwungenen politischen Abstinenz verfaßte Noske auch einen Beitrag für die in Wien erscheinende, sozialdemokratisch orientierte »Neue Freie Presse«[8]. Er nahm damit die Gelegenheit wahr, österreichischen Lesern seinen Standpunkt klar zu machen, daß seine Militärpolitik trotz des Putsches nicht als gescheitert angesehen werden dürfe. Unter Bezug auf das Nachbarland, in dem es nicht wie in Deutschland zu einer Spaltung der Sozialdemokratie gekommen war und in dem die Republikanisierung des Militärs einen wesentlich erfolgreicheren Verlauf genommen hatte[9], bezeichnete es Noske als »die größte Tragödie der deutschen Arbeiterklasse, daß sie, nachdem ihr die Macht wie eine reife Frucht in den Schoß gefallen war, nicht geschlossen und zielklar den Aufbau des niedergebrochenen Reiches begann, sondern sich selbst zerfleischte«. Damit hatte Noske gewiß einen wesentlichen Unterschied der Entwicklung in Deutschland und Österreich genannt, andere Aspekte, die seiner Militärpolitik nicht das beste Zeugnis ausgestellt hätten, jedoch großzügig ausgeblendet.

Die nach den Putscherfahrungen von der USPD erhobene Forderung, die Reichswehr völlig umzugestalten und aus ihr »eine Truppe

[7] Der Brief Paulsens und die Äußerung Kuttners zit. ebda., S. 181.

[8] Noske, Berliner Revolte.

[9] Zum Vergleich der militärpolitischen Entwicklung in Deutschland und Österreich siehe u. a.: Karl Haas, Zur Wehrpolitik der österreichischen Sozialdemokratie in der Ersten Republik. In: Österreich 1927 bis 1938, München 1973, S. 75–84; fortan zit: Haas, Zur Wehrpolitik; ders., Studien zur Wehrpolitik der österreichischen Sozialdemokratie 1918–1926, Phil. Diss. Wien 1967; fortan zit: Haas, Studien; Susanne Miller, Zur Politik der deutschen und der österreichischen Sozialdemokratie 1918/19. In: Politik und Gesellschaft im alten und neuen Österreich, Bd II, Wien 1981, S. 9–22; fortan zit.: Miller, Zur Politik.

bewaffneter Arbeiter« zu machen, lehnte Noske in demselben Artikel strikt ab, und zwar mit folgendem Argument: »Damit würde man erneut die Fehler machen, unter denen das Land zu Beginn der Revolutionszeit schwer gelitten hat.« Noske meinte damit wohl den Mangel an militärischer Effizienz, denn er fügte hinzu: »Eine Truppe ohne gutgeschulte Offiziere und straffe Manneszucht ist im Ernstfalle keinen Schuß Pulver wert.« Das Niveau dieser Ausführungen war nicht gerade überzeugend. Denn unter dem Gesichtspunkt des republikanischen Pluralismus wäre es Noskes Aufgabe gewesen, die Idee der Klassenarmee zu attackieren. Demgegenüber blieb die Unterstellung, eine Truppe bewaffneter Arbeiter müsse sozusagen zwangsläufig militärisch untauglich sein, eine wenig beweiskräftige Behauptung. Das Wichtigste aber war, daß Noske nicht einmal akzeptierte, daß in der Tat ein dringendes republikanisches Erfordernis bestand, diese Reichswehr umzugestalten.

Für ihn, der seine Politik verteidigte, kam es lediglich darauf an, noch einmal seine Position zu verdeutlichen, daß die Reichswehr, wie sie unter seiner politischen Verantwortung nun einmal entstanden war, so schlecht nicht war, und daß es zu ihr auch keine praktikable Alternative gab. Denn schließlich hatte doch die Entente Deutschland eine Söldnertruppe aufgezwungen, und diese neige nun einmal zum »Prätorianertum«[10], d. h. zum selbständigen Eingreifen in die Politik und wenn es sein mußte auch zum gewalttätigen »Putschismus«[11]. Wegen der durch den Friedensvertrag diktierten Vorgaben sei die deutsche Militärpolitik gar nicht in der Lage gewesen, diese Gefahren zu bannen, behauptete Noske, indem er schrieb: »Gegen das Prätorianertum bietet lediglich eine große demokratische Mehrheit des Volkes einen absolut sicheren Schutz.« Sollte das etwa heißen – so mußte sich der zeitgenössische Leser fragen –, daß man in Deutschland notgedrungenermaßen auch künftig mit der Gefahr eines Reichswehrputsches rechnen mußte, daß es gegen diese permanente Gefahr immer nur, wie im März 1920, Rettung durch den politischen Generalstreik gab?

Ebenfalls noch im April 1920 schrieb Noske in wenigen Wochen seine Revolutionserinnerungen nieder. Das 210 Druckseiten starke Buch mit dem attraktiven und einprägsamen Titel »Von Kiel bis Kapp« erschien alsbald im Berliner »Verlag für Politik und Wirtschaft«. Es schloß mit derselben Tendenz wie die bereits vorgestellten Zeitungsar-

[10] In seiner o. g. Artikelserie für den »Vorwärts« hatte Noske noch deutlicher geschrieben, daß die Freikorps – wie jede Söldnertruppe – sich in der Hand politisierender Führer zur »Prätorianerbande« entwickeln konnten. Diese Gefahr habe er »nie verkannt«.

[11] Prätorianer wurden die Leibwachen römischer Kaiser genannt. Sie wirkten wiederholt bei der Erhebung und beim Sturz von Kaisern mit.

tikel. Noske schrieb: »Der Wehrminister wurde Sündenbock für die Fehler anderer und Opfer vorerst unüberwindlicher Schwierigkeiten[12].«

Im Vorwort legte der Autor dar, er habe nicht etwa dem Historiker die Arbeit abnehmen und eine Geschichte der deutschen Revolution schreiben, sondern lediglich einiges aus seiner Erinnerung festhalten wollen. Ein Tagebuch, auf das er sich hätte stützen können, hatte Noske nicht geführt, höchstens gelegentlich ein paar »knappe Notizen« gemacht. Für seine Niederschrift lag ihm jedoch eine Vielzahl zeitgenössischer Dokumente vor, aus denen er häufig wörtlich zitierte: Flugblätter, Briefe, die Texte seiner Verordnungen und Befehle sowie seiner Reden und eine Sammlung von Zeitungsausschnitten[13].

Weiter teilte Noske in seinem Vorwort etwas zur Methode seiner Darstellung mit: »Meine Schilderung hebt vielfach das Kleinlich-Menschliche, das von allen großen Zeiten und Vorkommnissen nicht zu trennen ist, und unter dem ich viel zu leiden hatte, hervor[14].« Eine zeitgenössische Buchbesprechung[15] nahm diesen Hinweis auf und gelangte zu der – durchaus nicht abwegigen – Feststellung, Noskes Buch sei insgesamt »nicht viel mehr als eine triviale Aneinanderreihung von Ereignissen, die sich in seiner Umgebung abgespielt haben. Große, verbindende Ideengänge oder wegweisende politische Richtlinien fehlen darin fast ganz«[16]. In der Tat fehlt in dem Buch selbst der Ansatz zu einer theoretischen Durchdringung des bewegten Kapitels deutscher Geschichte zwischen ›Kiel und Kapp‹. Noskes Darstellung kann als ein beispielhaftes Dokument des politischen Pragmatismus gelten. Das Buch enthält zwar keine bewußten Fälschungen, aber eine Vielzahl subjektiver Verzerrungen. Noske schrieb, wie er handelte: rasch, draufgängerisch, unreflektiert, grob und ehrlich. Der Text bestätigte erneut, daß die Stärke des Verfassers die politische Rede war, das frei gesprochene Wort, und nicht die literarisch anspruchsvolle Darstellung.

Die satirische kulturpolitische Wochenzeitschrift »Weltbühne« machte sich einen Spaß daraus, sich über Noskes »originellen Schreibstil« zu mokieren. Ihr Mitarbeiter Hermann Fernau[17] stellte von oben herab fest, Noske stehe mit der deutschen Sprache auf Kriegsfuß, um

[12] Noske, Kiel bis Kapp, S. 210.
[13] Dieses Material befindet sich teilweise in: BA NL 46.
[14] Noske, Kiel bis Kapp, Vorwort vom April 1920, S. 5.
[15] Eine Sammlung von Rezensionen des Buches »Von Kiel bis Kapp« befindet sich in: BA NL 46, Nr. 11.
[16] Hermann Fernau, Von Kiel bis Kapp. In: Die Weltbühne, 16 (1920), H. 40, S. 362–365, Zitat S. 362, fortan zit.: Fernau, Kiel. Eine umfangreiche Sammlung von Pressestimmen zu dem Buch »Von Kiel bis Kapp« befindet sich im Noske-Teilnachlaß des Bundesarchivs, BA NL 46, Nr. 11.
[17] Fernau, Kiel, S. 362.

ihn sodann mit der bissigen Frage zu attackieren, ob denn am Ende jene reaktionären Zyniker recht haben sollten, die behaupteten, »unsere Republik werde von Gastwirten und Bierkutschern regiert«. Wesentlich aussagekräftiger war die Art und Weise, in der Emil Unger[18] Noskes gesprochene und geschriebene Sprache charakterisierte: »Es findet sich keine Blume darin, keine schillernde Phrase, kein blendender Schlager. Etwas Kaltes geht von ihr aus. Er reiht Sätze wie Quadersteine aneinander, die Worte fallen wie Hammerschläge, – so treibt man Nägel in Eichenstämme. Und doch und gerade darum ein packender Redner. Wer Schönrederei hören will, kommt bei ihm nicht auf die Kosten, wer aber Tatsachen – klar und übersichtlich aufgebaut – wünscht, kann durch eine Rede Noskes befriedigt werden. Nie schmeichelt er dem König Demos. Rücksichtslos legt er seine Ansichten dar, mögen sie den Anwesenden gefallen oder nicht. Nie appelliert er an das Gefühl, immer nur an den nüchternen Verstand.« Unger vergaß auch nicht zu erwähnen, daß es ein »ehemaliger Korbmachergeselle« war, über den hier geurteilt wurde.

Inhaltlich behandelt Noskes Beitrag zur Geschichte der deutschen Revolution seine Tätigkeit in Kiel sowie seine Politik als Volksbeauftragter und als Reichswehrminister in den Kabinetten Scheidemann und Bauer. Der Schwerpunkt des Buches liegt auf der Zeit vom November 1918 bis zur Unterzeichnung des Friedensvertrages im Juni 1919. Die Mitteilungen über die Einrichtung und die Arbeitsweise des Reichswehrministeriums sowie über seine engeren Mitarbeiter, insbesondere die Mitglieder seines persönlichen Stabes, sind äußerst dürftig. Die zweite Jahreshälfte 1919 sowie das Frühjahr 1920 mit der Vorgeschichte des Kapp-Lüttwitz-Putsches, jene in der historischen Forschung aufgrund der schlechten Quellenlage ohnehin stiefmütterlich behandelte Zeitspanne zwischen Friedensvertrag und Putsch also, wird auch durch Noskes knappe Darstellung nur wenig aufgehellt.

Noske verglich seine »mühsame Fahrt von Kiel bis Kapp« mit dem gefährlichen Ritt auf einer Granate, die jeden Augenblick losgehen konnte[19]. Er wählte dieses Bild durchaus nicht zufällig. Es symbolisierte für ihn wohl den Tatbestand, daß er während seiner Amtszeit häufig in die Rolle des militärischen Oberbefehlshabers geschlüpft war, der – durchaus einem Berufsoffizier im Generalsrang vergleichbar[20] –

[18] Emil Unger, Gustav Noske. In: ders., Politische Köpfe des sozialistischen Deutschlands, Leipzig o. J. [1920], S. 67 f.

[19] Noske, Kiel bis Kapp, S. 211.

[20] Symptomatisch für diesen Sachverhalt ist eine Liste der Militärbefehlshaber und Regierungskommissare vom Januar 1920, in welcher Reichswehrminister Noske in einer Reihe mit mehreren Generälen als militärischer Befehlshaber für die Provinz Brandenburg und damit zugleich für die Reichshauptstadt Berlin rangiert. Siehe das von Noske hsl. unterzeichnete Schreiben: Der Reichswehrminister, H. L. Nr.

die gewaltsame Befriedung im Innern des Deutschen Reiches durchzuführen hatte. Dem Leser konnte das Bild vom Ritt auf der Granate, der Hinweis auf das Gefahrvolle seiner Tätigkeit, zugleich signalisieren, daß Noske in seinem Buch auf die Möglichkeit verzichtete, seine Regierungstätigkeit von eineinhalb Jahren als eine vornehmlich politische Aufgabe zu beschreiben und selbstkritisch zu bewerten.

Ein Weggenosse und Mitarbeiter Noskes, der ihm insgesamt wohl wollte, notierte nach der Lektüre des »Kiel bis Kapp«-Buches: »Noske ist in der Geschichte der deutschen Revolution eine besondere Aufgabe zugefallen. Den Gegnern ist er der Bluthund, den Freunden der Ordner geworden, und in der Lösung dieser Aufgabe liegt sowohl seine Größe wie seine Begrenztheit[21].« Ähnlich wohlwollend und mit deutlich antikommunistischer Akzentuierung wurde Noskes Buch auch in der Literaturbeilage der »New York Times« der amerikanischen Öffentlichkeit vorgestellt[22]. Der ehemalige Reichswehrminister wurde als »unerbittlicher Feind jeder Unordnung, besonders [von] allem, was den bolschewistischen Stempel trug«, geschildert. Der betreffende Journalist zeichnete Noske als »den Schützen hinter dem Maschinengewehr« im Lande des Umsturzes und des Schreckens, der sich immer von zwei Grundsätzen habe leiten lassen: »Vermeidung von Unordnung und Wiedergeburt des Volkes durch Arbeit.«

Ende April 1920, als Noske das Manuskript seiner Revolutionserinnerungen abgeschlossen hatte, zeichnete sich noch immer nicht ab, wie sich seine politische Zukunft gestalten würde. Zu dieser Zeit erreichte ihn die Einladung des SPD-Parteivorstandes, an einer für Anfang Mai geplanten Reichskonferenz teilzunehmen, damit er den Delegierten gegebenenfalls Rede und Antwort stehen könne. Noske erblickte in dieser Einladung eine Chance, sich und seine Politik persönlich vor dem zweithöchsten Gremium seiner Partei[23] zu rechtfertigen. Diese Deutung beruhte zwar auf einem Mißverständnis – die Konferenz sollte sich ausschließlich mit den bevorstehenden Reichstagswahlen befassen[24] – aber nachdem man Noske eingeladen hatte, mußte man damit rechnen, daß er seine Interessen in der ihm eigenen Weise vertreten würde.

Die Reichskonferenz der SPD tagte am 5. und 6. Mai 1920 in Ber-

1087.1.20 T. 1 A 3 vom 20. 1. 1920. BayHStA Abt. IV, Reichswehrgruppenkommando 4, No. 28.

21 Rausch, Von Kiel, S. 488.

22 T. R. Ybarra, Noskes Rat an Deutschland. In: The New York Times Book Review and Magazine, 2. 1. 1921. Deutsche Übersetzung in: BA NL 46, Teil 2, Bl. 13–20.

23 Der Parteitag war das höchste, die Reichskonferenz das zweithöchste Gremium.

24 Genauer gesagt, sollte die Konferenz den vom Parteivorstand bereits festgelegten Kurs – offensiv nach rechts und defensiv gegen links – bestätigen. Siehe: Miller, Bürde, S. 409 f.

lin[25]. Nachdem Scheidemann über die Probleme der bevorstehenden Wahlen referiert hatte[26], meldete sich sogleich Noske zu Wort. Er erhielt es und benutzte es zu einer etwa einstündigen Rede[27], in der er noch einmal die wichtigsten Stationen seiner Tätigkeit Revue passieren ließ. Mehrfach griff er in großer Erregung seine eigene Partei an, der er vorwarf, ihn im Stich gelassen und sogar persönlich verunglimpft zu haben. Erneut bezeichnete es Noske als ein persönliches Opfer, das er für seine Partei gebracht habe, daß er sich im Januar 1919 bereit erklärt hatte, eine Aufgabe zu übernehmen, zu der es auch gehörte, die Anwendung von Waffengewalt in innenpolitischen Auseinandersetzungen anzuordnen und zu verantworten. Er habe sich nach diesen »üblen Geschäften« gewiß nicht gedrängt und sei sich auch immer darüber im klaren gewesen, daß sie mit einer mehr oder weniger weitgehenden Vernichtung seiner politischen Reputation enden würde. Möglicherweise seien auch ihm Fehler unterlaufen; aber – und damit ging Noske wie gewohnt zum Angriff über – die in den letzten Monaten fast täglich auf ihn herniederprasselnden Vorwürfe könne er nicht als gerechtfertigt anerkennen: »Es ist weder der Versuch unterlassen worden, die Reichswehr zu verringern, noch ist versäumt worden, sie zu säubern, noch habe ich in bezug auf die reaktionäre Gefahr mich vollständig einschläfern lassen [...] Ich bestreite, daß Nennenswertes versäumt wurde[28].« Entschieden bestritt er, daß es im Frühjahr 1919 möglich gewesen wäre, »demokratische Gruppen« zu bilden, zumal, und dies sei »die große Tragik« gewesen, »unsere Genossen als Soldaten der Republik versagten«, weil sie »einfach weggeblieben« seien[29]. Wiederum klagte er die sozialdemokratische Parteipresse an, die seine Werbeinserate nicht gedruckt und die Leute »weggegrault« habe. In diesem Zusammenhang wurde Noske ungewöhnlich scharf und verwahrte sich dagegen, zum Prügelknaben für die politische Einsichtslosigkeit der ihn kritisierenden Parteigenossen gemacht zu werden[30]. Unter Hinweis auf das »niederträchtige Treiben« einiger ihm übel gesonnener Parteiblätter empörte er sich äußerst erregt darüber, »daß leichtfertige Burschen meine Ehre angreifen«, nachdem er eineinhalb Jahre lang »unter Heransetzung von Haut und Leben« keiner Verantwortung aus dem Wege gegangen sei[31]. Wie schon bei früheren Gelegenheiten griff er auch jetzt wieder die »Schlappheit« jener

[25] Vgl. Protokoll über die Verhandlungen der Reichskonferenz der Sozialdemokratischen Partei Deutschlands. Abgehalten in Berlin am 5. und 6. 5. 1920, Berlin 1920; fortan zit.: Protokoll Reichskonferenz SPD 1920.

[26] Ebda., S. 1–13.

[27] Ebda., S. 13–19.

[28] Ebda., S. 15.

[29] Ebda., S. 16 f.

[30] Ebda., S. 17.

[31] Ebda., S. 18.

Parteigenossen an, die der Wahlpropaganda der Unabhängigen gegen die »Noskepolitik« nicht mutig entgegenträten. Nach Noskes Überzeugung hatte die Regierung eine gute Leistungsbilanz vorzuweisen und brauchte ihr Licht keineswegs unter den Scheffel zu stellen: »Was wir geschaffen haben während des letzten Jahres, kann sich durchaus sehen lassen. Es ist nicht wahr, daß wir unsere Grundsätze verraten und daß wir infolge veränderter Verhältnisse wesentlich umgelernt haben, daß wir aufgehört haben, Sozialdemokraten und Demokraten zu sein.« Wir haben uns auch in der Regierung dauernd um die Durchsetzung dessen bemüht, »wofür wir Jahrzehnte unseres Lebens uns bemüht haben«[32]. Nicht nur vor den Wählern, so schloß Noske seine letzte große Verteidigungsrede, sondern auch vor der Geschichte könne die deutsche Sozialdemokratie mit ihrer Regierungsleistung bestehen.

War es Noske bei früheren Gelegenheiten – man denke an den Weimarer Parteitag der MSPD vom Juni 1919 oder an die Funktionärskonferenz der Groß-Berliner MSPD vom Herbst 1919 – gelungen, auch die ihm skeptisch gegenüberstehenden Genossen durch seine überzeugende Rhetorik, seinen Mut und seine Durchsetzungsfähigkeit zu beeindrucken, so blieb diesmal der Beifall spärlich[33]. Die Delegierten der Reichskonferenz hatten zwar Verständnis dafür, daß Noske nach seinem Sturz das Bedürfnis verspürte, sich zu rechtfertigen[34] und seinem Unmut über die fehlende Unterstützung für seine Politik Luft zu machen; aber gleichzeitig war man froh, und dieser Sachverhalt wog schwerer, daß der umstrittenste Politiker aus den eigenen Reihen nicht mehr im Amte und die Partei damit von einer schweren Last befreit war, wie es Otto Wels schon vor Wochen formuliert hatte. So endete Noskes letzter Auftritt vor einem bedeutenden Parteigremium im Dissens und nicht in nachträglicher solidarischer Umarmung. Diesen Ausgang hatte Noske nicht zuletzt mit seiner aggressiven Rede selbst provoziert.

2. Kaltgestellt: Abrechnung der SPD mit Noske

Nach dieser im Konferenzverlauf nicht eingeplanten Verteidigungsrede Noskes mit ihren massiven Attacken gegen Mitglieder der eigenen Partei konnte man nicht einfach zur Tagesordnung übergehen. So kam

[32] Ebda., S. 19.
[33] Das Protokoll verzeichnet »teilweisen Beifall«. Ebda.
[34] Dies stellte Parteivorstandsmitglied Adolf Braun ausdrücklich fest. Ebda.

es nun zu einer spontanen Noske-Debatte[35], in deren Verlauf der ehemalige Reichswehrminister erleben mußte, daß niemand ihm beisprang. Zwar zahlten die Delegierten der Reichskonferenz Noske nicht mit gleicher Münze heim, aber mit seiner Politik wurde nun schonungslos abgerechnet. Dabei ließ niemand einen Zweifel an Noskes persönlicher Redlichkeit und Ehrlichkeit, an seinem guten Willen, seinem Fleiß, seiner Aufopferungsfähigkeit und seinem Mut aufkommen[36]. Die durchweg kritischen Redebeiträge der Delegierten – sie gehörten allesamt der oberen und mittleren Führungsschicht der Partei an – waren von dem Willen getragen, sich gegenüber Noske als Person solidarisch zu verhalten, gleichzeitig aber die »Ära Noske« abzuschließen, um das umstrittene Thema Militärpolitik im bevorstehenden Wahlkampf nicht noch einmal aufrühren zu müssen. Die allgemeine Stimmung ging dahin, einen klaren Strich unter die Vergangenheit zu setzen und die Belastungen der »Ära Noske« abzuschütteln. Damit ähnelte die Noske-Debatte in gewissem Sinne der Verteidigungsrede Noskes: beiden fehlte die Zukunftsperspektive, die kritische Aufarbeitung der Fehler der Vergangenheit zum Zwecke der Formulierung einer neuen demokratischen Militärpolitik im Rahmen der Möglichkeiten, die der Versailler Vertrag ließ. Mancher Konferenzteilnehmer mag dieses Unvermögen gespürt haben. Gelöst wurde das Problem jedoch nicht. Es dauerte bis zum Magdeburger Parteitag im Jahre 1929, bis sich die SPD nach einer ausgiebigen und kontrovers geführten militärpolitischen Debatte dazu durchrang, mit ihren »Richtlinien zur Wehrpolitik«[37] Versäumtes nachzuholen.

Einhellig verurteilten die Delegierten, die sich in der Noske-Debatte am 5. Mai 1920 zu Wort meldeten, die Personalpolitik Noskes. Der Kieler Politiker Eggerstedt[38] hielt dem ehemaligen Reichswehrminister vor, nicht verhindert zu haben, daß alle republikanisch und sozialistisch eingestellten Soldaten »systematisch aus der Marine herausgetrieben« worden seien. Die Kieler Parteiorganisation habe dafür längst viele Beweise erbracht. Aber geändert habe sich dadurch nichts. Der Delegierte Srowik[39] aus Breslau klagte Noske anhand seiner Erfahrungen in Schlesien an: Viele als reaktionär bekannte Offiziere habe er nicht entlassen und sie auch noch mit außerordentlich wichtigen Aufgaben betraut; obwohl es eine funktionstüchtige Volkswehr gegeben habe, sei sie von Noske nicht gefördert worden; die zuverlässige republikanische Soldatenwehr in Breslau habe Noske rücksichtslos auflö-

35 Ebda., S. 19–25.
36 Vgl. ebda. die Beiträge von Scheidemann (S. 11), Bretthorst und Paul Löbe (S. 22).
37 Richtlinien zur Wehrpolitik. Beschlossen auf dem Parteitag 1929 in Magdeburg. In: Protokoll SPD-Parteitag Magdeburg 1929, S. 288 f.
38 Protokoll Reichskonferenz SPD 1920, S. 21.
39 Ebda., S. 21 f.

sen und auseinanderjagen lassen; in die Reichswehr sei sie nicht übernommen worden.

Die schärfste und zugleich profilierteste Kritik trug Paul Löbe[40] vor, der damit die Rolle des erkrankten Parteivorsitzenden Otto Wels übernahm. Löbe erklärte Noskes Politik insgesamt für »verhängnisvoll«, und zwar nicht nur für die deutsche Sozialdemokratie, sondern auch für die deutsche Republik. Nach außen hin, also im Hinblick auf den Reichstagswahlkampf, wollte Löbe »mit aller Deutlichkeit« klargestellt wissen, »daß die Ansichten, wie sie eben Genosse Noske vertreten hat, nicht Allgemeingut der Deutschen Sozialdemokratischen Partei sind«. Für diese Erklärung erhielt Löbe, wie das Protokoll verzeichnet, die lebhafte Zustimmung der Konferenzteilnehmer.

Die Begründung, die Löbe dieser massiven Kritik folgen ließ, ist bedeutsam genug, um hier ausführlich wiedergegeben zu werden: »Noske bestreitet, daß etwas versäumt worden ist, und daß unter den alten Verhältnissen nicht aufgeräumt worden ist. Ich sage: Es ist alles versäumt worden, der Republik Deutschland ein eigenes zuverlässiges Heer zu geben (sehr wahr!), es ist nicht aufgeräumt worden mit dem alten Militarismus Preußens, der nur an Zahl verkleinert wurde, ohne daß in das Offizierkorps ein neuer Geist eingezogen wäre, auch zu einer Zeit, wo es möglich gewesen wäre, dieses Offizierkorps anders zusammenzusetzen. Noch immer ist ein Militarismus da, der in demselben Gegensatz zum deutschen Volke steht wie unter der wilhelminischen Epoche und uns mit demselben Kastendünkel auf Schritt und Tritt begegnet, wie es immer gewesen ist. Kein deutscher Arbeiter konnte das Bewußtsein haben, daß dieses Heer ein Schutz der deutschen Republik wäre. Wer das vorher noch nicht wußte, mußte nach dem Kapp-Putsch erkennen, daß wir uns einen Fremdkörper im eigenen Fleisch gezüchtet haben. Die Offiziere, der größte Teil der Mannschaften und alles Material, das die Republik bezahlte, konnten gegen die Republik in Bewegung gesetzt werden, und man sagt, daß selbst diejenigen, die sich nicht aktiv an dem Putsch beteiligten, dennoch unfähig waren, die Republik gegen solche Angriffe zu schützen.« Wir dürfen die Augen nicht vor der Tatsache verschließen, fuhr Paul Löbe fort, »daß wir uns in der Abwehr der Gefahren von links mit unserem Heeresgebilde so weit nach rechts verirrt haben, daß heute die Gefahr von links verschwindet und in der ganzen republikanischen Zeit schon verschwunden war gegenüber der Gefahr, mit der die Republik von rechts bedroht war«. Detaillierter als seine Vorredner griff Löbe Noskes Gleichgültigkeit bei der Personalauswahl an. Er habe es adeligen Offizieren überlassen, den Mannschaftsbestand zusammenzustellen, und er habe es zugelassen, daß alle republikanisch Gesinnten sy-

[40] Ebda., S. 22–24.

stematisch ausgemerzt wurden. Auf diese Weise sei das Heer »ein Werkzeug der Gegenrevolution« geworden. Unter den Augen Noskes sei die Übermacht der monarchistischen Clique herangewachsen. »Es wird unsere Aufgabe sein«, schloß Löbe, »in einem anderen günstiger zusammengesetzten Parlament diese Rechtsorientierung des Heeres rückgängig zu machen, und wir müssen uns offen die gemachten Fehler eingestehen, die keine persönlichen sind, die ebenso gewesen wären, wenn Wehrminister Scheidemann oder Löbe gewesen wären, die wir aber nicht ableugnen können.«

Mit dieser abschließenden Wendung wollte Löbe seiner Kritik an der Politik Noskes und an der durchaus auch persönlichen Verantwortung Noskes für die aufgezeigte Entwicklung der Reichswehr nach rechts lediglich etwas die Schärfe nehmen. Tatsächlich war seine Abrechnung mit Noske jedoch insgesamt darauf angelegt, die schwerwiegenden Fehler der bisherigen Militärpolitik nicht der Sozialdemokratischen Partei insgesamt anzulasten, wenngleich er fair und korrekt genug war, eine teilweise Mitverantwortung nicht abzustreiten.

Löbes Hoffnung auf ein »günstiger zusammengesetztes Parlament« – womit er nur eine absolute Mehrheit der MSPD gemeint haben konnte – sollte sich bekanntlich während der gesamten Weimarer Republik nicht erfüllen. Als Reichstagspräsident machte Löbe später, im Oktober 1926, den Versuch, Einfluß auf die Musterung und die Rekrutierung der Soldaten zu nehmen, indem er vorschlug, vom Parlament beauftragte Kommissare einzusetzen, die das Auswahlverfahren kontrollieren sollten[41]. Aber er scheiterte damit an der bereits zu sehr gefestigten Position der Reichswehr am Ende der Ära Seeckt. Noskes Versäumnisse in der militärischen Personalpolitik ließen sich nachträglich nicht mehr wettmachen.

Nach der Rede Löbes wurde die Noske-Debatte abgebrochen, weil die Delegierten den Eindruck hatten, daß die wesentlichen Gesichtspunkte herausgearbeitet worden waren[42]. Am Ende der Konferenz nahm Scheidemann noch einmal das Wort, um »in alter Kameradschaft« zu Noske als seinem »Freund und Nachbarn im Reichstage«[43] zu sprechen. Dessen großer Fehler, sagte Scheidemann, sei ihm während dieser Konferenz noch einmal besonders klar geworden. Er sei in seiner Rede »in großer Rücksichtslosigkeit mit den Genossen umgesprungen«, während er gegenüber »sehr schlimmen Männern« Milde bewiesen habe: »Es herrscht, nimm es mir nicht übel, Freund und Ge-

41 Hans-Erich Volkmann, Die Reichswehr, Wehrverfassung, Wehrsystem, Personalstruktur, Milizdiskussion. In: Die Wehrstruktur in der Bundesrepublik Deutschland. Analyse und Optionen, o. O. [Bonn] 1973, S. 331.

42 Protokoll Reichskonferenz SPD 1920, S. 24.

43 Ebda., S. 68. Scheidemann hatte sich bereits in seinem Einleitungsreferat mit Noske auseinandergesetzt; vgl. ebda., S. 11.

sinnungsgenosse Noske, bei Dir das Bestreben, die Psyche der Offiziere kennen zu lernen, und aus dem Grunde alles zu verstehen und alles milder zu beurteilen und bis zu einem gewissen Grade es deshalb laufen zu lassen. Das ist Dein Fehler, denn durch diesen Fehler, lieber Noske, bist Du ins Gedränge geraten, daß Du eine Menge von Arbeitern nicht mehr verstanden hast und diese Dich auch nicht mehr verstanden.« In Anspielung auf den Kapp-Lüttwitz-Putsch schloß Scheidemann »das Kapitel, das an den Namen des Genossen Noske anknüpft«, mit dem bei näherem Hinsehen vernichtenden Satz, »daß der Erfolg in der Politik schließlich das einzige ist, was entscheidet«.

Das klang nicht nur so, als sollte Noske damit aus der aktiven Politik verabschiedet werden. Es war auch so gemeint. Noske hatte schon in den Wochen zuvor zu spüren bekommen, wie schwer sich die Partei mit ihm tat. Zunächst mußte er die für ihn bittere Erfahrung machen, daß es nach seinem Rücktritt als Reichswehrminister keinem der leitenden Männer der Partei eingefallen war, sich zu erkundigen, was er künftig zu tun gedachte[44], zumal seine materielle Zukunft doch keineswegs gesichert war. Wie Noske berichtet, war er »ohne einen Pfennig Versorgung« aus dem Amte des Reichswehrministers gegangen[45]. Zwar hatte er noch das Mandat zur Nationalversammlung, aber die Diäten flossen nur noch bis zum Zusammentritt des neugewählten Reichstages in wenigen Monaten. Über die Möglichkeit einer Wiederaufnahme seines früheren Berufes als Zeitungsredakteur gab sich Noske keinen Illusionen hin. Rückblickend behauptete er: »Mich hätte die wohlwollendste Pressekommission nicht eingestellt[46].« Dies mochte für sozialdemokratische Zeitungen gelten. Tatsächlich soll Noske jedoch von verschiedenen großen Zeitungen eine Stelle als Redakteur angeboten bekommen, aber alle Angebote abgelehnt haben[47]. Berichte hierüber sind durchaus glaubhaft. Denn Noske wollte in der Politik bleiben. Seit dem Jahre 1906 gehörte er ununterbrochen dem Reichstag an. Nun, nach dem Rücktritt vom Amte des Reichswehrministers, drängte es ihn, seine parlamentarische Arbeit fortzusetzen.

Bereits Ende April, nach Fertigstellung seines Buches »Von Kiel bis Kapp«, in jenen Tagen, da er nach eigener Aussage mit dem niederdrückenden »Gefühl der Arbeitsleere« zu kämpfen hatte[48], war Noske ins sächsische Meißen gefahren[49], um zu versuchen, sich in seinem alten Wahlkreis Chemnitz erneut als Kandidat für den Reichstag aufstel-

[44] Noskes Klagen hierüber in: Erlebtes, S. 181.
[45] Ebda.
[46] Noske, Erlebtes, S. 181.
[47] Dies berichtete die Wiener »Neue Freie Presse« am 4. 4. 1920. Ausschnitt in: BA NL 46, Teil 1, Dok. 5.
[48] Noske, Erlebtes, S. 181.
[49] Vgl. Noskes Schilderung ebda., S. 185 f.

len zu lassen. Dieser Versuch war nicht von Erfolg gekrönt[50]. Noske mußte eine herbe Enttäuschung erleben. Nachher blieb nur noch die Hoffnung, daß ihm die Parteileitung auf der Reichsliste der MSPD einen Platz einräumen würde. Über die Reichsliste hätte er auch ohne einen eigenen Wahlkreis wieder in den Reichstag einziehen können.

Mit der Frage, ob Noske auf die Reichsliste gesetzt werden solle oder nicht, beschäftigte sich der Parteiausschuß der MSPD in seiner Sitzung am 4. Mai, am Vorabend der Reichskonferenz. Die Meinungen waren nicht einheitlich. Aus einigen Bezirken wurde berichtet, Noske habe dort augenblicklich »keinerlei Sympathien«, zumal er seine Fehler bis heute nicht eingesehen habe[51]. Mitglieder des Parteivorstandes[52] warnten jedoch davor, Genossen wie Gustav Noske und Wolfgang Heine, die im Reich und in Preußen Regierungsverantwortung getragen hatten, nun durch die Verweigerung einer erneuten Kandidatur öffentlich zu desavouieren. Paul Löbe[53] dagegen sagte ein offenes Nein zu Noske. Die Partei, so lautete sein Argument, könne dem Manne, der eine verhängnisvolle Politik betrieben habe und seine Mißgriffe bis heute nicht einsehe, jetzt kein Vertrauensvotum ausstellen. Auf der anderen Seite gab es jedoch auch Stimmen[54], die zugunsten Noskes geltend machten, er habe nun einmal die Republik gerettet, und »diese Tat bleibe bestehen« bei allem, was er sonst falsch gemacht habe.

Zu einer förmlichen Empfehlung pro oder contra Noske an die Reichskonferenz konnte sich der Parteiausschuß nicht durchringen. Die Reichskonferenz selbst übertrug dann die heikle Aufgabe der Aufstellung einer Reichsliste an eine Kommission[55], in der auch der Parteivorstand vertreten war. Nach dem Auftritt Noskes vor der Reichskonferenz[56] wurden seine Chancen noch geringer, noch einmal aufgestellt zu werden. Tatsächlich hat die Parteileitung dann seine erneute Kandidatur verhindert[57]. Sollmanns Auffassung, man könne den bevorstehenden Reichstagswahlkampf wohl kaum mit der Parole »Für die Noskepolitik« bestreiten[58], wurde im Parteivorstand insoweit geteilt, als man dort ebenso wie an der Parteibasis der Meinung war, ein Kandidat Noske würde zur besonderen Zielscheibe der Agitation der Unabhän-

[50] Vgl. den Bericht von Eggert (Dresden) in der Sitzung des Parteiausschusses der MSPD am 4. 5. 1920. Protokoll der Sitzung des Parteiausschusses [der SPD]. Berlin, den 4. 5. 1920, [Berlin 1920], S. 6.

[51] Ebda., S. 11 f., Berichte von Hünlich aus dem Bezirk Oldenburg–Osnabrück–Ostfriesland und Leuteritz aus dem Bezirk Hamburg.

[52] Bartels und Adolf Braun. Ebda., S. 3 und 8.

[53] Ebda., S. 16.

[54] Ebda. Frau Bohm-Schuch (Berlin), S. 15, sowie Schreck (Bielefeld), S. 14, Kröger (Rostock), S. 17, und Klupsch (Dortmund), S. 18 f.

[55] Vgl. die Ausführungen Scheidemanns, Protokoll Reichskonferenz SPD 1920, S. 69.

[56] Vgl. dazu das vorstehende Kapitel XII/1.

[57] Noske, Erlebtes, S. 185 f.

[58] Protokoll Reichskonferenz SPD 1920, S. 29.

gigen und würde die Werbewirksamkeit der eigenen Partei nicht gerade mehren.

So wurde Noske unmittelbar nach seinem erzwungenen Rücktritt als Reichswehrminister von seiner eigenen Partei kaltgestellt. Es war, wie sich zeigen sollte, ein endgültiger Abschied von der Reichspolitik. Auch alle späteren Bemühungen blieben erfolglos: »Seit 1920 habe ich keinerlei Funktion in der Organisation [gemeint ist die SPD, d. Verf.] mehr gehabt. Versuche, mir wieder Gelegenheit zu parlamentarischer Tätigkeit zu verschaffen, sind von den leitenden Männern der Partei vereitelt worden[59].« Nachdem klar war, daß Noske eine erneute Reichstagskandidatur versagt blieb, bemühte er sich um eine von zwei frei gewordenen Oberpräsidenten-Stellen[60] in der preußischen Verwaltung. Diese Bemühungen wurden von Leinert und Severing unterstützt. So konnte Noske am 1. Juli 1920 seine neue Tätigkeit als Oberpräsident[61] der Provinz Hannover beginnen.

Hart wie die Feststellung Paul Löbes, daß die Ansichten Noskes »nicht Allgemeingut der Deutschen Sozialdemokratischen Partei« seien, war also auch die Art und Weise, in der die Partei mit Noske nach seinem Rücktritt umging. Der ehemalige Reichswehrminister scheint zu diesem Zeitpunkt als schwere Belastung für seine Partei empfunden worden zu sein.

3. »Noske-Politik« – eine Herausforderung traditioneller sozialdemokratischer Wertvorstellungen

Einer der ersten sozialdemokratischen Politiker, die in Worte faßten, was viele Mitglieder und Anhänger der Sozialdemokratie bewegte, nämlich daß die von Noske praktizierte Politik der Pazifizierung im Innern mit den Mitteln militärischer Gewalt nur schwerlich mit den traditionellen Idealen der Partei in Einklang gebracht werden konnte, war der Parteivorsitzende Otto Wels. Schon seit dem Spätjahr 1919 hatte er mit dem Gedanken gespielt, ob die Rückkehr der MSPD in die Opposition[62] nicht vielleicht doch das geringere Übel sei, verglichen mit der Last der Verantwortung für eine Regierungspolitik, die sich je länger desto stärker in »Noske-Politik« zu erschöpfen drohte. Als Gustav Noske dann nach dem Kapp-Lüttwitz-Putsch – nicht zuletzt auf-

[59] Noske, Erlebtes, S. 185; vgl. auch ebda., S. 271–275, Kapitel »Die SPD und ich«.
[60] Ebda., S. 181–183.
[61] Siehe dazu im einzelnen Kapitel XIII/1.
[62] Vgl. Adolph, Wels, S. 148 ff.; sowie Miller, Bürde, S. 365.

grund des massiven Drängens wiederum von Wels – zurückgetreten war, sah der Parteivorsitzende den Zeitpunkt gekommen, nunmehr auch öffentlich den Versuch zu machen, das Negativ-Image, das die Noske-Politik für die Partei insgesamt mit sich gebracht hatte, demonstrativ abzuschütteln.

Angedeutet hat Wels diese Absicht, unter Ausgrenzung der von Noske zu verantwortenden Politik wieder an die alten Wertvorstellungen anzuknüpfen, in seiner kämpferischen Rede, die er am 30. März 1920, zwei Wochen nach dem Putsch, in der Nationalversammlung hielt[63]. Zwar stand die Abrechnung mit den Rechtsparteien, die den Putsch entweder unterstützt oder sich nicht klar von ihm distanziert hatten, im Zentrum der Ausführungen des Parteivorsitzenden. Unübersehbar war jedoch eine andere, eher unterschwellige Stoßrichtung der Rede, die darauf abzielte, der Partei wieder ein Profil zu geben, das sich von den Schatten der Noske-Politik abhob. Wels ging dieses Problem an, ohne Noske beim Namen zu nennen, indem er Forderungen zurückwies, die von der USPD erhoben worden waren: »Wir können die Bewaffnung der Arbeiterschaft nicht auf unser Programm schreiben, weil wir Sozialdemokraten gegen jede Art von Militarismus, also auch gegen den proletarischen Militarismus sind. Unser Ziel ist, die Waffen zu vernichten, nicht Waffen auszugeben[64].« Diese Sätze, einschließlich des eher emotional verwendeten Militarismus-Begriffs, waren gewiß nicht das Ergebnis einer soliden Analyse dessen, was nach den Erfahrungen des Putsches gegen die Republik an praktischer Reformarbeit in der Militärpolitik geleistet werden mußte. Aber dies war auch nicht das Anliegen und der Anspruch von Wels. Er wollte zum Ausdruck bringen, daß sich die Sozialdemokratie nun wieder auf ihre guten demokratischen Traditionen besinnen konnte und sollte, und diese waren in dem Sinne »antimilitaristisch«, daß sie sich an der Vorstellung eines friedlichen, gewaltfreien, demokratischen Konfliktaustrags orientierten, am Ideal der Minimierung von direkter, physischer Gewaltanwendung, wozu nicht zuletzt auch die Ablehnung des Einsatzes von Militär im Innern gehörte.

In einem derartigen Verständnis beschrieb Otto Wels die »wahrhaft sozialdemokratische Haltung« folgendermaßen: »Wir führen mit dem Arsenal unserer Weltanschauung einen geistigen Kampf, der nicht in Bürgerkriegen und nicht von Dachschützen entschieden werden kann[65].« Und weiter: »Wir sind und bleiben Anhänger des geistigen Kampfes für den Sozialismus und die Demokratie, und wir wollen es bleiben.« Diese traditionellen Grundwerte proklamierte Wels zum Ab-

[63] Verhandlungen NV, Bd 332, 30. 3. 1920, S. 5004–5012.
[64] Ebda., S. 5011.
[65] Ebda.

schluß seiner Rede auch als die ideellen Leitlinien für den bevorstehenden Reichstagswahlkampf: »Gegen jede Gewalt, für die friedliche Arbeit, gegen den Putsch, für die Demokratie und den Sozialismus[66]!«

Gewiß muß diese Rede auch unter partei- und wahlkampftaktischen Gesichtspunkten betrachtet werden. In dieser Beziehung machte Wels den ohne jede Rückversicherung in den Parteigremien offensiv vorangetriebenen Versuch, mit der USPD in ein besseres Verhältnis zu kommen[67], möglicherweise sogar zu einem Arrangement zu gelangen mit dem Ziel, eine direkte Konfrontation im bevorstehenden Wahlkampf zu vermeiden und die eigene Partei nach links hin zu öffnen. Wels meinte damals sogar feststellen zu können, daß eine programmatische Einheitsfront vom rechten Flügel der Weimarer Koalition bis hin zur USPD vorhanden sei[68]. Da die Noske-Politik in der Vergangenheit in der Tat eines der Haupthindernisse bei den Bemühungen um eine Einigung von MSPD und USPD gewesen war[69], konnte Wels zudem davon ausgehen, daß der Abgang Noskes von der politischen Bühne und der Verzicht der MSPD auf die Benennung eines Nachfolgers aus den Reihen der eigenen Partei von der USPD als ein positives Signal verstanden wurde, als eine Aufforderung, unter den neuen Bedingungen ihre Distanz und Gegnerschaft zur »Regierungs-Sozialdemokratie« zu überdenken.

In dieselbe Richtung zielte Wels' Versuch, die klassische Konfliktkonstellation aus der Zeit vor der Parteispaltung beziehungsweise vor der gemeinsamen Regierungstätigkeit im Rat der Volksbeauftragten wiederherzustellen, nämlich den gemeinsamen Kampf nach rechts, gegen die Verfechter des preußisch-deutschen Militarismus. »Die Rechte ist es«, rief Wels im Hinblick auf den reaktionären Gewaltstreich gegen die Republik aus, »die die Gewalt in die innerpolitischen Kämpfe getragen hat, nachdem endlich die Kriegserregung im Volke abgeebbt war und der Bürgerkrieg für immer verschwunden schien[70].« Jetzt stehe man vor der Alternative, »ob in Deutschland die Demokratie oder der Militarismus, der von Ihnen gezüchtet ist, siegen wird«[71]. Das war genau der Punkt, den Wels von vornherein angesteuert hatte: Nach Noskes Rücktritt und der Befreiung der SPD von der Bürde des Reichswehrministeramtes konnten die traditionsreichen antimilitaristischen Argumente, die in der »Noske-Ära« nicht als Integrationsmittel hatten benutzt werden können, wieder gegen rechts gewendet werden. Zu-

[66] Ebda., S. 5012.
[67] Adolph, Wels, S. 159, Anm. 199, bewertet die Rede von Wels als ein stürmisches Werben um die USPD.
[68] Verhandlungen NV, Bd 332, 30. 3. 1920, S. 5009.
[69] Zu den Einigungsbemühungen der Jahre 1919 und 1920 vgl. Knopp, Einigungsdebatte; siehe auch Miller, Bürde, S. 266.
[70] Verhandlungen NV, Bd 332, 30. 3. 1920, S. 5011.
[71] Ebda., S. 5010.

gleich wollte Wels damit die Ära Noske – verstanden als eine Phase der Schuldverstrickung wider Willen in die verhaßten Praktiken der Gewaltpolitik – als beendet erklärt wissen.

Neidvoll blickten die Führer der deutschen Sozialdemokratie seinerzeit hinüber nach Österreich[72], wo ihrer Schwesterpartei vergleichbare Belastungsproben weitgehend erspart blieben, obwohl die politischen Aufgaben, die nach der militärischen Niederlage zu bewältigen waren, sich durchaus ähnelten[73]. Wie Otto Bauer, der Führer der österreichischen Sozialdemokratie, im Jahre 1923 rückblickend schrieb, war es 1918 darum gegangen, die durch den Krieg und die Revolution aufgewühlten und erregten Massen »nicht mit Gewaltmitteln niederzuhalten, sondern mit geistigen Mitteln dazu zu bestimmen, daß sie aus freiem, aus eigener Erkenntnis stammenden Entschlusse die Grenzen nicht überschreiten, die das wirtschaftliche Elend und die wirtschaftliche und militärische Ohnmacht des Landes der Revolution setzten«[74]. Auf Gewaltmittel konnte nach Überzeugung Bauers verzichtet werden, wenn die Regierung, in der die österreichische Sozialdemokratie an führender Stelle vertreten war, »im engsten Einvernehmen« mit den großen gesellschaftlichen Organisationen – womit er besonders die Gewerkschaften und die Sozialdemokratische Partei meinte – die Massen führte.

Gewiß gab es in Österreich jene Spaltung der Sozialdemokratie nicht, welche in Deutschland so viele Probleme schuf. Aber bei der regierenden MSPD fehlte ganz einfach das aus den Worten Otto Bauers sprechende »Zutrauen zur eigenen Fähigkeit, mit Erfolg an die Einsicht der Massen appellieren zu können«[75]. Ebert und Noske hatten zu wenig Wert darauf gelegt, sich des politischen Rückhalts bei der Parteiorganisation und bei den Gewerkschaften zu versichern. Statt dessen suchten sie ihren machtpolitischen Rückhalt einseitig beim Staat, d. h. bei den Trägern des alten, vorrepublikanischen Staates, bei der Bürokratie und beim Militär. Deren Vertrauen wollten sie gewinnen, und darüber vernachlässigten sie die Bindungen zu ihrer eigenen Basis. Mit dieser Politik wurden nicht nur wesentliche Gestaltungsmöglichkeiten preisgegeben, sondern auch ein Prozeß in Gang gesetzt, in des-

[72] Zum Vergleich mit Österreich siehe: Richard Saage, Einige Rahmenbedingungen der deutschen und österreichischen Revolution von 1918. Eine vergleichende Skizze. In: Politische Didaktik, Stuttgart, März 1977; ders., Das Dilemma der Sozialdemokratie in Deutschland und Österreich 1918–1934. In: Jahrbuch des Instituts für deutsche Geschichte, Tel Aviv, 9 (1980), S. 429–474; Miller, Zur Politik.

[73] Speziell zur Militärfrage in Österreich 1918/19 vgl. Haas, Studien; ders. Zur Wehrpolitik; Ludwig Jedlicka, Ein Heer im Schatten der Parteien. Die militärpolitische Lage Österreichs 1918–1938, Graz, Köln 1955; Siegbert Kreuter, Führende österreichische Sozialdemokraten und die Wehrfrage. Victor Adler, Karl Renner, Julius Deutsch. In: Österreichische Militärische Zeitschrift 12 (1974), S. 181–190.

[74] Otto Bauer, Die österreichische Revolution, Wien 1923, S. 182.

[75] Miller, Zur Politik, S. 19.

sen Verlauf die überkommene Exekutive in zunehmendem Maße das Gesetz des Handelns zurückgewinnen konnte. Die Restauration des Militärapparates war hierfür der sichtbarste Beweis. Indem die mehrheitssozialdemokratischen Volksbeauftragten im Dezember 1918 und im Januar 1919 auf die Karte der militärischen Gewaltanwendung setzten, trugen sie ihren Teil dazu bei, daß der vielleicht doch vermeidbare Bürgerkrieg begann. Damit war jedoch bereits jener Circulus vitiosus vorgegeben, der für die Ära Noske insgesamt charakteristisch bleiben sollte.

Die Bürgerkriegsauseinandersetzungen erreichten dann einen Umfang und eine Intensität, die höchstens mit den revolutionären Kämpfen während der Revolution von 1848 verglichen werden konnten. Im Kaiserreich hatte es Ähnliches nicht gegeben. Kaiser Wilhelm II. drohte der angeblich umstürzlerischen Sozialdemokratie zwar mit dem Einsatz seiner Soldaten, aber zu einer Ausführung dieser Drohung war es tatsächlich nie gekommen. Nun aber waren – den Angaben Noskes zufolge[76] – allein in der Berliner Märzwoche 1200 Einwohner und Soldaten umgekommen und im Mai 1919 in München mindestens 500 bis 700 Menschen. Rechnete man die Personen hinzu, die während der Kämpfe in Bremen, Hamburg und in anderen Teilen des Reiches ihr Leben lassen mußten, so ergab sich eine durchaus deprimierende Bilanz des deutschen Bürgerkrieges von 1919. Zwar konnte Noske die Behauptung des USPD-Abgeordneten Wilhelm Koenen[77], die deutsche Entwicklung könne – folge man den Angaben Karl Kautskys[78] – durchaus mit dem bolschewistischen Terror in Rußland verglichen werden, als »rasend tolle Übertreibung« zurückweisen[79], aber auch er hatte zumindest eine Ahnung davon, daß man sich einst fragen würde, wann je in der jüngeren deutschen Geschichte in einem Bürgerkrieg so viel Blut geflossen sei. Wenn Noske gegenüber seinen Kritikern betonte, die Sozialdemokratie habe sich während des Kaiserreiches »gegen jede Art von Gewaltregiment« gewehrt und nie etwas anderes gewollt als eine »Revolutionierung der Köpfe«[80], dann beschrieb er damit durchaus auch seine eigene Position. Aber, so argumentierte er 1919, in der heutigen Situation, da der Staat von links her mit Maschinengewehren und Handgranaten angegriffen werde, müsse er leider Gewaltmittel

[76] Siehe: Verhandlungen NV, Bd 330, 29. 10. 1919, S. 3582.

[77] Ebda., S. 3581.

[78] Vgl. Karl Kautsky, Terrorismus und Kommunismus, Berlin ²1925, der geschrieben hatte, in den ersten beiden Revolutionsjahren seien in Rußland 6000 Menschen dem bolschewistischen Terror zum Opfer gefallen. Zu den theoretischen Auseinandersetzungen über die Gewalt vgl. Jakob Schissler, Die Kontroverse über die Gewalt zwischen Sozialdemokratie und Bolschewismus 1900–1921, Phil. Diss. Frankfurt/M. 1973.

[79] Noske in: Verhandlungen NV, Bd 330, 29. 10. 1919, S. 3582.

[80] Ebda., auch zum Folgenden.

einsetzen, die ihm persönlich, wie er glaubhaft beteuerte, »wirklich keine Freude machen, die aber notwendig sind, wenn Deutschland nicht zugrunde gehen soll«.

Otto Wels' zukunftsorientierte Rede in der Nationalversammlung vom 30. März 1920 hatte diese von Noske angesprochene Problematik eher verdrängt als kritisch verarbeitet. Dagegen machte Philipp Scheidemann etwa um dieselbe Zeit einen Versuch, die »Noske-Politik« in den historischen Zusammenhang zu stellen und zugleich die grundsätzliche Stellung der in der Regierungsverantwortung befindlichen Sozialdemokratie zur staatlichen Gewaltanwendung zu bestimmen. Scheidemann zufolge deckte die Partei die erste Voraussetzung der Noske-Politik: daß nämlich der mehrheitssozialdemokratische Rat der Volksbeauftragten im Januar 1919 vor dem »gewalttätigen Fanatismus« der Linksradikalen – der Unabhängigen und der Kommunisten – nicht kapitulieren durfte; daß die vorläufige Regierung zudem keine andere Wahl hatte als »die Rettung der Republik in die Hände der noch vorhandenen Truppenverbände unter ihren reaktionären Offizieren zu legen«[81]. So gesehen, meinte Scheidemann, habe also nicht Noske die Reichswehr erfunden, sondern »die eigentlichen Väter« der Reichswehr seien Liebknecht und Ledebour gewesen[82].

Scheidemann, damals bekanntlich selbst Mitglied des Rates der Volksbeauftragten und damit mitverantwortlich für dessen Militär- und Ordnungspolitik, sah also auch im Rückblick keine Alternative zur damals praktizierten Gewaltanwendung. Er rechtfertigte sie ausdrücklich und dem Grundsatz nach: Die Sozialdemokratie hält die Gewalt dann, aber auch nur dann für erlaubt, wenn es nach der Erkämpfung der Demokratie gilt, »gewaltsame Angriffe von der Demokratie abzuwehren«[83]. Insofern sei es nicht Noskes Schuld gewesen, »wenn es zwischen verschiedenen Teilen der Arbeiterbewegung zu blutigen Auseinandersetzungen kam«[84]. Die Verantwortung dafür trügen vielmehr eindeutig die linksradikalen Gegner der Republik. Diese Sicht der Dinge verdichtete der formulierfreudige Scheidemann zu der Formel: »Ohne Januar-Putsch von 1919 kein März-Putsch von 1920, ohne Ledebour kein Lüttwitz[85].« Noskes Fehler bestand nach dem Urteil des ehemaligen Reichsministerpräsidenten demnach nicht darin, daß er die »Ruhe im Lande« wiederherstellte[86], sondern daß er um die Mitte des Jahres 1919, als es tatsächlich einigermaßen ruhig geworden war, die Reichswehr keiner gründlichen Säuberung unterzog. Sicher war es

81 Rede Scheidemanns, Protokoll Reichskonferenz SPD 1920, S. 7.
82 Diskussionsbeitrag Scheidemanns ebda., S. 70.
83 Ebda., S. 9.
84 Ebda., S. 11.
85 Ebda., S. 7.
86 Ebda.

kein Zufall, daß dieses Datum – Jahresmitte 1919 – mit Scheidemanns Rücktritt als erster Ministerpräsident der Republik zusammenfiel. Erst danach, so wollte er es sehen, hatten die Fehler begonnen.

Sieht man von diesen offensichtlichen Schwächen seiner Argumentation einmal ab, so bleibt der Tatbestand, daß Scheidemann mit seinen Ausführungen über die Legitimität staatlicher Gewaltanwendung zur Verteidigung der Demokratie das sozialdemokratische Staatsverständnis auf den Punkt gebracht hatte. Ein Jahr später, in ihrem Görlitzer Programm von 1921, welches das offiziell drei Jahrzehnte lang geltende Erfurter Programm von 1891 ablöste, legte die SPD ihr Verhältnis zum demokratischen Staat – in starker Anlehnung an die bürgerliche Ideologie, d. h. ohne eine Analyse der Rolle des Staates im Kapitalismus – folgendermaßen positiv fest: »Sie [die SPD] betrachtet die demokratische Republik als die durch die geschichtliche Entwicklung unwiderruflich gegebene Staatsform, jeden Angriff auf sie als ein Attentat auf die Lebensrechte des Volkes[87].« An diesem Bekenntnis zur demokratischen Republik von Weimar hat die SPD, die sich selbst als demokratische Partei par excellence verstand, konsequent festgehalten.

Mit der von Scheidemann formulierten Vorstellung von einer wehrhaften Demokratie war Noskes Politik der Anwendung militärischer Gewalt in den innenpolitischen Auseinandersetzungen der Jahre 1919 und 1920 dem Prinzip nach gerechtfertigt. Wer diesen Grundsatz akzeptierte, und die mehrheitssozialdemokratische Partei tat dies ebenso wie die meisten anderen republikanischen Parteien, der konnte Noskes Politik lediglich unter den Gesichtspunkten kritisch prüfen, ob sie die Verhältnismäßigkeit der Mittel gewahrt hatte und ob der Minister in der Lage war, Tendenzen zur Verselbständigung des Instruments Reichswehr angemessen gegenzusteuern. Am letztgenannten Punkt setzte denn auch Scheidemanns Kritik an der Politik Noskes an: er sei zu vertrauensselig gewesen, habe die Gefahren von rechts nicht rechtzeitig erkannt und damit »schwer geirrt«[88].

Zumal die Vertreter des rechten Flügels der MSPD haben auch nach Noskes Rücktritt keinen Zweifel daran gelassen, daß sie seine Ordnungspolitik in vollem Umfang unterstützten. Als repräsentativ mag das Urteil von Bernhard Rausch gelten. Er hatte, wie Noske, als Redakteur sozialdemokratischer Zeitungen gearbeitet[89], war gelegentlich als Buchautor hervorgetreten[90], hatte als Reserveoffizier einen Zugang zu

[87] Dieses Programm in: Protokoll SPD-Parteitag Görlitz 1921, S. III–VI, Zitat S. 4; Wiederabdruck u. a. in: Programme der deutschen Sozialdemokratie, Hannover 1963, S. 84.

[88] Protokoll Reichskonferenz SPD 1920, S. 11.

[89] Während Noskes Zeit als Gouverneur in Kiel war Rausch Chefredakteur der mehrheitssozialdemokratischen Kieler »Volkszeitung«.

[90] Noch im November 1918 verfaßte er die bereits erwähnte Broschüre: Am Springquell.

militärpolitischen Fragen und war daher von Noske in seinen persönlichen Stab berufen worden. Was Rausch an Noske bewunderte, war sein »Realitätssinn« und seine »Willenskraft«, seine »durch keine ideologischen Brillengläser getrübte« Sichtweise und sein »starker Glaube« an die Richtigkeit seiner Politik, der sich suggestiv auf die Massen übertragen habe[91]. So war es für Rausch nur folgerichtig, daß ein Mann mit diesen Fähigkeiten, der zudem »den Mut zur Härte und zur Verantwortung von Zwangsmaßnahmen aufbrachte«, schon wenige Wochen nach seiner Ernennung zum Volksbeauftragten populär wie kein anderer war; denn: »Jede Geschichtsphase hebt die Persönlichkeiten empor, deren sie zur Lösung ihrer besonderen Aufgabe bedarf.« Diese Aufgabe aber lautete, Deutschland vor dem Chaos zu bewahren. Darin habe aber zugleich Noskes Begrenztheit gelegen. Er war ein großer Praktiker der Ordnungspolitik, jedoch »kein Reformator«[92]. Jedenfalls habe man mit seinen Methoden eine Republikanisierung der Reichswehr nicht erreichen können.

In der Mehrheitssozialdemokratischen Partei war man sich also im Jahre 1920 weithin einig, was die Person Noskes und seine Ordnungspolitik betraf. Beide wurden von der Partei gedeckt. Gleichzeitig kritisierte man den ehemaligen Reichswehrminister als gescheiterten Reformpolitiker, der es nicht vermocht hatte, der jungen Republik ein verläßliches militärisches Instrument zu verschaffen. Diese rationale Beurteilungsweise wurde überlagert von traditionellen antimilitaristischen Positionen, deren Berechtigung durch den Kapp-Lüttwitz-Putsch noch einmal drastisch bestätigt wurden. Im Bruch mit dem preußisch-deutschen Militarismus sah die Sozialdemokratie eine Lebensbedingung für das demokratische Regierungssystem. Wie der Putsch und andere Erscheinungen zeigten, gab es aber diesen Bruch entweder gar nicht oder er war nicht gründlich genug vollzogen worden. Sichtbar blieb allein die Kontinuität des Militarismus, u. a. dokumentiert in dem dauerden Sicheinmischen des Militärs in die deutsche Innenpolitik. Mit *dieser* Reichswehr, wie Noske sie hinterlassen hatte, konnte sich die SPD nicht identifizieren. Daher blieb ihr Verhältnis zur bewaffneten Macht von mißtrauischer Distanz bestimmt.

[91] Rausch, Von Kiel, S. 489.

[92] Ebda., S. 490 f. Rausch, der Noske 1920 noch alles in allem wohlwollend kritisierte, ja ihn geradezu bewunderte, landete am Ende der Weimarer Republik bei den Rechtsradikalen. Nach Hitlers Ernennung zum Reichskanzler sandte der inzwischen zum »Stahlhelm«-Führer avancierte Rausch einen Brief an seinen ehemaligen Chef Noske, in dem er ihm den Vorwurf machte, sich nicht in die Hitler-Bewegung eingereiht zu haben. Handschriftliches Protokoll Noskes über diesen Sachverhalt in: AdsD, Nachlaß Noske, Teil 1, Dok. 25.

4. Die Demontage Noskes in der Öffentlichkeit

Als die SPD Noske 1920 kaltstellte und aus der Reichspolitik ausschloß, ging sie zu ihrem prominenten Parteimitglied nicht nur sichtbar, sondern auch dauerhaft auf Distanz. Was politisch gesehen am stärksten ins Gewicht fiel, war die Tatsache, daß die SPD sich mit dem Abgang Noskes von der Militärpolitik verabschiedete und fortan ein betont kritisches Verhältnis zur Reichswehr pflegte. Parallel zu diesen Entwicklungen verzichtete die SPD auch darauf, in der Öffentlichkeit ein eigenes Bild von Noske und seiner Politik zu zeichnen, an dem andere sich hätten orientieren und reiben können. Statt dessen wurde dies anderen überlassen. Die im Zusammenhang mit seinem Rücktritt veröffentlichten Urteile zeigten, daß Noske der wohl umstrittenste Politiker der frühen Weimarer Jahre war und blieb. An den großen Linien der damals formulierten Kritik hat sich bis heute wenig geändert. Es zeigte sich, daß sich eigentlich niemand so recht mit Noske und seiner Politik identifizieren mochte, obwohl man ihm Verdienste auch nicht generell absprechen wollte.

Am raschesten waren die deutschen Kommunisten mit Noske fertig. Ihnen galt er bereits seit den Januarunruhen 1919 als der hirnlosbrutale Klassengegner, was man mit dem Wort »Proletarierschlächter«[93] propagandistisch wirksam zum Ausdruck brachte. Zur Charakterisierung der historischen Rolle Noskes zogen die Kommunisten Vergleiche mit früheren Revolutionen, in denen die Gewalt – verstanden als die Frage nach der Verfügungsgewalt über das militärische Instrument und damit als Machtfrage – eine wichtige Rolle gespielt hatte. Dabei wurde jedoch nicht etwa die Parallele zur russischen Oktoberrevolution und zu Trotzki als dem Organisator der Roten Armee gezogen. Denn die deutschen Kommunisten hofften ja darauf, daß die SPD-geführte Reichsregierung in einer zweiten Welle der Revolution hinweggefegt und durch eine proletarische Diktatur abgelöst werden würde, so wie die Kerenski-Regierung in Rußland durch die Bolschewiki abgelöst worden war. Erst in diesem Stadium hätte in Deutschland – aus der Sicht der Kommunisten – ein deutscher Trotzki auftreten können. Nein, Noske war statt dessen der Verteidiger der bürgerlichen Republik. Daher entnahmen die kommunistischen Führer ihre Beurteilungsmaßstäbe früheren bürgerlichen Revolutionen. Sie zogen die Linien zurück zum französischen Juliaufstand von 1848 und zur Pari-

[93] Vom »Proletarierschlächter Noske« ist u. a. die Rede im Aufruf der Zentrale der KPD vom 13. 3. 1920 zum Kampf gegen die Militärdiktatur der Kapp-Lüttwitz. Text in: Dokumente und Materialien VII/1, Nr. 105, S. 211 f., Zitat S. 211.

ser Kommune von 1871. Karl Liebknecht selbst war es, der Noske im letzten Zeitungsartikel[94], den er vor seiner Ermordung schrieb, in eine Reihe mit den französischen Generalen Cavaignac[95] und Gallifet[96] stellte, die 1848 beziehungsweise 1871 der Konterrevolution mit militärischer Gewalt zum Sieg verholfen hatten. Hier die Sätze Liebknechts: »Die französische Bourgeoisie mußte die Junischlächter von 1848 und die Maischlächter von 1871 aus ihren eigenen Reihen nehmen. Die deutsche Bourgeoisie braucht sich nicht selbst zu bemühen – ›Sozialdemokraten‹ vollführen das schmutzig-verächtliche, das blutigfeige Werk; ihr Cavaignac, ihr Gallifet heißt Noske, der ›deutsche Arbeiter‹.«

Die deutschen Kommunisten trugen ihre Angriffe selten isoliert gegen die Person des Reichswehrministers vor. Statt dessen machten sie die gesamte Mehrheitssozialdemokratische Partei für seine Politik verantwortlich[97]. So etwa im Wahlaufruf der KPD vom 15. April 1920, wo es hieß, der Weg, den die Sozialdemokratie in den letzten eineinhalb Jahren gegangen sei, sei »gesäumt von Leichen und Blut [...] Zu Hunderten haben sie unsere Genossen hingemordet. Unsere Führer Karl Liebknecht und Rosa Luxemburg haben sie ermorden lassen. Keine ihrer schuldigen Hände hat sich gerührt, die Mörder zu strafen. In allen kommenden Zeiten wird kein Name geächteter sein, wie er schon heute der geächtetste ist im Proletariat der ganzen Welt: der Name Noske. Sie haben die Noskegarde großgezogen: Der Kapp-Putsch und seine Folge ist ihre Schuld und ist der Bankerott ihrer politischen Arbeit[98].« Für eine Wiederaufrichtung der »Blutherrschaft der Noske-Ebert-Bauer«[99] wollte die KPD auch während des Generalstreiks gegen die Militärdiktatur nicht kämpfen.

Die Kritik der USPD an Noske und seiner Politik konzentrierte sich im Kern auf die Behauptung, daß die Eskalation des deutschen Bürgerkrieges maßgeblich auf Noskes kompromißlosen Einsatz des Militärs zurückzuführen sei und dieser, statt den alten Militarismus auszumerzen, ihm erst wieder in den Sattel geholfen habe[100]. Die USPD-nahe

[94] Karl Liebknecht, Trotz alledem! In: Die Rote Fahne Nr. 15, 15. 1. 1919. Wiederabdruck in: Dokumente und Materialien, Reihe II, Bd 3, S. 76 ff., Zitat S. 77.

[95] General Eugéne Louis Cavaignac (1802–1857) unterdrückte 1848 den Juliaufstand der Pariser Arbeiter. Von Juni bis Dezember 1848 war er französischer Ministerpräsident.

[96] General Gaston Alexandre August Marquis des Gallifet (1830–1909) war 1871 maßgeblich an der blutigen Niederschlagung der Pariser Kommune beteiligt.

[97] Charakteristisch hierfür auch der rund 50 Jahre später geschriebene Aufsatz des damaligen Chefpropagandisten der SED, Norden, Noske. Vgl. auch Einleitung I/2.

[98] Wahlaufruf der KPD vom 15. 4. 1920. Wiederabdruck in: Dokumente und Materialien VII/1, Nr. 129, S. 257 ff., Zitat S. 259; sowie in: Ursachen und Folgen, Bd 4, Nr. 887, S. 142–144.

[99] Formulierung aus einem Aufruf der KPD vom 14. 3. 1920. Text in: Dokumente und Materialien VII/1, Nr. 107, S. 216.

[100] Im Auftrag des Zentralkomitees der USPD vom 14. 3. 1920 über die Fortsetzung des Generalstreiks zur Niederringung der Militärdiktatur hieß es beispielsweise: »Die al-

Zeitung der Metallarbeitergewerkschaft wertete das Ende der Ära Noske als einen Schlußstrich unter »die traurigste Periode der Revolution, wo der Emporkömmling Noske derselben einen Stempel aufdrücken konnte, eine Zeit der Bruderkämpfe und der blutigen Unterdrückung, die Phase der Gegenrevolution«[101]. Für die radikalen Teile der Arbeiterschaft läßt sich insgesamt sagen, daß der Abgang Noskes von der Regierungsbühne für sie »die Beseitigung des Symbols ihrer Unterdrückung durch Waffengewalt« darstellte[102].

Eine satirische Abrechnung mit dem »System Noske« wurde 1920 in der unabhängigen Verlagsgenossenschaft »Freiheit« veröffentlicht[103]. Was ihre Autoren Stössinger und Holtz über Noske zu sagen hatten, roch nach Gift und Galle: »Ein unbedeutender Parteibonze ohne menschliche Bildung und Gesinnung, jeder Zoll ein Boche, wie ihn nur die bissigsten Franzosen zeichnen konnten, zugleich ein Produkt der preußisch-deutschen Kaserne, in der noch die Marschälle den Horizont und die Fresse des Feldwebels haben und wenn sie genügend gebildet sind, die Politik für die Fortsetzung des Krieges mit anderen Mitteln halten.« Der »Provinzredakteur Noske«, der es zum »Diktator Deutschlands« gebracht hatte, war für seine beiden linken Kritiker jene typische »Kleinbürgerfigur«, die in jeder Revolution auftreten und »mit der Ruhe, die sonst nur die Gewohnheit verleiht, eine schmutzige Blutarbeit verrichten«. Der »rohe Maulheld« Noske erschien ihnen als der Mann, »der die Talentlosigkeit seiner Genossen durch proletarische Blutbäder zu heilen suchte«. Die deutsche Arbeiterschaft habe am 9. November 1918 nicht mehr gewollt als den Sturz des Militarismus und den organischen sozialistischen Wiederaufbau Deutschlands; und das, meinten Stössinger und Holtz, wäre leicht zu bewerkstelligen gewesen, »wenn das System Noske nicht den Militarismus vergöttert und den Sozialismus gefürchtet hätte«. Dieses »System Noske« war weit mehr als die Taten des Politikers Noske; es war »Cäsarenwahnsinn, gewalttätige Rechthaberei und nationalistischer Prestige-Hochmut«; in ihm sei »noch einmal von proletarischer Seite her zum Ausbruch gekommen, was Preußen-Deutschland mit Recht zum Abscheu der Menschheit gemacht hat«[104]. In der dem Einleitungstext folgenden Serie von kommentierten Karikaturen wurde Noske als der Prototyp des militaristischen Ordnungspolitikers dargestellt. Wie im kommuni-

te Regierung, die selbst durch ihre ganze Politik dem Militarismus in den Sattel geholfen hat, trägt die volle Verantwortung für den frevelhaften Putsch und alle seine Folgen.« Text ebda., Nr. 109, S. 219 f.

101 Metallarbeiterzeitung Nr. 46, 13. 11. 1920, S. 189. Zit. nach Gessner, Wehrfrage, S. 62.

102 Ebda.

103 Stössinger/Holtz, System Noske.

104 Ebda., S. 5–7, aus dem Vorwort von Felix Stössinger.

stischen Propagandavokabular fand sich auch hier der Begriff „Arbeiterschlächter«[105].

Eine interessante, ebenfalls kritische, aber weniger feindselige Meinung über Noske ist uns von Harry Graf Kessler überliefert. Der Schriftsteller, Diplomat und Kunstmäzen, der 1918/19 sozusagen die Fronten wechselte und sich als Demokrat und Sozialist bekannte[106], bot dem Rat der Volksbeauftragten seinerzeit nicht nur seine Mitarbeit an, sondern versuchte nach den Berliner Märzkämpfen selbst ein Stück Politik zu machen, indem er den parteilosen Reichsaußenminister Graf Brockdorff-Rantzau drängte, einen Staatsstreich zu inszenieren mit dem Ziel, die USPD wieder in die Regierung zu holen und Hugo Haase zum Nachfolger Scheidemanns zu machen. Kessler wollte den wirtschaftlichen Wiederaufbau Deutschlands stärker in die Hände der Arbeiterräte gelegt sehen[107]. Noske lehnte er ab, weil unter seiner Verantwortung der alte Militarismus – »Brutalität und Überheblichkeit« des Militärs – wieder sein Haupt erhoben habe. »Sehr widerwärtig« fand er eine »schnurrbartschnauzende Rede«, die Noske nach der gewaltsamen Niederschlagung der Berliner Märzunruhen in Weimar gehalten hatte. »Alle geistig und ethisch anständigen Menschen«, notierte er seinerzeit[108], müssen »einer so leichtsinnig und frech mit dem Leben ihrer Mitbürger spielenden Regierung den Rücken kehren.«

Am 18. Juni 1920 traf Kessler, inzwischen als deutscher Gesandter in Polen tätig, während einer Bahnfahrt von Berlin nach Leipzig zufällig persönlich mit dem ehemaligen Reichswehrminister zusammen. Er nahm die Gelegenheit zu einem ausführlichen Meinungsaustausch wahr. In seinem Tagebuch hielt er folgende Eindrücke fest: »Noske ist offenbar ein ganz ehrlicher und eingefleischter Militarist, den die Offiziere mit Hilfe seiner Vorurteile und mit Schlagworten an der Nase herumgeführt haben. Er hat etwas von einem Bären mit dem Nasenring. Sieht übrigens, obwohl ›stellungslos‹, recht wohlhabend aus, fährt erster Klasse, trägt funkelnagelneue gelbe Schuhe und vertilgte unterwegs große Mengen Schinkenbrote und Bier. Wenn nicht so viel unschuldiges Blut an seinen Fingern klebte, wäre er eine etwas komische, fast sympathische Figur. Wo er allerdings in seinem gewaltigen Körper sein soziales Gewissen und sein sozialdemokratisch rotes Herz aufbewahrt, ist sein Geheimnis[109].«

Die linksintellektuellen Kritiker Noskes hat es immer wieder gereizt, in Noskes äußerem Erscheinungsbild einen Schlüssel für das

[105] Ebda., S. 17.
[106] Harry Graf Kessler, Tagebücher 1918–1937, Frankfurt/M. 1961, S. 152, fortan zit.: Kessler, Tagebücher.
[107] Zu diesen Plänen, die allerdings im Unverbindlichen stecken blieben, siehe ebda., S. 143–146.
[108] Ebda., S. 155 f., Eintragung vom 13. 3. 1919.
[109] Ebda., S. 230, Eintragung vom 18. 6. 1920.

Verständnis seines Handelns zu suchen. Charakteristisch hierfür war die von Johannes Fischart[110] in der »Weltbühne« bereits 1919 publizierte kritische Kurzbiographie Noskes[111]. Fischart stellte den Reichswehrminister als einen Mann dar, »der von unten, aus der Tiefe, heraufgekommen ist und dessen robustes Draufgängertum auf seiner massiven, derben Körperkraft beruht«. Weitere optische Eindrücke: »Noske ist ein baumlanger, fast ungeschlachter Kerl [...] Der fast rechteckige Kopf wird von kurzgeschorenem brünettem Haar, das in die Stirn ragt, bedeckt. Ein mächtiger Schnauzbart beschattet den Mund, weit über die Winkel hinaus. Eine goldene Brille mildert die derben Züge seines Gesichts.« Dann zum Redner Noske: »Wenn er im Parlament das Wort ergreift, gibts gewöhnlich eine Überraschung. Er spricht grob, klobig, aber doch so treffend, so zielsicher, als wenn er mit einer Axt, Schlag auf Schlag, einen Baumstamm zerkleinerte. Geistiger Holzarbeiter. Durch und durch Willensmensch. Konzentrierte Entschlossenheit, Kaltblütigkeit, Kraft und Gewalt[112].« Nicht gleichermaßen »aus einem Guß« sei allerdings der Politiker Noske. Wohl sei er seit jeher Sozialdemokrat, aber er habe doch im Stillen in den Nicht-Proletariern »Menschen anderer, höherer Art« gesehen. Er sei weder ein »idealistischer Gleichheitsschwärmer« noch ein „sozialistischer Fanatiker« gewesen, sondern vielmehr »der Korporal der Sozialdemokratie, der mit den Realitäten des politischen Kasernenhoflebens zu rechnen hatte«. Schon immer habe Noske an den »rocher de bronce des deutschen Militarismus« geglaubt, »ohne etwa seine allzu augenfälligen Auswüchse zu billigen«.

Weit weniger glimpflich als Fischart ging Kurt Tucholsky in der »Weltbühne« mit Gustav Noske um. Er fand Gefallen an der Stössinger-Holtz-Satire, deren Antihelden er nun mit eigenen Worten folgendermaßen karikierte: »Ein kleiner Mensch, ein kleines Gehirn, ein Kerl ohne jedes Format und ohne Größe, ein Bourgeois-Ludendorff, ein Commis-Brigadier, ein Bürgergeneral: so steht er in diesem hübschen Heftchen da – lang, haarig, dusslig und unerhört impetuos[113].« Tucholsky schloß sich diesen Wertungen durchaus an: »Die Intelligenz, die gesamte anständige Arbeiterklasse ist sich über die Ethik eines Mannes klar, der, viel zu dumm, den revolutionären Gedanken des Antimilitarismus zu begreifen, seine früheren Klassengenossen durch ihre erbittertsten Feinde im Namen der Republik erschießen, er-

110 Pseudonym für Erich Dombrowski, 1916–1926 stellvertretender Chefredakteur des »Berliner Tageblatts«. Biographische Daten in: Reichshandbuch, S. 335.

111 Johannes Fischart, Politiker und Publizisten, LVI: Gustav Noske. In: Die Weltbühne, 15 (1919), Nr. 15 v. 3. 4. 1919, S. 371–376.

112 Ebda., S. 372 f., auch die folgenden Zitate.

113 Ignaz Wrobel (Pseudonym für Kurt Tucholsky), Der Bürgergeneral. In: Die Weltbühne, 16 (1920), 2. Halbjahr, S. 171 f.; hieraus auch das nachfolgende Zitat. Vgl. auch ders., Militaria, ebda, 1. Halbjahr, S. 106–114; bes. 112 f.

stechen, einsperren, ins Wasser werfen, treten und beleidigen ließ.« Nach dem Kapp-Lüttwitz-Putsch gab sich »Weltbühne«-Autor Tucholsky nicht damit zufrieden, daß Noske als Reichswehrminister zurücktreten mußte, sondern forderte, daß er »aus dem öffentlichen politischen Leben verschwinden« müsse[114], weil er der Hauptschuldige am Putsch und seinen Folgen sei.

Den Linksintellektuellen verschiedener Denkweise war gemeinsam, daß sie Noske ablehnten, weil sie die Gewalttaten, die er politisch zu verantworten hatte, verabscheuten. In diesem Punkt trafen sich Harry Graf Kessler und Kurt Tucholsky mit jenen Intellektuellen, die ansonsten der Mehrheitssozialdemokratie durchaus nahestanden, wie etwa dem Kreis um den bedeutenden Arbeitsrechtler Hugo Sinzheimer[115], dem neben anderen Ernst Fraenkel[116], Franz Neumann[117], Otto Kirchheimer[118] und Otto Kahn-Freund angehörten. Noske war »uns allen ein Greuel«[119], faßte der Letztgenannte die Sicht dieser Wissenschaftler zusammen. Ähnlich ging es dem Dramatiker Carl Zuckmayer[120], der sich anläßlich der Premiere seines Stückes »Kreuzweg« im Berliner Theater unverhofft zwei Ehrengästen des Intendanten gegenübersah, nämlich der Dichterin Else Lasker-Schüler und dem Reichswehrminister Gustav Noske. Zuckmayer notierte anläßlich dieses Zusammentreffens in der Theaterloge: Noske war »ein ungeschickter, vierschrötiger Mensch mit einem Feldwebelgesicht. Man wußte, daß er, obwohl Sozialdemokrat, der willigste Handlanger seines republikfeindlichen Militärs war, beglückt und geschmeichelt, wenn ein General ihm herablassend auf die Schulter klopfte. Ich haßte ihn, und die Abneigung mag gegenseitig gewesen sein, denn nach dem ersten Akt verließ er grußlos, brummend und kopfschüttelnd das Haus.« Nun muß diese Verhaltensweise Noskes nicht unbedingt Ausdruck purer Ignoranz gewesen sein, denn es gab an jenem Abend auch eine Dame, die Zuckmayers Mutter gegenüber ein nicht minder deutliches Urteil über das Drama abgab: »Das muß ein armer Irrer geschrieben ha-

[114] Ignaz Wrobel, Schlafbursche Noske, ebda., Nr. 19 v. 16. 5. 1920, S. 529–531, Zitat S. 531. Im übrigen machte Tucholsky sich in diesem Artikel in recht kleinlicher Weise darüber lustig, daß Noske nach seiner Entlassung als Minister noch immer Räume im Reichswehrministerium bewohnte.

[115] Hugo Sinzheimer (1875–1945), Mitverfasser der Weimarer Reichsverfassung.

[116] Ernst Fraenkel (1898–1975), Assistent Sinzheimers, ab 1953 Professor für Politische Wissenschaften an der FU Berlin.

[117] Franz Neumann (1900–1954), ebenfalls Assistent bei Sinzheimer, später Professor für Politische Wissenschaften in den USA.

[118] Otto Kirchheimer (1905–1965), sozialdemokratischer Verfassungsrechtler, nach Emigration 1933 Professor in den USA.

[119] Otto Kahn-Freund, Autobiographische Erinnerungen an die Weimarer Republik. Ein Gespräch mit Wolfgang Luthardt. In: Kritische Justiz, 14 (1981), S. 183–200. Zitat S. 191. Kahn-Freund war ein Schüler von Sinzheimer.

[120] Carl Zuckmayer, Als wär's ein Stück von mir, Frankfurt/M. 1966, S. 315 f.

ben[121].« Charakteristisch war jedoch zweifellos die Negativausstrahlung, die Noske für einen Vertreter des künstlerischen Lebens hatte, bei dem sich die gewiß problematische Beziehung des Reichswehrministers zu den Offizieren bereits zu einem Klischeeurteil vom »Handlanger des Militarismus« verdichtet hatte.

Im wesentlichen positiv beurteilte die linksliberale DDP die Politik des sozialdemokratischen Reichswehrministers, dessen Erbe nun der Demokrat Otto Geßler zu verwalten hatte. Schon in jener Debatte der Nationalversammlung am 29. März 1920, in der sich die Fraktionen mit dem Putsch und dem Generalstreik beschäftigten, stellte der DDP-Abgeordnete Ludwig Haas[122], der 1919 als Innenminister der Badischen Vorläufigen Volksregierung angehört hatte und nach dem Rücktritt Noskes selbst als ein möglicher Nachfolger im Gespräch war, im Namen seiner Fraktion fest, »daß wir, auch wenn in Einzelheiten Noske Fehler gemacht haben sollte, die Arbeit, die er in schweren Tagen für das Vaterland geleistet hat, hoch anerkennen«, und daß nach seiner Überzeugung und der seiner Parteifreunde der Name Noske einst »in hohen Ehren in der deutschen Geschichte« zu nennen sein werde. Haas hielt den Vorwurf für unberechtigt, »daß unter Noske die ganze Reichswehr ein erzreaktionäres Instrument geworden sei«, und nannte es »auch ein gewisses persönliches Verdienst von Noske, überzeugend auf die Männer ganz anderen Denkens und ganz anderer Erziehung eingewirkt zu haben«. Haas teilte die Auffassung Noskes, daß eigentlich alle Offiziere »von Haus aus konservativ« seien und man lediglich die Forderung des ehrlichen Treuebekenntnisses zur Verfassung stellen dürfe. Man müsse den Offizieren durch Erziehungsarbeit den Gedanken nahebringen, »daß es heute konservative Pflicht ist, Demokrat zu sein«.

Noskes Nachfolger Otto Geßler[123] wertete es unter dem Beifall der Mehrheitsparteien SPD, DDP und Zentrum als »das historische Verdienst der hingebenden Arbeit« Noskes, daß die Regierung in den kritischen Putschtagen »auf einen festen Stamm treugebliebener Truppenteile« rechnen konnte. »Es wird das ganz besondere Verdienst meines Vorgängers Noske bleiben, daß wir nach dem schweren Zusammenbruch des Heeres in verhältnismäßig kurzer Zeit doch wieder eine Truppe aufstellen konnten, die auch über die Krisis hinweg zum Schutze der Verfassung ausgereicht hat.«

Wie ersichtlich, war es ein recht milder Maßstab, der da von den DDP-Politikern an Noskes Arbeit angelegt wurde. Gleichwohl hielt sich zumal Geßlers Lob durchaus in Grenzen und ging über Höflich-

121 Ebda., S. 316.
122 Verhandlungen NV, Bd 332, 29. 3. 1920, S. 4976.
123 Ebda., S. 4960.

keitsfloskeln kaum hinaus. 1928, anläßlich des 10jährigen Bestehens der ersten deutschen Republik, verfaßte Geßler eine Betrachtung über den Aufbau der Reichswehr[124]. Darin wurde Noske mit einem einzigen Satz gewürdigt. Der erste Reichswehrminister habe »in schwerster Zeit als Politiker die Aufgabe [gehabt], die Revolution zu ersticken und die ersten Grundlagen des Staates zu sichern«[125]. Noske, der sich guter Beziehungen zu seinem Nachfolger im Amte des Reichswehrministers rühmte[126], dürfte an dieser Einordnung seiner Leistung kaum Gefallen gefunden haben. Diese sah er am angemessensten anerkannt in einem Schreiben des Vorsitzenden des Deutschen Demokratischen Vereins für Berlin-Schöneberg vom April 1920[127], in dem es hieß: »Ihr mannhaftes Auftreten und die energische Art, wie Sie die Reichswehr gebildet haben, hat Deutschland vor dem Verfall gerettet ... Auch Sie erfahren, daß Undank der Welt Lohn ist. Am aller undankbarsten sind aber immer die eigenen Parteigenossen.«

Fand die politisch links orientierte Satire und Karikatur Gefallen daran, Noske als einen affenähnlichen Gewaltmenschen darzustellen, so bediente sich die Propaganda der Rechten auf den ersten Blick weniger drastischer, in Wirklichkeit jedoch wesentlich infamerer Methoden, um den Mann in Mißkredit zu bringen, dem man einerseits aus eben jenem Grund Hochachtung zollte, der ihm bei der Linken Abscheu einbrachte, in dem man andererseits aber nicht aufhörte, den Vertreter der verhaßten Sozialdemokratie zu sehen. Als Mittel bediente sich die Rechtspropaganda unter anderem des berühmten Badehosenbildes, auf das hier näher eingegangen werden soll.

Am Anfang stand die Arglosigkeit. Reichspräsident Ebert und sein Freund, Reichswehrminister Noske, machten im Sommer 1919 gemeinsam an der Ostsee Urlaub. Sie ließen sich dort, wie Tausende anderer Urlauber auch, in Badehosen fotografieren. Es blieb jedoch nicht beim Erinnerungsfoto für's Familienalbum. Die Berliner »Illustrirte Zeitung« erwarb das Bild[128] und druckte es ganzseitig auf dem Titelblatt[129]. Die Ausgabe wurde ausgerechnet an jenem Tag verbreitet, an dem Reichspräsident Ebert vor der Weimarer Nationalversammlung auf die soeben in Kraft getretene Verfassung vereidigt wurde[130]. Kommentar eines Zeitgenossen, der bei der »sehr anständigen, aber

[124] Otto Geßler, Der Aufbau der neuen Wehrmacht. In: Zehn Jahre deutsche Geschichte 1918–1928, Berlin ²1928, S. 87–102.

[125] Ebda., S. 88.

[126] Noske, Erlebtes, S. 287.

[127] Ebda., S. 176.

[128] Es handelte sich um eine Ausschnittsvergrößerung aus einer Gruppenaufnahme. Siehe ebda., S. 131.

[129] Berliner »Illustrirte Zeitung« 28 (1919), Nr. 34, vom 24. 8. 1919. Titelblatt. Siehe den Faksimile-Abdruck im Bildteil dieses Bandes. Die Auslieferung der Ausgabe muß ein paar Tage zuvor erfolgt sein.

[130] Schultheß EKG 1919 I, S. 394–397.

schwunglosen«, an eine Konfirmation in gutbürgerlichem Hause erinnernden Zeremonie zugegen war: »Das Bild schwebt[e] bei der feierlichen Handlung über den Bratenröcken in der Luft[131].«

Deutschnationale und völkische Blätter rissen sich um die Nachdruckrechte und veröffentlichten das Bild in Massenauflagen. Die rechtsradikale »Nationale Vereinigung« verbreitete das Foto in einer besonderen Broschüre sowie auf unzähligen Postkarten[132]. Karikaturisten verschiedenster Couleur nahmen das Foto zur Vorlage für herablassende Darstellungen[133] der beiden Spitzenpolitiker.

Wie konnte dieses harmlose Badehosenbild zu einem so sensationellen Propagandaerfolg der Rechten werden? Das Foto wies auf das freundschaftliche Verhältnis hin, das Ebert und Noske verband[134] und das für die deutsche Politik während der ersten eineinhalb Jahre der Republik gewiß nicht ohne Bedeutung war. Aber diese Beziehung war in der Öffentlichkeit längst bekannt. Nicht hier lag der brisante Punkt, sondern darin, daß die Presse der politischen Rechten das Badehosenbild so inszenierte, daß daraus ein »Prestige-Mord«[135] der abgebildeten Politiker werden konnte. Die Rechtspresse spekulierte auf eine Assoziation, die sich bei dem an kaiserlichem Gepränge orientierten Spießbürger einstellen sollte: der Normalmensch in Badehose ließ jene Würde vermissen, die man im Stil des Auftretens von einem Staatsmann erwarten mußte.

Bei den antirepublikanisch eingestellen Offizieren dürfte das Badehosenbild Emotionen angesprochen haben, die eine rational argumentierende politische Propaganda nicht erreicht hätte. Angesichts der beiden Abgebildeten, die so gar nicht der Vorstellung entsprachen, die monarchistische Offiziere von einer für Staatsmänner angemessenen Kleiderordnung hatten – außer der Uniform kam da eigentlich nur noch der Frack mit Zylinder in Frage –, haben sie sich wahrscheinlich, wie die Urheber der Propagandakampagne beabsichtigten, in ihrer Verachtung für die Republik und ihre führenden Repräsentanten bestätigt gefühlt. Es ist zum Beispiel überliefert, daß ein Rittmeister Schimmelpfennig aus dem Regiment des Obersten Ledebur in Pinneberg/Holstein das Bild aus der Berliner »Illustrirten Zeitung« dazu benutzte, um die republikanische Regierung lächerlich zu machen. Er zeigte es »unter lautem Gelächter der Soldaten und ihren höhnischen Bemerkun-

131 Kessler, Tagebücher, S. 195 f., Eintragung vom 21. 8. 1919.

132 Erger, Kapp-Lüttwitz-Putsch, S. 90; Noske, Erlebtes, S. 141 f.

133 Z. B. die Zeitschrift »Satyr«, hrsg. v. Alexis (= Dr. Alexis Schleimer), H. 25/1919, Titelblatt.

134 Vgl. Miller, Bürde, S. 252 und 395–397.

135 Formulierung nach dem Artikel »Presserecht. Lex Soraya für jedermann«, in: Der Spiegel 12 (1958), Nr. 44, S. 22.

gen wie ›Noske mit dem Schnapsbudikerbauch‹ und ›Ebert, der Vollgefressene‹« herum[136]. Ein Einzelfall dürfte dies kaum gewesen sein.

Der Klageantrag des deutschen Staatsoberhaupts, die Publikation des Fotos zu unterlassen, lehnte ein deutsches Gericht mit der Begründung ab, die Öffentlichkeit sei berechtigt, öffentliche Personen kennenzulernen, auch am Badestrand[137]. Nach der damals geltenden Rechtslage waren öffentliche Personen Machenschaften dieser Art schutzlos preisgegeben. Mehr noch als Noske mußte Ebert später erkennen, daß dies erst der Anfang einer Rufmordkampagne[138] gegen ihn war, vor der ihn die Weimarer Justiz nicht schützte und die schließlich mitverantwortlich für seinen frühen Tod werden sollte.

Nicht alle Zeitungen der Rechten fanden Gefallen an der Agitation mit dem Badehosenbild. Die »Leipziger Neuesten Nachrichten« etwa, ein durchaus konservatives Blatt, mahnte seinerzeit zu politischer Anständigkeit: »Wir haben [...] volles Verständnis dafür, wenn Noske, der Leidensgefährte Eberts auf dem taktlosen Bilde, über seine agitatorische Ausnützung empört ist[139].« Wie Noske feststellte, hat diese Mahnung jedoch »nicht das geringste gefruchtet«[140].

Am Ende der Weimarer Republik analysierte der Psychologe Alexander Graf Brockdorff[141] das Badehosenbild samt seiner Wirkungen, die er mit einem »Donnerschlag« verglich. Warum gab es nach der Veröffentlichung »dieser Unschuldigkeit« »Orgien schadenfrohen Triumphes auf der einen, tobender Wut auf der anderen Seite«, fragte er, um dann die folgende Antwort zu geben: »Für die Wirkung eines Bildes entscheidet nicht, was es bei vernünftiger Betrachtung zeigt, sondern wie die Triebe darauf antworten[142].« Bei diesem Bild, meinte Brockdorff, sei der Vaterhaß auf seine Rechnung gekommen: »Ebert und Noske standen da, enthüllt als Vatergestalten, als ältere, ehrbare, biedere Bürger in einem Familienbad [...] Es war die symbolische Enthüllung, daß diese Revolution [...] nur nüchterne neue Minister mit dem Wunsche nach Ruhe und Ordnung« hervorgebracht hatte, und

136 Siehe den Artikel »Die schwarz-rot-goldene Judenfahne«, in: Vorwärts Nr. 440, 29. 8. 1919, Morgenausgabe, Beilage. Der Artikel gibt den Bericht eines namentlich nicht genannten Reichswehrangehörigen aus dem Regiment Ledebur wieder.

137 Der Spiegel 12 (1958), Nr. 44, S. 25.

138 Vgl. Wolfgang Birkenfeld, Der Rufmord am Reichspräsidenten. Zu Grenzformen des politischen Kampfes gegen die frühe Weimarer Republik 1919–1925. In: Archiv für Sozialgeschichte 5 (1965), S. 453–500. Innerhalb von fünf Amtsjahren mußte Ebert 173 Strafanträge wegen Beleidigung stellen.

139 Leipziger Neueste Nachrichten vom 1. 10. 1919. Zit. nach Noske, Erlebtes, S. 142.

140 Ebda.

141 Alexander Graf Brockdorff, Sexualpsychologie der Revolte. In: Revolutionen der Weltgeschichte. Hrsg. v. Wulf Bley, Bd 2, München 1933, S. 208–229.

142 Ebda., S. 228.

daher sei »die niederschmetternde Ernüchterung der Revolutionäre« und »der höhnende Triumph der Weißgardisten« die Folge gewesen[143].

Jedenfalls scheint in diesem Bild augenfällig geworden zu sein, daß die alte Elite, die sich gemäß den Traditionen des preußisch-deutschen Militarismus öffentlich nur in mehr oder minder martialischer Aufmachung gezeigt hatte, abgetreten war[144]. So gesehen, versinnbildlichten Ebert und Noske in der Badehose auch so etwas wie die neue Normalität der Republik, die von Männern geführt wurde, welche aus dem Arbeiterstande hervorgegangen waren. Republikaner, die mit einer solchen Interpretation des Badehosenbildes in die Offensive gegangen wären, gab es 1919 jedoch nicht. Was blieb, war der »Prestige-Mord«.

Unter jenen Blättern, die dieses Ziel verfolgten, tat sich die Zeitschrift »Satyr« hervor[145]. Sie publizierte in Anlehnung an das Badefoto eine bösartige Karikatur unter der Überschrift »Die Kommunisierung des Geschmacks« und versah sie mit bissigen Versen. Die ersten beiden lauteten:

Links Herr Noske, rechts Herr Ebert,
vorne ein Lakai, der strebert,
mit dem Dreizack als Neptun –
Publikus, was sagste nun?

Ordenslos, nur nacktes Fell
Ohne Hofzeremoniell!
Wie man's als Genosse muß,
nur mit etwas Spiritus!

Wegen dieser und anderer Karikaturen und Spottverse prozessierten Ebert und Noske gegen den Herausgeber des »Satyr«, Alexis Schleimer. Sie waren der Auffassung, daß seine Veröffentlichungen »von einem Tiefstand des Geschmacks und von einer Unanständigkeit der Gesinnung« zeugten, »die im Interesse der Reinigung der politischen Atmosphäre ein sofortiges Einschreiten erforderlich machte«[146]. Der Prozeß endete im Frühjahr 1920 mit einem Freispruch von Schleimer[147], der Ebert schließlich höhnisch nachrufen konnte: »Wenn man das Maul voll sozialistischer Freiheitsphrasen hat, läuft man nicht zum Kadi, um ein Witzblatt zu verklagen[148].«

143 Ebda., S. 229.
144 Vgl. dazu Huschke, Herkunft, wo dem Wandel in der Zusammensetzung der politischen Führungsschicht anhand der Ahnenlisten von Friedrich Ebert, Philipp Scheidemann, Wilhelm Dittmann und Gustav Noske nachgegangen wird.
145 Satyr 25/1919, Titelblatt.
146 Artikel »S. M. Ebert contra Satyr. Geplante Zwangsvorführung des Majestätsverbrechers«, ebda., 31/1919, S. 1. Wiedergabe einer WTB-Meldung.
147 Artikel »Freispruch im Prozeß Ebert-Noske contra Satyr«, ebda., 4/1920.
148 Ebda., 5/1920, Titelblatt »Die Backpfeife«.

Nach Noskes Rücktritt als Reichswehrminister gab es bei der politischen Rechten Tendenzen, sich vor Noske und damit zugleich gegen die Sozialdemokratie zu stellen. Hatten die Rechtsparteien und ihre Presse zuvor vielfach davor gewarnt, Noske zu sehr zu vertrauen, da er – trotz seines Verständnisses für die Belange des Militärs – eben doch ein »Sozi« sei und bleibe, so stilisierten sie ihn nun zunehmend zum Retter Deutschlands vor dem Bolschwewismus und zum Vater der Reichswehr, jener Reichswehr, mit der die politische Rechte, wie man wußte, sehr gut leben konnte. Nicht zufällig zitierte Noske in seinen Memoiren die »Welfischen Blätter«[149], die anläßlich seiner Ernennung zum Oberpräsidenten der Provinz Hannover anerkennend schrieben: »Das ordnungsliebende Deutschland sah ihn ungern seinen Posten verlassen [...] Für die Zeit gewisser Unruhen, der wir anscheinend entgegensehen, bedeutet diese Ernennung für manchen etwas Ängstlichen in unserer Heimat vielleicht eine Art Beruhigungspflaster.«

General Maercker, der im Kapp-Lüttwitz-Putsch sich nicht hatte entscheiden können, ob er für oder gegen die legale Reichsregierung eintreten sollte, sandte seinem ehemaligen Minister in der Soldatenzeitung »Der Landjäger« das folgende Loblied hinterher: »Er hat seine Aufgabe, die Reichswehr auszubauen und die Ordnung im Reiche aufrechtzuerhalten, so weit und so gut erfüllt, als es die wahrlich nicht leichten Verhältnisse irgend zuließen. Wer mit ihm zusammengearbeitet hat, der hat seine Gradheit, seine persönliche Unerschrockenheit, seine Kenntnisse der Psyche der Truppe, sein Eintreten für dieselbe, sein Bestreben, die Verdienste der Offiziere zu würdigen, stets anerkannt. In seinem Ministerium hatte er sich das volle Vertrauen fast aller höheren Offiziere erworben und in der Truppe war er hoch angesehen. Seine Tätigkeit als erster Wehrminister der Republik wird von der Geschichte einst voll anerkannt werden[150].«

Das in den zeitgenössischen Quellen vorfindbare Beurteilungsmuster findet sich auch in der politischen Literatur wieder, die sich mit dem Abstand von Jahrzehnten mit Noske befaßte: gehaßt von den Linken, totgeschwiegen von der eigenen Partei, als Retter vor dem Bolschewismus gelobt von den Bürgerlichen.

[149] Zit. nach Noske, Erlebtes, S. 184.
[150] Ebda., S. 174 f.

XIII. Noske als Oberpräsident der Provinz Hannover

1. Ein tüchtiger Oberpräsident

Noskes historisch bedeutsame Rolle in der deutschen Politik war mit seinem – von der Partei- und Gewerkschaftsspitze erzwungenen – Rücktritt vom Amt des Reichswehrministers beendet. Was sich anschloß, war kein im engeren Sinne politisches Amt, sondern eine Verwaltungstätigkeit. Noske wurde Oberpräsident der preußischen Provinz Hannover.

Wie kam es dazu? In den Monaten nach seinem Ausscheiden aus dem Reichskabinett und dem vergeblichen Versuch, in Sachsen wieder als sozialdemokratischer Reichstagskandiat aufgestellt zu werden, war Noske gezwungen, sich zu überlegen, welche beruflichen Möglichkeiten sich ihm, dem 52jährigen, noch eröffnen würden. Eine Rückkehr in den Redakteursberuf kam aus mehreren Gründen nicht in Frage. Auf fürsorgliche Angebote des SPD-Parteivorstandes oder eines sozialdemokratischen Mitglieds der preußischen Regierung mochte Noske nach dem Vorgefallenen auch nicht warten. Er begriff bald, daß er sich selbst um seine Zukunft werde kümmern müssen. So reiste er nach Berlin und wandte sich an seinen langjährigen Freund, den preußischen Innenminister Carl Severing, dessen Wohlwollen er sich sicher sein konnte[1]. Noske hatte in Erfahrung gebracht, daß derzeit zwei Oberpräsidentenstellen nicht besetzt waren. Einmal handelte es sich um das Oberpräsidium Ostpreußen in Königsberg, wo er einst in seiner Jugend als Redakteur und als Stadtverordneter tätig gewesen war. Die aktuelle Situation, das Oberpräsidium neu besetzen zu müssen, hatte sich dort ergeben, weil der Sozialdemokrat August Winnig abgesetzt worden war[2], da er während des Kapp-Lüttwitz-Putsches eine Kundgebung unterzeichnet hatte, die den Gewaltstreich nicht eindeutig ablehnte. Außer dem Königsberger war noch der Oberprädidentenstuhl in Hannover neu zu besetzen. Auch diese Position interessierte

[1] Noske, Erlebtes, S. 182.

[2] Zu diesem Vorgang vgl. ebda. Noske verurteilte Winnig wegen dessen Verhalten in den Kapp-Tagen nicht, sondern schrieb seine Haltung den widrigen Umständen zu. Zur Person und Politik Winnigs vgl. die Biographie von Wilhelm Ribhegge, August Winnig. Eine historische Persönlichkeitsanalyse, Bonn 1973.

Noske. Er bat daher Severing, die preußische Regierung möge ihm eine dieser beiden Provinzen anvertrauen. Obwohl die sozialdemokratische Parteileitung der Provinz Hannover, sobald sie von diesem Ansinnen erfahren hatte, Einspruch gegen eine mögliche Ernennung Noskes erhob[3], entschied Severing, daß Noske die Stelle bekommen sollte[4]. Dieser trat am 1. Juli 1920 sein neues Amt an, das er dann über die lange Zeitspanne von dreizehn Jahren hinweg innehaben sollte.

Oberpräsident – was war das für ein Amt? Welche Aufgaben waren mit ihm verbunden? Welche Bedeutung hatte es? Die preußischen Oberpräsidenten zur Zeit der Weimarer Republik gehörten als politische Beamte zur Verwaltungselite[5]. Innerhalb der Beamtenhierarchie rangierten sie auf Platz zwei, gleich hinter den Staatssekretären. Sie gehörten besoldungsmäßig zu derselben Gruppe wie die Ministerialdirektoren, der Präsident des Oberverwaltungsgerichts und die Präsidenten der Oberlandesgerichte[6]. Das Territorium der Provinz Hannover entsprach ungefähr dem des heutigen Bundeslandes Niedersachsen. Unter den zwölf preußischen Provinzen – nämlich Ostpreußen, Grenzmark-Posen-Westpreußen, Pommern, Brandenburg, Niederschlesien, Oberschlesien, Sachsen, Schleswig-Holstein, Hessen-Nassau, Hannover, Westfalen und Rheinprovinz – war die Hannoversche die größte. Sie umfaßte sechs Regierungsbezirke, und denen wiederum unterstanden insgesamt 69 Landräte[7]. Es handelte sich also um einen beträchtlichen Verwaltungsapparat, dem Noske in seiner Provinz vorzustehen hatte. Neben den Regierungspräsidenten unterstanden dem Oberpräsidenten noch das Provinzialschulkollegium, das Landeskulturamt, der Provinzialverband, die Rentenbanken und die berufsständischen Provinzialverbände. Zu seinem unmittelbaren Geschäftsbereich gehörten die Wasserstraßenverwaltung, die Seeämter, der Wasserbeirat sowie die Polizei- und Landjägerschulen. Da der Oberpräsident kraft Amtes als Stellvertreter der preußischen Regierung in der Provinz[8] fungierte, konnte er jederzeit als der Repräsentant der obersten Staatsbehörden auftreten. Diese Kompetenz war es, die dem hohen Verwaltungsamt einen Hauch des Politischen verlieh.

Die Einrichtung des Oberpräsidiums war eine preußische Besonderheit, geschaffen aufgrund der Größe des Territoriums des preußischen Staates. Im vielgliedrigen Gefüge der preußischen Verwaltung stellte das Oberpräsidium ein Zwischenstück zwischen dem Staatsministe-

[3] Noske, Erlebtes, S. 183; im einzelnen Bode, Noske, S. 46 ff. Vgl. auch Kapitel XIII/4.
[4] Noske, Erlebtes, S. 183 f.
[5] Vgl. hierzu den Aufsatz von Horst Möller, Die preußischen Oberpräsidenten der Weimarer Republik als Verwaltungselite. In: VfZG 30 (1982), S. 1–26; fortan zit.: Möller, Oberpräsidenten.
[6] Ebda., S. 1 und 15.
[7] Noske, Erlebtes, S. 291, 300 f.
[8] Möller, Oberpräsidenten, S. 3.

rium und den Regierungspräsidien dar. Gelegentlich ist auch von einer »Zwitterstellung«[9] der Oberpräsidenten gesprochen worden, und zwar im Hinblick auf deren Doppelfunktion als Beamte und Politiker. Beide Gesichtspunkte – diese Doppelfunktion und die Zwischenstellung zwischen Staat und Provinzialverwaltung – waren der Grund dafür, daß während der Weimarer Zeit immer wieder Stimmen laut wurden, die an der Notwendigkeit der Oberpräsidien zweifelten[10].

Dies wird hier erwähnt, weil die Bedeutung dieser hohen Verwaltungsbehörde gelegentlich überschätzt wurde. So hat etwa Günther Bode in seiner voluminösen Dissertation über Noskes Oberpräsidentenzeit zum Ausdruck gebracht, Noskes Persönlichkeit habe »beim Wirken auf dem weiten Feld der staatlichen und zum Teil auch kommunalen Verwaltung« eigentlich erst recht zur Entfaltung kommen können, »vielleicht stärker noch als in dem sachlich doch begrenzteren Bereich des Wehrministers«[11]. Damit werden die Relationen nun doch verschoben. Erstens wird der höchst unterschiedliche politische Rang der miteinander verglichenen Ämter verkannt, und zweitens kommt in dieser Ansicht die Tatsache zu wenig zum Tragen, daß der Oberpräsidentenstuhl im Kontext der vorangegangenen Karriere Noskes eindeutig als ein Abschiebeamt[12] bezeichnet werden muß, wenngleich es auch andere profilierte Parteipolitiker gab, für die dieses Amt attraktiv war. Es beließ Noske ein reichhaltiges, zu einem gewissenTeil auch politisches Betätigungsfeld, hielt ihn jedoch zugleich von der großen Politik fern. So hat es der SPD-Parteivorstand gewollt, und so hat Noske seine neue Rolle auch selbst eingeschätzt.

Innerhalb der preußischen Verwaltung gab es insgesamt 540 Positionen[13], die als »politisch« eingestuft waren. Da die preußische Landesregierung erklärtermaßen das Ziel verfolgte, die Verwaltung zu demokratisieren beziehungsweise zu republikanisieren[14], mußte sie bestrebt sein, die politischen Beamtenpositionen mit republikanisch zuverlässigen Personen zu besetzen.

Im Zuge dieser Politik waren natürlich die zwölf Oberpräsidien als die höchstdotierten Positionen von besonderer Bedeutung. Bis zur Novemberrevolution 1918 hatten Adelige 11 der 12 Stellen besetzt[15]. Die späteren republikanischen Regierungen Preußens – genauer gesagt, die

[9] Ebda., S. 15.
[10] Ebda., S. 3.
[11] Bode, Noske, Vorwort, S. 2.
[12] Möller, Oberpräsidenten, S. 14.
[13] Angabe ebda., S. 1.
[14] Zur Beamtenpolitik in der Weimarer Republik vgl. allgemein Wolfgang Runge, Politik und Beamtentum im Parteienstaat. Die Demokratisierung der politischen Beamten in Preußen zwischen 1918 und 1933, Stuttgart 1965, fortan zit.: Runge, Politik; sowie die von Möller, Oberpräsidenten, S. 5, Anm. 19, angegebene Literatur.
[15] Möller, Oberpräsidenten, S. 4 f.

sozialdemokratischen Innenminister Wolfgang Heine, Carl Severing und Albert Grzesinski – drängten die feudalen Spitzenbeamten dann Zug um Zug aus ihren Stellungen. Politische Ereignisse wie der Kapp-Lüttwitz-Putsch und der Rathenau-Mord wurden zu regelrechten Beamtenschüben[16] genutzt. Diese wären noch radikaler ausgefallen, wenn die republikanischen Parteien, unter ihnen besonders die in Preußen tonangebende Sozialdemokratie, über eine größere Zahl geeigneter Kräfte verfügt hätte. Aber in der Kaiserzeit war ja den sozialdemokratischen Juristen der Zugang zu Verwaltungsämtern versperrt geblieben, so daß die SPD zu Beginn der ersten deutschen Republik nicht in der Lage war, auf ein Reservoir an erfahrenen sozialdemokratischen Verwaltungsjuristen zurückzugreifen. Gleichwohl änderte sich die soziale Struktur der Gruppe der Oberpräsidenten nach dem Revirement, das auf den Militärputsch vom März 1920 hin erfolgte, immerhin dahingehend, daß nur noch zwei adelige Oberpräsidenten[17] in ihren Ämtern verblieben und die übrigen 10 Posten durch Bürgerliche und Sozialdemokraten besetzt wurden. Nach der Amtsenthebung August Winnigs waren die folgenden Sozialdemokraten Noskes neue Kollegen[18]: Otto Hörsing[19] in der Provinz Sachsen, Heinrich Kürbis in Schleswig-Holstein, August Haas in Hessen-Nassau und Hermann Zimmer in Niederschlesien. Keiner von ihnen hatte die Beamtenlaufbahn absolviert. Aber sie verfügten aufgrund ihrer Partei- und Gewerkschaftsarbeit über administrative und politische Erfahrungen und waren damit auf andere Weise als die Verwaltungsjuristen für dieses hohe Amt qualifiziert. Gustav Noske war wohl der profilierteste unter diesen neu ins Amt gekommenen Oberpräsidenten. Neben ihm ragte noch der 1922 zum Oberpräsidenten von Westfalen ernannte Zentrumspolitiker Johannes Gronowski[20] heraus, der wie die Sozialdemokraten gelernter Arbeiter war und sich bis zum Abgeordneten im preußischen Landtag hinaufgearbeitet hatte. Im übrigen war es durchaus nicht ungewöhnlich, daß ehemalige Minister Oberpräsidenten wurden[21]. Unter den preußischen Oberpräsidenten war Noske zweifellos der prominenteste. Zudem brachte er gute Beziehungen zu den wichtigsten Personen der preußischen Regierung mit, zu Otto Braun und zu Carl Severing. Was ihm darüber hinaus ein erhebliches politisches Gewicht verlieh, war die verbreitete Annahme, er werde das Hannoversche Oberpräsidium nur für eine Übergangszeit verwalten, um

16 Vgl. Severing, Lebensweg Bd 1, S. 352.
17 Möller, Oberpräsidenten, S. 6.
18 Ebda., S. 10; Runge, Politik, S. 133.
19 Hörsing wurde 1927 durch Heinrich Waentig ersetzt.
20 Zur Vita Gronowskis vgl. Möller, Oberpräsidenten, S. 8–10.
21 Beispiele ebda., S. 14. Darunter war sogar ein ehemaliger kaiserlicher Reichskanzler, nämlich Georg Michaelis. Zum Austausch zwischen Ministern und Oberpräsidenten vgl. auch Runge, Politik, S. 194 ff.

dann in die große Politik zurückzukehren[22]. Der Reichswehrminister außer Diensten galt infolgedessen in seinem neuen Amt als eine überqualifizierte Ausnahmeerscheinung, dessen Bleiben nicht von langer Dauer sein würde. Aber Noske blieb.

Überblickt man seine Oberpräsidentenzeit – die wesentlichen Fakten sind aus seinen Memoiren sowie insbesondere aus Günther Bodes detailreicher Darstellung zu entnehmen –, so ergibt sich ein durchaus freundliches Noske-Bild. Nicht, daß der ausgeprägte Individualist Noske sich nach seinem Scheitern als Reichsminister nunmehr kleinlaut angepaßt und seine Verwaltungstätigkeit auf das kritiklose Ausführen der Direktiven des preußischen Innenministers beschränkt hätte; er blieb der kantige Einzelgänger, der er bislang gewesen war; und er legte sich auch erneut und öffentlich mit seiner Partei quer, wenn seine Auffassung nicht der ihren entsprach. Da er jedoch nicht mehr wie früher im Rampenlicht stand, hielten sich die von Noske ausgehenden Irritationen in Grenzen. Es war wohl das Amt selbst, das die Anzahl und die Größenordnung der Konflikte auf ein niedrigeres Maß herunterdrückte.

In Noskes Lebenserinnerungen nimmt die Schilderung der Jahre 1920–1933 fast die Hälfte des Bandes ein. Aber, und dies ist charakteristisch für seine Selbsteinschätzung, nur wenige Passagen behandeln die Tätigkeit als Oberpräsident im engeren Sinne. Statt dessen erzählt Noske anhand von Tagebuchnotizen aus den 20er Jahren, aus denen er häufig und ausführlich zitiert, ein Stück Geschichte der Weimarer Republik, in der er sehnlich gerne eine gewichtigere Rolle als die eines hohen preußischen Verwaltungsbeamten gespielt hätte.

Eines der Probleme, mit dem sich Noske in Hannover über viele Jahre hinweg auseinanderzusetzen hatte, waren die separatistischen Bestrebungen eines Teiles der Bevölkerung der Provinz Hannover[23]. Unter der Führung der eigens mit diesem Ziel gebildeten Deutsch-Hannoverschen Partei sollte die Provinz Hannover wieder von Preußen, dem das alte Königreich Hannover 1866 einverleibt worden war, losgerissen und zu einem selbständigen Land erklärt werden. Noskes Standpunkt in dieser Frage stand dem Grundsatz nach fest, bevor er mit dem hannoverschen Separatismus überhaupt in nähere Berührung kam.

Wie die Sozialdemokratische Partei, die seit Jahrzehnten mit dem Gedanken eines deutschen Einheitsstaates sympathisierte[24], war auch Noske ein Gegner jeglicher Kleinstaaterei und separatistischer Bestre-

[22] Vgl. Kapitel XIII/4, sowie Noske, Erlebtes, S. 312.
[23] Vgl. hierzu Noske, Erlebtes, Kap. 65 »Abstimmungskampf in Hannover«, S. 261–266.
[24] In dieser Tradition stand die Forderung des I. Rätekongresses vom 19. 12. 1918 nach einem »großdeutschen, demokratischen, sozialistischen Einheitsstaat«. Siehe Miller, Bürde, S. 189.

bungen. Zusammen mit Ebert und anderen führenden sozialdemokratischen Politikern war er in der Revolutionszeit 1918/19 gegen alle Abspaltungsversuche – die es in Bayern wie im Rheinland in ausgeprägter Form gegeben hatte – eingetreten und betrachtete es als eine seiner großen Leistungen, in dieser Zeit dazu beigetragen zu haben, daß die Reichseinheit gegen alle inneren und äußeren Gegenkräfte bewahrt werden konnte. Also fanden die Deutsch-Hannoversche Partei und ihr Anhang in Noske von Stund an einen entschiedenen Gegner. In einem Presseartikel[25] aus dem Jahre 1924 hielt er den Separatisten vor: »Ein großer Teil des Unheils, das von dem deutschen Volke in Jahrhunderten ertragen werden mußte, wäre ihm erspart geblieben, wenn es frühzeitig zu einer Nation mit einheitlichem staatlichen Denken straff zusammengefaßt worden wäre.« Daher betrachtete es Noske aus politischer wie ökonomischer Sicht als einen Fortschritt, »von Emden bis Memel ein großes Wirtschaftsgebiet zu schaffen«. Sein politisches Ziel sei daher »der deutsche Staat, der, soweit es nur irgend möglich ist, alles umfaßt, was deutscher Zunge ist«[26].

Die Reichsregierung wollte eine offene Konfrontation mit den Deutsch-Hannoveranern vermeiden und wählte daher den Weg, ihnen mittels einer Volksabstimmung das Wasser abzugraben, da sie davon ausgehen konnte, daß deren Parole von der »Befreiung aus preußischen Fesseln« nur geringen Widerhall finden würde. Oberpräsident Noske erhielt aus dem preußischen Finanzministerium Geld, um die auf den 10. Mai 1924 angesetzte Abstimmung in geeigneter Weise zu beeinflussen. Dies geschah durch Vergabe von Inseraten an die Presseorgane der Parteien[27]. Das Abstimmungsergebnis brachte dann die erwartete Niederlage für die Deutsch-Hannoveraner. Noske hielt daraufhin im Provinziallandtag zu Hannover eine Rede[28], in der er diesen Ausgang mit Genugtuung kommentierte und seinen eigenen Anteil daran ins rechte Licht rückte. Zwei seiner Taten, sagte er, könnten sich vor der Geschichte sehen lassen: daß er den Siegeslauf des Bolschewismus in Deutschland gebrochen habe und daß unter seiner Leitung die Provinz Hannover dem preußischen Staate erhalten geblieben sei.

Zum Zwecke einer Vereinheitlichung und Vereinfachung der Verwaltung in seiner Provinz hätte Noske gerne die Hälfte der Regierungspräsidenten und Landräte abgeschafft[29]. Aber in diesen Fragen einer

25 Veröffentlicht im Mai 1924 in Thiemes »Ekkehard«. Zit. in: Noske, Erlebtes, S. 263 f.

26 Ebda., S. 264 f.

27 Vgl. ebda., S. 263 ff.

28 58. Hannoverscher Provinziallandtag. Protokoll. Erste Sitzung am 20. 5. 1924, S. 1–2 und 5–14, hier: S. 14, BA NL 46, Nr. 10, Bl. 43–48.

29 Noske, Erlebtes, S. 291; ebda., S. 301, erwähnt Noske seine Denkschrift vom 9. 6. 1930 an den preußischen Innenminister, in dem er solches vorschlug – ohne Folgen allerdings.

Verwaltungsreform waren die partikularistischen Widerstände nicht minder groß als in der Frage einer Reichsreform[30], d.h. einer territorialen Neugliederung des Reiches, die Noske dringlich erschien, um die noch vorhandenen Kleinstaaten (z.B. Braunschweig, Oldenburg, Schaumburg-Lippe) in größeren Einheiten aufgehen lassen und um die Verwaltungsarbeit rascher und billiger durchführen zu können. Noske hatte eindeutig zentralistische Neigungen. Er plädierte für eine »Neugliederung des Reiches, bei der die wesentlichen Rechte der Länder unter Fortfall der Regierungen und der Landtage auf die Reichsregierung und den Reichstag übergehen müßten«[31], fand also wenig Geschmack an einem modernen Förderalismus. Er wollte, »daß in einem unitarischen Reich ein einheitlicher Behördenapparat bestehe«, in dem die Länder, nicht aber die Oberpräsidien fortfallen könnten[32]. Um entsprechende Bestrebungen voranzubringen, wurde im Januar 1928 unter Mitwirkung Noskes ein »Bund zur Erneuerung des Reiches«[33] gegründet. Als diese Vereinigung unberechtigterweise in den Ruf geriet, etwas Reaktionäres zu sein, legte sich Noske wieder einmal mit dem »Vorwärts« an, der ihn aufgefordert hatte, seine Unterschrift zurückzuziehen.

Die Politik zum Ausbau der kommunalen Selbstverwaltung hatte in Noske keinen Fürsprecher. Offenbar aufgrund seiner Erfahrungen mit dem hannoverschen Provinziallandtag, der sich als eine politische Körperschaft verstand und ausgedehnte politische Debatten führte, schimpfte Noske über diese »sogenannte Demokratisierung« und sprach von »Ausartungen der Parlamentsspielerei auf Rathäusern, in Kreistagen und den Provinziallandtagen«[34]. Ihm lag an einer möglichst effizient und rasch arbeitenden Verwaltung, und da konnten Selbstverwaltungsgremien nach seiner Ansicht nur stören. In seiner Partei machte sich Noske mit dieser Einstellung keine Freunde. Er selbst berichtet: »Wegen meiner Einwände gegen die übereilte Lockerung des Staatsgefüges wurde ich von dem größeren Teil der sozialdemokratischen Presse als ein Mann dargestellt, der das Verständnis für die Empfindungen der proletarischen Massen verloren habe und sich zum Bürokraten altpreußischer Prägung umstelle«[35].

[30] Ebda., S. 294 ff.

[31] Artikel Noskes in der Sonderbeilage des »Hannoverschen Kuriers« vom 9. 10. 1927, ebda., S. 297 f.

[32] Ebda., S. 300.

[33] Ebda., S. 298 f.; dort auch Noskes Brief an die Redaktion des »Vorwärts« in dieser Angelegenheit.

[34] Einen entsprechenden Brief an den preußischen Innenminister vom März 1930, in dem er sich mit dem Entwurf eines Selbstverwaltungsgesetzes auseinandersetzte, zitiert Noske ebda., S. 302. Vgl. auch ebda., S. 208 f., wo Noske berichtet, daß er sich bereits 1921 gegen eine Erweiterung der Selbstverwaltung der Provinzen ausgesprochen habe.

[35] Ebda., S. 209.

Alles in allem war Noske zweifellos ein tüchtiger Oberpräsident, der Freude an seiner Arbeit[36] hatte und der sich aus Interesse an der Sache »um alle Zweige der Verwaltung, der Wirtschaft und des öffentlichen Lebens«[37] kümmerte, und zwar nicht bloß aus der Ferne, vom grünen Schreibtisch aus, sondern durch häufige Besuche »vor Ort«, in den Regierungen (d.h. den Regierungspräsidien), den Landratsämtern, den Rathäusern, Hochschulen usw. Die Beamten, mit denen Noske zusammenzuarbeiten hatte, brachten ihm ein großes Maß an Vertrauen und Respekt entgegen[38]. Allerdings gehörte Noske auch nicht zu den Verfechtern einer Demokratisierung der Verwaltung im Sinne einer nach und nach erfolgenden Besetzung zumindest der politischen Beamtenstellen durch zuverlässige Republikaner. Für ihn zählten, wie schon in der Reichswehrministerzeit, ausschließlich Tüchtigkeit und Loyalität. Eine andere Sicht lehnte er als »Parteiwirtschaft«[39] ab.

Noske selbst rekapitulierte: »Meine Tätigkeit als Oberpräsident hat mir kaum Schimpfworte eingetragen[40].« Im Vergleich zu den fünfzehn Monaten im Amte des Reichswehrministers waren die dreizehn Jahre als Oberpräsident verhältnismäßig konfliktfrei, wenn man einmal davon absieht, daß Noske über den gesamten Zeitraum hinweg von der kommunistischen Presse angegriffen wurde, die damit allerdings weniger ihn treffen, als die SPD in den Augen ihrer Wähler diskreditieren wollte.

Günther Bodes[41] zusammenfassendes Urteil über den Oberpräsidenten Noske fällt rundum positiv aus: Er habe in der Provinz Hannover »mit Umsicht und Tatkraft für eine Stabilisierung des neuen Staates, für Demokratie und Republik« gewirkt, habe sich »mit außerordentlich großem Arbeitsaufwand und energischem persönlichem Einsatz auf den verschiedensten Gebieten um das Wohl der ihm anvertrauten Provinz und ihrer Bewohner bemüht«, dabei immer wieder soziales Engagement beweisend.

2. »Nicht mit den Massen irren«

Mehrfache Äußerungen Noskes aus den 20er Jahren sowie rückblikkende Bekenntnisse in seinen Lebenserinnerungen lassen einen Politiker erkennen, der den sogenannten Massen, auch der Arbeiterschaft, als deren langjähriger Führer er sich sah, mit großem Mißtrauen begeg-

36 Nach eigenem Zeugnis, ebda., S. 312.
37 Ebda.
38 Zu Noskes Verhältnis zur Beamtenschaft vgl. auch Andrée, Noske, S. 253 f.
39 Noske, Erlebtes, S. 312.
40 Ebda., S. 313.
41 Bode, Noske, Vorwort S. 2.

nete. Noske glaubte an den Staat und an die Kompetenz der in den Diensten des Staates stehenden politischen und bürokratischen Elite. Vor dem Hintergrund dieses autoritär-etatistischen Denkens wird manches im politischen Handeln Noskes erklärbar, was bei erstem Hinsehen unverständlich bleiben müßte:

- Sein rücksichtsloses Vorgehen gegen demonstrierende Arbeiter im Jahre 1919;
- seine aus taktischen, nicht grundsätzlichen Gesichtspunkten erfolgte Ablehnung einer Diktatur im Sommer 1919;
- seine Freude am engen Kontakt zu dem machtpolitischen Herzstück des autoritären Staates, dem Militär;
- seine Hochachtung vor Oswald Spenglers Ideen vom »preußischen Sozialismus«[42], in denen nationale und ordnungspolitische Töne zusammenflossen und von denen Noske behauptete, sie hätten ihm »gewissermaßen im Blute«[43] gelegen. Die deutsche Ausprägung des nationalen Denkens war ja bekanntlich weniger mit demokratischen als vielmehr mit obrigkeitsstaatlichen Traditionen verknüpft.

Im Hinblick auf die Novemberrevolution 1918 stellte Noske in seinen Memoiren fest, daß in seiner Partei, der MSPD, ein Plan zur Aufrichtung einer proletarischen Diktatur, »d.h. einer nur aus Sozialdemokraten zu bildenden Regierung«, nicht erwogen worden sei, denn: »die leitenden Männer waren so demokratisch gesinnt, daß ihnen der Gedanke der Vergewaltigung anders Denkender verbrecherisch erschien.« Eben diese demokratische Grundposition der SPD glaubte Noske jedoch aus der Sicht der 30er Jahre im Rückblick kritisieren zu müssen: »Die Sozialdemokratie ist schließlich aber auch daran zugrunde gegangen, daß sie glaubte, an demokratischen Idealen bis zum letzten festhalten zu müssen, für die sie sich eingesetzt hatte, solange sie in der Opposition stand[44].«

Überhaupt war Noske der eigenwilligen Auffassung, daß die »Führer« der Parteien der Weimarer Koalition – Sozialdemokraten, Zentrum und Demokraten – 1918/19 alles in allem richtig gehandelt haben. Das »meiste Unheil« sei jedenfalls nicht von ihnen angerichtet worden, sondern von den »aus Rand und Band geratenen politisch unerzogenen Massen«. Es habe – so die Worte Noskes – unendliche Mühe gekostet, »die Wildgewordenen – dazu gehörten sehr viele Beamte und staatliche Angestellte – wieder einzufangen«[45]. Die revolutionären Vorgänge konnte Noske letztlich überhaupt nicht als sinnvolle politi-

[42] Vgl. Oswald Spengler, Preußentum und Sozialismus, München 1921. Zur Interpretation aus kommunistischer Sicht vgl. Joachim Petzold, Oswald Spengler. Ideologischer Wegbereiter faschistischer Barbarei. In: Gewalten und Gestalten, S. 331 ff., sowie Norden, Noske, S. 1438 f.

[43] Noske, Erlebtes, S. 89, vgl. auch S. 91, wo Noske Spengler zitiert.

[44] Ebda., S. 90.

[45] Ebda., S. 91.

sche Aktionen begreifen. Er glaubte, hier sei »der Radikalismus der Unorganisierten und politisch Unerfahrenen« am Werk gewesen, geschürt »durch Desperados aus dem bürgerlichen Lager«[46]. Daher rührte auch sein – Geringschätzung und Mangel an Urteilsfähigkeit gleichermaßen verratendes – Vokabular, mit dem er etwa die Verfechter von Räteideen belegte[47]. Daher auch Noskes Sympathie für jenen Typus von politischer Führung, den Spengler propagierte: »Ein großer Mann aus der Tiefe, und das ganze Volk wäre ihm gefolgt. Aber nie ist eine Massenbewegung durch die Erbärmlichkeit der Führer und Gefolgsleute elender in den Schmutz gezogen worden«[48] als 1918/19. Die Wiedergabe dieses Zitats in Noskes Memoiren läßt wohl seine heimliche Sehnsucht nach jenem »Mann aus der Tiefe« spüren, dem das Volk in Gefolgschaft angehangen hätte – und der er vielleicht selbst hätte werden können.

Zum 80. Geburtstag Hindenburgs im Jahre 1927 schrieb Noske für eine Festnummer der Zentrale für Heimatdienst einen Artikel über das Thema »Die Rückführung der Armee«[49]. Bei dieser Gelegenheit attackierte er die im letzten Kriegsjahr (1918) zu einem politischen Faktor ersten Ranges gewordene Kriegsmüdigkeit der Massen[50]. Das Mitteilungsblatt für sozialistische Jugendorganisationen, »Der junge Kämpfer«, erregte sich hierüber so: »Aber daß dieser Mann es wagt, die Soldaten zu schmähen, die endlich den Mut fanden, einen Krieg zu beenden, der allenfalls noch den ehrgeizigen Wünschen eines Noske hätte dienen können, das macht sein Maß voll ... Wir halten es für schmachvoll, daß dieser Mann im Stil und Sinn der Dolchstoßlegende Geschichte erzählen darf, die einen Dolchstoß in den Rücken des revolutionären Proletariats bedeutet[51].«

Anläßlich eines Streiks in der Provinz Hannover und dem von Noske erwogenen Einsatz der Technischen Nothilfe traf er mit einem Gewerkschaftsführer aus Hannover zusammen, der offenbar ebenso wie Noske vom »Unverstand der Massen« überzeugt war[52]. Noske stellte aus diesem Anlaß die folgenden Erwägungen hinsichtlich der politischen und wirtschaftlichen Schulung der Arbeiter an: »Es ist mancherlei erreicht worden. Eine Frage bleibt, ob den breiten Massen tiefes

46 Ebda.

47 Vgl. Noske, Kiel bis Kapp, S. 136, wo er die Münchener Räterepublik als »Karneval des Wahnsinns« bezeichnet.

48 Noske, Erlebtes, S. 91.

49 Noske erwähnt diesen Artikel ebda., S. 284 f., ohne auf seinen Inhalt näher einzugehen.

50 Tatsächlich hatte sich Noske im Oktober 1918 in sozialdemokratischen Parteigremien mehrfach negativ über die politisch unreifen Massen ausgelassen, denen es egal sei, wie der Krieg ausgehe. Vgl. Kapitel IV/6.

51 Noske, Erlebtes, S. 285. Bei der Zeitung handelte es sich um ein SPD-Organ.

52 Tagebucheintragung Noskes vom 19. 6. 1923, ebda., Kapitel 59 »Der Kurs geht rechts«, S. 236–238.

ökonomisches Verständnis und gründliche politische Schulung beigebracht werden kann, oder nur ein Bruchteil davon. Die Massen sind leicht zu leiten und zu regieren, wenn sie satt sind und ihre Blößen bedecken können. Jetzt darben sie und lassen sich nur von Instinkten leiten. Wir werden sie demokratisch regieren, d.h. sie werden uns regieren lassen, wenn die leitenden Köpfe es fertig bringen, sie wieder ordentlich satt zu machen. Sonst wird man versuchen, sie zu bändigen[53].« Funktioniert die Demokratie aufgrund wirtschaftlicher Notlage nicht, wird man »die Massen bändigen« müssen. War dies nicht eben die Devise, nach der Noske 1919 schießen ließ?

Otto Wels, Friedrich Eberts Nachfolger im Parteivorsitz der SPD, soll einmal gesagt haben, es sei besser, mit den Massen zu irren als gegen sie recht zu behalten. Der Mann, der von sich behauptete, er habe gewußt, wie »das politische und wirtschaftliche Verständnis großer Teile [der Arbeiterschaft] richtig einzuschätzen« sei, und der sich etwas darauf zugute hielt, daß er selbst jeweils »aufrecht den Weg gegangen« sei, den er für richtig gehalten habe[54], hatte für die Welssche Überzeugung keinerlei Verständnis.

Als ein Belegstück für seine Ansichten über den politischen Unverstand, die Gleichgültigkeit und Undankbarkeit der Massen betrachtete Noske seine Erlebnisse anläßlich des Stapellaufes des Frachtdampfers »Carl Legien«, der am 20. Mai 1922 in Wilhelmshaven stattfand[55]. Es handelte sich um ein symbolträchtiges Ereignis: Hugo Stinnes, der Großindustrielle und Sprecher der deutschen Schwerindustrie, hatte in der Wilhelmshavener Reichsmarinewerft den Bau eines Frachtdampfers in Auftrag gegeben und wollte diesen nun auf den Namen des 1921 verstorbenen Gewerkschaftsführers Legien taufen, mit dem zusammen er im November 1918 die als »Stinnes-Legien-Abkommen«[56] bekannt gewordene Vereinbarung über ein Zusammenwirken von Unternehmern und Gewerkschaften zustande gebracht hatte. Auf Stinnes' Einladung kamen viele Prominente zur Schiffstaufe in die Nordseestadt, an ihrer Spitze Reichspräsident Friedrich Ebert[57], Reichs-

[53] Ebda., S. 238.

[54] Ebda.

[55] Vgl. Noskes Schilderung ebda., S. 218–221. Ein Pressefoto von diesem Ereignis, das neben dem Oberpräsidenten Noske den Großindustriellen Hugo Stinnes, den Chef der Marineleitung, Admiral Paul Behncke, und den Reichspräsidenten Friedrich Ebert zeigt, wurde veröffentlicht in: Berliner Illustrirte Zeitung Nr. 23, 4. 6. 1922, S. 251. Presseausschnitt in: AdsD, Nachlaß Noske, Teil I, Mappe Zeitungsausschnitte, F 81 1242.

[56] Zur »Stinnes-Legien-Abkommen« genannten Zentralarbeitsgemeinschaft der Arbeitgeber- und Arbeitnehmerverbände vom 15. 11. 1918 vgl. Ritter/Miller, Die deutsche Revolution, S. 231 ff.

[57] Über die Art und Weise, wie Ebert sein Besuchsprogramm in Wilhelmshaven bei der Marine und beim Stapellauf des Dampfers »Legien« absolvierte, berichtet in kritisch-arrogantem Ton der Marineoffizier Paul Wülfing von Ditten in seinen unveröffentlichten Lebenserinnerungen. Der Offizier, der in Begleitung des Admirals Behncke

wehrminister Otto Geßler, der preußische Ministerpräsident Otto Braun und der für Wilhelmshaven zuständige Oberpräsident Noske[58]. Dagegen waren die ebenfalls eingeladenen Gewerkschaftsführer nicht erschienen[59].

Das fragliche Ereignis, das Noske reflektierend in seinem Tagebuch festhielt, bestand in der Passivität von Tausenden von Werftarbeitern, die, obwohl Anhänger oder gar Mitglieder der Sozialdemokratischen Partei, Ebert, Braun und Noske mit kühler Distanz empfingen. Noske[60] notierte: »Nun furchte ein Schiff die Jade, das die Flagge des sozialdemokratischen Reichspräsidenten trug. Der langjährige Leiter ihrer Partei kam als erster Mann des Reiches zur Taufe eines Schiffes, das den Namen eines Sozialdemokraten und des ersten Führers der Gewerkschaften tragen sollte. Das war offenbar nur wenigen ein Erlebnis, das sie bewegte. Keine Mütze wurde vom Kopf genommen, als der Reichspräsident durch die Massen schritt, durch die ihm nicht durch Absperrung ein Weg freigemacht worden war. Kein freudiger Gruß war vernehmbar, während es doch verständlich gewesen wäre, wenn der Mann ihrer Parteigesinnung an der Spitze des Reiches mit brausenden Hochrufen empfangen worden wäre.« Noske überlegte: »Die große Masse der deutschen Arbeiter hat noch nicht das Gefühl, daß sie ein Machtfaktor von Bedeutung im Reiche ist. Ebert kam mit hohen Offizieren und den leitenden Beamten der Werft, mit Stinnes, dem Kapitalgewaltigen, den sie nur aus teils läppischen, teils oberflächlichen Betrachtungen ihrer Presse kennen. Deshalb erscheint er ihnen nicht mehr als ihresgleichen, sie fühlen sich nicht als eins mit ihm (gemeint ist Ebert, d. Verf.). Noch im höheren Maße gilt das für ihre Gefühle für mich. Am Blick von Hunderten sah ich, daß sie mich erkannten. Nicht ein einziger verstand sich zu einem Gruß oder auch nur zu einem Nicken, das gegenseitiges Zusammengehören ausgedrückt hätte.« Was Noske abschließend über Ebert schrieb, galt gewiß auch für ihn selbst: »Ebert ist kein eitler Mann, dem an Hurrageschrei gelegen ist. Die Teilnahmslosigkeit der Werftarbeiter war ihm, als wir darüber sprachen, schmerzlich, weil sie ihm als Zeichen mangelnder Wertschätzung dessen erschien, was für die arbeitenden Schichten in den letzten Jahren erreicht worden ist.«

Von Noske selbst wissen wir, wie verletzlich und dünnhäutig Friedrich Ebert war. Als er im Jahre 1925 starb, von der politischen Rechten

nach Wilhelmshaven gereist war, notierte auch sein eigenes, wenig zuvorkommendes Verhalten gegenüber dem früheren Reichswehrminister Noske, dem er den Zutritt in ein Boot verweigerte, mit dem Ebert zu dem Linienschiff »Braunschweig« gebracht werden sollte, BA-MA N 166/2, Bl. 73–75.

[58] Vgl. Foto aus: AdsD, Nachlaß Noske; wiedergegeben im Bildteil dieses Bandes.

[59] Vermutungen über die Gründe ihres Wegbleibens bei Noske, Erlebtes, S. 219.

[60] Die folgenden Zitate ebda., S. 220 f.

mit Verleumdungen und Prozessen buchstäblich zu Tode gehetzt[61], muß es ihm besonders bitter erschienen sein, daß ihn nicht wenigstens die eigene Anhängerschaft, die sozialdemokratisch wählenden Arbeiter, liebten.

3. Militärpolitische Vorstöße des ehemaligen Reichswehrministers

Daß er je wieder an die Spitze des Reichswehrministeriums zurückkehren könnte, hat Noske wohl selbst nicht geglaubt. In den Führungsgremien der Sozialdemokratischen Partei ist ein solcher Gedanke ohnehin nicht aufgekommen. Der Bruch der Partei mit Noske war so gründlich, daß der ehemalige Reichswehrminister nicht einmal Gelegenheit bekam, sich als Militärexperte seiner Partei zu betätigen und seinen Rat zur Verfügung zu stellen. Er war weder Mitglied der Reichstagsfraktion noch eines wichtigen Parteigremiums und verfügte insofern über keine politische Bühne, von der aus er seine undogmatischen, d. h. häufig im Gegensatz zur Parteimeinung stehenden Ansichten vertreten konnte. Noske sah sich unversehens auf die Provinz Hannover zurückgeworfen. Wollte er eine militärpolitische Frage öffentlich erörtern – was mit dem Oberpräsidentenamt mangels Kompetenz ohnehin nur schwer zu vereinbaren war –, mußte er die seltenen Anlässe nutzen, die sich ihm in seinem neuen Amte boten.

Eine solche Möglichkeit stellte der traditionelle, alljährlich stattfindende Aufmarsch der Hannoverschen Schützen und das sich anschließende Volksfest dar. Obwohl dieser Schützenverein – ebenso wie die anderen Schützen- und Kriegervereine im Reich – mit der Demokratie wenig und mit der Sozialdemokratie noch weniger im Sinn hatte[62], nahm Noske 1921 erstmals dessen Einladung an und hielt eine »Rede auf das Vaterland«[63], in der er den Gedanken der Wehrhaftigkeit des Volkes betonte und indirekt die Reichsregierung kritisierte, weil sie in dieser Hinsicht nach seiner Meinung zu wenig tat. Noske sagte, man solle dem ganzen Volke die Eigenschaften eines guten Schützen anerziehen: »klaren Blick, sichere Hand, nüchterne Überlegung und im gegebenen Augenblick schnelle Entschlußfähigkeit«; dann, so Noske, brauche Deutschland um seine Zukunft nicht besorgt zu sein.

Das waren der Tendenz nach ähnliche Bilder, wie Noske sie bereits

[61] Vgl. Noske, Nach dem Tode.
[62] Die SPD schätzte die vordergründig unpolitischen Kriegervereine generell als antirepublikanisch ein. Siehe Runge, Politik, S. 232 f.
[63] Noske, Erlebtes, S. 209, auch zum Folgenden.

vor dem Ersten Weltkrieg in seinen Reichstagsreden zum Heeresetat gebraucht hatte. Aber unter den Bedingungen des Versailler Vertrages mit seinen einseitigen Rüstungsbeschränkungs-Vorschriften konnten militaristische Töne dieser Art so verstanden werden, als wollte Noske mit der nationalistischen Rechten gemeinsame Sache machen, d.h. auf dem ideologischen Feld Vorbereitungen für eine gewaltsame Revision treffen. Ein solcher Eindruck wurde verstärkt durch weitere Meinungsäußerungen Noskes.

Anläßlich einer Oberpräsidenten-Konferenz am 10. Februar 1922[64], bei der es um die Auflösung »wilder« [d.h. ungesetzlicher] Wehrorganisationen ging, gab er eine Stellungnahme ab, aus der eine Verurteilung illegaler Rüstungen und geheimer militärischer Vorbereitungen nicht abgelesen werden konnte. Regierung und Parteien, meinte Noske, sollten die nationalistische Welle aufzufangen und in geordnete Bahnen zu lenken suchen. Im Hinblick auf die Zukunft müsse »an der Wiederherstellung der deutschen Wehrhaftigkeit gearbeitet« werden; wegen des Mißtrauens und der pazifistischen Einstellung eines Teils der Bevölkerung sei bei »Vorarbeiten« (für eine Wiederaufrüstung, d. Verf.) allerdings Vorsicht geboten.

Hatte es nach Noskes Schützenrede von 1921 einen Ausschlußantrag Hannoverscher Sozialdemokraten gegen ihn gegeben[65], so erreichte Noske nach der Oberpräsidenten-Konferenz von 1922 ein kritischer Brief des früheren Reichskanzlers und jetzigen Vorsitzenden der sozialdemokratischen Reichstagsfraktion, Hermann Müller[66], in dem angefragt wurde, ob er, Noske, sich tatsächlich »für die Bewaffnung nationalistischer Organisationen« ausgesprochen habe, was Noske dann in seiner beschwichtigenden Antwort als »blödsinnig«[67] abtat. Tatsächlich hat Noske jedoch in keiner seiner mündlichen und schriftlichen Äußerungen zu militärpolitischen Fragen eingeräumt, daß man auf diesem Felde notgedrungen zurückhaltend sein mußte. Der ehemalige Reichswehrminister dachte weiterhin in militärischen Kategorien und legte sich mehrfach mit anderen Sozialdemokraten an, die glaubten, eine über die Versailler Beschränkungen hinausgehende Rüstungspolitik werde notwendigerweise eines fernen Tages wieder zu einem Krieg führen.

Auch in den folgenden Jahren trat Noske unter Berufung auf das alte Erfurter SPD-Programm von 1890 für die Wehrhaftigkeit ein. Gelegenheit dazu boten jeweils die Schützenfeste in Hannover[68]. Einem sozialdemokratischen Kritiker antwortete er offensiv: »Mit Ihrer Auffas-

[64] Vgl. ebda., S. 268 f.
[65] Ebda., S. 210.
[66] Brief Müllers an Noske vom 19. 2. 1922, ebda., S. 269.
[67] Ebda., S. 269 f.
[68] Vgl. ebda., Kapitel 74 »Meine Schützenreden«, S. 285–288.

sung von der Wehrfrage kann die deutsche Sozialdemokratie keine praktische Politik treiben. Mit pazifistischen Schlagworten und schönen moral-philosophischen Gedanken kann man in einer Volksversammlung und besonders jetzt bei Leuten, die noch jeden Tag schmerzlich unter den Nachwirkungen des letzten Krieges zu leiden haben, Augenblickserfolge und Beifallstürme erzielen, praktische Politik kann man damit nicht machen[69].«

Unter praktischer sozialdemokratischer Militärpolitik stellte er sich zweierlei vor: Erstens die öffentlich ausgesprochene Bejahung des Wehrgedankens; zweitens, darauf basierend, das Bemühen der Partei, zu einem guten Verhältnis mit der Reichswehr zu gelangen. Für Kritik an der Reichswehr hatte Noske nicht viel übrig. Er nahm die Wehrmacht der Republik so hin, wie sie sich nun einmal entwickelt hatte, und sah es als die Aufgabe der SPD an, sich durch eigene Einsicht und Anpassungsleistung mit diesem Machtfaktor zu arrangieren. So ist sein Satz zu verstehen: »Bei nachdrücklichem Eintreten für die Wehrhaftigkeit in Wort und Schrift war die Reichswehr, d. h. die höhere Führung, mit jeder Partei zufrieden[70].« An einer Formulierung wie dieser ist zu erkennen, wie weit sich bei ihm inzwischen die Maßstäbe verschoben hatten. Nicht mehr »Republikanisierung der Reichswehr« und »Primat der politischen Führung« lauteten seine – abseits von der politischen Verantwortung formulierten – Ziele, sondern Anpassung an die Wünsche der Reichswehr.

Wo er selbst Gelegenheit hatte, diese Ansichten zu vertreten, nahm Noske sie wahr. Er hielt Kontakt zu seinem Nachfolger im Amt des Reichswehrministers, dem der DDP angehörenden Dr. Otto Geßler, und er nahm gerne als Gast an Reichswehrmanövern teil, wenn er zu ihnen eingeladen wurde[71]. Mit Genugtuung konnte er konstatieren, daß eine ganze Reihe von Offizieren, die er während seiner Ministerzeit kennengelernt hatte, ihm auch noch nach seinem Sturz anerkennende Briefe schrieb, da er sich während seiner Amtszeit mehrfach öffentlich vor die Soldaten gestellt und sie gegenüber Kritik in Schutz genommen hatte. So schrieb ihm der aktive Oberst Wangenheim[72], daß er sein Ausscheiden aus dem Ministeramt »aufrichtig bedaure«, sowie, daß zahlreiche ältere Offiziere dächten wie er und daß die Zusammenarbeit mit ihm, Noske, für die meisten Reichswehroffiziere »eine Freude« gewesen sei. Kapitän zur See Raeder[73] dankte Noske für seine Ver-

[69] Ebda., S. 286. Datum dieses Briefes Noskes unbekannt; vermutlich Mitte der 20er Jahre.
[70] Ebda., S. 286.
[71] Ebda., S. 287.
[72] Brief des Obersten Wangenheim an Noske vom 20. 3. 1920, BA NL 46, Nr. 19, Bl. 5–9.
[73] Brief des Kapitäns zur See Erich Raeder, Berlin, an den früheren Reichswehrminister

dienste um die deutsche Marine. Der frühere Ordonnanz-Offizier General Maerckers, Leutnant Kurt Aschenburg[74], bestätigte Noske ebenfalls dankbar, daß er »immer für die Seele unserer Soldaten ein besonderes Bemühen übrig« hatte und versicherte ihm, daß er »außerordentlich viele Freunde bei den Soldaten und auch Offizieren bis auf den heutigen Tag« habe. Es gab auch Offiziere, die Noske wissen ließen, daß sie sich ihn nach wie vor als diktatorischen Retter Deutschlands[75] vorstellen konnten.

Mitunter drohte Noske seine eigene Vergangenheit einzuholen, so zum Beispiel, als die Namen der Ex-Offiziere Waldemar Pabst und Pflugk-Harttung wieder in der Öffentlichkeit auftauchten. Pabst hatte nach dem Kapp-Lüttwitz-Putsch Deutschland fluchtartig verlassen und in den österreichischen Heimwehren[76] ein neues Betätigungsfeld gefunden. Im Herbst 1928 brachte der Vorsitzende der österreichischen Sozialdemokraten Karl Renner die innenpolitische Rolle der Heimwehren im Parlament zur Sprache, woraufhin sich der konservative Bundeskanzler Österreichs, Dr. Ignaz Seipel, der ein Förderer der Heimwehrbewegung war, im Nationalrat vor die Heimwehren stellte und dabei sarkastisch fragte, »ob nicht vielleicht Major Pabst seinerzeit bei dem sozialdemokratischen Kriegsminister Noske die jetzt von ihm in Österreich befolgte Taktik gelernt habe«[77]. Auch behauptete Seipel, daß der von Renner angegriffene Pabst noch heute mit Noske in Verbindung stehe. Daraufhin wandten sich sowohl Julius Deutsch (SPÖ), Nationalrat und früherer Amtskollege Noskes als Militärminister, als auch Bundeskanzler Seipel an Noske, um Näheres über Pabst und Noskes Verhältnis zu ihm in Erfahrung zu bringen[78]. Noske antwortete ihnen, er habe keinerlei Anlaß, Verbindungen zu Pabst zu pflegen, denn dieser gehöre – nicht zuletzt wegen seiner Rolle im Putsch vom März 1920 – zu den Leuten, die für sein politisches Schicksal verhängnisvoll geworden seien. Ob er allerdings an der Ermordung von Rosa Luxemburg und Karl Liebknecht direkt oder indirekt beteiligt gewesen sei, habe nie geklärt werden können.

Um den gewaltsamen Tod Liebknechts ging es auch, als im Januar 1932 durch eine norwegische Zeitung die Behauptung verbreitet wur-

Noske vom 16. 5. 1920, BA NL 46, Nr. 19, Bl. 50–51. Der Brief ist auszugsweise abgedruckt in: Noske, Erlebtes, S. 169 f., und in: Böhnke, Noskes Entlassung, S. 131.

74 Brief des Leutnants Kurt Aschenburg an Oberpräsident Noske vom 15. 9. 1920, BA NL 46, Nr. 19, Bl. 60–63.

75 Vgl. die in Kapitel XIII/4 zitierten Briefe von Gertsch, Kabisch und Roehr.

76 Vgl. BA-MA N 620, Akte 3.

77 Vgl. den Korrespondentenbericht »Seipel und Noske«, in: Berliner Tageblatt Nr. 472, 5. 10. 1928, BayHStA, Sammlung Rehse P 3462. Vgl. auch den Brief des »Vorwärts«-Redakteurs Franke an Noske vom 3. 10. 1928, BA NL 46, Nr. 22, Bl. 6.

78 Der gesamte Schriftwechsel zwischen Deutsch, Seipel und Noske, der im Oktober 1928 geführt wurde, befindet sich in: BA NL 46, Nr. 22, Bl. 7–13.

de, der frühere Kapitänleutnant Pflugk-Harttung habe in einem Interview ausgesagt, er habe Liebknecht seinerzeit auf Befehl des Reichswehrministers Noske erschossen[79]. Noske protestierte sofort, indem er diese Behauptung als »die schamloseste Lüge« bezeichnete, die ihm jemals vorgekommen sei, und weiter ausführte: »Bis auf den heutigen Tag wurde ich in der kommunistischen Presse immer wieder für den Tod Liebknechts und Rosa Luxemburgs verantwortlich gemacht. Aber die wildesten Hasser haben noch niemals anzudeuten gewagt, daß von mir eine Weisung zur Tötung der beiden genannten Personen ergangen sei[80].« Pflugk-Harttung seinerseits entschuldigte sich schriftlich bei Noske für diese »Falschmeldung«, die er leider nicht habe verhindern können[81]. Wie sich später herausstellte, hatte sich der ehemalige Kapitänleutnant gegenüber dem norwegischen Blatt lediglich auf einen allgemeinen Befehl Noskes berufen, um die Erschießung Liebknechts »auf der Flucht« zu rechtfertigen. Eben dieser Argumentation war damals das Gericht gefolgt und hatte den Offizier freigesprochen, obwohl die Wahrheit eine andere war.

Ernst von Weizsäcker[82], seinerzeit Marineoffizier, später Staatssekretär im Auswärtigen Amt unter Ribbentrop, notierte dies bereits am 16. Januar 1919 in sein Tagebuch: »Kapitänleutnant von Pflugk-Harttung war heute im Mar(ine) Kabinett (jetzt Personalamt) und erzählte gegen die Verpflichtung absoluter Geheimhaltung, daß er bei der Überführung Liebknechts in das Gefängnis eine Autopanne im Tiergarten fingierte, Liebknecht dann am Arm nahm, um ihn zu führen, ihn absichtlich losließ, um ihm Gelegenheit zu einem Fluchtversuch zu geben und nach kurzem Abwenden hinter L. herschoß; Liebknecht wurde getroffen und von mehreren Schüssen getötet.«

Als in den Jahren 1928 und 1929 in Deutschland eine breite öffentliche Debatte über die Frage geführt wurde, ob es notwendig sei, die veralteten Linienschiffe der Reichsmarine durch Neubauten zu ersetzen[83], hatte Noske Mühe zu verstehen, daß man hierüber überhaupt unterschiedlicher Meinung sein konnte[84]. Noch zu seiner Zeit als

[79] Brief des Redakteurs Ludwig Wachtel, Ullsteinhaus Berlin, vom 28. 1. 1932 an den Chefredakteur des »Vorwärts«, Klühs, in dem die entsprechende Passage aus »Oslo Aftenavis« zitiert wird, ebda., Bl. 14.

[80] Bericht von Ludwig Wachtel, Berliner Korrespondent der norwegischen Zeitung »Tidens Tegn« vom 1. 2. 1932 über Pflugk-Harttungs »Teilnahme an Liebknechts Tod«, ebda., Bl. 16 f.

[81] Brief Pflugk-Harttungs, Oslo, an Oberpräsident Noske, Hannover, vom 3. 2. 1932, ebda., Bl. 18 f.

[82] Die Weizsäcker-Papiere 1900–1932. Hrsg. v. Leonidas Hill, Bd 1, Berlin usw. 1982, S. 325.

[83] Zur parlamentarischen Auseinandersetzung über diese Frage vgl. Wolfgang Wacker, Der Bau des Panzerschiffes »A« und der Reichstag, Tübingen 1959; fortan zit.: Wakker, Bau des Panzerschiffes »A«.

[84] Zu Noskes Ansichten hierüber vgl. ders., Erlebtes, S. 286 f., sowie Bode, Noske, S. 842 ff.

Reichswehrminister war die erste Rate für den Neubau des kleinen Kreuzers »Emden« in den Etat eingestellt worden, und nun ging es nach seiner Ansicht einfach darum, der Marine weitere Mittel für die notwendigen und im Rahmen der Versailler Vertragsbestimmungen liegenden Ersatzbauten zu bewilligen. Die Gegner der Mittelbewilligung, zu denen auch die Mehrheit der sozialdemokratischen Reichstagsabgeordneten gehörte[85], vertraten die Ansicht, diese Rüstungsmaßnahme sei überflüssig und das Geld solle besser für soziale Zwecke verwendet werden. Der SPD-Slogan für die Reichstagswahlen von 1928 »Kinderspeisung statt Panzerkreuzer« brachte diese Politik auf den Punkt, und offenbar stieß er auf Zustimmung. Denn das Wahlergebnis fiel so aus, daß der Sozialdemokrat Hermann Müller zum zweiten Mal Reichskanzler werden konnte.

Stimuliert durch die aufsehenerregende Diskussion um das Panzerschiff »A«, führte die SPD während ihres Magdeburger Parteitages im Jahre 1929 die in der Geschichte der Partei gründlichste Debatte über militärpolitische Grundsätze und Einzelfragen[86]. Der Parteitag verabschiedete mehrheitlich »Richtlinien zur Wehrpolitik«[87], die von einer eigens eingesetzten Wehrkommission vorbereitet worden waren und die inhaltlich ein militärpolitisches Reformprogramm enthielten, in dem die Bedingungen für ein positives Verhältnis von Reichswehr und Republik definiert wurden. Es ist hier nicht der Ort, die hochinteressante Debatte[88] im einzelnen nachzuzeichnen. Denn Noske, der einzige Sozialdemokrat, der bislang auf dem Stuhle des Reichswehrministers praktische Regierungserfahrung im Umgang mit dem Militär gesammelt hatte, war weder an den vorbereitenden Diskussionen in der Wehrkommission noch an den Beratungen des Parteitages selbst irgendwie beteiligt. Für die Vermutung, Noske sei vom Parteivorstand absichtlich ferngehalten worden, gibt es keine Belege. Aber er wurde auch nicht gerufen. Es darf angenommen werden, daß er darüber seinerseits so unglücklich gar nicht war. Denn theoretische Diskussionen nach der Art des Magdeburger Parteitages hatten noch nie sein Interesse gefunden.

Noske verfolgte die 1928/29 in seiner Partei geführte Debatte um den Panzerkreuzer »A« ohnehin mit verständnislosem Kopfschütteln.

[85] Vgl. die Abschnitte über die SPD bei Wacker, Bau des Panzerschiffes »A«; sowie Gustav-Adolf Caspar, Die sozialdemokratische Partei und das deutsche Wehrproblem in den Jahren der Weimarer Republik, Frankfurt/M. 1959, S. 78–89, fortan zit.: Caspar, Die sozialdemokratische Partei; sowie Werner Rahn, Marinerüstung und Innenpolitik einer parlamentarischen Demokratie – das Beispiel des Panzerschiffes A 1928. In: Die deutsche Marine. Historisches Selbstverständnis und Standortbestimmung, Herford, Bonn 1983, S. 53–72.

[86] Vgl. Protokoll SPD-Parteitag Magdeburg 1929, S. 105–154.

[87] Ebda., S. 288 f.

[88] Zusammenfassungen bei Caspar, Die sozialdemokratische Partei, S. 87–96, sowie Wette, Wille zum Frieden, S. 30.

Die Kritik an diesem Projekt bezeichnete er als »unangebrachten Lärm« und machte sich darüber lustig, daß über die Mittelbewilligung in einer Weise gestritten wurde, »als ob der Bestand des Reiches oder der Weltfriede davon abhingen«. Seine Ansicht, die er auch in einem Zeitungsartikel öffentlich zum Ausdruck brachte, war die, »daß darüber in Deutschland kein Wort verloren werden sollte, wenn soviel für die Wehrhaftigkeit getan wurde, als das Diktat von Versailles zulasse[89].« Noske hat immer zu denjenigen gehört, die für eine volle Ausschöpfung der im Rahmen des Friedensvertrages erlaubten Rüstungsmöglichkeiten plädierte.

Wie seine oben bereits erwähnte Stellungnahme während der Oberpräsidenten-Konferenz 1922 belegt, war er darüber hinaus sogar bereit, geheime Rüstungsmaßnahmen wenn schon nicht aktiv zu unterstützen, so doch stillschweigend zu dulden[90]. Zehn Jahre später, im zeitlichen Vorfeld der Genfer Abrüstungsverhandlungen, die im Februar 1932 begannen, wandte sich Noske in der Verfolgung dieser politischen Linie auch gegen sogenannte Investigationen[91], d.h. den Wunsch der Franzosen, erneut eine alliierte Kommission einzusetzen, die kontrollieren sollte, ob sich Deutschlands Rüstungsstand mit den Bestimmungen des Versailler Vertrages in Einklang befand. Dabei sprach er von »demütigender Kontrolle«, machte also nationalistische Gefühle mobil, und behauptete, es gebe in Deutschland überhaupt nichts zu kontrollieren, da die Rüstungsmöglichkeiten, die das Versailler Diktat lasse, nicht einmal voll ausgeschöpft seien. Weiterhin machte Noske deutlich, daß er von den bevorstehenden Abrüstungsverhandlungen nichts hielt, da die Siegerstaaten des Weltkrieges sich in der Vergangenheit nicht an die von ihnen übernommene Verpflichtung zur eigenen Abrüstung gehalten hätten.

Das waren Positionen, die so in diesen letzten Jahren der Weimarer Republik auch von den Rechtsparteien vertreten wurden. Noske ließ sich sogar von Politikern der Rechten bereitwillig vor den Karren spannen. So hatte er zum Beispiel seinen Zeitungsartikel gegen die »Investigation« und gegen die Genfer Abrüstungsverhandlungen auf eine Bitte des Generals von Schleicher – der damals Chef des Ministeramts beim Reichswehrminister war – hin verfaßt[92]. Das öffentliche Echo[93] war entsprechend. Während die demokratische »Berliner Volkszeitung« schrieb: »Noske tobt«, konnte sich dieser des zweifelhaften Vergnügens erfreuen, daß sein Beitrag ausgerechnet in der NS-Zeitung »Nie-

[89] Noske, Erlebtes, S. 286 f.
[90] Vgl. Noskes Tagebuchnotizen vom 23. 3. 1923, ebda., S. 268.
[91] Siehe den Artikel »Investigation?« von Oberpräsident Noske, in: B.Z. am Mittag, 56 (1932), Nr. 9, 12. 1. 1932, S. 1 f. Für die Überlassung dieses Artikels danke ich dem Ullstein-Archiv in (West-)Berlin.
[92] Noske, Erlebtes, S. 288.
[93] Zum Folgenden Bode, Noske, S. 1032 f.

dersachsen-Stürmer«, gegen die er zuvor bereits mehrfach gerichtlich hatte vorgehen müssen[94], mit dem Zusatz nachgedruckt wurde, solche Ausführungen könnten »z.T. auch ruhig in nationalsozialistischen Zeitungen stehen«[95], wogegen der sozialdemokratische »Vorwärts« den ganzen Vorgang einfach ignorierte.

Noske stand der Idee republikanischer Wehrhaftigkeit, d.h. dem Gedanken, die Weimarer Demokratie vor ihren innenpolitischen Feinden durch eine paramilitärische Massenorganisation zu schützen, mit großer Skepsis gegenüber. Dem von Hörsing und Höltermann gegründeten »Reichsbanner Schwarz Rot Gold. Bund republikanischer Frontsoldaten«[96] ist Noske mit der Begründung ferngeblieben, daß nur dann eine ruhigere Entwicklung der innenpolitischen Verhältnisse eintreten könne, wenn alle uniformierten Verbände verschwänden[97]. Möglicherweise wurde Noskes Haltung jedoch auch durch persönliche Auseinandersetzungen mit Höltermann[98] beeinflußt, der ihn in der Reichsbanner-Zeitung mit dem schwerwiegenden Argument attackiert hatte, er habe 1919 übersehen, daß seine Aufgabe eine polizeilich-innenpolitische und keine militärische gewesen sei und habe somit das Amt des Reichswehrministers mit dem des Reichsinnenministers verwechselt. Als die Reichsbannerführung beziehungsweise die 1931 zum Schutz der Republik gegründete »Eiserne Front« nach dem Papen-Staatsstreich[99] am 20. Juli 1932 sowie nach Hitlers Regierungsantritt 1933 nicht kämpfte, sondern resignierte, hatte Noske im Gegenzug für Höltermann nur milden Spott[100] übrig.

94 Zu den drei vom Oberpräsidenten Noske angestrengten Beleidigungsprozessen gegen den »Niedersachsen-Stürmer« siehe die Akten der Staatsanwaltschaft Stade, Niedersächsisches Staatsarchiv Stade, Rep. 171 a Stade, Nr. 106, 124 und 135.

95 Siehe den Artikel: Herr Oberpräsident Noske hat das Wort. Investigation? In: Niedersachsen-Stürmer, 23. 1. 1932. Presseausschnitt: Niedersächsisches Hauptstaatsarchiv, Hannover 122 a, XI, Nr. 76 n.

96 Vgl. Rohe, Reichsbanner.

97 Vgl. dazu Noske, Erlebtes, Kapitel 75 »Das Problem der uniformierten Verbände«, S. 288–290; sowie Bode, Noske, S. 773–778.

98 Zur Auseinandersetzung mit Höltermann vgl. Noske, Erlebtes, S. 289 f.

99 Zur Haltung der SPD in der Endphase der Weimarer Republik, auch zum Papen-Staatsstreich vgl. Hagen Schulze, Anpassung oder Widerstand? Aus den Akten des Parteivorstandes der deutschen Sozialdemokratie 1932/33, Bonn-Bad Godesberg 1975, fortan zit.: Schulze, Anpassung? Wolfram Wette, Mit dem Stimmzettel gegen den Faschismus? Das Dilemma des sozialdemokratischen Antifaschismus in der Endphase der Weimarer Repbulik. In: W. Huber, J. Schwerdtfeger (Hrsg.), Frieden, Gewalt, Sozialismus. Studien zur Geschichte der sozialistischen Arbeiterbewegung, Stuttgart 1976, S. 358–403.

100 Vgl. Noske, Erlebtes, S. 290: Höltermann habe »von seinen höheren politischen und strategischen Kenntnissen« keinen Gebrauch gemacht, als es darum ging, den »leeren Redensarten entschlossene Taten folgen zu lassen«.

4. Rückkehr in die große Politik?

Im Weimarer Parteienstaat hing die Frage, ob der hannoversche Oberpräsident Noske noch einmal den Sprung in die preußische Landespolitik oder gar in die Reichspolitik schaffen würde, sei es als Abgeordneter oder als Minister, maßgeblich von der Sozialdemokratischen Partei ab, der Noske durch Mitgliedschaft verbunden blieb, auch wenn das Verhältnis beider zueinander im Laufe der 20er Jahre zunehmend frostiger wurde.

Wie oben bereits erwähnt wurde[101], war Noske nach dem Kapp-Lüttwitz-Putsch in der eigenen Partei so unbeliebt, daß Teile der SPD ihn nicht einmal auf dem Oberpräsidenten-Stuhl dulden wollten. Die SPD-Gliederung Hannover machte gegenüber Innenminister Severing nachdrücklich ihre Bedenken geltend[102]. Allerdings gab es in Hannover auch einen Sozialdemokraten von politischem Gewicht, der sich für Noske einsetzte, nämlich den Oberbürgermeister der Stadt, Robert Leinert[103], der in der Revolutionszeit nach dem Rätekongreß vom Dezember 1918, als die Unabhängigen den Mehrheitssozialdemokraten die Zusammenarbeit aufkündigten, Vorsitzender des Zentralrats gewesen war. Severing mußte sich mit der örtlichen Partei anlegen, um Noskes Ernennung durchzusetzen. Das Parteiorgan »Vorwärts«[104] dagegen sah Noske in Hannover gut aufgehoben. Es schrieb: »So sehr wir die Versäumnisse des Genossen Noske als Reichswehrminister zu tadeln gezwungen waren, so sehr freuen wir uns, daß seiner unzweifelhaft großen Befähigung an anderer Stelle Gelegenheit gegeben wird, sich zu betätigen.«

Obwohl Noskes Versuch vom Frühjahr 1920, in einem sächsischen Wahlkreis wieder eine Reichstagskandidatur zu erhalten, gescheitert war[105] und seine parlamentarische Tätigkeit damit nach 14 Jahren ein unfreiwilliges Ende gefunden hatte, gab er vorläufig noch keineswegs auf. Gekränkt wegen der Haltung seiner Partei, aber auch infolge der Inanspruchnahme durch sein neues Amt, hielt er sich zunächst für einige Zeit von der Parteipolitik gänzlich fern.

Aber bald gab es auf Reichsebene Probleme, die ihm keine Ruhe ließen und ihn zu öffentlicher Stellungnahme drängten. Nachdem die Weimarer Koalition in den Reichstagswahlen vom Juni 1920 die Mehrheit verloren hatte und die Sozialdemokratie nicht mehr in die

[101] Vgl. Kapitel XIII/1.
[102] Schreiben des SPD-Ortsvereins Hannover vom 30. 6. 1920, AdsD, Nachlaß Severing, Mappe Nr. 86, Dok. 54; sowie das Antwortschreiben Severings vom 3. 7. 1920, ebda., Dok. 55; sowie: Noske, Erlebtes, S. 183 f., S. 190.
[103] Noske, Erlebtes, S. 183.
[104] »Vorwärts«-Zitat ebda., S. 184.
[105] Vgl. im einzelnen Kapitel XII/2, sowie: Noske, Erlebtes, S. 185 f.

Regierung zurückkehrte, weil sie nicht mit Ministern der DVP am Kabinettstisch sitzen wollte[106], vertrat Noske öffentlich die Auffassung, daß die Weigerung der SPD, mit den Rechtsliberalen zusammenzugehen, ein Fehler sei. In einem aufsehenerregenden Presseartikel vom 28. Februar 1921 warnte er vor einer Verbindung mit den Unabhängigen und trat nachdrücklich für die Bildung einer Großen Koalition im Reich und in Preußen ein[107]. Für diese Ansicht mochte es durchaus gute Argumente geben, etwa das, daß die Stabilisierung des noch jungen parlamentarischen Regierungssystems wichtiger sei als die Aufrechterhaltung traditioneller Konfliktpositionen gegenüber der unternehmerfreundlichen DVP samt ihrer schwerindustriellen Scharfmacher[108]. In der gegebenen Situation wog jedoch der Tatbestand, daß sich Noske mit seiner öffentlichen Stellungnahme erneut in einen scharfen Gegensatz zur offiziellen Linie der eigenen Partei gesetzt hatte, möglicherweise noch schwerer als der Inhalt seiner Äußerung. Die Reaktionen ließen nicht lange auf sich warten. Die Berliner SPD forderte vom Parteivorstand, »auf das schärfste zu verurteilen, daß Parteigenossen sich in bürgerlichen Zeitungen über parteitaktische Fragen auseinandersetzen«[109]. Die Angelegenheit wurde zum Gegenstand der Beratungen des Parteiausschusses der SPD[110] und schließlich sandte der Parteivorsitzende Otto Wels ein Schreiben[111] an Noske, das dieser als »Maulkorb«[112] empfand. Darin wurde festgestellt, der Artikel des Genossen Noske zur Regierungsbildung habe »zu stärkster Kritik und zahlreichen Zuschriften an den Parteivorstand und die Bezirksorganisationen geführt«. Noske wurde gebeten, mit Rücksicht auf die Interessen der Partei sich künftig etwas mehr zurückzuhalten. Dazu war dieser jedoch keineswegs bereit. Er beharrte auf seinem Recht zu »selbständigen Gedanken«[113].

Mit seinem Vorstoß zugunsten einer Großen Koalition handelte sich Noske allerdings nicht nur Ärger ein. Im Lager der bürgerlichen Parteien lobte man ihn nun nämlich erneut als einen Mann mit unkonventionellen Vorstellungen. Der vom preußischen Landtag zum

106 Zur Koalitionsproblematik allgemein vgl. Kastning, Sozialdemokratie.

107 Der Artikel erschien im »8-Uhr-Abendblatt« vom 28. 2. 1921. Zitate daraus in: Noske, Erlebtes, S. 199.

108 In der Rückschau wird diese Auffassung in pointierter Weise vertreten von Heinrich August Winkler, Die Lektion von Weimar. Wie die deutsche Sozialdemokratie der Ersten Republik scheiterte. In: FAZ Nr. 256, 12. 11. 1984, S. 7. Ausführlichere Darstellung dieser Position in dem bereits erwähnten voluminösen Werk desselben Autors: Von der Revolution, S. 450 ff.

109 Zit. nach Noske, Erlebtes, S. 200.

110 Siehe: Protokoll der Sitzung des Parteiausschusses vom 13. 3. 1921, in: SPD-Parteiausschuß, Bd 2, S. 1077.

111 Schreiben des Parteivorsitzenden der SPD, Otto Wels, an Noske vom 23. 3. 1921, AdsD, Nachlaß Noske, Teil I, Dok. 20. Auszug in: Noske, Erlebtes, S. 201.

112 Noske, Erlebtes, S. 200 f.

113 Ebda.

Minsterpräsidenten gewählte Zentrumspolitiker Adam Stegerwald und der DVP-Politiker Hans v. Raumer erwogen Ende April 1921 den Gedanken, ob Noske in ein Kabinett Stegerwald, das sie als eine Regierung »entschlossener Männer« konzipiert hatten, als Innenminister eintreten könne[114]. Solches wurde am 15. April 1921 auch in Gegenwart von Reichspräsident Ebert erörtert. Dieser riet jedoch im Hinblick auf die seitens der SPD zu erwartenden Proteste dringlich von dem Plan ab, obwohl Noske zuvor erklärt hatte, er sei zu dem Experiment bereit, »dem Parteiwirrwarr ein Ende zu machen« und sich einer Regierung der »robusten« Männer zur Verfügung zu stellen. Aber Eberts Rat hatte Gewicht. So wurde ein Stegerwald-Kabinett ohne Sozialdemokraten gebildet. Ein Eintritt Noskes hätte, wie man mit einiger Sicherheit annehmen darf, seinen Ausschluß aus der SPD zur Folge gehabt.

Während Noske öffentlich dafür plädierte, die Koalitionsbereitschaft der SPD bis zur – als »Stinnes-Partei« apostrophierten – DVP hin auszudehnen, war er nach links hin nicht zur kleinsten Konzession bereit. Vielmehr nutzte er jede sich ihm bietende Gelegenheit, um vor einem Zusammengehen von SPD und USPD, über das seit Herbst 1920 gesprochen wurde, zu warnen. In einer Versammlungsrede in Magdeburg sagte er in der ihm eigenen drastischen Sprache: »Wir wollen nicht unserer Partei den ausgeschiedenen Giftstoff wieder einimpfen. Wir wollen die Krakeeler draußen lassen[115].« Sein schon 1919 nicht stimmiges Feindbild – in dem die meisten Anhänger der USPD als Handlanger Moskaus erschienen – sah Noske 1920 dadurch bestätigt, daß sich die Propaganda der Unabhängigen wie die der Kommunisten aus Gründen der Konkurrenz gleichermaßen gegen die »Regierungssozialisten« richtete. Als die USPD dann im Oktober 1920 in zwei Teile zerbrach – der eine Teil vollzog den Anschluß an die KPD, der andere suchte den Weg zurück in die alte SPD –, begrüßte Noske diese Entwicklung nicht etwa als einen Klärungsprozeß, von dem gesagt worden ist, daß er am besten schon in der Novemberrevolution erfolgt wäre[116], sondern er blieb bei der Meinung, daß »die Crispien, Breitscheid, Dittmann usw.«, also die führenden Leute des rechten USPD-Flügels, keinen Unterschlupf in der alten Partei finden dürften[117]. Nach seiner Auffassung, die von der Dolchstoß-Legende nicht weit entfernt war, hatten sich die Führer der USPD gerühmt, »die Revolution vorbereitet und gemacht zu haben, während die deutschen Heere mit dem Aufgebot letzter Kraft sich für einen leidlich erträglichen Abschluß des Krie-

[114] Zu diesen Überlegungen vgl. ebda., S. 202 f.; sowie Bode, Noske, S. 108 ff.

[115] Noske-Rede vom Oktober 1920 in Magdeburg. Zit. nach Noske, Erlebtes, S. 193. Vgl. auch ebda., Kapitel 47 »Die Unabhängigen«, S. 194–196.

[116] Rosenberg, Geschichte, S. 15 f.

[117] Noske, Erlebtes, S. 195.

ges opferten«; wer sich mit solchen Leuten verbünde, schrieb Noske 1921 in sein Tagebuch, werde eines Tages »vom Zorn und der Verachtung des Volkes« getroffen werden und untergehen[118].

Die Ermordung des Reichsaußenministers Walther Rathenau (22. Juni 1922), der von den Republikanern als ein Anschlag der Reaktion auf die Republik insgesamt interpretiert wurde, gab den Einigungsbemühungen der beiden sozialdemokratischen Parteien neuen Auftrieb. Schließlich wurde die Wiedervereinigung nach fünfjähriger Trennung auf dem Nürnberger Parteitag im September 1922 vollzogen. Die Kommunisten verhöhnten die Unabhängigen nun, indem sie Plakate zeigten, auf denen Crispien den blutbefleckten Noske in die Arme schloß[119]. Noske blieb ein erbitterter Gegner dieser Einigung. Er hielt einige der unabhängigen Führer für »politisch so übel [...], daß es fast unmöglich erscheint, sie in der vereinigten Partei zu verdauen[120].« Die eigene Partei beschimpfte er, daß sie in Verblendung den ganzen Parteiapparat mit USPD-Leuten, die er als »Haufen bankerotter politischer« Stänkerer verunglimpfte, verseucht und es hingenommen habe, daß der »Maulradikalismus« sich nun in der ganzen Partei breit machte[121]. Besonders Dittmann, Crispien, Künstler und Hilferding waren ihm ein Dorn im Auge[122]. Noskes Haltung hatte neben dem Hintergrund der politischen Kämpfe 1919 auch einen Zukunftsaspekt: Je mehr Unabhängige in die alte Partei aufgenommen wurden – die Rest-USPD brachte immerhin noch 30 000 Mitglieder in die Wiedervereinigung ein –, desto stärker wurde die Zahl seiner innerparteilichen Gegner und desto geringer waren seine Chancen, in die große Politik zurückzukehren.

Weil er dies wußte, registrierte Noske fortan mit noch größerer Aufmerksamkeit sich abzeichnende Möglichkeiten, außerhalb der Partei zu seinem Comeback zu gelangen. Völlig abwegig war allerdings die Ende 1922 von den Nationalsozialisten in die Welt gesetzte Behauptung, »die Juden« wollten Noske als Diktator einsetzen[123], und dieser habe »nach den Jahren der Verbannung in Hannover Hunger nach Volkstümlichkeit und nach lauten Taten«. Adolf Hitler[124] war zu die-

118 Tagebuch-Eintragung Noskes vom August 1921, ebda., S. 211.

119 Ebda., S. 227; zum Zusammenschluß und Noskes Stellungnahmen dazu vgl. auch Bode, Noske, S. 184 ff.

120 Tagebuch-Eintragung Noskes vom 1. 10. 1922, also kurz nach dem Einigungsparteitag in Nürnberg. Zit. nach: Noske, Erlebtes, S. 227.

121 Ebda, S. 228 f.

122 Ebda., S. 228, 248 und Kapitel 63 »War Hilferding der richtige Mann?«, S. 256 ff.

123 Vgl, den Artikel des Grafen Reventlow in der von ihm herausgegebenen Zeitung »Der Reichswart« vom 2. 2. 1922 mit dem Titel: »Herr Noske: Diktator unter Judendiktatur«, BayHStA, Sammlung Rehse 3462. Ausführliche Wiedergabe in: Noske, Erlebtes, S. 229 f.

124 Aufzeichnung über ein Gespräch Hitlers mit Eduard August Scharrer in München Ende Dezember 1922. In: Hitler. Sämtliche Aufzeichnungen 1905–1924. Hrsg. von

ser Zeit sogar der Meinung, daß Noske als einziger sozialdemokratischer Politiker eine potentielle Gefahr für die völkische Rechte darstelle, da er etwas von Machtpolitik verstehe. Wenn es zu einer Linksdiktatur kommen sollte, sagte Hitler im Dezember 1922 einem Gesprächspartner, dann werde man Noske als Diktator nehmen und unter seiner Diktatur werde man versuchen, »die letzten Reste jeglicher nationaler Bewegung in Deutschland zu erwürgen«. Danach werde Noske zurücktreten und an seine Stelle werde »eine unumschränkte bolschewistische Diktatur« treten.

Aufforderungen, sich gedanklich nichtdemokratischen, diktatorischen Regierungsformen zu öffnen, erhielt Noske zur gleichen Zeit von Militärs. Der schweizerische Oberstdivisionär F. Gertsch[125] schrieb ihm, er, Noske, sei als »Führer« der einzige geeignete Mann, der das deutsche Volk »mit der starken Hand auf den richtigen Weg« geleiten könne, nämlich gegen die Franzosen und gegen die Fesseln von Versailles. Der aus der Reichswehr entlassene Generalleutnant Ernst Kabisch[126] sandte Noske im Januar 1923 die Durchschrift einer Abhandlung, die er Reichskanzler Cuno zugeleitet hatte und in der unterschwellig ähnliche Gedanken enthalten waren[127]. Kapitän zur See a. D. Roehr[128], der im Dezember 1918 in Kiel an der Organisation der I. Marinebrigade beteiligt war, die Noske dann in den Januarunruhen 1919 in Berlin einsetzte, schrieb seinem ehemaligen Minister im Sommer 1923 ganz unverhohlen, daß Deutschland »bald einen nationalgesinnten Diktator« brauche und er, Roehr, diesbezüglich große Hoffnungen in Noske setze.

Im Inflationsjahr 1923, in dem die deutsche Bevölkerung neben materieller Not und rapidem Geldwertverfall auch unter der Besetzung des Ruhrgebiets durch französiche Truppen zu leiden hatte, sah Reichspräsident Ebert die Notwendigkeit zu einer Verbreiterung der parlamentarischen Basis der amtierenden bürgerlichen Regierung Cuno. Er riet zu einem Wiedereintritt der SPD in die Regierung, also zu einer Zusammenarbeit der Sozialdemokraten mit der DVP. Noske hielt in dieser Situation sogar »die Bildung einer Regierung der nationalen Rettung durch alle Parteien, mit Ausschluß der Kommunisten«,

Eberhard Jäckel, Stuttgart 1980, Dok. 452, S. 770–775, Zitate S. 771 f.; Dok. ebenfalls abgedruckt in: Kurt Gossweiler, Kapital, Reichswehr und NSDAP 1919–1924, Köln 1982, Anhang, S. 568–575.

125 Brief des Oberstdivisionärs F. Gertsch, Zürich, an Oberpräsident Noske vom 16. 8. 1923, BA NL 46, Nr. 20, Bl. 26–33. Siehe auch: Noske, Erlebtes, S. 230 f.

126 Ernst Kabisch war der Herausgeber eines bebilderten Buches: Die Führer des Reichsheeres 1921 und 1931, Stuttgart 1931.

127 Briefe des Generalleutnants a. D. Ernst Kabisch an Noske vom 13. 10. 1921 und vom 9. 1. 1923, BA NL 46, Nr. 20, Bl. 8–17. Auszug in: Noske, Erlebtes, S. 231 f.

128 Brief des Kapitäns z. S. a. D. Roehr an Oberpräsident Noske vom 24. 8. 1923, BA NL 46, Nr. 20, Bl. 24 f.

für angebracht[129], damit zumindest die »Befreiung des besetzten Gebiets« und die Stabilisierung der Währung bewirkt werden könnte. Öffentlich hat Noske diese Ansichten anscheinend nicht vertreten, sie aber in seinem Meinungsaustausch mit Ebert kundgetan[130]. Unsinnig war die Behauptung einer deutschnationalen Zeitung, daß Ebert im Herbst 1923 beabsichtigt habe, Noske als »Wehrdiktator« einzusetzen[131]. Wie Noske selbst berichtet, sollen nicht näher bezeichnete »politische Kreise« in Berlin nach der Berufung Stresemanns zum Reichskanzler (13. 8. 1923) dessen Ablösung durch ein »Dreimännerkollegium«, bestehend aus Noske, General v. Seeckt und dem Industriellen Friedrich Minoux, erwogen haben[132]. Diese Mitteilung scheint nicht aus der Luft gegriffen zu sein, denn eine sozialdemokratische Zeitung ermahnte nun Ebert, »das Kapitel Noske in der politischen Geschichte der deutschen Republik geschlossen zu lassen, damit nicht das Kapitel Ebert für ewige Zeiten schwere Einbußen erleide«[133].

Zu diesem Zeitpunkt – Herbst 1923 – konnte sich Noske noch in der Hoffnung wiegen, im Zuge der Reichstagswahlen 1924 ins Parlament zurückzukehren. Denn der sozialdemokratische Wahlkreis Harburg[134] hatte, die Stimmung gegen Noske in der Gesamtpartei beiseite schiebend, den Beschluß gefaßt, den ehemaligen Reichswehrminister als Kandidaten für den 17. Reichstagswahlkreis aufzustellen. Die Unabhängigen, aber auch die Chemnitzer »Volksstimme«, deren langjähriger Redakteur Noske gewesen war, entfachten nun ein regelrechtes Kesseltreiben gegen diese Kandidatur[135]. Auch Bernstein warnte vor einer Aufstellung Noskes[136]. Obwohl die Harburger trotz dieser Attakken an dessen Kandidatur festhielten, scheiterte das Vorhaben schließlich am SPD-Parteivorstand. Hermann Müller[137] teilte Noske am 14. März 1924 schriftlich mit: »Du kannst mir schon glauben, daß wir schon angenehmere Dinge zu erledigen hatten, als Entscheidungen im Kandidatenstreit zu treffen; aber leider gehört auch das zu unseren unbestrittenen Pflichten [...] Ich lege Dir Abschrift des Briefes bei, den wir an Heinrich Vogel – Hamburg geschickt haben. Du siehst aus die-

129 Noske, Erlebtes, S. 247.

130 Vgl. ebda., S. 247 und 248 mit den Informationen über Kontakte Noskes mit Ebert.

131 Ein Artikel »Noske als ›Wehrdiktator‹?« erschien am 13. 9. 1923 in der »Niederdeutschen Zeitung«, Hannover. Siehe: Noske, Erlebtes, S. 250.

132 Noske, Erlebtes, S. 251. Kurzbiographie von Minoux in: Reichshandbuch, Bd 2, S. 1255. Minoux und Stinnes sollen 1918/19 die Garde-Kavallerie-Schützen-Division finanziert haben. Dies behauptet Waldemar Pabst in seiner Niederschrift »Im Kampf gegen die Novemberrevolution«, BA-MA N 620/v. 2, S. 29.

133 Zit. nach Noske, Erlebtes, S. 251.

134 Die Kandidatur wurde seit Januar 1922 vorbereitet. Vgl. hierzu Noske, Erlebtes, S. 271 f.; sowie Bode, Noske, S. 301 ff.

135 Noske, Erlebtes, S. 272 f.

136 Ebda., S. 274.

137 Brief des Parteivorsitzenden Hermann Müller an Noske, AdsD, Nachlaß Noske, Teil I, Dok. 21. Siehe auch: Noske, Erlebtes, S. 275.

sem Brief, daß wir gegen Deine Kandidatur entschieden haben; warum, ist im einzelnen begründet. Du siehst aus diesem Bescheid, daß es sich gar nicht, wie Du am Schlusse Deines Briefes schreibst, darum handelt, Dich ›im besonderen erneut fast zu infamieren‹ [...] So, wie die Dinge im Bezirk Hannover sich entwickelt haben, glauben wir auch der Partei am besten zu dienen, indem wir dem Streit um Deine Kandidatur durch unsere Entscheidung ein Ende machen [...] Eine so umstrittene Kandidatur hätte weder Dir noch der Partei Segen bringen können.«

Damit blieb Noske kaltgestellt. Auch Überlegungen des preußischen Ministerpräsidenten Otto Braun im Jahre 1926, den ausscheidenden Innenminister Severing durch Noske zu ersetzen[138], führten zu nichts, da sich der einflußreiche Vorsitzende der sozialdemokratischen Fraktion im preußischen Landtag, Ernst Heilmann[139], dieser Personalentscheidung mit Rücksicht auf die Stimmung der Berliner SPD[140] widersetzte. So wurde der Abgeordnete und Berliner Polizeipräsident Albert Grzesinski neuer preußischer Innenminister.

Im Vorfeld der Reichstagswahlen 1928 machte Noske, der seit seiner gescheiterten Kandidatur vier Jahre zuvor keine politische Versammlung mehr besucht hatte, erst gar keinen ernsthaften Versuch mehr, eine Kandidatur zu erhalten. Er erhielt zwar ein Angebot von Sozialdemokraten aus dem Kreise Weser-Ems[141], gab aber keinerlei Zusagen. Sobald das Vorhaben bekannt wurde, setzte die nun schon übliche Kampagne gegen ihn ein, nicht nur seitens der kommunistischen Presse, sondern auch seitens des linken SPD-Flügels. So bemerkte in diesem Zusammenhang etwa der Publizist Hellmuth von Gerlach, eine Aufstellung Noskes werde die SPD 25 Mandate kosten; denn Noske sei »der Hauptrepräsentant des Militarismus in der Sozialdemokratie«[142]. Die Furcht, im Falle einer Kandidatur Noskes Stimmen an die Kommunisten zu verlieren, hat in einigen SPD-Gliederungen[143] tatsächlich eine Rolle gespielt. Aber das Hauptmotiv lag für die Partei doch tiefer: Sie hatte sich auch selbst von Noske und seiner Politik getrennt und wollte nicht mehr daran erinnert werden, wie sie ihn 1919/20 hatte schalten und walten lassen.

138 Vgl. Noske, Erlebtes, S. 281; ebda. der Hinweis, daß Severing selbst es war, der Noske vorschlug.

139 Zur Person Heilmanns vgl. Peter Lösche, Ernst Heilmann – Sozialdemokratischer parlamentarischer Führer im Preußen der Weimarer Republik. In: GWU 33 (1982), H. 7, S. 420–432; und Möller, Ernst Heilmann.

140 Noske, Erlebtes, S. 281.

141 Ebda., S. 303; vgl. Bode, Noske S. 808 ff.

142 Artikel Gerlachs in der »Welt am Montag« vom 9. 1. 1923. Zit. in: Noske, Erlebtes, S. 304.

143 Ebda., S. 305, berichtet Noske von Funktionärsversammlungen in Halle, Breslau und Plauen, die Resolutionen in diesem Sinne beschlossen.

Noskes Stimmung zu dieser Zeit erhellt folgender Brief[144] an die Redaktion des »Vorwärts«: »Ich werde mich dafür bedanken, mir eine Kandidatur dadurch zu verschaffen, daß ich feige auf eine selbständige Meinungsäußerung verzichte. Ich kann auch ohne ein Mandat leben. Wenn die Partei mich nicht braucht, oder glaubt, sich meiner schämen zu müssen, dann soll sie ihre Politik mit den vielen kleinen Kanonen machen, die sich um die Mandate raufen. Ich mache bei diesem eklen Spiel nicht mit. Bei der Affenkomödie, die jetzt in einer Reihe von Parteiversammlungen aufgeführt wird, indem junge und alte Esel, die von meiner Tätigkeit nichts wissen, sich darüber ereifern, ob ich ein für die Sozialdemokratische Partei tragbarer Mann sei, sehe ich mit einem Gefühl von Galgenhumor und Ekel zu.«

Als der seit 1926 amtierende preußische Innenminister Albert Grzesinski im Februar 1930 zurücktreten mußte, wurde wieder der Name Noskes als möglicher Nachfolger genannt. Aber seine Kandidatur scheiterte wie schon 1926 am Einspruch der preußischen Landtagsfraktion der SPD[145]. Statt dessen kam der politisch wenig hervorgetretene Nationalökonom Heinrich Eugen Waentig[146] in dieses Amt, wurde allerdings schon im Herbst 1930 durch den erneut für eine Amtsperiode bestellten Severing abgelöst.

In der Endphase der Weimarer Republik kam Noske noch einmal durch Reichskanzler v. Schleicher in Kontakt mit der großen Politik. General v. Schleicher, der zu Noskes Reichswehrministerzeit als Mitarbeiter Groeners in der Obersten Heeresleitung gedient hatte und der damals wie jetzt zu den Offizieren gehörte, die in Noske den Mittelsmann von Armee und Arbeiterschaft sahen, erinnerte sich nicht bloß zufällig an seinen früheren Vorgesetzten, als er Ende 1932 den politischen Kurs konzipierte, den er als möglicher Nachfolger des Reichskanzlers v. Papen einzuschlagen gedachte. Nach dem Papen-Putsch, der das Ende der preußischen Regierung Braun bedeutete, sah Noske in Schleicher »eine letzte Chance, über die innerpolitischen Schwierigkeiten hinwegzukommen«; denn Schleicher wollte nach Noskes Kenntnis »einen Kurs der Versöhnung zwischen den Klassen [...] steuern«; jedenfalls würde er »keine schroffen Experimente gegen die Arbeiterschaft machen«[147]. Tatsächlich versuchte Schleicher, zwischen der Reichswehr, dem linken NSDAP-Flügel unter Gregor Strasser und den Gewerkschaften eine Zusammenarbeit zustandezubringen. Dieses

[144] Der gesamte Brief ist abgedruckt ebda., S. 298 f.

[145] Runge, Politik, S. 76.

[146] Er amtierte zuvor als Oberpräsident von Sachsen. Vgl. Severing, Lebensweg, Bd 2, S. 234 f., und Noske, Erlebtes, S. 282, der Waentig für einen »völligen Versager« hielt.

[147] Noske, Erlebtes, S. 310 f.; zu dem Verhältnis von Noske und Schleicher vgl. auch Bode, Noske, S. 1136 ff.

Querfront-Konzept[148] war jedoch angesichts der traditionellen innenpolitischen Abgrenzungen zum Scheitern verurteilt. Im Zuge seiner Sondierungen sprach der General mehrfach mit Noske und versicherte ihm, daß er gerne mit ihm zusammengearbeitet hätte, aber bei der Berliner SPD auf Ablehnung gestoßen sei. Noske hätte einer Schleicher-Diktatur auf Zeit durchaus zugestimmt, weil er sich von ihr erhoffte, daß sie »den Nationalsozialisten Halt zu bieten«[149] vermochte. Dagegen war kein führender Politiker der SPD bereit, mit dem als Reaktionär eingeschätzten Schleicher zusammenzuarbeiten.

5. Noskes Entlassung als Oberpräsident

Die Peinlichkeiten begannen nicht erst nach dem 30. Januar 1933, dem Regierungsantritt Hitlers, sondern bereits im Zusammenhang mit dem Papen-Putsch im Sommer 1932, der für das Land Preußen das Ende der republikanischen Ära bedeutete. Unter dem Vorwand, in Preußen sei die öffentliche Sicherheit und Ordnung nicht mehr garantiert, und ausgestattet mit einer Notverordnung des Reichspräsidenten v. Hindenburg nach Artikel 48 der Weimarer Reichsverfassung, setzte der Chef des »Kabinetts der Junker«, Reichskanzler v. Papen, am 20. Juli 1932 die von den Sozialdemokraten Otto Braun und Carl Severing geführte preußische Landesregierung ab und übernahm selbst als Reichskommissar die Geschäfte des preußischen Ministerpräsidenten. Für den republikanischen Teil Preußens – die Sozialdemokraten, Teile der Linksliberalen und der Zentrumspartei, die Gewerkschaften, das Reichsbanner und den Zusammenschluß »Eiserne Front« – stellte sich nun die Frage, ob – selbst auf die Gefahr eines Bürgerkrieges hin – der Staatsstreich mit Gewalt beantwortet werden sollte[150], stand doch die Existenz der Republik schlechthin auf dem Spiel. Aus den verschiedensten Gründen, die hier nicht dargelegt werden können, wurde auf Kampfmaßnahmen verzichtet und der Weg einer formellen Klage vor dem Staatsgerichtshof beschritten, der jedoch vom Ansatz her dem Akteur Papen das Gesetz des Handelns überließ.

Für abgesetzt erklärt wurde Ministerpräsident Otto Braun, sein In-

[148] Zu dem komplizierten Versuch Schleichers, ein »Querfront«-Bündnis zustandezubringen, vgl. Axel Schildt, Militärdiktatur mit Massenbasis? Die Querfrontkonzeption der Reichswehrführung um General von Schleicher am Ende der Weimarer Republik, Frankfurt/M., New York 1981. Vgl. auch die Biographie von Friedrich-Karl v. Plehwe, Reichskanzler Kurt von Schleicher. Weimars letzte Chance gegen Hitler, Esslingen 1983, S. 302 ff., und Heinz Höhne, Die Machtergreifung. Deutschlands Weg in die Hitler-Diktatur, Hamburg 1983, S. 208 ff.

[149] Noske, Erlebtes, S. 311.

[150] Vgl. Schulze, Anpassung.

nenminister Severing, die Staatssekretäre Abegg, Staudinger und Krüger, die sozialdemokratischen Oberpräsidenten Lüdemann (Schlesien), Kürbis (Schleswig-Holstein), Haas (Hessen-Nassau)[151], die der DDP angehörenden Oberpräsidenten Ernst Falck und Ernst Siehr, der Berliner Polizeipräsident Grzesinski (SPD), mehrere sozialdemokratische Regierungspräsidenten und Vizepräsidenten, Polizeipräsidenten und Polizeidirektoren, zahlreiche Landräte und etliche Ministerialbeamte. Es handelte sich, wie der sozialdemokratische »Vorwärts« damals schrieb, um einen »Massenhinauswurf republikanischer Beamter«[152], der einen guten Teil der personalpolitischen Arbeit der letzten 14 Jahre, die im Dienste einer Republikanisierung der preußischen Verwaltung betrieben worden war, zunichte machte. Der personelle Kahlschlag nach dem 20. Juli 1932 leitete ein, was Hitler nach 1933 vollenden sollte.

Was den Massenhinauswurf republikanischer Beamter an dieser Stelle erwähnenswert macht, ist die Tatsache, daß der sozialdemokratische Oberpräsident der Provinz Hannover von ihm verschont blieb. Das war schon ein bemerkenswerter Vorgang: Ringsum mußten exponierte Repräsentanten[153] der Republik ihre Versetzung in den einstweiligen Ruhestand zur Kenntnis nehmen und das Feld räumen, aber Noske durfte bleiben. Mehr noch: die von Papen mit der Verwaltung Preußens beauftragten Männer behandelten Noske betont zuvorkommend. Als der kommissarische preußische Innenminister Franz Bracht, der von Papen eingesetzte Nachfolger Severings, kurze Zeit nach dem Putsch die Oberpräsidenten und Regierungspräsidenten zu einer Besprechung nach Berlin beorderte und nachher zu einem Abendessen einlud, wurde Noske die Ehre zuteil, am Tische des neuen Ministers placiert zu werden[154]. Noske selbst hat übrigens diese Szene überliefert, und zwar nicht ohne einen gewissen Stolz. Offensichtlich genoß er die Anerkennung und »beinahe auffällige [...] Wertschätzung«[155], die ihm die neuen Männer zuteil werden ließen. Über deren mögliche Motive, sich des demokratischen Personals zu entledigen, Noske aber im Amte zu belassen, machte dieser folgende Angaben: »Der Grund war, daß von den leitenden Männern der neuen Regierung Schleicher, Bracht und Popitz mich seit 1919 persönlich kannten und schätzten. Sie wußten noch von meiner Arbeit als Reichswehrmi-

151 Möller, Oberpräsidenten, S. 24; Runge, Politik, S. 237.
152 Vorwärts vom 6. 10. 1932. Zit. nach Runge, Politik, S. 239.
153 Lt. Noske, Erlebtes, S. 310, fielen dem ersten großen Beamtenschub 24 leitende Männer in Preußen zum Opfer. Es wurden jedoch nicht alle Sozialdemokraten gefeuert. Laut Runge, Politik, S. 239, waren im November 1932 in Preußen noch 50 Sozialdemokraten in ihren Ämtern. Unrichtig also die Feststellung von Norden, Noske, S. 1439, Noske sei »als einziger Sozialdemokrat im Amt belassen« worden.
154 Noske, Erlebtes, S. 310.
155 Ebda., S. 292.

nister[156].« Natürlich wußten die neuen Männer auch von den Leistungen der übrigen Spitzenbeamten und schickten sie gleichwohl, eben weil sie erklärte Republikaner waren, in die Wüste. Hinsichtlich Noskes, des bekanntesten unter den preußischen Oberpräsidenten, waren andere Gründe als die Qualifikation im Amt maßgebend. Ihn betrachtete man, obgleich er noch immer der Sozialdemokratischen Partei angehörte, nicht als einen Parteimann[157], sondern als einen Politiker, der seinen nationalen und wehrhaften Idealen so sehr verhaftet war, daß er aus der Sicht der Anhänger Papens und Schleichers nicht als ein politischer Gegner betrachtet werden mußte[158], der sich dem nach dem 20. Juli 1932 gesteuerten politischen Rechtskurs entgegenstellen oder auch nur versagen würde.

Noske registrierte natürlich, daß man in der Öffentlichkeit Betrachtungen darüber anstellte, weshalb gerade er hatte bleiben dürfen. Wo es nicht nur Mutmaßungen, sondern auch Kritik gab, sah Noske in alter – und im kommenden Dritten Reich zur Vollkommenheit getriebener – Feindbildmanier »Kommunisten« und »Asphaltliteraten«[159] am Werk. Dabei gab es unter den kritischen Stimmen solche, die der Linkslastigkeit völlig unverdächtig waren, wie beispielsweise die Zeitung »Der Niedersachse. Wochenblatt für Deutschtum und Heimat«. Sie kommentierte die »Seßhaftigkeit« Noskes in der Weise, daß sie die Vermutung äußerte, er habe »sich um den preußischen Staat und seine Erhaltung als ›Klammer‹ Deutschlands derart verdient gemacht, daß der Herr Reichskommissar von Preußen, der Herr Reichskanzler von Hitlers Gnaden, von Papen, sehr wohl auf ihn Rücksicht zu nehmen hat«. Das antipreußisch eingestellte Blatt empfahl, Noske für seine Bemühungen um die Erhaltung des ungeteilten Preußens »das braune Papenkreuz erster Klasse am schwarz-weißen Bande zu verleihen«[160].

Zu den Gründen, die dazu führten, daß Noske in der Endphase der Weimarer Republik im Amt belassen wurde, mag auch sein wiederholtes und demonstratives öffentliches Eintreten für die Symbolfigur der politischen Rechten gezählt haben, nämlich den seit 1925 als Reichspräsident amtierenden Feldmarschall von Hindenburg. Bereits damals, als der Nachfolger Eberts seinen Wohnort Hannover verließ, um sein

[156] Ebda., S. 310.
[157] Daß Noske trotz seiner SPD-Mitgliedschaft kein eigentlicher Parteimann sei, wurde in der Rechtspresse damals seit Jahren anerkennend hervorgehoben. Vgl. etwa den Artikel von Paul Dapping, Noske ein Clemenceau? In: Heimatland, München, Nr. 50, Dezember 1922. Ausschnitt: BayHStA, Sammlung Rehse 3462. Dort hieß es, Noske sei »ja gar kein Sozialdemokrat im wahren Sinne des Wortes mehr, er habe genau die ›Ummodelung‹ durchgemacht, wie in Frankreich die Clemenceau, Briand, Combes und so viele andere«.
[158] Vgl. auch das gleichlautende Urteil Bodes, Noske, S. 1212.
[159] Noske, Erlebtes, S. 310.
[160] Vgl. den Artikel »Wir gratulieren, Herr Noske«. In: Der Niedersachse, Nr. 30, 29. 7. 1932. Ausschnitt: BA NL 46, Nr. 10, Bl. 60 f.

Amt in Berlin anzutreten, hatte Oberpräsident Noske ihm auf dem Hannoverschen Bahnhof eine Abschiedsrede[161] gehalten, die dem neuen Reichspräsidenten sehr gefiel, nach Ansicht mancher Sozialdemokraten jedoch über das hinausging, was ein sozialdemokratischer Oberpräsident einem deutschnational gesonnenen Reichspräsidenten mit auf den Weg geben sollte. Die SPD hatte für die Reichspräsidentenwahl zunächst den preußischen Ministerpräsidenten Otto Braun als Kandidaten aufgestellt und dann, im zweiten Wahlgang, den Zentrumspolitiker und früheren Reichskanzler Wilhelm Marx unterstützt. Hindenburg war der Wahlgegner gewesen, was Noske jedoch in keiner Weise anfocht. Für ihn zählten – jenseits parteilicher Rücksichtnahmen – die nunmehr vorliegenden Tatsachen. Seine damaligen Kritiker kanzelte er daher als »Zahlabendpolitiker«[162] ab, die nicht begriffen hätten, daß man bei einem Anlaß dieser Art keine sozialdemokratische Programmrede halten könne.

Auch später hat sich Noske mehrfach um einen guten Draht zu Reichspräsident Hindenburg bemüht. 1927 etwa fand er lobende Worte für den Feldmarschall in einem Artikel für die Hindenburg-Sondernummer des Mitteilungsblattes der »Reichszentrale für Heimatdienst«[163]. Im Frühjahr 1932, als wieder Reichspräsidentenwahlen anstanden, hat sich Noske neben dem Reichsbannerführer Karl Höltermann als einziger Sozialdemokrat einem Ausschuß zur Verfügung gestellt, der die erneute Kandidatur Hindenburgs betrieb[164], und sich damit in einen Gegensatz zur SPD begeben, die zwar später auch keine andere Möglichkeit mehr sah, als Hindenburg gegen Hitler zu unterstützen, die sich aber zum Zeitpunkt der Aktion Noskes – zumindest aus taktischen Gründen – noch anders verhielt.

Schon einen Tag nach der Ernennung Hitlers zum Reichskanzler erhielt Noske ein Telegramm Görings, in dem er nach Berlin beordert wurde. Reichsminister Hermann Göring war in seiner Eigenschaft als preußischer Innenminister unter dem Reichskommissar Franz v. Papen der Vorgesetzte der preußischen Oberpräsidenten geworden. In

[161] Der Vorgang spielte sich am 11. 5. 1925 ab. Text der Rede Noskes in: Niederdeutsche Zeitung, Hannover, 12. 5. 1925. Ausschnitt: BA NL 46, Nr. 9, Bl. 22. Vgl. auch die Schilderung in: Noske, Erlebtes, S. 279 ff., Kapitel »Abschiedsrede für Hindenburg«; sowie Bode, Noske, S. 716 ff.

[162] Noske, Erlebtes, S. 280.

[163] Auszüge in dem Artikel »Noske für Hindenburg. Der ›Sieger‹ von München für den ›Sieger‹ von Tannenberg«. In: Neue Zeitung Nr. 222, 26. 9. 1927. Ausschnitt: BayHStA, Sammlung Rehse P 3462. Vgl. auch das Dankschreiben Hindenburgs an Noske vom 21. 6. 1928, BA NL 46, Nr. 23, Bl. 11.

[164] Vgl. Andreas Dorpalen, Hindenburg in der Geschichte der Weimarer Republik, Berlin, Frankfurt/M. 1966, S. 255 f.; Wortlaut des von dem Berliner Oberbürgermeister Heinrich Sahm entworfenen und von Noske mit unterzeichneten Aufrufs für Hindenburg in: Schultheß EGK 1932 I, S. 21 f.; siehe auch: Noske, Erlebtes, S. 308.

der Unterredung[165], die am 6. Februar 1933 stattfand, erklärte Göring, ihm sei in der ersten Sitzung des neuen Kabinetts der Auftrag gegeben worden, sich mit Noske darüber zu verständigen, »wie wir uns schiedlich-friedlich trennen könnten«; und er fügte in anerkennendem Ton hinzu: »Einen Mann wie Sie schickt man nicht fort«[166]. »Sie sind der einzige von den früheren Leuten, deren Verdienste wir anerkennen. Und Sie sind auch der einzige, der seine volle Pension erhält. Hier meine Hand darauf, Herr Oberpräsident[167]!« Noske seinerseits erklärte, daß er selbstverständlich nicht daran dächte, in seinem Amt zu bleiben. Er wies darauf hin, daß er am 1. Oktober d. J. ohnehin infolge der Erreichung der Altersgrenze ausscheiden werde, und akzeptierte sodann den Vorschlag Görings, bis dahin in Urlaub zu gehen. Der Öffentlichkeit wurde mitgeteilt, er gehe auf eigenen Wunsch in Urlaub[168]. Hitlers Beauftragter versicherte Noske, daß er bis zu seinem Ausscheiden die vollen Bezüge erhalten werde, nachher die ihm zustehende Pension, und daß ihm auch das gesetzlich zustehende Umzugsgeld gewährt werde[169]. Zuvorkommend versicherte Göring Noske zum Schluß seiner persönliche Hochachtung.

Das Ganze war durchaus ungewöhnlich. Während die Sozialdemokratische Partei von den neuen Machthabern seit Jahren feindselig bekämpft worden war, faßten sie Gustav Noske mit Samthandschuhen an. Zwar mußte auch er seinen Oberpräsidentenstuhl räumen, aber dies geschah in einer bemerkenswert höflichen Art und Weise. Noske hat Görings Hochachtungsbezeugung dankbar entgegengenommen und offenbar keine Sekunde lang daran gedacht, daß diese ihn, der noch immer Mitglied der SPD war, endgültig desavouieren würde. Auf »schiedlich-friedlichen« Ton war auch die Erklärung gestimmt, die Noske am Tage nach seiner Unterredung mit Göring der Presse in Hannover übergab: »Ich habe Verständnis dafür, daß die Nationalsozialisten in der Regierung mit mir nicht zusammenarbeiten wollen, und andererseits mache ich keinen Hehl daraus, daß ich den Wunsch hatte, aus einer kaum zu tragenden Situation herauszukommen, weil

[165] Siehe Noske, Erlebtes, Kapitel 83 »Unterredung mit Göring«, S. 314; und Böhnke, Noskes Entlassung, S. 124.

[166] Nach Noske, Erlebtes, S. 314.

[167] Mündliche Mitteilung von Frau Hoffmann-Noske, der Tochter Gustav Noskes, gegenüber Böhnke am 7. 1. 1965. Böhnke, Noskes Entlassung, S. 124, Anm. 18.

[168] Vgl. den Artikel »Oberpräsident Noske geht in Urlaub. Auf eigenen Wunsch. Keine Rückkehr ins Amt«. In: Hannoverscher Kurier Nr. 70/71, 11. 2. 1933, S. 2; sowie den Artikel »Oberpräsident Noske geht in Urlaub«. In: Hannoversche Volkszeitung Nr. 36, 11. 2. 1933.

[169] Noske, Erlebtes, S. 314. Die Richtigkeit dieser Darstellung wird belegt durch eine von Noske veranlaßte Notiz in den Akten des Oberpräsidiums. Wortlaut bei Böhnke, Noskes Entlassung, S. 125.

ich mit dem augenblicklichen Kurs nicht einverstanden sein kann[170].« Kurz darauf meldete eine in Hannover erscheinende Tageszeitung, Noske habe »de- und wehmütig um seine Pension etc. gebeten«, was dieser sogleich als »Ausfluß schmutzigster Gemeinheit« zurückwies[171]. Damit war die Angelegenheit jedoch nicht etwa erledigt, sondern Noske mußte erleben, wie ihn die neuen Machthaber reichsweit zum Gespött machten.

Hitler selbst war es, der die Unterredung Göring-Noske in einer bestimmten Version bekannt machte, und zwar in der offenkundigen Absicht, sie als Demonstrationsstück für die »Jämmerlichkeit« zu benutzen, mit welcher die Weimarer Republik und ihre Repräsentanten von der politischen Bühne abgetreten waren. In einer Wahlkampfrede am 2. März 1933 spottete Hitler im Berliner Sportpalast: »Trauriger, jämmerlicher und minderwertiger ist noch kein System und keine Regierung von ihrem Platze gegangen als die Vertreter des heutigen Systems gegangen sind[172].« Ohne Namensnennung, aber unter deutlicher Anspielung auf Noske fuhr er dann fort: »Wir haben Wunder erlebt in diesen Wochen. Da kommt ein berühmter Sozialdemokrat, vor dem einst das Bürgertum sich verbeugte, zu unserem Minister Göring, der ihm erklärte: ›Wir können nicht mit Ihnen zusammenarbeiten, Sie werden verstehen, daß Sie gehen müssen.‹ Und was antwortet dieser Mann? ›Aber wenigstens bis zum Oktober lassen Sie mich noch (schallende Heiterkeit), denn im Oktober erreiche ich die Altersgrenze!‹ (Erneut schallende Heiterkeit.) Und als nach kurzer Überlegung unser Minister Göring erklärt, nicht so rachsüchtig sein zu wollen, und die Beurlaubung bis zum Oktober zu bewilligen, sagte dieser Mann: ›Ich hätte noch eine Bitte, könnte mir nicht noch der Umzug ersetzt werden?‹ Und das war eine Eiche, eine Eiche unter diesen sozialdemokratischen Pflanzen. (Zurufe: Namen nennen!) Meine Volksgenossen, ich bitte Sie – wir wollen Kavaliere sein – diese Frage nicht an mich zu stellen. Wenn aber die sozialdemokratische Partei etwa an der Richtigkeit dessen zweifeln sollte, dann sollen die Herren mir das morgen öffentlich mitteilen: dann werde ich Ihnen den Namen nennen. (Stürmischer Beifall.)«

Der Vorstand der SPD erklärte daraufhin seinerseits: »Offenbar ist mit diesen Bemerkungen der Oberpräsident Noske gemeint[173].« Da

170 Diese Erklärung wurde abgedruckt in: Hannoverscher Anzeiger, 12. 2. 1933. Zit. nach Böhnke, Noskes Entlassung, S. 125.

171 Siehe die Belege ebda., S. 126.

172 Eine Zusammenfassung dieser über alle deutschen Rundfunksender verbreiteten Rede Hitlers druckte das NSDAP-Organ Völkischer Beobachter (Berliner Ausgabe), 3. 3. 1933, unter der Überschrift »Die Sportpalastkundgebung. Hitlers vernichtende Abrechnung mit den Arbeiterverrätern«. Hiernach dieses und die folgenden Zitate.

173 Vgl. den Artikel »Hitler meinte Noske«. In: Hamburger Fremdenblatt Nr. 63, 4. 3. 1933. BayHStA, Sammlung Rehse, P 3462.

dieser jedoch gegenwärtig nicht erreichbar sei, erinnere man daran, daß er bei einem ähnlichen Vorwurf schon kürzlich kundgetan habe, es sei unter seiner Würde, sich auch nur mit einem Wort gegen eine solche Darstellung zu wehren. – Das war nicht gerade ein entschlossenes Dementi. Tatsächlich scheinen nicht wenige Sozialdemokraten unsicher gewesen zu sein, ob Noske tatsächlich bei den Nazis als »katzbuckelnder Bittsteller«[174] aufgetreten sein könnte. Bernhard Rausch, der frühere sozialdemokratische Redakteur, den Noske aus seiner Kieler Gouverneurszeit her kannte[175] und der jetzt als »Stahlhelm«-Führer ins Lager der politischen Rechten übergewechselt war, schrieb ihm jedenfalls einen Brief, in dem er sein Bedauern darüber ausdrückte, daß Noske sich »durch Bettelei bei Göring« einen so »schlechten politischen Abgang« verschafft habe[176]. Andere müssen ähnlich gedacht haben. Noske erinnerte sich mit Bitterkeit daran: »Gekränkt hat mich nur, daß mir Parteigenossen eine solche Würdelosigkeit zugetraut haben[177].«

Für den aus der zeitlichen Distanz urteilenden Historiker stellt sich die Angelegenheit so dar, daß der Sachverhalt als solcher – Göring und Noske einigten sich gütlich über zeitliche und finanzielle Modalitäten von Noskes Ausscheiden aus dem Oberpräsidenten-Amt – unbestritten ist, also nur die – allerdings politisch brisante – Stilfrage zur Debatte steht, nämlich die nach dem Umgang eines Sozialdemokraten, der früher Reichswehrminister war, mit den Repräsentanten des Hitler-Regimes. Gewiß eignete sich Noske seiner ganzen Charakterstruktur nach nicht zum demütigen Bettler. Er scheint einfach nichts Besonderes dabei gesehen zu haben, Göring als seinen neuen Dienstherrn zu akzeptieren, mit dem er nun in unerwartet angenehmer Atmosphäre die Umstände des eigenen Ausscheidens aus dem Staatsdienst verhandelte.

Göring hat sich in der Folgezeit an die mit Noske getroffenen Vereinbarungen nicht gehalten. Er ließ ihm Anfang Mai mitteilen, daß die Oberpräsidentenstelle in Hannover für eine Neubesetzung frei gemacht werden sollte[178], nämlich für den Hannoveraner SA-Führer Viktor Lutze, den späteren Stabschef der SA[179]. Mitte Mai wurde Noske durch ein Telegramm Görings kundgetan, daß er in den einstweiligen

174 Formulierung von Böhnke, Noskes Entlassung, S. 123.
175 Vgl. Rausch, Am Springquell.
176 Handschriftliches Protokoll Noskes über einen am 16. 3. 1933 erhaltenen Brief von Bernhard Rausch. AdsD, Nachlaß Noske, Teil I. Dok. Nr. 25. Teilweise transkribiert bei Böhnke, Noskes Entlassung, S. 126 f. mit Anm. 33.
177 Noske, Erlebtes, S. 314.
178 Brief des Ministerialdirektors Dr. Schellen vom preußischen Innenministerium an Oberpräsident Noske vom 2. 5. 1933, AdsD, Nachlaß Noske, Teil I, Dok. 30.
179 Böhnke, Noskes Entlassung, S. 128.

Ruhestand versetzt sei[180]. Erst im Herbst des Jahres, am 26. September 1933, nur ein paar Tage vor Erreichung der Altersgrenze, erhielt Noske dann den endgültigen Entlassungsbescheid[181] des preußischen Innenministers. In der Begründung wurde, wie bei allen Entlassungen von Beamten aus politischen Gründen, auf das von der Hitler-Regierung erlassene »Gesetz zur Wiederherstellung des Berufsbeamtentums«[182] Bezug genommen, womit auch eine Minderung der Versorgungsbezüge verbunden war. Im Paragraphen 4 dieses Gesetzes hieß es: »Beamte, die nach ihrer bisherigen politischen Betätigung nicht die Gewähr dafür bieten, daß sie jederzeit rückhaltlos für den nationalen Staat eintreten, können aus dem Dienst entlassen werden.« Noske nahm die auf diesen Paragraphen verweisende Begründung seiner Entlassung nun nicht etwa als das Legitimationsinstrument der neuen Machthaber, die sich aller politisch mißliebigen Beamten entledigten, hin, sondern er reagierte beleidigt, wollte Genugtuung, wollte sich auch von den Nazis nicht vorwerfen lassen, daß es ihm an Nationalgefühl mangele. Da machte sich kein politisches Gespür bemerkbar, das ihm signalisiert hätte, daß man sich als Sozialdemokrat zu einer Zeit, da die SPD längst verboten und viele führende Politiker dieser Partei außer Landes gegangen oder in Konzentrationslager verschleppt worden waren, mit den Nazis nicht über Umzugskosten und über Entlassungsbegründungen verhandelte[183]. Noske verlangte nun, allerdings ohne Erfolg, einen neuerlichen Besprechungstermin bei Göring[184]. Er erhob schriftlich Einspruch gegen seine Entlassung aus dem preußischen Staatsdienst und pochte dabei auf seine »nationale« Vergangenheit: »Der Vorwurf mangelnder nationaler Zuverlässigkeit ist ungerechtfertigt. Lange Zeit vor dem Krieg ist meine vaterländische Gesinnung anerkannt und während des Krieges gerühmt worden. Ich verweise nur auf die Wirkung meiner sogenannten Baralong-Rede[185] im Reichstag am 15. Januar 1916.« Weiterhin rühmte er sich in seinem Schreiben an Göring, »vor der Geschichte« stehe fest, daß er als Reichswehrminister den Kommunismus in Deutschland niedergewor-

180 Empfangsbestätigung Noskes vom 15. 5. 1933, AdsD, Nachlaß Noske, Teil I, Dok. 32. Vgl. auch die Mitteilung in: Deutsche Allgemeine Zeitung, 25. 5. 1933. BayHStA, Sammlung Rehse, P 3462.

181 Abgedruckt bei Böhnke, Noskes Entlassung, S. 129.

182 RGBl 1933 Teil I, S. 175–177.

183 Andere Wertung bei Böhnke, Noskes Entlassung, S. 130, der es als ein Zeichen von »Noskes Mut« ansieht, daß er sich gegen die Begründung seiner Entlassung wehrte. Insgesamt unkritischer Aufsatz, der allzu viel Verständnis für Noskes Verhaltensweise aufbringt.

184 Vgl. Schreiben Noskes an den preußischen Finanzminister Dr. Popitz vom 2. 10. 1933, AdsD, Nachlaß Noske, Teil I, Dok. 34.

185 Vgl. Kapitel IV/4: Der Baralong-Fall.

fen habe[186]. Darüber hinaus wandte sich Noske brieflich an den Chef der Marineleitung, Admiral Erich Raeder[187], mit der Bitte, ihm bei der Abwendung der ihm zugefügten »Infamierung« behilflich zu sein: »Wenn Sie dazu beitragen können, daß der erste Reichswehrminister nicht wie ein übler Schädling an Deutschland abgetan wird, werde ich Ihnen dankbar sein.« Noske hatte 1918/19 mit dem Marineoffizier Raeder in Berlin zusammengearbeitet[188]. Nach seinem Sturz als Reichswehrminister hatte Raeder ihm – wie schon erwähnt – in einem Brief[189] für die »unschätzbaren Verdienste« für die Marine und für die »nationale Sache« gedankt und seinen früheren Vorgesetzten – dessen Mitgliedschaft in der SPD negierend – kurzerhand der nationalen Rechten zugerechnet. Noske konnte also hoffen, daß der höchste Marineoffizier sich für ihn einsetzen werde. Tatsächlich erreichte Raeder, daß sich Reichswehrminister v. Blomberg bei Göring für Noske verwandte[190]. Dieser Vorstoß blieb allerdings ergebnislos[191]. Die Entlassung, die Noske so sehr als »kränkend«[192] empfand, blieb bestehen, und die Spitzen des NS-Staates waren für den ehemaligen Oberpräsidenten von Hannover nicht mehr zu sprechen. Der ganze Vorgang endete mit einem bürokratischen Akt: Noske erhielt ein formales Schreiben[193], in dem ihm die Höhe seiner künftigen Versorgungsbezüge mitgeteilt wurde. Es handelte sich um jährlich 7 675,50 Reichsmark, einen Betrag, der etwa einem Drittel der Bezüge eines im Amt befindlichen Oberpräsidenten entsprach. Das war zwar nicht viel Geld, aber der Pensionär Noske konnte die Jahre 1933–45 doch ohne materielle Not verbringen.

[186] Handschriftlicher Entwurf eines Schreibens Noskes vom 29. 9. 1933 an den preußischen Minister des Innern, mit dem er seinen Einspruch gegen die Entlassung aus dem Staatsdienst begründete, AdsD, Nachlaß Noske, Teil I, Dok. 41. Nach der Aussage von Frau Hoffmann-Noske gegenüber Böhnke (Noskes Entlassung, S. 132, Anm. 60) wurde dieses Schreiben auch tatsächlich abgeschickt. Die Jahresangabe 1934 bei Böhnke ist falsch.

[187] Brief Noskes an Raeder vom 2. 10. 1933, AdsD, Nachlaß Noske, Teil I, Dok. 35.

[188] Noske, Erlebtes, S. 169 f.; Erich Raeder, Mein Leben, Bd I, Tübingen 1956, S. 154–159, 165, 183.

[189] Brief Raeder an Noske vom 16. 5. 1920. Siehe: Kapitel XIII/3, Anm. 73.

[190] Brief Raeders an Noske vom 3. 10. 1933, AdsD, Nachlaß Noske, Teil I, Dok. 36.

[191] Vgl. hierzu das Schreiben des Chefs des Ministeramts im Reichswehrministerium, General v. Reichenau, an Noske vom 12. 10. 1933, AdsD, Nachlaß Noske, Teil I, Dok. 37, in dem mitgeteilt wurde, daß Blomberg Noske leider nicht empfangen könne.

[192] Aus dem Brief Noskes an den preußischen Innenminister vom 29. 9. 1933, ebda., Dok. 41. Bei Böhnke, Noskes Entlassung, S. 133 f., mit falscher Jahresangabe.

[193] Schreiben des Oberpräsidenten der Provinz Hannover an den Oberpräsidenten i. R. Gustav Noske vom 1. 11. 1933, ebda., Dok. 40. Ebda., Dok. 42, auch ein Blatt »Ruhegehaltsfähiges Diensteinkommen«, das wegen der genauen Angaben über die Dienstzeiten Noskes von Interesse ist.

XIV. Ein unruhiger Lebensabend

1. Verbitterter Autobiograph

Nach seiner Beurlaubung durch den kommissarischen preußischen Innenminister Göring (NSDAP) Anfang Februar 1933 verbrachte Noske im bayerischen Garmisch Urlaubstage. Auf der Rückreise nach Hannover machte er am 9. März in München[1] Station, um bei einigen Sozialdemokraten, die er aus früheren Jahren kannte, Erkundigungen über die politische Lage einzuholen. Er begab sich zunächst in die Redaktion der sozialdemokratischen »Münchener Post« und traf dort den Redakteur Goldschagg, der vor dem Weltkriege bei der Chemnitzer »Volksstimme« das Journalistenhandwerk gelernt hatte. Von ihm erfuhr Noske, daß einige Mitglieder des sozialdemokratischen Parteivorstandes – nämlich Rudolf Hilferding, Otto Wels, Marie Juchacz, Hans Vogel – die bayerische Landeshauptstadt als Zufluchtsort gewählt und sich hier, aus Furcht vor den Häschern Hitlers, unter falschen Namensangaben[2] einquartiert hatten. Noske war solche Furcht, was seine eigene Person betraf, völlig fremd. Er hatte sich nach dem zumindest atmosphärisch angenehmen Gespräch mit Göring, durch das er faktisch gleichwohl aus dem Oberpräsidentenamt entfernt worden war, auf seine Erholungsreise gemacht und wanderte nun in den Straßen Münchens umher, sich wundernd, daß ihn niemand als den früheren Reichswehrminister erkannte[3]. Die Idee, daß vielleicht auch er als ehemals herausgehobener sozialdemokratischer Politiker von den neuen Machthabern verfolgt werden könnte, kam ihm nach der zuvorkommenden Behandlung, die ihm Göring hatte angedeihen lassen, nicht einmal andeutungsweise. Noske fühlte sich offenbar nicht verfolgt. Er mischte sich unter die Menschen, die vor dem Münchener Rathaus auf das Anbringen der Hakenkreuzfahne warteten, und begab sich hernach ins Opernhaus, um sich Donizettis »Irre von Lammermoor« anzuhören.

Der bayerische SPD-Vorsitzende Erhard Auer, den Noske nach seinem Opernbesuch im Nebenzimmer eines Münchener Gasthauses

[1] Siehe das Schlußkapitel »Zweimal München« von Noskes Memoirenwerk: Erlebtes, S. 315–317.

[2] Noske behauptet in seinen Memoiren (Erlebtes, S. 315), Wels habe sich unter anderem Namen in einem Sanatorium aufgehalten. Nach Adolph, Wels, S. 256, entspricht dies nicht den Tatsachen.

[3] Noske, Erlebtes, S. 315.

traf, in das ihn Goldschagg geführt hatte, beurteilte die politische Situation seltsamerweise nicht minder unbekümmert. Er sprach nämlich die – reichlich naive – Hoffnung aus, daß in Bayern unter der konservativen Regierung von Ministerpräsident Heinrich Held »nichts Übles geschehen werde«[4]. Illusionen dieser Art mochten in jenen Tagen auch durch das Ergebnis der Reichstagswahlen vom 5. März 1933 genährt worden sein, in denen die traditionell sozialdemokratischen Wähler trotz des Terrors, mit dem die SA den Wahlkampf begleitet hatte, der SPD die Treue gehalten hatten[5]. Aber noch an demselben Abend, an dem Noske mit Erhard Auer, Otto Wels, Rudolf Hilferding, Marie Juchacz und den namhaftesten Führern der Münchener SPD in besagtem Hinterzimmer zusammensaß, traf eine Nachricht ein, die solche Illusionen eigentlich hätte zerstören müssen. Sie beinhaltete, daß das Gebäude der SPD-Zeitung »Münchener Post« soeben von der SA ausgeräumt werde. Den ratlosen SPD-Politikern blieb, nachdem sie telefonisch weder den bayerischen Ministerpräsidenten Held noch den soeben von Hitler zum Reichskommissar für Bayern ernannten General Franz von Epp hatten erreichen können, nichts anderes übrig, als ihrer Ohnmacht in einem Protesttelegramm[6] an den Reichspräsidenten von Hindenburg Luft zu machen.

Für diejenigen unter den sozialdemokratischen Politikern, die zu diesem Zeitpunkt noch immer glaubten, die Hitler-Regierung werde Gesetz und Recht achten und man selbst müsse daher auch im Rahmen der Legalität agieren, brachte weder die Verhaftung der KPD-Reichstagsabgeordneten noch die Verabschiedung des Ermächtigungsgesetzes am 23. März 1933 – mit dem Nein der SPD nach der berühmten Rede von Otto Wels[7] – den Umschwung, sondern eigentlich erst die Beschlagnahme des Parteivermögens am 10. Mai 1933, dem dann am 22. Juni das Verbot der SPD folgen sollte[8]. Nicht wenige SPD-Politiker waren bis zum April schon ins Ausland geflüchtet – unter ihnen Braun, Grzesinski, Scheidemann, Crispien, Dittmann, Breitscheid und Hilferding[9]. Jetzt, nach dem Raub des Parteivermögens, ging die Mehrheit des Parteivorstandes ins Ausland. Im Zuge der Terrorwelle, die dem Parteiverbot folgte, wurden mehr als 3000 Sozialdemokraten verhaftet[10]. Noske ließ man ungeschoren.

[4] Ebda, S. 316.
[5] Vgl. Erich Matthias, Die Sozialdemokratische Partei Deutschlands (fortan zit.: Matthias, Die SPD), in: ders. und Rudolf Morsey (Hrsg.), Das Ende der Parteien 1933. Darstellungen und Dokumente, Düsseldorf 1979, S. 162 ff. und Adolph, Wels, S. 254 ff.
[6] Noske, Erlebtes, S. 316.
[7] Adolph, Wels, S. 257 ff.
[8] Matthias, Die SPD, S. 101 ff.
[9] Erich Matthias (Hrsg.), Mit dem Gesicht nach Deutschland. Eine Dokumentation über die sozialdemokratische Emigration, Düsseldorf 1968, Einleitung, S. 26.
[10] Ebda., S. 28.

Nach seiner Rückkehr nach Hannover stellte er Überlegungen hinsichtlich einer mehrmonatigen Urlaubsreise an. Ende März fuhr er mit diesem Anliegen nach Berlin zu einer persönlichen Unterredung mit dem Reichsfinanzminister Graf Schwerin von Krosigk[11], der ihm jedoch von seinem Vorhaben in der gegenwärtigen Situation abriet. Seine Reisepläne hat Noske dann in späteren Jahren wahr gemacht. Er fuhr – offenbar mehrfach – in die USA zu seiner Tochter nach San Francisco. Wie er 1938 einem Freund berichtete[12], war er insgesamt fast sieben Monate in den Vereinigten Staaten.

Im Februar 1933 hatte sich Noske mit dem Gedanken getragen, nach Bremen zu ziehen. Wir wissen dies aus jenem peinlichen Brief an Göring, in dem der beurlaubte Oberpräsident darum bat, ihm für diesen Umzug die Kosten »im nachweisbaren Betrage zu bewilligen«[13], was Göring dann auch tatsächlich schriftlich zusicherte. Zugleich entband er Noske von seiner Residenzpflicht in Hannover[14]. Weshalb es zu der Übersiedlung nach Bremen dann doch nicht gekommen ist, wissen wir nicht. Jedenfalls zog Noske zunächst innerhalb Hannovers um und übersiedelte dann ein Jahr später, zum 1. April 1934, mit seiner Frau und seiner Tochter Hanna nach Frankfurt a. M.[15], und zwar in die Schadowstraße 16 im Stadtteil Sachsenhausen, wo er bis zu seinem Lebensende im Jahre 1946 wohnte.

In den Jahren 1934 und 1935 schrieb Gustav Noske in seiner Frankfurter Etagenwohnung seine Lebenserinnerungen nieder. Er scheint in dieser Zeit völlig vereinsamt gewesen zu sein, weil sich weder die neuen Machthaber noch die alten sozialdemokratischen Genossen um ihn kümmerten. Die Bitterkeit über dieses Schicksal spricht aus dem letzten Satz seines Buches: »Von den Erfahrungen, die ich in den Monaten, in denen ich diese Auszüge aus einem bewegten Leben niederschrieb, mit Menschen im allgemeinen und vermeintlichen Freunden im besonderen machte, lohnt nicht zu reden angesichts der Schmerzen derjenigen, für die das Wort gilt: Wehe den Besiegten[16]!« Fühlte er, Noske, sich nicht als Besiegter, sondern nur als Vereinsamter, dem es – durch Glück oder Zufall – immer noch besser ging als jenen, die ver-

[11] Schreiben Noskes vom 24. 3. 1933 an v. Krosigk; Antwort von dessen Ministerbüro vom 25. 3. 1933 sowie ein handschriftliches Protokoll Noskes über seine Unterredung mit dem Reichsfinanzminister am 28. 3. 1933 in Berlin, AdsD, Nachlaß Noske, Teil I, Dok. 26–28.

[12] Brief Noskes an seinen früheren engsten Mitarbeiter im Oberpräsidium Hannover, Dr. Zopfs, vom 9. 7. 1938, Bode, Noske, S. 1180.

[13] Schreiben Noskes an Göring vom 15. 2. 1933, AdsD, Nachlaß Noske, Teil I, Dok. 24.

[14] Schreiben Görings an Noske vom 28. 3. 1933, ebda., Dok. 29.

[15] Datum nach Czisnik, Noske, S. 100. Aus dem Polizeilichen Führungszeugnis des Frankfurter Polizeipräsidenten vom 16. 10. 1946 geht hervor, daß Noske von 1934 bis 1946 in Frankfurt a. M. polizeilich gemeldet war. AdsD, Nachlaß Noske, Teil I, Dok. 45.

[16] Noske, Erlebtes, S. 317.

haftet und ins Konzentrationslager gesteckt worden waren oder die hatten emigrieren müssen? Solches hat Noske mit diesem Satz wohl zum Ausdruck bringen wollen.

Nach der Fertigstellung seines umfangreichen Buchmanuskripts hat es Noske im Jahre 1935 für vorstellbar gehalten, daß es unter der Nazi-Diktatur publiziert werden könnte. Er bot die Niederschrift mehreren Verlegern an, erhielt aber jeweils zur Antwort, »eine Drucklegung sei zur Zeit unmöglich«[17]. Ein nicht näher bezeichneter »Wagemutiger« ging mit dem Manuskript sogar – ohne Noskes Zutun, wie dieser versicherte – zu verschiedenen Berliner Parteistellen der NSDAP sowie zum Goebbelsschen Reichspropagandaministerium. Auch diese Bemühungen wurden dann im März 1936 erfolglos abgebrochen. Das Buch konnte erst nach dem Zweiten Weltkrieg gedruckt werden.

Gewiß war der Memoirenschreiber Noske noch immer enttäuscht und verbittert über die Behandlung, die ihm seine Partei nach 1920 dadurch hatte angedeihen lassen, daß sie ihm keinerlei Chance bot, noch einmal in die große Politik zurückzukehren[18]. Darüber hinaus kann jedoch kein Zweifel daran bestehen, daß ihn bei seiner Niederschrift auch das opportunistische Motiv leitete, sich möglichst nicht mit den Machthabern des NS-Staates anzulegen, um womöglich von ihnen noch die Genehmigung zur Publikation zu erhalten. Es gibt in diesem Buch kein Wort der Kritik an Hitler und der NSDAP, kaum eine Kritik an den anderen nationalistischen Gegnern der Weimarer Republik, den Völkischen, den Deutschnationalen, den Stahlhelmern und ihren Helfershelfern in Publizistik und Wirtschaft, sondern nahezu ausschließlich die zum Teil bissige Kritik an der SPD, den Gewerkschaften und dem Reichsbanner – von Noskes Kommunistenhaß einmal abgesehen. Dem Niedergang der Republik in den Jahren zwischen 1929 und 1933 widmete Noske, der ansonsten die Schilderung von weniger bedeutsamen Details nicht scheut, nur wenige Druckseiten. Die in dem Buch wiedergegebenen Zusammenfassungen von Dokumenten sind, wie Bode an Einzelbeispielen nachgewiesen hat, »von scharfkritischen Bemerkungen gegen rechts ›gereinigt‹«[19].

Während Paul Löbe, der ehemalige sozialdemokratische Reichstagspräsident, der Noske im Jahre 1935 einmal in Berlin im Hause der Familie des verstorbenen Reichspräsidenten Ebert sah, von ihm den Eindruck »alter Robustheit« gewann[20], berichten andere Zeitgenossen, die mit Noske in den dreißiger Jahren zusammentrafen, von seiner verbit-

[17] Diese und die folgenden Mitteilungen machte Noske in seinem im Frühjahr 1946 niedergeschriebenen Vorwort, ebda., S. XV.

[18] Vgl. Kapitel XIII/4.

[19] Bode, Noske, S. 1211.

[20] Brief Paul Löbes an Wilhelm Keil von Ende 1935. Auszug in: Wilhelm Keil, Erlebnisse eines Sozialdemokraten, Bd II, Stuttgart 1948, S. 627; fortan zit.: Keil, Erlebnisse.

terten Stimmung, die sich gegen das herrschende Nazi-Regime, aber auch gegen die SPD und gegen die Offiziere richtete, die sein politisches Schicksal im Jahre 1920 besiegelt hatten. Carl Severing[21], der Noske im Sommer 1938 in Frankfurt begegnete, hielt über dessen Stimmungslage folgendes fest: »Die Abneigung, die er jetzt ›gegen die Generale‹ empfand, steigerte sich zu einem wütenden Haß gegen alles, was mit Nazismus und Militarismus zusammenhing.«

Ähnliches beobachtete die junge Historikerin Liselotte von Reinken, die Gustav Noske im Januar 1939 in seiner Sachsenhausener Wohnung aufsuchte[22], um mit ihm über General Wilhelm Groener zu sprechen, dem sie zu dieser Zeit bei der Abfassung seiner Erinnerungen behilflich war[23]. Ihr erster Eindruck war, daß sie einen »gekränkten, verbitterten Mann« vor sich hatte, der eine »Mischung von berechtigtem Selbstbewußtsein und Eitelkeit« an den Tag legte. Noske empfing die junge Dame mit der Frage: »Was wollen Sie eigentlich von mir? Ich habe nie existiert, mein Wirken ist aus den Geschichtsbüchern gestrichen, meine Bücher sind auf den Bibliotheken nicht mehr zu bekommen.« Und wieder übte er heftige Kritik an den Offizieren. Im Weltkrieg 1914–18 seien wir »an der Einsichtslosigkeit unserer militärischen Führer gescheitert«; 1918 in Kiel habe sich gezeigt, »daß unsere ganzen Offiziere nur so lange etwas darstellen, solange ihre Leute mit den Händen an der Hosennaht dastanden«; in der Revolutionszeit habe es nicht wenige »strebsame Herren« unter den Offizieren gegeben, »die sich auf die Konjunktur einstellten«; und vom Verhalten der Offiziere im März 1920 hatte Noske dabei noch nicht einmal gesprochen! Aus der Unterhaltung mit Noske während eines ausgedehnten Bummels in der Frankfurter Altstadt gewann die Historikerin folgendes Bild: »Voll Menschenverachtung über seine alten Freunde, die sich nicht mehr getrauten, mit ihm zu verkehren oder ihn zur Jagd mitzunehmen. Er ist in Frankfurt vollkommen einsam. Er kann es nicht verwinden, zu den Abgedankten zu gehören. Er pocht auf seine Verdienste und schwelgt in der Erinnerung an die einmal empfangenen Ehrungen.«

Von Noskes Wohnverhältnissen und seinen Umgangsformen nahm die adelige Besucherin nicht gerade den besten Eindruck mit. Ihr fiel auf, daß sich in der Wohnung »nicht *ein* Stück von Geschmack oder auch nur von materiellem Wert« befand, daß man bei Noskes mit Aluminiumlöffeln von primitivstem Geschirr aß und daß die Eßsitten des ehemaligen Reichswehrministers »erschreckend« waren, wobei sie vermutete, er lasse sich aus Ressentiment gegen die bürgerlichen Sitten

[21] Severing, Lebensweg, Bd II, S. 421.
[22] Die Niederschrift »Unterredung mit Noske, 14. 1. 1939« (7 Maschinenseiten) stellte Frau Dr. Liselotte von Reinken dem Verf. freundlicherweise zur Verfügung.
[23] Brief L. v. Reinken an den Verf. vom 8. 4. 1980.

absichtlich gehen. Über das äußere Erscheinungsbild des 71jährigen Noske hielt v. Reinken folgendes fest: »Wuchtige Gestalt, nicht mehr ganz aufrecht, auffallend angenehmes Organ. Alles grob geschnitzt an ihm, Gesicht, Pranken. Merkwürdig wechselnd im Ausdruck, geradezu verschiedene Gesichter. Niedere Stirn, wenn er sie zusammenzieht, scheint sie ganz zu verschwinden, buschige Augenbrauen. Lässig im Anzug, bis auf elegante Zugstiefeletten als Hausschuhe.« Auffallende gelbe Stiefel hatte schon 1920 Harry Graf Kessler bei Noske registriert. Sie gehörten offenbar, wie der Schlapphut und der lange Mantel, seit langem zu den optischen Erkennungszeichen dieses Politikers.

Ostern 1939 wurde Noske von seinem alten Freund Wilhelm Keil – beide kannten sich seit ihrer gemeinsamen Tätigkeit in der sozialdemokratischen Reichstagsfraktion vor dem Weltkriege[24] – in Frankfurt besucht. Keil[25] berichtet über dieses Zuammentreffen folgendes: »Er hat viel erlebt in den Jahren, in denen wir uns nicht gesehen. Niederträchtig hat man ihm mitgespielt, auch mit öffentlichen Schmähungen[26], gegen die er sich nicht wehren konnte. Unter Überwindung unsäglicher Schwierigkeiten hat er die Tochter in Amerika besuchen können. Dort sind ihm von den zivilen und militärischen Behörden höchste Ehren erwiesen worden, in der Heimat ist er geächtet und unter Polizeiaufsicht gestellt. Trotzdem kann er noch die Beziehungen pflegen, die ihn mit den Offizieren der von ihm gegründeten Reichswehr verbinden.«

Daß Noske tatsächlich noch immer Kontakt zu ehemaligen Reichswehroffizieren hatte, bestätigt auch Carl Severing, der an Pfingsten 1939 erneut mit Noske zusammentraf, und zwar anläßlich einer gemeinsamen Reise ins Ahr-, Mosel- und Rheintal[27]. Noske äußerte sich gegenüber Severing wiederum sehr verbittert über die Reichswehroffiziere, die ihn beim Kapp-Lüttwitz-Putsch »so schmählich verraten« hatten. Seeckt hielt er für den Hauptschuldigen an der Passivität der Offiziere, mit der er sich in jenen entscheidenden Nachtstunden vom 12. auf den 13. März 1920 konfrontiert sah. Severing kannte diesen Unmut Noskes von früheren Gesprächen her. Jetzt wies er ihn darauf hin, daß es doch wohl ein Widerspruch sei, die Generale – die Noske aufsuchten, um ihm ihr Herz auszuschütten – einerseits geringzuschätzen, andererseits aber von ihnen eine Opposition gegen Hitler zu erwarten. Damit ist die Frage nach dem Verhältnis des Pensionärs Noske zu den im Widerstand tätigen Gegnern des Hitler-Staates gestellt.

24 Vgl. Kapitel III/4.
25 Keil, Erlebnisse, Bd II, S. 554 f.
26 Gemeint sind wahrscheinlich die Schmähungen Hitlers in seiner Sportpalastrede Anfang März 1933. Vgl. Kapitel XIII/5.
27 Siehe auch zum Folgenden: Severing, Lebensweg, Teil II, S. 423 f.

2. Noskes Verbindungen zu Widerstandskreisen

In den ersten Jahren des »Dritten Reiches« hatte Noske – worüber im Zusammenhang mit seinen Versuchen, die Memoiren mit Hilfe von NS-Stellen zu publizieren, bereits berichtet wurde – offensichtlich die Vorstellung, er werde sich mit den neuen Verhältnissen irgendwie arrangieren können. Im Gegensatz zu vielen anderen Sozialdemokraten, die seit Sommer 1933 in die Konzentrationslager verschleppt worden waren, sah sich Noske keiner Bedrohung seiner persönlichen Freiheit ausgesetzt. Allerdings nahm man es Politikern wie Severing und ihm in sozialdemokratischen Widerstandskreisen übel, hielt es gar für unverzeihlich, daß sie vom Nazi-Staat Pensionen bezogen, während andere verfolgt wurden. Dies jedenfalls berichtete Severings ehemaliger Pressesekretär, Dr. Hans Hirschfeld[28]. Auch noch nach dem Zweiten Weltkrieg hat es Debatten über die Pensionen gegeben. Severing verteidigte sich dabei mit dem einleuchtenden Argument[29], daß er durch seine dem Weimarer Staat geleisteten Dienste einen Rechtsanspruch auf die Pension gehabt habe und diese daher keinen Grund für Beanstandungen bieten könne. Anders verhalte es sich, wenn eine Pension ohne solchen Rechtsanspruch des Pensionärs gezahlt worden sei.

Gemeint war damit die Dotation, d. h. eine einmalige oder laufende Zahlung auf spezielle Weisung Hitlers hin. Einer breiteren Öffentlichkeit ist spätestens seit 1980, als ein auflagenstarkes deutsches Magazin Auszüge aus Aufzeichnungen über Hitlers Monologe im Führerhauptquartier publizierte[30], bekannt, daß neben NS-Funktionären und Wehrmacht-Generalen auch einige ehemalige sozialdemokratische Politiker solche Dotationen in Form von Pensionserhöhungen erhalten haben sollen. Diesen Aufzeichnungen zufolge äußerte Hitler am Jahresende 1941, Noske habe zu jenen Politikern gehört, die ihr Amt nicht zu persönlichem Eigennutz mißbraucht hätten. Daher habe er ihm und anderen geholfen und ihnen »die Pensionen erhöht«; Hitlers Erinnerung nach hatte jeder von ihnen 800 Mark[31]. Nach eigener Aussage entschloß sich Hitler zu dieser Erhöhung nach einem Besuch bei Mussolini in Italien, da ihm dort klar geworden sei, daß man Sozialde-

[28] Mündliche Auskunft Hans Hirschfelds gegenüber Bode vom März 1966. Siehe Bode, Noske, S. 1179.

[29] Severing, Lebensweg, Bd II, S. 474.

[30] Vgl. Der Spiegel, Nr. 12, 17. 3. 1980, S. 216 f.

[31] Zit. nach der Edition von Werner Jochmann (Hrsg.), Adolf Hitler, Monologe im Führerhauptquartier 1941–1944. Hamburg 1980, Dok. 71, S. 161.

mokraten wie Noske, Ebert, Scheidemann, Severing und Auer[32] noch nachträglich dafür dankbar sein müsse, daß sie 1918 nicht für die Wiederherstellung der Monarchie eingetreten seien und statt dessen »dieses Geschmeiß beseitigt« hätten[33].

Als Empfänger von solchen außerordentlichen finanziellen Zuwendungen wurden neben Noske gelegentlich noch andere ehemalige sozialdemokratische Spitzenpolitiker genannt, nämlich Carl Severing, Otto Braun, Paul Löbe und Rudolf Wissell[34]. Ob sie tatsächlich Dotationen im Sinne von monatlich gezahlten Pensionserhöhungen erhielten, ist heute nicht mehr feststellbar[35]. Hitlers Behauptung kann keineswegs ohne weiteres als wahr unterstellt werden[36]. Am gleichen Tage beispielsweise, als er über die angeblich erfolgten Pensionserhöhungen sprach, behauptete er auch, der KPD-Führer Ernst Thälmann werde im KZ sehr anständig behandelt und habe dort sogar »ein eigenes Häuschen«, was völlig unzutreffend war[37].

Ob und gegebenenfalls seit wann sich Noske in Frankfurt am Main, wo er seit dem Frühjahr 1934 wohnte, in einem oppositionellen Sinne betätigte, ist schwer zu ermitteln. In den Gestapo-Akten befindet sich die Aussage eines Mechanikers, Noske habe in Frankfurt innerhalb einer Gruppe Widerstand geleistet[38]. Sozialdemokraten, die während des »Dritten Reiches« in Frankfurt aktiv im Widerstand arbeiteten und darüber nach dem Kriege befragt wurden, haben die vorgenannte Ge-

32 Ebda., Hitlers Monolog vom 1. 2. 1942. Dok. 120, S. 248. Hitler brachte zum Ausdruck, daß die genannten »Gestalten von 1918« nie Revolution hatten machen wollen, sondern in sie hineingeschlittert waren. Dagegen nannte er Kautsky und Hilferding »Schweine«.

33 Ebda., Dok. 71, S. 161. Dieser Satz fehlt in der Wiedergabe des »Spiegel«.

34 David Irving, Hitlers Weg zum Krieg, München, Berlin 1978, S. 196 (fortan zit.: Irving, Hitlers Weg) nennt Braun, Löbe, Noske und Severing. Adolf Heusinger, Befehl im Widerstreit, Tübingen, Stuttgart 1950, S. 366, berichtet über ein Gespräch mit Hitler nach dem 20. Juli 1944, in dem dieser wiederum äußerte, er hätte Leute wie Noske und Severing gut behandelt, habe ihnen Pensionen bezahlt, und trotzdem hätten sie jetzt ihre Stunde für gekommen gehalten. – Aus einer Liste, die von ehemaligen Beamten des Reichsfinanzministeriums für Forschungszwecke zusammengestellt wurde (»Aufzeichnung über die Dotationen, die seit 1933 an Einzelpersonen gezahlt worden sind.«), finden sich die Namen Löbe, Wissell und Severing als Empfänger »laufender Zuwendungen« (von 250 bis 500 Mark monatlich), nicht aber der Name Noskes, IfZ Archiv, ED 177.

35 Lt. Auskunft des Bundesarchivs Koblenz vom 2. 8. 1983 enthalten die Akten der Reichskanzlei keine Hinweise auf eine Dotation für Noske.

36 Wie dies bei Irving, Hitlers Weg, geschieht.

37 Henry Picker (Hrsg.), Hitlers Tischgespräche im Führerhauptquartier 1941–1942, Stuttgart ²1963, S. 161, mit Anm. 182 auf S. 431, wo Picker feststellt, Thälmann habe sich 1937 bis 1943 nicht in einem KZ, sondern in einem Gefängnis befunden, und die Aussage über das eigene Häuschen sei falsch.

38 Für diese am 27. 6. 1983 schriftlich gegebene Information danke ich Frau Dr. Barbara Mausbach Bromberger vom Dokumentationsarchiv des deutschen Widerstandes, Frankfurt. In der einschlägigen Lokalstudie von Barbara Mausbach Bromberger, Arbeiterwiderstand in Frankfurt am Main. Gegen den Faschismus 1933–1945, Frankfurt/M. 1976, kommt Noske denn auch nur als Objekt kommunistischer Propaganda vor (vgl. S. 58).

stapo-Behauptung als unzutreffend bezeichnet[39]. Weitere Quellen, welche zu einer Klärung beitragen könnten, sind nicht greifbar. Vermutlich kam Noske in Frankfurt erst 1943/44 in engere Verbindung mit dem Widerstand[40], jedoch nicht mit dem Widerstand der »kleinen Leute«, sondern mit jenen auf Reichsebene arbeitenden Widerstandskreisen, die den Staatsstreich vom 20. Juli 1944 vorbereiteten.

Wie bei vielen anderen Sozialdemokraten beschränkte sich Noskes »Widerstand«[41] in den dreißiger Jahren darauf, mit den wenigen Genossen, die ihn noch nicht schnitten, sondern ihm nach wie vor die Stange hielten, Kontakt zu halten und mit ihnen Informationen auszutauschen. Gelegentlich durchbrach er sein Einsiedlerdasein in Frankfurt und fuhr nach Berlin, um mit möglichst vielen älteren Gesinnungsfreunden zusammenzutreffen. Dies geschah etwa, wie Severing[42] berichtet, im Hause von Louise Ebert, der Witwe des Reichspräsidenten, oder bei Wilhelm Leuschner[43], dem ehemaligen hessischen Innenminister und stellvertretenden ADGB-Vorsitzenden, sowie bei dem DVP-Politiker und ehemaligen Reichstagsvizepräsidenten Siegfried von Kardorff[44]. Neben anderen traf Noske zusammen mit dem früheren Reichstagspräsidenten Paul Löbe, dem früheren Reichsarbeitsminister Rudolf Wissell, dem früheren Reichsjustizminister Eugen Schiffer, dem früheren preußischen Finanzminister Albert Südekum, dem einstigen Gewerkschaftsführer Theodor Leipart und dem früheren Regierungspräsidenten Ernst v. Harnack[45]. Einer dieser Politiker, nämlich Leuschner, sollte dann nach Kriegsbeginn zum Kristallisationskern einer gewerkschaftlich-sozialdemokratischen Widerstandsgruppe werden.

Während Noske also dem Widerstand der Arbeiterbewegung von unten – getragen von Kommunisten, Sozialdemokraten und Gewerkschaftlern – nicht angehörte, wurde sein Name im Jahre 1938 erstmals

[39] Schreiben von B. Mausbach Bromberger an den Verfasser.
[40] Siehe dazu die weiter unten wiedergegebenen Informationen von Emil Henk.
[41] Zur Problematik des Begriffs Widerstand vgl. Regine Büchel, Der deutsche Widerstand im Spiegel von Fachliteratur und Publizistik seit 1945, München 1975; Karl Dietrich Bracher, Die deutsche Diktatur. Entstehung, Struktur, Folgen des Nationalsozialismus, Köln usw. 1969, S. 402 f. (fortan zit.: Bracher, Diktatur); Stand und Problematik der Erforschung des Widerstandes gegen den Nationalsozialismus. Hrsg. vom Forschungsinstitut der Friedrich-Ebert-Stiftung, Bad Godesberg 1965; vgl. auch den Forschungsbericht von Gerd. R. Ueberschär, Gegner des Nationalsozialismus 1933–1945. Volksopposition, individuelle Gewissensentscheidung und Rivalitätskampf konkurrierender Führungseliten als Aspekte der Literatur über Emigration und Widerstand im Dritten Reich zwischen dem 35. und 40. Jahrestag des 20. Juli 1944. In: Militärgeschichtliche Mitteilungen 35/1984, S. 141–196.
[42] Severing, Lebensweg, Bd II, S. 423.
[43] Vgl. die Biographie von Joachim G. Leithäuser, Wilhelm Leuschner. Ein Leben für die Republik, Köln 1962, sowie Franz Osterroth, Biographisches Lexikon des Sozialismus, Bd 1: Verstorbene Persönlichkeiten, Hannover 1960, S. 190.
[44] Kurzvita v. Kardorffs in: Reichshandbuch Bd 1, S. 883 f.
[45] Severing, Lebensweg, Bd II, S. 423.

im Zusammenhang mit einer Widerstandsaktion aus den Reihen der Oberschichten genannt. Die damalige Militäropposition[46] gegen Hitler schmiedete im September 1938 Pläne zu einem Sturz des Diktators, da sie befürchtete, Hitler wolle gewaltsam gegen die Tschechoslowakei vorgehen und werde daher zu einem nicht verantwortbaren Zeitpunkt einen großen Krieg auslösen. Gedanklich vorbereitet war die Aktion durch den Generalstabschef des Heeres, General Ludwig Beck, und nach dessen Ausscheiden wurde sie von seinem Nachfolger, General Franz Halder, fortgesetzt.

Nach Halders Vorstellungen wäre nach einem erfolgreichen Militärputsch zunächst eine Militärdiktatur unter dem Oberbefehlshaber des Heeres, Generalfeldmarschall Walther v. Brauchitsch, gebildet worden, die jedoch bald durch eine zivile Regierung aus Politikern abgelöst werden sollte. »Halder hat an Neurath oder Noske oder Geßler als Übergangsfiguren gedacht[47].« Diese Zivilregierung hätte dann einer aus allgemeinen Wahlen hervorgegangenen parlamentarischen Regierung weichen müssen. Soweit bekannt, hat Noske von der Ehre, von oppositionellen Militärs als Regierungsmitglied vorgesehen zu sein, nicht einmal etwas erfahren[48], wie ja die deutsche Öffentlichkeit insgesamt seinerzeit nichts von der Existenz einer Militäropposition gegen Hitler erfahren hat.

Hinsichtlich der Frage, weshalb General Halder ausgerechnet an den immerhin schon 70jährigen Gustav Noske dachte, lassen sich nur Vermutungen anstellen. Wahrscheinlich galt er in seinen Augen noch immer als denkbarer »starker Mann«, der als ein versierter Machttechnokrat, zudem als Bindeglied zwischen Wehrmacht und Arbeiterschaft, fungieren konnte. Aber die Namen Noske, Neurath und Geßler – nach einem Wort des Historikers Gerhard Ritter »alles Repräsentanten einer versunkenen Epoche«[49] – zeigten auch, auf welch personell schwachen Füßen die Militäropposition des September 1938 stand.

Bekanntlich fand der Staatsstreich gegen Hitler seinerzeit nicht statt, da es zunächst nicht, wie die Verschwörer angenommen hatten, zum Krieg kam, sondern zur gewaltlosen Einigung über die Abtretung des Sudetengebietes zwischen Hitler und der englischen und französischen Regierung im Münchener Abkommen. Damit war dem Staats-

[46] Vgl. Klaus-Jürgen Müller, Das Heer und Hitler, Stuttgart 1969, S. 300–377; Bracher, Diktatur, S. 424–433.

[47] Diese Namen nennt Gerhard Ritter, Carl Goerdeler und die deutsche Widerstandsbewegung, Stuttgart 1954, S. 189; fortan zit.: Ritter, Goerdeler; die sämtliche nachfolgende Literatur beruft sich auf Ritter.

[48] Für die Behauptung von Walter Wagner, Der Volksgerichtshof im nationalsozialistischen Staat, Stuttgart 1974, S. 743 (fortan zit.: Wagner, Volksgerichtshof), Noske habe bei der Planung des Umsturzes im Jahre 1938 »eine Rolle gespielt«, gibt es keine Belege.

[49] Ritter, Goerdeler, S. 189.

streich nach Ansicht der Verschwörer die moralische und politische Legitimation entzogen. Die konservative Militäropposition, die Noske noch einmal hatte auf den Schild heben wollen, mußte sich im Herbst 1938 resigniert zurückziehen. Noske scheint vor Kriegsbeginn, ebenso wie Leuschner, Hoffnungen in die Militäropposition gesetzt zu haben. Jedenfalls äußerte er sich zu Pfingsten 1939 in diesem Sinne zu Severing[50], der in dieser Frage ganz anderer Meinung war und, was die Militärs betraf, vor allzu optimistischen Erwartungen warnte.

Als Hitler mit dem Überfall auf Polen am 1. September 1939 den Zweiten Weltkrieg entfesselte, traf er zugleich einige innenpolitische Maßnahmen, um das Risiko einer Untergrabung der inneren Front endgültig zu bannen: Er ließ erneut potentielle Regimegegner – wahrscheinlich Sozialdemokraten, die bislang dem KZ entgangen waren – verhaften[51]. Die Erinnerung an die Antikriegsbewegung während des Ersten Weltkrieges und an die Novemberrevolution 1918 war dabei Hitlers Hauptbeweggrund[52]. Verhaftet wurde auch Gustav Noske, den die Repräsentanten des NS-Staates bislang in Ruhe hatten leben lassen. Noske wurde in das Gefängnis Preungesheim bei Frankfurt a.M. gesteckt, einige Zeit dort festgehalten und dann – ohne jede Vernehmung – wieder entlassen. Er blieb jedoch in der Folgezeit »unter strenger polizeilicher Kontrolle«[53]. Wahrscheinlich wollte das NS-Regime mit diesen Verhaftungen sicherstellen, daß sich nicht einmal ansatzweise ein Widerstand gegen die Kriegspolitik Hitlers regen konnte.

Während des Krieges hat Noske nach eigenem Bekunden[54] dauernd Beziehungen zu »Berlin«, das heißt zu den vorgenannten Gesinnungsfreunden in der Reichshauptstadt, aufrechterhalten. Er war davon unterrichtet, daß sich die führenden Persönlichkeiten des Widerstandes – soweit sie im Kreisauer Kreis zusammenarbeiteten –, schon 1943 darüber einig geworden waren, daß für den Fall eines erfolgreichen Anschlags auf den Diktator »engstes Zusammenwirken zwischen Soldaten und Politikern vorzubereiten sei«. Noske kannte auch die Vereinbarung, »daß zu jedem Generalkommando sofort nach erfolgtem Gelingen des Anschlags bekannte Männer zu stoßen hätten, von denen die Leitung der politischen Geschäfte zu übernehmen sei«[55]. Diese Männer wurden in den Widerstandskreisen als »Politische Beauftragte« bezeichnet. Obwohl Politiker wie Wilhelm Leuschner und Carl Se-

50 Severing, Lebensweg, Bd II, S. 424.
51 Zu dieser Verhaftungswelle siehe: Deutschland im zweiten Weltkrieg, Bd 1, (Ost-)Berlin 1974, S. 192.
52 Vgl. Timothy W. Mason, Arbeiterklasse und Volksgemeinschaft. Dokumente und Materialien zur deutschen Arbeiterpolitik 1936–1939, Opladen 1975, S. 4 f.
53 Noske, Erlebtes, Vorwort, S. XVI.
54 Leserzuschrift Noskes an die »Neue Zeitung«; veröffentlicht in der Ausgabe vom 25. 2. 1946 unter der Überschrift »Das freie Wort. Keine Einigung«.
55 Ebda.

vering dringend davor warnten, die ins Auge gefaßten Namen schriftlich niederzulegen[56], bestanden die Generale[57] darauf, daß eine Liste der vorgesehenen »Politischen Beauftragten« aufgestellt werden müsse. Sie wurde gefertigt, und auf ihr befand sich auch der Name Gustav Noske.

Die Verschwörer hatten Noske als Politischen Beauftragten für den Wehrkreis IX Kassel vorgesehen. Er sollte durch den thüringischen Staatsminister a.D. August Frölich (SPD), wie Noske ein älterer Herr, unterstützt werden. Als Verbindungsoffizier zum Oberkommando des Heeres sollte Oberstleutnant von Sell, der Adjutant des Generalfeldmarschalls von Mackensen, fungieren[58]. Da die Quellen des Widerstandes aus begreiflichen Gründen nur spärlich fließen – es wurde so wenig wie nur irgend möglich schriftlich aufgezeichnet –, ist nicht leicht zu ermitteln, wie Noskes Name auf die Liste kam und was im einzelnen mit ihm abgesprochen wurde. Wilhelm Leuschner, der einflußreichste Sozialdemokrat unter den Verschwörern, auf dessen Vorschlag hin Noske überhaupt ins Gespräch kam[59], sagte in den späteren Vernehmungen durch den SD aus, man sei sich innerhalb der Verschwörergruppe über die Person Noskes als Politischen Beauftragten »allgemein einig« gewesen, und Noske habe sich ihm, Leuschner, gegenüber auch einverstanden erklärt. Noske selbst behauptete nach dem Kriege in einer Leserzuschrift an die »Neue Zeitung«, er sei gefragt worden und habe sich bereit erklärt, als politischer Leiter zum Generalkommando seines Bezirks zu gehen[60]. Der Sozialdemokrat Emil Henk, der selbst in der Widerstandsgruppe um Carlo Mierendorff aktiv tätig war – diese Gruppe arbeitete mit den Gewerkschaftlern um Wilhelm Leuschner eng zusammen und spielte dann im Kreisauer Kreis eine wichtige Rolle[61] –, überlieferte die Information, daß

56 Severing, Lebensweg, Bd II, S. 436 f., wo auch berichtet wird, Noske sei von Leuschner zunächst wieder als Oberpräsident der Provinz Hannover vorgesehen gewesen.

57 Dies nach Emil Henk, Die Tragödie des 20. Juli 1944. Ein Beitrag zur politischen Vorgeschichte, Heidelberg 1946, S. 55; fortan zit.: Henk, Tragödie.

58 Die Liste der »Politischen Beauftragten« ist u.a. abgedruckt in: Ritter, Goerdeler, S. 604 f.; Eberhard Zeller, Geist der Freiheit. Der zwanzigste Juli, München ⁴1963, S. 317 ff., fortan zit.: Zeller, Geist der Freiheit; sowie in: Heinrich Bücheler, Hoepner. Ein deutsches Soldatenschicksal des 20. Jahrhunderts, Herford 1980, S. 186. Der Name von Sells wird genannt in: Spiegelbild einer Verschwörung, S. 51. Die Kaltenbrunner-Berichte an Bormann und Hitler über das Attentat vom 20. Juli 1944. Geheime Dokumente aus dem ehemaligen Reichssicherheitshauptamt. Hrsg. vom Archiv Peter für historische und zeitgeschichtliche Dokumentation, Stuttgart 1961, S. 51; fortan zit.: Spiegelbild einer Verschwörung.

59 Schreiben Kaltenbrunners an Bormann vom 18. 8. 1944 über die Politischen Beauftragten und über die Verbindungsoffiziere zum OKH, BA NS 6 (Sammlung 20. Juli 1944), Nr. 9, Bl. 72.

60 Vgl. die Leserzuschrift Noskes an die »Neue Zeitung« vom 25. 2. 1946 unter der Überschrift »Das freie Wort. Keine Einigung«.

61 Henk, Tragödie, S. 11–13 und 27.

innerhalb der von Leuschner aufgebauten Geheimorganisation, die sich über das ganze Reich erstreckte, für die Stadt Frankfurt ein gewisser Kriminalrat Fries die Verantwortung getragen habe; und zu dessen Mitarbeiterstab habe der greise Noske gehört[62]. Henk verband diese Mitteilung mit dem bemerkenswerten Satz: »Man darf von ihm [Noske] sagen, daß er, soweit dies überhaupt möglich ist, einen Teil seiner geschichtlichen Schuld mit dieser Tätigkeit abgebüßt hat[63].« Weitere Quellen, die etwas über die Art der von Henk angesprochenen »Tätigkeit« aussagen würden, sind nicht bekannt.

Nach den vorliegenden Informationen muß man also davon ausgehen, daß Noske in der Tat aktiv am Widerstand beteiligt war, und zwar insoweit, als er sich – im Wissen um die damit verbundenen Gefahren – bereit erklärte, sich nach dem geplanten Anschlag auf Hitler einer neuen Regierung[64] zur Verfügung zu stellen, die aus Konservativen und rechten Sozialdemokraten bestehen sollte (Ludwig Beck als vorläufiges Staatsoberhaupt, Carl Friedrich Goerdeler als Reichskanzler sowie den Sozialdemokraten Wilhelm Leuschner als Vizekanzler und Julius Leber als Innenminister).

Bald nach dem mißglückten Attentat des Obersten Graf Stauffenberg am 20. Juli 1944 wurde deutlich, wie recht diejenigen hatten, die davor gewarnt hatten, schriftliche Aufzeichnungen zu machen[65]. Denn die Liste der »Politischen Beauftragten« geriet der Gestapo in die Hände, und diese konnte nun zielsicher und schlagartig zugreifen. Schon am 22. Juli, nachts um 2 Uhr, wurde Noske in Frankfurt von vier Gestapomännern mit schußbereiten Revolvern aus dem Bett geholt und verhaftet[66]. Bei seiner ersten Vernehmung in Berlin war er »peinlich überrascht«, als ihm, wie er später berichtete, »die vollständige Liste der für die Generalkommandos vorgesehenen Politiker vorgelesen wurde, die man fein säuberlich ausgefertigt bei einer militärischen Stelle aufgefunden hatte«[67].

Danach war klar, daß auch er wegen Hochverrats angeklagt wurde. Von dem sogenannten Volksgerichtshof hat dessen berüchtigter Vor-

[62] Ebda., S. 49. Kommentarlos übernommen von Günther Weisenborn, Der lautlose Aufstand. Bericht über die Widerstandsbewegung des deutschen Volkes 1933–1945, Frankfurt/M. [4]1974, S. 231.

[63] Henk, Tragödie, S. 49.

[64] Die vorgesehene Zusammensetzung des Kabinetts ist u. a. abgedruckt in: Zeller, Geist der Freiheit, S. 318 f.

[65] Auch Noske selbst hatte von Leuschner auf das nachdrücklichste gefordert, »daß den Offizieren strengstens untersagt werde, Namen schriftlich festzulegen«, was von diesem dann auch versprochen worden sei. So berichtet Noske in seiner Leserzuschrift an die »Neue Zeitung« v. 25. 2. 1946.

[66] Noske, Erlebtes, Vorwort, S. XVI; vgl. auch die Liste der nach dem 20. 7. 1944 Verhafteten, die der Chef des Reichssicherheitshauptamtes, Kaltenbrunner, am 24. 7. 1944 an Hitler und Bormann sandte, in: Spiegelbild einer Verschwörung, S. 36 f.

[67] Noske, Leserzuschrift an die »Neue Zeitung« vom 25. 2. 1946.

sitzender Freisler »mit dieser Liste in der Hand den Schlachtopfern den Strick des Henkers um den Hals legen können«, schrieb Noske rückblickend[68]. Ihm selbst gelang es, diesem Schicksal zu entgehen.

Sieben Monate lang, vom 22. Juli 1944 bis zum 25. April 1945, war Noske in Haft, und zwar im Lager Fürstenberg[69] in Mecklenburg, das mit dem Konzentrationslager Ravensbrück zusammenhing, sowie im Gefängnis Lehrter Straße in Berlin-Moabit. Zusammen mit Joachim von Stülpnagel[70] lag der alte und kränkelnde Noske in Fürstenberg als Gefangener im Lazarett. Stülpnagel berichtet, man habe ihm bei seiner Verhaftung in Frankfurt nicht einmal genügend Zeit gelassen, um genügend warme Kleidung einzupacken. »Er tat mir in seinem dünnen Mäntelchen, ohne Kragen und ohne Unterwäsche sehr leid, und ich half ihm mit Unterstützung unserer Betreuerin so gut ich konnte.«

Wie alle anderen politischen Gefangenen wurde Noske mehrfach vernommen. Häufig wendete die Gestapo bei diesen Vernehmungen massiven Druck, wenn nicht gar Folter an. Ob dies auch bei Noske der Fall war, ist nicht bekannt. Kaltenbrunner, der Chef des Reichssicherheitshauptamtes, der die Ermittlungen gegen die Verschwörer leitete, berichtete Hitler am 23. August 1944[71] über die Person Noskes folgendes: »Die Beteiligung früherer Sozialdemokraten an der Attentatsvorbereitung ist durch die Vernehmung des Gustav Noske (Politischer Beauftragter für Frankfurt/Main) und des Schwamb[72] weiter geklärt. Bei der Schilderung seiner politischen Einstellung kennzeichnet Noske sich selbst in deutlicher Weise: ›Ich bin in einem langen Leben tätig gewesen nach den politischen und weltanschaulichen Anschauungen einer Generation, von der jetzt nur noch wenige Exemplare wie ich selber übrig geblieben sind.‹ Er kritisiert damit«, so der Kommentar Kaltenbrunners, »gleichzeitig die Pläne der Verschwörerclique, die den 76 Jahre alten und dem Politischen völlig fremden Noske noch einmal auf die politische Bühne stellen wollten.« Noske soll dann weiter ausgesagt haben: »Die soziale und rechtliche Stellung des deutschen Arbeiters ist in weitgehendem Maße so gestaltet worden, wie ich sie mir als junger Gewerkschaftler ersehnt habe. Aber von 65 Jahren ab ist ein politischer Mensch in der Regel nicht mehr in der Lage, revolutionären neuen Ideen zu folgen. Das politische Lernen hört zu einem gewis-

[68] Ebda.

[69] Dort traf ihn Hans Speidel. Vgl. ders., Aus unserer Zeit. Erinnerungen, Berlin, Frankfurt/M., Wien ²1977, S. 217.

[70] Joachim v. Stülpnagel, 75 Jahre meines Lebens. Privatdruck 1955, S. 401. Nachlaß Stülpnagel BA-MA N 5/27. Für den Hinweis auf diese Quelle danke ich Herrn Kollegen Dr. Kroener.

[71] Dieser Bericht ist abgedruckt in: Spiegelbild einer Verschwörung, S. 290.

[72] Ludwig Schwamb (1890–1945), Sozialdemokrat, war vor 1933 Staatsrat in Hessen und ein enger Berater Leuschners. Schwamb wurde am 23. 1. 1945 zum Tode verurteilt und am gleichen Tage hingerichtet.

sen Zeitpunkt auf.« Wie Kaltenbrunner weiter berichtet, habe Noske in seiner Vernehmung »etwas gewunden« zugegeben, daß in seinen Gesprächen mit Leuschner und Albert Südekum der Aufbau einer »Deutschen Gewerkschaft« und die Bildung einer neuen Regierung für den Fall einer Niederlage eine Rolle gespielt hätten. In einer persönlichen Gegenüberstellung mit Leuschner habe Noske zugegeben, daß er sich zur Verfügung gestellt habe, falls noch einmal ein »Notstand« eintrete; dann wolle er »noch einmal eine Rettungsaktion mitmachen«.

Am 18. November 1944 wurde gegen Noske und vier weitere Angeklagte, nämlich den früheren sächsischen Staatsminister Friedrich Richter, den pommerschen Gutsbesitzer Friedrich-Karl von Zitzewitz-Muttrin sowie die beiden Berliner Rechtsanwälte Otto Lenz und Martin Korsch Anklage erhoben[73]. Noske und seinen Mitgefangenen wurde vorgeworfen, sie hätten in den Jahren 1942 und 1943 »bei Unterhandlungen mit den an den Attentats- und Putschbestrebungen des 20. Juli 1944 führend beteiligten Funktionären Goerdeler und Leuschner zuverlässig erfahren, daß diese zusammen mit anderen entschlossen waren, die nationalsozialistische Staatsführung mit Gewalt zu stürzen, um den Weg für einen Unterwerfungsfrieden freizumachen«. Die Angeklagten hätten »zwar ihre Mitwirkung abgelehnt«, sich aber gleichwohl pflichtwidrig verhalten, weil sie das hoch- und landesverräterische Vorhaben nicht angezeigt hätten[74]. Wie aus der Beschreibung der »Straftat des Angeschuldigten Noske«[75] im einzelnen hervorgeht, konnte Noske nicht widerlegt werden, daß sich seine Zusage gegenüber Leuschner nur darauf bezog, »im Falle äußerster Not noch einmal etwas zur Rettung Deutschlands tun zu wollen«.

Im Januar 1945 sollte gegen die genannten fünf Angeklagten die Hauptverhandlung vor dem sogenannten Volksgerichtshof stattfinden. Aber das Verfahren gegen Zitzewitz und Noske mußte abgetrennt werden. Bei Zitzewitz ergab sich die Notwendigkeit weiterer Ermittlungen[76], und Noske war schwer erkrankt[77]. Der Präsident des Volksgerichtshofs, Freisler, gab die Vertagung der Verhandlung gegen den ehemaligen Oberpräsidenten bekannt, »weil Noske schwer erkrankt und verhandlungsunfähig« sei[78]. Tatsächlich ist es zu einer Verhandlung gegen Noske während der verbleibenden Lebenszeit des »Dritten

[73] Anklageschrift des Oberreichsanwalts beim Volksgerichtshof vom 18. 11. 1944, BA R 60/II/68.
[74] Ebda., S. 1 f.
[75] Ebda., S. 13–15.
[76] Lutz Graf Schwerin v. Krosigk, dessen Schwager Zitzewitz war, berichtet (Staatsbankrott. Die Geschichte der Finanzpolitik des Deutschen Reiches von 1920 bis 1945, geschrieben vom letzten Reichsfinanzminister, Göttingen, Frankfurt, Zürich 1974, S. 342), gegen Zitzewitz habe nicht verhandelt werden können, weil Beweisdokumente fehlten.
[77] Wagner, Volksgerichtshof, S. 743.
[78] BA NS 6/21, Bl. 90.

Reiches« nicht mehr gekommen. Im Vorwort zu seinen Memoiren umschreibt er die Gründe dafür mit der Formulierung, »wie durch ein Wunder noch lebend« habe er schließlich das Gefängnis verlassen können[79]. Ernst Andrée[80] weiß Genaueres zu berichten: »Glücklicherweise fanden sich Ärzte, mit denen Noske aus seiner Wehrministerzeit bekannt war und die dafür sorgten, daß er wegen Vernehmungsunfähigkeit nicht vor Gericht gestellt wurde.« Eine ähnliche Chance bot sich den anderen Sozialdemokraten, die nach dem 20. Juli 1944 verhaftet wurden, nicht. Theodor Haubach, Wilhelm Leuschner, Adolf Reichwein, Julius Leber und Ludwig Schwamb wurden ebenso gehenkt wie ihre bürgerlichen Mitverschwörer.

Noch ein weiteres Mal hatte Noske mehr Glück als andere. Als die sowjetische Rote Armee näher an die Reichshauptstadt heranrückte und – seit Mitte April 1945 – bereits in den Straßen Berlins gekämpft wurde, setzte in den Nazi-Gefängnissen noch einmal eine Mordwelle gegen politische Häftlinge ein, die bislang nicht verurteilt waren. Diese willkürlichen Hinrichtungen fanden hauptsächlich in den Nächten zwischen dem 20. und dem 24. April statt[81]. Neben vielen anderen fiel ihnen auch der Sozialdemokrat Ernst Wilhelm Schneppenhorst[82] zum Opfer, der zu Noskes Zeit als Reichswehrminister als bayerischer Minister für militärische Angelegenheiten amtiert hatte.

Offenbar war es die aktuelle Kriegssituation – wegen des russischen Artilleriefeuers konnten die Gefängniszellen nicht mehr benutzt werden –, die den noch Überlebenden Rettung versprach. Ein findiger Beamter im Reichsjustizministerium grub eine alte Anordnung aus, in der es hieß, daß Strafgefangene zu entlassen seien, wenn Gefahr für ihr Leben bestünde, und gab eine entsprechende Weisung an alle Gefängnisse heraus[83]. Da Goebbels jedoch umgehend einen Gegenbefehl erließ, wußten die Gefängnisdirektoren, daß jede mögliche Entscheidung für sie gefährlich werden konnte. Denn bei einem Eindringen der Russen in das Gefängnis mußten sie um ihr Leben fürchten. Nicht anders ging es Noske. Wie er gegenüber seinem Mitgefangenen, dem Historiker Gerhard Ritter[84], zuvor schon geäußert hatte, erschien ihm eine Befreiung durch die Russen als genau so gefährlich wie eine weitere Gefangenhaltung durch die Nationalsozialisten.

79 Noske, Erlebtes, Vorwort, S. XVI.
80 Andrée, Noske, S. 258.
81 Siehe die Tagebucheintragung von Andreas Hermes vom 25. 4. 1945. Hermes war, wie Noske, im Gefängnis Lehrter Straße. Fritz Reichardt, Andreas Hermes, Neuwied 1953, S. 196–198; fortan zit.: Reichardt, Hermes.
82 Ebda., S. 198.
83 Theodor Steltzer, Sechzig Jahre Zeitgenosse, München 1966, S. 174, fortan zit.: Steltzer, Sechzig Jahre.
84 Bode, Noske, S. 1183, der sich auf eine mündliche Überlieferung durch Walter Bußmann beruft.

Im Gefängnis Lehrter Straße in Berlin suchte am 25. April 1945 eine Deputation der Häftlinge die Gefängnisleitung auf und forderte energisch die Freilassung. Dieser Deputation[85] gehörte neben Andreas Hermes[86], dem Jesuitenpater Augustinus Rösch, Friedrich Karl von Zitzewitz und Dr. Friedrich Ernst[87] auch Gustav Noske an. Der Vorstoß hatte Erfolg. Zwei Stunden später gab die Gefängnisleitung über 40 Häftlinge frei. 26 von ihnen verließen noch am gleichen Tage das Gefängnis. Ein Beteiligter, der ehemalige Landrat Theodor Steltzer, in Hitlers Krieg als Generalstabsoffizier eingesetzt und wegen seiner Verbindungen zum Kreisauer Kreis zum Tode verurteilt[88], beschrieb die Szene folgendermaßen: »Der überlebende Rest wurde am 25. April, mit Entlassungsschein und Marschverpflegung ausgerüstet, aus dem Gefängnis entlassen. Unser Auszug hatte für mich einen geradezu symbolhaften Charakter: Einige jüngere Leute hatten für unser Gepäck zwei Wagen aufgetrieben, die so groß waren, daß sie von mehreren gezogen und geschoben werden mußten. Auf dem einen Wagen saß der frühere Reichswehrminister Noske, auf dem anderen der ehemalige pommersche Gutsbesitzer von Zitzewitz-Mutrin. Sie waren beide nicht in der Lage, eine längere Strecke zu gehen. Ich sehe noch den früheren Reichsminister Hermes, wie er energisch in die Speichen des Wagen griff, auf dem sein einstmaliger politischer Gegner saß – ein Bild des erhofften zukünftigen Miteinander[89].« Unter großen Schwierigkeiten gelang es Noske, auf Umwegen nach Hannover[90] zu gelangen, wo seine Frau seit seiner Verhaftung am 22. Juli 1944 bei ihrer Schwester Unterkunft gefunden hatte.

3. Kein Comeback 1945/46

Es gab nach Kriegsende einige wenige Politiker, die meinten, Noske solle, obwohl zwischenzeitlich 77 Jahre alt und von der Haft gezeichnet, sogleich wieder in die politische Arena steigen. Hinrich Wilhelm Kopf, der spätere Ministerpräsident von Niedersachsen, wie Noske selbst ein eher konservativer Sozialdemokrat, gehörte zu diesen Politikern. Kopf hatte einst als junger Mann im Freiwilligen Landesjäger-

[85] Die folgenden Namen nach Reichardt, Hermes, S. 198.
[86] Der Zentrumspolitiker Hermes war 1920 Ernährungs- und 1922/23 Reichsfinanzminister. Er wurde 1945 wegen Beteiligung an der Verschwörung vom 20. Juli 1944 zum Tode verurteilt.
[87] Beamter und Bankier, Berater des Kabinetts Brüning.
[88] Kurzvita Steltzers in: Annedore Leber und Freya Gräfin v. Moltke, Für und Wider. Entscheidungen in Deutschland 1918–1945, Berlin, Frankfurt/M. 1961, S. 275 f.
[89] Steltzer, Sechzig Jahre, S. 174; ähnliche Beschreibung in: Reichardt, Hermes, S. 201.
[90] Dies wird berichtet von Andrée, Noske, S. 258 f.

korps des Generals Maercker gedient und war wegen des »frischen Ansehens« des sozialdemokratischen Reichswehrministers Noske 1919 der SPD beigetreten[91]. Nach dem Ende des Zweiten Weltkrieges hatte die britische Besatzungsmacht den früheren langjährigen Landrat Kopf zum Regierungspräsidenten von Hannover gemacht. In dieser Funktion unterbreitete Kopf der britischen Militärregierung am 11. Juni 1945 den Vorschlag, Gustav Noske wieder in das Amt des Oberpräsidenten der ja noch immer bestehenden preußischen Provinz Hannover einzusetzen[92]. Er fand mit seinem Personalvorschlag jedoch bei dem verantwortlichen englischen Brigadier Lingham keine Gegenliebe. Kopf wurde dann schließlich selbst zum Oberpräsidenten berufen.

Die Vermutung[93], daß bei der Ablehnung Noskes der Gesichtspunkt eine Rolle gespielt haben könnte, daß Noske in der Hitler-Zeit eine Pension bezogen hatte, ist durchaus nicht abwegig. Denn wir wissen positiv, daß Carl Severing[94] zur selben Zeit von der britischen Militärregierung ein solcher Vorwurf gemacht wurde und dieser sich dann öffentlich verteidigen mußte. Möglicherweise lagen die Dinge jedoch unkomplizierter und Noske war den Briten einfach zu alt; oder er galt ihnen – sofern sie über diese historische Kenntnis verfügten – als zu eng mit früheren Phasen des deutschen Militarismus verbunden.

In parteipolitischer Hinsicht scheint Noske in dieser Zeit nach mehreren Seiten hin seine Fühler ausgestreckt zu haben. Jedenfalls erschien er am 16. Juni 1945 in West-Berlin auf der Gründungsversammlung der Liberal-Demokratischen Partei Deutschlands (LDPD)[95], die von der sowjetischen Militäradministration für ihre Besatzungszone zugelassen worden war. Eingefunden hatten sich zu dieser Versammlung lediglich acht Personen, darunter so bekannte Politiker aus früheren Tagen wie der ehemalige Reichsjustizminister Eugen Schiffer und der ehemalige Reichsinnenminister Wilhelm Külz. Ob Noske dort lediglich seinen Informationsdurst stillen wollte oder ob er sich wirklich mit dem Gedanken trug, sich den Liberalen anzuschließen, ist nicht bekannt. Er wohnte der Versammlung nur zeitweilig bei, ohne sich aktiv an den Beratungen zu beteiligen[96].

[91] Thilo Vogelsang, Hinrich Wilhelm Kopf und Niedersachsen, Hannover 1963, S. 17 ff., 24.

[92] Ebda., S. 49.

[93] Sie wurde angestellt von Bode, Noske, S. 1183.

[94] Vgl. Severing, Lebensweg, Bd II, S. 474.

[95] Vgl. E. Krippendorff, Die Gründung der Liberal-Demokratischen Partei in der sowjetischen Besatzungszone 1945. In: VfZG 8 (1960), 290–309, fortan zit.: Krippendorff, Gründung; Armin Behrendt, Wilhelm Külz. Aus dem Leben eines Suchenden, (Ost-) Berlin 1968, S. 142 und 286; fortan zit.: Behrendt, Külz.

[96] Dies berichtet Krippendorff, Gründung, S. 291, Anm. 6, unter Bezugnahme auf eine »eigene Information«. Behrendt, Külz, S. 286, bezieht sich auf Krippendorff. Die Behauptung von Bode, Noske, S. 1184, Noske habe sich an den Beratungen beteiligt, ist nicht erwiesen.

Da der Name Noske zu dieser Zeit mehrfach in der Öffentlichkeit fiel, meldeten sich auch wieder seine alten Intimfeinde zu Wort, die Kommunisten. In einer gemeinsamen Kundgebung der KPD und der SPD Berlins warnte der Kommunistenführer Wilhelm Pieck im November 1945 davor, »daß solche Gestalten wie Noske, Severing, Stampfer und ähnliche wieder an die Spitze der SPD treten«, nachdem sie, wie Pieck behauptete, das Zusammengehen der kommunistischen und sozialdemokratischen Arbeiter gegen Hitler sabotiert hätten[97]. Pieck warb zu dieser Zeit für »die möglichst baldige Vereinigung der beiden Arbeiterparteien«[98], womit er in der sowjetisch besetzten Zone Erfolg haben sollte, nicht aber in den Westzonen, wo sich die wiedergegründete SPD unter Kurt Schumacher einem solchen Zusammenschluß entgegenstemmte.

Schumacher ist der Rede Piecks sofort öffentlich entgegengetreten, und er machte dann die Beobachtung, daß die Kommunisten »überall dort, wo sie mit mir zusammenkamen, äußerst freundlich und entschuldigend« zu ihm gesprochen hätten[99]. Draußen in der Provinz wurden die Signale Piecks jedoch gehört und fanden beispielsweise ihren Niederschlag in einem »hektographierten Wurstblättchen« (Kurt Schumacher) namens »Nordstädter Volkszeitung«. Dieses Blatt veröffentlichte nun – in unübersehbarer Anlehnung an die Pieck-Rede – einen Artikel »Noske, Severing und Stampfer leben[100]!« Darin hieß es unter anderem: »Ist es möglich, daß diese Leute es wagen, wieder an die Öffentlichkeit zu treten? Noske, der dem deutschen Arbeiter helfen will, die Gewerkschaften aufzubauen. Klingt es nicht wie Hohn? Noske, der als Bluthund verschrien ist; Noske, der die Freikorps gegründet hat 1919, um die Arbeiter niederzuschlagen. Dieselben Freikorps, die 1920 im Kapp-Putsch gegen die Weimarer Verfassung losschlugen. Noske, der den Militaristen erlaubte, ihr dunkles Gewerbe unter der Hand fortzusetzen. Noske, der von den Nazis in Ruhestand gesetzt wurde und seine Pension weiterbekam. Ein Sturm der Empörung geht durch die Arbeiterschaft, wenn sie hören muß, daß es immer noch SPD-Führer gibt, die solche Leute wieder ans Licht ziehen wollen.« Der Artikel schloß folgendermaßen: »Wo waren Noske und Severing in den letzten 12 Jahren? Waren sie in einem KZ-Lager? Nein! Sie haben in Ruhe ihre Pensionsgelder verzehrt und glauben, daß jetzt

[97] Siehe den Artikel »Pieck gegen Noske« (datiert Berlin, 20. 11. 1945), AdsD, Nachlaß Severing, Mappe 119, Dok. 12.

[98] Ebda.

[99] Brief Kurt Schumachers an Carl Severing vom 16. 10. 1945, ebda., Mappe 118, Dok. 10.

[100] Artikel »Noske, Severing und Stampfer leben!«, »Nordstädter Zeitung« (vermutlich Oktober 1945); Abschrift ebda., Mappe 119, Dok. 9. In dem vorerwähnten Brief Schumachers an Severing vom 16. 10. 1945 gab Schumacher den Text dieses Artikels in vollem Umfang wieder.

wieder die Zeit für sie gekommen wäre, um den deutschen Arbeiter nochmals an die Militaristen und Faschisten zu verraten. Wir rufen nun Severing und Noske zu: Ihr gehört auf die Anklagebank für den *Verrat* an der deutschen Arbeiterschaft!«

An dieser Attacke war eigentlich alles schief. Beispielsweise gab es neben dem erfolglosen Vorschlag Hinrich Kopfs, Noske in Hannover wieder zum Oberpräsidenten zu machen, keine ernsthaften Versuche, Noske ein politisches Comeback zu bescheren. Der erste Nachkriegsparteitag der SPD, der unter der Leitung Kurt Schumachers vom 9. bis 11. Mai 1946 in Hannover zusammentrat[101], hat von Noske und Severing, die beide als Gäste anwesend waren und an einem separaten Tisch Platz genommen hatten, kaum Notiz genommen. Jüngere Beobachter[102] empfanden sie als greise Zeugen einer längst vergangenen Zeit.

Im Zuge der Durchsuchungen, welche die Gestapo nach Noskes Verhaftung am 23. Juli 1944 in seiner Frankfurter Wohnung vornahm, wurde auch das Manuskript von Noskes Memoiren aufgefunden. Die Gestapo soll es mitgenommen und vernichtet haben[103]. Jetzt, im Januar 1946, tauchte eine Durchschrift des Werkes, die Noske vor Jahren in Leipzig in Verwahrung gegeben hatte, unversehens wieder auf[104]. Noske entschloß sich, den Text unverändert zu publizieren, also in der Form zu belassen, die er unter den äußeren Bedingungen der Jahre 1934/35, in denen das Manuskript verfaßt wurde, erhalten hatte. Er beriet sich mit dem Verleger Hans Brockhaus, Wiesbaden, und erhielt, wohl durch dessen Vermittlung, das Angebot des Schweizer Verlegers Dr. Erich Tilgenkamp aus Zürich, das Buch in dessen Aero-Verlag erscheinen zu lassen[105].

Noske legte 1946 den Titel »Erlebtes aus Aufstieg und Niedergang einer Demokratie« fest[106]. 1947 erschien das Memoirenwerk dann gleichzeitig im Züricher Aero-Verlag sowie im »Bollwerk-Verlag Karl Drott« in Offenbach am Main, und zwar in einer Auflage von 5000 Exemplaren[107]. Noske selbst hat das Erscheinen seines vor mehr als zehn Jahren abgeschlossenen Memoirenwerkes nicht mehr erlebt.

In der zweiten Jahreshälfte 1946 trug er sich mit der Absicht, zu-

101 Protokoll der Verhandlungen des Parteitages der Sozialdemokratischen Partei Deutschland vom 9. bis 11. Mai 1946 in Hannover, Hannover 1947.

102 Mündliche Auskunft vom Herbst 1982 von Susanne Miller an den Verfasser.

103 Noske, Erlebtes, Vorwort, S. XVI.

104 Ebda.

105 Brief von Hans Brockhaus an den Minister a. D. Gustav Noske vom 2. 10. 1946, AdsD, Nachlaß Noske, Teil I, Dok. 49.

106 Mitteilung von Karl Drott in seinem Vorwort zu Noske, Erlebtes, S. XIV.

107 Ebda., Impressum, S. VI. Siehe auch: Deutsches Bücherverzeichnis, Bd 25, S. 476. Danach heißt der Titel der Schweizer Ausgabe »Aufstieg und Niedergang der deutschen Sozialdemokratie. Erlebtes aus Aufstieg und Niedergang einer Demokratie«; der Titel der deutschen Ausgabe wie im Text angegeben.

sammen mit seiner Frau Martha noch einmal zu seiner jüngsten Tochter Martha Noske-Gerung und deren Mann William Gerung in die USA zu reisen[108]. Möglicherweise wollte Noske sogar endgültig Deutschland verlassen und nach den USA auswandern. Jedenfalls hatte das amerikanische Justizministerium bereits ein Einwanderungsgesuch für ihn und seine Frau genehmigt, das seine Tochter und deren Mann für die Eltern in Deutschland gestellt hatten[109]. Als die Abreise nach San Francisco unmittelbar bevorstand, erlitt Noske plötzlich einen Schlaganfall. Er wurde nach Hannover ins Krankenhaus gebracht und ist dort am 30. November 1946, 78jährig, gestorben[110]. Der behandelnde Arzt[111] vertrat die Auffassung, daß für den Schlaganfall nicht zuletzt Noskes »schweres Schicksal seit 1933«, das ihm selbst und seiner Familie »dauernd große Schwierigkeiten des Lebens« bereitet habe, besonders aber die Gefängnisaufenthalte, verantwortlich seien.

Der Nachruf der Zeitung »Der Sozialdemokrat« auf Gustav Noske fiel kurz aus: »Gustav Noske, der meistumstrittene Mann der Weimarer Republik, ist in der Nacht zum 30. November [...] gestorben. Er war deutscher Reichswehrminister zur Zeit des mitteldeutschen Aufstandes, und daß die Reichswehr auf die Aufständischen geschossen hat, wurde ihm von vielen Linkskreisen zur Last gelegt[112].« Noske wurde auf dem Engesohdener Friedhof in Hannover beigesetzt. Zur Trauerfeier erschien das ganze offizielle Hannover. Auch zahlreiche Hannoveraner Bürger folgten seinem Sarge. Die Abschiedsworte sprach Erwin Barth, der frühere Polizeipräsident von Hannover und Freund Noskes[113].

Noskes Frau Martha starb am 19. Mai 1949; sie wurde neben ihm beigesetzt[114].

[108] Von einer Reiseabsicht spricht Andrée, Noske, S. 259.

[109] Schreiben von Noskes Tochter Martha Noske-Gerung und seinem Schwiegersohn William Gerung vom 24. 8. 1946 an das amerikanische Generalkonsulat in Stuttgart, Durchschrift, AdsD, Nachlaß Noske, Teil I, Dok. 50.

[110] Sterbeurkunde ebda., Dok. Nr. 58.

[111] Über die genaue Todesursache informierte der Leitende Arzt der Inneren Abteilung des Städtischen Krankenhauses, Professor Dr. Westphal, in einem Schreiben vom 29. 7. 1947 den ehemaligen Polizeipräsidenten und Freund Noskes, Erwin Barth. Abschrift, ebda., Dok. 59.

[112] Artikel »Gustav Noske«, in: Der Sozialdemokrat Nr. 124, 2. 12. 1946. Presseausschnitt: BA, Sammlung Brammer, ZSg 101/74.

[113] Andrée, Noske, S. 259.

[114] Ebda., S. 260, Anm. 6; vgl. auch S. 39 f. in diesem Band.

XV. Schlußbetrachtung

Im Hinblick auf die innenpolitische Rolle des deutschen Militärs hat der amerikanische Historiker Gordon A. Craig, ein guter Kenner der deutschen Geschichte, die sehr allgemeine und doch ungemein treffsichere Feststellung getroffen, »daß der Besitz einer Armee für Deutschland in seiner neueren Geschichte nicht zum Guten gewesen war und daß das Militär stets dazu tendiert hatte, ein Staat im Staate zu sein, der den sozialen Fortschritt und die Entwicklung liberaler und demokratischer Institutionen verhinderte«. Diese Tendenz gab es nicht nur im kaiserlichen Deutschland, sondern ebenso auch in der Revolutionszeit 1918 bis 1920, in jenen Jahren also, in denen dem sozialdemokratischen Politiker Gustav Noske die schwere Aufgabe zufiel, eine Militärorganisation zum Schutze der ersten deutschen Republik zu schaffen.

Nun ist das Urteil, daß das Militär für Deutschland in seiner neueren Geschichte »nicht zum Guten« gewesen sei, nicht erst eine Erkenntnis unserer Tage. Bereits seit der Zeit der Entstehungsgeschichte des deutschen Nationalstaats gab es polititsche Strömungen – liberale, sozialistische, pazifistische – die das Militär und das politische und gesellschaftliche System, in das es eingebettet war, also das, was man den »preußisch-deutschen Militarismus« nannte, als eine negative Erscheinung ansahen und politisch bekämpften.

Die größte unter den politischen Organisationen, welche eine »antimilitaristische« Linie verfochten, war die deutsche Sozialdemokratie. In ihren Reihen stieß neben anderem der Tatbestand auf Kritik, daß das gesamte gesellschaftliche und politische System der wilhelminischen Ära von militärischen Denk- und Verhaltensmustern geprägt war. Das Militär selbst – eine konservative Herrschaftselite – mischte sich in die Innen und Außenpolitik des Reiches ein, beschränkte sich also nicht auf eine funktionale Rolle als Garant der Landesverteidigung. Nach der Überzeugung der Sozialdemokraten waren Armee und Marine auch keineswegs der Erhaltung des Friedens verpflichtet, sondern sie stellten – aufgrund dieser Besonderheiten – eine ständige Kriegsdrohung und eine Ursache von Angriffskriegen dar. Mit den stehenden Heeren wollte die Sozialdemokratie zugleich das gesamte militaristische System abschaffen.

Mit kritischen Vorstellungen dieser Art über Militär und Militarismus wurde der 1868 in Brandenburg a. d. H. geborene Gustav Noske schon in seiner Jugendzeit bekannt. Allerdings hatte der junge Mann, der gelernter Korbmacher war und seine ersten politischen Erfahrungen als Gewerkschaftler und als Parteiarbeiter auf der untersten Ebene sammelte, kein spezielles Interesse für Militärisches. Auch ist die in der Literatur gelegentlich anzutreffende Behauptung, er sei bereits in jungen Jahren – als Wehrpflichtiger – persönlich mit der preußischen Armee in Berührung gekommen, eine Legende. Noske war insoweit ein ganz normaler, typischer Sozialdemokrat, als er sich für die hergebrachten Themen sozialdemokratischer Politik engagierte, für Soziales, für Demokratie und für wirtschaftliche Fragen. Auch als ihn sein Weg in die Redaktionen mehrerer sozialdemokratischer Zeitungen – erst in Königsberg, dann in Chemnitz – führte, und er in diesen Städten neben seiner journalistischen Arbeit zudem jeweils ein kommunalpolitisches Mandat übernahm, lag die Beschäftigung mit militärischen Fragen noch außerhalb seines Gesichtskreises.

1906 erstmals in den Reichstag gewählt, machte er sich zunächst als Kolonialpolitiker und als Haushaltsfachmann einen Namen. Die Militärpolitik sollte dann jedoch das dritte Feld werden, auf dem er sich spezialisierte. Den Anstoß dazu gaben offenbar ganz pragmatische Erwägungen. Noske glaubte ein Defizit an militärpolitischem Sachverstand in der SPD-Reichstagsfraktion beobachten zu können und entschloß sich daher – nicht zuletzt auch unter Karrieregesichtspunkten –, sich in dieses Feld der Politik einzuarbeiten. Mit einer aufsehenerregenden Parlamentsrede, die ein uneingeschränktes Bekenntnis der Sozialdemokratie zur Landesverteidigung sowie scharf akzentuierte nationale Töne enthielt, wurde er im Jahre 1907 reichsweit einer politisch interessierten Öffentlichkeit bekannt. Sie nahm ihn fortan als einen eigenwilligen Kopf wahr, der Programm und Aufgaben seiner Partei unter der Perspektive eines reformistischen Praktikers interpretierte, ohne sich dabei um liebgewordene Tabus zu kümmern.

Für politische Theorien hat sich Gustav Noske eigentlich in seinem ganzen Leben nicht interessiert. Im gewerkschaftlichen und kommunalpolitischen Milieu groß geworden, verstand er unter Politik die unmittelbare Lösung anstehender praktischer Probleme. Wenn ihm gelegentlich unterstellt wurde, er habe zu der Gruppe der revisionistischen Theoretiker gehört, so war dies falsch, denn er hatte ja keinen theoretischen oder ideologogischen Ansatz, der hätte revidiert werden müssen oder können. Überdies war und blieb Noske immer ein Einzelgänger, der zwar dem rechten Flügel der Sozialdemokratie seiner Zeit zugerechnet werden mußte, aber eben als einzelner, nicht als Mitglied einer Gruppe, die Flügelkämpfe betrieb.

Was Noske im Reichstag trotz seines spröden Wesens rasch zu Ansehen und Einfluß gelangen ließ, waren seine wache Intelligenz, sein sich gerade am Detail erweisender politischer Sachverstand, seine überragenden Fähigkeiten als Redner, gewiß auch sein – nie verborgener – politischer Ehrgeiz und sein aus alledem resultierendes Selbstbewußtsein. Im übrigen behält Noskes Charakter auch für denjenigen, der sich mit dem Auf und Ab seines langen politischen Lebens intensiv beschäftigt, seine Rätsel. Nachweislich war er ein echter ›Selfmademan‹. Ohne gymnasiale oder gar universitäre Bildung, auf die Arbeiterkinder seiner Zeit bekanntlich fast ausnahmslos verzichten mußten, bildete er sich als Autodidakt auf vielseitige Weise selbst fort. Dies geschah wohl ohne Systematik und auch ohne persönliche Vorbilder, aber mit ungeheurem Fleiß, mit starker Willenskraft und mit großer Zielstrebigkeit. Sein politischer Werdegang war insofern vor allem eine enorme persönliche Leistung, und als solche war sie zugleich typisch für den Aufstieg einer ganzen Generation politisch engagierter Arbeiter zu führenden sozialdemokratischen Politikern.

Obwohl Noske bereits in dem Jahrfünft vor dem Ersten Weltkrieg während der Haushaltsberatungen des Reichstages regelmäßig als militärpolitischer Sprecher der sozialdemokratischen Fraktion auftrat, entstanden engere Beziehungen zum militärischen Milieu erst, als er – nach dem großen Wahlsieg seiner Partei in den Reichstagswahlen von 1912 – Korreferent des Reichstages für den Marineetat wurde. Mit diesem Amt konnte er zugleich seine Position als führender Militärpolitiker seiner Fraktion und Partei weiter ausbauen.

Während des Krieges arbeitete Noske als ständiges Mitglied in dem wichtigsten Gremium des Parlaments, nämlich dem Hauptausschuß des Reichstages. Dies bedeutete im Hinblick auf sein politisches Gewicht innerhalb seiner 120 Parlamentarier zählenden Fraktion, daß er bereits in dieser Zeit zur Spitzengruppe der sozialdemokratischen Abgeordneten gehörte, was mit der Wahl in den Fraktionsvorstand kurz vor Kriegsende eine zusätzliche Bestätigung fand. Als ihr unbestrittener Experte in militärischen Fragen wurde er auch in die im Jahre 1916 eingesetzte »Kommission für die Überprüfung der Kriegslieferungen«, die etwas gegen die zum Teil spektakulären Kriegsgewinne in der Rüstungsindustrie unternehmen sollte, entsandt. Als deren parlamentarischer Wortführer spielte er eine durchaus konstruktive Rolle, die über die Rüstungsproblematik hinaus im Hinblick auf die Ausdehnung parlamentarischer Kontrollbefugnisse Beachtung verdient.

Noskes politische Stellungnahmen aus den Kriegsjahren 1914–1918 und seine vielen Besuche an den Fronten im Westen, im Süden und im Osten, über die er als Kriegsberichterstatter für sozialdemokratische Zeitungen schrieb, lassen einen Politiker erkennen, der unter den Bedingungen dessen, was er für die Kriegserfordernisse hielt, bereit war, nahezu sämtliche sozialdemokratischen Reformforderungen für die Dauer des Krieges zurückzustellen. Die bei ihm schon vor dem Kriege zu beobachtende, ausgeprägte Bereitschaft zur Anpassung an die bestehenden Verhältnisse hatte sich noch verstärkt.

Innerhalb der SPD war er einer der wichtigsten Wortführer der Politik der Kriegskreditbewilligungen. Als es deswegen 1917 zur Parteispaltung kam, atmete Noske, der die Trennung vom linken Flügel seiner Partei schon seit langem für erforderlich gehalten hatte, merklich auf. Er hatte kein Verständnis dafür, wie man daran zweifeln konnte, daß sich Deutschland in einem Verteidigungskrieg befand. Im Sommer und Herbst 1918 gehörte Noske zu jenen Durchhaltepolitikern, die auch in dieser Phase noch eher die Politik der kaiserlichen Regierung unterstützten, als Sympathie für die Massenbewegung gegen den Krieg aufzubringen, die jetzt »Frieden, Freiheit, Brot!« forderte.

In den letzten Tagen des Krieges wurde Noske dann erstmals zum handelnden, d.h. mit Exekutivbefugnissen ausgestatteten Politiker. Dies war im Revolutionsherd Kiel der Fall, wo er sich zum Vorsitzenden des Obersten Soldatenrats und dann zum Gouverneur wählen ließ, um – dies war sein ihm in Berlin erteilter Auftrag – mäßigenden Einfluß auf die Entwicklung in der Ostseestadt ausüben zu können.

In Kiel zeigte sich erstmals, daß der Umgang mit der Macht bei Noske keinerlei Irritationen auslöste. Im Vergleich zu anderen sozialdemokratischen Politikern, die nach der Revolution in Regierungsämter berufen wurden, sich mit diesen Machtpositionen aber nur schwer zurechtfanden – in der Zeit des Kaiserreiches hatten sie ja keine Gelegenheit gehabt, das Regieren und Verwalten zu lernen –, verfügte Noske anscheinend über so etwas wie ein natürliches Verhältnis zur Macht, eine Beziehung jedenfalls, die man sonst eher bei konservativen Politikern der Zeit, die das Regieren gewohnt waren, beobachten konnte.

Schon als Kieler Gouverneur, im November und Dezember 1918, bewies Noske, daß er Fähigkeiten hatte, die in der aktuellen Situation gebraucht wurden und die in der damaligen Sozialdemokratischen Partei nicht eben häufig anzutreffen waren: Zur Tatkraft und Entscheidungsfreudigkeit kam eine ausgesprochene organisatorische Begabung; dank seiner starken persönlichen Ausstrahlungskraft – vermittelt u.a. durch das äußere Erscheinungsbild des großgewachsenen Mannes und, mehr noch, durch das gesprochene Wort, durch seine überzeugende politische Rhetorik – vermochte er rasch Einfluß auf Soldaten zu gewinnen, und zwar erstaunlicherweise sowohl auf die revolutionären Matrosen als auch auf die durch die Revolution entmachteten Offiziere. Noske verstand es glänzend, Kompromisse herbeizuführen, Situationen zu entschärfen und auf diese Weise in ganz kurzer Zeit aus dem Unruheherd Kiel wieder eine Stadt zu machen, in der es nach bürgerlichen Ordnungsvorstellungen geregelt und ordentlich zuging.

Was er jedoch nicht leistete und aufgrund seiner politischen Grundpositionen wohl auch gar nicht leisten konnte und wollte, war die beispielhafte Erprobung eines zukunftsorientierten republikanischen militärpolitischen Programms. Ein solcher Test wäre in Kiel durchaus möglich gewesen. Sein Amt als Gouverneur übte er als pragmatischer

Ordnungspolitiker aus, nicht aber als Reformpolitiker. Er suchte die Zusammenarbeit mit allen, auch mit den Repräsentanten des alten Systems. Was er wollte, war also Kontinuität und nicht Bruch mit der Vergangenheit.

Somit war bereits in Kiel das Grundmuster jener Politik zu erkennen, die er später als Volksbeauftragter für Heer und Marine und schließlich, nach Bildung der ersten parlamentarischen Reichsregierung unter Scheidemann, als erster Reichswehrminister der ersten deutschen Republik betreiben sollte. Ihre Kennzeichen waren: Pragmatischer Umgang mit den durch die Revolution geschaffenen neuen Entscheidungsgremien, verbunden mit der Zielsetzung, sie allmählich zurückzudrängen, geringe Bereitschaft zum Risiko, zum Experiment mit neuen Ansätzen, daher in der Personalpolitik, gerade auch auf dem militärischen Sektor, Rückgriff auf professionelle Kenntnisse, somit auf die Berufssoldaten, unter Hintanstellung des Kriteriums politischer Zuverlässigkeit. Zwar bildete Noske in Kiel eine aus Deckoffizieren bestehende sogenannte Eiserne Brigade, deren Mitglieder großenteils der mehrheitssozialdemokratischen Partei nahestanden, aber dieser Verband war etwas Einmaliges und keineswegs der Regelfall unter den von Noske geförderten militärischen Formationen.

Sein Image, den Revolutionsherd Kiel gebändigt und das dortige Leben wieder in geordnete Bahnen gelenkt zu haben, mehr aber noch seine langjährige Erfahrung als Fachmann der sozialdemokratischen Reichstagsfraktion für militärpolitische Fragen und drittens schließlich das Vertrauensverhältnis, das ihn mit Friedrich Ebert verband, dem tonangebenden Politiker im Rat der Volksbeauftragten, führten Ende Dezember 1918, nach dem Auseinanderbrechen des aus je drei Politikern der MSPD und der USPD bestehenden Revolutionskabinetts, zur Berufung Noskes in die Regierung.

Betrachtet man diese Berufung vor dem Hintergrund der zurückliegenden wilhelminischen Ära, so war es für den sozialdemokratischen Reichstagsabgeordneten Noske schon eine Herausforderung besonderer Art, nunmehr als erster SPD-Politiker in der deutschen Geschichte – sieht man einmal von der Episode ab, daß Ebert im ersten Kabinett der Volksbeauftragten für Militärfragen verantwortlich war – dem Militär als verantwortliches Regierungsmitglied vorzustehen. Denn das Verhältnis von Armee und Sozialdemokratie war bislang, zumal vor 1914, aufgrund der politisch anmaßenden Rolle des Militärs ein gespanntes und feindseliges gewesen, und während des Krieges, zur Zeit der 3. Obersten Heeresleitung unter Hindenburg und Ludendorff, hatte das Militär, seit jeher gewohnt, als ein selbstbewußter politischer Faktor aufzutreten, den kaiserlichen Regierungen vorgeschrieben, welche Politik sie machen durften, wodurch sich das Verhältnis zur demokratischen Partei SPD noch weiter verschlechterte. Das seit Clausewitz als gültig betrachtete Verhältnis von politischer und militärischer Führung war damit nämlich auf den Kopf gestellt worden – ein Höhepunkt der militaristischen Entwicklung in der deutschen Geschichte.

Mit dieser machtorientierten Mentalität der Militärs hätte Noske rechnen müssen, als er sein Amt antrat. Denn sie bestand fort, obwohl die militärische Niederlage im Weltkrieg und die nachfolgende Revolution den Einfluß der militärischen Führungsschicht entscheidend geschwächt hatte. Am Jahresende 1918, als Noske in die Regierung eintrat, war die Demobilmachung des Kriegsheeres noch immer in vollem Gang, und die Frage, wie sich die militärischen Angelegenheiten im Reich entwickeln würden, schien völlig offen zu sein. Verfügte Noske also über einen weiten Handlungsspielraum?

In der neueren Revolutionsforschung wird ziemlich einhellig die Ansicht vertreten, daß es sich in der revolutionären Umbruchsphase zwischen Kaiserreich und Weimarer Republik in der Tat um eine weithin offene Situation handelte, in der die Politiker über erheblich größere Handlungsspielräume verfügten, als ihnen selbst bewußt gewesen zu sein scheint. Daraus ist konsequenterweise gefolgert worden, die durch die Revolution plötzlich an die Regierung gelangten sozialdemokratischen Politiker hätten – trotz optimaler Voraussetzungen, nämlich Unterstützung in breiten Kreisen der Bevölkerung – die Weichen nicht tatkräftig genug in Richtung auf eine soziale Republik hin umgestellt.

Für den Bereich der Militärpolitik, den Noske seit dem Jahreswechsel 1918/1919 verantwortlich leitete, trifft diese Schlußfolgerung in besonderem Maße zu. Denn der Handlungsspielraum für eine andere als die von ihm vollzogene Politik war, wie im einzelnen nachzuweisen versucht wurde, vorhanden. Gleichwohl muß – um den Anteil Noskes an den militärpolitischen Entscheidungen und Versäumnissen der Revolutionszeit nicht größer erscheinen zu lassen, als er tatsächlich war – zunächst einmal festgehalten werden, daß die vielleicht schwerwiegendsten Festlegungen bereits zu einem Zeitpunkt erfolgt waren, als Noske noch in Kiel weilte, also an den Entscheidungen in der Reichshauptstadt keinen unmittelbaren Anteil hatte.

Damit ist – erstens – die Zusammenarbeit Eberts mit der Obersten Heeresleitung gemeint, also die Entscheidung, den Bruch mit der Generalität zu vermeiden und statt dessen mit ihr zusammenzuarbeiten. Zweitens ist hier auf den Beschluß des Reichskongresses der Arbeiter- und Soldatenräte von Mitte Dezember 1918 zu verweisen, alsbald Wahlen für eine verfassunggebende Nationalversammlung abzuhalten, womit die Entscheidung für das parlamentarische Regierungssystem und gegen das politische Rätesystem gefallen war. An dieser grundlegenden politischen Weichenstellung sowie an dem vom Rätekongreß ebenfalls beschlossenen militärpolitischen Programm der

»Hamburger Punkte« hatte sich die künftige Militärpolitik zu orientieren. Das Auseinanderbrechen des aus Mehrheitssozialdemokraten und Unabhängigen bestehenden Koalitionskabinetts war die dritte machtpolitische Entscheidung, die Noske vorfand. Daß die Unfähigkeit der beiden sozialdemokratischen Richtungen zur Fortsetzung der Kooperation dann allerdings in einen politischen Konkurrenzkampf mit bisweilen geradezu feindseligem Charakter hineinführen sollte, war zu diesem Zeitpunkt noch keineswegs absehbar.

Diese drei Weichenstellungen, welche die erste Phase der deutschen Revolution beendeten und den Übergang zur zweiten Phase einleiteten, stellten für Noske die Rahmenbedingungen dar, innerhalb derer er nun seine Politik zu gestalten hatte. Da er seit langem ein entschiedener Gegner der Unabhängigen war, die es als einzige deutsche Partei gewagt hatten, in Frage zu stellen, ob sich Deutschland wirklich in einem Krieg zur Verteidigung des Landes befand, wird man sagen können, daß deren Ausscheiden aus der Revolutionsregierung und die Berufung Noskes zu diesem Zeitpunkt sozusagen in der politischen Logik des Verlaufs der deutschen Revolution lagen.

Bei dem Versuch, die Politik Noskes – deren charakteristische Grundzüge oben bereits aufgezählt wurden – nicht nur zu beschreiben und zu analysieren, sondern auch zu bewerten, und zwar in einer kontrollierten und für andere überprüfbaren Weise, stellte sich die Frage nach den Maßstäben, mit deren Hilfe dies geschehen konnte. Aus Noskes eigener Sicht ließen sich solche Maßstäbe schwerlich entwikkeln, da dieser Politiker eine gänzlich untheoretische Natur war und nicht über die Fähigkeit verfügte, sein Handeln im Rahmen einer historischen Perspektive selbstkritisch zu reflektieren.

Eine Möglichkeit, zu einem Maßstab zu gelangen, ergab sich aus dem historischen Vergleich mit anderen Revolutionen. Denn noch jedes Mal in der Geschichte, wenn eine Staats- oder Gesellschaftsform mittels einer Revolution durch eine andere abgelöst wurde, stellte sich im militärischen Bereich eine ähnliche Aufgabe. Das revolutionäre Rußland schuf sich zur Absicherung der neuen Machtverhältnisse und zur Abwehr ausländischer Invasionstruppen die Rote Armee. In Österreich wie in Deutschland waren 1918/19 die monarchistischen Armeen durch republikanische Volksheere zu ersetzen, sollte sich die neue staatliche Ordnung gegen ihre Gegner zur Wehr setzen und Bestand haben können. Diese Betrachtungsweise ist in der Revolutionsliteratur im Prinzip nicht strittig. Aus diesem revolutionstheoretischen Ansatz ergab sich zugleich die politische Position des Autors. Sie postuliert, daß sich eine Stabilisierung der ersten Republik auf deutschem Boden nur unter bestimmten Voraussetzungen einstellen konnte, nämlich als Ergebnis eines möglichst weitgehenden Bruchs mit den aus der wilhelminischen Ära überkommenen antidemokratischen, antisozialen und besonders auch der militaristischen Strömungen und deren Trägern.

Der Volksbeauftragte für Heer und Marine und spätere Reichswehrminister Noske hatte also im Kern eine einzige große politische Aufgabe zu bewältigen, die sozusagen auf der »historischen Tagesordnung« stand, die aber auch bereits – durch das Volkswehr-Gesetz vom 12. Dezember 1918 und durch das militärpolitische Programm des ersten Rätekongresses – ihre aktuelle Konkretisierung erfahren hatte: Er sollte eine *neue* Militärorganisation schaffen, die nicht mehr – wie bisher– ein Gegner demokratischer Institutionen und sozialer Veränderungen sein durfte, sondern die der im Entstehen begriffenen ersten deutschen Republik Schutz bieten und ihr als zuverlässiges Machtinstrument zur Verfügung stehen mußte. In dem zeitgenössischen, aus der liberalen und der sozialistischen Tradition gleichermaßen stammenden Schlagwort »Volkswehr« waren diese politischen Zielvorstellungen gebündelt.

Die republikanische Öffentlichkeit – also die große Mehrheit jener Deutschen, die sich aktiv an der Revolution beteiligt oder sie doch mit Sympathie begleitet hatten – erwartete seit der Jahreswende 1918/19 von Noske, daß er diese Volkswehr schaffen würde. Das aber setzte – nicht zuletzt nach der einhelligen Meinung der Delegierten des ersten Rätekongresses – die »Zertrümmerung des Militarismus« voraus. Darunter stellte man sich – als Minimalforderung – die Entmachtung des monarchistischen Offizierkorps bzw. die Bestätigung der bereits weitgehend vollzogenen Entmachtung vor. Wie ausfüllungsbedürftig das militärpolitische Reformprogramm des Rätekongresses im einzelnen auch immer war, eines stand außer Zweifel: Das Neue konnte und durfte nicht einfach eine Fortsetzung des Alten sein.

Diese »historische« Aufgabe hat Gustav Noske nicht zu lösen vermocht. Die unter seiner politischen Verantwortung in den ersten Monaten des Jahres 1919 gebildeten militärischen Formationen, die den Grundstock für die spätere Reichswehr bildeten, wurden keineswegs dem Anspruch gerecht, ein zuverlässiges Instrument der jungen Republik zu sein. Ob die Angehörigen der Freikorps und der späteren Reichswehr nun in den bürgerkriegsähnlichen Auseinandersetzungen des Jahres 1919 auf Arbeiter schossen, ob sie sich im März 1920 am Kapp-Lüttwitz-Putsch gegen die Republik beteiligten, ob sie sich hernach als »Staat im Staate« von dem demokratischen politischen Umfeld der Republik abkapselten: immer waren diese Handlungen eher auf die Festigung der politischen und gesellschaftlichen Position des Militärs bezogen als auf die Stabilisierung der Republik. Das Offizierkorps der Reichswehr blieb im Kern antirepublikanisch.

Die zentrale Frage an die Politik Noskes lautete damit: Weshalb gelang es ihm nicht, mit den Traditionen des preußisch-deutschen Militarismus zu brechen und eine republikanische Volkswehr aufzubauen? War es so – wie nicht nur Noske-Apologeten glauben machen wollen –, daß der Rückgriff auf das monarchistische und antirepublikanische Militär tatsächlich unumgänglich war, wenn man vermeiden wollte, daß die staatliche Ordnung zerfiel? Mußte Noske tatsächlich, wie er selbst nicht müde wurde zu behaupten und wie es Generationen von Historikern gleich ihm beschrieben haben, die entstehende deutsche Republik vor dem Ansturm einer »bolschewistischen Gefahr« schützen? Oder lag das Problem eigentlich auf einer ganz anderen Ebene, nämlich der Weigerung republikanisch eingestellter Männer, sich zum militärischen Dienst zur Verfügung zu stellen? Gab es keine personelle Alternative zu den antidemokratisch und monarchistisch denkenden Offizieren? Oder gab es diese Alternativen zwar, aber Noske hat sie nur nicht genutzt, hat mögliche Chancen ungeprüft gelassen, Handlungsspielräume nicht erkannt oder bewußt übersehen?

Darüber hinaus galt es noch zu fragen: Wollte Noske, dessen »Antimilitarismus« sich schon vor dem Kriege auf die Bekämpfung der Auswüchse des preußischen Militärsystems beschränkt hatte, überhaupt mit den Traditionen des preußisch-deutschen Militarismus brechen, d. h., die alte militärische Elite entmachten und eine republikanische Volkswehr aufbauen? War dies überhaupt sein politisches Ziel? Oder wollte er – aus einer im Grunde antirevolutionären und zudem nur zaghaft reformistischen, letztlich eher ordnungspolitischen Grundhaltung heraus – eigentlich gar nicht den Bruch, zumindest keinen allzu tiefen, und statt dessen Kontinuität auch im Bereich der militärischen Führung und der militärischen Organisation, unter Hintanstellung des politischen Kriteriums, wie sich die Soldaten zu der neuen Staatsform stellen würden?

Noskes eigene Antwort auf diese Fragen, die ja in ähnlicher Weise bereits von seinen Zeitgenossen an ihn gestellt wurden, war immer sehr eindeutig und von Zweifeln nie beeinträchtigt: Er habe auf die linksradikalen, zum Teil gewaltsamen Aufstandsbewegungen rasch, entschieden und mit überlegener militärischer Gewalt antworten müssen, um zunächst die Wahlen zur Nationalversammlung zu gewährleisten und nachher die junge Republik vor Gefahren zu schützen, die ihr von links her drohten. Diese Gegner betreffend, hatte Noske ein eindeutiges Feindbild, für das ihm das Wort »bolschewistisch« leicht von den Lippen ging. Rückblickend reklamierte er »die Abwehr des Bolschewismus« als seine eigentliche historische Leistung. Daß die Linksradikalen ihrerseits das Feindbild vom »Bluthund« Noske kultivierten, machte den Weg zu einer realistischen Beurteilung der Lage und darüber hinaus zu gewaltfreien Konfliktlösungen nicht eben leichter.

Was Noske als »bolschewistische Gefahr« darstellte, hat es als machtpolitisch ernstzunehmenden Faktor in Wirklichkeit nicht gegeben. Die sogenannte revolutionäre oder radikale Linke war organisatorisch schwach und zersplittert. Sie stellte eine politische Minorität ohne Massenbasis dar. Ihre Ziele waren auch keineswegs deckungsgleich mit denen der höchst heterogenen Massenbewegung des Jahres 1919, deren gemeinsamer Nenner die Unzufriedenheit mit dem bisherigen Verlauf der Revolution war, die man also als eine soziale Protestbewegung begreifen muß, nicht als eine revolutionäre Kampftruppe zur Etablierung eines politischen Rätesystems. Die »bolschewistische Gefahr« – darin ist man sich in der neueren Revolutionsforschung einig – war 1919 in Deutschland ein propagandistisch erzeugter Popanz, keine Realität. Das heißt: die Furcht vor einer »bolschewistischen« Machtergreifung war unbegründet. Aber Noskes Feindbild – im einzelnen ist schwer zu entscheiden, in welchem Maße es seinen wirklichen Bedrohungsvorstellungen entsprach und in welchem Maße es ganz bewußt, in manipulativer Absicht also, als Herrschaftsmittel eingesetzt wurde – stellte eine Realität dar, und es entfaltete fatale politische Wirkungen.

Denn mit dem Feindbild war bei Noske ein für einen Sozialdemokraten untypisches Verhältnis zur Gewalt verbunden. Dies wußte sein politischer und persönlicher Freund Friedrich Ebert. Noske hatte nämlich schon vor seiner Berufung in den Rat der Volksbeauftragten nicht nur einmal resolut gefordert, in dem unruhigen Berlin müsse gewaltsam Ordnung gemacht werden. Nicht von ungefähr verbindet sich mit dem Namen Noske also die Vorstellung vom gewaltsamen Dreinschlagen. Er hatte diesbezüglich in der Tat weder Hemmungen noch Skrupel. Im ersten Halbjahr 1919 sollte seine Politik der »eisernen Faust« zum wichtigsten Kennzeichen dieser Phase der deutschen Politik werden, ja zum eigentlichen Signum der »Ära Noske«.

Fragt man nach Gründen und Motiven für die bei Noske zu beobachtende weitgehende Bedenkenlosigkeit gegenüber dem Einsatz militärischer Gewaltmittel im Innern, welche ihm das Etikett »Bluthund« eintrug, so muß wohl in erster Linie an das Weltkriegserlebnis erinnert werden, das auch Noske nachhaltig in der Weise geprägt zu haben scheint, daß ihm militärische Gewalt als Mittel der Politik gleichsam zur Normalität geworden war. Außerdem ist Noske offenbar während seiner gesamten Ministerzeit nicht aufgegangen, daß seine gewaltsame Ordnungspolitik im Innern eigentlich eine polizeiliche und keine militärische Aufgabe war.

Sein »antibolschewistisches« Feindbild, seine Haltung in der Gewaltfrage und sein tagespolitischer Praktizismus veranlaßten Noske bereits am Beginn seiner Regierungstätigkeit dazu, seine Aufmerksamkeit ganz auf die Lösung aktueller Konfliktsituationen zu konzentrieren. Demgegenüber verlor er seine »historische« militärpolitische Reformaufgabe, nämlich die Schaffung einer republikanischen Volkswehr, gerade in der entsprechenden Frühphase seiner politischen Arbeit als Volksbeauftragter fast ganz aus den Augen. Auf diese Weise entwickelte sich die denkwürdige Lage, daß ein Offizier, nämlich der württembergische Oberst und spätere General Walther Reinhardt, der seit Ende Dezember 1918 das Amt des preußischen Kriegsministers bekleidete und als solcher Noskes volles Vertrauen genoß, bei den militärpolitisch relevanten gesetzgeberischen und verfassungspolitischen Entscheidungen der ersten Jahreshälfte 1919 den Ton angab, während der sozialdemokratische Politiker Noske, der Zivilist, höchst persönlich den Aufbau von Regierungstruppen betrieb oder diesen überwachte und, was nicht minder ungewöhlich war, immer wieder in die Rolle eines militärischen Oberbefehlshabers schlüpfte und damit den Generälen Konkurrenz machte.

Eine derartige Prioritätensetzung zugunsten der vermeintlichen Tageserfordernisse hatte, was die strukturellen militärpolitischen Reformaufgaben betraf, nicht nur aufschiebende Wirkungen; vielmehr wurde das im Volkswehr-Gesetz vorgegebene Programm dauerhaft verschüttet. Diese Entwicklung begann spätestens mit dem Aufruf »Freiwillige vor!« vom 7. Januar 1919. Von da an akzeptierte Noske jeden Soldaten, der sich ihm zur Verfügung stellte. Offiziere, die sich als Republikaner zu erkennen gaben, beargwöhnte er allerdings mißtrauisch als Konjunkturritter und Opportunisten. Statt ihrer förderte er im Regelfall jene von ihm allein als glaubwürdig eingeschätzten Offiziere, die sich offen als Monarchisten mit deutlicher Distanz zu den neuen republikanischen Verhältnissen zu erkennen gaben.

Noskes Orientierung an der überkommenen militärischen Vorstellungswelt und sein Rückgriff auf das »alte« Offizierkorps war auf dem Felde der Personalpolitik nur besonders augenfällig. Sie wirkte sich jedoch auch in den täglichen Lagebeurteilungen und Entscheidungsfindungen aus. Denn Noske bewegte sich jetzt in einem einseitig militärisch beeinflußten Milieu, und als politischer Praktiker, dem die Fähigkeit abging, Strukturen zu erkennen und darauf eine politische Strategie aufzubauen, stand er immer in der Gefahr, ein Opfer des militärisch-bürokratischen Apparates zu werden.

Einzelgänger, der er war, hatte er nicht etwa einen Stab von Mitarbeitern seines persönlichen und politischen Vertrauens um sich geschart, sondern er arbeitete mit Offizieren, die ihm vom preußischen Kriegsministerium zugewiesen worden waren. Dies hatte zur Folge, daß er eine Vielzahl von Informationen erhielt, die sich, in militärtypischer Art, am schlimmsten denkbaren Fall orientierten, und weniger an der tatsächlichen Lage. Er war jedoch nicht nur einseitigen Informationen ausgesetzt, sondern wurde auch in mehreren nachweisbaren Fällen zum Opfer gezielt lancierter Falschmeldungen einzelner Offiziere, die den Zweck verfolgten, Noskes Zustimmung zu extrem harten Maßnahmen, etwa zu sehr weitgehenden Schießbefehlen, zu erhalten.

Mit dem Einsatz überlegener militärischer Truppen während der Januar-Unruhen in Berlin 1919 begann eine Eskalation der Gewalt, also eine Entwicklung, die sich nicht mehr umkehren ließ und die letztlich nur noch durch Sieg und Niederlage beendet werden konnte. In den sich daraus entwickelnden bürgerkriegsähnlichen Kämpfen der ersten Hälfte des Jahres 1919 verloren nicht nur mehrere tausend Menschen ihr Leben – einen ähnlichen Blutzoll hatten innere Konflikte in Deutschland seit dem 30jährigen Krieg nicht mehr gefordert –; in diesem Zeitraum verlor auch Noske einen Großteil seines bis dahin noch verbliebenen Handlungsspielraumes. Die Soldaten, die er gerufen hatte, wurde er nicht mehr los. Er wurde, ohne es selbst recht zu merken, immer mehr zu ihrem Gefangenen.

Die für die erste Jahreshälfte 1919 charakteristische Eskalation der Gewalt war keineswegs zwingend vorgezeichnet. Vielmehr standen am Beginn dieser Entwicklung, die dann alsbald eine Eigendynamik entfalten sollte, Entscheidungen Noskes, deren Notwendigkeit zweifelhaft war und die selbst eskalierend wirkten. So beruhte die staatliche Reaktion auf die Berliner Januarunruhen auf einer falschen Lagebeurteilung. Die Gefahren waren weit geringer als von Noske angenommen. Beim Einsatz der Regierungsmacht wurde nicht nach dem polizeilichen Grundsatz der Verhältnismäßigkeit der Mittel verfahren, sondern nach dem militärischen Sieg-oder-Niederlage-Prinzip. Unter dem Einfluß dieser Denkweise sperrte sich Noske – hier in Berlin wie auch später in Bremen, München und anderen Städten – gegen politische Kompromißlösungen.

Auch die Aufstellung von Freikorps unter Rückgriff auf die »kaiserlichen« Offiziere war keineswegs ein alternativenlos vorgegebener Weg. Denn in der Reichshauptstadt gab es – ebenso wie in anderen Teilen des Reiches – durchaus entwicklungsfähige Ansätze zum Aufbau von Truppen, die dem »Volkswehr«-Gesetz entsprachen. Niemand kann beweisen, daß es den spontan gebildeten republikanischen Verbänden in Berlin auch allein gelungen wäre, die aktuelle Gefahrensituation im Januar 1919 zu bereinigen. Was aber gesagt werden kann, ist, daß Noske nicht einmal den Versuch gemacht hat, die Tragfähigkeit dieses Weges zu testen. Noske hat den republikanischen Wehren von vornherein die kalte Schulter gezeigt. Das hatte vor allem zwei Gründe. Erstens zweifelte er an ihrer militärischen Effizienz. Zweitens wollte er vermeiden, daß es zu einem ernsthaften Konkurrenzkampf zwischen Freikorps und Volkswehren hinsichtlich der späteren Anwartschaft auf eine Übernahme in die vorläufige Reichswehr kam.

Nach der Unterzeichnung des Versailler Friedensvertrages stand der Reichswehrminister vor der schweren Aufgabe, die in den militärischen Bestimmungen vorgesehene Teilabrüstung auf ein 100 000-Mann-Heer durchzuführen. Damit war das »Volkswehr«-Konzept, das auf dem Rekrutierungsprinzip der allgemeinen Wehrpflicht beruhte – dieses Prinzip wurde in der liberalen und sozialistischen Tradition seit langem als demokratisches Pendant zum allgemeinen Wahlrecht und damit als fortschrittlich angesehen –, zunächst einmal hinfällig. Aber vielleicht hätte die durch den Versailler Vertrag erzwungene Truppenverminderung noch einmal die Möglichkeit zu einer offensiven republikanischen Personalpolitik geboten. Noske machte auch einige zaghafte Versuche – die Beförderung von etwa 1000 verdienten älteren Unter- und Deckoffizieren zu sogenannten »Noske-Offizieren« gehörte ebenso dazu wie die von Noske entwickelte Perspektive, ein »bettelarmes« Offizierkorps könne man der Republik noch am ehesten verpflichten, weil es von ihr materiell abhängig sein würde –, aber sie konnten den restaurativen Trend nicht stoppen.

Im Herbst 1919 legte Noske in öffentlicher Rede rückblickend dar – es war einer der seltenen Fälle, in denen er seinen politischen Pragmatismus historisch einzuordnen versuchte –, es sei sein Ziel gewesen, die Fehler der französischen Revolution zu vermeiden. Diese bestanden nach seiner Auffassung darin, daß sich die Revolutionäre die Vertreter des alten Regimes zu Gegnern gemacht hatten. Demgegenüber reklamierte er es als seine »Kunst«, »die brauchbaren Elemente des alten Regimes« – damit war ein Teil der »kaiserlichen« Offiziere gemeint – an die neue Regierung gefesselt zu haben.

Hatte er sie tatsächlich gefesselt, an die Regierung Scheidemann oder an die Regierung Bauer, oder hatten sie ihn gefesselt? Verstärkt seit den Auseinandersetzungen um die Versailler Friedensbedingungen mischten sich die Offiziere in altgewohner Manier wieder in die deutsche Politik ein. Nicht wenige trugen sich im Sommer 1919 mit Putsch- und Diktaturplänen, also mit dem Gedanken eines konterrevolutionären Umsturzes, aber auch mit der Idee einer Wiederaufnahme des Krieges gegen die Siegermächte. Noske sind diese Überlegungen nicht verborgen geblieben. Einige Male wurde er sogar selbst aufgefordert, sich, gestützt auf das Militär, zum Diktator aufzuschwingen. Um Schlimmeres zu verhüten, wie er meinte, ging Noske nicht öffentlich gegen die zum Militärputsch drängenden Offiziere vor, sondern nur intern, und dies auch nur mit kurzfristigem Erfolg.

Gleichwohl konnte von einer Stabilisierung der militärpolitischen Verhältnisse keine Rede sein: Seit August 1919 widersetzten sich die deutschen Truppen im Baltikum – die Auflösung fürchtend – offen den Befehlen der Reichsregierung. Insgesamt häuften sich in der zweiten Hälfte des Jahres 1919 republikfeindliche öffentliche Äußerungen von Offizieren, was Scheidemann zu seiner aufsehenerregenden Warnung »Der Feind steht rechts!« veranlaßte. Die Gefahren von rechts waren latent immer vorhanden. Sie spitzten sich durch die Forderung nach Verminderung der Streitkräfte auf 100 000 Mann, welche von den Soldaten als existenzbedrohend empfunden wurde, dramatisch zu. Noske aber spielte das Problem ständig herunter, wohl aus der fast schon zwanghaften Vorstellung heraus, daß nicht sein konnte, was nicht sein durfte. Denn die offensichtliche Illoyalität von einflußreichen Gruppen unter den Offizieren signalisierte das drohende Scheitern seiner Umarmungsstrategie. So mag sich erklären, daß sich der Reichswehrminister auch dann noch öffentlich vor »seine« Offiziere stellte, als dafür selbst seine politischen Freunde kein Verständnis mehr aufzubringen vermochten.

Noske, der den SPD-Parteitag im Juni 1919 in Weimar noch als strahlender Sieger über seine innerparteilichen Kritiker verlassen hatte, mußte seit dem Herbst erleben, daß er sich von seiner politischen Basis in der Sozialdemokratie und in den Gewerkschaften immer mehr entfremdete. Die einfachen Parteimitglieder wie auch die Funktionäre der Partei hatten Noskes gewaltsame Pazifizierungspolitik bislang schon mit großem Mißbehagen verfolgt, hatten kopfschüttelnd mitangesehen, wie er mit den Repräsentanten des alten »Militarismus« vertrauensvoll zusammenarbeitete und sich bei seinen militärischen Aktionen ganz auf die Freikorps abstützte. Jetzt kam noch hinzu, daß einzelne Offiziere öffentlich gegen die Republik agitierten, ohne vom Reichswehrminister dafür sofort aus der vorläufigen Reichswehr entfernt zu werden. So war auch die mehrheitssozialdemokratisch orientierte Arbeiterschaft insgesamt ausgesprochen unzufrieden mit dem auf dem Felde der Militärpolitik Erreichten. Man glaubte zudem Grund für die Befürchtung zu haben, daß Noske auf dem rechten Auge vollends blind geworden sei. Dies alles paßte so wenig mit den traditionellen sozialdemokratischen Orientierungen zusammen, daß die Partei um ihr Profil und um ihren politischen Einfluß bei der eigenen Anhängerschaft fürchten mußte.

Tatsächlich liefen der Mehrheitssozialdemokratie im Jahre 1919 Hunderttausende von Mitgliedern davon und wanderten aus Protest zur USPD. Dabei spielte der Abscheu vor der Noske-Politik eine ganz zentrale Rolle. Allgemeiner formuliert, ging es um die Stellung der Mehrheitssozialdemokratie zur Gewalt in der Politik und damit auch zum »Militarismus«. An der unterschiedlichen Beantwortung der Frage, wie sich die deutsche Sozialdemokratie zum Kriege stellen sollte, war die Partei 1917 zerbrochen, und die USPD hatte sich zum Sammelbecken der sozialistischen Kriegsgegner und Pazifisten entwickelt. Als dieser Hauptstreitpunkt durch die Beendigung des Krieges wegfiel, wurde die Zusammenarbeit beider Parteien in der Regierung der Volksbeauftragten möglich. Sie ging dann aber bereits Ende Dezember 1918 in die Brüche, und zwar aus keineswegs zufälligen Gründen, nämlich – aktuell –, weil Ebert »kaiserlichen« Offizieren den Befehl zum gewaltsamen Vorgehen gegen eine als revolutionär eingeschätzte Truppe gegeben hatte, und – perspektivisch –, weil die Unabhängigen prinzipielle Bedenken gegen die von Ebert betriebene Politik der Kooperation mit den alten militärischen Eliten hatten. Nach dem Auseinanderbrechen der sozialdemokratischen Koalitionsregierung verschärfte dann Noske den mehrheitssozialdemokratischen Kurs in der Weise, daß er die Versuche, die Revolution weiterzutreiben, durch seine Freikorps zusammenschießen ließ. Die Kluft zu den Unabhängigen wurde dadurch zwangsläufig immer größer. Denn diese sahen nicht nur in der Zusammenarbeit mit den alten militärischen Eliten einen schweren politischen Fehler, sondern beurteilten den von Noske zu verantwortenden hemmungslosen Einsatz staatlicher Gewaltmittel als eine vollständige Abkehr von den demokratischen Traditionen und Überzeugungen der Sozialdemokratie. Demokratie – das hieß doch gewaltfreier Konfliktaustrag im staatlichen und gesellschaftlichen Bereich; und nun »löste« ein sozialdemokratischer Reichswehrminister sämtliche innenpolitischen Konflikte mit Waffengwalt, tat demnach genau das, was Kaiser Wilhelm II. der Sozialdemokratie der Vorkriegszeit mehrfach angedroht, glücklicherweise aber nicht wahr gemacht hatte!

Krieg, Militär, Gewalt – das waren also auch im Jahre 1919 die eigentlichen Konfliktthemen, über die sich ›linke‹ und ›rechte‹ Sozialdemokraten, also USPD und MSPD, nicht verständigen konnten. Dabei befand sich Gustav Noske mit seiner Politik der »eisernen Faust« auf dem äußersten rechten Flügel der Mehrheitssozialdemokraten. Die Kritik an ihm kam keineswegs nur aus den Reihen der USPD, sondern auch aus den eigenen. An Noske schieden sich die Geister. Als Person und als Exponent einer bestimmten Politik stellte er das Haupthindernis für ein erneutes Zusammengehen der beiden sozialdemokratischen Parteien dar, das – nimmt man den kommunistisch orientierten Flügel der USPD, dessen Übertritt zur KPD ohnehin nur eine Frage der Zeit war, aus – eigentlich in der Logik der Entwicklung gelegen hätte. Ein solches Zusammengehen wurde damals nicht nur von so bekannten Parteitheoretikern wie Karl Kautsky und Eduard Bernstein gefordert, es entsprach auch einem in der deutschen Arbeiterschaft weit verbreiteten Bedürfnis. Auf der Basis der Politik Noskes war diese Forderung jedoch unrealistisch und unmöglich. Es ist also keineswegs ein Zufall, daß die Wiedervereinigung der beiden sozialdemokratischen Parteien und die Abwanderung eines Teils der USPD zur KPD erst nach dem Abtritt Noskes von der politischen Bühne vollzogen wurden.

Es gibt gewiß, zumal im historischen Rückblick, gute Gründe dafür zu nennen, daß die nur fünfjährige Geschichte der USPD ein »Irrweg« war, weil die Existenz dieser Partei zur Spaltung der sozialdemokratischen Arbeiterschaft beitrug und weil diese Spaltung die Chancen zum Aufbau einer sozialen Demokratie naturgemäß erheblich minderte. Es muß aber daran erinnert werden, daß die Gründe für diese – im übrigen von der ›rechten‹ Mehrheit erzwungene – Abspaltung nicht etwa auf einem politischen Randgebiet lagen, sondern das Kernstück der Geschichte des deutschen Nationalstaats betrafen, die Frage nämlich, ob Gewalt als das Lebensgesetz der Außen- und Innenpolitik dieses Staates akzeptiert werden durfte oder nicht. Noske und einige andere mehrheitssozialdemokratische Politiker haben sich diesbezüglich sowohl während des Weltkrieges 1914–18 wie auch in der anschließenden revolutionären Umbruchsphase in starkem Maße an die herrschenden Tendenzen angepaßt und sie dann selbst teilweise fortgesetzt, und es ist nicht schwer zu verstehen, daß die Unabhängigen ihnen auf diesem »Irrweg« nicht folgen mochten, zumal auch das Ideal der gewaltfreien Demokratie durch Noskes Politik nachhaltig desavouiert wurde.

Der Reichswehrminister selbst sah die Problemlage anders. Als führende mehrheitssozialdemokratische Politiker im Herbst 1919 ihre Warnung »Der Feind steht rechts!« in die Öffentlichkeit hinausriefen, gab Noske, der den innenpolitischen Gegner immer nur ›links‹ gesehen hatte, nicht zu erkennen, daß er diese Einschätzung teilte. Im übrigen vertraute er auf zwei Faktoren: erstens auf die Loyalität »seiner« Offiziere, zweitens auf die Tragfähigkeit und Stabilität des rechtlichen und organisatorisch-institutionellen Rahmens, in den er – in enger Zusammenarbeit mit dem ihm loyal verbundenen preußischen Kriegsminister Reinhardt – die vorläufige Reichswehr eingebettet zu haben glaubte. Die einzelnen Stationen dieser Entwicklung – von den Januarverordnungen von 1919, über das Gesetz über die vorläufige Reichswehr bzw. Reichsmarine vom März/April, die Weimarer Reichsverfassung, die Präsidentenverordnung zur Regelung des Oberbefehls, die Auflösung der Obersten Heeresleitung bis hin zur Einrichtung eines einheitlichen Reichswehrministeriums bei gleichzeitigem Wegfall der Militärministerien der Länder zum 1. Oktober 1919 – lassen sich, betrachtet man sie unter machtpolitisch relevanten Gesichtspunkten, als ein fortlaufender Prozeß begreifen, in dem der von der Soldatenratsbewegung ursprünglich gewollte und in den Januarverordnungen noch enthaltene politische Kontrollmechanismus auf der Ebene der militärischen Einheiten und Verbände Zug um Zug abgebaut wurde zugunsten einer einzigen politischen Kontrollmaßnahme, nämlich der Unterstellung der Spitzenmilitärs von Heer und Marine (»Chef der Heeresleitung« und »Chef der Admiralität«) unter den dem Parlament verantwortlichen Reichswehrminister. Das war, verfassungspolitisch gesehen, gewiß ein Fortschritt, und die neuen Regelungen hätten in einem gefestigten demokratischen System vielleicht auch den gewünschten

Erfolg gehabt. In der schwierigen Übergangszeit vom Kaiserreich zur Republik erwiesen sich diese Instrumente jedoch nicht als ausreichend, um das Militär in seine Schranken zu verweisen.

Die Dynamik der militärpolitischen Entwicklung ergab sich jedenfalls weniger aus der fortschreitenden Ausformulierung der gesetzlichen Rahmenbedingungen und ihrer organisatorischen Verwirklichung als vielmehr aus dem politisch hochbrisanten Problem der Truppenverminderungen, wie sie der Versailler Vertrag vorschrieb. Der Kapp-Lüttwitz-Putsch vom März 1920, der im Kern ein Militärputsch gegen die Republik war – der republikanischen Regierung lastete man fälschlicherweise an, sie habe die Teilabrüstung nicht verhindert –, sollte dann erweisen, daß die inzwischen getroffenen verfassungsrechtlichen Regelungen von einigen machtpolitisch ambitionierten Militärs keineswegs als Handlungsrahmen akzeptiert und respektiert wurden.

Für Noske bedeutete der Putsch das Ende seiner politischen Karriere. Die nachfolgende 13jährige Tätigkeit als Oberpräsident der preußischen Provinz Hannover gehörte eher in den Bereich der Verwaltung, und Versuche, in die »große Politik« zurückzukehren, scheiterten.

Nun aber, nach dem Putsch, wurde Noske angelastet, daß er ihn nicht hatte kommen sehen und daß er ihn nicht verhindert hatte. Darüber hinaus wurde ihm – im Kontext des größeren Zusammenhangs der Übergangszeit vom Kaiserreich zur Republik – die Schuld dafür aufgebürdet, daß knapp eineinhalb Jahre nach der Novemberrevolution von 1918 der preußisch-deutsche Militarismus schon wieder sein Haupt erheben und die junge deutsche Republik in schwere Gefahren bringen konnte. Daß die Entwicklung tatsächlich dahin gegangen war, mochte angesichts der Fakten niemand bestreiten. Aber war es fair und gerecht, diese negative Bilanz ganz auf das Konto des Reichswehrministers Gustav Noske zu buchen? Die Erörterung dieser Frage gibt abschließend Gelegenheit, einige Überlegungen hinsichtlich der Handlungsmöglichkeiten eines einzelnen Politikers anzustellen, der einerseits in einer herausragenden Position Entscheidungen zu fällen hatte, andererseits aber auch strukturelle Rahmenbedingungen vorfand, innerhalb derer es zwar ziemlich weite Handlungsspielräume gab, aber eben auch Grenzen. Konkreter formuliert: Scheiterte Noske aus eigenem Verschulden oder wegen der objektiven Unlösbarkeit seiner überschweren Aufgabe?

Einige Sozialdemokraten sind 1920 und in späteren Jahren den bequemen Weg gegangen, Noske pauschal zum Sündenbock für die militärpolitischen Fehlentwicklungen in der Frühphase der Weimarer Republik zu machen. Die einen taten dies offen, die anderen eher versteckt. Zu letzteren gehörte der ehemalige Reichsministerpräsident Philipp Scheidemann. Dem Menschen Gustav Noske in kritischer Solidarität verbunden, zugleich aber – nach seinem eigenen Rücktritt vom Amte des Regierungschefs – das Verhängnisvolle der Noskeschen Militärpolitik immer deutlicher erkennend, bezeichnete er ihn vielsagend als eine »tragische Persönlichkeit«. Damit wollte er wohl zum Ausdruck bringen, daß Noske ein absolut redlicher Mensch war, der mit großem persönlichen Mut und unter Hingabe aller seiner Kräfte eine äußerst schwierige Aufgabe zu meistern versucht hatte, im Ergebnis aber gescheitert war, zum Teil aus eigenem Verschulden, zum Teil wegen der äußeren Umstände.

Diese Bewertung hat auf den ersten Blick etwas Bestechendes an sich, da sie die unterschiedlichsten Faktoren und Entwicklungen in einer den Reichswehrminister Noske nicht verletzenden Weise einzufangen sucht. Aber bei näherem Hinsehen erweist sich die metaphysische Kategorie des Tragischen – also die Annahme eines schicksalhaften Untergangs in einem unvermeidlichen Konflikt – als ein für die Analyse politischer Vorgänge nicht eben sehr taugliches Instrument. Letztlich verschleiert sie mehr, als sie erhellt. Vielleicht wollten Scheidemann und andere dies mit ihrer Denkfigur vom tragischen Reichswehrminister gerade erreichen, bot sie doch die Möglichkeit, die kritischen Urteile über die Regierungspolitik jener Jahre auf Noske hin zu kanalisieren, womit zugleich vom Ausmaß der eigenen Mitverantwortung abgelenkt werden konnte.

Von einer Mitverantwortung für die Versäumnisse und Fehlentscheidungen im militärischen Bereich konnte jedoch kaum einer der führenden mehrheitssozialdemokratischen Politiker freigesprochen werden. In besonderem Maße gilt dies für die mit hohen Staatsämtern betrauten MSPD-Politiker, also den Volksbeauftragten und späteren Reichspräsidenten Ebert sowie die beiden Reichsministerpräsidenten Scheidemann und Bauer. Sie haben die von Noske seit der Jahreswende 1918/19 verfolgte Politik, auch und gerade seine gewaltsame Befriedungspolitik im Innern, mit getragen und zu ihr offenbar keine echte Alternative gesehen. Die Weichen für eine Zusammenarbeit mit dem überkommenen militärischen Führungspersonal hatten sie bereits gestellt, bevor Noske in die Regierung der Volksbeauftragten berufen wurde. Seine Freikorpspolitik war nichts anderes als eine Fortsetzung dieser Kooperation.

Keiner der mehrheitssozialdemokratischen Regierungschefs hielt den Reichswehrminister an, seine Militärpolitik auf der ideellen und rechtlichen Basis des Volkswehr-Gesetzes vom Dezember 1918 zu betreiben, sondern sie ließen es geschehen, daß dieses Gesetz in Vergessenheit geriet, beiseite geschoben wurde. Überhaupt legen die Quellen das Urteil nahe, daß weder die beiden Reichsministerpräsidenten noch die Kabinette als Kollegialorgane dem von Noske zu verantwortenden Bereich der Politik sonderliches Interesse entgegenbrachten. Der

Reichswehrminister erhielt weder allgemeine Richtlinien noch wurde ihm in einzelnen Konfliktsituationen eine Hilfestellung der Ministerkollegen angeboten, was in der Weise hätte geschehen können und müssen, daß das anstehende Problem gemeinsam beraten worden wäre. Nein, man ließ Noske in einem sehr weitgehenden Umfang gewähren, war gar froh, daß man sich selbst nicht um dessen unangenehme und unpopuläre Arbeit kümmern mußte.

In dem Freiraum, der durch dieses Gewährenlassen entstand, bewegte sich Noske in einer Weise, die seine ganz persönliche Handschrift trug. Besonders die Bedenkenlosigkeit, mit der er auf Arbeiter schießen ließ – auf Menschen also, die derselben sozialen Schicht angehörten, der er selbst entstammte –, war wohl doch etwas Noske-Typisches. Innerlich schon ganz zum »Staatsmann« geworden, schien er seine soziale Herkunft und die sich daraus gemeinhin ergebenden Verpflichtungen abgelegt, vergessen zu haben – um sich den vermeintlichen – nur zu einem Teil tatsächlichen – Gegnern des Staates mit äußerster Härte entgegenzustellen. Daß Noske auf Arbeiter schießen ließ, ohne Alternativen zu prüfen und ohne nach Kompromissen zu suchen – dieses Stigma wird auf immer mit seinem Namen verbunden bleiben.

War Noske Treibender oder Getriebener? Die Bedeutung dieser Frage relativiert sich zum Teil durch den soeben angesprochenen Tatbestand, daß die übrigen Regierungsmitglieder den Reichswehrminister deckten und dadurch – gewollt oder ungewollt – eine Mitverantwortung für seine Taten übernahmen. Innerhalb des Freiraums, den man ihm ließ, war Noske allerdings gewiß der Treibende. Nicht umsonst erwarb er sich rasch das Image, der »starke Mann« zu sein, also das in den machtpolitisch relevanten Fragen einflußreichste Kabinettsmitglied. Es war der Politiker, der durch den resoluten Einsatz der ihm zur Verfügung stehenden staatlichen Gewaltmittel der ganzen Situation seinen Stempel aufprägte.

Allerdings wurde auch Noske getrieben, jedoch nicht von seinen Kollegen im Kabinett oder seinen Genossen im Parteivorstand der MSPD, sondern von jenen ehrgeizigen Militärs, die in den schweren inneren Konflikten der ersten Jahreshälfte 1919 die Chance sahen, ihre eigene Unentbehrlichkeit zu demonstrieren, und die dann, aufgrund dieser Verdienste, daran gingen, möglichst viel von ihrer in der Kaiserzeit innegehabten politischen und gesellschaftlichen Position zurückzufordern.

War Noske ein typischer Sozialdemokrat seiner Zeit oder nicht? Keineswegs typisch war seine kritiklose Nähe zum Militär, zu jenen Offizieren, die nicht nur von den Sozialdemokraten nichts wissen wollten, sondern die generell in einer antidemokratischen Grundhaltung befangen blieben. Von bestimmter Seite wird der erste sozialdemokratische Reichswehrminister immer wieder wegen seiner vertrauensvollen Zusammenarbeit mit den Offizieren gelobt und in gleichem Atemzuge seine Partei getadelt, daß sie darin nicht ein Vorbild für das eigene Handeln gesehen habe.

Dies führt zu der Frage, ob Gustav Noske in seiner 15monatigen Amtszeit als der für das Militär verantwortliche Minister einen wesentlichen Beitrag zur Verbesserung des seit Jahrzehnten gespannten Verhältnisses zwischen Sozialdemokratie und Militär geleistet hat oder nicht. Er selbst war fest davon überzeugt, viel zur Überbrückung dieser traditionellen Kluft beigetragen zu haben; er glaubte sogar, kurz vor der Lösung des Problems gestanden zu haben, als der Militärputsch sein Lebenswerk dann auf einen Schlag zunichte machte.

Es ist nicht zu bestreiten, daß es dem ersten sozialdemokratischen Reichswehrminister gelang, bei vielen Soldaten ein persönliches Vertrauenskapital anzusammeln. Seine praktische, zupackende Art, sein Verständnis für die Besonderheiten des militärischen Lebens, besonders aber sein demonstratives öffentliches Parteiergreifen für »seine« Soldaten brachten ihm bei diesen viel Anerkennung ein. Sie machte sich gelegentlich Luft in so kernigen Aussprüchen wie dem des Generals Maercker, der Noske im Juni 1919 versicherte: »Für Sie, Herr Minister, lasse ich mich in Stücke hauen, und meine Landesjäger auch!« War dies ernst gemeint? Wie sich während des Kapp-Lüttwitz-Putsches zeigen sollte, ließ sich dieser General für seinen Minister keineswegs »in Stücke hauen«, sondern er lavierte zwischen den Putschisten und der legalen Reichsregierung. Dieses Verhalten war durchaus typisch für die Beziehungen zwischen dem Reichswehrminister und einem Teil der militärischen Führungsschicht. Das Vertrauen wurde ihm nur so lange entgegengebracht, wie er vorbehaltlos die Interessen der Militärs vertrat. Belastungsproben hielt es nicht stand.

Wichtiger noch: Der persönliche Vertrauensbonus, von dem Noske eine Zeitlang zehren konnte, kam seiner Partei, der SPD, nur in sehr geringem Umfang zugute. Hier blieben die alten Fronten im Grunde unverändert. Konnte das eigentlich anders sein? Wohl kaum, denn das zeitweilige Einvernehmen zwischen dem sozialdemokratischen Reichswehrminister und der militärischen Führungsschicht hatte letztlich keine tragfähige strukturelle Basis. Ein echter Wandel, also eine grundsätzliche Anerkennung der neuen, republikanischen Verhältnisse durch das Militär blieb aus.

So beruhte das scheinbar harmonische Miteinander von Noske und Offizieren der vorläufigen Reichswehr vornehmlich auf der Anpassungsbereitschaft und dem Versöhnungswillen des Ministers. Er erhielt dafür jedoch keine adäquate Gegenleistung. Anders ausgedrückt: Er paßte sich an, um von den Soldaten anerkannt zu werden, ohne daß die Soldaten im Gegenzug republikanische Zuverlässigkeit unter

Beweis stellen mußten, wenn sie ihrerseits vom Reichswehrminister der Republik anerkannt – und weiterbeschäftigt – werden wollten. Noske hoffte, daß seine Haltung durch Loyalität honoriert würde. Bis zum Schluß, bis zu seinem Sturz, hat er nicht begriffen, daß es sich um eine strukturelle Aufgabe handelte, die von einer demokratischen Militärpolitik gelöst werden mußte. Es kam nicht auf das Wohlverhalten des Ministers an, sondern auf die Lösung der innenpolitischen Machtfrage, die der Rätekongreß mit der Formulierung »Zertrümmerung des Militarismus« zu fassen versucht hatte. Mit Noskes theorielosem Pragmatismus war dieses Problem allerdings nicht zu bewältigen.

Um das eingangs zitierte Wort von Gordon Craig noch einmal aufzugreifen: Das Militär blieb, trotz der Ministerschaft eines sozialdemokratischen Politikers, auch in der Weimarer Republik eine Organisation, die dazu tendierte, »ein Staat im Staate zu sein, der den sozialen Fortschritt und die Entwicklung liberaler und demokratischer Institutionen verhinderte«. Als dieser Tatbestand mit dem Kapp-Lüttwitz-Putsch offenkundig wurde, rückten die Sozialdemokraten endgültig von Noske ab. Sein Mißerfolg konnte drastischer nicht demonstriert werden.

Aber es war nicht Noskes Mißerfolg allein. Gewiß hatte sein Verhältnis zur Gewalt und zum Militär Züge, die für einen Sozialdemokraten untypisch waren. Die führenden Personen der MSPD hatten ihn jedoch schalten und walten lassen, ohne ihm in den Arm zu fallen, sie waren den fatalen Weg mitgegangen, die Aufgabe der »Zertrümmerung des Militarismus« beim Militärressort der Regierung zu verorten, statt zu sagen, daß hier ein sehr weitgehendes, politisches wie gesellschaftliches Strukturproblem zu lösen war, das man nicht einfach einem Ressortminister anvertrauen konnte, sondern das in völlig anderer Weise hätte angepackt werden müssen. Hier drängt sich der Vergleich mit der verdrängten Kriegsschuldfrage auf. Im einen wie im anderen Fall zeigte es sich, daß die regierenden Mehrheitssozialdemokraten in den Jahren 1918–20 nicht den Mut und die Kraft zu einer wirklich offensiven, die überkommenen Strukturen tiefgreifend verändernden Politik hatten, die jenen Eliten dauerhaft den Boden hätte entziehen müssen, die dann schon bald wieder den Versuch machen sollten, einen neuen »Griff nach der Weltmacht« vorzubereiten. Noske verkörperte dieses Unvermögen in besonders augenfälliger Weise und auf einem besonders schwerwiegenden Feld der Politik.

XVI. Anhang

1. Quellen und Literatur*

A. Archivalien

1. Bundesarchiv, Koblenz

R 2	Reichsfinanzministerium, Nr. 17682 (Dotationen in der NS-Zeit)
R 43	Reichskanzlei, Nr. I/730 Akten betr. Heereswerkstätten 1919/20
R 60	Volksgerichtshof und Oberreichsanwalt beim Volksgerichtshof
NS 6	Nationalsozialistische Deutsche Arbeiterpartei, Parteikanzlei, Bde 9, 10, 15, 21
NL 15	Nachlaß Bernhardt Schwerdtfeger, Nr. 411 und 487
NL 46	Nachlaß Gustav Noske, Nr. 1–23
NL 150	Nachlaß Walter Luetgebrune, Bd 5 (Verfahren gegen Ehrhardt, Aussagen Noskes und v. Gilsas)

2. Bundesarchiv-Militärarchiv, Freiburg i. Br.

Preußische Armee

PH 2	Kriegsministerium, Nr. 1, 41, 42
PH 3	Großer Generalstab, Nr. 37
PH 26	Nachkriegsformationen

Reichsheer

RH 37	Verbände der Infanterie, Nr. 5058 (Freikorps Hulsen) und 5087 (Freikorps Maercker)

Marine

RM 1	Kaiserliche Admiralität. Central-Abtheilung, Nr. v. 1845
RM 3	Reichsmarineamt, Nr. 4944, 7763, 9966, 11043–11045, 11620, 11693
RM 5	Admiralstab der Marine, Nr. v. 3627 und 3628
RM 8	Kriegswissenschaftliche Abteilung der Marine, Nr. 36, 39, 99, 143, 145, 1007–1015, 1022, 1024–1030
RM 20	Marinekommandoamt, Nr. 7–13, 28, 126, 266–269

* Für die Anordnung der Titel gilt generell das mechanische Ordnungsprinzip, d. h. Ordnungskriterium ist das erste Wort des Titels (ohne Berücksichtigung von Artikeln). Einzelne Gruppen von Protokollen, Ranglisten u. ä. sind besserer Übersichtlichkeit halber chronologisch geordnet.

RM 23 Marineverwaltungsamt, Nr. 1, 6
RM 31 Marinestation der Ostsee, Nr. v. 1795–1845, 1980–1983, 2366, 2373–2384, 2388, 2390, 2393, 2394
RM 90 Unterseebootflottillen und -halbflottillen der Kaiserlichen Marine, Nr. 98 und 99
RM 97 Unterseeboote der Kaiserlichen Marine, Nr. 1648 (U.B. 128, Canaris)
RM 122 Landstreitkräfte der Reichs- und Kriegsmarine, Nr. 70–124

Sammlungen zur Militärgeschichte

MSg. 1/269 Handakten Major Wolfgang Fleck

Nachlässe

N 37 Max Hoffmann,
N 40 Hilmar Ritter v. Mittelberger
N 42 Kurt v. Schleicher, Nr. 12
N 86 Walther Reinhardt
N 112 Ernst van den Bergh
N 156 Wilhelm Souchon
N 166 Paul Wülfing von Ditten
N 164 Wiliam Michaelis
N 220 Franz Halder, Nr. 64
N 239 Magnus v. Levetzow
N 247 Hans v. Seeckt
N 415 Wolfgang Mentzel
N 417 Bernhard v. Hülsen
N 500 Eugen Hahn
N 620 Waldemar Pabst

3. Archiv der sozialen Demokratie, Bonn-Bad Godesberg

Nachlässe und Deposita (Abteilung I)

Nachlaß Wilhelm Keil (1870–1968)
Nachlaß Gustav Noske (1868–1946)
Nachlaß Carl Severing (1875–1952)

Bestände der Parteiführung und des Parteivorstandes der Sozialdemokratischen Partei Deutschlands (Abteilung II)

Bestand Schumacher
Protokolle der MSPD-Nationalversammlungs-Fraktion. Bestand: 24. Juli 1917 bis 9. Februar 1920. Mikrofilm

Fotosammlung (Abteilung V)

ca. 300 Fotos von Noske (1914–1946)

Mikrofilmbestand (Periodika)

Der Angriff. Berlin. Jg 1932
Volksstimme. Organ für das arbeitende Volk des 10., 14., 15. sächsischen Reichstagswahlkreises. Chemnitz. Bestand: 2. Januar 1915 bis 31. Dezember 1917
Vorwärts. Berliner Volksblatt. Zentralorgan der Sozialdemokratischen Partei Deutschlands. Jge 1918–1920
Freiheit. Berliner Organ der Unabhängigen Sozialdemokratischen Partei Deutschlands. Berlin. Jge 1918–1920

4. Hauptstaatsarchiv, Stuttgart

M 1/3	Württembergisches Kriegsministerium, Zentral-Abteilung, Bü 519, 525, 533, 534, 535, 599
M 1/4	Württembergisches Kriegsministerium, Bd 1229
M 10	Württembergisches Kriegsministerium. Württ. Militärbevollmächtigter und Stellv. Württ. Militärbevollmächtigter in Berlin. Bde 6, 9, 10, 11, 23
M 356	Freiwilligen-Abteilung Haas, Bü 1
M 660	Nachlaß Otto Haas
M 660	Nachlaß Eugen Hahn, H. 21–27
M 660	Nachlaß Paul Hahn, Bde 8, 9, 10, 22, 23
M 660	Nachlaß Walther Reinhardt, Bü. 15–31
M 730	Denkschriften-Sammlung, Bde 410, 411
Qu 1/2	Nachlaß Conrad Haußmann, Bü 21 (Kieler Vorgänge Nov. 1918)
E 130a	Staatsministerium Bde 1252 und 1253 Demobilmachung des Heeres und der Marine 1918–20

5. Generallandesarchiv, Karlsruhe

Bestand 69	Nachlaß Anton Geck, Nr. 1259, 2122
Bestand 206	Arbeiter- und Soldatenräte
Bestand 233a	Staatsministerium (militärische Angelegenheiten)

6. Bayerisches Hauptstaatsarchiv, München

Sammlung Rehse P 3462, Presseausschnitte 1913–1934 über Noske
Sammlung Rehse P 5402, Presseausschnitte über v. Gilsa 1931–1933, Bildarchiv

7. Bayerisches Hauptstaatsarchiv, Abt. IV: Kriegsarchiv, München

Bestand Reichswehrgruppenkommando 4
Bestand Gruppenkommando 297
Bestand Bayerische Schützenbrigade 21 (Freikorps-Schützenkorps Epp)

Personalakte Adolf Herrgott
Personalakte Arnold Ritter v. Möhl
Nachlaß Arnold Ritter v. Möhl

8. Stadtarchiv Karl-Marx-Stadt (DDR)

Akten

1311/1: Stadtverordneten-Kanzlei, 1913–1935, Bd I
Polizeiliches Meldebuch [von Chemnitz] I, N
Man 16: Masch. Aufzeichnungen von Max Schubert, Die Druckerei »Volksstimme«, ihre technischen Einrichtungen und ihre Leute, 1911–1933. Chemnitz, Oktober 1952 (mit Kurzportraits der »Volksstimme«-Redakteure)
Bildarchiv des Stadtarchivs Karl-Marx-Stadt

Druckschriften

Amtliche Berichte über die öffentlichen Stadtverordnetensitzungen der Stadt Chemnitz. Jge 1906–1919 (Stenogramme, Druckstücke)
Berichte über die Verwaltung und den Stand der Gemeindeangelegenheiten der Fabrik- und Handelsstadt Chemnitz. 1899 bis 1913, Chemnitz o. J. (1900 ff.)
Verwaltungsbericht der Fabrik- und Handelsstadt Chemnitz 1914–1921, Chemnitz o. J. (1922)
Berichte des Zentralvorstandes [der SPD] für den 16. sächsischen Reichstagswahlkreis und des Agitationskomitees zu Chemnitz. 4 Hefte, Chemnitz 1906–1911
Sozialdemokratischer Verein für den 16. sächsischen Reichstagswahlkreis. Geschäfts- und Kassenbericht. 4 Hefte, Chemnitz 1911–1917
Bericht des Gewerkschafts-Kartells zu Chemnitz für die Jahre 1905–1907
Arbeiterführer für Chemnitz und Umgegend 1913/14. Hrsg. vom Gewerkschaftskartell Chemnitz, Chemnitz o. J. [1913]
Arbeiterführer für Chemnitz und Umgegend 1914/15, Chemnitz 1914
Das neue Heim der Volksstimme und ihre Entwicklung 1891 bis 1911, Chemnitz o. J. (1911)
Adreßbuch der Fabrik- und Handelsstadt Chemnitz 1903, 1905, 1914, 1918, 1919

Zeitungsbestände

Volksstimme. Organ für das Arbeitende Volk des 10., 15., 16., 17. und 19. sächsischen Wahlkreises, Chemnitz, Jge 1911–1914
Chemnitzer Tageblatt und Anzeiger, Jge 1907 und 1912
Der Kämpfer. Organ der Unabhängigen Sozialdemokratie für den Industriebezirk Chemnitz und Umgebung. Nr. 1 vom 30. November 1918 bis Nr. 14 vom 5. Januar 1919
Der Kämpfer. Organ der Kommunistischen Partei Chemnitz und Umgebung, Januar bis August 1919
Die Neue Welt. Illustriertes Unterhaltungsblatt für das Volk 1912, Hamburg o. J. (1912) (Sondernummer dieser Zeitschrift zum SPD-Parteitag 1912 in Chemnitz mit mehreren Artikeln über Chemnitz und das Erzgebirge)

9. Niedersächsisches Staatsarchiv Stade

Rep. 80 P: Landdrostei/Regierungspräsidium Stade, Polizeisachen
Rep. 171 a Stade: Staatsanwaltschaft Stade

10. Niedersächsisches Hauptstaatsarchiv, Hannover

Hann 122 a Der Oberpräsident der Provinz Hannover
Hann 310 I NSDAP Südhannover Braunschweig und Gau Osthannover 1919–33
Hann 310 II SPD-Bezirk Hannover 1919–33
VVP 17 Heimatbund Niedersachsen e. V. (1887–1970)
ZSG 2/2 Zeitgeschichtliche Sammlung

11. Historisches Museum am Hohen Ufer, Hannover

Bildarchiv
Zeitungsausschnittsammlung

12. Staatsarchiv Preußischer Kulturbesitz (GStA), Berlin (West)

Rep. 92: Nachlaß Otto Braun
Rep. 77: Preußischer Minister des Innern

13. Bildarchiv Preußischer Kulturbesitz, Berlin (West)

14. Private Aufzeichnungen

Niederschrift der Historikerin Dr. Liselotte v. Reinken über einen Besuch bei dem ehemaligen Reichswehrminister und Oberpräsidenten Gustav Noske in dessen Wohnung in Frankfurt-Sachsenhausen am 14. Januar 1939. Im Privatbesitz der Verfasserin

Heinz Kraschutzki, Kapitänleutnant a. D., Im Arbeiter- und Soldatenrat Bremerhaven November 1918–Januar 1919. Unveröff. Manuskript, 30 S., 5. 1. 1982

Friedrich H. Schniedwind, Rund um den Kapp-Putsch, Unveröff. Manuskript, 19 S., Starnberg, Dezember 1985 (unter Verwendung eines Tagebuches aus dem Jahre 1920)

B. Schriften von Gustav Noske

Noske, Gustav, Die Abwehr des Bolschewismus. In: Zehn Jahre deutsche Geschichte 1918–1928, Berlin ^{2}1928, S. 21–38

Noske, Gustav, Auf der Hochseeflotte. In: Volksstimme, Chemnitz, 7teilige Artikelserie in der Zeit vom 4. bis zum 29. Dezember 1915

Noske, Gustav, Aufstieg und Niedergang der deutschen Sozialdemokratie. Erlebtes aus Aufstieg und Niedergang einer Demokratie, Zürich 1947

Noske, Gustav, Bayern und die Entwaffnungsfrage. In: Kreisanzeiger, Iserlohn, 16. 2. 1921 (Ausschnitt in: BA NL 46, Nr. 9, Dok. 26)
Noske, Gustav, Die Berliner Revolte. In: Neue Freie Presse, Wien, 4. 4. 1920
Noske, Gustav, Die deutsche Sozialdemokratie und die Kolonialpolitik. In: Deutsche Kolonialzeitung, 54 (1917), H. 7, 20. 6. 1917, S. 100 ff.
Noske, Gustav, Deutsch-Ostafrika. In: Die Glocke, 2 (1917), Nr. 45, 3. 2. 1917, S. 696–702
Noske, Gustav, Das entwaffnete Deutschland und die gerüstete Welt. In: Hamburger Fremdenblatt v. 30. 3. 1929
Noske, Gustav, Erlebtes aus Aufstieg und Niedergang einer Demokratie, Offenbach/Main 1947
Noske, Gustav, Die Hungerpeitsche der Blumenarbeiterinnen. In: Die Gleichheit. Zeitschrift für die Interessen der Arbeiterinnen 15 (1905), Nr. 5, 8. 3. 1905 (Ausschnitt in: BA NL 46, Nr. 9, Bl. 23)
Noske, Gustav, Investigation? In: B.Z. am Mittag (Berlin), 56 (1932) Nr. 9, 12. 1. 1932, S. 1 f.
Noske, Gustav, »Keine Einigung« [Leserzuschrift]. In: Neue Zeitung 25. 2. 1946
Noske, Gustav, Kolonialpolitik nach dem Kriege. In: Die Neue Zeit, 36 (1918), Bd 1, Nr. 21, 22. 2. 1918, S. 481–488
Noske, Gustav, Kolonialpolitik und Sozialdemokratie. In: Die Glocke, 2 (1916), H. 14, 1. 7. 1916, S. 525–535. Wiederabdruck in: H.-C. Schröder, Gustav Noske und die Kolonialpolitik des Deutschen Kaiserreichs, Berlin, Bonn 1979, S. 97–107
Noske, Gustav, Kolonialpolitik und Sozialdemokratie, Stuttgart 1914
Noske, Gustav, Der Krieg und die Sozialdemokratie. In: Friedrich Thimme/Carl Legien (Hrsg.), Die Arbeiterschaft im neuen Deutschland, Leipzig 1915, S. 12–20
[Noske, Gustav] Kriegsfahrten durch Belgien und Nordfrankreich 1914. Von Adolph Koester und Gustav Noske, Berlin 1914
Noske, Gustav, Nach dem Tode des Reichspräsidenten. Dem gemeuchelten Freunde! Ein Gedenkwort. In: Echo am Montag, Hannover, Nr. 14, 2. 3. 1925, S. 1 (Ausschnitt in: BA NL 46, Nr. 9, Dok. 19)
Noske, Gustav, Ostjüdisches. In: Die Glocke, Sozialistische Wochenschrift. Hrsg. v. Parvus 2 (1916), Bd 2, Nr. 40, 30. 12. 1916, S. 500–505
Noske, Gustav, Die Regierung von Preußen. In: 8 Uhr-Abendblatt – Nationalzeitung, 74 (1921) Nr. 50, 28. 2. 1921 (Ausschnitt in: BA NL 46, Nr. 9, Dok. 29)
Noske, Gustav, Reichswehr und Kapp-Putsch. In: Vorwärts, 37 (1920), Nr. 160, 27. 3. 1920, Beilage; Nr. 162, 28. 3. 1920, 1 Beilage; Nr. 171, 2. 4. 1920
Noske, Gustav, Die Rückführung der Armee. In: Der Heimatdienst. Mitteilungen der Reichszentrale für Heimatdienst, Berlin, 7 (1927), Nr. 19, S. 320–321
Noske, Gustav, Sozialdemokratie und Kolonialfrage. In: Illustrierte Kolonialzeitung, München, 1927, H. 4, S. 1–3 (Ausschnitt in: BA NL 46, Nr. 9, Bl. 17 f.)
Noske, Gustav, Tagebuch, das er anläßlich einer Fahrt durch Belgien als Kriegsberichterstatter für sozialdemokratische Blätter vom 14. 9. bis 25. 10. 1914 geführt hat. In: AdsD, Nachlaßsplitter Gustav Noske
Noske, Gustav, Die Taktik der Fraktion. In: Die Neue Zeit, 31 (1913), Bd 2, S. 425–428
Noske, Gustav, Von der Wasserkante. In: Volksstimme, Chemnitz, Nr. 210, 11. 9. 1914, S. 1; Nr. 212, 14. 9. 1914, S. 1; Nr. 213, 15. 9. 1914, S. 2
Noske, Gustav, Von Kiel bis Kapp. Zur Geschichte der deutschen Revolution, Berlin 1920
Noske, Gustav, Wie ich wurde. Selbstbiographien volkstümlicher Persönlichkeiten, Berlin 1919
Noske, Gustav, Die Zerfaserung Preußens. In: National-Zeitung, 74 (1921), Nr. 9, 12. 1. 1921 (Ausschnitt in: BA NL 46, Nr. 9, Dok. 27)
Noske, Gustav, Zum sozialdemokratischen Parteitag 1912. In: Sozialistische Monatshefte, 16 (1912), Bd 4, H. 18–20, 12. 9. 1912, S. 1087–1090

C. Gedruckte Quellen

Adjutant im preußischen Kriegsministerium Juni 1918 bis Oktober 1919. Aufzeichnungen des Hauptmanns Gustav Böhm. Hrsg. und bearb. v. Heinz Hürten und Georg Meyer, Stuttgart 1977

Akten der Reichskanzlei.

Weimarer Republik.

[Bd 3:] Das Kabinett Scheidemann, 13. Februar bis 20. Juni 1919. Bearb. v. Hagen Schulze, Boppard a. Rh. 1971

[Bd 4:] Das Kabinett Müller I. 27. März bis 21. Juni 1920. Bearb. v. Martin Vogt, Boppard a. Rh. 1971

[Bd 5:] Das Kabinett Fehrenbach. 25. Juni 1920 bis 4. Mai 1921. Bearb. v. Peter Wulf, Boppard a. Rh. 1972

[Bd 10:] Das Kabinett Bauer. 21. Juni 1919 bis 27. März 1920. Bearb. v. Anton Golecki, Boppard a. Rh. 1980

Die Regierung Hitler. Teil I: 1933/34, Bd 1: 30. Januar bis 31. August 1933. Bearb. v. Karl-Heinz Minuth, Boppard a. Rh. 1983

Akten zur deutschen auswärtigen Politik 1918–1945 (ADAP), Serie A: 1918–1925.

Bd 1: 9. November 1918 bis 5. Mai 1919, Göttingen 1982

Bd 2: 7. Mai bis 31. Dezember 1919, Göttingen 1984

Bd 3: 1. Januar bis 30. September 1920, Göttingen 1985

Allgemeiner Kongreß der Arbeiter- und Soldatenräte Deutschlands vom 16. bis 21. Dezember 1918 im Abgeordnetenhaus zu Berlin. Stenographische Berichte, Berlin 1919, Nachdruck Glashütten/Ts. 1972

Die Anfänge der Ära Seeckt. Militär und Innenpolitik 1920–1922. Bearb. v. Heinz Hürten, Düsseldorf 1979 (= Quellen zur Geschichte des Parlamentarismus und der politischen Parteien, 2. Reihe, Bd 3)

Arbeiter-, Soldaten- und Volksräte in Baden 1918/19. Bearb. v. Peter Brandt u. Reinhard Rürup, Düsseldorf 1980 (= Quellen zur Geschichte des Parlamentarismus und der politischen Parteien, 4. Reihe, Bd 3)

Armee-Verordnungsblatt (AVBl). Hrsg. vom Kriegsministerium, Berlin, 52 (1918) bis 53 (1919), Nr. 72, 21. 8. 1919 (Fortsetzung siehe Heeres-Verordnungsblatt)

Aufzeichnungen Böhm siehe Adjutant im preußischen Kriegsministerium

Außerordentlicher Internationaler Sozialisten-Kongreß zu Basel am 24. und 25. November 1912, Berlin 1912

Bericht des Untersuchungsausschusses über die Januar-Unruhen 1919 in Berlin

A: Bericht des Untersuchungsausschusses

B: Niederschriftenband

C: Urkundenband

D: Anlagen zum Urkundenband

In: Sammlung der Drucksachen der verfassunggebenden Preußischen Landesversammlung (Anlagen zu den Sitzungsberichten), Tagung 1919/21, Bd 15, Berlin 1921

Demobilmachungs-Handbuch. Mit Genehmigung des Kriegsministeriums, bearb. v. Kurt Gößgen, Rechnungsrat, Geheimer expedierender Sekretär im Kriegsministerium, Berlin 1919

Demobilmachungsplan für das Deutsche Heer, Berlin 1918

Demobilmachungsplan für die Kaiserliche Marine. Entwurf Nr. 3. Geheim. Hrsg. v. Reichs-Marine-Amt, Berlin 1916

Die Deutsche Nationalversammlung im Jahre 1919 in ihrer Arbeit für den Aufbau des neuen deutschen Volksstaates. Hrsg. v. Eduard Heilfron, 6 Bde, Berlin o. J. [1919–1920]

Die deutsche Sozialdemokratie über Krieg und Frieden. Eine Sammlung der Erklärungen, Aufrufe und Reichstagsreden, in denen in den beiden ersten Kriegsjahren die Stellung der Sozialdemokratie zum Krieg und zu den Friedenszielen dargelegt wurde. Hrsg. v. Vorstand der SPD, Berlin 1916

Deutscher Holzarbeiterverband (Hrsg.), Verhandlungen der Korbmacherkonferenz. Ein Schritt vorwärts zur Verbesserung der Notlage der Korbmacher, Stuttgart 1905

Dokumente und Materialien zur Geschichte der deutschen Arbeiterbewegung, Reihe II
Bd 2: November 1917–Dezember 1918, (Ost-)Berlin 1957
Bd 3: Januar 1919–Mai 1919, (Ost-)Berlin 1958
Dowe, Dieter/Kurt Klotzbach (Hrsg.), Programmatische Dokumente des demokratischen Sozialismus, Berlin, Bonn-Bad Godesberg 1973 (= Internat. Bibliothek, Bd 68)

Ernst, Fritz, Aus dem Nachlaß des Generals Walther Reinhardt. In: Die Welt als Geschichte XVIII, Stuttgart 1958, S. 39–65 u. 67–121 (zitiert nach Sonderdruck Stuttgart 1958)
Die ersten deutschen Sozialisten-Kongresse. Urkunden aus der Jugendzeit der deutschen Sozialdemokratie (1865–1875). Hrsg. v. d. Frankfurter Volksstimme, Frankfurt/M. 1906

Der Gründungsparteitag der KPD. Protokoll und Materialien. Hrsg. v. Hermann Weber, Frankfurt/M. 1969

Handbuch der sozialdemokratischen Parteitage von 1863 bis 1909. Bearb. v. Wilhelm Schröder, München 1910
Handbuch der sozialdemokratischen Parteitage von 1910 bis 1913. Bearb. v. Wilhelm Schröder, München 1913
Handbuch für das Deutsche Reich auf das Rechnungsjahr 1918. Bearb. im Reichsamt des Innern, Berlin 1918
Handbuch für das Deutsche Reich 1922. Hrsg. v. Reichsministerium des Innern, Berlin 1922
Handbuch für sozialdemokratische Wähler. Der Reichstag 1898–1903. Hrsg. v. Sozialdemokratischen Parteivorstand, Berlin 1903
Hatschek, Julius, Das Parlamentsrecht des Deutschen Reiches. Dargestellt im Auftrage des Deutschen Reichstages. Erster Teil, Berlin, Leipzig 1915
Der Hauptausschuß des Deutschen Reichstags 1915–1918. Eingel. v. Reinhard Schiffers. Bearb. v. Reinhard Schiffers u. Manfred Koch in Verb. mit Hans Boldt, 4 Bde, Düsseldorf 1981–1983 (= Quellen zur Geschichte des Parlamentarismus und der politischen Parteien. 1. Reihe, Bd 9/I–IV)
Heeres-Verordnungsblatt (HVBl). Hrsg. v. Reichswehrministerium, 1 (1919), Berlin 1919
Heilfron, Eduard (Hrsg.), Die Deutsche Nationalversammlung im Jahre 1919 in ihrer Arbeit für den Aufbau des neuen deutschen Volksstaates, 6 Bde, Berlin o. J. [1919–1920]
Hitler. Sämtliche Aufzeichnungen 1905–1924. Hrsg. v. Eberhard Jäckel zusammen mit Axel Kuhn, Stuttgart 1980 (= Quellen und Darstellungen zur Zeitgeschichte, Bd 21)
[Hitler, Adolf] Adolf Hitler. Monologe im Führerhauptquartier 1941–1944. Die Aufzeichnungen Heinrich Heims. Hrsg. v. Werner Jochmann, Hamburg 1980
Huber, Ernst Rudolf (Hrsg.), Dokumente zur deutschen Verfassungsgeschichte, 3 Bde, Stuttgart, Berlin, Köln, Mainz 1961–1966

Im Dienst an der Republik. Die Tätigkeitsberichte des Landesvorstandes der Sozialdemokratischen Partei Badens 1914–1932. Hrsg. und bearb. v. Jörg Schadt unter Mitarbeit v. Michael Caroli, Stuttgart, Berlin, Köln, Mainz 1977 (= Veröffentlichungen des Stadtarchivs Mannheim, Bd 4)
Der Interfraktionelle Ausschuß 1917/18. Bearb. v. Erich Matthias unter Mitwirkung von Rudolf Morsey, 2 Bde, Düsseldorf 1959 (= Quellen zur Geschichte des Parlamentarismus und der politischen Parteien. 1. Reihe, Bd 1/I u. II)
Internationaler Sozialisten-Kongreß zu Stuttgart, 18.–24. 8. 1907, Berlin 1907
Internationaler Sozialisten-Kongreß zu Kopenhagen 1910, Berlin 1910
Jahrbuch 1930 des Allgemeinen Deutschen Gewerkschaftsbundes, Berlin 1931
Januar-Unruhen 1919 siehe Bericht des Untersuchungsausschusses über die Januar-Unruhen 1919 in Berlin
Jungheim, Bernhard, Die Geschäftsordnung für den Reichstag mit Anmerkungen, Berlin 1916

Die Korbmacher auf dem Vormarsch. Protokoll der Verhandlungen der zweiten Konferenz der im Deutschen Holzarbeiter-Verband organisierten Korbmacher. Abgehalten am 1. u. 2. Dezember 1912 in der Hofbrauhausbierhalle zu Coburg, Berlin 1913

Das Kriegstagebuch des Reichstagsabgeordneten Eduard David 1914 bis 1918. In Verbindung mit Erich Matthias bearb. v. Susanne Miller, Düsseldorf 1966 (= Quellen zur Geschichte des Parlamentarismus und der politischen Parteien, 1. Reihe, Bd 4)

Das Krisenjahr 1923. Militär und Innenpolitik 1922–1924. Bearb. v. Heinz Hürten, Düsseldorf 1980 (= Quellen zur Geschichte des Parlamentarismus und der politischen Parteien, 2. Reihe, Bd 4)

Lademacher, Horst (Hrsg.), Die Zimmerwalder Bewegung. Protokolle und Korrespondenz. Internationaal Instituut voor Sociale Geschiedenis, Amsterdam, 2 Bde, The Hague, Paris 1967

Maas, Georg (Hrsg.), Die verfassunggebende Deutsche Nationalversammlung. Lebensgang, Lebensarbeit, Lebensziele ihrer Mitglieder nach eigenen Mitteilungen und mit Bildnissen, Charlottenburg 1919

Marine-Verordnungsblatt (MVBl). Hrsg. v. der Admiralität, Berlin, 50 (1919), Nr. 1–41, 1. 1. bis 31. 12. 1919

Matthias, Erich/Eberhard Pikart (Hrsg.), Die Reichstagsfraktion der deutschen Sozialdemokratie 1898–1918, Düsseldorf 1966, 2 Bde (= Quellen zur Geschichte des Parlamentarismus und der politischen Parteien, 1. Reihe, Bd 3/I u. II)

Matthias, Erich/Rudolf Morsey (Hrsg.), Der Interfraktionelle Ausschuß 1917–1918, Düsseldorf 1959 (= Quellen zur Geschichte des Parlamentarismus und der politischen Parteien, 1. Reihe Bd 1/I u. II)

Matthias, Erich/Rudolf Morsey (Hrsg.), Die Regierung des Prinzen Max von Baden, Düsseldorf 1962 (= Quellen zur Geschichte des Parlamentarismus und der politischen Parteien, 1. Reihe, Bd 2)

Militär und Innenpolitik im Weltkrieg 1914–1918. Bearb. v. Wilhelm Deist, 2 Bde, Düsseldorf 1970 (= Quellen zur Geschichte des Parlamentarismus und der politischen Parteien, 2. Reihe, Bd 1.2.)

Morsey, Rudolf/Karsten Ruppert (Hrsg.), Die Protokolle der Reichstagsfraktion der Deutschen Zentrumspartei 1920–1925, Mainz 1981

Politik und Wirtschaft in der Krise 1930–1932. Quellen zur Ära Brüning. Einl. v. Gerhard Schulz. Bearb. v. Ilse Maurer und Udo Wengst unter Mitw. v. Jürgen Heideking, T. 1.2., Düsseldorf 1980 (= Quellen zur Geschichte des Parlamentarismus und der politischen Parteien, 3. Reihe, Bd 4)

[Parteitagsprotokolle der SPD]

Protokoll über die Verhandlungen des Parteitages der Sozialdemokratischen Partei Deutschlands. Abgehalten zu Stuttgart vom 3. bis 8. Oktober 1898, Berlin 1898, Nachdruck Berlin, Bonn 1979

Protokoll über die Verhandlungen des Parteitages der Sozialdemokratischen Partei Deutschlands. Abgehalten zu Lübeck vom 22. bis 28. September 1901, Nachdruck Berlin, Bonn 1980

Protokoll über die Verhandlungen des Parteitages der Sozialdemokratischen Partei Deutschlands. Abgehalten zu München vom 14. bis 20. September 1902. Mit einem Anhang: Bericht über die 2. Frauenkonferenz am 13. und 14. September in München, Berlin 1902, Nachdruck Berlin, Bonn 1980

Protokoll über die Verhandlungen des Parteitages der Sozialdemokratischen Partei Deutschlands. Abgehalten zu Dresden vom 13. bis 20. September 1903, Berlin 1903

Protokoll über die Verhandlungen des Parteitages der Sozialdemokratischen Partei Deutschlands. Abgehalten zu Bremen vom 18. bis 24. September 1904, Berlin 1904

Protokoll über die Verhandlungen des Parteitages der Sozialdemokratischen Partei Deutschlands. Abgehalten zu Jena vom 17. bis 23. September 1905, Berlin 1905

Protokoll über die Verhandlungen des Parteitages der Sozialdemokratischen Partei Deutschlands. Abgehalten zu Mannheim vom 23. bis 29. September 1906 sowie Bericht über die 4. Frauenkonferenz am 22. und 23. September 1906 in Mannheim, Berlin 1906

Protokoll über die Verhandlungen des Parteitages der Sozialdemokratischen Partei Deutschlands. Abgehalten zu Essen vom 15. bis 21. September 1907, Berlin 1907

Protokoll über die Verhandlungen des Parteitages der Sozialdemokratischen Partei

Deutschlands. Abgehalten zu Nürnberg vom 13. bis 19. September 1908 sowie Bericht über die 5. Frauenkonferenz am 11. und 12. September 1908 in Nürnberg, Berlin 1908
Protokoll über die Verhandlungen des Parteitages der Sozialdemokratischen Partei Deutschlands. Abgehalten zu Leipzig vom 12. bis 18. September 1909, Berlin 1909
Protokoll über die Verhandlungen des Parteitages der Sozialdemokratischen Partei Deutschlands. Abgehalten zu Magdeburg vom 18. bis 24. September 1910, Berlin 1910
Protokoll über die Verhandlungen des Parteitages der Sozialdemokratischen Partei Deutschlands. Abgehalten in Jena vom 10. bis 16. September 1911 sowie Bericht über die 6. Frauenkonferenz am 8. und 9. September 1911 in Jena, Berlin 1911
Protokoll über die Verhandlungen des Parteitages der Sozialdemokratischen Partei Deutschlands. Abgehalten in Chemnitz 1912, Berlin 1912
Protokoll über die Verhandlungen des Parteitages der Sozialdemokratischen Partei Deutschlands. Abgehalten in Jena vom 14. bis 20. September 1913, Berlin 1913
Protokoll über die Verhandlungen des Parteitages der Sozialdemokratischen Partei Deutschlands. Abgehalten in Würzburg vom 14. bis 20. Oktober 1917. Mit Anhang: I. Bericht des Parteivorstandes an den Parteitag zu Würzburg 1917; II. Bericht über die Tätigkeit der sozialdemokratischen Reichstagsfraktion, Berlin 1917
Protokoll über die Verhandlungen des Parteitages der Sozialdemokratischen Partei Deutschlands. Abgehalten in Weimar am 15. u. 16. Juni 1919. Bericht über die 7. Frauenkonferenz, abgehalten in Weimar am 15. u. 16. Juni 1919, Berlin 1919, Nachdruck Glashütten/Ts., Berlin, Bonn-Bad Godesberg 1973
Protokoll über die Verhandlungen des Parteitages der Sozialdemokratischen Partei Deutschlands. Abgehalten in Kassel vom 10. bis 16. Oktober 1920, Berlin 1920, Nachdruck Glashütten/Ts., Berlin, Bonn-Bad Godesberg 1973
Protokoll über die Verhandlungen des Parteitages der Sozialdemokratischen Partei Deutschlands. Abgehalten in Görlitz vom 18. bis 24. September 1921. Mit Anhang: Reichsfrauenkonferenz der Sozialdemokratischen Partei Deutschlands am 17. und 18. September 1921 in Görlitz, Berlin 1921
Protokoll der Sozialdemokratischen Parteitage in Augsburg, Gera und Nürnberg 1922, Berlin, Bonn-Bad Godesberg 1973
Protokoll Sozialdemokratischer Parteitag Magdeburg 1929 vom 26. bis 31. Mai in der Stadthalle, Berlin 1929. Nachdruck Berlin, Bonn-Bad Godesberg 1974
Protokoll Sozialdemokratischer Parteitag in Leipzig 1931 vom 31. Mai bis 5. Juni im Volkshaus, Leipzig 1931, Nachdruck Glashütten/Ts., Berlin, Bonn-Bad Godesberg 1974
Protokoll der Verhandlungen des Parteitages der Sozialdemokratischen Partei Deutschlands vom 9.–11. Mai 1946 in Hannover, Hannover 1947

[Parteitagsprotokolle der USPD]

Protokoll über die Verhandlungen des Gründungsparteitages der U.S.P.D. vom 6.–8. April 1917 in Gotha. Hrsg. v. Emil Eichhorn, Berlin 1921
Protokolle der Parteitage der Unabhängigen Sozialdemokratischen Partei Deutschlands 1917–1923, Bd 1–5, Nachdruck Glashütten/Ts. 1975–1976

Protokoll des außerordentlichen Verbandstages des Deutschen Holzarbeiter-Verbandes. Abgehalten zu Berlin vom 25. bis 27. April 1920, Berlin 1920
Protokoll des 11.[elften] ordentlichen Verbandstages des Deutschen Holzarbeiter-Verbandes. Abgehalten zu Berlin vom 15. bis 21. Juni 1919, Berlin 1919
Protokoll über die Verhandlungen des Allgemeinen Deutschen sozial-demokratischen Arbeiterkongresses zu Eisenach am 7., 8. u. 9. August 1869, Leipzig 1869, Nachdruck (Ost-)Berlin 1969

[Protokolle der Gewerkschaftskongresse]

Protokolle der Verhandlungen der Kongresse der Gewerkschaften Deutschlands 1892 bis 1919, Hamburg, Berlin 1892–1919. Mit einem Anhang: Die Organisationsfrage. Mit einem separaten Personen-, Zeitschriften- und Zeitungs- sowie Ortsregister von Max Schwarz, 6 Bde u. 1 Registerband, Neudruck Berlin, Bonn 1979–1980

Protokoll der Verhandlungen des 10. [zehnten] Kongresses der Gewerkschaften Deutschlands. Abgehalten zu Nürnberg vom 30. bis 5. Juli 1919, Berlin o.J. [1919]

Protokolle der Sitzungen des Parteiausschusses der SPD 1912–1921. Nachdrucke. Hrsg. v. Dieter Dowe, 2 Bde, Berlin, Bonn 1980

Protokolle der sozialdemokratischen Arbeiterpartei.
Bd I (Eisenach 1869 – Coburg 1874).
Bd II (Gotha 1875 – St. Gallen 1877).
Unveränderter Nachdruck, Glashütten/Ts., Bonn-Bad Godesberg 1971

[Protokolle der SPD-Reichskonferenzen]

Protokoll über die Verhandlungen der Reichskonferenz der Sozialdemokratischen Partei Deutschlands. Abgehalten in Berlin am 5. und 6. 5. 1920, Berlin 1920

Protokolle der Reichskonferenz der Sozialdemokratischen Partei Deutschlands vom 21., 22. und 23. September 1916 in Berlin, Nachdruck Bonn, Berlin 1977

[Ranglisten]

Rangliste der Deutschen Reichsmarine. Nach dem Stande vom 5. Januar 1928. Bearb. im Reichswehrministerium (Marineleitung), Berlin 1928

Rangliste der Deutschen Reichsmarine. Nach dem Stande vom 1. Januar 1929. Bearb. im Reichswehrministerium (Marineleitung), Berlin 1929

Rangliste des Deutschen Reichsheeres. Nach dem Stande vom 1. April 1923. Bearb. im Reichswehrministerium (Heeres-Personalamt), Berlin o.J.

Reichsgesetzblatt (RGBl). Hrsg. vom Reichsministerium des Innern Berlin 1918–1919

Reichstags-Handbuch 1912. 13. Legislaturperiode. Hrsg. v. Bureau des Reichstags, Berlin 1912

Die Regierung der Volksbeauftragten 1918/19. Eingel. v. Erich Matthias. Bearb. v. Susanne Miller unter Mitwirkung v. Heinrich Potthoff, 2 Bde, Düsseldorf 1969 (= Quellen zur Geschichte des Parlamentarismus und der politischen Parteien. 1. Reihe, Bde 6/I u. II)

Kolb, Eberhard/Klaus Schönhoven (Bearb.), Regionale und lokale Räteorganisationen in Württemberg 1918/19, Düsseldorf 1976 (= Quellen zur Geschichte der Rätebewegung in Deutschland 1918/19, Bd 2)

Revolutionäre deutsche Parteiprogramme. Vom Kommunistischen Manifest zum Programm des Sozialismus. Hrsg. u. eingel. v. Lothar Berthold u. Ernst Diehl, Berlin [3]1967

Ritter, Gerhard A. (Hrsg.), Die Zweite Internationale 1918/19. Protokolle, Memoranden, Berichte und Korrespondenzen, 2 Bde, Bonn 1980

Ritter, Gerhard A./Susanne Miller (Hrsg.), Die deutsche Revolution 1918–1919 – Dokumente, Hamburg [2]1975

Schultheß' Europäischer Geschichtskalender, München, Neue Folge, 22 (1906) – 36 (1920)

Schwarz, Salomon, Handbuch der Gewerkschaftskongresse (Kongresse des Allgemeinen Deutschen Gewerkschaftsbundes), Berlin 1930

Sozialdemokratie und Wehrfrage. Dokumente aus einem Jahrhundert Wehrdebatten. Zusammengestellt v. Karl Drott, Berlin, Hannover 1956

Der Sozialistentag. Protokoll der Konferenz für Einigung der Sozialdemokratie im ehemaligen Herrenhause zu Berlin vom 21. bis 23. Juni 1919, Berlin o.J. Reprint u.d.T.: Protokolle der Parteitage der U.S.P.D. 1917–1923, Bd 1, Glashütten/Ts. 1975

Spartakusbriefe, Hrsg. vom Institut für Marxismus-Leninismus beim ZK der SED, (Ost-) Berlin 1958

Spartakus im Kriege. Dokumente. Die illegalen Flugblätter des Spartakusbundes im Kriege. Gesammelt u. eingel. v. Ernst Meyer, Berlin 1927

Spartakus spricht, Kampfdokumente der Spartakusgruppe aus der Zeit des ersten Weltkrieges, Berlin 1961 (= Kämpfe der deutschen Arbeiterklasse, Bd 1)

Spiegelbild einer Verschwörung. Die Kaltenbrunner-Berichte an Bormann und Hitler über das Attentat vom 20. Juli 1944. Geheime Dokumente aus dem ehemaligen

Reichssicherheitshauptamt. Hrsg. vom Archiv Peter für historische und zeitgeschichtliche Dokumentation, Stuttgart 1961
Spindler, Arno, Der Handelskrieg mit U-Booten, 4 Bde, Berlin 1932–1941
Stechert's, Armee-Einteilung und Quartier-Liste der Deutschen Wehrmacht. 56 Jg, 371. Ausgabe, Berlin 1919

[Stellenbesetzung]
Stellenbesetzung im neuen Heer vom 16. Mai 1920 mit Gültigkeit für das Friedensverhältnis, Berlin 1920, H. 1, S. 5–24; H. 2, S. 4–31; H. 3, S. 5–25
Stellenbesetzung für das Reichsheer (100 000-Mann-Stärke) mit Wirkung vom 1. Oktober 1920. Mit Angabe der Standorte, Berlin 1920
Stellenbesetzung im Reichsheer mit Wirkung vom 1. Oktober 1921, Berlin 1921

Stenographische Berichte über die Verhandlungen des Deutschen Reichstages, Bde 215–325, Berlin 1906–1918
Stenographischer Bericht über die Verhandlungen des Kongresses der Arbeiter-, Bauern- und Soldatenräte vom 25. Februar bis 8. März 1919, Glashütten/Ts. 1974

Urkunden zum Friedensvertrage von Versailles vom 28. Juni 1919, zusammengestellt v. Herbert Kraus und Gustav Rödiger, Teil 2, Berlin 1921
Ursachen und Folgen. Vom deutschen Zusammenbruch 1918 und 1945 bis zur staatlichen Neuordnung Deutschlands in der Gegenwart. Eine Urkunden- und Dokumentensammlung zur Zeitgeschichte. Hrsg. u. bearb. v. Herbert Michaelis u. Ernst Schraepler unter Mitw. v. Günter Scheel, 26 Bde und 2 Registerbde, Berlin 1958–1979

Verhandlungen der Korbmacherkonferenz. Ein Schritt vorwärts zur Verbesserung der Notlage der Korbmacher. Hrsg.: Deutscher Holzarbeiterverband, Stuttgart 1905
Verhandlungen der verfassunggebenden Deutschen Nationalversammlung. Stenographische Berichte 1919–20, Bde 326–343, Berlin 1920

Die Wahlen zur verfassunggebenden Deutschen Nationalversammlung am 19. Januar 1919 mit einer Karte der Wahlkreise und farbigen Darstellung der Zahl der Parteistellung der in jedem Wahlkreis gewählten Abgeordneten. Bearb. im Statistischen Reichsamt, Berlin 1919 (= Vierteljahrshefte zur Statistik des Deutschen Reiches. Hrsg. vom Statistischen Reichsamt, 28 [1919], Erstes Ergänzungsheft)
Das Werk des Untersuchungsausschusses der verfassunggebenden Deutschen Nationalversammlung und des Deutschen Reichstages 1919–1926. 4. Reihe: Die Ursachen des deutschen Zusammenbruchs im Jahre 1918, Bde 6, 9 und 10. Hrsg. v. Albrecht Philipp, Berlin 1928

Der Zentralrat der Deutschen sozialistischen Republik, 19. 12. 1918–8. 4. 1919. Vom ersten zum zweiten Rätekongreß. Bearb. v. Eberhard Kolb unter Mitwirkung v. Reinhard Rürup, Leiden 1968 (= Quellen zur Geschichte der Rätebewegung in Deutschland 1918/19, Bd 1)
Zentralrat (Hrsg.), II [Zweiter] Kongreß der Arbeiter-, Bauern- und Soldatenräte Deutschlands am 8. bis 14. April 1919 im Herrenhaus in Berlin. Stenographisches Protokoll, Berlin o.J. [1919]
Zwischen Revolution und Kapp-Putsch. Militär und Innenpolitik 1918–1920. Bearb. v. Heinz Hürten, Düsseldorf 1977 (= Quellen zur Geschichte des Parlamentarismus und der politischen Parteien, 2. Reihe, Bd 2)

D. Zeitungen und Zeitschriften

Berliner Illustrirte Zeitung Berlin, Jge 1918–1920
Deutscher Reichsanzeiger und Königlich Preußischer Staatsanzeiger, Berlin, Jg 1919
Die freie Welt. Illustrierte Wochenschrift der Unabhängigen Sozialdemokratie Deutschlands, Berlin 1919

Freiheit. Berliner Organ der Unabhängigen Sozialdemokratie Deutschlands, Berlin, Jge 1918–1920
Die Gesellschaft. Internationale Revue für Sozialismus und Politik, Berlin, 1 (1924)–10 (1933)
Die Glocke. Sozialistische Wochenschrift. Hrsg. v. Parvus, Berlin, Jge 1915–1919
Der Klassenkampf. Sozialistische Politik und Wirtschaft. Hrsg. v. Max Adler, Paul Levi, Kurt Rosenfeld, May Seydewitz, Heinrich Ströbel, Berlin, 3 (1929)
Korrespondenzblatt der Generalkommission der Gewerkschaften Deutschlands, Jge 1918–1919
Militär-Wochenblatt, Berlin, 2. Halbjahr 1919
Monatshefte für Politik und Wehrmacht. Verantwortlich geleitet von Keim, Generalleutnant, Berlin 1919–1920
Die Neue Zeit. Wochenschrift der Deutschen Sozialdemokratie. Hrsg. v. Heinrich Cunow, Jge 1918–19
Die Rote Fahne. Zentralorgan der Kommunistischen Partei Deutschlands, Berlin 1919
Simplizissimus, Oktober 1918–März 1921
Sozialistische Monatshefte, Berlin, 18 (1912)–20 (1914)
Volksstimme (Chemnitz). Organ für das arbeitende Volk des 10., 15., 16., 17. und 19. Reichstagswahlkreises, Jge 1912–1918
Volkswehr. Zeitung für die Soldaten der deutschen Republik. Schriftleitung: Colin Ross und Fritz Henk, 1 (1919), Nr. 1, 25. 1. 1919 sowie weitere Einzelnummern
Vorwärts. Berliner Volksblatt. Zentralorgan der Sozialdemokratischen Partei Deutschlands 35 (1918)–37 (1920)
Die Weltbühne. Wochenschrift für Politik, Kunst, Wirtschaft. Vollständiger Nachdruck der Jahrgänge 1918–1933, Königstein/Ts. 1978

E. Biographische und bibliographische Hilfsmittel

Bibliographie zur Zeitgeschichte. Beilage der Vierteljahrshefte für Zeitgeschichte. Zsgst. von Thilo Vogelsang, Stuttgart 1953 ff.
Biographisches Wörterbuch zur deutschen Geschichte. Begr. v. Hellmuth Rössler und Günther Franz. Bearb. v. Karl Bosl, Günther Franz und Hanns Hubert Hofmann, 3 Bde, München ²1973–1975
Das Deutsche Führerlexikon 1934/35, Berlin 1934.
Dowe, Dieter, Bibliographie zur Geschichte der deutschen Arbeiterbewegung, sozialistischen und kommunistischen Bewegung von den Anfängen bis 1963. Berichtszeitraum 1945–1971 (1975), Bonn-Bad Godesberg 1976 (= Archiv für Sozialgeschichte, Beiheft 5)
Emig, Dieter/Rüdiger Zimmermann, Arbeiterbewegung in Deutschland. Ein Dissertationsverzeichnis. In: IWK 13 (1977), S. 271–467
Hagelweide, Gert (Bearb.), Deutsche Zeitungsbestände in Bibliotheken und Archiven, Düsseldorf 1974
Jahresbibliographie, Bibliothek für Zeitgeschichte, Weltkriegsbücherei Stuttgart, Frankfurt/M., 1982 ff.
Klotzbach, Kurt, Bibliographie zur Geschichte der deutschen Arbeiterbewegung 1914–1945. Sozialdemokratie, Freie Gewerkschaften, Christlich-Soziale Bewegung und linke Splittergruppen, Bonn ³1981
Meyer, Georg P., Bibliographie zur deutschen Revolution 1918/19, Göttingen 1977 (= Arbeitsbücher zur modernen Geschichte, Bd 5)
Osterroth, Franz, Biographisches Lexikon des Sozialismus. Mit einem Vorwort von Erich Ollenhauer, Bd 1: Verstorbene Persönlichkeiten, Hannover 1960
Reichshandbuch der deutschen Gesellschaft. Das Handbuch der Persönlichkeiten in Wort und Bild. Hrsg.: Deutscher Wirtschaftsverlag, Bd 2, Berlin 1931
Schwarz, Max, MdR, Biographisches Handbuch der Reichstage, Hannover 1965
Showalter, Dennis E., German military history, 1648–1982. A critical bibliography, New York, London 1984 (= Military history bibliographies, 3) (= Garland reference library of social science, 113)

Sozialdemokratische Reichstagsabgeordnete und Reichstagskandidaten 1898–1918. Biographisch-statistisches Handbuch. Bearbeitet v. Wilhelm Heinz Schröder, Düsseldorf 1986 (= Handbücher zur Geschichte des Parlamentarismus und der politischen Parteien, Bd 2)

Stachura, Peter D., The Weimar Era and Hitler 1918–1933. A Critical Bibliography, Oxford 1977

Steinberg, Hans-Josef, Die deutsche sozialistische Arbeiterbewegung bis 1914. Eine bibliographische Einführung, Frankfurt/M., New York 1979

Tenfelde, Klaus/Gerhard A. Ritter (Hrsg.), Bibliographie zur Geschichte der deutschen Arbeiterschaft und Arbeiterbewegung 1863–1914. Berichtszeitraum 1945–1975, Bonn 1981 (Archiv für Sozialgeschichte, Beiheft 8)

War and Society Newsletter. A bibliographical Survey. Edited by David Stevenson, Wilhelm Deist, Andrew Wheatcroft and Samuel Williamson. Published by Militärgeschichtliches Forschungsamt Freiburg i.Br., No. 3 (1975) – No. 12 (1984)

F. Ausgewählte Literatur

GuG	Geschichte und Gesellschaft
GWU	Geschichte in Wissenschaft und Unterricht
HZ	Historische Zeitschrift
IWK	Internationale wissenschaftliche Korrespondenz zur Geschichte der deutschen Arbeiterbewegung
MGM	Militärgeschichtliche Mitteilungen
PVS	Politische Vierteljahresschrift
VfZG	Vierteljahrshefte für Zeitgeschichte
WUA	Das Werk des Untersuchungsausschusses der Verfassunggebenden Deutschen Nationalversammlung und des Deutschen Reichstages 1919–1926
WWR	Wehrwissenschaftliche Rundschau
ZGO	Zeitschrift für die Geschichte des Oberrheins

Abendroth, Wolfgang, Aufstieg und Krise der deutschen Sozialdemokratie. Das Problem der Zweckentfremdung einer politischen Partei durch die Anpassungstendenz von Institutionen an vorgegebene Machtverhältnisse, Frankfurt/M. 1964

Abendroth, Wolfang, Sozialgeschichte der europäischen Arbeiterbewegung, Frankfurt/M. [6]1969

Acker, Detlev, Walther Schücking (1875–1935). Eine Biographie unter besonderer Berücksichtigung von Schückings Tätigkeit in der Friedens- und Völkerbundsbewegung, Münster i. Westf. 1970 (= Veröffentlichungen der Historischen Kommission Westfalens, Bd XVIII)

Adolph, Hans J. L., Otto Wels und die Politik der deutschen Sozialdemokratie 1894–1939. Eine politische Biographie, Berlin 1971 (= Veröffentlichungen der Historischen Kommission zu Berlin, Bd 33) (= Publikationen zur Geschichte der Arbeiterbewegung, Bd 3)

Albertin, Lothar, Liberalismus und Demokratie am Anfang der Weimarer Republik. Eine vergleichende Analyse der Deutschen Demokratischen Partei und der Deutschen Volkspartei, Düsseldorf 1972 (= Beiträge zur Geschichte des Parlamentarismus und der politischen Parteien, Bd 45)

Albertini, Rudolf v. in Verbindung mit Albert Wirz, Europäische Kolonialherrschaft 1880–1940, Zürich, Freiburg i.Br. 1976 (= Beiträge zur Kolonial- und Überseegeschichte, Bd 14)

Alboldt, Emil, Monarchistische Retter? Aus der Geschichte der Eisernen Marinedivision. In Berliner Tageblatt, Leitartikel in Nr. 366, 4. 8. 1928. Wiederabdruck in: Paul Kässner, Zur Geschichte der Deckoffizierbewegung, des Deckoffizierbundes und des Bundes der Deckoffiziere, Altona [1932], S. 139–143

Alboldt, Emil, Die Tragödie der alten deutschen Marine. Amtliches Gutachten, erstattet vor dem Untersuchungsausschuß des Deutschen Reichstages. Mit einer Einführung v. Walther Schücking, Berlin 1928

Alboldt, Emil, Die Ursachen des Zusammenbruchs der Marine. In: Die Ursachen des

deutschen Zusammenbruchs im Jahre 1918, Berlin 1928, S. 59–225 (= WUA, 4. Reihe, Bd X/I)
Alboldt, Emil, Wer hat Spartakus besiegt? Ehrhardts Phantasie. In: Vossische Zeitung v. 28. 10. 1924. Wiederabdruck in Paul Kässner, Zur Geschichte der Deckoffizierbewegung, des Deckoffizierbundes und des Bundes der Deckoffiziere, Altona o.J. [1932], S. 136–139
Anderson, Evelyn, Hammer oder Amboß. Zur Geschichte der deutschen Arbeiterbewegung, Nürnberg 1948
Andexel, Ruth, Imperialismus, Staatsfinanzen, Rüstung, Krieg. Probleme der Rüstungsfinanzierung des deutschen Imperialismus, (Ost-)Berlin 1968 (= Schriften des Instituts für Wirtschaftswissenschaften, Bd 25)
Andrée, Ernst, Gustav Noske 1868–1946. In: Niedersächsische Lebensbilder, Bd 2. Im Auftrag der Historischen Kommission hrsg. v. Otto Heinrich May, Hildesheim 1954, S. 248–260
Angress, Werner T., Die Kampfzeit der KPD 1921–1923, Düsseldorf 1973 (= Geschichtliche Studien zu Politik und Geschichte, Bd 2)
Annehmen oder Ablehnen? Die Unabhängige Sozialdemokratie und der Friede. Mit Beiträgen v. K. Kautsky, G. Graf, C. Ballod, A. Stein, R. Hilferding u. H. Haase, Berlin 1919
Ansprenger, Franz, Auflösung der Kolonialreiche, München 1973 (= dtv-Weltgeschichte des 20. Jahrhunderts in 14 Bänden, Bd 13)
Apel, Hans, Sozialdemokraten haben ein ungestörtes Verhältnis zur Bundeswehr. In: Vorwärts, Nr. 44, 2. 11. 1978, S. 3 f.
Apelt, Willibaldt, Geschichte der Weimarer Verfassung, München 1946
Die Arbeiterschaft im neuen Deutschland. Hrsg. v. Friedrich Thimme und Carl Legien, Leipzig 1915
Aus der Arbeit des Bundesarchivs. Beiträge zum Archivwesen, zur Quellenkunde und Zeitgeschichte. Hrsg. v. Heinz Boberach und Hans Booms, Boppard a.Rh. 1977 (= Schriften des Bundesarchivs, Bd 25)
Axhausen, Günther, Organisation Escherich. Die Bewegung der nationalen Einheitsfront, Leipzig, Berlin 1921
Ay, Karl-Ludwig, Die Entwicklung einer Revolution. Die Volksstimmung in Bayern während des Ersten Weltkrieges, Berlin 1968 (= Beiträge zu einer historischen Strukturanalyse Bayerns im Industriezeitalter, Bd 1)

Bachmann, Peter/Kurt Zeisler, Der deutsche Militarismus. Illustrierte Geschichte, 2 Bde, (Ost-)Berlin, Köln 1971–1983
Baden, Prinz Max von, Erinnerungen und Dokumente, Stuttgart, Berlin, Leipzig 1927
Bald, Detlef, Der deutsche Offizier. Sozial- und Bildungsgeschichte des deutschen Offizierkorps im 20. Jahrhundert, München 1982
Bald, Detlef, Sozialgeschichte der Rekrutierung des deutschen Offizierkorps von der Reichsgründung bis zur Gegenwart. In: Berichte. Sozialwissenschaftliches Institut der Bundeswehr, H. 3, München 1977, S. 15–47
Bartel, Walter, Die Linken in der deutschen Sozialdemokratie im Kampf gegen Militarismus und Krieg, (Ost-)Berlin 1958
Barth, Emil, Aus der Werkstatt der deutschen Revolution, Berlin 1920
Baudis, Dieter/Hermann Roth, Berliner Opfer der Novemberrevolution 1918/19. Eine Analyse ihrer sozialen Struktur. In: Jahrbuch für Wirtschaftsgeschichte, Teil III, (Ost-)Berlin 1968, S. 73–149
Bauer, F./K. Schmiedel, Zum Militarismusbild der deutschen Sozialdemokratie in den Jahren von 1865 bis 1875. In: Zeitschrift für Militärgeschichte, 15 (1976), H. 1, S. 68–75
Bauer, Max, Der 13. März 1920, München 1920
Bauer, Otto, Die österreichische Revolution, Wien 1923
Baumgart, Winfried (Bearb.), Die Julikrise und der Ausbruch des Ersten Weltkrieges 1914, Darmstadt 1983 (= Texte zur Forschung, Bd 44) (= Texte zur neueren und neuesten Geschichte)
Baumgart, Winfried (Hrsg.), Von Brest-Litowsk zur Deutschen Novemberrevolution. Aus den Tagebüchern, Briefen und Aufzeichnungen von Alfons Paquet, Wilhelm Groener und Albert Hopman, März bis November 1918, Göttingen 1971 (= Deut-

sche Geschichtsquellen des 19. und 20. Jahrhunderts. Hrsg. von der Hist. Komm. bei der Bayer. Akademie der Wissenschaften, Bd 47)
Bayern im Umbruch siehe Bosl, Karl (Hrsg.)
Bebel, August, Antisemitismus und Sozialdemokratie, Berlin 1906
Bebel, August, Aus meinem Leben, 3 Bde, Stuttgart 1914–1918
Bebel, August, Nicht stehendes Heer, sondern Volkswehr!, Stuttgart 1898
Beck, Dorothea, Julius Leber. Sozialdemokrat zwischen Reform und Widerstand, Berlin 1983
Beermann, Friedrich, Reichswehrpolitik in der Weimarer Zeit. Einige nicht ganz unzeitgemäße Betrachtungen zu den Memoiren des früheren Reichswehrministers. In: Die neue Gesellschaft, Jg 1959, S. 145–152
Behrendt, Armin, Wilhelm Külz. Aus dem Leben eines Suchenden. Hrsg. vom Zentralvorstand der Liberal-Demokratischen Partei Deutschlands, (Ost-)Berlin 1968
Belli, Joseph, Die Rote Feldpost unterm Sozialistengesetz. Mit einer Einleitung: Erinnerungen aus meinen Kinder-, Lehr- und Wanderjahren. Hrsg. v. Hans J. Schütz, Bonn [9]1978
Benczek, Armin, Machtgewinnung und Machtausübung in Zeiten inneren Notstandes. Zur Persönlichkeit des 1. Reichswehrministers der Weimarer Republik Noske. In: WWR 19 (1969), S. 23–40 und 105–111
Benz, Wolfgang, Süddeutschland in der Weimarer Republik. Ein Beitrag zur deutschen Innenpolitik 1918–1923, Berlin 1970 (= Beiträge zu einer historischen Strukturanalyse Bayerns im Industriezeitalter, Bd 4)
Beradt, Charlotte, Paul Levi. Ein demokratischer Sozialist in der Weimarer Republik, Frankfurt/M. 1969
Beradt, Charlotte (Hrsg.), Rosa Luxemburg im Gefängnis. Briefe und Dokumente aus den Jahren 1915–1918, Frankfurt/M. 1973
Berghahn, Volker R. (Hrsg.), Militarismus, Köln 1975 (= Neue Wissenschaftliche Bibliothek, Bd 83, Geschichte)
Berghahn, Voker R., Rüstung und Machtpolitik. Zur Anatomie des »Kalten Krieges« vor 1914, Düsseldorf 1973 (= Mannheimer Schriften zur Politik und Zeitgeschichte, Bd 5)
Berghahn, Volker R., Der Stahlhelm. Bund der Frontsoldaten 1918–1935, Düsseldorf 1966 (= Beiträge zur Geschichte des Parlamentarismus und der politischen Parteien, Bd 33).
Berlin, Jörg (Hrsg.), Die deutsche Revolution 1918/19. Quellen und Dokumente, Köln 1979
Bermbach, Udo, Das Scheitern des Rätesystems und der Demokratisierung der Bürokratie 1918/19. In: Politische Vierteljahresschrift, 8 (1967), S. 445–460
Bernstein, Eduard, Die deutsche Revolution. Ihr Ursprung, ihr Verlauf und ihr Werk. Bd 1: Geschichte der Entstehung und ersten Arbeitsperiode der deutschen Republik, Berlin 1921
Bernstein, Eduard, Ein revisionistisches Sozialismusbild. Drei Vorträge von Eduard Bernstein. Hrsg. v. Helmut Hirsch, Hannover 1964
Bernstein, Eduard, Die Voraussetzungen des Sozialismus und die Aufgaben der Sozialdemokratie. Hrsg. v. Günther Hillmann, Reinbek 1969
Berthold, Lothar/Helmut Neef (Hrsg.), Militarismus und Opportunismus gegen die Novemberrevolution, (Ost-)Berlin [2]1978
Bertram, Jürgen, Die Wahlen zum Deutschen Reichstag vom Jahre 1912. Parteien und Verbände in der Innenpolitik des Wilhelminischen Reiches, Düsseldorf 1964
Bertram, Kurt, Die deutschen Admirale von 1872–1939, 2 Bde, Koblenz 1964
Bethge, Werner/Werner Bramke/Kurt Finker, Grundzüge der Militärpolitik der KPD in den Jahren 1919/20. In: Militärgeschichte 12 (1973), H. 1, S. 41–51
Beyer, Hans, München 1919. Der Kampf der Roten Armee in Bayern 1919, (Ost-)Berlin 1956
Beyer, Hans, Von der Novemberrevolution zur Räterepublik in München. Mit einem Vorwort von Ernst Engelberg, Berlin 1957 (= Schriftenreihe des Instituts für deutsche Geschichte an der Karl-Marx-Universität Leipzig, Bd 2)
Bieber, Hans-Joachim, Gewerkschaften in Krieg und Revolution. Arbeiterbewegung, Industrie, Staat und Militär in Deutschland 1914–1920, T. 1.2., Hamburg 1981 (= Hamburger Beiträge zur Sozial- und Zeitgeschichte, Bd 15)

Biegert, Hans H., Gewerkschaftspolitik in der Phase des Kapp-Lüttwitz-Putsches. In: Industrielles System und politische Entwicklung in der Weimarer Republik. Hrsg. v. Hans Mommsen, Dietmar Petzina, Bernd Weisbrod, Düsseldorf 1974, S. 190–205
Bird, Keith W., Weimar, the German Naval officer corps and the rise of National socialism, Amsterdam 1977
Birkenfeld, Wolfgang, Der Rufmord am Reichspräsidenten. Zu Grenzformen des politischen Kampfes gegen die frühe Weimarer Republik 1919–1925. In: Archiv für Sozialgeschichte 5 (1965), S. 453–500
Blänsdorf, Agnes, Friedrich Ebert und die Internationale. In: Archiv für Sozialgeschichte 9 (1969), S. 321 ff.
Blänsdorf, Agnes, Die Zweite Internationale und der Krieg. Die Diskussion über die internationale Zusammenarbeit der sozialistischen Parteien 1914–1917, Stuttgart 1979 (= Kieler Historische Studien, Bd 27)
Bley, Helmut, Kolonialherrschaft und Sozialstruktur in Deutsch-Südwestafrika 1894/1914, Hamburg 1968
Bley, Wulf (Hrsg.), Revolutionen der Weltgeschichte. Zwei Jahrtausende Revolutionen und Bürgerkriege, 2 Bde, München 1933
Blos, Wilhelm, Der Kapp-Putsch. In: Friedrich Ebert und seine Zeit, Charlottenburg o. J. [1925], S. 279–302
Blos, Wilhelm, Von der Monarchie zum Volksstaat. Zur Geschichte der Revolution in Deutschland insbesondere in Württemberg, 2 Bde, Stuttgart 1922–23
Bode, Günther, Gustav Noske als Oberpräsident der Provinz Hannover 1920–1933, Phil. Diss. Karlsruhe 1982 [Masch.]
Böhnke, Werner, Gustav Noskes Entlassung als Oberpräsident der Provinz Hannover. In: Niedersächsisches Jahrbuch für Landesgeschichte, Bd 37, Hildesheim 1965, S. 122–134
Böhnke, Werner, Gustav Noskes Frontbesuch 1914. In: GWU 22 (1971) H. 7, S. 429–434
Böttcher, Helmut, Kapp-Lüttwitz-Putsch, Generalstreik und Bürgerkrieg. Die Wahrheit über die Ereignisse in Halle und Mitteldeutschland, Leipzig [3]1920
Boll, Friedhelm, Frieden ohne Revolution? Friedensstrategien der deutschen Sozialdemokratie vom Erfurter Programm 1891 bis zur Revolution 1918, Bonn 1980
Boll, Friedhelm, Massenbewegungen in Niedersachsen 1906–1920. Eine sozialgeschichtliche Untersuchung zu den unterschiedlichen Entwicklungstypen Braunschweig und Hannover, Bonn 1981 (= Veröffentlichungen des Instituts für Sozialgeschichte Braunschweig Bonn)
Bonn, Moritz Julius, So macht man Geschichte. Bilanz eines Lebens, München 1953
Bornemann, Elke, Der Frieden von Bukarest 1918, Frankfurt/M., Bern, Las Vegas 1978 (= Europäische Hochschulschriften: Reihe 3, Geschichte und ihre Hilfswissenschaften, Bd 64)
Borowski, Peter, Die »bolschewistische Gefahr« und die Ostpolitik der Volksbeauftragten in der Revolution 1918/19. In: Industrielle Gesellschaft und politisches System. Beiträge zur politischen Sozialgeschichte. Festschrift für Fritz Fischer zum 70. Geburtstag. Hrsg. v. Dirk Stegmann, Bernd-Jürgen Wendt, Peter-Christian Witt, Bonn 1978, S. 389–403
Bosch, Michael (Hrsg.), Persönlichkeit und Struktur in der Geschichte. Historische Bestandsaufnahme und didaktische Implikationen, Düsseldorf 1977 (= Geschichtsdidaktik. Studien. Materialien, Bd 1)
Bosl, Karl (Hrsg.), Bayern im Umbruch. Die Revolution von 1918, ihre Voraussetzungen, ihr Verlauf und ihre Folgen, München, Wien 1969
Botz, Gerhard, Gewalt in der Politik. Attentate, Zusammenstöße, Putschversuche, Unruhen in Österreich 1918 bis 1934, München 1978
Bracher, Karl Dietrich, Die deutsche Diktatur. Entstehung, Struktur, Folgen des Nationalsozialismus, Köln usw. 1969
Bracher, Karl Dietrich, Die Krise Europas 1917–1975, Berlin 1976 (= Propyläen Geschichte Europas, Bd 6)
Bracher, Karl Dietrich, Schlüsselwörter in der Geschichte. Mit einer Betrachtung zum Totalitarismusproblem. In Zusammenarbeit mit Dorothee Bracher, Düsseldorf 1978
Brammer, Karl, Fünf Tage Militärdiktatur. Dokumente zur Gegenrevolution, Berlin 1920

Brammer, Karl, Der Prozeß des Reichspräsidenten, Berlin 1925
Brammer, Karl, Verfassungsgrundlagen und Hochverrat. Beiträge zur Geschichte des neuen Deutschlands. Nach stenographischen Verhandlungsberichten und amtlichen Urkunden des Jagow-Prozesses bearbeitet, Berlin 1922
Brandt, Willy, Die Lehren aus einer verfehlten Revolution. Die Geschichte der deutschen Novemberrevolution ist die Geschichte ihrer schrittweisen Zurücknahme. In: Vorwärts Nr. 45, 9. 11. 1978, S. 15 f.
Braun, Otto, Die Sozialdemokratie in Preußen. In: Sozialistische Monatshefte 2 (1898), Nr. 7, S. 303–309
Braun, Otto, Von Weimar zu Hitler, Hamburg 1949
Braunthal, Julius, Die Arbeiterräte in Deutschösterreich. Ihre Geschichte und ihre Politik. Die Beratungen und Beschlüsse der II. Reichskonferenz. Das Organisationsstatut, Wien 1919 (= Sozialistische Bücherei, H. 13)
Braunthal, Julius, Geschichte der Internationale, 3 Bde, (Nachdruck) Berlin, Bonn [3]1978
Braunweiler, Heinz, Generäle in der deutschen Republik. Groener, Schleicher, Seeckt, Berlin 1932
Brecht, Arnold, Aus nächster Nähe. Lebenserinnerungen 1884–1927, Stuttgart 1966
Brest-Litovsk. Ausgew. u. eingel. v. Winfried Baumgart u. Konrad Repgen, Göttingen 1969 (= Historische Texte. Neuzeit, Bd 6)
Breyer, A., Deutsche Tuchmachereinwanderung in den ostmitteleuropäischen Raum von 1550 bis 1830, Leipzig–Posen 1941
Breyer, Siegfried, Schlachtschiffe und Schlachtkreuzer 1905–1970. Mit 922 Seitenrissen, Decksplänen, Querschnitten und Detailskizzen sowie einer Einführung: Die geschichtliche Entwicklung des Großkampfschiffes, München 1970
Brill, Hermann, Gegen den Strom, Offenbach/M. 1946 (= Wege zum Sozialismus, H. 1)
Brink, Marianne, Deutschlands Stellung zum Völkerbund in den Jahren 1918/19 bis 1922 unter besonderer Berücksichtigung der politischen Parteien und der Pazifistenvereinigungen, Phil. Diss. Berlin 1968
Brockdorff, Alexander Graf, Sexualpsychologie der Revolte. In: Revolutionen der Weltgeschichte. Zwei Jahrtausende Revolutionen und Bürgerkriege. Hrsg. v. Wulf Bley, Bd 2, München 1933, S. 208–229
Bucher, Peter, Zur Geschichte der Einwohnerwehren in Preußen 1918–1921. In: MGM 1/1971, S. 15–59
Buchner, Eberhard, Revolutionsdokumente. Die deutsche Revolution in der Darstellung der zeitgenössischen Presse, Bd 1: Im Zeichen der roten Fahne, Berlin 1921
Büchel, Regine, Der Deutsche Widerstand im Spiegel von Fachliteratur und Publizistik seit 1945, München 1975 (= Schriften der Bibliothek für Zeitgeschichte, Bd 15)
Buecheler, Heinrich, Hoepner. Ein deutsches Soldatenschicksal des 20. Jahrhunderts, Herford 1980
Die bürgerlichen Parteien in Deutschland. Handbuch der Geschichte der bürgerlichen Parteien und anderer bürgerlicher Interessenorganisationen vom Vormärz bis zum Jahre 1945, hrsg. von einem Redaktionskollektiv unter der Leitung von Dieter Fricke, 2 Bde, (Ost-)Berlin 1968–1970
Büsch, Otto (Hrsg.), Wählerbewegung in der deutschen Geschichte. Analysen und Berichte zu den Reichstagswahlen 1871–1933, Berlin 1978 (= Einzelveröffentlichungen der Historischen Kommission zu Berlin, Bd 20. Reihe Anthologien, Bd 1)
Büttner, Kurt/Heinrich Loth (Hrsg.), Philosophie der Eroberer und koloniale Wirklichkeit. Ostafrika 1884–1918, Berlin 1981 (= Studien über Asien, Afrika und Lateinamerika, Bd 21)
Das Bundesarchiv und seine Bestände. Begr. v. Friedrich Facius, Hans Booms, Heinz Boberach. Dritte, erg. u. neu bearb. Auflage v. Gerhard Granier, Josef Henke, Klaus Oldenhage, Boppard a. Rh. 1977 (Schriften des Bundesarchivs, Bd 10)
Busch, Eckart, Der Oberbefehl. Seine rechtliche Struktur in Preußen und Deutschland seit 1848, Boppard [2]1967 (= Militärgeschichtliche Studien, Bd 5)

Cains, Generalstreik und Noske-Blutbad in Berlin, Berlin 1919
Calkins, Kenneth R., Hugo Haase. Demokrat und Revolutionär, Berlin 1976
Carsten, Francis L., Reichswehr und Politik 1918–1933, Köln, Berlin 1964
Carsten, Francis L., Revolution in Mitteleuropa 1918–1919, Köln 1973 (= Studien-Bibliothek)

Carsten, Francis, L., Die unblutige Revolution und ihr Preis. Das Problem der bewaffneten Macht in der Novemberrevolution 1918. In: Vorwärts Nr. 44, 2. 11. 1978, S. 28 f.
Caspar, Gustav-Adolf, Die deutsche Sozialdemokratie und die Entstehung der Reichswehr 1918–21. In: WWR 1958, S. 194–207
Caspar, Gustav-Adolf, Die sozialdemokratische Partei und das deutsche Wehrproblem in den Jahren der Weimarer Republik. Beiheft 11 der Wehrwissenschaftlichen Rundschau, Oktober 1959, Berlin, Frankfurt a.M. 1959
Cordes, Günter (Bearb.), Krieg, Revolution, Republik. Die Jahre 1918 bis 1920 in Baden und Württemberg. Eine Dokumentation. Hrsg. vom Hauptstaatsarchiv Stuttgart, Ulm 1978
Craig, Gordon A., Die preußisch-deutsche Armee 1640–1945. Staat im Staate, Königstein/Ts., Düsseldorf 1980
Craig, Gordon A., Über die Deutschen, München 1982
Craig, Gordon A./Alexander L. George, Zwischen Krieg und Frieden. Konfliktlösung in Geschichte und Gegenwart, München 1984
Czech-Jochberg, Erich, Die Politiker der Republik. Von Ebert bis Schleicher, Leipzig 1933
Czisnik, Ulrich, Gustav Noske, Ein sozialdemokratischer Staatsmann, Göttingen, Zürich, Frankfurt 1969 (= Persönlichkeit und Geschichte, Bd 53)

Dähnhardt, Dirk, Revolution in Kiel. Der Übergang vom Kaiserreich zur Weimarer Republik 1918/19, Neumünster 1978 (= Mitteilungen der Gesellschaft für Kieler Stadtgeschichte, Bd 64)
Dähnhardt, Dirk/Gerhard Granier (Hrsg.), Der Kapp-Putsch in Kiel. Eine Dokumentation zum 60. Jahrestag der Märzereignisse von 1920, Kiel 1980 (= Mitteilungen der Gesellschaft für Kieler Stadtgeschichte, Bd 66)
Damerau, Helmut, Gustav Noske. Zu seinem 25. Todestag. In: Deutsches Soldatenjahrbuch 1971. Neunzehnter Deutscher Soldatenkalender, München 1971, S. 29
Paul Dapping, Noske ein Clemenceau? In: Heimatland, München, Nr. 50, Dez. 1922
Darstellungen aus den Nachkriegskämpfen deutscher Truppen und Freikorps. 8 Bde Im Auftrage des Reichskriegsministeriums. Bearb. und hrsg. v. der Forschungsanstalt für Kriegs- und Heeresgeschichte, Berlin 1936–1942
David, Eduard, Die Nationalversammlung und ihr Werk. In: Friedrich Ebert und seine Zeit, Charlottenburg o.J. [1925], S. 210–278
David, Eduard, Die Sozialdemokratie im Weltkriege, Berlin 1915
David, Eduard, Sozialdemokratie und Vaterlandsverteidigung. Rede, Bielefeld 1915
David, Eduard, Wer trägt die Schuld am Kriege? Rede, gehalten vor dem holländisch-skandinavischen Friedenskomitee in Stockholm. Hrsg. v. Vorstand der SPD, Berlin 1917
Deckoffiziere der deutschen Marine. Ihre Geschichte 1848–1933. Hrsg. vom Bund der Deckoffiziere, Berlin 1933
Deimling, Berthold v., Aus der alten in die neue Zeit. Lebenserinnerungen, Berlin 1930
Deist, Wilhelm, Die Armee in Staat und Gesellschaft 1890–1914. In: Michael Stürmer (Hrsg.), Das kaiserliche Deutschland. Politik und Gesellschaft 1870–1918, Düsseldorf 1970, S. 312–339
Deist, Wilhelm, Armee und Arbeiterschaft 1905–1918. In: Francia, 2 (1974), S. 458–481
Deist, Wilhelm, Flottenpolitik und Flottenpropaganda. Das Nachrichtenbureau des Reichsmarineamtes 1897–1914, Stuttgart 1976 (= Beiträge zur Militär- und Kriegsgeschichte, Bd 17)
Deist, Wilhelm, Die militärischen Bestimmungen der Pariser Vorortverträge. In: Ideologie und Machtpolitik 1919, Göttingen usw. 1966, S. 187–209
Deist, Wilhelm, Die Politik der Seekriegsleitung und die Rebellion der Flotte Ende Oktober 1918. In: VfZG 14 (1966), S. 341–368
Deist, Wilhelm, Die Unruhen in der Marine 1917/18. In: Marine-Rundschau 68 (1971), H. 6, S. 325–343
Deist, Wilhelm, Zur Institution des Militärbefehlshabers und Obermilitärbefehlshabers im Ersten Weltkrieg. In: Jahrbuch für die Geschichte Mittel- und Ostdeutschlands 13/14 (1965), S. 222–240
Demeter, Karl, Das Deutsche Offizierkorps in Gesellschaft und Staat 1650–1945, Frankfurt/M. [4]1965

Demeter, Karl, Das Reichsarchiv. Tatsachen und Personen, Frankfurt/M. 1969
Deutsch, Julius, Alte Reichswehr oder neues Volksheer. In: Neue Gesellschaft 2 (1955), S. 48–50
Deutsch, Julius, Ein weiter Weg. Lebenserinnerungen, Zürich, Leipzig, Wien 1960
Deutsche jüdische Soldaten 1914–1945. Hrsg. v. Militärgeschichtlichen Forschungsamt, Freiburg i. Br. 1982
Deutscher Revolutions Almanach. Für das Jahr 1919 über die Ereignisse des Jahres 1918. Hrsg. v. Ernst Drahn u. Ernst Friedegg, Berlin 1919
Deutschland im ersten Weltkrieg. Hrsg. v. einem Autorenkollektiv unter Leitung v. Fritz Klein, Bd 1–3, (Ost-)Berlin 1968–1969
Deutschland im zweiten Weltkrieg. Von einem Autorenkollektiv unter Leitung v. Wolfgang Schumann und Gerhart Hass, Bde 1–6, Köln 1974–1985
Dickmann, Fritz, Die Kriegsschuldfrage auf der Friedenskonferenz von Paris 1919. In: HZ 197 (1963), S. 1–101
Dittmann, Wilhelm, Die Marine-Justizmorde von 1917 und die Admirals-Rebellion von 1918. Dargestellt nach den amtlichen Geheimakten im Auftrage des Parlamentarischen Untersuchungsausschusses über den Weltkrieg, Berlin 1926
Dix, Arthur, Sozialdemokratie, Militarismus und Kolonial-Politik auf den Sozialisten-Kongressen 1907, Berlin o. J. [1907]
Der Dolchstoß-Prozeß in München. Oktober-November 1925. Eine Ehrenrettung des deutschen Volkes. Zeugen- und Sachverständigen-Aussagen. Eine Sammlung von Dokumenten, München o. J. [1925]
Domann, Peter, Sozialdemokratie und Kaisertum unter Wilhelm II. Die Auseinandersetzung der Partei mit dem monarchischen System, seinen gesellschafts- und verfassungspolitischen Voraussetzungen, Wiesbaden 1974 (= Frankfurter Historische Abhandlungen, Bd 3)
Dorpalen, Andreas, Hindenburg in der Geschichte der Weimarer Republik, Berlin, Frankfurt/M. 1966
Dorst, Tankred (Hrsg.), Die Münchner Räterepublik. Zeugnisse und Kommentar, Frankfurt/M. [3]1968
Doß, Kurt, Reichsminister Adolf Köster 1883–1930. Ein Leben für die Weimarer Republik, Düsseldorf 1978
Drabkin, J. S., Die Novemberrevolution 1918 in Deutschland, Berlin 1968
Dreetz, Dieter, Bestrebungen der OHL zur Rettung des Kerns der imperialistischen deutschen Armee in der Novemberrevolution. In: Zeitschrift für Militärgeschichte, 8 (1969), H. 1, S. 50–66
Dreetz, Dieter, Denkschrift der deutschen Obersten Heeresleitung vom 17. September 1919 über die Reichswehr und deren Rolle bei der Schaffung einer imperialistischen deutschen Großmacht. In: Militärgeschichte 21 (1982), H. 5, S. 595–608
Dreetz, Dieter, Der Erlaß des preußischen Kriegsministers vom 8. Februar 1912 über die Verwendung der Armee zur Bekämpfung innerer Unruhen. In: Militärgeschichte 14 (1975), H. 5, S. 561–571
Dreetz, Dieter, Über das Verhältnis der militärischen Führung zur Sozialdemokratischen Partei Deutschlands 1914/15. In: Militärgeschichte 15 (1976), H. 5, S. 570–583
Dreetz, Dieter, Unruhe der deutschen militärischen Führung zur Verhinderung oder sofortigen Niederschlagung der Novemberrevolution 1918. In: Militärgeschichte 17 (1978), H. 5, S. 524–533
Die 3. [dritte] Marinebrigade von Loewenfeld 1919/20. Hrsg. von der Kameradschaft der 3. Marine-Brigade, Kiel 1963
Dülffer, Jost, Die Reichs- und Kriegsmarine 1918–1939 = Handbuch zur deutschen Militärgeschichte 1648–1939, hrsg. vom Militärgeschichtlichen Forschungsamt, Bd 5/Abschn. VIII, München 1979 (auch Nachdruck Herrsching 1983), S. 337–488
Dülffer, Jost, Regeln gegen den Krieg? Die Haager Friedenskonferenzen von 1899 und 1907 in der internationalen Politik, Frankfurt/M., Berlin, Wien 1981
Dulles, Allen Welsh, Verschwörung in Deutschland, Zürich 1948

Eberlein, Alfred, Die Presse der Arbeiterklasse und der sozialen Bewegungen, 5 Bde, Frankfurt/M. 1969
[Ebert, Friedrich] Friedrich Ebert 1871–1925. Mit einem einführenden Aufsatz von Peter-Christian Witt, Bonn [2]1980

[Ebert, Friedrich] Friedrich Ebert und seine Zeit. Ein Gedenkwerk über den ersten Präsidenten der Deutschen Republik, Charlottenburg o. J. [1925]
Ebert, Friedrich, Kämpfe und Ziele, Dresden 1927
Ebert, Friedrich, Schriften, Aufzeichnungen, Reden. Mit unveröffentlichten Erinnerungen aus dem Nachlaß. Hrsg. v. Friedrich Ebert jun., 2 Bde, Dresden 1926
Eichholtz, Dietrich/Wolfgang Schumann (Hrsg.), Anatomie des Krieges. Neue Dokumente über die Rolle des deutschen Monopolkapitals bei der Vorbereitung und Durchführung des Zweiten Weltkrieges, (Ost-)Berlin 1969
Eichhorn, Emil, Über die Januar-Ereignisse. Meine Tätigkeit im Berliner Polizeipräsidium und mein Anteil an den Januar-Ereignissen, Berlin 1919
Eisfeld, Gerhard/Kurt Koszyk, Die Presse der deutschen Sozialdemokratie, Bonn [2]1980
Eisner, Kurt, Die halbe Macht den Räten. Ausgewählte Aufsätze und Reden. Eingel. u. hrsg. v. Renate und Gerhard Schmolze, Köln 1969
Elben, Wolfgang, Das Problem der Kontinuität in der deutschen Revolution. Die Politik der Staatssekretäre und der militärischen Führung vom November 1918 bis Februar 1919, Düsseldorf 1965 (= Beiträge zur Geschichte des Parlamentarismus und der politischen Parteien, Bd 31)
Eliasberg, George, Der Ruhrkrieg 1920. Zum Problem von Organisation und Spontaneität in einem Massenaufstand und zur Dimension der Weimarer Krise. In: Archiv für Sozialgeschichte, 10 (1970), S. 296–377
Eliasberg, George, Der Ruhrkrieg von 1920. Mit einer Einführung von Richard Löwenthal, Bonn-Bad Godesberg 1974 (= Schriftenreihe des Forschungsinstituts der Friedrich-Ebert-Stiftung, Bd 100)
Endres, Franz Carl, Reichswehr und Demokratie, München, Leipzig 1919
Endres, Franz Carl, Soziologische Struktur und ihre entsprechende Ideologie des deutschen Offizierkorps vor dem Weltkriege. In: Archiv für Sozialwissenschaft und Sozialpolitik 58 (1927), S. 282–319
Engels, Friedrich, Die preußische Militärfrage und die deutsche Arbeiterpartei (1865). In: MEW, Bd 16, S. 72
Epstein, Fritz T., Zwischen Compiègne und Versailles. Geheime amerikanische Militärdiplomatie in der Periode des Waffenstillstandes 1918/19: Die Rolle des Obersten Arthur L. Conger. In: VfZG 3 (1955), S. 412–445
[Erdmann, Karl Dietrich] K. D. Erdmann – Kulturpreis 1982. Festrede von Professor Karl Dietrich Erdmann anläßlich der Verleihung des Kieler Kulturpreises am 21. Juni 1982, Kiel 1982
Erdmann, Karl Dietrich, Rätestaat oder parlamentarische Demokratie. Neuere Forschungen zur Novemberrevolution 1918 in Deutschland, Kopenhagen 1979
Erdmann, Karl Dietrich, Die Zeit der Weltkriege, Stuttgart [8]1959 (= Handbuch der deutschen Geschichte, Bd 4)
Erdmann, Karl Dietrich/Hagen Schulze (Hrsg.), Weimar. Selbstpreisgabe einer Demokratie. Eine Bilanz heute, Düsseldorf 1981
Erfurth, Waldemar, Die Geschichte des deutschen Generalstabes 1918–1945, Göttingen, Berlin, Frankfurt 1957
Erger, Johannes. Der Kapp-Lüttwitz-Putsch. Ein Beitrag zur deutschen Innenpolitik 1919/20. Düsseldorf 1967 (= Beiträge zur Geschichte des Parlamentarismus und der politischen Parteien, Bd 35)
Erzberger, Matthias, Erlebnisse im Weltkrieg, Stuttgart, Berlin 1920
Eschenburg, Theodor, Die improvisierte Demokratie. Gesammelte Aufsätze zur Weimarer Republik, München 1964
Eschenburg, Theodor, Matthias Erzberger. Der große Mann des Parlamentarismus und der Finanzreform, München 1973

Fahrenberg, Heinrich, Georg Marcker 1865–1924. In: WWR (1980), S. 120–124
Feldman, Gerald D., Army, Industry and Labor in Germany 1914–1918, Princeton N.Y. 1966
Feldman, Gerald D., Wirtschafts- und sozialpolitische Probleme der deutschen Demobilmachung 1918/19. In: Industrielles System und politische Entwicklung in der Weimarer Republik. Hrsg. v. Hans Mommsen, Dieter Petzina, Bernd Weisbrod, Düsseldorf 1974, S. 618–636
Feldman, Gerald D./Heidrun Homburg, Industrie und Inflation. Studien und Doku-

mente zur Politik der deutschen Unternehmer 1916–1923, Hamburg 1977 (= Historische Perspektiven, Bd 5)
Feldman, Gerald D./Eberhard Kolb/Reinhard Rürup, Die Massenbewegungen der Arbeiterschaft in Deutschland am Ende des Ersten Weltkrieges (1917–1920). In: PVS, 13 (1972), H. 1, S. 84–105
Der Feldzug im Baltikum bis zur zweiten Einnahme von Riga. Januar bis Mai 1919, Berlin 1937 (= Darstellungen aus den Nachkriegskämpfen deutscher Truppen und Freikorps, Bd 2)
Fernau, Hermann, Von Kiel bis Kapp. In: Die Weltbühne, 16 (1920), H. 40, S. 362–365
Fischart, Johannes (d. i. Erich Dombrowski) Gustav Noske (= Politiker und Publizisten, LVI). In: Die Weltbühne 15 (1919), H. 15, S. 371–376
Fischart, Johannes (d. i. Erich Dombrowski), Gustav Noske. In: ders., Das alte und das neue System. Neue Folge: Die Männer der Übergangszeit, Berlin 1920, S. 63–72
Fischart, Johannes (d. i. Erich Dombrowski), Köpfe der Gegenwart. Dritte Folge: Das alte und das neue System, Berlin 1920
Fischer, Anton, Die Revolutions-Kommandantur Berlin, Berlin o. J. [1929?]
Fischer, Fritz, Bündnis der Eliten. Zur Kontinuität der Machtstrukturen in Deutschland 1871–1945, Düsseldorf 1979
Fischer, Fritz, Der Erste Weltkrieg und das deutsche Geschichtsbild. Beiträge zur Bewältigung eines historischen Tabus. Aufsätze und Vorträge aus drei Jahrzehnten, Düsseldorf 1977
Fischer, Fritz, Griff nach der Weltmacht. Die Kriegszielpolitik des kaiserlichen Deutschland 1914/18, Königstein/Ts. ²1979
Fischer, Fritz, Juli 1914, Wir sind nicht hineingeschlittert. Das Staatsgeheimnis um die Riezler-Tagebücher. Eine Streitschrift, Reinbek 1983
Fischer, Fritz, Krieg der Illusionen. Die deutsche Politik von 1911–1914, Kronberg/Ts., Düsseldorf 1978
Fischer, Georg, Vom aufrechten Gang eines Sozialisten. Ein Parteiarbeiter erzählt, Berlin, Bonn 1979
Fischer, Kurt, Die Berliner Abwehrkämpfe 1918/19 (Ost-)Berlin 1956
Flechtheim, Ossip K., Die KPD in der Weimarer Republik. Mit einer Einleitung von Hermann Weber, Frankfurt/M. 1969
Fleckenstein, Bernhard, Militär und Gewerkschaften in Deutschland. In: Aus Politik und Zeitgeschichte (1976) B. 20/21, S. 8–28
Flemming, Jens, Landwirtschaftliche Interessen und Demokratie. Ländliche Gesellschaft, Agrarverbände und Staat 1890–1925, Bonn-Bad Godesberg 1978 (= Reihe Politik und Gesellschaftsgeschichte)
Flemming, Jens, Parlamentarische Kontrolle in der Novemberrevolution. Zur Rolle und Politik des Zentralrats zwischen erstem und zweitem Rätekongreß (Dezember 1918 bis April 1919). In: Archiv für Sozialgeschichte, 11 (1971), S. 69–139
Förste, Erich, Vom Freikorps zur Kriegsmarine. In: Hans Roden (Hrsg.), Deutsche Soldaten, Leipzig 1935, S. 102–106
Forstmeier, Friedrich, Kapitän Ehrhardt, der starke Mann des Kapp-Lüttwitz-Putsches. In: Marine-Rundschau 68 (1971), S. 670–672
Forstmeier, Friedrich, Vor sechzig Jahren. Die »Brigade Loewenfeld«. In: Marine-Rundschau 76 (1979), S. 634 f.
Forstmeier, Friedrich, Zur Rolle der Marine im Kapp-Putsch. In: Seemacht und Geschichte. Festschrift zum 80. Geburtstag von Friedrich Ruge. Hrsg. Deutsches Marine Institut, Bonn-Bad Godesberg 1975, S. 51–80
Frank, Ludwig, Aufsätze, Reden und Briefe. Ausgewählt und eingel. von Hedwig Wachenheim, Berlin 1925
Frank, Walter, Franz Ritter von Epp. Der Weg eines deutschen Soldaten, Hamburg 1934
Franke, Helmut, Staat im Staate. Aufzeichnungen eines Militaristen, Magdeburg 1924
Freksa, Friedrich (Hrsg.), Kapitän Ehrhardt. Abenteuer und Schicksale, Berlin 1924
Fricke, Dieter, Die deutsche Arbeiterbewegung 1869 bis 1914. Ein Handbuch über ihre Organisation und Tätigkeit im Klassenkampf, (Ost-)Berlin 1976
Fricke, Dieter, Die »Sozialistischen Monatshefte« und die imperialistische Konzeption eines Kontinentaleuropa (1905–1918). In: ZfG 45 (1975), H. 5, S. 528–537
Fuchs, Rudolf, Die Kriegsgewinne der verschiedenen Wirtschaftszweige in den einzelnen Staaten an Hand statistischer Daten dargestellt, Staatswiss. Diss. Zürich 1918

Die Führer des Reichsheeres 1921 und 1931. Hrsg. v. Ernst Kabisch, Stuttgart 1931
Fülberth, Georg/Jürgen Harrer, Die deutsche Sozialdemokratie 1890–1933, Darmstadt, Neuwied 1974 (= Arbeiterbewegung und SPD, Bd 1)

Gay, Peter, Das Dilemma des demokratischen Sozialismus. Eduard Bernsteins Auseinandersetzung mit Marx, Nürnberg 1954
Gebhardts Handbuch der deutschen Geschichte. [Begr. v.] Bruno Gebhardt. Hrsg. v. Herbert Grundmann. Bd 4: Erdmann, Karl Dietrich, Die Zeit der Weltkriege, T. 1.2., Stuttgart [9]1973–1976
Gegen Spartakus in München und im Allgäu. Erinnerungsblätter des Freikorps Schwaben, zusgest. v. ehemal. Führer des Freikorps Ritter v. Pitzof, München 1937
Geiss, Imanuel, Juli 1914. Die europäische Krise und der Ausbruch des 1. Weltkrieges, München [2]1980
Geiss, Imanuel (Bearb.), Julikrise und Kriegsausbruch 1914. Eine Dokumentensammlung. Mit einem Vorwort von Fritz Fischer, 2 Bde, Hannover 1963–1964
Geiss, Imanuel, Das Deutsche Reich und die Vorgeschichte des Ersten Weltkrieges, München 1978
Geiss, Imanuel/Bernd Jürgen Wendt (Hrsg.), Deutschland in der Weltpolitik des 19. und 20. Jahrhunderts. Festschrift für Fritz Fischer zum 65. Geburtstag. Unter Mitarbeit von Peter-Christian Witt, Düsseldorf 1973
Geschichte der deutschen Arbeiterbewegung. Darstellung – Chronologien – Dokumente. Hrsg. unter Leitung v. Thomas Meyer, Susanne Miller, Joachim Rohlfes, 3 Bde, Bonn 1984 (= Schriftenreihe der Bundeszentrale für politische Bildung, Bd 207)
Geßler, Otto, Der Aufbau der neuen Wehrmacht. In: Zehn Jahre deutsche Geschichte 1918–1928, Berlin [2]1928, S. 87–102
Geßler, Otto, Reichswehrpolitik in der Weimarer Zeit. Hrsg. v. Kurt Sendtner. Mit einer Vorbemerkung v. Theodor Heuss, Stuttgart 1958
Gessner, Manfred, Wehrfrage und freie Gewerkschaftsbewegung in den Jahren 1918 bis 1923 in Deutschland. Unter besonderer Berücksichtigung des ADGB als Dachorganisation, des Deutschen Metallarbeiter-Verbandes, Transportarbeiter-Verbandes sowie des Verbandes der Bergarbeiter Deutschlands, Phil. Diss. Berlin 1962
Gewalten und Gestalten. Miniaturen und Portraits der deutschen Novemberrevolution 1918/1919, Leipzig, Jena, (Ost-)Berlin 1978
[Geyer, Curt] siehe Die revolutionäre Illusion
Geyer, Dietrich, Sowjetrußland und die deutsche Arbeiterbewegung 1918–1932. In: VfZG, 24 (1976), H. 1, S. 2–37
Geyer, Michael, Aufrüstung oder Sicherheit. Die Reichswehr in der Krise der Machtpolitik 1924–1936, Wiesbaden 1980
Geyer, Michael, Die Geschichte des deutschen Militärs von 1860 bis 1945. Ein Bericht über die Forschungslage (1945–1975). In: Hans-Ulrich Wehler (Hrsg.), Die moderne deutsche Geschichte in der internationalen Forschung 1945–1975, Göttingen 1978, S. 256–286
Geyer, Michael, Die Konferenz über die Herabsetzung und Beschränkung der Rüstungen und das Problem der Abrüstung. In: Josef Becker, Klaus Hildebrand (Hrsg.), Internationale Beziehungen in der Weltwirtschaftskrise 1929–1933, München 1980, S. 155–202
Geyer, Michael, Die Wehrmacht der Deutschen Republik ist die Reichswehr. Bemerkungen zur neueren Literatur. In: MGM 2/1973, S. 152–199
Goltz, Rüdiger Graf v. d., Als politischer General im Osten (Finnland und Baltikum), Leipzig [2]1936
Goltz, Rüdiger Graf v. d., Meine Sendung in Finnland und im Baltikum, Leipzig 1920 (= Deutsche Denkwürdigkeiten)
Gordon jr., Harold. J., Die Reichswehr und die Weimarer Republik 1919/1926, Frankfurt/M. 1959
Gordon jr., Harold J., Reichswehr und Politik in der Weimarer Republik. In: Politische Studien, 22 (1971), S. 34–45
Gossweiler, Kurt, Kapital, Reichswehr und NSDAP 1919–1924, Köln 1982
Granier, Gerhard, Magnus von Levetzow. Seeoffizier, Monarchist und Wegbereiter Hitlers. Lebensweg und ausgewählte Dokumente, Boppard a. Rh. 1982 (= Schriften des Bundesarchivs, Bd 31)

Grebing, Helga, Arbeiterbewegung. Sozialer Protest und kollektive Interessenvertretung bis 1914, München 1985
Grebing, Helga, Geschichte der deutschen Arbeiterbewegung. Ein Überblick, München [4]1973
Grebing, Helga, Konservative Republik oder soziale Demokratie? Zur Bewertung der Novemberrevolution in der neueren westdeutschen Historiographie. In: Eberhard Kolb (Hrsg.), Vom Kaiserreich zur Weimarer Republik, Köln 1972, S. 386–403
Groener, Wilhelm, Eine Denkschrift von Generalleutnant Groener aus dem Jahre 1917, als er Chef des Kriegsamtes war. Mit einem Vorwort von Richard Merton, Frankfurt/M. 1918
Groener, Wilhelm, Lebenserinnerungen. Jugend – Generalstab – Weltkrieg. Hrsg. v. Friedrich Frhr. Hiller v. Gaertringen. Mit einem Vorwort v. Peter Rassow, Göttingen 1957 (= Deutsche Geschichtsquellen des 19. und 20. Jahrhunderts, Bd 41)
Groener-Geyer, Dorothea, General Groener. Soldat und Staatsmann, Frankfurt/M. 1955
Groener-Geyer, Dorothea, Groeners Entwurf »Zur Organisation der Obersten Militärbehörden«. In: Die Gegenwart, 9 (1954), Nr. 201, 23. 2. 1954, S. 108–110
Groh, Dieter, Negative Integration und revolutionärer Attentismus. Die deutsche Sozialdemokratie am Vorabend des Ersten Weltkrieges, Frankfurt/M., Berlin, Wien 1973
Grünberg, Karl, Die sozialistische Volkswehr. »Sozialistische Volkswehr« an Stelle des stehenden Kasernenheeres! Praktische Anregungen und Vorschläge für eine sofortige Umrüstung Deutschlands im Sinne des »Erfurter Programms«. Mit einem Vorwort von Ernst Däumig, Berlin o. J. [1919]
Grünebaum, S., Ludwig Frank. Ein Beitrag zur Entwicklung der deutschen Sozialdemokratie, Heidelberg 1924
Grzesinski, Albert, Inside Germany, New York 1939
Günther, Wolfgang, Die Revolution 1918/19 in Oldenburg, Oldenburg 1979 (= Oldenburger Studien, Bd 18)
Gumbel, Emil Julius (Hrsg.), Denkschrift des Reichsjustizministers zu »Vier Jahre politischer Mord«, Berlin 1924
[Gumbel, Emil Julius] »Verräter verfallen der Feme. Opfer, Mörder, Richter 1919–1929. Abschließende Darstellung v. E. J. Gumbel unter Mitwirkung v. Berthold Jacob und Ernst Falck, Berlin 1929
Gumbel, Emil Julius, Verschwörer. Beiträge zur Geschichte und Soziologie der deutschen nationalistischen Geheimorganisationen seit 1918, Reprint Heidelberg 1979
Gumbel, Emil Julius, Vier Jahre politischer Mord, Berlin 1922
Gumbel, Emil Julius, Zwei Jahre Mord, Berlin [2]1921
Guske, Claus, Das politische Denken des Generals von Seeckt. Ein Beitrag zur Diskussion des Verhältnisses Seeckt-Reichswehr-Republik, Lübeck, Hamburg 1971 (= Historische Studien, Bd 283)
Gustafsson, Bo, Marxismus und Revisionismus. Eduard Bernsteins Kritik am Marxismus und ihre ideengeschichtlichen Voraussetzungen, Frankfurt/M. 1972 (= Kritische Studien zur Politikwissenschaft)
Guth, Ekkehardt P., Der Loyalitätskonflikt des deutschen Offizierkorps in der Revolution 1918–1920, Frankfurt/M., Bern, New York 1983 (= Europäische Hochschulschriften, Reihe 3, Bd 198)

Haas, Karl, Studien zur Wehrpolitik der österreichischen Sozialdemokratie 1918–1926, Phil. Diss. Wien 1967
Haas, Karl, Zur Wehrpolitik der österreichischen Sozialdemokratie in der Ersten Republik. In: Österreich 1927 bis 1938. Protokoll des Symposiums in Wien 23. bis 28. Okt. 1972, Wien 1973, S. 75–84
Haase, Hugo, Reichstagsreden gegen die deutsche Kriegspolitik, Berlin 1919
Habedank, Heinz, Um Mitbestimmung und Nationalisierung während der Novemberrevolution und im Frühjahr 1919, (Ost-)Berlin o. J.
Haebler, R. G., In Memoriam Ludwig Frank, Mannheim 1954
Haeften, Hans v., Neuzeitliche kriegsgeschichtliche Forschungsmethoden, Berlin 1935
Haenisch, Konrad, Die deutsche Sozialdemokratie in und nach dem Weltkrieg. Mit einem Anhang: Zur Bibliographie der sozialistischen Kriegsliteratur 1916, Berlin 1916 (= Kriegspolitische Einzelschriften, Bd 6/7)

Haffner, Sebastian, Die deutsche Revolution 1918/19. Wie war es wirklich? Ein Beitrag zur deutschen Geschichte, München 1979
Hahlweg, Werner (Bearb.), Der Friede von Brest-Litovsk. Ein unveröffentlichter Band aus dem Werk des Untersuchungsausschusses der Deutschen Verfassunggebenden Nationalversammlung und des Deutschen Reichstages, Düsseldorf 1971 (= Quellen zur Geschichte des Parlamentarismus und der politischen Parteien, 1. Reihe, Bd 8)
Hahn, Paul, Erinnerungen aus der Revolutionszeit in Württemberg. Der »Rote Hahn, eine Revolutionserscheinung«, Stuttgart o.J. [1923]
Halle, Felix, Deutsche Sondergerichtsbarkeit 1918–1921, Berlin, Leipzig 1922
Handbuch zur deutschen Militärgeschichte 1648–1939. Hrsg. vom Militärgeschichtlichen Forschungsamt, 6 Bde, München 1979 (Studienausgabe Herrsching 1983)
Hannover, Heinrich/Elisabeth Hannover-Drück, Politische Jusitz 1919–1933. Mit einer Einleitung v. Karl Dietrich Bracher, Frankfurt/M. 1966
Hannover-Drück, Elisabeth/Heinrich Hannover (Hrsg.), Der Mord an Rosa Luxemburg und Karl Liebknecht. Dokumentation eines politischen Verbrechens, Frankfurt/M. 1967
Hardach, Karl, Wirtschaftsgeschichte Deutschlands im 20. Jahrhundert, Göttingen 1976 (= Kleine Vandenhoeck-Reihe, Bd 1411)
Hartwich, Hans-Hermann, Arbeitsmarkt, Verbände und Staat 1918–1933, Berlin 1967
Hasenbein, Heinrich, Die parlamentarische Kontrolle des militärischen Oberbefehls im Deutschen Reich von 1871 bis 1918, Jur. Diss. Göttingen 1968
Hatschek, Julius, Das Parlamentsrecht des Deutschen Reiches, 1. Teil, Berlin, Leipzig 1915
Haubach, Theodor, Wehrfrage und Sozialdemokratie. In: Die Gesellschaft. Internationale Revue für Sozialismus und Politik, S. 493–501
Haupt, Georges, Der Kongreß fand nicht statt. Die sozialistische Internationale 1914, Wien, Frankfurt/M., Zürich 1967 (= Europäische Perspektiven)
Haupt, Georges, Programm und Wirklichkeit. Die internationale Sozialdemokratie vor 1914, Neuwied, Berlin 1970
Haupts, Leo, Deutsche Friedenspolitik 1918–19. Eine Alternative zur Machtpolitik des Ersten Weltkrieges, Düsseldorf 1976
Haußmann, Conrad, Schlaglichter. Reichstagsbriefe und Aufzeichnungen. Hrsg. v. Ulrich Zeller, Frankfurt/M. 1924
Hecker, Gerhard, Walther Rathenau und sein Verhältnis zu Militär und Krieg, Boppard a.Rh. 1983 (= Militärgeschichtliche Studien, Bd 30)
Heilmann, Ernst, Geschichte der Arbeiterbewegung in Chemnitz und dem Erzgebirge, Chemnitz 1912
Heilmann, Ernst, Die Noskegarde, Berlin o.J. [1919] (= Flugschriften zur Revolution)
Heinemann, Gustav W., Es gibt schwierige Vaterländer... Reden und Aufsätze 1919–1969. Hrsg. v. Helmut Lindemann, Frankfurt/M. 1977 (= Gustav W. Heinemann, Reden und Schriften, Bd III)
Heinemann, Ulrich, Die verdrängte Niederlage. Politische Öffentlichkeit und Kriegsschuldfrage in der Weimarer Republik, Göttingen 1983 (= Kritische Studien zur Geschichtswissenschaft, Bd 59)
Heinz, Friedrich Wilhelm, Der deutsche Vorstoß in das Baltikum. In: Deutscher Aufstand. Die Revolution des Nachkriegs. Hrsg. v. Curt Hotzel, Stuttgart 1934, S. 45–69
Henk, Emil, Die Tragödie des 20. Juli 1944. Ein Beitrag zur politischen Vorgeschichte, Heidelberg 1946
Herbell, Hajo, Staatsbürger in Uniform 1789 bis 1961. Ein Beitrag zur Geschichte des Kampfes zwischen Demokratie und Militarismus in Deutschland, (Ost-)Berlin 1969
Herwig, Holger H., Das Elitekorps des Kaisers. Die Marineoffiziere im Wilhelminischen Deutschland, Hamburg 1977
Hess, Jürgen C., »Das ganze Deutschland soll es sein«. Demokratischer Nationalismus in der Weimarer Republik am Beispiel der Deutschen Demokratischen Partei, Stuttgart 1978 (= Kieler Historische Studien, Bd 24)
Heusinger, Adolf, Befehl im Widerstreit, Tübingen, Stuttgart 1950
Heuss, Theodor, Bilder meines Lebens. Nach den Erinnerungen 1905–1933. Hrsg. v. Wolfgang Mertz und Friedrich Kaufmann, Tübingen [2]1964
Heuss, Theodor, Erinnerungen 1905–1933, Tübingen [5]1964
Heuss, Theodor, Kapp-Lüttwitz. Das Verbrechen gegen die Nation, Berlin 1920

Hilferding, Rudolf, Krieg, Abrüstung und Milizsystem. In: Die Gesellschaft. Internationale Revue für Sozialismus und Politik, 3 (1926), S. 385–398
Hiller von Gaertringen, Friedrich Frhr., Groener. In: Neue Deutsche Biographie, Bd 7, S. 111–114
Hillgruber, Andreas, Die Außenpolitik der Weimarer Republik in der Spannung zwischen dem Trauma der Niederlage von 1918 und dem fortdauernden weltpolitischen Geltungsanspruch. In: Volker Rittberger (Hrsg.), 1933. Wie die Republik erlag, Stuttgart usw. 1983, S. 12–28
Hillgruber, Andreas, Die gescheiterte Großmacht. Eine Skizze des Deutschen Reiches 1871–1945, Düsseldorf 1980
Hillgruber, Andreas, Militarismus am Ende der Weimarer Republik und im »Dritten Reich«. In: ders., Großmachtpolitik und Militarismus im 20. Jahrhundert. 3 Beiträge zum Kontinuitätsproblem, Düsseldorf 1974, S. 37–51
Hillmayr, Heinrich, Roter und Weißer Terror in Bayern nach 1918. Ursachen, Erscheinungsformen und Folgen der Gewalttätigkeiten im Verlauf der revolutionären Ereignisse nach dem Ende des Ersten Weltkrieges, München 1974 (= Moderne Geschichte, Bd 2)
[Hindenburg, Paul v.] Generalfeldmarschall von Hindenburg. Aus meinem Leben, Leipzig 1927
Hitler. Sämtliche Aufzeichnungen 1905–1924. Hrsg. v. Eberhard Jäckel, Stuttgart 1980 (= Quellen und Darstellungen zur Zeitgeschichte, Bd 21)
Hoegner, Wilhelm, Flucht vor Hitler. Erinnerungen an die Kapitulation der ersten deutschen Republik 1933, München [2]1978
Hoegner, Wilhelm, Der schwierige Außenseiter, München 1959
Hoegner, Wilhelm, Die verratene Republik. Deutsche Geschichte 1919–1933, München 1979
Höhn, Reinhard, Sozialismus und Heer. 3 Bde.
Bd 1: Heer und Krieg im Bild des Sozialismus (1848–1870), Bad Homburg v. d. H., Berlin, Zürich 1959
Bd 2: Die Auseinandersetzung der Sozialdemokratie mit dem Moltkeschen Heer (1871–1878), Bad Homburg v. d. H., Berlin, Zürich 1959
Bd 3: Der Kampf des Heeres gegen die Sozialdemokraten (1878–1918), Bad Harzburg 1969
Höhne, Heinz, Canaris. Patriot im Zwielicht, München 1976
Höhne, Heinz, Die Machtergreifung. Deutschlands Weg in die Hitler-Diktatur, Hamburg 1983
Hofmann, Werner, Ideengeschichte der sozialen Bewegung des 19. und 20. Jahrhunderts. Unter Mitwirkung v. Wolfgang Abendroth, Berlin, New York [5]1974
Hoffmann, Peter, Widerstand – Staatsstreich – Attentat. Der Kampf der Opposition gegen Hitler, München 1969
Holl, Karl/Wolfram Wette (Hrsg.): Pazifismus in der Weimarer Republik. Beiträge zur historischen Friedensforschung, Paderborn 1981 (= Sammlung Schöningh zur Geschichte und Gegenwart)
Homburg, Heidrun, Gewerkschaften, Unternehmer und Staat in der Demobilmachungsphase (November 1918 bis Mai 1919). Überlegungen am Beispiel des Düsseldorfer Regierungsbezirks. Zulassungsarbeit Freiburg i. Br. 1973
Horn, Daniel, German Naval Mutinies in World War I, New Brunswick 1969
Hotzel, Curt (Hrsg.), Deutscher Aufstand. Die Revolution des Nachkriegs, Stuttgart 1934
Hubatsch, Walther, Hindenburg und der Staat. Aus den Papieren des Generalfeldmarschalls und Reichspräsidenten von 1878 bis 1934, Göttingen 1966
Huber, Ernst Rudolf, Deutsche Verfassungsgeschichte seit 1789
Bd IV: Struktur und Krisen des Kaiserreiches, Stuttgart, Berlin, Köln, Mainz 1969
Bd V: Weltkrieg, Revolution und Reichserneuerung 1914–1919, Stuttgart, Berlin, Köln, Mainz 1978
Bd VI: Weimarer Republik 1919–1933, Stuttgart, Berlin, Köln, Mainz 1981
Hülsen, Botho v., Kampf von Volk ohne Staaat. In: Karl Linnebach (Hrsg.), Deutsche Heeresgeschichte, Hamburg 1935, S. 362–375
Hürten, Heinz, Reichswehr und Ausnahmezustand. Ein Beitrag zur Verfassungsproblematik der Weimarer Republik in ihrem ersten Jahrfünft, Opladen 1977 (= Rhei-

nisch-Westfälische Akademie der Wissenschaften. Vorträge. Geisteswissenschaften, Bd 222)
Hürten, Heinz, Soldatenbeiräte in der deutschen Novemberrevolution 1918. In: Historisches Jahrbuch, 90 (1970), S. 299–328
Hürten, Heinz, Das Wehrkreiskommando VI in den Wirren des Frühjahres 1920. In: MGM 15/1974, S. 127–156
Huschke, Wolfgang, Zur Herkunft führender Persönlichkeiten der Revolution 1918. Beiträge zu Ahnenlisten von Friedrich Ebert, Philipp Scheidemann, Wilhelm Dittmann und Gustav Noske. In: Genealogie. Deutsche Zeitschrift für Familienkunde 17 (1968), Bd 9, H. 11, S. 363–376

Illustrierte Geschichte der deutschen Novemberrevolution 1918/1919. Von einem Autorenkollektiv unter der Leitung von Günther Hortzschansky, (Ost-)Berlin 1978
Illustrierte Geschichte der Deutschen Revolution, Frankfurt/M. 1970 (unveränderter Nachdruck der Ausgabe Berlin 1929)
Ilsemann, Sigurd v., Der Kaiser in Holland. Aufzeichnungen des letzten Flügeladjutanten Kaiser Wilhelms II., hrsg. v. Harald v. Koenigswald, München 1967
Internationale Tagung der Historiker der Arbeiterbewegung: (»XIII. Linzer Konferenz« 1977). Arbeiterbewegung, Koloniale Frage und Befreiungsbewegung bis zum Ende des 1. Weltkrieges, Wien 1981 (= Geschichte der Arbeiterbewegung. ITH-Tagungsberichte, Bd 12)
Irving, David, Hitlers Weg zum Krieg, München, Berlin 1978
Jacobsen, Hans-Adolf, Zum Verhältnis von Heer und Staat in der Weimarer Republik. In: ders., Von der Strategie der Gewalt zur Politik der Friedenssicherung. Beiträge zur deutschen Geschichte im 20. Jahrhundert, Düsseldorf 1977, S. 65–77; Erstveröffentlichung in: Aus Politik und Zeitgeschichte, 1966, Bd 41, S. 23–31
Jedlicka, Ludwig, Ein Heer im Schatten der Parteien. Die militärpolitische Lage Österreichs 1918–1938, Graz, Köln 1955
Jochmann, Werner, Adolf Hitler. Monologe im Führerhauptquartier 1941–1944, Hamburg 1980
Jochmann, Werner, Die Ausbreitung des Antisemitismus. In: Werner E. Mosse (Hrsg.), Deutsches Judentum in Krieg und Revolution 1916–1923, Tübingen 1971, S. 409–510
Joll, James, The Origins of the First World War. Origins of Modern War. Ed. by Harry Hearder, London, New York 1984
Jonas, Erasmus, Die Volkskonservativen 1928–1933. Entwicklung, Struktur, Standort und staatspolitische Zielsetzung, Düsseldorf 1965 (= Beiträge zur Geschichte des Parlamentarismus und der politischen Parteien, Bd 30)
Jungheim, Bernhard, Die Geschäftsordnung für den Reichstag, Berlin 1916

Kabermann, Friedrich, Widerstand und Entscheidung eines deutschen Revolutionärs. Leben und Denken von Ernst Niekisch, Köln 1973
Kabisch, Ernst, Die Führer des Reichsheeres 1921 und 1931, Stuttgart 1931
Die Kämpfe im Baltikum nach der zweiten Einnahme von Riga. Juni bis Dezember 1919, Berlin 1938 (= Darstellungen aus den Nachkriegskämpfen deutscher Truppen und Freikorps, Bd 3)
Die Kämpfe in Südwestdeutschland 1919–1923, Berlin 1939 (= Darstellungen aus den Nachkriegskämpfen deutscher Truppen und Freikorps, Bd 5)
Kässner, Paul, Zur Geschichte der Deckoffizierbewegung, des Deckoffizierbundes und des Bundes der Deckoffiziere, Altona o.J. [1932]
Kahn, Helmut Wolfgang, Helmut Schmidt. Fallstudie über einen Populären, Hamburg 1973
Kahn-Freund, Otto, Autobiographische Erinnerungen an die Weimarer Republik. Ein Gespräch mit Wolfgang Luthardt. In: Kritische Justiz 14 (1981), S. 183–200
Kaller, Gerhard, Die Revolution des Jahres 1918 in Baden und die Tätigkeit des Arbeiter- und Soldatenrates in Karlsruhe. In: ZGO 114 (1966), S. 301–350
Kanzler, Rudolf, Bayerns Kampf gegen den Bolschewismus. Geschichte der bayerischen Einwohnerwehren, München 1931
Kastning, Alfred, Die deutsche Sozialdemokratie zwischen Koalition und Opposition 1919–1923, Paderborn 1970

Kater, Michael H., Die »Technische Nothilfe« im Spannungsfeld von Arbeiterunruhen, Unternehmerinteressen und Parteipolitik. In: VfZG 27 (1979), S. 30–78

Kautsky, Karl, Krieg und Demokratie. Eine historische Untersuchung und Darstellung ihrer Wechselwirkungen in der Neuzeit. Erstes Buch: Revolutionskriege, Berlin 1932

Kautsky, Karl, Sozialismus und Kolonialpolitik. Eine Auseinandersetzung, Berlin 1907

Kautsky, Karl, Terrorismus und Kommunismus, Berlin ²1925

Kautsky, Karl, Texte zu den Programmen der deutschen Sozialdemokratie 1891–1925. Hrsg. v. Albrecht Langner, Köln 1968

Kautsky, Karl, Der Weg zur Macht. Hrsg. v. Georg Fülberth, Frankfurt/M. 1972

Kautsky, Karl, Wehrfrage und Sozialdemokratie, Berlin 1928

Kehr, Eckart, Der Primat der Innenpolitik. Gesammelte Aufsätze zur preußisch-deutschen Sozialgeschichte im 19. und 20. Jahrhundert. Hrsg. u. eingel. v. Hans-Ulrich Wehler, Berlin 1965

Keil, Wilhelm, Erlebnisse eines Sozialdemokraten, 2 Bde, Stuttgart 1947–1948

Kellermann, Volkmar, Schwarzer Adler, weißer Adler. Die Polenpolitik der Weimarer Republik, Köln 1970

Kemt, Barbara, Zur Kommunalpolitik der Sozialdemokratischen Partei Deutschlands in Chemnitz von 1890 bis 1914, Jahresarbeit MLG an der Karl-Marx-Universität Leipzig 1984 [Masch].

Kessler, Harry Graf, Gesichter und Zeiten. Erinnerungen, Frankfurt/M. 1962

Kessler, Harry Graf, Tagebücher 1918–1937. Hrsg. v. Wolfgang Pfeiffer-Belli, Frankfurt/M. 1961

Kielmansegg, Peter Graf, Deutschland und der Erste Weltkrieg, Stuttgart ²1980

Kirchheimer, Otto, Restriktive Bedingungen und revolutionäre Durchbrüche. In: ders., Politische Herrschaft. Fünf Beiträge zur Lehre vom Staat, Frankfurt/M. ²1967, S. 30–57

Kitchen, Martin, The Silent Dictatorship. The Politics of the German High Command under Hindenburg and Ludendorff, 1916–1918, New York 1976

Klaffus, Ernst, Überlegungen zur Persönlichkeit des 1. Reichswehrministers der Weimarer Republik, Noske. Jahresarbeit an der Führungsakademie der Bundeswehr, Hamburg 1968 [Masch.]

Kluge, Ulrich, Die deutsche Revolution 1918/19. Staat, Politik und Gesellschaft zwischen Weltkrieg und Kapp-Putsch, Frankfurt a.M. 1985

Kluge, Ulrich, Essener Sozialisierungsbewegung und Volkswehrbewegung im rheinisch-westfälischen Industriegebiet 1918/19. In: IWK 16 (1972), S. 55–65

Kluge, Ulrich, Der Generalsoldatenrat in Münster und das Problem der bewaffneten Macht im rheinisch-westfälischen Industriegebiet. In: Reinhard Rürup (Hrsg.), Arbeiter- und Soldatenräte im rheinisch-westfälischen Industriegebiet, Wuppertal 1975, S. 315–392

Kluge, Ulrich, Krisen des politischen und sozialen Wandels in Deutschland zwischen Kaiserreich und Republik. Bemerkungen zu jüngsten Beiträgen der neueren westdeutschen Revolutions- und Räteforschung. In: Archiv für Sozialgeschichte, 18 (1978), S. 610–632

Kluge, Ulrich, Die Militär- und Rätepolitik der bayerischen Regierungen Eisner und Hoffmann 1918/19. In: MGM 13/1973, S. 7–58

Kluge, Ulrich, Militärrevolte und Staatsumsturz. Ausbreitung und Konsolidierung der Räteorganisationen im rheinisch-westfälischen Industriegebiet. In: Reinhard Rürup (Hrsg.), Arbeiter- und Soldatenräte im rheinisch-westfälischen Industriegebiet, Wuppertal 1975, S. 39–82

Kluge, Ulrich, Soldatenräte und Revolution. Studien zur Militärpolitik in Deutschland 1918/19, Göttingen 1975 (= Kritische Studien zur Geschichtswissenschaft, Bd 14)

Kluge, Ulrich, Das »württembergische Volksheer« 1918/1919. Zum Problem der bewaffneten Macht in der deutschen Revolution. In: Günther Doeker und Winfried Steffani (Hrsg.), Klassenjustiz und Pluralismus. Festschrift für Ernst Fraenkel zum 75. Geburtstag, Hamburg 1973, S. 92–130

Knopp, Guido F., Einigungsdebatte und Einigungsaktion in der SPD und USPD 1917–1920. Unter besonderer Berücksichtigung der »Zentralstelle für Einigung der Sozialdemokratie«. Phil. Diss. Würzburg 1975

Knütter, Hans-Helmuth, Die Juden und die deutsche Linke in der Weimarer Republik 1918–1933, Düsseldorf 1971

Koch, Hansjoachim W., Der deutsche Bürgerkrieg. Eine Geschichte der deutschen und österreichischen Freikorps, Berlin 1978
Koch, Hansjoachim W., Geschichte der Hitlerjugend. Ihre Ursprünge und ihre Entwicklung 1922–1945, Percha 1975
Kocka, Jürgen, Klassengesellschaft im Krieg. Deutsche Sozialgeschichte 1914–1918, Göttingen 1973
Köhler, Henning, Novemberrevolution und Frankreich. Die französische Deutschland-Politik 1918–1919, Düsseldorf 1980
Könnemann, Erwin, Einwohnerwehren und Zeitfreiwilligenverbände. Ihre Funktion beim Aufbau eines neuen imperialistischen Militärsystems (November 1918 bis 1920), (Ost-)Berlin 1971
Könnemann, Erwin, Die militärpolitische Bedeutung der Einwohnerwehren in den Jahren 1918–1920. In: Zeitschrift für Militärgeschichte 3 (1964), S. 30–42
Könnemann, Erwin, Protokoll Albert Südekums aus den Tagen nach dem Kapp-Putsch. In: Beiträge zur Geschichte der deutschen Arbeiterbewegung 8 (1966), S. 262–272
Könnemann, Erwin, Technische Nothilfe 1919–1945. In: Die bürgerlichen Parteien in Deutschland, Bd 2, Leipzig 1970, S. 676–679
Könnemann, Erwin, Der Truppeneinmarsch am 10. Dezember 1918 in Berlin. In: ZfG 16 (1968), S. 1592–1609
Könnemann, Erwin/Brigitte Berthold/Gerhard Schulze (Bearb.), Arbeiterklasse siegt über Kapp und Lüttwitz, Glashütten 1971
Könnemann, Erwin/Hans-Joachim Krusch, Aktionseinheit contra Kapp-Putsch. Hrsg. vom Institut für Marxismus-Leninismus beim ZK der SED, (Ost-)Berlin 1972
Körner, Theodor, Auf Vorposten. Ausgewählte Schriften 1928–1938. Hrsg. von Ilona Duczynska, Wien 1977
Koester, Adolph/Gustav Noske, Kriegsfahrten durch Belgien und Nordfrankreich 1914, Berlin 1914
Koeth, Josef, Die wirtschaftliche Demobilmachung. Ihre Aufgaben und ihre Organe. In: Handbuch der Politik, Bd 4, Berlin, Leipzig ³1921
Kohlhaas, Wilhelm, Macht und Grenzen der Soldatenräte in Württemberg 1918/19. In: Zeitschrift für Württembergische Landesgeschichte, 32 (1973), H. 2, S. 537–543
Kolb, Eberhard, Arbeiter- und Soldatenräte in der deutschen Revolution. In: Die Deutschen und die Revolution. Hrsg. v. Michael Salewski, Göttingen, Zürich 1985, S. 301–319
Kolb, Eberhard, Die Arbeiterräte in der deutschen Innenpolitik 1918/19, Düsseldorf 1962 (= Beiträge zur Geschichte des Parlamentarismus und der polit. Parteien, Bd 23)
Kolb, Eberhard (Hrsg.), Vom Kaiserreich zur Weimarer Republik, Köln 1972 (= Neue Wissenschaftliche Bibliothek, Bd 49)
Kolb, Eberhard, Die Weimarer Republik, München, Wien 1984, (= Oldenbourg Grundriß der Geschichte, Bd 16)
Koszyk, Kurt, Zwischen Kaiserreich und Diktatur. Die sozialdemokratische Presse von 1914 bis 1933, Heidelberg 1958
Koszyk, Kurt/Gerhard Eisfeld, Die Presse der deutschen Sozialdemokratie, Bonn ²1980
Kotowski, Georg, Friedrich Ebert. Eine politische Biographie, Bd 1: Der Aufstieg eines deutschen Arbeiterführers 1871 bis 1917, Wiesbaden 1963
Kraft, Dienst und Leben des jungen Infanterie Offiziers, Berlin 1911
Kraschutzki, Heinz, Im Arbeiter- und Soldatenrat Bremerhaven November 1918–Januar 1919, o.O. 1982 [Masch.]
Krause, Hartfrid, USPD. Zur Geschichte der Unabhängigen Sozialdemokratischen Partei Deutschlands, Frankfurt/M., Köln 1975
Krausnick, Helmut, Aus den Personalakten von Canaris. Eine Dokumentation. In: VfZG, 10 (1962), S. 280–310
Kreiler, Kurt (Hrsg.), Traditionen deutscher Justiz. Politische Prozesse 1914 bis 1932. Ein Lesebuch zur Geschichte der Weimarer Republik, Berlin 1978
Krekeler, Norbert, Revisionsanspruch und geheime Ostpolitik der Weimarer Republik. Die Subventionierung der deutschen Minderheit in Polen 1919–1933, Stuttgart 1973 (= Schriftenreihe der Vierteljahrshefte für Zeitgeschichte, Nr. 27)
Kreuter, Siegbert, Die deutschen demokratischen Sozialisten und die Wehrfrage. Lassalle, Bernstein, Kautsky. In: Österreichische Militärische Zeitschrift 11 (1973), S. 356–363

Kreuter, Siegbert, Führende österreichische Sozialdemokraten und die Wehrfrage. Victor Adler, Karl Renner, Julius Deutsch. In: Österreichische Militärische Zeitschrift 12 (1974), S. 181–190
Krippendorff, E., Die Gründung der Liberal-Demokratischen Partei in der Sowjetischen Besatzungszone 1945. Vorbemerkungen und Dokumente. In: VfZG 8 (1960), S. 290–309
Kritzer, Peter, Die bayerische Sozialdemokratie und die bayerische Politik in den Jahren 1918 bis 1923, München 1969 (= Miscellanea Bavarica Monacensia, H. 20)
Kritzer, Peter, Wilhelm Hoegner. Politische Biographie eines bayerischen Sozialdemokraten, München 1979
Krüger, Gabriele, Die Brigade Ehrhardt, Hamburg 1971 (= Hamburger Beiträge zur Zeitgeschichte, Bd 7)
Kuckuk, Peter, Bremer Linksradikale bzw. Kommunisten von der Militärrevolte im November 1918 bis zum Kapp-Putsch im März 1920. Ihre Politik in der Hansestadt und in den Richtungskämpfen innerhalb der KPD, 3 Bde, Phil. Diss. Hamburg 1970
Kuckuk, Peter (Hrsg.), Revolution und Räterepublik in Bremen, Frankfurt/M. 1969
Kuczynksi, Jürgen, Die Geschichte der Lage der Arbeiter unter dem Kapitalismus. Bd 5: Darstellung der Lage der Arbeiter in Deutschland von 1917/18 bis 1932/33, (Ost-)Berlin 1966
Kühne, Horst, Die Ausrottungsfeldzüge der »Kaiserlichen Schutztruppen in Afrika« und die sozialdemokratische Reichstagsfraktion – 1 –. In: Militärgeschichte 18 (1979), S. 206–216
Kürschner, Joseph, Handbuch der Presse, Berlin, Eisenach, Leipzig 1902
Küster, Heinz, Oberste Heeresleitung und rechte Führung der SPD gegen die Novemberrevolution 1918 in Deutschland. In: Zeitschrift für Militärgeschichte 7 (1968), S. 565–577
Küster, Heinz, Zur Militärpolitik des Spartakusbundes in der Novemberrevolution. In: Zeitschrift für Militärgeschichte 5 (1966), S. 84–91
Kuttner, Erich, Die deutsche Revolution. Des Volkes Sieg und Zukunft, Berlin 1918
Kuttner, Erich, Philipp Scheidemann. Der Aufstieg eines deutschen Arbeiters, Berlin 1919
Kuttner, Erich, Von Kiel bis Berlin. Der Siegeszug der deutschen Revolution, Berlin o. J. [1918]
Krüger, Franz, Diktatur oder Volksherrschaft? Der Putsch vom 13. März 1920. Sein Verlauf und seine Lehren, Berlin 1920

Lamp'l, Walther, Die Revolution in Groß-Hamburg, Hamburg 1921
Lamprecht, Kurt, Regiment Reichstag. Kampf um Berlin. Januar 1919, Berlin 1931
Landsberg, Otto, Die Entscheidung im Kabinett. In: Victor Schiff (Hrsg.), So war es in Versailles... Mit Beiträgen von Otto Landsberg, Hermann Müller, Friedrich Stampfer, Berlin 1929
Landsberg, Otto, Der Rat der Volksbeauftragten. In: Friedrich Ebert und seine Zeit, Charlottenburg o. J. [1925], S. 183–210
Langewiesche, Dieter (Hrsg.), Das deutsche Kaiserreich. Bilanz einer Epoche, Freiburg, Würzburg 1984
Laschitza, Annnelies/Günter Radczun, Rosa Luxemburg – Ihr Wirken in der deutschen Arbeiterbewegung, Frankfurt/M. 1971
Leber, Annedore/Freya Gräfin v. Moltke, Für und wider. Entscheidungen in Deutschland 1918–1945, Berlin, Frankfurt/M. 1961
Leber, Georg, Vom Frieden, Stuttgart 1979
Leber, Julius, Ein Mann geht seinen Weg. Schriften, Reden, Briefe, Hrsg. v. seinen Freunden, Berlin usw. 1952
Leber, Julius, Schriften, Reden, Briefe. Hrsg. v. Dorothea Becker u. Wilfried Schoeller, München 1976
Der Ledebour-Prozeß. Gesamtdarstellung des Prozesses gegen Ledebour wegen Aufruhr etc. vor dem Geschworenengericht Berlin-Mitte vom 19. Mai bis 23. Juni 1919 auf Grund des amtlichen Stenogramms bearbeitet und mit einem Vorwort versehen v. Georg Ledebour, Berlin 1919
Lehnert, Detlef, Sozialdemokratie und Novemberrevolution. Die Neuordnungsdebatte 1918/19 in der politischen Publizistik von SPD und USPD, Frankfurt/M. 1983

Lehnert, Detlef, Sozialdemokratie zwischen Protestbewegung und Regierungspartei 1948 bis 1983, Frankfurt/M. 1983 (= Neue Historische Bibliothek. Hrsg. v. Hans-Ulrich Wehler) (= edition suhrkamp 1248, Neue Folge Bd 248)
Leithäuser, Joachim G., Wilhelm Leuschner. Ein Leben für die Republik, Köln 1962
Lenk, Kurt, Theorien der Revolution, München 1973 (= Uni-Taschenbücher, Bd 165)
Lensch, Paul, Die deutsche Sozialdemokratie und der Weltkrieg. Eine politische Studie, Berlin ³1915
Leuschen-Seppel, Rosemarie, Sozialdemokratie und Antisemitismus im Kaiserreich. Die Auseinandersetzungen der Partei mit den konservativen und völkischen Strömungen des Antisemitismus 1871–1914, Bonn 1978
Leuschner, Wilhelm, Auftrag und Verpflichtung. Biographische Würdigung des Innenministers des Volksstaates Hessen und Widerstandskämpfers gegen den Nationalsozialismus. Mit Beiträgen v. Eugen Kogon u.a., Wiesbaden 1982
Levi, Paul, Wehrhaftigkeit und Sozialdemokratie, Berlin ²1929
Levi, Paul, Zwischen Spartakus und Sozialdemokratie. Schriften, Aufsätze, Reden und Briefe. Hrsg. u. eingel. v. Charlotte Beradt, Frankfurt/M., Wien 1969 (= Politische Texte)
Liebknecht, Karl, Gesammelte Reden und Schriften, 9 Bde, (Ost-)Berlin 1958–1968
[Liebknecht, Karl] Karl Liebknecht. Eine Biographie in Dokumenten. Von Annelies Laschitza unter Mitwirkung von Elke Keller, (Ost-)Berlin 1982
Lindau, Rudolf, Revolutionäre Kämpfe 1918–1919. Aufsätze und Chronik, Berlin 1960
Linnebach, Karl (Hrsg.), Deutsche Heeresgeschichte, Hamburg 1935
Linksliberalismus in der Weimarer Republik. Die Führungsgremien der Deutschen Demokratischen Partei 1918–1933. Bearb. v. Konstanze Wegner in Verb. mit Lothar Albertin, Düsseldorf 1980 (= Quellen zur Geschichte des Parlamentarismus und der politischen Parteien. 3. Reihe, Bd 5)
Lösche, Peter, Der Bolschewismus im Urteil der deutschen Sozialdemokratie 1903–1920. Mit einem Vorwort von Georg Kotowski, Berlin 1967 (= Veröffentlichungen der Historischen Kommission zu Berlin, Bd 29) (= Publikationen zur Geschichte der Arbeiterbewegung, Bd 1)
Lösche, Peter, Ernst Heilmann – Sozialdemokratischer parlamentarischer Führer im Preußen der Weimarer Republik. In: GWU 33 (1982), H. 7, S. 420–432
[Loewenfeld, Wilfried v.] Die 3. [dritte] Marine-Brigade v. Loewenfeld 1919/1920. Hrsg. von der Kameradschaft der 3. Marine-Brigade, Kiel 1963
Loewenfeld, Wilfried v., Das Freikorps von Loewenfeld. Der letzte Tag der Brigade. In: Hans Roden (Hrsg.), Deutsche Soldaten, Leipzig 1935, S. 149–158
Löwenthal, Richard, Bonn und Weimar. Zwei deutsche Demokratien. In: Politische Weichenstellungen im Nachkriegsdeutschland 1945–1953. Hrsg. v. Heinrich August Winkler, Göttingen 1979, S. 9–25 (= Geschichte und Gesellschaft, Sonderheft 5)
Löwenthal, Richard, Die deutsche Sozialdemokratie in Weimar und heute. Zur Problematik der »versäumten demokratischen Revolution«. In: ders., Sozialismus und aktive Demokratie. Essays zu ihren Voraussetzungen in Deutschland, Frankfurt/M. 1974, S. 97–115
Löwenthal, Richard, Einleitung zu George Eliasberg, Der Ruhrkrieg von 1920, Bonn-Bad Godesberg 1974, S. IX–XXI
Löwenthal, Richard, Sozialismus und aktive Demokratie. Essays zu ihren Voraussetzungen in Deutschland, Frankfurt/M. 1974
Löwenthal, Richard, Vom Ausbleiben der Revolution in der Industriegesellschaft. In: HZ 232 (1981), S. 1–24
Lucas, Erhard, Märzrevolution im Ruhrgebiet. Vom Generalstreik gegen den Militärputsch zum bewaffneten Arbeiteraufstand. März-April 1920, Bd 1, Frankfurt a.M. 1970
Ludendorff, Erich, Meine Kriegserinnerungen 1914–1918, Berlin ⁴1919
Ludewig, Hans-Ulrich, Arbeiterbewegung und Aufstand. Eine Untersuchung zum Verhalten der Arbeiterparteien in den Aufstandsbewegungen der frühen Weimarer Republik 1920–1923, Husum 1978 (= Historische Studien, Bd 432)
Lüttwitz, Walther Frhr. v., Im Kampf gegen die Novemberrevolution, Berlin 1934
Luther, Karl-Heinz, Die nachrevolutionären Machtkämpfe in Berlin, November 1918 bis März 1919. In: Jahrbuch für die Geschichte Mittel- und Ostdeutschlands 8 (1959), S. 187–221

Luxemburg, Rosa, Die Politik der sozialdemokratischen Minderheit. In: dies., Gesammelte Werke, Bd 4 (Ost-)Berlin 1974, S. 175 f.
Luxemburg, Rosa, Politische Schriften, Leipzig ²1970 (= Reclams Universal-Bibliothek, Bd 452)
Luxemburg, Rosa, Politische Schriften. Hrsg. u. eingel. v. Ossip K. Flechtheim, 3 Bde, Frankfurt/M. 1975
Luxemburg, Rosa, Die russische Revolution. Hrsg. u. eingel. v. Ossip K. Flechtheim, Frankfurt/M. 1963

Maercker, Georg, Vom Kaiserheer zur Reichswehr. Ein Beitrag zur Geschichte der deutschen Revolution, Leipzig 1921
Mai, Gunther, Kriegswirtschaft und Arbeiterbewegung in Württemberg 1914–1918, Stuttgart 1983 (= Industrielle Welt. Schriftenreihe des Arbeitskreises für moderne Sozialgeschichte, Bd 35)
Mai, Gunther, Die Sozialstruktur der württembergischen Soldatenräte 1918/19. In: IWK 14 (1978), S. 3–28
Mann, Golo, Deutsche Geschichte im 19. und 20. Jahrhundert, Frankfurt/M. 1968
Marc Anton, Die politische Lage und die Forderung der Stunde, Berlin 1919
Marcks, Erich, Das Reichsheer von 1919 bis 1935. In: Karl Linnebach (Hrsg.), Deutsche Heeresgeschichte, Hamburg 1935, S. 376–404
Marhefka, Edmund (Hrsg.), Der Waffenstillstand 1918–1919. Das Dokumenten-Material der Waffenstillstands-Verhandlungen von Compiègne, Spa, Trier und Brüssel. Notenwechsel, Verhandlungsprotokolle, Verträge, Gesamttätigkeitsbericht, 3 Bde, Berlin 1928
Martin, Guenter, Die bürgerlichen Exzellenzen. Zur Sozialgeschichte der preußischen Generalität 1812–1918, Düsseldorf 1979
Martini, Winfried, Gustav Noske. Nichts als eine Persönlichkeit... Zum 25. Todestag am 30. November. In: Bayernkurier, 27. 11. 1971
Martini, Winfried, Die Macht der Kapp-Legende, In: Zeitbühne, 4 (1975), H. 3, S. 21–25
Martini, Winfried, »Nichts als eine Persönlichkeit«. Zum 100. Geburtstag von Gustav Noske. In: Die Welt, Nr. 156, 8. 7. 1968
Maser, Werner, Die Frühgeschichte der NSDAP. Hitlers Weg bis 1924, Frankfurt/M. 1965
Mason, Timothy W., Arbeiterklasse und Volksgemeinschaft. Dokumente und Materialien zur deutschen Arbeiterpolitik 1936–1939, Opladen 1975 (= Schriften des Zentralinstituts für sozialwissenschaftl. Forschung d. Freien Universität Berlin, Bd 22)
Materna, Ingo, Der Vollzugsrat der Berliner Arbeiter- und Soldatenräte 1918/19, (Ost-)Berlin 1978
Matthias, Erich, Die deutsche Sozialdemokratie und der Osten 1914–1945. Eine Übersicht, Tübingen 1954 (= Arbeitsgemeinschaft für Osteuropaforschung: Forschungen und Untersuchungen zur Zeitgeschichte, Bd 11)
Matthias, Erich (Hrsg.), Mit dem Gesicht nach Deutschland. Eine Dokumentation über die sozialdemokratische Emigration. Aus dem Nachlaß von Friedrich Stampfer ergänzt durch andere Überlieferungen. Bearb. v. Werner Link, Düsseldorf 1968
Matthias, Erich, Die Sozialdemokratie und die Macht im Staate. In: Der Weg in die Diktatur 1918 bis 1933. Zehn Beiträge, München 1962, S. 71–93
Matthias, Erich, Die Sozialdemokratische Partei Deutschlands. In: Erich Matthias, Rudolf Morsey (Hrsg.), Das Ende der Parteien 1933. Darstellungen und Dokumente, Düsseldorf 1979, S. 101–278
Matthias, Erich, Zwischen Räten und Geheimräten. Die deutsche Revolutionsregierung 1918/19, Düsseldorf 1970
Matthias Erich/Rudolf Morsey (Hrsg.), Das Ende der Parteien 1933. Darstellungen und Dokumente, Königstein/Ts., Düsseldorf 1979
Mausbach Bromberger, Barbara, Arbeiterwiderstand in Frankfurt am Main. Gegen den Faschismus 1933–1945, Frankfurt/M. 1976
Mayer, Paul, Vom Vorwärts zum Neuen Vorwärts. Das Zentralorgan der Sozialdemokratischen Partei Deutschlands von 1891–1951. In: Neuer Vorwärts. Zentralorgan der SPD, Jubiläumsausgabe 1. 10. 1951
Meenzen, Johann, Außenpolitik und Weltfriedensordnung der deutschen Sozialdemokratie 1914–1919, Phil. Diss. Hamburg 1951 [Masch.]

Meier-Welcker, Hans (Hrsg.), Offiziere im Bild von Dokumenten aus drei Jahrhunderten, Stuttgart 1964 (= Beiträge zur Militär- und Kriegsgeschichte, Bd 6)
Meier-Welcker, Hans, Seeckt, Frankfurt/M. 1967
Meier-Welcker, Hans, Die Stellung des Chefs der Heeresleitung in den Anfängen der Republik. Zur Entstehungsgeschichte des Reichswehrministeriums. In: VfZG 4 (1956), S. 145–160
Meissner, Otto, Staatssekretär unter Ebert – Hindenburg – Hitler, Hamburg 1950
Melnikow, Daniil, Der 20. Juli 1944. Legende und Wirklichkeit, Hamburg ²1968
Merton, Richard, Erinnernswertes aus meinem Leben, das über das Persönliche hinausgeht, Frankfurt/M. 1955
Messerschmidt, Manfred, Juden im preußisch-deutschen Heer. In: Deutsche jüdische Soldaten 1914–1945. Hrsg. vom Militärgeschichtlichen Forschungsamt, Freiburg i. Br. 1982, S. 96–127
Messerschmidt, Manfred, Militär und Politik in der Bismarckzeit und im wilhelminischen Deutschland, Darmstadt 1975 (= Erträge der Forschung, Bd 43)
Metzsch, Horst v., Vom 13. März 1920. In: Süddeutsche Monatshefte 17 (1920), H. 10, S. 186
Meyer, Helga/Hansgeorg Meyer, Fritz Heckert. Lebensbild eines Zeitgenossen, (Ost-)Berlin 1984
Meyer-Leviné, Rosa, Im inneren Kreis. Erinnerungen einer Kommunistin in Deutschland 1920–1933. Hrsg. u. eingel. v. Hermann Weber, Köln 1979
Michels, Robert, Die deutsche Sozialdemokratie. In: Archiv für Sozialwissenschaft und Sozialpolitik, 23 (1906), S. 471–556
Michels, Robert, Umschichtungen in den herrschenden Klassen nach dem Kriege, Stuttgart, Berlin 1934
Michels, Robert, Zur Soziologie des Parteiwesens in der modernen Demokratie. Untersuchungen über die oligarchischen Tendenzen des Gruppenlebens. Hrsg. v. Werner Conze, Stuttgart 1970 [Neudruck der 2. Auflage 1925]
Milatz, Alfred, Wähler und Wahlen in der Weimarer Republik, Bonn 1965 (= Schriftenreihe der Bundeszentrale für politische Bildung, H. 66)
Miller, Susanne, Die Bürde der Macht. Die deutsche Sozialdemokratie 1918–1920, Düsseldorf 1978 (= Beiträge zur Geschichte des Parlamentarismus und der politischen Parteien, Bd 63)
Miller, Susanne, Burgfrieden und Klassenkampf. Die deutsche Sozialdemokratie im Ersten Weltkrieg, Düsseldorf 1974 (= Beiträge zur Geschichte des Parlamentarismus und der politischen Parteien, Bd 53)
Miller, Susanne, Das Problem der Freiheit im Sozialismus. Freiheit, Staat und Revolution in der Programmatik der Sozialdemokratie von Lassalle bis zum Revisionismusstreit, Frankfurt/M. ³1967
Miller, Susanne, Das Ringen um »die einzige großdeutsche Republik«. Die Sozialdemokratie in Österreich und im Deutschen Reich zur Anschlußfrage 1918/19. In: Archiv für Sozialgeschichte, 11 (1971), S. 1–67
Miller, Susanne, Die USPD in der Revolution 1918. In: Die Deutschen und die Revolution. Hrsg. v. Michael Salewski, Göttingen, Zürich 1985, S. 346–359
Miller, Susanne, Zur Politik der deutschen und der österreichischen Sozialdemokratie 1918/19. Gedanken über das Problem der Alternativen in der Revolution. In: Politik und Gesellschaft im alten und neuen Österreich. Festschrift für R. Neck zum 60. Geburtstag, Bd 2, Wien 1981, S. 9–22
Miller, Susanne/Gerhard A. Ritter, Die November-Revolution 1918 im Erleben und Urteil der Zeitgenossen. Eine Dokumentation. In: Aus Politik und Zeitgeschichte (1968), B. 45, S. 3–40
Mitchell, Allan, Revolution in Bayern 1918/1919. Die Eisner-Regierung und die Räterepublik, München 1967
Mittmann, Ursula, Fraktion und Partei. Ein Vergleich von Zentrum und Sozialdemokratie im Kaiserreich, Düsseldorf 1976 (= Beiträge zur Geschichte des Parlamentarismus und der politischen Parteien, Bd 59)
Möller, Hanns (Hrsg.), Geschichte der Ritter des Ordens »Pour le mérite« im Weltkrieg, 2 Bde, Berlin 1935
Möller, Horst, Ernst Heilmann. Ein Sozialdemokrat in der Weimarer Republik. In: Jahrbuch des Instituts für Deutsche Geschichte (Tel Aviv), 11 (1982), S. 261–294

Möller, Horst, Die preußischen Oberpräsidenten der Weimarer Republik als Verwaltungselite. In: VfZG 30 (1982), S. 1–26
Möller, Horst, Weimar. Die unvollendete Demokratie, München 1985
Mommsen, Hans, Arbeiterbewegung und nationale Frage. Ausgewählte Aufsätze, Göttingen 1979 (= Kritische Studien zur Geschichtswissenschaft, Bd 34)
Mommsen, Hans (Hrsg.), Sozialdemokratie zwischen Klassenbewegung und Volkspartei, Frankfurt/M. 1974
Mommsen, Wolfgang (Hrsg.), Imperialismus. Seine geistigen, politischen und wirtschaftlichen Grundlagen. Ein Quellen- und Arbeitsbuch, Hamburg 1977
Mommsen, Wolfgang A., Die Nachlässe in den deutschen Archiven, Boppard a. Rh. 1971
Mommsen, Wolfgang J., Die deutsche öffentliche Meinung und der Zusammenbruch des Regierungssystems Bethmann-Hollweg im Juli 1917. In: GWU, 19 (1968), S. 656–671
Mommsen, Wolfgang J., Die deutsche Revolution 1918–1920. Politische Revolution und soziale Protestbewegung. In: Geschichte und Gesellschaft, 4 (1978), S. 362–391
Mootz, H., Reichswehrminister Noske. In: Monatshefte für Politik und Wehrmacht 50 (1921), S. 11–23
Der Mord an Karl Liebknecht und Rosa Luxemburg. Darstellung des gesamten Untersuchungsmaterials mit ausführlichem Prozeßbericht, Berlin 1920
Morgan, David W., The Socialist Left and the German Revolution. A History of the German Independant Social Democratic Party 1917–1922, Ithaka, London 1975
Mosse, Werner E. (Hrsg.), Deutsches Judentum in Krieg und Revolution 1916–1923, Tübingen 1971
Mowinski, Jürgen, Gewerkschaften und Militär in Deutschland. Zu einem historischen Spannungsverhältnis, Phil. Diss. Hamburg 1981
Müller, Artur, Die Deutschen. Ihre Klassenkämpfe, Aufstände, Staatsstreiche und Revolutionen. Eine Chronik, München 1972
Müller, Fritz, Die Kolonialpolitik des Deutschen Reiches und die Sozialdemokratie, Phil. Diss. Tübingen 1923 [Masch.]
Müller, Günther, Sozialdemokratie und Kolonialpolitik vor 1914. In: Aus Politik und Zeitgeschichte (1968), B. 11, S. 16–24
Müller, Hermann, Die Novemberrevolution. Erinnerungen, Berlin 1928
Müller, Klaus-Jürgen, Das Heer und Hitler. Armee und nationalsozialistisches Regime 1933–1940, Stuttgart 1969 (= Beiträge zur Militär- und Kriegsgeschichte, Bd 10)
Müller, Klaus-Jürgen/Eckardt Opitz (Hrsg.), Militär und Militarismus in der Weimarer Republik. Beiträge eines internationalen Symposiums an der Hochschule der Bundeswehr Hamburg am 5. und 6. Mai 1977, Düsseldorf 1978
Müller, Richard, Geschichte der deutschen Revolution.
Bd I: Vom Kaiserreich zur Republik.
Bd II: Die Novemberrevolution.
Bd III: Bürgerkrieg in Deutschland.
Nachdruck Berlin 1979 (= Kritische Bibliothek d. Arbeiterbewegung, Nr. 3, 4, 5)
Müller-Brandenburg, Hermann, Die Armee des neuen Staates (Miliz-Wehrpflicht – Offizierkorps), Berlin-Zehlendorf 1919
Müller-Brandenburg, Hermann, Offizier und Republik, Berlin 1919 (= Flugschriften der Revolution, H. 5)
Murawski, Erich, Die amtliche deutsche Kriegsgeschichtsschreibung über den Ersten Weltkrieg. In: WWR 9 (1959), S. 513–531, 584–598

Neumann, Sigmund, Die Parteien in der Weimarer Republik. Mit einer Einführung v. K. D. Bracher, Stuttgart 1965
Nettl, Peter, Rosa Luxemburg, Köln, Berlin 1965
Die Niederwerfung der Räteherrschaft in Bayern 1919, Berlin 1939 (= Darstellungen aus den Nachkriegskämpfen deutscher Truppen und Freikorps, Bd 4)
Niemann, Alfred, Kaiser und Revolution. Die entscheidenden Ereignisse im Großen Hauptquartier, Berlin 1922
Niemann, Alfred, Revolution von oben – Umsturz von unten. Entwicklung und Verlauf der Staatsumwälzung in Deutschland 1914–1918. Mit einem Dokumentenanhang, Berlin 1928

Niemöller, Martin, Vom U-Boot zur Kanzel, Berlin 1934
Norden, Albert, Noske oder der Fall der Sozialdemokratie. In: Einheit. Zeitschrift für Theorie und Praxis des wissenschaftlichen Sozialismus. Hrsg. vom Zentralkomitee der Sozialistischen Einheitspartei Deutschlands, (Ost-)Berlin 23 (1968), H. 12, S. 1420–1444
Die Novemberrevolution in der Sicht der kommunistischen Geschichtswissenschaft. Thesen des Zentralkomitees der SED über die November-Revolution 1918 in Deutschland (1958). In: Eberhard Kolb (Hrsg.), Vom Kaiserreich zur Weimarer Republik, Köln 1972, S. 369–385 (= Neue Wissenschaftliche Bibliothek. Bd 49, Geschichte)
Nowak, Karl Friedrich (Hrsg.), Die Aufzeichnungen des Generalmajors Max Hoffmann, Berlin 1929
Nuss, Karl, Militär und Wiederaufrüstung in der Weimarer Republik. Zur politischen Rolle und Entwicklung der Reichswehr, (Ost-)Berlin 1977 (= Schriften des Militärgeschichtlichen Instituts der Deutschen Demokratischen Republik)
Nuss, Karl, Zur Entstehung und inneren Funktion der vorläufigen Reichswehr (Dokumentation). In: Zeitschrift für Militärgeschichte 7 (1968), S. 216–234
Nusser, Horst G. W., Konservative Wehrverbände in Bayern, Preußen und Österreich 1918–1933. Mit einer Biographie von Forstrat Georg Escherich 1870–1941, München 1973
Nusser, Horst G. W., Militärischer Druck auf die Landesregierung J. Hoffmann vom Mai 1919 bis zum Kapp-Putsch. In: Zeitschrift für bayerische Landesgeschichte 33 (1970), S. 818–850

Obermann, Emil, Kräftespiel um die Bundeswehr. In: Die neue Gesellschaft, Jg 1959, S. 88–100
Oeckel, Heinz, Die revolutionäre Volkswehr 1918/19. Die deutsche Arbeiterklasse im Kampf um die revolutionäre Volkswehr (November 1918 bis Mai 1919), Berlin 1968 (= Militärhistorische Studien, Bd 11 NF)
Oehme, Walter, Damals in der Reichskanzlei. Erinnerungen aus den Jahren 1918/19, (Ost-)Berlin 1958
Oehme, Walter, Die Weimarer Nationalversammlung 1919. Erinnerungen, (Ost-)Berlin 1962
Oertzen, Friedrich Wilhelm v., Die deutschen Freikorps 1918–1923, München [6]1939
Oertzen, Peter v., Betriebsräte in der Novemberrevolution. Eine politikwissenschaftliche Untersuchung über Ideengehalt und Struktur der betrieblichen und wirtschaftlichen Arbeiterräte in der deutschen Revolution 1918/19, Düsseldorf 1963 (= Beiträge zur Geschichte des Parlamentarismus und der politischen Parteien, Bd 25)
Österreich 1927 bis 1938. Protokoll des Symposiums in Wien 23. bis 28. Oktober 1972, München 1973
Opitz, Eckardt, Friedrich Beermann und die Wehrpolitik der SPD von 1955 bis 1959. In: Die neue Gesellschaft, 24 (1977), H. 10, S. 869–872
Opitz, Eckardt, Sozialdemokratie und Militarismus in der Weimarer Republik. In: Klaus-Jürgen Müller/Eckardt Opitz (Hrsg.), Militär und Militarismus in der Weimarer Republik, Düsseldorf 1978, S. 269–286
Orlow, Dietrich, Preußen und der Kapp-Putsch. In: VfZG 26 (1978), S. 191–236
Osterroth, Franz/Dieter Schuster, Chronik der deutschen Sozialdemokratie.
Bd I: Bis zum Ende des Ersten Weltkrieges
Bd II: Vom Beginn der Weimarer Republik bis zum Ende des Zweiten Weltkrieges
Berlin, Bonn-Bad Godesberg [2]1975 (= Internationale Bibliothek, Bde 83 u. 84)
Otto, Karl A., Die deutsche Revolution 1918/19, München 1979
Overesch, Manfred/Friedrich Wilhelm Saal, Die Weimarer Republik, Düsseldorf 1982 (= Chronik deutscher Zeitgeschichte, Bd 1) (= Droste Geschichtskalendarium)

Pabst, Waldemar, Ich ließ Rosa Luxemburg richten. In: Der Spiegel, 16 (1962), H. 16, S. 38 ff.
Pabst, Waldemar, Das Kapp-Unternehmen. [Eine Artikelserie.] In: Der Angriff, Nr. 193, 24. 9. 1932, Nr. 195–199, 27. 9. 1932 – 1. 10. 1932
Pabst, Waldemar, Das Kapp-Unternehmen. In: Revolutionen der Weltgeschichte. Hrsg. v. Wulf Bley u. a., München 1933, S. 827–838

Pabst, Waldemar, »Spartakus«. In: Deutscher Aufstand. Die Revolution des Nachkriegs. Hrsg. v. Kurt Hotzel, Stuttgart 1934, S. 28–44
Pabst, Waldemar, Spartakus. In: Revolutionen der Weltgeschichte. Hrsg. v. Wulf Bley u. a., München 1933, S. 750–762
Paczensky, Gert v., Die Weißen kommen. Die wahre Geschichte des Kolonialismus, Hamburg 1970
Pätzold, K./C. Schwarz, Noske. In: Biographisches Lexikon zur deutschen Geschichte. Von den Anfängen bis 1945, (Ost-)Berlin 1970, S. 500 f.
Panzerkreuzer und Sozialdemokratie. Hrsg.: Redaktion Der Klassenkampf, Berlin 1928
Parvus, Die Kolonialpolitik und der Zusammenbruch, Leipzig 1907
Paulus, G., Die soziale Struktur der Freikorps in den ersten Monaten nach der Novemberrevolution. In: ZfG, 3 (1955), H. 5, S. 685–704
Payer, Friedrich v., Die Reichskanzlerschaft des Prinzen Max von Baden. In: Friedrich Ebert und seine Zeit, Charlottenburg o. J. [1925], S. 87–126
Payer, Friedrich, Von Bethmann Hollweg bis Ebert. Erinnerungen und Bilder, Frankfurt/M. 1923
Petzold, Joachim, Eduard Stadtler. Antibolschewismus und nationalsozialistische Demagogie. In: Gewalten und Gestalten. Miniaturen und Portraits zur deutschen Novemberrevolution 1918/1919, Leipzig, Jena, (Ost-)Berlin o. J. [1978], S. 299–308
Petzold, Joachim, Oswald Spengler. Ideologischer Wegbereiter faschistischer Barbarei. In: Gewalten und Gestalten. Miniaturen und Portraits der deutschen Novemberrevolution 1918/1919, Leipzig, Jena, (Ost-)Berlin 1978, S. 331 ff.
Pflug, Friedrich, Reichswehrminister Gustav Noske in der Auseinandersetzung mit Parteidoktrinen und Linksopposition der deutschen Sozialdemokratie. Jahresarbeit an der Führungsakademie der Bundeswehr, Hamburg 1968 [Masch.]
Picker, Henry, Hitlers Tischgespräche im Führerhauptquartier 1941–1942, Stuttgart [2]1963
Plaschka, Richard Georg, Matrosen, Offiziere, Rebellen. Krisenkonfrontationen zur See 1900–1918. Taku, Tsushima, Coronel/Falkland, ›Potemkin‹, Wilhelmshaven, Cattaro, 2 Bde, Wien, Köln, Graz 1984 (= Veröffentlichungen des Österr. Ost- und Südosteuropa-Instituts, Bd 13)
Plehwe, Friedrich-Karl v., Reichskanzler Kurt v. Schleicher. Weimars letzte Chance gegen Hitler, Esslingen 1983
Poetzsch, Fritz, Vom Staatsleben unter der Weimarer Verfassung (vom 1. Januar 1920 bis 31. Dezember 1924). In: Jahrbuch des öffentlichen Rechts 8 (1925), S. 1–248
Politik und Gesellschaft im alten und neuen Österreich. Festschrift für Rudolf Neck zum 60. Geburtstag. Hrsg. v. Isabell Ackerl, Walter Hummelberger und Hans Mommsen, 2 Bde, Wien 1981
Politik und Wirtschaft in der Krise 1930–1932. Quellen zur Ära Brüning. Bearb. v. Ilse Mauerer u. Udo Wengst, 2 Bde, Düsseldorf 1980
Poll, Bernhard, Vom Schicksal der deutschen Heeresakten und der amtlichen Kriegsgeschichtsschreibung. In: Der Archivar 6 (1953) Nr. 2, Sp. 65–76
Pommerin, Reiner, ›Sterilisierung der Rheinlandbastarde‹. Das Schicksal einer farbigen deutschen Minderheit 1918–1937, Düsseldorf 1979
Popp, Lothar, Ursprung und Entwicklung der November-Revolution 1918. Wie die deutsche Republik entstand, Kiel o. J. [1919]
Potthoff, Heinrich, Gewerkschaften und Politik zwischen Revolution und Inflation, Düsseldorf 1979 (= Beiträge zur Geschichte des Parlamentarismus und der politischen Parteien, Bd 66)
Potthoff, Heinrich, Der Parlamentarisierungserlaß vom 30. September 1918. In: VfZG 20 (1972), S. 319–332
Potthoff, Heinrich, Die Sozialdemokratie von den Anfängen bis 1945, Bonn-Bad Godesberg 1975 (= Kleine Geschichte der SPD, Bd 1)
Prager, Eugen, Das Gebot der Stunde. Geschichte der USPD. Mit einem Vorwort v. Ossip K. Flechtheim, Berlin, Bonn [4]1980
Preller, Ludwig, Sozialpolitik in der Weimarer Republik, Kronberg/Ts., Düsseldorf 1978 (= Athenäum-Droste-Taschenbücher, Bd 7210)
Pritzkoleit, Kurt, Die neuen Herren. Die Mächtigen in Staat und Wirtschaft, Wien, München, Basel 1955
Programme der deutschen Sozialdemokratie, Hannover 1963

Die Prozesse des Geiselmordes im Luitpold-Gymnasium in München vor dem Volksgericht. Einzige mit Unterstützung der Behörden reich illustrierte Ausgabe. Unparteiisch und ausführlich zusammengestellt nach den Berichten sämtlicher Münchener Zeitungen. Verfaßt und hrsg. v. Karl Glock und Sohn, München o.J. [1920]

Quessel, Ludwig, Sozialdemokratie und Kolonialpolitik. In: Sozialistische Monatshefte 21 (1915), Bd 2, S. 723–725

Rabenau, Friedrich v., Seeckt. Aus seinem Leben 1918–1936, Leipzig 1940
Radek, Karl, In den Reihen der deutschen Revolution 1909–1919. Gesammelte Aufsätze und Abhandlungen, München 1921
Raeder, Erich, Mein Leben, Tübingen 1956–1957
Bd 1: Bis zum Flottenabkommen mit England 1935
Bd 2: Von 1935 bis Spandau 1955
Rahn, Werner, Führungsprobleme und Zusammenbruch der Kaiserlichen Marine 1917/18. In: Die deutsche Marine. Historisches Selbstverständnis und Standortbestimmung, Herford, Bonn 1983, S. 171–189
Rahn, Werner, Marinerüstung und Innenpolitik einer parlamentarischen Demokratie – das Beispiel des Panzerschiffes A 1928. In: Die deutsche Marine. Historisches Selbstverständnis und Standortbestimmung, Herford, Bonn 1983, S. 53–72
Rahn, Werner, Reichsmarine und Landesverteidigung 1919–1928. Konzeption und Führung der Marine in der Weimarer Republik, München 1976
Rakenius, Gerhard W., Wilhelm Groener als Erster Generalquartiermeister. Die Politik der Obersten Heeresleitung 1918/19, Boppard a.Rh. 1977 (= Militärgeschichtliche Studien, Bd 23)
Rambke, Karl-Heinz, Diesem System keinen Mann und keinen Groschen. Sozialdemokratische Wehrpolitik 1907–1914, Phil. Diss. Würzburg 1983
Rape, Ludger, Die österreichischen Heimwehren und die bayerische Rechte 1920–1923. Mit einem Vorwort von Ludwig Jedlicka, Wien 1977 (= Veröffentlichungen des Ludwig Boltzmann-Instituts für Geschichte der Arbeiterbewegung)
Ratz, Ursula, »Die Arbeiterschaft im neuen Deutschland«. Eine bürgerlich-sozialdemokratische Arbeitsgemeinschaft aus dem Jahre 1915. In: IWK 13 (1971), S. 1–26
Ratz, Ursula, Georg Ledebour 1850–1947. Weg und Wirken eines sozialistischen Politikers. Mit einer Einführung von Paul Kluke, Berlin 1969 (= Veröffentlichungen der Historischen Kommission zu Berlin, Bd 31) (= Publikationen zur Geschichte der Arbeiterbewegung, Bd 2)
Ratz, Ursula, »Der Krieg ist keine Gelegenheit zum Geldverdienen«. Richard Mertons Denkschriften aus dem Ersten Weltkrieg. In: MG-Information 2/85. Eine Zeitschrift für die Mitarbeiter im Bereich der Metallgesellschaft AG. 20. Jg, Frankfurt/M., S. 12–15
Rau, Friedrich, Personalpolitik und Organisation in der vorläufigen Reichswehr. Die Verhältnisse im Bereich des Gruppenkommandos 4 bis zur Bildung des Übergangsheeres (200 000-Mann-Heer), Phil. Diss. München 1970
Rauh, Manfred, Die Parlamentarisierung des Deutschen Reiches, Düsseldorf 1977 (= Beiträge zur Geschichte des Parlamentarismus und der politischen Parteien, Bd 60)
Rauhaus, Gerd, Die SPD und ihr Verhältnis zur bewaffneten Macht. Eine sehr komplizierte Geschichte. Die Partei ist antimilitaristisch, aber sie ist nicht gegen das Militär. In: Badische Zeitung Nr. 49, 28. 2./1. 3. 1918, S. 3
Rausch, Bernhard, Am Springquell der Revolution. Die Kieler Matrosenerhebung, Kiel 1918
Rausch, Bernhard, Von Kiel bis Kapp. Noskes Revolutionserinnerungen. In: Die Neue Zeit. Wochenschrift der deutschen Sozialdemokratie 38 (1920), Bd 2, S. 486–491
Rausch, Bernhard, Was soll geschehen? Zur Reform der Reichswehr. In: Die Neue Zeit. Wochenschrift der deutschen Sozialdemokratie 38 (1920), Bd 2, S. 49–55
Reichardt, Fritz, Andreas Hermes, Neuwied 1953
Reichshandbuch der deutschen Gesellschaft. Das Handbuch der Persönlichkeiten in Wort und Bild, 2 Bde, Berlin 1931
Reinhard, Wilhelm, 1918–19. Die Wehen der Republik, Berlin 1933
Rempel, Hans, Noske der Bluthund. Der Retter der 1. deutschen Republik. In: Damals 1 (1969), S. 56–80; 2 (1970), S. 57–75

Retzlaw, Karl, Spartakus. Aufstieg und Niedergang. Erinnerungen eines Parteiarbeiters, Frankfurt/M. [2]1972

Die revolutionäre Illusion. Zur Geschichte des linken Flügels der USPD. Erinnerungen von Curt Geyer. Hrsg. v. Wolfgang Benz und Hermann Graml. Mit einem Vorwort v. Robert F. Wheeler, Stuttgart 1976 (= Schriftenreihe der Vierteljahrshefte für Zeitgeschichte, Bd 33)

Richter, Gert, Zu den verfassungsmäßigen Grundlagen der Kommunalpolitik der KPD im Bezirk Erzgebirge/Vogtland. In: Regionalgeschichtliche Beiträge aus dem Bezirk Karl-Marx-Stadt, Karl-Marx-Stadt 1979

Ribhegge, Wilhelm, August Winnig. Eine historische Persönlichkeitsanalyse, Bonn 1973 (= Schriftenreihe des Forschungsinstituts der Friedrich-Ebert-Stiftung, Bd 99)

Rittau, Martin, Das Wehrgesetz vom 23. März 1921, Berlin [2]1926 (= Bücher für Recht, Verwaltung und Wirtschaft, Bd 13)

Ritter, Gerhard A., Die Arbeiterbewegung im Wilhelminischen Reich. Die sozialdemokratische Partei und die freien Gewerkschaften 1890–1900, Berlin [2]1963 (= Studien zur Europäischen Geschichte, Bd 3)

Ritter, Gerhard A., Arbeiterbewegung, Parteien und Parlamentarismus. Aufsätze zur deutschen Sozial- und Verfassungsgeschichte des 19. und 20. Jahrhunderts, Göttingen 1976 (= Kritische Studien zur Geschichtswissenschaft, Bd 23)

Ritter, Gerhard A. (Hrsg.), Arbeiterkultur, Königstein/Ts. 1979 (= Neue Wissenschaftliche Bibliothek Geschichte, Bd 104)

Ritter, Gerhard, Carl Goerdeler und die deutsche Widerstandsbewegung, Stuttgart 1954

Ritter, Gerhard A. (Hrsg.), Gesellschaft, Parlament und Regierung. Zur Geschichte des Parlamentarismus in Deutschland, Düsseldorf 1974 (= Veröffentlichung der Kommission für Geschichte des Parlamentarismus und der politischen Parteien)

Ritter, Gerhard A., Staat, Arbeiterschaft und Arbeiterbewegung in Deutschland. Vom Vormärz bis zum Ende der Weimarer Republik, Berlin, Bonn 1980

Roden, Hans (Hrsg.), Deutsche Soldaten. Vom Frontheer und Freikorps über die Reichswehr zur neuen Wehrmacht. Mit einem Geleitwort v. Generalleutnant a. D. Freiherr v. Watter und Schlußwort v. Major Foertsch, Leipzig 1935

Röhm, Ernst, Die Geschichte eines Hochverräters, München 1928

Roesler, Konrad, Die Finanzpolitik des Deutschen Reiches im Ersten Weltkrieg, Berlin 1967 (= Untersuchungen über das Spar-, Giro- und Kreditwesen. Schriften des Instituts für das Spar-, Giro- und Kreditwesen an der Universität Bonn, Bd 37)

Rohe, Karl, Das Reichsbanner Schwarz-Rot-Gold. Ein Beitrag zur Geschichte und Struktur der politischen Kampfverbände zur Zeit der Weimarer Republik, Düsseldorf 1966 (= Beiträge zur Geschichte des Parlamentarismus und der politischen Parteien, Bd 34)

Roon, Ger van, Widerstand im Dritten Reich. Ein Überblick, München 1979 (= Beck'sche Schwarze Reihe, Bd 191)

Rosenberg, Arthur, Entstehung der Weimarer Republik. Hrsg. u. eingl. von K. Kersten, Frankfurt/M. [14]1972

Rosenberg, Arthur, Geschichte der Weimarer Republik. Hrsg. v. K. Kersten, Frankfurt/M. [13]1972

Royer, Emile, German Socialists and Belgium, London o. J. [1915]

Rürup, Reinhard (Hrsg.), Arbeiter- und Soldatenräte im rheinisch-westfälischen Industriegebiet. Studien zur Geschichte der Revolution 1918/19, Wuppertal 1975

Rürup, Reinhard, Demokratische Revolution und »dritter Weg«. Die deutsche Revolution von 1918/19 in der neueren wissenschaftlichen Diskussion. In: Geschichte und Gesellschaft, 9 (1983), S. 278–301

Rürup, Reinhard, Emanzipation und Antisemitismus. Studien zur Judenfrage der bürgerlichen Gesellschaft, Göttingen 1965 (= Kritische Studien zur Geschichtswissenschaft, Bd 15)

Rürup, Reinhard, Probleme der Revolution in Deutschland 1918/19, Wiesbaden 1968 (= Institut für europäische Geschichte, Mainz. Vorträge, Nr. 50)

Ruge, Wolfgang, Gustav Noske. »Bluthund« der Konterrevolution. In: Gewalten und Gestalten. Miniaturen und Portraits der deutschen Novemberrevolution 1918/1919, Leipzig, Jena, (Ost-)Berlin 1978, S. 195–206

Ruge, Wolfgang, Hindenburg. Portrait eines Militaristen, (Ost-)Berlin 1974

Ruge, Wolfgang, Neue Dokumente über den Soldatenrat bei der Obersten Heeresleitung. In: ZfG 16 (1968), S. 1402–1421

Ruge, Wolfgang, Novemberrevolution. Die Volkserhebung gegen den deutschen Imperialismus und Militarismus 1918/19, (Ost-)Berlin [2]1983
Runge, Wolfgang, Politik und Beamtentum im Parteienstaat. Die Demokratisierung der politischen Beamten in Preußen zwischen 1918 und 1933, Stuttgart 1965

Saage, Richard, Das Dilemma der Sozialdemokratie in Deutschland und Österreich 1918–1934. In: Jahrbuch des Instituts für deutsche Geschichte, Tel Aviv, 9 (1980), S. 429–474
Saage, Richard, Einige Rahmenbedingungen der deutschen und österreichischen Revolution von 1918. Eine vergleichende Skizze. In: Politische Didaktik, Stuttgart, März 1977, S. 8 ff.
Saldern, Adelheid v., Sozialdemokratische Kommunalpolitik in Wilhelminischer Zeit. Die Bedeutung der Kommunalpolitik für die Durchsetzung des Reformismus in der SPD. In: Karl-Heinz Nassmacher (Hrsg.), Kommunalpolitik und Sozialdemokratie. Der Beitrag des demokratischen Sozialismus zur kommunalen Selbstverwaltung, Bonn-Bad Godesberg 1977, S. 18–62
Salewski, Michael (Hrsg.), Die Deutschen und die Revolution. 17 Vorträge, Göttingen, Zürich 1985
Salewski, Michael, Entwaffnung und Militärkontrolle in Deutschland 1919–1927, München 1966 (= Schriften des Forschungsinstituts der Deutschen Gesellschaft für Auswärtige Politik e. V., Bd 24)
Salomon, Ernst v., Die Geächteten, Gütersloh 1930
Sauer, Wolfgang, Das Bündnis Ebert–Groener. Eine Studie über Notwendigkeit und Grenzen der militärischen Macht, Phil. Diss. Berlin 1957 [Masch.]
Sauer, Wolfgang, Die Reichswehr. In: Karl-Dietrich Bracher, Die Auflösung der Weimarer Republik. Eine Studie zum Problem des Machtverfalls in der Demokratie, Villingen [3]1960, S. 229–284

Schade, Franz, Kurt Eisner und die bayerische Sozialdemokratie, Hannover 1961 (= Schriftenreihe der Forschungsstelle der Friedrich-Ebert-Stiftung. B. Historisch-politische Schriften)
Schadt, Jörg/Wolfgang Schmierer (Hrsg.), Die SPD in Baden-Württemberg und ihre Geschichte, Stuttgart 1979 (= Schriften zur politischen Landeskunde Baden-Württembergs, Bd 3)
Schäfer, Heinrich, Tagebuchblätter eines rheinischen Sozialisten, Bonn 1919
Schaible, C., Standes- und Berufspflichten des deutschen Offiziers, Berlin 1915
Scharrer, Manfred, Die Spaltung der deutschen Arbeiterbewegung, Stuttgart 1983
Scheidemann, Philipp, Es lebe der Frieden!, Berlin 1916
Scheidemann, Philipp, Für Volk und Vaterland. Auszüge aus offiziellen Reden und Erklärungen der Sozialdemokratischen Partei, Berlin 1925 (= Wir gehen in Front, H. 1)
Scheidemann, Philipp, Memoiren eines Sozialdemokraten, 2 Bde, Dresden 1928
Scheidemann, Philipp, Die Sozialdemokratie und der Krieg. In: Friedrich Ebert und seine Zeit, Charlottenburg o.J. [ca. 1925], S. 127–182
Scheidemann, Philipp, Der Zusammenbruch, Berlin 1921
Schiff, Victor (Hrsg.), So war es in Versailles... Mit Beiträgen v. Otto Landsberg, Hermann Müller, Friedrich Stampfer, Berlin 1929
Schiffers, Reinhard, Der Hauptausschuß des deutschen Reichstages 1915–1918. Formen und Bereiche der Kooperation zwischen Parlament und Regierung, Düsseldorf 1980 (= Beiträge zur Geschichte des Parlamentarismus und der politischen Parteien, Bd 67)
Schildt, Axel, Militärdiktatur mit Massenbasis? Die Querfrontkonzeption der Reichswehrführung um General v. Schleicher am Ende der Weimarer Republik, Frankfurt/M., New York 1981
Schissler, Jakob, Die Kontroverse über die Gewalt zwischen Sozialdemokratie und Bolschewismus 1900–1921, Phil. Diss. Frankfurt/M. 1973 [Masch.]
Schmädeke, Jürgen, Militärische Kommandogewalt und parlamentarische Demokratie. Zum Problem der Verantwortlichkeit des Reichswehrministers in der Weimarer Republik, Lübeck, Hamburg 1966 (= Historische Studien, H. 398)
Schmid, Carlo, Erinnerungen, Bern, München, Wien 1979
Schmid, Heinz, Kriegsgewinne und Wirtschaft. Die Aufgabe einer deutschen Kriegswirtschaftspolitik im Hinblick auf den Kriegsgewinn, Oldenburg i.O., Berlin 1935

Schmidt, Ernst-Heinrich, Heimatheer und Revolution. Die militärischen Gewalten im Heimatgebiet zwischen Oktoberreform und Novemberrevolution, Stuttgart 1981 (= Beiträge zur Militär- und Kriegsgeschichte, Bd 23)
Schmidt-Pauli, Edgar v., Geschichte der Freikorps 1918–1924. Nach amtlichen Quellen, Zeitberichten, Tagebüchern und persönlichen Mitteilungen hervorragender Freikorpsführer dargestellt, Stuttgart 1936
Schmolze, Gerhard (Hrsg.), Revolution und Räterepublik in München 1918/19 in Augenzeugenberichten, Düsseldorf 1969
Schönhoven, Klaus, Die württembergischen Soldatenräte in der Revolution von 1918/19. In: Zeitschrift für Württembergische Landesgeschichte, 33 (1974), S. 236–257
Schorske, Carl E., Die große Spaltung. Die deutsche Sozialdemokratie von 1905 bis 1917, Berlin 1981
Schreiber, Gerhard, Reichsmarine, Revisionismus und Weltmachtstreben. In: Militär und Militarismus in der Weimarer Republik. Hrsg. v. Klaus-Jürgen Müller und Eckardt Opitz, Düsseldorf 1978, S. 149–176
Schreiber, Gerhard, Hitler. Interpretationen 1923–1983. Ergebnisse, Methoden und Probleme der Forschung, Darmstadt 1984
Schröder, Hans-Christoph, Gustav Noske und die Kolonialpolitik des Deutschen Kaiserreichs, Berlin, Bonn 1979 (= Internationale Bibliothek, Bd 117)
Schröder, Hans-Christoph, Sozialismus und Imperialismus. Die Auseinandersetzung der deutschen Sozialdemokratie mit dem Imperialismusproblem und der »Weltpolitik« vor 1914, Bonn-Bad Godesberg [2]1975 (= Schriftenreihe des Forschungsinstituts der Friedrich-Ebert-Stiftung, Bd 62)
Schröder, Wilhelm Heinz, Die Sozialstruktur der sozialdemokratischen Reichstagskandidaten 1898–1912. In: Herkunft und Mandat. Beiträge zur Führungsproblematik in der Arbeiterbewegung, Frankfurt, Köln 1976, S. 72–96
Schröer, Arno, Die Sozialdemokratie in Brandenburg. In: Sozialistische Monatshefte 2 (1898), Nr. 8, S. 352–361
Schubert, Helmut, Admiral Adolf von Trotha (1868–1940). Ein Versuch zur historisch-psychologischen Biographik, Phil. Diss. Freiburg i. Br. 1976
Schüddekopf, Otto-Ernst (Hrsg.), Der Erste Weltkrieg. Mit einer Einleitung von Michael Freund, Gütersloh 1977
Schüddekopf, Otto-Ernst, Das Heer und die Republik. Quellen zur Politik der Reichswehrführung. 1918 bis 1935, Hannover, Frankfurt/M. 1955
Schüddekopf, Otto-Ernst, Linke Leute von rechts. Die nationalrevolutionären Minderheiten und der Kommunismus in der Weimarer Republik, Stuttgart 1960
Schueler, Hermann, Auf der Flucht erschossen. Felix Fechenbach, 1894–1933. Eine Biographie, Köln 1981
Schützinger, Hermann, Der Kampf um die Republik. Ein Kampfbrevier für republikanische Frontsoldaten, Leipzig, Wien 1924
Schützle, Kurt, Der »Kriegsrat« am 19. Juni 1919. In: Zeitschrift für Militärgeschichte 5 (1966), S. 584–594
Schultzendorff, Walther v., Proletarier und Prätorianer. Bürgerkriegssituationen aus der Frühzeit der Weimarer Republik, Köln 1966
Schulz, Gerhard, Revolutionen und Friedensschlüsse 1917–1920, München [2]1969 (= dtv-Weltgeschichte des 20. Jahrhundert, Bd 2)
Schulze, Hagen, Anpassung oder Widerstand? Aus den Akten des Parteivorstandes der deutschen Sozialdemokratie 1932/33, Bonn-Bad Godesberg 1975 (= Archiv für Sozialgeschichte, Beiheft 4)
Schulze, Hagen, Die Biographie in der »Krise der Geschichtswissenschaft«. In: GWU 29 (1978), S. 508–518
Schulze, Hagen, Freikorps und Republik 1918–1920, Boppard a. Rh. 1969 (= Wehrwissenschaftliche Forschungen. Abt. Militärgeschichtliche Studien, Bd 8)
Schulze, Hagen, Der Oststaats-Plan 1919. In: VfZG 18 (1970), S. 123–163
Schulze, Hagen, Otto Braun oder Preußens demokratische Sendung. Eine Biographie, Frankfurt/M., Berlin, Wien 1977
Schumacher, Kurt, Der Kampf um den Staatsgedanken in der deutschen Sozialdemokratie. Geleitwort v. Herbert Wehner, Stuttgart 1973
Schumacher, Martin (Bearb.), Wahlen und Abstimmungen 1918–1933. Eine Bibliogra-

phie zur Statistik und Analyse der politischen Wahlen in der Weimarer Republik, Düsseldorf 1976 (= Bibliographien zur Geschichte des Parlamentarismus und der politischen Parteien, H. 7)
Schwabe, Klaus, Äußere und innere Bedingungen der deutschen Novemberrevolution. In: Die Deutschen und die Revolution. Hrsg. v. Michael Salewski, Göttingen, Zürich 1985, S. 320–345
Schwabe, Klaus, Deutsche Revolution und Wilson-Frieden. Die amerikanische und deutsche Friedensstrategie zwischen Ideologie und Machtpolitik 1918/19, Düsseldorf 1971
Schwarz, Salomon, Handbuch der Gewerkschaftskongresse (Kongresse des Allgemeinen Deutschen Gewerkschaftsbundes), Berlin 1930
Schwend, Karl, Bayern zwischen Monarchie und Diktatur, München 1954
Schwengler, Walter, Völkerrecht, Versailler Vertrag und Auslieferungsfrage. Die Strafverfolgung wegen Kriegsverbrechen als Problem des Friedensschlusses 1919/20, Stuttgart 1982 (= Beiträge zur Militär- und Kriegsgeschichte, Bd 24)
Schwengler, Walter, Die Reaktion der Reichswehr auf die Unterzeichnung des Versailler Vertrages. In: Marineforum 54 (1982), S. 116–122
Schwerin von Krosigk, Lutz Graf, Staatsbankrott. Die Geschichte der Finanzpolitik des Deutschen Reiches von 1920 bis 1945, geschrieben vom letzten Reichsfinanzminister, Göttingen, Frankfurt, Zürich 1974

Seeckt, Hans v., Aus meinem Leben (1866–1917). Hrsg. v. Friedrich v. Rabenau, Leipzig 1941
Seger, Gerhart, Das Wehrprogramm der Sozialdemokratie. In: Friedens-Warte. Blätter f. internat. Verständigung u. zwischenstaatliche Organisation 29 (1929), S. 200–204
Seidel, Richard, Die Gewerkschaftsbewegung in Deutschland. Mit einem Abschnitt über die Gewerkschaftsbewegung der Angestellten von Bernhard Göring, Amsterdam 1929 (= Internationale Gewerkschaftsbibliothek, H. 7/8)
Seidel, Richard, Klassenarmee und Volksheer, Berlin 1919
Selchow, Bogislaw v., Hundert Tage aus meinem Leben, Leipzig 1936
Semmroth, Wolfgang, Der Strafrechtsfall Reichpietsch und Köbis. Die Marineunruhen 1917, Jur. Diss. Köln [demnächst]
Severing, Carl, Mein Lebensweg, Köln 1950
Bd 1: Vom Schlosser zum Minister
Bd 2: Im Auf und Ab der Republik
Seydlitz, Walther v., Stalingrad. Konflikt und Konsequenz. Erinnerungen. Einleitung von Bodo Scheurig, Oldenburg, Hamburg 1977
Sigel, Robert, Die Lensch-Cunow-Haenisch-Gruppe. Eine Studie zum rechten Flügel der SPD im Ersten Weltkrieg, Berlin 1976 (= Beiträge zu einer historischen Strukturanalyse Bayerns im Industriezeitalter, Bd 14)
Sigel, Robert, Die Lensch-Cunow-Haenisch-Gruppe. Ihr Einfluß auf die Ideologie der deutschen Sozialdemokratie im Ersten Weltkrieg. In: IWK 11 (1975), S. 421–436
Sinzheimer, Hugo/Ernst Fraenkel, Die Justiz in der Weimarer Republik, Neuwied, Berlin 1968
Soell, Hartmut, Fritz Erler. Eine politische Biographie, 2 Bde, Berlin, Bonn-Bad Godesberg 1976 (= Internationale Bibliothek, Bd 100)
Sösemann, Bernd (Hrsg.), Theodor Wolff: Tagebücher 1914–1919. Der Erste Weltkrieg und die Entstehung der Weimarer Republik in Tagebüchern, Leitartikeln und Briefen des Chefredakteurs am »Berliner Tageblatt« und Mitbegründers der »Deutschen Demokratischen Partei«, 2 Bde, Boppard 1984
Soldan, George, Zeitgeschichte in Wort und Bild, 3 Bde, Oldenburg 1931–1934
Sontheimer, Kurt, Antidemokratisches Denken in der Weimarer Republik, München 1968
Sozialdemokratie und Wehrproblem. Vorschläge für Programmformulierungen zu dem Wehrproblem, Berlin 1929
Die soziale und wirtschaftliche Lage der Deckoffiziere und ihre Bedeutung für die Schlagfertigkeit unserer Flotte. Als Manuskript gedruckte Broschüre des Deckoffizierbundes, Kiel, im Januar 1913. Wiederabdruck in: Paul Kässner, Zur Geschichte der Deckoffizierbewegung, des Deckoffizierbundes und des Bundes der Deckoffiziere, Altona o.J. [1932], S. 15–30

Die sozialistische Internationale. Ihre Geschichte und Politik. Von einem Autorenkollektiv unter Leitung v. Werner Kowalski und Johannes Glasneck, (Ost-)Berlin 1977
Speidel, Hans, Aus unserer Zeit. Erinnerungen, Berlin, Frankfurt/M., Wien [2]1977
Spellmeyer, Hans, Deutsche Kolonialpolitik im Reichstag, Stuttgart 1931 (= Beiträge zur Geschichte der nachbismarckischen Zeit und des Weltkriegs, H. 11)
Spengler, Owald, Preußentum und Sozialismus, München 1921
Sperlich, Waltraud, Journalist mit Mandat. Sozialdemokratische Reichstagsabgeordnete und ihre Arbeit in der Parteipresse 1867 bis 1918, Düsseldorf 1983 (= Beiträge zur Geschichte des Parlamentarismus und der politischen Parteien, Bd 72)
Spindler, Arno, Der Handelskrieg mit U-Booten, 4 Bde, Berlin 1932–1941
Sprotte, Helmut, Die Reichsmarine in ihrer organisatorischen Entwicklung seit der Revolution, Berlin 1922
Spuler, Bertold (Bearb.), Regenten und Regierungen der Welt. Minister-Ploetz. T. II, Bd 4: Neueste Zeit 1917/18–1964, Würzburg [2]1964
Stadtler, Eduard, Als Antibolschewist 1918/19, Düsseldorf 1936
Stadtler, Eduard, Der Bolschewismus und seine Überwindung (Vortrag, gehalten am 1. November 1918 in der Philharmonie, Berlin). Hrsg. vom Generalsekretariat zum Studium und zur Bekämpfung des Bolschewismus, Berlin 1919 (= Revolutionäre Streitfragen, H. 1)
Stadtler, Eduard, Seldte – Hitler – Hugenberg! Die Front der Freiheitsbewegung, Berlin 1930
Stahl, Friedrich-Christian, Die Organisation des Heeresarchivwesens in Deutschland 1936–1945. In: Aus der Arbeit des Bundesarchivs, Boppard a. Rh. 1977, S. 69–101
Stampfer, Friedrich, Die vierzehn Jahre der ersten deutschen Republik, Köln [3]1953
Stampfer, Friedrich, Von Versailles – zum Frieden!, Berlin 1920
Stand und Problematik der Erforschung des Widerstandes gegen den Nationalsozialismus. Hrsg. vom Forschungsinstitut der Friedrich-Ebert-Stiftung, Bad Godesberg 1965
Steffani, Winfried, Die Untersuchungsausschüsse des Preußischen Landtages zur Zeit der Weimarer Republik. Ein Beitrag zur Entwicklung, Funktion und politischen Bedeutung parlamentarischer Untersuchungsausschüsse, Düsseldorf 1960 (= Beiträge zur Geschichte des Parlamentarismus und der politischen Parteien, Bd 17)
Steger, Bernd, Berufssoldaten oder Prätorianer. Die Einflußnahme des bayerischen Offizierskorps auf die Innenpolitik in Bayern und im Reich 1918–1924, Frankfurt/M. 1980
Stegmann, Dirk/Bernd-Jürgen Wendt/Peter-Christian Witt (Hrsg.), Industrielle Gesellschaft und politisches System. Beiträge zur politischen Sozialgeschichte. Festschrift für Fritz Fischer zum 70. Geburtstag, Bonn 1978
Steinberg, H. J., Sozialismus und deutsche Sozialdemokratie. Zur Ideologie der Partei vor dem 1. Weltkrieg, Hannover [2]1969
Steltzer, Theodor, Sechzig Jahre Zeitgenosse, München 1966
Stender, Günther, Militärpolitische Lehren der Novemberrevolution 1918, (Ost-)Berlin 1960 (= Schriftenreihe zu Fragen der Militärpolitik, H. 13)
Stephani, Franz v., Freikorps-Potsdam – Der Sturm auf das Vorwärts-Gebäude. In: Hans Roden (Hrsg.), Deutsche Soldaten, Leipzig 1935, S. 41 50
Stössinger, Felix/Karl Holtz, Das System Noske. Eine politische und satirische Abrechnung, Berlin 1920
Strauß, Rudolph, Der Polizeidirektor berichtet. Ein Polizeibericht über die Arbeiterbewegung in Chemnitz am Vorabend des ersten Weltkrieges, Karl-Marx-Stadt 1962 (= Beiträge zur Heimatgeschichte von Karl-Marx-Stadt, H. 11)
Ströbel, Heinrich, Die deutsche Revolution. Ihr Unglück und ihre Rettung. Hrsg. von »Aufbau und Werden«, Gesellschaft für praktische Volksaufklärung und Steigerung der nationalen Arbeitskraft, Berlin [3]1922
Stumpf, Richard, Warum die Flotte zerbrach. Kriegstagebuch eines christlichen Arbeiters. Hrsg. v. Wilhelm Dittmann, Berlin 1927

Die Tätigkeit der Technischen Nothilfe während des Kapp-Putsches und unsere dazu getroffenen Maßnahmen. Bearb. v. d. Reichsleitung d. Elektrizitätswerke, Berlin 1920
Tessin, Georg, Deutsche Verbände und Truppen 1918–1939. Altes Heer, Freiwilligenverbände, Reichswehr, Heer, Luftwaffe, Landespolizei. Hrsg. mit Unterstützung des Bundesarchivs und des Arbeitskreises für Wehrforschung, Osnabrück 1974

Thaer, Albrecht v., Generalstabsdienst an der Front und in der O.H.L. Aus Briefen und Tagebuchaufzeichnungen 1915–1919. Unter Mitarbeit v. Helmut K. G. Rönnefahrt hrsg. v. Siegfried A. Kaehler, Göttingen 1958 (= Abhandlungen der Akademie der Wissenschaften in Göttingen. Phil.-Hist. Klasse. Dritte Folge, Nr. 40)
Thimme, Friedrich/Carl Legien (Hrsg.), Die Arbeiterschaft im neuen Deutschland, Leipzig 1915
Thoß, Bruno, Der Ludendorff-Kreis 1919–1923. München als Zentrum der mitteleuropäischen Gegenrevolution zwischen Revolution und Hitler-Putsch, München 1978 (= Miscellanea Bavarica Monacensia, H. 78)
Torke, Hans-Joachim. Zwischen Staat und Partei. Gustav Noskes Tätigkeit im kaiserlichen Reichstag. In: Archiv für Sozialgeschichte, 4 (1964), S. 633–659
Tormin, Walter, Zwischen Rätediktatur und sozialer Demokratie. Die Geschichte der Rätebewegung in der deutschen Revolution 1918/19, Düsseldorf 1954 (= Beiträge zur Geschichte des Parlamentarismus und der politischen Parteien, Bd 4)
Tormin, Walter (Hrsg.), Die Weimarer Republik. Mit Beiträgen v. F. A. Krummacher, Walter Tormin, Richard Freyh, Andreas Hillgruber, Hannover [9]1975
Trotha, Adolf v., Großdeutsches Wollen. Aus den Lebenserfahrungen eines Seeoffiziers, Berlin 1924
Trotha, Adolf v., Volkstum und Staatsführung. Briefe und Aufzeichnungen 1915–1920, Berlin 1928
Trotnow, Helmut, Karl Liebknecht. Eine politische Biographie, Köln 1980
Tucholsky, Kurt, Unser Militär! Schriften gegen Krieg und Militarismus. Hrsg. v. Richard v. Soldenhoff, Frankfurt/M., Olten, Wien 1982

Ueberschär, Gerd R., Gegner des Nationalsozialismus 1933–1945. Volksopposition, individuelle Gewissensentscheidung und Rivalitätskampf konkurrierender Führungseliten als Aspekte der Literatur über Emigration und Widerstand im Dritten Reich zwischen dem 35. und 40. Jahrestag des 20. Juli 1944. In: MGM 35/1984, S. 141–196
Unger, Emil, Gustav Noske. In: ders., Politische Köpfe des sozialistischen Deutschlands. Skizzen, Leipzig o.J. [1920], S. 67–71
Die Ursachen des Deutschen Zusammenbruchs im Jahre 1918. Vierte Reihe im Werk des Parlamentarischen Untersuchungsausschusses, Bd 5, Berlin 1928
Ursachen und Folgen. Vom deutschen Zusammenbruch 1918 und 1945 bis zur staatlichen Neuordnung Deutschlands in der Gegenwart. Eine Urkunden- und Dokumentensammlung zur Zeitgeschichte. Hrsg. u. bearb. v. Herbert Michaelis und Ernst Schraepler unter Mitwirkung von Günter Scheel, Bde 2–4, Berlin 1958–60

Venner, Dominique, Söldner ohne Sold. Die deutschen Freikorps 1918–1923, Bergisch-Gladbach 1978
»Verräter verfallen der Feme« siehe [Gumbel, Emil Julius]
Der Vertrag von Versailles. Mit Beiträgen von S. Haffner, G. Bateson, J. M. Keynes, H. Nicolson, A. Brecht, W. I. Lenin u.a., München 1978
Der Völkerkrieg. Eine Chronik der Ereignisse seit dem 1. Juli 1914. Hrsg. u. bearb. v. C. H. Baer, Bd 18: Fünftes Kriegshalbjahr. Aug. 1916–Feb. 1917, Stuttgart o.J. [1919]
Vogelsang, Thilo, Hinrich Wilhelm Kopf und Niedersachsen, Hannover 1963
Vogt, Adolf, Oberst Max Bauer. Generalstabsoffizier im Zwielicht 1869–1929, Osnabrück 1974 (= Studien zur Militärgeschichte, Militärwissenschaft und Konfliktforschung, Bd 6)
Volkmann, Erich Otto, Revolution über Deutschland, Oldenburg 1930
Volkmann, Hans-Erich, Das Deutsche Reich und die baltischen Staaten 1918 bis 1920. In: Von den baltischen Provinzen zu den baltischen Staaten. Beiträge zur Entstehungsgeschichte der Republiken Estland und Lettland 1918–1920, Marburg/Lahn 1977, S. 378–408
Volkmann, Hans-Erich, Die Reichswehr, Wehrverfassung, Wehrsystem, Personalstruktur, Milizdiskussion. In: Die Wehrstruktur in der Bundesrepublik Deutschland. Analyse und Optionen. Hrsg. 1972/73 von der Wehrstruktur-Kommission im Einvernehmen mit der Bundesregierung, o.O. [Bonn] 1973, S. 329–337

Wacker, Wolfgang, Der Bau des Panzerschiffes »A« und der Reichstag, Tübingen 1959 (= Tübinger Studien zur Geschichte und Politik, Nr. 11)

Wählerbewegung in der deutschen Geschichte. Analysen und Berichte zu den Reichstagswahlen 1871–1933, Berlin 1978
Der Waffenstillstand 1918–1919. Das Dokumentenmaterial der Waffenstillstandsverhandlungen von Compiègne, Spa, Trier und Brüssel. Notenwechsel, Verhandlungsprotokolle, Verträge, Gesamttätigkeitsbericht, 3 Bde, Berlin 1928
Wagner, Walter, Der Volksgerichtshof im nationalsozialistischen Staat, Stuttgart 1974 (= Quellen und Darstellungen zur Zeitgeschichte, Bd. 16/III) (= Die deutsche Justiz und der Nationalsozialismus, T. 3)
Wahlstatistik in Deutschland. Bibliographie der deutschen Wahlstatistik 1848–1975. Bearb. v. N. Diederich/N. Fuchs/I. Kullack/H. W. Schmollinger, München usw. 1976 (= Berichte und Materialien des Zentralinstituts für sozialwissenschaftliche Forschung – ZI 6 – der Freien Universität Berlin, Bd 4)
Die Wahrheit über die Berliner Straßenkämpfe, Berlin 1919
Waldmann, Eric, Spartakus. Der Aufstand von 1919 und die Krise der deutschen sozialistischen Bewegung, Boppard 1967
Walle, Heinrich, Deutsche jüdische Soldaten 1914–1945. In: Deutsche jüdische Soldaten 1914–1945. Hrsg. vom Militärgeschichtlichen Forschungsamt, Freiburg i. Br. 1982, S. 14–84
Wandruszka, Adam, Die Erbschaft von Krieg und Nachkrieg. In: Österreich 1927 bis 1938, München 1973, S. 20–31
Weber, Hermann (Hrsg.), Der Gründungsparteitag der KPD. Protokoll und Materialien. Frankfurt/M., Wien 1969
Weber, Hermann, Das Prinzip Links. Eine Dokumentation. Beiträge zur Diskussion des demokratischen Sozialismus in Deutschland 1847–1973, Hannover [2]1973
Wehler, Hans-Ulrich, Das Deutsche Kaiserreich 1871–1918, Göttingen [5]1983
Wehler, Hans-Ulrich, Krisenherde des Kaiserreichs 1871–1918. Studien zur deutschen Sozial- und Verfassungsgeschichte, Göttingen 1970
Wehler, Hans-Ulrich, Sozialdemokratie und Nationalstaat. Nationalitätenfragen in Deutschland 1840–1914, Göttingen [2]1971
Weisenborn, Günther (Hrsg.), Der lautlose Widerstand. Bericht über die Widerstandsbewegung des deutschen Volkes 1933–1945, Frankfurt/M. [4]1974
Die Weizsäcker-Papiere 1900–1932. Hrsg. v. Leonidas Hill, Berlin, Frankfurt/M., Wien 1982
Weltherrschaft im Visier. Dokumente zu den Europa- und Weltherrschaftsplänen des deutschen Imperialismus von der Jahrhundertwende bis Mai 1945. Hrsg. u. eingel. v. Wolfgang Schumann u. Ludwig Nestler unter Mitarbeit von Willibald Gutsche und Wolfgang Ruge, (Ost-)Berlin 1975
Wendt, Bernd-Jürgen, »Deutsche Revolution« – »Labour Unrest«. Systembedingungen der Streikbewegungen in Deutschland und England 1918–1921. In: Archiv für Sozialgeschichte 20 (1980), S. 1–55
Wette, Wolfram, Frieden durch Revolution? Das Scheitern der Friedenskonzeption der radikalen Linken in der deutschen Revolution von 1918/19. In: W. Huber und J. Schwerdtfeger (Hrsg.), Frieden, Gewalt, Sozialismus. Studien zur Geschichte der sozialistischen Arbeiterbewegung, Stuttgart 1976, S. 282–357
Wette, Wolfram, Friedenspolitische Bestrebungen der deutschen Sozialdemokratie in der Zwischenkriegszeit. In: Internationale Tagung der Historiker der Arbeiterbewegung. 19. Linzer Konferenz 1983, Wien 1985, S. 185–218
Wette, Wolfram, Kriegstheorien deutscher Sozialisten. Marx, Engels, Lassalle, Bernstein, Kautsky, Luxemburg, Stuttgart usw. 1971
Wette, Wolfram, Liberale und sozialistische Milizvorstellungen im 19. Jahrhundert. In: Die Wehrstruktur in der Bundesrepublik Deutschland. Hrsg. 1972/73 von der Wehrstruktur-Kommission im Einvernehmen mit der Bundesregierung, o. O. [Bonn] 1972, S. 338–344
Wette, Wolfram, Die militärische Demobilmachung in Deutschland 1918/19 unter besonderer Berücksichtigung der revolutionären Ostseestadt Kiel. In: Geschichte und Gesellschaft 12 (1986), H. 1, S. 63–80
Wette, Wolfram, Militaristische und pazifistische Ideologien in der Endphase der Weimarer Republik. In: Das Deutsche Reich und der Zweite Weltkrieg. Hrsg. vom Militärgeschichtlichen Forschungsamt, Bd 1, Stuttgart 1979, S. 25–99
Wette, Wolfram, Mit dem Stimmzettel gegen den Faschismus. Das Dilemma des sozial-

demokratischen Antifaschismus in der Endphase der Weimarer Republik. In: W. Huber, J. Schwerdtfeger (Hrsg.), Frieden, Gewalt, Sozialismus. Studien zur Geschichte der sozialistischen Arbeiterbewegung, Stuttgart 1976, S. 358–403
Wette, Wolfram, Reichstag und »Kriegsgewinnlerei« (1916–1918). Die Anfänge parlamentarischer Rüstungskontrolle in Deutschland. In: MGM 36/1984, S. 31–56
Wette, Wolfram, Sozialdemokratische Sicherheitspolitik in historischer Perspektive. In: Friedensanalysen 7, Frankfurt/M. 1977, S. 22–42
Wette, Wolfram, Das Verhältnis von SPD und bewaffneter Macht (1863–1945). In: H. G. Brauch (Hrsg.), Sicherheitspolitik am Ende. Eine Bestandsaufnahme, Perspektiven und neue Ansätze, Gerlingen 1984, S. 25–36
Wette, Wolfram, Der Wille zum Frieden. Sozialdemokratische Sicherheitspolitik in historischer Perspektive. Darstellung und ausgewählte Quellentexte. In: Geschichtsdidaktik 5 (1980), S. 23–53
Wheeler, Robert F., USPD und Internationale. Sozialistischer Internationalismus in der Zeit der Revolution, Berlin 1975
Wheeler-Bennett, John W., Die Nemesis der Macht. Die deutsche Armee in der Politik 1918–1945, Düsseldorf 1954
Wiegand, Richard, »Wer hat uns verraten...« Die Sozialdemokratie in der Novemberrevolution (1918/19). Dokumentation und Analyse der Januar- und Märzkämpfe 1919, Berlin 1974 (= Materialistische Wissenschaft, Bd 10)
Wieland, Lothar, Belgien 1914. Die Frage des belgischen „Franktireurkrieges« und die deutsche öffentliche Meinung von 1914 bis 1936, Frankfurt/M., Bern, New York 1984
Wiesemann, Falk, Kurt Eisner. Studie zu einer politischen Biographie. In: Bayern im Umbruch. Die Revolution von 1918, ihre Voraussetzungen, ihr Verlauf und ihre Folgen. Hrsg. v. K. Bosl in Verb. m. K. Möckl, u. a. München, Wien 1969, S. 387–426
Wimmer, Albert, Ein Blatt aus Scheidemanns Tagebuch. In: Beiträge zur Geschichte der deutschen Arbeiterbewegung 1959/2, S. 368–371
Winkler, Heinrich August, Klassenbewegung oder Volkspartei? Zur Programmdiskussion in der Weimarer Sozialdemokratie 1920–1925. In: Geschichte und Gesellschaft 8 (1982), S. 9–54
Winkler, Heinrich August, Die Lektion von Weimar. Wie die deutsche Sozialdemokratie der Ersten Republik scheiterte. In: Frankfurter Allgemeine Zeitung Nr. 256, 12. 11. 1984, S. 7
Winkler, Heinrich-August, Der Schein der Normalität. Arbeiter und Arbeiterbewegung in der Weimarer Republik 1924 bis 1930, Berlin, Bonn 1985 (= Geschichte der Arbeiter und der Arbeiterbewegung in Deutschland seit dem Ende des 18. Jahrhunderts, Bd 2)
Winkler, Heinrich August, Die Sozialdemokratie und die Revolution von 1918/19. Ein Rückblick nach sechzig Jahren, Berlin, Bonn 1979
Winkler, Heinrich August, Von der Revolution zur Stabilisierung. Arbeiter und Arbeiterbewegung in der Weimarer Republik 1918–1924, Bonn 1984 (= Geschichte der Arbeiter und der Arbeiterbewegung in Deutschland seit Ende des 18. Jahrhunderts, Bd 1)
Winnig, August, Das Reich als Republik 1918–1928, Stuttgart, Berlin 1929
Wippermann, Klaus W., Politische Propaganda und staatsbürgerliche Bildung. Die Reichszentrale für Heimatdienst in der Weimarer Republik, Bonn 1976 (= Schriftenreihe der Bundeszentrale für politische Bildung, Bd 114)
Die Wirren in der Reichshauptstadt und im nördlichen Deutschland 1918–1920, Berlin 1940 (= Darstellungen aus den Nachkriegskämpfen deutscher Truppen und Freikorps, Bd 6)
Wirz, Albert, Die deutschen Kolonien in Afrika. In: Rudolf v. Albertini, Europäische Kolonialherrschaft, 1880–1940, Zürich 1976, S. 302–327
Wissell, Rudolf, Aus meinen Lebensjahren. Mit einem Dokumenten-Anhang. Hrsg. von Ernst Schraepler, Berlin 1983 (= Beihefte zur IWK, H. 7)
Witt, Peter Christian, Besprechung der Zeitschrift »Damals«, Jge 1969–1972, In: MGM 1/1973, S. 167 ff.
Witt, Peter-Christian, Friedrich Ebert. Parteiführer, Reichskanzler, Volksbeauftragter, Reichspräsident. In: Friedrich Ebert 1871–1925. Hrsg. v. d. Friedrich-Ebert-Stiftung, Bonn, Bonn [2]1980, S. 7–73

Witthöft, Hans Jürgen, Lexikon zur deutschen Marinegeschichte, 2 Bde, Herford 1978
Wittwer, Walter, Streit um Schicksalsfragen. Die deutsche Sozialdemokratie zu Krieg und Vaterlandsverteidigung 1907–1914, (Ost-)Berlin [2]1967
Wörterbuch des Völkerrechts. Hrsg. v. H.-J. Schlochauer, Berlin 1960
Wohlfeil, Rainer, Heer und Republik = Handbuch zur deutschen Militärgeschichte 1648–1939, hrsg. vom Militärgeschichtlichen Forschungsamt, Bd 3/Abschn. VI, Frankfurt/M. 1979, (auch Nachdruck Herrsching 1983), S. 5–303
Wohlfeil, Rainer/Hans Dollinger, Die deutsche Reichswehr. Bilder – Dokumente – Texte. Zur Geschichte des Hunderttausend-Mann-Heeres 1919–1933, Frankfurt/M. 1972
Woldt, Richard, Der Kampf gegen die Kriegsgewinner. Ein kritisches Nachwort zum Daimler-Skandal. In: Die Neue Zeit. Wochenschrift der Deutschen Sozialdemokratie, 36 (1918), Nr. 26, 29. 3. 1918, S. 601–607
Wrisberg, Ernst v., Erinnerungen an die Kriegsjahre im Königlich Preußischen Kriegsministerium. Bd 2: Heer und Heimat 1914–1918, Leipzig 1921
Wrobel, Ignaz [d. i. Kurt Tucholsky], Der Bürgergeneral. In: Die Weltbühne, 16 (1920), 2. Halbjahr, S. 171 f.
Wrobel, Ignaz [d. i. Kurt Tucholsky], Militaria. In: Die Weltbühne, 16 (1920), 2. Halbjahr, S. 106–114
Wrobel, Ignaz [d. i. Kurt Tucholsky], Schlafbursche Noske. In: Die Weltbühne, 16 (1920), Nr. 19, 6. 5. 1920, S. 529–531
Wrobel, Kurt, Zur Rolle der zentralen Marinesoldatenräte in der Novemberrevolution. In: Zeitschrift für Militärgeschichte, 8 (1969), H. 3, S. 288–300
Wulf, P., Hugo Stinnes, Wirtschaft und Politik 1918–1924, Stuttgart 1979

Ybarra, T. R., Noskes Rat an Deutschland. In: The New York Times Book Review and Magazine, 2. 1. 1921

Zechlin, Egmont, Die deutsche Politik und die Juden im Ersten Weltkrieg. Unter Mitarbeit v. Hans Joachim Bieber, Göttingen 1969
Zehn Jahre deutsche Geschichte 1918–1928, Berlin [2]1928
Zeitz, A., Zur Geschichte der Arbeiterbewegung der Stadt Brandenburg vor dem ersten Weltkrieg, Potsdam 1965 (= Veröffentlichungen des Bezirksheimatmuseums Potsdam)
Zeller, Eberhard, Geist der Freiheit. Der Zwanzigste Juli, München [4]1963
Zentralkommission der deutschen Korbmacher (Hrsg.), 25 Jahre Korbmacherorganisation. Ein Beitrag zur Korbmacherbewegung auf zentraler Grundlage in den Jahren 1889 bis 1914, Berlin 1915
Zschau, Karin, Die Kommunalpolitik der Chemnitzer Arbeiterbewegung in den 90er Jahren des 19. Jahrhunderts. Diplomarbeit Sektion Geschichte der Karl-Marx-Universität Leipzig 1975 [Masch.]
Zuckmayer, Carl, Als wär's ein Stück von mir, Frankfurt/M. 1966

2. Personenregister

3. Ortsregister

Nachstehendes Ortsregister soll dem lokal- und regionalhistorisch interessierten Leser helfen, sich rasch über die Tätigkeit Gustav Noskes in bestimmten Städten und Regionen zu informieren. Um zugleich die räumlich breit gestreute Politik Noskes und seine historische Wirkung leichter erfassen zu können, wurden in das Ortsregister – vom üblichen Verfahren abweichend – auch einzelne Länderbezeichnungen aufgenommen.

4. Abkürzungen

ADAV	Allgemeiner Deutscher Arbeiterverein
ADGB	Allgemeiner Deutscher Gewerkschaftsbund
AdsD	Archiv der sozialen Demokratie, Bonn-Bad Godesberg
AfA	Arbeitsgemeinschaft freier Angestelltenverbände
AK	Armeekorps
AOK	Armee-Oberkommando
AVBl	Armee-Verordnungsblatt
BA	Bundesarchiv, Koblenz
BA-MA	Bundesarchiv-Militärarchiv, Freiburg
BayerHStA	Bayerisches Hauptstaatsarchiv, München
CDU	Christlich-Demokratische Union
DDP	Deutsche Demokratische Partei
DNVP	Deutschnationale Volkspartei
EGK	Schultheß' Europäischer Geschichts-Kalender
FDP	Freie Demokratische Partei
FVP	Fortschrittliche Volkspartei
G.K.Sch.D.	Garde-Kavallerie-Schützen-Division
GLA	Generallandesarchiv, Karlsruhe
GO	Geschäftsordnung
GStAPK	Geheimes Staatsarchiv Preußischer Kulturbesitz, Berlin (West)
HStA	Hauptstaatsarchiv, Stuttgart
HVBl	Heeres-Verordnungsblatt
IfZ	Institut für Zeitgeschichte, München
IKD	Internationale Kommunisten Deutschlands
IMMK	Interalliierte Militär-Kontroll-Kommission
IWK	Internationale Wissenschaftliche Korrespondenz zur Geschichte der deutschen Arbeiterbewegung
KPD	Kommunistische Partei Deutschlands
KZ	Konzentrationslager
LDPD	Liberal-Demokratische Partei Deutschlands
MdL	Mitglied des Landtags
MdNV	Mitglied der Nationalversammlung
MdPrLV	Mitglied der Preußischen Landesversammlung
MdR	Mitglied des Reichstags
MEW	Marx-Engels-Werke
MSPD	Mehrheitssozialdemokratische Partei Deutschlands (ohne Bedeutungsunterschied auch als SPD abgekürzt)
MVBl	Marine-Verordnungsblatt
NL	Nachlaß
NSDAP	Nationalsozialistische Deutsche Arbeiterpartei
NV	Nationale Vereinigung
NV	Nationalversammlung

OHL	Oberste Heeresleitung
OKH	Oberkommando des Heeres
OSR	Oberster Soldatenrat
RFB	Republikanischer Führerbund
RGBl	Reichsgesetzblatt
RMA	Reichs-Marine-Amt
RT	Reichstag
RSW	Republikanische Soldatenwehr
Schultheß EGK	Schultheß' Europäischer Geschichts-Kalender
SI	Sozialistische Internationale
SOVO	Seeoffiziervereinigung Ostsee
SPD	Sozialdemokratische Partei Deutschlands (s. a. MSPD)
Teno	Technische Nothilfe
USPD	Unabhängige Sozialdemokratische Partei Deutschlands
WRV	Weimarer Reichsverfassung
WTB	Wolffsches Telegraphen-Büro

Wolfram Wette

Gustav Noske

Eine politische Biographie

Droste Verlag

Fotonachweis:
ABZ Agentur für Bilder der Zeitgeschichte z. Zt. vertreten durch Diethart Kerbs, Berlin 15, 25, 28
Archiv der sozialen Demokratie (AdsD), Bonn 1, 2, 3, 6, 7, 12, 13, 22, 24, 27, 29
Bildarchiv Preußischer Kulturbesitz, Berlin 23
Bilderdienst Süddeutscher Verlag, München 10, 19
Bundesarchiv Koblenz, Bildarchiv 8, 9, 14, 20, 26
Deutsche Presseagentur, Bilderdienst, Frankfurt 30
Hauptstaatsarchiv Stuttgart 11, 17
Landesbildstelle Berlin 18

CIP-Kurztitelaufnahme der Deutschen Bibliothek

Wette, Wolfram:
Gustav Noske: e. polit. Biographie / Wolfram Wette. – Düsseldorf: Droste, 1987.
ISBN 3-7700-0728-X

Schutzumschlagentwurf: Helmut Schwanen
Fotos: Zeitgeschichtliches Archiv
Gesamtherstellung: Bercker, Grafischer Betrieb
ISBN 3-7700-0728-X

Wette
Gustav Noske

Herausgegeben
vom
Militärgeschichtlichen Forschungsamt